동남아시아 1900

일본

타이호쿠

포르모사

마닐라

필리핀 제도

필리핀해

태평양

포트 모르즈비

오스트레일리아

호치민 평전

HO CHI MINH
Copyright © 2000 by William J. Duiker
Originally published in the United States and Canada by Hyperion
All rights reserved

Korean Translation Copyright © 2001 Prunsoop Publishing Co.
This Korean edition was published by arrangement with Hyperion
through Eric Yang Agency, Seoul

이 책의 한국어판 저작권은 에릭양 에이전시를 통해 저작권자와의 독점계약으로
(주)도서출판 푸른숲에 있습니다. 저작권법에 의해 한국 내에서 보호를 받는 저작물이므로
무단전재와 무단복제를 금합니다.

HO CHI MINH
호치민 평전

윌리엄 J. 듀이커 | 정영목 옮김

푸른숲

■ 서문

필자는 1960년대 중반부터 호치민에게 매력을 느꼈다. 당시 필자는 미국 외무부의 공무원으로 사이공 주재 미국 대사관에서 근무하고 있었는데, 밀림에서 싸우는 베트콩 게릴라들이 우리 동맹자인 남베트남 정부군보다 규율이나 사기 면에서 앞서 있다는 점에 당혹감을 느꼈다. 필자는 이 문제를 이해하려고 노력하다가, 베트콩에게 전투의 동기를 부여하고 전략을 제시하는 최고 책임자인 베트남의 노혁명가 호치민의 역할이 중요한 요인 가운데 하나임을 확신하게 되었다. 공무원 일을 그만두고 공부를 하게 되면서 그 특별하고 복잡한 인물의 전기를 써보겠다는 생각을 하게 되었지만, 곧 그의 삶과 활동을 설득력 있게 그려내기에는 1차 자료가 너무 부족하다는 것을 깨닫게 되었다. 그러다가 최근 들어 세계 여러 나라에서 정보가 쏟아져 나오면서 이제 그 일을 해볼 만하다고 판단했다.

사실 필자는 이 책을 지난 20여 년 동안 써왔다고 할 수 있는데, 그 과정에서 수많은 사람들로부터 도움을 받았다. 펜실베이니아 주립대학 인문대학의 '대학연구기금'과 '예술 및 인문학 연구소'는 이 일을 위해 프랑스와 베트남에서 여러 차례 조사를 할 때 재정 지원을 해주었다. 1993년에는 포드 재단의 마크 사이들의 지원으로 매릴린 영, A. 톰 그런펠드와 함께 하노이로 가서 호치민과 미국의 관계를 살펴볼 수 있었다. 또 1990

년에는 '사회과학연구협의회'의 '인도차이나 학술 교류 프로그램'의 지원 덕분에 하노이에서 호치민 연구를 할 수 있었다. 그곳에 있는 동안 하노이 대학의 '역사연구소'와 '마르크스-레닌주의 연구소'는 호치민과 베트남 혁명사에 관심이 있는 학자나 연구자들과 상호 관심사를 토론할 수 있도록 주선해주었다. 그 이전 1985년에 하노이에 갔을 때는 '국제관계연구소'의 후원을 받았는데, 그때는 킴 리엔 마을에 있는 호치민 생가를 방문하기도 했다. 하노이에 있을 때 필자의 연구를 도와준 사람들 가운데 장시간 면담에 응해준 '호치민 박물관'의 응우옌 후이 호안, '혁명박물관'의 응우옌 타인, 마르크스-레닌주의 연구소의 찬 타인 등에게 감사하고 싶다. 하노이 대학에서는 풍 후 푸, 레 마우 한, 팜 사인, 팜 콩 퉁 등의 역사학자들이 귀중한 시간과 더불어 호치민의 생애와 사상에 관한 연구 자료를 제공해주었다. 지금은 고인이 된 호치민 박물관의 하 후이 지압과 당시 '사회과학연구소' 책임자였던 당 수안 키는 호 주석과의 개인적 관계에 대한 내 질문에 답해주었다. 역사연구소의 도 쾅 홍, 응오 푸옹 바, 반 타오, 찬 후 딘, 그리고 국제관계연구소의 루 도안 후인은 내 연구의 중심 쟁점들을 연구하는 데 도움을 주었다. 특히 1990년 베트남에 갔을 때 참을성 있게 우호적인 태도로 나와 함께 돌아다니며 조사를 도와준 부 후이 푹에게 감사하고 싶다. 좀더 최근에는 '월미(越美)우호협회'의 호앙 콩 투이 씨가 여러 사람과 자료를 소개해주어 호치민의 행적을 따라가는 작업에 큰 도움이 되었다. 잡지 〈수아 나이(Xua Nay)〉의 두옹 충 쿠옥은 그의 잡지에 실린 유용한 글들을 보내주었다. '베트남 뉴스 에이전시'의 응우옌 쿠옥 우이는 그들이 저작권을 가진 사진들을 이 책에 게재하는 것을 허락해주었다.

필자는 호치민의 수많은 여행에 대한 불확실한 정보들을 추적하며 세계 각지의 수많은 도서관과 문서보관소를 찾아가보았다. 미국 의회도서관 동양부의 직원들, 그리고 코넬 대학 크로치 도서관의 '에콜스 컬렉션' 책임자인 앨런 리디에게 감사한다. 메릴랜드 칼리지파크의 미국 국립문서보관소에서는 존 테일러와 래리 맥도널드가 제2차 세계대전 기간과 그 직후 미월 관계를 다룬 전략사무국과 국무부의 기록을 찾는 데 많은 도움을 주었다. 프랑스에서는 파리의 국립도서관과 국립문서보관소, 그리고 엑상프로방스의 해외부 문서보관센터에서 큰 도움을 받았다. 1990년 모스크바에 갔을 때는 겐나디 마슬로프, 예프게니 코벨레프, 옥사나 노바코바 등이 호치민의 소련 체재 시절에 관하여 이야기를 해주었으며, 소피 퀸 저지와 스티브 모리스는 코민테른 문서보관소에서 찾아낸 중요한 문서들을 보내주었다. 광저우 혁명박물관의 리 셴헝은 호치민이 그곳에 머물던 시절에 대한 자신의 연구 성과를 알려주었으며, 호치민이 70여 년 전에 교육을 담당했던 훈련소를 안내해주기도 했다. 1987년 베이징 '국제연구소'의 타오 빙웨이와 예 신은 중월 관계에 대해 오랫동안 이야기를 해주었다. 보브 오하라는 런던의 공공기록보관소에서 호와 관련한 자료를 찾아주었다. 큰 관심을 끌 만한 것이 나오지는 않았지만, 그는 필자 대신 꼼꼼하게 살펴보는 수고를 했다. 애리조나 대학의 로라 태빌리 교수는 호가 영국에 살았던 시절—호는 이 시절에 별 흔적을 남기지 않았다.—에 대한 다른 자료를 구할 수 있는 길을 알려주었고, 공공기록보관소의 홍콩지부 직원들은 호치민이 1930년대 초 그곳에서 수감되었던 시기의 문서보관소 자료를 이용하게 해주었다. T. N. 카울 대사는 1954년 여름 자와할랄 네루와 저우언라이의 만남에 대해 회고해주었는데, 덕분에 필자는 유용한 정보를 얻을 수 있었다.

  호치민과 베트남 혁명사에 대한 관심을 공유하는 수많은 동료 학자, 연구자에게도 감사한다. 몇몇 사람들의 경우에는 그저 이름만 언급하는 것으로는 필자의 고마운 마음을 다 표현할 수 없을 것 같다. 그들 가운데 다수가 필자에게 중요한 문서를 제공하거나, 관련 주제에 대한 자신의 연구를 보여주었기 때문이다. 그럼에도 일단 이 자리에서 그들의 이름을 언급하고 싶다. 미국에서는 버클리의 인도차이나 문서보관소(현재는 텍사스 공대에 있다)의 더글러스 파이크와 스티브 데니가 필자를 많이 도와주었다. 그 외에 고인이 된 킹 C. 첸, 스탠리 카노, 빌 털리, 게리 타피니언, 마이 엘리엇 등이 도움을 주었다. '미국-인도차이나 화해 프로젝트'의 존 매콜리프는 1998년 뉴욕 햄프턴 만에서 열린 베트민과 전략사무국 참전용사 회의에 필자를 초대해주었다. 프랭크 화이트, 헨리 프루니어, 칼튼 스위프트, 맥 신, 프랭크 탠, 조지 윅스, 레이 그렐레키, 찰스 펜, 그리고 그 자리에 함께했던 베트민 참전용사 대표단과 학자들은 그 시기의 흥미진진한 경험들을 필자에게 이야기해주었다. 회의에 참석하기 전에는 아커미디스(앨) 패티와 호치민에 대해 이야기하는 행운을 누릴 수 있었는데, 그의 책 《왜 베트남인가? 미국의 알바트로스의 서곡(Why Vietnam? Prelude to America's Albatross)》(Berkeley: University of California Press, 1980)에 실린 회고는 이 문제에 대한 중요한 정보원(情報源)이다. 센트럴플로리다 대학 정치학과장 보브 블레드소는 현재 그의 대학에 자리잡고 있는 패티 문서보관소를 살펴볼 수 있게 해주었다. 그 문서보관소에 있는 사진들을 이 책에 쓰게 해준 데 대해 앨의 미망인 마거릿에게 감사드린다.

프랑스에서는 조르주 부다렐, 다니엘 에메리, 크리스티앙 파스켈 라고, 필리프 드빌리에, 크리스 고샤, 아가트 라르셰를 포함한 많은 사람들이 필자를 도와주었다. 엑상프로방스의 해외부 문서보관센터의 스탱 토네송은 자신의 연구 성과를 소개하는 등 많은 도움을 주었다. 1990년 파소 대학의 베르나르 당 교수는 그의 연구소에서 열린 호치민학회에 필자를 초대해주었다. 량 우인과 천 젠은 호치민과 중국의 관계를 이해하는 데 핵심적인 중국어 자료를 제공해주었다. 러시아 학자 일리야 가이두크와 아나톨리 소콜로프는 소월(蘇越) 관계에 대한 유용한 자료를 보내주었다. 도쿄대학의 모토 후루타 교수는 미국에서는 구할 수 없는 중요한 문건들을 다수 보내주었다. 오스트레일리아 국립대학의 데이비드 마는 여러 차례에 걸쳐 문서와 기사를 보내주었으며, 1945년 9월 초 호치민이 바 딘 광장에서 했던 유명한 연설을 녹음한 테이프를 보내주기도 했다. 펜 대학에서 필자의 대학원생 조교로서 여러 가지 일을 했을 뿐 아니라, 중국 남부에서 호치민의 활동과 관련한 유용한 자료를 제공해준 유 핀 리와 류 스앙 왕에게도 감사한다.

이 책이 제작되는 동안 감독을 해준 하이페리언의 관리 담당 부편집장 데이비드 롯에게 감사드린다. 힘들여 교정을 보고 참고문헌을 정리해준 편집자 트렌트 더피에게 감사드린다. 책의 본문과 표지 디자인을 감독해준 리사 스토크스와 필 로즈에게 감사드린다. 우아한 지도, 본문 디자인, 재킷을 맡아준 폴 퍼글리스, 도로시 베이커, 아치 퍼거슨에게 감사드린다. 마크 체이트는 출판 과정에서 수도 없는 내 질문에 신속하고 능률적으로 대답해주었다. 특히 필자의 담당 편집자 윌 슈월비에게 감사드린다. 그는 이 프로젝트가 열매를 맺도록 꾸준히 필자를 격려해주었다. 처음부터 그의 최대의 관심사는 필자가 최고 수준의 책을 쓰도록 돕는 것이었다. 실제로 그의 인내심, 선의, 건전한 충고는 많은 도움이 되었다.

아버지가 거드름을 피우며 베트남 이야기를 하는 것을 몇 시간 동안(또 몇 년 동안) 한마디 불평 없이 들어준 두 딸 로라와 클레어에게 감사하고 싶다. 마지막으로 아내 이본에게 영원히 감사한다. 아내는 필자의 원고를 처음 읽어주었을 뿐 아니라, 호치민이 우리와 한 식구처럼 여겨지는 지경에 이르러서도 평소와 다름없이 무던하게 잘 견뎌주었다.

- 서문
- 머리말 | 13
- 조직 일람표 | 22

1장 빼앗긴 땅에서 1890 - 1911 | 29

2장 성난 말 1911 - 1923 | 89

3장 견습 혁명가 1923 - 1924 | 153

4장 용의 아들 1924 - 1927 | 183

5장 마법의 검 1927 - 1930 | 239

6장 붉은 옹에 틴 1930 - 1931 | 269

7장 광야로 1931 - 1938 | 315

차례

8장 팍보의 동굴 1938 - 1941 | 355

9장 불어오른 강물 1941 - 1945 | 393

10장 격동의 8월 1945 | 459

11장 재건과 저항 1945 - 1946 | 515

12장 호랑이와 코끼리 1946 - 1950 | 589

13장 디엔 비엔 푸 1951 - 1954 | 637

14장 두 전쟁 사이 1954 - 1957 | 679

15장 모두 전선으로 1959 - 1969 | 749

- 에필로그 — 신화에서 인간으로 | 817
- 역자 후기 | 841
- 호치민 연보 | 845
- 주석 | 853
- 찾아보기 | 962

■ 지도 목록

프랑스령 인도차이나 | 30
응에 안— 하틴 폭동 지역 | 270
제2차 세계대전기의 중국 남부 | 394
프랑스-베트남 전쟁기의 북베트남 | 590
디엔 비엔 푸 전투 | 638
베트남 1969 | 750

일러두기
─────────────
1. 베트남어 고유명사와 지명·인명은 베트남어 원음에 가깝게 표기하는 것을 원칙으로 했으며, 그 외 국가의 인·지명은 외래어 표기법을 따랐다.
2. 베트남어의 모든 음절은 띄어쓰기를 원칙으로 했다. 단, 사이공과 하노이, 호치민은 관례대로 표기했다.

■ 머리말

  1975년 4월 30일 아침, 소련제 북베트남 탱크들이 우르릉거리는 소리를 내며 사이공 북부 교외를 통과하여 도심의 대통령 관저로 향했다. 군용 작업복 차림에 황금 별이 박힌 독특한 철모를 쓰고 탱크 위에 앉은 병사들은 임시혁명정부 깃발을 흔들었다.

  정오 직후 한 줄로 늘어서서 통 누트 대로를 천천히 통과하던 탱크들이 미국 대사관 앞을 지나갔다. 그로부터 불과 2시간 전에 마지막까지 남아 있던 미군 해병대원들이 대사관 지붕에서 헬리콥터를 타고 떠났기 때문에, 대사관에서 미국인은 그림자도 찾아볼 수 없었다. 북베트남의 선도 탱크는 대통령 관저의 주철 정문 앞에서 잠깐 멈칫하는가 싶더니, 곧바로 문을 뭉개고 들어가 관저 현관으로 통하는 넓은 계단 앞의 잔디밭에 멈추었다. 탱크에 타고 있던 젊은 지휘관은 건물 안으로 들어가 누옹 반 '비그민 대통령과 잠깐 만났다. 이어 관저 지붕으로 올라가, 깃대에서 베트남공화국 기를 내리고 빨간색과 파란색이 어울린 임시혁명정부 기를 올렸다.

  이렇게 해서 기나긴 베트남 전쟁은 마침내 끝이 났다. 2년 전인 1973년 1월 파리 평화 협정이 조인된 뒤, 미국의 전투 부대들은 거의 10년에 걸친 치열하고 피비린내나는 전쟁 끝에 5만 명의 전사자를 내고 베트남에서 완전히 철수했다. 정전 협정은 곧 휴짓조각이 되었고, 이후 몇 달 간에 걸쳐 사이공 정권의 군대는 베트콩이나 북베트남군(공식 명칭은 베트남인민군)과 계속 충돌했다. 협정 결과 베트콩과 북베트남군 10만 이상의 병력이 남부에 계속 주둔하는 것이 암묵적으로 허용되었기 때문이다. 1974년 12월 북부의 당 지도자들(당시 베트남공산당의 공식 명칭은 베트남노동당이었다)은 전장에서의 승리로 용기를 얻은 데다가 미국의 전쟁 재개입이 없을 것이라는 확신이 굳어지자, 1976년 봄까지 사이공 정권을 무너뜨리겠다는 베트남인민군 참모부의 2개년 계획을 승인했다. 그러나 1975년 초 캄보디아 국경과 중부고원에서 첫 탐색전을 편 결과 사이공측의 대응이 미약하다는 판단이 들자, 3월 말 남부에 있는 지휘관들에게 4월 말 건기가 끝나기 전에 최종 승리를 달성하라는 지침을 내렸다. 사이공 정부의 북부 방어선은 순식간에 무너져버렸고, 4월 중순이 되자 북베트남 군대는 사이공을 향해 빠른 속도로 진군하기 시작했다. 남베트남 대통령 응우옌 반 티에우는 4월 21일 사임했다. 그의 뒤를 이은 사이공의 노정객 찬 반 후옹은 불과 7일밖에 재직하지 못했으며 대신 '비그' 민이 대통령 자리에 앉았다. 남부의 인기 있는 장군이라면 혹시 북베트남으로부터 타협적인 평화 합의를 이끌어낼 수 있을지 모른다는 궁여지책이었다. 그러나 하노이는 민의 평화적 해결 의사 타진을 코웃음으로 무시해버렸다.

공산주의자들이 사이공에서 승리를 거둔 것은 베트남노동당 지도자 레 두안과 그의 노련한 동료들의 결의와 뛰어난 능력 덕분이었다. 또한 북베트남 군대와 베트콩 게릴라들―한 세대 동안 남베트남의 정글과 늪에서 혁명적 대의를 위해 싸우다 죽어간 평범한 보 도이(部隊) 병사들―도 그들 못지않게 결정적인 역할을 했다. 그러나 무엇보다 중요한 역할을 했던 것은 한 인간의 비전과 의지와 지도력의 유산이었다. 그는 베트남공산당의 창건자이고, 혁명 운동의 지도자이고, 종전 6년 전인 1969년에 사망할 때까지 베트남민주공화국의 주석을 지낸 호치민이다. 그의 동료들은 그의 공로를 기려 사이공 함락 후 그 도시를 타인 포 호치민, 즉 호치민 시(市)

로 개명했다.

　모스크바 코민테른의 요원이자, 국제 공산주의 운동 참여자이자, 베트남 승전의 기획자로서 호치민은 의문의 여지 없이 20세기의 가장 영향력 있는 정치적 인물 가운데 하나로 꼽는다. 동시에 그는 여전히 가장 큰 수수께끼에 싸인 인물 가운데 하나로 꼽히기도 한다. 그는 그늘 속에 감추어진 인물로, 그의 목적과 기록들은 오래 전부터 논란을 일으켰다. 예컨대 평생에 걸친 혁명적 활동의 근저에 깔린 동기가 무엇이냐 하는 간단해 보이는 문제를 놓고도 논쟁이 치열했다. 그는 일차적으로 민족주의자인가 아니면 공산주의자인가? 자신을 내세우지 않는 소박한 이미지는 진짜인가 아니면 단순한 책략인가? 호는 그의 지지자들에게는 혁명적 인도주의의 상징이며, 동포의 복지와 전세계 피억압 민족들의 해방에 헌신하는 아저씨 같은 인물이었다. 베트남 사람이든 외국인이든 그를 만나본 많은 사람들에게 그는 '사근사근한 사람'이었으며, 세계의 주요 지도자라는 높은 지위에도 불구하고 서민적인 태도로 베트남 동포의 삶을 개선한다는 대의에 평생 헌신해온 사심 없는 애국자였다. 그러나 그를 비판하는 사람들은 호치민의 이름으로 저질러진 혁명적 폭력을 지적하며, 그가 카멜레온과 같은 인격을 가진 사람이고, 양의 가죽을 쓴 이리일 뿐이라고 비난했다.

　호치민의 성격과 내적인 동기의 문제는 미국에서 베트남 전쟁의 도덕성을 둘러싼 논쟁의 핵심에 자리잡고 있다. 미국의 정책을 비판하는 많은 사람들에게 호치민은 베트남 독립 투쟁을 지도하는 소박한 애국자이며, 제3세계 전체를 대표하여 제국주의에 강력하게 대항하는 인물이었다. 반대로 미국 참전을 지지하는 사람들은 호치민이 오랜 세월에 걸쳐 이오시프 스탈린의 요원이었고 50년간 세계 혁명에 복무한 점을 들어 그의 애국적 동기에 의문을 제기했다. 그들의 주장에 따르면, 호치민이 열심히 만들어놓은 민족주의 이미지는 대내외로부터 혁명적 대의에 대한 지지를 얻기 위한 책략에 불과했다.

미국인들에게 호치민을 둘러싼 논란은 이제는 과거가 되어버린 전쟁을 둘러싼 감정들을 되살아나게 한다. 베트남인들에게는 이 논란이 매우 중요한 의미를 지닌다. 그것이 베트남 혁명의 중심 문제들 가운데 하나와 관련되기 때문이다. 바로 전후 베트남에서 인간의 자유와 경제적 평등 사이의 관계를 설정하는 문제이다. 베트남 전쟁 종결 이후, 호치민의 동료들—그 가운데 일부는 지금도 하노이에서 권력을 잡고 있다.—은 공산주의 모델에 따른 국가 발전을 합리화하기 위해 줄기차게 그에 대한 기억을 끌어냈다. 그들의 주장에 따르면, 호치민의 오랜 활동의 목적은 자본주의적 착취에 기초한 세계 체제를 끝장내고, 카를 마르크스의 유토피아적 비전에 따른 새로운 혁명적 세계를 창조하는 것이었다. 그러나 소수이기는 하지만 반대의 목소리도 있었는데, 그들은 호치민의 중심 메시지가 유교 윤리와 프랑스 혁명의 자유, 평등, 우애라는 이상의 도움을 얻어 계급 투쟁이라는 마르크스주의의 철의 법칙을 완화하는 것이었다고 주장해왔다. 그들은 자신들의 주장을 정당화하기 위해 오늘날 베트남 어디에서나 볼 수 있는 호의 구호를 가리킨다. "독립과 자유보다 귀중한 것은 없다."[1]

따라서 호치민을 둘러싼 논쟁은 민족주의, 혁명, 평등, 인간 자유를 추구하던 시대인 20세기의 중심 쟁점들의 핵심에 자리잡고 있는 셈이다. 호치민의 성격의 복잡성은 시대의 복잡성을 반영한다. 그는 전후 베트남에서 여전히 강력한 힘을 유지하고 있으며, 수많은 사람들로부터 존경을 받는 동시에 틀림없이 헤아릴 수 없이 많은 사람들로부터 외면을 당하고 있을 것이다. 좋든 싫든 호치민이라는 인물은 근대 사회의 중심적인 힘 두 가지를 반영하고 있다. 하나는 민족 독립에 대한 열망이며, 또 하나는 사회적, 경제적 평등이다. 아직 모든 자료가 완비되었다고 할 수는 없지만, 이 20세기의 중심 인물에 대한 역사적 분석은 진작에 시작되었어야 마땅하다.

그러나 실제로 이런 분석을 수행하려는 전기 작가가 부딪히게 되는 문제들은 엄청나다. 호의 이름은 전세계 수백만 명에게 알려져 있지만, 그의 생애에 관한 입증 가능한 정보는 오래 전부터 좌절감을 일으킬 정도로 부족했다. 호는 어른이 되어서 긴 세월을 인도차이나의 프랑스 식민지 정부에 대항하는 혁명가로 살아오면서, 오랜 기간 망명을 하기도 했고 베트남에 있다 해도 은밀하게 활동했다. 그 기간 동안 호는 여러 가명을 쓰며 살았고 이곳 저곳 돌아다녔다. 그는 평생 50개 이상의 가명을 사용한 것으로 추정된다.[2] 그의 글 가운데 다수는 그런 가명으로 쓰여졌고, 또 헤아릴 수 없는 많은 글들이 한 세대에 걸친 전쟁 기간 동안 분실되거나 파괴되었다.

호치민 자신도 자신의 생애에 대해 은밀한 태도를 취하여 관찰자들의 애를 태움으로써 이런 혼란을 부채질했다. 그는 오랜 세월 동안 제2차 세계대전 직후 호치민 대통령으로 등장한 수수께끼의 인물이 바로 인도차이나공산당의 건설자이자 전쟁 전 걸출한 코민테른 요원이었던 응우옌 아이 쿠옥이라는 설을 부인했다. 호는 그의 정체가 드러난 뒤에도 자신의 과거의 주요한 사건들에 대해 유별나게 비밀스러운 태도를 취했다. 그는 가끔 자서전 비슷한 것을 썼고, 그 가운데 하나는 1950년대 말 베트남민주공화국이 여러 나라 말로 출간하기까지 했지만, 저자는 모두 가명이었다. 최근에 들어서야 하노이의 연구자들은 그 글들이 사실상 호치민 자신이 쓴 것이라고 확인할 수 있었다.[3]

호치민의 전기를 편찬하는 문제는 현존하는 자료들에 접근이 불가능했기 때문에 더욱 심각한 상황에 처했다. 호는 평생에 걸쳐 많은 나라를 놀아다니고 또 장기간 거주하기도 했기 때문에, 그의 활동에 대한 정보는 몇 개 대륙에 흩어져 있다. 호 자신이 몇 개 국어를 했으며, 그는 많은 양의 글(팸플릿, 기사, 보고서, 편지를 포함하여)을 그의 모국어인 베트남어만이 아니라 영어, 프랑스어, 중국어, 러시아어 등 여러 언어로 썼다.

최근까지도 학자들은 이 자료 가운데 많은 부분에 접근할 수 없었다. 오늘날에도 하노이의 문서보관소에 있는 자료들은 일반적으로 베트남과 외국의 연구자들에게 공개하지 않는다. 중국과 소련에서의 활동과 관련한 정보 역시 접근이 불가능했으며, 중국이나 소련 정부가 그런 자료를 공개하는 일은 무척 드물었다. 그의 생애 가운데 면밀한 연구가 가능한 기간은 그가 제1차 세계대전 이후 프랑스에서 보냈던 짧은 기간뿐이라고 해도 지나친 말이 아니었다. 1970년대 초에 프랑스 식민지 문서보관소들이 개방되면서 그 시절의 행적이 처음으로 공적인 연구 대상이 될 수 있었기 때문이다. 그 후 베트남에서 그의 엄청난 양의 저작집이 발간되었으나, 그런 편찬물은 절대 완전하지 않았으며, 공식적 편집을 거친 일부 구절들은 그 정확성에 의문을 불러일으키기도 했다. 모스크바 코민테른의 문서보관소들은 일부만 학자들에게 개방되었으며, 그와 소련 지도자들의 관계에 대한 자세한 기록은 외부 관찰자들에게는 공개되지 않았다.[4]

호치민에 대한 또 하나의 의문은 그의 지도력의 성격에 관한 것이다. 호는 인도차이나공산당의 창건자이자 국제 공산주의 운동의 지도적 인물이었음에도, 레닌, 스탈린, 마오 쩌둥 등 근대의 다른 많은 혁명적 지도자들과는 달리 지배적인 인격을 가진 사람이 아니었다. 그는 인격의 힘을 통하여 자신의 의지를 강제하기보다는 설득과 합의에 따라 지도를 했던 것으로 보인다. 그는 또 자신의 사상이나 내적인 동기에 대한 글을 자주 쓰지 않았다. 호치민은 다른 저명한 혁명적 인물들과는 대조적으로 이데올로기나 지적인 논쟁에는 거의 관심을 나타내지 않았으며, 자신의 조국을 비롯한 식민지 사회들을 서구 제국주의로부터 해방시키는 실천적 과제에 사고와 활동을 집중했다. 이런 이유 때문에 학자들은—그리고 그와 같은 시대 사람들도 가끔은—호를 혁명적 이론가라기보다는 단순한 집행자로 치부해버리는 경우가 많았다. 그러나 호는 이런 구분에 전혀 개의치 않았던 것처럼 보인다. 어떤 사람이 인터뷰를 하면서 왜 이데올로기적인 논문은 한 번도 쓰지 않았느냐고 묻자, 그는 장난스럽게 이데올로기는 마오 쩌둥에게 맡기고 싶다고 대답했다. 그의 인생 후반기에도 베트남에서 발표된 이 넘이나 전략에 대한 진지한 글들은 보통 그의 동료인 보 응우옌 지압, 추옹 친, 레 두안 등이 작성했다.

논란이 있는 주제가 많고 믿을 만한 자료가 부족했기 때문에 지난 20여 년간 영어권에서 호치민에 대한 진지한 전기가 나오지 않은 것은 놀라운 일이 아니다. 베트남 전쟁이 한창일 때는 전기적 연구가 많이 나왔으나, 대부분은 대중적 시장을 겨냥한 것으로 현존하는 1차 자료들을 꼼꼼하게 활용하지 못한 것들이었다. 북베트남에서 공식적 또는 반공식적 전기들이 몇 번 출간되었으나, 모두 전기의 대상을 신화적인 분위기 속에 제시하려 했기 때문에, 정치적 인물이라기보다는 성자가, 사실적인 모습보다는 캐리커처가 드러나는 실패작으로 끝나곤 했다.[5]

오늘날에는 베트남 전쟁을 둘러싼 격정적 분위기가 가라앉기 시작했고 세계 여러 곳에서 추가로 1차 자료들이 공개되었기 때문에, 호의 삶에 대한 좀더 분명한 이해가 가능해질 것이라는 낙관론이 어느 정도 근거를 갖게 되었다(이 자료들의 성격에 대해서는 책 끝의 자료에 대한 주석에서 짧게 논의했다). 결코 그의 삶을 둘러싼 모든 신비가 풀렸다고 이야기할 수는 없지만, 이제 성실한 전기 작가라면 그의 삶이나 성격과 관련하여 끈질기게 제기되어왔던 몇 가지 문제를 설명할 수 있는 가설들을 세워볼 만한 때가 되었다. 필자는 이런 문제들을 본문에서 다루어보려 했으며, 좀더 학문적인 관심사들에 대해서는 주석에서 논의하려 했다.

호의 성장기—제1차 세계대전 말에 파리에 도착하기 이전의 시기—는 많은 부분에서 위에서 언급한 전기적인 글들이나 베트남의 역사적 자료들이 거의 유일한 1차 자료 역할을 한다는 것이 금방 분명해진다. 체제의 지원을 받은 이런 자료에서는 여전히 호를 전설 속의 인물이나 하늘이 시대에 내린 선물로 제시하려는 시도들이 엿보인다. 일부 비평가들은 베트남에서 공식적으로 발표된 그의 삶에 대한 자료 가운데 과연 신뢰할 만한 것이 있느냐 하는 의문을 제기한다. 그러나 필자는 이 자료들을 꼼꼼하게 검토해본 뒤, 물론 세목들은 종종 수상쩍고 어떤 이야기들은 분명히 출처가 의심스럽지만, 그 가운데 상당 부분은 믿을 만하다는 결론을 내렸다. 따라서 필자는 그의 활동과 관련한 다양한 사실들의 신빙성에 대한 끝도 없는 논란을 피하기 위해, 그의 삶에 대한 필자 자신의 이야기를 서사적 형식으로 제시하고 근거에 대한 논의는 주석으로 돌리기로 했다. 다만 어떤 특정한 사건에 대하여 의심할 만한 합당한 근거가 있을 경우 그 쟁점은 본문에서 다루었다. 이런 방법이 호치민의 삶의 극적인 성격과 그의 삶이 베트남과 20세기의 역사를 형성하는 데서 차지하는 중요성을 제대로 전달하는 데 도움을 주기를 바란다.

그래도 정치적 편견의 문제는 남는다. 지난 세대 사람들이 냉정한 태도로 베트남 전쟁에 접근하는 것이 불가능한 것과 마찬가지로, 전기 작가가 자신의 정치적 경향을 드러내지 않고 공산주의의 승리를 가져온 인물의 초상을 그리는 것은 어려운 일이다. 필자는 호치민의 삶에 친숙해지게 된 수십 년 동안, 혁명가, 정치가, 한 인간으로서 그의 모습을 평가하는 것과는 별도로 한 사람의 혁명가로서 그의 재능과 노력을 존중하게 되었다. 또 많은 경우 그렇듯이 진실은 공적인 이미지가 제시하는 모습보다 훨씬 더 복잡하다는 확신을 가지게 되었다. 늘 어떤 한 가닥의 실(리온 에델의 고전적인 표현을 사용하자면 "양탄자 속에 감추어진 인물")만을 찾고 싶은 유혹을 느꼈지만, 필자는 결국 사실들이 스스로 말하게 하는 방법을 택했다. 따라서 필자는 그의 내적인 성격에 대한 필자 나름의 해석에 어울리는 가공의 생각이나 대화를 만들어내지 않으려 했다. 역사상 많은 위대한 인물들과 마찬가지로 진정한 호치민은 복잡한 면모와 대조적인 측면들을 지닌 인간이었으며, 당대의 다른 중요한 인물들과도 구별되는 독특한 재능과 특징을 갖춘 인물이었다.

어떤 독자들은 틀림없이 필자가 베트남 전쟁의 절정기와 겹치는 호의 마지막 몇 해에 좀더 분명하게 초점을 맞추지 않은 것에 실망할 것이다.

그러나 호치민이 그 전쟁의 조건을 만들어내는 데 했던 역할이 전쟁 동안 자주 병상에 눕거나 중국에서 치료를 받으면서 하노이에서 행사했던 영향력보다 훨씬 더 중요하다. 따라서 필자는 이 책의 상당 부분을 많은 독자들이 익숙하지 않은 인물들이나 사건을 다루는 데 할애했다. 이것을 통해 독자들이 전쟁의 밑바탕에 깔린 원인과 그 결과들에 대해 더 많은 것을 알게 되기를 바란다.

모든 위대한 인물들에게는 신비한 요소가 있다. 호치민은 그런 신비를 매우 즐긴 편에 속한다. 1962년 베트남 학자 버나드 폴과 인터뷰를 하면서 호는 폴의 어떤 질문에 이렇게 대답했다. "노인은 자신에 대해 약간 신비한 분위기를 풍기기를 좋아하지요. 나도 변변치는 않지만 나 나름의 신비를 유지하고 싶습니다. 당신도 그것을 이해해주리라고 믿습니다."[6] 호치민은 혁명적 영웅들의 만신전에 앉아, 이제까지 그를 둘러싸고 있던 신비의 분위기가 이 전기에서 거의 훼손되지 않았음을 알고 기뻐할 것이다.

■ 본문에 나오는 조직 일람표

공산주의인터내셔널(코민테른) 1919년 소련에 수립된 혁명 조직. 코민테른은 모스크바에 본부를 두고 1943년에 해체될 때까지 전세계 회원 당들의 혁명 활동을 지휘했다.

구국군(救國軍) 인도차이나를 점령한 프랑스, 일본과 싸우기 위해 1944년 북베트남에서 인도차이나공산당의 휘하에 세운 무장 혁명 부대. 무장선전대와 합쳐져 베트남해방군을 형성한다.

구국회(쿠 쿠옥 호이) 인도차이나공산당이 제2차 세계대전 기간과 그 후에 프랑스에 대항하기 위해 세운 대중조직.

국자감(國子監, 쿠옥 테 쟘) 베트남의 제국 조정에서 운영하던, 유교식 관료를 양성하기 위한 학교. 원래는 11세기에 하노이에 세워졌으나, 19세기에 응우옌 왕조가 후에로 옮겼다. 호치민의 아버지가 이곳에서 잠깐 교사로 일했다.

국학(國學, 쿠옥 혹) 프랑스어와 프랑스 문화에 대한 교육을 받은 조정의 관리를 양성할 목적으로 1896년 후에에 세운 명문 중등학교. 호치민은 1907년부터 1908년까지 이 학교를 다녔다.

국제감시위원회 제네바 협정 결과 인도차이나에서 1954년 7월 휴전이 이루어진 뒤, 이것을 감시하기 위해 세운 기구. 캐나다, 인도, 폴란드의 대표들로 구성되었다.

남베트남 중앙사무소 프랑스-베트민 전쟁과 그 뒤의 베트남 전쟁 동안 남베트남에서 공산주의 작전을 지휘하던 사령부. 1951년에 처음 만들어졌으며, 1975년 사이공 함락 뒤에 해체되었다.

남베트남 민족해방전선(맛 찬 단 톡 자이 퐁 미엔 남) 1960년 베트남민주공화국의 후원 하에 남베트남에 수립된 광범위한 저항 그룹들의 동맹체. 1976년 통일 뒤에 해체되었다.

대월당(大越黨, 다이 비엣 당) 제2차 세계대전 기간에 수립된 민족주의 조직. 처음에는 친일적이었지만, 결국 프랑스 식민지 체제에 대항하여 싸우는 베트남의 비공산주의자들로부터 지지를 얻었으며, 1975년 사이공 함락 이전까지 베트남공화국의 공식 정치 조직으로 활동했다.

동경의숙(東京義塾, 동 킨 응야 툭, 하노이 자유학교) 20세기 초에 개혁을 추진하기 위하여 애국적 지식인들이 세운 학교. 프랑스 당국이 폐쇄했다. 이 학교의 구성원들이 판 티엣의 둑 타인 학교 설립을 후원하였으며, 호치민은 1910년에 둑 타인 학교에서 잠깐 교편을 잡았다.

동남아시아 조약 기구(SEATO) 1954년 공산주의의 확대를 막기 위해 미국의 후원 하에 수립된 여러 국가의 동맹체. 현재는 활동 정지 상태이다.

라오스 인민혁명당 1950년대 초반 베트남의 후원 하에 수립된 혁명 조직. 대중적으로는 파테트 라오라고 알려져 있다.

리엔 비엣 전선(맛 찬 리엔 비엣) 1946년 인도차이나공산당이 당에 대한 지지를 확대하기 위해 세운 전선 조직으로, 1951년 베트민전선과 합쳐졌고, 1955년 조국전선으로 바뀌었다.

마르크스주의연구회 1945년 11월 인도차이나공산당의 표면적 해체 뒤에 수립된 이름뿐인 조직. 사실 인도차이나공산당은 비밀리에 계속 활동하다가 1951년 베트남노동당이라는 이름으로 다시 등장했다.

무장선전대 1944년 12월 제2차 세계대전 말 봉기를 준비하기 위해 인도차이나공산당이 수립한 무장 혁명 부대. 베트남해방군으로 이어진다.

민족해방위원회(우이 반 자이 퐁 단 톡) 탄 차오 회의에서 8월 봉기에 대비하여 수립된 베트민 대표들의 위원회. 호치민이 위원장을 맡았다.

베트남공산당(당 콩 산 비엣 남) 호치민이 1930년 2월에 세운 정당의 원래 이름. 1930년 10월에 인도차이나공산당으로 바뀌었다가, 1976년 12월에 원래 이름이 복원되었다.

베트남공화국(비엣 남 콩 호아) 제네바 협정 뒤에 남베트남에 세워진 비공산주의 정부의 공식 명칭. 베트남공화국은 1975년에 무너져, 1976년 7월 베트남사회주의공화국에 흡수되었다.

베트남공화국군 1956년부터 1975년까지 베트남공화국 군대의 공식 명칭.

베트남광복회(비엣 남 쾅 푹 호이) 1912년 판 보이 차우가 세운 반식민주의 조직. 공화국을 이상으로 삼으면서 군주제를 지향하던 조직인 근대화 협회를 대신하게 된 조직이다. 광복회는 몇 번의 봉기가 실패한 뒤 영향력이 감소하면서 사라졌다.

베트남 국군 바오 다이를 수반으로 하는 베트남준국가가 조직한 군대의 공식 명칭. 제네바 협정 뒤에 베트남 공화국군으로 바뀌었다.

베트남국민당(비엣 남 쿠옥 단 당) 1927년 통킹에 세워진 비공산주의 민족주의 정당. 이후 수십 년간 인도차이나에서 공산당의 주요한 정치적 경쟁자 역할을 한다. 현재는 해체되었다.

베트남노동당(당 라오 동 비엣 남) 1951년 베트남에 복원된 공산당의 공식 명칭. 1976년에 베트남공산당으로 개칭되었다.

베트남민주공화국 1945년 9월 호치민 지휘 하의 베트민전선이 북베트남에 세운 독립 정부. 1946년 12월 프랑스에 의해 하노이로부터 밀려났으나, 1954년 제네바 협정 결과 북베트남 합법 정부로 인정받았다. 1976년 7월에 베트남사회주의공화국으로 개칭되었다.

베트남민주당(당 단 추 비엣 남) 소규모 비공산주의 정당으로, 1944년 인도차이나공산당의 후원 하에 수립되어 베트민전선의 일부가 되었다. 형식적으로는 애국적 지식인들의 이익을 대변하는 정당이었다.

베트남사회주의공화국(콩 호아 사 호이 비엣 남) 1976년 베트남 전쟁이 끝난 뒤에 세워진 베트남 통일 국가의 공식 명칭.

베트남인민군 1954년 제네바 협정 뒤 베트남민주공화국에서 만들어진 정규군. 프랑스-베트민 전쟁 기간 인도차이나에서 활동했던 베트남해방군을 계승했다.

베트남준국가 1949년 엘리제 협정 결과 수립된 공식 정부. 바오 다이를 국가 수반으로 수립된 이 정부는 자율적이었지만, 주권 가운데 몇 가지를 갖추지 못해 프랑스로부터 완전 독립했다고 할 수는 없다. 베트남준국가는 프랑스-베트민 전쟁 동안 프랑스와 협력하여 베트민전선과 싸웠다. 1954년 제네바 협정 뒤에는 남베트남의 독립 정부로 교체되었다.

베트남해방군(비엣 남 자이 퐁 콴) 제2차 세계대전 후 프랑스-베트민 전쟁 동안 인도차이나공산당이 조직한 혁명군의 공식 명칭. 1944년 12월에 처음 만들어졌으며, 1954년 제네바 협정 후 베트남인민군으로 대체되었다.

베트남해방동맹(비엣 남 자이 퐁 동 민) 1941년 중국 남부에서 호치민이 설립한 전선 조직. 인도차이나공산당 지도 하에 반프랑스 세력을 통일할 의도였지만, 나중에 이 지역의 반공 세력이 지배하게 되었다. 결국 동맹회로 바뀌었다.

베트남혁명동맹회(비엣 남 카이 멘 동 민 호이) 1942년 8월 중국 국민당 후원 하에 수립된 베트남 민족주의 조직. 기존의 베트남 민족주의 조직들이 참여했다. 중국의 장 파쿠이 장군이 제안한 조직으로, 그는 이 조직이 인도차이나의 일본군과 싸우기를 바랐다. 호치민은 이 조직을 자신의 목적에 맞게 이용하려 하였으나, 동맹회는 결국 제2차 세계대전 후에 베트남의 정치적 패권을 놓고 인도차이나공산당과 경쟁했다. 1946년 12월 전쟁이 발발하면서, 동맹회는 빈사 상태에 빠졌다.

베트남혁명청년회(비엣 남 타인 니엔 카익 멘 동 치) 1925년 호치민이 중국 남부에 세운 초기의 베트남 혁명 조직. 민족주의와 마르크스주의 이념을 결합하였으며, 1930년에 공식 공산당으로 바뀌었다.

베트민전선(비엣 남 독 랍 동 민, 베트남독립동맹) 1941년 5월 인도차이나공산당 지도 하에 만들어진 전선 조직. 제2차 세계대전 동안, 그리고 그 이후에 프랑스 통치로부터 독립을 얻기 위해 투쟁했다.

베트콩(Viet Communist의 약칭) 베트남 전쟁 기간 남베트남의 봉기 세력을 경멸적으로 부르던 명칭. 공식 명칭은 인민해방군이었다.

소련공산당 1920년대에 블라디미르 I. 레닌의 지도 하에 수립된 혁명 정당의 공식 명칭.

신월혁명당 탄 비엣 혁명당이라고 부르기도 한다. 1920년대 말 반프랑스 민족주의자들이 세운 조직. 인도차이나공산당에 통합되었다.

안남공산당 1929년 혁명청년회가 해체된 이후 인도차이나에서 짧은 기간 활동하던 정당. 1930년에 수립된 베트남공산당에 통합되었다.

위국군(베 쿠옥 콴) 1945년 직후 베트남해방군이 잠깐 사용한 이름. 중국 점령군과 마찰을 피하기 위해 고른 이름이다.

인민해방군(냔 단 쟈이 퐁 콴) 베트콩이라고도 부르며, 1961년에 창설되었다. 베트남 전쟁 기간 혁명 운동 무장군의 공식 명칭이다. (베트콩 참조)

인도차이나공산당(동 두옹 콩 산 당) 1929년 혁명청년회에서 갈라져 나온 회원들이 수립한 단명한 혁명가 조직. 나중에 안남공산당, 탄 비엣 당과 합쳐져 베트남공산당으로 바뀌었다. 베트남공산당은 1930년 2월 호치민이 창건했다.

인도차이나공산당(당 콩 산 동 두옹) 1930년 10월 호치민과 그의 동료들이 세운 공산당. 같은 해 2월에 채택했던 이름은 베트남공산당이었다. 인도차이나공산당은 1945년 11월에 공식 해체되었다가, 1951년에 베트남노동당이라는 이름으로 다시 등장했다.

인도차이나 연방(리엔 방 동 두옹) 인도차이나공산당이 1930년대 중반 베트남, 라오스, 캄보디아 등 3개 혁명 국가를 연방으로 묶으려던 구상. 제2차 세계대전 후에는 3국의 '특별 관계'라는 개념으로 바뀌었다.

인도차이나 연방(Union Indochinoise) 19세기 말 인도차이나의 프랑스 지배를 감독하기 위해 세워진 행정 기구. 코친차이나 식민지와 안남, 통킹, 캄보디아, 라오스 등의 보호령이 포함되었다.

입헌당 1920년대 초 코친차이나의 개혁주의자들이 세운 정치적으로 온건한 정당. 프랑스의 자비로운 후원 하에 베트남의 자치를 얻는 것을 목표로 삼았다. 지도자인 부이 쾅 치에우는 인도차이나공산당의 강력한 비판자가 되었으며, 1945년 8월 혁명 기간에 베트민 조직원에게 암살당했다.

조국전선(맛 찬 토 쿠옥) 1955년 베트남민주공화국이 만든 광범위한 전선 조직. 베트남에서 당 정책에 대한 광범위한 지지를 얻기 위해, 리엔 비엣 전선과 베트민전선을 대신하여 세워졌다.

중국공산당 1921년 중국 상하이에 세워진 공산당의 공식 명칭.

청년선봉(타인 니엔 티엔 퐁) 제2차 세계대전기에 코친차이나에서 일본의 후원 하에 설립된 청년 대중 운동. 인도차이나공산당의 비밀 당원인 팜 응옥 타익이 지도했으며, 1945년에는 사이공에서 8월 봉기를 지지했다.

청년의 희망당(타인 니엔 카오 봉) 1920년대 중반 응우옌 안 닌이 사이공에 세운 단명한 민족주의 정당. 곧 해체되었다.

카오 다이(高臺) 제1차 세계대전 이후에 코친차이나에 생겨난 혼합주의적 종교 조직. 자신을 통제하려는 모든 정치 세력에 대항했다. 정부의 감시를 받고 있기는 하지만, 오늘날까지도 남아 있다.

캄보디아 인민혁명당 1950년대 초 베트남의 후원 하에 캄보디아에 수립된 혁명 조직. 1951년 인도차이나공산당의 해체 이후 그 뒤를 이은 세 조직 가운데 하나였다. 캄보디아 인민혁명당의 군대는 일반적으로 크메르 루주(적색 크메르)라고 알려져 있다. 1960년대에 크메르공산당으로 바뀌었다.

크메르공산당 1960년대 중반 캄보디아의 폴 포트가 이끄는 급진주의자들이 세운 공산주의 조직. 1951년에 세워진 캄보디아 인민혁명당을 대체했다.

크메르 루주 캄보디아의 혁명군을 가리키는 대중적인 명칭. 크메르공산당과 동일시되기도 한다.

탐 탐 사(心心社) 1924년 베트남 교포와 베트남 국적자들이 중국 남부에서 세운 급진적 조직. 호치민의 혁명청년회로 바뀐다.

파테트 라오 라오스의 혁명 군대를 가리키는 대중적인 이름. 베트남 전쟁 기간에 파테트 라오는 베트남의 봉기 세력과 협력하여 미국과 싸웠다.

프랑스 원정군 프랑스-베트민 전쟁 기간에 인도차이나에서 프랑스가 고용한 부대들.

호아 하오(和好) 1939년 불교 신비주의자 후인 푸 소가 시작한 혼합주의적 종교 운동. 강력한 반프랑스 정서를 내세웠으며, 제2차 세계대전 뒤에는 공산주의자들이 통제하려 할 때도 반발했다. 베트남사회주의공화국에서도 당국의 감시를 받으며 계속 활동하고 있다.

1장 빼앗긴 땅에서

1890
1911

"우리 아버지를 포함하여 베트남 사람들은 우리가 프랑스의 굴레를 벗는 데 누가 도움이 될 수 있을지 궁금해하곤 했습니다. 어떤 사람들은 일본, 어떤 사람들은 영국, 어떤 사람들은 미국이라고 말했지요. 나는 내 눈으로 직접 보기 위해 해외로 가야 한다고 생각했습니다. 그들이 어떻게 사는지 보고 난 뒤에, 돌아와 우리 동포를 도울 생각이었지요."
— 미국 저널리스트 애너 루이즈 스트롱과 한 인터뷰에서

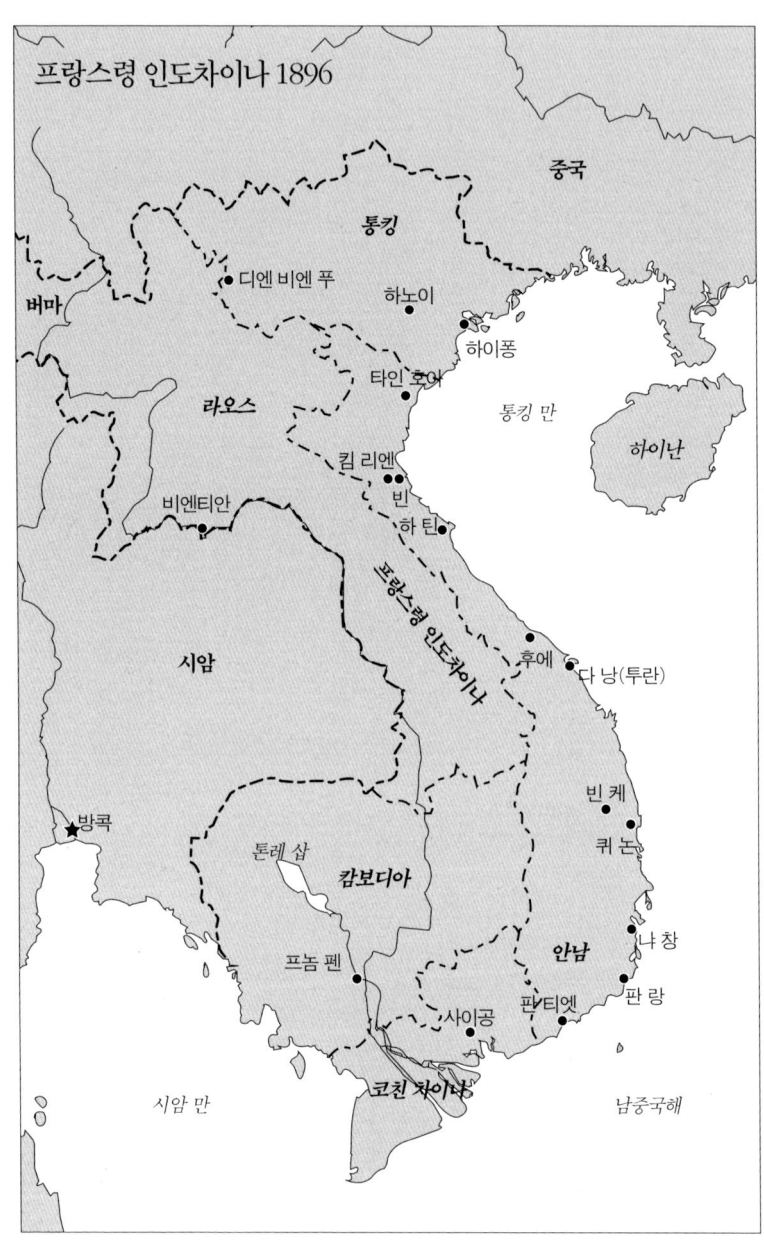

1 | 빼앗긴 땅에서

그는 팡파르도 없이 조용히 도시로 들어왔다. 그의 추종자들이 승리를 축하하거나 적군의 항복을 받으러 거리를 돌아다니는 동안, 그는 중국인 구역의 평범한 2층짜리 상가 건물에 자리를 잡고 은둔한 채 낡은 타자기를 붙들고 씨름하며 며칠을 보냈다. 이 타자기는 그가 모스크바로부터 중국 남부를 거쳐 마침내 1941년 초 30년 만에 고국에 돌아올 때까지 10여 년 동안 들고 다니던 것이었다.

1945년 8월 말 그는 자신의 민족에게 새로운 나라의 창건을 선포하기 위해 준비해온 연설문을 마무리 지었다. 9월 2일 오후 2시가 조금 지났을 때 그는 도시의 서쪽 가장자리, 머잖아 바딘 광장이라고 알려지게 될 널찍한 공원에 급히 세운 임시 단상 위의 연단에 올라섰다. 빛 바랜 카키색 양복이 그의 바싹 여윈 몸을 헐렁하게 감싸고 있었다. 발에는 고무 슬리퍼를 꿰고 있었다. 수천 명의 군중이 그의 연설을 들으려고 아침부터 몇 시간씩 기다리고 있었다. 그는 그의 고향 사투리가 분명하게 드러나는 높은 음조의 목소리로 나라의 독립을 선포한 다음, 새로운 헌법을 읽어나갔다. 청중에 섞여 있던 소수의 미국인들에게 그의 첫마디는 놀라움을 안겨주었다. "모든 인간은 평등하게 창조되었다. 그들은 창조주로부터 양도할 수 없는 권리를 부여받았다. 생존, 자유, 행복의 추구 등이 그러한 권리이다."(미국

독립선언문의 서두와 흡사하다: 옮긴이)

아시아 전역에서 일본 제국주의 군대가 항복한 직후였다. 장소는 하노이, 한때는 홍 강(江) 삼각주의 핵심부에 자리잡은 베트남 제국 수도였으나, 이제는 프랑스령 인도차이나의 나른한 식민지 도시로 전락한 곳이었다. '애국자' 응우옌(호치민이 제2차 세계대전 종전 이전에 사용하던 이름인 응우옌 아이 쿠옥은 한자로 阮愛國[완애국]: 옮긴이)은 20년 동안 그의 동포들에게는 희망을 심어주었으며, 그들을 다스린 프랑스 식민지 관리들에게는 공포와 증오를 불러일으켰다. 이제 그는 호치민(胡志明)이라는 새로운 이름으로 등장하여, 베트남인들에게 새 나라의 초대 주석으로 자신을 소개했다.

당시 그의 동포들 가운데 소수를 제외하고는 아무도 호치민이라는 이름을 알지 못했다. 그가 코민테른('제3인터내셔널'이라고도 알려진 혁명 조직으로, 볼셰비키 지도자 레닌이 1919년 결성했다) 요원 출신이며, 1930년에 베트남공산당을 창건한 인물이라는 사실 역시 청중, 나아가서 그 나라의 거의 모든 사람들이 알지 못했다. 그는 자신을 "오랫동안 조국에 봉사해온 애국자"라고만 밝혔다. 그러나 이후 25년 동안 베트남인들만이 아니라 전 세계 사람들이 이 인물을 평가하려고 애쓰게 된다.

베트남, 격렬한 투쟁의 역사

그가 이날 바딘 광장에 이르기까지 거쳐온 기나긴 여정의 출발점은 1858년 늦여름으로까지 거슬러 올라간다. 그해에 프랑스 전함들은 소규모 스페인 함대와 더불어 갑자기 베트남 중부 해안에 있는 중간 규모의 상업항인 다낭을 공격하기 시작했다. 그러나 이런 도발은 전혀 예상할 수 없었던 일은 아니었다. 프랑스는 수십 년 전부터 베트남에 눈독을 들이고 있었다. 구원할 영혼을 찾아다니던 선교사들, 새로운 시장을 쫓아 세계를 돌아다니다가 강을 통해 중국에 이르는 길을 찾으려던 상인들, 아시아에서 식민지를 획득해야만 강대국 프랑스가 생존할 수 있다고 확신하던 정치가들이 그 주역이었다. 19세기 중반까지만 해도 프랑스 정부는 외교적인 수단으로 베트남에 터를 닦으려 했으며, 프랑스에 문호를 개방하라고 베트남 황제를 설득하기 위해 다낭에서 북쪽으로 80킬로미터 정도 떨어진 제국의 수도 후에(프랑스 사람들은 프랑스식 발음으로 위에라고 불렀다: 옮긴이)로 사절단을 보내기까지 했다. 그러나 협상이 벽에 부딪히자 나폴레옹 3세(루이 나폴레옹) 정부는 무력을 동원하기로 결정했다.

프랑스 전함들의 공격을 받은 이 나라는 전쟁이나 외국의 침략이 낯설지 않았다. 사실 아시아에서 독립된 국가로서 정체성을 유지하기 위해 베트남인들보다 더 오래 더 끈질기게 싸웠던 나라는 찾아보기 힘들다. 이 나라의 역사에서 가장 먼저 눈에 띄는 사실은 북쪽의 이웃인 중국의 팽창주의적 경향에 맞서 오랫동안 격렬하게 투쟁해왔다는 점이다. 로마공화국이 아직 유아기에 있던 기원전 2세기에 중국 제국은 베트남을 정복하여, 강력한 정치·문화·경제적 동화 정책을 시행했다. 베트남인들은 서기 10세기에 간신히 독립을 회복하기는 했으나, 중국 황제들이 베트남이라는 독립적 실체를 현실로 인정하는 데는 수백 년이 걸렸다. 사실 베트남은 내키지 않았지만 중국의 왕조와 조공 관계를 수용한 뒤에야 독립을 인정받았다.

중국과의 오랜 관계는 베트남에 쉽게 지워지지 않을 흔적들을 남겼다. 1천 어 년의 세월 동안 중국의 정치 제도, 문학, 미술과 음악, 종교와 철학, 심지어 언어까지 베트남의 토양에 깊게 뿌리를 내렸다. 그 결과는 '유교화된' 베트남이었으며, 이 때문에 속을 모르는 관찰자들은 이 나라를 중국의 축소판으로 여기곤 했다. 북쪽의 강성하고 화려한 이웃을 모방하는 '작은 용' 정도로 취급하게 되었던 것이다. 실제로 베트남 군주 자신이 모범을 보여, 중국의 황제인 '천자(天子)'보다 낮고 존엄성도 떨어지는 존재로서 복장을 갖추었다. 베트남의 지배 엘리트는 점차 중국식 엘리트로

20세기 초 하노이 중심가의 사진. 뒤쪽으로 보이는 것이 시립극장으로, 이 건물은 프랑스인들이 지었으며, 훗날 베트남 혁명에서 중요한 역할을 하게 된다.

바뀌어갔으며, 그 구성원(흔히 만다린[官]이라고 알려져 있다)도 유교 경전에 대한 지식을 묻는 어려운 시험을 통과할 수 있는 능력을 기초로 선발했다. 적어도 이론적으로는 그랬다. 몇 세대에 걸쳐 베트남의 젊은 남자들은 중국의 젊은 남자들이 배우는—또 종종 암기하는—것과 똑같은 고전 문헌들로 교육을 받았다. 젊은 여자들은 엄격한 가부장적 유교 관습에 따라 공적인 사회에 진출하는 것—실제로 모든 전문 직업을 갖는 것—이 금지되었으며, 가정의 울타리 안에 격리된 채 현모양처가 되는 길로 야망의 방향을 돌리라는 훈계를 받았다.

　어쩌면 베트남이 중국 문화권으로 편입된 것은 특별히 강압적인 경험은 아니었을지도 모른다. 중국의 유교 문명을 형성해온 사회·경제적 조건들을 베트남에서도 찾아볼 수 있기 때문이다. 베트남은 중국과 마찬가지로 근본적으로 농업 사회였다. 베트남인 10명 가운데 9명은 쌀 경작자

식민지 하노이의 프랑스 구역에는 유럽식 근대적 건물들이 있었지만, 그 옆에는 원래의 도시가 있었다. 이곳에는 주로 중국의 상인이나 장인이 살았으며, 식민지 통치기에도 그 독특한 개성을 유지했고, 현재도 유지하고 있다.

였다. 이들은 통킹 만(灣)으로 느릿느릿 흘러가는 홍 강의 물 많은 삼각주에 흩어져 아주 작은 마을들을 이루어 살았다. 이런 사회에서는 근면, 개인의 욕구를 집단의 요구에 종속시키는 태도, 안정적인 사회·정치적 위계를 중시했다. 관개 체계와 도로망을 유지하는 훈련받은 관료는 핵심적인 존재였지만, 상업과 제조업은 상대적으로 뒤처졌다. 따라서 베트남 문화의 자생적 요소들이 결코 완전하게 말살된 것은 아니었지만, 언뜻 보면 이 나라는 북쪽에 있는 거대한 이웃을 축소해서 거울에 비춘 모습이었다.

그러나 베트남 민족은 막강한 중국의 위대한 전통을 거의 전적으로 수용하는 것 같으면서도, 자치 문제에서는 완강한 태도를 보였다. 베트남의 전통적인 영웅들—서기 1세기에 중국에 대항했던 증(徵)씨 자매와 같은 반란 지도자들, 그리고 1400년 뒤 명나라와 싸운 레 로이(黎利) 황제와 그의 뛰어난 전략가 응우옌 차이(阮口) 등(15세기 중국 명나라와의 싸움에서 승

1장 빼앗긴 땅에서 35

리를 거두고 독립 레 왕조를 건립한 중심 인물들: 옮긴이)—은 모두 중국 지배에 저항한 인물들이었다. 이런 시련의 역사 속에서 민족의 정체성에 대한 강한 자의식을 갖추고 외침에 대항하여 조국을 방어할 용기를 갖춘 민족이 성장하게 되었다.

  민족 생존을 위해 오랜 기간 투쟁을 해왔기 때문에 베트남에는 민족의 이익을 확보하고 보호하기 위해서는 언제든지 무력을 이용한다는 강력한 군사적 전통이 확립되었다. 939년 중국으로부터 민족 독립을 회복한 뒤 스스로 대월(大越, 다이 비엣)이라고 부르던 새로운 베트남 국가는 남쪽에 이웃한 교역 국가 참파(占婆)와 수백 년에 걸친 장기간의 갈등에 빠져들었다. 베트남인들이 점차 우세를 점하면서, 13세기 초부터 참족은 남쪽 해안으로 밀려나게 되었다. 결국 17세기에 대월국은 참파를 정복하여 그 영토를 타이 만의 카 마우 반도까지 확대하게 되었다. 병사 출신의 베트남 정착민들은 남쪽으로 이주하여 메콩 강 삼각주의 비옥한 땅에 새로운 쌀 농사 공동체들을 형성해나갔다. 대월국은 동남아시아 본토에서 가장 강력한 국가들 가운데 하나로 꼽히게 되었으며, 베트남 군주는 이웃 통치자들과의 관계에서 스스로 왕이 아니라 황제라 칭하게 되었다.

  그러나 군사적 성공에는 대가가 따랐다. 영토 확장으로 인해 홍 강 심장부의 전통적인 주민과 새로 손에 넣은 남쪽 변경지대의 좀더 독립적인 정착민들 사이에 문화적, 정치적으로 균열이 생기기 시작한 것이다. 그 결과 북부와 남부의 통치 가문들 사이에 2백 년 동안 내전이 벌어졌다. 19세기 초에 남부 통치 가문의 후손인 응우옌 푹 아인(阮福映)은 제국을 통일하고, 쟈 롱(嘉隆)이라는 연호를 사용했다. 처음에 새로운 응우옌 왕조는 장기적인 내전의 유산을 청산하려 하였으나, 19세기 중반에 이르러 지역 간 마찰이 증가하기 시작했다. 더불어 농지가 부자들의 손에 집중되는 등 경제적인 문제도 중첩되었다. 제국의 수도 후에의 무능한 지도자들 때문에 상황은 더욱 악화되었다.

베트남 내전은 동남아시아 역사에서 중요한 시기에 발발했다. 유럽의 함대는 향료, 귀금속, 구원할 이교도의 영혼을 찾기 위해, 포르투갈의 탐험가 바스코 다 가마의 자취를 쫓아 남중국해와 타이 만의 해안을 배회하고 있었다. 유럽인들 가운데도 프랑스인들이 이 지역에 큰 관심을 보였다. 19세기에 그들의 강력한 경쟁자인 영국이 인도와 버마에 지배권을 확립하자, 프랑스 지도자들은 베트남을 향하여 탐욕스러운 눈길을 돌렸다.

프랑스의 침공

1853년 응우옌 왕조의 3대 황제가 승하하자, 베트남의 제위는 젊고 미숙한 투 둑(嗣德)의 손으로 넘어갔다. 이 중대한 위기에 베트남의 독립에 심각한 위협을 주는 세력들을 격퇴하는 책무가 그에게 맡겨진 것은 그의 불행인 동시에 백성들의 불행이었다. 그는 선한 의도를 가진 영리한 황제였지만, 종종 우유부단한 태도를 보였으며 줄곧 병마에 시달렸다. 1858년 프랑스 군대가 다낭 항에 상륙했을 때, 투 둑은 본능적으로 싸우려고 했다. 협상 제안에 코웃음을 친 투 둑은 도시 외곽의 프랑스 방어선 바로 너머에 제국 군대를 집결시켰다. 그 지역에서 활동하던 프랑스 선교사들은 프랑스군 사령관 샤를 리고 드 저누이 제독에게 베트남 제국의 권위에 대항하는 내부 봉기가 일어날 것이라고 장담했으나 봉기는 일어나지 않았다. 처음에 제독은 적의 사정을 보며 기다리려 하였으나, 콜레라와 이질이 돌아 프랑스군의 사기가 떨어지기 시작하자 다낭을 버리고 남쪽으로 더 내려가 좀더 허술한 곳을 찾기로 했다. 이듬해 초 프랑스군은 메콩 강 삼각주에서 북쪽으로 몇 킬로미터 떨어진 작은 강가에 자리잡은, 작지만 번창하던 상업항 사이공을 공격했다. 사이공지역의 제국 군대는 반격을 시도했으나, 낡은 무기는 침략군의 무기에 적수가 되지 못했고, 두 주 뒤에 베트남의 저항은 끝이 났다.

황제는 처음에는 군사력으로 침략자들을 물리치려 했으나, 남부에서 패배를 당하자 기가 꺾였다. 조정의 신하들은 항전을 계속하자고 호소했지만 투 둑은 협상을 결심하고, 1862년 메콩 강 삼각주의 3개 성(省)을 양도하기로 합의했다. 이곳은 (몇 년 뒤에 3개 성이 추가되어) 결국 코친차이나라는 이름의 프랑스 식민지가 된다. 제1회전에서는 파리가 승리를 거둔 셈이다.

몇 년 동안 후에의 제국 조정은 아슬아슬하지만 독립을 유지하고 있었다. 그러나 프랑스가 1880년대 초에 진격을 계속하여 하노이의 요새를 공격하고 홍 강 삼각주의 몇몇 주요 도시를 점령하자, 조정은 마비 상태에 이르렀다. 병약하던 투 둑은 전쟁이 재개되기 직전에 승하하고, 조정은 후계 문제를 둘러싸고 몇 개 분파로 갈라져 대립했다. 그 후 몇 달 동안 나이 어린 새로운 군주들 몇 명이 제위에 오르자마자 퇴위당하는 일이 반복되었다. 결국 막강한 섭정 톤 탓 투옛(尊室說)이 권력을 잡고 자신의 피후견인 함 응이(咸宜)를 제위에 앉힌 뒤 저항을 계속하겠다고 선언했다. 청나라는 베트남의 요청을 받아들여 봉신 국가를 지원하고자 제국 군대를 보냈으나, 그래도 베트남은 프랑스를 이기지 못했다. 1885년 청나라는 군대를 거두고 프랑스와 조약을 맺어, 오랫동안 지속되어온 베트남과의 조공 관계를 청산한다고 공표했다. 어린 함 응이는 고집 센 섭정 톤 탓 투옛과 함께 투쟁을 계속하기 위해 내륙의 산악지대로 달아나고, 빈 제위는 유순한 황제가 이어받았다. 이제 조정을 장악한 화평파는 프랑스와 새로운 조약을 맺어 베트남의 남은 영토 전역에 대한 프랑스의 정치적 지배권을 인정했다. 프랑스는 새로 얻은 소유물을 통킹(홍 강 삼각주와 주변 산악지대의 성들로 구성된다)과 안남(남쪽 코친차이나 식민지에 이르는 해안의 성들로 구성된다)이라는 두 개의 보호령으로 나누었다. 프랑스는 안남에서 꼭두각시 황제와 그의 관료들이 한때 존엄했던 권위의 거덜난 잔해를 그대로 유지하게 했다. 통킹에서는 실질적으로 식민 통치가 이루어졌다. 어느 모로 보

통킹 전쟁 중 하노이 점령을 묘사한 19세기의 판화.

나 이제 베트남은 프랑스의 소유물이 된 것이다.

프랑스의 베트남 정복은 산업시대로 들어선 서구의 선진 국가들이 나폴레옹 전쟁 이후 19세기에 강력하게 추진했던 식민지 확장 정책의 일환이었다. 서구의 자본주의 국가들은 값싼 원료와 자국 상품의 소비 시장을 필사적으로 찾아 헤매면서 군사력을 이용하여 아시아 전역에 그들의 헤게모니를 확립했다. 세기말에 이르자 남아시아와 동남아시아에서 시암 왕국─나중에 타이로 바뀐다.─을 제외한 모든 나라가 어떤 식으로든 식민지 통치를 받게 되었다.

그러나 제국 조정이 항복했다고 해서 베트남인의 독립에 대한 갈망도 끝이 난 것은 아니었다. 중국에 대한 수백 년간의 저항을 통해 베트남의 엘리트 계급에게는 왕과 조국에 대한 충성이 유교적 의무의 근본이라는 전통이 확립되어 있었다. 그래서 군 장교들만이 아니라 민간 관리들도 우

하노이의 반역자 재판 광경. 프랑스 관리와 헌병, 통역관, 칼을 쓴 피의자들이 있다.

월한 군사력에 굴복한다는 조정의 결정을 받아들이지 않고, 지역의 무장 세력을 모아 함 응이를 복위시키려고 했다. 안남의 중부 해안지대에 자리 잡은 하 틴 성(河靜省)의 문신(文紳) 판 딘 풍(潘廷逢)이 퇴위당한 황제를 지지하고 프랑스인들을 조국에서 몰아내기 위한 근왕(勤王, 칸 부옹) 운동을 전개했다. 어린 시절부터 그와 알고 지내던 친구 호앙 카오 카이가 새로운 상황에 순응하기로 한 뒤 판 딘 풍에게 쓸데없는 노력을 포기하고 무익한 유혈을 막자고 충고하자, 그는 원칙을 지키는 유교적 애국자답게 당당하게 대답했다.

나는 우리 나라가 그 땅이 넓지도 않고, 그 부가 대단치 않은데도 지난 1천 년간 살아남은 것은 왕과 신하, 아비와 자식의 관계가 늘 오륜(五倫)으로 규제되어왔기 때문이라고 결론을 내렸네. 과거 중국의 한, 송, 원, 명은 여러 차례 우리 나라를 합병하여 이 나라를 중국 행정제도로 편입하려고 꿈꾸지 않았나. 그러나 그들은 결코 그 꿈을 실현하지 못했네. 아! 우리와 국경을 접하고 있고 우리보다 1천 배는 더 강한 중국조차 힘으로 우리를 삼키지 못했던

것은 우리 조국의 운명을 하늘이 보살폈기 때문이 아니겠는가.[1]

그러나 제위의 권리를 주장하는 사람이 둘이었기 때문에 군주를 향한 충성심에 고무되었던 베트남인들은 심각한 고민에 빠졌다. 후에에서 프랑스의 승인을 받아 정식으로 제위에 오른 새로운 황제 동 카인(同慶)에게 복종할 것인가, 아니면 산 속 피신처에서 모든 애국자들에게 오랑캐들에 맞서 결사적 항전에 나서라고 호소하는 퇴위당한 통치자 함 응이의 말에 귀를 기울일 것인가? 저항과 순응 사이에서 선택을 해야 하는 잔인한 상황으로 인해 전통적 지배 계급은 분열되고, 이것은 50년이 지난 뒤에도 치유되지 않는 상처를 남겼다.

명예로운 유학자 아버지

반프랑스 저항 운동의 핵심은 베트남 중부의 응에 안 성(乂安省)이었다. 평온한 해변과 자줏빛 산, 황록색 논과 청록색 숲의 땅 응에 안은 라오스 국경을 따라 놓인 안남 종단 산맥과 남중국해 사이에 자리잡은, 프라이팬 손잡이처럼 생긴 좁고 긴 땅이었다. 이곳은 또 뜨겁고 건조한 바람과 가을 홍수의 땅이어서 이 바람과 비에 벼는 쓰러지고 논에는 물이 찼다. 보기에는 그토록 아름다운 이 땅이 그곳에 사는 사람들에게는 종종 잔혹한 짓을 했던 것이다. 해안과 산맥 사이의 좁은 허리로 빽빽이 몰려든 베트남인들의 90퍼센트는 땅을 파서 근근이 먹고 사는 농민이었으며, 그들에게 삶은 투쟁이었다. 땅은 깊이가 얕았고 영양분이 부족했으며, 해수에 침수되는 일이 잦았다. 재난은 멀리 있지 않았으며, 실제로 재난이 일어나면 농민은 간혹 절망적인 수단에 매달리곤 했다.

이런 이유 때문에 응에 안의 거주자들은 역사적으로 베트남인들 가운데 가장 완강하고 반항적인 사람들로 알려지게 되었으며, 오래 전부터 '응에 안의 물소들'이라는 별명을 얻었다. 역사적으로 응에 안 성은 침략자들에 저항하고, 민심을 잃은 통치자들에게 반역을 일으키는 일에 선봉에 서곤 했다. 19세기 마지막 20년 동안 응에 안은 반프랑스 저항 운동의 중심지 가운데 하나가 되었다. 이 지방의 엘리트 가운데 다수가 판 딘 풍의 근왕 운동의 깃발 아래 싸우다 목숨을 바쳤다.

킴 리엔은 응에 안 성의 중심인 남 단 부(府) 안의 촌락이며, 성도(省都)에서 서쪽으로 15킬로미터 정도 떨어져 있다. 남 단 부는 응에 안 성에서 제일 큰 강인 카 강의 북쪽 강변에 자리잡고 있다. 땅은 대부분 평지여서 아열대의 태양을 받아들이는 논이 동쪽으로 바다까지 몇 킬로미터 뻗어 있지만, 평야에는 간혹 청록색 식물이 무성한 작은 산 몇 개가 머리를 쳐들고 있다. 풍경에 점점이 박혀 있는 야자나무 숲은 농민들의 자그마한 오두막들로 이루어진 작은 마을에 그늘을 드리운다. 마을마다 자라는 바나나나무, 밀감나무, 대나무들은 곤궁할 때 먹을 것을 제공해주기도 하고, 건축 재료가 되어주기도 한다. 그럼에도 19세기에 남 단 부의 농민은 대부분이 가난했다. 인구 밀도가 높은 데다가 농사를 지을 수 없는 땅이 많았기 때문이다.

1863년 이 지방에서 부농 응우옌 신 부옹(때로는 응우옌 신 남이라고 부르기도 했다)의 두 번째 부인 하 티 히가 아들을 낳아 응우옌 신 삭이라는 이름을 지어주었다. 부옹의 첫 번째 부인은 몇 년 전에 장남 응우옌 신 초를 낳다가 죽었다. 부옹은 자식을 키우기 위해 이웃 마을 농민 집안 출신의 하 티 히와 재혼했다. 그러나 삭이 네 살 때 부모가 모두 죽는 바람에, 그는 이미 아버지의 땅에서 농사를 짓고 있던 배다른 형제 초의 손에서 자랐다. 초와 그의 이웃들에게 농부의 삶은 고달팠다. 태풍이 몰아치면 경작지가 침수되고, 농작물이 모두 망가졌다. 가뭄이 들면 벼가 말라비틀어졌다. 그래서 이 마을의 많은 농민은 목공, 벽돌 쌓기, 직조, 금속 세공 등의 부업을 했다. 그럼에도 이 지역에는 오래 전부터 학식을 존중하는 전통이 있었다. 수많은 지역 유생(儒生)들이 과거를 보았으며, 몇 사람은 빈약한 수

호치민의 아버지 응우옌 신 삭의 젊은 시절 초상. 응우옌 신 삭은 유학자로 교육받았지만, 그의 복장에서는 근대적인 취향이 나타난다. 그가 입고 있는 저고리는 같은 시대의 중국인 혁명가 쑨 원이 유행시킨 것이다.

입을 보완하기 위해 아이들을 가르치기도 했다.

처음에 어린 응우옌 신 삭에게는 문신으로 커나갈 기회가 좀처럼 없었다. 전통에 따라 가족 사당에 비치한 명패에는 가문에서 과거에 합격한 사람들의 이름이 한자로 꼼꼼하게 새겨져 있었으나, 가까운 몇 세대에는 과거 합격사를 한 사람도 배출하지 못했다. 삭의 배다른 형 초는 공부에 관심이 없었다. 그러나 삭은 공부에 열심이었다. 삭은 늦은 아침 들판에서 형의 물소를 몰고 오다가 동네 유생 부옹 툭 마우의 서당 앞에 소를 묶어 놓은 다음 서당 밖에서 어슬렁거리며 훈장이 아이들을 가르치는 소리에 귀를 기울였다. 어린 삭은 시간이 나면 맨땅이나 감나무 잎에 한자를 써보곤 했다.[2]

응우옌 신 삭이 사춘기에 이르렀을 때 그의 공부에 대한 욕심은 마을에 널리 알려졌으며, 마침내 근처 호앙 추 마을에 사는 문신 호앙 두옹(호앙 수안 두옹이라고도 한다)의 관심을 끌게 되었다. 그는 친구 부옹 툭 마우를 만나러 킴 리엔까지 흙길을 걸어오곤 했는데, 어린아이 혼자 들판에서 노는 친구들과 떨어져 물소에 올라탄 채 책을 읽는 모습을 보게 되었다. 호앙 두옹은 응우옌 신 초와 이야기를 하여 자신이 아이를 맡아 기르겠다고 나섰다. 자신이 집에 연 서당에서 아이를 가르쳐볼 작정이었다. 초도 동의를 하여 1878년 응우옌 신 삭은 15살의 나이에 호앙 추 마을로 갔고, 그곳에서 양아버지이자 후원자인 호앙 두옹 밑에서 정식으로 유교 고전을 공부하기 시작했다. 이것은 특별한 일은 아니었다. 가난한 농민의 재주 있는 아들은 좀 낫게 사는 친척이나 이웃이 거두어 가르치는 것이 관례였기 때문이다. 아이가 공부를 잘 하여 학자가 되거나 관계(官界)에 진출하면, 친척이나 이웃이 모두 그의 지위나 영향력의 덕을 볼 수도 있었다.

지역의 다른 많은 유생들과 마찬가지로 두옹 선생(동네에서는 그렇게 알려져 있었다)은 훈장 일을 하면서 농사도 지었다. 호앙 가문의 뿌리는 홍강 삼각주 하노이의 남동쪽에 있는 하이 홍 성이었는데, 그의 가문은 그곳에서 학식으로 이름을 떨쳤다. 호앙 두옹의 선조는 15세기에 응에 안으로 이주한 후에도 학자 집안의 전통을 이어갔다. 그의 아버지는 과거를 3번 보아 결국 투 타이 학위('계발된 재능'이라는 뜻으로, 과거 합격에서 가장 낮은 등급이며, 오늘날의 학사 학위와 비슷하다)를 받았다.

호앙 두옹이 그의 작은 집의 바깥쪽 두 방에서 학생들을 가르치는 동안, 부인인 응우옌 티 켑과 두 딸 호앙 티 로안, 호앙 티 안은 밭을 갈거나 옷감을 짜 생계를 도왔다. 베트남 촌락 여자들이 다 그랬듯이, 두옹 선생의 가족 가운데 여자들은 공식 교육을 전혀 받지 못했다. 학자나 관리가 되기 위한 교육은 남자들만 받을 수 있었기 때문인데, 이것은 중국으로부터 도입된 고래의 원칙이었다. 중국에서와 마찬가지로 베트남에서도 여자의 전통적 의무는 어머니와 주부 역할을 하고, 남편의 시중을 드는 것이었다. 그러나 처음부터 그랬던 것은 아니다. 역사적으로 베트남 여자들은 중국

1883년 응우옌 신 삭이 호앙 티 로안과 결혼한 뒤, 그의 장인은 호앙 추 마을에 있는 자신의 집 옆에 방 세 칸짜리 작은 집을 지어 결혼 선물로 주었다. 호치민은 1890년 5월 2일 이곳에서 태어났다. 원래의 집들은 남아 있지 않지만, 1959년 호가 베트남민주공화국의 주석이 되었을 때 복원되었다.

여자들보다 법적으로 더 많은 권리를 누렸으나, 15세기 이후 유교가 점점 지배적인 자리를 차지하면서 베트남 사회에서 여자들의 지위도 점차 제한을 받게 되었다. 여자들은 가족 내에서 남편에게 분명하게 종속되는 존재였다. 남자들은 소유권을 독점했고 첫 번째 부인이 아들을 낳지 못하면 부인을 하나 더 둘일 수도 있었다.

이러한 제약 속에서도 응우옌 티 켑과 그녀의 딸들은 대부분의 이웃보다는 형편이 나았던 것 같다. 그들은 약간의 문학적 지식을 갖추고 있었기 때문이다. 켑 역시 학자 집안 출신이었다. 그녀의 아버지 역시 시아버지와 마찬가지로 과거의 첫 관문을 통과했다(향시과에 급제했다는 뜻: 옮긴이). 켑은 지역 유생의 부인으로 지역 공동체에서 존경과 부러움의 대상이었다. 그러나 많은 점에서 그녀와 딸들의 삶은 형편이 못한 이웃들과 크게 다르지 않았다. 그들 역시 낮이면 마을 산울타리 너머의 진흙 논에서 무릎까지 빠져가며 매년 계절에 맞추어 벼농사를 지었다.

삭은 시골의 이런 환경 속에서 어른으로 성장해갔으며, 곧 유학 공부에서 두각을 나타냈다. 그가 두옹 선생의 매력적인 딸 호앙 티 로안에게 이성으로서 관심을 드러냈을 때, 처음에 켑은 삭이 고아라는 이유로 내켜하지 않았던 것 같으나 결국 결혼을 허락했다. 두 사람은 1883년에 결혼식을 올렸다. 두옹 선생은 결혼 선물로 사위에게 자신의 집 옆에 방 세 칸짜리 조그만 초가집을 지어주었다. 근처의 방 하나짜리 건물은 가족 사당으로, 남자들은 그곳에서 집안의 조상에게 예의를 갖추어야 했다. 신혼부부를 위해 새로 지은 집은 아늑하고 깨끗했다. 안방은 생활 공간이었고, 부엌은 뒤쪽에 있었다. 바깥 방은 삭의 서재였다. 이 가족은 마을 대부분의 사람들보다는 넉넉한 편이었으나, 논이나 조그만 채소밭을 가꾸는 데 일꾼을 쓰지는 않았다. 결혼 후 7년 동안 남편은 공부를 계속했고, 호앙 티 로안은 자식 셋을 낳았다. 딸 응우옌 티 타인은 1884년에 태어났고, 아들 응우옌 신 키엠은 1888년에 태어났다. 그리고 둘째 아들 응우옌 신 쿵은 1890년 5월 19일에 태어났는데, 이 아들이 나중에 호치민이라는 이름을 가지게 된다(베트남에서는 아이가 태어나면 '젖 이름'을 지어주고, 자식이 사춘기에 이르면 부모의 자식에 대한 열망을 반영한 새 이름을 정해준다).[3]

응우옌 신 삭이 과거 공부를 하는 동안 그의 부인 로안은 관습대로 농사일을 하고 자식들을 키웠다. 옆에서 지켜보았던 사람들의 회고에 따르면 그녀는 부지런하고 가족에 헌신했다. 이 두 가지 모두 유교의 미덕이었다. 그러나 그녀는 재주가 뛰어나고 지적인 호기심이 강했다. 그녀는 베트남 고전도 약간 알았으며, 아이들을 재울 때는 전통 민요를 불러주거나 응우옌 주(阮攸)의 유명한 운문 고전 《추엔 키에우(Truyen Kieu, 金雲翹)》에 나오는 구절들을 암송해주었다. 이것은 전통적인 도덕률의 덫에 걸린 두 연인을 그린 가슴 아픈 이야기였다.

1891년 응우옌 신 삭은 투 타이 학위를 얻으러 성도 빈까지 갔으나 낙

응우옌 신 삭은 장인 호앙 두옹의 집에 있는 이 방에서 유교 고전을 배웠다. 이 방은 매년 설이 되면 호앙 씨족이 모이는 장소로도 쓰였다. 1893년 두옹이 사망한 뒤 삭은 이 방에서 동네 아이들에게 유교 고전을 가르쳤다.

방하고 말았다. 그러나 성적은 좋았기 때문에 용기를 얻어 집에 돌아온 뒤에도 공부를 계속하였으며, 집에서 동네 아이들을 가르쳐 살림을 도왔다. 그러나 1893년 장인인 두옹 선생이 세상을 떠 가족의 경제적 부담이 늘어나는 바람에, 삭은 과거 재도전 준비를 미룰 수밖에 없었다. 어린 응우옌 신 쿵은 누나가 집안일을 거드는 동안 들판이나 아버지의 서당 주변을 돌아다니며 놀았다. 밤이면 그물침대에 몸을 누이기 전에 할머니가 영웅들의 이야기를 들려주었다. 쿵은 똑똑하고 호기심이 많았으며, 지식을 금방 흡수했다.

1894년 5월 삭은 빈에서 두 번째로 과거에 응시하여 크 냔(舉人), 즉 '천거받은 사람' 학위를 획득했다. 이것은 투 타이보다 높은 학위로, 오늘날의 석사 학위에 해당한다. 이것은 시골의 유생으로서는 특출한 성적이었으며, 삭은 호앙 추로 환향하자 조그만 땅을 받았다. 공동체에서 과거에 급제한 사람에게 주는 전통적인 상이었다. 삭은 부인이 지참금으로 가져온 1만 2천 제곱미터 정도의 논밖에 가진 게 없었으므로 그 땅을 받기는 했으나, 호화로운 기념 잔치를 여는 것은 사양하고 대신 마을의 가난한 사람들에게 물소 고기를 나누어주었다.

명예로운 크 난 학위를 받은 사람은 제국 관료 체제 내에서 관직을 얻어 "자신의 영광을 구하고 가족을 부유하게"(빈 타인 피 쟈) 하는 것이 상례였다. 그러나 응우옌 신 삭은 공부를 계속하면서 동네에서 고전을 가르쳐 약간의 수입을 얻는 쪽을 택했다. 호앙 티 로안은 부인의 희생이라는 유서 깊은 유교적 전통—베트남의 표현으로는 봉 안 디 추옥, 봉 낭 테오 사우, 즉 "남편의 마차가 먼저 나가고 부인의 마차가 뒤에 간다."—에 따라 계속 논에 나가 일을 하고 가사를 돌보았다.

1895년 응우옌 신 삭은 후에로 가서 유교적 교육 체계에서 가장 높은 수준의 학문적 성취를 평가받는 제국의 과거인 회시(會試, 티 호이)를 보았다. 삭은 급제하지는 못했지만, 국자감(國子監, 쿠옥 테 쟘)에 들어가 재도전을 준비하기 위해 후에에 남기로 결정했다. 베트남이 민족의 독립을 달성했던 시기에 하노이에 세워진 국자감은 조정의 후원 하에 제국 관료 후보생들을 훈련하는 기관이었다. 삭은 교육비나 하숙비를 낼 돈이 없었다. 다행히도 이 학교에서는 생활비 보조를 위해 약간의 장학금을 지급했는데, 삭은 한 친구의 도움으로 이 장학금을 받을 수 있었다. 삭은 응에 안에 잠깐 돌아와 로안과 두 아들을 데리고 후에로 다시 떠났다. 부인이 일자리를 얻어 가족의 생계비를 보조하게 하려는 의도였다.

당시 응에 안의 성도 빈에서 후에까지 여행하는 것은 힘들 뿐 아니라 위험했다. 시간은 한 달 정도 걸렸는데, 울창한 밀림과 도둑떼가 들끓는 산악지대를 통과해야 했다. 바다로 여행하면 더 빠르고 편안했으나, 가난한 시골 유생인 응우옌 신 삭은 뱃삯은 엄두도 낼 수 없었다. 삭의 가족은 도보로 여행해야 했으며, 하루에 기껏해야 30킬로미터 정도를 줄일 수 있었

1895년 응우옌 신 삭이 솔가하여 후에로 갔을 때, 그곳은 여전히 베트남 제국의 황성이었다. 이 항공사진에서도 알 수 있듯이, 황궁과 그 주변 건물들은 17세기 프랑스 건축가 보방의 양식을 본따 설계한 일련의 긴 흉벽의 보호를 받고 있다.

다. 그나마 도둑이나 맹수가 두려워 다른 여행자들과 모여서 다녀야 했다. 5살 난 쿵은 다리가 짧아 속도를 낼 수 없었다. 그래서 아버지는 가끔 그를 안고 가면서 신화적인 동물이나 베트남 역사의 영웅들 이야기를 해주곤 했다.

원래 이름이 푸 수언(富春)이었던 후에는 2백 년에 걸친 내전 기간 동안 남반부를 통치했던 응우옌 영주들의 본거지였다. 1802년 응우옌 왕조를 창건한 쟈 롱 황제는 전국을 응우옌의 통치 하에 통일하겠다는 결의를 보여주기 위해 홍 강 유역의 전통적인 수도 하노이에서 후에로 천도했다. 후에는 원래 후옹 강(香江)의 큰 삼각주 두 곳 사이의 중간쯤에 자리잡은 조그만 시장 도시였으나 제국의 조정이 자리잡은 뒤 행정 중심지가 되었다. 그러나 규모에서는 여전히 전통적인 수도 하노이(당시 이름은 탕 롱〔昇龍〕이었다)에 비할 바가 못 되었으며, 인구도 1만 명 이하였을 것으로 추정된다.

어린 시절

응우옌 신 삭은 후에에 도착한 뒤 친구의 집에 임시로 지친 몸을 의탁했다. 삭의 가족은 곧 제국 수도의 동쪽 성벽으로부터 멀지 않은 마이 툭 로안 거리에 작은 집을 구해 이사했다. 후옹 강에서 보자면 북쪽이었다. 국자감은 강의 남쪽에 자리잡고 있었으며, 후에에서는 서쪽으로 7킬로미터 정도 떨어져 있었다. 삭은 학교에는 거의 나가지 않고, 대부분 집에서 공부했다. 여가 시간에는 두 아들과 지역 관리의 자식들에게 고전을 가르쳤다. 유교 사회의 특징인 교육에 대한 열의라는 면에서 삭도 예외가 아니었기 때문에, 두 아들을 자주 다그쳤다. 삭은 자식들에게 공부를 열심히 하고, 특히 서예에 정진하라고 훈계했다. 이웃들의 이야기에 따르면 어린 쿵은 이미 주변 세계에 활발한 관심을 보이기 시작했으며, 형과 함께 제국 군대가 훈련을 받는 것을 구경하기도 하고, 호기심을 못 이기고 제국의 성 안으로 몰래 들어가려고도 했다. 하루는 무슨 기념식이 있어 왕의 행차가 궁을 떠나는 것을 보고 집에 돌아와 어머니에게 황제가 다리를 다쳤느냐고 물었다. 왜 그렇게 생각하느냐고 묻자 쿵은 방금 황제가 가마에 탄 채 가마꾼들에게 들려 가는 것을 보았다고 대답했다.

1898년 삭은 두 번째 도전에서도 낙방하자, 후에 동쪽에 있는 두옹 노라는 작은 마을의 학교에 임시로 교사 자리를 얻었다. 부인 로안은 후에의 집에 남아 옷감을 짜고 세탁을 하여 조금이라도 보탬을 주려 했다. 두옹 노의 학교는 지역의 부농이 세운 것이었는데, 그는 삭의 두 아들도 학교에 다니도록 허락해주었다. 두 아이가 한자로 유교 고전을 접한 것은 아마 이때가 처음이었을 것이다.

1900년 8월 삭은 후에에서 북쪽으로 거의 5백 킬로미터 떨어진 성도 타인 호아(淸化)에서 향시의 시행을 거들 서기로 임명받았다. 이것은 명예로운 자리였다. 크 난은 보통 시험 감독관이 될 수 없었기 때문이다. 장남 키엠이 아버지와 동행했다. 쿵은 어머니와 함께 후에에 남았다. 삭은 타인

응우옌 신 삭이 과거 공부를 하는 동안 가족과 함께 살았던 작은 집. 호치민의 어머니는 1901년 황성의 서쪽 벽 근처에 자리잡은 이 집에서 사망했다. 지금은 작은 박물관으로 바뀌었다.

호이에서 후에로 돌아오는 길에 고향 마을 킴 리엔에 잠깐 들러 부모의 무덤을 보수했다.

그러나 그것이 비극을 낳았다. 후에에서 그의 부인은 넷째 아이인 아들 응우옌 신 신(마지막 자 신은 원래 '간청한다'는 의미)을 낳았다. 그러나 가뜩이나 약했던 몸이 더 허약해져, 동네 의사의 치료에도 불구하고 1901년 2월 10일에 세상을 떴다. 나중에 이웃들은 텟(구정) 명절 기간에 어린 쿵이 울면서 집집마다 돌아다니며 아기에게 젖을 먹여달라고 애걸했으며, 평소 밝았던 아이의 성정이 몇 주 만에 몹시 어두워졌다고 기억했다.[4]

삭은 아내가 죽었다는 소식을 듣자마자 후에로 돌아와 아이들을 데리고 호앙 추 마을로 돌아갔다. 그는 그곳에서도 가르치는 일을 계속했다. 어린 쿵은 한동안 아버지와 함께 공부를 계속했으나, 결국 삭은 아들을 아이의 외가 쪽으로 먼 친척인 부옹 툭 도라는 유생에게 보낸다. 그 무렵 어린 쿵은 이미 공부에 상당한 진전을 보이고 있었다. 그는 상당히 많은 한자—유교 교육의 핵심적 매체이며, 베트남 구어를 표기하는 데도 계속 사용되고 있었다.—를 읽을 줄 알았고, 한자 연습을 즐겼다. 쿵이 머리가 매우 좋고 호기심이 많다는 것은 분명했다. 그러나 그의 아버지는 그가 가끔 공부를 게을리하고 다른 놀거리를 찾는다고 걱정했다. 그는 쿵의 새로운 선생이 그 점에서 도움이 될지도 모른다고 기대했다. 부옹 툭 도는 학생들을 정말로 사랑하여 한 번도 때린 적이 없다고 한다. 이것은 당시에는 드문 일이었다. 그는 역사 속의 의로운 영웅들 이야기로 학생들을 즐겁게 해주었는데, 그런 이야기 속에는 프랑스에 대항한 판 딘 풍의 근왕 운동에 가담하여 싸운 자신의 형도 등장했다.

삭은 호앙 추에서 몇 달을 보낸 뒤 후에로 돌아갔다. 장모인 응우옌 티 켑이 아이들을 맡기로 했다. 가족이 후에로 떠났을 때도 외할머니와 함께 고향에 남아 있던 삭의 딸 응우옌 티 타인은 이제 장성하였으나 아직 미혼이었다. 그녀는 가족의 부담을 줄이기 위해 집에 그대로 남았다. 쿵은 집안일과 밭일을 도왔으나, 그래도 놀 시간은 있었다. 여름이면 동네 웅덩이에서 친구들과 낚시를 하고, 연을 날리고(오랜 세월이 흐른 뒤 그 동네에 살던 사람들은 바람이 없는 날에 친구들은 대부분 금방 포기했는데도 쿵은 계속 연을 공중에 띄우려고 열심이었다고 회고했다), 근처의 산에 올랐다. 가장 기억에 남는 산은 충 산(山)이었는데, 그 정상에는 13세기에 몽골 침략군과 대항하여 싸운 장군 응우옌 둑 두의 사당이 있었다. 삭이 오래 전 학문에 대한 사랑을 처음 발견했던 집의 주인인 애국적 문신 부옹 툭 마우가 1885년 근왕 운동의 기치 아래 싸울 반란군을 조직했던 곳도 바로 이곳이었다.

충 산의 꼭대기에 오른 사람들은 논, 대숲과 야자나무숲, 그리고 서쪽으로 푸르스름한 잿빛 산들이 아스라이 뻗어나가는 아름다운 광경에 숨을 멈추곤 했다. 어린 쿵에게 가장 행복했던 시절이라고 할 수 있는 이 시기에 딱 한 가지 슬픈 막간극이 있었다. 남동생 신이 계속 시름시름 앓다가 태어나서 1년을 넘기지 못하고 죽은 것이다.

후에의 응우옌 신 삭은 다시 과거를 보았으며, 이번에는 2급 박사 학위를 땄다(베트남어로는 포 방[副梓]이라고 한다). 삭의 고향 마을 킴 리엔뿐 아니라 호앙 추도 이 소식으로 떠들썩했다. 17세기 중반 이래 이 지역에서는 거의 2백 명에 달하는 투 타이와 크 냔 학위 급제자를 배출했지만, 포 방에 합격한 사람은 삭이 처음이었다. 삭이 돌아올 때 호앙 추 사람들은 환영식을 거행하기로 했다. 그러나 허식을 싫어하는 삭의 성향은 더욱 강해져, 이번에도 그런 행사를 사양했다. 마을의 기념 잔치까지 거부하기는 어려웠지만, 음식은 가난한 사람들에게 나누어주라고 부탁했다.

전통에 따르면 과거 급제자를 배출한 명예는 급제자의 아버지의 고향 마을에 돌아갔다. 물론 삭의 경우 '교양이 높은 곳, 문학적인 곳'(닷 반 밧, 존 티 투)라는 이름은 그가 살고 있는 호앙 추가 아니라 그의 아버지의 출생지인 킴 리엔이 가져가야 했다. 킴 리엔 지역 당국은 삭에게 상을 주기 위해 공금으로 공유지에 작은 초가집을 세우고, 그곳에 와서 살라고 했다. 삭은 그것을 받아들여 그곳을 자신과 세 자녀의 새 집으로 삼았다. 그 집은 호앙 추에 있던 집보다 약간 넓었다. 사람들이 거주하는 방은 셋이었다. 그 외에 가족의 물소를 두는 외양간이 있었으며, 호앙 티 로안의 위패를 모셔놓을 수 있는 작은 방도 있었다. 집에는 2에이커의 논과 작은 밭이 딸려 있었는데, 삭은 밭에 고구마를 심었다.

포 방 급제는 상징적인 명예였다. 그러나 종종 급제자에게 세속적인 명예와 부를 가져다주기도 했는데, 그것은 보통 관직의 형태로 주어졌다. 그러나 응우옌 신 삭은 관료제 속에서 출세할 마음이 없었다. 국치(國恥)의

응우옌 신 삭은 1901년 후에에서 금의환향한 뒤 그의 학문적 성취를 자랑스러워하는 킴 리엔 마을 사람들로부터 이 집을 받았다. 이 집은 근처 호앙 추 마을에 있던 집보다 커서 방이 네 칸이었는데, 그 가운데 한 방에는 죽은 부인 호앙 티 로안의 신주를 모셔두었다. 호치민은 이 집에서 5년을 살았다.

시대라는 것도 중요한 이유였다. 아직 아내의 상중이라는 이유로 조정의 관직 임명 제의를 받아들이지 않은 삭은 킴 리엔에 머물기로 결심했다. 그는 그곳에서 조그만 학교를 열어 고전을 가르쳤다. 그런 일에 대한 금전적 보답은 미미했다. 게다가 삭은 마을의 가난한 사람들에게 베풀며 살았기 때문에 경제적 어려움은 더 심각했다. 그러나 삭은 한 가지는 타협을 했는데, 그것은 응우옌 신 후이, 즉 '명예롭게 태어난 자'라는 새로운 이름을 사용하기 시작했다는 것이다.[5]

'성공할 사람' 응우옌 탓 타인

삭이 이러한 결정을 내린 것은 쿵의 인생에서 중대한 시기, 즉 11살을 맞아 사춘기로 접어들려고 하는 시기였다. 베트남 사회의 전통대로 아버지는 이때를 기념하여 마을 등록부에 응우옌 탓 타인이라는 새로운 이름을 올렸다. 그 이름은 '성공할 사람'이라는 뜻이었다. 처음에 타인은 아버지와 함께 고전 공부를 계속했으나, 결국 아버지의 친구 부옹 툭 쿠이가 가르치는 지역 학교로 가게 되었다. 부옹 툭 쿠이는 프랑스인들에게 체포되는 것을 피해 웅덩이에 몸을 던져 자살했던 유생 부옹 툭 마우의 아들이었다. 쿠이 역시 삭과 마찬가지로 과거에 급제한 사람이었지만, 관직을 거부하고 고향 마을에서 아이들을 가르치며 은밀히 후에의 꼭두각시 정부에 반대하는 전복 활동에 가담하고 있었다. 쿠이는 학생들을 가르치면서 본문을 외우게 하는 전통적이고 현학적인 방법을 버리고, 유교 경전의 인본주의적인 핵심을 전달하려고 애를 썼으며, 동시에 학생들의 마음에 베트남의 독립을 옹호하는 열렬한 애국 정신을 불어넣었다. 그는 자신의 메시지를 아이들의 영혼에 각인시키기 위해, 매일 수업을 하기 전 교실 벽에 놓인 아버지의 신주에 등을 켰다.

응우옌 탓 타인은 새로운 스승 밑에서 무럭무럭 성장했다. 쿠이의 지도를 받으며 애국적인 에세이를 쓰기도 했고, 여러 가지 주제로 강의를 하러 오는 손님들 시중도 들었다. 그러나 불행하게도 이 경험은 짧았다. 쿠이가 곧 반역 운동에 가담하기 위해 학교 문을 닫고 마을을 떠났기 때문이다. 타인은 이웃 마을의 다른 선생 밑에서 잠깐 공부를 하기도 했으나, 그가 가르치는 방법은 너무 전통적이어서 타인의 입맛에 맞지 않았다. 타인은 곧 교육에 훨씬 더 관대한 태도를 지닌 아버지에게로 돌아와 공부를 계속했다. 삭은 친구인 부옹 툭 쿠이와 마찬가지로 기계적인 암기 기술에 비판적이었으며, 원문의 '가지와 잎'을 공부하는 것은 현실 삶과 동떨어진 쓸모없는 짓이라고 지적하기도 했다. 무작정 공직에 나가려 하지 말고, 유교 고전의 속내용을 이해하여 다른 사람들을 도울 방법을 찾도록 힘써라. 그는 학생들에게 그렇게 가르쳤다. 삭은 한 친구에게 이렇게 말한 적이 있다. "왜 아이들에게 고전을 억지로라도 암기하여 시험을 잘 보라고 가르쳐야 하는가? 나는 아이들을 그런 식으로 가르치지는 않겠네."[6]

어린 타인은 아버지의 태도가 마음에 들었을 것이 틀림없다. 그는 중국 한나라가 멸망한 이후 혼란기에 등장한 영웅들의 활약상을 그린 《삼국지》나 삼장법사가 불교 경전을 찾아 중앙아시아를 거쳐 인도까지 가는 이야기를 담은 《서유기》와 같은 중국의 대중적인 이야기들을 유교 고전보다 더 좋아했기 때문이다(타인이 두옹 노 마을의 학교에 다니는 동안 그를 잘 보살피라는 지침을 받은 나이든 학생은 타인이 몰래 놀러 나갔을 때 어디 있는지 알기 위해 끈을 묶어놓기도 했다. 그러나 대부분의 경우 타인은 선생이 가르치는 내용을 이미 외우고 있었다).[7]

응우옌 탓 타인의 교육은 교실에만 한정되지 않았다. 타인의 집은 동네 대장장이 지엔의 작업장 근처에 자리잡고 있었는데, 지엔은 타인에게 용광로를 사용하는 방법을 가르쳐주기도 하고, 종종 새 사냥에 데리고 가기도 했다. 게다가 지엔은 타고난 이야기꾼이었기 때문에 그의 대장간은 동네에서 가장 인기 있는 곳 가운데 하나였다. 저녁이면 타인은 다른 마을 아이들과 함께 지엔의 발치에 앉아 그가 들려주는 이야기에 귀를 기울였다. 주로 지역의 근왕 운동파가 오랑캐를 조국으로부터 몰아내려는 투쟁—영웅적이기는 하지만 결국 성공하지 못한 투쟁—이야기였다. 또 타인은 다른 아이들과 함께 오래 전 침략자들로부터 조국을 방어하기 위해 싸웠던 레 로이와 마이 툭 로안(梅叔鸞)과 같은 투사들의 영광스러운 투쟁 이야기를 듣기도 했다. 타인은 부옹 툭 마우가 자살한 이야기나, 근왕 운동의 지도자 판 딘 풍이 병사들을 잃으며 라오스 국경의 산악지대로 피신했다가 1896년 이질로 죽는 바람에 운동이 비극적으로 끝났다는 이야기를 들으며 슬퍼하기도 했다. 그러나 아버지의 가족 가운데 몇 사람이 그 운동에 가담해 싸우다 죽었다는 이야기를 들었을 때는 전율을 느끼기도 했다.

이미 타인은 강렬한 애국 정신을 받아들이고 있었다. 그는 후에에서 부모와 살 때는 반프랑스 전쟁에서 전사한 순국자들을 위해 근처 절에서 연 추모 예불에 참석하여, 그들의 희생을 기리며 다른 사람들과 함께 슬피 울기도 했다. 1901년 고향 마을로 돌아온 뒤 타인은 동네에서 구할 수 있는 고전 문헌 대부분이 베트남 역사가 아니라 중국 역사를 다루고 있는 데 화가 나, 조국의 역사를 담은 책들을 사기 위해 성도인 빈까지 걸어가기도 했다. 그러나 너무 비싸서 사지는 못하고, 킴 리엔의 친구들에게 들려주기 위해 핵심 구절들을 암기해 왔다.

그때까지 타인은 후에의 거리에서 프랑스인들을 잠깐 본 것 외에 그들에 대해 아는 것이 없었다. 사람늘은 나중에 그가 왜 베트남의 고위 관리들까지 유럽인들 앞에서는 절을 하는지 궁금해했다고 회상한다. 가끔 타인은 형과 함께 프랑스 건설 노동자들이 수도 동쪽 후옹 강 위에 철교를 건설하는 모습을 넋을 잃고 바라보기도 했다. 이따금씩 노동자들은 소년들에게 농담을 건네고 사탕을 주기도 했다. 타인은 어머니에게 왜 어떤 외국인들은 다른 외국인들보다 더 친절하냐고 물었다. 그러나 고향에 돌아와서는 산악지대를 굽이굽이 통과하여 라오스로 들어가는 도로를 건설하는 현장에서 프랑스인들이 노동자들을 학대한다는 이야기를 듣고 외국인들에 대한 혐오감이 점점 강해졌다. 타인과 형은 아버지가 문신 계급에 속했기 때문에 공공 노역 징발을 면제받았지만, 마을 사람들 가운데는 끌려 나간 사람들이 많았다. 그들 대부분은 몸과 마음이 피폐해져 돌아왔다. 더운이 나쁜 사람들은 말라리아, 영양실조, 과로 등으로 건강이 망가져 영영 돌아오지 못했다. 전통적으로 식민지 시대 이전에도 농민은 부역에 불려 나가곤 했으나, 보통 강도도 약하고 기간도 짧았다. 라오스로 가는 도로는 베트남인들에게 '죽음의 도로'로 알려지면서, 새로운 식민지 체제에 대한 대중적 반감을 불러일으켰다.

응우옌 신 삭의 가까운 친구 가운데 유명한 학자이자 애국자인 판 보이 차우(潘佩珠)라는 사람이 있었는데, 그가 사는 마을은 킴 리엔에서 불과 몇 킬로미터 거리에 있었다. 차우의 아버지는 투 타이 급제자였으며, 차우도 어렸을 때는 유교 교육을 받았다. 그러나 어린 차우에게는 관직으로 나가는 것보다 조국의 곤경이 더 중요한 문제였다. 그는 프랑스 침략자들에 맞선 어른들의 예를 따라, 사춘기 때부터 마을 젊은이들로 소규모 의용대를 조직했다. 그는 나중에 프랑스 군대가 마을로 들어와 의용대를 진압하는 바람에 피난민들에 휩쓸려 근처 숲으로 달아났을 때 큰 수치를 느꼈다고 고백했다.

결국 차우는 고전 공부를 계속하여, 1900년에 향시에 '장원(쟈이 응우옌)'으로 합격했다. 그러나 판 보이 차우 역시 응우옌 신 삭과 마찬가지로 관직에 나갈 마음이 없어, 곧 중부의 여러 성을 돌아다니며 봉건적 조정과 그 보호자인 프랑스 식민지 체제에 반대하는 운동에 학자들을 포섭하는 일에 나섰다. 그러면서 캉 유웨이(康有爲), 량 치차오(梁啓超) 등 중국 진보주의자들이 쓴 개혁론을 읽기 시작했고, 베트남도 생존을 위해서는 서구로부터 배워야 한다는 확신을 하게 되었다.

판 보이 차우는 여행을 하는 동안 이웃의 킴 리엔에 자주 들러 응우옌

저명한 학자이자 애국자인 판 보이 차우는 응우옌 신 삭과 가까운 사이로, 킴 리엔 마을에 있는 삭의 집을 자주 방문했다. 어린 호치민은 응접실에 있는 두 사람에게 차나 곡주를 가져갔다.

신 삭과 부옹 툭 쿠이를 만나 현안들을 토론하곤 했다. 그는 말이 분명하고 상냥했으며, 설득력 있게 애국적 대의를 옹호했다. 따라서 어린 타인에게 깊은 인상을 남겼을 것이 틀림없다. 타인은 아버지와 손님이 거실에서 등나무 매트에 앉아 농주나 차를 마실 때 시중을 들곤 했기 때문이다. 예민한 젊은이 타인은 이미 자우가 쓴 애국적인 글을 일부 알고 있었고, 그의 반역적 정신이나 봉건적 전통과 후에의 노쇠한 군주제에 대한 경멸적 태도로부터 영향을 받고 있었다.[8]

이 당시 쓴 글들이 생생하게 보여주듯이 판 보이 차우는 이미 베트남인들이 1천 여 년 동안 계승해온 전통적 제도를 버리고 해외로부터 근대적인 제도와 기술을 받아들여야 한다고 결론을 내리고 있었다. 그는 동시에 문신 엘리트만이 그런 일을 주도할 수 있으며, 자신의 운동이 민중의 지원을 얻기 위해서는 과거의 영광스러운 장식물 몇 가지를 빌려와야 한다고 생각했다. 그래서 1904년 초 전국의 애국적 유생들로부터 지지를 얻기 위해 유신회(維新會, 두이 탄 호이)라는 새로운 조직을 세웠을 때, 그는 응우옌 왕가 내에서 기존 체제의 반대파에 속했던 쿠옹 데(彊㬙) 왕자를 명목뿐이기는 하지만 조직의 대표 자리에 앉혔다. 프랑스인들을 몰아내고, 입헌군주제를 수립하는 것이 이 조직이 내세운 목표였다.

판 보이 차우는 그 시대 중국의 많은 진보주의자들과 마찬가지로 일본을 모범으로 삼았다. 일본에서는 귀족 계급 내의 개혁 분자들이 메이지 천황 주위에 모여들어 일본 전통 사회의 근대화를 추진했다. 차우는 많은 베트남인들과 마찬가지로 그 즈음 일본 군대가 차르의 러시아와 싸워 승리를 거둔 것에 강한 인상을 받았으며, 그것이 아시아 민족들이 서구 침략자들을 물리칠 능력을 가지고 있음을 보여주는 증거라고 생각했다. 차우는 자신의 계획이 열매를 맺으려면 해외로부터 지원을 얻을 필요가 있다고 굳게 믿었다. 차우는 1904년 말 일본으로 떠나 다가올 독립 투쟁에 대비하여 요코하마에 젊은 베트남인들을 훈련할 학교를 세우는 일에 착수했다. 이듬해 여름에는 후에로 돌아와 학생을 선발하기 위해 전국을 돌아다니기 시작했다.[9]

판 보이 차우는 베트남으로 돌아온 직후 킴 리엔에 들러 응우옌 탓 타인과 그의 형에게 이제 대중적으로 '동유'(東遊, 동 두, 동쪽에 있는 일본으로 유학을 간다는 의미: 옮긴이) 라고 알려지게 된 자신의 운동에 합세할 것을 요청했다. 그러나 타인은 그 제안을 거절했다. 어떤 자료에 따르면, 그는 프랑스인들을 몰아내기 위해 일본인들에게 기대는 것은 "앞문으로 호랑이를 몰아내고 뒷문으로 이리를 불러들이는 것"과 같다고 보고 그러한 결정을 내렸다고 한다. 다른 자료에 따르면, 그런 결정을 내린 것은 그의 아버지였다고 한다. 호치민은 훗날 가명으로 쓴 자전적인 이야기에서 서구가 성공한 근원을 보기 위해 프랑스로 가고 싶었다고 그 이유를 설명했다.[10]

인력거를 탄 프랑스 군인.

판 보이 차우의 제안을 거절하겠다는 타인의 결정은 차우 자신의 말 때문이었을 수도 있다. 타인이 일본은 어떻게 기술 발전을 이룩했느냐고 물었을 때, 차우는 일본이 서양으로부터 배웠다고 대답했다. 그 직후 타인은 아버지에게 프랑스어를 배우고 싶다고 말했다. 당시에는 베트남인 가운데 프랑스에 협력하는 사람들만이 프랑스어를 배웠기 때문에 삭은 망설였다. 그러나 삭은 이미 청나라 조정에 변화를 일으키려는 중국 개혁주의자들의 글을 읽는 독서회에 참여하여 서양 문화에 대해 피상적으로나마 알고 있었기 때문에 결국 아들의 요청을 받아들였다.

처음에는 타인이 새로운 목표를 추진할 기회가 많지 않았다. 1905년 여름에 타인은 킴 리엔에 사는 아버지의 유생 친구 가운데 한 사람의 도움을 얻어 프랑스어와 프랑스 문화를 공부하기 시작했다. 그러다가 9월이 되자 삭은 두 아들을 빈에 있는 프랑스식 예비학교에 입학시켰다. 프랑스 행정부는 그 즈음 총독 폴 두메르의 지침에 따라 베트남 중부의 모든 성에 프랑스어와 프랑스 문화를 가르치는 초등학교 수준의 예비학교를 세우기로 결정을 내렸다. 두메르의 목표는 이 지역의 유교식 학교에 다니는 학생들을 끌어모아 장차 새로운 식민지 행정부에서 일할 핵심 인력을 길러내자는 것이었다. 가난한 학생들에게는 장학금을 지급할 자금도 마련했다. 응우옌 신 삭은 평생 전통 교육에 헌신해왔지만, 이제 젊은 세대는 새로운 현실에 적응하여 조국의 새로운 스승들로부터 배워야 한다고 확신하고 있었다. 그는 15세기 유학자 응우옌 차이의 말을 자주 인용했다. 차이는 적을 물리치기 위해서는 적을 알아야 한다는 말을 남겼다. 타인과 형은 이제 본격적으로 프랑스 언어와 문화를 접하게 되었다. 그들은 또 쿠옥 응우(國語), 즉 베트남 구어를 로마자로 표기한 문자도 배우기 시작했다. 쿠옥 응우는 17세기 예수회 선교사들이 처음 도입했으며, 이제 진보적인 학자들은 수백 년 동안 사용해온 거추장스러운 한자의 대안으로 쿠옥 응우를 널리 보급하고 있었다(이후 쿠옥 응우가 완전히 자리를 잡아 현대 베트남에서 한자는 거의 사라졌다: 옮긴이).

응우옌 신 삭은 1901년 포 방에 급제한 이후 병이나 가족에 대한 책임을 핑계로 조정의 관직 제안을 계속 거절해왔다. 그러나 1906년 5월 다시 부름을 받았을 때는 제안을 받아들였다. 삭은 딸에게 킴 리엔의 집을 맡기고 두 아들과 함께 6월에 수도에 도착했다. 이번에도 그들은 도보로 여행했다. 그러나 이제 두 아들이 십대였기 때문에 전보다는 훨씬 편했을 것이다. 가는 길에 삭은 응우옌 차이 등 역사적으로 유명한 인물들의 이야기를 해주었다. 타인은 형에게 모든 베트남 왕조의 이름을 묻는 문제를 내기도 했다.[11]

후에는 그들이 전에 살던 때와는 많이 달라졌다. 후옹 강은 여전히 서쪽 안남 산맥의 라벤더가 덮인 숲으로부터 잔잔하게 흘러나오고, 그 북쪽 강변에는 여전히 제국 궁궐의 당당한 회색 벽과 육중한 탑이 우뚝 솟아 있었다. 강 위의 작은 배에서 베트남 사람들이 좋아하는 물 흐르는 듯한 검은 머리카락을 자랑하는 나긋나긋한 매춘부들이 강둑의 고객을 소리쳐 부르는 광경도 그대로였다. 그러나 눈에 띄는 변화도 있었다. 두 해 전 여름 중부 해안 전체에 주기적으로 찾아오는 천벌인 태풍이 이 지역을 휩쓸어 숲을 다 파괴하고 강둑에는 이끼가 덮인 잔해만 남았다. 제국의 수도에서 볼 때 강 건너에 있는 남쪽 강변에는 예로부터 내려오던 상업지구의 밋밋한 상점들이 유럽식 하얀 치장벽토를 바른 건물로 바뀌고 있었다. 프랑스의 식민 통치자들이 입주해 있는 사무실들이었다.

삭과 두 아들은 후에에 도착해서 잠깐 친구의 집에 살았으나, 결국 동쪽 성벽 동 바 문(門) 근처에 작은 숙소를 배정받았다. 기와를 덮은 이 목조 건물은 전에는 보병 막사였으나, 이제 조정의 하급 관리들의 숙소로 쓰고 있었다. 삭의 숙소는 비좁아 침대 하나와 탁자 하나가 들어가면 끝이었다. 부엌이나 수도는 따로 없었다. 따라서 가족 모두 동네 우물이나, 동 바 문 바로 바깥을 흐르는 운하를 이용해야 했다. 식사는 간소했다. 소금에 절인 생선, 채소, 볶은 참깨, 값싼 쌀이 주를 이루었다. 어린 타인이 주로 밥을 했다. 이런 생활은 농촌에 사는 동포들 대부분보다는 낫다고 할 수 있었지만, 조정의 부유한 관리들이 누리는 편한 생활에 비하면 원시적이라고 할 수 있었다.[12]

삭은 후에에 도착한 직후 그의 오랜 후원자 카오 수안 둑(高春育)과 만났다. 사관이었던 둑은 삭이 처음 수도에 살 때 도움을 준 사람이었다. 둑이 조정에서 개입을 하여 삭은 예부(禮部, 보 레)의 검열관으로 임명되었으며, 국자감의 학생들을 감독할 책임도 맡았다. 그러나 이것은 그와 같은 학문적 시위에 있는 사람에게는 그다지 명예로운 지리가 아니었다. 1901년에 포 방에 급제한 사람들 대부분이 그때는 이미 지역 행정관으로 나가 있거나 중앙의 좀더 높은 자리에 올라가 있었기 때문이다. 조정에서는 응우옌 신 삭이 오랫동안 관직을 거부했다는 점 때문에 그의 왕가에 대한 충성심을 의심했을지도 모른다.[13]

어쨌든 삭에게 조정에서의 일은 매우 불쾌한 경험이었을 것이다. 그는 외국 통치자의 손아귀에 놀아나는 꼭두각시에 불과한 군주를 섬기는 일의 도덕성 때문에 점차 마음이 불편해졌다. '충군애국(忠君愛國, 충 쿠안 아이 쿠옥)'이라는 전통적 의무의 현재적 의미는 무엇일까? 삭은 고민했다. 삭은 친구들에게 낡은 체제를 개혁할 필요성에 대해 이야기하기 시작했다. 그는 이 체제가 점점 부패하여 존립 근거를 잃어간다고 보았다. 삭은 학생들이 관직으로 나아가는 것에 반대했다. 그의 생각에 따르면 만다린(1~9품에 이르는 각급 관료를 일컫던 말: 옮긴이)은 오로지 민중을 억압하기 위해 존재할 뿐이었다.

노쇠한 전통 체제에 대한 응우옌 신 삭의 절망은 지극히 정당했다. 유교적인 관료제는 도덕적 설득력에 기반을 두고 있었다. 그것이 과거 시험 체계를 통해 선발된 공직자들의 능력과 성실성을 유지하는 수단이었다. 원칙적으로 보자면, 어렸을 때부터 공동체에 대한 봉사, 개인적 청렴, 인(仁)에 기초한 사회적 윤리를 주입받아온 지역 관리들은 그런 원리들을 토대로 자신이 책임지고 있는 백성에게 자신의 권위를 행사해야 한다. 만일 관료의 오만과 사리사욕이라는 익숙한 경향들이 나타나게 되면, 그것은 체제의 중심에 있는 인도적이고 정력적인 통치자가 통제해야 한다. 그러나 19세기 말에 이르면 조정이 허약해지면서 베트남 사회의 유교 제도의 효율, 그리고 황제 자신의 존엄과 권위가 무너지기 시작했다. 후에가 통제력을 행사한다는 느낌이 없었기 때문에 지역 관리들은 아주 편한 마음으로 자신의 권위를 이용하여 사욕을 채우고, 친구나 친척의 배를 불려주었다. 전통적으로 가난한 농민들이 이용하게 되어 있는 공유지는 부자들이 차지하였으며, 이들은 각 마을에서 매년 정부에 내게 되어 있는 세금도 면제받는 경우가 많았다.

베트남은 어디에 의지해야 할 것인가

제국 조정을 우습게 보는 유학자는 결코 삭 혼자만이 아니었다. 이 무렵 제국 관리 판 추 친(潘周楨)이 처음으로 사람들의 이목을 끌기 시작했다.

친은 응우옌 신 삭과 같은 해에 포 방에 급제했다. 1872년 꽝 남 성(廣南省)에서 태어난 친은 세 자녀 중 막내였다. 그의 아버지는 군대의 장교로, 과거를 보기는 했지만 급제는 하지 못했다. 친의 아버지는 낡은 방식들은 쓸모없다고 확신하고 근왕 운동 대열에 합류했지만, 결국 같은 반역자들로부터 배신을 의심받아 처형당했다. 친 자신은 1903년 예부의 자리를 받아들였으나, 조정의 관리와 시골에서 정부의 권위를 대리하는 만다린의 부패와 무능에 실망했다. 그는 1904년 과거를 보려고 준비하는 유생들에게 공식적으로 문제를 제기하고 중국 개혁주의자들의 글을 읽기 시작했으며, 1905년 관직에서 물러나 전국을 돌며 다른 문신들과 미래의 행동 계획에 대해 상의했다.

결국 친은 홍콩에서 판 보이 차우와 만나게 되었으며, 차우를 따라 일본으로 가 장차 나라를 구할 새로운 베트남 인재를 양성하려는 차우의 노력에 동조하게 되었다. 그러나 황제 가문의 구성원의 지지에 의존한다는 생각에는 반대했다. 친은 전통 베트남 사회의 개혁을 시작하려면 프랑스와 협력하는 것이 더 합리적이라고 생각했다. 그는 1906년 폴 보 총독에게 공개서신을 보내, 나라의 '지극히 위태로운 상황'에 대해 이야기했다.

친은 이 편지에서 근대적인 운송과 통신 체계를 구축하는 등 프랑스가 베트남 사람들에게 많은 유익을 가져다주었다고 인정했다. 그러나 식민지 체제는 베트남 중앙에 제국 관료제를 지속시킴으로써 부패하고 노쇠한 체제를 끌어안았고, 우월감에 찬 태도로 베트남 민족을 멸시하였으며, 그 결과 베트남 민족은 프랑스에 대하여 상당한 적대감을 갖게 되었다고 주장했다. 친은 보 총독에게 낡은 체제를 종식시킬 법적, 교육적 개혁을 시작하고, 근대적인 정치 제도와 서구적인 민주주의 개념을 도입하라고 호소했다. 그렇게 하면 베트남 민족은 보 총독에게 영원히 감사할 것이라는 이야기였다.

나는 고뇌에 찬 마음으로 이 편지를 씁니다. 내가 귀하에게 속마음을 아주 솔직하게 표현하기 위해 붓을 들기로 결심했다는 이야기를 터놓고 할 수 있는 사람이 아무도 없기 때문입니다. 만일 프랑스 정부가 진정으로 좀더 너그럽게 안남인을 대접할 생각이라면, 나의 발의를 인정하고 나의 조언을 채택할 수밖에 없을 것입니다. 프랑스 정부는 나를 초대하여, 그 대표자들 앞에서 편안하게 내 생각을 설명하라고 권할 수밖에 없을 것입니다. 그렇게 되는 날 나는 내 마음을 다 열겠습니다. 우리가 무엇 때문에 고생하는지, 우리에게 무엇이 부족한지 말씀드리겠습니다. 그것이 우리 민족의 각성과 부활의 이정표가 되기를 감히 바랍니다.[14]

판 추 친의 공개서신 때문에 식민지 당국에 대한 반감을 키워가던 전국의 문신들 사이에 큰 소동이 일어났다. 프랑스인들은 '문명화의 임무'라는 가면 뒤에서 인도차이나의 경제 자원을 약탈하고 이질적인 삶의 방식을 도입하려 했기 때문에 베트남 사회의 모든 계층에서 불만이 터져나오고 있었다. 전통적인 문신 엘리트는 유교 제도를 공격하는 프랑스의 처사에 분노했다. 농민은 술, 소금, 아편에 새로 매긴 세금에 분개했다. 정부는 인도차이나를 자립적 사업체로 만들기 위해 그런 세금을 부과하고 있었다. 술에 매긴 세금이 특히 부담이 되었다. 수백 년 동안 가족의 의식에 사용해온 술을 빚지 못하도록 하는 바람에, 베트남인들은 프랑스에서 수입해온 값비싼 포도주를 살 수밖에 없었다. 농민은 다른 곳에서 일자리를 구하기 위해 고향을 떠나기도 했지만, 새로운 환경에 들어간다 해도 상황이 나아지리라는 보장이 전혀 없었다. 코친차이나 고무 플랜테이션의 노동 조건은 가혹했으며, 그 때문에 노동자들은 병에 걸리거나 죽는 일이 잦았다. 원칙적으로는 자발적인 고용이었으나, 강제적인 수단을 동원하는 경우도 많았고, 때로는 폭력을 행사하기도 했다. 공장 노동자나 석탄 광부들이라고 해서 조건이 나을 것도 없었다. 임금은 낮고 노동 시간은 길었으며, 생활 조건은 견디기 힘들었다.

그럼에도 판 추 친은 프랑스를 돌려세워 인도차이나에서 그들의 문명화 임무를 수행하는 책임을 이행하게 만들 수 있다는 희망을 버리지 않았다. 조국의 곤경을 헤쳐나갈 답을 서양에서 구한 사람은 친만이 아니었다. 1907년 초 하노이에서 진보적인 지식인 집단이 모여 동경의숙(東京義塾, 동 킨 응야 툭, 저자는 '하노이 자유학교'라고 표현하고 있다: 옮긴이)을 결성했다. 이 학교는 그 즈음 일본의 개혁가 후쿠자와 유키치(福澤諭吉)가 결성한 게이오의숙을 본뜬 것으로 서양과 중국의 진보적 사상을 베트남의 다음 세대에게 전파하는 것을 목적으로 하는 독립적 기관이었다. 여름이 되자 학교에는 40개 반이 열려 1천 명의 학생들이 공부를 했다. 한편 판 보이 차우는 일본에서 계속 활발하게 활동하면서 젊은 베트남인들을 그의 훈련 프로그램으로 끌어들이고, 선동적인 소책자를 써서 인도차이나로 보내 민족의 애국적 정신을 자극했다. 이런 책자들 가운데는 《월남망국사》(비엣 남 봉 쿠옥 수, 우리나라에도 소개되어 독립 운동에 영향을 주었다: 옮긴이)도 있었는데, 묘하게도 이 책은 한자로 씌어졌다.

통킹의 프랑스인 관리들은 몇 달 동안은 동경의숙의 활동을 묵인했다. 그러나 그 목적이 교육에 한정되지 않는다고 판단하자, 결국 12월에 학교 폐쇄 명령을 내렸다. 그러나 프랑스인들도 나라를 걱정하는 베트남인들 사이에 조국의 생존을 보장할 방법을 놓고 토론이 활발해지는 것을 막을 수는 없었다. 응우옌 신 삭도 분노가 지밀이올리, 국자감의 한 강연에서 관료로 일을 하는 것은 최악의 노예 노릇이라고 말했다. 관리들은 명령에 따라 일하는 노예 사회의 노예에 불과하다는 것이었다. 그러나 삭도 해결책을 제시하기는 어려웠다. 오랜 세월 뒤 호치민은 자신의 아버지가 베트남은 어디에 의지해야 할 것이냐, 영국이냐, 일본이냐, 미국이냐 하는 답 없는 질문을 던지곤 했다고 전한다.[15]

애국심에 눈뜬 국학 시절

삭은 후에로 돌아온 직후 카오 수안 둑의 조언에 따라 두 아들을 동 바 중학교에 입학시켰다. 이 학교는 새로운 프랑스식 교육 제도의 일부였는데, 동 바 문 바로 앞에 자리잡고 있어 거리도 가까웠다. 원래 그 지역에는 시장이 자리잡고 있었으나, 1899년 시장이 다른 곳으로 이전하면서 건물은 학교로 바뀌었다. 건물에는 방이 다섯이었는데, 그 가운데 넷은 교실로 사용했고 하나는 교무실이었다. 타인은 아직 서구식 교육을 받은 적이 없었기 때문에 원칙적으로 보자면 이 학교에 등록할 자격이 없었다. 그러나 킴 리엔에 있을 때 프랑스어를 조금 배워 면접을 잘했기 때문에 초급반에 입학할 수 있었다. 그는 아직 프랑스어가 능숙하지 않아 학교 앞의 벽에 붙어 있는 말을 읽지 못했던 것 같다. 거기에는 프랑스 혁명의 유명한 구호가 적혀 있었다. 자유, 평등, 우애.

학교에서 수업은 베트남어, 프랑스어, 한문 등 3가지 언어로 진행되었다. 학년이 올라갈수록 한문 사용은 줄어들었다. 일부 보수주의자들은 중국어의 역할이 상대적으로 적어지는 것에 반대했으나, 타인과 그의 아버지는 아마 이런 결정을 반겼을 것이다. 킴 리엔에서 타인에게 프랑스어를 가르치던 선생은 이미 그에게 이렇게 충고한 적이 있었다. "프랑스인들을 물리치고 싶다면 그들을 이해해야만 한다. 프랑스 사람들을 이해하려면 프랑스어를 공부해야만 한다."[16]

나막신, 갈색 바지와 셔츠 차림에 머리가 긴 타인은 세련된 급우들 사이에서 촌스럽게 보였을 것이 틀림없다. 급우들 다수는 유생의 전통 복장인 저고리와 바지 차림이었고, 학교에서 서양식 교복을 사 입은 학생도 있었다. 타인도 곧 놀림을 피하기 위해 당시 유행하던 대로 머리를 각이 지게 자르고 옷도 남들처럼 입기로 했다. 그는 농민이 쓰던 원뿔 모양의 대나무 모자를 버리고 대신 사람들이 선호하던, 라타니아 잎으로 짠 모자를 썼다. 오랜 세월 뒤 한 친구는 타인이 열심히 공부했고 노는 모습은 거의 볼 수

1907년 응우옌 신 삭은 두 아들을 국학(쿠옥 혹)에 입학시켰다. 후에의 국학은 관료 지망생들을 받아들이는 명문 학교였다. 이 학교는 현재도 운영 중이다. 사진에 보이는 모습은 중국식으로 지어진 육중한 교문으로, 거리에서 학교로 진입할 수 있는 문이다.

가 없었다고 회상했다. 그는 방과 후에 한 교사의 집에서 숙제를 했고, 밤에는 친구들과 배운 것을 복습했다. 그런 친구들 가운데 한 사람은 타인이 낙담한 친구들에게 종종 이렇게 말했다고 기억한다. "역경을 헤쳐나가야만 우리는 성공할 수 있어." 타인은 특히 프랑스어를 열심히 공부하여, 친구들과 자신의 발음을 연습해보기도 하고, 공책에 베트남어 단어를 적고 거기에 해당하는 프랑스어와 한자를 적기도 했다. 이런 노력이 보람이 있었던지, 그는 2년 과정을 불과 1년 만에 끝냈다.

1907년 가을, 타인과 형은 후에 최고 수준의 프랑스식 국립 학교인 국학(國學, 쿠옥 혹)의 입학 시험에 합격했다. 국학은 1896년 타인 타이(成泰) 황제의 포고에 따라 세워진 학교로 베트남 중부의 프랑스인 고등 주차관(résident supérieur, 지역 총독에 해당)의 관할 하에 있었다. 총 7등급 과정으로, 처음 4등급은 초보 단계이고, 마지막 1등급은 뛰어난 학생들을

1장 빼앗긴 땅에서 69

위해 마련한 것이었다. 조정은 국학을 세워 국자감을 대신하고, 이곳에서 서구식 교육을 받은 학생들을 배출하여 관료로 기용하고자 했다. 따라서 교과 과정은 프랑스 언어와 문화에 초점을 맞추고 있었다. 이 지역 사람들은 국학을 '천국의 학교'라는 별명으로 불렀다.

그러나 제국 궁궐의 정문에서 강 건너 남쪽 강변에 자리잡은 이 학교의 생활과 교육 조건은 그 높은 평판에 어울리지 않았다. 한때 보병 막사로 사용되었던 본관 건물은 황폐했으며 초가 지붕은 비가 샜다. 건물에는 교실이 몇 개 있었고, 큰 강당과 교무실이 있었다. 본관 주위로 대나무와 짚으로 만든 오두막이 몇 채 있었다. 학교 정문을 나서면 강변을 따라 도시로 들어가는 주요 도로인 쥘 페리 대로와 만날 수 있었다. 건물 앞에는 중국식의 이층 목조 주랑 현관이 세워져 있었으며, 거기에 한자로 학교 이름이 적혀 있었다.

학생들은 매우 다양했다. 타인이나 그의 형처럼 장학금을 받고 다니는 학생들은 걸어서 학교에 왔다. 부유한 가정 출신의 학생들은 학교 기숙사를 이용하거나, 매일 아침 마차를 타고 왔다. 당시의 전통에 따라 학교는 학생들을 엄하게 다루었으며, 심지어 야만적인 처벌을 하는 경우도 있었다. 초대 교장은 노르드만이라는 사업가였는데, 그는 베트남 여자와 결혼하여 베트남어를 할 줄 알았다. 그의 후임자 로지우는 프랑스 외인부대 출신이었다.

나중에 타인은 이 학교와 일부 교사들의 야만적인 처우를 매우 비판적으로 이야기하곤 했지만, 학교에 다닐 때는 공부를 열심히 하면서 여러 가지 경험을 쌓았다. 그는 역사, 지리, 과학 등을 공부하는 한편 프랑스어 지식을 늘려나갔다. 그의 급우들은 그가 늘 교실 뒤편에 앉아 교실에서 벌어지는 일에는 관심을 가지지 않았다고 기억한다. 그러나 그는 반에서 질문을 잘 하는 것으로 유명했으며, 외국어에 아주 능숙하여 대부분의 교사들이 그를 좋아했다. 급우들은 또한 그의 질문 가운데 일부가 매우 도발적이었다고 기억한다. 그가 프랑스 계몽주의 철학자들의 고전적 저작들 뒤에 숨은 뜻을 파고들려 했기 때문이다. 파리의 미술학교를 졸업하고 갓 부임한 레 반 미엔은 그가 좋아하던 교사 가운데 한 사람이었다. 미엔은 식민지 정부의 정책들을 비판하는 이야기를 자주 했지만, 프랑스 문화에 익숙하다는 점 때문에 제국 수도의 프랑스인 거주자들 사이에서 우호적인 평판을 얻어 공식적인 견책을 피할 수 있었다. 그는 국학에서 학생들에게 프랑스 국민은 인도차이나에 나와 있는 프랑스인들보다 훨씬 예의바르다고 말해주었다. 그는 응우옌 탓 타인에게 파리라는 위대한 도시, 그리고 도서관, 박물관, 제한 없이 누구라도 읽을 수 있는 다양한 주제의 책들에 대해 이야기해주었다. 그런 이야기를 들은 타인은 자극을 받아 더욱 열심히 공부했으며, 그 결과 교사들 가운데 한 사람은 타인이 '똑똑하고 정말 탁월한 학생'이라고 칭찬을 하기까지 했다.

그럼에도 타인의 솔직한 태도와 촌스러운 행동은 세련된 급우들과는 문제를 일으켰다. 그런 학생들은 타인의 심한 사투리 때문에 그를 호박이라고 놀렸다. 처음에 타인은 아무런 반응을 보이지 않았으나, 한 번은 화가 나 그를 괴롭히는 학생 하나를 때렸다. 교사는 인내심을 잃었다는 이유로 그를 꾸짖고, 그의 에너지를 세계 정세 연구 같은 좀더 유용한 목적에 쓰라고 충고했다. 아닌 게 아니라 타인은 그 전부터 정치에 관심을 가지고 있었다. 방과 후면 자주 강을 따라 내려가, 사람들이 판 보이 차우의 최근 소식을 이야기하거나 그의 시 〈아시아(아-테-아)〉를 함께 암송하는 소리에 귀를 기울이곤 했다. 그 시는 백인의 지배로부터 벗어난 미래의 아시아를 묘사하면서, 민족 독립을 위해 힘을 모으라고 호소하는 내용이었다.

타인의 애국적 본능을 주로 자극한 사람은 그의 한문 선생 호앙 통이었다. 프랑스에 반대하는 그의 입장은 학교에도 널리 알려져 있었다. 통은 교실에서 학생들에게 나라를 잃는 것(맛 누옥)이 가족을 잃는 것보다 더 심각하다고 말했다. 조국을 잃으면 종족 전체가 사라지기 때문이었다. 타인은 통의 집을 찾아가 그의 서재에 있는 책들을 열심히 읽었다. 그곳에는 프랑스, 중국, 베트남의 개혁주의자들이 쓴 저작들이 있었다. 일설에 따르면 호앙 통은 비밀 정치 활동에 관련되어 있었으며, 타인은 그를 통해 제국 조정과 프랑스 식민지 체제에 대항하는 지역 내 저항 조직과 접촉했다고도 한다.

타인이 그런 활동에 얼마나 관여했는지는 알 수 없으나, 그가 권위를 비판하는 목소리를 점점 높였다는 것은 분명하다. 그는 학교 운동장에 모인 학생들 앞에서 몇 차례 제국 조정의 비굴한 행동을 비판하고, 지역 농민에게 부과해온 부담스러운 농업 관련 세금의 경감을 요구하기도 했다. 한 학생이 그의 행동을 당국에 고자질하는 바람에 타인은 교장실로 불려가 심한 질책을 받았다.[17]

사실 1907년 가을 무렵에는 정치적인 긴장이 점차 고조되고 있었다. 프랑스에 의해 1889년에 제위에 오른 황제 타인 타이는 반역 행위 가담을 의심받아 폐위당했다. 그러나 그의 8살 난 후계자 두이 탄(維新)은 프랑스에 대한 반감이 훨씬 더 강하다는 소문이 퍼져 있었다. '유신'이라는 이름을 택했다는 것 자체가 조국을 개혁하겠다는 결심을 보여주는 행동처럼 보였는데, 이것은 동시에 일본의 메이지 천황(明治, 1867~1912년 재위, 유신을 단행한 일본의 천황: 옮긴이)과 정신적 친화성을 선언하려는 행동으로 보이기도 했다.

그러나 다수의 진보적인 베트남인들은 이미 황실에서 애국적 행동을 할 것이라는 기대를 접고 있었다. 동경의숙의 지식인 응우엔 쿠엔(阮權)은 그 즈음 모든 베트남인에게 봉건적 과거를 거부하는 상징적인 행동으로 단발을 할 것을 호소하는 시를 썼다(당시 많은 베트남인들은 상투를 틀고 있었는데, 이것은 수백 년 내려오는 전통이었다). 타인은 수업을 빼먹고 친구들과 함께 어울려 다니며 지나가는 사람들에게 단발을 해주었다. 꼭 요청을 받아야만 해주는 것은 아니었다. 세월이 지난 뒤에도 호치민은 당시 부르던 노래를 기억했다.

왼손에 빗을 들고
오른손에 가위를 들어라
싹둑! 싹둑!

무지를 잘라라
어리석음을 버려라
싹둑! 싹둑!¹⁸

이런 행동은 프랑스 당국자들을 불안하게 했을 것이 틀림없다. 결국 통킹 정부는 동경의숙을 폐쇄했다.

지금까지 불만은 대부분 지식인들로부터 표출되었다. 그러나 1908년 초에 이르면 불만이 농촌지역으로까지 퍼져나가기 시작한다. 중부 해안지방의 농민은 세금 인상, 강제 노역, 관리의 부패에 항의하는 목소리를 내기 시작했다. 판 추 친은 보 총독에게 보내는 편지에서 지방 당국의 가혹한 세금에 시달리는 대중이 '암담한 곤궁' 속에서 살아간다고 지적했다. 해안지대 일부 지역에서는 특히 강제 노역 징발 때문에 원성이 자자했다. 예를 들어 태풍이 몰아치면 농민을 동원하여 항구의 모래를 청소했다. 3월 중순 쾅 남 성의 한 지부(知府, 행정단위인 부의 행정 책임자: 옮긴이) 관저 앞에 많은 군중이 모여들어, 성도인 호이 안(會案)까지 행진했다. 다낭에서 남쪽으로 몇 킬로미터 떨어진 호이 안은 한때 번창하던 항구였다. 진보적인 지식인들은 이들의 항의 운동을 적극 지지하고 나섰다. 지식인들은 이미 베트남 중부 전역에 학교와 회사를 세워 젊은이들에게 근대적 사상을 가르치고 활동 자금으로 쓸 돈을 벌고 있었다. 그들은 농민의 납세 거부를 선동하기 시작했다(이로부터 시작된 일련의 사태를 보통 1908년 항세

[抗稅] 운동이라고 한다: 옮긴이).

　최초의 시위 소식이 퍼지자, 운동은 쾅 남으로부터 근처의 여러 성으로 삽시간에 번져나갔다. 시위가 과격해져, 시위대가 관청이나 지역 관리의 집을 점거하기도 했다. 그러자 당국은 군대에게 폭도를 해산시키라는 명령을 내렸고, 그 결과 몇 명이 죽고 수백 명이 체포되었다. 이따금씩 농민은 강제로 지나가는 사람의 머리카락을 자르기도 했는데, 그것을 본 프랑스인들은 이 운동에 '단발 폭동'이라는 이름을 붙였다.

　봄이 되자 농민 운동의 물결이 제국 수도 후에의 문간에서 찰랑거리기 시작했다. 5월 첫째 주가 되자 교외 콩 루옹 마을의 농민이 높은 세금에 반대하는 시위를 벌였다. 지역 관리가 군대와 함께 현장에 도착하자 시위가 폭동으로 번지면서 관리가 군중의 손에 붙들렸다. 다음 날 수많은 군중이 관리를 대나무 우리에 넣어 수도로 끌고갔다. 시위 군중은 프랑스인 고등 주차관 사무실 앞에 모여 세금 감면과 강제 노역 축소를 요구했다.

　이 사건에서 타인은 처음으로 정치 행동에 직접 개입했다. 물론 그는 지역에 떠도는 소문들을 통하여 사건의 추이를 꼼꼼하게 챙겼을 것이다. 5월 9일에 학생들은 국학 앞의 강둑에 모여 교외로부터 농민이 떼를 지어 시내로 몰려드는 것을 보고 있었다. 타인이 갑자기 두 친구를 부르더니, 농민의 항의를 프랑스 당국에 통역해주자고 제안했다. 타인은 도시로 들어가는 길에 현 체제를 전복시켜야 한다는 상징으로 라타니아 모자를 뒤집어 썼다. 그들이 고등 주차관 레베크의 사무실에 이르렀을 때, 성난 농민들이 이미 지역 관리들, 신경이 곤두선 군인들과 대치 중이라 팽팽한 긴장이 감돌고 있었다. 갑자기 지휘관이 휘하의 의용대에게 곤봉으로 군중을 몰아내라고 명령했다. 농민의 요구를 당국에 통역하기 위해 앞으로 나가 있던 타인은 곤봉에 몇 대 맞았다.

　군대의 저지에도 불구하고 군중이 계속 앞으로 밀고 나아가자 레베크는 시위대 대표자들을 자신의 집무실로 불러 해산 조건을 협상했다. 이때

조세 반대시위 이후 체포된 농민들(1908년).

타인이 통역을 했다. 그러나 분쟁을 해결하기 위한 대화는 결렬되었고, 바깥에 있던 사람들은 두이 탄 황제가 개입을 시도한 뒤에도 해산을 거부했다. 결국 프랑스군이 도착하여 후옹 강의 새 다리를 점거한 시위대에게 발포하였으며, 이 때문에 수많은 사상자가 발생했다.[19]

그날 밤 타인은 친구 집에 숨었다. 다음 날 국학의 많은 학생들은 전날 타인의 활동에 대해 들었기 때문에 그가 결석할 것이라고 생각했지만, 수업 시작을 알리는 두 번의 종이 울리자 타인은 교실에 들어와 자기 자리에 앉았다. 오전 9시에 프랑스 경찰관이 학교에 군인들을 데려와 전날 시위에 참석했던 '키가 크고 시커먼 학생'을 내놓으라고 요구했다. 경찰관은 교실 뒤편에 앉은 타인을 알아보고 말했다. "저 문제아를 퇴학시키라는 명령서를 가지고 왔소." 그것으로 타인의 국학 생활은 끝이 났다.

후에의 사건 이후 정치적 위기는 가속화되었다. 6월 말에 판 보이 차우의 추종자들은 하노이에서 열린 한 연회에 참석한 프랑스 관리들을 독살하여 일격을 가하려 했다. 그들은 독살 이후에 벌어질 혼란 속에서 반역 세력이 전면봉기를 주도하여 도시의 주요 거점을 장악하기를 바랐다. 그러나 독약의 양이 너무 적어, 연회에 참석한 프랑스인들은 잠시 몸이 아프기는 했지만 아무도 죽지 않았다. 한편 주모자 가운데 한 사람이 무심결에 음모를 누설하는 바람에 프랑스 당국은 지역 전체에 계엄령을 선포했다. 이어지는 어지러운 상황에서 교외에 있던 차우의 군대는 흩어지고, 일부는 정부군에게 체포당했다. 음모에 가담했던 베트남인 가운데 13명이 처형당했으며, 나머지 사람들도 긴 징역형을 선고받았다. 공포에 사로잡힌 관리들은 이 운동에 동조한다고 의심할 만한 모든 지식인들을 체포했으며, 심지어 판 추 친마저 하노이에서 체포되어 후에에서 재판에 넘겨졌다. 검사들은 친의 처형을 원했으나, 고등 주차관이 개입했다. 결국 친은 무기징역을 선고받고 코친차이나 해안에서 멀리 떨어진 풀로콘도르 섬(베트남어로는 콘 산 섬이라고 부른다: 옮긴이)에 유배되었으나, 1911년 초 석방되어 프랑스 망명을 허락받았다.

폭동 뒤 응우옌 신 삭은 '국학에서 두 아들이 한 행동' 때문에 견책을 받았다. 삭은 판 추 친과 함께 포 방에 급제한 사람이었기 때문에 조정에서 주시하는 요주의 인물이었다. 당국은 그가 소요와 관련이 있다는 구체적 증거를 찾을 수 없었지만, 그를 후에에서 내보내기 위해 수도에서 남쪽으로 3백 킬로미터 정도 떨어진 빈 딘 성 빈 케 부의 지부로 임명했다. 빈 케 부는 한때 비교적 번영을 누렸으나, 응우옌 왕가에 대한 반역의 주요 거점이 된 뒤, 이제는 부랑자와 기타 불순분자들을 억류하는 곳으로 이용되고 있었다. 타인의 형 키엠 역시 감시를 받았다. 그는 1914년 반역 활동으로 유죄 판결을 받아 감옥에서 몇 년을 보냈다. 심지어 킴 리엔에 살고 있는 그들의 누이조차 폭동 연루자들을 숨겨 준 혐의로 심문을 받았다.

쫓기는 몸이 되어

타인은 퇴학을 당한 뒤 몇 달 동안 종적을 감추었다. 한 친구가 석회석

공장에 취직시켜주려 했으나, 그의 이름이 경찰의 블랙리스트에 올라가 있는 바람에 뜻대로 되지 않았다는 이야기도 있다. 아마 타인은 어디서 일자리를 구했거나 친구들과 함께 살았을 것이다. 그러나 고향집은 당국의 감시를 받고 있었기 때문에 그곳으로 돌아가지는 않았다.

결국 타인은 안남을 떠나 남쪽 프랑스 식민지인 코친차이나로 가기로 결정했다. 그곳에 가면 당국의 감시의 눈길을 피할 수 있을 것이라는 기대 때문이었다. 어쩌면 그때 이미 서양이 성공한 비밀을 그 근원에서부터 찾아보기 위해 해외로 가겠다는 결심을 했던 것인지도 모른다. 그럴 경우 가장 좋은 출항지는 번창하는 상업항 사이공이었다. 그곳은 제국 정부가 아니라 프랑스 당국의 통제 하에 있었다. 1909년 7월 타인은 사이공으로 가는 길에 아버지가 지부로 있는 빈 케에 들렀다. 타인은 체포를 피하기 위해 후에로부터 그 먼 거리를 줄곧 걸어갔으며, 가는 길에 잡일을 해주면서 먹을 것을 얻었다. 그러나 아버지와의 만남이 별로 좋지 않았다는 이야기도 있다. 삭이 침울한 상태에 빠져들면서 술을 마시기 시작했기 때문이다. 삭은 아들이 했던 행동을 꾸짖으며 매질을 했다.[20]

타인은 빈 케에 잠깐 머문 뒤 근처의 해안 도시 쿠이 논으로 가, 아버지의 오랜 친구인 팜 응옥 토의 집에 묵었다. 타인은 그곳의 지역 학교에서 잠깐 공부하다가, 토의 제안에 따라, 자신의 정체를 드러내지 않기 위해 아명인 응우옌 신 쿵으로 지역 학교의 교사가 되는 시험을 보았다. 사정위원회 위원장은 후에의 동 바 학교에서 타인을 가르쳤던 사람으로, 틀림없이 타인에게 동정적이었을 테지만, 성장(省長)은 책략을 써서 후보자 명단에서 그의 이름을 지워버렸다.[21]

쿠이 논에서 일자리를 찾지 못해 좌절한 타인은 계속 남하하여 항구 도시 판 랑까지 가서, 그곳에서 추옹 지아 모라는 학자를 찾아갔다. 그는 응우옌 신 삭과 함께 후에 조정에서 일하기도 했으며, 판 추 친의 친구이기도 했다. 타인은 가급적 빨리 베트남을 떠나고 싶었던 것 같으나, 모는 판 티엣의 둑 타인 학교의 교사 자리를 받아들이라고 설득했다. 판 티엣은 해안을 따라 남쪽으로 1백 킬로미터쯤 더 내려가야 하는 곳으로, 안남과 코친차이나의 경계 바로 북쪽이었다. 타인은 여비가 떨어졌기 때문에 모의 제안에 동의했다. 그러나 타인은 판 티엣으로 떠나기 전에 충격적인 경험을 하게 된다. 판 랑에 태풍이 몰아치자, 프랑스 관리들은 베트남 항만 노동자들에게 물에 뛰어들어 배를 구하라고 명령했다. 호치민이 나중에 전한 이야기에 따르면, 그 과정에서 베트남인이 많이 죽었는데, 유럽인들은 해안에서 그 광경을 지켜보며 즐거워했다.

둑 타인 학교는 1907년 애국적인 지역 지식인들이 동경의숙의 성공을 보고 본떠 세운 것이었다. 학교 건물은 판 티엣 강 남쪽 강변에 자리잡고 있었는데, 남중국해로부터는 5킬로미터 정도 떨어져 있었다. 그 즈음 작고한 한 시인의 소유지에 벽돌로 지은 본관 건물이 자리잡고 있었다. 학교는 시인의 두 아들이 운영하고 있었으며, 근처에 세운 서점에서는 교재를 공급하고 새로운 개혁주의적 사상들을 전파했다. 서점 앞에는 이런 구호가 붙어 있었다. "낡은 것을 버리고, 새롭고 근대적인 것을 도입하자." 수업은 쿠옥 응우(국어)로 진행했지만, 프랑스어와 한문 수업이 있었고, 사회과학과 자연과학, 예술, 체육도 가르쳤다.[22]

타인은 계속 제국 보안 부대에 쫓기면서 1910년 초 음력 설(뗏) 전에 판 티엣에 도착하여, 한문과 쿠옥 응우 교사로 일하기 시작했다. 그는 둑 타인 학교 교사진 가운데는 가장 젊었기 때문에 무술 교사를 포함한 다른 잡무도 맡았다. 학생들의 기억에 따르면 타인은 매우 인기 있는 교사였다. 그는 학생들을 존중했으며, 다른 교사들에게도 학생들을 때리거나 윽박지르지 말라고 충고했다. 당시 유행하던 하얀 파자마와 나무 샌들 차림의 타인은 소크라테스와 같은 방법을 사용하여 학생들이 스스로 생각하고 그 생각을 표현하게 했다. 그는 학생들에게 후에의 국학에 다닐 때 읽었던 볼테르, 몽테스키외, 루소의 사상을 소개했다. 그는 구내 사원에서 학생이나 교사들과 함께 식사를 하는 등, 교실 밖에서도 사람들과 자주 어울리는 편이었다. 그는 학교 기숙사에서 생활하면서 학생처럼 살았다. 또 자주 학생들을 데리고 숲이나 근처 해안으로 나가 역사와 자연에 대하여 이야기하며 산책을 했다. 전원적인 환경이었지만 지역의 젓갈 공장에서 나오는 악취가 어찌나 심한지 공부에 정신을 집중하기 힘든 때도 있었다고 한다.

학교의 교과 과정은 민족주의적 성향이 강했다. 매일 아침 교실마다 학생 하나가 일어나서 애국심을 고취시키는 노래를 불렀고, 출석한 학생 모두 그 노래를 놓고 토론했다. 타인은 수업 시간에 베트남 역사와 관련된 주제를 제시했으며, 〈단발가(카 홋 톡)〉나 판 보이 차우의 시 〈아시아(아 테-아)〉 등과 같은 대중적인 시를 암송하기도 했다. 그는 수업을 시작하면서 학생들에게 동경의숙에서 엮은 시집에 나오는 시들을 암송하게 했다.

오, 하늘이여! 우리의 고난을 보지 못하는가?
나라는 사슬에 묶여 비탄 속에 쇠약해져 가는데,
외국인들은 이 나라가 가진 것을 모두 빼앗아
우리는 굶어 죽게 되었구나.[23]

그러나 나라 전체에서도 마찬가지였지만, 이 학교에서도 가장 논란을 일으킨 문제는 민족 독립이라는 목표가 아니라, 그 목표를 달성하는 수단이었다. 교사진도 판 추 친의 개혁주의적 방식을 옹호하는 쪽과 판 보이 차우의 폭력 저항을 옹호하는 쪽으로 나뉘었다. 응우옌 탓 타인은 어느 편도 들지 않는 소수 가운데 하나였다. 나중에 자서전에서 말했다시피, 그는 우선 해외로 나가 상황을 이해하고 싶었다. 어떤 베트남 자료에 따르면, 타인은 판 추 친과 판 보이 차우 둘 다 존경했지만, 두 방식 어느 쪽에도 선뜻 동의하지 않았다. 전자는 프랑스의 호의를 믿는 것이 순진하다고 생

각했으며, 후자는 일본과 왕실에 의존하는 것이 잘못되었다고 생각했다.[24]

응우옌 탓 타인은 1911년 초에 학기가 끝나기도 전에 사라졌다. 그가 갑자기 사라진 이유는 분명하지 않지만, 그의 아버지가 코친차이나에 가기로 했다는 소식과 관련이 있을지도 모른다. 1910년 초에 삭은 후에로 소환되었다. 그 전해 여름 지부직에 부임한 직후부터 그는 지역 주민에게 인기가 높았다. 그는 시위에 참가했다가 체포된 죄수들을 석방하고, 탐욕스러운 지주들의 요구로부터 농민을 보호하고, 지역 불량배들을 처벌했다. 그는 사소한 범죄로 고발당한 사람들에게는 관대했으며, 나라 전체를 잃은 판에 그깟 일을 처리하는 데 시간을 보내는 것은 우습다고 말했다. 그러나 부유하고 권력 있는 자들은 엄하게 심판했다. 1910년 1월 그는 지역 유지 한 사람에게 매 1백 대의 처벌을 내린 적이 있었다. 벌을 받은 사람은 며칠 후에 죽었고, 친족들은 조정에 있는 친구들에게 하소연했다. 그 결과 삭은 재판을 받기 위해 후에로 소환되었다. 5월 19일 섭정 자문위원회는 그에게 직권 남용 혐의를 걸어, 태형과 4등급 강등의 처벌을 내렸다. 8월이 되자 형은 강등과 면직으로 바뀌었다. 삭은 먹고 살기 위해 후에에서 잠깐 교사 일을 했다. 그는 친구들 앞에서 면직에 대해 불만을 표시하지는 않았다. 그는 어떤 사람에게 이렇게 말하기도 했다. "나라를 잃었는데 어찌 가정을 돌볼 수 있겠는가?" 1911년 1월 그는 프랑스 당국에 코친차이나 여행 허가를 요청했다. 어쩌면 아들을 보러 가려는 것이었는지도 모른다. 그러나 당국은 그 요청을 거부했다. 아마 그가 반역 활동에 연루되어 있다는 의심이 풀리지 않았기 때문일 것이다. 당시 작성한 프랑스 경찰의 보고서에는 이렇게 적혀 있다.

응우옌 신 (삭)은…… 판 보이 차우, 판 추 친 등과 공모하고 있다는 의심을 받고 있다. 2년 전 동 바에 재학하던 그의 아들은 갑자기 사라졌다. 그는 코친차이나에 있는 것으로 추정된다. 응우옌 신 (삭)은 아들과 만나고, 판 추

친과 협의를 할지도 모른다.[25]

삭은 요청 거부를 무시하고 1911년 2월 26일 투란(다낭의 프랑스식 이름)으로 가서 사이공으로 가는 배를 탔다. 그는 사이공에서 한문 강습을 하는 일자리를 구하고 약초도 팔았다.[26]

응우옌 탓 타인은 아버지가 코친차이나로 온다는 것을 알았을까? 그래서 아버지를 찾으러 판 티엣을 떠나 사이공으로 간 것일까? 같은 학교에 근무하던 교사는 타인이 아버지와 함께 설 명절을 쇠러 간다는 말을 했다고 기억한다. 아니면 이미 학교를 감시하고 있던 지역 당국에 정체가 드러났다고 걱정했을까? 그들이 응우옌 탓 타인이 그 학교에서 가르치고 있다는 사실을 알았는지는 분명하지 않지만, 어쨌든 타인이 사라진 직후 프랑스 관리가 학교에 와서 그의 소재를 물었다. 그러나 타인은 학생들에게 자신이 떠난다는 사실을 알리지 않고, 자신의 책은 동료 교사에게 주라는 짧은 메모만 남겼다. 학교의 친구들은 훗날 그가 젓갈 간장을 사이공으로 실어 나르는 배를 타고 판 티엣을 떠났을지도 모른다고 추측했다. 어쨌든 타인이 떠난 직후 학교는 강제 휴교를 당했다.[27]

적을 알기 위해 더 넓은 세상으로

응우옌 탓 타인은 판 티엣을 떠난 지 얼마 안 되어 사이공에 도착했다. 응에 안 성이라는 시골에서 온 젊은이는 이 도시에 와서 눈이 번쩍 띄었을 것이 틀림없다. 사이공은 원래 사이공 강변의 조그만 무역 기지였지만, 프랑스인들이 정복한 이후 식민지 코친차이나의 수도가 되었다. 식민지의 인구가 꾸준히 늘면서—1910년에 코친차이나에는 베트남의 세 지역 전체에 거주하는 총인구 1천2백만 명 가운데 약 4분의 1이 살고 있었다.—사이공시도 함께 커갔다. 1900년에는 프랑스령 인도차이나에서 하노이 다음으로 큰 도시가 되었다. 곧 사이공은 그 규모에서 옛 수도를 넘어서고, 거주 인구도 수십만을 헤아리게 된다.

  이 도시의 성장은 무엇보다도 경제적 이점에 기초를 두고 있었다. 프랑스 정복 이후 코친차이나는 유럽인과 베트남인들로 구성된 새로운 기업가 계급에 부의 원천이 되었다. 여기에 수백 년 전부터 이 지역에 살아온 중국인들도 있었다. 이윤의 많은 부분은 캄보디아 국경지대를 따라 세워진 고무 플랜테이션, 그리고 프랑스인들이 메콩 강 삼각주 늪지에 간척 사업을 벌인 결과 확장된 논에서 나왔다. 부유한 부재 지주들이 매입한 이 처녀지는 소작인들(이들 가운데 다수는 북쪽의 인구밀도가 높은 성들에서 이주한 사람들이었다)에게 임대되었는데 소작료가 엄청났다. 소작인들이 지주들에게 바치는 쌀은 화교 소유의 정미소에서 가공되어 북쪽 지방으로 실려 가거나 수출되었다. 20세기 첫 사분기에 코친차이나는 세계 3위의 쌀 수출 지역으로 떠올랐다.

  고무와 쌀 교역이 성장하면서 나오는 이윤에 이끌려 수천 명의 유럽인들이 돈을 벌기 위해 사이공에 정착했다. 그들은 이곳의 늘어나는 인구에게 상품과 용역을 제공하는 사업을 벌였는데, 그 경쟁자는 화교 상인들과 새로 부를 얻은 베트남 부르주아지였다. 사이공은 섬유 공장, 시멘트 공장, 식품 가공 공장 등을 거느리면서 급속히 베트남 제1의 산업 및 상업 기지로 성장해갔다. 프랑스의 지방 도시 양식으로 세워진 도심의 건물들에는 식민지 관리들의 사무실이 입주해 있었다. 격자 모양으로 깔린 널찍한 도로에는 뜨거운 열대의 태양을 막기 위해 플라타너스들이 줄지어 늘어서 있었다. 치장 벽토를 바른 높은 담들 너머로는 유럽인들, 그리고 외국 제국주의자들에게 협력하는 소수의 베트남인들이 사는 으리으리한 집들이 자리잡고 있었다. 나머지 주민—공장 노동자, 항만 노동자, 인력거꾼, 주변의 시골에서 이농한 뿌리 없는 농민—은 벤 응에 운하와 도시 변두리를 따라 늘어선 지저분한 슬럼에 밀집해 살고 있었다.

  타인은 사이공에 도착하자 낡은 곡물창고에 숙소를 정했다. 소유자인

1911년 6월 호치민은 냐 롱 용 잔교에서 프랑스 여객선 아미랄 라투셰-트레빌 호를 탔다. 사이공 중심가 동쪽의 강에 자리잡은 이 건물은 19세기 말에 선창에 지어졌다. 지붕에 용이 새겨져 있어 건물에 그런 이름이 붙었다. 현재는 호치민 박물관 지부가 입주해 있다.

레 반 닷은 돗자리 제조업자로, 판 티엣의 둑 타인 학교 교사들과 유대가 있었다. 타인은 사이공에서 아버지를 만났던 것 같다. 그의 아버지는 장기적인 거처를 마련할 때까지 창고에서 임시로 살고 있었다. 얼마 후 타인은 학교를 매개로 한 다른 연줄을 통하여 사이공 부두 옆 차우 반 리엠 거리의 한 건물로 옮겨갔다. 운하와 사이공 강 사이에 자리잡은 이 낡은 목조 건물에는 양철 지붕이 덮여 있었고 쥐가 우글거렸다. 타인은 이제 아버지의 격려에 힘입어 해외로 나갈 계획을 짜기 시작했다. 3월에 타인은 프랑스인이 목공과 금속가공 분야의 직업 훈련을 위해 1904년에 세운 학교가 있다는 이야기를 들었다. 타인은 잠깐 이 학교에 다녔는데, 아마 해외 여행에 필요한 경비를 마련하는 것이 목적이었던 것 같다. 그러나 3년 과정을 끝마쳐야만 일을 할 만한 실력을 갖춘다는 것을 알게 되자, 학교를 때려치우고 동향 출신의 후앙이라는 친구와 신문을 팔기 시작했다.

타인이 살던 노동자 마을은 사이공의 냐 롱 부두에서 멀지 않았다. 냐 롱 부두에는 유럽이나 아시아의 다른 항구들로 가는 커다란 대양 정기선들이 기항했다. 타인은 해외를 여행하기 위해 그런 정기선들 가운데 한 곳에서 일자리를 얻기로 했다. 호치민은 먼 훗날 찬 단 티엔이라는 가명으로 쓴 자서전에서 그때 일을 이렇게 이야기하고 있다.

나[타인의 친구로 내세운 인물로, 저자는 이 인물의 말을 인용하고 있다]는 사이공의 샤슬루-로바에서 공부를 마칠 무렵…… 베트남 중부 출신의 젊은이를 하나 만났다. 나는 그를 친구의 집에서 처음 만났다. 우리는 동갑이었기 때문에 곧 친구가 되었다. 나는 그를 프랑스인들이 자주 들르는 카페 앞으로 데려갔고, 그곳에서 우리는 전깃불을 구경했다. 우리는 영화관에도 갔다. 나는 그에게 공동 수도도 구경시켜주었다. 젊은 쿠옥[응우옌 탓 타인]은 처음 보는 것들이 아주 많았다. 하루는 그에게 아이스크림을 사주었다. 그는 깜짝 놀랐다. 처음 먹어보는 것이었기 때문이다.
며칠 뒤 그는 갑자기 나에게 이렇게 물었다.
"이봐, 레, 너는 조국을 사랑하니?"
나는 깜짝 놀라 대답했다. "그럼, 물론이지!"
"그럼 비밀을 지켜줄 수 있어?"
"응."
"나는 해외로 나가려고 해. 프랑스와 다른 나라들을 보러. 그들이 해놓은 일을 보고 와서 우리 동포를 도울 거야. 하지만 나 혼자 가면 더 위험할 것 같아. 예를 들어 몸이 아플 때라든가…… 너도 함께 갈래?"
"뱃삯은 어떻게 마련하고?"
"여기 돈이 있어." 그는 나에게 두 손을 보여주었다. "일을 하면 돼. 먹고 여행하기 위해 무슨 일이든 할 거야. 함께 갈래?"
나는 그의 열의에 감복하여 그의 제안을 받아들였다. 그러나 우리의 모험에 대해 오래 생각을 해본 뒤, 나에게는 약속을 지킬 만한 용기가 없음을 알

프랑스 기선 아미랄 라투셰-트레빌 호는 길이 120미터, 무게 6백 톤, 승무원 72명이었다. '바'라는 이름을 썼던 호는 1911년 6월 주방 보조로 고용되었으며, 이 배를 타고 유럽까지 갔다.

앉다.

    나는 그 후로 그를 보지 못했다. 나는 그가 외국으로 갔다고 생각했다. 그러나 어떤 수단을 이용했는지는 말할 수 없다. 먼 훗날, 나는 그 열정에 가득한 젊은 애국자가 다름 아닌 우리 미래의 주석, 응우옌 아이 쿠옥[호치민]임을 알았다.[28]

    이후 몇 달 동안 타인은 자주 항구에 나가 배가 드나드는 것을 지켜보았다. 사이공에서 출항하는 기선 회사는 메사제리에 마리탱과 샤르죄르 레위니 두 곳이었다. 이 가운데 샤르죄르 레위니가 웨이터와 주방 보조로 베트남인을 고용했다. 그 광고를 보면 그 여정에 싱가포르, 콜롬보, 지부티, 포트사이드, 마르세유, 보르도 등 낭만적인 도시들이 포함되어 있었다. 타인은 그 회사에서 일하던 하이퐁 출신의 친구를 통하여 투란에서 출발하여 냐 롱 부두에 막 도착한 샤르죄르 레위니 소속의 정기선 아미랄 라투셰-트레빌 호의 선장에게 면접을 볼 수 있었다. 타인은 이미 작은 옷가방

사이공 항구를 떠나는 호치민. 하노이 혁명박물관.

에 뱃사람이 입을 옷 두 벌을 챙겨두었는데, 옷가방은 판 티엣의 한 친구가 준 것이었다.

6월 2일, 한 젊은이가 부두에 나타나 자신을 그냥 '바'라고만 소개했다. 루이 에뒤아르 메샹 선장은 지원자가 별로 마음에 들지 않았다. 그는 똑똑해 보이기는 했지만 몸이 약했다. 그러나 바가 "무슨 일이든 할 수 있다."고 고집을 부리는 바람에 메샹은 그를 주방 보조로 고용했다. 다음 날 바는 출근했으며, 그 즉시 하루 종일 일을 하게 되었다. 그는 접시와 팬을 닦고, 주방 바닥을 청소하고, 채소를 다듬고, 삽으로 석탄을 퍼넣었다. 5일째 되는 날, 아미랄 라투셰-트레빌 호는 사이공 강의 늪지대 강변을 통과하여 남중국해로 나아갔다. 영국이 해군 기지로 사용하던 싱가포르로 향하는 중이었다.[29]

왜 응우옌 탓 타인은 장기간 해외로 떠나기로 했을까? 먼 훗날 소련의 저널리스트 오시프 만델스탐과 이야기를 하면서 타인(당시에는 응우옌 아이 쿠옥이라는 이름으로 활동하고 있었다)은 이렇게 말했다. "열세 살쯤 되었을 때 나는 'liberté', 'égalité', 'fraternité' (자유, 평등, 우애라는 뜻: 옮긴이)라는 프랑스 말을 처음 들었어요. 나는 백인들은 모두 프랑스 사람이라고 생각했지요. 프랑스 사람들이 그 말을 썼기 때문에 나는 그 말이 내포하고 있는 의미가 무엇인지 알기 위해 프랑스 문명을 직접 보고 싶었습니다." 나중에 그는 미국의 저널리스트 애너 루이즈 스트롱에게도 비슷한 답변을 했다.

우리 아버지를 포함하여 베트남 사람들은 우리가 프랑스의 굴레를 벗는데 누가 도움이 될 수 있을지 궁금해하곤 했습니다. 어떤 사람들은 일본, 어떤 사람들은 영국, 어떤 사람들은 미국이라고 말했지요. 나는 내 눈으로 직접 보기 위해 해외로 가야 한다고 생각했습니다. 그들이 어떻게 사는지 보고 난 뒤에, 돌아와 우리 동포를 도울 생각이었지요.[30]

하노이의 성인전 작가들은 그의 회고에서 드문드문 나오는 발언들을 과대평가하여, 베트남을 떠나기로 한 그의 결정을 조국에 봉사하기 위한 행동으로 해석했다. 그러나 그들의 글이 교육적인 목적을 위해 그의 삶의 사건들을 극적으로 묘사하는 것으로 악명 높다는 점을 고려할 때, 그런 발언에는 약간 회의적인 시각으로 접근하는 것이 좋다. 그렇다 해도 1911년 여름 사이공을 떠날 때 그의 마음이 애국적 열정으로 가득했으며, 식민지 체제가 그의 동포들에게 저지르는 불의를 민감하게 의식하고 있었다는 것에는 의심의 여지가 없다. 타인이 보기에 국내에는 그런 문제들에 대한 해답이 없는 것 같았다. 외국에서라면 혹시 찾을 수 있을지도 몰랐다.

2장 성난 말

1911
1923

외모가 준수한 것도 아니고 옷차림도 화려한 것이 아니었기 때문에 타인은 겉으로 보기에는 눈길을 끌 만한 구석이 없었다. 그럼에도 친구들은 그에게 범상한 인물이 아님을 보여주는 뚜렷한 특징이 있었다고 기억했다. 그것은 이야기를 할 때 상대의 영혼을 꿰뚫을 듯이 강렬하게 빛을 발산하는 검은 두 눈이었다. 어떤 사람은 타인의 강렬함 때문에 자기 부인이 겁을 먹었다고 말하기까지 했다.

훗날 그의 삶을 연구하게 된 사람들은 개인적으로 볼 때 그토록 매력 있고 성격이 미묘한 사람이 어떻게 글에서는 그렇게 단조롭고 어색한 모습을 보여주는지 의아하게 생각한다. 그러나 바로 여기에 그의 인격과 그가 오랜 세월에 걸쳐 유지한 정치적 영향력의 비밀이 숨어 있다. 응우옌 아이 쿠옥은 다른 많은 마르크스주의 지도자들과는 달리 자신의 청중이 지식인이 아니라 보통 사람들―노동자, 농민, 병사, 사무원―이라고 생각했다. 그는 자신의 지적인 총명함으로 독자에게 감명을 주고 싶은 마음이 없었다. 대신 그는 단순하지만 생생한 말로 그들을 설득하여 자신의 세계관과 변화를 성취하는 방식을 공유하고자 했다. 그의 글에서는 벌거벗은 힘이 느껴졌다.

2 | 성난 말

 사이공을 떠난 뒤 응우옌 탓 타인의 행적은 기록으로 남은 것이 별로 없지만, 처음 2년은 거의 바다 위에서 보낸 것으로 추측된다. 베트남 바깥의 세계와 접하면서 그의 삶에 대한 생각과 태도도 크게 바뀌었다. 10년 뒤 프랑스의 여러 간행물에 글을 쓰기 시작했을 때, 그는 아시아, 아프리카, 남아메리카의 식민지화된 항구 도시들의 가혹한 현실을 충격적으로 묘사했다. 그는 이런 글들을 통해 많은 사람들이 겪는 절망적인 궁핍과 유럽 압제자들의 야만적인 행동을 고발했다. 20세기 초에 이르러 세계 많은 지역이 식민지 통치를 받게 되었으며, 항만 노동자, 인력거꾼, 육체 노동자들이 넘쳐나는 아프리카와 아시아의 항구 도시들은 모두 백인의 통제를 받았다. 이런 도시들을 떠돌던 시기에 훗날 타인의 혁명적 삶의 초석이 놓이게 된 것으로 보인다.

주방 보조, 노동자, 하인으로 전세계를 떠돌며

 아미랄 라투셰-트레빌 호를 타고 사이공에서 마르세유까지 가는 데는 몇 주가 걸렸다. 바다의 날씨는 자주 거칠어졌다. 이 배는 대양 정기선치고는 작은 편이어서, 길이가 약 120미터에 무게는 6천 톤 이하였다. 타인은 이 시기의 그의 삶에 대한 거의 유일한 자료라고 할 수 있는 자전적인 글에서 폭풍이 몰아치는 파도가 '산더미 같았다'고 묘사했는데, 이 파도 때문에 몇 번이나 배 밖으로 쓸려나갈 뻔했다.

바다에서 보내는 나날은 길고 지루했다. 아침 일찍 일어나도 어두워지기 전에는 일이 끝나지 않았다. 그는 먼 훗날 이 시절에 대해 3인칭으로 이렇게 이야기하고 있다.

그는 주방장 보조로 매일 똑같은 일을 반복했다. 아침 4시부터 넓은 주방을 청소하고, 화물창에 있는 보일러의 불을 피우고, 석탄을 들여오고, 채소, 고기, 생선, 얼음 등을 화물창에서 가져온다. 주방은 몹시 덥고 화물창은 몹시 추웠기 때문에 일은 무척 고되었다. 바다가 거칠어져 배가 흔들릴 때가 특히 힘들었는데, 어깨에 무거운 가방을 멘 채로 공중에 걸어놓은 사닥다리를 올라가야 했기 때문이다.[1]

그러나 타인은 열의를 가지고 좋은 마음으로 이 모든 일을 견디어냈던 것 같다. 그는 사이공에 있는 어떤 사람에게 보낸 편지에서 이렇게 농담을 했다. "우리의 주인공은 황동 장식을 닦고 화장실을 청소하고, 배설물이 든 통을 비우는 등 자기 하고 싶은 일을 마음껏 하며 하루 하루를 즐겁게 보내고 있지요." 그는 오후 9시에 일을 끝낸 뒤에 자정까지 책을 읽거나 글을 썼다. 때로는 문맹인 동료가 가족에게 편지 쓰는 것을 도와주기도 했다. 훗날 호치민의 공산주의 운동과 경쟁하는 조직(입헌당을 가리킨다: 옮긴이)의 지도적 인물이 된 농학자이자 저널리스트 부이 쾅 치에우는 이 항해에서 타인을 만나 왜 당신처럼 똑똑한 사람이 그렇게 힘든 노동을 하는 일자리를 구했느냐고 물어보았다고 한다. 그러자 타인은 씩 웃으면서, 프랑스에 가서 제국 정부가 아버지를 해고한 일을 무효로 돌릴 방법을 찾아볼 생각이라고 대답했다.[2]

아미랄 라투셰-트레빌 호는 싱가포르, 콜롬보, 포트사이드에 기항한 뒤

1911년 7월 6일 마르세유 항구에 입항했다. 이곳에서 타인은 임금을 받았다. 10프랑 정도였는데, 싸구려 호텔에서 며칠 먹고 잘 수 있을 정도의 돈이었다. 타인은 한 친구와 함께 처음으로 프랑스 구경에 나섰다. 타인은 처음으로 전차를 보았다(당시 베트남인들은 전차를 '달리는 집'이라고 불렀다). 그는 또 파리의 유명한 거리 칸비에르의 한 카페에 커피를 마시러 들렀다가 생전 처음으로 "무슈(monsieur)"라는 존칭을 들어보기도 했다. 그는 이 일을 겪고 난 뒤 친구에게 말했다. "프랑스의 프랑스인들은 인도차이나의 프랑스인들보다 나아. 더 정중해." 동시에 타인은 프랑스에도 프랑스령 인도차이나와 마찬가지로 가난이 존재한다는 것을 발견했다. 당시에도 마르세유는 지금과 마찬가지로 거친 도시였다. 거리에는 온갖 인종의 선원, 부랑자, 상인, 도둑들이 득시글거렸다. 타인은 매춘부들이 선원을 만나기 위해 배에 오르는 것을 보고 말했다. "왜 프랑스 사람들은 우리를 문명화한다고 하기 전에 자기 동포들부터 문명화하지 않는 거지?"[3]

타인은 배가 르아브르로 떠나기 전에 돌아왔다. 르아브르에는 7월 15일에 도착했다. 며칠 뒤에는 됭키르크에 도착했으며, 그랬다가 다시 마르세유로 돌아와 9월 중순까지 그곳에 머물렀다. 타인은 그곳에서 프랑스공화국 대통령에게 편지를 썼다. 이 일은 우리의 호기심을 자아내는 만큼, 편지 전문을 인용하는 것이 좋겠다.

마르세유에서
1911년 9월 15일

대통령께,

이 자리를 빌려 '식민지 학교'에서 청강생으로 강의를 들을 수 있도록 도와 달라고 요청하게 된 것을 영광으로 생각합니다.

저는 현재 생계를 위해 샤르죄르 레위니 회사(아미랄 라투셰-트레빌 호)

에서 일을 하고 있습니다. 저는 가진 것은 없지만 공부를 하고 싶은 마음이 간절합니다. 저는 제 동포들의 일과 관련하여 프랑스에 도움이 되고 싶으며, 동시에 제 동포들이 제 배움을 통해 이익을 얻게 하고 싶습니다.

저는 안남의 응에 안 성 출신입니다. 저의 깊은 감사의 마음을 받아주십시오. 호의적인 답장이 오기를 기다리며.

응우옌 탓 타인
1892년, 빈 출생〔원문대로〕
응우옌 신 후이(문학 박사)의 아들
프랑스어와 한문 학습

프랑스 식민지의 공무원을 양성할 목적으로 1885년에 세워진 식민지 학교에는 식민지 신민을 위한 '원주민과(section indigène)'가 있었으며, 프랑스령 인도차이나 출신 20명에게 장학금을 주었다. 일부 학자들은 응우옌 탓 타인처럼 프랑스의 조국 지배에 분명하게 반대하는 젊은이가 왜 식민지 학교에 들어가 프랑스에 봉사하고 싶어했는지 의아하게 생각한다. 그들은 타인이 관료제에서 출세하기 위해 애국심을 팔 생각을 했을지도 모른다고 추측한다. 그러나 타인이 과거에 후에의 국학에 다녔다는 사실에 비추어볼 때, 그의 행동에 특별히 놀랄 이유는 없다. 그에게 프랑스의 인도차이나 지배에 대한 적대적 감정은 이미 확고하게 자리잡고 있었지만, 그는 아직 어떤 경로를 통해 조국 해방에 기여할 것인지 결정하지 않았다. 그리고 그 자신도 이야기하지만, 상황을 좀더 잘 이해하기 위해 공부를 하고 싶은 마음이 여전히 간절했다. 그는 1911년에 누나에게 쓴 편지에서, 프랑스에서 공부를 계속하고 나서 5, 6년 뒤에 인도차이나에 돌아가고 싶다고 말했다. 더욱이 프랑스 대통령에게 보낸 편지에 나오듯이, 그의 궁극적인 목적은 조국에 봉사하는 것이었다. 또 그에게는 흔히 있는

일이었지만, 자신의 궁극적 목표를 추구하기 위해 진정한 의도를 감추었던 것일 수도 있다.[4]

타인은 아미랄 라투세-트레빌 호를 타고 마르세유에서 사이공으로 돌아갔다. 그는 10월 중순에 사이공에 도착하자 아버지와 연락을 하려 했다. 삭은 관직에서 물러난 뒤 고정적인 일자리를 찾지 못했으며, 한 번은 만취해서 체포당하기도 했다. 삭은 한동안 캄보디아 국경 근처 투 다우 못에 있는 고무 공장에서 일을 한 뒤, 코친차이나 전역을 돌아다니며 약초를 팔기 시작했다. 아들이 도착했을 때는 사이공 근방에 있었을 수도 있지만, 양쪽 모두 서로의 소재를 몰랐던 것 같다. 1911년 10월 31일, 타인은 안남의 프랑스인 고등 주차관에게 편지를 써서, 자신과 아버지가 가난 때문에 2년 이상 헤어져 있었다고 설명하면서 15피아스터를 아버지에게 전달해 달라고 동봉했다. 그러나 답장은 받지 못했다.[5]

타인은 사이공에서 다시 바다로 나갔다가 마르세유로 돌아갔고, 그곳에서 식민지 학교 입학 신청이 거부되었음을 알았다. 신청서는 학교 당국으로 전달되었는데, 학교 당국에서는 지원자가 인도차이나 총독의 추천을 받아야 한다고 답변했다. 타인으로서는 통과할 수 없는 관문이었을 것이다. 타인은 배가 르아브르의 건선거(乾船渠)에 들어갈 때까지 배에 남기로 결정했다. 대부분의 선원들은 다른 배에 취직을 하여 인도차이나로 돌아갔다. 타인은 르아브르에 남아, 도시에서 서쪽으로 몇 킬로미터 떨어진 조그만 해변 휴양시 생트아드레스(나중에 프랑스의 인상파 화가 클로드 모네가 그 풍경을 캔버스에 담았다)에서 어떤 선주 집의 정원사로 취직했다. 그는 한가한 시간에는 선주의 서재에 있는 잡지들을 읽고, 선주의 딸과 프랑스어 공부를 했다. 가끔 시내로 나가 베트남인들을 만나기도 했다. 한 번은 파리까지 가서 판 추 친을 만났다는 이야기도 있다. 타인이 베트남을 떠나기 전 그의 아버지가 자신과 함께 포 방에 급제한 친에게 소개장을 써 주었다는 것이다. 친은 인도차이나의 감옥에서 석방된 뒤 1911년 봄에 파리에 도착했다. 만일 두 사람이 만났다면 두 사람은 틀림없이 중국에서 들려온 기쁜 소식에 대해 이야기했을 것이다. 중국에서는 쑨 원(孫文)이 지도하는 혁명가들이 청나라를 무너뜨리고 서양식 공화국을 수립했다(1911년의 신해혁명을 가리킨다: 옮긴이).[6]

타인은 집 주인 가족과 잘 지냈다. 집 주인은 타인이 샤르죄르 레위니 선박회사 소속의 배 가운데 아프리카로 출항하는 배에 취직을 하도록 도와주었다. 한 친구가 아프리카는 베트남보다 더 덥다고 주의를 주었지만 방랑벽이 있던 타인은 가기로 결정했다(그는 친구에게 "나는 세상을 보고 싶어."라고 대꾸했다). 이후 몇 달 동안 타인은 알제리, 튀니지, 모로코, 인도, 인도차이나, 사우디아라비아, 세네갈, 수단, 다호메이(지금의 베냉공화국: 옮긴이), 마다가스카르 등 아프리카와 아시아의 여러 나라를 돌아다녔다.

그는 눈앞에 펼쳐진 광경에 매료되었으며, 배가 항구에 정박해 있는 동안 배울 수 있는 것을 최대한 배웠다. 그는 회고록에서 이렇게 말하고 있다.

바는 모든 것을 관찰하고 있었다. 배가 항구에 정박할 때마다, 그는 도시를 보려고 최선을 다 했다. 배에 돌아오면 사진과 성냥이 가득했다. 그런 물건들 수집을 좋아했기 때문이다.

그러나 식민지 체제의 악랄함을 깨닫는 경우도 많았다. 다카르에서는 폭풍우가 몰아치는데도 프랑스인들의 명령에 따라 배까지 헤엄쳐 가던 아프리카인 몇 명이 죽는 광경을 목격하기도 했다. 타인은 훗날 이렇게 썼다.

프랑스의 프랑스인들은 선량하다. 그러나 프랑스 식민주의자들은 아주 잔인하고 비인간적이다. 어디를 가나 마찬가지이다. 고향에서는 판 랑에서 그런 일이 벌어지는 것을 보았다. 프랑스인들은 우리 동포들이 그들을 위해 일하다가 익사하는 것을 보며 웃음을 터뜨렸다. 식민주의자들에게 아시아인이나 아프리카인의 목숨은 한푼의 가치도 없다.[7]

타인은 바다에서 지내는 동안 서반구의 기항지에도 몇 군데 들렀다. 오랜 세월 뒤 타인은 한 쿠바인에게 리우데자네이루와 부에노스아이레스에 가보았다고 말했다. 한 번은 그가 탄 배가 미국 동해안을 따라가면서 뉴욕 등의 항구에 들르기도 했다. 타인은 뉴욕에서 배를 떠나 일자리를 구하기로 했다. 그는 결국 미국에 몇 달 동안 머물렀다.

호치민이 미국에 체류한 시절은 그의 전생애 가운데 가장 많은 수수께끼와 의문에 싸여 있다. 그 자신이나 친구들의 회고에 따르면, 그는 뉴욕에서 한동안 지내며, 경외감에 사로잡힌 눈으로 맨해튼의 현대적 마천루를 보기도 하고, 친구들과 함께 차이나타운을 거닐기도 했던 것 같다. 타인은 그곳에서 아시아 이민자들이 실제로는 아니라할지라도 적어도 법적으로는 동등한 권리를 누린다는 사실에 감명을 받았다. 그는 노동자로 일을 했으며(한 달에 40달러라는 엄청난 보수를 받았다고 한다), 부유한 집의 하인 일을 하기도 했다. 또 자메이카 출신의 흑인 민족주의자 마커스 가비의 후원 하에 할렘에 창립된 '세계 흑인 개선 신탁'과 같은 흑인 운동 조직의 모임에 참석하기도 했다. 먼 훗날 베트남 전쟁이 한창일 때 하노이를 방문한 평화 운동가 대표단에게 그는 세계 곳곳에서 흑인들의 곤경을 보고 마음이 몹시 아팠으며, 그래서 흑인들의 운동에 심심껏 기여했다고 말했다. 대표단 가운데 하나가 왜 뉴욕에 갔느냐고 묻자, 그는 당시에는 미국이 서구 제국주의에 반대하여 베트남인들이 프랑스 식민지 체제를 전복하는 일을 기꺼이 도와줄 것이라고 생각했다고 대답했다. 그러나 결국 타인은 미국으로부터 도움을 얻을 수 없다고 결론을 내렸다.[8]

훗날 호치민은 보스턴에서도 산 적이 있다고 말했다. 그곳의 파커하우스 호텔에서 가루 반죽 음식 요리사로 잠깐 일했다는 것이다. 그는 남부의

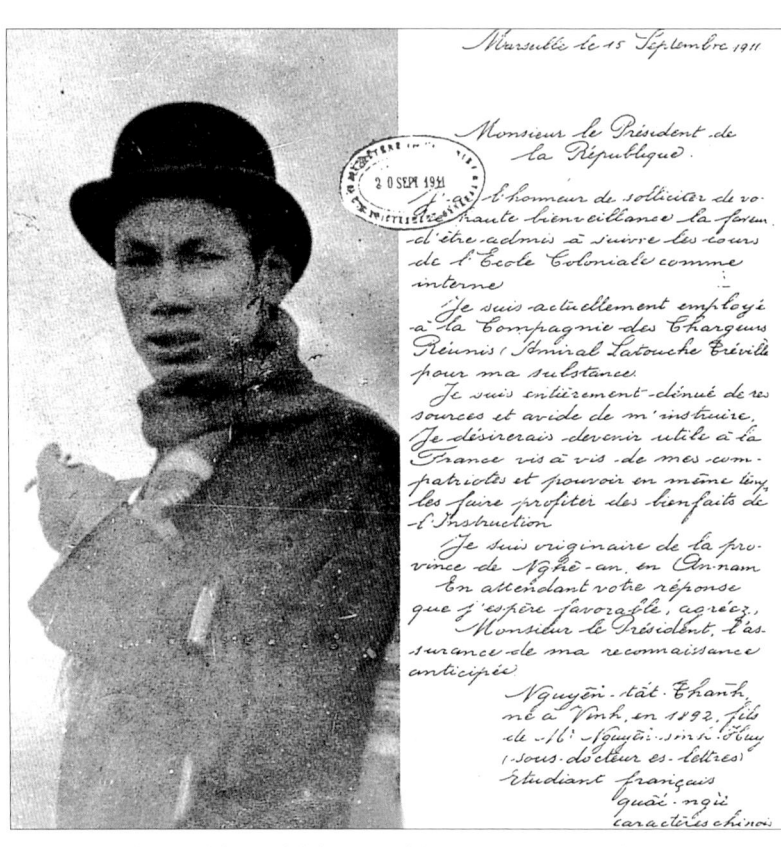

1919년~1920년경의 호치민. 그는 자신의 고유한 문화와 거리를 두고 유럽인의 복장으로 파리 시내를 거닐곤 했다. 오른쪽은 식민지학교 입학 허가 요청서. 1911년에 호치민이 직접 작성한 것임.

몇몇 주도 잠깐 여행했는데, 그곳에서 큐 클럭스 클랜(KKK단: 옮긴이)이 흑인들에게 린치를 하는 것을 목격했다. 그는 1920년대에 모스크바에 살면서 이 사건들을 생생하게 묘사하는 글을 썼다. 그러나 불행히도 그의 미국 여행의 세부 사항들은 제대로 확인할 수 있는 것이 하나도 없다. 그가 미국에 있었다는 것을 확인해주는, 논란의 여지가 없는 유일한 증거는 그가 보낸 편지 두 통뿐이다. 첫 번째 편지는 폴 탓 타인이라는 이름으로 안남의 프랑스인 고등 주차관에게 보낸 것으로 날짜는 1912년 12월 15일이며 뉴욕시 소인이 찍혀 있다. 두 번째는 보스턴에서 보낸 우편엽서로, 이것은 프랑스의 판 추 친에게 보낸 것이다. 여기에는 그가 파커하우스 호텔의 주방 보조로 일한다고 적혀 있다.[9]

미국을 떠나 런던으로

타인은 1913년에 미국을 떠났을 것이다. 그 스스로도 인정했듯이, 미국 체류는 그의 세계관에 별 영향을 주지 않았다. 그는 나중에 미국의 저널리스트 애너 루이즈 스트롱에게 미국에 갔을 때는 정치에 대해서 아무것도 몰랐다고 말했다. 타인은 르아브르에 다시 들렀다가, 영어를 공부하러 영국으로 갔다. 그는 프랑스에 있는 판 추 친에게 보낸 짧은 편지에서, 지난 넉 달 반 동안 런던에 머물며 영어를 공부하고 외국인들과 사귀었다고 말했다. 그러면서 네댓 달 뒤에 "다시 만나기를 바란다."라고 덧붙였다. 이 편지에는 날짜가 적혀 있지 않지만, 1914년 8월에 전쟁이 발발하기 전에 쓴 것이 틀림없다. 타인이 친에게 여름 휴가를 어디서 보낼 것이냐고 묻고 있기 때문이다.

두 번째 편지에서 타인은 제1차 세계대전의 도화선이 되는 사건들을 언급한다. 그는 그 문제에 간섭하려 하는 나라는 모두 전쟁에 말려들 수밖에 없다고 말하면서 이렇게 결론을 내린다. "앞으로 서너 달 뒤면 아시아의 상황이 변할 것이라고 생각합니다. 변해도 크게 변하겠지요. 싸우고 흥분하는 자들은 그만큼 더 나쁜 처지에 놓일 것입니다. 우리는 옆으로 물러서 있기만 하면 됩니다." 타인은 어쩌면 이 전쟁으로 프랑스 식민지 체제가 무너지기를 기대했는지도 모른다.[10]

타인은 또 판 추 친에게 보낸 첫 번째 편지에서 굶주림을 피하기 위해 일을 열심히 해야겠다고 말했다. 그가 얻은 첫 일자리는 학교의 눈을 치우는 청소부였다. 그는 나중에 자서전에서 이렇게 썼다. "정말 힘든 일이었다. 온몸에 땀이 나는데, 손과 발은 반대로 꽁꽁 얼었다. 얼어붙은 눈을 깨는 것은 쉽지 않았다. 몹시 미끄러웠기 때문이다. 8시간의 일이 끝나면 완전히 지쳤고 배도 몹시 고팠다." 그는 곧 그 자리를 그만두고 보일러를 관리하는 일을 맡았다. 그러나 그 일은 더 힘들었다.

친구와 나는 아침 5시에 지하실로 가서 불을 피워야 했다. 우리는 하루 종일 보일러 안에 석탄을 집어넣었다. 끔찍한 일이었다. 위층에 있는 사람들은 무슨 일을 하는지 전혀 알 수 없었다. 올라가본 적이 없었기 때문이다. 내 동료는 조용한 사람이었다. 어쩌면 벙어리였는지도 모르겠다. 그는 하루 종일 아무 말도 하지 않았다. 일을 할 때는 담배를 피웠다. 나한테 원하는 것이 있을 때는 말을 하지 않고 신호를 보냈다. 지하실은 몹시 더웠고 바깥은 몹시 추웠다. 나는 따뜻한 옷이 별로 없어 감기에 걸리고 말았다.

마침내 타인은 런던 중부 드레이턴코트 호텔의 주방에서 일자리를 얻을 수 있었다. 나중에 그는 칼턴 호텔로 옮겼으며, 유명한 요리사 오귀스트 에스코피에 밑에서 일했다. 만일 호치민이 자서전에서 쓴 다음과 같은 이야기가 정확하다면, 그는 요리사로서 장래가 유망했던 것 같다.

우리는 돌아가면서 청소를 했다. 웨이터들은 손님 시중을 든 뒤 접시를 모두 닦아 전기 승강기를 이용해 주방으로 보내야 했다. 우리 일은 설거지하기 전에 도자기와 은식기를 분리하는 것이었다. 바의 차례가 왔을 때 그는 매우 조심했다. 그는 남은 음식—통닭 4분의 1토막이나 커다란 스테이크 조각이 남는 경우도 많았다.—을 다 버리는 대신 깨끗하게 보관한 뒤 주방으로 돌려보냈다. 이것을 눈치챈 요리사 에스코피에가 바에게 물었다. "왜 자네는 남들처럼 남은 것을 쓰레기통에 버리지 않았나?"

"이것들은 버리면 안 됩니다. 가난한 사람들에게 주면 됩니다."

"젊은 친구, 내 이야기를 잘 듣게!" 요리사 에스코피에는 기분이 좋은지 웃음을 지으며 말을 이었다. "혁명적인 사상은 잠시 접어두게. 내가 자네에게 요리 기술을 가르쳐주지. 그럼 큰돈을 벌 수 있을 거야. 그렇게 하겠나?"

요리사 에스코피에는 바에게 설거지를 그만두게 하고 케이크 굽는 곳으로 데려갔다. 바는 그곳에서 임금을 더 많이 받을 수 있었다.

이것은 주방에서는 큰 사건이었다. '주방의 왕'이 그런 일을 한 것은 처음이었기 때문이다.[11]

타인은 여유 시간에 저축한 돈으로 이탈리아인 교사에게서 영어 교습을 받았다. "손에 책과 연필을 들고 하이드 파크에" 앉아서 배우곤 했다. 타인은 또 정치 조직 활동에도 열심이었다. 여러 자료에 따르면 그는 노동조합 활동에 관여했으며, '해외노동자연합'의 구성원이 되었다. 해외노동자연합은 영국 공장의 노동 조건을 개선하는 데 헌신하는 비밀 조직이었는데, 중국인 노동자들이 주를 이루었다. 그는 또 아일랜드 독립이나 좌익의 여러 가지 대의를 지지하는 거리 시위에 참여했다고 한다. 타인은 이 무렵에 독일의 혁명가 카를 마르크스의 저작을 처음 접했을 것이다.[12]

타인은 다른 대의들보다도 조국의 곤경에 계속 관심을 기울였다. 그는 친에게 보낸 엽서에 이런 짧은 시를 적어 보냈다.

> 영웅의 근본을 이루는 의지의 힘을 느끼며
> 하늘과 물에 맞서나니
> 남아는 모름지기 자신의 동포들을 위해 싸워야 하리.[13]

타인은 몰랐지만 그가 판 추 친에게 보낸 편지들은 프랑스 당국의 손으로 들어갔다. 1914년 늦여름, 친과 그의 가까운 동료인 변호사 판 반 추옹은 독일 첩자와 만났다는 혐의로 프랑스 정부에 구속되었다. 이들은 나중에 증거 불충분으로 풀려나기는 했지만, 프랑스 경찰은 파리에 있는 이들의 아파트를 수색했을 때 런던 토튼햄코트 로드, 스티븐 거리 8번지에 사는 N. 탓 타인이라는 베트남인이 보낸 편지들을 발견했다. 경찰은 수사 도중 탓 타인이 친에게 보낸 한 편지(현재는 남아 있지 않다)에서 그가 인도차이나의 상황에 대해 불평하면서, 장차 친의 사업을 수행하겠다고 약속하는 내용을 발견했다. 영국 경찰은 주영 프랑스 대사관의 요청에 따라 뒷조사를 했지만 그 주소에 그런 사람은 없었다. 그러나 다른 주소에서 탓 타인과 타인이라는 두 형제를 찾아냈다. 그러나 그들은 베드퍼드로 공부하러 온 공학도들이었으며, 정치 활동에는 관여하지 않는 것 같았다.[14]

영국에서 보낸 제1차 세계대전 기간은 타인의 생애에서 기록이 가장 적게 남은 때이다. 이 시기의 행적은 그가 먼 훗날 기록한 자전적인 글들에 거의 전적으로 의존하고 있다. 일부 역사가들은 아예 그가 영국에 살았다는 사실 자체를 믿지 않고, 그것을 그가 노동 계급 출신의 혁명가로서 자격을 강화하기 위하여 꾸며낸 이야기로 간주한다. 그러나 이런 생각은 타당성이 별로 없다. 그는 유학자의 아들이라는 자신의 출신 배경을 위장하려 한 적이 거의 없기 때문이다. 이 시기에 대한 그의 자전적 이야기에 나오는 일화들은 확인이 불가능하지만, 그가 런던에 살았다는 사실을 확인해주는 증거는 충분하다. 어쨌든 그의 활동의 정확한 내용은 여전히 수수께끼로 남아 있다.[15]

몽마르트르의 벙어리

타인이 프랑스로 돌아온 시점은 오랫동안 논란의 대상이었다. 프랑스 당국은 1919년 여름, 그가 프랑스에서 가장 악명 높은 베트남인이 될 때까지 타인이 프랑스에 있다는 사실을 모르고 있었다. 호치민은 자서전에서 아직 전쟁이 끝나지 않았을 때 프랑스로 돌아왔다고 썼다. 파리의 친지들은 그가 1917년 또는 1918년에 돌아왔다고 주장한다. 그를 미행하는 임무

국자감에서 응우옌 신 삭과 함께 공부했던 판 추 친은 개혁의 기치를 내걸었으나, 결국 프랑스로 망명하여 그곳 교포사회의 지도자가 되었다. 호치민은 파리에 머무는 동안 친과 긴밀하게 협력했지만, 결국 갈라서게 된다.

를 맡은 한 요원은 1919년에 그가 "프랑스에 이미 오래 있었다."라고 보고했다. 대부분의 자료들은 그의 프랑스 귀환 시점을 1917년 12월로 본다.[16]

그가 프랑스로 돌아온 동기는 분명치 않다. 물론 그의 민족주의적인 목표에 비추어보면 그것은 분명히 논리적인 행동이다. 제1차 세계대전 동안 프랑스는 전선으로 떠난 프랑스 노동자들을 대체하기 위하여 수천 명의 베트남인들을 징발했다. 프랑스에 거주하는 베트남인은 1911년 1백 명이 채 안 되었는데, 전쟁 동안 급속히 불어났다. 조국 해방을 위해서 무슨 일이든 하겠다고 결심한 애국자에게 프랑스는 열렬한 시시자들을 모으며 활동을 벌이기에 적합한 장소였다. 타인은 판 추 친과 그의 동료 판 반 추옹을 통해 파리의 베트남 교포들의 정치판이라는 미궁으로 들어갈 수 있는 입장권은 확보한 셈이었다. 친은 1906년 폴 보에게 보낸 공개서한으로 이름이 높았기 때문에 프랑스의 교포 공동체에서 지도자로 인정받고 있었다. 친은 제1차 세계대전 초기에 반역 혐의로 체포된 뒤로 신중하게 행동하고 있었지만, 그가 여전히 베트남 독립을 위해 적극적으로 활동하고 있

2장 성난 말 103

다는 소문은 끊이지 않았다.

타인은 프랑스에 도착하자마자 곧 베트남 노동자들을 선동하는 작업에 관여했다. 제1차 세계대전이 장기화되면서 프랑스 사회는 점점 불안해졌다. 1917년 프랑스군 내에서 심각한 폭동이 일어났고, 급진파는 반전 선전을 하면서 전국에서 노동조합을 조직하기 시작했다. 식민지의 공장이나 조선소 노동자들은 낮은 임금을 받으며 비참한 생활을 하고 있었기 때문에 그러한 선동에 특히 민감했다. 그런 활동에서 식민지에 반대하는 열정이 넘치는 전투적인 젊은 베트남인은 특히 유용했다.[17]

타인이 그런 활동과 어떻게 관련을 맺어나갔는지는 분명치 않다. 애초에 해외노동자연합 대표로서 프랑스의 노동자 단체들과 연계를 맺기 위해 영국에서 프랑스로 돌아간 것일 수도 있다. 그럴 경우 그가 몇 번에 걸쳐 두 나라 사이를 왕복했을 가능성도 적지 않다. 아니면 그가 파리 좌익 서클의 지도적 인물들 몇 명과 독립적으로 관계를 형성했고, 그 인물들이 타인의 열의를 보고 자신의 활동을 도와달라고 했던 것일 수도 있다.

당시에 파리에서 급진적 활동가로 활약했으며 나중에 저명한 역사가가 된 보리 수바린은 타인이 런던에서 파리에 도착한 직후에 그를 처음 만났다고 기억하는데, 그것이 1917년의 일이라고 기록하고 있다. 타인은 몽마르트르의 어느 막다른 골목에 있는 지저분한 호텔에 묵고 있었으며, 프랑스사회당의 어느 지부의 회의에 참석하기 시작했다. 타인은 그곳에서 수바린을 만났으며, 수바린은 그를 포부르 클럽이라는 연설 그룹의 설립자인 레오 폴데에게 소개해주었다. 타인은 이 클럽의 주간 대화에 정기적으로 참석하였는데, 이 대화는 급진적 정치에서부터 심리학이나 신비주의에 이르기까지 광범위한 분야를 다루었다. 이 모임은 파리의 여러 회관에서 열렸다. 타인이 몹시 수줍어했기 때문에(수바린은 그를 "소심하고, 매우 겸손한 젊은이였지만, 아주 상냥했으며 배우는 데 열심이었다."고 회상한다) 다른 참석자들은 그에게 '몽마르트르의 벙어리'라는 별명을 붙여주었다.

그러나 폴데는 결국 타인을 격려하여 수줍음을 극복하는 수단으로 대중 앞에서 연설을 하게 했다. 첫 번째 연설에서 타인은 식민지 치하의 동포들이 겪고 있는 고난에 대해 이야기해보라는 요청을 받았으나, 긴장한 나머지 말을 더듬었다. 청중 가운데 그가 하는 말을 제대로 알아들은 사람은 드물었지만, 그럼에도 그가 말하는 주제에는 공감했다. 연설이 끝나자 청중은 환호했다. 그는 곧 다시 연설을 해달라는 초대를 받았다.[18]

수바린의 이야기는 레오 폴데의 이야기와 일치한다. 폴데는 미국의 작가 스탠리 카노에게 포부르 클럽의 모임에서 타인을 처음 보았다고 말했다. "그에게서는 채플린(영국 태생의 영화배우: 옮긴이) 같은 분위기가 풍겼다. 슬픈 동시에 희극적인 분위기 말이다." 폴데는 그의 반짝이는 눈과 모든 것에 대한 열렬한 관심에서 강한 인상을 받았다. 타인은 무대 공포증을 이겨내고, 곧 클럽의 주간 모임에서 토론에 열심히 참여하게 되었다. 한번은 최면술 옹호자의 입장을 비판하면서, 프랑스 식민지 당국이 인도차이나 사람들에게 최면을 걸기 위해 아편과 알코올을 상습적으로 사용한다고 주장했다. 타인은 파리의 급진적인 지식인 운동의 지도적 인물들과도 만나게 되었다. 그 가운데는 사회주의 작가인 폴 루이, 전투적인 활동가 자크 도리오, 급진적인 소설가 앙리 바르뷔스 등이 있었다. 특히 바르뷔스는 전선에 나간 병사들의 비참한 상황을 감동적으로 묘사했다.[19]

이제 응우옌 탓 타인은 서른 살이 다 되었다. 그의 세상 경험은 교육, 요리, 그리고 몇 가지 천한 일자리에 한정되어 있었다. 타인은 프랑스에서 일자리를 찾기가 어려웠을 것이다. 노동 허가증이 없었기 때문이다. 여러 자료에 따르면 타인은 베트남 음식을 팔고, 간판을 제작하고, 한문을 가르치고, 초를 만들었다고 한다. 결국 그는 판 추 친이 운영하는 가게에서 사진 손질하는 일자리(흑백 사진에 색채를 입히는 것으로, 당시에는 인기 있는 신기술이었다)를 얻게 되었다. 그는 시간이 나면 국립도서관이나 소르본 도서관을 자주 찾았다. 타인은 탐욕스럽게 책을 읽었다. 그는 특히 셰익스피어, 찰스 디킨스, 빅토르 위고, 에밀 졸라, 레프 톨스토이, 루 쉰(魯迅) 등을 좋아했으며, 거기에다 바르뷔스의 작품도 즐겨 읽었다. 그는 말 그대로 짐가방을 싸놓고 살면서, 파리의 노동 계급 거주지의 초라한 호텔이나 아파트를 전전했던 것 같다.[20]

전쟁이 끝날 무렵의 파리는 정치에 관심을 둔 젊은 아시아인에게는 매혹적인 장소였다. 프랑스의 수도는 여전히 서구 세계의 문화적 중심이자 정치적 중심이라는 허세를 버리지 않았다. 19세기의 가장 유명한 급진적 인물들이 파리에 둥지를 틀고 활동했으며, 그들의 이데올로기의 상속자들은 제1차 세계대전의 야만성을 보고 자본주의 체제에 대한 비판의 강도를 높였다. 프랑스와 전세계의 지식인과 학생들은 센 강(江) 서안(왼편)에 있는 카페와 레스토랑에 모여 정치를 토론하고 혁명 계획을 짰다. 그 가운데 일부는 프랑스 정부측 요원으로 고용되어 동료들을 염탐하고 그들의 전복적 활동을 경찰에 밀고하기도 했다.

전쟁 말기 파리에 형성된 다양한 망명 공동체들 가운데 베트남인들의 공동체는 그 숫자에서 수위를 다투었다. 그 무렵 프랑스에는 약 5만 명의 베트남인들이 있었다. 대부분은 공장에서 노동을 했지만, 공부를 하러 온 부유한 집안의 자식들도 수백 명이었다. 프랑스 지식인 사회의 정치적인 분위기 때문에 그런 학생들은 정치적 선동에 민감했다. 그러나 프랑스에 살고 있는 베트남인들은 민족적 감정이 강하기는 했지만, 이것을 독립이라는 대의와 연결시키는 활동은 거의 찾아볼 수 없었다. 전쟁 기간 프랑스는 넓디넓은 식민지 제국 전역에서 몸을 움직일 수 있는 사람들은 모두 모국의 방어에 나서야 한다고 주장해왔다. 그것을 보고 투쟁적인 사람들 가운데 일부는 응분의 보상을 요구해야 한다고 생각했다. 즉 유럽에서 프랑스를 지지하는 대가로 프랑스는 전후 베트남에 자치권을 확대하든가 아니면 완전한 독립을 인정해야 한다고 생각한 것이다. 일부는 거기서 더 나아가 프랑스의 패배가 해외 행정 기구들의 붕괴를 가져오고 그로 인해 식민지 권력이 전복될 것이라는 희망을 품고 독일 정보 요원들과 거래를 하려 하기도 했다.

프랑스 당국은 판 추 친과 그의 동포 판 반 추옹이 양쪽 가능성을 모두 타진해보았다는 증거를 약간 확보했던 것 같다. 1878년 하 동 성의 하노이 근처에서 태어난 추옹은 법률가 교육을 받았으며, 1910년 프랑스에 정착하여 프랑스 시민이 되었다. 그와 친은 전쟁 발발 직전 베트남 교포들의 결사를 조직했다. 주로 생각에 몰두하는 편이었던 친은 조직을 꾸려가는 정치력은 뛰어나지 못했다. 그들이 조직한 '동포애 협회(호이 동 탄 아이)'는 파리 주변에 살고 있는 베트남인들로부터 별로 인정을 받지 못하여, 회원 수도 20여 명에 불과했으며 이렇다 할 활동을 보여주지도 못했다. 그러나 이 두 사람이 베트남에서 전면봉기를 일으킬 운동을 조직하려는 계획을 짜고 있다는 소문이 돌았으며, 프랑스 정보 부서들은 이 소문을 심각하게 받아들였던 것 같다. 두 사람이 전쟁 발발 직후 반역 활동 가담 혐의로 잠깐 수감되었던 것은 이런 이유 때문이었다. 또 이들이 체포되는 바람에 타인이 보낸 편지들이 당국의 수중으로 넘어가게 되었다. 친과 추옹은 석방 후 인도차이나 식민지 체제에 본격적으로 도전하는 일을 중단했다. 사실 그 후 10년 동안 어느 누구도 도전하지 않았다. 프랑스측의 단호한 예방 활동 때문인지 아니면 베트남인들의 무능 때문인지 프랑스의 베트남인들은 전쟁 기간 동안 민족 독립이라는 대의를 옹호하는 활동을 거의 하지 못했다. 실천적 활동이라는 면에서는 교포 사회 전체가 정치적으로 정지된 것이나 다름없었다.

애국자 응우옌(阮愛國)

타인은 곧 그런 상황을 바꾸어놓았다. 그는 1919년까지 베트남 반식민지 운동의 중요 인물들 몇 명을 사귀기는 했지만, 그의 유일한 정치적 업적은 후에의 농민 시위에서 잠깐 통역을 한 것뿐이었다. 외모가 준수한 섯도 아니고 옷차림이 화려한 것도 아니었기 때문에 타인은 겉으로 보기에는 눈길을 끌 만한 구석이 없었다. 그럼에도 친구들은 그에게 범상한 인물이 아님을 보여주는 뚜렷한 신체적 특징이 하나 있었다고 기억했다. 그것은 이야기를 할 때 상대의 영혼을 꿰뚫을 듯이 강렬하게 빛을 발산하는 검은 두 눈이었다. 어떤 사람은 타인의 강렬함 때문에 자기 부인이 겁을 먹었다고 말하기까지 했다.

그해 여름, 타인은 나이든 두 동료의 승인 하에 프랑스에 사는 베트남인들을 중심으로 '안남애국자연합(Association des Patriotes Annamites)'이라는 새로운 조직을 결성했다. 타인은 비교적 덜 알려진 상태였기 때문에 친과 판 반 추옹이 조직의 지도자로 올라갔지만, 비서를 맡은 타인이 주도했다는 것은 거의 확실하다. 창립 회원들은 아마 지식인들이었을 것이다. 그러나 타인은 자신의 인맥을 활용하여 노동 계급에 속한 베트남인들도 일부 끌어들인 것으로 전해지는데, 툴롱, 마르세유, 르아브르 등지에서 일하는 항만 노동자들이 주축이었다.[21]

연합은 표면적으로는 급진적 목표를 내걸지 않았다. 실제로 조직의 창립자들은 베트남인 공동체 내에서 광범위한 지지를 얻고 당국의 의심을 피하기 위해 그런 방향으로 가지 않으려 했다. 조직의 명칭에 전통적인 '베트남' 대신 '안남'이라는 말을 쓴 것도 정부에 이 조직이 식민지 체제에 심각한 위협이 되지 않을 것이라는 신호를 보내려는 의도였을 것이다. 그러나 타인은 처음부터 이 연합을 이용하여 베트남인 공동체를 인도차이나 식민지 체제에 대항하는 효율적인 세력으로 전환하려고 마음먹고 있었다. 그는 이미 조선인이나 튀니지인 등, 식민지 통치로부터 독립하기 위해 그들 나름으로 비슷한 조직을 세운 다른 민족 단체와 접촉하고 있었다.

사실 그런 조직을 결성하기에 좋은 시점이었다. 제1차 세계대전이 끝난 뒤 파리는 반식민주의 단체들의 운동의 세계적 중심으로 자리잡고 있었다. 프랑스 국회에서는 식민주의에 대한 토론이 정기적으로 벌어졌다(두

> **REVENDICATIONS**
> DU
> **Peuple Annamite**
>
> Depuis la victoire des Alliés, tous les peuples assujettis frémissent d'espoir devant la perspective de l'ère de droit et de justice qui doit s'ouvrir pour eux en vertu des engagements formels et solennels, pris devant le monde entier par les différentes puissances de l'Entente dans la lutte de la Civilisation contre la Barbarie.
>
> En attendant que le principe des Nationalités passe du domaine de l'Idéal dans celui de la réalité par la reconnaissance effective du droit sacré pour les peuples de disposer d'eux-mêmes, le Peuple de l'ancien Empire d'Annam, aujourd'hui Indo-Chine Française, présente aux Nobles Gouvernements de l'Entente en général et à l'honorable Gouvernement Français en particulier les humbles revendications suivantes :
>
> 1° Amnistie générale en faveur de tous les condamnés politiques indigènes.
>
> 2° Réforme de la justice indochinoise par l'octroi aux indigènes des mêmes garanties judiciaires qu'aux Européens, et la suppression complète et définitive des Tribunaux d'exception qui sont des instruments de terrorisation et d'oppression contre la partie la plus honnête du peuple Annamite ;
>
> 3° Liberté de Presse et d'Opinion ;
>
> 4° Liberté d'association et de réunion ;
>
> 5° Liberté d'émigration et de voyage à l'étranger ;
>
> 6° Liberté d'enseignement et création dans toutes les provinces des écoles d'enseignements techniques et professionnels à l'usage des indigènes ;
>
> 7° Remplacement du régime des décrets par le régime des lois ;
>
> 8° Délégation permanente d'indigènes élus auprès du Parlement Français pour le tenir au courant des desiderata indigènes.
>
> Le Peuple Annamite, en présentant les revendications ci-dessus formulées, compte sur la justice mondiale de toutes les Puissances et se recommande en particulier à la bienveillance du Noble Peuple Français qui tient son sort entre ses mains et qui, la France étant une République, est censée l'avoir sous sa protection. En se réclamant de la protection du Peuple Français, le Peuple Annamite, bien loin de s'humilier, s'honore au contraire : car il sait que le Peuple Français représente la liberté et la justice, et ne renoncera jamais à son sublime idéal de Fraternité universelle. En conséquence, en écoutant la voix des opprimés, le Peuple Français fera son devoir envers la France et envers l'Humanité.
>
> Pour le Groupe des Patriotes Annamites :
> NGUYEN AI QUÂC

1919년 호치민이 '응우옌 아이 쿠옥'이라는 이름으로 베르사유의 승리한 연합국 지도자들에게 제시한 〈안남 민족의 요구〉 사본. 그는 이 청원서 작성을 도왔을 뿐 아니라, 베르사유 회담에 참석한 대표들에게 직접 전달하였다. 영향력 있는 프랑스 정치가들의 집에도 직접 배달했다.

번째로 총독직을 맡고 있던 구변 좋은 인도차이나 총독 알베르 사로는 1918년 4월에 하노이에서 연설을 하면서 베트남 민족의 정치적 권리가 상당히 신장될 것이라는 약속을 하기도 했다) 1919년 1월 승리한 연합국 지도자들이 베르사유궁에 모여 동맹국들과 평화 조약 문제를 협상하고 전후 세계의 국제 관계를 이끌어나갈 원칙들을 제시할 때도 식민지 문제가 논의되었다. 미국 대통령 우드로 윌슨은 모든 민족에게 자결권을 부여한다는 조항이 포함된 '14개조' 선언을 통해 전세계 식민지 민족들의 열망에 불을 지폈다.

초여름이 되자 파리에 본부를 둔 수많은 민족주의 단체들이 자신들의 대의를 공표하는 성명서들을 내놓았다. 타인과 '안남애국자연합'의 동료들은 이 상황을 이용하여 그들 나름의 성명서를 발표하기로 결정했다. 타인은 아직 프랑스어가 서툴렀기 때문에 판 반 추옹의 도움을 얻어 윌슨 대통령의 이상을 동남아시아의 프랑스 식민지에도 적용할 것을 베르사유의 연합국 지도자들에게 호소하는 8개조 청원서 초안을 작성했다. '안남 민족의 요구(Revendications du Peuple Annamite)'라는 이 문건의 내용은 상당히 온건했다. 이 청원서는 베트남인들의 민족 독립이 아니라 정치적 자치만 요구했으며, 여기에 덧붙여 결사·종교·언론·운동 등 전통적인 민주적 자유, 그리고 정치범 사면, 베트남인과 베트남 내의 프랑스인의 동등한 권리, 강제 노동 폐지, 원성의 대상이 되어온 소금·아편·주류의 세금 철폐 등을 요구했다. 이 선언서의 날짜는 1919년 6월 18일이었으며, 작성자는 무슈 르 프랭스 거리 56번지의 응우옌 아이 쿠옥(阮愛國), 명의는 '안남애국자연합'으로 되어 있었다. 베트남인들은 그 이름이 '애국자 응우옌'이라는 뜻의 가명이라는 것을 금방 알 수 있었으나, 저자의 진짜 정체는 소수의 긴밀한 협력자들 외에는 아무도 몰랐다.

호치민의 전기 작가들과 베트남 현대사 연구자들은 응우옌 탓 타인이 그 문서의 작성자인지, 아니면 빌라 데 고블랭의 판 추 친의 아파트에 있던 베트남인 그룹이 집단적으로 작성한 것인지를 놓고 격렬한 논란을 벌였다. 당시 프랑스 당국 역시 혼란을 느꼈다. 그런 이름은 처음 보았기 때문이다. 일각에서는 진짜로 글을 쓴 사람이 판 반 추옹이라고 생각했다. 그는 그 그룹 배후에 존재하는 '악의 힘(mauvais esprit)'이자, 그 그룹에서 가장 똑똑한 인물로 꼽히고 있었기 때문이다. 그러나 호치민은 회고록에서 판 반 추옹이 프랑스어를 도와주기는 했지만, 그 내용은 자신이 쓴 것이라고 주장했다.[22]

타인이 그 청원서의 저자이든 아니든 더 중요한 것은 그가 청원서 공표의 일차적 책임을 진 사람이었으며, 몇 달이 안 되어 응우옌 아이 쿠옥의 정체가 그라는 것이 밝혀지고, 그는 이후 30년 동안 이 가명을 자랑스럽게 사용했다는 점이다. 그는 중요한 국회의원들과 프랑스 대통령에게 청원서를 직접 배달했다. 또 강대국 대표단들에게 청원서를 제출하러 베르사유궁으로 들어가기도 했다. 그는 청원서의 영향력을 극대화하기 위해 사회주의를 지지하는 급진적인 신문 〈위마니테(L'Humanité)〉에도 청원서를 보냈다. 또한 '노동총연맹' 구성원들의 도움을 얻어 6천 부를 인쇄하여 파리 거리에서 배포하기도 했다.[23]

프랑스 당국은 청원서에 공식적으로 응답하지 않았다. 식민지 문제가 국회에서 계속 주요 토론 쟁점이 되었고 베르사유에서 열린 평화회담에서도 상당한 논란을 불러일으켰지만, 결국 그들은 이 문제에 아무런 결정을 내리지 않았다. 베르사유에 온 미국 대표단 가운데 윌슨 대통령의 선임 고문 하우스 대령은 응우옌 아이 쿠옥에게 편지를 잘 받았으며 연합군의 승리를 기념하여 그런 편지를 보내준 데 감사한다는 짤막한 답장을 보냈다. 다음 날 다시 짤막한 편지가 도착했는데, 거기에는 쿠옥의 편지를 윌슨 대통령에게 전달하겠다는 내용이 적혀 있었다. 미국 대표단은 그 후 그 문제에 대해 더 이상 말이 없었다. 사실 우드로 윌슨은 베르사유에서 그의 14개조에 대한 완강한 저항에 부딪혔으며, 합의를 보기 위해서는 타협할 수밖에 없었다. 이런 결과는 식민지 세계 전체에서 분노와 실망을 자아냈다.[24]

그럼에도 이 청원서에 파리의 관계 당국은 당황했다. 6월 23일 프랑스 대통령은 인도차이나 총독으로 재직한 뒤 파리에 돌아와 있던 알베르 사로에게 편지를 보내 청원서를 받은 이야기를 하면서, 이 문제를 조사해서 그것을 쓴 사람의 정체를 밝혀달라고 요청했다. 8월에 통킹의 고등 주차관은 파리로 전문을 보내, 청원서 사본들이 하노이 거리에 유포되고 있으며, 지역 언론에도 논평이 실렸다고 보고했다. 9월에 타인은 파리에 본사를 둔 한 중국어 신문의 미국 통신원과 인터뷰를 하면서 자신이 응우옌 아이 쿠옥이라고 밝힘으로써 청원서 작성자를 둘러싼 추측에 종지부를 찍었다. 그러나 타인은 그 과정에서 본명은 밝히지 않았다. 비슷한 시기에 타인은 파리의 베트남인 이주자들의 활동을 추적하는 경찰관 폴 아르누를 알게 되었다. 아르누는 인도차이나의 식민지 정책을 비판하던 한 프랑스 학자의 강연에 참석했다가, 전단을 나누어주는 강렬한 눈빛의 젊은 남자를 만나게 되었다. 아르누는 오페라 근처의 한 카페에서 타인과 이야기를 나눈 뒤에 식민부에 연락하여 알베르 사로에게 그를 만나볼 것을 권했다.

9월 6일 타인은 우디노 거리에 있는 식민부로 불려가 면담을 했다. 한편 베트남 교포 사회에서 비밀리에 활동하는 경찰 요원들이 그의 사진을 찍고 그의 정체를 파악하기 위해 조사를 시작했다.[25]

자신을 계속 응우옌 아이 쿠옥이라고 부르게 된 이 사람이 베트남 민족의 정의와 자결을 위한 청원이 어떤 진지한 응답을 받을 것이라고 기대했던 것인지, 아니면 청원서를 통해 반식민주의라는 대의를 대중화하고 프랑스의 베트남인 공동체를 급진화하는 정도의 효과를 얻기를 기대했던 것인지 확실하게 알 수는 없다. 처음에는 자신의 청원서가 인도차이나에 긍정적인 변화를 가져올 것이라고 기대했을 수도 있다. 그의 성격에는 낙천적인 면이 있으며, 다른 사람들, 심지어 적이라 하더라도 가장 좋은 점만 보기로 결심한 듯한 태도가 엿보인다. 이런 태도는 그의 동포, 나아가 같은 아시아인들에게만 한정되는 것이 아니라, 유럽인들에게까지 확대되었다. 이 무렵 독일, 스위스, 이탈리아를 잠깐 여행했을 때 그는 친구에게 이런 말을 했다. "모두 인간이야. 어디를 가나 좋은 사람과 나쁜 사람, 정직한 사람과 비뚤어진 사람을 만날 수 있지. 우리가 선한 사람이면 어디를 가나 선한 사람을 만나게 돼." 그는 인간의 본성을 타락시키고 천하게 만드는 것이 식민지 관계라고 확신했다. 어쨌든 자신의 청원에 대하여 아무런 응답이 없는 것을 보고 그가 실망한 것은 틀림없다. 응우옌 아이 쿠옥은 그로부터 10년 뒤에, 많은 사람들이 우드로 윌슨의 '자유의 노래'에 속았다고 이야기했다.

어쩌면 타인 역시 다른 많은 베트남인들처럼 알베르 사로 총독의 말에

혹했던 것인지도 모른다. 9월에 중국 신문 〈이 처 파오(Yi Che Pao)〉의 미국인 기자와 한 인터뷰에서 타인은 인도차이나의 비참한 상황을 비판적으로 언급하면서도, 첫 단계 목표는 사람들을 교육시키기 위해 언론의 자유를 얻는 것이고 그런 다음에 자율과 민족 독립을 위해 일을 하게 될 것이라고 말했다.[26]

그럼에도 그의 인내심과 낙관주의가 그렇게 오래 가지는 않았다는 증거가 있다. 사로와 면담한 다음 날, 타인은 그에게 청원서 사본을 한 부 보내면서 편지를 동봉했다.

어제 우리의 이야기에 따라 여기 청원서 한 부를 동봉합니다. 고맙게도 솔직하게 이야기를 나누고 싶다고 말씀하셨기 때문에, 우리의 8개조 요구와 관련하여 이미 이루어진 일이 무엇인지 알려주실 것을 요청하는 바입니다. …… 8개 조항 가운데 어느 것도 만족스럽게 해결되지 않았기 때문에 문제는 지속되고 있다고 생각합니다.

총독께 깊은 존경심으로.

응우옌 아이 쿠옥[27]

며칠 뒤 경찰 요원 둘은 응우옌 아이 쿠옥의 모든 움직임과 정치 활동을 조사하라는 임무를 부여받았다. 12월에 이르자 응우옌 아이 쿠옥이 관료 출신인 응우옌 신 삭의 아들이며, 1908년 선동적인 활동으로 국학에서 퇴학당한 젊은이 응우옌 탓 타인이라고 잠정 결론이 났다.

응우옌 아이 쿠옥이 청원서를 쓰고 배포한 동기가 무엇이든, 베트남의 자결이라는 대의는 널리 알려지게 되었다. 청원서 소식은 베트남인 공동체에 급속히 퍼졌으며, 동포들에게 큰 영향을 주었다. 나이든 애국자들은 사진을 손질하는 젊은이의 대담함에 경탄했다. 젊은 사람들은 대의에 새로운 열의를 보이게 되었다. 신중한 사람들은 그를 '거친 사람'으로 간주하여 멀리하기 시작했다. 그들은 이렇게 수군거렸을지도 모른다. 응에 안의 고집 센 물소에게 무엇을 기대할 수 있겠는가?

순박한 애국자에서 사회주의 혁명가로

아시아와 아프리카의 식민지 여러 나라의 수많은 애국적 지식인들은 민족 독립의 요구가 좌절되자 정치적으로 급진적인 길을 택했다. 호치민 역시 예외가 아니라고 할 수도 있지만, 그의 사회주의에 대한 관심은 청원서 초안에 관여하기 전부터였다는 것 또한 분명하다. 그는 영국에 살면서 노동조합 활동에 관여했는데, 이 경험을 통해 파리에 도착한 직후부터 비슷한 그룹들과 적극적으로 연계를 맺을 수 있는 인맥을 확보했을 수도 있다. 당시 프랑스사회당 당원이었던 미셸 제시니는 제1차 세계대전 말 응우옌 탓 타인을 만났는데, 타인은 이미 마르셀 카생, 폴 바양 쿠튀리에, 레옹 블룸, 에두아르 에리오, 앙리 바르뷔스, 카를 마르크스의 손자 장 롱게 등을 개인적으로 알고 있었다. 타인은 프랑스사회당의 인맥을 통해 마침내 신분증과 취업 허가를 얻을 수 있었다. 그러나 제시니의 회고에 따르면, 그가 1919년 6월 응우옌 아이 쿠옥이라는 이름으로 명성을 얻은 뒤에야 사회당은 그를 완전한 당원으로 받아들였다. 응우옌 동지(또는 가끔 응우옌 씨라고 부르기도 했다)는 유명한 청원서를 쓴 사람으로서 상당한 존경을 받았다.

호치민이 프랑스 사회주의자들에게 끌린 것은, 그의 표현을 빌리면, 그들이 "나에게 또 억압받는 민족들의 투쟁에 동정심을 보여주었기" 때문이었던 것 같다. 동시에 그가 이데올로기적으로 사회주의로 기운 것은 자본주의와 제국주의를 혐오한 자연스러운 결과라고 볼 수도 있다. 아시아의 많은 사람들과 마찬가지로 그는 조국을 식민지로 착취하는 형태로 자본주의 체제를 처음 겪었다. 이 체제는 그의 동포 대부분의 삶을 잔인하게 짓밟았다. 이런 관점은 식민지 세계의 항구들을 전전하던 시절에 더욱 강화되었을 것이며, 영국과 미국에 머물던 시기에도 달라지지 않았을 것이다. 말년에 그는 가끔 미국인의 역동성과 에너지에 대해 감탄하는 말을 하면서도, 미국 자본주의의 착취적 본성을 언급하는 것을 잊지 않았다. 아시아 출신의 많은 사람들이 그랬듯이 그가 사회주의에 처음 관심을 가지게 된 것은 그것이 자본주의적 질서에 적대감을 드러냈기 때문이었던 것 같다.[28]

그럼에도 아시아 민족주의자 그룹들이 사회주의로 기울었던 것을 전적으로 편의 때문이라고만 말할 수는 없다. 많은 아시아 지식인들에게 서구 자본주의의 개인주의적이고 이윤 추구적인 윤리보다는 서구 사회주의의 집단 윤리가 자신들이 상속받은 이상에 더 가까웠다. 이 점은 특히 중국과 베트남 같은 유교 사회에서 분명하게 확인할 수 있다. 좋은 문신 집안 출신의 중국과 베트남 민족주의자들은 새로운 상업도시의 번쩍거림을 몹시 못마땅하게 생각했다. 유교적인 정신으로 볼 때 서구의 산업주의는 탐욕과 꼴사나운 자기 확장의 욕망으로 비쳤다. 반면 사회주의는 공동의 노력, 소박한 생활, 부와 기회의 평등을 강조했는데, 이 모든 것이 유교적 전통의 바탕에도 깔려 있었다. 그런 조건에서 공자로부터 마르크스로의 철학적 전환은 물질주의와 개인주의 같은 낯선 개념들을 강조하는 애덤 스미스나 존 스튜어트 밀로의 전환보다 쉬웠다.[29]

1920년 응우옌 씨는 프랑스사회당과 노동총연맹, 나아가서 '인권 연맹(Ligue des Droits de l'Homme)' 등의 모임에 정기적으로 참석하기 시작했으며, 정치 토론에도 적극적으로 나서기 시작했다. 동시에 많은 동료들의 태도에 화를 내기 시작했다는 증거도 많이 나타난다. 응우옌 아이 쿠옥에게 그 시대의 중심 문제는 서구 제국주의의 식민지 민족 착취였다. 그러나 그가 아는 프랑스 사람들 대부분에게 식민지 문제는 좀더 폭넓은 문제―세계 자본주의라는 문제―의 주변적 측면에 불과했다. 과거 마르크스도 유럽 중심주의적인 경향을 보여주었으며, 유럽의 그의 후계자들도 대부분 그의 뒤를 따르고 있었다. 결국 식민지는 프랑스에 경제적인 부를 안겨주었고, 노동자들에게는 일자리를 주었기 때문이다. 그래서 응우옌 씨가 정치적인 모임에서 식민지 문제를 제기해도 별 반응이 없었다. 결국 그는 화가 나서 한 동료에게 소리를 지르기까지 했다. "식민주의를 비판하지 않으면서, 식민지 민족들의 편을 들지 않으면서, 어떻게 혁명을 하겠다는 겁니까?"

사회주의 운동 내부에서는 장 롱게와 레옹 블룸과 같은 온건한 지도자들과 마르셀 카생, 폴 바양 쿠튀리에 같은 좀더 전투적인 인물들 사이에 심각한 균열이 일어나고 있었다. 후자에 속하는 사람들이 미래에 대해 좀더 급진적인 관점을 갖고 있는 것처럼 보였다. 응우옌 아이 쿠옥은 급진파 편에 섰다. 두 진영이 갈리는 쟁점들 가운데 하나는 볼셰비키 혁명(1917년 레닌을 중심으로 한 러시아 사회주의자들의 혁명: 옮긴이)이었다. 당 내의 전투적인 집단은 베르사유 평화 합의안 반대, 새롭고 좀더 급진적인 국제적 사회주의 운동 건설(마르크스가 처음 만들었던 제1인터내셔널은 1889년에 의회적인 수단으로 사회주의를 달성하는 것을 목표로 하는 온건한 제2인터내셔널로 바뀌었다), 식민지 지역 피억압 민족들에 대한 공감, 볼셰비키 혁명에 대한 확고한 지지 등 몇 가지 주요한 주장을 중심으로 뭉치기 시작했다. 1919년 말 프랑스사회당 내에 레닌이 만든 새로운 제3인터내셔널(코민테른이라고도 부른다: 옮긴이)—폭력 혁명의 필요성과 프롤레타리아 독재 체제를 굳건히 옹호했다.—을 지지하는 위원회가 만들어졌다. 응우옌 아이 쿠옥은 이 과정에서 적극적인 역할을 하였으며, 자본주의의 적들로부터 소비에트 혁명 방어를 지원하기 위한 모금 집회에 자주 참석했다.

응우옌 아이 쿠옥은 급진 정치판에서는 아직 신참이었다. 당시 그를 알았던 많은 동료들은 그가 이론에 대해서, 제2차와 제3차 인터내셔널의 차이에 대해서 아는 것이 거의 없었다고 말한다. 그는 한 번은 장 롱게에게 마르크스주의의 의미를 설명해달라고 청하기도 했다. 그러자 롱게는 너무 복잡한 문제라고 사양하면서, 대신 마르크스의 《자본론(Das Kapital)》을 읽어볼 것을 권했다. 그러자 응우옌 아이 쿠옥은 이탈리 광장 근처의 도서관에서 그 묵직한 책을 빌려, 다른 수많은 마르크스주의 저작들과 더불어 읽어나갔다. 나중에 그는 자서전에서, 《자본론》을 베개로 베고 살았다고 말했다.

그러나 응우옌 아이 쿠옥이 사회주의적 경향을 지닌 순박한 애국자에서 마르크스주의 혁명가로 변모한 결정적인 계기는 1920년 여름 레닌이 제2차 코민테른 대회에 제출한 유명한 '민족과 식민지 문제에 대한 테제'였다. 쿠옥은 1960년 소련의 한 간행물에 기고한 글에서 자신이 프랑스사회당의 제2인터내셔널과 제3인터내셔널을 둘러싼 토론에서 논쟁의 흐름을 "완전히 이해하지는 못했다."고 인정했다. 그에게 가장 중요한 문제는 누가 식민지 민족들을 지지하느냐 하는 것이었다. 그런데 1920년 7월 중순에 누군가 그에게 그 무렵 〈위마니테〉에 실렸던 레닌의 '테제'를 주었다. 그는 그것을 읽고 감전된 듯한 느낌을 받았다.

그 테제에는 이해하기 어려운 정치적인 용어들이 있었다. 그러나 여러 차례 되풀이해 읽으면서 나는 마침내 주요한 부분을 파악하게 되었다. 나는 감정이 복받쳤다. 눈앞이 환해지는 듯한 느낌이었으며, 가슴에는 열의와 자신감이 가득 찼다! 너무 기뻐 눈물이 날 것 같았다. 나는 방 안에 혼자 앉아 있었음에도 마치 수많은 군중에게 연설하듯이 큰 소리를 질렀다. 열사들이여, 동포들이여! 이것이 우리에게 필요한 것이다. 이것이 우리가 해방에 이르는 길이다.

그 직후 쿠옥은 프랑스사회당 내의 '제3인터내셔널 협력위원회'에 편지를 보내 자신을 위원으로 받아들여달라고 요청했고, 위원회는 이를 수락했다.[30]

레닌의 메시지는 이데올로기적인 이론을 걷어내고 보면 단순하고 직접적이었다. 서구의 공산당들은 선진 산업국가들의 자본주의 체제를 전복하기 위한 투쟁에서 아시아와 아프리카 식민지 지역의 민족 운동들과 적극적으로 협력해야 한다는 것이었다. 레닌도 인정하듯이, 이 운동의 지도자들은 많은 경우 토착 중간 계급 출신인데, 그들은 사회 혁명에 공감하지 않았다. 따라서 부르주아 민족주의자 그룹들과의 동맹에는 신중을 기해야 하며, 지역 공산당이 별도의 정체성과 행동의 자유를 유지할 수 있다는 조건 하에서만 협력해야 했다. 그러나 그런 한계를 설정했음에도, 레닌은 아시아와 아프리카의 민족 해방 운동이 세계 제국주의라는 공동의 적에 대항하는 투쟁에서 공산주의자들의 일시적이지만 자연스러운 동맹자라고 보았다. 서구 자본주의 국가들은 저개발 국가들에서 시장과 원료를 찾아냄으로써 세계 자본주의 체제를 유지하고 그 궁극적 붕괴를 막을 수 있었기 때문이다.

식민지 지역들에 대한 제국주의적 통제는 사회 혁명이 서구 사회의 불의와 불평등을 분쇄할 필연적인 날을 지연시켰을 뿐 아니라, 아프리카와 아시아 사회에서 진보적 세력이 등장하는 것을 막는 역할도 했다. 서구 제국주의의 지배 때문에 자신의 사회의 산업적, 상업적 발달에서 적극적인 역할을 수행하지 못하는 토착 부르주아지는 미발달의 허약한 상태로 남아 있었다. 따라서 이들 부르주아지는 봉건 세력에 대한 자본주의적 혁명—세계 공산주의 발전에 필수적인 제1단계—을 수행하는 진보적인 역할을 수행할 수 없었다. 그러므로 식민지의 중간 계급은 봉건제를 무너뜨리고 산업과 상업의 발전을 위한 문을 여는 데 다른 진보적 세력—가난한 농민과 적은 수이지만 계속 늘어나고 있는 도시 프롤레타리아—의 지원을 필요로 하게 된다.

결론적으로 레닌은 서구의 공산주의자들에게 공동의 혁명 사업을 위해 아시아와 아프리카의 민족주의자들과 손을 잡을 것을 요청했다. 이 동맹은 일시적인 것이었다. 제국주의 세력, 그리고 저개발 사회에서 그들의 동맹자인 봉건 세력이 무너지면, 공산주의 운동은 이제 점점 반동적으로 변하게 될 부르주아 정치 세력과 동맹을 끊고 혁명의 제2단계, 즉 사회주의 단계를 수행하기 위해 투쟁해야 하기 때문이다.

레닌은 베트남 민족과 다른 민족들이 절실하게 지원을 원하는 시기에 그것을 주겠다고 이야기하고 있었다. 그리고 식민지 지역이 세계 자본주의 체제의 사활이 걸린 방어선이라는 관점—응우옌 아이 쿠옥의 세계관의 핵심을 이루는 관점—을 명쾌하게 제시했다. 광범위한 식민지들에 달라붙어 있는 제국주의의 촉수를 절단하라. 그러면 자본주의 체제 자체가 무너질 것이다.

파리의 사회주의자들은 거의 예외 없이 행동보다는 말로 먹고 사는 경향이 있었다. 그러나 레닌은 이론가가 아니라 행동하는 사람이었다. 응우옌 아이 쿠옥에게 레닌은 특별한 영감을 주는 인물이었으며, 충성을 바칠 만한 가치가 있는 인물이었다.

위험한 선동가

응우옌 아이 쿠옥은 1919년 늦여름부터 파리의 좌익 정기 간행물에 기고를 하기 시작했고, 이후 프랑스를 떠날 때까지 거의 4년 동안 여러 차례 진보적 대의를 지지하는 글을 실었다. 이 과정에서 급진적 저널리스트 가스통 몽무소나 장 통세 같은 프랑스 친구들이 그의 꾸밈없고 직설적인 문체를 다듬어주었다. '원주민 문제(La question indigène)'라는 제목으로 1919년 8월 2일 〈위마니테〉에 실린 그의 첫 글은 프랑스의 인도차이나 정책을 비판한 것이다. 그의 말에 따르면 프랑스의 정책은 베트남 민족에게 고통만 안겨주었다. 이론적으로 프랑스인들은 문명화 임무를 수행했지만, 실제로 그들의 교육 정책은 단순한 주입식이었으며 베트남 민족이 미래에 이웃들과 경쟁할 능력을 배양하는 것을 막았다. 한편 일본 정부는 빈틈없이 자국민의 경제적 능력을 계발했다. 쿠옥은 결국 일본의 사업가들이 인도차이나에 들어와 베트남인의 삶을 더 어렵게 만들 것이라고 예언적으로 결론을 내렸다.

응우옌 아이 쿠옥의 주장에는 일리가 있었다. 제1차 세계대전이 끝날 무렵 프랑스인들은 인도차이나 사람들이 서양의 지식을 접할 수 있도록 교육기관을 세우기 시작했지만, 그 숫자는 미미했다. 베트남의 2만 3천 개 이상의 마을 가운데 오직 3천 개의 마을에만 서구식 마을 학교가 있었다. 시골에 사는 유학자들은 전통적인 중국 고전 교육을 계속했지만, 1920년대에 프랑스의 명령에 따라 과거가 폐지되면서 이런 교육을 통해 직업을 얻는 길이 막혀버렸다. 도시에 사는 베트남인들은 더 높은 수준의 교육을 받을 수 있었지만, 이 교육은 기본적으로 소수의 중등학교에 한정되었으며, 이 학교들은 엘리트 계급의 아들과 딸들에게만 문이 열려 있었다.

타인은 정치적 참여를 확대한다는 사로의 정책에 대해서 그것은 사실상 아무런 정책도 아니라고 비판했다. 1908년의 항세 운동 때처럼 민중이 항의를 위해 일어서면 당국은 유혈 진압을 불사할 것이기 때문이다. 그는 결론을 내렸다. 프랑스인들은 이제 원주민을 해방하고, 그들이 미래에 이웃들과 경쟁할 수 있도록 도울 때가 되었음을 깨닫지 못하는가?[31]

응우옌 아이 쿠옥은 이 글에 이어 '인도차이나와 조선'이라는 글을 〈르 포퓔레르(Le Populaire)〉에 실었고, 이어 10월에 같은 잡지에 '우트레 씨에게 보내는 편지'를 실었다. 앞의 글과 마찬가지로 이 두 글 역시 프랑스의 몇몇 정책을 호되게 비판하면서도, 제시하는 해결책은 기본적으로 온건했다. 이 글에는 폭력 사용이나 농민과 노동자 사이의 레닌주의적 동맹 같은 말은 나오지 않는다. 10월에 쓴 글에서 그는 전 총독 알베르 사로의 정책과 발언을 우호적으로 언급하면서, 식민지 관리이자 프랑스 국회에서 코친차이나를 대표하는 의원으로서 사로의 후임으로 총독 자리에 앉기 위해 열심히 뛰어다닌다는 소문이 있는 모리스 우트레 씨의 주장을 반박했다. 우트레는 국회에서 안남애국자연합을 비판하면서, 프랑스 식민지 체제가 안남인을 억압한다는 사실을 부인했다. 응우옌 아이 쿠옥은 비꼬는 말투로 물었다. 당신은 누구를 대리하는가? 2천만 안남인들인가? 코친차이나의 소수의 관리와 한줌의 부유한 유권자 외에 당신이 이름이라도 아는 안남인이 있는가? 우트레의 관점과 사로의 관점 사이에는 '엄청난 거리'가 있다.[32]

응우옌 아이 쿠옥은 사진 손질을 하고도 시간이 많이 남았던 모양이다. 그는 짧은 글들을 쓰면서 '억압받는 자들(Les opprimés)'이라는 제목의 좀 더 긴 글을 쓰기 시작했다. 이것은 프랑스의 인도차이나 정책을 비판하는 글이었다. 어떤 사람이 책을 내려고 노력하다가 실패한 일이 이처럼 기록으로 잘 남아 있는 경우도 드물 것이다. 경찰은 요원들의 정기적인 보고서를 통해 책의 진척 과정을 소상히 파악하고 있었다. 쿠옥은 1919년 말 반식민주의 정치평론가 폴 비뉴 독통의 도움을 얻어 글을 쓰기 시작하면서, 필요한 통계와 인용문을 얻기 위해 국립도서관의 신문과 정기간행물들을 샅샅이 뒤졌다. 어떤 사람이 쿠옥에게 출처를 밝히지 않고 인용하면 안 된다고 경고하자, 그는 인용을 당한 책을 낸 출판사들이 그 인용에 대한 보상을 요구하면 좋겠다, 그러면 책을 선전하는 데 도움이 되지 않겠는가, 하고 응수했다. 또 어떤 사람은 그런 도전적인 제목을 사용하지 말라고 충고했으나, 그는 제목을 바꾸지 않겠다고 고집을 부렸다.

요원들의 보고에 따르면 응우옌 아이 쿠옥은 편집자의 지원을 받을 자금을 구할 수가 없어 원고를 직접 출판할 작정이었다. 그러나 원고를 끝낸 직후 어느 날 밤 집에 돌아와 보니 원고가 사라지고 없었다. 어떤 전기 작가들은 경찰 요원이 훔쳐갔을 것이라고 추측한다. 경찰 기록에는 아무런 흔적이 남아 있지 않지만, 그것도 가능한 일로 보인다. 이 책의 내용이 무엇이었는지는 분명히 알 수 없지만, 그가 1925년에 출간한 《시험대에 오른 프랑스 식민주의(Le procès de la colonisation française)》에 그때 메모해 놓은 자료들이 많이 들어갔을 수도 있다. 이 책은 프랑스 식민지 정책에

파리 우안(右岸)의 조용한 주택가에 자리잡은 빌라 데 고블랭에서 호치민은 판 추 친을 비롯한 많은 애국적 베트남 이주자들과 함께 살았다. 호는 이곳에서 혁명적 수사를 연마했고, 새로 만들어진 프랑스 공산당에 입당하겠다는 결심을 굳혔다.

대한 전보다 더 통렬한 비판이며, 마르크스주의가 그의 세계관에 미친 영향을 분명하게 보여주고 있다.[33]

응우옌 아이 쿠옥은 연합국측에 보내는 청원서를 발표한 직후인 1919년 7월 빌라 데 고블랭에 있는 판 추 친의 아파트로 이사했다. 센 강 서안의 이탈리 광장 근처 안락한 중간 계급 거주지구에 자리잡은 이 아파트는 전에 살던 지저분한 숙소보다 한결 나았다. 이곳에는 판 추 친만이 아니라, 다른 동료 몇 명도 함께 살았다.

이사는 했지만 약간 문제가 생겼다. 1919년 12월 초, 이 그룹에 침투해 있던 경찰 요원은 이 아파트에서 향후 적절한 운동 방침을 놓고 응우옌 아이 쿠옥과 판 추 친 사이에 격렬한 논쟁이 벌어졌다고 보고했다. 쿠옥은 베트남 관리들이 프랑스인들 앞에서 유순한 양이 되어 그들과 손잡고 대중을 억압하고 착취했다고 주장했다. 친은 그것은 지나치게 피상적인 관점이라고 반박했다. 그가 보기에 베트남인들은 여전히 너무 약해, 프랑스인들과 맞설 능력이 없었다. 그는 이 시점에서 그들과 맞서는 것은 자살 행위라고 주장했다. 친은 훈계했다. "쿠옥 형제, 당신은 아직 매우 젊소. 당신이 지나치게 고집이 세다는 것은 모두가 알고 있소. 2천만 우리 동포에게는 유럽인의 무시무시한 무기에 대항할 만한 아무런 무기도 없는데, 그대는 그들이 뭔가 할 것을 원하고 있구려. 왜 우리가 쓸데없이 자살 행위를 해야 한단 말이오?"

판 추 친에게는 아직 유교 전통에 억눌려 있는 베트남 사회를 서둘러 근대화하도록 프랑스에 촉구하는 것이 급한 일이었다. 그러나 쿠옥은 프랑스야말로 제1의 적이며, 그들의 개혁 약속은 믿을 수 없다고 주장했다. 그는 물었다.

왜 우리 2천만 동포가 정부에 우리를 인간답게 대접하라고 요구해서는 안 된다는 것입니까? 우리는 인간이며, 인간답게 살아야 합니다. 우리를 같은 인간으로 대접하고 싶어하지 않는 자들은 모두 우리의 적입니다. 우리는 이 땅에서 그들과 함께 살고 싶지 않습니다. 다른 사람들이 우리와 함께 같은 인간으로 어울려 살고 싶지 않다는데, 이 땅에서 그들과 더불어 수치스러운 삶을 살며 모욕을 당하고만 있겠다는 것은 말도 안 됩니다.

프랑스가 필요한 개혁을 수행할 것이라고 믿어야 한다는 관점에 대하여 응우옌 아이 쿠옥은 그들이 베트남인들의 교육이나 자치를 위해 한 일이 거의 없다고 주장했다. "선생님은 저보다 연세도 많고 경험도 많습니다. 그러나 우리 동포는 그것을 60년 동안 요구해왔습니다. 그래서 얻은 것이 무엇입니까? 거의 없습니다!"[34]

정치적 견해의 간극이 점점 넓어졌음에도 응우옌 아이 쿠옥은 여전히 판 추 친을 존경했으며, 그가 관점을 바꾸도록 설득하려 했다. 그는 친을 파리의 급진적 집회에 몇 번 데려가기도 했다. 경찰은 이제 쿠옥을 계속 감시하며, 그의 배경에 대한 정확한 정보를 얻으려고 애를 쓰고 있었다. 당국은 여전히 응우옌 아이 쿠옥이 1908년 여름, 후에의 소요에 참여한 응우옌 탓 타인과 동일 인물이라고 확신하고 있었다. 그들은 그의 아버지, 누나, 형을 만났으며, 정체를 확인하기 위하여 확실한 신체적 특징을 찾고 있었다. 예를 들어 그들은 타인이 어렸을 때 다쳐서 귀에 상처 자국이 남았다는 진술을 확보했다. 1920년 쿠옥이 오른쪽 팔꿈치에 종기가 나 병원에 갔을 때 경찰은 그의 사진을 찍으려 했다.[35]

1920년 8월 17일, 이제 식민부 장관이 된 알베르 사로는 경찰국장에게 응우옌 아이 쿠옥에 대한 좀더 자세한 정보를 요구하는 짧은 편지를 보냈다. "그에게는 가명으로 우리 정치에 개입할 권리가 없다." 사로는 화가 나서 소리쳤다. 다음 달 쿠옥은 다시 청사로 불려가 심문을 받았다. 쿠옥은 훗날 그 사건을 이렇게 회고하고 있다.

어느 날 나는 어떤 문인에게 편지를 썼는데, 나흘 뒤 식민부로부터 편지를 받았다. 게드 씨라는 사람이 서명한 편지였는데, 내 편지를 받았다며 그의 사무실로 오라고 요청하는 내용이었다. 나는 의아했다. 나는 게드 씨라는 사람을 모르는데! 나는 그 사람은 물론이고, 식민부의 누구에게도 편지를 쓴 적이 없었다. 순간 한 가지 생각이 떠올랐다. 나는 혼자 중얼거렸다. 게드 씨라는 사람은 나를 모른다. 따라서 나를 만나보고 매수하기 위해 사무실로 불러들일 핑계를 찾는구나.

며칠 뒤 나는 식민부로 갔다. 게드 씨는 그곳에 없었다. 영국 출장 중이었다. 파스키에 씨〔당시 식민부 고위 관리였다〕가 나를 맞이하여, 정부에 원하는 것이 있느냐고 물었다. 그런 것이 있다면 자기가 돕겠다는 이야기였다.

평화회담에 제출한 청원서의 8개항 외에는 아무것도 원하지 않는다. 당신이 프랑스 정부를 설득하여 우리 요구를 받아들이게 한다면, 우리는 무한히 감사할 것이다. 나는 그렇게 대답했다. 파스키에 씨는 내 질문에는 대답하지 않고 화제를 바꾸었다.[36]

파스키에가 이 대화에 어떤 반응을 보였는지는 알려져 있지 않다. 그러나 쿠옥에 대한 당국의 감정이 점점 나빠졌다는 것은 피에르 게드가 10월 12일 식민부 장관에게 보낸 응우옌 아이 쿠옥에 대한 보고서에서 드러난다. 쿠옥은 식민부에서 면담하고 나서 3일 뒤 경찰청장에게 소환당했다. 그는 경찰서를 찾아가, 1894년 1월 15일 빈에서 났으며, 여섯 명의 형제자매는 모두 죽었다고 진술했다.

"이 응우옌 아이 쿠옥이 누구인가?" 게드는 분개했다.

그는 자주 이름을 바꾸며, 지금은 베트남어를 약간이라도 아는 사람이라면 아무도 속일 수 없는 가명 뒤에 정체를 숨기고 있다. 그는 인도차이나 행정 당국이 발행한 신분증을 가지고 있지 않다고 주장하면서도, 우리 정치에 개입하고, 정치적 집단에 가담하고, 혁명적 모임에서 연설한다. 우리는 우리 앞에 있는 사람이 누구인지도 모른다! 그가 제공하는 정보는 분명히 허위이다.

게드는 철저한 노력을 한 끝에 쿠옥이 사실상 1908년 안남의 시위에 참여했던 '위험한 선동가' 응우옌 탓 타인이라는 분명한 증거를 당국이 확보했다고 말한다.[37]

제2인터내셔널에서 코민테른으로

프랑스의 사회주의 운동은 한 세대가 넘는 기간 동안 다양한 색깔의 진보적인 사상가들을 거느려왔다. 그 가운데는 즉각 봉기를 옹호하고 미래 사회 건설의 문제는 도외시한 19세기 혁명가 오귀스트 블랑키를 추종하는 활동가들도 있었다. 에두아르트 베른슈타인의 진화적인 길을 따르는 개혁주의자들도 있었다. 카를 마르크스의 사상보다는 프랑스 혁명에 뿌리를 둔 이론적 급진주의자들도 있었다. 산업계의 우두머리들에 대항하여 계급 투쟁을 벌이지만, 이데올로기는 별로 중시하지 않는 노동조합 지도자들도 있었다. 그러나 제1차 세계대전은 이 이질적인 집단 내부에 남아 있던 얼마 되지 않는 공동의 관심사마저 앗아가버렸다. 레닌이 자본주의에 대한 성전(聖戰)에서 자신을 따르라고 모든 사회주의자들에게 제안했을 때, 그는 그들에게 편을 선택할 것을 강요한 것이나 다름없었다.

1920년 2월 스트라스부르에서 열린 프랑스사회당 회의에서는 상대적으로 온건한 제2인터내셔널을 따를 것인가, 아니면 레닌의 새로운 제3인터내셔널, 즉 코민테른을 따를 것인가가 가장 큰 쟁점이었다. 응우옌 아이 쿠옥도 참석했지만 토론에는 끼어들지 않았다. 표결 결과 확실한 다수가 제2인터내셔널 탈퇴를 바랐지만, 비슷한 수가 코민테른 참여에는 반대했다. 프랑스 좌파는 아직 선택할 준비가 되어 있지 않았던 것이다.

다음 몇 달 동안 사회주의 운동의 진로를 둘러싼 논쟁은 더욱 치열해졌다. 그해 여름 유명한 사회주의자 마르셀 카생과 서기장 루이 프로사르가 모스크바에서 열린 2차 코민테른 대회—레닌의 '민족과 식민지 문제에 대한 테제'를 승인했던 대회—에 참석했다. 그들은 프랑스에 돌아오자 8월 13일 대규모 집회를 열어 코민테른 대회의 결과를 놓고 토론했다. 파리 서쪽 교외의 파리 서커스 터에 빽빽이 들어찬 3만 명 가운데는 응우옌 아이 쿠옥도 있었다. 그는 레닌의 새로운 공산주의 인터내셔널을 강력히 지지하는 발언을 하면서 코민테른만이 세계의 노예화한 민족들을 해방하

프랑스 사회당이 1920년 12월 역사적인 대회를 열었던 프랑스 투르의 제1회의장 모습. 호치민은 중앙 탁자, 왼쪽 위에서 네 번째 자리에 앉아 있다.

고 세계 자본주의의 심장부까지 투쟁을 밀고 나갈 수 있다는 마르셀 카생의 주장에 귀를 기울였다.[38]

응우옌 아이 쿠옥은 물론 이런 주장을 환영했을 것이다. 그러나 프랑스 사회주의자들이 레닌의 새로운 코민테른 가입의 8번째 조건—제국주의 국가의 공산당은 자국 정부의 제국주의 정책에 대항하여 적극적인 투쟁을 전개할 것—에 대해서는 거의 관심을 보이지 않는 것을 보고 실망했을지도 모른다. 그러다가 9월에 바쿠에서 열린 '동방민족회의'에서 코민테른을 대표하는 플라토비치가 아시아의 피억압 민족들의 해방을 위한 적극적인 투쟁을 요구했다는 이야기를 듣고 가슴이 부풀었을 것이다.[39]

프랑스사회당은 12월 말 투르에서 레닌의 코민테른과 제휴 여부를 결정하기 위한 전국대회를 열기로 했다. 대회가 열리기 전 몇 달 동안 응우옌 아이 쿠옥은 지구 회의마다 참석하여 양쪽의 주장을 모두 들었다. 당내에는 세 분파가 있었다. 양쪽 극단의 온건파와 급진파, 그리고 상 롱게

2장 성난 말 127

로 대표되는 중간파였다. 응우옌 아이 쿠옥은 토론 자체에는 잘 끼어들지 않았지만, 끼어들 때는 거의 어김없이 식민지 문제에 관심을 보이지 않는다고 불만을 토로했다. 그 자신의 이야기에 따르면 공동의 대의를 추구하기 위해 목적을 통일하자고 호소한 적도 있었다.

친애하는 동지들, 여러분은 모두 훌륭한 사회주의자들입니다. 여러분은 모두 노동 계급을 해방하고 싶어합니다. 자, 제2인터내셔널이건, 제2.5인터내셔널이건, 제3인터내셔널이건 결국은 똑같은 것입니다. 모두 다 혁명을 하자는 것 아닙니까? 모두 사회주의를 위하여 투쟁하자는 것 아닙니까? 어느 쪽을 선택하든, 우리는 모두 단결해야 합니다. 그런데 왜 이렇게 논쟁을 하는 겁니까? 동지들, 여러분이 토론으로 시간을 보내는 동안, 우리 동포들은 고통을 겪으며 죽어가고 있습니다.

투르 대회에 참석할 대표들을 선정할 때 그는 인도차이나 출신의 소수의 당원들을 대표하는 자격으로 초청받을 수 있었다.[40]

대회는 1920년 12월 25일 루아르 강 남쪽에 자리잡은 생쥘리앵 교회 옆의 커다란 승마 학교에서 열렸다. 동굴 같은 강당은 노장 사회주의자 장 조레스의 초상화들과 전세계 노동 계급의 단결을 선언하는 깃발들로 장식되어 있었다. 강당 앞부분의 연사들의 단상은 톱질용 모탕들을 세워놓고 그 위에 널빤지를 올려 만들었다. 285명의 대표와 기타 여러 초청 인사들 ―전국의 17만 8천 명 이상의 당원들을 대표했다.―은 정파별로 배치해 놓은 긴 나무 의자 위에 앉았다. 응우옌 아이 쿠옥은 정열적인 마르셀 카섕이 이끄는 좌익 분파 구역에 앉았다.

첫 날부터 의제 가운데 중심이었던 코민테른 가입 문제를 놓고 토론이 벌어졌다. 응우옌 아이 쿠옥은 마른 몸에 헐렁한 양복을 입고 있었는데, 턱수염을 기른 수백 명의 유럽인들 가운데 유일한 아시아인으로서 상당히

호치민은 그의 일거수일투족을 세밀하게 감시하던 프랑스 경찰의 의심의 눈초리를 받으면서도, 1920년 투르대회연설에서 레닌의 새로운 공산주의 인터내셔널 원칙들에 대한 확고한 지지를 선언했다. 그의 바로 왼쪽에 있는 사람이 그의 후원자인 폴 바양 쿠튀리에.

독특해 보였을 것이다. 사실 그가 대회장에서 소란을 일으키는 데는 오랜 시간이 걸리지 않았다. 대회 첫날 한 사진사가 그의 사진을 찍었고, 그 사진이 다음 날 파리의 신문 〈르 마탱(Le Matin)〉에 게재되었다. 경찰은 그가 대회에 참석했다는 것을 알고 즉각 그를 체포하라는 명령을 내렸으나, 대표단 몇 명이 그를 둘러싸 체포를 막았고, 결국 경찰이 물러나고 말았다.[41]

응우옌 아이 쿠옥은 같은 날 일어나 발언을 했다. 그는 메모 없이 12분 동안 연설했는데, 즉각 본론으로 들어가 자신의 동포를 억압하고 착취하는 프랑스의 식민지 정책을 비판했다. 그는 말했다. 저항을 하는 사람은 모두 체포되어, 감옥이 학교보다 많은데도 늘 수감자들로 발 디딜 틈이 없다. 베트남 민족에게는 언론이나 여행의 자유가 없다. 그들은 어쩔 수 없이 아편을 피우고 술을 마시는데, 그렇게 함으로써 그 두 가지에 세금을

2장 성난 말 129

물리는 프랑스 정부의 수입을 늘려준다. 프랑스 사회주의자들은 억압받는 식민지 민족들을 지원하는 행동에 나서야 한다.

그때 장 롱게가 끼어들었다. 이 사회주의 지도자는 자신이 이미 원주민들을 지지하는 발언을 했다고 이의를 제기했다. 그러자 쿠옥은 마르크스의 프롤레타리아 독재 개념을 장난스럽게 비틀어 롱게의 말을 막았다. "내가 침묵을 요구하는 독재를 하겠습니다." 이어 당이 모든 식민지 국가에서 사회주의 선전을 적극적으로 펼쳐나가야 한다고 덧붙였다. 그는 코민테른 참여를 결정하면, 당이 식민지 문제의 중요성을 정확하게 평가하고 있음을 보여주게 될 것이라고 말했다. 쿠옥은 다음과 같은 호소로 말을 맺었다. "모든 인류의 이름으로, 모든 우익과 좌익 사회주의자들의 이름으로, 우리는 여러 동지들에게 호소합니다. 우리를 구원해주십시오!"

응우옌 아이 쿠옥이 발언을 마무리 지은 뒤 장 롱게가 다시 발언권을 얻어, 자신은 이미 국회에서 베트남인의 대의를 공개적으로 지지했으며, 그 문제는 현재 국회에서 논의하고 있다고 되풀이했다. 그러나 급진적 운동의 떠오르는 별이자 응우옌 아이 쿠옥의 열렬한 지지자 가운데 하나인 폴 바양 쿠튀리에는 필요한 것은 의회에서의 토론이 아니라, 당 대회에서 억압받는 민족들을 위한 행동을 보여주는 것이라고 반박했다.[42]

27일에 마르셀 카생이 코민테른 가입에 대한 레닌의 조건을 받아들이자고 제안했고, 응우옌 아이 쿠옥이 재청했다. 이틀 뒤 대표단의 70퍼센트가 넘는 다수의 지지로 동의안이 통과되었다. 코민테른 가입에 반대하는 대표들은 항의 표시로 우르르 대회장을 빠져나갔다. 남아 있던 사람들은 프랑스사회당 탈당을 표결하고, 새로 프랑스공산당을 창건했다. 그러나 식민지 문제에 대한 더 이상의 논의는 없었으며, 지도부는 식민지 민족들을 지지하는 공개 선언서를 발표하자는 제안—틀림없이 응우옌 아이 쿠옥이 제기했을 것이다.—을 거부했다.[43]

급진적 공산주의자

응우옌 아이 쿠옥은 투르 대회에서 동료들에게 자본주의 타도 투쟁의 핵심적인 요소인 식민지 민족들의 해방에 더 큰 관심을 기울이라고 큰 소리로 외치고 다니겠다는 결심을 알렸다. 그는 공개적인 발언이나 사적인 대화에서 자신이 세계 혁명의 성공만이 아니라 자신의 조국의 운명에도 관심이 있음을 분명하게 드러냈다. 이런 생각은 당시 그가 어떤 사람에게 했던 말에도 반영되어 있다. "나는 대학에서 공부를 하는 행운을 누리지 못했습니다. 그러나 삶은 나에게 역사, 사회과학, 심지어 군사과학을 공부할 기회를 주었습니다. 무엇을 사랑할 것인가? 무엇을 경멸할 것인가? 우리 베트남인들에게는 독립, 노동, 조국을 사랑하는 것이 필요합니다."[44]

그러나 새로운 당의 새로운 당원들 전체가 그의 말을 따라줄 것이라는 희망을 잃는 데는 오랜 시간이 걸리지 않았다. 1921년 2월 그는 몸이 아파 잠시 입원했다. 그는 퇴원 후 '인도차이나'라는 제목의 글을 썼는데, 이 글은 4월에 〈라 르뷔 코뮈니스트(La Revue Communiste)〉에 발표했다. 이 글에서 쿠옥은 식민지에서 혁명을 촉진하는 문제에 충분한 관심을 기울이지 않고, 이 문제를 체계적으로 공부하지 않는다며 프랑스사회당의 일부 당원들을 비판했다. 그는 프랑스인들이 인도차이나 인민의 정신을 파괴하려고 하지만, 그럼에도 인도차이나 민족들은 죽지 않았을 뿐만 아니라, "지금도 살아 있고, 앞으로도 영원히 살아 있을 것"—마르크스주의적인 프롤레타리아 국제주의의 표현이라고 보기는 힘들다.—이라고 주장했다. 이 글은 그가 폭력 없이도 변화가 올 수 있다는 희망을 버렸음을 분명히 보여준다. 그는 인도차이나가 아직 혁명을 일으킬 준비가 되어 있지 않음을 인정하면서도—그 일차적인 이유는 민중이 교육을 받지 못했고 언론이나 행동의 자유가 없다는 것이었다.—수동적인 유순함이라는 가면 밑에 "부글거리고 꿈틀거리는 뭔가가 있으며, 적당한 때가 오면 그것이 엄청난 힘으로 터져나올 것"인데, 그 순간을 재촉하는 일은 엘리트에게 달려 있다고 말했다. 그는 이렇게 말을 맺었다. "자본주의의 압제는 땅을 준비해주었다. 이제 사회주의는 해방의 씨앗을 뿌리기만 하면 된다."[45]

응우옌 아이 쿠옥은 5월에 똑같은 제목의 글에서 공산주의가 아시아 전체, 그 가운데도 인도차이나에 적용될 수 있느냐 하는 문제를 제기했다. 이것은 시의적절한 문제 제기였다. 당시 유럽의 대부분의 급진파들은 '후진적인' 나라에서는 혁명이 오랫동안 지체될 것이라고 믿고 있었기 때문이다. 심지어 이오시프 스탈린도 같은 달 〈프라우다(Pravda)〉에 실린 글에서 선진국들은 자신을 해방한 다음에 '후진적 민족들'을 해방할 의무가 있다고 말했다.

응우옌 아이 쿠옥은 이 글에서 그런 관점들을 문제 삼으면서, 마르크스주의와 레닌주의의 이념과 전략은 서양만이 아니라 아시아에서도 현재적 타당성을 지닌다고 주장했다. 그는 아시아 최초의 자본주의 국가인 일본에서 사회당이 막 창건된 사실을 지적했다. 여전히 유럽과 미국 자본에 속박되어 있는 중국도 이제 막 깨어나, 중국 남부에서는 반란 지도자 쑨 원이 이끄는 새로운 혁명 정부가 '프롤레타리아적으로 재정비된 중국'을 만들겠다고 약속했다. 쿠옥은 빠른 시일 내에 러시아와 중국이 함께 행진해 갈 것이라고 예측했다. 아시아의 다른 고통받는 민족 가운데 조선은 여전히 일본 자본에 휘둘리고 있으며, 인도와 인도차이나는 영국과 프랑스 착취자들의 손아귀에 들어가 있었다.

장차 러시아와 중국이 협력할 것이라는 응우옌 아이 쿠옥의 예측은 분명히 예언적인 것이었다. 그는 일단 그 즈음 중국에서 일어난 사건들만 언급했다. 그 사건들을 통해 쑨 원은 군사 지도자 위안 스카이(袁世凱)와 동맹을 맺고 남부의 항구 도시 광저우(廣州)에 혁명 정권을 수립했다. 쑨 원은 지지자들과 함께 서구화된 중국을 건설하려 했으나, 위안 스카이가 나서서 권력을 잡는 바람에 몇 년간 망명 생활을 했다. 그러나 1916년 위안이 죽으면서 중국은 혼란 상태로 빠져들었으며, 여러 곳에서 군벌이 권력을 휘두르게 되었다.

응우옌 아이 쿠옥이 공산주의가 유럽보다 아시아에 쉽게 뿌리를 내릴 수 있다고 주장한 데에는 분명한 역사적 이유들이 있었다. 그가 보기에 아시아인들은 서구인들이 보기에는 후진적이지만, 현대 사회의 전면적 개혁의 필요성을 서구인들보다 더 잘 이해하고 있었다. 그들은 또 역사적으로 공동체와 사회적 평등이라는 관념에 공감하고 있었다. 고대 중국에서는 모든 농지를 균등하게 나누고 일정 부분은 공동 소유로 하는 '균전(均田, 중국어로는 징 티안)' 제도를 실시해왔다. 4천 년 전 하(夏)나라는 의무 노동이라는 관행을 만들었다. 기원전 6세기에 위대한 철학자 공자는 공산주의를 예상이라도 한 것처럼, 소유의 평등이라는 이념을 설파했으며, 보편적인 공화국이 수립되기 전에는 세계 평화가 오지 않을 것이라고 예측했다. 공자는 이렇게 말했다. "적게 가지는 것을 두려워할 것이 아니라, 물품이 고르게 배분되지 않음을 두려워해야 한다." 공자의 제자인 맹자는 스승의 이념을 따라, 생산과 소비 조직을 만들기 위한 세밀한 계획을 짰다. 또 맹자는 왕의 질문에 답하여, 백성의 요구가 먼저이고, 나라의 요구가 그다음이며, 군주의 요구는 맨 마지막이라고 말했다.

쿠옥은 이러한 전통들이 아시아 사회에 계속 영향을 주고 있다고 주장했다. 예를 들어 베트남의 법은 토지 매매에 한계를 두며, 모든 농지의 4분의 1은 공동 소유로 정해져 있었다. 쿠옥은 결론을 내렸다. 따라서 수백만의 억압받는 아시아인들이 각성을 하는 날, 그들은 엄청난 힘이 되어 제국주의를 타도할 뿐 아니라, 서구 형제들을 도와 자본주의적 착취로부터 완전한 해방이라는 과제를 완수할 것이다. 아시아는 세계 혁명을 수행하는 데 적극적인 역할을 할 것이다.[46]

응우옌 아이 쿠옥은 또한 프랑스 문명의 위대함이라는 신화에도 도전했다. 9월에 쓴 〈우월한 문명(La civilisation superiéure)〉이라는 글에서, 그는 한 프랑스 병사의 일기에 나오는 프랑스인의 잔혹함을 구체적 사례로 들어, 자유, 평등, 우애라는 프랑스 혁명의 이념을 조롱했다. 10월에 〈르 리베르테르(Le Libertaire)〉에 발표한 짧은 글에서는, 1908년 후에의 국학에 다닐 때 보았던 개인적인 사례—프랑스인 교사가 학생에게 했던 가혹 행위—를 이야기했다. 그는 이 일이 모든 교실마다 걸려 있는, 당신을 보호하는 프랑스를 사랑하라(Aimez la France qui vous protège)라는 구호 밑에서 벌어졌다고 빈정거렸다.[47]

응우옌 아이 쿠옥이 점점 급진적인 성향을 보이자 프랑스 당국도 그에 대한 감시를 게을리할 수 없게 되었다. 1921년 초 쿠옥은 다시 식민부로 불려가 알베르 사로와 면담했다. 장관은 말했다. "프랑스가 인도차이나를 당신네한테 돌려준다 해도, 당신네는 제대로 무장이 되어 있지 않기 때문에 스스로를 통치할 수 없을 것이다." 그러자 쿠옥은 말했다. "그 반대다. 시암(현재의 타이: 옮긴이)과 일본을 보라. 이 두 나라의 문명은 우리보다 오래되지도 않았다. 그러나 이 두 나라는 세계 어디에 내놓아도 손색없는 나라로 꼽히고 있다. 만일 프랑스가 우리 나라를 우리에게 돌려준다면, 우리가 스스로를 통치하는 방법을 안다는 사실을 확인하게 될 것이 틀림없다!" 그러자 사로는 화제를 바꾸었다.[48]

응우옌 아이 쿠옥이 프랑스공산당에 입당하기로 결정함으로써, 그렇지 않아도 팽팽하던 빌라 데 고블랭의 긴장이 더욱 고조되었다. 그곳에 사는 동료 모두가 그의 의견에 동의한 것은 아니었기 때문이다. 투르 대회 동안 쿠옥의 가장 가까운 친구로 꼽히던 찬 티엔 남은 한 여자에게 쿠옥의 극단적 견해가 아파트에 살고 있는 다른 사람들의 승인을 받은 것도 아니고, 또 널리 공유되는 것도 아니라고 말했다. 이후 몇 달 동안 경찰 요원들은 그곳에서 정기적으로 시끄러운 토론이 벌어졌다고 보고했다.[49]

응우옌 아이 쿠옥과 동료들 사이의 논쟁은 몇 달 간 계속 심각해지다가 마침내 7월에 절정에 이르렀다. 6월 6일 쿠옥은 파리 동부 노동자 계급 거주지구의 페르 라셰즈 공동묘지에서 열린 시위에 참석하여, 1871년 파리

코뮌 진압 때 죽어 그곳에 묻힌 사람들을 추모했다. 쿠옥은 시위 도중 경찰에게 많이 맞았으나 현장에서 무사히 빠져나올 수 있었다. 그 이야기가 퍼지면서 그의 친구들 가운데 다수가 남들 앞에서 그와 함께 있는 것을 피했다. 두 주 뒤 온건한 편에 속했던 찬 티엔 남은 응우옌 아이 쿠옥의 정치적 견해가 너무 급진적이어서 불편하다는 이유로 아파트에서 나갔다.

  1921년 7월 11일 경찰 요원들은 응우옌 아이 쿠옥과 그의 친구들 사이에 격렬한 논쟁이 벌어졌다고 보고했다. 이 논쟁은 저녁 9시에 시작되어 다음 날 새벽까지 계속되었다. 다음 날 쿠옥은 그 아파트를 나와 뷔오 거리 12번지에 사는 친구 보 반 토안의 집에 묵었다. 경찰이 그의 뒤를 미행하고 있었다. 일주일 뒤, 그는 친구 폴 바양 쿠튀리에의 도움을 받아 파리 북서부 노동 계급 지역인 바티뇰의 막다른 골목인 앵파스 콩푸앵 9번지에 있는 작은 아파트를 얻었다.[50]

  응우옌 아이 쿠옥의 새로운 숙소는 검소하기 짝이 없었다. 비교적 널찍하고 안락한 빌라 데 고블랭의 아파트와는 비교가 되지 않았다. 방 하나짜리 아파트는 침대, 작은 탁자, 옷장이 들어가고 나면 남는 공간이 없었다. 하나뿐인 창 밖으로는 옆 건물의 벽이 보였다. 하늘을 보려면 머리를 밖으로 쑥 내밀어야 했다. 전기가 들어오지 않아 등잔을 썼다. 수도도 없었기 때문에, 대야에 물을 받아다 세수를 하고 옷도 밖에서 빨아야 했다. 추울 때는 집 주인의 화덕에서 데운 벽돌을 신문지에 싸 와서 몸을 녹였다. 식사는 하루 두 번 절인 생선이나 고기를 먹었다. 가끔은 그것도 없이 빵과 치즈로 때우기도 했다.[51]

  응우옌 아이 쿠옥은 빌라 데 고블랭의 그룹과 절연하고 새로운 곳으로 이사하면서 일자리도 바꾸어야 했던 것 같다. 쿠옥은 1920년 7월까지는 판 추 친과 함께 사진을 손질하는 일을 했다. 그가 9월 17일에 경찰에 제출한 서면 진술시에 따르면, 그 다음에는 라틴 구(區)의 중국인 가구점에서 중국화 장식 일을 했다. 그러나 9월에 가게 종업원들이 파업을 하는 바

파리 북부 노동계급 거주지구의 앵파스 콩푸앵에 있던 호치민의 아파트. 급진적 사상 때문에 빌라 데 고블랭에서 쫓겨난 호는 1921년 여름 이곳에서 작은 아파트를 세냈다. 그의 방 한 칸짜리 아파트는 2층에 있었고, 밑에는 작은 가게가 있었다. 호는 이 가게에서 사진을 손질하고 골동품에 채색을 하여 생계를 유지했다.

람에, 프루아드보 거리의 사진 가게에서 새로 일자리를 얻었다. 이어 1921년 여름 빌라 데 고블랭에서 나온 뒤에는 앵파스 콩푸앵의 새 아파트에서 조금 떨어진 곳에 있는 사진관에 취직했다. 그는 수습 사원으로 일주일에 겨우 40프랑을 벌었다.[52]

그렇다고 곤궁한 상황이 응우옌 아이 쿠옥의 삶에 큰 영향을 주었던 것은 아니다. 그는 계속 정치 집회에 정기적으로 참석하고, 미술 전람회를 구경하고, 국립도서관을 자주 찾았다. 그는 활동을 하는 과정에서 가수이자 배우인 모리스 슈발리에, 단편작가 콜레트 등의 저명 인사들도 만났다. 경찰 보고서에 따르면 쿠옥은 자주 방문객들을 맞이했으며, 그의 아파트 한쪽 구석에 있는 탁자 위의 작은 스토브를 이용하여 녹색 채소에 콩 소스를 곁들인 음식과 재스민 차를 대접했다. 그가 받는 보수로는 월세를 내고 나면 남는 것이 거의 없었음에도 그는 전국 각지를 여행했는데, 이것은 그가 공산당으로부터 지원금을 받고 있었음을 암시한다.

언론을 통한 투쟁

응우옌 아이 쿠옥이 고블랭 그룹과 결별하게 된 데에는 식민지에서 마르크스주의를 장려하기 위해 '식민지연구위원회(Comité des Etudes Coloniales)'를 결성하기로 한 프랑스공산당의 결정을 둘러싼 의견 불일치도 한몫 했을 것이다. 응우옌 아이 쿠옥은 이 위원회의 활동적인 위원이 되어, 1921년 6월 중순에는 판 추 친을 데리고 위원회의 한 모임에 나갔다. 몇 주 뒤에는 파리에서 남동쪽으로 55킬로미터 정도 떨어진 퐁텐블로에서 열린 2차 회의에도 참석했다. 그가 친의 아파트에서 마지막으로 논쟁을 벌인 것이 2차 회의에 참석하고 돌아온 이틀 뒤였다.[53]

식민지연구위원회가 결성된 뒤에 프랑스에 살고 있는 식민지 민족들을 대리하는 새로운 조직 '국제식민지연맹(Union Intercoloniale)'이 발족했다. 응우옌 아이 쿠옥은 몇 달 전부터 그런 조직을 만들 생각을 해왔다. 그는 1921년 2월 어떤 사람과 이야기를 하다가 상호 지원 협회로 위장하고 식민지 민족들의 독립 투쟁을 통일할 조직을 만들 필요성을 언급했다. 그가 이끄는 안남애국자연합은 몇 달 동안 비공식적으로 프랑스 식민지 마다가스카르의 민족주의자 단체와 협조하면서 정치 활동을 조율할 행동위원회를 구성했다. 파리와 런던에 사는 다른 아프리카인들도 비슷한 단체들을 만들었다. 그러다가 국제식민지연맹이 결성되면서 식민지연구위원회의 요청에 따라 이런 비공식적인 협조가 공식화되었다. 이 조직은 프랑스에 사는 모든 식민지 민족들의 이해를 대변하는 것을 1차 목표로 삼았다. 1921년 7월 연맹이 출범할 때는 구성원이 2백 명 정도였다. 대부분이 마다가스카르와 베트남 사람들이었고, 북아프리카나 서인도제도 출신도 약간 있었다. 이 조직이 내세운 목표는 온건했다. 선언문에 따르면 식민지 민족들에게 프랑스에서 일어나는 일들을 알리고 식민지의 모든 정치적, 경제적 문제들을 연구하는 것이었다. 그러나 궁극적 목적은 프랑스 식민제국을 타도하는 것이었다.[54]

응우옌 아이 쿠옥은 처음부터 이 새로운 조직을 움직여왔다. 그는 프랑스공산당의 수많은 이름난 당원들과 더불어 집행위원에 선출되었는데, 그 가운데는 그의 동포 응우옌 테 추옌을 비롯하여 막스 블롱쿠르, 마다가스카르 출신의 당원, 알제리 출신의 하드지 알리 등이 있었다. 쿠옥은 또 운영위원회의 위원으로 그 모임에 정기적으로 참석했는데, 첫 운영위원회는 파크 몽소 근처 발루아 대로의 한 건물에서 열렸다. 프랑스공산당의 자금 지원을 어느 정도 받는 연맹의 본부는 좌안의 오스테를리츠 역 근처의 좁은 마르셰 데 파트리아르크 거리 3번지에 자리잡고 있었다. 쿠옥은 상당한 노력을 기울여 초기에는 그래도 조직 구성원들의 다양한 이해관계를 어느 정도 통합할 수 있었다. 프랑스 경찰 기록의 요원 보고서들이 보여주듯이 이것은 쉬운 일이 아니었다. 민족 간의 질투와 경쟁심 때문에 조직 활동은 늘 분열을 겪었으며, 유럽 태생의 좌익들은 가끔 인종 장벽 때문에 불공정한 대접을 받고 있다고 불평했다. 일부 베트남 위원들은 조직이 문화 교류 활동에 치중한다고 불평하면서, 순수한 베트남인 조직을 다시 결성할 것을 요구했다. 아프리카 회원들은 아시아 회원들이 오만하고 생색이나 낸다고 불만을 터뜨렸다. 응우옌 아이 쿠옥은 식민지 민족들의 이질적인 힘을 합쳐 규율 잡힌 단일한 조직을 만드는 것이 얼마나 어려운 일인지 깨닫게 되었다.[55]

총회에 참석하는 사람들 숫자는 최고일 때 2백 명에 이르렀으나 이후

회의가 열릴 때마다 점점 줄어 마침내 50명을 밑돌았다. 1923년에 열린 한 회의에는 불과 27명이 참석했다. 두 사람은 프랑스인이었고 두 사람은 여자였는데, 둘 다 남자 활동가들의 애인이라는 소문이 돌았다. 응우옌 아이 쿠옥도 사귀는 여자들이 있었는데, 그의 여자 친구들 가운데 급진적인 활동에 참여하는 사람이 있었는지는 확실하지 않다. 어쨌든 쿠옥은 한 가지 성공은 거두었다. 전에 베르사유의 연합국 지도자들에게 청원서를 쓸 때 그를 도왔던 판 반 추옹이 가입에 동의한 것이다.[56]

응우옌 아이 쿠옥은 파리에 머물던 마지막 몇 년 동안 국제식민지연맹 내부의 조직 사업만 한 것이 아니다. 그는 프랑스 급진파들과 제휴를 통하여 혁명적 대의를 알리는 데 언론이 얼마나 중요한지 깨달았다. 1922년 초 그는 식민지연구위원회와 국제식민지연맹의 다른 구성원들의 격려에 힘입어, 프랑스에 거주하는 식민지 사람들에게 호소하고 프랑스 제국 전체 식민지 민족들의 대변인 역할을 할 수 있는 새로운 정기간행물을 창간하기로 결정했다. 〈르 파리아(Le Paria, 천민)〉라는 제호의 이 신문은 프랑스어로 인쇄되었지만, 발행인란의 제목은 한자와 아랍어로도 적혀 있었다. 첫 호는 1922년 4월 1일에 나왔으며, 이후 한 달에 한 번 간행되었다. 그러나 나중에는 재정 문제가 심각해지면서 나오는 횟수가 줄어들었다. 형식과 문체가 단순한 이 신문의 목적은 독자들에게 식민지 사정을 알리고 관점을 제시하는 것이었다.

지칠 줄 모르는 응우옌 아이 쿠옥이 이 간행물의 편집인이었다. 그는 또한 이 간행물의 제일 중요한 기고자이기도 했다. 또 여의치 않을 때는 이따금씩 배포를 책임지기도 하고, 삽화도 그리고, 포장도 하고, 구독자에게 배달도 했다. 그는 나중에 이렇게 회고했다.

한 번은 내가 〈르 피리아〉의 편집인, 회계, 배급자만이 아니라 판매자 역할까지 맡았다. 아시아와 아프리카 출신의 동지들이 기사를 쓰고 기고를 권유하는 일을 도왔지만, 그 외의 다른 모든 일은 내가 도맡다시피 했다.

응우옌 아이 쿠옥은 〈르 파리아〉의 지면을 통하여 기사 쓰는 솜씨를 꾸준히 개선해나갔다. 그는 사설—때로는 한 호에 두세 편을 쓰기도 했다.—에서 세계 정세를 다루었다. 가끔은 프랑스 행정부가 아프리카나 인도차이나에서 저지르는 만행과 같은, 식민지 삶의 한 측면을 다루고 비판하는 글을 쓰기도 했다. 때로는 소련에서의 삶에 대하여 쓰기도 했다. 물론 그는 소련에 가본 적이 없었기 때문에 그런 글은 늘 목가적인 용어로 채색되었다.

그의 글에는 공상적인 면이 없었다. 그는 가장 좋아하던 작가 레프 톨스토이를 읽어나가면서 단순하고 직접적인 글쓰기의 중요성을 배우게 되었다. 그의 글에는 미묘한 면이 없었다. 그는 자신의 요점을 전달하기 위해 사실과 숫자를 많이 인용했기 때문에, 독자들의 눈에는 그가 식민지의 삶을 대변하는 걸어다니는 통계학 사전—상아 해안의 인두세 수준으로부터 프랑스령 인도차이나의 식민지 예산에 이르기까지—처럼 보였다. 적을 통계 속에 매장하지 않을 때는 풍자를 이용했다. 그러나 그의 글에는 그와 같은 시대에 살았던 재능 있는 중국 작가 루 쉰에게서 볼 수 있는 비꼬는 아이러니가 없었다. 그는 이론은 무시하고 대신 식민지 체제와 그 수레바퀴 밑에 깔린 사람들이 겪는 고난을 직접 거론하면서 늘 분개한 목소리로 비판했다.

훗날 그의 삶을 연구하게 된 사람들은 개인적으로 볼 때 그토록 매력 있고 성격이 미묘한 사람이 어떻게 글에서는 그렇게 단조롭고 단순한 모습을 보여주는지 의아하게 생각한다. 그러나 바로 여기에 그의 인격과 그가 오랜 세월에 걸쳐 유지한 정치적 영향력의 비밀이 숨어 있다. 응우옌 아이 쿠옥은 다른 많은 마르크스주의 지도자들과는 달리 자신의 청중이 지식인이 아니라 보통 사람들—노동자, 농민, 병사, 사무원—이라고 생각했다.

〈르 파리아〉지의 표제와 만화. 1922년 4월부터 1926년 4월까지 간행된 〈르 파리아〉지의 가장 열성적인 발행인이었던 응우옌 아이 쿠옥은 이 잡지에 실린 인도차이나에 관한 대부분의 기사를 집필했다.

그는 자신의 지적인 총명함으로 독자에게 감명을 주고 싶은 마음이 없었다. 대신 그는 단순하지만 생생한 말로 그들을 설득하여 자신의 세계관과 변화를 성취하는 방식을 공유하고자 했다. 그의 글은 최악의 상태일 때에는 세련된 독자들에게 과장된 느낌을 주었다. 가장 좋은 상대일 때에는 벌거벗은 힘이 느껴졌다. 특히 식민지 체제의 참상을 묘사할 때가 그러했다.

〈르 파리아〉는 곧 프랑스에서 억압받는 사람들을 대변하는 중요한 매체로 널리 알려지게 되었다. 응우옌 아이 쿠옥도 나중에 이렇게 썼다.

프랑스어를 읽지 못하는 베트남 노동자들도 우리 신문을 샀다. 그들이 이 신문을 사고 싶어했던 것은 그것이 반서양적임을 알았기 때문이다. 그들은 프

잡지 〈르 파리아〉에 실린 응우옌 아이 쿠옥의 만화. 만화 속의 유럽인은 이렇게 소리친다. "서둘러라, 이름도 없는 자야. 제발, 네 충성심을 보여라." 그는 이 잡지의 편집자, 삽화가, 배급자 역할을 하였다. 이 잡지는 1923년 여름 그가 모스크바로 떠나면서 폐간되었다.

랑스 노동자들에게 그 신문을 읽어달라고 했다. 또 파리에는 우리가 신문을 팔아 이익을 낼 수 있는 곳들이 있었다. 우리는 모두 동지였기 때문에 그들은 우리 대신 신문을 팔아주고도 대가를 요구하지 않았다. 그들은 신문을 많이 팔았는데, 인쇄된 〈르 파리아〉는 프랑스 식민부에서 거의 모두 구입했다.[57]

이 신문을 읽는 사람은 즉시 체포될 수도 있었다. 그럼에도 응우옌 아이 쿠옥은 이 신문을 식민지들로 몰래 들여보내려 했다. 처음에는 혁명적 대의에 공감하는 선원들의 짐 속에 넣어 보냈다. 그러나 프랑스 당국이 눈치를 챘기 때문에 새로운 방법을 찾아내야 했다. 결국 장난감 시계 속에 집어넣어 보내는 방식을 택했다. 돈이 많이 드는 방법이기는 했지만, 그래도 목적은 달성할 수 있었다.

그러나 자금이 부족하다는 것이 늘 문제였다. 이 신문은 국제식민지연맹으로부터 정기적인 지원을 받았지만, 적어도 어느 정도는 자립적인 형태를 갖추고 있어야 했다. 전체적으로 보자면 신문은 잘 팔리지 않았다. 신문은 대략 1천 부 정도를 찍었는데, 첫 호의 구독자는 3백 명이었지만, 나중에는 2백 명 정도로 줄었다. 일부는 연맹의 모임에서 팔았고, 수백 부는 다양한 수단을 동원해 식민지로 보냈다. 나머지는 작은 상점에서 팔아야 했다. 그러나 그마저도 여의치 않아 그냥 주어버렸다. 경찰은 이 신문을 공산주의 선전물로 보고 감시의 눈길을 거두지 않았다. 알려진 구독자들은 모두 경찰의 블랙리스트에 올랐다.[58]

혁명의 땅 모스크바로

응우옌 아이 쿠옥은 파리에서 발행되는 다른 좌파 신문이나 정기간행물에도 꾸준히 글을 썼다. 그는 또 잠깐 소설에 손을 대기도 했다. 1922년 베트남 황제 카이 딘(啓定)이 4월부터 8월까지 마르세유에서 열린 '식민지 박람회'와 관련하여 프랑스의 초청을 받아 공식 방문했다. 그러자 암살 기도가 있을 것이라는 소문이 돌면서, 일부에서는 응우옌 아이 쿠옥이나 판 주 진이 그 음모와 관련 있다고 의심하기도 했다. 알베르 사로는 비우호적인 여론이 조성되는 것을 막기 위해 판 추 친에게 황제의 방문에 반대를 표명하지 말라고 설득하려 했으나, 친은 그 요청을 무시하고 정복된 나라의 꼭두각시 통치자 역할을 거세게 비판하는 공개서한을 황제에게 보냈다. 응우옌 아이 쿠옥 역시 이 기회를 이용하여 자신의 목적을 널리 알리고자 했다. 그는 다른 사람들이 황제의 방문에 관하여 쓴 글을 편집하고, 직접 시한을 작성하기도 했다. 이 서한은 1922년 8월 9일자 〈주르날 뒤 쾨플(Journal du Peuple)〉에 실렸다. 이 서한에서 쿠옥은 카이 딘을 자신

1922년에 열린 마르세유의
식민지 박람회 포스터.

의 백성이 진흙 속에서 기고 있는 동안 박람회의 진열장 안에 전시되는 식민지의 골동품으로 묘사했다. 그는 또 〈대나무 용(Le dragon de bambou)〉이라는 희곡도 썼는데, 여기에서도 황제와 황제의 프랑스 방문을 조롱했다. 그 시대 사람들에게는 매우 잊혀지기 쉬운 작품으로 평가받은 이 희곡은 포부르 클럽에서 잠깐 공연되었다. 이 소식이 인도차이나에 전해지면서, 응우옌 아이 쿠옥은 아버지와 사이가 더욱 벌어지게 되었다. 쿠옥이 한 말들을 전해들은 삭은 자신의 왕을 인정하지 않는 아들은 아버지를 인

정하지 않는 것과 마찬가지라고 말했다고 전해진다.[59]

카이 딘 황제의 방문은 응우옌 아이 쿠옥과 판 추 친이 정치적으로 같은 편에 설 수 있는 마지막 기회를 제공했으나, 그들은 조국을 해방하는 최선의 방법에 대해 합의를 볼 수 없었다. 1922년 2월 친은 마르세유에 잠깐 들렀을 때 젊은 동료에게 고뇌에 찬 편지를 보냈다. 이 편지는 둘 사이에 분명하게 나타나고 있는 이데올로기 차이는 언급하지 않고, 전술 문제에만 초점을 맞추고 있었다.

친은 교육을 통하여 베트남인들의 정신과 지식을 고양하는 자신의 방법을 옹호하면서도, '성난 말'인 쿠옥에 비교할 때 자신은 '지친 말'이고 보수주의자임을 인정했다. 그러나 친은 쿠옥이 외국에 남아 베트남 사람들은 잘 알지도 못하는 언어로 글을 쓰면서 시간을 낭비하고 있다고 주장했다. 그것은 일본에서 공부할 애국자들을 모으려 했던 판 보이 차우의 잘못을 되풀이하는 것이라는 이야기였다. 그는 쿠옥에게 고국으로 돌아가, 국내에서 동포에게 호소하라고 조언했다. 친은 그렇게 하면 "당신이 그렇게 소중하게 여기는 이념이 우리 민족에게 퍼질 수 있을 것이며, 설사 실패한다 하더라도 다른 사람들이 당신의 과업을 이어받을 것이라고 확신한다."라고 말을 맺었다.[60]

응우옌 아이 쿠옥은 프랑스 혁명 운동 내에서 늘어나는 일에 몰두해 있었기 때문에 친의 조언에 귀를 기울일 여유가 없었다. 쿠옥은 몇 년 만에 무명에서 프랑스 급진 운동을 이끄는 시도적 인물로 떠올랐으며, 베트남 교포 사회에서는 가장 유명한 당원이 되었다. 그는 포부르 클럽과 관련이 있는 유명한 급진적 지식인 조르주 피오슈의 도움으로 연설 기술을 연마하여, 프랑스공산당의 유명한 당원들과 토론하는 일에도 적극적으로 뛰어들게 되었다. 1921년 12월 말 마르세유에서 열린 공산당 1차 대회에서 그는 식민지 문제에 대해 연설했고, 센 지구 대의원으로 선출되었다.

쿠옥이 대회에 참석하기 위해 마르세유에 도착한 직후 사복 경찰관 두 명이 그를 체포하려 했으나, 그는 체포를 피해 대회가 열리는 건물로 들어갈 수 있었다. 대회가 끝나자 그는 대표단의 호위를 받아 경찰 순찰대를 통과하여 알려지지 않은 장소로 갔다가 파리로 돌아갔다.

파리에서도 응우옌 아이 쿠옥은 계속 경찰의 감시를 받았으며, 11월에는 경찰이 손을 썼는지 아파트 옆의 사진관에서 해고당했다. 쿠옥은 다른 일자리를 알아보다가 결국 자신의 아파트에 사무실을 차려놓고 사진 일을 계속하게 되었다. 그는 아침에만 일을 하고 나머지 시간에는 정치 활동에 몰두했다.[61]

응우옌 아이 쿠옥은 프랑스공산당의 지도적인 당원으로서, 그리고 공산당에서 식민지를 대표하는 가장 유명한 인물로서 프랑스 보안 요원들의 감시를 받았다. 경찰은 그의 일거수 일투족을 면밀히 관찰했으며, 요원 둘이 그를 늘 미행했다. 1922년 6월 22일 알베르 사로는 그를 다시 한 번 식민부로 불러 면담했다. 장관은 협박을 하기도 하고 비위를 맞추기도 했다. 사로는 인도차이나에서 문제를 일으키려고 하는 사람들 가운데 프랑스에서 '볼셰비키'와 연결되어 문제를 일으키는 자들은 불가피하게 억누를 수밖에 없다고 말문을 열었다. 그러면서도 응우옌 아이 쿠옥처럼 굳건한 목적과 그것을 달성할 의지가 있는 사람들은 존경한다고 덧붙였다. 그리고 한마디 덧붙여, 의지력에는 이해가 동반되어야 한다고 말했다. 지나간 일은 지나간 일이오. 사로는 말을 맺었다. "혹시 뭔가를 원한다면, 나는 늘 당신을 도와줄 용의가 있소. 이제 이렇게 서로 알게 되었으니, 필요한 것이 있으면 바로 나한테 말하시오." 응우옌 아이 쿠옥은 일어서서 장관에게 고맙다고 한 다음 이렇게 덧붙였다. "내 삶에서 중요한 것, 나에게 가장 필요한 것은 우리 동포의 자유입니다. 이제 가도 됩니까?"[62]

며칠 뒤 쿠옥은 식민부에 보내는 공개서한을 썼으며, 이것이 〈르 파리아〉, 〈위마니테〉(이제 프랑스공산당 기관지가 되었다), 〈르 푀플〉 등에 실렸다. 쿠옥은 프랑스 당국이 자신에게 '전속 부관'(경찰 감시원을 가리키는 것이 분명하다)을 제공한 것에 감사한다면서 이렇게 말했다.

의회에서 예산을 절약하고 행정부 인원을 줄이려 하는 이때, 대규모의 예산 적자가 발생하는 이때, 농업과 산업에 노동력이 부족한 이때, 노동자들의 임금에서 세금을 징수하려고 하는 이때, 다시 식민을 하는 일에 모든 생산적 에너지를 쏟아부어야 하는 이때, 전속 부관들을 두는 개인적 호사를 누리는 것은 비애국적인 일로 여겨진다. 프롤레타리아는 땀을 흘려 돈을 벌고 있는데, 전속 부관들은 게으름을 피우며 돈을 소비하고 있으니, 이로 인해 불가피하게 시민들의 힘의 손실을 가져올 수밖에 없기 때문이다.

그는 전속 부관을 붙여주는 호의를 사양하기 위하여 자신의 일상생활을 공개하겠다고 덧붙였다.

아침: 8시부터 12시까지 작업장
오후: 신문사(물론 좌익) 또는 도서관
저녁: 집 또는 교육적인 대화 자리에 참석
일요일과 휴일: 박물관이나 다른 흥미있는 곳 방문
자, 되었는가!

이 편리하고 합리적인 방법이 귀하에게 만족을 주기를 바라며
응우옌 아이 쿠옥[63]

사로는 응우옌 아이 쿠옥의 편지를 보고 웃지 않았을 것이다. 그가 쿠옥의 소재에 계속 관심을 보였던 것은 분명하다. 한 번은 사로가 인도차이나의 모리스 롱 총독에게 전문을 보내, 정부는 응우옌 아이 쿠옥을 체포하여 본국에 귀환시키는 방안을 검토 중이라고 말했다. 그러나 롱은 그 생각에

이의를 제기하며, 프랑스에서 그의 활동을 추적하는 것이 더 쉬울 것이라고 주장했다. 사로가 그렇다면 중국 남부처럼 프랑스의 영향력이 미치는 곳으로 추방하자고 제안하자, 롱은 그런 가까운 곳이라면 쿠옥이 인도차이나의 상황에 영향을 미칠 것이라고 답변했다.[64]

그러나 이 무렵에 응우옌 아이 쿠옥에게 당국의 괴롭힘은 귀찮고 짜증나는 일 정도였을 것이다. 그는 공동 투쟁에 대하여 그의 많은 동료들이 보여주는 태도에서 오히려 더 큰 좌절감을 느꼈을 것이다. 그의 노력에도 불구하고 프랑스 좌익은 여전히 식민지 문제를 진지하게 받아들이지 않는 것 같았다. 식민지연구위원회는 출발할 때에는 떠들썩했지만 곧 활동이 중단되다시피 했다. 당의 간행물들은 식민지 문제는 거의 언급하지 않았다. 쿠옥은 심지어 〈위마니테〉마저 억압받는 식민지 민족들의 대의에 마땅한 자리를 제공하지 않으며, 차라리 부르주아 신문들이 식민지에 더 큰 관심을 기울인다고 불평했다. "식민지는 발 밑에는 모래가 많고 머리 위에는 태양이 있고, 녹색의 코코넛 나무들 옆에 유색인들이 모여 있는 땅이라고 생각하는" 투사들이 많았다.

쿠옥은 당에서 식민지 문제를 거론하지 않기 때문에 프랑스의 노동 계급과 식민지의 노동 계급이 서로 이해하지 못한다고 안타까워했다. 프랑스 노동자들은 원주민을 "행동 능력은 말할 것도 없고 이해 능력도 떨어지는 열등하고 하찮은 인간"으로 여겼다. 쿠옥은 그럼에도 양쪽에 다 편견이 있음을 인정했다. 식민지에서는 모든 프랑스인들이 계급에 관계없이 '사악한 착취자' 취급을 당했기 때문이다.[65]

응우옌 아이 쿠옥은 동료들이 식민지 문제에 관심을 가지도록 집요하게 물고늘어졌다. 1922년 10월 파리에서 열린 프랑스공산당 전국대회에서 그는 식민지 출신의 여러 대표자들과 함께 세계 공산주의 운동에서 식민지 문제에 좀더 관심을 기울일 것을 촉구하는 결의안을 제출했다. 그러나 투르 회의가 끝나고 온건파들이 당을 떠났지만, 공산당의 급진주의자들 사이에는 여전히 유럽 중심적 태도가 지배적이었다. 이따금씩 지도부는 프랑스 내의 베트남인 노동자들(대부분 육체 노동자, 조선소 노동자, 항만 노동자, 요리사들이었다)을 조직하기 위해 마지못해 몇 가지 일을 했다. 베트남인 몇 명은 당에서 높은 지위에 오르기도 했다. 그러나 그 외에 진전되는 일은 거의 없었다.

응우옌 아이 쿠옥은 이 문제에 절망감을 느꼈는데, 이 때문에 그의 글에서 프랑스에 적대적인 색채가 점점 더 짙어졌는지도 모른다. 그는 1921년 베트남인 항만 노동자들이 비참한 조건에서 일하고 있는 마르세유에 다녀온 뒤 응우옌 오 팝이라는 새로운 가명으로 글을 쓰기 시작했는데, 이 말은 "프랑스인들을 혐오하는 응우옌"이라는 뜻이었다. 한 번은 식민지 문제를 책임지는 고참 당원과 이야기하다가 화가 나서 뛰쳐나오기도 했다. 떠오르는 젊은 프랑스인 공산주의자 자크 도리오는 그에게 수사에서 힘을 좀 빼라고 조용히 충고하기도 했다.[66]

1923년 3월 응우옌 아이 쿠옥은 앵파스 콩푸앵에 있는 작은 아파트에서 나와 당시 마르셰 데 파트리아크 거리에 있는 국제식민지연맹 본부에 자리잡고 있던 〈르 파리아〉 사무실 건물로 숙소를 옮겼다. 이곳으로 이사한 것은 일을 하기 편하다는 점 때문이었을 수도 있고, 돈을 아껴야 했기 때문일 수도 있다. 신문사 사무실은 1층이었다. 그는 월 1백 프랑에 위층의 방을 하나 얻었다. 이곳이 파리에서 그의 마지막 숙소가 된다.[67]

그는 신문을 내는 데 베트남 민족주의 운동의 또 하나의 떠오르는 별이었던 응우옌 테 추옌의 도움을 받고 있었다. 추옌은 1898년 하노이 근처에서 태어나 1920년 공학을 공부하러 파리로 왔다. 그는 1년 뒤 프랑스공산당에 입당하여, 국제식민지연맹에서 쿠옥과 함께 일을 하기 시작했다. 한동안 그는 베트남인 공동체에서 쿠옥의 가장 가까운 동료였다.

응우옌 아이 쿠옥은 그 전해 10월 파리에서 당 대회에 참석하고 있을 때 소련 코민테른의 고위 관리인 드미트리 마누일스키와 만났다. 마누일스키는 대회에서 쿠옥이 프랑스공산당의 식민지 문제에 대한 관심 부족을 공개적으로 비판하는 이야기를 들었다. 몇 달이 흐른 뒤 마누일스키는 코민테른 집행위원회로부터 1924년 여름 제5차 코민테른 대회에서 민족 및 식민지 문제에 대한 보고를 준비하라는 명령을 받고, 파리에서 보았던 열정에 불타는 베트남 젊은이를 떠올렸다. 마누일스키는 응우옌 아이 쿠옥에게 모스크바로 와서 코민테른에서 일해달라고 요청했다.[68]

응우옌 아이 쿠옥에게는 모스크바 초청이 당을 위한 그의 노력에 대한 보상이었으며, 어쩌면 이를 통해 아시아로 돌아가 베트남에서 혁명적 대의를 촉진할 기회를 얻을 수도 있었다. 그러나 그는 평소대로 신중하게 접근했다. 그는 경찰에 그의 여행 소식이 들어가는 것을 막기 위해 친구들에게는 3주 동안 프랑스 남부로 휴가를 갈 것이라고 알렸다. 이어 그의 두 '전속 부관'을 안심시키기 위해 평소와 다름없이 행동했다. 그러다가 6월 13일 영화관에서 슬며시 뒷문으로 빠져나가, 서둘러 북역(北驛)으로 갔다. 그곳에서 친구가 건네준 짐을 넘겨받고 베를린으로 향하는 기차에 올라탔다. 그는 시가를 물고 부유한 아시아 상인 흉내를 냈다. 베를린에서는 전후 독일의 살인적인 인플레이션 때문에 갖고 있던 돈이 금방 날아가버렸다. 쿠옥은 독일공산당 지부의 아는 사람의 도움으로 함부르크로 가, 그곳에서 여객선 카를 리프크네히트 호를 타고 소련으로 갔다. 그는 6월 30일 중국 상인의 행색으로 상트페테르부르크에 도착했다. 손에는 첸 방이라는 이름의 비자를 쥐고 있었다.[69]

응우옌 아이 쿠옥이 갑자기 파리를 떠나는 바람에 경찰은 허를 찔렸다. 그를 미행하던 요원은 처음에는 식민부에 그가 빈손으로 집을 떠나 돌아오지 않았다고 보고했다. 그러다가 쿠옥이 퍼뜨린 말을 믿고 남부로 휴가를 떠났다고 생각했다. 몇 주 뒤에야 그들은 쿠옥이 소련으로 갔다는 사실을 알았다. 쿠옥이 사라지자 파리에서 그를 알던 사람들도 혼란에 빠졌다. 쿠옥은 친구들에게 파리를 떠났으며, 갑자기 떠나는 바람에 미리 알리지 못한 것을 사과한다는 편지를 보냈다. 그러면서 자신이 비밀리에 활동 중이며, 오랫동안 돌아가지 못할 것이라고 암시했다. 그러나 앞으로도 편지를 보내겠다고 약속했다.[70]

응우옌 아이 쿠옥이 파리에서 소련으로 떠난 것은 판 추 친의 개혁의 길과 최종적으로 결별하고 블라디미르 일리치 레닌의 혁명적 대의를 끌어안는 상징적인 행동이기도 했다. 그러나 빌라 데 고블랭의 옛 스승은 그가 잘 되기를 빌어주었다. 친은 9월에 어떤 베트남 사람에게 보내는 편지에서 쿠옥을 비판자들로부터 옹호했다. "응우옌 아이 쿠옥이 비록 어리고 그 행동에 지혜로운 숙고가 부족하다 하나 그것은 중요하지 않소. 응우옌 아이 쿠옥에게는 애국자의 마음이 있기 때문이오." 이어 친은 이렇게 말을 맺었다. 쿠옥은 동포를 해방하기 위해 외롭고 어려운 길을 택했소. 따라서 모두 그의 강건한 마음을 존경해야 하오.[71]

3장 견습 혁명가

1923
1924

1923년 12월 잡지 〈오고니오크〉를 대신해 그를 인터뷰했던 저널리스트 오시프 만델스탐은 유교적 지식인 계급의 미묘한 특성들을 갖추고 있는 이 젊은이는 여윈 몸에 크고 검은 눈은 상대를 꿰뚫어보는 듯한데, 조국의 상황에 대해 이야기할 때는 온몸이 경련을 일으키고 눈에서는 낯설고 사나운 빛이 뿜어져 나오는 것 같았다고 썼다. 이 인터뷰에서 쿠옥은 '문명'이라는 말을 하면서 오만한 경멸감을 드러냈으며, 인도차이나의 가톨릭 교회가 경작 가능한 농지의 거의 5분의 1을 손에 넣었다고 격렬하게 비난했다. 나중에 혁명 운동과 결별한 프랑스 공산주의자 보리스 수바린에 따르면 응우옌 아이 쿠옥은 이제 '세련된 스탈린주의자'가 되었다.

3 | 견습 혁명가

1923년 늦여름 소련은 거의 7년간에 걸친 전쟁, 혁명, 격렬한 내전에서 아직 완전히 회복되지 않은 상태였다. 페트로그라드, 모스크바를 비롯하여 러시아의 유럽 지역에 있는 소수의 주요 도시들 바깥으로 나서면 10월 혁명은 레온 트로츠키의 유명한 말마따나 '전보(電報)에 의한 혁명'이었다. 거대한 러시아 제국에 흩어져 있는 시골 마을이나 장이 서는 소도시에서 레닌의 볼셰비키—봉기 당시 그 수는 불과 5만 정도에 불과했다.—는 거의 지지를 받지 못했다. 수백만에 이르는 러시아 농민은 카를 마르크스의 사상을 거의 이해하지 못했으며, 하물며 세계 혁명의 운명에는 아무런 관심이 없었다.

새로운 혁명 지도부는 처음에는 모두 행정 단위에 전문을 보내 새로운 정부의 출범을 알림으로써 그 정통성을 확립하려 했다. 그러나 옛 차르 제국의 구석구석까지 혁명 권력을 확대하는 일은 종이 한 장만으로는 불가능하다는 것이 금세 분명해졌다. 1917년 10월(러시아 달력에 따른 날짜) 동궁(冬宮) 습격(1917년 10월 볼셰비키 혁명을 가리킨다: 옮긴이) 뒤에 곧 반대 세력들이 나타나기 시작했다. 차르 니콜라이 2세를 정점으로 하는 옛 군주제에 충성하는 백러시아파, 우크라이나에서 중앙아시아에 이르기까지 옛 제국의 변두리를 따라 자리잡은 소수민족 집단들의 민족주의 세력, 거기에 독일과 싸우기 위해 러시아에 주둔하던 외국 군대 등 볼셰비키 반대파는 광범위했다.

볼셰비키 정부는 노동자와 빈농을 동원하여 서둘러 적군(赤軍)을 만들었다. 그리고 나서 3년간 피를 흘린 끝에 마침내 반혁명 세력들을 누르고 새로운 소비에트 국가 전체를 확고하게 장악할 수 있었다. 그러나 그 과정에서 러시아 사회의 핵심 요소들이 소외되었다. 우선 농민이 소외당했는데, 국가는 적군 병사와 도시의 노동 계급에게 식량을 공급하기 위해 농작물을 징발했다. 그다음에는 비러시아계 인종 집단들이 소외당했는데, 그 지도자들은 패배한 후 소비에트 보안 부대에게 추적당했으며, 보통 체카(Chrezvychainyi Komitet, 즉 '비상위원회')라고 부르는 펠릭스 제르진스키의 비밀 경찰에 체포되어 처형을 당하기도 했다.

내전의 상처에서 벗어나려고 애를 쓰는 상황에서 레닌은 마지못해 소련이 사회주의로 어려운 이행을 시작하기 전에 그 나름으로 자본주의 단계를 거칠 필요가 있다고 인정했다. 1921년 레닌은 NEP, 즉 '신경제정책'이라고 알려진 온건한 사회 경제 발전 계획을 추진하기 시작했다. 이 계획의 핵심 요소는 자본주의적 방법과 사회주의적 방법을 조합하여 생산성을 높이는 동시에 사회주의적 소유라는 개념을 장려하고 정치 체제에 대해서는 당의 확고한 통제력을 유지한다는 것이었다. 기간산업과 공익사업, 은행은 국가의 수중에 있었지만, 낮은 수준에서나마 사적 기업 경영이 허용되었다. 농촌지역에서 심각한 불안을 야기했던 곡물 강제 징발은 생산물에 대한 세금으로 대체되었다. 토지는 개인의 손에 그대로 남아 있었다.

코민테른 극동국의 야심만만한 활동가

응우옌 아이 쿠옥은 프랑스에서 자신이 그렇게 찬란하게 묘사하던 새로운 사회주의 낙원에 발을 딛고 처음에는 약간 기가 죽었을 것이다. 그는 페트로그라드 부두에 도착한 카를 리프크네히트 호에서 하선한 뒤 의심

1923년 소련에 도착한 직후의 호치민. 왼쪽 귀의 독특한 생김새가 그대로 드러난 이 사진은 평생 넥타이를 맨 적이 없다는 그의 말이 사실이 아님을 보여준다.

많은 젊은 이민국 직원에게 심문을 받았다. 그에게는 베를린의 소비에트 영사가 승인한, 허구의 중국 상인 이름으로 된 비자 외에는 공식 서류가 없었다. 게다가 페트로그라드에는 개인적으로 아는 사람도 없었다. 그는 몇 주 동안 '긴장된 분위기에서' 구금 생활을 한 끝에 모스크바 주재 프랑스공산당 대표의 신원보증으로 풀려나게 되었다. 쿠옥은 7월 말 기차로 모스크바까지 여행할 수 있는 허가를 얻었다. 그는 크렘린 근처의 한 호텔에 임시로 거처를 정한 뒤, 루미얀체프 박물관(현 레닌 도서관) 맞은편에 자리잡은 코민테른 본부의 극동국(Byuro Dalnego Vostoka, 또는 줄여서 Dalburo)에서 일하기 시작했다.[1]

극동국은 1920년 코민테른 제2차 대회에서 마링(본명은 헨드릭 스네블리트)의 제안으로 설치되었다. 마링은 네덜란드 국적의 대표로, 나중에 중국공산당의 자문으로 유명해졌다. 그는 세계 혁명의 미래에 식민지 지역의 역할이 중요하다는 확신을 가지고 있었기 때문에, 중동과 극동에 선전을

3장 견습 혁명가 157

할 수 있는 기관들을 만들고, 모스크바에 마르크스주의 연구소를 세워 아시아의 미래의 혁명 지도자를 훈련시키자고 제안했다. 이때는 레닌의 식민지 테제의 승인을 앞두고 있던 시점이었기 때문에 마링의 제안 역시 채택되었으며, 6월에 코민테른 집행위원회에서 러시아의 동양학자 G. 사파로프의 감독 하에 극동국이 세워졌다.[2]

이후 몇 달 동안 코민테른 지도자들은 아시아와 아프리카에서 혁명 운동을 촉진하기 위해 여러 가지로 노력했다. 서유럽의 모든 공산당에 자국 식민지의 억압받는 민족들의 투쟁 상황을 평가하고 지원할 식민지위원회를 만들라는 지침을 내려보냈다(그래서 프랑스에서도 식민지연구위원회가 만들어졌다). 한편 아시아와 아프리카 출신 급진주의자들을 사상적으로 훈련하고 그들이 자국으로 돌아가 혁명 사업을 수행하도록 교육할 훈련기관을 소련에 세울 계획들이 제안되었다.

그 무렵 코민테른은 이미 동아시아에서 예비 사업을 진행하고 있었다. 1920년 봄 코민테른 요원 그리고리 보이틴스키는 중국으로 파견되어 중국 혁명가들과 접촉했다. 블라디보스토크에 기반을 둔 다른 요원들은 상하이, 사이공, 싱가포르까지 가서 급진주의자들과 접촉하고, 그들의 혁명 사업 수행을 지원했다. 11월에는 러시아인 2명이 사이공에서 비슷한 활동을 한 혐의로 추방당했다고 전해진다.[3]

이제 극적인 분위기를 연출하는 재능을 제대로 갖추게 된 응우옌 아이 쿠옥은 곧 사람들이 자신의 존재를 인정할 만한 사건들을 만들어 나갔다. 그는 모스크바에 도착한 직후 프랑스공산당 중앙위원회에 편지를 보내 프랑스의 동료들이 식민지 해방을 위한 활동을 확대하라는 제4차 코민테른 대회의 결정을 무시한다고 비판했다. 그는 프랑스공산당이 처음에는 식민지연구위원회를 만들고 당 기관지 〈위마니테〉에 식민지 문제에 대한 칼럼을 정기적으로 게재하는 등 코민테른의 명령에 따르는 듯했지만, 최근 몇 달 동안은 그런 칼럼이 게재되지 않았고 또 그가 없는 동안 위원회는 거의 활동을 중단했다고 지적했다. "전국 대회에서는 식민지 민족들에게 우호적인 결의안을 채택함으로써 식민지 민족들과 당의 공감을 강화하는 데 도움을 주었다." 쿠옥은 그렇게 이야기한 뒤 곧바로 덧붙였다. "그러나 아무 일도 하지 않으면서 똑같은 말만 반복하는 것은 온당하지 않다." 식민지 민족들은 최소한의 일을 보고도 많은 기대를 하기 때문에 공산주의자들이 일을 제대로 하려고 한 것인지 아니면 허풍을 떤 것인지 묻기 시작할 것이다. 그는 코민테른 가입의 핵심적 조건이 식민지 민족들의 해방을 지원하는 체계적 선동을 수행하는 것이었음을 상기시키면서 편지를 마무리 지었다.[4]

쿠옥은 또 코민테른 집행위원회의 최고간부회의에도 보고서를 보내, 인도차이나에서 혁명 투쟁을 촉진하는 방법에 대한 자신의 구상을 상세히 밝혔다. 그가 묘사한 대로 상황은 전혀 낙관적으로 볼 수 없었다. 통킹과 코친차이나는 프랑스인들이 직접 통제하고 있었고, 안남은 여전히 명목상으로는 베트남 제국 조정의 통치 하에 있었지만, 그곳도 사실상 식민지 지배를 받는 것이나 다름없었다. 도시 프롤레타리아는 전체 인구의 2퍼센트에 불과했으며, 전혀 조직되지 않았다. 중간 계급은 숫자가 아주 적었는데, 주로 하노이와 사이공 등 큰 도시나 전국의 성도에서 살았으며, 경제적으로 화교의 지배를 받고 있었다. 소상인, 점원, 정부 하급 관리, 숙련공 등으로 이루어진 프티 부르주아지는 민족 독립이라는 대의를 지지하는 경향이 있었지만, 숫자가 적고 정치적으로 우유부단했다. 농민은 심하게 착취당하고 있었기 때문에, 조직되면 혁명적으로 폭발할 잠재력을 갖고 있었다. 그러나 정치적 행동의 일차적 자원은 지식인과 애국적 학자-귀족이었다. 과거에 반역을 주동한 사람들 역시 모두 그들이었다. 따라서 당장 필요한 일은 그러한 '민족적이고 혁명적인' 애국자들과 공산당 사이의 공동 행동을 도모하는 것이었다.[5]

호치민은 1923년 여름 모스크바에 도착한 뒤 차츰 아시아의 피압박 민족들의 대변인으로 두각을 나타냈으며, 상징적인 아시아 혁명가로서 기념 행사에도 자주 초대받았다. 이 사진은 붉은 광장의 시위에 참가한 모습. 크렘린 벽을 등진 그의 바로 오른쪽에는 고참 볼셰비키이자 스탈린의 친한 친구인 클레멘티 보로실로프가 있다. 보로실로프 옆은 당시 공산주의 인터내셔널의 책임자로 일하던 지노비예프이다.

농민 인터내셔널 창설

응우옌 아이 쿠옥의 권고는 순수한 레닌주의에 바탕을 둔 것으로, 이것은 레닌의 '민족과 식민지 문제에 대한 테제'에 반영되어 있다. 그러나 식민지 지역에 대한 관심은 제2차 코민테른 대회 때 절정에 이르렀다가 그 이후 상당히 감소했다. 모스크바의 이런 상황으로 볼 때 쿠옥의 구상이 그의 상급자들로부터 큰 관심을 끌어냈을지는 의문이다. 그럼에도 영향력 있는 소비에트 관리들은 차츰 인도차이나 출신의 야심만만한 젊은 혁명가를 주목하게 되었으며, 그가 당시 모스크바에 살고 있던 소수의 아시아인 공산주의자 가운데 하나라는 사실 때문에 그의 쓸모 역시 염두에 두게 되었다. 1923년 여름에는 갑자기 사람들이 아직 산업혁명을 거치지 않은 사회에서 노동자 농민 정부의 건설이라는 레닌의 개념에 큰 관심을 보이기 시작했다. 프라하에서는 인민주의자들이 1922년 근대적인 정치 강령을 내세운 농민 정당의 결성을 촉진하기 위해 '녹색 인터내셔널'을 설립했는데, 동유럽의 일부 급진주의자들은 코민테른이 농민 지원 활동에서 녹색 인터내셔널과 경쟁하기 위해서는 이와 비슷한 '국제적' 조직을 세워야 한다고 주장했다. 이 분야의 활동에서 이름을 떨친 사람이 폴란드의 공산주의자 토마스 돔발(다발로도 알려져 있다)이었는데, 그는 폴란드 정부에 체포되었다가 1923년 봄 소련과 포로 교환으로 모스크바에 왔다.

대부분의 볼셰비키들이 카를 마르크스 이후 유럽 마르크스주의자들의 견해를 반영하여 농민이 사적 소유 개념에 집착한다는 점에서 속으로는 '부르주아'적이라고 생각해왔기 때문에 코민테른 담당자들 가운데 돔발의 구상에 큰 관심을 보이는 사람은 거의 없었지만 그럼에도 당분간 그대로 해보자고 동의했다. 그들은 조직적인 회의를 열 준비를 하는 과정에서 8월에 모스크바에서 개최된 국제 농업 박람회를 활용하기로 하고 농업에 관심이 있는 외국인들이 모이는 집회장을 돌아다니며 회의에 대표로 참여할 만한 사람들을 찾았다. 응우옌 아이 쿠옥은 모스크바에서 벌어지는 모든 일에 관심이 있었던 듯한데, 어쨌든 이 박람회에도 8월에 문을 열자마자 참석했다. 그리고 충분히 예측할 수 있는 일이지만, 1923년 10월 10일 모스크바에서 열린 '국제농민회의'에 인도차이나 대표로 나가게 되었다. 그는 이미 코민테른 집행위원회에 보낸 보고서에서 농민의 역할에 대한 자신의 관점을 알린 바 있는데, 그 보고서에서는 농민이 심하게 착취를 당하기 때문에 '매우 애국적'이라고 말했다.[6]

회의는 크렘린 안에 있는 안드레예프스키 궁에서 열렸다. 응우옌 아이 쿠옥은 40개국에서 참가한 150여 명의 대표들과 함께 청중석에 앉아 있었다. 당의 늙은 일꾼으로 그 무렵 러시아 연방의 명색뿐인 대통령에 임명된 미하일 칼리닌이 개막 연설을 했고, 당시 코민테른을 책임지고 있던 고찬 볼셰비키 그리고리 지노비예프가 세계 혁명에서 농민의 역할에 대하여 당의 공식 입장을 제시했다.

응우옌 아이 쿠옥은 13번째로 연설했다. 아직 러시아어를 잘 몰라서 프랑스어로 한 이 연설에서 그는 식민지 지역에서 '농촌 전략'을 채택할 가능성을 언급하지는 않았으며, 아시아의 혁명 과정에서 농민이 맡을 구체적인 역할도 언급하지 않았다. 다만 분명하고 장식 없는 언어로 아시아의 많은 식민지 사회에서 농촌지역 주민이 처한 어려운 상황을 이야기하면서, 이 지역에서 제국주의적 억압의 최대 피해자는 농민이라고 지적했다. 쿠옥은 코민테른이 아시아 농민의 대표자들을 적극적으로 참여시킬 때에만 진정한 공산주의 인터내셔널이 될 것이라고 주장했다.[7]

회의가 끝날 때 주최측은 새로운 '농민 인터내셔널(러시아어로는 Krestyanskii Internatsional, 또는 줄여서 Krestintern)'을 만들기로 합의했다. 그 목적은 "모든 나라 농민의 협동조합이나 경제 및 정치 조직과 굳건한 유대를 수립, 유지"하고, "농민 조직과 농민 활동을 조율하여 노동자 농민 정부 수립을 실현"하는 것이었다. 더불어 '국제농민회의'를 만들었는데, 응우옌 아이 쿠옥은 그 최고 간부회의 11명의 구성원 가운데 한 사람으로 선출되었다. 농민 인터내셔널의 서기장 자리는 유명한 볼셰비키 관료 알렉산더 P. 스미르노프에게 돌아갔다. 돔발은 그의 보좌역으로 임명되었다.[8]

혁명의 산실, 스탈린 학교

1923년 12월 응우옌 아이 쿠옥은 동방노력자공산대학에서 강의를 듣기 시작했다. 이 대학은 제2차 코민테른 대회의 결정에 따라 1921년 레닌의 명령으로 세워졌으며, 원래 이오시프 스탈린의 '민족 문제 담당 인민위원회' 산하에 있었기 때문에 소련 밖에서는 무시무시한 '스탈린 학교'로 널리 알려졌다. 이 대학은 스탈린의 지휘 하에 소련으로 초청을 받아 공부하

호치민은 1923년부터 1924년 말까지 소련에 머무는 동안 모스크바 시내의 코민테른 본부가 입주해 있는 이 건물에서 혁명가로서의 경력을 쌓아 나갔다. 호는 스탈린 학교에 다니면서 극동국에서 일을 했다.

러 온 아시아 혁명가들을 훈련시키는 주요 기관이 되었다. 이곳에서는 또 옛 차르 제국 동부 출신의 비러시아계 인종 간부들도 양성했다. 이후에 세워진 '국제 레닌 학교'는 서유럽 여러 나라 출신의 선진적인 간부를 훈련하기 위한 기관이었다.

1924년 응우옌 아이 쿠옥은 〈라 비 우브리에르(La Vie Ouvrière)〉에 이 학교의 성격을 묘사하는 짧은 글을 발표했는데, 이 글은 당시 프랑스 정보부가 수집한 자료나 최근 모스크바의 러시아 학자들이 연구한 결과와 더불어 이 학교의 실상을 알 수 있는 중요한 정보를 제공한다. 쿠옥이 그곳에서 공부할 때 이 학교에는 62개국에서 온 1천 여 명의 학생들이 있었다. 학생들 대부분은 중앙아시아의 소비에트 점령 지역 출신이었지만, 중국인과 조선인들을 포함하여 외국인들도 약간 있었다. 쿠옥이 오기 전에는 인도차이나 출신 학생은 없었던 것으로 보인다. 그 가운데 거의 9백 명이 공산당원이었으며, 약 150명이 여자였다. 반쯤은 농민 출신이었고, 나머지는 노동자와 '프롤레타리아 지식인' 출신이었다.

이 학교에서는 150명의 교사가 자연과학과 사회과학, 수학, 혁명사와 노동운동사, 마르크스의 역사유물론 등을 포함한 다양한 과목을 가르쳤다. 보통 강의는 설명이 아니라 소크라테스의 방법을 따랐다. 학생들은 교사의 도움을 받아 개별 주제를 연구하고 그것을 반에서 토론했다. 레닌의 《국가와 혁명(The State and Revolution)》, 스탈린의 《10월 혁명과 러시아 공산주의의 전술(October Revolution and the Tactics of Russian Communism)》, I. M. 야로슬라프스키의 《간추린 러시아사(Russian History: A Short Course)》 등이 교과서로 쓰였다. 학교 건물은 10동이었는데 본관은 트베르스카야(현 고리키) 거리에 있는 옛 수도원에 자리잡고 있었다. 기숙사와 식당은 근처의 경찰청으로 쓰던 건물을 사용했다.⁹

학교는 엄격한 군사적 규칙에 따라 운영되었다. 학생들은 수업뿐만 아니라 군사 훈련도 받았으며, 파업을 선동하고 선전물을 배포하는 방법 등 유용한 혁명적 활동 방법도 배웠다. 수업은 처음에는 프랑스어나 학생들의 모국어로 진행했지만, 점차 러시아어 사용을 권장했다(그러나 학생들은 이 요구에 제대로 부응하지 못했다). 기숙사비는 무료였지만 모든 학생은 순서를 정해 여러 가지 행정 업무를 맡거나 주방일을 해야 했다. 당원들 사이에는 당세포가 형성되어 행동을 감시하고 이데올로기적인 정통성을 점검했다. 학생들은 입학하면 가명을 받았다. 학생들의 정체는 학교의 보안 요원들만 알고 있었다.

그렇다고 공부만 했던 것은 아니다. 학기는 9월부터 7월 초까지였으며, 크리스마스 때는 3주 방학, 봄에는 1주 방학이 있었다. 학생들은 일주일에 이틀 영화를 볼 수 있었으며, 여름방학 때 학생들이 일과 공부를 할 수 있도록 크림 반도에 휴양 캠프 두 개를 지어놓았다. 어떤 학생들은 그곳에서 젖소를 기르는 방법을 배우기도 했고, 어떤 학생들은 캠프에 식량을 대기 위해 공급된 1백 에이커의 땅을 경작하기도 했다. 학생들은 방학 동안 농민의 수확을 돕거나 다른 공동체 봉사 활동에 참여했다. 그러나 러시아 겨울의 강추위에 익숙하지 않아서인지 많은 학생들이 병이 들었으며, 일부는 이런 문제 때문에 학교를 중퇴하기도 했다. 한 베트남 학생은 결핵에 걸리는 바람에 러시아 남부의 도시로 옮겨달라고 요청하기도 했다.

응우옌 아이 쿠옥이 그의 글에서 썼듯이, 이 학교는 공부를 하기에는 이상적인 곳이었다. 도서관 두 곳에는 4만 7천 권이 넘는 책이 있었다. 주요 언어의 경우에는 그 언어로 된 책과 정기간행물을 따로 모아놓았다. 학생들은 "진지하고 열의가 넘쳤으며", "지식을 얻고 공부를 하기를 간절히 바랐다." 직원과 교사들은 외국 학생들을 "형제처럼" 대했으며, 심지어 그들에게 "러시아의 정치 활동에 참여해"보라고 권하기도 했다.[10]

그러나 쿠옥이 이 학교의 모든 면에 만족했던 것은 아니다. 1924년 4월 이 학교의 제3회 개교기념일 행사에 참석한 직후 그는 극동국 비서 페트로프에게 편지를 보내 베트남인이 거의 없다고 불평하면서 아시아 학생들을 위한 별도의 건물을 세워야 한다고 제안했다. 그러면서 쿠옥은 '스탈린 학교'는 다음 세대의 아시아 혁명가들의 정신을 형성할 틀이 될 것이며, 결국 그 기초 위에 동양의 공산주의 '연방'이 세워질 것이라고 말했다.[11]

스탈린 학교는 두 가지 체제로 운영되었다. 기본은 마르크스-레닌주의와 여러 과학을 가르치는 3년 과정이었으며, 이것 말고 임시 학생들을 가르치는 7개월짜리 '단기 과정'도 있었다. 응우옌 아이 쿠옥은 단기 과정을 밟았다. 코민테른에서 할 일이 있고, 또 모스크바에 장기간 체류하고 싶지 않았기 때문이기도 했던 것 같다. 그는 또 '붉은 노동자 인터내셔널', '청년 인터내셔널', '여성 인터내셔널' 등 그 즈음 소련에 세워진 다른 많은 조직에도 참여했다. 코민테른 지도부는 쿠옥이 여러 곳에 우후죽순처럼 생겨나고 있는 수많은 전선 조직에 아시아적인 색채를 제공할 수 있는 상징적인 식민지 주민이라고 생각했던 것이 분명하다. 쿠옥은 1924

1923년 무렵 모스크바의 응우옌 아이 쿠옥.

년 5월 초에는 붉은 광장에서 열리는 연례 노동절 기념식에 초대받아 국제적인 노동자 연대에 대하여 연설을 하기도 했다. 두 달 뒤에는 붉은 노동자 인터내셔널 제3차 대회에 인도차이나 대표로 참석했다. 그는 또 국제적인 여성 대회에도 참석했는데, 그곳에서 레닌의 미망인 나데츠다 크루프스카야와 잠깐 이야기를 나누기도 했다.[12]

세련된 스탈린주의자

이런 무수한 활동을 통하여 응우옌 아이 쿠옥은 점차 모스크바에서 어디를 가나 볼 수 있는 잘 알려진 인물이 되었으며, 고참 볼셰비키 니콜라이 부하린, 핀란드의 공산주의자 오토 쿠시넨, 불가리아의 코민테른 지도자 게오르기 디미트로프, 독일 공산당의 지도적 인물 에른스트 탤만 등 국제 공산주의 운동의 주요 명사들과도 사귀게 되었다. 그는 또 학교에서 공부하는 많은 중국인 동지들을 만났으며(이 가운데는 훗날 주석에 오르는 저우 언라이〔周恩來〕도 있었는데, 그와는 파리에서 처음 만났다), 1923년 늦여름과 가을 3개월 동안 모스크바를 방문한 쑨 원의 최고 군사고문 장 제스〔蔣介石〕도 만났다.

쿠옥을 알았던 사람들은 대체로 그를 좋아했던 것 같다. 유명한 독일의 공산주의자 루트 피셔는 그가 첫인상은 강렬하지 않지만 곧 '선하고 소박한 면모'로 존경과 애정을 얻는다고 말했다. 이론가라기보다는 실용주의자에 가까웠던 쿠옥은 격렬한 분파적 분쟁—이미 소비에트 지도부를 괴롭히기 시작했고 결국 이후 10년 동안 볼셰비키 당(곧 소련공산당으로 개칭한다)과 코민테른을 불구로 만들게 된다.—을 능숙하게 피해 나갔던 것으로 보인다. 신경제정책이 시행되던 기간에는 소비에트 국민이나 외국인들에게 미래가 밝아 보였지만, 그것은 비교적 짧은 막간극에 불과했다. 내전이 끝나면서 정부는 잠재적 경쟁자들에 대한 강제와 억압 정책을 버렸고, 민중이 경제 건설에 참여하도록 장려했다("부자가 되라."가 당시 인기 있던 구호였다). 소비에트의 작가, 화가, 작곡가들은 극적인 변화를 정확하게 표현할 새로운 혁명적 매체를 찾고 있었고, 덕분에 문화 생활은 여전히 풍부하고 다양했다. 그러나 몇 년 뒤 스탈린의 독단으로 이런 시기는 갑자기 막을 내리게 된다.

쿠옥의 혁명적 신념의 강도는 그대로 유지되었던 것 같다. 1923년 12월 잡지 〈오고니오크(Ogonyok)〉를 대신해 그를 인터뷰했던 저널리스트 오시프 만델스탐은 유교적 지식인 계급의 미묘한 특성들을 갖추고 있는 이 젊은이는 여윈 몸에 크고 검은 눈은 상대를 꿰뚫어보는 듯한데, 조국의 상황에 대해 이야기할 때는 온몸이 경련을 일으키고 눈에서는 낯설고 사나운 빛이 뿜어져 나오는 것 같았다고 썼다. 이 인터뷰에서 쿠옥은 '문명'이라는 말을 하면서 오만한 경멸감을 드러냈으며, 인도차이나의 가톨릭 교회가 경작 가능한 농지의 거의 5분의 1을 손에 넣고 있다고 격렬하게 비난했다. 나중에 혁명 운동과 결별한 프랑스 공산주의자 보리스 수바린에 따르면 응우옌 아이 쿠옥은 이제 '세련된 스탈린주의자'가 되었다.[13]

당시 쿠옥을 알던 사람들 가운데는 오직 한 사람만이 그를 낮게 평가했다. 나중에 코민테른 대표로 중국에 갔던—1927년에 중국 공산주의자들이 장 제스에게 패배한 것은 그의 무능 때문이라고 말하는 사람들이 많다.—유명한 인도의 공산주의자 M. N. 로이는 이 젊은 베트남인이 겉모습이나 정신에서 별로 깊은 인상을 주지 못했으며, 학생으로서도 형편없다고 생각했다. 그러나 흥미롭게도, 쿠옥은 당시 모스크바에서 아시아 혁명이 세계 자본주의 타도에서 빠뜨릴 수 없는 첫 단계라는 로이의 테제에 찬성하는 소수 가운데 하나였다.[14]

응우옌 아이 쿠옥은 또 상당한 양의 글을 썼다. 그는 프랑스의 좌익 정기간행물과 소비에트의 언론에 꾸준히 기고했고, 〈인프레코르(Inprecor)〉(코민테른의 공식 기관지인 '국제보도통신')에도 많은 글을 발표했다. 그의 글은 주제는 다양했지만 늘 혁명적인 경향을 띠고 있었다. 그는 제국주의자들의 중국 억압, 미국의 큐 클럭스 클랜(KKK)의 활동, 소련 주민의 목가적 삶, 그리고 물론 아시아와 아프리카 식민지 원주민이 당하는 착취를 이야기했다. 그는 스탈린 학교의 중국 학생들과 협력하여 1925년에 러시아어만이 아니라 중국어와 프랑스어로도 〈키타이 이 키타이스카야 몰로데츠(Kitai i kitaiskaya molodezh, 중국과 중국 청년)〉라는 짧은 팸플릿을 편집 발간했다. 그는 또 프랑스 치하의 인도차이나 역사에 대해서도 글을 쓴 것으로 전해지는데, 이것은 코민테른 문서보관소에 미출간 원고로 남아 있다.[15]

그러나 응우옌 아이 쿠옥이 모스크바 체재 동안 가장 심혈을 기울여 쓴 글은 〈시험대에 오른 프랑스 식민주의〉였다. 이 글은 그가 파리에 사는 동안 쓴 글들과 1920년 출간 전에 사라져버린 〈억압받는 자들〉이라는 원고에 바탕을 둔 것으로 추정되는데, 모스크바에서 완성해 그가 프랑스를 떠난 지 한참 뒤인 1926년에 파리의 리브레리 뒤 트라바이 출판사에서 책으로 출판되었다. 이 책은 전세계 식민지 상황에 대한 산만한 비판인데, 착취자들에 대항하여 일어서라는, 인도차이나 젊은이들을 향한 힘찬 호소로 끝을 맺는다. 이 책에는 인도차이나와 관련된 자료들이 주로 등장하지만, 아프리카 식민지들을 언급한 구절도 몇 군데 나온다. 이 책이 호치민의 책 가운데 가장 유명한 것인지는 몰라도, 어쨌든 구성이나 글이 아주 형편없어 어떤 전기 작가는 다른 베트남인이 쓰고 호의 이름으로 낸 것일지도 모른다고 추측한다. 그러나 말투나 문체가 호치민의 다른 글들과 아주 흡사하여 대부분의 학자들은 그것이 기본적으로 그의 작업이라는 사실을 의심하지 않는다. 기껏해야 서둘러 썼다는 표시가 많이 나타난다는 평을 하는 정도이다.[16]

응우옌 아이 쿠옥의 공식적 발언들을 보면 그는 여전히 자신의 믿음에 확신을 가지고 있었던 것으로 보인다. 소련에 대한 글은 일관되게 찬사로 가득하며, 레닌에 대한 존경은 무한하다. 그는 이 볼셰비키 지도자를 죽기 전에 만나보지 못한 것에 매우 실망했던 것 같다. 쿠옥은 1923년 7월 페트로그라드에서 입국 목적을 묻는 말에 레닌을 만나고 싶다고 대답했으며, 소비에트 지도자가 와병 중이라는 말을 듣고 낙심했다. 이듬해 1월에는 레닌이 죽었다는 소식을 듣고 큰 슬픔에 잠겼다. 이탈리아인 조반니 제르마네토는 이렇게 이야기한다.

1924년 1월, 모스크바. 러시아의 겨울은 절정에 이르렀다. 기온은 이따금씩 영하 40도까지 내려갔다. 그날 아침 럭스 호텔의 우리 방문을 조용하게 두드리는 소리에 나는 잠을 깼다. 문이 열리더니 여윈 젊은이가 들어왔다.

그는 자신이 베트남 사람으로 이름이 응우옌 아이 쿠옥인데, 노동조합 건물로 가서 레닌을 전송하고 싶다고 말했다……

나는 그에게 밖이 추운데 그렇게 얇게 입고 나가면 안 된다고, 나중에 따뜻한 옷을 구해주겠다고 말했다.

아이 쿠옥은 한숨을 쉬더니, 자리에 앉아 우리와 함께 차를 마시다가 자기 방으로 돌아갔다. 우리는 그가 우리 조언을 받아들여 나가지 않은 줄 알았다.

밤 10시쯤 다시 문을 두드리는 작은 소리가 들렸다. 아이 쿠옥 동지였다. 그의 얼굴은 파랗게 얼어 있었다. 강추위 때문에 귀, 코, 손가락까지 얼어 있었다.

아이 쿠옥은 방금 레닌 동지를 보았다고 말했다. 그는 추워서 덜덜 떨면서, 도저히 내일까지 기다릴 수가 없어 식민지 민족들의 가장 훌륭한 벗에게 경의를 표하고 왔다고 설명했다……. 그러면서 혹시 뜨거운 차가 좀 있느냐고 물었다.

소비에트에서 호의 전기를 쓴 예프게니 코벨레프에 따르면, 응우옌 아이 쿠옥은 레닌의 장례식에서 돌아온 뒤 방에 틀어박혀 식민지 민족들의 해방 문제에까지 관심을 가질 정도로 품이 넉넉했던 볼셰비키 지도자의 죽음을 애도하는 에세이를 썼다고 한다. 그 에세이는 이렇게 끝을 맺고 있다. "평생 그는 우리의 아버지, 스승, 동지, 조언자였다. 이제 그는 사회혁명에서 우리를 인도하는 별이 되었다. 레닌은 우리의 행동 속에서 계속 살아 있다. 그는 불멸이다."[17]

그가 약간이라도 환멸을 느꼈다는 증거는 단편적으로밖에 발견되지 않는다. 그는 1923년 12월 초에 럭스 호텔로 옮겨갔는데, 그곳에서 네댓 명이 함께 쓰는 작은 방을 배정받았다. 쿠옥은 이것이 별로 마음에 들지 않았던 것 같다. 이듬해 3월에 그는 자신의 조건에 대해 불평하는 편지를 썼다. 그는 낮에는 소음 때문에, 밤에는 벌레 때문에 잠을 못 자고 있으며, 그래서 이의 제기의 표시로 월세 5루블을 내지 않고 있다는 이야기였다. 그는 결국 다른 방을 배정받았다.[18]

좀더 중요한 것으로, 응우옌 아이 쿠옥은 전략 문제의 결정에도 늘 만족하지는 않았다. 그는 몇 달 동안 식민지 문제로 아는 사람들을 공격했다. 1924년 2월에는 코민테른 본부에 있는 친구(아마 드미트리 마누일스키였을 것이다)에게 리옹에서 열린 프랑스공산당 회의에서 식민지 문제를 제기해주어 고맙다는 편지를 썼다. 같은 날 그는 코민테른 서기장 그리고리 지노비예프에게 편지를 써 식민지 문제를 토론하기 위한 면담을 요청했다. 그러나 아무런 답장을 받지 못하자 다시 편지를 써서 면담 요청에 대해 아무런 회신을 받지 못했다고 문제를 제기했다. 이후에도 지노비예프가 그의 요청에 답장을 보냈다는 증거는 없다.[19]

그가 지노비예프와 무슨 이야기를 하려 했는지는 확실하게 알려져 있지 않다. 그러나 쿠옥은 〈인프레코르〉 4월호에 발표한 〈인도차이나와 태평양〉이라는 글에서 일견 아시아 문제가 유럽 노동자들에게 관심사가 아닌 것처럼 보이지만, 사실 인도차이나와 아시아는 모든 나라의 노동자들에게 중요하다고 말했다. 한 지역에 대한 식민지의 착취는 자본가들과 양심 없는 정치가들을 부유하게 할 뿐 아니라, 새로운 제국주의 전쟁의 발발을 초래할 위험이 있기 때문이라는 이야기였다. 그런 상황은 인도차이나와 아시아의 노동자들만이 아니라 국제 프롤레타리아에게도 위협이 된다는 것이다.[20]

응우옌 아이 쿠옥은 유럽의 조건과 아시아의 조건 사이의 관계를 언급함으로써 의도적인지 아닌지는 몰라도 1920년 제2차 대회 이후 코민테른의 회의 때마다 큰 논쟁을 불러일으켜 온 지뢰밭으로 발을 내디딘 셈이었다. 사실 M. N. 로이와 같은 동양 식민지 민족의 대변자들은 '동방 문제'가 세계 혁명의 궁극적 운명에 핵심적이라고 줄기차게 주장해왔다. 그러나 많은 유럽 공산주의자들은 아시아 혁명은 유럽 여러 나라에서 공산당이 정권을 잡기 전에는 시작될 수 없다고 보았다.

아시아에 기초한 전략을 옹호하는 사람들은 처음에는 레닌, 그리고 심지어 이오시프 스탈린을 비롯하여 그들의 관점에 공감하는 것처럼 보이던 고위직 친구들 덕을 많이 보았다. 그러나 1924년이 되면서 레닌은 죽었고, 스탈린은 모스크바에서 당 내 권력 투쟁에 몰두하게 되었다. 당시 코민테른의 수장이었던 지노비예프는 식민지 문제에 염증이 난 듯했다. 네덜란드의 공산주의자 마링은 코민테른을 떠났고, 심지어 응우옌 아이 쿠옥의 최초의 후원자였던 마누일스키조차 우크라이나 출신으로 아시아에 대한 지식이 거의 없었기 때문에 발칸 반도의 상황을 연구하는 일에만 전념했다.

농민의 역할에 대한 관심도 거의 없었다. 농민 인터내셔널은 출발은 좋았지만 곧 악평을 받게 되었으며, 모스크바의 노동자 지향적인 당 관료들, 즉 아파라트치크들은 그 문제를 심각하게 생각하지 않았다. 볼셰비키 지도자들 가운데는 그래도 계몽된 축에 속한다고 하는 니콜라이 부하린마저 토마스 돔발을 '농민 몽상가'라고 놀렸다. 응우옌 아이 쿠옥은 이 쟁점을 계속 살려나가려고, 1924년 6월 농민 인터내셔널 회의에서 농민 문제를 이야기했지만 별 반응이 없었다. 그는 친구에게 자신을 가리켜 '광야에서 외치는 소리'라고 농담을 했다.[21]

'식민지의 노예들'을 향한 호소문

1924년 초여름에 열린 코민테른 제5차 대회는 응우옌 아이 쿠옥에게 많은 사람들 앞에서 자신의 견해를 밝힐 수 있는 흔치 않은 기회를 주었다. 사실 애초에 그가 모스크바로 초청받은 것은 이 대회 때문이었는지도 모른다. 드미트리 마누일스키는 이 회의에서 식민지 문제에 대해 연설을 하기로 되어 있었는데, 이와 관련하여 쿠옥으로부터 도움을 얻을 수 있다고 생각했기 때문이다. 인도차이나에는 공산당이 없었기 때문에 쿠옥은 프랑스공산당 대표로 대회에 참가했다.[22]

제5차 대회는 6월 17일 모스크바 시내 볼쇼이 극장에서 열렸다.[23] 이 대회에는 거의 50개국을 대표하는 5백 여 명의 대표가 참가했다. 코민테른

1924년 여름 호치민은 모스크바에서 열린 공산주의 인터내셔널 제5차 대회에 대표로 참석했다. 대회에 참석한 대표들 가족과 함께 찍은 이 사진에서 호치민은 앞줄 맨 왼쪽에 앉아 있다.

지도부는 동방 문제를 태만히 한다는 아시아 동지들의 지적에 점점 예민해져서, 그 문제를 다룰 위원회를 임명하는 것과 더불어 식민지 문제와 소련 내의 비러시아계 민족 문제를 다룰 특별 회의를 열기로 결정했다. 그러나 이 대회는 스탈린과 그의 경쟁자인 레온 트로츠키 사이의 첫 번째 권력 투쟁이 정점에 이르렀을 때 열렸으며, 그 바람에 소련공산당 지도자들은 크렘린 내의 투쟁에 몰두하여 동방 문제에는 거의 관심을 기울이지 못했다. 곧 당권을 놓고 스탈린에게 도전하게 되는 서기장 지노비예프는 개막 연설에서 민족 및 식민지 문제는 그냥 짚고 넘어가기만 했다. 게다가 마누일스키의 민족과 식민지 문제에 대한 연설은 주로 동유럽 국가들에 초점을 맞추고 있었다. 그나마 응우옌 아이 쿠옥이 노력을 기울인 덕분에—아마 심하게 괴롭혔을 것이다.—마누일스키는 프랑스공산당이 식민지 문제에 제대로 관심을 기울이지 않는다는 비판을 추가했다.

응우옌 아이 쿠옥은 대회 처음부터 자신의 존재를 알렸다. 개막 회의에서 바실리 콜라로프가 폐회 후 발표할 결의안 초안을 읽어나갈 때 쿠옥은 일어서서 대회가 식민지 민족들에게 특별한 호소를 할 것이냐고 물었다. 콜라로프는 식민지 문제는 이미 의제에 올라와 있으니, 회의 때 아무 대표나 제기하면 된다고 퉁명스럽게 대꾸했다. 그러나 응우옌 아이 쿠옥은 이 문제를 물고늘어지면서 모든 연설에 '식민지 민족들에게' 라는 말을 넣자고 제안했다. 대표들은 이 제안을 받아들였다.

6월 23일 응우옌 아이 쿠옥은 발언권을 얻었다. 그는 대표들에게 말했다.

나는 인터내셔널에 식민지의 존재를 계속 상기시키고, 혁명이 식민지에서 위험에 직면한 동시에 환한 미래를 약속받고 있음을 지적하기 위해 이 자리에 섰습니다. 내가 보기에 동지들은 세계 프롤레타리아의 운명, 특히 식민지를 침략한 호전적인 열강의 프롤레타리아 계급의 운명이 식민지의 억압받는 민족들의 운명과 긴밀하게 연결되어 있다는 사실을 완전히 이해하지 못하는 것 같습니다. 그렇게 때문에 나는 기회가 있을 때마다, 또는 필요하다면 기회를 만들어서, 여러 동지들에게 식민지 문제의 중요성을 강조할 것입니다……

나의 솔직한 태도를 용서해주십시오. 그러나 나는 본국 출신 동지들의 연설을 들으면서 뱀의 꼬리를 밟아 뱀을 죽이기를 바라는 것 같다는 느낌을 지울 수가 없었습니다. 여러 동지들 모두가 알다시피 현재 자본주의라는 뱀의 독과 생명력은 본국보다 식민지에 집중되어 있습니다. 식민지는 산업 원료를 공급합니다. 식민지는 군대에 병사를 공급합니다. 장차 식민지들은 반혁명의 요새가 될 것입니다. 그러나 여러 동지들은 혁명에 대해 이야기하면서 식민지에 대해서는 이야기하지 않습니다. 달걀이나 돌을 깨고자 할 때에는 깨고자 하는 대상에 상응하는 힘이 있는 도구를 신중하게 골라야 합니다. 그런데 왜 여러 동지들은 혁명을 하겠다면서 여러분이 싸워 이기고자 하는 적에 상응하는 힘을 기르고, 선전을 해나가지 않는 것입니까? 자본주의는 식민지를 통해 자신을 부양하고, 자신을 방어하고, 여러분과 싸우는데, 여러 동지들은 왜 식민지를 무시합니까?[24]

7월 1일에 쿠옥은 다시 발언권을 얻어 유럽 공산당이 식민지 문제에 제대로 대처하지 못한다는 드미트리 마누일스키의 비판을 되풀이했다. 그는 긴 보고서를 통해 프랑스만이 아니라 영국과 네덜란드의 공산당도 식민지 문제에 적극적인 관심을 가지고 식민지 사회의 혁명분자들과 접촉하는 일을 게을리한다고 말했다. 그는 프랑스의 당 기관지가 독자들에게 식민지 문제에 대한 관심을 불러일으킬 기회를 여러 차례 놓쳤다고 지적하면서, 이런 상황을 개선할 획기적 조치를 요구했다. 그는 농민 인터내셔널 회의에서 연설할 때와 마찬가지로, 다가올 혁명에서 농촌이 중심적 역할을 한다고까지 말하지는 않았지만, 농민이 적극적인 역할을 할 것임은 힘주어 강조하려고 노력했다.

프랑스 식민지 전역에 기근이 늘어나면서 인민의 적대감도 강해지고 있습니다. 식민지 농민은 봉기할 준비가 되어 있습니다. 또 실제로 많은 식민지에서 이미 봉기를 일으켰지만, 모두 유혈 진압을 당하고 말았습니다. 현재 농민이 수동적인 태도를 보인다면, 그건 조직과 지도자가 없기 때문입니다. 공산주의 인터내셔널은 그들을 도와 혁명과 해방으로 나아가게 해야 합니다.[25]

응우옌 아이 쿠옥은 제5차 코민테른 대회에서 보인 활약으로 세계 공산주의 운동 지도자들의 눈길을 끌었다. 소비에트의 화가 N. I. 크로프첸코는 그의 초상화를 그리겠다고 했는데, 이 초상화는 7월 말 〈라보차야 가제타(Rabochaya Gazeta, 노동자신문)〉에 실렸다. 〈프라우다〉는 "말에서 행동으로, 인도차이나 대표 응우옌 아이 쿠옥의 연설"이라는 자극적인 제목으로 그의 연설을 보도했다. 쿠옥의 주장은 아직 공식 정책의 범위를 벗어나

코민테른 5차회담(1924년 6월 17일~7월 8일)에서 러시아와 독일의 대표단과 함께한 응우옌 아이 쿠옥. 그는 3차에 걸쳐 발언하면서 서구 공산당이 식민지 문제에 미온적이라고 비판했다.

지 않았지만, 오래지 않아 혁명에서 농민의 중요성을 강조하는 것이 이단으로 몰려 모스크바에서 가혹한 제재를 당하게 된다.[26]

결국 이 대회에서 코민테른 정책에 큰 변화는 생기지 않았지만, 식민지 문제에 대한 인식은 한 단계 발전했다. 지도부는 식민지 지역에서 선전을 확대하고 혁명가를 육성하는 한편, 이 문제에 대한 국제적인 선전을 수행할 수 있는 위원회를 둘 필요가 있다고 생각하는 것 같았다. 응우옌 아이 쿠옥은 그 창립위원으로 지명되었다. 그러나 대회는 마지막 결의안에서 식민지 문제에 대하여 특별한 언급을 하지 않았다.—이 점은 4년 후에 열린 제6차 대회에서 보완된다. 그래도 응우옌 아이 쿠옥이 개막 회의에서 제안했던 '식민지의 노예들'을 향한 호소문은 발표되었다.[27]

응우옌 아이 쿠옥의 요청에 응답한 것인지 아닌지는 알 수 없지만, 코민테른 지도부는 아시아 혁명가들을 소련에 더 많이 유학시키는 문제에 관심을 돌렸다. 실제로 대회 이후 몇 년 동안 모스크바나 레닌그라드(레닌 사후 페트로그라드의 이름이 이렇게 바뀌었다)로 가서 훈련을 받고 본국으로 돌아가 혁명 사업을 하게 된 아시아인들이 많이 늘어났다. 베트남인만 1백 명 이상이었는데, 처음에는 세 명이 1925년 중반에 프랑스를 거쳐 소련으로 들어갔다.

아시아 혁명가들을 훈련시키는 소비에트의 중심 기관은 여전히 스탈린 학교였다. 한편 문제점을 지적받은 프랑스공산당은 식민지연구위원회를 식민지위원회로 재조직하고, 자크 도리오가 위원장을 맡았다. 1925년 초 프랑스공산당은 파리 북부 교외의 포르트 드 클리냥쿠르 근처에 비밀 식민지 학교를 세워 소련 유학을 목표로 식민지 출신의 혁명가들을 훈련시켰다. 처음 입학한 학생들 8명 가운데 1명이 베트남인이었다. 이후 몇 년 동안 매년 5명에서 10명 정도의 베트남인이 모스크바에 도착했다. 대부분 프랑스에서 왔지만, 인도차이나에서 직접 오는 경우도 있었다.

나는 중국으로 가야 합니다

응우옌 아이 쿠옥은 제5차 코민테른 대회 참석을 계기로 혁명가 견습 기간을 끝내고 세계 공산주의 운동에서 국제적인 지위를 얻은 아시아 지도자로 다시 태어났다. 그는 이제 동방 문제와 농민 문제에 대한 더 높은 관심을 요구하는 인물로 인정받고 있었다. 이것은 개인적으로 만족스러운 일이었을 것이고, 또 코민테른이 식민지 문제에 더 관심을 기울이게 한다는 목표도 어느 정도 이룬 셈이었다. 그는 이제 모스크바에서 자신이 할 일은 끝났으며, 아시아로 돌아가 인도차이나에서 혁명 운동을 할 때가 되었다고 느끼고 있었다.

응우옌 아이 쿠옥은 원래 모스크바에 갈 때 잠깐만 그곳에 머물다 고국으로 돌아갈 생각이었다. 그는 1924년 4월 코민테른 집행위원회에 보낸 편지에서 코민테른도 프랑스공산당도 프랑스 식민지의 상황에 대해서는 제대로 알지 못한다고 개탄했다. 그는 그 지역들과 관계를 확립하는 것이 긴요하다고 주장하면서, 자신이 연락 책임을 맡겠다고 자청했다. 이 편지를 통해 그의 의도의 많은 부분을 파악할 수 있으므로 길게 인용하겠다.

내가 모스크바에 도착했을 때 이곳에 3개월 머문 다음 중국으로 돌아가 내 조국과 연락체계를 확립하기로 결정이 되었습니다. 그런데 현재 나는 9개월째 이곳에 있습니다. 6개월이나 기다렸지만, 이곳을 떠나는 문제는 아직 결정되지 않았습니다.

이전이나 현재의 혁명적 또는 민족주의적 운동에 대해 말할 필요는 없다고 생각합니다. 노동자 조직의 존재 여부, 비밀 결사의 활동 여부도 마찬가지입니다. 이 자리에서 논문을 제출할 생각은 없기 때문입니다. 하지만 신중하게 상황을 연구할 필요성, 만일 아무것도 존재하지 않는다면 뭔가를 창조할 필요성이 있다고 말하고 싶습니다.

따라서 나의 여행은 조사와 연구가 목적이 될 것입니다. 나는 다음과 같은 일들을 시도할 생각입니다. a) 인도차이나와 코민테른 사이의 연락을 확립하는 일, b) 인도차이나 식민지의 정치, 경제, 사회 상황을 연구하는 일, c) 그곳의 기존 조직들과 연락망을 확립하는 일, d) 정보 수집과 선전 활동의 기반을 닦는 일.

어떻게 하면 이런 과제들을 완수할 수 있는가? 우선 중국으로 가야 합니다. 그리고 가능한 모든 행동을 해야 합니다. 나에게 필요한 자금은 얼마나 될까? 나는 아마 자주 이동을 해야 할 것이고, 다양한 조직들과 관계를 맺어야 할 것이고, 통신료를 부담해야 할 것이고, 인도차이나의 간행물을 구입해야 할 것이고, 먹고 자는 비용을 대야 할 것입니다. 이곳의 중국인 동료들과 상의한 결과 한 달에 미화 1백 달러 정도의 예산이 필요할 것이라는 계산이 나왔습니다. 여기에는 러시아에서 중국으로 가는 교통비는 포함되지 않았습니다. 세금도 포함하지 않았습니다.

이 편지가 나의 극동 귀환 문제를 논의할 수 있는 기초가 되기를 바랍니다.[28]

응우옌 아이 쿠옥은 막 광저우(당시에는 광둥이라고 불렸다)에서 선전 활동을 마치고 돌아온 소비에트 요원 S. A. 달린과 만난 뒤 아시아로 돌아가고 싶은 갈망이 더욱 강해졌을 것이다. 그 즈음 광저우에는 중국의 애국자 쑨 원이 혁명 운동 임시 본부를 세워놓고 있었다. 그 전 해에 쑨 원은 광저우에서 코민테른 요원 미하일 보로딘이 이끄는 소비에트 고문단의 지원을 받아 국민당을 레닌주의 노선에 따라 재조직한다는 합의서에 서명했다. 달린은 10월에 보로딘과 함께 광저우에 도착했던 팀의 일원이었다. 달린은 모스크바로 돌아와 럭스 호텔에 묵었고, 그곳에서 응우옌 아이 쿠옥을 만나 중국 남부의 상황을 이야기해주었다. 쿠옥은 그 지역에 있는 많은 베트남 이주자들이 인도차이나의 프랑스 식민 체제를 타도하기 위한 활동을 하고 있다는 이야기를 듣고 기뻐했을 것이다.[29]

그러나 여러 가지 이유 때문에 쿠옥은 출발이 늦어지고 있었다. 1924년 4월에는 소비에트 시베리아의 야쿠츠크로 파견되어, 모스크바로 오는 중국 대표단을 수행했다. 돌아온 직후 그의 후원자 드미트리 마누일스키가 그를 불러 면담했다. "그러니까 싸우고 싶어 몸이 근질근질하다는 거로군?" 쿠옥은 이 기회에 친구에게 자신의 생각을 밀어붙이겠다고 작정하고, 인도차이나에 '볼셰비키 유형의 당'이 생길 조건이 갖추어졌다고 주장했다. 인도차이나에서는 노동 운동이 꿈틀대기 시작했으며, 중국 남부에는 많은 베트남 이주자들이 살고 있다. 쿠옥은 그들을 조직하여 미래의 공산당의 핵을 만들겠다고 제안했다. 마누일스키는 동의했지만, 쿠옥이 경험을 살려 그 지역의 국적이 다른 사람들도 도와야 한다는 조건을 달았다. 그 직후 응우옌 아이 쿠옥은 코민테른 집행위원회 극동서기국의 서기로 임명되었다.[30]

그럼에도 관료제의 바퀴는 느릿느릿 돌아갔다. 9월 11일 그리고리 보이틴스키에게 보내는 편지에서 쿠옥은 중국행이 "이런저런 이유로" 계속 "다음 주로", 이어 "다음 달로" 미루어지고 있다고 불평했다. 그는 또 극동국이 그의 자금을 제공하지도 못하고, 광저우의 코민테른 고문단 안에 공식적인 자리를 마련해주지도 못한다는 것을 알고 실망했다. 원래 계획은 그가 국민당에서 어떤 자리를 맡고 일을 한다는 것이었으나, 그 일이 계획대로 안 되면서 중국행이 다시 늦어졌다. 하루라도 빨리 떠나고 싶어 안달이던 쿠옥은 극동국에서 중국까지 가는 비용만 대준다면 광저우에 도착한 후에 자신이 알아서 일자리를 구하겠다고 제안했다. 모스크바 주재 프랑스공산당 대표의 재촉을 받은 극동국은 9월 25일에 쿠옥의 제안을 받아들였다. "응우옌 아이 쿠옥 동지는 광저우로 가야 할 필요가 있다. 비용은 극동국이 댈 것이다."[31]

응우옌 아이 쿠옥은 마침내 코민테른을 설득하여 아시아로 돌아가 혁명 사업을 수행하는 임무를 승인받을 수 있었다. 그럼에도 그가 어떤 친구에게 말했듯이, 이 일에는 '어색한 점들'이 있었다. 그는 광저우의 프랑스 조계(租界)에서 치안국의 감시의 눈길을 받으며 비합법적으로 일을 할 수밖에 없었기 때문이다(19세기에 유럽 여러 나라는 청나라 조정에 압력을 넣어 해안을 따라 여러 지점에 조계를 얻어냈는데, 이곳의 외국인들에게는 중국의 사법권이 미치지 못했다). 또 한 번도 가본 적이 없는 나라에서 직접 생활비를 감당해야 했다. 그는 그 나라의 언어를 읽고 쓸 수는 있었지만, 말은 하지 못했다. 그는 자신을 위장할 구실도 얻고 또 얼마 안 되지만 자금도 얻기 위해서, 소비에트의 통신사인 ROSTA를 찾아가 중국의 상황에 대해 글을

써보내겠다고 제안했다.[32]

10월 어느 날 응우옌 아이 쿠옥은 야로슬라프스키 역에서 기차를 타고 모스크바를 떠났다. 프랑스를 떠닐 때와 마찬가지로 친구들에게는 알리지 않았다. 대신 토마스 돔발에게 중국에서 비합법적으로 살아야 하니 병이 들었다는 소문을 퍼뜨려달라고 청했다. 그는 자신의 행적을 더 확실하게 감추기 위해 프랑스에 있는 한 친구에게 인도차이나로 가는 것이 허용되지 않아 프랑스로 돌아갈 예정이라고 편지를 보냈다. 그의 생각대로 편지는 요원을 거쳐 치안국에 보고되었다.[33]

단선인 시베리아 횡단 급행을 타고 블라디보스토크까지 가는 데는 약 3주가 걸렸다. 기차에 석탄이나 물을 싣기 위해 자주 멈추어야 했기 때문이다. 또 가끔은 마주 오는 기차가 지나가는 동안 옆으로 물러나 있어야 했다. 쿠옥은 창을 통해 볼셰비키와 백군 사이의 격렬한 내전이 시베리아의 도시와 마을에 입힌 엄청난 피해를 볼 수 있었다. 내전이 끝난 지 불과 4년밖에 지나지 않은 시점이었다. 가끔 기관총을 멘 적군 병사들이 기차에 올라타 반혁명 분자를 색출하기 위해 승객을 조사했다. 쿠옥은 블라디보스토크의 중심가에 있는 레닌 호텔에 잠시 묵었다가 중국으로 가는 소비에트 배에 올라탔고, 배는 1924년 11월 11일 광저우에 도착했다.[34]

4장 용의 아들

1924
1927

응우옌 아이 쿠옥이 규정한 행동의 윤리적 규칙과 레닌의 그것은 정신 면에서 큰 차이를 보인다. 레닌은 당대의 도덕률이 혁명적 행동 규약과 거의 관계가 없고, 실제로 둘 사이에 화해 불가능한 모순이 일어나기도 한다고 가정했다. 반면 응우옌 아이 쿠옥의 행동규범 목록은 전통적인 유교 도덕을 연상시키는 면이 강했다. 검소해야 한다. 다정다감하면서도 공정해야 한다. 잘못은 단호하게 고쳐야 한다. 신중해야 한다. 배움을 존중해야 한다. 공부하고 관찰해야 한다. 오만과 자만을 피해야 한다. 관대해야 한다.

많은 동료들이 그가 죽은 뒤에도 기억하는 것은 그의 개인적인 품성, 선량하고 소박한 이미지, 불굴의 낙관주의, 대의에 대한 진지하고 헌신적인 태도였다. 이런 점에서 응우옌 아이 쿠옥의 혁명 윤리는 그가 당에 준 영향의 핵심을 이루며, 많은 사람들이 베트남 공산주의의 뚜렷한 특징으로 여긴다.

4 | 용의 아들

 1924년 말 응우옌 아이 쿠옥이 돌아온 아시아는 13년 전 그가 떠났던 아시아와는 달랐다. 남아시아와 동남아시아의 식민지 체제는 제1차 세계대전을 겪고 나서도 큰 변화가 없었지만, 중국의 상황은 극적으로 변했다. 1911년 가을 격변이 일어나면서 중국의 낡은 제국 체제는 해체되었다. 응우옌 아이 쿠옥이 6월 사이공의 냐 롱 부두를 떠난 지 넉 달 후 쑨 원의 혁명 정당 당원들이 주도한 봉기로 청 왕조가 붕괴하고 새로운 정부가 들어섰다. 그러나 쑨 원의 당원들은 이 상황을 제대로 이용하지 못했다. 1912년 2월 쑨 원은 만주 무장 세력의 지휘관인 위안 스카이 장군에게 정치적, 군사적으로 농락당한 끝에 위안 스카이에게 베이징에 세울 새로운 공화국의 수장 자리를 내놓을 수밖에 없었다.
 궁극적으로 자신의 새로운 왕조를 창건할 야심을 품고 있던 위안 스카이는 전통적인 전제적 통치 방법에 따라 법과 질서를 회복하려 했다. 이 때문에 새로 구성된 국회에서 거의 반수의 의석을 차지하고 있던 쑨 원의 정당과 충돌이 일어났다. 1914년 1월 위안 스카이는 갑자기 의회를 해산하고 철권 통치를 시도했다. 쑨 원의 정당은 불법으로 선포되었으며, 쑨 원은 일본으로 피신했다. 그러나 위안 스카이가 1916년 갑자기 병사한 후 중국은 해체되기 시작했으며, 여러 지방에서 지역 군벌들이 권력을 행사하기 시작했다. 베이징에서는 허약한 정부가 통치를 이어가려 했지만, 이미 전국이 사회적, 지적으로 동요하고 있었다. 1919년에는 수도를 비롯한 몇몇 도시에서 대규모 학생 시위가 벌어졌다(5·4운동을 가리킨다: 옮긴이). 같은 해에 쑨 원은 지역 군벌인 천 중밍(陳炯明)의 후원을 받아 광동성의 성도인 광저우에서 혁명 정당인 국민당의 기초를 세웠다. 1921년 4월 쑨 원은 공식적으로 새로운 민족 정부의 수립을 선포하고, 자신이 총통 자리에 앉았다.

볼셰비키 혁명 직후 2년 동안 모스크바의 새로운 소비에트 정부는 중국의 상황을 활용할 만한 처지가 아니었다. 소비에트 정부는 한때 러시아 제국의 영토였다가 일시적으로 다양한 반공산주의 세력의 손에 넘어간 광대한 시베리아를 장악하는 문제에 더 관심을 기울였다. 그러나 1920년 봄 시베리아에 대한 소비에트의 지배가 공고해지면서, 이르쿠츠크에 동아시아와 태평양이라는 넓은 지역의 공산주의 활동을 지휘할 극동서기국을 세웠다. 그해 4월에는 이르쿠츠크에 있던 코민테른 요원 그리고리 보이틴스키가 베이징으로 파견되었다. 그는 베이징에 잠깐 머문 뒤 상하이로 가서, 그 지역에서 활동하는 혁명가들이 조직을 만드는 것을 도왔다. 여름에는 전국의 급진주의자들이 상하이에 모여 공식적으로 중국공산당을 창건했다.

새로 만들어진 정당은 우선 광저우의 새로운 혁명 정권과 협력 여부부터 결정해야 했다. 일부 당원들은 쑨 원의 측근 가운데 주요 인물들의 기본적 성향이 반혁명적이라고 생각하여 국민당과 협조하는 것을 못마땅해했다. 그러나 중국 주재 코민테른 대표로서 보이틴스키의 뒤를 이은 네덜란드 공산주의자 마링은 고집을 굽히지 않았다. 1923년 1월 쑨 원과 소련의 전권대사 아돌프 요페는 상하이에서 두 정당 사이에 통일전선을 형성하고 소련이 중국의 통일을 지원한다는 내용의 합의서에 서명했다. '당내 합작'이라고 부르던 이 협약에 따라 중국공산당 당원들은 광저우 제1의

정치 세력인 국민당에 입당해야 했다.[1]

1923년 말부터 두 정당은 미하일 보로딘 휘하의 새로운 코민테른 파견단의 지원을 받아 위안 스카이가 사망한 중국을 분할하고 있던 탐욕스러운 군벌들을 제압하기 위하여 북벌(北伐)을 준비하기 시작했다. 중국공산당은 비록 이 동맹 관계에서 하위 동맹자이고 국민당과 같은 추종자와 권위를 가지고 있지는 못했지만, 그럼에도 중국 정치에 새롭게 등장한 역동적인 세력이었으며, 과거가 아니라 미래의 정당이었다.

암흑에 내동댕이쳐진 나라, 베트남

프랑스령 인도차이나에도 중국처럼 빠른 속도는 아니었지만 변화가 일어나고 있었다. 3개 지역의 인구는 급속하게 늘어났다. 1880년에는 7백만 명 정도였으나, 1926년에는 1천6백만 명 정도로 늘었는데, 통킹에 6백만 명, 안남에 5백만 명, 코친차이나에 4백만 명 정도였다. 인구의 4분의 3 이상이 여전히 농촌에 살았지만, 도시 주민의 숫자는 꾸준히 증가하고 있었다. 이 숫자가 1920년대 중반에는 1백만 정도에 이르렀다. 그들 가운데 다수는 사이공과 하노이 같은 대도시에 살았다.

응우옌 아이 쿠옥이 사이공을 떠나고 나서 13년 동안 베트남 독립을 되찾자는 운동은 힘을 잃었다. 판 추 친이 체포되고 나서 결국 프랑스로 망명하자, 비폭력적 개혁을 주창하던 가장 유명한 옹호자의 목소리는 베트남 내에서 들을 수 없게 되었다. 한때 베트남의 가장 유명한 애국자늘 다수의 지지를 끌어냈던 판 보이 차우의 유망하던 조직도 봉기에 몇 차례 실패한 뒤 중국 남부에서 지도자가 체포·수감되자 힘을 잃기 시작했다.

차우는 1911년 중국의 신해혁명 소식을 듣자 입헌군주제를 수립한다는 계획을 철회하고, 대신 쑨 원을 모범으로 삼아 독립 공화국을 세우는 것을 목표로 새로운 정당—광복회(光復會, 광 푹 호이)라고 불렀다.—을 창건했다. 차우는 프랑스 지배체제를 타도하는 데 중국의 지원을 기대했던 것이 분명하다. 1912년 초 그가 광저우에서 쑨 원을 만났을 때 쑨 원은 중국에서 혁명가들이 정권을 세우면 제일 먼저 베트남을 지원하겠다고 약속했다. 그러나 그 직후 판 보이 차우는 반역 활동 혐의로 지역 군벌에게 체포되었다. 차우가 1917년에 출감했을 때 쑨 원의 정당은 권좌에서 몰락했고, 쑨 원은 일본에 망명해 있었다. 판 보이 차우는 중국의 지원을 받을 수 있다는 희망이 사라지자 자제력을 잃은 것 같았다. 그는 절망에 빠져 프랑스가 인도차이나에서 정치적이고 경제적인 개혁을 수행하겠다는 약속만 지킨다면 프랑스와 협력하겠다고 제안하기까지 했다. 1920년대 초에 베트남 내 그의 혁명 조직은 거의 와해되었다. 그는 충성스러운 소수의 추종자들에 둘러싸여 중국에서 망명 생활을 했지만 차츰 몰락해갔다. 판 보이 차우 시대의 종말은 분명히 눈에 드러나고 있었다.[2]

판 보이 차우가 이끄는 운동의 붕괴와 판 추 친의 망명은 베트남 사회에서 일어나고 있는 폭넓은 변화를 반영하고 있었다. 두 판 시대의 종말은 수백 년 동안 베트남 정치를 지배해온 전통 문신 계급의 쇠퇴와 그 시기가 일치했다. 차우나 친과 같은 애국적 인물들의 촉구에 따라 수많은 유학자 엘리트가 오랜 믿음을 버리고 대중 정치에 참여하려 했지만, 하나의 계급으로서 그들은 그런 역할이 결코 편안하지 않았다. 그들 가운데 다수는 프랑스 식민지 통치 하에서 바뀐 조건에 적응하는 것을 힘겨워했다. 판 보이 차우는 글에서는 프랑스인들을 바다로 몰아낼, "1만 명의 이름 없는 영웅들"로 이루어진 운동을 열렬히 찬양했지만, 결국 그의 당은 부유하고 교육받은 사람들이 주축을 이루었으며, 농민은 거의 참여하지 않았다. 그의 운동은 베트남 사회를 부유하게 만들기 위한 수단으로 상업과 산업을 장려하려 했지만, 조직의 윗사람들은 전통적인 토지 귀족의 대변자들이었다. 긴 두루마기 자락을 휘날리는 애국적인 선비들이 좋은 의도에서 가게를 열어 자금을 모으고 지역의 상업을 장려했지만, 그들의 우월감에 젖은 태도 때문에 손님들은 다가가기가 쉽지 않았다.[3]

제1차 세계대전이 끝날 무렵 베트남 사회에서 향신 계급(19세기 말에 2만 명 정도 되었다)의 영향력이 쇠퇴하기 시작했다. 베트남 3개 지역에서 과거제도가 폐지되었으며, 프랑스인들은 새로운 교육제도를 도입했다. 코친차이나의 기독교 선교사들이나 통킹과 안남의 개혁주의적 지식인들은 베트남어를 로마자로 표기하는 쿠옥 응우를 적극적으로 장려했으며, 실제로 이것은 거추장스러운 한자의 유용한 대체 수단으로 널리 받아들여지고 있었다. 농촌에 사는 사람들의 자식은 대부분 아직도 전통 교육을 받고 있었지만, 유교적인 통로를 통해 출세할 수 없는 상황이었기 때문에 문신 엘리트의 자식들 가운데 많은 수는 후에의 국학과 같은 새로운 프랑스식 학교에서 프랑스어로 교육을 받았다. 프랑스로 가서 학업을 계속하는 학생들도 많았다.

동시에 좀더 서구화한 베트남 중간 계급이 새롭게 등장했다. 일부는 상업 또는 제조업 회사를 차려 대도시 부자들의 필요와 욕구를 충족시켜주었다. 일부는 유럽인 회사에서 일하거나, 전문 직업인이 되거나, 관료제 안에서 자리를 얻었다. 이런 새로운 도시 엘리트에 속하는 많은 사람들은 판 보이 차우 일파의 애국심을 존경하면서도 자기 앞세대의 보수적이고 낡은 방식들을 은근히 조롱했다. 이 새로운 세대는 민족 독립이라는 대의에는 공감하면서도 과거와는 단절되어 있었고 서양 문물에 개방적이었다. 많은 사람들이 서구식 옷을 입었고, 프랑스산 포도주를 마셨고, 프랑스어로 대화했다. 프랑스 저널리스트 폴 모네가 썼듯이, 이 새로운 세대의 성원들은 "우리(프랑스) 문화의 원형이라고 할 수 있는데, 전통적인 믿음을 잃어버렸고 조상의 땅에서 뿌리뽑혔으며, 유교 도덕에 무지하고, 그것을 이해하지 못하기 때문에 경멸한다."[4] 프랑스 관리들은 이러한 발전을 문명화 임무가 성공을 거둔 증거라고 말했지만, 머지않아 이 세대가 그들의 부모 세대보다 훨씬 강력한 저항 세력임을 깨닫게 된다.

프랑스의 고위 관리들은 자기도 모르는 사이에 베트남인들에게 식민지 체제에 대한 좌절감을 심어주고 있었다. 1919년 인도차이나 총독으로 재직 중이던, 응우옌 아이 쿠옥의 미래의 적 알베르 사로는 새로운 개혁 시대를 약속함으로써 베트남인들에게 기대를 불러일으켰다. 그는 식민지 백성에게 이렇게 말했다. "나는 형이 아우를 대하듯이 여러분을 대할 것이며, 차츰 인간적인 존엄을 부여해나가겠습니다."[5] 이런 말을 들은 베트남인들의 가슴은 희망으로 부풀었으며, 심지어 파리의 응우옌 아이 쿠옥도 잠깐이지만 그를 존경하기까지 했다. 당시만 해도 쿠옥의 가슴에는 '자유, 평등, 우애'라는 혁명 구호를 만들어낸 문화에 대한 존경심이 남아 있었다.

그러나 사로가 하노이를 떠나 파리로 가서 식민부 장관이 된 뒤 그의 개혁 약속은 지켜지지 않았다. 예를 들어 새로운 교육제도는 식민지 행정부로부터 거의 자금 지원을 받지 못했으며, 따라서 그 효과는 제한적일 수밖에 없었다. 시골의 학교들이 특히 자금 부족으로 허덕였으며, 젊은 베트남인들 다수는 4년 이하의 교육만 받았다. 1920년대 중반에는 전국에서 불과 5천 명 정도의 학생만이 중등학교 수준의 교육을 받았다. 이러한 통계는 인도차이나에서 문명화 임무를 수행하고 있다는 프랑스의 주장이 위선임을 드러냈다. 전통적 제도에서는 약 4분의 1에 이르는 주민이 한문을 읽을 수 있었던 반면, 제1차 세계대전 이후 10년 동안 쿠옥 응우든 한자든 문자 해독률은 인구의 5퍼센트 정도에 불과한 것으로 평가되었다.

많은 베트남인들이 제1차 세계대전에서 프랑스편에 가담하여 싸웠지만, 당국은 식민지인들이 정치에서 적극적인 역할을 할 권리를 부여하지 않았다. 약 1만 명에 달하는 인도차이나의 식민지 관리는 같은 일을 하는 베트남인들보다 훨씬 더 많은 보수를 받고 있었다. 인도차이나에서 살며 일하는 4만 명의 유럽인들 가운데 다수—그 가운데 일부는 무일푼으로 인도차이나에 들어왔다.—는 지역 주민에게 오만한 태도로 으스대는 경우가 많았다. 주로 대도시와 상업도시에 살고 있는 20만 명 이상의 중국인들을 포함한 외국인들은 계속 도시 경제를 지배하고 있었다. 한 프랑스 작가는 경멸에 찬 말투로 사로의 개혁주의적 정책—가끔 '협력의 정치'로 묘사되기도 했다.—을 '사기'라고 선언했으며, 프랑스 대통령 레이몽 푸앵카레도 그 정책들이 형식적인 것임을 인정했다.[6]

한편 주민 대다수는 늘어난 세금과 아편·소금·주류의 제조 판매에 대한 정부 독점 — 이로 인해 이 세 가지의 소매가가 높아졌다. — 때문에 고통을 겪고 있었다. 코친차이나 메콩 강 삼각주의 처녀지를 사들인 부재지주들은 사이공에 살면서 새로운 소작인들에게 가혹한 소작료를 물렸는데, 간혹 소작료가 수확물의 50퍼센트를 넘기도 했다. 전국에 걸쳐 토지 없는 농민이 50만 명을 넘었고, 이에 반해 지주는 5만 명 정도였다. 조르주 가로는 1920년대 중반에 쓴 《인간 온실(Forceries humaines)》에서 비슷한 조건이라면 프랑스 국민은 폭동을 일으켰을 것이라고 말했다. 1923년 응우옌 아이 쿠옥이 모스크바에서 저널리스트인 오시프 만델스탐에게 분노한 목소리로 말했듯이, 베트남은 '암흑에 내동댕이쳐진 나라'였다.

1920년대 중반에는 식민지의 절망적 상황으로 광범위한 분노가 폭발해 새로운 정치적 행동주의의 물결이 고조되었다. 공격의 선봉에는 프랑스식 학교에서 교육받은 젊은 중간 계급 지식인들이 서 있었다. 그들은 다른 식민지 세계의 지식인들처럼 서구 문화에 대하여 애증이 교차하는 복잡한 태도를 드러냈다. 그들 가운데 다수는 프랑스의 대중적인 소설과 잡지를 읽었는데, 그 가운데는 교육받은 젊은이들의 서구화된 취향과 태도에 부응하는 〈여성 소식(Phu nu Tan Van)〉처럼 쿠옥 응우로 인쇄된 정기간행물도 있었다. 그러면서도 이들은 프랑스인들이 식민지 주민에게 드러내는 오만한 태도에 분개하면서, 그들이 학교에서 배웠던 자유, 평등, 우애라는 거창한 개념들이 인도차이나에는 왜 적용되지 않느냐고 물었다.

동요의 첫 번째 조짐은 사이공에서 나타났다. 이곳은 프랑스 식민 체제로부터 가장 직접적인 영향을 받는 도시였다. 인도차이나의 유럽 주민 가운데 다수가 이곳에 정착해 있었다. 코친차이나는 식민지로, 프랑스 행정이 직접 개입하는 곳이었기 때문이다. 또한 부근의 고무, 차, 커피 플랜테이션을 통해 이윤을 챙길 기회가 많았기 때문이다. 동시에 이곳에는 전국의 다른 어느 곳보다 공장 노동자들도 많았다. 사이공에는 부자와 가난한 자, 원주민과 외국인의 차이가 다른 어느 곳보다 두드러졌다. 이곳에서는 돈이 많은 베트남인이라 해도 외국인들이 경제를 쥐고 흔드는 것을 보며 분노를 터뜨렸다. 화교 상인들은 정미소, 은행, 전당포를 장악했다. 반면 유럽인들은 큰 공장 대부분을 소유했고, 수출입업을 독점했다. 응우옌 아이 쿠옥이 처음 유럽으로 떠날 때 잠깐 만나기도 했던 부유한 농학자 부이 쾅 치에우는 이런 분노를 수렴하는 일에 앞장섰다. 치에우는 사이공에 사는 부재 지주로 다른 여러 가지 사업에도 관여했으며, 지역 상인 엘리트의 이해관계를 대변하기 위해 〈라 트리뷴 엥디젠(La Tribune Indigène)〉이라는 정기간행물을 발행하기도 했다. 몇 년 뒤 그는 아는 사람들과 함께 입헌당을 만들었는데, 이것은 프랑스령 인도차이나 최초의 공식 정당이었다. 부이 쾅 치에우와 그의 동료들은 프랑스를 압박하여 베트남인이 정치에서 좀더 큰 역할을 맡을 수 있기를 바랐지만, 내심 코친차이나 경제를 장악하고 있는 화교의 힘을 축소하는 것도 목표로 삼고 있었다.[7]

동남아시아의 다른 많은 사회와 마찬가지로 화교 상인들은 오래 전부터 베트남, 라오스, 캄보디아의 도시 경제를 지배해왔다. 각 나라 군주들은 자국민의 상공업 활동은 제한하면서, 중국 남부의 해안지방으로부터 오래 전에 이주해온 중국인 정착자들의 후손인 화교들에게는 그런 활동을 장려하곤 했다. 화교는 보통 도시에 집단으로 거주지를 형성해 살면서 유교 윤리와 중국어 등 중국 문화의 핵심적인 요소들을 보존했다. 부이 쾅 치에우와 그의 동료들이 식민지 당국의 영향력보다 화교의 영향력을 줄이는 데 초점을 맞춘 것은 이 지역의 다른 식민지에서도 찾아볼 수 있는 현상이었다.

프랑스인들의 관점에서 보자면 치에우보다는 파리에서 교육을 받은 지식인 응우옌 안 닌이 잠재적으로 더 위험한 적이었다. 하노이의 동경의숙과도 관련을 맺었고 나중에는 판 보이 차우의 운동에도 가담했던 코친차이나 유교학자의 아들인 닌은 프랑스에서 법률을 공부했는데, 그곳에서 응우옌 아이 쿠옥을 만나 정치에 관심을 가지게 되었다고 한다. 그는 1920년대 초 사이공으로 돌아와 베트남인들에게 애국심을 고취시키고 프랑스에 정치 개혁을 촉구하려는 목적으로 〈라 클로슈 펠레(La Cloche Fêlée, 금이 간 종)〉라는 잡지를 간행했다. 응우옌 안 닌은 판 추 친과 마찬가지로 서양 문화의 열렬한 추종자였으며, 그것이 전통적인 유교체제를 교정할 수 있다고 확신했다. 그는 유교체제가 동포의 창조성을 억눌러 결국 프랑스에 정복당하는 결과를 낳았다고 믿었다.

1920년대 초반과 중반에는 이 카리스마 넘치는 잡지 발행인이 코친차이나의 교육받은 젊은이들 사이에 인기가 높았다. 그가 이따금씩 연설할 때면 많은 사람들이 모여들곤 했다. 응우옌 안 닌은 1923년 10월 사이공의 교육회관에서 연설을 하면서 수입된 공자, 맹자, 노자 사상에서 벗어난 새로운 문화를 창조할 것을 촉구했다. 닌은 인도의 마하트마 간디와 마찬가지로 베트남 문제의 해결책은 기본적으로 정신적인 것이며, 답은 민중 안에서만 구할 수 있다고 주장했다.

응우옌 안 닌의 활동이 코친차이나의 젊은이들에게 미치는 영향을 관찰하면서 프랑스 당국은 점차 우려하기 시작했다. 결국 부총독 모리스 코냐크는 닌을 불러 면담하면서, 당국이 그의 활동을 면밀하게 감시하고 있으며, 만일 그가 활동을 계속하면 강제로 중단시키기 위해 필요한 수단을 사용할 수밖에 없다고 경고했다. 코냐크는 베트남 사람들은 너무 단순하여 닌의 메시지를 이해할 수 없다고 하면서, 비꼬는 말투로 덧붙였다. 만일 지식인들을 길러내고 싶으면 모스크바로 가시오. 그러나 응우옌 안 닌은 코냐크의 경고를 무시하고 운동을 계속했다.[8]

혁명을 향한 첫걸음

1924년 11월 중순에 응우옌 아이 쿠옥은 배를 타고 블라디보스토크를 출발하여 광저우에 도착했다. 도시는 소요로 들끓고 있었다. 수천 명이 부두 근처의 거리를 가득 메우고 쑨 원 정부를 지지하는 시위를 하며 총통의 베이징 여행을 환송했다. 쑨 원은 1923년 2월부터 코민테른 요원 마링과 그 전 몇 달 간 협상했던 '당내 합작' 전략을 실시해왔다. 쑨 원은 중국공산당 당원들 다수를 책임 있는 자리에 앉혔고, 이를 통해 국민당은 좌경화했다. 10월에 모스크바에서 코민테른 요원 미하일 보로딘이 도착한 후 국민당은 레닌주의 노선을 따라 재조직되었으며, 유능한 장교들을 양성하기 위해 황푸(黃埔)섬에 군관학교를 세웠다. 쑨 원이 가장 신임하던 젊은 부관 장 제스가 도시에서 강 하류 쪽으로 몇 킬로미터 떨어진 곳에 자리잡은 군관학교의 사령관으로 임명되었다. 저우 언라이는 이 학교의 정치위원이 되었다.

그러나 쑨 원의 좌경화에는 대가가 따랐다. 그의 정부와 광저우에서 유럽의 이해관계를 대표하는 사람들의 관계가 악화되기 시작한 것이다. 광저우의 많은 서양 상인과 외교관들에게 소련이나 중국공산당과 공식적 관계를 수립하겠다는 쑨 원의 결정은 그와 국민당이 모스크바의 앞잡이가 되어, 기본적으로 반서구적인 방향으로 나아간다는 결정적 증거가 되었다.

이후 몇 달 동안 긴장이 팽팽해졌다. 1924년 여름에 영국은 경찰력을 동원하여 서강(西江) 강변의 유럽인 조계 샤먼 섬에서 벌어진 가두 시위를 진압했다. 이에 대한 대응으로 광저우의 영국인 회사들을 대상으로 파업이 일어났는데, 쑨 원 정부는 파업을 지지한다고 선언했다. 그해 가을 유럽의 회사들이 지배하는 광저우 상인협회는 의용군을 조직하여 서양인 공동체를 쑨 원의 군대로부터 보호하기로 했는데, 이로 인해 의용군과 정부군 사이에 충돌이 발생했다.

한편 중국 북부 일부를 오랫동안 통제하던 우 페이푸(吳佩孚)가 '기독교도 장군' 펑 위샹(馮玉祥)에게 쓰러진 후 광저우 외부의 상황이 급변했다. 펑 위샹 역시 군벌이기는 했지만 광저우에서는 그가 우 페이푸보다는 중국 혁명의 대의에 좀더 공감하는 것으로 보고 있었다. 그래서 펑 위샹이 쑨 원에게 베이징에서 평화 합의안을 놓고 협상하자고 제안했을 때 쑨 원은 동의하여 베이징으로 떠났다.

응우옌 아이 쿠옥은 공식적 직함 없이 중국에 파견되었지만, 그에게는 나름대로 인맥이 있었다. 그는 즉시 미하일 보로딘에게 연락했으며, 보로딘은 그를 바오궁 관에 있는 자신의 숙소에 묵게 했다. 바오궁 관은 도심의 국민당 본부 건너편에 있는 널찍한 서구식 별장으로 정원에 둘러싸여 있었다. 건물 1층에는 모스크바에서 파견된 20명의 코민테른 대표들을 위한 사무실이 있었다. 2층에 보로딘의 개인 숙소가 있었는데, 쿠옥의 숙소도 그곳에 있었다. 쿠옥은 프랑스인들로부터 감시를 당하거나 지역 당국으로부터 불법 체류자로 체포당하는 것을 피하기 위해 리 투이라는 중국인 행세를 했다. 보로딘 부부만이 그의 정체를 알고 있었다.

보로딘은 그 전해 모스크바에 살 때 럭스 호텔에서 응우옌 아이 쿠옥을 사귀게 되었다. 둘 다 영어를 했으며(보로딘은 제1차 세계대전 전에 시카고에서 노동 운동 조직가로 잠시 활약했다), 둘 다 아시아에서 혁명 운동을 육성하겠다는 야심을 품고 있었다. 보로딘은 광둥의 쑨 원 정부에 파견된 코민테른 대표단 단장으로서 젊은 동료에게 큰 힘이 되어줄 수 있었다.[9]

응우옌 아이 쿠옥은 숙소를 정한 뒤 소비에트 통신사인 ROSTA 사무실에서 일을 배정받았다. 이 사무실은 바오궁 관 안의 코민테른 본부 1층에 자리잡고 있었다. 쿠옥은 통신사에 보낼 기사를 썼는데, 이 기사들은 모스크바에서 닐로프스키라는 필명으로 발표되었다. 그는 또 비공식적으로 통역 일도 했고, 농민 인터내셔널 대표로도 활동했다. 그러나 그의 일차적 목적은 레닌주의 노선을 따라 새로운 베트남 혁명 정당을 위한 핵을 만드

1924년 12월 호치민은 모스크바를 떠나 중국 남부로 가서, 혁명을 촉진하기 위해 인도차이나 최초의 마르크스주의 조직을 만들었다. 이 사진의 출처는 알려지지 않았으나, 그는 나중에 동지들의 사진이 중국에 있는 프랑스 요원들의 손에 넘어가게 했다는 이유로 비판을 받는다.

는 것이었다. 그런 뒤에 베트남인 저항 운동을 어느 정도 조직화하고, 저항 운동 집단을 자신의 희망에 부응하는 세력으로 바꾸는 좀더 장기적인 사업으로 나아갈 생각이었다.

응우옌 아이 쿠옥은 모스크바에서 열린 코민테른 제2차 대회에서 작성된 혁명 전략을 기본 지침으로 삼았다. 그 전략에는 이미 활동 중인 기존의 비공산주의적 민족주의자 조직들과 어느 정도 협조해야 한다는 조항도 포함되어 있었다. 이것은 쿠옥이 모스크바의 코민테른 지도자들에게 보내는 보고서에서 제시했던 목표이기도 했다. 그러나 응우옌 아이 쿠옥은 이미 이런 지침이 자신의 요구를 완전히 충족시킬 수 없다는 것을 알고 있었다. 1924년 여름 코민테른 제5차 대회가 열렸을 때 식민지 문제를 논의하는 회의에서 그는 코민테른의 식민지 문제 전문가로 행세하는 드미트리 마누일스키에게 대중적인 민족주의 정당이 존재하지 않는 곳에서 아시아의 공산주의 운동가들은 무슨 일을 해야 하느냐고 물었다. 아시아 상황을 잘 모르는 마누일스키는 그 문제를 생각해본 적이 없었을 것이다. 그럼에도 그는 레닌의 '통일전선' 전략을 즉석에서 제시하면서, 대중적인 민족주의 운동이 없는 곳에서는 공산당이 주도권을 잡고 자신의 지도 하에 민족주의 운동을 일으켜야 한다고 주장했다.[10]

인도차이나에서 마누일스키의 제안을 따르는 것은 쉽지 않은 일이었다. 응우옌 아이 쿠옥이 모스크바에 체재하는 동안 코민테른 동료들에게 보고했듯이, 베트남 노동 계급은 장차 마르크스-레닌주의 정당의 주도 세력이 되겠지만 아직은 맹아 단계에 있으며, 그 숫자는 통킹, 안남, 코친차이나 등 3개 지역 전체에 널리 흩어져 있는 탄광 노동자들을 포함하여 인구의 2퍼센트 정도에 불과했다. 정치적 각성 면에서 보자면 베트남 노동자들은 이웃의 중국 노동자들에 비해 한참 뒤떨어져 있었으며, 프랑스 식민통치에 대항하여 민중 봉기를 주도할 능력이 없는 것은 확실했다.

응우옌 아이 쿠옥은 모스크바에 있을 때, 식민지 체제에 대항하여 베트남에서 최초의 저항을 선도한 사람들은 애국적 지식인들이었다는 사실에 주목했다. 불행히도 그 가운데 마르크스주의 이데올로기를 아는 사람은 거의 없었다. 프랑스에서는 적어도 1789년 혁명 때부터 지식인들 사이에 사회적으로 급진적인 견해가 나타났다. 러시아에서는 19세기 중반에 나로드니키(19세기 러시아에서 사회주의 운동을 추진했던 인민주의 세력: 옮긴이)와 함께 나타났다. 심지어 중국에서도 20세기에 들어서서 진보적 운동을 지도했던 사람들은 무정부주의나 공산주의 같은 서양에서 나온 급진적 이데올로기들에 익숙했다. 그러나 베트남의 경우 프랑스의 엄격한 검열로 외국의 위험한 사상들의 유입이 차단되었기 때문에 혁명적 사상들은 제1차 세계대전 이후에야 침투하기 시작했다. 베트남 지식인들이 볼셰비키 혁명 소식을 들었을 때도, 그 소식은 프랑스의 검열로 심하게 왜곡되어 주로 부정적인 맥락에서 전해졌다. 인도차이나에서는 카를 마르크스나 소련에 대한 책들이 금지되었으며, 신문이나 정기간행물에 그런 주제의 글이 실리면 프랑스 관리들에게 압수당했다. 은밀히 유통되던 카를 마르크스의 저작이나 응우옌 아이 쿠옥이 발행한 잡지 〈르 파리아〉를 구할 수 있었던 운 좋은 사람들만이 문제의 이면을 볼 수 있었다.

보통 베트남 사람들은 마르크스주의에 대해 잘 몰랐기 때문에 볼세비키 혁명도 제대로 이해할 수가 없었다. 게다가 베트남 엘리트 계층의 출신 성분과 세계관 때문에 마르크스주의 사상은 널리 알려진 뒤에도 진지하게 받아들여지기가 쉽지 않았다. 그들은 도시 중심의 상업이나 공업 같은 산업을 천시하는 유교 이데올로기에 물들어 있었기 때문에, 농촌 중심의 베트남에서는 마르크스주의 이념이 타당하지 않다고 생각했다. 그럼에도 유교적 세계관을 대신할 설득력 있는 대안을 찾던 사람들은 마르크스주의를 어느 정도 수용했다. 마르크스주의자들이 서구 제국주의에 뿌리 깊은 반감을 가지고 있다는 점도 영향을 주었을 것이다. 베트남의 한 민족주의자는 이렇게 말했다. "우리는 공산주의로는 가지 않지만 공산주의자에게는 간다. 공산주의자들은 모든 민족에게 자결을 약속하기 때문에 다른 나라와 마찬가지로 이곳에서도 그들을 구세주로 고대하게 될 것이다." 그러나 일반적으로 그들의 태도는 순진하기 짝이 없었다. 다른 베트남 애국자는 이렇게 말한 것으로 전해진다. "서양에서 미워하는 것을 보니, 러시아인과 공산주의자들은 좋은 사람들임에 틀림없다."[11]

응우옌 아이 쿠옥도 이 문제를 잘 알고 있었다. 1922년 파리에서 쓴 글에서 그는 베트남 같은 식민지에는 공산주의의 의미를 이해하는 지식인이 소수이며, 그것을 이해하는 사람들은 토착 부르주아지 출신인데 그들은 "개처럼 목걸이를 걸고 다니면서 뼛조각을 얻을 수 있기를" 바란다고 말했다. 그는 식민지의 대부분의 사람들에게 볼세비즘은 "모든 것의 파괴 또는 외국의 굴레로부터의 해방을 의미한다. 첫 번째 의미 때문에 무지하고 소심한 대중은 우리로부터 멀어진다. 두 번째 의미 때문에 그들은 민족주의로 발길을 돌린다. 따라서 두 의미가 똑같이 위험하다."고 언급했다.[12]

결국 베트남에는 아직 공산당을 만들 준비가 되어 있지 않다는 뜻이었다. 대중은 "철저하게 반역적이지만, 완전히 무지하다. 그들은 해방을 원하지만 그 방법을 모른다." 교육받은 엘리트는 반항적이지만, 카를 마르크스를 읽을 준비는 되어 있지 않았다. 베트남 민족이 자신들의 문제에 대한 답이 사회 혁명임을 깨닫는 데는 시간이 필요했다. 우선 맹아적인 형태로나마 마르크스와 레닌의 이상을 대변할 정당을 결성해야 하지만, 민족 독립에 토대를 두지 않으면 대중에게 호소력을 가질 수 없었다.

당시 중국에 살고 있던 베트남인 가운데 가장 유명한 반체제 인사는 판 보이 차우였다. 그는 1917년 석방된 후 잠시 프랑스와 화해를 모색하다가 체포 전의 반프랑스적 입장으로 다시 돌아갔다. 나이가 들기는 했지만 육체적으로는 여전히 강건했던 이 55살의 전사는 갈색 수염을 기르고 안경을 썼는데, 상하이 남서쪽에 있는 아름다운 휴양지 항저우(杭州)에 살고 있었다. 그가 묵고 있는 곳은 훗날 제2차 세계대전 동안 운동에서 중요한 역할을 했던 그의 지지자 호 혹 람의 집이었다. 판 보이 차우는 이제 인도차이나 내부에서는 애국적인 반식민지 조직을 거느리지 못했지만, 그래도 그의 이름은 여전히 카리스마 넘치는 호소력을 발휘했다. 1920년대 초에는 야망을 품은 베트남의 수많은 젊은 애국자들이 중국 남부로 피신하여 그를 추종하는 대열에 합류했다. 그 가운데 잘 알려진 사람들은 레 홍 퐁, 레 빈 판(혁명 운동 내에서는 레 홍 손으로 더 잘 알려져 있다), 레 쾅 닷, 추옹 반 렌 등으로, 이들 모두가 결국 응우옌 아이 쿠옥이 첫 번째 혁명 조직을 결성하는 데 참여하게 된다.[13]

이 혈기 넘치는 젊은이들은 중국 남부에 온 뒤 얼마 지나지 않아 판 보이 차우가 이끄는 조직의 비능률에 짜증을 냈다. 그들은 1924년 3월, 즉 응우옌 아이 쿠옥이 광둥에 도착하기 여덟 달 전 자기들끼리 가지를 쳐 나가기로 결정하고, '탐 탐 사(心心社)'라는 새로운 조직을 결성했다. 20세기 초 베트남에 결성된 대부분의 애국적 조직이 그랬듯이, 이 조직의 지도자들 역시 전통적인 유교 엘리트 출신들이었다. 이들은 1920년대 중반 폭발한 학생 시위를 겪으면서 급진화하였으며, 학교를 그만두고 반식민지 활동에 참여하기로 결심했다. 그들 가운데 몇 명은 육체 노동자로 일하다가 해외로 이주하기로 결심했다. 이들은 거의 모두가 응우옌 아이 쿠옥의 고향인 응에 안 성 출신이었다.

기질적으로 활동가 성향인 이들은 마음이 앞서, 혁명의 요구가 절박한 상황에서 이데올로기 따위는 필요없다고 경멸했다. 그들의 입장은 19세기 유럽에서 활동했던 오귀스트 블랑키의 봉기를 우선시하는 철학과 비슷했다. 블랑키는 프랑스, 이탈리아, 스페인 등지에서 인민 봉기를 일으키려 했지만, 별 성과를 거두지는 못했다. 탐 탐 사 조직원들의 궁극적 목적은 선전과 테러 활동을 통하여 대중의 봉기를 유도함으로써 인도차이나의 프랑스 식민지 통치를 타도한다는 것이었다.[14]

베트남혁명청년회

새로운 조직이 계획했던 첫 프로젝트 가운데 하나는 인도차이나의 프랑스 총독 마르샬 메를랭이 1924년 6월 중순 동아시아의 몇몇 도시를 공식 순방한 뒤 광저우에 들를 때 그를 암살하자는 것이었다. 이들은 람 둑 투의 조언과 자금 지원을 받아 샤먼 섬의 유럽 조계에서 기념식을 거행할 때 폭탄을 던져 메를랭을 죽일 계획을 세웠다. 체격이 큰 편인 투(본명은 응우옌 콩 비엔)는 통킹 출신으로 몇 해 전에 판 보이 차우를 만나러 광저우에 왔다. 투는 36살로 동료들에 비해 나이가 꽤 많았지만, 부유한 여자와 결혼하여 자금 동원 능력도 있는 것 같았으며, 프랑스 쪽으로도 폭넓은 인맥을 자랑하여 조직의 유용한 구성원으로 대접받았다. 게다가 프랑스의 점령에 저항해온 집안 출신이었기 때문에 반식민주의라는 대의에 대한 충성심에서도 의심을 사지 않았다. 탐 탐 사 본부는 더 정 거리로 통하는 작은 골목의 약국에 자리잡고 있었으며, 코민테른 본부와도 멀지 않았다. 이 약국은 투 부부가 운영하는 곳이었다.

얼굴이 검고 미남형인 젊은 혁명가 레 홍 손이 작전을 수행하기로 결정되었다. 그는 이미 조직의 이중첩자를 암살한 전력이 있었다. 그는 성격이 강했기 때문에 동료들조차 그를 '살인 청부업자'라고 부르며 두려워했다고 전해진다. 그러나 레 홍 손은 이미 당국에 잘 알려졌기 때문에, 결국 이 일은 그 무렵 테러리스트 조직에 가담하기 위해 인도차이나에서 온 베트남 청년 팜 홍 타이에게 맡겨졌다. 판 딘 풍의 칸 부옹 운동에 참여했던 응에 안 성 관료의 아들인 타이는 하노이의 프랑스식 학교에서 공부했으며, 곧 혁명적 이상으로 무장했다. 학교를 졸업한 뒤에는 정비공으로 일하다가 탄광으로 자리를 옮겼다. 1924년 초에는 친구인 호 퉁 마우, 레 홍 퐁과 함께 중국으로 피신했는데, 이들은 모두 탐 탐 사의 창립회원들이 되었다.

팜 홍 타이는 순교자가 되기를 갈망했던지 폭탄을 투척하는 일을 책임지기로 했다. 조계의 프랑스 관리들은 메를랭 총독을 환영하고 그를 지역 주요 사업가들에게 소개하기 위해 6월 19일 저녁 샤먼 섬의 빅토리아 호텔에서 연회를 열기로 했다. 연회는 길가의 넓은 식당에서 열렸다. 오후 8시 30분쯤 수프가 나왔을 때 타이는 창문을 통해 연회장 안으로 폭탄을 던졌다. 지역의 한 신문은 현장 상황을 이렇게 묘사했다.

> 무시무시한 폭발이었다. 샤먼 섬 전체에 폭발 소리가 들렸다. 폭탄은 위력이 아주 강해 연회장 식탁에 놓여 있던 나이프와 포크가 공중으로 튀어올랐고, 그 때문에 도와주러 달려온 많은 사람이 끔찍한 부상을 당했다. ……호텔 근처에 있다가 도와주러 달려갔던 한 목격자는 우리에게 그 현장을 다음과 같은 간단한 말로 묘사해주었다. 무시무시하다, 그저 무시무시할 뿐이다. 손님들은 심한 부상을 당하여 의자 위에 드러눕거나 바닥에 쓰러졌다.

폭발 사건으로 손님 5명이 사망하고(3명은 즉사하고 나머지 2명은 부상으로 죽었다), 수십 명이 부상당했다. 그러나 총독 마르샬 메를랭은 기적적으로 무사했다. 팜 홍 타이는 본토로 달아나려고 다리에서 진주강으로 뛰어내렸다가 익사했다. 메를랭은 젊은 암살자의 장례식 때 다시 그의 목숨을 노리는 공격이 이루어질 가능성이 있다는 정보에 따라 다음 날 프랑스 순양함을 타고 하노이로 떠났다.[15]

메를랭은 손님 가운데 한 사람과 이상할 정도로 얼굴이 닮았기 때문에 암살을 모면했던 것인지도 모른다. 그와 얼굴이 닮은 손님은 죽었다. 그러나 조직원들 사이에는 조직 내에 배반자가 있어 암살 정보를 프랑스인들에게 넘겨주었다는 소문이 돌았다. 그들은 람 둑 투를 의심했다. 그의 사치스러운 습관과 프랑스 관리들과의 친분 때문이었다. 탐 탐 사 회원들 가운데 하나인 레 쾅 닷은 레 홍 손에게 그 이야기를 했으나, 손은 람 둑 투가 조직의 비밀 활동 자금을 얻기 위해 프랑스 인맥을 활용한다고 대답했다. 그래서 당분간 투와 조직의 관계는 지속되었다.[16]

빅토리아 호텔 폭파 사건은 아시아의 혁명가들이 유럽의 식민지 고위 관리를 암살하려고 한 첫 시도였으며, 이 사건은 인도차이나의 프랑스인 공동체에 큰 충격을 주었다. 하노이에서 식민지 언론은 이 공격이 소비에트 요원들의 짓이라고 비난했다. 어쨌든 이 사건을 통해 팜 홍 타이는 반제국주의라는 대의의 순교자가 되었다. 쑨 원 정부는 중국의 혁명 열사들을 모시는 광저우의 묘지에 이 청년을 안장하도록 해주었다. 판 보이 차우는 타이가 자신이 이끄는 조직의 구성원이며, 암살 기도가 프랑스인이 인도차이나에서 저지른 야만적 행위에 대한 보복이라는 내용의 성명서를 발표했다. 죽이는 것이 더 나쁜가, 아니면 억압하는 것이 더 나쁜가? 차우는 그렇게 물었다. 그는 나중에 약간 공상이 섞인 타이의 전기를 쓰기도 했다.[17]

판 보이 차우는 샤먼 사건으로 다시 한 번 널리 알려지면서, 이것을 이용하여 중국 남부에 있는 자신의 정치 조직을 소생시키려 했다. 그의 조직은 그가 수감된 동안 활동을 거의 중단한 상태였다. 1924년 7월 그는 광동으로 가서 팜 홍 타이의 비석을 세우는 행사에 참석했다. 그는 그곳에 있는 동안 그의 추종자 몇 사람과 광복회를 쑨 원의 국민당을 모방한 새로운 정치 조직 — '베트남국민당(비엣 남 쿠옥 단 당)'이라는 이름을 얻게 된다. — 으로 대체하는 문제를 의논했다.

응우옌 아이 쿠옥은 샤먼 섬 사건이 벌어지고 나서 다섯 달 뒤에 광저우에 도착했다. 그는 며칠 뒤 중국인 기자 왕 산이라는 이름으로 탐 탐 사 조직원들과 접촉했다. 응우옌 아이 쿠옥은 그들의 급진적인 행동주의에 공감했을 것이 틀림없다. 그들에게 이데올로기적 중심이 없다는 것은 쿠옥에게는 편한 일이었다. 마르크스와 레닌의 이데올로기가 들어갈 여지가 많다는 뜻이었기 대문이다. 지도적 회원들 다수가 그와 동향이라는 것도 나쁘지 않았다. 쿠옥은 레 홍 손과 호 퉁 마우에게서도 좋은 인상을 받았지만, 특히 레 홍 퐁을 좋게 보았다. 이 땅딸막한 사나이는 응에 안 성의 교육받은 집안 출신으로 판 보이 차우가 유학을 보내기 위해 특별히 선발한 젊은이였다.

쿠옥이 이들의 생각을 자신이 원하는 방향으로 바꾸는 데는 오랜 시간이 걸리지 않았던 것 같다. 1924년 12월 18일 모스크바의 코민테른 본부에 보내는 편지에서 쿠옥은 그가 이미 베트남의 '민족 혁명가들'과 접촉했으며, 그들과 협력하기 시작했다고 보고했다. 이듬해 2월 그는 9명을 주축으로 비밀 그룹을 결성하고 '인도차이나국민당(쿠옥 단 당 동 두옹)'이라는 이름을 붙였다. 조직원 가운데 일부는 당원을 모으러 인도차이나로 갔다. 다른 사람들은 쑨 원의 군대에 입대하거나, 중국공산당에 입당원서를 냈다. 쿠옥은 이들 가운데 5명이 미래의 공산당 후보라고 하면서, 활동을 확대하기 위해 추가 자금과 선전 자료가 필요하다고 강조했다.[18]

응우옌 아이 쿠옥은 아마 탐 탐 사 회원들을 통해 판 보이 차우와 접촉할 수 있었을 것이다. 쿠옥은 이 늙은 반역자의 투쟁 방법을 인정하지는 않았지만, 그가 자신의 조직을 꾸려나가는 데 유용한 수단이 될 것이라고 보았던 것 같다. 차우는 응우옌 아이 쿠옥이라는 신비에 싸인 인물의 놀라운 업적에 대해서 틀림없이 들었을 것이다. 물론 쿠옥이 자신의 옛 친구 응우옌 신 삭의 아들이라는 것을 즉시 알아채지는 못했을 것이다. 게다가 차우는 그 무렵 사회주의와 카를 마르크스의 사상에 관심을 가지기 시작했다. — 어느 모로 보나 마르크스주의 이데올로기에 대한 그의 이해는 초보적인 수준을 벗어나지 못했지만.[19]

응우옌 아이 쿠옥은 판 보이 차우가 9월에 항저우로 떠나고 나서 두 달 뒤에 광저우에 도착했지만, 탐 탐 사 회원들로부터 그의 주소를 알았을 것이다. 프랑스 정보 부서들의 자료에 따르면 응우옌 아이 쿠옥은 1925년 차우를 만나려고 상하이로 갔다. 그러나 치안국의 보고서에 따르면 이때는 두 사람이 만나지 못한 것으로 나온다.

그 무렵 차우는 리 투이의 정체를 알게 되었다. 그가 2월 또는 3월에 항저우에서 쿠옥에게 편지를 보내 그가 한 일을 칭찬하면서, 20년 전 킴 리엔 마을에서 둘이 만났던 일을 이야기한 것을 보면 그것을 알 수 있다. 차우는 또 쿠옥과 협력하고 싶다고 하면서 광저우로 가서 그를 만나겠다고 제안했다. 쿠옥은 답장에서 차우의 조직을 재편성할 필요성을 설명하면서, 자신의 전력과 그 바탕에 깔린 레닌주의 이념을 이야기했다. 차우는 협력을 약속하며, 쿠옥에게 자신이 이끄는 조직의 회원 명단을 주었다.[20]

그러나 응우옌 아이 쿠옥은 곧 판 보이 차우 같은 나이든 사람들은 그가 꿈꾸는 새로운 혁명 운동의 기반이 되지 못할 것임을 알았다. 그는 탐 탐 사를 새로운 마르크스-레닌주의 혁명 조직으로 바꾸는 데 모든 노력을 집중했다. 쿠옥은 먼저 헌신적인 추종자들을 핵심으로 삼아 새로운 조직인 '공산단(콩 산 도안)'을 만들었다. 이 조직은 그가 비슷한 시기에 만든 큰 조직 내부에서 활동했다. 공산단의 창립 단원 가운데는 레 홍 손, 레 홍 퐁, 호 퉁 마우 등 인도차이나국민당 출신의 주요 인물 5명이 포진해 있었다. 그들은 국내에 혁명 조직의 기초를 다지기 위해, 인도차이나 5개 성 출신 인물들의 명단을 작성했다. 광저우에서 사람을 보내 그들을 중국으로 데려온 다음 조직 방법을 훈련시킨 뒤 다시 고향으로 돌려보낼 계획이었다. 또 장래가 촉망되는 사람들은 모스크바로 보내 스탈린 학교에서 혁명 이론과 실천 교육을 받게 할 생각이었다. 쿠옥의 혁명 기지 건설 사업은 중국 남부의 다른 도시들만이 아니라 시암으로까지 확대되었다. 이런 기지들은 광저우에서 활동이 탄압을 받을 경우에 임시 본부로 사용할 작정이었다. 마지막으로 쿠옥은 남중국해 연안을 따라 항해하는 배에서 일하는 베트남 선원들 가운데 몇 명을 선발하여 본부와 인도차이나 내부의 다양한 조직들 사이의 연락을 담당하게 할 계획을 세웠다.[21]

코민테른 본부에 낯선 얼굴의 정력적인 젊은이가 갑자기 나타났으니, 광저우와 인도차이나의 프랑스 당국이 주목하지 않았을 리 없다. 1925년 2월 중순이 되면서, 자칭 리 투이라는 사람이 불쑥 나타나 중국 남부 베트남 교포 사회의 급진분자들과 접촉하고 있다는 보고가 올라오자, 하노이와 광저우의 프랑스 당국은 예민하게 반응하면서 본국 식민부에 응우옌 아이 쿠옥의 소재지를 확인해달라고 요청했다. 처음에 파리에서는 쿠옥이 여전히 모스크바에 있다고 대답했지만, 몇 주가 지나지 않아 프랑스 당국은 수수께끼의 인물 리 투이가 응우옌 아이 쿠옥의 새로운 모습일지도 모른다고 의심하기 시작했나. 광지우에서는 '노엘'이라는 암호명의 프랑스 경찰 간부가 새로 도착하여 요원들에게 리 투이의 정체를 알아내라고 닦달했다.

노엘의 요원 가운데 가장 귀중한 존재는 응우옌 아이 쿠옥의 동료 람 둑 투였다. 그는 애국자가 될 만한 자격을 갖추었음에도 프랑스인들을 위한 밀고자로 일하고 있었다. 투는 '피노'라는 암호명으로 1920년대 나머지 기간 동안 베트남 혁명 운동에 관한 유용한 정보를 프랑스측에 제공하게 된다. 투는 처음에는 새로 도착한 인물의 정체를 종잡을 수 없어 고생했

광저우의 농민사업연구소의 학생과 교수들과 함께한 호치민. 프랑스 치안국 요원들은 1925년 초에 찍은 이 사진에서 당시 광저우의 코민테른 본부에서 통역 일을 하던 '리 투이 동지'의 정체를 알아냈다.

다. 투는 리 투이가 조심성이 많으며, 사진을 찍으려 하지 않는다고 보고했다. 그러나 3월이 되자 국민당 본부 앞에서 찍은 단체사진을 통해 리 투이의 사진을 확보할 수 있었다. 치안국 요원들은 그 사진을 보고 리 투이가 응우옌 아이 쿠옥이라는 것을 확인했다.[22]

늦은 봄이 되자 마르크스-레닌주의 원칙에 따라 코민테른의 지도를 받는 새로운 혁명 조직을 건설하겠다는 응우옌 아이 쿠옥의 노력은 상당한 결실을 보기 시작했다. 주요 참가자 한 사람의 회고를 보면 새로운 혁명정당을 만들겠다는 공식 결정은 1925년 6월 초쯤에 내려졌다. 며칠 뒤 광저우 시내에 있는 람 둑 투의 집에서 이 조직의 첫 회의가 열렸다. 쿠옥이 이끄는 '공산단'의 핵심 단원들이 새로운 조직의 창립에도 앞장섰다. 새 조직의 공식적인 이름은 아직 결정이 나지 않았지만, 얼마 후 '베트남혁명청년회(호이 비엣 남 카익 망 타인 니엔)'라는 이름을 얻게 된다(또는 '베트남청년혁명동지회[비엣 남 카익 망 타인 니엔 동 치 호이]라고도 부른다: 옮긴이).

응우옌 아이 쿠옥은 청년회의 이념을 널리 알리기 위해 잡지 〈타인 니엔(Thanh Nien, 청년)〉을 간행했다. 광둥 시내에는 새로운 회원을 교육할 훈련소도 세웠다. 쿠옥은 또 파리에서 어느 정도 성공을 거두었던 전술을 채택하여, 아시아의 여러 식민지와 반식민지의 급진적 활동가들을 중심으로 광범위한 결속을 도모했다. 6월 말에는 인도의 코민테른 요원 M. N. 로이와 국민당의 좌익 지도자 랴오 중카이(廖仲愷)와 협력하여 '동방피압박민족연합회(호이 리엔 히엡 칵 단 톡 비 압 북)'를 결성했다. 랴오 중카이가 의장 자리에 앉았고, 응우옌 아이 쿠옥은 사무총장 겸 회계를 맡았다. 인도차이나를 비롯하여 조선, 인도, 중국, 네덜란드령 동인도 출신의 회원들(그들 가운데 다수는 쑨 원과 코민테른의 관계 때문에 '동방의 모스크바'로 인기를 끌던 광저우에서 활동하고 있었다)로 구성된 이 연합회는 7월 중순 광저우에서 첫 회의를 열었다. 이 회의에서는 제국주의의 해악들을 신랄하게 비판하고, 피압박 인민에게 세계 혁명을 지지할 것을 호소하는 선언문을 발표했다.[23]

청년회는 응우옌 아이 쿠옥이 광저우에 잠깐 체류하는 동안 벌인 핵심 사업이었다. 청년회의 활동은 그의 인도차이나 상황에 대한 평가를 반영하여 정교하게 조직되었다. 우선적인 사업은 애국적 지식인들을 비롯한 민족 혁명가들을 끌어들임으로써 공식적인 공산당 결성을 위한 핵심 인력을 길러내는 것이었다. 그들을 끌어들이려면 일차적으로 민족 독립 투쟁을 내세울 수밖에 없었다. 그러나 억압받는 노동자와 농민의 지지도 얻어야 했는데, 이들에게 민족 독립은 일상의 처절한 생존 투쟁에 비교할 때 큰 의미를 지니지 못했다. 청년회는 이들을 통해 사회 혁명의 제2단계의 기초를 닦아야 했다. 〈타인 니엔〉에 실린 글들 — 그 가운데 다수는 응우옌 아이 쿠옥이 썼다. — 은 민족 독립 문제를 넘어서는 새로운 비전을 신중하게 제시하면서, 민족 독립을 세계 혁명이라는 큰 목표와 통합하려 했다.

민족주의와 마르크스주의

이렇게 '혁명청년회'의 강령은 민족주의와 사회 혁명이라는 두 축에 초점을 맞추었다. 응우옌 아이 쿠옥은 이 두 문제를 결합하는 과정에서 1920년 제2차 코민테른 대회에서 승인한 레닌주의 모델을 고수했다. 그러나 레닌은 세계 제국주의라는 공동의 적에 대항하여 민족주의자들의 지지를 얻기 위한 전술적 책략으로 민족주의적 정서를 언급한 반면, 청년회의 강령을 비롯하여 잡지에 실린 많은 글들은 미래의 세계 혁명 문제보다 민족주의 문제를 더 강조하지는 않는다 해도, 적어도 양쪽에 똑같이 무게를 두는 것처럼 보였다.

이처럼 민족주의를 강조하는 것은 훗날 애국자인 동시에 혁명가라는 응우옌 아이 쿠옥의 이미지에서 빼놓을 수 없는 특징이 되었다. 그러나 이것 때문에 쿠옥은 오랜 세월에 걸쳐 마르크스주의 이데올로기와 공산주의 유토피아 건설 투쟁에 대한 충성심을 의심받기도 했다. 사실, 1920년대 후반 들어 모스크바만이 아니라 그가 이끄는 조직의 일부 조직원들도 마르크스주의 이념에 대한 그의 충성심에 의문을 품었다. 앞으로 보게 되겠지만, 몇 년 뒤 그런 비판은 활자화되어 나타나기도 한다.

응우옌 아이 쿠옥이 다른 무엇보다도 우선 애국자라는 주장에는 타당한 근거들이 있다. 1960년에는 '레닌주의를 향한 나의 길'이라는 짧은 글에서 자신이 애초에 마르크스주의에 이끌린 것은 베트남 독립을 바라는 마음 때문이었다고 고백했다. 그러나 그의 스승 레닌이 공산주의자들과 부르주아 민족주의자들 사이의 제휴를 노동 계급이 소수인 사회에서 공산당을 강화하기 위한 전술적 책략으로 바라보았던 반면, 응우옌 아이 쿠옥은 종종 민족 독립 자체를 목적으로 보고, 공산주의 유토피아는 그 뒤에 추가되는 부분이며 무한정 미래로 미룰 수도 있는 일로 여겼다는 평가도 있다. 실제로 그는 베트남에서 사회주의 혁명은 때가 되면 일어날 것이라고 말하곤 했다.

그러나 젊은 응우옌 아이 쿠옥이 마르크스-레닌주의를 민족 해방의 수단 이상의 것으로 보았다는 증거도 있다. 청년회 시절 쓴 글에서는 마르크스주의 이념을 언급한 적이 거의 없지만 그가 파리 체재 기간이나 그 후 모스크바에서 훈련받는 동안 미래의 세계 혁명에 대하여 했던 발언들을 보면 혁명에 대한 열렬한 의지가 점점 강해지는 것처럼 보인다. 그는 세계 혁명이 세계 자본주의의 착취 체제에 확실한 종지부를 찍을 것이라고 생각했던 것 같다. 쿠옥은 아시아 지역의 반제국주의 투쟁이 세계 혁명에서 절정에 이를 것이라고 믿었다. 호치민은 타계 직전 소비에트 저널리스트와의 인터뷰에서 젊은 시절에 혁명적인 열정이 지나쳤을 수도 있다고 인정하면서, 소련에 살던 시절 실크 드레스에 하이힐 차림이라는 이유로 어떤 젊은 여자를 꾸짖은 일이 있다고 후회하기도 했다. 그 여자는 다 자기 손으로 벌어서 해 입은 것이라고 당당하게 대꾸했다고 한다. 그러면서 이렇게 물었다. "이제는 젊은 사람들이 잘 먹고 좋은 옷을 입는 것이 그렇게 나쁜 일이 된 건가요?"[24] 수십 년이 흐른 뒤에도 그녀의 말은 그의 기억 속에 남아 있었다.

만일 이 무렵 그가 민족주의자인 동시에 마르크스주의자였다고 말해도 좋다면, 그는 애국주의와 마르크스주의의 국제주의를 어떻게 화해시켰을까? 그 답은 레닌에게서 찾을 수 있다. 레닌은 '민족과 식민지 문제에 대한 테제'에서 2단계 혁명의 개념을 규정하면서, 민족 독립으로부터 "서로 다른 민족에 속하는 노동 인민이 완전한 통일을 이루는" 공산주의의 최후 단계로 넘어가는 이행기에 '연방'이라는 과도 체제를 제시했다. 레닌은 1920년대 초 혁명 러시아와 핀란드, 헝가리, 라트비아 사이, 그리고 아제르바이잔과 아르메니아 사이의 연방을 앞으로 다른 나라들이 따라갈 모범으로 보았다. 결국 코민테른은 독립 국가들과 '연방화된 연합국가'를 결합하는 네트워크를 먼 미래의 세계 공산주의로 나아가는 과도기 동안 수립될 수 있는 동맹 체제로 제시했다. 응우옌 아이 쿠옥은 1923~1924년에 소련에 머무는 동안 이런 이론들을 접했을 것이다. 그는 1924년 5월 코민테른 집행위원회에 보내는 편지에서 스탈린 학교에 보낼 아시아 혁명가들의 수를 늘려야 "동방에 공산주의 연방을 수립할 기초"를 놓을 수 있다고, 그 개념을 원용한 주장을 펼쳤다.[25]

응우옌 아이 쿠옥의 과도기적 연방제에 대한 두 번째 언급은 최근 모스크바의 문서보관소에서 발견된 한 문건에 나타난다. 이 문건의 저자는 '응우옌'이라고만 나와 있지만, 쿠옥이 1924년에 이 글을 썼다는 것은 거의 확실하다. 이 보고서에서 '응우옌'은 미래의 베트남공산당 문제를 논하면서, 베트남에서 민족 문제의 중요성을 고려할 때 "코민테른의 이름으로 토착 민족주의의 깃발을 드는 것"이 핵심이라고 선언했다. 부르주아 평론가에게는 이것이 '오만한 역설'로 보이겠지만, 사실 이것은 '놀라울 정도로 현실적'이다. 당장은 베트남 민족 고유의 독특한 사회적 경험을 존중하지 않으면서 그들을 지원하는 것은 불가능하다. 이어 그는 민족 독립 투쟁이 승리를 거두면, "세계의 많은 부분이 이미 오래 전에 소비에트화되어 있을 것이고, 따라서 불가피하게 베트남의 민족주의는 국제주의로 바뀔 것"이라고 예언했다.[26]

응우옌 아이 쿠옥은 광저우에 도착한 뒤 혁명청년회의 강령 초안을 작성하면서 이 개념을 다시 언급했는데, 이 문건은 1925년 2월에 작성한 것이다. 이 초안에는 새로운 조직의 모든 후보가 동의해야 할 서약이 담겨 있다. 첫째, 제국주의를 타도하고 민족 독립을 회복하는 투쟁에 참여한다. 그런 다음 계급 구분을 없애는 투쟁에 관심을 돌려 '우리 투쟁의 최종 목표인' 세계 혁명에 참여한다. 이 서약은 6월에 최종 공표된 청년회의 강령에 등장했으며, 7월에 〈타인 니엔〉에 발표한 초기 글에서도 언급하고 있다. "정치적, 사회적 혁명 뒤에도 억압받는 민족들은 여전히 남아 있을 것이다. 민족들 사이에는 여전히 차이가 있을 것이다. 따라서 세계 혁명이 필요하다. 그 후 세계의 민족들은 서로 친구가 될 것이다. 그때는 세계 우애의 시대가 열릴 것이다."[27]

왜 응우옌 아이 쿠옥은 세계 혁명의 필요성을 확신했을까? 비폭력적 방법을 통한 민족 독립 운동에는 왜 만족하지 못했을까? 이런 문제를 다룬 글은 많지 않지만, 당시 항저우에서 판 보이 차우와 함께 살고 있던 젊은 제자 응우옌 투옹 후옌에게 쓴 편지에 이 문제를 바라보는 그의 관점을 보여주는 흥미있는 대목들이 나온다. 후옌은 동경의숙의 교장을 지낸 애국적인 학자 응우옌 투옹 히엔의 조카의 아들이었다. 1925년 봄 후옌은 쿠옥에게 혁명에 대해 쓴 글을 보내면서, 발표를 염두에 두고 논평해 달라고 부탁했다. 후옌은 그 글에서 혁명 개념의 기원을 중국의 《역경》에서 구했다. 이 책은 혁명이 왕조의 변화와 같다고 이야기한다. 후옌은 식민지 체제에 대항하는 투쟁이 실패한 것은 프랑스의 야만성 때문이라고 지적하면서, 독립을 얻는 최선의 방법은 영국령 인도에서 마하트마 간디가 채택했던 불매운동과 비슷한 비폭력 전술이라고 결론을 내렸다.

응우옌 아이 쿠옥은 답장에서 혁명 개념이 중국에서 나왔다는 생각에 의문을 제기하면서(쿠옥은 혁명의 근원을 서구 문화에서 찾았다), 자신의 정의를 제시했다. 그는 혁명과 개혁을 구분하면서, 개혁은 특정한 나라의 제도에 변화를 일으키는 것이라고 말했다. 개혁이 폭력을 수반하든 하지 않든, 원래의 질서 가운데 일부는 늘 남는다. 반면 혁명은 한 체제를 다른 체제로 완진히 대체하는 것이다. 따라서 왕조의 변화는 혁명과 다른 것이다. 승자는 군주제를 유지하기 때문이다. 쿠옥은 인도의 정신적 지도자인 간디가 혁명가라기보다는 개혁가라고 말했다. 간디가 영국에 인도의 제도를 개혁하라고 요구할 뿐, 인도인들에게 반역에 나서라고 촉구해 독립을 회복하려 하거나 영국에 인도 정부를 전면적으로 변화시켜야 한다고 요구하지 않았기 때문이다. 쿠옥은 영국이 간디의 요구들을 거부한 뒤에야 그가 불매운동을 호소했다는 점에 주목했다.

베트남에서 혁명이 실패한 것은 프랑스의 야만성 때문이라는 후옌의 지적에 대해 쿠옥은 약간 화가 난 목소리로 대꾸했다.

당신은 무엇을 기대합니까? 그들이 무엇이든 할 수 있는 자유, 그들을 몰아내기 위해 모든 수단을 이용할 자유를 줄 것이라고 기대합니까? 우리가 그들의 이익을 공격하는 것을 막을 조치를 취하지 않을 것이라고 기대합니까? 나는 다른 사람들을 탓하는 대신 자신을 탓하는 것이 더 합리적이라고 생각합니다. 우리는 스스로에게 물어보아야 합니다. "프랑스 사람들이 무엇 때문에 우리를 억압할 수 있었을까? 왜 우리 민족은 이렇게 어리석은가? 왜 우리의 혁명은 성공하지 못했는가? 우리는 이제 무엇을 해야 하는가?" 당신은 이집트나 인도의 성공 사례를 이야기하면서 우리의 경우와 비교합니다. 하지만 그들은 운전대와 운전사가 있는 자동차와 같고, 우리에게는 차체만 있을 뿐입니다. 인도와 이집트에는 당원, 연구 그룹, 농민 협회 등을 갖춘 정당이 있습니다. 그들은 모두 자신의 조국을 사랑하는 방법을 압니다. 그래서 간디는 불매운동을 선언할 수 있습니다. 우리는 같은 일을 할 수 있습니까? 우리 정당은 어디 있습니까? 우리에게는 아직 정당도, 선전도, 조직도 없습니다. 그런데도 당신은 우리가 프랑스인들을 상대로 불매운동을 벌이기를 바랍니까?

응우옌 아이 쿠옥은 라 퐁텐의 경구로 편지를 끝맺었다. 고양이 목에 방울을 달고 싶으나 그럴 용기가 없는 쥐 이야기였다. 용의 아들(베트남 민족을 뜻한다)은 어떻습니까? 그가 물었다. "우리는 쥐와 같지 않습니까? 얼마나 수치스럽습니까?"[28]

스러져가는 늙은 애국자들

항저우에서 판 보이 차우는 약간의 관심을 가지고 '혁명청년회'의 등장을 지켜보았다. 응우옌 아이 쿠옥은 나이든 애국자에게 자신의 활동 상황을 알려주기로 약속했으며, 차우는 1925년 여름에 광저우에 한 번 들르기로 했다. 차우는 그해 초 쿠옥에게 쓴 편지에서 쿠옥의 지혜로움과 그 동안 쌓은 경험을 칭찬하면서, 자신은 이제 늙고 구식이기 때문에 다른 사람이 자신의 일을 이어가는 것을 보게 되어 만족스럽다고 말했다. 그러나 차우는 자신도 운동에 관여하고 싶다는 뜻을 분명히 했다. 그는 응우옌 아이 쿠옥의 동료인 호 퉁 마우에게 따로 보낸 편지에서 지나치게 서둘지 말라고 주의를 줌으로써 간접적으로 쿠옥을 비판했다.

판 보이 차우는 광저우에 오기 전부터 응우옌 아이 쿠옥이 그를 무시한다고 불평했다. 5월 중순에 차우는 기차로 항저우를 떠나 상하이로 갔다. 그러나 중국의 프랑스 보안 요원들은 밀고자 노릇을 하는 그의 수행원을 통하여 그의 행보를 꿰뚫고 있었다. 차우는 상하이의 국제 조계에 있는 역에 도착하자 택시기사로 변장한 프랑스 치안국 요원에게 잡혀 하노이로 이송된 후 반역 혐의로 재판을 받았다.[29]

이 사건은 베트남 민족주의 운동의 복잡한 역사에서 가장 오랫동안 뜨거운 논란을 불러일으켰다. '혁명청년회'의 많은 회원들은 처음부터 판 보이 차우를 프랑스에 팔아넘긴 사람이 그의 비서인 응우옌 투옹 후옌이라고 의심하고 있었다. 차우 역시 회고록에서 비슷한 주장을 했다. 그러나 일부 비공산주의적 민족주의 운동 쪽 자료에서는 범인이 응우옌 아이 쿠옥의 가까운 동료인 람 둑 투라고 지목했고, 심지어 응우옌 아이 쿠옥이 포상금을 받고 민족 운동의 순교자를 만들기 위해 투와 공모하여 차우를 의도적으로 배반했다고 주장하기까지 한다. 수많은 서구의 지지들도 같은 주장을 되풀이했지만, 구체적 증거는 발견되지 않았다. 공산주의 쪽 자료는 이런 주장을 일관되게 부인하면서, 판 보이 차우를 배신하는 음모를 꾸민 사람은 응우옌 투옹 후옌이라고 주장했다. 후옌은 나중에 혁명 운동을 저버리고 프랑스에 협력했다.[30]

이 논쟁은 대체로 이데올로기적 노선을 따라갔다. 프랑스 문서보관소에도 결정적인 증거는 없지만, 전체적으로 응우옌 아이 쿠옥의 혐의를 벗겨주는 쪽이다. 람 둑 투가 밀고자라는 비난은 그럴듯하다. 그는 이미 청년회의 회원으로서 비슷한 일을 하고 있었을 뿐만 아니라, 훗날 자신이 그 일을 꾸몄다고 말한 것으로 전해지기 때문이다. 그러나 그의 말은 신뢰하기 힘든 면도 있다. 당시 치안국 보고서는 항저우의 호 혹 람의 집에 프랑스 밀고자 — 응우옌 투옹 후옌인 것 같지만 확실하지는 않다. — 가 있었다는 사실을 확인해준다. 그는 차우의 일거수 일투족을 잘 알고 있었을 것이고, 그 정보를 프랑스측에 넘겼을 수도 있다. 투는 허풍쟁이로 유명한 사람이며, 자신이 중요한 인물이라고 과장하기 위해 차우가 붙잡히는 데 관여했다고 떠들고 다녔을 수도 있다. 결론적으로 차우를 배신한 사람은 후옌이었을 가능성이 높다.[31]

어쨌든 응우옌 아이 쿠옥이 판 보이 차우의 체포가 자신에게 이득이 된다고 생각했을 것 같지는 않다. 물론 그는 혁명적 대의에 도움이 된다고 확신했다면 늙은 애국자를 배신했을지도 모른다. 그러나 판 보이 차우의 가치는 그의 나이, 정치적 역량 부족, 폭력적 방법에 대한 주저 등으로 분명히 제한되어 있었다. 1925년에 이르면 그는 실제로 저항 운동을 이끄는 사람이라기보다는 베트남 민족주의의 상징으로서 더 큰 의미가 있었다. 그의 체포와 유죄 판결을 보며 베트남인들이 느낀 분노는 혁명적 대의를 선전한다는 측면에서는 환영할 만한 일이었을 것이다. 그러나 청년회는 판 보이 차우의 체포를 선전에 크게 이용하지 않았으며, 그보다는 팜 홍 타이의 영웅적 순교에 좀더 관심을 기울였다. 타이의 생애는 광저우의 신입회원 교육에서 동기를 부여하는 데 최고의 도구로 활용되었다.

일부에서 주장하듯이 응우옌 아이 쿠옥이 돈 때문에 차우를 프랑스 당국에 넘겼을 가능성이 있을까? 이런 비난도 무조건 무시할 수 없는 것이, 쿠옥은 사실 중국공산당으로부터 자금을 넉넉하게 지원받지 못했고, 직접 활동 자금을 조달하기도 했기 때문이다. 그러나 프랑스인들이 일부러 공모 관계를 누설하여 청년회와 그 수수께끼에 싸인 지도자의 명예를 훼손할 수도 있었기 때문에, 쿠옥이 그런 모험을 했을 가능성은 적다. 전체적으로 볼 때 쿠옥은 차우가 감옥에 있는 것보다는 자유로운 상태로 있는 것이 좀더 유용하다고 생각했을 것이 틀림없다. 그래야 간판 역할도 해주고, 공산주의자들이 지배하는 통일 전선에서 쉽게 조종할 수 있는 상징적인 인물 역할도 해줄 수 있었기 때문이다. 차우가 말년에 망명 생활을 하면서 쓴 글에서 계속 응우옌 아이 쿠옥을 높이 평가했다는 점, 그리고 그가 상하이에서 체포된 일로 쿠옥에게 책임을 물을 수도 있다는 이야기를 공개적으로는 단 한 번도 한 적이 없다는 점은 주목할 만하다.[32]

판 보이 차우의 재판은 1925년 11월 23일 하노이 범죄위원회에서 열렸다. 피고는 변호사 두 명의 지원을 받았고 차우를 옹호하는 수많은 군중이 시위를 하였으나 — 검사측에서 사형을 구형하자 한 노인은 자신이 대신 죽겠다고 말하기까지 했다. — 그는 중노동 무기형을 선고받았다. 이때 차우는 58살이었다. 다음 날 전국에서 시위가 일어나고, 하노이의 학생들은 소책자를 만들어 거리에 뿌렸다. 며칠 뒤 새로운 총독이 하노이에 도착했다. 사회당 당원이며 프랑스의 식민지 정책에 비판적이던 알렉상드르 바렌은 시끄러운 재판으로 임기를 시작하고 싶지 않았다. 그는 프랑스로 전문을 보내 허가를 받은 다음 12월에 차우의 형량을 후에의 가택 연금으로 바꾸었다.

바렌은 형량을 낮추기 전에 늙은 반역자를 식민지 정권과 협력하게 하려고 유도했다. 차우는 처음에는 거부했으나 차츰 마음이 누그러졌다. 그는 민족 운동의 지도부 인사들과 접촉은 유지했으나, 프랑스인들에게 유리하다고 해석될 만한 성명서를 자주 발표했다. 차우는 후에의 국학 학생들에게 연설을 하면서 인도차이나의 프랑스식 교육이 수준이 높다고 찬양하기도 했다. 이런 발언은 민족주의자 그룹들 사이에서 분노를 자아냈으며, 광둥의 응우옌 아이 쿠옥도 발끈하여 "터무니없는 소리"라고 논평하기도 했다. 밀고자들이 프랑스측에 제공한 정보에 따르면, 일부 민족주자들은 심지어 그에게 폭력을 사용하는 문제를 놓고 토론을 벌이기도 했다. 차우는 1940년에 타계했다.[33]

판 보이 차우의 재판이 진행되는 동안 늙은 개혁주의자 판 추 친이 10여 년의 해외 생활을 마치고 인도차이나로 돌아왔다. 그가 사이공에 도착하자 대중은 반갑게 환영하였으며, 이후 몇 달 간 그는 연설에서 계속 비폭력적 개혁 정책을 옹호하여 상당한 반향을 불러일으켰다. 그가 1926년 초 53살의 나이로 암으로 타계하여 장례식이 거행되자 전국의 대중이 애도했다. 수천 명이 거리에 나와 그의 관이 사이공으로부터 북부 교외의 탄손 누트 공항 근처 묘소로 운반되는 것을 지켜보았다. 응우옌 아이 쿠옥은 이런 대중의 행동을 못마땅하게 생각했던 것 같다. 이로 인해 대중의 관심이 중요한 문제에서 사소한 데로 흩어진다는 이유였다. 치안국 보고서에 따르면, 쿠옥은 판 추 친의 장례식을 둘러싼 시위 이야기를 듣고 프랑스 언론이 인도차이나의 식민 정책에서 좀더 인간적인 얼굴을 보여주려 했던 바렌 총독에게 창피를 주려고 과장했을 것이라고 말했다.[34]

대책없이 낙관적인 교사

응우옌 아이 쿠옥의 노력으로 인도차이나공산당의 동료들은 점차 마르크스-레닌주의 사상에 다가갔다. 동시에 애국적인 베트남 청년들이 꾸준히 선발되어 광저우로 왔다. 그들은 광저우의 훈련소에서 훈련과 교육을 받았는데, 이 훈련소는 '베트남 혁명을 위한 특별정치연구소'라는 거창한 이름을 달고 있었다. 훈련소는 처음에는 런싱 거리의 한 건물에 있었으나, 그곳이 비좁아지자 공산주의에 동조하는 사람이 소유한 원밍 거리의 3층짜리 건물로 옮겼다. 그곳은 광둥대학교(현재의 루쉰기념관) 바로 건너편이었으며, 중국공산당 본부와도 가까웠다. 중국식 건물이었기 때문에 1층은 상점이었다. 수업은 2층의 큰 교실에서 했는데, 교실에는 의자와 책상을 놓았고, 벽에는 유명한 공산주의자들의 초상화를 걸어놓았다. 교실 뒤편에는 응우옌 아이 쿠옥이 사용하는 작은 사무실과 침대가 있었다. 3층은 학생들 기숙사였다. 경찰이 습격할 경우에 대비하여 비밀 문도 만들어두었다. 주방은 건물 뒤편 정원에 자리잡고 있었다.[35]

호 퉁 마우나 응우옌 아이 쿠옥 등 학교의 베트남인 교사들 대부분이 '혁명청년회' 회원들이었다. 이따금씩 소비에트 파견단에서 바실리 블뤼허(갈렌), P. A. 파블로프, M. V. 쿠이비셰프, V. M. 프리마코프 같은 손님들이 왔고, 중국공산당에서는 류 사오치(劉少奇), 저우 언라이, 리 푸쿤(李富春) 같은 미래의 지도자들이나 농민 조직가 펑 파이(澎湃) 등이 찾아왔는데, 이들에게 특별강연을 부탁하기도 했다. 학교 운영비의 3분의 1은 중국공산당이 댔으며, 나머지는 다른 지역 조직에서 내기도 했고, 황푸 군관학교에서 공부하는 베트남인 사관후보생들이 매달 받는 장학금에서 일부를 갹출하기도 했다. 교과과정은 소련의 비슷한 훈련소의 내용을 본보기로 삼아, 자본주의의 발전, 마르크스-레닌주의 이데올로기, '혁명청년회'의 조직, 세계 정세 등을 가르쳤다. 지역 상황에 대한 정보를 제공하기 위해 쑨 원의 이데올로기(응우옌 아이 쿠옥은 학생들에게 이것이 상대적으로 원시적인 형태의 사회주의라고 설명했다)와 중국어도 가르쳤다. 레닌주의의 통일전선 개념은 응우옌 아이 쿠옥이 담당했던 과목 가운데 하나였다.

많은 학생들의 회고에 따르면 부옹(王, 중국어로는 왕)이라는 가명으로 가르쳤던 응우옌 아이 쿠옥은 학교에서 가장 인기 있는 교사였다. 학생들은 그가 마른 몸매에 눈은 반짝거리고 목소리는 따뜻했으며, 여러 모로 다정다감했다고 기억한다. 그러나 웃음을 터뜨리는 일은 드물었다. 부옹은 학생들과 아주 가깝게 지냈으며 강한 인내심을 보여주었다. 어려운 용어들은 쉽게 풀어서 이야기해주고, 낯선 개념은 길게 설명해주기도 했다. 그는 책을 아주 많이 읽은 사람처럼 보였으며, 통계에 대해서는 걸어다니는 연감이라고 부를 수 있을 정도였다. 한 학생은 이렇게 회고한다. "그는 날짜와 숫자를 섞어가며 프랑스 식민주의자들이 쌀을 몇 톤이나 수탈하여 대도시로 보냈는지, 인도차이나 은행이 순이익을 얼마나 올렸는지, 바렌 총독이 고고학 발굴지에서 귀중한 골동품을 프랑스로 얼마나 실어보냈는지 이야기해줄 수 있었다."[36]

파리에서와 마찬가지로 응우옌 아이 쿠옥은 교사일 뿐 아니라, 도덕적 조언자, 대리 부모, 상주 응원단장이기도 했다. 그는 학생들에게 도덕적으로 올바른 방법으로 말하고 행동하는 법(혁명적 대의의 명예를 위해서), 대중 앞에서 이야기하는 법, 노동자·농민·아동·여성 집회에서 연설하는 법, 사회 혁명의 필요성만이 아니라 민족적 대의를 강조하는 법, 가난하고 문맹인 사람들에게 으스대지 않고 행동하는 법들을 가르쳤다. 쿠옥은 늘 학생들의 먹고 사는 환경을 챙겨, 그들이 건강하게 공부할 수 있도록 보살폈다. 우울하거나 의기소침해 있는 학생은 격려해주기도 했다. 이곳에서 공부했던 어떤 사람은 쿠옥의 한없는 낙관주의를 기억했다. 학생들이 베트남 관리들의 사소한 부패나 농촌 사람들의 일반적 무지와 무기력에 실망한 것처럼 보이면, 그는 이렇게 말하곤 했다. "혁명이 필요한 이유가 바로 이런 장애와 사회적 박탈이다. 혁명가는 무엇보다도 낙관적이어야 하며, 결국 승리한다는 것을 믿어야 한다."[37]

보통 서너 달 과정의 훈련 프로그램이 끝나면 응우옌 아이 쿠옥은 학생들을 데리고 광저우 외곽의 호앙호아 산에 있는 72 중국 혁명 열사 무덤을 참배하곤 했다. 그들은 순교한 애국자 팜 홍 타이의 묘 앞에서 혁명적 대의에 헌신하겠다는 맹세를 암송했다. 그런 후에 대부분 베트남으로 돌아갔다. 이전 탐 탐 사 회원이었던 레 홍 퐁처럼 재능 있는 학생들은 모스크바로 보내 교육을 더 받게 했다. 또 어떤 학생들은 중국 경찰이나 군대에 들어가기도 하고, 국민당이 코민테른의 지원을 받아 운영하는 유명한 황푸 군관학교에 들어가기도 했다. 노동자 집안 출신의 응우옌 루옹 방은 기선에 취직하여 홍콩과 베트남의 항구 도시 하이퐁 사이의 연락망을 세우라는 지침을 받았다. 1927년 봄까지 70명 이상의 학생들이 이 훈련소를

거쳐갔다.[38]

베트남에 돌아간 훈련소 졸업생들은 친구나 친지들에게 청년회의 혁명 이념을 전파하면서, 새로 광둥으로 보낼 사람을 찾았다. 졸업생 대부분이 향신 출신이었기 때문에 그들이 선발한 사람들도 어쩔 수 없이 출신이 비슷했다. 프랑스 정보 부서 자료에 따르면 학생들 가운데 90퍼센트가 그들 표현대로 프티 부르주아 지식인이었으며, 나머지가 노동자, 농민 출신이었다. 이들은 전국 각지에서 모여들었지만, 응우옌 아이 쿠옥의 고향인 응에 안을 비롯한 중부지방 출신이 아무래도 많았다. 1928년에 인도차이나 내부에는 '혁명청년회' 조직원이 3백 명 정도 있었던 것으로 보인다. 코친차이나(특히 사이공과 삼각주의 큰 도시들인 미 토와 칸 토)에 150명, 안남(특히 응에 안, 하 틴, 쾅 응아이)에 80명, 통킹(박 닌, 타이 빈, 남 딘, 하노이, 하이퐁)에 70명 등이었다. 1년이 지난 뒤에는 그 숫자가 1천7백 명 이상으로 불어났다.[39]

응우옌 아이 쿠옥은 청년회를 결성함으로써 베트남에서 사회주의 운동을 전개하기 위한 첫발을 내디뎠다. 작고 조심스러운 첫발이었지만, 어디에선가는 시작해야 하는 일이었다. 그는 청년회를 결성하기 몇 년 전에 이렇게 썼다. "그 지역〔즉 인도차이나〕에는 착취받는 사람들이 2천만 명 이상 살고 있지만, 현재 그곳에 혁명을 위한 준비가 되어 있다고 말한다면 그것은 틀린 말이다. 그러나 그곳 사람들이 혁명을 원치 않는다거나 현 체제에 만족하고 있다고 말한다면…… 그것은 더욱더 틀린 말이다."[40]

혁명의 길

이미 응우옌 아이 쿠옥은 맹아적 운동을 성장시켜 나가는 데 선전이 중심적 역할을 한다는 것을 이해할 만큼 경험을 쌓았다. 잡지 〈타인 니엔〉은 그의 메시지를 대중에게 알리는 데 도움을 주었다. 광저우에서 매주 발행된 이 잡지는 배편으로 베트남에 반입되었다. 이 잡지는 1925년 6월 21일부터 1930년 5월까지 총 208호가 나왔다. 이 잡지는 이제는 눈에 익은 그의 단순한 문체로 씌어졌으며, 한자 구호와 프랑스의 식민지 체제나 이제는 허약해진 후에의 조정을 풍자하는 만화도 실려 있어 내용도 풍부해 보였다. 〈르 파리아〉와 마찬가지로 비록 기명을 하지는 않았지만, 많은 사설을 응우옌 아이 쿠옥이 직접 썼다. 청년회에서는 다른 잡지도 발행했다. 〈린 카익 멘(Linh Kach Menh, 혁명 전사)〉이라는 격주간지와 〈비엣 남 티엔 퐁(Viet Nam Tien Phong, 베트남 선봉)〉이라는 월간지였다.[41]

〈타인 니엔〉은 혁명청년회에서 제시한 목표에 발맞추어 민족 독립 문제를 일차적으로 강조했다. 그러나 일부 기사들은 제국주의와 자본주의로 인한 세계적인 문제를 일반적인 맥락에서 언급하면서, 오직 공산주의만이 해방과 사회적 행복을 가져올 수 있다고 우회적으로 암시하기도 했다. 응우옌 아이 쿠옥은 초기에 쓴 글에서 조국의 병에는 혁명이 유일한 약이라고 주장했다. "혁명은 악으로부터 선으로의 변화이다. 그것은 억압받는 민중을 강하게 만드는 모든 행동의 총합이다. 모든 사회의 역사는 정부, 교육, 산업, 사회 조직 등이 늘 혁명을 통해서만 더 나은 형태로 바뀌었음을 가르쳐준다." 이 잡지는 1926년 초여름부터 인도차이나 민족들을 괴롭히는 문제들의 해결책으로 공산주의를 공개적으로 이야기하기 시작했다.[42]

쿠옥은 훈련소에 입학하는 학생들을 위하여 좀더 진지한 작업에 들어갔다. 당시에는 베트남어로 된 마르크스-레닌주의 자료가 거의 없었다. 응우옌 아이 쿠옥은 모스크바에 여러 차례 호소했지만 선전 자료를 거의 받지 못했다. 그는 자료 부족을 극복하기 위해 훈련소 강의에서 사용할 기본적인 교과서를 직접 썼다. 베트남 혁명의 근본 과제를 다루는 자료였다. 《혁명의 길(Duong Kach Menh)》이라는 이 짧은 팸플릿은 마르크스-레닌주의의 기초와 더불어 그것이 베트남에서 가지는 의미를 설명했다. 이 책은 대부분 광저우의 학생들이 사용했지만, 몇 권은 〈타인 니엔〉과 더불어 베트남에도 배포되었다.[43]

이 팸플릿에서 응우옌 아이 쿠옥의 메시지는 아쉽다는 느낌이 들 정도로 단순하다. 학생들이 아직 지적으로 세련되지 못했고 서구의 용어에도 익숙하지 않다는 점을 고려했을 때(베트남어 카익 멘은 20세기 초에야 도입되었으며, 이것은 '혁명'을 뜻하는 중국어 게밍의 베트남어 표현이다〔우리와 일본도 마찬가지 한자어를 사용한다: 옮긴이〕), 그가 혁명에 대한 간략한 정의부터 시작한 것은 놀라운 일이 아니다. 그는 혁명이 낡은 것을 파괴하고 새로운 것을 건설하는 것, 또는 나쁜 것을 파괴하고 좋은 것을 건설하는 것이라고 말했다.

이어 쿠옥은 혁명의 유형에 대하여 간단하게 설명한다. 그는 세상에는 세 가지 유형의 혁명이 있다고 말한다.

1. 프랑스, 일본, 미국 등에서 일어난 자본주의 혁명
2. 19세기 이탈리아와 1911년 중국 혁명과 같은 민족 혁명
3. 러시아의 볼셰비키 혁명으로 대표되는 계급 혁명

그는 계속해서 모든 혁명은 결국 별도의 두 단계에 걸쳐 일어날 것이라고 말했다. 첫 번째는 '민족적' 단계이며, 두 번째는 '세계 혁명' 단계이다. 이 두 번째 단계에서는 전세계의 노동자와 농민이 단결하여 자본주의 질서를 타도하고, 모든 나라 사람들에게 행복과 통일을 가져다준다.[44]

물론 2단계 혁명론은 전적으로 레닌에게서 나온 것이다. 그러나 응우옌 아이 쿠옥은 여기에 자신만의 맛을 살짝 보탰다. 우선 그는 세계 혁명의 민족적 단계 뒤에 사회주의 단계가 옴으로써 사회적인 행복과 세계의 통일이 올 것이라고 선언했지만, 제2단계가 언제 다가올지에 대해서는 구체적으로 말하지 않았다. 사실 베트남에는, 전세계가 민족주의로부터 국제주의의 최종 단계로 이동할 준비가 되기 전에는 그때가 오지 않을 것이라고 암시했다. 이것은 당시 쿠옥이 베트남에서는 세계의 다수 국가가 사회

주의 혁명을 통과한 뒤에야 베트남에서 제2단계 혁명이 일어날 것이라고 믿었다는 뜻으로 생각할 수도 있다. 반면 레닌은 2단계 개념을 정식화하면서, 소비에트 러시아에서 그랬던 것처럼 1단계는 비교적 빠르게 '성장하여' 2단계로 넘어갈 것이라고 가정했다.[45]

둘째로, 우리가 이미 보았듯이 응우옌 아이 쿠옥은 혁명 과정에서 민족 독립 문제에 레닌보다 약간 더 큰 가치를 부여하였으며, 이 책에서는 독립을 베트남 사회의 많은 계급들이 협력하여 이루어내는 바람직한 결과물로 제시했다. 그는 아시아의 다른 지역에서도 결국 민족 해방을 위한 비슷한 투쟁들이 터져나올 것이라고 예측했다. 물론 이것은 코민테른에서 전략을 둘러싼 핵심 논쟁들 가운데 하나였다. 레닌은 4계급 동맹이라는 개념에 기초를 두고 전략을 수립했는데, 그 핵심에는 노동자와 농민 사이의 긴밀한 유대가 있었다. 응우옌 아이 쿠옥은 《혁명의 길》에서 노동자와 농민(열심히 일하지만 그들의 노동의 열매를 손에 쥐지 못하는 사람들)의 가장 큰 적은 자본가들(일하지 않으면서 모든 이익을 챙기는 사람들)이라고 규정했다. 그러나 그는 1단계 혁명을 이루기 위한 진보적 계급들의 다계급 통일전선 개념을 자기 것으로 소화했다. 이 동맹에는 학생, 소상인, 심지어 소지주도 포함될 수 있었다. 그러나 이런 그룹들은 혁명의 제2단계를 수행하는 데는 믿을 만한 동맹자가 아니었다. 그들은 사회주의 단계를 반대할 것이기 때문이다. 그가 《혁명의 길》에서 썼듯이 노동자와 농민은 혁명의 지도 세력이었다.

이것은 첫째로 노동자와 농민이 더 심하게 억압받기 때문이다. 둘째로 노동자와 농민은 단결해 있고, 따라서 가장 큰 힘을 소유하고 있기 때문이다. 셋째로 그들은 이미 가난하기 때문이다. 만일 패배한다 해도 그들은 비참한 삶밖에 잃을 것이 없다. 승리한다면 그들은 온 세상을 얻게 된다. 따라서 노동자와 농민은 혁명의 뿌리이며, 학생, 소상인, 지주들은 비록 억압을 받기는

하지만 노동자와 농민만큼 고통을 겪지 않기 때문에 노동자와 농민의 혁명적 친구들에 불과한 것이다.[46]

마지막으로, 응우옌 아이 쿠옥은 레닌의 지침에 따라 특히 2단계 계급 혁명에서 프롤레타리아의 지도력이 필요하다고 강조하기는 하지만, 팸플릿 전체에는 농촌의 계급들이 혁명의 동반자로서 핵심적인 위치를 차지한다는 메시지가 깔려 있다. 물론 이것은 그가 모스크바에서 주장해서 제한적이기는 하지만 호응을 얻었던 견해이다. 그는 도시와 농촌 사이의 긴밀한 동맹이 없었기 때문에 1870~1871년의 파리 코뮌과 1905년 러시아 혁명이 좌절당했다고 주장했다. 1917년 볼셰비키 혁명의 경우처럼 두 계급이 동맹을 맺었을 경우에만 혁명이 성공했다. 그는 이것이 베트남 같은 나라에는 특히 중요하다고 주장했다. 이곳에는 인구의 90퍼센트가 농촌에서 극심한 빈곤에 시달리고 있었기 때문이다. 응우옌 아이 쿠옥의 농민은 카를 마르크스의 《공산당 선언》 속의 프롤레타리아와 마찬가지로 사슬밖에 잃을 것이 없었다. 그가 프랑스에서 쓴 글들에 나오듯이, 그들에게 필요한 것은 지도력과 조직뿐이었다.[47]

응우옌 아이 쿠옥은 쉽게 승리를 얻을 수 없으리라는 점은 인정했다. 1천 년이나 유지돼온 사회를 하루 아침에 새로운 사회로 바꾸는 것은 어려운 일이기 때문이다. 가장 중요한 일은 억압받는 대중을 동원하여 조직하고, 전세계의 벗들과 연락을 유지할 수 있는 혁명 정당을 결성하는 것이었다. 그는 노를 젓는 사람이 나룻배를 잘 젓지 않으면 배가 나아갈 수 없듯이, 굳건한 당이 없으면 혁명은 성공할 수 없다고 썼다. 이어 그는 반역자 몇 명이 정부 관리 몇 명을 암살하는 것만으로는 이룰 수 있는 일이 거의 없다고 말했다. 그런 행동은 해방을 쟁취하기는커녕 억압을 가중시킬 뿐이었다. 굳건한 당을 만드는 열쇠는 그 이념에 있었다. 당에는 모든 당원이 이해하고 따를 수 있는 이데올로기가 있어야 했다. 이념이 없는 당은 지능이 없는 사람, 나침반이 없는 배와 같았다.

응우옌 아이 쿠옥은 《혁명의 길》 서두에서 '혁명가의 행동'을 규정하는 몇 가지 특징을 나열한다. 이것을 19세기 러시아의 테러리스트 세르게이 네차예프가 쓴 '혁명가 문답'과 비교해보는 것도 재미있다. 네차예프는 혁명가의 역할이 혁명적 대의의 눈먼 도구가 되는 것이라고 강조했다. 그는 자신의 목표를 추구하는 데 무자비해야 하며, 심지어 권모술수에 능한 인물이 될 수도 있다. 그는 당에 절대적으로 복종해야 하며, 친구나 가족과 모든 유대를 끊을 각오가 되어 있어야 한다. 그는 또 일반적으로 인정받는 모든 도덕성의 기준을 희생하여, 혁명을 위해서라면 거짓말을 하고 속일 각오가 되어 있어야 한다. 네차예프의 지나친 면들은 러시아의 급진 운동 일각에서도 비난을 받았지만, 레닌은 전체적으로 이 문답서를 매우 좋게 보았으며, 이것은 나중에 볼셰비키의 경전이 되었다.

응우옌 아이 쿠옥이 규정한 윤리적 행동 규칙과 네차예프의 영향을 받은 레닌의 규칙 사이에는 비슷한 점들이 많다. 둘 다 당원은 용감하고, 대담하고, 인내심이 강하고, 자신의 요구보다 혁명적 대의의 요구를 앞세워야 한다고 강조했다. 중요한 차이는 이 기준들 뒤에 놓인 정신에 있었다. 레닌은 당대의 도덕률이 혁명적 행동 규약과 거의 관계가 없고, 실제로 둘 사이에 화해 불가능한 모순이 일어나기도 한다고 가정했다. 반면 응우옌 아이 쿠옥의 행동규범 목록은 전통적인 유교 도덕을 연상시키는 면이 강했다. 검소해야 한다, 다정하면서도 공정해야 한다, 잘못은 단호하게 고쳐야 한다, 신중해야 한다, 배움을 존중해야 한다, 공부하고 관찰해야 한다, 오만과 자만을 피해야 한다, 관대해야 한다. 사실 당과 관련된 부분을 제외하면 쿠옥의 혁명 계명들은 유교적 전통이 강한 가정에서 행동규범으로 쉽게 받아들일 수 있는 것이었다.[48]

물론 응우옌 아이 쿠옥의 혁명 윤리는 편의상 새로운 개념에 익숙한 포장을 해놓은 것일 뿐이라고 말할 수도 있다. 실제로 쿠옥이 그렇게 생각을 했을 수도 있다. 어쨌든 초기에 그의 대의를 쫓아 나섰던 사람들 다수가 문신 집안 출신이라는 것은 분명하다. 대부분 전통적인 유교 이데올로기를 거부하기는 했지만, 그럼에도 그들은 무의식적으로 그 핵심적 가치관의 영향을 적잖이 받고 있었다. 그리고 쿠옥은 늘 자신의 메시지를 듣는 사람의 기질에 맞추어 전달하려 했다. 어쨌거나 훈련소에서 가르치던 개인 행동규범들은 그가 베트남 공산주의 운동에 남긴 유산의 핵심으로 자리잡게 되기 때문에, 그것을 그저 겉포장일 뿐이라고 넘겨버릴 수는 없다. 많은 동료들이 그가 죽은 뒤에도 기억하는 것은 그의 개인적인 품성, 선량하고 소박한 이미지, 불굴의 낙관주의, 대의에 대한 진지하고 헌신적인 태도였다. 이런 점에서 응우옌 아이 쿠옥의 혁명 윤리는 그가 당에 준 영향의 핵심을 이루며, 많은 사람들이 이것을 베트남 공산주의의 뚜렷한 특징으로 여긴다.

응우옌 아이 쿠옥이 《혁명의 길》에서 전하는 메시지에는 베트남과 관련한 심오한 내적 논리가 담겨 있었다. 베트남은 혼자 힘으로는 자신의 해방을 성취할 수 없는 것처럼 보였다. 심지어 대담무쌍한 판 보이 차우마저도 지원을 얻기 위해 처음에는 일본으로 갔다가, 다음에는 중국으로 갔다. 《혁명의 길》에서는 베트남 민족이 해방을 얻기 위해 투쟁하는 과정에서 세계 전역의 혁명 대중으로부터 도움을 받게 될 것이라고 주장했는데, 당시 상황에서 이 말을 들으면 읽는 사람의 마음이 든든해졌을 것이다. 또한 서구 역시 사회적 혼란의 시기를 겪어야만 한다는 이야기를 들을 때는 깊은 만족감을 느꼈을 것이다.

이 팸플릿에서 이전 민족 운동을 비판하는 대목은 젊은 베트남 애국자들에게 특히 큰 의미가 있었을 것이다. 민족 운동 조직들의 약점은 너무나 분명했다. 모두 중심 이데올로기가 없었으며, 그런 상태에서 대부분 아무 생각 없이 근대화와 민족 독립을 같은 것으로 보고 있었다. 미래의 독립 베트남의 구체적인 모습을 찾아보려는 시도는 거의 없었다. 베트남 민족 운동은 이 지역의 다른 사회의 경우와는 달리 공통된 신앙 상징들을 중심으로 펼쳐질 수가 없었다. 물질 세계의 본질적 현실성을 부정하고 부정의 철학을 설교하는 불교는 변화의 동인 역할을 하기가 힘들었다. 유교는 베트남 엘리트 사이에 사회적, 정치적인 격언들의 집합체 형식으로 깊이 침투해 있었지만, 유교를 바탕으로 한 제국 조정이 프랑스 침략자들에게 무기력하게 굴복하는 바람에 불신을 받고 있었다. 그 결과 비공산주의 민족운동 조직들은 대부분 지역적 정체성, 전술, 인물에 따라 규정되곤 했다. 조직 구성원들의 활동은 때로는 큰 용기를 보여주었지만, 이 역시 손만 한 번 휘두르면 반역 세력들을 흩어버릴 수 있는 막강한 적에 대한 증오에서 나오는 의미 없는 몸짓처럼 보였다.

《혁명의 길》은 동포들에게 마르크스-레닌주의 이념을 소개하려고 노력하던 응우옌 아이 쿠옥이 내놓은 첫 번째 주요한 결과물이었다. 이데올로기 면에서 보자면 근대 베트남을 연구하는 진지한 학자나 세계 공산주의 운동사를 연구하는 역사가는 이 문건에서 건질 것이 거의 없다. 쿠옥이 한 동료에게 말한 적이 있듯이, 마르크스-레닌주의 이념과 실천을 팸플릿으로 설명하려는 것은 원시적인 방법이며, 어떤 경우에는 혼란을 일으키기도 했다. 쿠옥이 2단계 혁명 개념이나 4계급 동맹을 다루는 방식이 세련되지 못하고 이데올로기적으로도 모호했기 때문에 어떤 사람들은 그의 마르크스-레닌주의 이념 이해 수준에 의문을 제기하기도 하였으며, 그 이념에 대한 충성심을 의심하기도 했다. 그가 베트남 혁명에서 노동 계급이 수행하는 '지도적 역할'(레닌주의의 핵심 개념)을 정확하게 묘사하지 않았기 때문에, 일부 평론가들은 이 팸플릿을 '농민 공산주의' — 마오 쩌둥(毛澤東)에게서 나왔다고 하는 비정통적인 마르크스-레닌주의 혁명 전략—의 초기의 예로 해석하기도 한다.

그러나 이 책에 나온 내용을 모두 쿠옥의 견해로 해석하려는 것은 잘못이다. 그는 농촌이 주를 이루고 정치 수준이 낮은 사회에서 마르크스주의 사상을 대중화할 방법을 찾고 있었다. 응우옌 아이 쿠옥은 베트남 민중이 자신의 상황에서 이해할 수 있는 '통속' 마르크스주의를 만들어내려고 의도적으로 노력했던 것인지도 모른다. 결국 이 문건은 그가 마르크스주의 이론을 이해한 수준을 평가할 수 있는 자료로서는 별 의미가 없지만, 마르크스-레닌주의 이념을 초보자에게 소개하려 할 때는 효과적인 도구였다.[49]

쿠옥은 모스크바에 머물 때부터 이미 베트남의 농민은 아프리카와 아시아의 다른 나라들의 농민과 마찬가지로 서구 식민주의의 일차적 희생자이며, 그런 존재로서 노동 계급과 긴밀하게 동맹할 운명이라고 확신했다. 그는 팸플릿에서 혁명이 승리하려면 농민의 지원이 핵심 조건이라고 말했다. 모스크바의 공식 노선은 그 이후 이런 관점과 결별했지만, 쿠옥은 어쩌면 자신의 견해야말로 레닌주의의 정통적 해석이라고 정당화했을지도 모른다. 어쨌든 쿠옥은 이론 문제에는 상대적으로 관심을 덜 기울였던 것이 분명하다. 《혁명의 길》 내용은 그가 몇 년 전 모스크바에서 했던 발언을 설명하는 것일 뿐이다.

그럼에도 응우옌 아이 쿠옥은 농민의 역할을 강조함으로써 베트남 저항 운동 내에서 중요한 한 걸음을 내디뎠다. 다른 민족주의 지도자나 그룹들은 베트남 해방 투쟁에서 농촌 대중의 역할에 대해 입에 발린 말만 해왔다. 판 보이 차우는 농민의 지지를 기대한다고 외쳤지만, 그의 호소는 일반적인 것이었으며, 그것을 실천으로 옮기는 구체적인 행동은 보여주지 않았다. 반면 쿠옥은 농민에게 관심을 집중하겠다는 결의를 내세우면서, 자신의 동포만이 아니라 식민지 세계 전체의 혁명가들이 다가올 아시아 혁명에서 농촌의 중요성에 눈을 뜰 것을 촉구했다.

전술적 동맹 가능성

응우옌 아이 쿠옥은 광저우에 도착한 지 몇 달 만에 장차 새롭고 활기찬 민족 저항 운동을 지도해나갈 소수의 젊은 급진주의자들을 끌어모았다. 중국 남부라는 위치에서 바라보았을 때 상황은 희망적으로 보였을 것이 틀림없다. 오랫동안 부글거리던 베트남 민중의 식민지 통치자들에 대한 불만은 1925년부터 공개적 저항으로 나타나기 시작했다. 판 보이 차우의 체포, 그리고 몇 달 뒤의 판 추 친의 장례식을 계기로 촉발된 반프랑스 감정은 제1차 세계대전 이전 수준으로까지 급속히 고양되었다.

이런 상황에서 코친차이나의 '청년당'과 같은 맹아적인 정당들이 등장하기 시작했다. 안남과 통킹에서는 판 보이 차우가 이끌던 조직의 회원들이 하노이의 애국적인 젊은 학생들과 협력하여 '신월혁명당(新越革命黨, 탄 비엣 카익 망 당)'을 결성했다. 신월혁명당 당원들은 전술적 지향만이 아니라 이데올로기적 신념도 다양했다. 개혁주의자부터 폭력 혁명 지지자까지, 서구 모델의 옹호자에서부터 진화적 마르크스주의자와 레닌주의적 길의 추종자까지 망라하고 있었기 때문이다. 한 가지 공통분모가 있다면 프랑스 통치에 저항하고, 민족 독립이라는 대의에 헌신한다는 것이었다.

한편 젊은 기자 응우옌 안 닌은 도발적인 태도로 모리스 코냐크 부총독의 노여움을 산 뒤에도 계속 격렬한 연설과 글로 사람들을 선동했다. 한번은 강연에서 민중의 고난은 민중 자신의 책임이라고 말했다. "여러분은 여러분의 생각을 내세울 수 없었고, 여러분은 정부에 여러분의 의지를 강요하지 못했습니다." 그는 알베르 사로가 전에 베트남인들에게 제안했던 협력은 물소와 그 주인 사이의 관계와 비슷하다고 말하면서 이렇게 경고했다.

여러분에게 파견된 사회주의자 총독〔알렉상드르 바렌〕에게 너무 많은 기대를 걸지 마십시오. 그는 여러분을 속이러 왔습니다. 그는 말은 많이 하지만 여러분에게 아무것도 주지 않을 것입니다. 프랑스인과 안남인 사이에는 협력이 불가능합니다. 프랑스인들은 이곳에서 더 이상 할 일이 없습니다. 그들에게 우리 조상의 땅을 돌려달라고 합시다. 그들에게 우리가 우리 자신을 다스릴 터이니 결정권을 달라고 합시다.

조국은 헤아릴 수 없이 많은 영웅들을 낳았습니다. 그들은 조국을 위해 죽는 방법을 아는 사람들입니다! 우리 민족은 아직 멸망하지 않았습니다![50]

닌의 연설은 일본으로 망명하여 프랑스인들을 꾸짖었던 판 보이 차우에 대한 기억을 일깨웠다. 프랑스는 대응을 해야겠다고 생각했다. 1926년 3월 24일, 응우옌 안 닌은 판 추 친의 시신을 마지막 안식처로 옮기는 장례식을 준비하다가 체포당했다.

그날 오후 프랑스 대양 정기선 앙부아즈 호가 사이공에 입항했다. 승객들 가운데는 입헌당 지도자 부이 쾅 치에우 — 응우옌 아이 쿠옥은 약 15년 전 그를 아미랄 라투셰-트레빌 호에서 만난 적이 있다. — 도 있었다. 치에우는 응우옌 안 닌과 마찬가지로 알렉상드르 바렌 총독이 그의 번지르르한 약속을 지키지 못하는 것에 실망하여, 1926년 초 파리로 가서 정치와 경제 개혁을 호소했다. 치에우는 파리의 관리들에게 인도차이나의 상황이 개선되지 않으면 프랑스인들은 15년 안에 쫓겨날 것이라고 경고했다. 치에우는 또 베트남 교포 사회의 급진 민족주의자들과도 이야기를 나누었다. 이들 가운데 중심 인물은 국제식민지연맹에서 응우옌 아이 쿠옥의 자리를 물려받은 응우옌 테 추옌이었는데, 추옌은 결국 치에우의 협력 제안을 거부했다. 치에우는 이것 때문에 의기소침했던 것 같다. 그는 사이공에 돌아와서는 식민지 정부를 더 강하게 압박하라는 거리의 군중의 요구에 귀를 기울일 마음이 갑자기 사라지기라도 한 듯, 프랑스와 베트남의 협력을 호소하기 시작했다. 응우옌 안 닌은 감옥에 있고 부이 쾅 치에우는 횃불을 들 의사가 없었기 때문에 코친차이나의 소요는 곧 가라앉았다. 한 젊은 애국자는 절망에 사로잡혀 이렇게 소리쳤다. "우리 모두 판 추 친을 잊었단 말인가?"

광저우라는 유리한 위치에서 인도차이나에 반식민지 분위기가 급속히 고양되는 것을 관심 있게 지켜보던 응우옌 아이 쿠옥에게 이런 상황은 기회인 동시에 도전이었다. 갓 태어난 그의 혁명 조직은 인도차이나와 해외의 민족주의자들과 어느 정도 협력해야 할 것인가? 모스크바의 M. N. 로이를 비롯한 여러 사람이 부르주아 민족주의자 그룹들과 협력하는 것은 위험하다면서 유보적인 태도를 취했음에도, 응우옌 아이 쿠옥은 처음에는 그물을 넓게 던져 식민지 체제에 대항하는 세력을 가능한 한 광범위하게 끌어들이려 했다. 1924년 모스크바에서 작성한 보고서에서 쿠옥은 민족주의 정신 때문에 베트남 중부에서 1908년에 폭동이 일어났고, 쿨리(하층 노동자를 가리키는 말: 옮긴이)들이 자신의 상황에 저항했고, 베트남 상인들이 유럽인이나 화교와 경쟁할 결심을 했고, 학생들이 시위를 하고 판 보이 차우의 조직에 가입했다고 지적했다. 이제 횃불은 다음 세대로 전해지고 있었다. 그는 젊은 베트남인들이 서구의 전술을 사용하기 시작했기 때문에, 그들의 활동을 그의 목적에 맞게 활용할 수 있을 것이라고 믿었다.[51]

응우옌 아이 쿠옥은 광저우에 도착하자마자 다른 반식민지 조직들과 동맹을 맺어 운동의 기반을 확대하려 하였고, 응우옌 하이 탄 주위의 민족주의자들과 관계를 확립하려 했다. 응우옌 하이 탄은 판 보이 차우의 추종자로 그 무렵 차우를 도와 그의 광복회를 중국 쑨 원의 조직을 모델로 한 베트남국민당으로 바꾸는 일을 도왔다. 쿠옥은 또한 국내의 민족주의자들과 연계를 맺을 가능성을 람 둑 투와 논의했다. 베트남 중부에서 '젊고 근대적인 유형의 인물들'(아마 신월혁명당을 가리키는 말일 것이다)과 접촉하는 한편, 코친차이나에서는 부이 쾅 치에우나 칸 키(파리에서부터 알던 사람이었다) 등 온건한 인물들과도 접촉하여 그들의 협조를 얻을 수 있는지 확인하려 했다. 동료들은 차우가 치에우를 받아들일 의사가 있는지 확인한 뒤에 치에우와 관계를 수립하자는 신중한 태도를 보였으나, 쿠옥은 치에우가 협력을 약속하면 자금을 제공할 수도 있다고 고집했다.[52]

그러나 응우옌 아이 쿠옥에게 민족주의 조직들은 미묘한 문제를 제기했다. 혁명청년회는 그들과 어디까지 협력할 수 있을까? 1920년 제2차 코민테른 대회는 그런 부르주아 민족 해방 운동을 "그들이 진정으로 혁명적일 때에만, 그 대표자들이 우리의 교육 사업을 방해하지 않고, 농민을 비롯하여 착취당하는 광범위한 대중을 혁명적 정신으로 조직하는 것을 방해하지 않을 때에만" 지지해야 한다고 결론을 내렸다. 그러나 코민테른 지도자들 가운데 일부, 예를 들어 프랑스 공산주의자 자크 도리오 같은 사람들은 다른 조언을 했다. 도리오는 1927년 3월 4일 청년회의 전선 조직에 보내는 편지에서 좀더 폭넓은 접근 방법을 권유했다.

> 여러분의 당은 인도차이나 투쟁의 기본 세력이 노동 계급, 농민, 도시 프티 부르주아지임을 잊지 말아야 하지만, 제국주의의 지배 하에서는 극소수의 모리배를 제외한 모든 인민(노동자, 농민, 소매 상인, 지식인)이 반제국주의 투쟁에 관심을 가진다는 점을 잊지 말아야 합니다. 그들을 끌어들이려는 노력을 게을리하지 말고, 투쟁을 위해 그들을 매일 조직하십시오. 어떤 협력도 거절하지 마십시오. 거꾸로 협력을 이끌어내기 위해 무슨 일이든 하십시오.[53]

응우옌 아이 쿠옥은 도리오의 충고를 받아들이기는 했지만, 신중한 태도를 보였다. 청년회는 "진정으로 혁명적인" 부르주아 민족주의자 그룹들하고만 협력하라는 코민테른 노선을 따르면서, 쿠옥의 지도에 따라 동맹을 형성하는 문제에 대해 눈에 띄게 조심하게 되었다. 구옥온 부이 쾅 지에우에게 처음에는 관심을 표명했지만, 곧 치에우의 입헌당과 같은 '민족 개혁' 그룹들을 경멸하는 태도를 보였다. 그는 모스크바로 보내는 한 보고서에서 이런 그룹들은 공산주의에 반대하고 프랑스와의 협력을 지지한다고 말했다. 동맹은 코친차이나의 청년당과 베트남 중부의 신월혁명당 같은 좀더 급진적인 정당에는 약간 타협적인 태도를 보여, 동맹 가능성을 타진하기 위해 대표를 보내기도 했다.

그러나 청년회의 협상 자세는 일관되게 강경했다. 청년회는 동등한 합병은 거부하고, 경쟁 조직의 지도자에게 청년회에 들어와 종속적인 역할을 맡으라고 제안했다. 대화가 진행 중인 동안에도 청년회 회원들은 경쟁 조직의 대표들을 자신의 조직으로 끌어들이려고 열심이었다. 이런 경쟁 그룹의 회원들이 훈련소에서 공부하기 위해 광저우에 오면, 베트남에 돌아가서는 옛 동지들을 만나지 말라는 지침을 내렸다. 그런 일을 당한 민족주의 조직 지도자들이 이런 전술에 혐오감을 갖게 되고, 혁명청년회가 제안한 조건으로 동맹을 맺는 것을 거부한 것은 어찌 보면 당연한 일이었다.[54]

응우옌 아이 쿠옥은 프랑스 치안국의 체포를 피해 중국에 있어야만 했기 때문에 그가 베트남 내부에서 다른 그룹의 지도자와 직접 협상하는 일은 아주 적었던 것으로 보인다. 그러나 최종 결정은 그가 내렸을 것이다. 그가 광저우의 동료와 학생들에게 했던 말을 보면 경쟁 조직들에 대한 그의 태도에는 저항 운동의 대의를 위해 신중하게 협력을 해보겠다는 생각과 그들의 궁극적 동기에 대한 근본적인 의심이 결합되어 있었던 것 같다. 그는 그런 정당들과 동맹을 맺는 것이 유용할 수는 있지만, 어디까지나 전술적인 목적에만 한정될 뿐이라고 말하곤 했다.[55]

중국 혁명의 소용돌이

응우옌 아이 쿠옥은 베트남의 혁명 운동을 건설하는 데 노력을 기울이는 한편, 중국 남부의 진보적 인사들과 협력함으로써 중국 혁명에서 프롤레타리아적인 의무를 이행하려 했다. 쿠옥이 모스크바를 떠나기 전 토마스 돔발은 그에게 광저우에서 농민 인터내셔널의 대표로 일하면서 중국공산당이 중국 농민을 동원하는 일을 지원해달라고 요청했다. 처음에는 국민당과 협력하면 되는 일로 보였다. 모스크바에 와 있던 국민당 대표들은 농민 강령의 초안을 잡으면서 농민 인터내셔널의 지원을 요청하기도 했다. 돔발은 또 쿠옥에게 광둥성의 전지역에서 농민 조합을 건설할 것을 제안했는데, 당시 광둥 성 지역은 대부분 국민당 정부가 통제하고 있었다.

쿠옥은 이런 의무들을 이행하기 위해 광저우에 도착한 후 '농민운동연구소'를 찾아갔다. 이 연구소는 국민당 정부가 북부의 군벌 체제에 대항하여 농촌 혁명을 촉진하기 위해 1924년 세운 훈련기관이었다. 이 연구소는 광저우의 혁명청년회 본부에서 멀지 않은 낡은 절에 자리잡고 있었다. 쿠옥은 모스크바에 보내는 기사에서 이 연구소의 활동을 소개했다. 그는 중국의 농민 운동에 관여하면서 중국공산당의 유명한 활동가이자 이 연구소의 중요 간부 가운데 한 사람인 펑 파이와 사귀게 되었다. 펑은 1923년 광저우의 동부 해안에 수립되었던 농민 조직인 하이루펑(海豊과 陸豊) 소비에트를 지도했던 인물이다. 응우옌 아이 쿠옥은 이 실험에 열광했으며, 실제로 그 지역을 찾아가 이 문제에 대한 기사를 써 보내기도 했다. 펑은 그 보답으로 가끔 쿠옥의 훈련소에 와서 강의를 했다.[56]

응우옌 아이 쿠옥은 혁명 운동이 요동치던 시기에 중국에 도착했다. 1925년 여름에는 상하이에서 영국 경찰이 중국인 시위대에 발포하여 몇 명이 사망한 이른바 5·30사건이 시발점이 되어 광저우에서도 대규모의 노동자 파업이 일어났다. 응우옌 아이 쿠옥은 시위에 참가하여 시위대를 격려하는 연설을 하면서, 어색한 억양의 광둥어로 인도차이나 인민은 그들의 편이라고 선언했다. 그는 국민당 제2차 전국대회에 참여하는 등 좀 더 공식적인 활동도 했다. 이 대회는 1926년 1월 당 내의 반공 세력의 영향력 확대를 억제하기 위한 좌익의 요구에 따라 개최되었다. 쿠옥은 집회에서 연설하면서 인도차이나의 상황을 이야기했다. 그는 프랑스가 중국의 시위 소식이 베트남인들의 귀에 들어가는 것을 필사적으로 차단하고 있다고 말했다. 그럼에도 그의 동포와 아시아의 다른 식민지 민족들은 공동의 압제자들과 싸우기 위해 중국 인민과 단결하기를 갈망하고 있다고 주장했다. 그러나 이것은 실제보다 과장된 이야기였다. 그 무렵 그가 설립에 참여했던 동방피압박민족연합회는 여러 민족 그룹들 사이의 언쟁이 격화하

면서 해체되고 말았다. 쿠옥에게는 파리의 식민지연맹에서 부딪혔던 문제들을 기억나게 하는 사건이었다.[57]

결혼과 국민당 분열

1927년 봄, 응우옌 아이 쿠옥이 광저우에 머문 지도 2년이 지났다. 그는 혁명가들 사이에서 명성과 존경을 얻었으며, 저우 언라이, 청년 조직가 장 타이레이(張太雷), 국민당의 좌익 지도자 랴오 중카이 같은 중국공산당 당원들과 가까워졌다. 중국 남부에서 그의 생활은 잠깐이기는 하지만 안정되는 느낌이었다. 어쩌면 그래서였는지도 모르지만, 그는 중국인 부인을 얻어 중국어 공부와 가사에 도움을 얻어보겠다고 생각했다. 그는 적당한 짝을 찾기 위해 가까운 동료인 람 둑 투와 이 문제를 의논했던 것 같다. 람 둑 투는 중국에 오래 살았고, 지역 주민도 많이 알았다. 그러나 쿠옥은 중국의 전통적인 결혼 관습은 따르지 않겠다고 고집을 부렸다. 즉 돈을 내고 부인을 얻지는 않겠다는 뜻이었다.

그 직후 람 둑 투는 쿠옥에게 탕 투옛 민이라는 젊은 중국 여자를 소개해주었다. 광저우의 부유한 상인이 세 번째 부인에게서 낳은 딸이었다. 아버지가 죽자 집에서 쫓겨난 투옛 민은 어려운 형편으로 살아가다가 람 둑 투의 부인과 사귀게 되었고, 그녀를 통해 응우옌 아이 쿠옥을 소개받은 것이다. 투옛 민은 교육을 거의 받지 못했다. 동료들 가운데 일부는 둘의 결혼을 반대하기도 했다. 그러나 쿠옥은 동료들의 조언을 무시하고 청혼하기로 결심했다. 신혼부부는 보로딘의 저택에 있는 쿠옥의 방에서 살았다. 투옛 민은 용모는 매력적이었지만(어떤 사람의 묘사에 따르면, 그녀는 날씬한 몸매에 피부가 맑고 머리는 어깨까지 내려왔으며 얼굴은 동그스름하고 입이 작았다) 민족 문제에는 거의 관심이 없었다. 남편도 몇 번 시도를 해본 끝에 그녀를 자신의 정치적 입장으로 전향시키려는 노력을 포기하고 말았다. 쿠옥은 이 결혼에서 딸을 하나 얻었다고 전해진다.[58]

어쨌든 응우옌 아이 쿠옥의 광둥 시절은 끝나가고 있었다. 그가 베트남인들의 불만을 선동하려고 애쓰는 동안 중국의 상황은 급속하게 변하고 있었다. 중국공산당은 몇 년 동안 중국 남부의 몇몇 성에서 쑨 원의 국민당과 불편한 동맹을 맺고 협력해왔다. 이 동맹이 유지되었던 것은 주로 쑨 원이라는 개인의 힘, 그리고 그와 코민테른 고문 미하일 보로딘의 협력 덕분이었다. 그러나 쑨 원은 1925년 3월 베이징에서 군벌 펑 위샹과 협상하던 도중 간암으로 타계했고, 쑨 원의 군사 고문이자 황푸 군관학교 교장이던 장 제스가 짧은 권력 투쟁 끝에 후계자 자리에 올랐다. 장은 전술적인 필요 때문에 일단 중국공산당과 동맹을 유지했지만, 국민당의 보수적인 세력 내에서는 반공 정서가 확산되고 있었다. 장 제스도 공산주의자들을 의심했다. 아마 1923년 소련을 방문했을 때 모스크바의 장기적인 목표가 동맹 관계를 통해 국민당을 이용한 뒤에 버리는 것임을 알게 되었기 때문일 것이다. 1927년 4월 12일 중국 중부와 북부의 군벌들에 대한 국공합작 공격 와중에 국민당은 분열되기 시작했다. 국민당의 좌익이 장 제스의 해임을 요구하자, 장은 중국 최대의 도시 상하이에서 자신의 부대에게 수천 명의 공산주의자들과 그 동조자들을 학살하라고 명령했다.

장의 행동은 광저우에도 즉시 영향을 미쳤다. 다음 날 국민당 사령관 리 지선(李濟深)이 이끄는 군대가 광둥성 전역에서 공산주의자 2천 명을 체포했다. 황푸 군관학교도 점령하여, 좌익으로 지목된 수백 명을 체포하여 총살했다. 그 가운데는 혁명청년회와 관련된 베트남인 학생들도 끼어 있었다. 응우옌 아이 쿠옥의 친구인 장 타이레이도 희생당했다. 리의 부대가 소련 영사관에서 일하는 관리들의 집을 점거하자, 미하일 보로딘을 비롯한 몇 사람의 고문은 우한(武漢)으로 떠났다. 우한은 그 전해 겨울 광저우 정부가 새로 자리를 잡은 곳이었다.

처음에 프랑스 당국은 응우옌 아이 쿠옥이 보로딘 일행을 따라 중국 중부로 간 것으로 생각했다. 그러나 쿠옥은 광저우에 남아 있었다. 아마 자신이 베트남인으로서 국민당의 많은 관리들과 좋은 관계를 유지하고 있어 체포당하지 않을 것이라고 확신했기 때문일 것이다. 그는 확실하게 안전을 도모하기 위해, 비밀 장소로 피신하여 신문을 팔면서 생계를 유지했다. 그러나 4월 말 또는 5월 초, 탐 탐 사 출신으로 그와 긴밀하게 협력해오다가 시 방위대의 관리로 일하고 있던 추옹 반 렌이 그에게 곧 체포될 위험이 있으니 가능한 한 빨리 광저우를 뜨라고 충고했다.[59]

리 지선 휘하의 경찰에게 응우옌 아이 쿠옥이 공산주의자라고 고발한 사람은 얄궂게도 쿠옥이 동맹자라고 생각한 베트남인이었다. 쿠옥은 광저우에 도착한 이후 응우옌 하이 탄을 비롯하여 베트남국민당의 다른 고위 당원들과 협력 관계를 수립하려고 노력했다. 탄은 람 둑 투의 친한 친구이고, 한때 그의 집에서 살기도 했다. 1926년 봄이 되면서 쿠옥과 탄의 관계에 금이 가기 시작했다. 탄이 혁명청년회의 공산주의적 경향에 대해 점차 비판적인 태도를 취했기 때문이다. 쿠옥은 또 탄이 자신의 조직을 약화시키거나 흡수하려 한다고 생각하여 분노했다. 1926년 말 중국국민당의 고위 당원인 추옹 보이 콩이 베이징에서 광저우로 와 응우옌 하이 탄에게 독립 운동에 집중하면서 청년회의 영향력과 싸워나갈 새로운 조직을 만들라고 충고했다. 그 뒤 두 베트남 그룹 사이에 틈이 점점 벌어졌으며, 5월 초에 중국 당국에 응우옌 아이 쿠옥을 고발한 사람도 응우옌 하이 탄이라는 이야기가 있다.

정작 치안국에 청년회의 활동을 정기적으로 보고하던 람 둑 투는 응우옌 아이 쿠옥을 프랑스인들에게 판 적이 없다. 자신이 첩자였다는 사실이 드러날 것을 우려했기 때문인지도 모르겠다. 그러나 그는 청년회의 주요 인물들의 사진은 찍었다. 그는 이 사진들을 프랑스 영사관에 전달했으며(현재 프랑스 문서보관소에 보관되어 있다), 이것은 프랑스 당국이 응우옌 아이 쿠옥의 동료들의 정체를 파악하는 데 큰 도움이 되었을 것이다. 그의 동료들 가운데 일부는 훗날 쿠옥이 신중하지 못해 람 둑 투를 신뢰했고,

그런 사진들을 찍도록 놓아두었다고 신랄하게 비판했다.[60]

  1927년 5월 5일 응우옌 아이 쿠옥은 비밀 은신처를 떠나, 부인을 광저우에 남겨둔 채 홍콩으로 가는 기차를 탔다. 같은 날 중국 관리들이 그의 거처를 급습했다. 쿠옥은 다시 떠돌이가 되었다.[61]

5장 마법의 검

1927
1930

"프랑스에서는 일할 수 없고, 독일에서는 쓸모없고, 인도차이나에서는 나를 원합니다. 그래서 이미 그곳으로 돌아가겠다고 요청했습니다. 동지들에게 보내는 편지에서 나는 이미 여행과 사업에 필요한 비용을 청구했습니다. …… 나는 현재 어려운 상황에 처해 있습니다. 1) 무한정 기다리는 것(넉 달이나 지령을 기다리고 있습니다). 2) 먹고 살 수단이 없다는 것."
―베를린에서 인도차이나 귀환을 요청하며 러시아 극동국에 보낸 편지에서

5 | 마법의 검

홍콩으로 가는 기차의 창 밖으로 벼가 파랗게 돋아오른 논을 바라보며 응우옌 아이 쿠옥은 자신의 처지에 대하여 착잡한 느낌을 지우지 못했을 것이다. 광저우에서 2년간 했던 일은 몇 가지 면에서는 분명히 만족스러웠다. 그는 미래의 인도차이나공산당의 굳건한 기초를 닦았으며, 거의 1백 명에 이르는 헌신적인 전사들을 키워냈다. 그들 가운데 일부는 이미 베트남의 3대 지역으로 돌아가 혁명 네트워크를 만들고 있었다. 그러나 중국공산당에 대한 장 제스의 선제 공격은 아직 어린 조직에 심각한 타격을 주었다. 이제 혁명청년회는 중국 남부에서 활동을 계속하기 어려웠다. 본부도 옮겨야 했다. 쿠옥 자신도 정처 없이 길을 나섰다. 동료들과 연락이 단절될 수도 있었다. 조직을 복구하는 데 몇 년이 걸릴지도 몰랐다.

응우옌 아이 쿠옥(여전히 리 투이라는 이름으로 활동하고 있었다)은 처음에는 영국 직할 식민지 홍콩에 장기간 머물며 청년회의 다른 회원들과 연결을 유지하고 새로 본부를 차릴 자리를 물색할 계획이었는지도 모른다. 그러나 홍콩 당국은 그의 신분증을 수상쩍게 여겨 24시간 안에 떠나라는 명령을 내렸다. 그는 다음 날 배를 타고 상하이로 떠났다. 이 커다란 상업 도시는 전 달 장 제스로부터 당한 '백색 테러'의 상처 때문에 여전히 가쁜 숨을 몰아쉬고 있었다. 응우옌 아이 쿠옥은 안전을 위해 고급 호텔에 방을 얻고 부유한 부르주아지처럼 옷을 입었다. 돈이 금세 바닥났지만, 그는 결국 블라디보스토크로 가는 배를 탈 수 있었다.[1]

응우옌 아이 쿠옥은 소비에트의 극동 혁명 기지 역할을 하고 있던 블라디보스토크에서 오랜 친구 자크 도리오를 만났다. 도리오는 프랑스공산당의 젊은 샛별 가운데 하나였다. 그는 코민테른 요원 그리고리 보이틴스키도 만났는데, 보이틴스키는 중국 공산주의 운동을 태동기 때부터 지원해 온 인물이었다. 도리오는 쿠옥에게 유럽으로 돌아갔다가 시암으로 가서, 프랑스공산당의 지원을 받아 시암에서 활동하는 청년회 활동가들과 더불어 인도차이나의 운동을 재건하라고 제안했다. 보이틴스키는 상하이로 돌아가 그곳의 프랑스 조계에 주둔하고 있는 베트남 부대와 일을 해보라고 제안했다.

응우옌 아이 쿠옥은 보이틴스키의 이야기에도 정중하게 귀를 기울였지만, 도리오의 제안이 훨씬 더 마음에 들었다. 사실 그는 광저우를 떠나기 전부터 두 가지 가운데 하나를 선택할 수밖에 없다고 결론을 내리고 있었다. 즉 체포 위험을 무릅쓰고 중국에 남느냐, 아니면 시암으로 가서 이웃 인도차이나의 운동과 연락망을 복구하느냐였다. 쿠옥은 기차를 이용해 6월 초에 모스크바에 도착했다. 그곳에서 그는 중국으로 돌아가는 것보다는 시암으로 가는 쪽을 택하겠다고 결정하고, 극동국에 공식 여행 요청서를 보냈다. 그는 보고서에서 가장 중요한 일은 인도차이나 내부의 운동을 강화하는 것이라고 주장했다. 그곳에는 최근 중국에서 일어난 사건들의 소식을 듣고 실망하는 분위기가 퍼져 있을 것이 틀림없었다. 쿠옥은 상하이보다는 시암이 인도차이나에 더 효과적으로 영향력을 행사할 수 있는 위치라고 생각했다.[2]

응우옌 아이 쿠옥은 극동국에 보내는 요청서에서 시암으로 갔다가, 그곳에서 인도차이나로 가 "약 2년으로 추정되는 식민지 생활을 하는 데" 필요한 돈을 청구했다. 쿠옥은 코민테른의 결정을 기다리는 동안 임시로 코민테른 본부에서 일했다. 여가 시간을 이용해 〈인프레코르〉에 인도차이나의 상황에 대해 많은 글을 발표하기도 했다. 그는 흑해 연안 크룸 근처 에파토리아의 요양소에서 알 수 없는 병으로 요양을 한 뒤, 스탈린 학교의 승인을 받아 자신이 앞서 광저우에서 파견했던 베트남 학생들을 위한 별도의 과를 만들었다. 당시 모스크바에 있던 5명의 베트남 학생 가운데는 찬 푸도 있었다. 그는 쾅 응아이 성(廣義省) 출신으로, 여윈 얼굴에 인상이 강렬한 젊은 전사였다. 조정 관리의 아들인 찬 푸는 후에의 국학에 다니다가 베트남 중부에서 작은 민족주의 조직에 가입했다. 동료들은 응우옌 아이 쿠옥과 동맹 문제를 협의하라고 그를 광저우로 보냈는데, 그는 광저우에서 청년회에 가입하기로 결정했고, 1927년에는 모스크바로 파견되었다. 그는 곧 뛰어난 머리와 헌신적인 태도로 두각을 나타냈다.[3]

인도차이나는 나를 원합니다

응우옌 아이 쿠옥은 1927년 11월 코민테른으로부터 여행 요청서에 대한 답장을 받았다. 시암 대신 파리로 가서 프랑스공산당을 도와 인도차이나의 혁명 운동을 건설할 효과적인 행동 계획을 작성하라는 지침이었다. 이것은 프랑스 내의 베트남인들을 대상으로 하는 활동만이 아니라, 시암을 비롯한 인도차이나 이웃지역에 기지를 만드는 활동도 포함되었다. 그러나 그가 장차 아시아로 돌아가는 데 필요한 자금은 승인해주지 않았다.

쿠옥은 프랑스로 가는 길에 잠깐 베를린에 들렀다. 그는 그곳에서 독일의 동지들이 새로운 '반제국주의 동맹' 지부를 만드는 것을 도왔다. 이 동맹은 소비에트의 해외 작전을 위한 전면 조직이었다. 이어 그는 가명으로 파리로 갔고, 그곳에서 몽마르트르의 프랑스공산당 본부에 신고했다. 그러나 프랑스공산당은 그에게 일자리도 주지 않았고, 재정적인 지원을 해주지도 않았다. 쿠옥은 틀림없이 화가 났을 것이다. 그는 5월에 모스크바에 있는 한 동료에게 보내는 편지에서 프랑스공산당이 계속 식민지 문제를 제대로 다루지 못한다고 울분을 토했다. 그는 프랑스공산당이 식민지 문제에 약간 관심을 보이기는 하지만, 대부분은 서류상의 일일 뿐이라고 불평했다. 그는 자신의 말을 뒷받침하기 위해 직접 겪은 일을 이야기해주었다.

파리에서 한 달 반을 보냈는데 도리오는 수감 중이었고 다른 사람들과는 이야기할 기회가 없었습니다. 나는 극동으로 돌아간 뒤에 그들과 접촉할 수 있도록 주소를 알려달라고 여러 차례 요청했지만 번번이 거절당했습니다. 그들은 식민지위원회에 식민지 사업을 위한 예산이 있다고 주장하지만, 그곳의 금고는 텅 비어 있다는 이야기도 들립니다. 식민지위원회의 재정을 감사해야 하며, 이 위원회는 다른 동지들에게 자신의 사업과 계획에 대해 정기적으로 보고서를 제출해야 한다고 생각합니다. 나아가서 인도차이나의 우리 민족과 접촉할 수 있는 좀더 효과적인 수단을 마련해야 합니다. 그래야 내가 늘 그들과 연락할 수 있기 때문입니다.[4]

응우옌 아이 쿠옥은 아시아로 돌아갈 자금을 확보할 때까지 프랑스에 머물 생각이었을 것이다. 그러나 치안국이 그가 프랑스로 돌아왔다는 소문을 듣고 그를 찾아내려고 혈안이 되었다는 이야기를 듣게 되었다. 그는 12월 초 브뤼셀에서 열리는 반제국주의 동맹의 집행위원회 회의에 참석했다. 이 회의에서 그가 공개적인 발언을 했다는 기록은 남아 있지 않지만, 어쨌든 그는 회의에 참석한 많은 대표들과 사귈 수 있었다. 그 가운데는 인도네시아의 민족주의자 수카르노, 인도의 민족주의자 모티랄 네루(미래의 인도 총리 자와할랄 네루의 아버지), 쑨 원의 미망인 쑹 칭링(宋慶齡) 등이 포함되어 있었다. 또 파리와 모스크바에서 알고 지냈던 일본의 공산주의자 가타야마 센(片山潛)도 다시 만났다. 특히 쑹 칭링은 머지 않아 중요한 시기에 그에게 큰 도움을 주게 된다.[5]

12월 중순에 회의가 끝난 뒤 응우옌 아이 쿠옥은 잠깐 프랑스로 돌아왔다가 기차를 타고 베를린으로 떠났다. 쿠옥은 베를린에 도착한 뒤 모스크바의 토마스 돔발에게 편지를 보내, 2, 3주 후에 인도차이나로 돌아가기를 바라는데, 농민 인터내셔널에서 그의 여행 경비를 보조해주고, 미래 사업의 행동 계획을 제시해줄 수 있느냐고 물었다. 그러나 6월 초에야 도착한 돔발의 답장에는 확실한 이야기가 없었다. 돔발은 인도차이나의 상황을 분명하게 알지 못한다면서, 쿠옥에게 중국과 인도차이나 국경지대의 농민을 동원하여 조직을 결성하고 선전을 해나가는 임무에 우선 관심을 기울이라고 제안했다. 그러나 재정 지원 가능성에 대해서는 아무런 언급이 없었다.[6]

응우옌 아이 쿠옥은 이후 몇 달 동안 베를린에 머물며 자신의 요청에 대한 좀더 분명한 답이 오기를 기다렸다. 그는 생활비를 최대한 절약하기 위해, 독일공산당 당원 가운데 아는 사람과 함께 살았다. 그는 여러 문제에 대해 글을 썼는데, 그 가운데는 펑 파이의 광둥 성 하이루펑 소비에트 운동에 대한 이야기도 포함되어 있었다. 쿠옥은 중국에서 농민 운동에 관여했던 경험을 회상하는 글을 쓰겠다는 계획도 세웠다. 쿠옥은 모스크바에 있는 한 동지에게 보내는 편지에서 그 책이 120페이지 정도 분량이며, 5장으로 구성될 것이라고 말했다. 그러나 4월이 되면서 돈이 바닥나고 마음도 초조해지자, 극동국에 자신의 상황을 알리는 짧은 편지를 보냈다. 이 편지는 암호문 같지만 뜻은 분명하다.

프랑스에서는 일할 수 없고, 독일에서는 쓸모없고, 인도차이나에서는 나를 원합니다. 그래서 이미 그곳으로 돌아가겠다고 요청했습니다. 동지들에게 보내는 편지에서 나는 이미 여행과 사업에 필요한 비용을 청구했습니다. 도리오가 베를린을 거쳐갈 때, 나의 상황에 관심을 기울이겠다고 약속했습니다. 나는 그에게 사업 자금이 없다면 출발할 수 있는 여비만이라도 달라고 말했습니다. 인도차이나에서 할 일이 많은데도 1년 이상 이 나라 저 나라를 정처 없이 떠돌았기 때문입니다. 그러나 지금까지 동지들로부터 지침을 받지도 못했고, 도리오에게서 답장을 받지도 못했습니다. 나는 현재 어려운 상황에 처해 있습니다. 1) 무한정 기다리는 것(넉 달이나 지령을 기다리고 있습니다), 2) 먹고 살 수단이 없다는 것. MOPRE[혁명 동지들을 지원하기 위한 코민테른 부서]에 그렇게 말을 했지만 나를 무제한 지원할 수는 없다고 말합니다. 일주일에 18마르크만 주겠다는 것입니다(그것으로는 먹고 살 수 없습니다……). 따라서 무슨 일을 하고 언제 떠날 수 있는지에 대해 되도록 빨리, 되도록 자세한 지침을 내려주시기 바랍니다.[7]

두 주 뒤, 그는 마침내 모스크바로부터 인도차이나로 돌아가도 좋다는 허가를 받았다. 여비와 3개월치 하숙비는 프랑스공산당이 지급하기로 했다. 5월 중순에 그는 극동국에 편지를 보내, 떠나도 좋다는 허가를 받았으며, 월말에 출발할 것이라고 말했다.[8]

응우옌 아이 쿠옥은 6월 초에 베를린을 떠나 기차로 스위스를 통과하여 이탈리아에 이르렀다. 오랜 세월이 흐른 뒤 그는 이 여행을 이렇게 회고했다.

이탈리아 통과 여행을 허가해달라고 요청하자, 파시스트 정부는 아주 까다로운 질문들을 던졌다. 국경에서 경비병들은 2천 페이지 분량의 《반코민테른 사전(The Anti-Comintern Dictionary)》이라는 책을 참조했다. 여기에는 세계의 혁명가들 이름이 알파벳 순서로 정리되어 있었다. 그들은 거기서 내 이름을 찾지 못하자 통과시켜주었다.

그는 밀라노를 거쳐 로마로 갔으며, 그곳에서 경찰서로 끌려가 심문을 받았고, (그 자신의 이야기에 따르면) 매를 맞아 정신을 잃었다. 나중에 심문을 주도했던 책임자가 악수를 하더니 담배를 내밀며 다시 질문을 계속했다. 응우옌 아이 쿠옥은 훗날 이 사건을 회고하면서, 독자들에게 경험 없는 사람은 자본주의자들의 교묘한 함정에 쉽게 빠질 수 있다고 경고했다. 쿠옥은 석방된 뒤 나폴리로 갔으며, 6월 말 그곳에서 일본 배를 타고 시암으로 향했다.[9]

시암의 친 신부

응우옌 아이 쿠옥은 1928년 7월에 방콕에 도착했다. 시암은 유럽의 식민지가 아니었고 또 상대적으로 안정된 사회였기 때문에, 정부는 외국인들이 비교적 자유롭게 활동하도록 허가해주었다. 심지어 응우옌 아이 쿠옥처럼 악명 높은 혁명가도 그런 대우를 받을 수 있었다. 또한 시암 왕국에는 베트남인들이 많이 살고 있었다(베트남인 이민자들을 베트남어로는 비엣 키에우라고 불렀다). 그들은 대부분 북동부의 평탄하고 건조한 코라트 고원지대에 살고 있었다. 덕분에 응우옌 아이 쿠옥도 눈길을 끌지 않고 자유롭게 돌아다닐 수 있었다. 북동부에서는 혁명청년회의 회원들이 이미 그의 명령에 따라 비엣 키에우 공동체 내에 지부를 설립하는 사업에 손을 대고 있었다. 시암 북동부에서 안남 산맥을 넘어 베트남 중부로 들어가는 데 도보로 불과 2주일밖에 안 걸린다는 것도 중요한 점이었다.

식민지 체제에 반대하는 베트남인들은 이 지역을 오래 전부터 피신처로 활용하고 있었다. 당시 시암에 살고 있던 2만 명 이상의 베트남인들은 대부분 20세기 초에 이주했다. 이 가운데 다수가 칸 부옹과 판 보이 차우의 반식민지 운동을 지지했다. 차우는 자신의 추종자 다수가 그곳에 정착하기 시작하자 1908년에 방콕을 방문하여 시암 정부에 그들이 농업에 종사하도록 허용해달라고 요청했다. 시암 관리들 가운데는 프랑스를 불신하고 베트남인들에게 공감하는 사람들이 많아 그의 요청은 받아들여졌다. 그 결과 방콕 북부 차오프라야 강 유역의 피칫에 베트남인 농장이 건설되었다. 몇 년 뒤 차우의 광복회는 시암에 지부를 개설했으며, 수많은 베트남 급진주의자들—장차 청년회의 회원이 되는 호 퉁 마우, 레 홍 손, 팜 홍 타이를 포함하여—이 중국으로 가는 길에 시암을 거쳐 갔다. 응우옌 아이 쿠옥은 1924년 모스크바에서 광저우에 온 뒤 이 지역에 혁명청년회 기지를 건설할 계획을 세웠다. 1925년에는 호 퉁 마우를 보내 피칫을 비롯하여 나콘 파놈, 우돈 타니, 북동부의 사콘 나콘의 베트남 공동체에 4개 지부를 건설하게 했다. 공동체 조직이 잘 이루어진 곳에서는 조합이 결성되어 공동의 이익을 위한 경작과 제조 사업을 했다.[10]

1928년 8월 지역 주민과 똑같은 소박한 옷을 입고 친 신부라고 자신을 소개하는 베트남 사람이 방콕에서 북쪽으로 3백 킬로미터 정도 떨어진 피칫 부의 반동에 도착했다. 이 마을에는 베트남인 약 20가구가 있었는데, 이들은 1926년에 청년회 지부를 결성했다. 나그네는 이 마을에 2주 정도 머물면서 각 가정을 찾아가 세계 정세와 인도차이나 내부 상황을 이야기했다.[11]

9월에 응우옌 아이 쿠옥(여전히 친 신부 행세를 하고 있었다)은 그 마을이 작전 기지로는 너무 작다고 판단하고 반동을 떠나 북동부의 우돈 타니로 갔다. 열흘 간 정글의 좁은 길을 걷는 등 힘든 여행을 하느라 보름이나 걸렸다. 이 여행자들 무리는 자신의 짐만이 아니라 식량도 들고 갔다. 친 신부는 처음에는 힘들어하면서 다른 사람들보다 뒤처졌다. 발이 부르트고 호흡은 가빴다. 그러나 그는 의지력으로 버텨냈다. 여행이 끝날 무렵에는 기운을 내 하루에 70킬로미터를 걷기도 했다.[12]

우돈은 반동보다 훨씬 큰 도시였으며, 베트남 공동체 역시 훨씬 컸다. 코라트 고원의 다른 중심 도시들과 연락하기도 편리했다. 그 결과 1926년에 건설된 청년회 지부는 시암의 모든 청년회 사업의 중심 역할을 하고 있었다. 쿠옥은 친 신부라는 이름을 그대로 쓰면서(베트남 공동체 가운데 극소수만이 그의 정체를 알고 있었다), 지지자들에게 급진적 청년들만이 아니라

지역 주민 전체에게 호소함으로써 조직을 확대하고 청년회의 대중적 기초를 확립해야 한다고 강조했다.

응우옌 아이 쿠옥은 몇 달 동안 우돈에 머물면서 동포들의 일하는 습관과 생활의 변화를 주도했다. 시암 북동부에 사는 베트남인들은 대부분 도시의 상인이나 장인들로 힘든 육체 노동에는 익숙하지 않았다. 지역 주민과 접촉하거나, 타이 어를 배우려고 애쓰는 사람이 거의 없었다. 쿠옥은 이런 습관들을 바꾸려고 줄기차게 노력했으며, 몸소 힘든 육체 노동에 종사함으로써 본을 보이려고 했다(정부에서 지역 학교의 건립을 허가하자, 벽돌을 날라 공사를 도왔다). 저녁이면 마을 사람들에게 세계 정세와 인도차이나 내부 상황에 대해 이야기했다. 베트남인 공동체는 우물을 파고, 나무를 베고, 학교를 건설하면서 점차 주변 타이 주민과 관계를 개선해나갔다. 쿠옥 자신도 타이 어를 배우기로 하고 하루에 단어 열 개를 암기하겠다는 계획을 세운 뒤 엄격하게 실행에 옮겼다. 그는 베트남인들이 타이 어를 배우고 지역 관습을 이해하는 데 도움을 줄 수 있는 학교를 세웠다. 그는 시암은 그 지역의 식민 세력들의 관용 덕분에 간신히 독립을 유지하고 있는 상황이기 때문에, 시암 사람들은 인도차이나에서 벌어지는 투쟁에 공감한다고 주장했다.

응우옌 아이 쿠옥은 또한 동포의 정치 의식을 높이기 위한 활동도 시작하여, 베트남이 프랑스인들에게 독립을 잃는 과정을 생생하게 묘사한 시와 극을 썼다. 그는 청년회 회원들이 그 지역에 세운 '탄아이(우정)' 협회를 통해 활동했다. 그리고 동부의 묵다한에서부터 라오스의 행정 수도인 비엔티안에서 메콩 강을 건너면 바로 나오는 농 카이에 이르기까지 계속 여행을 하며 청년회 활동을 위한 새로운 세포들을 결성했다. 쿠옥은 청년회의 선전력을 높이기 위해 지역의 베트남어 정기간행물인 〈동 타인(Dong Thanh, 한마음)〉을 정비하여 〈탄 아이(Than Ai)〉로 개칭하고 지역 독자들이 좀더 쉽게 읽을 수 있도록 단순한 표현들을 사용했다.[13]

1929년 초 응우옌 아이 쿠옥은 사콘 나콘으로 갔다. 그곳에는 베트남 교포가 우돈보다 많았다. 그러나 이 지역에 사는 청년회 회원들의 회고에 따르면, 사콘 나콘의 비엣 키에우는 우돈에 비해 정치적 각성이 뒤떨어졌다. 이곳에는 기독교인이 많았다. 불교도나 베트남의 영웅 찬 흥 다오(陳興道, 13세기의 장군: 옮긴이)의 귀신을 믿는 전통적인 신자들도 많았다. 쿠옥은 병을 고치기 위해 지역 절에 제물을 바치는 사람이 아직도 많다는 것을 알고 그들에게 근대적인 약품을 소개해주고 의사들을 초빙했다. 그러나 지역의 신앙을 자신의 목적에 맞게 이용하는 데도 거리낌이 없어, 찬 흥 다오를 찬양하는 노래 가사를 쓰기도 했다.

> 디엔 홍의 절 수호신들 앞에서 설교를 들으며,
> 사람들은 한마음으로 결심을 한다.
> 베트남을 강탈하려 하는 자는
> 먼저 우리를 남김없이 죽여야 하리라.
>
> 이 땅에 베트남 사람이 하나라도 남아 있는 한
>
> 베트남의 산과 물은 영원히 그의 조국.[14]

프랑스 당국은 응우옌 아이 쿠옥이 1927년 5월 광저우를 떠나고 나서 2년 동안 그의 소재를 파악하지 못했다. 그러나 그가 모스크바에 체류했다는 보고가 올라오기 시작했으며, 마침내 치안국은 그가 1927년 말에 잠깐 파리에 있었다는 사실을 확인했다. 그러나 12월에 브뤼셀을 떠난 뒤로는 종적이 묘연했다. 그러다가 1928년과 1929년에는 그가 시암에 있다는 소문이 들려왔고, 더불어 시암 동부의 비엣 키에우 마을들을 돌아다니는 낯선 인물에 대한 정보가 올라왔다. 쿠옥은 아주 신중하게 행동해야 했다.

프랑스 정부와 후에의 제국 정부 양쪽에서 그를 찾고 있었다. 1929년 10월 10일 빈의 재판소는 궐석 재판을 열어 그에게 안남에서 반역을 도모한 혐의로 사형을 선고했다. 쿠옥은 그의 회고에서 프랑스는 그가 시암에 있다는 것을 알았지만 정확한 위치를 몰랐기 때문에 경찰을 보내 그를 찾았다고 주장한다. 한 번은 아슬아슬하게 쫓기는 바람에 변장을 하기 위해 머리카락을 자르고 탑 안에 숨은 적도 있었다고 한다.[15]

세 개의 공산당

응우옌 아이 쿠옥이 시암으로 가는 동안 중국 남부의 그의 동료들은 혁명청년회를 유지하기 위해 분투하고 있었다. 조직원 대부분은 체포당했지만 곧 석방되어, 레 홍 손과 호 퉁 마우의 지도 하에 광저우에서 활동을 계속할 수 있었다. 그러나 본부는 런싱 거리 근처의 좁은 골목으로 옮겼다. 이곳은 다둥 문 근처로, 훈련소가 처음 있던 자리와 가까웠다. 1927년 12월, 중국공산당의 활동가들이 광저우에서 필사적으로 새로운 봉기를 일으켰다. 청년회원 다수가 봉기에 참여했으나, 광저우 정부가 붕괴하면서 그 가운데 몇 명이 국민당 군대에 죽음을 당했다. 레 홍 손을 비롯한 다른 사람들은 체포되어 반역 혐의로 재판에 회부되었다. 그러나 국민당 당국은 법정에서 혐의를 입증할 수 없었기 때문에 구금했던 사람들을 결국 풀어주었다. 대신 중국을 떠나라고 명령했다. 호 퉁 마우는 청년회 본부를 홍콩으로 옮겼는데, 그곳에서 잠시 중국공산당, 모스크바의 코민테른과 연락이 끊겼다.[16]

이런 좌절에도 불구하고 청년회는 1928년 초에 베트남 저항 운동에서 확실한 자리를 잡게 되었다. 청년회는 베트남 내부까지 조직망을 확대했으며, 프랑스 식민지 체제에 반대하는 통일전선을 형성하기 위해 비공산주의적인 민족주의 조직들과 협상을 계속했다. 그러나 상호 불신이 깔려 있는데다가 청년회의 지도를 받아들여야 한다고 고집을 부렸기 때문에 협상은 더욱 어려웠다. 1927년 12월 하노이에서 급진적 민족주의자들이 베트남국민당(비엣 남 쿠옥 단 당)이라는 새로운 정당을 결성했다. 새로운 정당은 중국에 망명한 판 보이 차우의 조직 — 거의 활동을 중단한 상태였다. — 과 이름이 같았지만, 통킹과 안남 북부의 젊은 교사와 저널리스트들로 이루어진 별개의 조직이었다. 국민당은 창당되고 나서 몇 달 동안 청년회와 협상을 했다. 한 번은 시암으로 대표를 보내 청년회 대표자들과 회담을 하기로 했으나, 청년회측이 회의에 나오지 못했던 것 같다. 어쨌든 두 그룹의 이데올로기에는 건널 수 없는 차이가 있었다. 국민당 지도자들은 마르크스주의 계급 투쟁을 거부하고, 그들의 공식 강령으로 쑨 원이 제창한 온건한 사회주의적 경향의 '삼민주의'를 채택했다. 둘은 전술도 달랐다. 국민당 지도자들이 국내에서 조직의 지도력을 유지하겠다고 고집했기 때문이다. 그 결과 두 그룹 사이에 곧 치열한 경쟁이 시작되었다.[17]

청년회는 베트남 내 다른 반식민지 그룹들과 공동 보조를 취하는 데 어려움을 겪었을 뿐 아니라, 심각한 내분을 겪게 되었다. 청년회는 베트남 민족주의 운동 내에서 가장 역동적인 세력으로 빠르게 자리를 잡아가면서, 해외의 비엣 키에우만이 아니라 베트남의 3개 지역 전체에서 새로운 회원들을 모으고 있었지만, 속에서는 불만이 끓고 있었다. 청년회는 처음부터 두 가지 경쟁적인 목표를 중심으로 구축되었으나, 명민한 창건자 응우옌 아이 쿠옥은 둘 사이의 잠재적 모순을 교묘하게 처리해왔다. 쿠옥이 지도하는 청년회는 민족 독립에 대한 열망에 기초를 두고 있었지만 궁극적으로 마르크스-레닌주의의 국제주의적 목표에 헌신하고 있었다. 마르크스의 입장에서 보자면 근대 세계의 근본적인 갈등은 억압당하는 사람들과 그들의 착취자들 사이의 계급적 불평등이었다. 그러나 청년회의 선전의 많은 부분은 민족 독립이라는 목표에 초점을 맞추고 있었으며, 그 지지자들의 성격 역시 이 점을 반영하고 있었다. 청년회의 초기 지지자들 가운데 다수는 다른 민족주의 조직에서 옮겨온 사람들이었기 때문이다.

민족주의와 계급 투쟁이라는 이중의 과제를 결합하는 레닌의 테제를 인도차이나 상황에 맞게 적용하려는 응우옌 아이 쿠옥의 바람은 1927년 봄에 그가 광저우를 떠난 직후 형성된 지도부의 구성에도 반영되어 있다. 그러나 그의 후계자들 가운데 탐 탐 사 출신의 호 퉁 마우와 레 홍 손 같은 사람들은 열렬한 마르크스주의자가 되었던 반면, 노련한 민족주의자 람 둑 투 같은 경우는 그렇지 않았다. 1928년 청년회가 홍콩에 있는 람 둑 투의 집에서 비공식 회의를 열었을 때 이런 균열이 분명하게 드러났다. 그 회의에서 투는 조직의 주도권을 장악하고, 사회주의 혁명보다 민족주의를 강조하는 강령을 밀어붙일 수 있었다.[18]

청년회가 결성되고 나서 첫 3년 동안 민족주의와 사회주의 혁명 사이의 대립은 제한적이었다. 그러나 홍콩 회의 이후 갈등이 공개적으로 터져나와, 결국 청년회가 와해되었다. 처음에는 청년회 통킹 지역위원회의 지도 그룹 내에서 불만이 제기되었다. 그곳의 제1서기는 찬 반 쿵이었다. 응에안 성 출신으로 신월혁명당 당원이었던 쿵은 1927년 12월 광저우 봉기에 참여했으며 중국 감옥에서 복역하기도 했다. 쿵은 홍콩의 람 둑 투의 집에서 열린 회의에 참석했으며, 청년회의 새로운 지도부가 채택한 노선이 이데올로기적으로 무기력하다고 생각하여 고민에 빠졌다. 그는 민족 독립과 애국을 내세우는 것으로는 가난한 농민과 노동자의 지지를 얻을 수 없다고 생각했다. 그는 그들의 실제적인 경제적 이해관계를 거론해야 한다고 생각했다. 그러나 회의에서는 쿵의 주장이 받아들여지지 않았다. 쿵은 하노이로 돌아오자 자신의 견해가 옳다고 통킹 지역위원회의 다른 구성원들을 설득하였고, 그들은 대응책을 강구하기 시작했다.[19]

그들이 걱정하는 문제 가운데 하나는 조직원 구성이었다. 쿵의 생각에 따르면, 청년회가 아직 숫자는 적지만 그래도 점점 증가하는 프롤레타리아를 조직원으로 받아들이기 위하여 충분한 노력을 기울이지 않았다. 잘 알려진 노동 운동 조직가 톤 둑 탕만은 예외였다. 그는 제1차 세계대전 동안 프랑스에서 해군 공병으로 일한 뒤에 인도차이나로 돌아와 사이공에서 부두 노동자 조합을 만들었다. 당시 베트남 중부의 산업도시 몇 곳의 공장에는 '적색' 노조가 세워져 있었다. 그러나 다른 지역에서는 상대적으로 청년회에 들어오는 노동자들이 거의 없었다. 조직원 확보는 중국으로부터 돌아오는 학생들의 활동에 주로 의존하고 있었다. 그들은 대부분 향신 집안 출신이었으며, 친구와 친척들을 중심으로 운동에 대한 지지를 넓혀 나갔다.[20]

또한 농촌지역에서도 1928년에 농민 조직이 몇 개 세워지기는 했지만, 청년회 조직원들의 활동은 상대적으로 미미했다. 19세기 말 프랑스의 인도차이나 강점 이후 농촌의 여러 지역에서 반프랑스 폭동이 일어났음에도 청년회는 도시 바깥에서는 기지를 건설하려는 노력을 기울이지 않았다. 청년회 조직원은 절대 다수(치안국에서는 90퍼센트로 평가했다)가 도시 부르주아지 출신이었다.

찬 반 쿵과 그의 동료들의 두 번째 불만은 청년회 지도부가 공식 공산당을 건설하는 방향으로 나아가는 것을 꾸물거린다는 점이었다. 그들은 공산당 건설이야말로 베트남 혁명 운동의 이데올로기적 토대를 굳건히 하는 데 절대적으로 필요한 일이라고 생각했다. 쿵에 따르면 1928년 홍콩 회의에서 이 문제를 거론했을 때, 람 둑 투는 "두고 보자"는 말로 얼렁뚱땅 넘어가버렸다.

이러한 급진파의 불만은 1928년 여름 모스크바에서 열린 제6차 코민테른 대회 개최 이전에 표면화하기 시작했던 것 같다. 코민테른 대회 — 응우옌 아이 쿠옥이 참석했던 1924년 대회 이후 처음으로 열린 대회였다. — 는 그런 불만의 불길에 기름을 끼얹은 셈이었을 것이다. 모스크바에서 내린 결정들은 세계 공산주의 전략의 주요한 변화를 알리는 신호탄이었기 때문이다. 중국에서 민족주의자들과 공산주의자들 사이의 레닌주의적 동맹이 중국공산당 전사들의 대량 학살로 끝나버린 것에 실망한 데다가, 국내 문제에서도 좀더 좌파적인 노선을 채택해야겠다는 정치적 고려도 작용하여, 이오시프 스탈린(그는 당시 소비에트공산당의 지배권을 놓고 레온 트로츠키와 격렬한 싸움을 벌이고 있었다)은 대회에 모인 대표들에게 8년 전 제2차 대회에서 처음 제시되었던 광범위한 통일전선 전략을 버릴 것을 강요했다. 식민지지역의 공산당은 부르주아 민족주의자들과 동맹을 거부하라는 지침을 받았다. 토착 부르주아지가 혁명에 등을 돌렸기 때문에 더 이상 프롤레타리아의 동맹자로서 신뢰할 수 없다는 것이 그 이유였다. 나아가서 공산당도 믿을 수 없는 프티 부르주아 분자들을 숙청하고 '볼셰비키화' 해야 했다. 이것은 실제적인 면에서는 모든 공산주의 조직들에서 노동계급의 대표성을 강화하고, 불순분자들을 제거하기 위한 당 교정 운동을 개시해야 한다는 의미였다. 중간 계급 출신의 당원들은 프롤레타리아적 전망에 대한 인식을 강화하기 위해 '프롤레타리아화' 과정(종종 실제로 작업복을 입고 공장에서 일자리를 구해야 했다)을 거쳐야 했다.[21]

제6차 대회는 스탈린의 부추김을 받아 유럽의 점증하는 경제적 불안정으로 인해 새로운 세계 공황의 유령이 나타나고, 이에 따라 혁명의 물결이 다시 고조될 것이라고 주장했다. 세계 전역의 공산주의 및 공산주의 지향 조직들에 대해서는 자국 사회의 높은 불만 수준에 대응할 수 있는 능력을 키울 뿐 아니라, 노동자와 빈농 속에 들어가 파업과 대중 시위를 주도함으로써 혁명 의식을 높이고, 미래의 혁명적 봉기에 대비하여 공장, 학교, 마을에 당 세포를 조직하라는 지침을 내렸다.

베트남혁명청년회는 아직 정식 공산당이 아니었기 때문에 제6차 대회에 정식 대표를 보내지는 못했으나, 3명의 베트남인이 프랑스공산당 대표로 회의에 참석했다. 그 가운데 한 사람이 응우옌 반 타오였는데, 그는 응에 안 성 출신으로 1920년대 중반 급진적 활동으로 사이공의 학교에서 쫓겨났으며, 그 후 몰래 프랑스로 건너갔다. 타오는 대회에서 안이라는 이름으로 중요 연설을 했다. 타오는 일각에서 베트남이 공산당을 창당할 준비가 되어 있지 않다고 생각하지만, 베트남에도 프롤레타리아 수가 계속 늘어나고 토착 부르주아지가 혁명을 지도할 수 없기 때문에 공산당을 한시라도 빨리 창당해야 한다고 주장했다. 입헌당이나 안남독립당(Parti Annamite de l'Indépendance, 파리에서 응우옌 아이 쿠옥의 동료였던 응우옌 테 추엔이 조직했다) 등 '민족개량주의' 조직들은 프랑스의 평화적인 인도차이나 철수를 주장하기 때문에 "대단히 위험하다". 프랑스의 평화적 철수는 사회 혁명에 대한 대중적 지지를 약화시킬 수 있기 때문이다. 제6차 대회가 끝난 뒤 코민테른은 프랑스공산당을 통해 청년회에 앞으로의 활동에 대한 지침들이 담긴 비밀 지령을 보냈다.[22]

베트남에서는 그해 말 제6차 대회의 결정들을 알게 되었는데, 이것 때문에 논쟁이 더욱 격렬해졌으며 통킹의 급진적 분파는 청년회를 이데올로기 면에서 좀더 강화된 공산당으로 바꾸려는 노력을 강화하겠다는 결심을 굳히게 되었다. 선동의 지도자는 여전히 찬 반 쿵이었다. 그는 공장 노동자로 일한 경험을 통해 모호한 애국적 구호로는 도시 노동자들의 지지를 끌어낼 수 없다고 확신하고 있었다. 노동자들의 강력한 지지를 얻기 위해서는 노동자들에게 일차적으로 중요한 문제들—높은 임금, 노동 조건 개선, 노동 시간 단축—을 강조해야 했다. 그는 청년회를 완전한 공산당으로 바꾸지 않으면 그것은 불가능하다고 생각했다.

이 문제는 1929년 5월 홍콩에서 열린 베트남 혁명청년회 제1차 공식 대회에서 중요한 쟁점으로 떠올랐다. 대회에 모인 17명의 대표들은 1천2백 회원들의 대표자였는데, 그 분포는 통킹이 8백 명, 안남과 코친차이나가 각각 2백 명씩이었다. 찬 반 쿵은 홍콩에 도착한 직후 레 홍 손을 만나 청년회를 해체하고 공산당으로 가자고 제안했다. 레 홍 손은 이 제안에 강하게 반대하지는 않았다. 손은 응우옌 아이 쿠옥이 이끌던 초창기 핵심 공산주의자 그룹의 일원이자, 운동에서 강력한 영향력을 가진 한 사람으로서 청년회를 결국 완전한 마르크스-레닌주의 조직으로 바꾸어야 한다고 믿고 있었던 것이 틀림없다. 그러나 여러 가지 이유로 아직 그런 결정을 내리기에 적합한 때가 오지 않았다고 생각했다. 무엇보다도, 그가 찬 반 쿵에게 개인적으로 이야기했듯이, 홍콩에 모인 많은 대표들은 새로운 당의 진지한 당원이 되기에는 정치적으로 너무 미숙하거나, 너무 온건했다. 둘째로 홍콩에서 공산당을 결성하게 되면 이웃 광둥 성의 중국 당국의 눈길을 끌어 청년회가 심한 탄압을 당할 것이 틀림없었다. 레 홍 손은 신중하게 행동하라고 충고하면서, 청년회를 점진적으로 또 은밀하게 코민테른 제6차 대회의 지령을 좀더 효과적으로 수행할 수 있는 조직으로 바꾸어나가자고 제안했다.[23]

그러나 고집스러운 쿵은 대회에서 그 문제를 제기하겠다는 마음을 바꾸지 않았다. 그를 비롯한 통킹의 대표들이 공식적으로 그 문제를 제기했을 때, 그들은 자신들의 주요한 적이 의장인 람 둑 투임을 알게 되었다. 그는 변함없이 공산당 결성에 반대했으며, 그들의 제안을 즉시 거부했다. 화가 난 찬 반 쿵을 비롯해 통킹의 대표단은 한 사람을 제외하고 모두 대회장을 떠나면서, 베트남의 지지자들과 더불어 당을 결성하겠다는 결정을 공포했다. 그들은 하노이로 돌아가 '인도차이나공산당(동 두옹 콩 산 당)'이라는 새로운 조직을 만들고, 청년회와 조직원 확보 경쟁을 하면서 청년회가 "프롤레타리아 대중과 사업을 해보지도 않고, 코민테른을 따르지도 않는" "가짜 혁명가들"로 이루어져 있다고 비난했다.[24]

한편 대회에 남아 있던 대표들은 불화를 해결해보려고 노력했다. 그들 대부분은 원칙적으로는 찬 반 쿵의 입장에 공감했지만, 예전부터 함께해온 동료 람 둑 투를 공개적으로 반대하는 것은 머뭇거리고 있었다. 통킹 대표들이 떠난 뒤에 대회는 인도차이나에 공산당이 필요하지만, 베트남 노동 계급의 미성숙 상태와 그들의 혁명 이론에 대한 이해 부족 때문에 아직 때가 무르익지 않았다는 내용의 행동 강령과 결의안을 작성했다. 대표들은 결의안을 통과시킨 뒤 코민테른의 승인을 공식 요청하고 폐회했다.[25]

곧 위기를 낳을 것 같던 분쟁은 우스꽝스러운 상황을 초래했다. 새로 결성된 인도차이나공산당은 대회 이후 청년회로부터 조직원들을 대량으로 빼가기 시작했다. 홍콩의 지도부는 베트남의 일반 조직원들 사이에서 공산당에 대한 지지가 얼마나 광범위한지 인식하지 못한 것이 심각한 전술적 오류임을 깨닫게 되었다. 8월에 호 퉁 마우와 레 쾅 닷이 광저우의 감옥에서 석방되어 홍콩으로 왔다. 그들은 레 홍 손의 동의 하에 청년회 내에 그들 나름의 비밀 공산당을 만들기로 했다. 이 조직은 '안남공산당(안남 콩 산 당)'이라고 불렸으며, 청년회의 가장 선진적인 회원들로 구성되어 있었다. 실무 지도부는 레 홍 손, 호 퉁 마우, 레 쾅 닷 외에 2명으로 이루어진 '특별 지부'였다. 이 그룹은 람 둑 투를 믿지 않았기 때문에, 그와 이 일을 상의하지 않았다.[26]

새로운 당의 첫 세포들은 1929년 8월 코친차이나에서 결성되었다. 안남공산당이 안남이라는 지역명에도 불구하고 새로운 당원을 가장 많이 확보한 곳은 코친차이나였다. 운동 내의 균열은 치유될 기미가 보이지 않았다. 같은 달, 호 퉁 마우는 찬 반 쿵과 인도차이나공산당에 편지를 보내, 새로운 두 정당의 대표들이 광저우에서 만나 통일을 논의하자고 제안했다. 그러나 인도차이나공산당 지도부는 "너무 바빠" 참석하지 못하겠다는 모욕적인 답장을 보냈다. 호 퉁 마우는 화가 나서 통일 공산당을 만들 방법을 코민테른에 물어보자고 제안했다.

> 통일 공산당을 만드는 문제에 당장 관심을 기울이지 않으면, 북쪽과 남쪽에 별도의 당이 자라날 것으로 우려됩니다. 그러나 일단 이 나라에 두 개의 당이 결성되었으니 통일을 이루기는 힘듭니다. 따라서 제3인터내셔널에 문제를 해결해달라고 하는 것이 어떨까요? 그렇게 하는 것이 우리 스스로 문제를 해결하는 것보다 낫지 않을까요?[27]

여기에 베트남 중부의 신월혁명당의 급진적 당원들이 가세함으로써 혼란이 가중되었다. 그들은 자신의 조직원이 경쟁 조직으로 옮겨가는 것을 우려하여, 조직원들을 유지하려고 필사적으로 노력하는 가운데 조직명을 인도차이나공산주의연맹(동 두옹 콩 산 리엔 도안)으로 개칭했다. 이렇게 해서 프랑스령 인도차이나에는 청년회 외에 경쟁하는 공산당이 세 개가 등장하게 되었다. 청년회는 이제 거의 활동을 중단한 상태였다. 이런 상황에서 홍콩에 있던 레 홍 손은 응우옌 아이 쿠옥이 피칫에 있다는 소식을 들었다. 청년회의 창립자이자 가장 널리 존경받는 지도자인 쿠옥이라면 그 뛰어난 협상력으로 문제를 해결할 방법을 찾을 수 있을지도 몰랐다. 손은 람 둑 투에게 알리지 않고 그의 동료 레 두이 디엠에게 시암으로 가서 응우옌 아이 쿠옥을 찾아, 홍콩으로 돌아와 혼란을 정리해달라는 부탁을 하라고 명령했다. 디엠은 8월 말에 시암으로 출발했다.[28]

베트남에서 벌어지고 있는 당혹스러운 사태에 대한 모스크바의 반응은 충분히 예측할 수 있는 것이었다. 코민테른은 10월 27일 안남공산당 지도부에 지령을 보내, 베트남의 혁명 세력이 세 개의 경쟁하는 분파로 쪼개진 것을 예방하지 못한 점을 냉정하게 비판했다. 이 지령문은 이런 유망한 시기에 통일된 당이 없다는 것은 공산주의 발전에 심각한 위협이며, "전적으로 잘못된" 일이라고 말했다. 코민테른의 지령문은 하노이의 찬 반 쿵 분파를 공개적으로 지지하면서, 베트남에 이미 사회주의 혁명의 객관적 조건이 존재하며, "노동자와 인민의 운동이 빌진하는 상황에서 공산당이 없다는 것은 인도차이나 혁명의 가까운 미래에 큰 위험 요인이 된다."라고 주장했다. 청년회는 "우유부단과 무관심" 때문에 베트남 노동자들로부터 조직원을 끌어들이려고 더 큰 노력을 기울이지 않은 점을 비판받았다. 마지막으로 모스크바는 "인도차이나의 모든 공산주의자들의 가장 긴급하고 중요한 과제는 프롤레타리아의 계급성을 지니는 혁명 정당의 결성이며, 그것은 곧 인도차이나의 대중적 공산당"이라고 결론을 내렸다. 코민테른은 눈앞의 혼란을 해결하기 위해 중재자를 보낼 터이니, 그를 의장으로 하여 통일 협의회를 개최하라고 제안했다.[29]

모스크바가 다급했던 것에는 당시 자본주의 세계에서 벌어진 사건들도 한 가지 이유가 되었을 것이다. 자본주의 세계에서는 오스트리아의 은행이 파산하면서 경제 위기가 심각해지고 있었다. 뉴욕 주식시장의 갑작스러운 붕괴 소식이 소련에 전해졌을 때, 소련 지도자들은 틀림없이 오랫동안 기다려왔던 자본주의 체제의 최종적 해체가 마침내 눈앞에 다가왔다고 생각했을 것이다.

1929년 말까지 세 분파는 계속 서로 싸웠으며, 지지자들을 놓고 경쟁을 벌이고 욕을 해댔다(가장 흔한 욕은 볼셰비키 혁명 이전 러시아 혁명 운동 내에서 레닌과 경쟁했던 상대적으로 온건한 분파를 가리키는 말인 '멘셰비키'였다). 쿵의 그룹이 보낸 한 편지는 안남공산당과 청년회가 반혁명적이므로, 해산하고 인도차이나공산당과 합쳐야 한다고 주장하고 있다. 인도차이나공산당 지도부는 공산당을 통일해야 한다는 코민테른의 주장에 동의하면서도, 그것이 쉽지 않은 일임을 지적했다. 홍콩에서 안남공산당을 대표하는 호 퉁 마우는 1929년 봄 당시 청년회 회원들은 너무 이질적이어서 공식적인 공산당을 만들 수 없었다고 주장했다. 청년회 회원 다수에게는 훌륭한 공산주의자에게 요구되는 혁명적 자질이 없었기 때문에 당시에 공산당 결성을 제안하는 것은 어리석은 일이었으며, '볼셰비키'라는 딱지가 붙은 비밀 공산당을 만든다 해도 이름만 바뀔 뿐 내용은 옛날 청년회 그대로였을 것이라는 이야기였다.

그러나 인도차이나공산당은 타협할 생각이 없었다. 그들은 10월 초 호 퉁 마우에게 청년회를 완전히 해체할 것을 다시 요구했다. 쿵은 5월 대회에 모인 사람들 가운데 그들을 제외하고는 누구도 비밀 정당을 결성하고 싶어하지 않는다는 것을 알게 되었다고 주장했다. 당시에 쿵 일파는 "혁명사에서 '혁명청년회'가 공산주의 조직이 아님을 분명히 하고, 대중이 청년회와 진정한 공산주의자들 사이의 차이를 보도록 해주어야 한다."라고 제안했다. 그러나 회의에서 그들의 제안을 거부했기 때문에 그들은 청년회를 탈퇴하고 그들 자신의 조직을 세우기로 결정했다는 이야기였다. 쿵은 분열의 해결책을 찾는 문제에 대해, 인도차이나공산당은 혁명가로서 자격을 갖춘 사람은 누구나 받아들인다고 주장했다. 그렇지 못한 사람들은 기다렸다가 다시 신청해도 된다. 그는 또 인도차이나공산당은 사안에 따라 베트남국민당과 일시적으로 협력할 용의가 있지만, 베트남국민당을 순수하게 민족주의적인 조직으로 간주하고 있다고 말했다. 따라서 인도차이나공산당이 상대 조직의 조직원을 자신의 당으로 끌어들이는 시도에 베트남국민당이 반대하지 않을 때에만 협력이 가능하다는 뜻이었다. 쿵은 응우옌 아이 쿠옥이 조직을 통일시키기 위해 홍콩으로 돌아오는 문제에 대해서는 모호하게 넘어갔다. "만일 그가 돌아온다 해도 여러분에게 보여주었던 것과 똑같은 태도로 그를 맞이할 것이다."[30]

10월 말 인도차이나공산당은 호 퉁 마우의 요청에 따라 외부의 개입 없이 해결책을 찾아보고자 도 응옥 주를 홍콩으로 보냈다. 그러나 주는, 명령에 따른 행동이었겠지만, 계속 안남공산당을 먼저 해체하고, 그 조직원들이 개인 자격으로 인도차이나공산당에 입당 신청을 할 때에만 통일이 가능하다고 주장했다. 당연한 일이지만 안남공산당은 그 제안을 거부했나.[31]

분쟁은 계속되었고, 홍콩의 안남공산당 지도부는 코민테른이 10월 27일자 편지에서 언급했던 조사관이 파견되기를 기다렸다. 그들은 이미 모스크바에 있는 한 동료의 편지를 통해, 코민테른 가입 요청은 조사가 끝나기 전에는 수용될 수 없다는 이야기를 들었다. 사실 1928년 가을 상하이에 새로운 지부를 연 극동국은 이 지역의 다양한 공산주의 그룹들과 관계를 관장할 새로운 기관을 만들기로 결정했다. 그리고 그 결정에 따라 '인슐린데 공산주의자 그룹 연맹'이라는 새로운 조직을 만들고, 그 본부를 싱가포르에 두었다. 아직 민족 정당으로 조직되지 않은 아시아의 모든 공산주의자 조직들(인도차이나를 비롯하여 동남아시아의 갓 태어난 조직들)은 이 기구의 통제 하에 놓였으며, 이 기구 자체는 극동국 상하이 지부에 부속된 '동방피압박민족 담당 서기국'의 직접적인 감독을 받았다. 안남공산당 지도부는 가을쯤 이 계획을 알게 되었던 것 같다. 호 퉁 마우가 11월 중순에 쓴 편지를 보면 그 문제를 논의하기 위해 싱가포르에서 상하이로 가던 중국 대표가 11월 2일 홍콩에 들러 그들에게 이 계획을 이야기해주었다고 나와 있다. 그러나 베트남인들은 이런 구상을 좋아하지 않았다. 1920년대 싱가포르에서 결성된 '남양공산당'이 그곳에 새로 만들어진 공산주의자 그룹 연맹을 감독할 것이 뻔했는데, 남양공산당은 주로 싱가포르의 화교로 구성되어 있었으며 상하이 중국공산당의 지휘를 받고 있었다. 따라서 결과적으로 베트남 혁명 운동은 궁극적으로 중국공산당의 지도 하에 놓이게 되는 셈이었다. 베트남 운동가들의 관점에서 보자면 중국 혁명가들은 그들 자신의 목표에만 집중하는 경향이 있었으며, 국적이 다른 활동가들에게 오만한 태도를 보이는 경우가 많았다. 레 홍 손은 레 쾅 닷에게 상하이로 가서 안남공산당은 극동국 상하이 지부의 직접 지휘를 받는 민족 정당이 되겠다는 입장을 밝히라고 명령했다.[32]

  1929년 12월 16일 호 퉁 마우와 그의 동료 하나가 동남아지역의 모든 공산주의 조직을 조사하려고 출장을 나온 길에 홍콩에 들른 코민테른 대표를 만났다. 이 대표는 그들에게 혁명청년회(또는 그 뒤를 이은 안남공산당)도 인도차이나공산당도 인도차이나공산주의연맹도 아직 '공산주의'라는 명칭을 달 자격이 없으며, 코민테른으로부터 공식적인 인정을 받지도 못할 것이라고 말했다. 통일 정당을 결성하기 전에는 중국공산당이 인도차이나의 모든 마르크스주의 그룹들을 지도할 것이라는 뜻이었다.[33]

베트남공산당 창당

시암에 있던 응우옌 아이 쿠옥은 1929년 5월 대회에 참석한 두 대표에게서 혁명청년회의 분열 소식을 들었으며, 9월에는 새로운 인도차이나공산당 지도자들에게 편지를 써서, 자신은 진정한 공산주의자들 외에는 아무도 신뢰할 수 없다고 무뚝뚝하게 말했다. 그는 계속해서, 진정한 공산주의자들은 코민테른에 가입하려고 노력함으로써 자신들의 훌륭한 신념을 입증할 수 있다고 하면서, 1930년 블라디보스토크에서 열리는 회의에 대표를 보내라고 권유했다. 그러나 시암에서 온 베트남 교포로부터 그 편지를 받은 인도차이나공산당 지도부는 하노이에서 열린 당 회의에서 편지를 낭독하기는 했으나 아무런 결정도 내리지 않았다. 쿠옥은 두 번이나 베트남에 가려 했지만, 경찰의 감시 때문에 국경을 넘을 수가 없었다. 막 세 번째 시도를 하려고 했을 때 얼마 전 홍콩으로부터 도착한 동료(아마 레 두이 디엠이었을 것이다)가 그에게 사태의 긴박성을 알렸다. 쿠옥은 즉시 방콕으로 가서, 광저우로 가는 배에 올랐다.[34]

응우옌 아이 쿠옥은 1930년 1월 20일에 도착하여 호텔에 투숙한 뒤 홍콩의 동료들에게 편지를 보내 광저우로 와달라고 했다. 아마도 감시의 눈초리를 번득이는 국경의 영국 경찰에게 체포될 것을 우려했던 것 같다. 그러나 홍콩의 동료들은 홍콩에서 만나는 것이 더 안전하다고 설득했다. 홍콩의 영국 당국은 식민지 체제에 눈에 띄는 위협이 되지 않는 한 홍콩에 거주하는 외국인들의 활동에 상대적으로 관대했다. 홍콩의 생활 조건은 이웃한 중국의 경우보다 전반적으로 편안했으며, 1920년대에 몇 차례 파업이 벌어지기는 했지만 다수를 이루는 중국인들은 비교적 조용한 편이었다. 호 퉁 마우는 그의 조직원 한 사람을 광둥으로 보내 쿠옥을 기차로 홍콩까지 호위해 오게 했다. 쿠옥은 주룽(九龍)의 한 호텔에 투숙했다.[35]

응우옌 아이 쿠옥은 도착하자마자 즉시 레 홍 손의 아파트로 가서 상황을 파악하고 마우를 비롯한 청년회의 다른 조직원들과 이야기를 나누었다. 쿠옥은 그들이 대중과 유리된 점, '철없는' 분열을 미리 예상하지 못한 점을 비판했다. 이어 그는 인도차이나에서 싸우는 세 분파를 하나의 새로운 정당으로 융합하기 위해 모든 분파를 홍콩으로 초대했다.[36]

1930년 1월 말, 인도차이나의 안남공산당과 인도차이나공산당 대표들이 홍콩에 도착했다. 인도차이나공산주의연맹 대표들은 배로 인도차이나를 떠났는데, 오는 길에 도박 혐의로 체포당했다. 2월 3일 주룽의 노동 계급 지구의 작은 집에서 회의가 열렸다. 나중에는 다른 장소들로 옮겨 다녀야 했다. 한 번은 주룽의 축구장 밑에서 회의를 하기도 했다. 안남공산당과 인도차이나공산당은 각각 2명의 대표를 보냈다. 레 홍 손과 호 퉁 마우는 홍콩의 옛 혁명청년회 본부 대표 자격으로 참석했다.[37]

참석자들의 이야기에 따르면 놀랄 정도로 쉽게 합의가 이루어졌다. 응우옌 아이 쿠옥은 자신의 신분을 밝히면서 회의를 시작했으며, 분열을 방치한 것에 대하여 가볍게 훈계했다. 그는 양쪽 모두 분열에 책임이 있다고 말하면서, 당면한 중심 과제는 운동의 통일을 회복하는 것이라고 강조했다. 곧 두 분파의 조직원들 사이의 차이는 이데올로기보다는 개인 감정과 지역 정서의 차이 때문이라는 것이 분명해졌다. 통킹과 코친차이나 조직원들은 서로 혁명가로서의 자격을 의심했다(북부인들은 남부인들이 게으르고 느긋하다고 비난하는 일이 잦았으며, 남부인들은 북부인들이 뚱하고 고집이 세다고 비난했다). 또한 두 분파 모두 응우옌 아이 쿠옥의 고향인 응에 안 성 출신들이 운동 지도부를 장악한 것에 분개하고 있었다. 안남공산당 지도부는 모스크바에서 10월에 보낸 편지 때문에 누그러져, 이제는 공식 공산당 창당의 필요성을 확신하고 있었다. 유일하게 남은 큰 문제는 어떻게 분열을 끝내고, 회의에 참석하지 못한 인도차이나공산주의연맹을 포함한 세 분파들을 통합하여 서로 만족스러운 조건으로 단일 정당을 창출하느냐 하는 것이었다. 이 점에서 코민테른 대표라는 응우옌 아이 쿠옥의 지위가 이점으로 작용했다. 그는 가장 간단한 해결책은 한 정당이 다른 정당을 흡수하거나 기존 정당들이 통합하는 것이 아니라, 모두 해체하고 새로운 조직을 만드는 것이라고 주장했다. 새로운 강령과 정관을 가진 조직을 만든 다음, 이 조직의 목표를 인정하고 조직에서 제시하는 기준에 맞는 사람들은 모두 당원으로 받아들이자는 것이었다. 모든 대표가 이 제안을 얼른 받아들였다. 아마 속으로는 안도했을 것이다.[38]

이제 유일하게 남은 쟁점은 새로운 통합 정당의 이름이었다. 응우옌 아이 쿠옥은 회의가 열리기 전에 이미 그 문제를 생각해두었다. 그는 1월 6일에 창당 회의에서 제기될 주요 문제 5가지의 목록을 작성했다. 그 가운데 하나가 새로운 당명에 대한 합의 문제였다. 그는 회의에서 자신의 생각을 밝혔다. 기존의 정당 이름은 부적절하다는 것이었다. '인도차이나'는 동남아시아 전체를 포함하며, '안남(安南)'은 '평안한 남쪽'이라는 중국식 용어로 지금은 프랑스가 베트남 중부 보호령에 사용하는 명칭이었다. 쿠옥은 새 정당은 새 이름을 가져야 한다면서, 베트남공산당(당 콩 산 비엣 남)으로 하자고 제안했다. 쿠옥은 회의를 열기 전에 이미 이 이름이 적합하다고 결론을 내렸다. 베트남은 19세기에 독립 응우엔 왕조가 내세웠던 공식 국호였으며, 이 이름은 또한 기원전 2세기 중국 정복 전에 홍 강 유역에 등장했던 남 비엣(南越)이라는 첫 독립 국가의 이미지와도 연결되었다. 이 이름은 즉시 받아들여졌다.[39]

가장 골치 아픈 문제들이 정리되자 나머지 문제들은 별 어려움 없이 해결되었다. "통일과 사랑의 분위기 속에서" 열렸다고 전해지는 이후의 여러 회의에서는 새로운 정당의 행동 강령, 규약, 정관 등을 결정했다. 응우옌 아이 쿠옥은 코민테른 제6차 대회의 간략한 보고서를 보았으며, 당시 전체적인 노선의 변화를 적어도 대강은 알고 있었다. 그러나 그는 모스크바에서 그 무렵 작성했던 혁명청년회의 1929년 강령에 대한 긴 비판서는 받아보지 못했던 것 같다. 12월에 작성된 것으로 보이는 '인도차이나 공산주의자들의 긴급한 과제(Tâches immédiates des Communistes indochinoises)'는 파리의 프랑스공산당 본부에는 전달되었지만, 어떤 이유에서였는지 홍콩에는 전달되지 않았다. 청년회의 공동 창건자 가운데 한 사람인 레 홍 퐁은 당시 훈련을 받기 위해 소련에 있었는데, 모스크바에서 이 비판서를 한 부 얻어 코친차이나에 있는 동료에게 보냈다. 그러나 이 문건은 통합회의가 끝날 때까지 도착하지 않았다.[40]

코민테른은 청년회의 강령이 여러 면에서 모호하다고 비판했다. 코민테른도 당시 베트남에서 유일하게 가능한 혁명은 부르주아 민주주의 혁명임을 인정했지만, 이 투쟁에서 노동 계급이 지도적 위치를 차지하는 것이 핵심이라고 보았다. 미래의 공산당은 운동의 지배권을 확립하기 위해 모든 힘을 다해 '민족 개량주의'적인 영향력(예를 들어 입헌당)과 싸우고 토착 부르주아지 내부의 분열에서 이익을 얻어야 했다. 이 문건은 또 청년회 강령에서 레닌의 2단계 혁명을 해석한 방식도 비판했다. 몇 가지 국면을 거쳐 권력을 쥔다는 이론은 "개량주의 이론이지 공산주의 이론은 아니다. 최소한의 성공을 바탕으로 체제에 대한 직접적인 공격으로 나아갈 수도 있는 혁명 운동에서 단계들의 존재를 예측하는 것은 불가능하기 때문이다." 이 문건은 그러한 접근방식을 이렇게 비판했다. "그것은 현실적으로는 대중의 행동을 억제하고, 대중을 자극하는 대신 약화시키는 역할을 할 뿐이다." 어쨌든 단계들을 나누는 혁명 이론은 투쟁의 지도를 소수의 공산주의 지식인들의 손에 맡기게 되는데, 이것은 마르크스주의의 기본 원리에 모순되는 결과이다. "혁명을 일으키는 것은 대중이다. 공산주의자들은 단지 대중에게 지침을 내리고, 그들을 조직하고, 지휘할 뿐이다." 마지막으로 이 문건은 혁명적 봉기를 일으키기 위해 안남공산당이 완전히 조직되기를 기다릴 필요는 없다고 결론을 내렸다.[41]

1930년 2월 회의에서 작성된 호소문은 1928년 7월 코민테른 제6차 대회에서 채택되었던 전략의 변화가 쿠옥의 사고에도 어느 정도 영향을 주었음을 보여준다. 이 호소문은 베트남의 주민 다수(노동자, 농민, 병사, 청년, 학생, 억압받고 착취당하는 '형제와 자매들')를 향한 것이었음에도, 프롤레타리아-농민 전위(좀더 폭이 넓은 계급 혁명을 의미한다)라는 쿠옥의 이전 사고는 사라졌다. 대신 이 호소문은 새로운 조직이 '프롤레타리아의 정당'임을 공개적으로 선포하고, 이 조직은 프랑스 제국주의, 봉건주의만이 아니라 반혁명적인 부르주아지를 타도하고, '노동자-농민과 병사의 정부'를 만들기 위해 투쟁할 것이라고 밝혔다. 이 정부는 점진적으로 혁명의 제2단계, 즉 사회주의 단계로 넘어가게 된다.[42]

그럼에도 응우옌 아이 쿠옥은 자신이 청년회 시절 옹호했던 레닌주의적인 광범위한 통일전선 방식을 완전히 폐기하겠다고 결심했던 것은 아니다. 회의에서 승인된 전략 문건은 지식인, 중농(먹고 살 만큼 땅이 있지만 노동자를 고용하지는 못하는 농민을 가리키는 당의 용어), 프티 부르주아지만이 아니라 응우옌 안 닌의 '청년의 희망'과 같은 민족주의 그룹들의 지지도 얻으려고 노력할 것을 요구했다. 심지어 부농과 소지주도 분명하게 반혁명적인 태도를 보이지만 않는다면 운동에 동참할 수 있다고 보았다. 다만 개량주의자 부이 쾅 치에우가 이끄는 입헌당은 분명하게 반동적이라고 규정했다.[43]

회의가 끝나고 나서 며칠 뒤인 2월 18일에 극동국 상하이 지부에 보낸 편지를 보면 응우옌 아이 쿠옥은 통합회의에서 작성된 문건들이 새로운 코민테른 노선과 일치한다고 믿었던 것이 분명하다. 그러나 실제로는 몇 가지 면에서 모스크바의 새로운 전략과 달랐다. 쿠옥은 식민지지역에서 레닌주의 전략을 충실하게 고수하고 있었지만, 모스크바는 이미 거기에서 앞으로 더 나아간 상태였다. 이런 차이 때문에 쿠옥은 곧 큰 난관에 부딪히게 된다.

회의를 끝내면서 임시 중앙위원회가 선출되었고, 대표들은 새로운 정당의 지역 기구를 만들기 위해 인도차이나로 돌아갈 준비를 했다. 며칠 뒤 응우옌 아이 쿠옥은 상하이로 떠났다. 그는 떠나기 전 레 쾅 닷에게 편지를 써서 극동국과 인도차이나의 새로운 당 사이의 관계에 대해 이야기를 해볼 작정이라고 말했다. 이어 2월 18일자 편지에서 그는 극동국 상하이 지부의 새로운 책임자인 일레르 눌랑에게 통합회의 결과를 보고했다. 청년회 — 쿠옥은 이것을 "어린 공산주의의 새를 키워 내보낸 알 껍데기"라고 묘사했다. — 는 이제 공식적으로 해체되고 새로운 정당이 결성되었다는 내용이었다. 새로운 정당은 통킹과 안남에 204명, 코친차이나에 51명, 중국에 15명, 시암에 40명의 당원을 거느리고 있었다. 청년회와 그 뒤를 이은 정당들이 1920년대 말에 세운 학생, 농민, 노동자들의 대중 조직에 포함된 조직원은 3천5백 명 이상을 헤아렸다.[44]

1930년 2월 새로운 정당의 결성과 더불어 응우옌 아이 쿠옥은 베트남 혁명의 다음 단계로 이행할 준비가 되었다. 그가 눌랑에게 보낸 편지에서 말했듯이, 이 정당은 입헌당, 인도차이나 공산주의자 연맹(곧 해체되어 그 조직원들 대부분은 베트남공산당에 입당한다), 하노이에 기반을 둔 베트남국민당, 이제 기능이 정지된 혁명청년회 등을 포함하는 몇 개의 정당과 분파들 가운데 하나일 뿐이었다. 그러나 쿠옥은 공산당이 비록 아직 어리고 작았지만, "그 모든 조직들 가운데 가장 잘 조직되고 가장 활동적"이라고 단언했다. 이제 두 개의 주요한 공산주의 분파 사이의 싸움이 끝났기 때문에, 베트남 공산당은 정확한 정책과 새로운 내적 통일로 무장하고 급속하게 성장할 터였다. 마침내 응우옌 아이 쿠옥은 15세기의 애국자 레 로이가 외적으로부터 동포를 해방하기 위해 사용했던 무기인 마법의 검을 손에 쥐게 된 것이다.

6장 붉은 응에틴

1930
1931

코민테른의 새로운 노선은 단지 응우옌 아이 쿠옥의 입장을 거부한 것일 뿐만 아니라, 민족 독립 문제에 집중하면서 중간 계급과 농촌 향신 계급 내의 진보적 분자들의 적극적 협조를 얻으라는 레닌의 1920년 전략으로부터도 분명히 달라진 것이었다. 새로운 시대를 맞이하여 중국이나 네덜란드령 동인도제도의 민족주의 정당들과 효과적인 동맹을 맺으려는 시도가 무산되면서, 인도차이나를 통틀어 가장 경험이 풍부한 혁명가 응우옌 아이 쿠옥의 사상은 타당성을 잃은 것처럼 보였다. 쿠옥은 모욕에도 불구하고 좌절을 선뜻 받아들였다.

6 | 붉은 응에 틴

응우옌 아이 쿠옥에게 베트남공산당 창건은 꿈의 실현이었으며, 거의 20년 전 사이공 부두를 떠날 때 시작되었던 하나의 과정의 절정이었다. 서구에서 대공황이 터지고 인도차이나에서 운동의 새로운 시대가 시작되면서, 코민테른이 그 즈음 예측했듯이 세계 자본주의 질서의 일시적 안정은 끝이 나고 세계는 새로운 혁명기에 들어서고 있는 것으로 보였을 것이 틀림없다.

그러나 베트남공산당을 창건하면서 응우옌 아이 쿠옥의 마음 속에는 반드시 해결해야 할 의문들이 생겼다. 코민테른의 조직 구조 속에서 새로운 당은 어디에 들어가야 할까? 싱가포르에 본부를 둔 새로운 서기국의 지도를 받게 될까, 아니면 응우옌 아이 쿠옥이 기대하는 대로 독립 정당으로 인정받아 상하이 극동국 지부의 직접적인 지도를 받게 될까? 그리고 자신의 새로운 역할은 무엇일까? 모스크바는 그가 코민테른 대표 역할을 계속하기를 기대할까, 아니면 새로운 베트남 정당을 책임질 것을 기대할까? 후자일 경우 어디에 기반을 두어야 할까? 인도차이나로 돌아가면 체포되거나 처형당할 각오를 해야 하는데.

그가 통합회의를 마무리 짓고 나서 불과 며칠 뒤인 1930년 2월 13일에 상하이로 떠난 데에는 그의 상급자인 알레르 눌랑에게 새 조직의 결성에 대해 보고를 하는 목적 외에, 이런 질문들에 대한 답을 구하고자 하는 마음도 있었을 것이다. 쌀쌀한 상하이의 겨울에는 어울리지 않는 얇은 양복을 입은 쿠옥은 싸구려 호텔에 방을 빌리고 눌랑과 연락을 취하려 했다. 눌랑의 극동국 지부 사무실은 상하이의 상업 중심가를 이루는 복잡한 난징로를 따라 늘어선 유럽풍 건물 한 곳에 자리잡고 있었다.

중국과 서구의 정보 부서에서 급진주의자들을 색출하려고 눈에 불을 켜고 있는 상황이라 눌랑을 만나기는 어려웠다. 쿠옥은 18일에 좌절감에 빠져 눌랑에게 새로운 정당의 결성을 알리는 자세한 편지를 보냈다. 이 편지 말미에는 약간 이상한 영어로 쓰여진 추신이 붙어 있다.

될 수 있는 대로 빨리 만나고 싶습니다. 그 이유는 1) 이 보고서를 이미 이틀 전에 작성했음에도 아직 전달이 안 되었기 때문입니다. 너무 늦어지고 있습니다. 2) 이 모든 문제는 몇 시간이면 해결할 수 있는데, 나는 이미 5일이나 보냈습니다. 3) 다른 곳에 급한 일이 있는데, 아무것도 하지 못하고 기다리기만 해야 합니다.

편지에서 응우옌 아이 쿠옥은 또 베트남공산당을 싱가포르에 기반을 둔 새로운 동남아시아 서기국 산하에 배치하려는 모스크바의 계획에 강력한 반대 의사를 밝히면서, 베트남은 지리적으로 중국과 가깝고 또 당의 중심 세력이 주로 북쪽에 자리잡고 있기 때문에 베트남공산당을 독립 조직으로 인정하고 홍콩에 자리잡은 사무소를 통하여 극동국 상하이 지부의 직접 지도를 받게 하는 것이 적절하다고 주장했다. 코민테른은 인종이나 국적에 관계없이 지역 정당들을 만들고 싶어했던 반면, 쿠옥은 각 정당이 그 나름의 민족적 성격을 가지기를 원했다.

며칠 뒤에 모스크바의 극동국에 이미 보고서를 제출했다고 밝힌 것을 보면, 쿠옥은 결국 눌랑을 만났던 것 같다. 또한 눌랑은 베트남공산당을 그의 지도 하에 홍콩에 새로 설립할 남부사무소 휘하에 둔다는 잠정적인 약속도 했던 것 같다. 그러나 그의 질문 모두가 답을 얻었던 것은 아니다.

> 이제 나는 내 정확한 위치가 무엇인지 모르겠습니다. 나는 프랑스공산당의 당원입니까, 아니면 베트남공산당의 당원입니까? 새로운 명령이 내려올 때까지 나는 베트남공산당의 사업을 계속 지도해야 할 것입니다. 그러나 내 직책은 무엇입니까? 나는 베트남공산당 활동에 직접 관여할 수 없습니다. 인도차이나에 돌아갈 수가 없기 때문입니다. 그들은 나에게 궐석 재판을 열어 사형을 선고하는 명예를 베풀어주었습니다. 코민테른에 대한 임무는 끝이 난 것입니까? 아니라면 이곳의 지역 사무국과 관련이 있는 것입니까? 집행위원회에 물어 결정을 내려주시기 바랍니다.[1]

응우옌 아이 쿠옥은 떠나기 전에 응우옌 루옹 방을 만났다. 그는 광저우의 훈련소 졸업생으로 상하이에서 일을 하고 있었다. 쿠옥은 그에게 그곳의 프랑스 조계에서 유럽 장교들의 명령을 받고 있는 4천 명 이상의 베트남 병사들을 혁명적으로 선전 선동하는 방법을 일러주었다. 쿠옥은 그들을 새로운 당 밑에 조직하는 문제에는 신중을 기하라고 주의를 주었다. 병사들은 의도는 좋지만 충동적인 경우가 많았기 때문이다. 그는 또 중국공산당의 지역 대표들과 연락을 유지하는 일도 중요하다고 강조했다. 언제 그들의 도움이 필요할지 몰랐기 때문이다.

응우옌 아이 쿠옥은 자신의 새로운 역할에 대한 모스크바의 답변을 기다리면서 그가 편지에서 언급했던 사무소를 만들기 위해 홍콩으로 돌아갔다. 소비에트의 전기 작가 예프게니 코벨레프에 따르면 남부사무소는 홍콩 섬의 한 수수한 석조 건물 2층에 자리잡고 있었으며, 상업 회사로 위장해 활동했다고 한다. 쿠옥은 공항 근처의 작은 아파트에 숙소를 잡았다. 홍콩 섬 건너 주룽 반도에 있는 아파트였다. 쿠옥은 기자로 위장하기로 하고 L. M. 부옹이라는 가명을 썼다. 그는 홍콩에 있는 동안 동남아시아 내에 있는 다른 공산주의 조직들과 연계를 회복하려 했다. 그는 2월 18일 눌랑에게 보낸 보고서에서 이미 베트남공산당이 싱가포르와 긴밀한 연계를 유지하고 있으며 당원을 그곳으로 보내 일하게 하자고 제안했다. 그는 또 지역 중국공산당 인맥을 통해 시암의 중국공산당 주요 당원들의 주소를 알려달라고 했다. 그들과도 연계를 맺을 계획이었다.

옌 바이 무장 봉기

3월 말 응우옌 아이 쿠옥은 홍콩을 떠나 동남아시아를 두루 돌아다녔다. 그 전해에 모스크바에서 결정한 대로 남양공산당을 재건하려는 목적이었다. 쿠옥은 방콕을 거쳐 우선 코라트 고원의 우돈 타니로 가서, 동포들에게 베트남공산당 창건을 알리고 이후 활동에 대한 지침을 내렸다. 당시 젊은 당원이었던 호앙 반 호안에 따르면 쿠옥은 모든 공산주의자들은 자신이 사는 나라의 혁명적 활동에 참여함으로써 국제 공산주의 혁명에 기여하라는 코민테른의 지침을 전달했다. 쿠옥은 이제 기능이 사라진 혁명청년회 회원으로 활동하던 사람들은 곧 창건될 시암공산당에 입당하여 시암 혁명의 제1단계, 즉 부르주아 민주주의 단계 수행에 이바지하라고 제안했다. 그는 베트남 해방 투쟁에 참가한 것을 인정받지 못할까 봐 걱정하는 베트남 사람들을 안심시키기 위해 우돈 타니의 청년회 지부를 베트남공산당 지방위원회로 바꾸자고 제안했다.

응우옌 아이 쿠옥은 4월 중순 방콕으로 돌아가, 새로운 시암공산당을 건립하기 위한 회의를 주재하고 임시 집행위원회를 선출했다. 이 위원회에는 우돈 타니 그룹 출신의 베트남 당원도 한 명 참여할 예정이었다. 이어 그는 말레이시아와 싱가포르로 가서, 남양공산당 회의에 참석했다. 남양공산당은 새로운 말레이공산당으로 재정비하라는 명령을 받았다. 말레이와 시암의 공산당은 응우옌 아이 쿠옥의 홍콩 남부 사무소를 통하여 상

하이 극동국 지부의 지휘를 받게 될 예정이었다. 쿠옥은 5월 중순 홍콩으로 돌아갔다.[2]

응우옌 아이 쿠옥이 지역 공산당들의 창건을 지원하느라 바쁠 때 인도차이나 내부에서는 점점 긴장이 고조되고 있었다. 2월 초 베트남국민당이 통킹의 여러 군사 주둔지에서 주도한 폭동이 발발한 것이 첫 신호였다. 국민당 지도부는 처음부터 서두는 기색이 역력했다. 그들은 전국에 대중적 뿌리를 내린 대중 조직을 건설한다는 힘겨운 레닌주의적 방법을 경멸하면서, 군사적 봉기에 의해 프랑스 식민지 체제를 폭력적으로 전복하는 일에 헌신하는 엘리트 혁명가 부대를 만들었다. 그들은 식민지 군대에 소속된 베트남 원주민 부대의 봉기가 관건이라고 보았다.

1879년 코친차이나의 프랑스 총독인 르 미르 드빌리에가 창설한 식민지 군대는 약 3만 병력이었는데, 그 가운데 3분의 2가 베트남인이었다. 이 군대는 31개 대대로 이루어져 있었으며, 모두 프랑스인 장교의 지휘를 받고 있었다. 이 외에도 1만5천 병력의 민병대가 프랑스인 하사관 밑에서 복무하고 있었다. 베트남 병력 가운데 다수는 징병이었으며, 가끔 자기 지역에 할당된 인원 수를 채워야 하는 지역 관리들이 수단을 가리지 않고 끌고 가는 바람에 원성을 사는 경우도 있었다. 1920년대 말에 이르면 군대에 가 있는 베트남인들 다수가 프랑스 장교들의 야만적 대우에 깊은 반감을 느끼고 있었으며, 민족주의의 호소에 귀를 기울일 준비가 되어 있었다.

1929년 베트남국민당은 전국 각지의 비밀 장소에서 무기를 모으기 시작했다. 그러나 프랑스인들이 금세 무기고를 찾아내 없애버리곤 했다. 그러자 당의 문제들이 심각해지기 시작했다. 하노이의 대로에서 플랜테이션에서 일할 노동자들을 모으는 일을 하던 프랑스인 징병관이 정부(情婦)의 집에서 나서다가 암살당하는 사건이 벌어지자, 당국에서는 국민당이 이 음모에 연루되어 있다고 의심했다. 암살 연루 혐의로 당원과 지지자 수백 명이 체포되었다.

통킹의 반란(1930년). 옌 바이의 봉기는 큰 반향을 불러일으켰으나, 그 실패로 베트남국민당의 미래가 위태로워졌다.

당 지도부는 빨리 움직이지 않으면 조직이 붕괴될 것이라고 생각하여 폭동을 일으키기로 결정했다. 이제 그들은 통킹 전역의 프랑스 부대에 근무하는 베트남인들 사이에 핵심적인 지지자들을 거느리고 있었다. 세포의 수는 1천 개를 넘었으며, 각 세포는 셋에서 다섯 명의 당원을 거느리고 있었다. 국민당은 1930년 2월 초 통킹 고원지대의 소규모 주둔지 몇 곳에서 원주민 부대의 봉기를 계획했다. 봉기 예정 부대 가운데는 하노이 북서쪽 홍 강변의 작은 도시 옌 바이의 주둔지도 포함되어 있었다. 그러나 폭동은 참담한 실패로 끝났다. 옌 바이에서 봉기한 병사들은 프랑스인 장교와 하사관들을 독살하고, 한밤중에 봉기를 일으키기로 계획했다. 그러나 한 참가자가 겁을 먹고 부대 사령관에게 음모를 실토했다. 사령관은 처음에는 그 말을 믿지 않다가 예방 조치를 취하기로 결정했다. 그 결과 2월 10일 자정 직후 공격이 시작되었을 때 프랑스인들은 이미 대비를 하고 있었다. 몇 시간 뒤에 반란을 일으킨 병사들은 참패했고, 프랑스군이 부대를 장악했다. 근처에 흩어져 있는 전초기지에 대한 공격들도 쉽게 진압했다. 당지도부는 대부분 체포되었다. 주모자 13명은 1930년 6월 17일에 처형당했다.[3]

전술상으로 보자면 이 봉기에는 심각한 결함이 있었다. 주민 봉기를 선동할 계획도 없었고, 실패할 경우의 대비책도 마련하지 않았다. 봉기 직전에 예기치 않게 연락망이 무너져 여러 주둔지의 주모자들 사이에 협력이 이루어지지 못했다. 게다가 봉기에 대해 나라 전체에서 거의 반응이 없었고, 체포를 피한 당원들은 국경을 넘어 중국으로 갈 수밖에 없었다. 그들은 그곳에서 두 분파로 분열했다. 하나는 원래의 무장봉기론을 고수하는 파였고, 또 하나는 개량주의적 방법에 경도된 파였다. 덕분에 프랑스인들은 잠시나마 안도의 한숨을 내쉴 수 있었다.

시험대에 오른 프랑스 식민주의

그러나 옌 바이 폭동에 대한 대중의 반응이 없다는 것은 피상적인 관찰일 뿐이었다. 인도차이나에서는 식민지 지배에 대한 불만이 점점 고조되고 있었다. 이미 1920년대 중반 주요 도시에서 활발해진 학생 운동이 그 첫 표시였다. 학생들의 숫자는 꾸준히 증가해왔지만(1930년에는 7천 개 공립학교에 총 34만 명이 넘는 학생들이 재학 중이었다), 베트남 청년들의 불만은 높은 수준의 교육 기회 부족 등 다양한 요인들로 가중되어왔다. 절대 다수의 학생들은 고향 마을의 초등학교에 다니고 있었다. 중등학교에 다니는 학생들 수는 여전히 5천 명 미만이었다. 인도차이나의 유일한 대학인 하노이 대학에 재학 중인 학생 수는 5백 명에 불과했다. 학생들은 졸업 후에 만족할 만한 일자리를 구할 수 없다는 점, 많은 경우 비슷한 일을 하더라도 유럽인들보다 보수가 적다는 점에도 좌절감을 느끼고 있었다. 이런 문제들이 3개 지역 전체에서 베트남인들이 외국 지배에 항의하는 목소리를 높이게 만든 요인이었음에 틀림없다.

1920년대의 학생 운동이 잠잠해진 뒤 노동 운동의 새로운 물결이 그 뒤를 이었다. 프랑스의 자본 투자가 늘어나면서, 특히 제1차 세계대전이 끝나면서 인도차이나에는 상업과 제조업 부문이 급속히 성장했다. 이런 산업 발전의 일차적 수혜자는 인도차이나에 거주하는 유럽인들과 많은 화교들이었다. 그러나 원주민도 불가피하게 그 영향을 받지 않을 수 없었다. 특히 수는 적지만 점점 목소리가 커지는 도시 중간 계급의 성장이 주목할 만했다. 동시에 1920년대 말에는 프롤레타리아도 거의 20만 명을 헤아리게 되었다. 일부는 대도시에서 일하며 성냥, 직물, 가구, 식료품 등의 소비재를 생산했다. 일부는 하노이 동해안을 따라 개발된 탄광(1929년에는 약 5만 명의 광부들이 있었는데, 이것은 제1차 세계대전 말의 5배였다)이나 사이공과 하이퐁 부두에서 일했다.

중부 고원지대와 캄보디아 국경지대의 차와 고무 플랜테이션에서 일하는 노동자들은 노동 조건이 특히 열악했다. 어떤 사람은 그 상황을 이렇게 묘사했다.

> 모든 고무 플랜테이션에서 노동자들은 새벽 4시에 일어나야 했다······. 많은 사람들이 시간이 없어 아침을 먹지 못했다. 5시쯤 종이 울리면 모든 노동자들이 마당으로 나가야 했기 때문이다. 지각은 꿈도 꿀 수 없었다. 점호 시간은 불과 20분이었지만, 얼마나 피를 말리는 20분이었는지! 감독과 프랑스

인 탄광 소유자들은 점호 시간에 야단을 치거나 매질을 할 구실을 찾아내려고 안달했기 때문에, 노동자들은 두려움으로 마음을 졸였다.

점호가 끝나면 노동자들은 고무 농장으로 가서 노동을 시작했다. 노동자들은 각각 하루에 280 내지 350그루의 나무를 맡았다. 우선 나무를 가볍게 두드린 뒤에 유액을 채취하여 수집 센터로 가져갔다. 몸이 약해 할당량을 채우지 못하면 매질을 당했다. 매질을 당하기 싫으면 감독에게 눈감아달라고 뇌물을 바쳐야 했다. 오후에는 농장주들을 위하여 잡초를 뽑는다든가 주택을 청소한다든가 하는 잡일을 하며 보냈다. 해질녘이 되어서야 노동자들은 숙소로 돌아갈 수 있었다. "이러한 이유들 때문에 고무 플랜테이션에서는 아이들은 아버지를 알 기회가 없고, 개들은 주인을 알 기회가 없다고 말하곤 한다."[4]

어느 사회에서든 초기 산업화의 사회적 결과는 보기 좋은 경우가 드물었다. 19세기 유럽 산업 도시들의 상황이 그 증거이다. 베트남의 상황 역시 예외가 아니었다. 하노이와 하이퐁의 착취가 심한 작업장이든, 통킹 만 연안 홍 가이의 탄광이든, 코친차이나의 고무 플랜테이션이든 새로운 노동 계급의 생활과 노동 조건은 끔찍하게 열악했다. 노동자들을 강제로 데려오기도 했고, 야만적인 수단을 이용해 고용을 유지하기도 했다. 강제징모내가 행인을 억지로 트럭에 태워 작업장에 떨구어놓기도 했다. 임금은 간신히 목숨을 부지할 수 있는 수준이었으며, 노동 시간은 길었다. 일주일에 7일, 하루 12시간 이상 일하는 경우도 있었다. 새로운 노동 계급의 구성원들 다수는 빚을 지거나 지주에게 쫓겨나 농토를 잃은 농민들이었다. 그러나 새로 고용이 된다 해도 거의 나아질 것이 없었다. 그들은 체벌을 받고 영양실조에 시달리면서, 안전 장치가 전혀 없는 위험한 환경에서 일하는 경우가 많았다. 찰스 디킨스(19세기 영국의 소설가: 옮긴이)가 개탄해 마지않던 상황이었다.

베트남에 자본이 유입될 때 상황이 이러했으니, 대공황이 인도차이나 경제에 영향을 미치기 시작할 때의 충격파가 어땠는지는 말할 필요도 없었다. 프랑스 자본은 인도차이나를 떠났고, 실업이 급속히 늘어났다. 일부 기업에서는 노동자의 반 이상을 해고했다. 많은 실업자가 극심한 가난을 피해 떠나왔던, 인구가 남아도는 마을로 돌아갔다. 다른 실업자들은 저항하는 쪽을 택했다. 1920년대 말 노동자들의 파업은 점차 일반적인 현상이 되었다. 파업 노동자들의 목표는 지역 상황에 따라 달랐다. 그러나 가장 일반적인 요구는 노동 시간 단축, 노동 조건 개선, 감독들(그들은 병이 들거나 지쳐 일을 제대로 못하는 노동자들에게 매질을 하는 경우가 많았다)의 잔인한 체벌 금지, 성과급 작업 폐지 등이었다. 파업은 혁명청년회나 신월혁명당의 정치 활동가들의 선동으로 일어나는 경우도 간혹 있었지만, 대부분은 자연발생적이었다.

이런 간헐적인 파업들이 프랑스에는 물론 성가신 일이었겠지만, 그 자체로 크게 경계할 만한 일은 아니었다. 노동자들은 여전히 조직 수준이 낮았으며, 각자 고립되어 있어 공동 보조를 취할 수 없었기 때문이다. 이보다 의미심장한 일은 농촌지역에서 일어나기 시작한 소요였다. 특히 베트남 중부 해안의 평원지대가 주목할 만했다. 그 이전에 이 지역에서 농민이 불만을 표출했던 것은 20여 년 전인 1908년 이른바 '단발 폭동' 때였다. 그 이후 농촌 상황은 조금도 나아지지 않았다. 높은 세금과 높은 소작료, 거기에 관리의 부정부패는 옛날 제국 관료가 여전히 어느 정도의 권위를 행사하던 안남의 독특한 특징이었다.

원성이 자자했던 프랑스 당국의 소금, 아편, 주류 판매 독점도 농민 불만의 중요한 원인이었다. 프랑스의 한 관리도 농민이 정부로부터 원가의 10배를 주고 소금을 살 수밖에 없다는 점을 인정했다. 응우옌 아이 쿠옥은 그의 책 《시험대에 오른 프랑스 식민주의》에서 프랑스의 모든 지방 주차관들에게 그들이 관할하는 마을마다 주류와 아편을 보관하는 '집'을 마련해놓으라는 알베르 사로 총독의 편지를 인용했다. 사로는 어떤 마을에는 술과 아편이 거의 없다고 불평했다. "재정 측면에서 최고의 결과를 얻을 수 있는 것은 오직 귀측의 행정과 우리의 행정 사이에 완전한 이해가 이루어질 때뿐이다." 사로는 그렇게 강조했다. 훌륭한 사로 씨가 스스로 '원주민의 작은 아버지'라고 일컬으며 원주민들의 존경을 받는 것도 놀랄 일은 아니다. 쿠옥은 그렇게 비꼬았다.[5]

프랑스의 공식 보고서들은 식민지 체제 덕분에 인도차이나의 농촌지역이 크게 개선되었다고 열광했다. 특히 쌀과 고무 수출량이 꾸준하게 증가(고무 수출은 1914년 2백 톤으로부터 1929년에 1만 톤으로 증가했다)한 것이 프랑스가 통치하면서 베트남 농민이 이익을 얻은 증거로 자주 인용되었다. 그러나 다른 통계를 보면 베트남 농민은 프랑스의 농업정책으로부터 얻은 것이 거의 없다는 사실을 알 수 있다. 농업이 상업화하면서 토지는 부유한 부재지주의 손에 집중되는 경향이 강해졌다. 특히 농지가 새롭게 확장된 메콩 강 삼각주지역이 심했다. 반면 소농들은 소작인으로 전락하는 경우가 많았다.

많은 경우 지주들은 소작인들에게 1년에 몇 주 간은 노동을 요구했고, 명절에는 선물이나 돈을 바칠 것을 요구했다. 많은 지주들이 고리대금업도 겸하여, 가족을 먹여 살리거나 다음 해 농사에 필요한 종자를 구입하기 위해 돈을 빌릴 수밖에 없는 농민에게 터무니없이 높은 이자를 받아냈다. 오래 전부터 땅 없는 가난한 사람들에게 작은 땅뙈기라도 마련해주는 안전판 노릇을 했던 마을의 공동 경작지는 합법적 또는 불법적 조작을 거쳐 영향력 있는 지주의 손으로 넘어갔다. 응우옌 아이 쿠옥은 프랑스의 한 관리가 어떤 마을의 땅을 몇 헥타르나 몰수하여 이웃의 가톨릭 마을에 넘겨준 사례를 보고했다. 땅을 빼앗긴 농민들이 민원을 제기했으나 오히려 감옥에 갇히고 말았다. 프랑스 식민지 체제에 비판적인 일부 평자들은 20세기의 첫 4분기 동안 전국에서 곡물 생산이 증가했음에도, 같은 기간 1인

당 쌀 소비는 감소했다고 주장해왔다. 이런 추정치가 과장되었는지는 몰라도, 어쨌든 당시의 프랑스 관리들조차 1930년대 초에 일부 지역에서는 농민들이 극심한 궁핍에 시달렸다는 점을 인정했다. 쿠옥의 고향인 응에안 성의 몇몇 마을에서는 인구 과잉이 심각한 문제가 되었는데, 인구의 반 이상이 토지가 없었다.[6]

이런 만성적인 조건에 세 가지 새로운 요인이 추가되었다. 베트남 중부의 대홍수, 다른 지역의 가뭄, 쌀값 폭락. 대공황기에 쌀값이 떨어지면서 동시에 땅값도 떨어졌고, 그 바람에 수많은 농민이 헤아릴 수 없이 많은 땅을 버리고 떠났다. 프랑스 보고서에조차 일부 지역에서는 주민의 3분의 1이 굶주림으로 고통받고 있다고 나올 정도였다.

1930년대가 열리면서 베트남 사회 전반이 동요하고 있었다. 일부 지역은 절망적인 분위기에 휩싸여 있었다. 1930년 3월에는 캄보디아 국경 근처 코친차이나 서부의 '테르 루주(붉은 땅: 옮긴이)' 지대에 자리잡은 푸 리엥 고무 플랜테이션에서 폭동이 일어났다. 몇 주 뒤에는 통킹의 제조업 중심지인 남 딘의 직물공장에서 파업이 일어났고, 응에 안 성의 성도 빈의 교외 산업지대에 있는 벤 투이의 성냥공장에서도 파업이 일어났다. 정부에서 소요를 진압하는 과정에서 시위자 몇 명이 죽고 수십 명이 부상을 당했다. 빈의 사건은 특히 의미심장하다. 노동자들 가운데 다수가 농촌지역을 떠난 지 얼마 되지 않아 여전히 이웃 마을들의 친척들과 긴밀한 유대를 형성하고 있었기 때문이다. 농촌 문제들이 점점 심각해지자 농민도 노동자들의 폭동에 가담하기 시작했고, 때로는 독자적으로 시위를 벌이기도 했다. 응우옌 아이 쿠옥의 고향인 킴 리엔에서 북쪽으로 몇 킬로미터 떨어진 타인 추옹 부는 중부지방에서 경제적으로 가장 극심한 고통을 겪던 곳이었는데, 이곳에서는 분노한 농민 수천 명이 한 플랜테이션으로 몰려갔다. 플랜테이션 소유자가 공동 경작지를 몰수하고 노동자들을 학대한다는 소문이 돌았기 때문이다. 시위대는 기물을 파괴하고 사무실 건물에 망치와 낫이 그려진 깃발을 꽂았다. 프랑스 외인부대가 폭동 진압을 시도했고 그 과정에서 수십 명의 사상자가 생겼다.

이런 폭동들을 진압한 뒤에 나온 프랑스측의 보고서에 따르면, 시위자들의 목적은 다양했다. 지도자들 가운데 다수는 민족 독립 또는 '공산주의 낙원' 건설을 바라는 지식인들이었다. 농민은 곤궁과 절망적 상황을 견디다 못해 운동에 가담했다. 또는 외부의 선동자들이 의도적으로 조장한 프랑스인들에 대한 막연한 증오심 때문에 가담하기도 했다. 나중에 당국에 체포되어 심문을 받은 타이 반 지아이는 이렇게 말했다. "대중은 공산주의자들이 아니다. 그러나 그들은 불만에 가득 차 있다. 지주들은 농민을 착취한다. 정부는 관개를 하여 토지 생산성을 높이려 하지 않는다. 관리들은 주민에게 기생하고 있다." 농민이 왜 프랑스인들에게 반감을 가지냐고 묻자 그는 이렇게 대답했다. "민중은 프랑스 행정에 대해서는 아무것도 모른다. 그것은 그들의 일상 생활로부터 너무 멀리 떨어져 있다. 그들은 오직 관리들만 알고 있는데, 민중은 그들을 경멸한다."[7]

공산주의 조직가들은 베트남 중부에서 폭동을 일으키는 데 처음부터 중요한 역할을 했다. 1929년 말, 인도차이나공산당 지도부는 응우옌 퐁 삭이라는 응에 안 출신의 지도자를 빈 지역으로 보내 노동자 조직을 돕게 했다. 그는 자신의 임무를 수행하기 위해 벤 투이의 성냥공장에 취업했다. 1930년 2월, 홍콩에서 통합회의를 하고 나서 불과 2주 뒤에 응에 안에는 성위원회가 수립되어 공장과 마을의 농민 조직체에 세포를 심기 시작했다. 당 지도부로부터 확실한 지령이 내려오지 않았기 때문에 지역 간부들은 스스로 알아서 행동했다. 타이 반 지아이는 몇 달 뒤 당국의 조사를 받을 때 이렇게 말했다.

공산당은 활동을 개시했다. 세포를 심고, 소책자를 배포하고, 회의를 조직했다. 마을에서는 누구의 간섭도 받지 않고 완전히 자유롭게 활동할 수 있었다. 지역 유지들은 두려워서 감히 나서지 못했다. 관리들은 우리에게 관심을 가지지 않았고, 프랑스인들은 무슨 일이 벌어지는지 모르고 있었다.

시위를 어떻게 조직했느냐고 묻자 지아이는 활동가들이 마을회관에서 북을 쳐 지역민을 모았다고 대답했다. 머뭇거리거나 저항하는 사람은 몽둥이로 위협했다. 그는 집이나 탑을 태우기도 하고, 시위에 반대하는 사람을 고문하거나 죽인 일도 간혹 있었지만, 일반적으로 그런 방법을 사용한 것은 아니라고 말했다. 프랑스에 협력한다고 의심받는 사람들은 은밀하게 암살했다. 당은 "대중을 놀라게 하고 싶지 않았기" 때문이다.[8]

당시 열렬한 청년 당원 다수에게는 그 즈음 모스크바에서 나온 예측, 즉 아시아가 폭동 전야에 있다는 예측이 선견지명으로 보였을 것이다. 코민테른은 1929년 말 혁명청년회의 지도자들에게 조언을 하면서 조직된 공산당이 없다고 해서 혁명가들이 노동자와 농민이 주도하는 자연발생적 봉기를 적극적으로 지원하지 못하는 것은 아니라고 예리하게 지적했다. 모스크바는 청년회가 그 혁명적 활동에서 대중에게 뒤처지지 말아야 한다고 말했다. 혁명 세력에게 우호적인 상황인지 아닌지를 판단하는 문제에 대해서는 그러한 문제에 대한 최종 결정은 현장 지도부만이 내릴 수 있다는 말 외에는 코민테른도 도움을 줄 것이 없다고 이야기했다.

코민테른은 중국에서 계속되는 소요에 강한 인상을 받은 것이 틀림없었다. 중국에서는 폭동 그룹들이 중국공산당의 야심 많은 지도자 마오 쩌둥의 지도 하에 장 제스의 극심한 탄압을 피해 상하이 남서쪽의 장시성(江西省) 산악지대로 피신했다. 그러나 새로 창건된 베트남공산당에게 베트남의 위기 상황은 기회일 뿐 아니라 딜레마이기도 했다. 폭동을 일으키기 위해 공산당이 완전하게 조직될 때까지 "기다릴 필요가 없다"는 모스크바의 발언에도 불구하고, 새로운 정당은 프랑스 식민지 체제와 정면 대결을 하기에는 준비가 부족한 것이 분명했다. 서로 흠집을 내던 내부 분열은 이

제 막 극복했지만, 그 지도자들은 미숙했고 자신감도 부족했다. 공식적인 중앙위원회도 아직 만들어지지 않았으며, 당의 지역기구는 이제 만들어지는 중이었다. 기존 지도부는 그대로 홍콩에 있었기 때문에 국내 상황을 제대로 파악하기 힘들었다. 설사 당이 중부지방에서 폭동을 일으킨다 해도, 나머지 지방에서 따라와준다는 보장이 없었다. 설사 노동자와 농민의 적대감과 불만을 행동으로 끌어낸다 해도, 불안해하는 도시 부르주아지가 그들을 도우러 나설지, 아니면 프랑스인들이 반란지역에서 질서를 회복하는 동안 말없이 지켜보고만 있을지 분명치 않았다. 역사 감각을 지닌 혁명가에게 베트남의 상황은 러시아의 1917년보다는 1905년 상황과 더 흡사해 보였을 것이다.

어쨌든 이것이 당 지도부의 신중한 사람들의 견해였다. 1929년 청년회를 뛰쳐나가 인도차이나공산당을 결성했던 과격한 지도자 찬 반 쿵조차 신중한 태도를 보였다. 프랑스 정보 보고서에 따르면 베트남국민당 지도부가 1930년 2월 그들이 계획한 봉기 때 쿵의 지원을 받으려고 접촉을 시도했으나 쿵은 아직 혁명의 때가 무르익지 않았다는 이유로 거절했다고 한다. 쿵이 이끄는 당의 지역 당원 일부가 옌 바이 봉기에 참여하고 싶어 했을 때도 지도자들이 말렸다.

응우옌 아이 쿠옥도 그들의 결정에 동의했을 것이 거의 확실하다. 우선 베트남국민당은 규율이 잡힌 당 조직을 갖추지 못했다. 또한 상하이에서 응우옌 루옹 방에게 주의를 주었듯이, 병사들은 믿을 만하지 못하기 때문에 그들을 동원할 때는 신중해야 했다. 그는 옌 바이 봉기 몇 주 뒤 시암에 있는 동료들에게 홍콩에서 열린 2월 통합회의에 참석했던 대표들이 베트남국민당 지도부와 접촉하여 봉기를 말리려 했으나 성공하지 못했다고 말했다.[9]

가장 위험한 날

중부지방의 분노와 소요의 파도에 휩쓸려 있는 당 활동가들에게 눈앞의 미래에 대한 의심과 주저는 사치였다. 이 지역 일꾼들은 새로 조직된 안남 지역위원회의 책임을 맡은 전투적 활동가 응우옌 퐁 삭의 지도 하에 농촌에서 계속 혁명의 불을 지피기 위해 노력했다.

9월 초가 되자 소요는 통제를 벗어날 조짐을 보였다. 빈의 북서부 카 강변 몇몇 부의 시위자들은 당 성위원회의 지침에 따라 권력을 장악하여 지역 행정 당국을 몰아내고, 마을 조직을 만들어 마을 수준에서 농민 권력을 수립했다. 서둘러 조직된 농민위원회들은 볼셰비키 방식으로 '소비에트'라고 알려졌으며, 보통 마을의 빈농들이 실권을 장악했다(응에 안 성과 하틴 성에 형성된 소비에트라 하여 이것을 '응에-틴 소비에트'라고 부른다: 옮긴이). 이들은 채무와 세금 징수를 없애고, 소작료를 감면하고, 전에 지주와 '마을 폭력배들'이 가져갔던 공동 경작지를 몰수했다. 동시에 법과 질서를 유지하기 위해 마을 자위 의용대를 조직했다. 한편 노동자 파업은 벤 투이의 공장들로 번져가고 있었고, 빈의 학생들과 후에 국학의 학생들은 학생동맹을 조직하여 노동자와 농민의 투쟁에 지지를 표명했다.[10]

어떤 사람들은 훨씬 더 과격한 행동에 나서 지주들의 토지를 몰수하고 '지역 압제자'를 암살하고, 비용이 많이 드는 전통적 관혼상제 풍습을 폐지하고, 도박 · 도둑질 · 매춘 등 '후진적' 관습을 엄격하게 처벌하기도 했다. 심지어 자발적인 협동농장인 '합작사(合作社, 홉 탁 사)'를 결성하여 마을의 가족들이 함께 일하고 수확을 나누어 가지는 경우도 나타났다.

프랑스 당국은 중부지방에서 정부 권력을 완전히 상실할 위기에 처하자 제국 군대를 지원하기 위해 외인부대를 파견했다. 9월 12일, 수천 명의 시위자들이 옌 수옌 마을에서 성도(省都)를 향해 행진하기 시작했을 때 — 인도차이나 은행 지점을 점거하기 위해서라는 소문이 돌았다. — 제국 군대가 파견되어 시위대가 빈으로 가지 못하게 길을 막았고, 프랑스 전투기들이 시위대에 폭탄을 투하했다. 하루 종일 계속된 전투가 끝났을 때 — 프랑스 총독 르네 로뱅은 '가장 위험한 날'이었다고 묘사했다. — 빈과 엔 수엔 사이의 길에는 수백 명의 베트남인 사상자들이 어지럽게 널려 있었다.[11]

혁명의 조건

당 지역기구들이 베트남 농촌의 소요에 대응하는 최선의 방법을 찾느라 여념이 없을 때, 지도부는 홍콩에서 임시 중앙위원회 1차 회의를 개최할 준비를 하고 있었다. 2월 통합회의의 결정에 따르자면 통킹, 안남, 코친차이나에 세 개의 지역위원회를 즉각 수립해야 했다. 그런 뒤에 각각의 위원회에서 대표를 선출하여, 대표들이 확정되는 즉시 통킹에서 9명으로 이루어진 임시 중앙위원회를 개최할 예정이었다. 3월에 총명한 청년 찬 푸가 모스크바에서 스탈린 학교를 졸업하고 홍콩으로 돌아오자, 응우옌 아이 쿠옥은 그와 협의한 뒤, 그를 베트남에 보내 인도차이나 내부 당 지도자들의 활동을 돕도록 했다.

그러나 4월에 회의를 개최하려던 애초의 노력은 수포로 돌아갔다. 날짜는 7월로 미루어지고 장소도 홍콩으로 바뀌었다. 그러나 대표 두 사람이 홍콩으로 오는 길에 체포당하는 바람에, 날짜는 10월 말로 다시 연기되었다. 찬 푸는 최종 준비를 위해 9월에 홍콩으로 돌아가 응우옌 아이 쿠옥에게 인도차이나의 상황을 보고했다. 푸는 소련에서 지낸 덕분에 마르크스-레닌주의 이념을 잘 알고 있었으며, 어쩌면 이것 때문에 통킹 지역위원회에서 임시 중앙위원회 위원으로 선출되었는지도 모른다. 그는 그 무렵 코민테른에서 일어난 노선의 변화를 기초로 정치 강령 초안을 작성하는 일을 위임받았다. 이 초안이 2월 통합회의에서 응우옌 아이 쿠옥이 작성했던 원안을 대체할 예정이었다. 그러나 이 두 초안 사이의 이념적 차이는 다가올 회의에서 심각한 논쟁의 불씨가 된다.[12]

응우옌 아이 쿠옥과 찬 푸가 상하이로 가서 눌랑에게 보고를 하고 새로운 당 강령의 승인을 받아온 직후 대표들이 2월 이후 당의 첫 공식 회의(이후로는 중앙위원회 제1차 전체회의로 알려지게 된다)에 참석하기 위해 홍콩으로 모여들기 시작했다. 아마 응우옌 아이 쿠옥은 이들 대표들의 보고를 통하여 국내에서 넘실거리는 소요의 물결에 대하여 처음으로 자세한 이야기를 들었을 것이다. 그는 봄과 여름에는 홍콩 외부, 동남아시아나 상하이에서 많은 시간을 보냈기 때문에, 국내 상황을 면밀히 관찰할 기회가 없었다. 그는 국내 상황에 대한 정보를 소화한 뒤 인도차이나에서 벌어지는 사건들에 대한 보고서를 써서 모스크바에 보냈다. 그는 코민테른이 모든 동지들에게 베트남 중부의 억압받는 대중에 대한 지지 표명을 촉구해야 한다고 주장했다. 그때까지 그곳의 시위는 파리까지 소식이 전해지기는 했지만, 세계 언론으로부터 거의 주목을 받지 못했다.[13]

그러나 응우옌 아이 쿠옥이 무장봉기로 나아가는 경향에 대해 심각한 우려를 했다는 증거는 많다. 중부지방에 급속하게 위기가 다가오면서 그의 예측, 즉 인도차이나 농민이 봉건제와 식민지 체제의 압제자들에 대항하여 폭동을 일으키기 직전이라는 예측은 확인되었다. 그러나 그의 당은 그런 분위기를 발판으로 식민지 체제를 흔들어놓을 준비가 되어 있지 않았다. 응우옌 아이 쿠옥은 광저우에 머물던 시절, 준비를 제대로 못하면 얼마나 큰 대가를 치러야 하는지를 자신의 눈으로 똑똑히 목격했다. 그는 1928년 베를린에 머무는 동안 쓴 글 '당이 농민 속에서 해야 할 전투적 사업'에서 중국 남부에서 활동한 경험에 기대어, 베트남과 같은 산업화 이전 사회에서 혁명이 성공할 수 있는 조건들을 분석했다. 그 글에서 쿠옥은 도시 노동자와 농민 사이의 효과적 동맹이 핵심이라고 강조했다. 그는 농민이 프롤레타리아의 지도와 노동자의 적극적 참여 없이 승리를 거둘 수 없다는 점을 인정했지만, 동시에 다음과 같은 점도 강조했다.

만일 혁명적 프롤레타리아가 농민 대중의 적극적 지원을 받지 못한다면 농촌 및 반농촌 국가에서 프롤레타리아 혁명의 성공은 불가능하다……. 중국에서, 인도에서, 라틴 아메리카에서, 많은 유럽 국가(발칸 제국, 루마니아, 폴란드, 이탈리아, 프랑스, 스페인 등)의 혁명에서 프롤레타리아의 결정적인 동맹자는 농민 대중이었다. 오직 혁명의 물결이 프롤레타리아의 지도 하에 농촌 대중을 움직일 때에만 혁명은 승리를 거둘 수 있다. 따라서 당의 농촌 선동 사업은 특별히 중요하다.[14]

물론 이것은 응우옌 아이 쿠옥의 동료라면 이전에도 들어보았을 귀에 익은 메시지였다. 또한 이 메시지가 나오기 전 모스크바가 아시아의 공산주의 정당들에 내려보낸 코민테른의 지침과도 완전히 일치하는 메시지였다. 이에 대한 응답의 하나로 1930년 여름 중국공산당은 새로운 당서기 리 리싼(李立三)의 지도 하에 중국 중부와 남부의 정부 장악지역에서 도시와 농촌을 결합한 봉기를 시도하여 어느 정도 승리를 거두기도 했다.

그러나 아시아에서 노동자-농민 동맹에 기초한 봉기를 코민테른이 승인한 것은 답을 준 만큼이나 많은 문제를 제기했다. 이런 유형의 봉기는 정확히 어떤 조건에서 일어나야 성공하는가? 성공 가능성을 최대화하기 위해서는 어떤 정책을 택해야 하는가? 레닌은 언제나 혁명은 과학이 아니라 예술이라고 하면서 그런 질문을 피해갔다. 응우옌 아이 쿠옥은 위에 인용한 1928년에 쓴 글에서 레닌을 인용하여 농촌지역에서의 무장봉기는 도시의 경우와 마찬가지로 "어떤 주어진 순간"이 아니라, "지배 계급의 굴레를 견딜 수 없게 된 대중이 혁명적 발효 상태에 이르러 기존 질서에 대항하여 적극적으로 싸울 각오를 하는" 고전적인 혁명적 조건에서만 터져 나온다고 주장했다. 쿠옥은 다시 레닌의 생각을 따라, 농민의 자연발생적인 저항 행동들은 억압받는 대중이 낡은 방식을 유지하기를 거부하는 표시이며, 사회가 "곧바로 혁명적 상황"으로 돌입할 것임을 예고하는 신호라고 말했다.

그러나 혁명의 성공을 위한 고전적 조건이 성숙했다고 판단한다 하더라도, 성공 가능성을 높이기 위해 어떤 행동을 선택할지 결정하는 문제가 남는다. 응우옌 아이 쿠옥은 그의 글에서 "조직과 전술의 일반적 처방과 보편적 공식"은 있을 수 없다는 점을 인정했다. 한 나라의 조건은 다른 곳과는 다를 수밖에 없기 때문이다. 무엇보다도 "그 순간의 구체적 조건을 늘 고려하는 것", 정치적 상황과 지역 주민과 문화의 특수성들을 철저하게 이해하는 것, 그래서 적절한 전술과 전략을 채택하는 것이 "프롤레타리아 정당의 의무"였다.

전국적으로 구질서 전복에 대한 광범위한 지지가 확산되어야 한다는 것도 레닌이 봉기 성공의 전제조건 가운데 하나로 내건 것이었다. 그러나 응우옌 아이 쿠옥은 중국에서의 경험을 통해 혁명의 물결은 처음에는 한 지방으로부터 시작되어 점차 다른 지역들로 퍼질 수도 있다는 것을 알았다. 그는 농촌으로 둘러싸인 산업지역에서 봉기의 첫 단계가 시작될 경우 성공 가능성을 최대화하기 위한 방침을 제시했다. 혁명적 조건이 무르익은 적절한 시점에 농민은 무장 부대를 조직하여, 도시 노동자나 다른 지역 농민과 합세하여 전국적인 봉기에 참여해야 한다. 그렇게 되면 농촌지역의 무장 투쟁은 점차 대중적 성격을 띠고 방어적인 행동에서 공격적인 행동으로 옮겨갈 것이다. 쿠옥은 지리적, 경제적, 정치적 조건이 매우 다양한 일부 국가에서는 권력의 혁명적 장악이 몇 주 또는 심지어 몇 달 안에 이루어지지 못할 수도 있기 때문에, 전국에서 장기간 혁명을 선동해야 할지도 모른다고 생각했다.

홍콩에서 응우옌 아이 쿠옥은 노련한 눈으로 1930년 첫 아홉 달 동안 베트남 중부의 상황이 2년 전 자신의 글에서 요약했던 분명한 징후들을 드러내는 것을 지켜보았다. 중부지방에서 일어난 소요에서 비공식적이기는 하지만 노동자와 농민 사이의 동맹이 나타나기 시작했으며, 다른 지역에서도 비슷한 조짐이 눈에 띄었다. 그러나 성공 전망에 대한 현실적 회의론 때문에 낙관론은 자제할 수밖에 없었다. 그가 이전의 여러 글에서 지적했듯이 베트남의 정치적 의식과 조직 수준은 중국 같은 반식민지의 경우보다 훨씬 더 낮은 수준이었다. 베트남은 중국보다 훨씬 작았으며, 따라서 한 지역의 승리를 유지할 수 있는 가능성도 적었다. 나아가서 프랑스 당국은 중국의 허약한 군벌 정부보다 강했다. 모스크바의 확신에도 불구하고, 쿠옥은 결국 새로운 혁명 정당이 상황을 이용할 준비가 되어 있지 않다는 결론을 내릴 수밖에 없었다.

1930년 늦여름 응우옌 아이 쿠옥은 베트남 중부의 소요를 보고받았을 때도 조심스러운 반응을 보였다. 중앙위원회의 10월 회의 직전 홍콩에서 동료들과 논의할 때에도, 인도차이나에 대한 정보가 부족하여 인도차이나의 당 활동가들에게 대응 방식을 조언해줄 수 없다고 말했다. 홍콩에 거주하는 중국공산당 당원들과 상의하자 중국공산당은 중국에서 그런 기회들을 활용했다고 하면서 적극적으로 활동하라고 권유했다. 그러나 쿠옥은 봉기를 일으킨 마을들에서 소비에트 조직을 선출하고 지역 농민에게 토지 재분배를 실시하는 것은 가능하다고 보면서도, 인도차이나가 전면봉기 단계로 진입할 때가 무르익었다는 주장에 대해서는 여전히 회의적이었다. 쿠옥의 생각에 동료들은 엇갈린 반응을 보였다. 그들 가운데 일부는 쿠옥보다 더 신중한 태도를 보이면서, 당이 개입할 여지가 전혀 없을 것이라고 생각했다.[15]

그러나 결과에 대해 속으로 어떤 의심을 품었는지 몰라도 응우옌 아이 쿠옥은 당이 중부지방의 항쟁 세력을 지원해야 할 도덕적, 정치적 의무가 있다고 느꼈다. 베트남공산당이 — 오직 베트남공산당만이 — 짓밟힌 대중의 억압에 대항한 투쟁에서 그들의 편에 확고하게 선다는 것을 보여주어야만, 당이 베트남 인민과 굳건한 관계를 맺고 미래의 혁명을 위한 터를 닦을 수 있었기 때문이다. 전세계에 봉기를 최대한 알리면, 인도차이나의 프랑스 세력이 허약하다는 것을 보여주는 동시에 모스크바에 인도차이나의 인민이 아시아의 혁명 운동에 중요한 기여를 할 수 있다는 확신을 심어줄 수도 있었다.

따라서 응우옌 아이 쿠옥으로서는 신중함과 무모함 사이에 절묘한 균형을 잡으며, 중부지방의 봉기 세력을 확고하게 지원하는 동시에 봉기가 결국 진압당할 가능성을 염두에 두고 피해를 최소화하려는 노력을 기울여야 했다. 9월에 홍콩의 베트남공산당 지도부는 베트남 중부의 지역위원회에 메시지를 보내 이렇게 조언했다.

> 현재 〔응에 안 성위원회의〕 집행위원회는 타인 추옹과 남 단에서 이미 폭력을 옹호하고 있다(소비에트를 건설하고 토지를 분배하는 등). 이런 정책은 적절치 않다. 당과 전국 대중의 준비가 부족하며, 무력을 갖추기 않았기 때문이다. 이 시점에서 많은 지역의 고립된 폭력은 때이른 것이며, 맹목적 모험주의에 불과하다. 그러나 현재 상황을 고려할 때 우리는 당과 소비에트의 영향력을 유지하여, 설사 패배한다 하더라도 소비에트의 의미가 대중의 마음 속에 깊이 파고들고 당과 농민 조직들의 영향이 계속 유지될 수 있도록 행동할 수밖에 없다.[16]

언제 베트남 중부의 지역위원회가 이 지령을 받아 지방위원회에 전달했는지는 분명치 않다. 그러한 비판에 대한 대응이었는지 모르지만, 10월 초 공식 기관지 〈응우오이 라오 코(Nghuoi Lao kho, 억압받는 자들)〉는 지역의 당 활동가들에게 보내는 사설을 실었다. "지금은 폭력을 사용할 때가 아니다." 폭력을 사용해야 한다고 주장하는 사람들은 잘못된 것이다. 지역 전체에서 혁명적 대의에 대한 지지가 높은 수준에 이르지 못했을 뿐 아니라, 대중에게는 혁명적 경험이 거의 없으며, 조직된 지 얼마 되지 않는 마을 의용대는 규율과 무기가 부족하다. 당이 큰 봉기를 성공적으로 이끌

기 위해서는 큰 전쟁과 같은 우호적인 조건이 요구된다.[17]

그러나 현장 당 활동을 지휘하는 일차적 책임을 진 응에 안 지방위원회는 관점이 달랐다. 이 지방위원회는 10월 초에 발행한 회람에서 하부 조직들에 반동분자들에게 폭력을 사용하는 정책을 유지하라고 지침을 내리면서, 그러지 않을 경우 대중이 실망하여 당 간부들을 당국에 팔아넘길 것이라고 주장했다. 이 회람은 폭력이 당의 적에게 공포를 불러일으키고 혁명적 대의에 힘을 주며, 현재 운동이 살아남을 수 있는 유일한 수단은 투쟁뿐이라고 결론을 내렸다. 위원회의 회람은 모든 하부 단위에 지주의 손에 남아 있는 공동 경작지 몰수와 반동적 관리의 선별 암살을 계속하라고 지시했다. 그러면서 그런 행동들은 미리 상부의 허가를 받으라고 강조하기도 했다.[18]

떠오르는 새 별, 찬 푸

베트남 중부에 봉기의 불길이 번져가는 상황에서 홍콩의 당 지도부는 중앙위원회 제1차 전체회의 준비를 계속했다. 코친차이나의 대표들은 9월 말에 도착했지만, 통킹과 안남의 대표들은 나타나지 않았다. 코친차이나 대표들이 쿠옥의 승인을 얻어 인도차이나로 돌아가려고 하는데 하이퐁으로부터 통킹 대표들 몇 명이 도착했다. 결국 예정대로 회의를 진행하기로 했다.[19]

응우옌 아이 쿠옥과 찬 푸는 회의를 시작하기 전 마지막으로 상하이에 가서 눌랑에게 상황을 보고하고, 회의에서 채택할 결정들을 상의했다. 찬 푸는 10월 초에 홍콩으로 돌아왔으며, 응우옌 아이 쿠옥은 며칠 더 상하이에 머물며 협의를 하다가 그달 중순 미국 배를 타고 돌아왔다.[20]

응우옌 아이 쿠옥이 홍콩으로 돌아오고 나서 며칠 뒤인 10월 20일, 홍콩 섬의 카이이 거리에 있는 작은 아파트에서 중앙위원회가 개최되었다. 이 회의에는 베트남의 3개 지역의 총 9백 명 가량의 당원을 대리하는 대

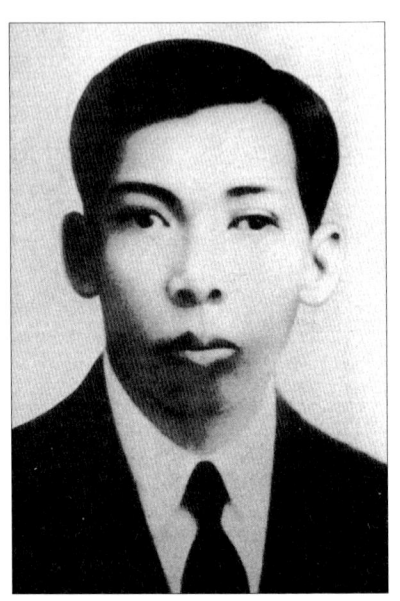

베트남 혁명 운동의 가장 밝게 빛나는 젊은 별이었던 찬 푸. 그는 1920년대 말에 청년회에 가입했으며, 이후 모스크바의 스탈린 학교에 유학했다. 푸는 1931년 프랑스 감옥에서 죽었다.

표들이 모두 참석했다(다만 대표 한 명은 홍콩까지는 왔으나 길을 잃어 회의 장소를 찾지 못했다). 응우옌 아이 쿠옥은 의장 겸 코민테른 대표로 참석했다. 또 매력적인 용모에 피부가 검은 젊은 당원 응우옌 티 민 카이도 참석했다. 그녀는 1930년 4월 극동국 남부 사무소가 응우옌 아이 쿠옥의 보좌관으로 파견한 인물이었다.[21]

   가장 중요한 의제는 2월 통합회의 때 응우옌 아이 쿠옥의 지도 하에 작성한 임시 강령을 대체할 새로운 정치 강령을 채택하는 문제였다. 쿠옥이 작성한 2월 강령이 당시 모스크바의 전략적 사고와 일치하지 않는다는 점은 1929년 12월 코민테른이 파리에 보낸 비판서에 이미 분명하게 드러나 있었다. 응우옌 아이 쿠옥이 통합회의를 개최할 때는 입수되지 않았던 이 비판서는 혁명청년회 선언문의 이데올로기적 약점을 여러 가지 지적했다. 이러한 약점들은 2월 강령에도 그대로 반영되어 있었다. 모스크바의 관점에서 볼 때 이 선언문은 베트남 혁명에서 노동 계급의 중심적 역할을 충분

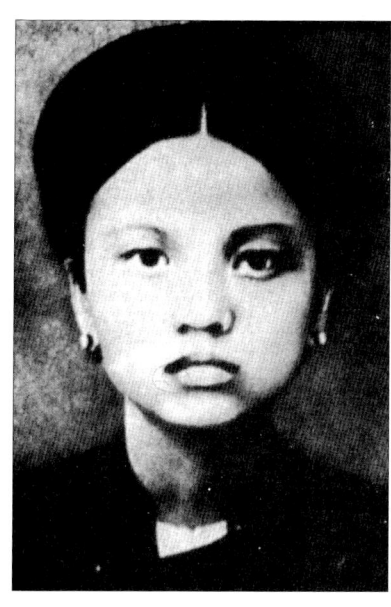
인도차이나 공산당 초기의 여성 당원 응우옌 티 민 카이. 그녀는 1930년 홍콩에 와서 호치민의 일을 도왔다. 두 사람이 결혼을 준비중일 때 그녀가 영국 경찰에 체포되었다. 그녀는 나중에 호의 동료와 결혼했으며, 1941년 프랑스측에 처형 당했다.

히 강조하지 않았을 뿐 아니라, 이제는 의심의 대상이 되고 있는 레닌주의적 2단계 혁명론을 고수하고 있었다.[22]

전체회의에 모인 대표들 다수는 2월 강령의 약점을 지적한 모스크바의 견해를 받아들이는 것 같았다. 새로운 중앙위원회가 전체회의 폐회 후인 12월 9일 모든 하급 기관에 보낸 회람에서 2월 회의에서 채택했던 통일전선 전략을 신랄하게 비판했기 때문이다. 통일전선 전략이 민족 독립이라는 대의에서 부르주아지와 소지주의 지원에 기대는 내용이 포함되어 있었던 반면, 회람(아마 찬 푸가 썼을 것이다)은 이제 그런 분자들이 속속들이 반동적이며 결국 혁명의 대의를 배반할 것이라고 강조했다. 회람은 또 통합회의 이후 혁명 운동 내의 각 분파로부터 가장 순수한 혁명 분자들만 선별하는 대신 모든 분파들을 무차별적으로 합쳤다고 비판했다.[23]

만장일치로 통과된 새 정치 강령은 이전 강령의 약점들을 고치려는 목표로 작성되었다. 새 강령은 통일전선 — '반제전선(反帝前線, 맛 찬 판

6장 붉은 응에틴 295

데)'이라는 이름이 붙었다. — 에 대한 새로운 규정을 시도하여 베트남 노동 계급의 주요 동맹자는 빈농과 중농이라고 선언했다. 프티 부르주아 지식인이나 정당들과 협력하는 활동은 허용되었지만, 신중하게 수행해야 했다. 그런 분자들 가운데 다수는 혁명이 절정에 이르렀을 때 대의를 버리고 제국주의 편에 설 것으로 예상되었기 때문이다. 1927년 중국공산당의 비극적 경험에 바탕을 둔 예상이었다. 그런 당들과 관계를 수립하는 것은 허용되었지만, 공산당의 대중 선전 활동이 방해받지 않아야 한다는 단서가 붙었다. 또한 그들의 '편협한 민족주의'에 반대하고, 그들의 대중에 대한 영향력을 분쇄해야 했다. 나아가서 테러, 암살 편향, 대중에 대한 믿음 부족과 같은 모든 '프티 부르주아적' 경향들은 당에서 엄격하게 제거해야 했다(소련이 세계 각지의 공산당에 보낸 지령에서 자주 나타나는 이러한 비판은 급진적 지식인이 민중 속에서 혁명적 운동을 구축해나가는 수고스러운 노력보다는 극적인 폭력적 행동에 의존하는 경향이 자주 나타난다는 모스크바의 믿음과 관련이 있다. 그것은 또한 베트남국민당과 같은 경쟁 정당이 식민지 체제를 약화시키기 위해 사용하는 방법에 대한 응우옌 아이 쿠옥의 비판도 반영된 것이었다).[24]

또한 10월 회의에서는 당명도 변경했다. 모스크바의 고집에 따라 인도차이나공산당(당 콩 산 동 두옹)으로 바꾼 것이다. 물론 이렇게 당명을 바꾼 이유는 작은 나라들의 혁명 운동은 그 나라들을 포괄하는 광범위한 지역 정당을 결성하여 식민지 통치로부터 해방을 추구해야 한다는 것임이 분명해 보이지만, '베트남'이라는 이름을 떼어냄으로써 민족 독립이라는 대의—이제 모스크바에서는 '프티 부르주아적' 관심으로 간주하고 있었다.—로부터 계급 투쟁으로 관심을 돌릴 수 있을 것이라는 고려도 한 몫을 했을지 모른다. 중앙위원회는 회의가 끝난 뒤 당명 변경의 이유를 설명하는 공개 성명서를 발표했다.

베트남, 캄보디아, 라오스는 별개의 세 나라이지만, 현실적으로는 하나의 지역을 형성하고 있다. 경제적인 의미에서 이 세 나라는 긴밀하게 연결되어 있으며, 정치적으로는 모두 프랑스 제국주의자들의 식민지 통치에 억압당하고 있다. 세 나라 노동자들과 모든 노동 대중이 제국주의자, 군주, 지주를 타도하고 독립을 회복함과 동시에 자신을 해방하려면 개별적인 싸움으로는 승리할 수 없다. 따라서 노동 계급의 전위이자 혁명 투쟁에 나선 모든 대중의 지도자인 공산당도 베트남, 캄보디아, 라오스를 개별적으로 대변할 수 없다. 혁명의 적이 연합 세력이라면, 공산당 역시 모든 인도차이나 노동자 세력을 한데 모아야 한다.[25]

회의는 당의 강령과 이름을 변경한 뒤 인도차이나 내부 상황에 관심을 돌렸다. 중부지방의 소요는 지도부에 고민을 안겨주었다. 이제 중부 해안지방의 봉기가 프랑스 통치에 대한 전국적 봉기로 이어지지 않을 것임은 분명해지고 있었다. 남부 농촌의 몇몇 부에서 산발적으로 폭력 투쟁이 일어났지만, 북쪽, 심지어 홍 강 삼각주의 궁핍한 마을들에서도 농민은 움직이지 않았다. 도시지역도 마찬가지였다. 사이공과 하노이에서 소수의 노동자들이 중부지방 동포들의 투쟁에 호응하여 파업을 벌였지만, 도시 주민은 전체적으로 냉담했다. 도시의 중간 계급은 안남 사태를 공포와 매혹이 결합된 착잡한 마음으로 지켜보고 있었으나 함께 싸우지는 않았다. 베트남국민당은 옌 바이의 패배 이후 혼란에 빠져 있었기 때문에 베트남 내에는 제국주의 억압에 대항하여 주민을 일으켜세울 능력이나 의욕을 지닌 조직된 민족주의 그룹이 없다고 할 수 있었다. 공산당만이 유일했다. 게다가 중부지방의 소비에트 운동에 나타난 음습한 폭력과 계급 전쟁의 이미지 때문에 공감을 할 만한 주변 세력 가운데도 겁을 먹고 떨어져나간 사람들이 많았다. 거꾸로 이런 분위기는 마르크스주의 강경파에게 부르주아지가 역시 동요하는 집단이며 혁명 세력의 믿음직한 동맹자일 수 없다는 생각을 확인해주었을 것이다.

  이런 상황이었기 때문에 홍콩의 당 지도부는 조심하는 경향이 있었다. 10월 전체회의를 마무리 지으면서 나온 결의안에서는 각 지역의 혁명적 활동가들이 식민지 당국이 자행하는 '백색 테러'에 대항하여 대중의 힘을 모으기 위해 인도차이나의 모든 지역으로 운동을 확장할 것을 촉구했다. 그러나 이 결의안은 동시에 때이른 폭력과 맹목적 모험주의와 관련한 모든 경향을 제어하는 것이 긴급하다고 지적했다. 그런 그릇된 경향은 통합회의 이후 당에 들어온 신뢰할 수 없는 불순분자들 탓으로 돌렸다. 그런 분자들은 제국주의에 대한 투쟁을 지나치게 강조하며, 계급 투쟁 문제는 등한시한다는 지적도 나왔다. 중앙위원회에서는 미래의 봉기에서 성공 가능성을 높일 수 있도록 억압받는 대중 속에서 당의 뿌리를 강화하는 것이 가장 중요하다고 생각했다. 이를 위해 선전은 농민의 관심사, 즉 과중한 세금에 반대하고, 소작료를 낮추고, 독점을 철폐하는 것 등에 초점을 맞추어야 했다.[26]

  이어 특별히 응에 안과 하 틴 등 봉기가 일어난 성의 당 활동가들에게 보내는 별도의 성명에서는 새로 형성된 소비에트들에 대하여 다음과 같은 견해를 피력했다.

    대중이 자발적으로 행동하는 시점에 이르면, 당은 그들을 즉시 지도하는 것 외에 다른 선택의 여지가 없다. 그러나 현재 집행위원회(아마 응에 안 성 위원회의 집행위원회를 가리킬 것이다)는 그런 행동을 적극 옹호하고 있는데, 그것은 매우 잘못된 것이다. 그 이유는 a) 몇 개 지역 상황이 혁명적이지만, 이 지역 노동자와 농민의 의식과 투쟁의 전체적인 수준이 균등하게 높지는 않으며, b) 몇몇 마을에서 높은 수준의 의식과 열의를 보여주고 있지만 무기가 충분하지 않다는 것이다.

성명은 베트남의 전체적 상황을 고려하고 혁명 세력과 적의 힘과 준비 정도를 비교할 때 한 지역에서 폭력을 옹호하는 것은 옳은 정책이 아니라는 결론을 내렸다. 중부지역에서 당 활동가들은 기근과 제국주의의 야만성으로 인해 조성된 유리한 상황을 활용하여 대중 투쟁을 확대해야 하지만, 고립된 폭력 행동에 섣불리 의존하지 말아야 하며, 그러면서도 장차 완전한 승리를 쟁취하기 위해 무력 봉기를 준비해야 한다.[27]

대표들은 제1차 전체회의가 끝난 뒤 정식 중앙위원회와 상임위원회를 선출했다. 상임위원회는 찬 푸, 응우옌 쫑 응야, 응우옌 퐁 삭으로 이루어졌다. 응우옌 퐁 삭은 중부의 활동가로, 홍콩 회의에는 참석하지 않았다. 중앙위원회 회의가 개최되지 않는 기간에 당을 지도하는 상임위원회는 처음에는 하이퐁에 두려 했으나, 통킹의 대의원이 그곳은 보안에 문제가 있다고 지적하는 바람에 사이공에 두기로 했다. 사이공은 프랑스나 중국과 연락을 유지하기에도 비교적 편했다. 이제 당 내에서 중심 인물로 떠오른 찬 푸가 총서기라는 핵심 직책에 임명되었으며, 응우옌 아이 쿠옥은 코민테른 극동국 남부사무소의 대표로서 홍콩에 그대로 남게 되었다.[28]

좌절을 딛고 한 걸음 물러서서

응우옌 아이 쿠옥이, 전체회의에서 내린 결정들이 그의 구상들 가운데 일부, 나아가서 그의 지도력의 성격을 분명하게, 심지어 파렴치하게 거부했다는 것을 몰랐을 리 없다. 몇 가지 경우에는 비판이 분명히 부당히다는 것 때문에 마음이 몹시 상했을 것이다. 그는 혁명청년회를 지도하던 시절 회원들의 이념 수준을 높이려 하였고, 베트남에서 활동하는 모든 간부들에게 자격을 갖춘 노동자들을 조직원으로 받아들여 훈련시키라고 줄기차게 권고했다. 따라서 젊고 미숙한 동료들로부터 암묵적으로 이념적인 면에서 무르다는 비난을 받는 것이 괴로웠을 것이다.

사실 코민테른의 새로운 노선은 단지 응우옌 아이 쿠옥의 입장을 거부한 것일 뿐만이 아니라, 민족 독립 문제에 집중하면서 중간 계급과 농촌 향신 계급 내의 진보적 분자들의 적극적 협조를 얻으라는 레닌의 1920년 전략으로부터도 분명히 달라진 것이었다. 새로운 시대를 맞이하여 중국이나 네덜란드령 동인도제도의 민족주의 정당들과 효과적인 동맹을 맺으려는 시도가 무산되면서, 인도차이나를 통틀어 가장 경험이 풍부한 혁명가 응우옌 아이 쿠옥의 사상은 타당성을 잃은 것처럼 보였다.

쿠옥은 모욕에도 불구하고 좌절을 선선히 받아들였다. 한 참석자의 말에 따르면 쿠옥은 "겸손했으며 집단의 의견에 귀를 기울이고 그것을 존중했다." 사실 집단의 의견은 많은 대목에서 그 자신의 의견과 첨예하게 대립했다. 쿠옥은 전체회의가 열리기 전 동료들과 사담을 나누는 자리에서 통합회의의 결정들이 성급하게 채택되었고 피상적이었다는 사실을 인정했으나, 입장의 '간극'이 생긴 데는 국내 사정을 그에게 제대로 전해주지 못한 베트남 지역위원회들도 일부 책임이 있다고 말했다. 어쨌든 쿠옥은 회의가 끝난 뒤 코민테른의 홍콩 대표의 자격으로 전체회의 결과를 상하이의 일레르 눌랑에게 보고했다.[29]

그럼에도 응우옌 아이 쿠옥은 동료들에게 자신의 사상을 전달하는 데 어느 정도 성공을 거두었던 것인지도 모른다. 11월 중순 새로운 상임위원회는 당의 하급 기관들에게 새로운 반제국주의 전선을 형성하는 방법에 대한 지침을 담은 지령을 내렸다. 이 문건에서는 약간이기는 하지만, 통일전선 구성에 대한 쿠옥의 견해가 당 내에서 살아남았다는 흔적들을 찾아볼 수 있다. 이 지령은 특히 항쟁이 벌어지고 있는 중부지방에서 베트남 사회의 다양한 계급들과 좀더 광범위한 통일전선을 구축하는 사업의 중요성을 강조했다. 또 간부들이 통일전선의 목적을 분명하게 이해하지 못했다고 지적했다. 그들은 지식인, 중간 계급, 애국적 지주들을 위한 대중조직의 중요성을 파악하지 못하고, '적색 조합'과 '적색 농민 조합'만 결성했다. 나아가서 이 지령은 일부 당원이 그해 초 극심한 탄압을 받았던 베트남국민당과 같은 민족 혁명 정당들의 진보적 성격을 제대로 보지 못했다고 덧붙였다. 민족주의 그룹들은 소심한 경우가 많고 일부 지역에서는 혁명에 반대하기도 했지만, 안남 같은 지역에서는 진보적인 경향을 보여주는 경우도 많았다. 이 지령은 민족 혁명이 계급 혁명의 빼놓을 수 없는 한 부분이라는 점을 인식하는 일이 중요하다고 결론을 내렸다.[30]

그러나 이 지령이 통일전선 구성에 관하여 당원들에게 어떤 영향을 주었든, 중앙위원회의 12월 회람은 그 영향을 제거해버렸을 것이다. 이 회람은 제1차 전체회의에서 내린 결정들을 설명하고 2월 통합회의에서 저지른 잘못들을 지적했다. 회람은 베트남 혁명에서 부르주아지의 역할에 대하여 매우 비판적이었다. 지역 부르주아지 가운데 일부가 제국주의자들에 반대하지만, 그들에게는 단호하게 저항할 힘이 없다. 혁명이 발전하면 그들은 제국주의자들 쪽으로 옮겨갈 것이다. 따라서 부르주아지가 대중에게 미치는 영향은 매우 위험하며, 반드시 그 가면을 벗겨야 한다. 지주들 역시 반동적이므로, 그들의 토지를 몰수하여 빈농과 소농에게 나누어주어야 한다.[31]

1930~1931년 늦가을과 겨울 동안 프랑스는 소요를 진압하기 위해 한층 더 힘을 쏟아부었다. 대중 시위는 잔인하게 진압했다. 봉기를 지지한 마을은 즉시 공격하여 점령했다. 제국 조정은 봉기를 지지한 혐의가 있는 사람들을 체포하라고 명령했다. 중부지방의 당 위원회들은 대중의 사기가 꺾이고 운동에 대한 시시가 악해진다고 보고했다. 당 활동가들도 필사적인 태도로 바뀌면서 쿠옥의 조언을 무시하고, 정부 기관을 공격한다든가, 제국주의자들에게 공감하는 혐의가 있는 사람들을 암살하는 등 테러 쪽으로 기울었다.

1931년 새해를 맞이하면서 사이공의 상임위원회는 3개 지역위원회에 새로운 지침을 보내, 공황에 빠지거나 혁명 운동 내에 생겨나는 비관적 분위기에 굴복하지 말라고 경고했다. 지침은 투쟁의 목적이 혁명을 수행하는 것이라고 강조했다. 당원들이 혁명을 수행하고 소비에트 권력을 수립해야만 장기적으로 유리한 고지에 설 수 있다. 대중이 낙담했다는 주장은 잘못된 것이다. 대중이 혁명적일 때 그 투쟁은 결코 억누를 수 없다는 것을 역사가 증명하기 때문이다. 상임위원회는 상급 기관에서 대중을 보호하기 위해 뭔가—무슨 일이라도—해달라는 하급 기관들의 호소를 피해가면서, 당은 혁명을 성공시키는 방법, 마법의 지팡이를 가지고 있지 않다고 이유를 댔다. 당에는 군대도 없고, 전투기도 없다. 당은 오로지 대중이 자신의 해방을 추구하고, 자신의 힘을 이용하여 투쟁하고, 자신을 조직하여 억압에 대항하도록 선동하는 것 외에 다른 수단은 가진 것이 없다.

지침은 마지막에 지역 당 기관들이 공황 상태를 피하고, 노동 파업이나 농민 시위와 같은 대중 투쟁을 촉진하여 적의 백색 테러에 맞서는 방법을 제시했다. 이 지침은 대중의 정신이 혁명적이며 지도를 받을 준비가 되어 있다고 지적했다. 그들을 지도하지 않으면 대중은 스스로 행동하며 당을 무시할 것이고, 당은 그들의 꼬리를 쫓아가야 할 것이다. 동시에 상임위원회는 무력 사용을 계속 말리면서, 적으로부터 자신을 보호하기 위해 무기를 확보해야 한다고 주장하는 사람들의 주장을 반박했다. 대중은 혁명적이었지만, 나라 전체는 곧바로 혁명으로 나아가는 상황이 아니며, 마을 의용대도 적군(赤軍)이 아니다. 의용대는 선전물을 배포하고, 단결을 촉진하고, 희생 정신을 보여줌으로써 운동에 기여할 수 있다. 그리고 그런 목적에는 무기가 필요 없다.[32]

실패한 봉기

홍콩에서 응우옌 아이 쿠옥은 베트남에서 동포들이 겪는 시련에 세계의 이목을 돌리기 위해 노력하고 있었다. 그는 모스크바에 보내는 보고서에서, 베트남의 봉기를 널리 알리고 세계의 노동 조직들에게 인도차이나 동지들에 대한 지지를 선언하라는 지침을 내려보내라고 상하이 극동국 지부를 계속 다그치고 있다고 말했다. 쿠옥은 1931년 초에 쓴 '붉은 응에 틴'(응에 틴은 봉기가 가장 크게 일어났던 인접한 두 성 응에 안과 하 틴을 가리킨다)이라는 글에서 베트남 중부에서 노동자와 농민의 불만이 결합되어 폭발적인 힘이 터져나왔다고 지적하면서, 이 봉기는 진실로 '붉다'고 평할 만하다고 결론을 내렸다.[33]

그러나 응우옌 아이 쿠옥은 운동을 지도하는 데 좀더 적극적인 역할을 하지 못하는 것에 좌절감을 느꼈다. 찬 푸와는 관계가 급속히 악화되고 있었다. 찬 푸는 홍콩에 있는 응우옌 아이 쿠옥의 '민족주의적' 경향, 그리고 그가 코민테른의 최신 노선에 부응하지 못한다는 점을 신랄하게 비판했다. 쿠옥은 찬 푸의 으스대는 태도에 대한 노여움을 겉으로 드러내지는 않았다. 그러나 자신을 밀쳐내고 미래의 당 지도력을 장악하려는 푸의 야심에 속이 몹시 상했을 것이다.

새해가 되면서 두 사람 사이의 긴장이 공개적으로 드러났다. 찬 푸는 1931년 1월 쿠옥에게 보낸 편지에서 사이공과 극동국 상하이 지부 사이에 안정된 연락망이 없다는 데 불만을 토로했다. 푸는 퉁명스럽게 물었다. 누가 이 연락망 단절에 책임이 있는가? 쿠옥이 상임위원회를 상하이의 극동국 지부, 모스크바의 코민테른 본부와 연결시킬 수 없다면, 그가 홍콩에서 하는 일은 무엇인가? 상하이와 모스크바가 상임위원회와 연락할 수 있는 다른 방법은 없는가? 푸는 사이공의 상임위원회가 적어도 극동국 지부나 코민테른이 그들에게 보내기로 약속한 편지는 받아야 한다고 주장했다. 푸는 편지 마지막에 쿠옥이 이전 편지의 서두에서 사용했던 말투에 문제를 제기했다.[34]

응우옌 아이 쿠옥은 찬 푸의 건방진 말투에 화가 났겠지만, 푸의 문제 제기에 충실하게 응답하려 했다. 그는 상하이의 눌랑에게 보낸 날짜 미상의 편지에서 사이공의 "우리 회사"가 "당신의 편지를 받고자 한다."라고 말했다. 쿠옥은 '회사'가 최근에야 사업을 시작했으며, 아무런 후속 명령을 받지 못했다고 지적했다. 모회사의 지침이나 공식적 지지가 없으면, 사이공의 직원들은 지사에서 임무를 수행하는 데 큰 어려움을 겪게 될 것이다. 따라서 그들은 가능한 한 빨리 편지를 받아야 한다.[35]

응우옌 아이 쿠옥은 젊은 동료의 좌절감 가운데 많은 부분에 공감했다. 며칠 뒤 눌랑에게 보낸 다른 편지에서 쿠옥은 코민테른의 지령이 없다는 사실에 문제를 제기하고, 몇 달 동안 홍콩에서는 모스크바의 감독 하에 있는 어떤 조직으로부터도 지령을 받지 못했다는 점을 지적했다. 심지어 인도차이나공산당의 비공식 후원자 역할을 맡고 있는 프랑스공산당으로부터도 아무런 지령이 없었다. 쿠옥은 인도차이나 인민은 전세계 동지들이 자신들의 고난, 자신들의 투쟁, 수백만의 체포와 수백 명의 죽음을 완전히 무시한다고 믿을 수밖에 없다고 탄식했다. 그들은 버려지고 잊혀졌다는 느낌을 받고 있으며, 국제적 연대로부터 아무것도 기대할 수 없다고 믿게 되었다. 쿠옥은 추가 지령을 요청하면서, 자신을 상하이로 불러달라는 요청으로 끝을 맺었다.[36]

1931년 3월 초 홍콩을 찾아온 사람 때문에 일시적으로 문제가 해결되는 것처럼 보였다. 세르주 르프랑이라는 암호명으로 상하이의 코민테른 범태평양노동조합 서기국에서 활동하던 코민테른 요원 조제프 뒤크루가 동남아시아 공산당들의 지도적 인물들과 협의를 하기 위해 순방에 나선 길에 제일 먼저 홍콩으로 와서 응우옌 아이 쿠옥을 만난 것이다. 르프랑과 쿠옥은 1920년대 초 파리의 '청년 공산주의자 연맹'에서 알게 되었다. 쿠옥은 그를 만난 김에 속을 털어놓았다. 르프랑은 즉시 쿠옥의 문제 제기를 눌랑에게 전달했다. 르프랑은 응우옌 아이 쿠옥의 추가 활동 자금 요청을 지지하면서 이렇게 결론을 내렸다. "우리는 어떻게 하면 그를 가장 좋은 방법으로 활용할까를 고민해야 한다. 그는 연락과 번역 이상의 일을 할 수 있는데, 여기서는 그 일만 하고 있다. 그는 연락책이라지만 인도차이나로부터 고립되어 있기 때문에 진짜〔정치적 사업〕를 할 수 없다." 르프랑은 응우옌 아이 쿠옥이 이 지역에서 가장 경험과 능력이 많은 활동가로 꼽힌다는 사실을 지적하면서 그를 상하이로 옮겨 극동국 지부의 직접 지도 하에 인도차이나 문제를 다루게 하고, 홍콩의 연락 임무는 다른 사람에게 맡길 것을 제안했다. 르프랑은 인도차이나의 상황에 대하여 인도차이나공산당이 10월 이후 모스크바로부터 아무런 지령을 받지 못했으며, 당 지도부는 고립 상태나 다름없다고 지적했다. 그러면서 만일 응우옌 아이 쿠옥이 상하이에 있다면 당의 활동이 개선될 수 있을 것이라고 결론을 내렸다.[37]

르프랑은 2주 뒤 사이공으로 갔다. 찬 푸는 응우옌 아이 쿠옥으로부터 미리 그가 온다는 연락을 받았으며, 10월 회의에 참석했던 동료 응오 둑 치에게 사이공 팰리스 호텔 앞에서 르프랑을 만나라고 명령했다. 치는 응우옌 퐁 삭이 베트남 중부 봉기 문제에 전념하고 있었기 때문에 그를 대신해 상임위원회에 들어가 있었다. 그는 모스크바의 스탈린 학교에서 공부하던 시절 르프랑을 만난 적이 있기 때문에 그의 얼굴도 알아볼 수 있었다. 치는 3월 23일 르프랑의 호텔 방에서 그를 만났으며, 다음 날 찬 푸의 집에서 상임위원회와 회담을 하기로 약속을 잡았다. 르프랑은 그들로부터 인도차이나 상황을 보고받은 뒤 당 활동 지원 자금을 건네주며 눌랑이 머지 않아 인도차이나공산당 지도부를 만날 것이라고 말했다. 그는 또 응우옌 아이 쿠옥이 곧 상하이로 가서 당 지도부와 코민테른 사이의 연락을 도울 것이라고 알려주었다. 르프랑은 자신의 소재를 알리기 위해 응우옌 아이 쿠옥에게 우편엽서를 보낸 뒤 27일에 사이공을 떠났다.[38]

중부지역에서 치안을 회복하려는 프랑스측의 노력은 어느 정도 성과를 거두었다. 식민지 관리들은 그곳의 지역 주민들에게 공산주의자들이 여전히 인기가 있다는 점을 솔직하게 인정하기는 했지만, 봉기 세력이 장악한 마을에 대한 정부의 공격과 이에 대응한 운동 지지자들의 폭력 행동이 결합되면서 당국의 작전이 어느 정도 효과를 거두고 있었다. 지역의 당 위원회들은 인력, 무기, 활동 자금이 바닥났고, 운동 내에서는 절망적인 분위기가 퍼져나가고 있었다. 이런 상황은 방관자들에게 영향을 미치기 시작하여, 그들은 당국에 협조하기 시작했다. 경찰은 당의 지도자들을 체포하는 데도 어느 정도 성공하여, 그들을 심문(고문이 수반되는 경우가 많았다)해 정보를 얻어냈다. 수감된 사람들은 몽둥이로 두들겨맞는 경우가 많았고, 감옥 벽에 사슬로 묶여 있었으며, 심지어 신체의 민감한 부위에 전기 고문을 당하기도 했다. 프랑스가 봉기 진압에 성공을 거두자 운동 내부에는 공황과 분열이 생겼다. 더불어 내부 첩자에 대한 공포가 전염병처럼 번졌다. 1929년 5월 동맹 회의에도 참석했던 혁명 운동의 고참 응우옌 둑 칸이 하 틴 성에서 제국 당국에 체포되자, 인도차이나 성위원회는 그가 다른 사람들을 배반할 수 없도록 감옥에서 그를 암살하기로 결정했다고 보고했다. 같은 위원회가 보낸 다른 메시지에는 제국주의자들에 대해 우호적인 견해를 가지고 있는 것으로 의심되는 모든 베트남인들—상인이건, 지주이건, 심지어 집안의 하인이건—에게는 사형 선고를 내려야 한다는 주장이 담겨 있었다.[39]

1931년 3월 말, 찬 푸는 사이공 당 중앙위원회의 제2차 전체회의를 소집했다. 정확한 논의 내용은 기록이 남아 있지 않지만, 회의 마지막에 나온 결의안에서는 세계 정세와 당의 긴급한 노력에 힘입어 운동이 발전하는 중이라고 대담하게 선언했다. 그러나 심각한 문제들이 있다는 것도 인정했다. 통킹에 당 지도부가 없기 때문에 북부지역에서는 운동이 거의 중단되다시피 했다. 중앙위원회는 이것이 지역 지도부 내에 남아 있는 '프티 부르주아적' 영향의 흔적(혁명청년회의 유산) 탓이라고 주장했다. 그런 영향 때문에 지역 활동가들은 공장 노동자와 빈농을 조직원으로 확보하지 못했다. 결의안은 농민 내부에서 계급 투쟁을 확대하고, 공장에 당 세포들을 더 만들고, 민족 정당이 대중에게 미치는 영향을 차단하는 데 노력할 것을 촉구했다.[40]

전체회의가 끝나고 나서 며칠 뒤 치안국은 사이공의 상임위원회 본부를 찾아냈고, 상임위원회가 코친차이나 지역위원회 위원들과 회의를 하는 중에 급습했다. 총서기 찬 푸를 제외하고 회의에 참석했던 모든 사람이 체포되었다. 찬 푸는 경찰이 들이닥쳤을 때 뜰에 있는 화장실에 있었기 때문에 뒷문을 통해 피신할 수 있었다. 체포된 사람들 가운데 응오 둑 치는 심문을 받으면서 많은 동지들을 배반했다. 4월 17일이 되자 당 지도부 전원이 체포되고 찬 푸만 남게 되었다.[41]

그날 찬 푸는 극동국 지부에 두서 없는 보고서를 보내, 이 참담한 사건을 알렸다. 그러나 역시 찬 푸답게 당의 불운이 이전 지도부가 세운 그릇된 정책에 기초하여 활동을 계속해온 분자들 때문이라고 주장했다. 그는 인도차이나공산당이 아직 프롤레타리아 정당이 아니라, 모든 억압받는 계급들의 정당이라고 불평했다. 조직 내에 노동자들이 없기 때문에 당이 '프티 부르주아적 경향'으로 흘러갔으며, 베트남 북부와 중부의 지역위원회 내의 지도적 당원들이 당의 정책 노선에 반대를 하기도 했다. 그럼에도 찬 푸는 운동의 미래에 대해 낙관적인 전망을 내놓았다. 이 보고서를 작성하는 시점에서 정식 당원의 수는 2천4백 명이었으며, 이것은 그 전 10월 1천6백 명에 비교하면 엄청나게 늘어난 숫자였다. 6만 3천 명 이상의 농민이 운동에 가담했는데, 봉기가 본격화되기 전 가을에는 그 숫자가 2천8백 명에 불과했다. 그는 책임이 커진 만큼 활동 자금도 더 필요하다고 말했다.[42]

찬 푸가 치안국의 손아귀를 피해 필사적으로 도주하고 있을 때, 상하이의 일레르 눌랑과 홍콩의 응우옌 아이 쿠옥은 정확한 상황을 파악하려고 노력하고 있었다. 4월 들어 눌랑은 쿠옥에게 편지를 보내, 인도차이나의 심각한 문제들에 대한 쿠옥의 보고서를 받았다고 확인하면서, 인도차이나 상황에 대한 상세한 보고서를 작성하는 중인데 완성하는 즉시 홍콩으로 보내겠다고 말했다. 그러면서 눌랑은 인도차이나 상황에 대해 쿠옥에게서 받는 정보가 부족하다고 불만을 토로했다. 당신의 편지에는 당 내부의 움직임과 다양한 조직들의 활동에 대한 정보가 부족합니다. 눌랑은 그렇게 말했다. 또한 사람들이 왜, 어떻게 체포되었는지 알려주는 정보도 너무 적다. 따라서 앞으로 그러한 체포를 피하기 위한 교훈을 얻어낼 수가 없다. 눌랑은 응우옌 아이 쿠옥이 당장 상하이로 옮기는 것은 '실제적이지 않다'고 결론을 내렸다. 합의한 예비 조치들을 모두 취하고 난 뒤에 다시 회합을 갖는 문제를 이야기하는 것이 좋겠다.[43]

1931년 4월 20일, 인도차이나에 다시 대량 검거 바람이 불고 있다는 사실을 모르는 상태에서 응우옌 아이 쿠옥은 사이공의 인도차이나공산당 지도부에 눌랑이 보낸 비판을 전달했다. 캄보디아와 라오스에 별도의 조직들이 나타날 때까지 당명의 공식 개칭을 연기해달라는 베트남 중부 지역 위원회의 제안에 대하여 쿠옥은 코민테른으로부터 새로운 당이 두 보호령 양쪽의 노동 계급 내부에 세포를 형성하는 작업을 지원하라는 지령을 받았다고 하면서 제안을 거부했다.

응우옌 아이 쿠옥은 자신의 역할에 대해 여전히 마음이 편치 않았다. 그는 24일에 사이공에 보낸 두 번째 편지에서 자신이 "우편함에 불과하다."라고 불평하면서, 자신의 자리를 대신할 사람을 보내주고 자신에게는 새로운 임무를 달라고 극동국 지부에 요청했다고 덧붙였다. 한편 찬 푸의 문제 제기에 대해서는 퉁명스럽게 자신이 생각하는 문제들을 제기하는 것으로 응답하면서, 상임위원회의 보고서들이 홍콩에 정기적으로 들어오면 자신이 지역의 당 위원회들이 제공하는 정보에 의존할 필요가 없을 것이라고 지적했다. 그러나 상임위원회는 쿠옥의 남부사무소와 정기적으로 연락하지 않으며, 12월 이후 베트남 중부와 북부의 상황에 대한 정보는 홍콩에 보고된 적이 없다. 쿠옥은 인도차이나의 상황이 어렵다는 것을 인정하면서도 국외의 행정 단위들에 인도차이나 내부 상황에 대해 보고하는 일이 중요하다고 강조했다. 그렇지 않으면 그런 단위들이 조언이나 지침을 내릴 수 없기 때문이다.[44]

찬 푸는 이 메시지를 받지 못했다. 그는 상하이에 두서 없는 편지를 보낸 다음 날인 4월 18일, 프랑스 당국에 체포되었다. 그리고 몇 달 뒤에 감옥에서 죽었다. 그의 죽음에 대해서는 다양한 해석이 있다. 식민지 당국은 그가 결핵으로 죽었다고 본국에 보고했으나, 인도차이나공산당의 자료들은 고문이 원인이었을 것이라고 주장한다. 상임위원회의 다른 위원들인 응오 둑 치와 응우옌 총 응야도 감옥에 있었다. 게다가 응우옌 퐁 삭이 4월에 처형당했기 때문에, 공산당의 인도차이나 국내 지도부는 완전히 사라진 것이나 다름없었다.[45]

죽음의 침묵

프랑스는 중부지방의 소요를 무자비하게 진압했다. 치안국 보고서에 따르면 1931년 늦은 봄까지 적어도 2천 명의 활동가들이 사망했고, 5만 1천 명이라는 엄청난 숫자가 봉기에 가담한 죄로 구금되었다고 한다. 프랑스 당국이 압수한 공산당 문건들을 보면 지역 행정 당국이 차츰 대담하게 맞받아치고 나오자, 당 내에 절망, 낙담, 내분의 분위기가 점점 강해졌음을 알 수 있다. 훗날 당 역사가는 이렇게 기록했다.

> 1931년 초 몇 달 동안 꽝 응아이에서는 3백 명 내지 5백 명이 참여하는 시위가 끊임없이 일어났다……. 5월 이후에 격렬한 시위가 벌어졌고, 여기에는 배반자 처형이 뒤따랐다. 그러나 가장 중요한 시위는 7월 23일 빈 딘 성의 봉 손에서 일어났다. 큰 칼, 몽둥이, 총으로 무장하고 세 줄로 선 시위대는 큰길을 따라 행진해오며 바리케이드를 만들 나무를 베고, 전신 선을 자르고, 길가의 차에 불을 질렀다. 그리고 지역 유지 몇 명을 처형했다.[46]

식민지 당국의 운동 탄압에 더하여, 설상가상으로 혹심한 가뭄이 중부지방을 덮쳤다. 1931년 7월에 작성한 프랑스 보고서에는 벼농사 흉년으로 응에 안의 남 단 부의 인구 90퍼센트가 기아로 죽어간다고 적혀 있다. 심지어 부이 쾅 치에우와 같은 온건파도 프랑스의 탄압의 야만성에 혐오감을 느꼈다. 그가 발행하는 신문 〈트리뷘 인도시누아즈(La Tribune Indochinoise)〉는 중부지역의 봉기가 잠잠해진 상태를 '죽음의 침묵'이라고 불렀다.[47]

1931년 5월 12일, 일레르 눌랑은 응우옌 아이 쿠옥에게 오랫동안 기다리던 인도차이나 상황에 대한 비판서를 보냈다. 눌랑은 당 지도부가 많은 점에서 코민테른의 지침으로부터 이탈한 것을 비판했다. '봉기주의'—식민지 체제에 대한 때이른 폭동을 옹호하는 입장을 이렇게 불렀다.—는 공산주의와 아무런 관계가 없으며, 경찰을 쏜다든가 개인을 습격하는 것과 같은 봉기주의적 행동은 겉으로는 영웅적으로 보일지 몰라도 사실 운동에 해만 줄 뿐이다. 회의는 너무 길고 보안은 느슨하다. 반면 대중 조직 사업은 태만히 하는 경우가 많다. 그러면서도 눌랑은 세계 혁명 운동이 인도차이나의 상황에 관심을 가지도록 최선의 노력을 다 하겠다고 약속했다. 마지막으로 그는 "당신의 사업, 당신의 성취와 과오 등을 반드시 우리에게 보고하라."라고 말했다.[48]

영국 경찰에 체포

응우옌 아이 쿠옥은 자신의 전근 요청에 대한 답을 기다리면서 홍콩에 남아 있었다. 그는 몇 달 동안 주룽 반도의 아파트에서 살면서, 1930년 10월 전체회의에 대리인으로 참석했던 응우옌 티 민 카이와 낭만적인 관계를 맺었다. 응우옌 아이 쿠옥과 마찬가지로 '두이'(당시 운동권에서는 그녀를 그렇게 불렀다)는 인도차이나의 과거와 현재를 연결하는 인물이었다. 그녀는 1910년 하 동 성 하노이 근처의 유명한 집안에서 태어났으며, 포 방에 급제했던 박 지앙의 한 관리의 손녀였다. 그녀의 아버지 응우옌 반 빈은 프랑스어를 배웠지만 과거에는 실패하여 1907년 이후 빈에서 철도 관리 일을 했다. 민 카이는 빈의 초등 여학교에 입학한 뒤 14살에 남녀공학 중등학교에 진학했다. 그녀는 그곳에서 찬 푸를 통해 혁명 사상에 입문했으며, 푸의 설득에 따라 신월혁명당에 입당했다. 활기차고 매력적이었던 그녀는 홍콩에 도착한 뒤 곧 쿠옥의 눈길을 끌었다.[49]

민 카이와 응우옌 아이 쿠옥의 낭만적 관계에 대해서는 별로 알려진 것이 없다. 그들이 공식적으로 결혼식을 올렸는지 여부도 알려지지 않았다. 쿠옥과 광저우에서 만났던 중국인 부인 투옛 민의 관계는 쿠옥이 1927년 4월 중국을 떠나면서 사실상 끝이 난 것으로 보인다. 두 사람이 1930년 초 홍콩에서 우연히 만났다는 이야기는 있지만, 그랬다 해도 둘의 관계가 계속되지는 않았던 것 같다. 응우옌 아이 쿠옥의 혁명청년회 시절 동료인 람 둑 투는 치안국에 보고를 하면서 투옛 민은 쿠옥이 너무 나이가 많아 마음에 들지 않지만, 경제적 형편 때문에 결혼하기로 했다고 말한 적이 있다. 이 문제에 대한 쿠옥의 감정은 분명치 않다. 그는 광저우를 떠나고 나서 1년 뒤에 그녀에게 짧은 편지를 보냈는데, 투는 이것을 프랑스 당국에 넘겼다. "우리가 헤어진 지 거의 1년이 되었고 아무런 소식을 전하지 못했지만, 우리의 서로에 대한 감정에는 변함이 없소. 이 기회를 이용해 당신이 안심하도록 한마디 적어보내고 싶었소. 장모한테도 안부를 전해주구려."[50]

응우옌 아이 쿠옥은 투옛 민과 관계가 끝난 뒤인 1931년 봄 민 카이와 사귀면서 극동국 지부에 결혼 허가를 요청했다. 눌랑은 4월에 쿠옥에게 보낸 편지에서 결혼 날짜를 두 달 먼저 알려달라고 했다. 그러나 얼마 후 민 카이가 파괴 활동 가담 혐의로 홍콩의 영국 경찰에 체포되었다. 그녀는 중국 국적의 찬 타이 란이라고 주장했기 때문에 광저우의 중국 당국에 넘겨졌다가 몇 달 동안 수감 끝에 증거 부족으로 석방되었다.

응우옌 아이 쿠옥이 민 카이의 체포와 중국 인도에 어떤 반응을 보였는지는 알 수 없다. 그는 4월 말 또는 5월 초에 눌랑에게 보낸 편지에서 자신의 사무실에서 연락 일을 맡고 있던 동지 가운데 하나가 당국에 구금되었다고 짤막하게 언급했다. 이어 그는 자신의 상황으로 화제를 바꾸어, 전근 요청을 되풀이했다. "귀찮더라도 나를 위해 노력을 해주십시오."[51]

응우옌 아이 쿠옥이 요청에 대한 답변을 기다리는 동안 암호명이 세르주 르프랑인 코민테른 요원은 동남아시아 순회를 계속하고 있었다. 그는 사이공에 들른 뒤에 주변의 다른 나라 몇 곳을 방문했다가 미국 선박 프레지던트 애덤스 호를 타고 영국 식민지인 싱가포르로 갔다. 그는 상업적 목적의 여행객으로 가장하고 있었지만, 진짜 목적은 새로 수립된 말레이공산당의 당원들과 회의를 하고, 그 활동을 홍콩의 응우옌 아이 쿠옥과 상하이의 일레르 눌랑에게 알려주는 것이었다. 두 사람은 몇 달 동안 목이 빠지게 이 소식을 기다리고 있었다. 응우옌 아이 쿠옥의 편지를 통해 르프랑의 도착 소식을 들은 말레이공산당 지도자 푸 다징—이전에 응우옌 아이 쿠옥과 함께 시암공산당을 창립했던 화교였다.—은 르프랑을 싱가포르의 콜리어 부두에서 비밀리에 만나기로 했다.[52]

런던의 영국 당국은 르프랑의 순회를 오래 전부터 알고 있었으며, 인도와 실론에 잠깐 들렀을 때 그의 소재를 찾으려 했으나 놓치고 말았다. 그러나 운은 그들 편이었다. 푸 다징은 인도네시아 공산주의자 탄 말라카와의 관계 때문에 싱가포르 경찰의 감시를 받고 있었다. 푸가 르프랑이라는 유럽인과 콜리어 부두에서 만난다는 정보를 입수한 지역 경찰은 르프랑이 런던에서 말하는 조제프 뒤크루일지도 모른다고 생각했다. 그들은 르프랑과 그가 접촉한 사람들을 체포한 뒤, 그의 호텔방을 수색하여 모든 서류를 압수했다. 르프랑은 쓰레기를 치우는 일에 부주의하여, 홍콩의 응우옌 아이 쿠옥(T. V. 왕이라는 가명을 사용했다)과 상하이의 눌랑의 편지도 가지고 있었다. 르프랑을 비롯한 많은 사람이 이 증거에 기초하여 싱가포르에서 재판을 받고 징역형에 처해졌다. 싱가포르 경찰은 이 정보를 홍콩과 상하이의 영국 경찰에도 전해주었다.[53]

6월 6일 오전 2시, 영국 경찰은 주룽의 혼잡한 주택지구에 있는 쿠옥의 아파트에 들이닥쳤다. 그들은 아파트 2층에서 젊은 베트남 여자와 함께 있는 남자와 마주쳤다. 그 남자는 T. V. 왕이라는 중국인이라고 주장했고, 여자는 자신이 그의 조카 리 쌈이라고 신분을 밝혔다. 그러나 아파트 안에서 수많은 정치적 소책자와 성명서들이 발견되었으며, 이것은 이 인물이 코민테른의 고참 혁명가 응우옌 아이 쿠옥이라는 강력한 증거가 되었다. 여자는 나중에 당원 호 퉁 마우의 부인인 리 웅 투안으로 밝혀졌다. 응우옌 아이 쿠옥의 체포로 인도차이나의 운동은 큰 타격을 받았다. 이로 인해 쿠옥과 인도차이나 내부 당원들 사이의 그나마 미약하던 연결선마저 단절되었을 뿐 아니라, 쿠옥 자신이 프랑스 당국이나 안남의 제국 정부의 손아귀에 넘어갈 위험이 있었기 때문이다. 만일 그런 일이 벌어진다면 코민테른 요원이자 베트남 혁명 운동 지도자 응우옌 아이 쿠옥의 운명은 심각한 위기를 맞이할 수밖에 없었다.[54]

7장 광야로

1931
1938

응우옌 아이 쿠옥은 눈에 띄는 병은 없었으나 지치고 여윈 모습이었다. 그는 회고록에서 홍콩 감옥은 지하 동굴 같았는데, 정기적으로 학대를 당하고, 나쁜 쌀, 썩은 생선을 먹었으며, 가끔 쇠고기를 먹었다고 말했다. 이따금씩 석방될 가능성이 없는 것처럼 보여 절망에 빠지기도 했다. 그는 벌레를 잡는 것이 유일한 낙이었다고 회고했다.

"우리는 응우옌 아이 쿠옥에게 많은 빚을 지고 있다. 그러나 우리 동지들은 응우옌 아이 쿠옥의 민족주의적 유산과 인도차이나의 부르주아 민주주의 혁명의 근본 문제들에 대한 그의 그릇된 지침들, 또 혁명청년회와 신월당 지지자들의 정신에 뿌리를 둔 기회주의적 이론들을 잊지 말아야 한다. 응우옌 아이 쿠옥은 공산주의 인터내셔널의 지령들을 이해하지 못했다."
—〈볼셰비키〉에 실린 하 후이 탑의 호치민 비판

7 | 광야로

 1931년 응우옌 아이 쿠옥의 검거는 여러 식민지 당국이 동아시아 전역의 공산주의 활동가들을 체포하는 광범위하고 연속적인 작전의 일환이었다. 이 작전은 상하이의 범태평양노동조합 서기국을 대표하여 동남아시아를 순방하던 코민테른 요원 세르주 르프랑을 6월 초 싱가포르에서 검거한 데서부터 시작되었다. 6월 5일 쿠옥이 극동국 지부와 연락하는 임무를 맡겼던 인도차이나공산당 당원 레 쾅 닷이 상하이의 프랑스 조계에서 체포되었다. 다음 날 아침 일찍 응우옌 아이 쿠옥과 그의 동료 리 쌈이 홍콩에서 체포되었다. 며칠 뒤에는 일레르 눌랑 부부가 상하이의 국제 거류지에서 시 경찰에 검거되었다. 식민지 당국은 눌랑의 정체를 확실하게 파악하지 못했는데, 그는 자신이 벨기에 시민이라고 주장했다. 그러나 곧 그가 여러 국적의 여러 이름으로 된 여권들을 갖고 있다는 사실이 드러났다. 상하이의 벨기에 영사는 그의 신분을 확인해주지 않았다.
 눌랑은 국제 거류지에서 죄를 지었다는 증거가 전혀 없었다. 그럼에도 유럽 보안 당국은 그가 극동에서 코민테른 대표라는 비밀 역할을 맡고 있다는 것을 확신하고 상하이에 며칠 구금하다가 이웃 장쑤 성(江蘇省)의 중국 당국에 넘겼다. 눌랑은 난징(南京)에서 재판을 받고 무기징역형을 선고받았다. 그러나 소비에트에서 후원하는 '국제적색원조'의 노력으로

눌랑 부부는 결국 석방되어 모스크바로 돌아갔다.[1]

한편 응우옌 아이 쿠옥(본인은 중국의 저널리스트 쑹 만초라고 주장했다)은 영장 없이 구금되어 있었으며, 지역 경찰은 그가 코민테른이 조종하는 파괴 활동과 연루된 증거를 찾으려 했다. 그가 홍콩에서 범법행위를 했다는 증거는 없었지만, 영국의 정책은 이웃 국가들에서 소요를 일으키기 위해 영국의 영토를 이용하는 것도 허용하지 않았다. 지역 관리들은 구금된 사람이 응우옌 아이 쿠옥이라고 확신했다. 일부에서는 그를 인도차이나의 프랑스 당국에 인도할 방법을 찾으려 했다. 기존의 영프 협정에서는 정치범 인도를 허용하지 않았기 때문에, 유일한 방법은 그를 홍콩에서 추방하는 영장을 얻어내는 것이었다. 홍콩 정부는 쑹 만초가 응우옌 아이 쿠옥이라고 결론을 내리고, 체포 6일 뒤 추방 영장을 공식 요청하기로 결정했다. 당시에는 추방 영장을 받아 추방하는 경우에 특정한 배로 특정한 항구로 옮기는 것이 관례였으며, 무장 경비병이 동승하기도 했다.[2]

응우옌 아이 쿠옥은 여권을 제시하지는 못했지만 쑹 만초라는 이름의 여권을 가지고 있으며, 자신이 베트남인이 아니라 중국인이라고 주장했다. 이런 경우 일반적인 절차는 수사를 하여 신원과 출생지를 밝혀낸 뒤 처리 방법을 결정하는 것이었다. 조사는 1931년 7월 10일에 시작되었다. 수감자는 영어로 자신이 응우옌 아이 쿠옥이 아니라면서, 인도차이나 국경 근처 광둥 성의 작은 도시 퉁힝에서 태어났다고 주장했다. 그는 프랑스에 간 적은 있지만 소련에 간 적은 없으며, 코민테른과는 아무런 관련이 없다고 말했다. 또한 그는 자신이 민족주의자일 뿐 공산주의자는 아니라고 덧붙였다. 그는 세르주 르프랑이라는 사람은 모른다고 했지만, 르프랑의 호주머니에서 발견된 엽서에 서명했다는 사실은 인정했다. 그는 인도차이나로 추방되는 것에 강력하게 이의를 제기하면서, 영국으로 이송해줄 것을 요구했다.

응우옌 아이 쿠옥은 추방 심리가 끝나기 전에 예기치 않게 법률 지원을

IMPORTANT H.K. ARREST.

COUP FOR FRENCH GOVERNMENT.

ANNAMITE LEADER IN CUSTODY.

POLICE RETICENT.

Nguyen Ai Quoc, the supreme leader of the Annamite revolutionists, has been arrested in Hongkong. His arrest constitutes a big political coup for the French administration of Indo-China, inasmuch as Nguyen has been the object of considerable attention for many years, and French political agents all over China had been striving to bring about his apprehension.

A most accomplished man, speaking half-a-dozen European languages, Nguyen, surnamed "The Patriot" by Frenchmen and Annamites, was a close associate of the late Dr. Sun Yat-sen. Espousing the cause of Annamite nationalism, he is a fearless speaker and writer, the author of a large number of books written in many languages on conditions in Indo-China, and an ardent supporter of constitutional reform.

Mainspring of Movement.

Over a decade ago, he made his way out of the country and immediately came into contact with the late Dr. Sun. The association was productive of the subsequent wave of nationalism, of which Nguyen is said to be the mainspring, which spread throughout Indo-China, leading to the many regrettable incidents of the last two years.

A firm believer in the axiom that the pen is mightier than the sword, Nguyen has sought to bring the cause of Annamite nationalism by constitutional means before such authorities as the League of Nations. Not finding his efforts very successful in that direction, he turned his attention to the development of Chinese politics with a view to finding therein an opportunity for furthering his cause.

Kuomintang Member.

He was a prominent speaker at the Pan-Asiatic Congress of Asiatic peoples at Canton in 1925, and as an honorary member of the Chinese Kuomintang he had appeared at sessional meetings at which he spoke on the identity of aims between the Chinese and Annamite people.

For a long time, the French Government, which accuses him of Communistic leanings, had sought his apprehension in China, but he had disappeared from public ken for a number of years, during which he is said to have travelled in Europe to study political affairs. Lately he reappeared in China, this synchronizing with the outbreak of the revolution in Indo-China, and a big reward was offered by the French Government for his apprehension.

Sudden Arrest.

What induced Nguyen to come to Hongkong is not known, but it appears that information regarding his movements was communicated to the Hongkong Police authorities, who appear to have arrested him in a lightning raid.

Beyond the information confirming advices received from Indo-China regarding his capture in the Colony, the local authorities are not disposed to disclose the details of his arrest.

The French Government, it is understood, has made a requisition for Nguyen's extradition.

proposed for sale of the railway

1931년 6월 초 홍콩의 신문들은 영국 경찰이 위험한 베트남인 선동가 응우옌 아이 쿠옥으로 의심되는 인물을 체포했다고 보도했다. 주룽 반도의 한 아파트에서 체포된 용의자는 안남 혁명운동의 '최고 지도자'라고 소개되었다.

받게 되었다. 홍콩의 젊은 변호사 프랭크 로스비가 이 사건에 관여하게 된 경위에 대해서는 몇 가지 이야기가 있다. 한 가지 설에 따르면 그의 사무실에 베트남인 직원이 일하고 있었는데, 지나가는 말로 이 사건을 그에게 언급했다는 것이다. 호치민 자신은 회고록에서 홍콩에 그와 로스비를 둘 다 잘 아는 친구가 있었다고 이야기했다. 그러나 현재 하노이의 자료들에 따르면, 국제적색원조, 그리고 자본주의 국가에서 체포된 유명한 급진주의자들을 지원하는 또 하나의 모스크바 조직인 '반제동맹'이 응우옌 아이 쿠옥을 위해 로스비를 공식 고용했다.[3]

로스비는 즉시 신병 처리 절차에 관여했다. 프랑스령 인도차이나 정부(수사 과정을 꼼꼼히 확인하고 있었다)는 쿠옥의 신병 인도 가능성이 사라지자, 홍콩 주재 프랑스 총영사를 통하여 응우옌 아이 쿠옥이 영국 식민지로부터 추방될 시기와 방법을 알려달라고 요청했다. 그러나 로스비는 일반적인 추방 절차를 따를 경우 응우옌 아이 쿠옥과 리 쌈—그와 함께 체포된 젊은 여자—은 틀림없이 심각한 위험에 처할 것이라고 주장했다. 프랑스측은 쿠옥이 홍콩을 떠나자마자 그를 체포하여 인도차이나에서 재판에 회부할 것이 뻔했기 때문이다. 따라서 로스비는 쿠옥과 리 쌈이 스스로 준비를 하여 원하는 목적지로 떠나도록 허용해줄 것을 요청했다. 식민지 총독은 내키지 않았지만 동의했다. 7월 24일 총독은 런던의 식민부에 응우옌 아이 쿠옥이 7일 내에 홍콩을 떠난다는 조건으로 석방하겠다고 보고했다. 총독은 쿠옥을 인도차이나로 추방하는 것은 위장된 이송일 뿐이며, 이것은 "영국의 원칙에 어긋나는 것"이라고 말했다.[4]

어디로 추방할 것인가

이 무렵 코민테른과 관련 단체들이 움직이면서 언론 보도가 나가기 시작하여 응우옌 아이 쿠옥의 체포는 전세계의 관심을 끌게 되었다. 런던 주재 프랑스 대사 쥘 캉봉은 프랑스 정부가 이 문제에 관심을 가지고 있다고 전하며, 쿠옥이 '국제적인 위험 인물'이기 때문에 자유롭게 놓아두어서는 안 된다고 말했다. 프랑스 정부가 쿠옥의 인도차이나 인도를 공식 요청할 법적 근거는 없었지만, 그럼에도 캉봉은 영국측에 그 문제에 대한 프랑스의 입장을 알리고 싶어했다. 그는 또한 "인도차이나 총독의 임무 수행에 도움이 되는" 방법으로 응우옌 아이 쿠옥을 추방해달라는 홍콩 주재 프랑스 총영사의 요청을 되풀이했다. 체제 전복 활동에 대해 프랑스와 공동 대처하기 위해 그들의 비위를 맞추고 싶어했던 영국 외무부는 총영사의 제안에 동의하여, 쿠옥을 안남으로 추방하는 안을 제시했다.[5]

외무부의 제안에 자극을 받은 런던의 식민부 내부에서는 응우옌 아이 쿠옥을 프랑스에 넘기는 문제의 시시비비를 놓고 비망록이 빗발치듯 오갔다. 일부 관리들은 그가 영국 법에 저촉되는 행위를 하지 않았기 때문에 그를 추방할 수 있는 유일한 근거는 그가 공산주의자라는 점이라고 주장했다. 그러나 그것은, 한 관리의 말을 빌면, "그의 목을 프랑스의 올가미에 집어넣는" 것과 같은 행동이었다. 그러나 다른 쪽에서는 그를 넘겨야 한다고 주장했다. 한 식민지 관리는 8월에 이렇게 말했다.

개인적으로 나는 외무부의 제안대로 이 사람을 그의 조국으로 보내는 것에 찬성한다. 그는 상하이에서 르프랑의 검거에 뒤이은 일제 검거 작전 때 체포된 가장 악질적인 선동가 가운데 하나이며, 홍콩에서 그를 혁명 활동으로 수감할 증거를 충분히 확보하지 못한 것은 순전히 불운 때문일 것이다.

물론 정정당당하게 행동하고자 하는 본능에 따르자면 그를 적에게 넘겨주는 대신 러시아에 보내야 한다. 그러나 나는 이 사건에서는 그런 본능을 억눌러야 한다고 생각한다. 안남에서 혁명 범죄는 사실 지저분한 타락 행위이다. 여기에는 온갖 종류의 살인이 포함되는데, 심지어 공무원을 산 채로 불태우거나 고문으로 죽이는 경우도 있다. 응우옌은 이런 범죄의 많은 부분에 개인적으로 책임이 있으며, 그가 배짱이 없어 직접 가서 관여하지는 못하고 멀리서 지휘를 했다 해도 그것이 발뺌할 핑계는 될 수 없다.

그를 자유롭게 놓아줄 경우 그가 이런 종류의 범죄를 계속 선동할 것이 뻔하다. 나는 식민지 권력들이 서로 힘을 합쳐 이런 전염력 강한 범죄를 억누르는 것이 동양 문명의 전체적 이익에도 도움이 된다는 데 외무부, 프랑스 정부와 전적으로 의견을 같이한다.[6]

홍콩 총독은 외무부의 요청에 따라 쿠옥을 바로 인도차이나로 추방하라는 새로운 명령을 내렸다. 로스비는 그런 가능성을 염두에 두고, 공개

재판을 강요하기 위한 수단으로 이미 홍콩 고등법원에 인신보호영장을 청구해놓았다. 8월 14일 고등법원이 심리를 열었다. 로스비는 몇 주 동안 계속된 재판 과정에서 정부의 새로운 추방 명령을 공격했다. 그는 추방 수사 과정에서 피고에게 수사의 원래 목적의 범위를 넘어서는 정치적 성격의 질문을 함으로써 적법한 절차에서 벗어났다고 주장하면서 정부의 새로운 추방 명령에 이의를 제기했다. 재판장 조지프 켐프 경이 홍콩 관리들에게 기존의 추방 명령을 인정하지 않는 판결을 내릴 수도 있다고 미리 경고하자, 홍콩 정부는 즉시 1917년 추방법의 다른 항에 의거하여 새로운 명령서를 작성했다. 법원은 바뀐 명령서를 인정하면서, 그 결과가 신병 인도와 다름없는 추방 명령이라 하더라도 정책 면에서는 이의를 제기할 수 있을지 모르지만 그 자체가 영국 법에 위배되는 것은 아니라고 이유를 달았다. 이에 근거하여 응우옌 아이 쿠옥의 인신보호영장 요청은 기각되었으며, 다시 인도차이나로 추방당할 수밖에 없는 처지에 놓였다. 리 쌈은 석방되었으며, 자신이 원하는 방식으로 홍콩을 떠나는 것이 허용되었다.[7]

그러나 프랭크 로스비는 이미 고등법원의 이런 판결을 예상하고 있었기 때문에, 이 결정이 행정권 남용이라는 이유로 런던의 추밀원에 항소했다. 추밀원은 이 사건을 받아들이고, 응우옌 아이 쿠옥의 수감 장소를 바꾸어주었다. 이 항소는 몇 달 뒤에나 검토될 예정이었기 때문에 그는 빅토리아 감옥으로부터 보원 로드 병원으로 이송되었다. 로스비는 당국에 만일 추방법령 6항에 의거한 인도차이나 추방이 취소된다면, 쿠옥이 스스로 떠나겠다고 통보했다. 더불어 잠정적으로 영국에 체류하는 것을 허락해달라고 요청했다.

응우옌 아이 쿠옥은 눈에 띄는 병은 없었으나 지치고 여윈 모습이었다. 그는 회고록에서 홍콩 감옥은 지하 동굴 같았는데, 정기적으로 학대를 당하고, 나쁜 쌀, 썩은 생선을 먹었으며 가끔 쇠고기를 먹었다고 말했다. 이따금씩 석방될 가능성이 없는 것처럼 보여 절망에 빠지기도 했다. 그는 벌레를 잡는 것이 유일한 낙이었다고 회고했다. 또 시간을 보내기 위해 노래를 부르기도 했고, 종이 조각을 손에 넣으면 시를 쓰거나 친구들에게 보내는 편지를 썼다.

그러나 어떤 자료들에 따르면 보원 로드 병원에서는 비교적 편안하게 지냈으며, 식민부 장관과 그의 부인(그녀는 로스비 부인의 친구였다)을 비롯하여 다른 많은 유럽인들의 방문을 받았다고 한다. 병원 음식은 좋지 않았기 때문에 프랭크 로스비는 동네 식당에 음식을 배달시켰다. 응우옌 아이 쿠옥은 한가한 시간에 책을 읽었으며, 자신의 철학에 대해 영어로 책을 썼다고도 한다. 그러나 로스비 부부는 제2차 세계대전 와중에 그 원고를 잃어버리고 말았다.

응우옌 아이 쿠옥은 평소와 마찬가지로 미래의 혁명에 대해 선전할 기회를 놓치지 않았다. 영국인들은 이 '이상한' 볼셰비키를 구경하기 위해 감옥이나 병원을 자주 찾아왔다. 중국인 직원들이나 그들의 친구도 이따금씩 들렀다. 그러나 그들은 쿠옥을 존중하는 태도를 보였다. 쿠옥은 자전적인 이야기에서 이렇게 전한다.

어느 날 아저씨[저자는 책에서 자신을 이렇게 불렀다]를 돌보는 일을 맡은 중국인 간호사가 몰래 물었다. "아저씨, 공산주의가 뭐지요? 아저씨는 공산주의자로서 무슨 일을 했길래 체포당했나요?" 간호사는 공산주의자가 강도나 도둑이나 살인자가 아님을 알고 있었기 때문에, 도대체 왜 체포당했는지 이해할 수가 없었던 것이다.

아저씨는 대답했다. "간단히 말해서 공산주의자들은 중국인 간호사들이 영국인 상급자들로부터 명령을 받을 필요가 없는 세상을 만들고 싶어하는 사람들이지." 간호사는 눈을 크게 뜨고 아저씨를 바라보며 대꾸했다. "정말이요?"[8]

응우옌 아이 쿠옥은 구금 상태에서도 편지를 주고받는 것이 허용되었다. 그는 체포되고 나서 몇 주 뒤에 람 둑 투에게 편지를 보냈다. 투는 혁명청년회 출신으로, 프랑스 정보 요원이라는 의심이 커지면서 혁명 동지들의 신뢰를 잃었던 사람이다. 쿠옥은 감옥에서 3주를 보냈는데, 몹시 수치스럽다고 이야기했다. "나에게는 부모가 없소." 그는 탄식했다. "누가 내 무죄의 증인이 되어주겠소?" 쿠옥은 투에게 자신의 자유를 되찾는 일에 최선을 다해달라고 부탁하며, 그러면 영원히 감사하겠다고 맹세했다.

그러나 응우옌 아이 쿠옥의 부탁은 효과가 없었던 것으로 보인다. 몇 달 뒤 투는 프랑스측에, 쿠옥이 석방 뒤에 유럽에 갈 수 있도록 1천 홍콩달러를 달라는 부탁을 했다고 보고했다. 투가 도와줄 돈이 없다고 하자, 쿠옥은 투에게 아내를 설득하여 재산을 일부 팔라고 했다. 그는 또 투에게 당의 재건을 도와달라고 부탁했지만, 투는 당원들이 자신을 의심하기 때문에 할 수 있는 일이 거의 없다고 대답했다. 이렇게 거절을 당했지만, 그리고 응우옌 아이 쿠옥 자신도 람 둑 투가 배반자라는 사실을 틀림없이 알고 있었을 테지만, 그래도 계속 편지를 썼다. 11월 말에는 건강이 나빠 계속 피를 토한다는 이야기도 했다. 그는 이런 상태가 계속된다면, "감옥에서 죽을까 두렵소. 하지만 내 생각은 하늘에 박혀 사라지지 않을 것이오." 그는 람 둑 투에게 당국과 문제가 생길지 모르니 자신을 면회하러 오지는 말라는 충고도 했다.[9]

사실 외로운 때였을 것이다. 투옥되기 전에 결혼까지 생각했던 젊은 응우옌 티 민 카이는 중국의 감옥에 있었다. 그의 아버지는 2년 전 코친차이나에서 거의 무일푼으로 죽었다. 쿠옥은 이따금씩 형제들과 편지를 주고받아 소식을 전하고 있었다. 형 키엠은 1914년 반역 활동 혐의로 프랑스 당국에 체포되었다. 1920년에 석방된 뒤에는 후에에서 경찰의 감시를 받으면서도, 약을 팔고 흠점을 쳐가면서 비밀 활동을 계속해나갔다. 키엠은 경제적으로 곤궁했던 것 같다. 1926년에는 쿠옥이 판 보이 차우의 도움을

호치민의 형인 응우옌 신 키엠.

받아 약간의 돈을 보내주기도 했다.

쿠옥의 누나 응우옌 티 타인 역시 계속 고초를 당했다. 1918년에 무기 소지 혐의로 체포되었다가 1922년에 석방되었지만 계속 감시를 받았다. 그녀 역시 키엠처럼 후에에 살았으며, 약을 팔면서 비밀리에 반프랑스 저항 운동에 참여했다. 1929년에 아버지가 죽었을 때는 킴 리엔에 잠깐 들러 남은 가족을 위로하기도 했다.[10]

응우옌 아이 쿠옥의 운명에 대한 결정권은 이제 런던 추밀원의 손으로 넘어갔지만, 영국 관리들은 이 문제를 계속 논의했다. 식민부의 의견은 그를 석방하여 자신의 뜻대로 홍콩을 떠나도록 허용하자는 총독의 입장을 지지하는 쪽이었다. 그러나 외무부는 여전히 프랑스측과 공동 보조를 취하는 문제에 관심이 있었기 때문에, 그에게 걸린 혐의를 프랑스측에 물어볼 수 있을 때까지 쿠옥을 구금해달라고 홍콩 당국에 요청했다. 식민부도 추밀원에서 이 문제에 대한 결정을 내릴 때까지 그의 석방을 연기하는 데 동의했다.[11]

12월 22일, 신임 런던 주재 프랑스 대사 자크 트뤼엘은 인도차이나에서 응우엔 아이 쿠옥에게 걸려 있는 혐의를 알려달라는 영국측의 정보 요청에 답변했다. 트뤼엘은 파리의 식민부가 응우엔 아이 쿠옥이 사실상 동남아시아의 모든 공산당과 연락을 책임지고 있는 코민테른 연락책이라는 프랑스측의 의심을 확인할 만한 최신 정보를 확보했다고 말해주었다. 그는 그 공산당들 가운데 영국 식민지의 말레이공산당도 있다고 덧붙였다. 트뤼엘은 쿠옥이 인도차이나에서 저지른 범법 행위와 관련해서는, 안남의 제국 정부가 그를 중부지방 소요의 배후 조종자로 꼽고 있다고 전해주었다. 처음에 빈의 재판소는 쿠옥에게 사형을 선고했으나, 1929년 10월 후에의 고등재판소에서 사건을 검토한 뒤 무기 강제 노동형으로 감형했다. 1930년 2월 고등재판소는 프랑스 당국이 응우엔 아이 쿠옥을 체포한 뒤 다시 재판하기로 결정했다. 트뤼엘은 다시 재판을 한다는 것은 쿠옥에게 이미 걸려 있는 혐의에 안남의 황실 정부에 대한 반역 음모 및 선동, 살인과 약탈, 반역적 이념의 선전 등의 혐의를 추가하겠다는 뜻이라고 설명했다. 그는 프랑스 당국이 확보하고 있는 몇 가지 문건이 이런 혐의들의 증거인데, 그 가운데는 쿠옥이 서명한 것도 포함되어 있다고 덧붙였다. 트뤼엘은 안남의 고등 주차관이 승인을 하기 전까지는 이런 혐의들이 확정되지 않을 것이며, 응우엔 아이 쿠옥이 범죄 활동으로 유죄를 선고받는다 해도 고등 주차관이 중벌은 내리지 않을 것이라고 영국측에 약속했다.[12]

1931년 말, 런던 추밀원은 마침내 응우엔 아이 쿠옥의 항소를 검토하기 시작했다. 쿠옥의 변호는 법률회사 라이트 앤드 풀턴의 D. N. 프릿이 맡았다. 홍콩 정부는 노동당의 유명한 정치가 스태퍼드 크립스가 대리했다. 쿠옥의 변호사에 따르면 크립스는 곧 이 사건이 홍콩 정부를 난처한 상황에 빠뜨릴 수 있다는 것을 깨닫고 프릿에게 응우엔 아이 쿠옥이 스스로 식민지를 떠나도록 허용하는 것으로 문제를 해결하자고 제안해왔다. 그러나 식민부의 법률고문은 크립스가 개인적으로 피고의 정치적 입장에 공감하기 때문에 싸우려 하지 않는다고 비난했다. 일각에서는 심지어 응우엔 아이 쿠옥이 영국의 정보원이 되겠다고 동의한 뒤에 석방되었다는 추측을 하기도 했다.

응우옌 아이 쿠옥의 변호사는 타협안을 받아들이기로 했다. 영국 정부는 추밀원 항소 비용을 대기로 했고, 그가 원하는 데로 갈 수 있도록 도와주기로 했다. 응우옌 아이 쿠옥은 이미 이런 해결책을 받아들이겠다는 의사를 밝히고 있었으므로, 1932년 6월 27일 아침 심리에서 양측 사이에 합의가 이루어졌다. 따라서 이 문제는 공개 법정에서는 다시 논의되지 않았다.[13]

응우옌 아이 쿠옥은 이제 석방을 눈앞에 두고 있었지만, 런던으로 가는 길에 프랑스 당국이 그를 체포하려 할 가능성 때문에 신경을 곤두세우고 있었다. 소비에트 선박은 홍콩에 정박하지 않았기 때문에 로스비는 쿠옥이 일시적으로 영국에 망명하게 해달라고 요청했다. 홍콩의 영국 관리들은 처음에는 그렇게 해도 아무런 문제가 없을 것이라고 말했다. 그러나 쿠옥의 여행 계획이 드러나면서 곧 문제가 생겼다. 응우옌 아이 쿠옥은 수에즈 운하를 통과하는 배를 타면 프랑스 요원들이 이집트의 포트사이드에서 그를 체포할 것이라고 걱정했다. 그는 오스트레일리아와 남아프리카를 거쳐 유럽으로 가도록 허가해달라고 요청했다. 그러나 두 나라 모두 그를 받아들이려 하지 않았다. 사실 영국도 그를 받아들일 생각이 없다는 사실이 밝혀졌다. 홍콩 관리들은 처음에는 로스비에게 소련을 거쳐 영국에 일시적으로 망명하는 데 아무런 문제가 없을 것이라고 통보했다. 그러나 그것은 착오였다. 영국 정부는 처음부터 그가 영국에서 환영받지 못할 것이라고 말했으나, 공교롭게도 전문에 몇 글자가 빠지는 바람에 그런 착오가 생긴 것이다.[14]

아무도 원치 않는 사람

영국으로 가는 계획을 포기할 수밖에 없게 되자 응우옌 아이 쿠옥은 모스크바로 갈 수 있는 다른 수단을 찾으려 했다. 그는 싱가포르로 가서 소련 선박을 타고 블라디보스토크까지 가기로 했다. 당국은 성가신 인물의 출발이 늦어지는 것에 짜증을 내고 있었다. 항해 경로와 앞으로의 체류지에 대한 협상이 몇 주 동안이나 계속되자 영국 정부의 담당자는 프랑스 치안국 관리에게 "아무도 그를 원치 않는다."라고 말하기도 했다. 1932년 12월 28일 저녁, 당국은 쿠옥을 병원에서 거리로 쫓아내면서, 21일 안에 홍콩을 떠나라고 명령했다.

응우옌 아이 쿠옥(성긴 턱수염을 길러 전통적인 유학자처럼 보였다)은 로스비 부부 집에 잠깐 머물다가 주룽의 중국 YMCA에 숙소를 정했다. 로스비 부부는 프랑스의 감시망을 피하기 위해 응우옌 아이 쿠옥이 병원에서 결핵으로 죽었다는 소문을 퍼뜨렸다. 코민테른은 이미 자기 역할을 했다. 영국에서 간행되는 〈데일리 워커(The Daily Worker)〉가 1932년 8월 11일자에 쿠옥이 옥사했다고 보도한 것이다. 쿠옥은 로스비 부인의 도움을 얻어 싱가포르로 가는 뱃삯을 마련했다.

그러나 문제가 계속되었다. 1933년 1월 6일 응우옌 아이 쿠옥이 싱가포르에 도착하자 세관 관리들은 그를 체포한 다음 호 쌍 호에 태워 홍콩으로 돌려보냈다. 홍콩에 내렸을 때는 홍콩 쪽에서 그를 알아보고 서류가 불충분하다는 이유로 그를 억류했다. 쿠옥은 자신의 뜻과 관계없이 출국 명령을 어긴 셈이 되었지만, 당국은 이 문제는 무시하기로 결정했다. 그리고 지역 경찰관들의 항의에도 불구하고, 1월 22일에 쿠옥을 다시 석방하면서 사흘 내에 홍콩을 떠나라고 명령했다. 로스비 부부는 그를 위해 이번에는 뉴 테리터리스에 새로운 비밀 거처를 마련해주고, 홍콩을 빠져나갈 다른 방법을 알아보기 시작했다. 그들은 25일 샤먼(廈門)으로 떠나는 중국 배의 뱃삯을 마련하고, 통역을 붙여주었다. 쿠옥은 프랑스 치안당국의 눈을 피하기 위해 어두워진 뒤에 사복 형사들의 보호를 받으며 부두로 갔다. 그곳에서 정부가 세를 낸 모터보트를 타고 배가 기다리고 있는 항구에서 조금 떨어진 레이웨문 해협까지 갔다.[15]

아슬아슬한 탈출

응우옌 아이 쿠옥과 그의 통역은 다음 날 아침 샤먼(푸젠 성〔福建省〕의 외국 조계로, 당시 외국인들에게는 아모이라는 이름으로 알려졌다)에 도착하자 중국인 구역의 YMCA에 투숙했다. 쿠옥은 그곳에서 친구들과 함께 텟 명절을 보낸 뒤에 아무런 일도 못하고 불안한 몇 주를 보냈다. 그는 로스비가 아는 중국인 부자로부터 돈을 좀 얻은 뒤에 마침내 배를 타고 상하이로 갈 수 있었다. 상업과 산업이 번창하면서 한때 강력한 좌익 노동 운동의 본거지가 되었던 대도시 상하이는 1927년 4월 장 제스의 '상하이 대학살' 이후 급진파가 자취를 감추었다. 도시에 남아 있는 소수의 중국공산당 당원들도 장 제스의 보안 부대의 눈을 피해 숨어 있었다. 쿠옥은 프랑스 조계의 보안요원들을 피하기 위해 부유한 사업가로 가장하고 사치스러운 호텔에 묵었다. 그러나 얼마 안 되는 자금을 아끼기 위해 혼자 식사를 하고 호텔방에서 세탁을 했다. 쿠옥은 조심해서 행동하기로 했다. 프랑스 치안국에서는 그가 죽었다는 보고들을 무시하고 있었는데, 마침 그 무렵부터 쿠옥이 중국 남부, 인도차이나, 시암 등지에 있다는 소문이 돌기 시작했다. 프랑스 조계의 경찰은 그가 상하이에 있을 가능성에 대비해 그를 찾으려는 노력을 배가했고, 그에게 상당한 현상금을 내걸기도 했다.[16]

상하이의 중국공산당 본부는 비밀리에 운영되고 있었기 때문에 응우옌 아이 쿠옥은 그에게 여행 자금을 대줄 만한 중국 동지들과 접촉하기가 어려웠다. 그러나 다행히도 프랑스공산당 초기에 그의 가까운 동료이자 후원자였던 폴 바양 쿠튀리에가 프랑스 국회의 반전 의원 대표단의 일원으로 상하이에 와 있다는 사실을 알게 되었다. 쿠옥은 이전에 중국공산당 친구들로부터 최악의 상황에서는 쑨 원의 미망인 쑹 칭링과 접촉하라는 이야기를 들었다. 그렇게 하면 그들과 연락이 닿을 수 있다는 이야기였다. 쑹 부인은 남편이 죽은 뒤에 프랑스 조계 몰리에르 거리의 커다란 저택에 살면서 은밀히 중국공산당과 밀접한 관계를 유지하고 있었다.

응우옌 아이 쿠옥은 대안이 없었기 때문에 이 연줄을 활용하기로 했다. 그는 택시를 타고 몰리에르 거리로 가자고 했다. 그는 그곳에서 그녀의 우편함에 서명을 하지 않은 편지를 몰래 넣었다. 나중에 이야기를 들어보면 이 작전은 참담한 결과를 낳을 뻔했다.

〔쿠옥은〕 택시가 있는 곳으로 돌아오는 길에 프랑스 경찰이 동네의 거리들을 막고 지나가는 사람들을 심문하는 것을 보았다. 택시기사는 머뭇거리는 것 같았다. 아저씨는 택시기사에게 소리쳤다. "갑시다!" 다행히도 택시가 고급이어서 경찰은 차를 세우지 않았다. 또 한 번의 아슬아슬한 탈출이었다!

어쨌든 이 작전은 성공했다. 그는 마침내 바양 쿠튀리에와 접촉할 수 있었다. 그는 도시의 한 공원에서 그를 만나기로 했다. 바양 쿠튀리에는 오랜 친구가 언론의 보도와는 달리 살아 있다는 것을 알고 놀랐다가 정신을 차리고 쿠옥을 지하에서 활동하는 중국공산당 대표들과 만나게 해주었다. 중국공산당 동료들은 쿠옥이 블라디보스토크로 가는 소비에트 기선을 탈 수 있게 해주었다. 프랑스 경찰이 부두를 감시하고 있었기 때문에 쿠옥은 중국인 부자 사업가로 위장하고 배에 올랐다.[17]

레닌 대학의 학생

응우옌 아이 쿠옥을 태운 기차는 블라디보스토크를 출발하여 시베리아의 얼어붙은 툰드라를 가로질러 1934년 봄에 모스크바에 도착했다. 모스크바에서는 1928년 당 대회에서 소비에트 경제개발 5개년 계획이 승인되었으며, 이와 더불어 전국에 걸쳐 집단화와 사회주의적 산업화를 시행한다는 계획도 승인되었다. 모스크바나 레닌그라드 등 대도시 밖으로 나가보지 않은 단기 방문객들이나 시민들에게는 이전 10년 동안 상황이 많이 개선된 것으로 보였을 것이다. 모스크바를 방문하는 저널리스트들은 화려

호치민은 1932년 12월 말 홍콩 감옥에서 석방된 후 우회로를 통해 1934년 늦봄 모스크바에 도착했다. 소련에서 찍은 것으로 보이는 이 사진을 보면 그가 감옥에서 심한 고생을 했다는 것을 알 수 있다.

한 소식들을 전했다. 예를 들어 조지 버나드 쇼는 1930년대 중반 소련을 여행한 뒤 "위대한 사회적 실험"이라는 표현을 사용했다. 응우옌 아이 쿠옥도 여기에 동의했던 것 같다. 그는 회고록에서 소련이 사회주의 체제 하에 후진적인 농업 국가로부터 선진적인 산업 발전소로 이행하고 있었다고 말했다.[18]

그러나 수많은 소비에트 민중의 현실은 크게 달랐다. 스탈린은 1930년 초 농업의 집단화를 결정하면서 개인 농장 경제를 분쇄하라고 명령했다. 러시아에서 쿨라크('주먹'이라는 뜻으로, 움켜쥐는 성질 때문에 그런 이름이 붙었다)라고 부르는 부농들은 "하나의 계급으로서 숙청 대상"이었다. 집단화에 저항하는 사람들은 죽이거나 시베리아로 보내버렸다. 수많은 사람들이 거대한 토목 공사장에서 강제로 노예 노동을 해야 했는데, 1933년에 개통된 카렐리야 운하 — 핀란드 만과 백해를 연결한다.—도 이들이 건설한 것이다. 도시 국영 상점에는 상품이 늘어났지만, 정부는 농민으로부터 곡물을 징발하여 도시민을 먹이거나, 외국에 수출하여 기계를 수입할 돈을 확보했다. 그 결과 농촌의 위기가 심화되었다. 1932년 우크라이나에는 기근이 시작되었다. 이후 2년 동안 5백만 내지 7백만 명이 굶어 죽었다.

1930년대 중반이 되자 소련공산당 내부에도 러시아를 사회주의 경제 발전소로 바꾸는 스탈린의 가혹한 방법에 대한 저항이 확산되었다. 1934년 소련공산당 제17차 대회에서는 스탈린을 몰아내고, 인기를 얻고 있던 레닌그라드 당 조직의 책임자 세르게이 키로프를 권좌에 앉히려는 운동이 급속히 힘을 얻었다. 그러나 스탈린은 이미 당 기구들을 확고하게 장악한 상태였기 때문에 자신의 권력에 대항하는 음모를 꾸민다고 의심할 만한 경쟁자들에 대한 응징에 나섰다. 레온 트로츠키는 이미 쫓겨나 다른 나라에 망명했다. 레프 카메네프나 코민테른 총서기 출신의 그리고리 지노비예프 같은 주요 지도자들은 고립되었다. 12월에 키로프는 스탈린의 명령에 따라 암살되었으며, 그 이후 대량의 숙청 재판으로 블라디미르 레닌과 함께 1917년 혁명에 앞장섰던 옛 볼셰비키들의 진용이 흐트러지기 시작했다. 1935년에는 레닌그라드에서만 10만 명 이상이 '국가의 적' 혐의로 체포되었다.

표면적으로는 소련공산당 내의 긴장이 응우옌 아이 쿠옥에게 개인적으로 영향을 주지 않은 것으로 보인다. 그는 모스크바에 도착하자 극동국—핀란드의 공산주의자 오토 쿠시넨이 책임자였다.—으로부터 영웅으로 환대를 받았다. 스탈린 학교(이제 '민족 및 식민지 문제 연구소'로 이름이 바뀌었다)의 베트남 학생들은 쿠옥이 '진행성 결핵'으로 사망했다는 보도를 접하고, 쿠옥과 1931년 가을 프랑스 감옥에서 사망한 인도차이나공산당 총서기 찬 푸의 장례를 치르기까지 했다.

응우옌 아이 쿠옥은 연구소에서 공부하는 144명의 베트남 학생들을 지도하는 책임을 맡아, 모스코프스키 대로의 주택 4층에 사무실을 열었다. 그는 그곳에서 생활하면서, 강의를 들으러 가고, 글을 쓰고, 학생들을 감독했다. 이때 그와 함께 공부를 했던 응우옌 카인 토안은 이렇게 회상한다.

그는 베트남 학생들과 친밀한 관계를 유지했다. 보통 그는 저녁 시간에 자신의 경험을 이야기하면서 혁명적 도덕성, 특히 단결을 강조했다. 나이가 어린 축에 속하는 학생들은 감정이나 자만심 때문에 사소한 문제로 말다툼을 벌이곤 했다. 호 아저씨는 그런 갈등들을 중재해주었다. 그는 모든 학생에게 몇 가지 핵심적인 원칙을 심어주려 했다. 자만심, 이기주의, 자기중심적 태도, 무질서, 무정부주의와 싸우고, 통일을 강화하며, 무엇보다 혁명의 대의를 앞세우라는 것이었다. 그는 우리들에게 이렇게 충고하곤 했다. "여러분이 이 작은 그룹 내에서도 단결을 유지하지 못한다면, 조국으로 돌아간 뒤에 어떻게 대중을 단결시켜 식민주의자들과 싸우게 하고 나라를 구하는 일에 나서게 할 수 있겠는가?"[19]

쿠옥은 학교라고 하는 고치 안에서 살았기 때문에 농촌에 사는 수많은 소비에트 인민에게 닥친 비극적 상황을 모르고 있었을지도 모른다. 연구소의 학생들은 여전히 일반인들보다 훨씬 나은 대접을 받고 있었다. 그들은 무료로 의복과 신발을 지급받았으며, 기숙사의 비교적 널찍한 방에서 생활했고, 학교 식당에서 괜찮은 음식을 먹었다. 그들은 의료비도 무료였고, 크림으로 공짜 휴가를 갈 수 있었으며, 월 140루블의 용돈도 받았다.

응우옌 아이 쿠옥에게는 휴식이 필요했다. 연구소에 있던 사람들은 훗날 그가 모스크바에 도착했을 때 병색이 짙고 초췌해 보였다고 말한다. 홍콩 감옥에서 몇 달을 보낸 후유증이었는지도 모른다. 1934년 9월, 그는 크림의 요양소에서 치료를 받았다. 그는 그곳에 몇 주 있다가 모스크바로 돌아와 레닌 대학에 입학했다. 레닌 대학은 형제 관계에 있는 공산당들의 선진적인 기간 요원들을 교육하는 학교였다. 레닌 대학에는 두 가지 교과과정이 있었는데, 하나는 3년짜리였고 또 하나는 6개월짜리였다. 그는 린(러시아 이름으로는 리노프)이라는 이름으로 6개월 과정에 등록했다. 이후 몇 달 동안 강의를 듣고, 도덕성에 대하여 가르치고, 글을 썼다. 동시에 여러 연구소나 극동국에 있는 베트남인들의 문제를 해결해주었다.

모스크바에서 지낸 초기 몇 달 동안 그의 사생활에 대해서는 알려진 것이 거의 없다. 그는 처음에는 중국 간부들과 기숙사를 같이 썼으나, 의사소통에 어려움이 있어 프랑스어를 할 줄 아는 사람들이 모인 기숙사로 옮겼다. 그는 겉으로는 여전히 병약해 보였음에도, 적극적으로 사교 생활을 했다. 전시회나 문학 행사에도 참석하고, 랴잔의 집단 농장을 비롯하여 근처의 볼거리를 찾아다니기도 했다. 소련 전기 작가의 말에 따르면, 그는 몸을 튼튼히 하기 위해 매일 운동을 했으며, 방에는 아령과 가슴 운동 기구까지 갖다놓았다.[20]

지금까지 응우옌 아이 쿠옥은 1930년대 중반 스탈린의 숙청 재판이 일으킨 엄청난 충격파를 용케 피한 것으로 알려져왔다. 프랑스 작가 장 라쿠튀르에 따르면 응우옌 아이 쿠옥은 "소비에트 공산당과 인터내셔널을 분열시킨 분쟁과 숙청으로부터 멀리 떨어져 있었다." 과거의 다른 전기 작가들도 이 말에 동의한다.[21]

그러나 최근 들어 응우옌 아이 쿠옥이 이 기간 동안 의심을 받았으며, 심지어 재판을 받았을 수도 있다는 자료들이 등장하고 있다. 모스크바의 일부 인사들은 비공개를 전제로, 쿠옥이 1930년대 중반 소련에 체재할 때 예전부터 그를 알고 있던 후원자 드미트리 마누일스키, 권모술수에 능한 중국공산당 투사 캉 성(康生, 훗날 중국 문화혁명기의 4인방 가운데 한 사람: 옮긴이), 코민테른 행정가 베라 바실리에바 등으로 이루어진 심판위원회의 조사를 받았다고 말해주었다. 구체적으로 그가 어떤 혐의를 받았는지는 분명하지 않다. 그러나 그가 1928년 제6차 코민테른 대회에서 제기된 일반 노선과 대립되는 생각을 가지고 있다는 것은 잘 알려진 사실이었다. 어쩌면 이것만으로도 스탈린의 의심을 받기에 충분했는지도 모른다. 그가 숙청으로 희생된 미하일 보로딘과 가까운 동료였다는 사실도 그에게 불리하게 작용했을 것이다. 마지막으로 그가 1932년 12월 홍콩의 감옥에서 갑자기 석방된 것 또한 그가 자유를 얻기 위해 경찰과 거래를 했을지도 모른다는 의심을 낳았을 수도 있다.[22]

어쨌든 마누일스키와 바실리에바가 지원한 덕이었는지 몰라도, 그는 모든 혐의를 벗은 것으로 보인다. 오랫동안 모스크바의 베트남 학생들과 코민테른 기구 사이의 연락책 역할을 맡았던 바실리에바는 그를 확고하게 옹호하면서, 그에게 죄가 있다면 경험 부족의 죄밖에 없다고 주장했다. 그녀는 응우옌 아이 쿠옥이 모스크바에 있는 동안 중국 남부의 인도차이나 공산당 지도자들에게 보낸 날짜 불명의 편지에서 수수께끼 같은 이야기를 했는데, 어쩌면 이런 상황이 그 대목을 이해하는 데 도움을 줄지도 모르겠다. "쿠옥에 관해서 말하자면, 우리는 그가 앞으로 2년간은 진지하게 공부에만 몰두하고 다른 일에는 관여하지 않는 것이 좋다고 생각합니다. 그가 공부를 마친 뒤에 할 일에 대해서는 특별한 계획을 마련해두고 있습니다."[23]

인도차이나공산당 재건 운동

응우옌 아이 쿠옥이 모스크바에 있는 동안, 행동이 자유로운 동료들은 인도차이나에서 당 기구를 재건하려고 노력했다. 코민테른 집행위원회는 1931년 4월 새로운 인도차이나공산당을 정식 회원으로 인정하였는데, 같은 달 당 지도부는 코친차이나에서 프랑스측에 체포당했다. 이후 몇 달 동안 당 기구는 엄청난 혼란에 빠졌다. 모스크바의 코민테른 관리들은 위기 상황에 대처하기 위해 형제 공산당들에게 응에-틴 폭동이라고 알려진 사태를 최대한 홍보하라는 지침을 내렸다. 세계의 노동자들에게는 인도차이나의 억압받는 동지들을 위하여 시위에 나서라고 촉구했다. 모스크바에는 다양한 교육 프로그램에 30명이 넘는 베트남 학생들이 등록해 있었는데, 그들에게는 여러 경로로 인도차이나로 돌아가 새로운 당 중앙위원회를 위한 기초를 세우라고 명령했다. 그러나 대부분(어떤 자료에 따르면 35명 가운데 22명이라고 한다)은 가는 길에 체포되거나 프랑스로 달아났다. 무사히 도착한 사람들 가운데는 탐 탐 사 시절부터 응우옌 아이 쿠옥의 후원을 받았으며, 레닌그라드의 항공학교에서 공부를 하다가 1929년 스탈린 학교로 옮긴 레 홍 퐁이 있었다. 레 홍 퐁은 1931년 여름 소련을 떠났다. 그는 베를린과 파리를 거쳐, 마침내 1932년 4월 중국 남부 광시 성의 국경 도시 룽저우에 도착했다. 그는 모스크바 스탈린 학교에서 같이 공부했던 두 동료 하 후이 탑, 풍 치 키엔과 함께 난닝(南寧) 근처로 거처를 옮겼으며, 1933년 여름에는 새로운 해외집행위원회(반 치 후이 하이 응오아이)를 세웠다. 코민테른의 지령에 따라 새로운 조직은 모스크바의 극동국과 국내 당 기구 사이의 임시 연락국 역할을 하기로 했다.[24]

한편 다른 지역에도 내부의 당 기구를 지원하기 위한 당 기지들이 건설되었다. 1930년대 중반에 이르자, 베트남 3개 지역의 인구는 1천8백만 명 이상으로 늘었는데, 코친차이나에 4백만 이상, 안남에 5백만 정도, 그리고 나머지는 통킹에 살았다. 코친차이나에서는 당의 재건 임무가 스탈린 학교의 졸업생으로 1933년 초에 모스크바로부터 사이공으로 돌아온 야심만만한 젊은이 찬 반 쟈우에게 맡겨졌다. 그는 즉시 남부지역 전체의 당 조직을 재건하는 일에 착수했다. 그는 소련의 당시 노선을 따라 간부들에게 도시 노동자들에게 노력을 집중하라는 지침을 내렸다. 그러나 대공황 여파로 공장에서는 실업자가 대량으로 발생하였으며, 노동자들 가운데 운동에 참여하려는 사람은 드물었다.[25]

당은 농촌지역에서는 상대적으로 성공을 거두었는데, 탐욕스러운 지주와 부패한 관리들에 대한 대중적 반감이 강했던 메콩 강 삼각주 지방이 특히 주목할 만했다. 사이공의 소수 공산주의 지식인들은 당국이 정치 활동에 대한 제한을 점진적으로 완화하는 상황을 이용했다. 파리에서 공부한 레온 트로츠키 추종자들의 도움을 받아 당 기관지 〈라 뤼트(La Lutte)〉(투쟁이라는 뜻: 옮긴이)가 발행되었다. 사이공의 당 지도자들은 심지어 시의

회 선거에 후보를 내기까지 했다. 1933년 중반에 코친차이나에는 새로운 지역위원회가 설립되었으며, 동부와 서부에는 하부 위원회들이 설립되고, 간부를 양성할 작은 학교도 세웠다. 이런 활동을 배후에서 지도한 열정적 인물 찬 반 쟈우는 10월에 프랑스 당국에 체포되었지만, 증거 불충분으로 곧 석방되었다.

파리 식민부의 공식 보고서를 보면 인도차이나의 치안 부서들이 인도차이나공산당의 활동을 제대로 통제하지 못하는 상황에 대한 좌절감이 드러난다. 한 보고서에는 이렇게 나와 있다. "치안국은 위험한 사태가 발생하고 확대되는 데도 무력하다. 경고만 할 뿐이다. 이 부서들은 정부 당국으로부터 명령을 받지 않으면 진압 행동을 할 수 없다." 그러나 치안국은 한 가지 성과는 거두었다. 레 홍 손을 체포한 것이다. 응에-틴 폭동 진압 이후 탐 탐 사의 초기 회원이며 당의 악명 높은 암살자인 레 홍 손은 프랑스 당국의 체포를 피해 나라를 옮겨 다녔다. 그는 1931년 7월 버마에서 추방당하자 시암으로 갔으며, 거기서 상하이로 가서 중국공산당 본부와 접촉했다. 그러나 그는 프랑스 조계에서 경찰에 체포당했다. 그는 가혹한 심문을 받은 뒤 후에의 베트남 제국 정부에 넘겨졌으며, 1933년 2월 성도 빈에서 처형당했다.[26]

찬 반 쟈우가 코친차이나에서 거둔 성과는 그 자체로는 하찮아 보여도 인도차이나의 다른 지역과 비교해보면 대단한 것이었다. 안남과 통킹에서는 경찰의 감시와 대중의 냉담한 태도 때문에 당 일꾼들이 사업을 수행하는 것이 어려웠다. 베트남 중부에서는 시암을 통해 침투한 소수의 공산주의 공작원들이 활동 중단 상태인 당 기구들을 재건하려 했다. 당 지도부는 막 감옥에서 석방된 인도차이나공산당 당원들을 새로 거두어들이기도 했지만(프랑스의 보고에 따르면 한때 빈에만 2천 명 이상의 급진주의자들이 수감되어 있었다), 일반적으로 감옥에 갔다 온 사람들은 충성심을 의심받았다. 당시 응에 안 성위원회에서 나온 보고서에 따르면, "이전의 공산주의자들 1

백 명 가운데 오직 한 명만이 당의 이념을 고수할 수 있다." 1934년 중반이 되자 안남에는 각각 4개 내지 7개 성을 책임지는 3개의 지방위원회가 수립되었다. 통킹에서는 인도차이나공산당이 거의 활동을 하지 않다가, 1934년 들어 홍 강 삼각주 북부의 비엣 박 산악지대에 당 세포들이 나타나기 시작했다. 그 직후 레 홍 퐁은 중국의 기지에서 통킹 지역위원회를 재건할 수 있었다.

한편 시암의 코라트 고원지대의 베트남 공동체에서 활동하는 당원들—1920년대 말 이 지역에서 활동하던 응우옌 아이 쿠옥의 유산이었다.—은 운동을 지도할 임시 중앙위원회와 베트남에서 활동할 당원들을 훈련할 훈련소를 세웠다. 이어 그들은 코친차이나, 안남의 당원들과 바깥 세계의 당들 사이의 직접적인 연락을 책임졌다. 라오스와 캄보디아에도 비슷한 위원회들이 세워졌다.[27]

응에-틴 폭동의 참담한 결과로부터 당을 재건하려는 지도부의 가장 중요한 임무 가운데 하나는 새로운 전략을 수립하는 것이었다. 1932년 중반 중국 남부에 살고 있던 레 홍 퐁을 비롯한 다른 고참 당원들은 당의 새로운 행동 강령을 작성했으며, 이것을 등사해 인도차이나 내부의 충실한 당원들에게 배포했다. 이 문서는 당시 모스크바의 분위기에 맞추어 분파적이고 좌익적인 색깔이 분명했으며, 반제국주의 투쟁보다 반봉건 혁명을 강조하면서 베트남 혁명에서 민족주의 정당들의 역할에 강한 의구심을 드러냈다.

당시 당 언론에 발표된 견해들도 비슷한 노선을 반영하고 있었다. 해외 집행위원회의 공식 기관지 〈볼셰비키(ßolshevik)〉에 실린 어떤 글은 민족혁명이 사회주의 혁명에 선행해야 한다는 생각을 프티 부르주아적인 태도라고 강하게 비판했다. 그 글의 저자—아마 스탈린 학교를 갓 졸업한 하 후이 탑이었을 텐데—는 인도차이나 내부의 당 일꾼들이 농촌지역 농민의 동원에 지나친 관심을 보인다고 비판하면서, 노동자들을 운동에 끌어들이는 일에 더 힘을 기울여야 한다고 강조했다. 이 저자는 농민이 "개인 소유에 욕심을 내고, 이념이나 실천적 관점에서 볼 때 매우 비조직적이고 둔하며, 심하게 분열되어 있기 때문에, 혁명 운동을 지도할 자격을 전혀 갖추고 있지 않다."라고 공격했다.

이런 비판들은 겉으로 보기에는 인도차이나 내부의 익명의 당 간부들을 겨냥하고 있었지만, 〈볼셰비키〉 편집자들의 주된 관심은 응우옌 아이 쿠옥의 관점과 이전 정책들이었다. 한 글은 인도차이나 내부의 '일부 동지들'이 부농과 자본가들도 기본적으로 반제국주의적이며, 따라서 혁명 운동에 참여할 수 있다고 주장해왔다는 점에 주목한 뒤, 그런 견해들은 응우옌 아이 쿠옥이 1930년 2월 통합회의에서 장려했던 것이지만 뒤에 새로운 당 지도부가 올바르게 거부했다고 분명하게 말했다. 이 잡지는 인도차이나공산당은 프롤레타리아의 당이지, 모든 근로 대중의 당은 아니라고 강조했다. 그러면서 "다른 계급들의 가장 선진적 분자들도 이 조직에 들어올 수 있으나, 반드시 프롤레타리아가 다수를 확보하기 위해 노력해야 한다."라고 덧붙였다. 민족 독립 문제에 대해서는 이렇게 말했다.

> 공산당은 계급 투쟁을 지도하지 인종 투쟁을 지도하지는 않는다……. 프롤레타리아의 당은 공산당으로서 국제주의라는 정치노선을 유지하기 위해 투쟁하고, 민족주의적인 이론이나 선전과 투쟁하고 그런 종류의 상투적 용어의 사용을 금지해야 한다. 예를 들어 국권 회복이나 용과 선녀들의 민족[베트남 민족을 가리키는 데 흔히 사용되던 말]의 르네상스 등과 같은 표현을 삼가야 한다. 우리는 프랑스 제국주의에 대항하여 투쟁하지만, 그것이 민족주의에 대한 지지를 의미하지는 않는다.[28]

하 후이 탑이 쓴 것이 분명한 또 하나의 글은 훨씬 더 노골적이다. 그 글은 이렇게 말하고 있다.

우리는 응우옌 아이 쿠옥에게 많은 빚을 지고 있다. 그러나 우리 동지들은 응우옌 아이 쿠옥의 민족주의적 유산과 인도차이나의 부르주아 민주주의 혁명의 근본 문제들에 대한 그의 그릇된 지침들, 또 혁명청년회와 신월당 지지자들의 정신에 뿌리를 둔 기회주의적 이론들을 잊지 말아야 한다……. 응우옌 아이 쿠옥은 공산주의 인터내셔널의 지령들을 이해하지 못했다. 그는 인도차이나의 3개 공산주의 조직을 위에서부터 아래로 융합하지 않았고, 공산주의 인터내셔널이 이 분파들의 기회주의적인 꿈을 근절하기 위해 적용해야 했던 전술들을 첫 번째 의제로 삼지 않았다. '정치적 원칙들'[즉 1930년 2월에 채택된 정치 강령]이라는 책자와 통합당의 정관들은 공산주의 인터내셔널의 지침들을 정확하게 따르지 않았다.

응우옌 아이 쿠옥은 또한 '부르주아지와 부농에 대한 중립', '중농 및 소농과 동맹' 등의 그릇되고 협조적인 전술들을 옹호했다. 인도차이나공산당이 혁명 투쟁에서 대중을 힘차게 지도하면서도 많은 점에서 공산주의 인터내셔널의 지침들에 대립되는 정책을 따랐던 것은 1930년 1월부터 10월까지 발생한 그러한 오류들 때문이며, 응에 안 소비에트들이 추진하는 정책이 당의 노선과 일치하지 않았던 것도 그것 때문이다.[29]

1934년 6월 레 홍 퐁과 하 후이 탑은 국내의 지도적 일꾼들과 미래의 정책을 협의하고 당의 제1차 전국대회를 준비하기 위해 포르투갈의 식민지 마카오에서 회의를 소집했다. 회의를 마무리하면서 발표된 결의안에서 이른바 민족개량주의자들—부이 쾅 치에우, 애국적 저널리스트 후인 툭 캉(나중에 하노이의 호치민 정부에 참여한다), 급진적 지식인 응우옌 안 닌 등의 다양한 인물들을 포함한다.—은 모두 제국주의의 공범으로 비난을 받았다. 이 결의안은 그런 분자들이 "노동 대중의 옹호자, 정부의 적, 입헌 개혁의 주창자, 프랑스-안남 협력과 계급 간 단결의 지지자인 척하지만, 그들의 유일한 목적은 대중을 혁명의 길로부터 이탈시키려는 것"이기 때문에 특히 위험하다고 공격했다. 이 문건은 트로츠키 분자, 옛 혁명청년회 회원, 신월혁명당의 잔당을 포함한 그런 위험한 그룹들의 영향력을 분쇄하는 것이 모든 당원의 임무라고 결론을 내렸다.[30]

해외집행위원회가 당 내의 '민족주의' 경향과 일부 일꾼들이 농촌지역 활동에 집중하는 태도를 비판했던 것은 당시 모스크바에 유행하던 이념적 노선을 반영한 것이 틀림없다. 그러나 위원회가 국내의 당원들에게 소련에서 나온 전략적 가이드라인을 주입하려고 노력하는 동안에, 모스크바에서는 이미 변화의 조짐이 나타나고 있었다. 예를 들어 1934년 10월에는 코민테른의 공식 기관지 〈공산주의 인터내셔널(Communist International)〉에 '오르그발트'라는 가명을 쓰는 사람이 글을 발표했다. '인도차이나 동지들과의 대화(Entretien avec les camarades indochinois)'라는 제목의 이 글은 원래 1933년 7월에 다른 잡지에 실렸던 것인데, 저자는 인도차이나공산당 지도부가 통일전선에 대하여 분파적 태도를 보인다고 비판했다. 오르그발트는 일단 민족개량주의자들에게 반대하는 것은 인정했다. 그들의 지도자들은 분명히 반혁명적이며, 그들의 가면을 벗겨 그런 모습을 드러내야 하기 때문이다. 그러나 그는 부르주아지 타도를 요구하는 것은 잘못이라고 지적했다. 프티 부르주아지와 민족 부르주아지의 일부 구성원들은 반제국주의라는 구호 아래서라면 공산당과 협력하려 할지도 모르기 때문이다.[31]

인도차이나공산당 지도부가 이 글을 보았는지는 분명치 않다. 그러나 이것을 못 보았다 하더라도 그들은 노선에 대하여 혼란을 느낄 수밖에 없었다. 중국공산당의 지도자가 썼다고 하는 '인도차이나 동지들에게 보내는 편지'라는 글이 1934년 8월 5일 같은 잡지에 실렸기 때문이다. 저자는 당 조직의 미비, 규율의 강화와 대중 사업의 필요성 등을 한참 이야기한 뒤에 통일전선 문제를 제기하며 그것이 혁명 투쟁을 수행하는 데 중요하다고 주장했다. 그러나 정작 이 전선의 성격에 대해서는 모호한 태도를 취했다. 이 편지는 1932년의 행동 강령(편지는 이 강령을 긍정적으로 평가하고 있다)과 마찬가지로, '민족개량주의자들', 심지어 '좌익'이나 '민족주의' 구호 아래 자신의 진정한 성격을 감추고 있는 자들을 강도 높게 비판하면서, 이런 개량주의자들과 무자비하게 맞설 것을 주장했다.[32]

이런 견해들은 모스크바 고위층으로부터 공식적으로 승인을 받았을 텐데, 읽는 사람들에게는 큰 혼란을 일으켰다. 코민테른의 베트남 전문가 베라 바실리에바는 1935년 3월 17일 인도차이나공산당에 보낸 편지에서 오르그발트의 글과 중국공산당의 편지가 1932년 인도차이나공산당의 행동 강령과 더불어 기본적인 정책 노선임을 확인해주었다. 바실리에바는 전국대회를 준비하는 당 지도부에 지침을 제공하기 위해 이 편지를 쓴 것으로 보인다.

젊은 혁명가들

해외집행위원회는 1934년 6월 마카오 회의에서 1935년 1월 홍콩에서 제1차 전국대회를 개최한다는 계획을 승인했다. 그러나 프랑스측 자료에 따르면 코민테른은 이 회의를 다음 3월까지 연기해달라고 요청했다고 한다. 1934년 늦여름 당 지도부는 개최지를 마카오로 바꾸고, 대회에서 논의할 문건들을 작성하기 시작했다. 모든 하부 기관에는 대표를 선출하여 3월 15일까지 대회장으로 보내라는 명령을 내렸다. 당 지도부는 코민테른의 공식 대표자가 회의에 참석해주기를 바랐다. 1934년 초가을 레 홍 퐁, 응우옌 티 민 카이(광저우의 감옥에서 석방되어 이제 반이라는 이름으로 활동하고 있었다), 호앙 반 논(카오 방 성 출신의 당원) 등으로 이루어진 인도차이나공산당 대표단은 여름에 개최될 예정인 코민테른 제7차 대회에 참석하기 위해 모스크바로 향했다.[33]

레 홍 퐁이 모스크바로 떠났기 때문에 이제 하 후이 탑이 전국대회의 준비를 책임지는 당 최고 책임자가 되었다. 탑은 응에 안 성 출신으로 신월

혁명당에 참여했다가 혁명청년회로 옮겼다. 그는 스탈린 학교에 다니면서 이론 분야에 재능을 발휘하여 동맹의 이념적 약점들을 강력하게 비판했다. 프랑스 보안 담당자들로부터 오만하고, 부정직하고, "극단적으로 의심이 많다"는 평가를 받은 탑은 즉시 동료들과의 관계에서 문제를 일으키기 시작했다. 동료들은 그의 키가 작다고 해서 '난쟁이'라고 부르며 조롱했다. 특히 찬 반 쟈우와 관계가 나빴다. 1934년 9월 쟈우는 한편으로는 코친차이나의 상황에 대해 보고하기 위해, 또 한편으로는 전국대회 준비에서 주도적 역할을 맡기 위해 마카오에 도착했다. 찬 반 쟈우는 아마 혈기왕성한 탑을 건방지다고 생각했을 것이며, 탑은 쟈우의 오만과 독단적인 행동들을 수상쩍게 생각했을 것이다. 결국 탑은 찬 반 쟈우를 프랑스 첩자라고 의심하기 시작하여, 실제로 그런 내용을 모스크바에 적어 보냈다. 뒷날 프랑스 당국이 쟈우의 거처를 수색했을 때에야 하 후이 탑은 자신의 의심이 근거 없는 것임을 인정했다.[34]

결국 프랑스 첩자로 인한 위험은 다른 곳에서 생겼다. 마카오의 당 일꾼들 가운데 하나인 응우옌 반 참이라는 요리사가 인도차이나공산당의 돈을 훔쳐 홍콩으로 달아났다. 참은 마카오에서 대회 장소를 고르는 책임을 맡았기 때문에 당 지도부는 그가 프랑스측—마카오는 포르투갈 식민지였지만 프랑스 요원들이 활동하고 있었다.—에 대회 장소를 이야기할 것이라고 의심하여 장소를 바꿀 수밖에 없었다. 탑은 위험을 최소화하기 위해 인도차이나와 시암의 모든 당 기구에 보안에 특별히 주의하라는 지침을 내리고 찬 반 쟈우를 코친차이나로 보내 인도차이나공산당 기구를 재조직하게 했다. 그는 또 첩자로 의심되던 응우옌 후 칸에게 거짓 정보를 흘리고, 당이 곤경에 처해 예정대로 전국대회를 열 수 없을 것이라고 불평하여 치안국에 혼란을 일으키려 했다.[35]

전국대회는 3월 18일에 열릴 예정이었으나, 발각될 위험이 높아졌기 때문에(그리고 아마도 일부 대표들의 도착이 늦어졌기 때문에), 마지막 순간에 3

월 27일로 연기되었다. 대회에는 하 후이 탑 외에 호앙 딘 지옹, 풍 치 키엔, 그 외 10명의 대표가 참석했다. 코민테른이나 다른 공산당에서는 대표가 오지 않았다.

마카오 대회에 모인 대표들은 인도차이나와 시암에서 활약하는 약 8백 명의 당원들을 대리했다. 다수는 인종적으로 베트남인들이었지만, 호앙 딘 지옹과 호앙 반 논은 산악 소수민족 출신이었고, 이들 외에 화교도 소수 참석했다. 대부분 젊어 보통 20대나 30대가 주류였으며, 아주 적기는 했지만 여성도 있었다. 쿠옥이 한때 남성으로서 관심을 보였고 또 홍콩의 남부 사무소 시절에는 그의 보좌관으로 활동하기도 했던 응우옌 티 민 카이가 당 지도부에 들어가 있었다는 사실은 여성이라고 해도 높은 지위에 올라갈 수 있다는 사실을 보여주었다.

정확한 통계는 없지만, 노동자나 농민 출신의 당원들 비율이 늘어나고 있었던 것으로 보인다. 그러나 여전히 향신 출신들이 당을 지배했으며, 그들 가운데 다수는 프랑스식 학교에서 교육을 받았고 이제는 직업 혁명가로 활동하고 있었다. 응우옌 아이 쿠옥은 예전부터 공식 교육을 받지 못한 당원들은 마르크스-레닌주의 이념의 이데올로기적으로 복잡한 면을 이해하기 어려운 경우가 많으며, 압박을 받는 상황에서 믿음직하지 못한 태도를 보인다고 문제를 제기해왔다. 농촌 출신의 당원들에 대한 편견은 특히 지도부 안에서 강했는데, 이것은 베트남 향신 계급의 전통적인 태도의 유산일 뿐 아니라 모스크바의 통념의 유산이기도 했다. 그러나 노동자와 농민은 공장이나 농촌 마을로 뚫고들어가 혁명에 대한 선전을 확산하는 수단으로서는 아주 유용했다.

모스크바에서 변화의 바람이 불고 있었음에도 마카오 대회에서 이루어진 결정들은 기존 당 전략과 아무런 차이가 없었다. 1932년 행동 강령에서 처음 제시된 좁은 범위의 통일전선 방식이 옳다고 재확인한 정치 강령은 당의 동지들에게 민족개량주의 정당들로 침투하여 지도부를 무너뜨리고 그 조직원들을 인도차이나공산당으로 끌어들이라고 촉구했다. 이 외에도 새로운 당 정관과 더불어 올바른 대중사업에 대한 결의안도 통과되었다. 회의가 끝날 무렵 9명으로 구성된 새로운 중앙위원회가 선출되었으며, 하 후이 탑이 총서기를 맡았다. 새로운 중앙위원회는 하 후이 탑의 집이 있는 사이공으로 옮기기로 했다. 레 홍 퐁의 해외집행위원회는 중앙위원회와 코민테른 사이의 연락을 위해 계속 유지하되, 본부는 상하이로 옮기기로 했다.[36]

하 후이 탑은 모스크바에 대회 결과를 보고하는 기회를 이용하여 응우옌 아이 쿠옥을 다시 비판했다. 그는 3월 31일 극동국에 보내는 편지에서 인도차이나와 시암의 당원들은 혁명청년회와 그 지도자였던 응우옌 아이 쿠옥의 '민족 혁명' 이데올로기의 유산에 대항하여 공개적인 투쟁을 벌이고 있다고 말했다. 그는 이 유산이 "매우 강력하여, 공산주의 발전에 아주 심각한 장애가 되며," 따라서 쿠옥의 기회주의적 이론에 대항한 무자비한 투쟁이 불가피하다고 덧붙였다. 인도차이나와 시암의 공산주의자들은 이런 경향에 반대하는 소책자들을 쓸 계획이었다. 탑은 응우옌 아이 쿠옥이 자신의 과거의 과오들을 인정하는 자기비판서를 작성할 것을 제안했다.

몇 주 뒤에 탑은 다시 공격에 나서서, 마카오에 참석했던 대표들 몇 명은 인도차이나공산당과 청년회의 1백 명 이상의 조직원들이 체포된 것에 대해 쿠옥이 적어도 부분적으로 책임을 져야 한다는 생각을 하고 있다고 언급했다. 쿠옥이 그의 동료 람 둑 투가 첩자임을 알면서도 계속 그를 이용했기 때문이다. 그는 또 쿠옥이 부주의하게도 광저우의 훈련소에서 각 학생에게 사진과 함께 친척들의 이름과 주소를 제출하라는 요구를 했다고 공격했다. 이 자료가 나중에 프랑스측으로 넘어갔다는 것이다. 그는 응우옌 아이 쿠옥이 그런 행동에 대한 "책임을 절대 부인하지 못할 것"이라고 덧붙였다. 탑은 쿠옥의 생각들이 당원과 대중에게 분명하게 드러날수록, 더욱 가혹한 비판을 받게 될 것이라고 결론을 내렸다.[37]

응우옌 아이 쿠옥은 아마 그 보고서들이 모스크바에 도착한 뒤에 그것을 읽어보았을 것이다. 그가 탑의 비판을 어떻게 받아들였는지는 알 수 없으나, 그의 전체적인 태도는 그가 1935년 1월 극동국의 어떤 사람에게 보낸 편지에서 드러난다. 그는 이 편지에서 모스크바에서 공부하고 있는 동남아시아 학생들의 이론적 지식 수준이 형편없이 낮다고 문제를 제기했다. 다수가 부르주아 민주주의 혁명을 이해하지 못하며, 토지개혁과 반제국주의의 대의가 어떻게 결합되는 것인지도 이해하지 못했다. 쿠옥은 1930년, 1931년의 인도차이나공산당 내부에도 그런 약점들이 있었지만, 많은 당원들이 나이가 젊고 경험이 부족하기 때문에 문제가 심각해지고 있다고 생각했다. 하 후이 탑이나 이제는 고인이 된 찬 푸 같은 젊은 동료들을 그가 잠깐이라도 공격할 생각이었는지는 분명치 않다. 어쨌든 그는 이데올로기적인 문제들에 대해 당원들을 계몽할 책자를 작성해야 한다고 주장했다.[38]

코민테른 제7차 대회

1935년 7월 25일, 모스크바의 동굴 같은 노동조합관에서 공산주의 인터내셔널 제7차 대회가 개최되었다. 벽에는 마르크스, 엥겔스, 레닌, 스탈린의 거대한 초상화들이 걸려 있었으며, 황금빛 키릴 문자로 프롤레타리아 혁명의 임박한 승리를 선포하는 붉은 깃발들이 나부꼈다. 대회가 열리는 과정에서도 코민테른의 전직 지도자들인 레프 카메네프, 그리고리 지노비예프 등의 볼셰비키 지도자들에 대한 숙청 재판이 진행되고 있었다. 두 사람은 나중에 처형을 당하게 된다. 재판을 둘러싼 긴장된 분위기 때문에 대회에 참석한 대표들은 모두 럭스 호텔에 함께 묵었으며, 크렘린 출입이 허용되지 않았다.

대회에는 레 홍 퐁(대회에서는 리트비노프, 하이 안, 차잔, 차얀 등 다양한 이름을 사용했다), 응우옌 티 민 카이(반 또는 판 란), 호앙 반 논 등 인도차이나 공산당 대표 3명도 참석했다. 베트남에서는 3명의 대표가 떠난 뒤 2명을 추가로 파견했으나 모스크바에는 오지 못했다. 코민테른 본부는 베트남 대표 3명 각각에게 연설 기회를 주기로 결정했다. 응우옌 티 민 카이는 연설에서 아시아 전역의 식민지에서 벌어지고 있는 여성 착취를 언급하면서, 이 지역의 미래의 혁명에서 여성의 중요성을 강조했다. 호앙 반 논은 대중 투쟁에 대해 연설했다. 레 홍 퐁은 대표단 단장으로서 인도차이나공산당의 과거의 약점과 현재의 임무에 대한 비중 있는 연설을 맡았다. 그가 지적한 과오들 가운데는 많은 당원들이 베트남국민당 같은 이전의 '민족혁명' 정당들이나 이전의 공산주의 그룹들(찬 반 쿵의 첫 번째 인도차이나공산당을 가리키는 것으로 보인다)로부터 물려받은 '봉기주의적'인 관념과 분파주의적 관념들 때문에 당을 대중과 직접 연결시키지 못한다는 사실도 포함되었다.[39]

베트남 대표들은 연설문을 작성하면서도 자각하지 못했던 것 같지만, 제7차 코민테른 대회의 1차적 목적은 전세계 공산당들을 위한 새로운 전략을 채택하는 것이었다. 이 전략은 1928년 제6차 대회 때 표명된 구상들보다는 쿠옥이 혁명청년회 시절 제시했던 구상들에 가까운 것이었다. 이러한 정책 변화가 일어난 주된 이유는 독일에서 아돌프 히틀러의 국가사회주의당(나치)의 권력이 증대하면서 전쟁 위험이 고조되었기 때문이다. 히틀러가 1933년 1월 처음 총리로 임명되자, 스탈린은 그가 독일의 자본주의 계급의 극단적인 분파를 대변하며, 따라서 세계 제국주의의 마지막 악질적 단계를 반영한다고 확신했다. 따라서 히틀러가 권좌에 오르는 것은 곧 권력이 급속하게 독일공산당 쪽으로 이동한다는 뜻이라고 생각했다. 그러나 1935년이 되자 자신이 착각했다는 것을 깨닫게 되었다. 그는 이제 나치 독일이 소련의 생존에 치명적인 위협이 된다고 생각하게 되었다.

서구로부터의 새로운 위협, 거기에 일본의 반공 군국주의 정부의 등장 등을 감안해 1935년 크렘린은 1928년 제6차 대회에서 승인되었던 극좌 노선을 폐기하고 전세계 반파시즘 세력의 통일전선을 형성할 수 있는 새로운 전략을 채택하기로 결정했다. 제7차 대회에서 코민테른의 총서기직을 맡은 불가리아의 공산주의자 게오르기 디미트로프는 새로운 노선을 신중하게 조율했다. 식민지에서 프롤레타리아 혁명과 '소비에트 정부'의 형성을 요구했던 이전 전략은 폐기되었다. 새로운 임무는 전세계의 진보적이고 민주적인 세력들이 광범위한 동맹을 형성하여 악질적인 파시즘의 점증하는 위험에 맞서는 것이었다. 각 공산당들에는 나치 독일과 일본으로부터의 공동 위협에 대항하는 광범위한 반제국주의 전선에서 진보적 정부나 민족주의 정당들과 결합하라는 지침이 내려졌다.

이런 관점에서 보자면 당시 인도차이나공산당의 좌익적 지도부의 특징이라고 할 수 있는 봉기주의와 모험주의에 대한 레 홍 퐁의 비판은 모스크바와 협의를 거쳐 마카오에 있는 동료들에게 분명한 메시지를 전하려는 의도였던 셈이다. 대회의 마지막 회의를 마무리 지으면서 인도차이나공산당은 공산주의 인터내셔널의 정식 회원으로 받아들여졌으며, 퐁은 최고간부회의 구성원으로 선출되었다.

응우옌 아이 쿠옥은 극동국에서 나온 참관인으로 대회에 참석하여 리노프라는 이름을 사용하고 있었다. 그가 대회에서 연설을 하지 않은 것은 분명하지만, 아마 대표들과 이야기를 하는 등 막후에서 적극적으로 활동했을 것이다. 그는 프랑스공산당 지도자인 모리스 토레스가 인도차이나공산당의 코민테른 정식 가입을 축하하기 위해 마련한 연회에도 참석했다. 대회에서 발표된 세계 전략의 변화는 쿠옥에게 만족스러운 일이었을 것이 틀림없다. 게다가 그가 예전 광저우의 혁명청년회 시절에 채택했던 광범위한 통일전선 노선이 올바르다고 인정받았기 때문에 뿌듯하는 기분이었을 것이다. 그는 참관인으로 대회에 참석했지만, 동남아시아 문제에 대해서는 여전히 코민테른의 고참 대변인 역할을 수행하고 있었다. 그래도 그가 키웠던 사람이 새로운 시대의 인도차이나공산당의 지도자로 각광받는

1935년 코민테른 제7차 대회에서. 뒷줄 왼쪽에서 세 번째가 응우옌 아이 쿠옥.

동안 옆에서 구경이나 하며 앉아 있는 것은 괴로웠을 것이다.[40]

설상가상으로 응우옌 아이 쿠옥과 젊은 동료 응우옌 티 민 카이의 낭만적 관계는 끝이 났던 것 같다. 마카오의 인도차이나공산당 지도부가 대회 몇 달 전부터 극동국에 보낸 편지와 비밀 보고서들을 보면 '쿠옥의 부인(la femme de Quoc)'이 대표 가운데 하나로 대회에 참석할 것이라고 나오는데, 이것을 사실로 받아들인다면 두 사람은 1931년 홍콩에서 체포되기 전 결혼했던 것으로 보인다. 그러나 소비에트의 전기 작가 예프게니 코벨레프가 추측하는 대로, 그녀는 소련으로 오는 도중 미남인 레 홍 퐁을 사랑하게 되었는지도 모른다. 어쩌면 쿠옥과 민 카이는 그녀가 1931년 봄 홍콩에서 체포된 이후 4년 동안 떨어져 있으면서 자연스럽게 멀어졌던 것인지도 모른다. 다른 자료들에 따르면 응우옌 아이 쿠옥은 모스크바에 도

7장 광야로 349

착한 후 코민테른 본부로부터 '임시 부인'을 할당받았다고 한다. 또 소련에서 여자친구를 사귀어 딸을 낳았다는 소문도 있다.

진상이 어떻든 간에, 코민테른 제7차 대회 폐회 직후 레 홍 퐁과 응우옌 티 민 카이는 모스크바의 등록소에서 공식적으로 결혼했다. 결혼식 후 퐁은 당 지도부에 대회 보고를 하기 위해 중국으로 떠났다. 민 카이는 모스크바에 몇 달 남아 있다가, 1936년 여름 동료 호앙 반 논과 함께 프랑스를 거쳐 홍콩으로 갔다. 두 사람은 프랑스 요원들의 눈을 속이기 위해 휴가를 나온 부유한 중국인 부부 행세를 했다. 민 카이는 홍콩에서 상하이로 가 레 홍 퐁을 만났으며, 두 사람은 함께 사이공으로 갔다. 그녀는 코친차이나 지역위원회 위원이 되었다. 이런 식으로 민 카이와 그녀의 남편은 베트남 혁명에 목숨을 바치는 미래의 운명을 향해 한 걸음씩 나아가고 있었다.[41]

응우옌 아이 쿠옥과 응우옌 티 민 카이의 관계는 그의 생애 가운데 가장 불분명한 대목에 속한다. 훗날 쿠옥은 동료들에게 결코 이 문제를 이야기한 적이 없다. 하노이의 공식 자료들은 두 사람이 결혼했다는 사실을 강력히 부인하지만, 내부 문건들에서는 그 반대 증거를 많이 찾을 수 있다. 그러나 두 사람이 법적인 결혼은 하지 않고 동료들에게 부부 관계임을 알리기만 했을 가능성도 있다. 어쨌거나 한 평론가가 말하듯이 당을 지도하는 자리와 부인을 모두 레 홍 퐁에게 넘겨준 것이 과연 '이중으로 모욕적인' 일이었는지는 다시 생각해볼 문제이다. 쿠옥은 오랜 운동가 경력을 통하여 정치적 목적에 방해만 되지 않는다면 가볍게 여자를 사귀는 모습을 보여주었으며, 이런 면에서 그는 어쩌면 처음부터 그녀와의 관계를 일시적인 것으로 보았을 수도 있다.

민 카이와 호앙 반 논은 중국으로 떠나기 전 응우옌 아이 쿠옥을 만나 상하이에 있는 레 홍 퐁에게 전할 메시지를 받았다. 그 무렵에는 코민테른 제7차 대회에서 내려진 결정들이 열매를 맺기 시작하여, 1936년 7월 파리에서는 사회당 총리 레옹 블룸의 지도 하에 새로운 인민전선 정부가 수립되었다. 프랑스공산당은 공식적으로는 연립정부에 참여하지 않았지만, 파시즘에 반대하고, 소련을 지지하고, 프랑스에서 언론과 결사의 자유를 제한하는 법을 철폐하겠다고 약속한 새로운 정부를 지지했다. 프랑스공산당은 또한 식민지 상황을 조사하고 개혁을 제안할 조사위원회 수립을 요구했다. 프랑스의 상황은 인도차이나공산당의 활동 재개에 유리한 기회를 제공했다. 소비에트의 전기 작가에 따르면 쿠옥은 인도차이나공산당의 동료들에게 몇 가지 구체적인 조언을 했다.

프랑스에서 인민전선의 성공은 보기 드문 기회이며, 우리는 반드시 그것을 이용해야 한다. 이제 중요한 일은 당 내부에, 특히 국내와 해외 조직들 간에 완전한 통일을 확보하는 일이다. 사이공에 도착하면 레 홍 퐁에게 다음 세 가지 사실을 전해달라.

첫째. 프랑스에서 인민전선의 승리는 인도차이나 상황에 긍정적인 변화를 가져올 것이다. 이런 이유 때문에 해외의 중앙위원회는 즉시 국내로 들어가 애국 운동을 지도해야 한다. 이제 바깥 세계와 접촉을 유지하는 해외 동지들의 상징적 그룹 수준에서 벗어나야 한다.

둘째. 트로츠키주의자들은 도처에서 그 반동적인 본질을 드러냈으며, 베트남에서도 예외가 아니다. 우리 당은 그들과 단호하게 절연해야 한다. 타협은 있을 수 없다.

셋째. 반파시즘과 반전 민주주의 전선을 수립하기 위해 모든 노력을 기울여야 한다. 이 전선은 모든 애국 세력, 나라를 구하기 위해 싸우고자 하는 모든 사람들을 망라해야 한다. 그러나 동맹을 형성할 때 당과 노동 계급의 이익을 앞세우는 것을 절대 잊지 말아야 한다.[42]

응우옌 아이 쿠옥은 코민테른 제7차 대회에서 발표된 광범위한 통일전선 전략의 중요성을 강조하면서 자신의 신념을 분명하게 드러냈다. 그는 동료들에게 혁명 운동에 대한 당의 엄격한 통제를 유지할 필요성을 지적하면서도, 청년회 시절에 자신이 채택했던 실천 지침들을 따르고 있다. 특별히 트로츠키주의자들을 마르크스-레닌주의 이념을 배반한 변절자들로 지목한 것은 코민테른, 특히 몇 년 동안 국제 공산주의 운동 내에서 트로츠키와 그 추종자들의 영향력에 맞서 격렬한 싸움을 했던 이오시프 스탈린의 요구를 존중한 것으로 보인다. 쿠옥은 트로츠키가 강조하는 전세계 적대 세력들에 대한 프롤레타리아만의 '영구 혁명'이 비현실적이라는 데 스탈린과 의견을 같이했겠지만, 모든 것을 고려할 때 인도차이나 내의 트로츠키 추종자들이 적들보다는 인도차이나공산당과 공통점이 더 많다고 느꼈을 것이 틀림없다. 응우옌 아이 쿠옥이 자기 마음대로 할 수 있었다면, 베트남의 트로츠키주의자들을 흡수하여 인도차이나공산당 지도부에 받아들이려 했을지도 모른다.

단 하나의 소원

동료들은 아시아로 돌아갔지만, 응우옌 아이 쿠옥은 모스크바에 그대로 남았다. 그러나 행동에 목말랐음이 분명하다. 쿠옥은 1935년 9월의 한 인터뷰에서 소비에트의 저널리스트 일리야 에렌부르그에게 자신에게는 단 하나의 소원이 있는데, 그것은 가능한 한 빨리 조국으로 돌아가는 것이라고 말했다. 한동안 상황이 괜찮아 보였다. 그는 제7차 대회 직후 베트남으로 돌아가게 해달라고 요청했으나, 인도차이나의 상황이 너무 복잡하다는 이유로 거절당했다. 그는 1936년 여름 베를린과 프랑스를 통해 돌아가게 해달라고 다시 요청했다. 그는 계획이 받아들여지면, 상하이로 가서 그곳의 코민테른 지부와 연락을 하여 베트남으로 돌아가는 길을 알아보겠다고 했다. 코민테른의 인사부는 그에게 여행 계획서를 제출하라고 했다. 그러나 결국 스페인 내전이 발발하여 계획이 취소되는데, 이 전쟁은 프랑스에도 영향을 주었다.

응우옌 아이 쿠옥은 요청에 대한 답변을 기다리다가 1936년 가을 민족 및 식민지 문제 연구소(이전의 스탈린 학교)의 강좌에 등록했다. 그러면서 거처도 레닌 대학에서 볼샤야 브로냐의 작은 방으로 옮겼다. 그는 철학, 역사, 러시아어 강의를 들었다. 더불어 극동국 내의 인도차이나 사무국의 위임에 따라 농민의 상태를 연구하고, 마르크스의 《공산당 선언(Communist Manifesto)》과 레닌의 《좌익 소아병(Leftism: An Infantile Disorder)》을 베트남어로 번역했다. 어쩌면 그래서 학교에서 계획한 여름 여행에 참가하지 않는 두 사람에 끼게 되었는지도 모른다. 1937~1938년도 학기에는 강좌를 추가해 들으면서 극동국 일도 했다. 그는 연구소 교수의 도움을 받아 《동남아시아의 토지 혁명》이라는 책을 쓸 연구 자료를 준비했다.[43]

20년간 혁명 사업을 해온 응우옌 아이 쿠옥은 자신의 상황에 짜증이 났다. 이론에는 별 관심이 없는 활동가로서 유명한 공산주의자의 저작을 번역하거나, 추상적인 이념 문제들을 다루는 강좌를 들으며 몇 달을 보내는 것은 힘든 일이었을 것이다. 제7차 대회가 끝나고 나서 거의 3년 뒤인 1938년 6월, 그는 절망에 빠져 코민테른의 한 동료에게 편지를 썼다. 이제 체포된 뒤로 7년이 흘렀고, 아무런 활동도 하지 않고 8년째를 맞이하고 있었다. 쿠옥은 자신의 처량한 신세를 벗어날 수 있도록 도와달라고 요청했다. "나를 어딘가로 보내든가, 아니면 여기에 계속 데리고 계십시오. 당신이 유용하다고 생각하는 일을 맡기십시오. 하지만 아무런 활동 없이, 당 옆이나 바깥에 너무 오래 남겨두지는 말기를 간청합니다." 그는 자신의 입장을 이야기하기 위해 책임 있는 코민테른 담당자와 면담을 요청했다. 그에게 동정적인 베라 바실리에바 덕분에 그의 요청이 마침내 받아들여졌으며, 기차를 타고 중앙아시아를 거쳐 중국으로 돌아가라는 지령이 떨어졌다. 그는 1938년 9월 29일에 학교를 그만두었다. 다음 날 연구소 인사부는

린이라는 이름의 19번 학생이 퇴교했다는 사실을 기록했다.[44]

응우옌 아이 쿠옥은 어떻게 해서 모스크바의 연옥에서 벗어날 수 있었을까? 러시아의 문서들이 추가로 공개되기 전까지 이 문제는 추측의 대상으로 남아 있을 수밖에 없다. 1930년대 중반 모스크바에서 그의 삶에 대한 자료는 너무 빈약하다. 어쩌면 그는 홍콩의 감옥에서 석방되는 조건으로 영국의 요원이 되기로 했다는 끈질긴 소문 때문에 관찰 대상이었는지도 모른다. 성스러운 교조에 접근하는 쿠옥의 비정통적인 방식 때문에 스탈린의 눈 밖에 났을 가능성도 없지 않다. 그렇다면 세계 상황의 변화와 코민테른의 새로운 전략 때문에 이제 이 고참 혁명가가 동아시아에서 소비에트의 정책을 수행하는 데 다시 유용한 존재가 되었을 수도 있다. 쿠옥이 어떤 구체적인 지령을 받았는지는 알려지지 않았지만, 그는 급속하게 변화하는 중국의 상황에 대한 정보를 모스크바에 알리기로 했을 가능성이 높다. 1934년 10월 중국공산당은 장 제스 군대의 강한 압박을 받아 양쯔강(揚子江) 남쪽의 기지를 버리고, 중국 북부의 옌안(延安)으로 장정을 시작했다. 응우옌 아이 쿠옥은 중국 동지들의 활동을 모스크바에 보고하는 자신의 새로운 임무를 중요하게 생각했을 수도 있지만, 자신의 동포를 베트남 혁명의 다음 단계로 이끌고나가는 과제에 비하면 부차적인 것으로 여겼을 것이 틀림없다.

8장 | 팍 보의 동굴

1938
1941

"그렇다고 해서 우리 당이 인도차이나 혁명에서 계급 투쟁의 문제를 무시한다는 뜻은 아니다. 아니, 계급 투쟁의 문제는 계속 존재할 것이다. 그러나 현재는 민족이 일차적으로 중요하며, 특정한 계급에게는 유익하지만 민족에게는 해로운 모든 욕구는 민족의 생존에 종속되어야 한다. 이 순간 우리가 민족 해방의 문제를 해결하지 못하면, 전인민의 독립과 자유를 요구하지 않는다면, 우리 나라의 전인민이 계속 짐승 같은 삶을 살아야 할 뿐 아니라, 개별적인 사회 계급의 특정한 목표 역시 수천 년이 지나도 달성할 수 없을 것이다."
―인도차이나공산당 제8차 회의 결의안에서

8 | 팍 보의 동굴

 1938년 가을 응우옌 아이 쿠옥이 돌아간 중국은 그가 5년 전에 떠날 때의 중국과 완전히 달랐다. 중국은 전쟁 중이었기 때문이다. 갈등의 출발점은 1931년 만주사변이었다. 당시 일본군의 호전적인 분자들은 갑자기 만주를 점령하고 만주국이라는 괴뢰 국가를 세웠다. 일본군은 이후 몇 년간에 걸쳐 점차 남진하기 시작했으며, 제국의 옛 수도 베이징을 중심으로 중국 북동부의 상당 부분이 일본 군부의 손아귀에 들어갔다. 처음에 장 제스는 양쯔 강 남부의 공산주의자들이 지배하는 지역에 대한 소탕 작전—이 작전으로 인해 1934년 말 공산군은 어쩔 수 없이 중국 북부 옌안의 새로운 기지를 향해 유명한 장정을 해야 했다.—을 중단하고 일본의 침략에 저항하기 위해 단결하라는 동포들의 호소에 귀를 기울이지 않았다. 그러나 1937년 초, 장 제스가 시안(西安)을 방문했을 때 그의 부하들이 그를 납치하는 어처구니없는 사건이 벌어지면서, 장은 설득을 받아들여 제2차 국공합작에 나섰고, 일본의 위협에 전국적인 관심이 쏠리게 되었다. 그리고 몇 달 뒤 베이징 남쪽의 마르코폴로 다리에서 총격전이 벌어진 뒤 정식으로 전쟁이 시작되었다.

 일본의 위협 때문에 중국인들은 극히 위험한 상태에 놓이게 되었지만, 이것이 응우옌 아이 쿠옥에게는 오히려 기회였다. 우선 국민당 정부와 공산주의자들 사이에 제2차 통일전선이 형성되면서 행동의 자유가 늘어나 중국 남부에서 활동하는 베트남 혁명가들과의 관계를 어렵지 않게 복원할 수 있었다. 둘째로 아시아 전체에 전쟁 가능성이 높아졌는데, 전쟁이 동남아시아로 급속히 확대되면 50년간에 걸친 프랑스의 인도차이나 통치가 끝날 수도 있었다.

가슴 벅찬 귀환

1938년 초가을, 응우옌 아이 쿠옥은 기차로 모스크바를 떠나 동쪽으로 소비에트 중앙아시아의 광대한 초원지대를 가로질렀다. 그는 카자흐스탄의 수도 알마아타에 잠깐 머문 뒤 중국 국경으로 가, 그곳에서 중국령 투르키스탄의 우룸치를 거쳐 란저우(蘭州)로 향하는 대열에 합류했다. 란저우는 한때 비단길의 동쪽 종착점이었으며, 이제는 시끌벅적한 철도 중심지이자 간쑤 성(甘肅省)의 성도이기도 했다. 그는 란저우에서 중국공산당 지역 대표들의 지원을 받아 시안까지 여행할 수 있었다. 그는 시안에서 인민해방군 지역부대 사령관인 우 슈취안의 환대를 받았다. 이 지역 인민해방군은 소련에서 오는 방문객들과 중국공산당을 연결하는 역할을 하고 있었다. 우는 회고록에서 이렇게 말하고 있다. "나는 상부로부터 중요한 아시아인을 만나라는 명령을 받았지만 그의 이름은 알지 못했다. 상부에서는 조심스럽게 예의를 갖추어 대접하고, 옌안까지 안전하게 호위하라고 명령했다."[1]

응우옌 아이 쿠옥은 일본 폭격기의 첫 공습을 받아 혼란에 빠진 시안에서 이틀을 머문 뒤 황소와 말이 끄는 수레를 타고 여행자들 무리에 끼어 북쪽 산악지대의 좁은 길 3백 킬로미터를 따라 옌안까지 갔다. 가는 길에는 국민당군이 많았기 때문에 쿠옥은 산악지대에 사는 궁핍한 사람들에게 의복과 신발을 가져다주는 마차의 '호위자' 행세를 했다. 그 바람에 쿠옥은 그 먼 길을 가는 동안 대부분 걸어야 했다.

응우옌 아이 쿠옥은 먼 훗날 1938년의 옌안은 거의 20만 명에 이르는 인민해방군 군인들로 넘쳐났는데, 그들 대부분은 황토 언덕에 점점이 박혀 있는 수많은 동굴에 살고 있었다고 회고했다. 중국공산당의 상급 간부들도 다수가 동굴에서 살았는데, 이곳이 이 지역의 일반 주택보다 겨울에는 따뜻하고 여름에는 시원했다. 그곳에서는 장교와 사병을 구별하기 힘들었다. 모두 똑같은 짙은 파란색 제복을 입고 천으로 만든 신발을 신고 있었기 때문이다. 쿠옥은 사과 정원(타오위안)에 묵었다. 방이 7개나 되어 비교적 넓은 편에 속하던 이 별장에는 나중에 중국공산당 주석 마오 쩌둥이 살았다. 쿠옥은 옌안에서 모스크바 체류 시절 사귀었던 중국인들을 많이 만났다. 그러나 중국공산당 내에서 급속히 힘을 키워가고 있던 마오는 직접 만나지 못했던 것 같다.[2]

응우옌 아이 쿠옥은 옌안에 두 주 정도 머문 뒤에 인민해방군 사령관 예젠잉(葉劍英)의 수행원들을 실은 다섯 대의 자동차에 합석하여 남쪽으로 향했다. 일본군은 위험하지 않았다. 그들은 이제 막 상하이를 점령하고 양쯔 강을 따라 한커우(漢口)로 향하고 있었기 때문이다. 위험은 다른 곳에 있었다. 중국공산당과 장 제스가 이끄는 국민당 정부는 1년 여 동안 합작을 해왔지만, 그들의 협정은 불안한 것이었으며, 지역의 국민당 당국이 늘 이 협정을 준수하는 것은 아니었다. 쿠옥은 자신의 정체를 감추기 위해 후광이라는 중국 이름을 사용하였으며, 고위 장교의 연락병 행세를 했다. 공산주의자들의 자료에 따르면, 이 여행을 하는 동안 정부군은 주기적으로 이들을 괴롭혔으며, 그때마다 근처의 인민해방군 부대들이 그들을 격퇴하곤 했다.[3]

응우옌 아이 쿠옥의 목적지는 조각이 있는 석회암으로 유명하고, 역사적으로 중국의 고전적인 풍경화 화가들에게 영감을 주어온 광시 성 중심부의 소박한 도시 구이린(桂林)이었다. 쿠옥은 구이린의 시 경계 바로 너머에 있는 루마 마을의 중국공산당 팔로군(1937~1945년에 일본군과 싸운 중국공산당의 두 주력부대 중 하나로 형식상 국민당의 감독을 받았다: 옮긴이) 지역 본부에 거처를 정했다. 그는 기자 일을 하면서, 지역 구국연합회(중국공산당-국민당 통일전선 산하의 대중 조직)의 보건 담당 간부 일을 맡았다. 당시에 그를 알았던 한 중국인은 나중에 이렇게 회고했다.

나는 1938년 말부터 1939년 봄과 여름까지 구이린의 팔로군 본부에서 호치민과 함께 일했다. 우리는 루마 마을 서쪽의 큰 집에서 함께 살았다. 당시에 그는 후 광이라는 이름을 사용했는데, 나는 사투리 때문에 그가 광저우 사람인 줄 알았다. 우리 사무실은 클럽 같았다. 그러나 보통 클럽과는 달랐다. 정치 교육과 문화 사업도 했기 때문이다……. 이곳에는 경제와 재정, 보건, 언론 등을 담당하는 간부들이 많았다. 호치민은 보건을 담당했지만, 기자 일도 했다. 그는 우리 조직의 지도자급 간부 가운데 한 사람이었다. 그는 위생 검사를 할 때 매우 엄격한 기준을 제시하며 맡은 일을 진지하게 했다는 기억이 난다. 위생 상태가 좋지 않으면 신랄하게 비판했다. 그는 또 우리가 내는 잡지 〈생활시보(Shenghuo Xiaobao)〉의 편집도 담당했다……. 그는 표지 디자인을 하고 제목도 지었다……. 그는 또 많은 기사를 썼을 뿐 아니라, 고전적인 양식의 한시도 썼다.

쿠옥의 친구는 그의 구이린 시절에 대해 계속해서 이렇게 말한다.

그는 나에게 매우 강한 인상을 주었다. 그는 매일 일찍 일어나 바닥을 청소했다……. 흙바닥이었기 때문에 청소를 하면 먼지가 피어올랐다. 후 광은 목을 보호하기 위해 천으로 입을 가렸다……. 그는 보건 감독관과 기자 일로 3분의 1 내지 2분의 1의 시간을 보냈다. 나머지 시간에는 책을 읽거나 타자기로 글을 썼다. 그는 외제 타자기를 가지고 있었는데, 아주 능숙하게 다루었다……. 당시 나도 후 광의 정체를 모르고 있었다. 나중에 사무실에서 어떤 작은 일로 그를 비판했을 때 그에게 연줄이 있다는 것을 알게 되었다. 당시에 우리 사무실에서는 상호 비판과 자기비판이 일반적인 행동 방식이었다. 그러나 다음 날 〔중국공산당 간부가〕 나에게 오더니 후 광을 비판했느냐고 물은 뒤, 왜 아무렇게나 사람들을 비판하느냐고 따졌다. 순간 나는 후 광이 보통 사람이 아니라 배경이 있는 사람임을 알았다.

응우옌 아이 쿠옥은 신중하게 사람들을 사귀어 나갔다. 그는 구이린에 도착했을 때 팔로군 본부에 영어 타자기밖에 없다는 것을 알았다. 다행히도 그의 중국인 동료 한 사람이 공무로 홍콩과 하이퐁을 자주 여행했다. 그는 출장을 갔다가 프랑스어 타자기를 구입하여 쿠옥에게 갖다주었다. 쿠옥은 고마워서 지역 식당에서 친구에게 저녁을 대접했으며, 심지어 포도주도 두 병이나 샀다.[4]

응우옌 아이 쿠옥은 P. C. 린이라는 이름으로 프랑스어로 글을 써서 그 가운데 일부는 하노이로 보냈는데, 그 글은 프랑스어판 신문 〈노트르부아(Notre Voix, 우리의 목소리라는 뜻: 옮긴이)〉에 실렸다. 쿠옥의 글은 대부분 중국의 전시 상황을 다루면서, 일본을 비판하고 일본의 공격에 저항하는 중국인들의 굴하지 않는 용기를 찬양하는 내용이었다. 초기에 속하는 1938년 12월에 쓴 글에서는 일본이 중국에서 벌이는 '문명화' 작업을 풍자적으로 묘사하면서, 그해 초 난징에서 벌어진 대학살을 일본의 야만성을 보여주는 한 예로 지적하기도 했다. 다른 글에서는 중국공산당-국민당 통일전선에서 발휘되는 협력 정신을 찬양하였고, 또 다른 글에서는 일본이 기술 우위를 바탕으로 초기에 군사적인 성공을 거두었지만 일본군의 기계화된 장비가 중국의 원시적인 도로에서 오도가도 못하게 되면서 차츰 힘을 잃고 있다고 지적하기도 했다. 그는 이렇게 말했다. 일본 정부는 석 달 안에 승리한다고 장담하다가, 여섯 달로 말을 바꾸었다. 그러나 전쟁은 지금도 계속되고 있다.[5]

인도차이나민주전선 수립

〈노트르부아〉는 인도차이나공산당 지도부의 지휘를 받으며 하노이에서 합법적으로 간행되는 잡지였다. 이런 잡지가 나올 수 있었던 것은 1936년 인민전선 수립 후에 프랑스의 식민지 정책이 바뀐 결과였다. 파리에서 좌익 정당들이 새로운 정부에 참여하면서, 인도차이나에서는 정치범들이 만기를 채우지 않고 석방되었고, 온갖 성향의 정당들이 제한적이나마 조직 활동을 하는 것이 허용되었다.

인도차이나공산당 지도부는 모스크바에서 열린 제7차 코민테른 대회에서의 전략 변화와 더불어 파리의 정책 변화에 놀랐다. 하 후이 땁과 그의 동료들은 1935년 3월 마카오 대회를 열었을 때, 1928년 제6차 코민테른 대회에서 천명했던 좌익적 노선이 지속될 것이라는 분명한 가정 하에 그 노선에 따른 매우 분파적인 접근 방법을 채택했기 때문이다.

레 홍 퐁은 1936년 봄 모스크바에서 돌아오자마자 상하이에서 인도차이나공산당 중앙위원회를 소집하여 제7차 대회의 결과들을 토론했다. 그는 모스크바의 정책 변화의 의미를 설명하고, 인도차이나공산당이 새로운 전략을 따를 방법들을 제안했다. 그의 촉구에 따라 위원회는 세계 파시즘과 프랑스의 반동적인 식민주의에 대항할 새로운 인도차이나민주전선(맛 찬 통 낫 단 추 동 두웡)의 수립을 승인했다. 이 결의안은 경쟁 정당들에 대한 접근 방법에 대해서는 입을 다물었지만, 회의를 마친 뒤 중앙위원회는 모든 당원에게 새로운 정책을 설명하는 공개 서신을 보냈다. 베트남국민당을 비롯한 기타 민족주의 정당들에는 민족 독립을 쟁취하고 사회 개혁을 수행하는 것을 공동 목표로 내걸고 협력을 제안하는 편지를 이미 보냈다.[6]

내부 자료들은 중앙위원회가 만장일치로 모스크바에서 명령한 새로운 노선을 승인했다고 주장하지만, 교조적인 접근 방법 쪽으로 기울었던 하 후이 땁과 같은 당원들에게는 그것이 쓴 약이었을 것이 틀림없다. 감옥에서 복역하는 등 개인적으로 쓰라린 경험을 한 당원들로부터도 약간의 저항이 있었다.

어쨌든 당 지도부는 새로운 전략을 승인했으며, 회의 뒤에 중앙위원회는 다시 인도차이나로 들어가 사이공 북부 교외의 혹 몬 마을에 새로운 본부를 세웠다. 코민테른 대표로서 인도차이나공산당과 관련을 맺고 있던 레 홍 퐁도 그들과 함께 돌아갔다. 이후 2년간 당은 점차 공개적인 활동으로 나아갔으며, 베트남 사회의 모든 진보적인 계층들로부터 당원을 확보하려고 노력했다. 도시, 마을, 공장, 학교 등지에 농민, 노동자, 청년, 여성 등과 같은 다양한 사회 집단들의 이익을 대변하는 '상호지원협회'가 구성되어 잠재적인 지지자들의 훈련소 및 충원소 역할을 하면서, 동시에 인도차이나공산당의 활동을 보호해주기도 했다. 보 응우옌 지압, 추옹 친, 찬 후이 리에우 등과 같은 유망한 젊은 일꾼들이 운영하는 당 기관지들이 모든 주요 도시에서 발행되어, 새로운 온건 노선을 표방하고 애국적인 중간 계급의 지지를 확보하기 위해 노력했다.

이 전략은 어떤 면에서는 성공을 거두었다. 2년 동안 당원 수가 몇 배로 불어났으며, 노동 계급과 농민 사이에서 지지자의 비율이 급등했다. 그러나 식민지 정부의 민족주의 활동에 대한 묵인은 제한적이었다. 인도차이나공산당 기관지들이 정부의 공식 정책을 점점 거세게 비판하고 나오자 당국도 대응에 나섰다. 급진적 민족주의자인 응우옌 안 닌, 레 홍 퐁 등 유명한 비판자들 다수가 체포되어 단기간 복역하다가 석방되었다.

식민지 정책의 변덕 때문에 당 내에서는 공개 활동과 비공개 활동의 상대적 중요성을 놓고 계속 논쟁이 벌어졌으며, 이것은 1937년과 1938년에 혹 몬에서 열린 중앙위원회의 주요 안건이 되었다. 1938년 3월에 열린 회의에서는 이 문제가 전면에 등장하게 되었다. 총서기 하 후이 탑은 새로운 통일전선 전략의 가장 두드러진 비판자였다. 반면 레 홍 퐁은 가장 강력한 옹호자로서, 모든 진보적인 민족주의 정당과 함께 활동할 것을 강력하게 주장했다. 그 중간에 홍 강 삼각주 출신의 젊은 당원 응우옌 반 쿠가 있었다. 그는 공개 활동과 비공개 활동 사이의 균형을 유지하고, 다른 진보적 조직들과 협력하면서도 입헌주의자들에 대한 반대는 계속하기를 바랐다. 결국 쿠의 견해가 승리를 거두었다. 이제 적대적이고 의심 많은 성격 때문에 거의 모든 동료들과 멀어지게 된 하 후이 탑 대신 응우옌 반 쿠가 총서기가 되었다.[7]

응우옌 아이 쿠옥은 중국 남부의 임시 근거지에서 인도차이나의 변화를 관찰하고 있었다. 그는 치안국이 그의 소재를 알아낼까 봐 자신이 P. C. 린임을 밝히지 못했지만, 〈노트르부아〉 편집진에 들어간 당원들(그들 가운데 일부는 쿠옥이 모스크바에서 쓰던 가명이 린임을 알고 있었을지도 모른다)이 글의 스타일을 보고 글쓴이를 짐작하기를 바랐다. 1939년 7월에는 좀더 대담하게 아는 사람을 통해 중앙위원회 위원들에게 보내는 조언이 포함된 짧은 메시지를 보내면서, 연락을 할 수 있도록 중국의 주소도 적었다. 그 메시지는 코민테른 제7차 대회에서 채택된 통일전선 정책에 대한 노골적인 지지 선언이었다.

1. 당분간 당은 지나치게 큰 요구(민족 독립, 의회 등)를 내세워서는 안 된다. 그렇게 하면 일본 파시스트들의 손아귀에서 놀아나게 될 것이다. 당은 민주적 권리, 조직의 자유, 집회의 자유, 언론 출판의 자유, 모든 정치범 사면만을 요구하고, 당의 합법화를 위해 투쟁해야 한다.

2. 이러한 목적을 달성하기 위해 당은 광범위한 민족민주전선을 조직해야 한다. 이 전선은 인도차이나의 민족들만이 아니라, 인도차이나에 살고 있는 모든 진보적인 프랑스인들까지, 근로 대중만이 아니라 민족 부르주아 계급까지 포괄해야 한다.

3. 당은 민족 부르주아지에 대해 지혜롭고 유연한 태도를 보여야 한다. 당은 그들을 전선으로 끌어들이고, 모을 수 있는 분자들은 모으고, 중립으로 만들 수 있는 분자들은 중립으로 만들어야 한다. 그들이 전선 밖에 남지 않도록, 그들이 혁명의 적의 손아귀에 들어가 반동의 힘을 강화하지 않도록 모든 수단을 동원하여 노력해야 한다.

4. 트로츠키 그룹과는 동맹을 맺어서도 안 되고 그들에게 어떤 양보를 해서도 안 된다. 우리는 그들의 가면을 벗겨 그들이 파시스트의 주구(走狗)임을 드러내고 그들을 정치적으로 소멸시키기 위해 가능한 모든 일을 해야 한다.

5. 인도차이나민주전선은 그 힘을 증대하고 강화하기 위하여, 그 영향력을 확대하기 위하여, 효율적으로 일을 하기 위하여, 프랑스의 인민전선과 긴밀한 유대를 유지해야 한다. 인민전선 역시 자유와 민주주의를 위해 투쟁하고 있으며, 우리에게 큰 도움을 줄 수 있기 때문이다.

6. 당은 전선이 그 지도적 위치를 인정하라고 요구하지 말아야 한다. 대신 당은 최대의 희생을 하는 조직이며, 가장 적극적이고 충성스러운 조직임을 보여주어야 한다. 당은 오직 일상 투쟁과 사업을 통해서만 대중이 정확한 정책을 인식하고 당의 지도 능력을 인정하게 할 수 있으며, 오직 이 방법으로만 지도적 지위를 얻을 수 있다.

7. 위의 과제들을 수행하기 위해 당은 파벌주의와 비타협적으로 싸워야 하며, 마르크스-레닌주의적 협력을 체계화하여 모든 당원의 교양 수준과 정치 수준을 높여야 한다. 당은 모든 비당원 일꾼들이 능력을 높이도록 지원해야 한다. 당은 프랑스공산당과 긴밀한 유대를 유지해야 한다.[8]

응우옌 아이 쿠옥은 코민테른에 보내는 보고서에 이 메시지 사본을 동봉했다. 이것이 그가 1년 전 모스크바를 떠난 뒤 그곳의 동료들에게 보낸 첫 공식 보고서였다. 쿠옥은 아시아의 상황에 대한 보고가 지연된 것을 사과하면서, 위기 상황 때문에 그의 계획이 엉망이 되었다고 이유를 달았다. 그는 인도차이나공산당과 접촉을 하려고 했으나 성과가 없었다고 말했다. 그러면서 '특수한 지역(Khu vuc dac biet)'이라는 제목의 원고(아마 중국공산당이 해방한 중국 북부지역과 관련된 글일 것이다)와 더불어 많은 신문 기사를 썼다고 이야기했다.

응우옌 아이 쿠옥은 인도차이나 중앙위원회에 보낸 조언의 이론적인 약점에 대해서도 사과하면서, 모스크바에서 가져온 코민테른 전략을 적은 메모를 잃어버렸기 때문에 기억에 의존할 수밖에 없었다고 덧붙였다(거짓말이었을지도 모른다). 그는 소련의 동지들이 그 메시지에 어떤 잘못이 있는지 신중하게 점검해달라고 요청하는데, 비꼬는 말이라는 느낌도 든다. 쿠옥은 마지막으로 인도차이나 상황을 이야기했다. 프랑스 인민전선 선거가 1936년 이후 수많은 개선을 가져왔지만, 이런 개혁들 가운데 다수는 1938년 말 에두아르 달라디에 총리의 보수적인 정부 구성과 더불어 유보되었다. 그러나 정부의 우편향으로 인해 노동자 파업이 많이 일어났는데, 그 가운데 다수는 베트남의 다른 계급들의 지지를 받았다.[9]

인도차이나 당 지도부와 첫 접촉

1939년 2월 중국공산당은 군 사령관 예 젠잉에게 구이린에서 북동쪽으로 320킬로미터 정도 떨어진 후난 성(湖南省) 헝양(衡陽)에 군사 훈련소를 세우라고 명령했다. 이 훈련 프로그램은 중국공산당과 국민당 정부가 그 전 가을부터 계획해오던 공동 사업이었다. 마침내 중국 국민당 군대가 적 지역에서 게릴라전을 수행할 수 있도록 훈련시키는 기관이 근처 도시 난웨에 세워졌으며, 장 제스는 예 젠잉에게 공산주의자 간부 몇 명을 뽑아 그곳에서 강사로 일하게 하라고 명령했다. 1기생들은 2월 15일에 입학하여 5월 중순에 졸업했다. 2기는 그 직후에 입학했다. 6월에 응우옌 아이 쿠옥(아직 후 광이라는 이름으로 활동하고 있었지만, 이제 소령 계급장을 달고 있었다)은 헝양으로 가서 훈련소의 행정관으로 일하게 되었다. 그는 또 부대의 무전도 담당하게 되었다. 쿠옥은 도시 서쪽에 있는 지주의 장원에서 다른 행정관들과 함께 살았다.

응우옌 아이 쿠옥은 9월 말 임무를 마치고 구이린으로 돌아왔다. 며칠 뒤에는 인도차이나공산당 중앙위원회가 그에게 파견한 두 간부를 만나기 위해 롱저우로 갔다. 롱저우는 광시 성의 도시로 1932년 레 홍 퐁이 살던 곳이기도 했다. 그러나 쿠옥이 그곳에 도착했을 때 베트남 간부들은 돈이 바닥 나 인도차이나로 돌아가고 없었다.[10]

인도차이나의 당 지도부와 연계를 맺으려는 첫 번째 시도에서 실패한 응우옌 아이 쿠옥은 다른 방법을 강구하기 위해 일단 구이린으로 돌아갔다. 쿠옥은 쓰촨 성(四川省) 중심에 자리잡은 충칭(重慶)으로 가기로 했다. 충칭은 일본이 양쯔 강 유역을 점령한 뒤 장 제스가 전시 수도를 세운 곳이었다. 쿠옥이 충칭에 갔던 것은 그곳의 중국공산당 연락부로부터 지원을 얻기 위해서였던 것으로 보인다. 그는 가는 길에 구이저우 성(貴州省)의 성도인 구이양(貴陽)에 잠깐 들러 지역 팔로군 사무소의 위층에 임시 거처를 얻었다. 쿠옥은 11월 7일 구이양을 떠나 충칭으로 향했다. 그는 중국공산당 연락부에 거처를 정하고 저우 언라이를 다시 만났다. 저우는 파리에서, 그리고 후에 황푸 군관학교에서 장 제스의 정치위원을 하던 시절 광저우에서도 쿠옥을 만난 적이 있었다. 이제 저우는 충칭에서 중국공산당 연락부장 일을 하고 있었다. 쿠옥의 한 중국인 동료는 이 시절 쿠옥이 검소하게 살았으며, 복장이 시골 사람 같았고 광둥 사투리를 썼다고 기억한다. 그러나 타자기는 늘 끼고 다녔다고 한다. 연락부에서 그의 정체를 아는 사람은 거의 없었다.[11]

그러나 얄궂게도 응우옌 아이 쿠옥은 충칭으로 가는 바람에 베트남 내부의 동지들과 접촉할 기회를 놓치고 말았다. 11월 11일, 풍 치 키엔과 당 반 캅이 쿠옥을 만나기 위해 구이양에 도착했다. 1935년 마카오 회의 이후 인도차이나공산당 중앙위원회의 위원직을 맡아왔던 키엔은 중국 남부와 홍콩에 살면서, 그 즈음 당의 다른 두 고참 호앙 반 호안, 부 안과 협력하여 윈난 성(雲南省)의 성도 쿤밍(昆明)에 '해외 당 지부'를 세워 중국 남부의 당무를 처리하고 있었다. 그들은 곧 예전에 혁명청년회의 경쟁자였던 베트남국민당의 지역 조직원들과 경쟁하게 되었는데, 이 조직은 고참 민족주의자 부 홍 칸이 이끌고 있었다. 1939년 10월 말, 중앙위원회는 키엔에게 구이양에서 응우옌 아이 쿠옥을 만나라는 명령을 내렸다. 키엔은 간발의 차이로 쿠옥을 놓쳤다는 것을 알고, 쿠옥이 돌아오면 만나라고 당 반 캅을 남겨두고 쿤밍으로 돌아갔다. 그러나 이 계획도 틀어져버렸다. 쿠옥은 11월 18일 구이양으로 돌아갔지만, 사무소 주위의 거리가 워낙 혼잡하여 캅은 그를 만나지 못했다.

그러나 이제 응우옌 아이 쿠옥은 쿤밍에 새로운 해외 당 지부가 존재한다는 것을 알게 되었기 때문에, 1940년 2월 자신이 쿤밍으로 가서 풍 치 키엔과 그의 동료들을 만나게 되었다. 노동 계급 출신의 당원으로 당시 친 동 하이라는 이름을 사용하며 목재소의 트럭 운전사로 일하고 있던 부 안은 훗날 이렇게 기록했다.

유럽인처럼 칼라와 타이 차림을 한 중년 남자가 용 안 탕 공장에 오더니 나에게 중국어로 물었다. "여기 친 동 하이라는 직원이 있습니까?" 나는 내가 그 사람이라고 대답했다. 방문객은 베트남어로 속삭이듯 자기는 찬이라는 사람이라며, 시 광장으로 나가 이야기를 좀 하자고 했다. 가는 길에 나는 그의 쾌활한 태도와 매우 반짝이는 눈에 강한 인상을 받았다. 나는 그가 높은 지위의 간부일 것이라고 추측은 했지만, 그 사람이 바로 응우옌 아이 쿠옥일 것이라고는 짐작도 하지 못했다. 나는 우리 중앙위원회가 중국공산당에 그를 찾아달라는 요청을 했다는 사실만 알고 있을 뿐이었다. 그런데 그가 내 앞에 나타난 것이다. 이 사실만으로도 내 마음에는 자신감이 차올랐다.[12]

부 안은 방문객에게 당이 윈난에 상업회사를 가장하여 비밀 조직망을 만들어놓았다며, 그를 풍 치 키엔에게 데려갔다. 그들은 호앙 반 호안도 만났다. 그는 청년회의 광저우 훈련소 졸업생으로 시암의 당 지부에서 몇 년을 보내다가 이제 쿤밍에서 재단사 일을 하고 있었다. 쿠옥은 한 서점에 거처를 정하고, 동료들에게 그 지역에서 혁명 사업을 하는 방법을 조언해주었다. 그는 평소와 마찬가지로 타자기를 가지고 왔으며, 해외 당 지부 기관지인 〈동 타인(Dong Thanh, 同聲)〉에 많은 글을 썼다. 4월에는 풍 치 키엔과 함께 쿤밍으로부터 인도차이나 국경에 이르는 철로를 따라 형성된 당의 거점들을 방문했다. 이 철도는 프랑스가 수천 명의 베트남 노동자들을 동원하여 건설한 것으로, 인도차이나와 중국 남부를 잇는 주요 교통로였다. '찬'은 바랜 카키색 옷을 입은 늙은 농부로 변장하고 몇 주간에 걸쳐 철도 옆의 여러 도시에 들러 상황을 점검하고 정치적 조언을 한 뒤, 1940년 5월 말 쿤밍으로 돌아왔다.[13]

안팎의 시련

한편 인도차이나 내부에서는 당원들의 조건이 점점 어려워지고 있었다. 프랑스 달라디에 정부는 인민전선의 종말을 예고하고 있었다. 식민지 정부도 이에 호응하여 인도차이나 내부의 당 활동을 엄격하게 제한하기 시작했다. 그런 와중에 8월 들어 나치 독일과 소련이 상호불가침 협정에 조인했다는 놀라운 소식이 들려왔다. 일주일 뒤 독일군은 폴란드 국경을 넘었고, 대영제국과 프랑스는 베를린에 선전포고를 했다.

이 소식은 인도차이나의 당 활동에 큰 타격을 주었다. 새로운 총독 조르주 카트루 장군은 인도차이나공산당을 비롯하여 기타 급진적인 정치 조직의 모든 합법 및 반(半)합법 활동을 즉시 분쇄하라는 명령을 내렸다. 프랑스 당국은 인도차이나공산당의 코민테른 대표인 레 홍 퐁의 활동을 주의 깊게 관찰하고 있다가 9월 말 사이공에서 그를 다시 체포했다. 마카오 대회에서 응우옌 아이 쿠옥을 격렬하게 비판했던 하 후이 탑은 그 전해 노동절 시위 때 경찰의 일제 검거에서 체포되어 이미 수감 중이었다. 총서기 응우옌 반 쿠는 최악의 사태를 예방하기 위해 11월 초 사이공 바깥의 안전한 장소에서 중앙위원회를 소집했다. 이 회의에는 프랑스측의 엄중한 감시 때문에 4명밖에 참석하지 못했으며, 통킹(이곳 지역위원회는 대회 직전 본부를 하노이에서 교외로 옮겨야 했다) 대표는 한 사람도 참석하지 못했다. 네 위원은 용감한 모습을 보여주려고 노력했다. 정부의 탄압 때문에 당은 지하로 들어갈 수밖에 없지만, 유럽에서는 전쟁 가능성이 높아지고 있다. 전쟁이 일어나 프랑스가 패배하거나 일본이 인도차이나를 침공하게 되면 민족 해방을 목표로 한 대중 봉기가 일어날 가능성이 높다. 사실 세계 전쟁이야말로 혁명을 일으킬 최고의 호기라고 말했던 사람은 바로 레닌이 아니었던가. 중앙위원회는 프랑스의 탄압으로 통일전선 전략이 무효가 되었다고 결론을 내리고, 식민지 체제를 전복하기 위한 총봉기를 준비하는 새로운 정책을 수립했다. 10년 전 혁명청년회가 무너지고 난 뒤 최초로 베트남 민족 독립이 당의 직접적이고 즉각적인 관심사가 된 것이다. 두 달 뒤에는 응우옌 반 쿠와 그의 동료 레 두안—베트남 중부 출신의 젊은 중앙위원으로 11월 회의에 참석했다.—이 프랑스 당국에 체포되어 사이공 감옥에 수감되었다.[14]

팜 반 동과 보 응우옌 지압

쿠옥이 1940년 5월 쿤밍으로 돌아온 직후, 당원 두 사람이 추가로 쿤밍으로 왔다. 혁명 사업 훈련을 받으라는 중앙위원회의 명령을 받고 온 팜 반 동과 보 응우옌 지압이었다. 1929년 5월 홍콩에서 열린 혁명청년회 대회에도 참석했던 고참 당원 동은 다낭 남부 쾅 응아이 성에서 1908년에 태어났다. 동은 황제 두이 탄 밑에서 참모장을 지냈던 관리의 아들로 후에의 국학을 졸업했으며, 이후 혁명 운동에 가담했다가 광저우로 피신하여 황푸 군관학교에서 공부했다. 동은 광대뼈가 두드러졌고 눈은 움푹 들어갔는데, 겉으로는 조용하고 검손한 태도를 보였지만 속에는 불 같은 결의를 감추고 있었다. 그는 곧 동료들에게 미래의 지도자로 인식되었다. 그는 1931년 4월 사이공에서 정부의 소탕 작전 때 체포되어 남중국해 풀로콘도르 섬에서 몇 년 징역을 살았다. 동은 프랑스 당국이 식민지시대에 위험한 정치범들을 수용할 목적으로 만들어놓은 악명 높은 감방인 '호랑이 우리'에서 몇 년을 보낸 뒤 1937년에 사면되어 인민전선 시기에는 저널리스트로 일했다.

그의 동료 보 응우옌 지압은 1910년 쾅 빈 성에서 태어났다. 지압 역시 관리 집안 출신이지만, 그의 외할아버지는 1880년대 반프랑스 저항 운동에 참여했다. 지압은 1924년 후에의 국학에 입학했지만, 불 같은 강렬한 성격 때문에 판 추 친의 장례식에 참석한 뒤 곧바로 급진적 활동에 뛰어들었다. 그는 1927년 퇴학을 당한 뒤 신월혁명당에 가입했으나, 결국 인도차이나공산당으로 옮겨 응에-틴 폭동 시기에는 후에에서 학생 시위에 가담했다가 체포당했다. 1933년 석방되자 복학했으며, 결국 하노이 대학에서 법학으로 학위를 받았다. 졸업 후에는 직업 혁명가가 되지 않고 하노이 사립학교의 역사 교사가 되었다. 그는 그곳에서 응우옌 아이 쿠옥의 부인이었던 응우옌 티 민 카이의 여동생 응우옌 티 민 지앙을 만났다. 그들은 곧 결혼하였으며, 민 지앙은 딸을 낳았다. 지압(운동 내에서는 반으로 알려져 있었다)은 당 기관지 〈노트르부아〉의 기자가 되었다. 그는 동료 추옹 친과 협력하여 인도차이나의 농촌 상황에 초점을 맞춘 팸플릿을 쓰기도 했다. 지압은 경찰의 엄중한 감시를 받게 되자 평소에 관심을 가지던 군사(軍史)

보 응우옌 지압 장군. 인민해방군 최고사령관으로 해방전쟁을 지휘한 인물로, 1946년 베트남민주공화국 국방상이 되었다.

를 공부하기 위해 하노이 시립도서관에서 관련된 책들을 열심히 읽었다.

보 응우옌 지압의 말에 따르면 그는 호앙 반 투로부터 하노이를 떠나 중국으로 가라는 명령을 받았다고 한다. 호앙 반 투는 소수 민족인 토족 출신으로, 1938년 중앙위원으로 선출되었으며, 당시 통킹의 지역위원회 서기로 일하고 있었다. 지압과 군사적인 일에 대해 자주 이야기를 나누던 투는 그에게 장차 프랑스에 대항한 게릴라전을 벌일 가능성을 깊이 생각해 보라고 하면서(이미 중국의 마오 쩌둥 전술과 베트남 전통시대의 비슷한 전법을 잘 알고 있던 지압은 별로 놀라지 않았다), 지압이 중국에 가면 응우옌 아이 쿠옥을 만날 가능성이 높다고 암시를 주었다.

보 응우옌 지압은 호앙 반 투와 이야기를 한 뒤 중국으로 여행할 준비를 했다. 5월 초 지압은 마지막 수업을 들은 뒤 하노이 북쪽 교외의 서호(西湖)로 가서 젊은 아내와 어린 자식과 작별했다. 부인은 아이를 맡길 사람을 찾으면 중국으로 오기로 했다. 그러나 두 사람은 결국 두 번 다시 만나지 못한다. 가족과 헤어진 지압은 풀로콘도르 감옥에서 얻은 병을 완전히 치료하지 못한 팜 반 동과 함께 하노이를 떠나 중국 국경으로 갔다. 그들은 기차를 타고 라오 카이로 가서, 국경을 넘어 중국으로 들어가 쿤밍까지 갔다. 기차는 감시가 삼엄해서 조사관이 신분증을 검사하러 왔을 때는 조사관이 이미 지나간 칸으로 피해야 했다.[15]

보 응우옌 지압과 팜 반 동은 6월 초에 쿤밍에 도착하여 인도차이나공산당 지역 대표인 풍 치 키엔과 부 안을 만났다. 그들은 부옹 씨라는 사람이 새로운 임무를 줄 터이니 기다리라고 말했다. 부옹(응우옌 아이 쿠옥이었다)은 쿤밍 시내의 풍광이 아름다운 유원지 녹호(綠湖)의 호숫가에서 그들을 만나, 그들에게 옌안의 중국공산당 본부로 가서 당 훈련소의 군사과학 강좌를 들으라고 명령했다. 지압과 동은 며칠 뒤 구이양으로 떠나, 중국공산당 팔로군 연락부에서 옌안까지 갈 수 있는 여행 허가증이 나오기를 기다렸다. 그러나 그들은 북쪽으로 출발하기 직전 갑자기 응우옌 아이 쿠옥으로부터 그가 구이양에 올 것이니, 북쪽으로 가지 말고 기다리라는 전보를 받았다.

베트남 혁명의 새로운 전기

응우옌 아이 쿠옥이 계획을 바꾼 것은 그 즈음 유럽의 상황 때문이었다.

유럽에서는 독일이 1940년 5월 공격을 개시하여 마침내 6월 22일 프랑스의 항복을 받아냈다. 쿠옥이 설명한 대로, 독일의 프랑스 점령과 프랑스 남부의 비시 괴뢰정권 수립은 곧 "인도차이나에 새로운 변화가 일어난다."는 뜻이었다. 며칠 뒤 풍 치 키엔과 부 안도 구이양에 도착했으며, 쿠옥은 그들과 함께 구이린으로 가서, 이제 〈동 타인〉에서 〈D. T.〉로 이름을 바꾼 해외 당 기관지의 편집회의를 열어 상황을 논의했다. 쿠옥은 이렇게 말했다. "프랑스의 패배는 베트남 혁명에 매우 우호적인 조건이 조성되었음을 뜻한다. 우리는 모든 수단을 동원하여 고국으로 돌아가서 그 상황을 이용해야 한다. 늦으면 늦을수록 혁명에 손해이다." 한 동료가 무기를 확보할 필요성을 제기하자 쿠옥은 이렇게 대답했다.

> 총봉기를 시작하면 무기를 가지게 될 것이다. 그것은 혁명의 가장 중요한 문제 가운데 하나이다. 그러나 지금은 무기를 가지고 있다 해도, 누가 그것을 들겠는가? 따라서 우리는 먼저 고국으로 돌아가 대중을 동원할 방법을 찾아야 한다. 대중이 일어서면 그들이 무기를 가지게 될 것이다.[16]

응우엔 아이 쿠옥은 동지들과 의논한 뒤 부 안과 풍 치 키엔에게 구이양으로 돌아가 지압과 팜 반 동을 데리고 구이린으로 오라고 명령했다. 그들은 구이린에서 국외의 당 지도부를 인도차이나로 귀환시킬 준비를 시작하라는 명령을 받았다. 쿠옥은 다른 동료에게 옌안의 중국공산당 지도부와 연락을 하라고 지침을 내린 뒤, 비행기를 타고 충칭으로 가서 저우 언라이를 비롯하여 다른 중국공산당 지도부와 전략을 협의했다. 그는 7월 말에 버스를 타고 쿤밍으로 돌아왔다.[17]

베트남 혁명의 새로운 단계가 시작될 조건이 무르익었다는 것은 분명했지만, 몇 가지 중요한 결정을 내려야 했다. 우선 총봉기를 준비하는 과정에서 당의 국외 본부를 어디에 세울 것이냐를 결정해야 했다. 응우엔 아이 쿠옥은 이미 퉁킹과 국경이 맞닿아 있는 윈난 지역에 동료들을 파견했지만, 그곳은 조건이 불리하다고 판단했다. 국경 너머 하 지앙 성과 라오카이 성에는 당을 따르는 대중이 없었기 때문이다. 게다가 두 성 모두 접근이 어려운 산악지대였으며, 홍 강 삼각주로부터도 비교적 먼 편이었다. 그는 광시 성 남쪽의 국경지역이 더 좋다고 보았다. 그곳에는 국경 양쪽에 당의 동조자들이 상당히 많았으며, 인도차이나공산당 지도부가 인도차이나의 프랑스 정부와 싸울 무장 병력을 기차로 수송할 경우 국경의 중국 관리들도 협조할 가능성이 높았다.

쿠옥은 충칭에서 쿤밍으로 돌아온 뒤 호 혹 람으로부터 편지를 받았다. 그는 1920년대 말 판 보이 차우가 항저우에 있는 그의 집에 묵을 때부터 베트남 혁명에 공감과 지원을 아끼지 않았던 국민당 장교였다. 람은 쿠옥에게 중국 국민당군에서 활동하고 있는 베트남인 추옹 보이 콩 장군이 상관들로부터 카오 방 성 북부 국경지대의 베트남 애국자들을 조직하여 인도차이나에서 앞으로 벌어질 작전에 대비하라는 명령을 받았다고 알려주었다. 콩 장군은 공산주의자들에게 적대적인 것으로 알려졌기 때문에, 람은 쿠옥에게 그의 지지자들을 그 지역으로 보내 당이 피해를 입지 않도록 손을 쓰라고 조언했다.

베트민(越盟) 전선

중국이 갑자기 프랑스령 인도차이나의 상황에 관심을 가지게 된 것은 그 지역에 일본 병력이 출현했기 때문이다. 1940년 초 일본의 군사 활동은 양쯔 강 유역으로부터 남쪽으로 광저우 주변 지역을 넘어, 하이난(海南) 섬과 남중국해의 시사군도(西沙群島)까지 확대되었다. 늦은 봄에 일본 정부는 프랑스 식민지 당국에 홍 강을 따라 중국 남부로 군용 장비와 보급품을 수송하는 일을 금지하라고 압력을 넣었다. 그 물자를 결국 중국 국민당군이 사용하게 된다는 것이 이유였다. 인도차이나의 총독 조르주

카트루는 그런 압력에 저항하고 싶었지만, 포위 상태인 파리의 정부로부터 아무런 지원을 얻을 수 없었기 때문에 대신 필리핀에 주둔 중인 미군 폭격기들을 지원해달라고 미국측에 요청했다. 그러나 프랭클린 루스벨트 미국 대통령은 그 군용기들이 그 지역에서 미국의 국익을 보호하기 위해 필요하다는 이유로 요청을 거부했다. 결국 카트루는 일본의 요구를 수용하여 국경을 폐쇄했으며, 프랑스의 비시 괴뢰 정부는 7월에 이것을 문제 삼아 총독을 해임했다.

카트루의 후임인 장 데쿠는 곧 일본의 새로운 요구에 직면했다. 통킹의 비행장을 사용하고 수천 명의 일본군을 주둔시키겠다는 요구였다. 데쿠는 내키지 않았지만 일본의 요구를 들어주었으며, 9월 22일 협정을 매듭짓기도 전에 중월 국경지대의 일본 부대들이 국경 도시 랑 손 근처의 프랑스 초소들을 공격하면서 국경을 넘어오기 시작했다. 이 일본군에는 복국동맹회라는 베트남 민족주의 무장 세력도 포함되어 있었다. 복국동맹회는 새로 구성된 친일 조직으로 도쿄에서 망명 생활을 하고 있는 왕자 쿠옹 데가 회장이었다. 그는 판 보이 차우의 옛 동료이기도 했다.

일본군의 국경 침공은 그 지역의 인도차이나공산당 당원들의 눈에 포착되었다. 1930년대에 공산당은 랑 손 주변 산악지대에 살고 있는 민족들의 대중적 지지를 기반으로 그곳에 작은 근거지를 마련해놓았다. 이 지역의 주민 다수는 타이, 눙, 토 등 소수민족들로 이루어져 있었다. 이들 대부분은 이 지역에서 수백 년 동안 화전을 일구고 살았으며, 저지대의 베트남인들, 나아가 대도시의 프랑스 식민지 행정부와 거의 관련을 맺지 않았다. 당 세포는 1930년 봄 카오 방 근처에 처음 만들어졌으며, 이후 몇 년 동안 소수민족 출신의 간부 몇 명이 인도차이나공산당 내부의 중요한 자리에 올라가게 되었다. 1935년 3월 마카오 회의에서는 타이족 지도자 호앙 딘 지옹이 중앙위원으로 선출되었으며, 보 응우옌 지압에게 중국행을 명령했던 토족 출신의 호앙 반 투는 몇 년 뒤 중앙위원이 되었다. 소수민족들의 조직 사업이 힘을 얻은 것은 미래의 혁명 베트남에서는 소수민족들에게 자결권을 주겠다는―레닌주의 모델을 따라―당의 정치 강령 덕분이었다. 소수민족들이 집단적으로 공산주의로 전향했다고 주장하는 것은 과장이겠지만, 어쨌든 공산당은 이 지역에 동조자들로 이루어진 강력한 근거지를 확보하고 있었다.[18]

1940년 가을 이런 노력들이 결실을 거두기 시작했다. 9월 27일 일본 침략 소식이 전해지자, 당 간부들은 이 지역을 방어하던 프랑스군의 전열이 흐트러진 틈을 이용해 지역의 소수민족에게 그들의 지휘에 따라 랑 손 서쪽 박 손 부의 산악지대 마을들을 공격하라는 명령을 내렸다. 처음에는 반란군의 기습 공격이 효과를 거두어, 몇몇 마을을 점령하고 정부 무기고의 무기들을 탈취하기도 했다. 그러나 식민지 당국이 일본 사령관과 휴전 협정을 맺자, 프랑스군은 공세로 전환하여 반란군을 진압하기 시작했다. 10월 말 반란군은 소규모 게릴라 부대로 흩어져 산 속으로 피신했다. 일부는 추옹 보이 콩의 국경 사령부로부터 무기를 얻고 훈련을 받겠다는 희망을 품고 중월 국경을 넘었다.

응우옌 아이 쿠옥은 박 손 봉기(나중에 이런 이름이 붙었다)가 한창 진행 중이던 10월 초에 구이린에 도착했다. 쿠옥은 시골의 작은 초가집에 거처를 정했는데, 그가 없는 동안 동료들이 그곳의 국민당군 남서 야전사령부의 참모장이자 1927년 봄 광저우의 공산주의자 봉기를 진압했던 국민당 지휘관 리 지선을 만났다는 사실을 알게 되었다. 그러나 리 장군은 우호적인 태도를 보이면서, 찾아온 손님들에게 인도차이나 합동 진입을 위해 지역에서 지원을 확보할 방법을 마련해달라고 요청했다. 쿠옥은 동료들로부터 그 소식을 듣고 신중한 입장을 취했다. 우리에게 진짜 동맹자는 둘밖에 없다. 그는 동료들에게 그렇게 말했다. 하나는 소련의 적군(赤軍)이고 또 하나는 중국의 인민해방군이다. 장 제스의 군대가 지금은 일본과 맞서 싸우지만, 그의 정부는 근본적으로 반동적이다. 만일 인도차이나공산당이

그들에게 속으면, "아주 위험한 사태가 벌어질 것이다".[19]

동료들은 응우옌 아이 쿠옥의 경고를 수용했다. 구이린의 상황은 점점 위기로 치닫고 있었다. 정부가 다시 공산주의자들을 탄압하기 시작했기 때문이다. 쿠옥은 국경 근처에 작전 기지를 수립하는 것이 좋겠다고 판단하고, 호앙 반 호안과 보 응우옌 지압을 류저우(柳州)로 파견하여 상황을 파악하고 기지 건설을 준비하라고 명령했다. 그들은 류저우에서 추옹 보이 콩을 만났다. 콩은 그 나름의 목적 때문에 그들을 끌어들이려 하고 있었다. 그러나 지압은 경계심을 풀지 않았다. 두 사람이 만난 직후 응우옌 아이 쿠옥은 가명으로 몰래 류저우로 가서, 동료들에게 구이린으로 돌아와 그곳을 임시 작전 기지로 만들라고 조언했다.

한편 쿠옥은 새로운 상황에 맞는 새로운 통일전선을 수립하는 문제를 진지하게 고려하고 있었다. 그러한 전선은 인도차이나공산당의 영향력과 지도를 받아들여야 하지만, 당은 전선의 정치적 성향에 대한 국내외 비공산주의자들의 우려를 씻기 위해 신중하게 위장된 형태로 활동할 필요가 있었다. 쿠옥은 프랑스 식민지 권력을 추방하는 공동 투쟁에서 모든 애국 세력을 통일할 광범위한 조직을 만들자고 제안했다. 그러면서 새로운 조직의 이름으로 세 가지 후보를 내놓았다. '베트남해방전선(비엣 남 지아이 퐁 동 민)', '베트남반제동맹(비엣 남 판 데 동 민)', '베트남독립동맹(비엣 남 독 랍 동 민)'. 쿠옥 자신은 세 번째 이름이 마음에 들었다. 몇 년 전 잠깐 동안 난징지역의 베트남 민족주의자들과 공산주의자들이 협력하는 데 매개 역할을 하던 호 혹 람이 그런 이름의 조직을 건설한 적이 있었다. 쿠옥은 이름이 같은 조직을 새로 만들어 비슷한 목적을 위한 활동을 할 수 있을 것이라는 희망을 품었다.[20]

약간의 논의 뒤에 응우옌 아이 쿠옥이 제안한 이름이 받아들여졌고, 줄여서 '베트민(越盟)전선'이라고 부르기로 했다. 공산당은 온건파들을 끌어들이기 위해 당시 구이린에 살고 있던 호 혹 람에게 의장을 맡아달라고 요청했다. 팜 반 동(람 바 키엣이라는 가명만 사용했다)은 부의장이 되었다. 새로운 조직은 다시 리 지선 장군에게 접근하여 인도차이나 내부에서 군사작전을 펼치기 위하여 베트남 저항 세력을 동원할 계획임을 이야기하고 지원을 요청했다. 참모 가운데 일부는 새로운 조직의 정치적 목적에 의심을 품었지만, 리 지선은 우호적인 태도를 보여 새로운 전선은 공식적인 인정을 받게 되었다. 그러나 그는 방문객들에게 새 조직에서 공산주의자들이 지배적인 위치를 차지하는 것을 허용하지 말라고 경고했다.[21]

응우옌 아이 쿠옥과 그의 동료들이 구이린에서 중국국민당 군사 지도자들의 지원을 얻으려 하는 동안, 그들의 경쟁자인 추옹 보이 콩은 국경지대에서 그 나름으로 세력 확대를 위해 활동하고 있었다. 40명의 베트남 저항 세력이 프랑스 당국을 피해 국경을 넘어 광시 성으로 들어왔다는 소식을 듣자 콩은 그들을 끌어들이기 위해 류저우를 떠나 카오 방 북부 산길을 통해 50킬로미터 떨어진 작은 국경 도시 징시까지 갔다.

코친차이나 봉기

사이공에 본부를 둔 중앙위원회는 혼란에 빠져 있었다. 판 당 루를 제외한 위원들 모두가 수감 중이었으며, 베트남 중부와 북부 지역위원회하고는 연계가 끊어졌다.

코친차이나의 인도치이나공산당 활동가들은 다른 지역이나 중국 남부의 외부 지도부와 연락이 끊어졌기 때문에 스스로 알아서 활동할 수밖에 없었다. 이 지역의 지도적 당원 가운데 한 사람인 찬 반 쟈우는 1940년 5월에 석방되었으나 닷새 만에 다시 구속되었다. 코친차이나에서는 이전부터 이 지역의 대중적 불만을 이용해 총봉기를 일으키자는 논의를 해왔다. 작물 수확은 다른 지역만큼 나쁘지 않았지만, 세금이 다른 지역보다 높았기 때문에 주민의 무려 30퍼센트가 공산주의자들에게 동조적이었다. 그해 봄 식민지 정부가 유럽이나 캄보디아에 부대를 파견하기 위해 베트남인들을 징집하기 시작하자 불만은 더욱 높아졌다. 타일랜드 정부(1939년부터 시암은 타일랜드로 국호를 바꾸었다: 옮긴이)가 1907년 프랑스의 압력 때문에 캄보디아로 넘어간 영토의 반환을 요구하는 바람에 캄보디아에서는 당장이라도 전쟁이 벌어질 것 같은 분위기였다. 군대 내의 불만을 선동하던 당 활동가들은 "캄보디아에서 콜롱[인도차이나의 프랑스 거주자들]을 위해 죽지 말자."와 같은 구호들을 대중화하면서, 메콩 강 삼각주의 여러 도시 중심가에서 대중 시위를 주도했다. 코친차이나의 많은 농민에게 징집이란 단지 전쟁터에서 자신이 죽거나 부상당한다는 의미만이 아니라, 가족이 더욱 궁핍해진다는 의미이기도 했다.

7월에 코친차이나 지역위원회는 총서기 타 우옌의 지도 하에 1939년 11월 제6차 전체회의(즉 1935년 3월 당 제5차 전국대회 이후 중앙위원회의 6차 공식 회의)에서 요구했던 봉기를 준비하자는 잠정 계획을 승인했다. 그러나 봉기 지도자들은 먼저 판 당 루를 북쪽으로 보내 통킹 지역위원회와 상의했다. 이후 석 달 동안 수천 명의 베트남 병사들이 사이공 등의 대도시에서 폭동을 일으켜 시암 파병 계획에 저항했다. 마음이 급해진 타우 옌은 판 당 루가 아직 통킹에서 돌아오지 않았지만, 11월 말에 봉기를 시작하라는 명령을 내렸다.

사실 루가 하노이에 도착하여 통킹 지역위원회와 접촉했을 때, 그들은 도시 외곽의 본부에서 박 손 봉기의 실패를 참고하여 전체적인 상황을 평가하고 있었다. 추옹 친, 호앙 쿠옥 비엣, 호앙 반 투와 같은 북부의 당 지도자들은 전국적인 상황이 무르익지 않아 봉기가 성공을 거두기 어렵다는 이유로 타 우옌의 계획을 반대했다. 그러나 상황이 유리한 지역에서는 장차 국지적 봉기를 일으킬 준비를 강화하라는 권고안을 채택하고, 호앙 반 투를 박 손에서 싸웠던 저항 그룹들에게 파견해 그들을 국경 근처 산악지대의 게릴라 부대로 재편하도록 했다. 마지막으로 코친차이나의 당 지도부 체포에 따른 공백을 메우기 위해 지역위원회가 단독으로 임시 중앙위

원회로 탈바꿈하고, 추옹 친에게 임시로 총서기직을 맡겼다.[22]

위원회는 회의를 마치기 전 판 당 루에게 코친차이나로 돌아가 봉기 연기를 요청하라고 지시했다. 그러나 루는 11월 23일 사이공에 도착하자마자 기차역에서 프랑스 경찰에 체포되었다. 어쨌든 그는 너무 늦었다. 하루 전날 사이공 남서부의 농촌지역에서는 봉기가 시작되었으며, 미 토에서 갈대 평원에 이르는 몇몇 부가 일시적으로 봉기 세력의 손으로 넘어갔다. 사이공에서 동조 폭동이 일어났으나, 미리 정보를 입수한 당국은 비교적 쉽게 도시의 봉기를 진압했다. 조직도 일관성도 없는 농촌 봉기는 나흘 만에 프랑스의 유혈 진압으로 기세가 꺾였다. 그 기간 동안 1백 여 명이 죽음을 당했고 수천 명이 체포 수감되었다. 사이공에서는 수백 명의 공산주의 활동가들이 일제 검거에 걸려들었으며, 이 가운데는 응우옌 아이 쿠옥의 부인이었던 응우옌 티 민 카이도 포함되어 있었다. 그녀의 집에서는 유죄 증거가 될 만한 문건이 몇 개 발견되었다. 1941년 3월, 민 카이, 응우옌 반 쿠, 하 후이 탑은 사이공 군사법정에서 사형을 선고받았으며, 그 직후 모두 총살형을 당했다. 타 우옌은 봉기 중에 프랑스 당국에 죽음을 당한 것으로 보인다. 응우옌 티 민 카이는 죽기 전에 1939년 6월부터 수감 생활을 하던 남편 레 홍 퐁을 잠깐 만났다. 레 홍 퐁도 1942년 9월 풀로콘도르 감옥의 호랑이 우리에서 사망했다. 고문을 당했거나 몸이 쇠약해졌을 것이다.[23]

새 이름 호치민(胡志明)

구이린에 있던 응우옌 아이 쿠옥은 추옹 보이 콩이 징시에서 사람들을 모은다는 정보를 파악하고 있었다. 콩의 부하 가운데 공산주의 동조자가 편지를 계속 보내주었기 때문이다. 쿠옥은 보 응우옌 지압과 부 안을 국경지역으로 보내, 상황을 판단하고 당에 이익이 되는 방향으로 상황을 반전시킬 방법을 강구하라고 지시했다. 그들은 도착하자 콩 장군을 설득하여 새로 조직된 베트남독립동맹의 의장인 호 혹 람을 징시로 초대하여 회원 확보를 지원하게 했다. 쿠옥은 그 즈음 코친차이나의 봉기 진압 소식을 듣고, 그것이 남부의 당 조직에 준 타격의 강도를 짐작했을 것이다. 콩이 람에게 보낸 초대장이 구이린의 본부에 도착하자 쿠옥은 동료들에게 말했다. "세계와 조국의 상황은 우리에게 유리하지만, 아직 봉기의 때는 오지 않았다. 그러나 이미 봉기가 폭발했기 때문에 지금은 퇴각하는 애국자들을 피신시키는 일에 지체없이 달려들어 운동을 유지해야 한다."[24]

사실 국제 정세는 급속히 변하고 있어, 그 결과를 아직 예측할 수가 없었다. 나치 독일은 프랑스와 베네룩스를 점령하고, 영국을 굴복시키기 위해 공습을 퍼붓고 있었다. 1939년 8월에 맺은 독소불가침조약은 여전히 유효했지만, 독일이 발칸 제국으로 진군하는 바람에 양국 관계도 긴장되기 시작했다. 중국에서는 일본이 장 제스가 이끄는 정부군을 무찌르며 중국 중부로 진군을 계속하였으며, 프랑스 식민지 당국의 마지못한 승인을 받아 인도차이나에도 군대를 투입하고 있었다.

이제 미래의 사업 준비는 거의 완료되었기 때문에, 응우옌 아이 쿠옥은 팜 반 동, 풍 치 키엔, 호앙 반 호안, 당 반 캅 등과 함께 자동차로 구이린을 떠났다. 그들은 난닝(南寧)에서 배를 타고 진주강의 지류를 따라 여유있게 서쪽으로 나아가 티안동에 이르렀다. 응우옌 아이 쿠옥은 정체를 감추기 위해 호치민(胡志明)이라는 새로운 이름으로 중국 기자 행세를 했다. 그는 프랑스어만 사용했으나 실수를 하기도 했다. 한 동료가 옷에 담뱃재를 떨구자 쿠옥이 얼떨결에 베트남어로 바지가 타고 있다고 주의를 주었던 것이다.[25]

응우옌 아이 쿠옥은 텐둥에 잠깐 머물렀다. 한편 팜 반 동은 국경 근처 징시로 가서 그들이 도착하면 맞이할 준비를 했다. 텐둥에서 징시까지는 12월에 산길을 이용해 도보로 움직였다. 쿠옥은 징시에 도착하자 신쉬 마을 근처에 숙소를 정하고, 부 안에게 국경 너머 인도차이나로 들어가 중앙위원회 회의를 개최할 만한 장소를 물색하라고 지시했다. 쿠옥이 원하는 장소는 혁명에 동조하는 주민들이 살고 있는 지역으로, 위급할 경우 중국으로 피신할 퇴로를 확보할 만한 곳이어야 했다.

당의 외부 사령부를 구이린에서 징시로 옮긴 일차적 목적은 그곳에서 반일, 반프랑스 전투 훈련을 받으면서 무기를 확보하고 있던 저항군을 활용하자는 것이었다. 응우옌 아이 쿠옥은 징시에 도착한 뒤 보 응우옌 지압, 풍 치 키엔, 팜 반 동에게 젊은 간부들을 위한 정치 교육 및 혁명가 훈련 프로그램을 만들라고 지시했다. 1941년 1월에 두 주 동안 실시된 강좌의 첫 단계는 크게 세 가지 영역으로 나뉘었다. 첫째 세계와 인도차이나의 정세, 둘째 대중 조직을 활용하는 방법, 셋째 선전, 조직, 훈련, 혁명 투쟁의 방법. 훈련 자료는 응우옌 아이 쿠옥의 지휘 하에 작성되었으며, 등사기로 인쇄되어 《해방의 길(Con duong giai phong)》이라는 소책자로 만들어졌다. 훈련 장소는 시 외곽 산비탈의 그늘진 숲이었다. 응우옌 아이 쿠옥은 강사로서 적극적으로 활동하면서, 소수민족 언어를 배우고 지역 관습을 따르는 등 지역 주민에게 올바르게 행동하는 것이 중요하다고 되풀이하여 강조했다. 또한 정체를 위장하기 위해 지역 주민과 같은 옷을 입으라고 가르쳤다. 졸업생들은 프로그램을 이수한 뒤 정글의 빈터에서 열린 기념식에 참석하여, 미래의 민족의 상징—황금 별이 그려진 붉은 깃발—에 입을 맞춘 뒤 인도차이나로 돌아갔다.

응우옌 아이 쿠옥은 또 당과 추옹 보이 콩의 위태로운 관계를 강화하려 했다. 쿠옥은 이미 호앙 반 호안, 보 응우옌 지압, 팜 반 동을 보내 콩과 새로운 조직을 세우는 문제를 이야기하게 했다. 베트남민족해방위원회라는 이름의 새로운 조직의 목표는 콩의 추종자—그들 가운데 다수는 베트남국민당의 조직원이었다.—들과 쿠옥의 당원들 사이의 협력을 강화하는 것이었다. 새로운 조직은 1940년 12월에 공식 출범했으며, 호앙 쿠오준이라는 이름으로 활동하던 쿠옥은 집행위원회 위원장을 맡았다.[26]

그러나 응우옌 아이 쿠옥은 곧 개최될 중앙위원회를 준비하는 데 많은 시간을 보냈는데, 이 회의는 당사에서 유명한 제8차 전체회의라고 일컫게 된다. 1941년 1월 초에 그로부터 두 달 전 통킹에 세워진 임시 중앙위원회의 호앙 반 투, 추옹 친, 호앙 쿠옥 비엣이 징시에 도착하여 국내 상황을 쿠옥에게 보고했다. 부 안 역시 국경 너머 인도차이나에서 회의 개최에 적합한 장소를 찾아낸 뒤에 돌아왔다. 회의는 작은 마을 팍 보에서 멀지 않은 널찍한 동굴에서 열기로 했다. 빽빽한 녹색 밀림 속에 육중한 석회암 바위들이 머리를 내밀고 있는 곳이었다. 지역 주민은 대부분 눙족이었다. 1월 26일 응우옌 아이 쿠옥은 자신의 지지자들을 두 그룹으로 나누었다. 한 그룹은 그를 따라 베트남으로 돌아가 팍 보에 정착하고, 또 한 그룹은 일단 징시에 남기로 했다. 쿠옥의 그룹은 출발을 하기 전 지역 주민의 전통적인 텟 축제에 참석했다. 쿠옥은 지역 관습에 따라 모든 가족에게 붉은 종이에 한자로 설을 기념하는 말을 적어 선물로 나누어주었다. 28일, 응우옌 아이 쿠옥은 부 안, 풍 치 키엔, 소수민족 출신의 간부 레 쾅 바를 비롯한 많은 동지들과 함께 눙족 주민의 차림으로 징시를 떠나 국경으로 향했다.

거리는 불과 60킬로미터 남짓이었다. 그러나 산 속의 냇물과 험준한 바위와 빽빽한 밀림을 통과해야 했기 때문에 육체적으로는 몹시 힘들었다. 2월 초 그들은 국경을 넘어 베트남으로 들어가, 조그만 돌 기둥으로 표시를 해놓은 지점에 이르렀다. 그곳으로부터 바위 사이로 난 구불구불한 길을 따라 밀림을 헤치며 내려가니 팍 보가 나왔다. 그들은 지역 동조자의 도움을 얻어 지역 주민들이 콕 보(근원)라고 부르는 동굴에 숙소를 정했다. 바위 뒤의 절벽에 뚫려 있는 동굴이었다. 동굴 입구에서 아래로 40미터 정도 떨어진 곳에 냇물이 하나 흘렀는데, 응우옌 아이 쿠옥은 그것을 자신이 좋아하는 영웅의 이름을 따 레닌 냇물이라고 불렀다. 위로 보이는 육중한 산은 카를 마르크스 봉우리라고 불렀다. 동굴로부터 감추어진 길을 따라 1킬로미터도 안 떨어진 곳에 중국 국경이 있었다.

훗날 응우옌 아이 쿠옥과 그의 동료들은 곽 보 시절을 그들의 인생에서 가장 기억에 남는 시기라고 회고했다. 그러나 생활 조건은 엄혹했다. 그들은 나뭇가지를 얽은 요에서 잤는데, 아침에 일어나면 등에 멍이 들어 있곤 했다. 동굴은 춥고 습도가 높았다. 그래서 밤새도록 작은 모닥불을 피워놓았다. 응우옌 아이 쿠옥은 습관대로 아침에 일찍 일어나 냇물에 목욕을 하고 운동을 한 뒤 레닌 냇물 가장자리의 바위에서 일을 했다. 평소처럼 그는 편집에 많은 시간을 할애했다. 이번에는 당의 지역 신문 〈비엣 남 독립(Viet Nam Doc Lap, 독립 베트남)〉을 만드는 일이었다. 이 신문은 돌 등사판으로 인쇄했다. 식사는 밥에 다진 고기를 섞거나 냇물에서 잡은 물고기를 먹었다. 저녁이면 모두 동굴 가장자리로 모였고, 그곳에서 응우옌 아이 쿠옥이 동료들에게 세계사와 근대 혁명에 대해 강연했다. 보 응우옌 지압은 나중에 이렇게 회고했다. "우리는 모닥불 주위에 둘러앉아 마치 옛이야기를 듣는 어린아이들처럼 몇 시간이고 그의 이야기에 귀를 기울였다." 그러나 경계를 게을리할 수는 없었다. 이웃 도시 속 지앙에서 국경 순찰대가 자주 파견되었으며, 지역 경찰은 범죄자나 밀주 제조업자를 찾기 위해 정기적으로 곽 보를 찾아왔다. 한 번은 바위 뒤에 숨어 지역 순찰대를 피하기도 했다. 그날 밤에는 비가 많이 내려 냇물이 흘러넘쳤다. 쿠옥 일행이 곽 보로 돌아가보니 뱀과 쥐들이 물을 피해 그들의 동굴로 피신해 있었다. 응우옌 아이 쿠옥은 변함없이 낙천적인 태도도 불편을 견뎠으며, 함께 있는 기회를 이용해 동료들에게 비밀을 유지하고 '3무(無)'에 관심을 기울이라고 주의를 주었다(당원이 낯선 사람과 만났을 때는 다음 세 가지 가운데 하나를 이야기해야 한다는 것이다. 나는 아무것도 보지 못했다, 나는 아무것도 듣지 못했다, 나는 아무것도 모른다). 쿠옥은 이렇게 말했다. "적과 우리 사이에는 생명을 건 싸움이 벌어지고 있다. 우리는 모든 역경을 견디고, 최악의 어려움을 이겨내고, 끝까지 싸울 수 있어야 한다."[27]

다음 석 달 동안 응우옌 아이 쿠옥과 동료들은 〈비엣 남 독 랍〉을 배포하면서 국경지역에 지지 기반을 넓히기 위해 노력했다. 신문은 지역 주민도 이해하기 쉽게 만들었다. 그리고 귀중한 것이라는 인상을 심어주기 위해 무료로 나누어주기보다는 명목상이기는 하지만 돈을 받고 팔았다. 나중에 중국식으로 구국회(쿠 쿠옥 호이)라고 알려지게 될 대중조직이 당 지도부의 지휘 하에 농민, 청년, 여성, 병사를 끌어들였고, 첩자 침투에 대비하기 위해 주변지역 전역에 보안망을 만들었다.

인도차이나공산당 제8차 전체회의

인도차이나공산당 제8차 전체회의는 1941년 5월 10일 팍 보에서 열렸으며, 응우옌 아이 쿠옥은 코민테른의 대표 자격으로 참석했다. 1930년 2월 홍콩에서 열렸던 통합회의 이후 쿠옥이 의장을 맡은 첫 중앙위원회 회의였다. 이 회의에는 부 안, 호앙 반 투, 추옹 친, 풍 치 키엔, 호앙 쿠옥 비엣을 비롯하여 인도차이나와 해외의 여러 지역에서 온 많은 대표들이 참석했다. 보 응우옌 지압, 호앙 반 호안, 팜 반 동 등은 여전히 징시에서 당의 국외 본부를 유지하고 있었다. 징시에서는 추옹 보이 콩의 협조로 새로운 베트남민족해방위원회가 수립되어 활동을 시작하려 하고 있었다. 그러나 쿠옥과 그의 동료들은 그 지역의 비공산주의자들을 베트민으로 끌어들이기 위해 '민족해방동맹'이라는 새로운 경쟁 조직을 만들 계획을 세웠다.[28]

제8차 전체회의의 일차적 임무는 새로운 베트민전선을 수립하는 것으로, 당 지도부는 그 전해 말부터 조직에 대한 구상을 해오고 있었다. 전선의 강령은 베트남 혁명의 새로운 단계를 상징했다. 회의에서 작성된 결의안에 따르면, 베트남 민족의 당면 임무는 프랑스 식민지 체제와 일본 점령군으로부터 민족을 해방하기 위하여 투쟁하는 것이었다. 현재 세계를 휩쓸고 있는 전쟁은 세계 제국주의의 경쟁하는 두 분파 사이의 갈등이며,

많은 나라들이 중립을 지키려 하고 있지만 전세계가 이 전쟁에 말려드는 것은 불가피하다. 결국 제1차 세계대전으로 인해 러시아에서 볼셰비키 혁명이 일어났듯이, 새로운 세계 전쟁으로 인해 몇 개의 사회주의 국가가 더 탄생할 것이다. 따라서 베트민전선의 일차적 임무는 적절한 순간에 권력을 장악할 준비를 하는 것이다.

전선의 강령에서 민족 독립 문제를 크게 강조한 것은 물론 1935년 3월 마카오에서 열린 당 제1차 전국대회에서 채택한 정책과 근본적인 결별을 의미하는 것이었다. 동시에 마카오 대회 이후 모스크바에서 열린 코민테른 제7차 대회에서 시작된 경향의 논리적 정점을 보여주는 것이었다. 민족 문제를 새롭게 강조하는 태도는 전선의 공식 명칭인 베트남독립동맹에도 반영되어 있다. 이 이름은 독립 문제를 강조할 뿐 아니라, 공산당의 이름에 들어 있는 '인도차이나'라는 이름을 좀더 감정적인 '베트남'이라는 말로 바꾼 것이다. '베트남'은 프랑스 식민지 체제가 오랫동안 사용을 금지해온 말이기도 했다. 이 이름은 회의가 끝난 뒤 전국민에게 보낸 호소문에도 나타난다. 응우옌 아이 쿠옥은 로마자로 표기한 베트남어와 한자 두 가지로 발표된 1941년 6월 6일 민족에게 보내는 편지에서 과거 영웅들의 정신만이 아니라 판 딘 풍 같은 동시대의 애국적 인물들에게도 의지하여, 독자들에게 민족적 유산을 지킬 것을 호소했다. 그는 이 편지에서 단지 농민과 노동자만이 아니라 애국적 지주와 향신들까지 포함한 모든 애국자들이 공동 사업에 동참할 것을 호소했다.

응우옌 아이 쿠옥과 그의 동료들은 당 사업에서 베트남 독립을 가장 앞에 놓음으로써, 인도차이나 전체를 해방하고 독립된 인도차이나 국가들의 연맹을 결성하여 이것을 바탕으로 그다음 단계의 혁명을 수행한다는 개념(1930년 10월 당 제1차 전체회의에서 처음 제기된 개념)을 포기한 것으로 보였다. 그러나 인도차이나의 다른 민족들의 문제 해결은 지연되었지만, 잊혀진 것은 아니었다. 결의안에서 코친차이나와 안남의 지역위원회는 각각 캄보디아와 라오스만이 아니라 다른 소수민족들 사이에도 당의 기반을 만들라는 명령을 받았다. 나중에 모두 인도차이나 혁명이라는 이름의 우산 아래로 끌어모으기 위한 노력의 일환이었다.[29]

새로운 전선은 제국주의 타도라는 임무를 일차적으로 강조했지만, 반봉건과 사회 변혁의 문제도 완전히 무시하지는 않았다. 당 지도부는 다가올 투쟁에 대비하여 굳건한 혁명 기지를 건설하기 위해서는 노동자와 빈농 사이에 그들의 지지 기반을 확보해야 한다는 것을 알고 있었기 때문이다. 그러나 당장은 전선의 사회적 강령이 상대적으로 온건할 수밖에 없었다. 지주와 부르주아지에 속하는 진보적이고 애국적인 분자들을 소외시키지 않기 위해서였다. 과거에는 지주들이 소유한 모든 토지의 몰수를 옹호하는 구호가 사용되었으나, 이제는 소작료 인하, 프랑스 제국주의자와 베트남인 부역자들의 재산 몰수로 바뀌었다. 당의 결의안은 이렇게 말하고 있다.

> 지주, 부농, 민족 부르주아 계급의 일부는 태도가 많이 바뀌었다. 전에는 혁명에 반감을 가졌고, 혁명을 파괴하려 하거나 무관심했다. 그러나 이제 상황이 바뀌었다. 일본 적군에게 아첨하며 해롱거리는 소수의 '주구'를 제외한 다수는 혁명에 공감하거나, 적어도 중립적이다……. 지주와 토착 부르주아지가 전에는 반혁명적 제국주의자들의 예비군이었다면, 이제는 혁명의 예비군이다.

그러나 이 정책이 전술적인 것일 뿐임은 분명했다.

> 그렇다고 해서 우리 당이 인도차이나 혁명에서 계급 투쟁의 문제를 무시한다는 뜻은 아니다. 아니, 계급 투쟁의 문제는 계속 존재할 것이다. 그러나 현재는 민족이 일차적으로 중요하며, 특정한 계급에게는 유익하지만 민족에

게는 해로운 모든 요구는 민족의 생존에 종속되어야 한다. 이 순간 우리가 민족 해방의 문제를 해결하지 못하면, 전인민의 독립과 자유를 요구하지 않는다면, 우리 나라의 전인민이 계속 짐승 같은 삶을 살아야 할 뿐 아니라, 개별적인 사회 계급의 특정한 목표 역시 수천 년이 지나도 달성할 수 없을 것이다.[30]

따라서 당면 목표는 민족 독립을 위한 전국적인 운동을 일으키는 것이며, 이것은 베트남 대중만이 아니라 전세계 진보적 민족들의 공감도 얻을 수 있다. 여기에서 승리하면 곧 부르주아 민주주의 혁명에서 승리하는 것이며, 이를 통해 공산당이 지배하는 프롤레타리아-농민 정부가 구성될 것이다. 그렇게 되면 충분한 시간을 가지고 혁명의 제2단계, 즉 프롤레타리아 사회주의 단계로 나아갈 수 있다. 당은 그 과정에서 억압받는 계급들이 열성적으로 대의를 지지하기를 바란다.

응우옌 아이 쿠옥은 베트민전선을 건설하면서 1920년대 중반 혁명청년회를 결성할 때 처음 만들었던 강령을 약간 더 발전된 형태로 다시 만들었다. 전선의 두 기둥은 민족 독립과 사회 정의였으며, 이것이 전국적으로 널리 지지를 얻을 수 있을 것이라고 기대했다. 레닌의 사후 거의 20년 뒤에 그의 전략이 머나먼 인도차이나에서 부활한 셈이었다. 그러나 쿠옥은 인도차이나 내부에 새로운 전선을 수립하면서 전세계의 상황이 베트남 혁명에 우호적인 방향으로 전개될 것이라는 데 도박을 걸고 있었다. 일본의 점령이 프랑스 식민지 체제를 약화시킬 것인가? 일본 파시스트들이 궁극적으로 전세계 민주 세력의 동맹군에 패배할 것인가? 승리를 거둔 동맹군은 하노이에 노동자와 농민의 새로운 독립 정부가 들어서는 것에 동조할 것인가? 사실 이 모든 것이 앞으로 두고보아야 할 문제였다.[31]

물론 베트민의 궁극적 목표는 당의 권력 투쟁을 지원하는 것이었다. 1939년 11월 제6차 전체회의에서는 권력을 장악하고 민족 독립을 회복하기 위한 무장 봉기를 호소함으로써 투쟁의 발판을 마련했다. 이러한 목적은 그 후 몇 달 뒤 응우옌 반 쿠를 비롯하여 많은 위원이 체포당함으로써 무산되었다. 그러나 이제 세계 전쟁이 발발하면서, 당의 국외 지도부에 의해 그 목표는 좀더 구체적인 형태로 부활했다. 이전의 당 지도부는 식민지 체제에 대항한 봉기를 수행하는 방법을 구체적으로 제시하지 않았지만, 새로운 당 지도부는 상황에 가장 적합한 투쟁 형식에 좀더 면밀하게 주의를 기울였다.

 이 작업에서 중심을 이룬 것은 중국공산당이 장 제스의 국민당 정부, 그리고 나중에 일본 침략자들과 대항하여 싸우면서 채택했던 전략과 전술의 검토였다. 인도차이나공산당 지도부는 1930년대 초 모스크바에서 정리된 전략적 가이드 라인을 충실하게 따랐는데, 그 가이드 라인에서는 장차 봉기가 일어날 때 주요 도시들의 통제에 초점을 맞출 것을 요구했다. 그러나 1930년대 말이 되면서 보 응우옌 지압, 호앙 반 투와 같은 헌신적인 당 활동가들은 중국의 경험에서 영감을 얻기 시작했다. 그들은 마오 쩌둥의 글을 읽었고, 그의 전략을 적용하는 데 관심을 보이기 시작했다. 이제는 베트남 내부의 농촌지역에서 게릴라 전투를 시작하는 것이 핵심이 되었다. 응우옌 아이 쿠옥도 1930년대 말 중국에 머무는 동안 혁명 전쟁에 대한 마오의 생각들을 어느 정도 알게 되었으며, 그 역시 마오의 '인민의 전쟁'이라는 개념이 자신의 나라에 해방된 기지를 건설하는 데 적합한 무기라고 생각했을 것이 틀림없다. 그러나 쿠옥에게는 이것이 단지 어떤 혁명 전술을 채택하느냐의 문제가 아니었다. 그 전술들을 적용할 시기, 전쟁이 끝나고 권력을 잡을 때 그 전술을 가장 효과적으로 사용하는 방법도 중요했다. 마오와 그의 동료들은 중국이라는 큰 땅덩이를 이용해 중국 북부에 커다란 기지를 세울 수 있었지만, 베트남은 두 강대국에 점령당한 작은 나라였다. 막 민족 해방의 가능성이 보이는 시점에서 인도차이나공산당이 때 이른 봉기를 일으켰다가는 심한 탄압을 받아 운동 자체가 무너져버릴 수도 있었다. 쿠옥은 완강한 동료들에게 당의 미약한 군사력을 가장 좋은 기회에 최대한 활용하여 봉기를 일으킬 수 있도록 준비를 해야 한다고 주의를 주었다. 그 기회란 일본이 적의 손에 패배하기 직전이었다. 그 전에는 전국에 베트민 조직망을 건설하여 정치적 기지를 강화하는 일에 초점을 맞추고, 동시에 최종적인 총봉기 시기에 지역 봉기를 일으킬 수 있는 소규모 군사력을 확보해나가야 했다. 비엣 박의 산악지대에는 이미 게릴라 부대들이 형성되고 있었기 때문에, 프랑스 당국의 심장부로부터 멀리 떨어져 있고 중월 국경과는 가까운 비엣 박 지역에 해방된 기지를 세우는 것이 유력한 가능성으로 대두하고 있었다.

제8차 전체회의의 마지막 임무는 새로운 중앙위원회를 선출하는 것이었다. 응우옌 아이 쿠옥은 총서기 자리를 맡아달라는 요구를 겸손하게 사양했기 때문에, 그 자리는 1940년 가을부터 임시로 그 자리를 맡고 있던 추옹 친에게 돌아갔다. 이 선택은 적절해 보였다. 친(본명은 당 수안 쿠)은 1907년 북베트남의 문신 집안에서 태어나 하노이의 권위 있는 리세 알베르 사로에서 학사 학위를 받았다. 그는 1920년대에 혁명청년회에 가입한 뒤 혁명 활동 혐의로 징역을 살았다. 1936년에 석방된 뒤 저널리스트로 일을 시작하면서, 동시에 통킹 인도차이나공산당 지역위원회의 영향력 있는 위원으로 일했다. 친은 오만한 태도에, 행동은 조심스럽고 철저했으며, 동료들과 관계에서는 가르치려 들었고, 이데올로기적 경향이 강했다. 전체적으로 응우옌 아이 쿠옥과 같은 따뜻한 인간미는 없었으나, 새로운 운명적 단계로 들어서는 당의 여러 논의에서 성숙한 목소리를 내줄 것이라는 기대를 받았다. 친은 5월 19일 폐회한 뒤 하노이로 돌아가 중앙위원회 비밀 본부를 수립했다. 다른 위원들은 중국 남부로 가 해외로부터 지원을 구했다. 응우옌 아이 쿠옥은 잠시 국경지역에 머물렀다. 어쨌든 30년간 해외 생활 끝에 베트남에 돌아왔으니 기분은 아주 좋았을 것이다.

응우옌 아이 쿠옥이 1933년 1월 홍콩을 몰래 빠져나가 샤먼으로 갔을 때, 인도차이나공산당 지도자로서 그의 위치는 위태로웠다. 1925년 혁명청년회를 결성할 당시 채택했던 전략은 모스크바에서 받아들여지지 않았으며, 당의 젊은 당원들로부터도 신랄한 공격을 받았다. 그들 가운데 다수는 스탈린 학교에서 이념 교육을 받았다. 그러나 1940년 봄 베트남으로 돌아왔을 때, 국내 당원들은 쿠옥의 지도적 역할을 이의 없이 받아들이는 것 같았다. 이것은 그의 전략적 관점이 코민테른 제7차 대회―아시아 혁명은 자기 나름의 역학이 있으며, 볼셰비키 모델을 따를 필요가 없다는 사실을 뒤늦게 인정했다.―에서 옹호되었다는 사실을 반증하는 것이기도 했다. 그러나 쿠옥은 자신의 의사와는 관계없이 치안국의 철저한 탄압 때문에 득을 보고 있기도 했다. 치안국이 찬 푸, 하 후이 탑, 레 홍 퐁 등 그의 잠재적 경쟁자들 대부분을 제거해버렸기 때문이다. 어쨌든 당장은 당 내에서 그에게 도전할 사람이 없었으며, 쿠옥은 자신의 명성과 이미 전설이 된 혁명가로서의 경력을 한껏 활용하여 당의 지도권을 장악할 수 있었다.

이런 상황을 고려할 때 왜 응우옌 아이 쿠옥이 총서기 자리를 마다했는지 이해하기 어렵다. 그 자리를 맡았다면 당 내에서 힘의 지렛대를 꽉 움켜쥘 수 있었을 것이기 때문이다. 어쩌면 그는 자신을 여전히 세계 무대의 활동가로, 언젠가 동남아시아 지역 전체에서 제국주의를 쓸어버리는 혁명의 파도가 밀려올 때 그것을 조직해낼 코민테른 요원으로 생각했는지도 모른다. 어쩌면 그는 이미 시선을 먼 미래에 두고, 공산당이 대표하는 계급 투쟁의 테두리를 벗어나 한 나라의 주석으로서 번영하는 독립 베트남을 건설하기 위한 투쟁에 나선 모든 인민을 대변할 수 있기를 바랐던 것인지도 모른다.

9장 불어오른 강물

1941
1945

"우리는 징 제스나 영미의 군대가 우리의 자유를 가져다줄 것이라는 환상을 경계해야 한다. 물론 우리는 민족 해방 투쟁에서 동맹자들을 찾아야 한다. —일시적 동맹자든, 동요하는 동맹자든. 그러나 투쟁은 오직 우리 자신의 노력의 결과로 이루어지는 일뿐임을 명심해야 한다."
—1941년 일본의 진주만 공격 직후 추옹 친이 발표한 성명서

"호는 내가 예상한 모습은 아니었다. 우선 그는 실제로 '늙지' 않았다. 턱수염에 흰 빛이 비치는 것 때문에 나이가 들어 보이기는 했으나, 얼굴에는 힘이 넘쳤고 빛을 발하는 눈은 맑았다. …… 나는 그의 분명한 말에 깊은 인상을 받았다. 그는 붓다 같은 자세로 가만히 앉아 주름진 갈색 손가락만 움직였다."
—1945년 3월 17일 호치민을 만난 후 찰스 펜의 기록

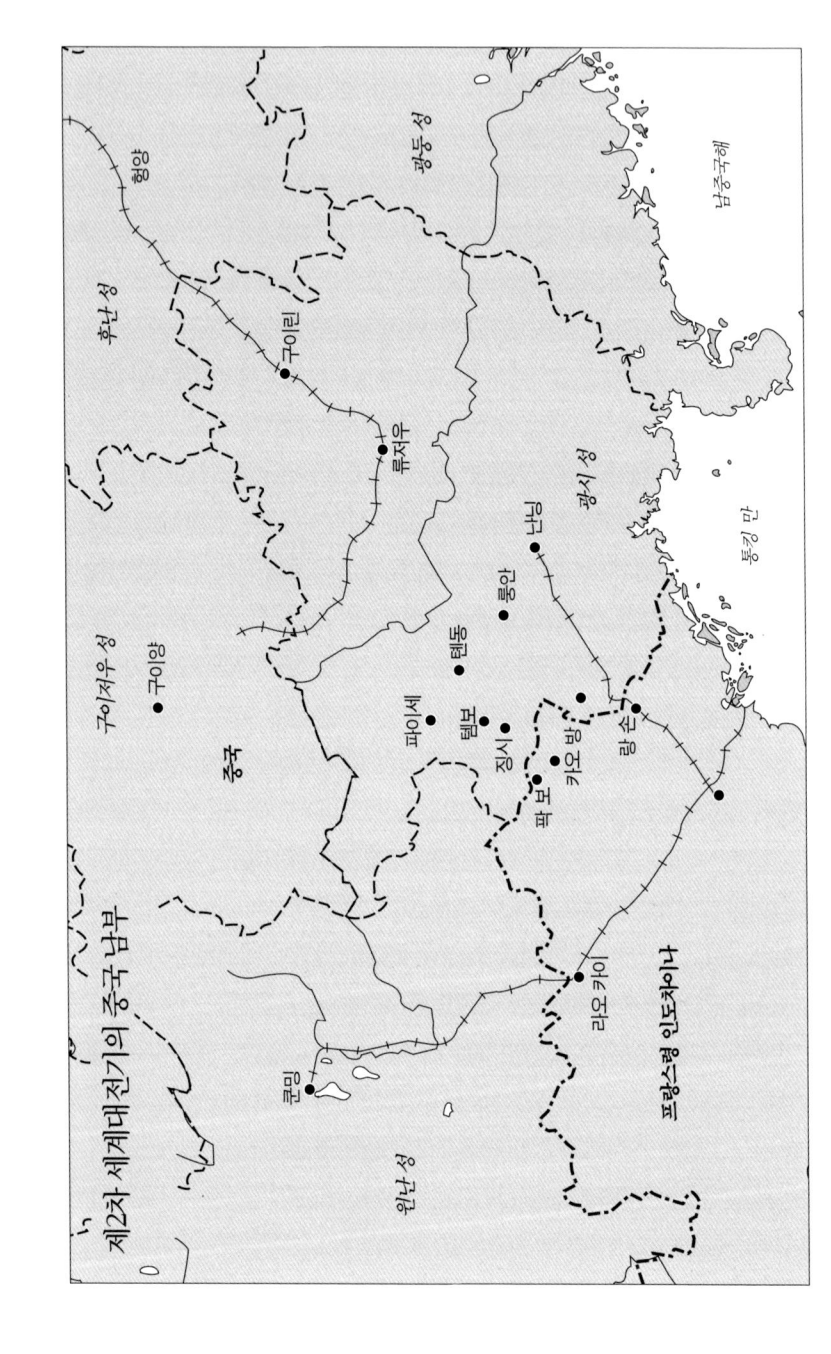

9 | 불어오른 강물

    1941년 5월 팍 보의 중앙위원회 회의 뒤에, 당 지도부는 일을 따라 흩어지기 시작했다. 총서기 쯔엉 친은 호앙 쿠옥 비엣, 호앙 반 투와 함께 하노이로 돌아가 옛 황성 외곽에 중앙위원회의 새로운 본부를 건설했다. 다른 당원들은 근처의 여러 부로 가서 게릴라 지대(支隊)를 조직하고, 비엣 박의 산악지대에 혁명 기지를 건설하기 시작했다. 또 일부는 국경 너머 중국으로 가서 훈련을 받거나, 중국 남부의 비공산주의 민족주의자 그룹들과 취약한 동맹을 강화하는 사업을 계속했다. 응우옌 아이 쿠옥은 일단 팍 보에 남아, 장차 남부로 세력을 확장할 준비를 했다.
    쿠옥은 다음 몇 달 동안 시암에서의 경험을 되살려 그가 이끄는 양떼의 선생이자 아버지가 되었다. 그는 지역 간부들에게 마르크스-레닌주의를 가르치는 강좌를 마련하고, 그들이 투사이자 혁명의 전도사가 되는 데 필요한 군사 훈련을 받게 했다. 학생들은 나흘 간 강의를 들은 뒤에 선전가로서 자신의 기술을 시험해보기 시작했다. 응우옌 아이 쿠옥은 그들의 활동을 관찰한 뒤에 부족한 점을 비판했다. 그는 또 강좌의 정식 강사로 일하면서 세계 정세에 대하여 개강 강연을 하고, 이어 국내 상황과 혁명 운동의 앞으로의 임무에 대한 논의도 함께 했다. 1939년 8월 독소불가침조약 조인 이후 당 간부들은 왜 스탈린이 세계 혁명의 최대의 적으로 간주되는 히틀러가 이끄는 독일과 동맹을 맺었는지 설명해달라는 요구와 자주 마주치게 되었다. 그러나 1941년 6월 말 독일이 소련을 침공했다는 소문이 국경지대에 도착했으며, 이것은 인도차이나공산당의 활동을 전세계적인 반파시즘 투쟁의 일환으로 설명하려는 응우옌 아이 쿠옥의 노력에 도움을 주었을 것이다. 그는 이렇게 설명한 적이 있다. "파시스트들이 세계 혁명의 조국인 소련을 공격했지만, 소비에트의 민족들은 분명히 승리를 거둘 것이다. 우리 베트남인들도 '신민주주의' 편에 서서 파시스트들에 대항하여 소련을 지지해야 한다."[1]

응우옌 아이 쿠옥은 또 군사 훈련의 강좌에 교본으로 사용하기 위해 게릴라전 전술에 대한 짧은 팸플릿도 썼다. 이 자료는 그가 중국의 공산주의 군대를 관찰한 경험, 그리고 2년 전 그 자신이 형양에서 참가했던 게릴라 훈련 강좌를 바탕으로 작성한 것이 분명하다. 이 팸플릿은 첫 장에서 게릴라전에 대하여 일반적인 설명을 한 뒤에, 나머지는 조직 기술, 후퇴, 공격, 기지 건설 전술 등을 다루고 있다. 이 팸플릿은 나중에 비엣 박의 다른 지역의 훈련 프로그램에도 사용되었다.[2]

응우옌 아이 쿠옥은 다른 글도 많이 썼다. 그는 운동의 초보자들 교육용으로 그 전해부터 발행했던 잡지 〈비엣 남 독 랍〉에도 적극적으로 기고했다. 대나무 펄프로 만든 원시적인 종이에 등사로 인쇄한 이 잡지는 지역 주민도 읽을 수 있도록 쉬운 글로 썼다. 그러나 마을 주민 가운데는 글을 읽을 줄 아는 사람이 거의 없어, 쿠옥은 문자 교육도 실시했다. 문자 교육에서는 로마자로 표기한 베트남어인 쿠옥 응우만이 아니라, 초보적인 수준이기는 하지만 당과 세계 혁명의 역사에 대해서도 가르쳤다. 잡지의 기사들—그 가운데 다수는 응우옌 아이 쿠옥이 직접 쓴 것이다.—은 다양한 주제를 다루었지만, 모든 기사가 베트민의 메시지를 전파하고 적과의 불가피한 대결을 준비하게 한다는 목적을 가지고 있었다. 그런 전형적인 글이 104호에 실린 〈여자들〉이라는 짧은 시이다.

베트남 여자들은 언제나
우리 조국과 민족을 위하여 희생해왔다.
쯩 자매의 부름에는 수많은 사람들이 호응하여
조국과 민족을 구하러 나섰다.
오랜 혁명 운동 기간 동안
우리 자매들은 자주 투쟁에 참여하여,
황금의 심장, 강철 같은 용기로
여러 번 용감하게 싸웠고,
응우옌 민 카이처럼
여러 사람이 사형선고를 받았다.
이제 기회가 가까웠으니,
프랑스를 물리치자, 일본을 물리치자, 사람과 가정을 구하자.
젊거나 늙은 여자들아,
함께 뭉쳐 투쟁하자,
베트민전선에 함께 뭉치자,
먼저 나라를 구하고, 다음에 우리 자신을 구하자,
그래서 온 세상이
우리가 선녀와 용의 자식들임을 알게 하자.[3]

1930년대 초 이후 당을 확장하는 기본 수단은 기능적인 대중 소식으로, 이것은 인도차이나 내부의 구체적인 사회 집단들의 이해관계를 대변했다. 이런 식으로 낮은 수준에서 지지자들을 모으고, 여기서 발전을 보이는 사람들을 조직의 상위 수준으로 올리는 것은 레닌이 독창적으로 고안하고, 중국공산당이 완벽하게 다듬은 방법이었다. 응우옌 아이 쿠옥은 '세계 전쟁과 우리의 의무'라는 글에서, 농민, 청년, 여성, 아동, 노동자, 병사, 심지어 향신까지 포함한 베트남 사회의 모든 애국적 그룹들이 이런 조직에 가입하여, 민족 해방 임무를 완수할 필요성을 강조했다.

응우옌 아이 쿠옥은 팍 보 회의 이후 쓴 글에서 조국 해방의 신성한 의무를 끊임없이 언급했다. 《우리 조국의 역사(Lich su nuoc ta)》라는 운문으로 쓴 짧은 팸플릿에서 그는 베트남 민족은 조국의 역사를 알아야 한다는 말로 첫머리를 열었다. 이어 역사의 위대한 교훈을 강조하면서, "우리 민족은 '통일'이라는 말을 배워야 하는데, 그것은 곧 정신의 통일, 노력의 통일, 마음의 통일, 행동의 통일"이라고 말했다. 이 글의 끝에는 베트남 민족의 역사에서 중요한 날들을 기록했다. 이 목록의 맨 마지막 날짜는 1945년이었으며, 여기에는 베트남 독립의 해라는 설명이 붙어 있었다. 동료들이 그해에 해방이 이루어질지 어떻게 아느냐고 묻자, 그는 수수께끼처럼 "두고보라."는 말만 했다.[4]

빨간 벽돌집

응우옌 아이 쿠옥이 간부들을 훈련시키고, 지지자들에게 조국 해방의 신성한 대의를 강조하는 동안, 그의 동료들은 비엣 박에 해방구를 만들어 장차 권력을 향한 도약대로 삼으려고 노력하고 있었다. 쿠옥은 팍 보 전체회의가 끝난 뒤 풍 치 키엔에게 장차 남쪽 홍 강 삼각주 지역으로 밀고 내려갈 수 있도록 그러한 기지를 건설하라고 지시했다. 키엔은 결국 성도 카오 방 서쪽, 응우옌 빈과 호아 안이라는 두 마을 사이의 산악지대에 새로운 군사본부를 건설했다. 카오 방은 4번 국도가 통과하는 지역이었는데, 이 길은 국경을 따라 남동쪽으로 구불구불 내려가다 삼각주로 들어가는 길들과 만났다. 그 길은 결국 하노이 근처 중앙위원회 본부로도 통했다. 새로운 사령부는 육중한 붉은 바위들로 둘러싸인 작은 분지에 자리잡고 있었다. 보 응우옌 지압은 그것을 보고 '빨간 벽돌집'이라는 별명을 붙였다. 본부는 산의 사면에 있는 작은 오두막이었으며, 오두막을 둘러싼 빽빽한 밀림의 보호를 받고 있었다. 새로운 본부는 아직 원시적이었지만, 팍

비엣 박의 중심부에 자리잡은 이 건물에서 베트민전선 지도부는 탄 차오 회의를 열어 일본의 점령과 프랑스의 식민지 지배로부터 베트남의 독립을 되찾기 위한 8월 혁명을 시작한다는 결의를 했다.

보의 동굴에 비하면 사치스럽다 할 만했다. 이후 몇 달 동안 기지의 간부들은 게릴라 작전을 시작하기 위한 준비로 자체적인 훈련 프로그램을 실시했다.

  1942년 1월 무렵, 응우옌 아이 쿠옥은 지역의 눙족처럼 바랜 옷을 입고 소지품(타자기와 운동 기구를 포함하여)을 넣은 조그만 보따리를 들고 몇 명의 동지와 함께 팍 보를 떠나 새로운 베트민 기지로 걸어갔다. 가는 길에 한 번은 길을 잃었는데, 응우옌 아이 쿠옥은 "꼴 좋네." 하면서 태평하게 웃음을 터뜨리더니, "탈출로를 확보하려면 앞으로는 이곳 길들을 잘 알아두어야겠군." 하고 덧붙였다.[5]

  응우옌 아이 쿠옥은 새 사령부(그는 15세기에 중국 점령군에 대항하여 싸웠던 베트남 애국자 레 로이가 세웠던 게릴라 기지를 기념하여 그곳에 람 손이라는 별명을 붙였다)에 도착하자, 지역 간부들을 위해 새로운 정치 훈련 강좌를 열었다. 비밀을 유지하기 위하여 강좌는 밤에 야외에서 열렸으며, 교본은 없었다. 학생들이 팍 보의 학생들보다 수준이 높았기 때문에 가르치는 내용도 수준이 높아졌다. 마르크스주의, 당 규약, 소련공산당사 등에 대한 토론이 주요 내용이었다. 처음에는 프랑스, 이번에는 또 일본과 끝도 없이 이어지는 투쟁에서 이따금씩 절망하는 동료들의 사기를 높이기 위해 응우옌 아이 쿠옥은 가끔 강연을 마무리 지을 때, 그 기지가 미래의 총봉기를 위한 필수적인 발판이라고 강조하곤 했다. 그는 또 믿을 만한 지지자들을 끌어들여 운동의 힘을 강화하는 것이 핵심이라고 강조했다. 그는 이렇게 말했다. "혁명은 불어오른 강물과 같으며, 믿을 만한 사람들은 강바닥에 박혀 있는 말뚝과 같다. 이 말뚝들은 물이 빠졌을 때 바닥의 흙을 지탱한다."

그러나 새로운 본부는 국경지대의 팍 보보다 적의 공격에 취약하다는 점이 문제였다. 사령부의 당 간부들은 프랑스의 순찰대를 피해 몇 번이나 지역 주민 속으로 숨어들어야 했다. 그럴 경우에는 밀림 속에서 야영을 하기도 했는데, 때로는 사람들이 뚫고 들어오기 힘든 곳까지 가기도 했다. 살아남기 위해 옥수수, 쌀, 야생 바나나꽃 같은 식량을 찾으러 다니는 일도 많았다. 동료들의 만류에도 불구하고 응우옌 아이 쿠옥은 그들과 함께 곤궁한 생활을 하겠다고 고집했다. 동료들의 어깨가 처지거나 지나치게 흥분할 때면 쿠옥은 그들에게 이렇게 조언했다. "인내, 냉정, 경계. 이것이 혁명가가 절대 잊지 말아야 할 것들이다."[6]

이런 상황이었기 때문에 이 지역에 사는 소수민족들과 우호적 관계를 맺는 것이 필수적이었다. 당은 이미 1930년대 중반부터 비엣 박에서 지지자들을 모으기 시작했으며, 1935년 마카오 회의에서는 미래의 독립 인도차이나 연방에 속하는 모든 인종 집단의 자결을 약속했다. 이제 쿠옥의 격려에 따라 간부들은 소수민족의 언어와 관습을 배워 그들의 지지를 얻으려고 노력했다. 간부들은 근처 마을에서 열리는 주민의 의식에 참여했으며, 일부는 심지어 지역 관습대로 이를 줄로 갈기도 하고, 지역 주민을 아내로 얻어 가정을 꾸리기도 했다.

1941년 12월 7일 일본군이 진주만을 공습했다. 다음 날 미합중국은 일본에 선전포고를 했다. 응우옌 아이 쿠옥은 〈비엣 남 독 랍〉에 실은 짤막한 사설에서 이제 태평양지역의 투쟁은 세계 전쟁의 불길과 합쳐지게 되었으므로, 인도차이나의 민족들이 다가올 도전에 맞서 힘을 모으는 것이 더욱 긴급해졌다고 말했다. 쿠옥은 1942년 7월 팍 보로 돌아가 카오 방 근처의 동료들에게 작전을 확대하여 박 손과 보 나이, 그리고 더 멀리 남쪽에서 활동하는 활동가들과 연계를 확립하고, 이를 통해 카오 방으로부터 남쪽 삼각주에 이르기까지 안정적인 정치적 회랑을 만들라고 명령했다. 운동의 '남진(베트남어로는 '남 티엔'이라고 부르는데, 10세기 베트남 민족이 중국으로부터 독립을 회복한 후 홍 강으로부터 남쪽으로 역사적 이주를 한 것을 부르는 말과 똑같다)'이 곧 시작될 예정이었다.

박 손에서는 눙족 출신의 당 간부 추 반 탄이 1940년 가을 프랑스와 일본에 대항하여 싸웠던 반군 가운데 남은 병력을 게릴라 부대로 재편하여, '구국군(쿠 쿠옥 콴)'이라는 약간 거창한 이름을 붙였다. 그들의 기지는 성도 랑 손과 가까웠기 때문에 근처 프랑스 보안부대의 공격에 노출되어 있었으며, 실제로 보안부대는 이 지역을 샅샅이 수색하여 용의자를 체포하고 마을에 불을 질렀다. 이런 수색 작전 와중에 응우옌 아이 쿠옥이 가장 신뢰하는 동료 가운데 한 사람이자 1935년 이후 당 중앙위원회 위원으로 활동했던 풍 치 키엔이 전사했다. 키엔을 박 손에 보내 훈련소를 세우고 그 지역에서 게릴라 활동을 확장하라고 지시한 사람은 바로 쿠옥이었다. 어쩌면 쿠옥은 동료의 죽음이 자신이 핵심이라고 여기던 사업을 하다가 일어난 일이라는 데서 위안을 삼았을지도 모른다. 그가 동료들에게 자주 말했다시피, 연락 임무는 혁명 사업에서 "가장 중요한 임무"였다. 연락은 통일적인 명령 체계와 적절한 세력 배치를 유지하여 최종적인 승리를 거두는 데 결정적인 역할을 했기 때문이다.

게릴라들이 활동을 강화하면서 당국은 그들을 진압하려고 노력을 기울였다. 비엣 박 남쪽 지방 전역에 통행금지를 실시하고, 저항 세력들을 소탕하기 위해 순찰대를 보냈다. 응우옌 아이 쿠옥이 1942년 6월 람 손을 떠나 팍 보로 돌아간 것은 체포를 피하기 위해서였다. 쿠옥은 지역 무당으로 변장하여, 검은 가운을 입고 주문이 적힌 책, 향, 살아 있는 닭(병을 고치는 데 필요했다) 등 소도구까지 완전히 갖춘 다음 작은 무리와 함께 고생 끝에 적의 검문소들을 통과하여 마침내 최종 목적지에 도달할 수 있었다. 한 번은 검문소의 보안 장교가 무당에게 몸이 불편한 자기 부인을 좀 봐달라고 부탁했다. 쿠옥의 동료는 무당의 장모가 중병에 걸려 지체할 시간이 없다고 대꾸했다. 그러자 장교는 무당에게 돌아가는 길에 자기 마을에 들러달라고 부탁했다.[7]

《옥중일기》

응우옌 아이 쿠옥은 내부의 프로그램이 자리를 잡자 국제적 지원을 확보하는 일로 주의를 돌렸다. 1942년 8월 13일 그는 동료 레 쾅 바와 함께 걸어서 중국으로 돌아갔다. 그들은 프랑스 순찰대를 피하기 위해 밤에 이동하고 낮에 쉬었다. 쿠옥은 다시 호치민이라는 이름의 화교 기자 신분증을 가지고 다녔다. 25일, 쿠옥은 바몽이라는 중국의 작은 국경 마을에서 베트남 혁명 운동에 공감하는 것으로 알려진 지역 농부 쉬 웨이싼의 집에서 잠깐 쉬었다. 이틀 뒤 쿠옥은 젊은 중국인 안내자와 함께 출발했다. 주인에게는 근처의 빈마라는 작은 도시까지 걸어간 뒤, 버스를 타고 전시 수도인 충칭까지 가겠다고 알려두었다. 레 쾅 바는 바몽에 남았다. 그러나 쿠옥과 안내자는 징시에서 북동쪽으로 35킬로미터 정도 떨어진 군청 소재지 더바오로부터 멀지 않은 터원이라는 마을에서 중국 경찰에 체포되었다. 호는 '반침략동맹 베트남 지부'라는 단체의 대표자라는 신분증만이 아니라, 국제신문사(궈지 신원서)의 명함과 더불어 제4사령부 사령관이 발행한 군용 신분증도 가지고 있었기 때문에, 지역 당국의 의심은 더욱 커졌다. 이 서류들은 모두 1940년에 발행한 것으로, 이미 유효기간이 지났다. 지역 당국에서는 위조 문서를 그렇게 많이 가지고 다니는 사람은 일본 첩자일 것이라고 생각하고, 그와 젊은 안내자를 구금했다.[8]

호치민이 중국으로 돌아간 목적은 오래 전부터 논란이 되어왔다. 그 자신은 회고록에서 중국의 총통 장 제스를 비롯한 국민당 당국과 유대를 맺어, 인도차이나로부터 일본을 몰아내는 데 지원을 얻으려는 것이었다고 암시했다. 베트남의 다른 자료 몇 가지도 동의한다. 그러나 다른 자료들은 그의 진짜 목적이 충칭의 연락본부에 있는 중국공산당 대표들을 만나려는 것이었다고 주장한다. 둘 다 맞는 이야기일 가능성이 높다. 호치민으로서는 중국공산당 내의 아는 사람들과 더 긴밀한 유대를 형성해야 할 많은 이유가 있었다. 사실 그들 가운데 많은 수는 4년 전 옌안에 잠깐 들렀을 때 만난 이후 만나지 못했다. 그러나 충칭에서 옛 친구 저우 언라이를 만나는 것도 한 가지 목적이었겠지만, 호치민의 주된 목적은 국민당 정부로부터 지원을 얻고, 그들로부터 베트민전선을 베트남 민족주의의 정통성 있는 대표로 인정받는 것이었다고 할 수 있다. 미국이 미드웨이 해전에서 승리했다는 소식은 이미 아시아 대륙에까지 전해졌으며, 연합군의 장 제스 정부에 대한 지지를 볼 때 그가 태평양 전쟁 뒤에도 살아남을 가능성이 점점 높아졌다. 일단 접촉해볼 만한 사람은 국제반침략동맹의 중국 지부 지부장인 쑨 원의 미망인 쑹 칭링이었다. 베트남 혁명 운동에는 물질적 지원이 절실했기 때문에, 국민당 정부가 중국 남부에서 베트민의 활동을 용인하고 일본의 침략을 저지하는 데 베트민전선의 역할을 인정해주는 것이 필수적이었다.[9]

지역 당국은 위조 신분증이 그렇게 많은 사람이라면 위험할 뿐 아니라 정치적으로 상당히 중요한 사람일 것이라고 확신하고, 광시 성 성도인 구이린의 군사법정에 연락하기로 결정했다. 법정에서는 심문을 하고, 필요한 경우 재판도 하기 위해 호치민을 구이린으로 이송해달라고 요청했다.

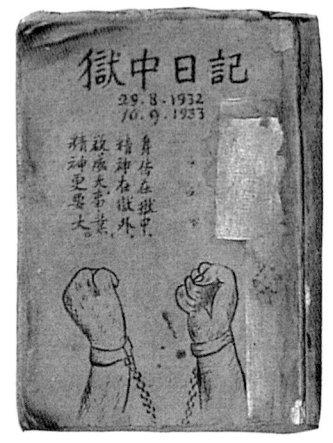

1942년부터 1943년 사이에 쓰여진 호치민의 《옥중일기》.

호는 더바오를 거쳐, 8월 29일 곽 보 회의 직전에 자신의 활동 근거지였던 징시의 국민당 감옥에 수감되었다. 이때쯤에는 국경지역의 친구들도 그의 위기를 알게 되었다. 그들은 즉시 징시 행정장관에게 사람을 보냈는데, 행정장관은 또 쉬 웨이산이 아는 사람이기도 했다. 그러나 행정장관은 호의 석방 요청을 거부하고, 상급 기관에 전보로 체포 사실을 보고했다.[10]

지역 당국이 상급 기관으로부터 지시를 기다리는 동안 호치민은 징시 감옥에 몇 주 동안 갇혀 있었다. 그 자신의 이야기에 따르면 감옥은 시설이 원시적이었으며, 종종 비인간적이기도 했다. 죄수들은 낮에는 차꼬를 차고 있었으며, 밤에는 이가 들끓는 감방의 벽에 족쇄로 묶여 있었다. 식사는 밥 한 그릇과 물 반 대야였는데, 이 물로 세수도 하고 차도 마셔야 했다. 그럼에도 호치민은 종이와 펜을 얻어, 자유로운 시간이면 자신의 감정과 감옥 상황을 묘사하는 시를 쓰며 불안한 마음을 달랬다. 먼 훗날 이 시들은 《옥중일기(Prison Diary)》라는 제목으로 출판되었다. 이 시들은 당시(唐詩)풍의 4행시로, 한자로 씌어졌다.

일기장을 열며

시 낭송을 즐긴 적은 없지만,
감방 안에서 달리 할 일이 무엇이 있으랴?
시간을 보내기 위해 시구를 낭송하니,
자유가 올 때까지 낭송하며 기다리리.

수인(囚人)은 자신의 운명에 대한 분노를 표현하기도 했다.

험한 길

가장 높은 봉우리들도 올랐건만,
평지에서 곤경에 부딪혔구나.
산에서는 호랑이와 마주치고도 무사했건만,
평지에서는 같은 인간에게 붙들렸구나.

나는 베트남 민족의 대표자로 온 사람,
중요한 지도자들과 협의를 하기 위해 중국에 온 사람.
그러나 갑자기 거센 역풍을 만나
"존경받는 손님"으로 감옥에 갇혔어라.

내 마음은 충성스럽고 깨끗하지만,
반역자로 의심을 받고 있네.
한 번도 쉬웠던 적은 없지만,
지금은 훨씬 더 어렵구나.

그러나 호치민은 그의 뿌리 깊은 낙관주의를 바탕으로 결코 희망을 잃지 않았으며, 함께 갇혀 있는 사람들에게도 삶의 의지를 심어주었다.

아침
감옥 벽 위로 해가 떠올라
감옥 문을 비추는구나.
감옥 안은 아직 깜깜하지만
바깥에는 땅 위로 햇살이 퍼지네.

일어나서 모두 경쟁하듯 이를 잡고,
종이 여덟 번 치면 아침 식사 시간.
형제여, 나온 것은 다 먹게나,
이제 곧 좋은 일이 생길 것이니.[11]

10월 10일, 중국 혁명 31주년 기념일에 호치민은 징시에서 다시 더바오로 이송되었다. 그러나 이 여행은 단조로운 감옥 생활에 거의 위안을 주지 못했던 것이 분명하다.

가는 길
길을 걸어본 사람은 그것이 어렵다는 것을 알지.
산 하나를 오르면 또 다른 산이 나타나네.
그러나 가장 높은 산에 오르기만 하면,
눈앞에 만 리가 펼쳐지는구나.

톈바오 감옥에 도착해서
오늘은 53킬로미터를 걸어,
모자와 옷은 흠뻑 젖고 신발은 누더기가 되었네.
밤새 머리 뉠 곳은 없고,
변소에 웅크린 채 날이 밝기를 기다리네.

더바오에서는 미국 루스벨트 대통령의 특사인 웬들 윌키가 장 제스와 회담을 하기 위해 충칭에 도착했다는 소식을 들었다. 그는 더욱 좌절감을 느꼈다.

보도: 윌키 환영연
우리는 둘 다 중국의 친구로서
충칭으로 가고 있네.
그러나 그대는 귀빈 대접을 받고,
나는 감방 안에서 수심에 잠겼네.

우리 둘 다 자기 나라를 대표하는데,
왜 우리는 다른 대접을 받을까?
물은 동쪽으로 흘러가고,
세상의 길들은 뜨겁기도 하고 차기도 하는구나.

　호는 더바오에서 텐둥과 룽안을 거쳐, 구이린 방향으로 2백 킬로미터 가까이 떨어진 난닝으로 이송되었다. 이제 오랜 감금 생활로 쌓인 피로가 그에게 영향을 미치기 시작했다.

밤의 한기
요나 이불도 없는 가을 밤.
몸을 자꾸 웅크리지만 잠은 오지 않네.
바나나 나무에 떨어지는 달빛에 대기는 차가워지고
창 밖 북두칠성은 옆으로 누웠네.

　그럼에도 그는 파리에서 혁명가로 발을 내딛던 시절부터 그의 글의 특징으로 나타나던 유머 감각과 아이러니의 재능을 잃지 않았다.

농담
나라에서 먹여주고 재워주고,
병사들 무리가 호위까지 해주네.
원하는 대로 시골을 산책하니,
관광객 행세는 정말 재미있어라!

1942년 12월 9일, 그는 난닝에서 기차를 타고 장 제스의 제4군 사령부가 있는 류저우로 갔다. 호치민은 자신의 일이 지역 사령관인 장 파쿠이(張發奎)에게 보고되기를 바랐을 것이다. 장 파쿠이는 국민당 지휘관으로 오랜 세월을 보낸 사람으로, 장 제스와는 달리 중국공산당을 본능적으로 불신하지 않았으며, 베트남의 민족 해방 투쟁에도 공감하는 것으로 알려져 있었다. 그러나 실망스럽게도 호는 계속 기다리다가 결국 다음 날 구이린으로 이송되고 말았다.

심문 없는 구금
찌꺼만 남았을 때 약이 가장 쓰듯이
거친 길도 마지막이 가장 힘들다.
행정장관 집무실은 불과 몇 리 밖인데,
나는 왜 여기서 기다려야 하나?

넉 달 뒤
"감옥에서의 하루는 바깥의 천 년과 같다."
이 옛말은 정곡을 찔렀네.
넉 달 간 비인간적인 생활을 하다 보니

십 년도 더 늙어버렸어라.

이제 그의 몸은 바짝 여위고 종기로 뒤덮였으며, 머리는 하얗게 세기 시작했고, 이도 빠졌다. 그러나 그는 절망하지 않았다.

> **다행히도**
> 나는 인내하고 기다려왔다.
> 한 걸음도 뒤로 물러서지 않았다.
> 몸은 힘들었지만,
> 나의 정신은 흔들리지 않았다.

> **중병**
> 중국의 습한 기후 때문에 열병이 나니,
> 고향 베트남이 그립구나.
> 감옥에서 병이 드는 것은 비참한 일.
> 울어야 하나 대신 노래를 부르네.

다시 몇 주가 미루어진 뒤에 구이린 군사법정의 최고법무관은 호치민 사건을 처리하기 시작했다. 호는 심문을 받으면서 인도차이나의 공산주의 운동과 관련이 있다는 사실은 인정했으나, 중국공산당과의 관련은 부인했다. 법정은 그를 정치범으로 간주하여 다시 류저우의 제4군 사령부로 보내 재판을 받게 했다. 호가 1943년 2월 초 류저우에 도착하자 장 파쿠이는 사건을 정치부로 넘겼다.[12]

호치민 석방 운동

레 꽝 바는 호치민이 체포되었다는 소식을 듣자 바로 바몽을 떠나 징시로 향했다. 호는 그에게 베트남의 당 중앙위원회로 가는 편지를 전달해달라고 부탁했다. 10월 말, 호의 구금 소식이 카오 방에 전해지자, 당 지도부는 그의 체포에 반대하는 대중 시위를 조직하기로 결정했다. 그들은 또 UPI, 로이터, 타스, 아장스 프랑스 프레스 등의 주요 통신사에 편지를 써 상황을 알리고 중국 정부에 이야기를 하여 호를 석방하게 해달라고 요청했다. 11월 15일 충칭의 타스 지사에 보낸 전문에서는 호치민을 "국제반침략동맹 베트남 지부의 지도적 인물의 한 사람"이며, 베트남 국민으로부터 "큰 존경"을 받는 인물이라고만 묘사하고 있다. 이 전문은 이 동맹이 20만 명의 회원을 거느리고 있다고 주장했다. 그러나 충칭의 모든 해외 통신사가 비슷한 연락을 받았을 때, 호치민은 이미 구이린의 감옥에 있었다.

한편 인도차이나공산당 지도부는 소수민족 출신 간부 호앙 딘 지옹을 국제반침략동맹 베트남 지부 대표 자격으로 중국에 쑨 원의 아들로 당시 충칭의 입법원 의장직을 맡고 있던 쑨 커(孫科)에게 호의 석방을 요구하는 전보를 보내게 했다. 쑨은 태평양 전쟁이 끝난 뒤 아시아 식민지 지역의 해방을 옹호하는 발언을 한 적이 있기 때문에, 그들의 메시지에 동정적인 태도를 보일 것이라고 예상한 것이다.

쑨 의장께

우리의 대표 후 코 밍이 장 총통께 우리 입장을 알리고 경의를 표하기 위해 충칭으로 가는 길에 징시에서 체포되었습니다. 의장께서 지역 당국에 전문을 보내 그를 즉시 석방시켜주시기를 간청합니다.

쑨 커는 후 코 밍이 누구인지 몰랐던지 그 전문을 국민당 중앙집행위원회 총서기 우 톄청(吳鐵城)에게 전달했다. 우는 11월 9일 구이린의 중앙정부와 장 파쿠이가 지휘하는 류저우의 제4군 사령부에 전문을 보내, 사건을 조사하고 적절하다면 호를 석방하라고 명령했다. 그러나 어느 쪽도 그 문제를 처리할 수 없었다. 호치민은 더바오에서 난닝으로 가는 중이었으며, 아직 류저우에 도착하지 않았기 때문이다.[13]

인도차이나의 당 지도부는 호치민 석방을 위해 노력하던 중에 충격적인 소식을 들었다. 1942~1943년 겨울에 호를 찾으라고 중국 남부로 보냈던 젊은 당원이 호치민의 사망 소식을 들고 카오 방에 도착했기 때문이다. 류저우에 갔다가 호가 감옥에서 죽었다는 이야기를 들었다는 것이었다. 비엣 박의 당 지도부는 하노이 근처 중앙위원회 본부에 소식을 전하고 팜 반 동에게 장례식 준비를 맡겼다.

그러나 몇 주 뒤 중국에서 잡지 한 부가 도착했다. 여백에는 낯익은 필체의 한자가 몇 자 적혀 있었다. "내 소중한 동지들에게—건강에 유념하면서 용기를 가지고 사업을 하시게. 건승을 빌며." 그 뒤에 짧은 시가 붙어 있었다.

> 구름이 산을 둘러싸도,
> 산은 구름을 찢고 나온다.
> 무엇으로도 흐리게 할 수 없는 거울처럼
> 강은 맑은 물을 흘려 보낸다.
> 서풍산(西風山)의 산정에서
> 외롭게 거닐다기 가슴이 뭉클하여라.
> 남쪽 하늘을 보며
> 동지들을 생각하다.

당 지도부는 기쁨에 휩싸여 호가 죽었다는 소식을 전한 간부를 불러 따졌다. 그는 말했다. "알 수가 없군요. 중국 총독은 나에게 분명하게 호 아저씨는 죽었다고 말했습니다." 그러나 총독이 한 말을 정확히 옮겨보라고 하자, 그가 중국말 "그렇소, 그렇소(스러, 스러)"를 "죽었다, 죽었다(쓰러,

쓰러)"로 오해했다는 것이 드러났다.[14]

자유의 몸이 되어

류저우에서 호치민은 정치부 구내의 군대 감옥에 갇혀 있었다. 이제 그는—그 무렵의 시에서 썼듯이—구이린과 류저우 사이를 오가는 축구공이 된 듯한 느낌을 받았다. 그는 석방되기 전 다섯 달 동안 중국 남부의 13개 군 18개 감옥을 전전했다. 호는 여전히 자유를 빼앗긴 것에 분개하고 있었지만, 정치범으로서 좀 나은 대접을 받고 있었다. 음식은 그런 대로 괜찮았고, 밤에도 차꼬를 차지 않았다. 심지어 신문이나 책을 읽는 것도 허용되었다. 정기적으로 감방을 벗어나 약간의 운동도 하고 용변도 보았다. 이발과 목욕을 한 적도 있었다. 베트남의 동료들과 연락을 하고 자신의 상황을 알리는 일도 편해졌다. 그래서 잡지나 책의 여백에 쌀뜨물로 만든 사라지는 잉크로 메모를 적어보내곤 했다. 그를 가두고 있는 중국인들에게는 정중하고 조용한 전통적 학자의 모습을 보여주었다. 그는 시간을 보내기 위해 쑨 원의 《삼민주의(Three People's Principles)》를 베트남어로 번역하기도 했다.[15]

1943년 봄, 장 파쿠이 장군은 그의 골치 아픈 죄수의 정체를 알았다. 적어도 그가 공산주의자라는 것은 확인했다. 장 파쿠이가 어떻게 알게 되었는가 하는 것은 추측해볼 수 있을 뿐이다. 호치민의 동료 호앙 반 호안은 코민테른 요원이라는 호의 정체가 드러난 것은 호의 처형을 바랐던 그 지역의 베트남인 민족주의자 찬 바오 때문이라고 전한다. 그러나 당시 제4군 사령부 정치부의 책임자였던 량 화성 장군은 오랜 세월이 흐른 뒤 인터뷰에서, 호와 직접 대화를 하면서 그에게 공산주의적 경향이 있다는 것을 알았기 때문에 그의 처형을 제안했다고 밝혔다. 그러나 량의 말에 따르면 충칭의 중앙정부는 그의 제안을 거부했다. 정부는 호의 정치적 경향에 대한 정보를 가지고 있으면서도, 가능하면 그를 "전향시키라."라고 명령

했다.[16]

처음에는 중앙정부의 결정에 저우 언라이가 영향을 미쳤을 수도 있다. 그는 여전히 충칭의 중국공산당 연락부장으로 일하고 있었다. 저우는 1942년 가을 호치민이 체포되었다는 이야기를 들었을 때, 중국의 유명한 군벌이자 1920년대와 1930년대에 장 제스의 주요한 경쟁자 가운데 한 사람이었던 펑 위샹 장군에게 이 문제를 이야기했다. 공산주의자들과 여러 번 가까운 관계를 유지하다가 이제 국민당 정부의 영향력 있는 지도자가 된 펑은 충칭의 소비에트 고문에게 문의를 한 뒤, 부총통 리 쭹런(李宗仁)과 이야기했다. 그들은 함께 장에게 가서, 호의 석방을 요청했다. 한 중국인의 이야기에 따르면, 펑은 호치민을 옹호하며, 그가 베트남 공산주의 운동의 구성원이냐 아니냐 하는 것은 중요하지 않은 문제라고 강력하게 주장했다. 사실 소련을 비롯하여 다른 나라에서 온 공산주의 대표자들을 구금하는 일은 없지 않은가. 중요한 것은 베트남 민족이 중국인들의 대일 항전을 지원하느냐 아니냐이다. 만일 호치민이 친구라면, 그를 범죄자처럼 다루어서는 안 된다. 그렇게 하면 중국은 국제적인 지지와 공감을 잃고, 중국의 대일 항전은 속임수로 보일 것이다. 리 쭹런도 펑의 판단에 동의하여, 사건을 광시 성 당국에 넘겨 해결하게 하자고 제안했다. 장은 내키지 않는 표정으로 동의하여, 제4군 사령부에 전문을 보내 호를 석방하되 감시하라고 명령하고, 동시에 그가 충칭의 목적에 협조하도록 설득해보라고 했다.[17]

이 전문이 류저우의 장 파쿠이 장군에게 어떤 영향을 주었는지는 확실치 않다. 전쟁이 끝나고 나서 오랜 세월이 흐른 뒤 미국에서 인터뷰를 할 때 장은 자신이 상부 기관의 명령에 따라 그 문제를 처리하지는 않았다고 주장했다. 그의 설명에 따르면, 그는 죄수의 정체가 베트남 공산주의 운동의 영향력 있는 인물 응우옌 아이 쿠옥이라는 것을 알게 되자, 그의 정치부의 새로운 책임자 허우 즈밍 장군에게 제4군 교전 지대에서 협력하면 석방시켜주겠다고 설득하라고 명령했다. 장은 호와 대화하는 과정에서 그가 상당한 능력과 강렬한 반프랑스 감정을 지닌 사람이라는 것을 알게 되었으며, 자신이 인도차이나공산당 당원이지만 당면 목표는 조국의 자유와 독립이라는 호의 말을 믿게 되었던 것 같다. 호는 중국 남부의 베트남인 저항 운동을 재조직하는 일을 돕겠다고 제안하고, 베트남에서는 적어도 50년이 흐르기 전에는 공산주의 사회가 수립되지 않을 것이라고 보장한 것으로 보인다.[18]

장 파쿠이가 호치민을 석방하겠다고 결정한 동기는 그 자신의 장기적인 정치적 목적과 관련이 있었음이 분명하다. 광둥 성 출신으로 1920년대 중반에 북벌에도 참가했던 장은 장 제스나 중국공산당 양쪽의 정치 공작과 거리를 둔 군 사령관으로서 존경을 받고 있었다. 그는 일본과 인도차이나의 프랑스 식민지 체제 양쪽에 적대감을 가지고 있었으며, 민족 독립에 대한 베트남 민족의 열망에 공감하는 것처럼 보였다. 그는 류저우의 제4군 사령관으로서 전쟁이 끝나기 전에 인도차이나의 일본군에 대한 공격을 준비할 책임이 있었다. 그는 그런 목적을 위해 1940년대 초에 중국 남부의 베트남 민족주의 세력을 조직하고, 장차 인도차이나에서 작전을 펼칠 수 있도록 훈련시키려 했다.

그러나 베트남 민족주의자들을 효율적으로 조직하려던 장 파쿠이의 계획은 난관에 부딪히게 되었다. 베트남민족해방위원회의 창설을 통한 민족주의자 그룹과 인도차이나공산당 사이의 협력은 1941년 말 종지부를 찍게 되었다. 베트남국민당 지도부가 팜 반 동과 보 응우옌 지압의 정체를 파악하고, 그들을 조직에서 축출했기 때문이다. 그 직후 부 홍 칸, 응우옌 하이 탄, 응이엠 케 토 등 민족주의 지도자들 사이에 파벌 싸움이 벌어져 조직은 거의 붕괴 상태에 이르렀다. 위원회의 후원자 가운데 한 사람인 추 옹 보이 콩은 부패 혐의로 지역 당국에 체포당했다.

1942년 여름, 장 파쿠이는 다시 한 번 시도해보기로 하고, 민족주의 지도자들을 모아 이번에는 공산주의자들을 배제하고 새로운 조직을 결성하게 했다. 이 조직의 이름은 베트남혁명동맹회(비엣 남 카익 멘 동 민 호이)였으며, 일반적으로는 동맹회라고 알려졌다. 장의 부하 허우 즈밍 장군은 조직의 중국인 고문으로 선출되었으며, 조직의 첫 회의는 1942년 10월 초 류저우에서 열렸다. 그러나 동맹회는 베트남민족해방위원회와 마찬가지로 실패로 돌아갔다. 1943년 9월 초 민족대회를 개최하겠다는 장 장군의 계획이 지도자들 사이의 분파적 분쟁으로 인해 좌초했기 때문이다.

장은 호치민이 중국 남부의 베트남 민족주의 운동에 다시 힘을 불어넣을 수 있을지도 모른다는 희망을 품고 그에게 자유를 돌려주기로 결정했다. 호는 9월 10일에 석방되었으나 행동의 자유는 제한되었다. 당시 제4군 정치부에 근무하던 사람은 그해 가을 어느 날 죄수가 갑자기 정치부의 식당으로 들어와 허우 즈밍을 비롯하여 다른 중국 장교들과 한자리에 앉았다고 회고했다. 그 이후 아는 사람들에게 "호 아저씨(후 라오 보)"라고 불리던 죄수는 감옥에 갇히지 않았으며, 자유롭게 구내를 돌아다니고 심지어 바깥으로 산책을 나가기도 했다.[19]

1943년 가을 동안 호치민은 점차 지역 정치 활동에 몰입하기 시작했다. 장은 베트남 민족주의자 그룹들이 효율적인 조직을 만들도록 촉구하기 위하여 자신이 동맹회에 관심이 많다고 선언했으며, 중국인 고문 자리를 맡고 있던 허우 즈밍을 자신의 부관인 샤오 원 장군으로 교체했다. 광둥 출신의 샤오는 화교의 아들로 태어났으며, 공산주의자들에게 공감한다는 평판을 얻고 있었다. 장은 조직의 기반을 확대하기 위해 류저우의 베트남인 훈련소 졸업생들은 모두 조직원으로 가입하라고 지시했다.

호치민도 동맹회에서 적극적인 역할을 하기 시작했다. 11월에는 장 장군의 요청에 따라 부의장으로 임명되었다. 호가 부의장으로 임명된 것은 1920년대 광저우 시절부터 호와 치열하게 경쟁하던 의장 응우옌 하이 탄에게는 불편한 일이었을 것이다. 그러나 탄은 막강한 후원자의 분노를 사고 싶지 않았기 때문에 꾹 참았다. 12월에 허우 즈밍 장군이 주최하고 두 베트남인 모두가 참석한 연회에서 응우옌 하이 탄은 축배를 제안했다. "허우 즈밍, 호치민, 계몽에 공동으로 헌신하는 두 동지를 위해." 호치민은 기회를 놓치지 않고 재빨리 응수했다. "당신이 혁명가이고, 나도 혁명가이고, 우리 모두 혁명가이니, 우리는 틀림없이 우리 운명을 바꾸게 될 것이오."[20]

장의 격려에 힘입어 호는 늦가을에는 동맹회를 재조직하는 데 적극적으로 관여했다. 그는 이제 정치부의 구내를 벗어나 동맹회 본부에서 사는 것이 허용되었다. 그는 도시 전역의 청중에게 지역과 민족 문제에 대해 정기적으로 강연했으며, 제4군 사령부의 지휘 하에 있는 베트남인 훈련소에서도 강연을 했다. 그는 열중한 청중에게 일본의 패배 후 동남아시아에 통일되고, 평화롭고, 독립적이고, 민주적인 베트남이 등장할 것이라고 장담했다. 중국이 평화를 추구하는 위대한 세력이며, 베트남 민족의 형님이라고 찬양하기도 했다. 호는 1년 정도면 연합군이 일본에 승리를 거둘 것이며, 그러면 중국은 베트남인들이 평화적 수단으로 완전한 독립을 회복하고 새로운 사회를 건설하는 것을 돕게 될 것이라고 예언했다.[21]

장 파쿠이는 동맹회를 활성화하는 일에서 점점 호치민에게 의존하게 되었기 때문에, 전국대회를 개최하려는 두 번째 시도를 앞두고 호와 만났다. 호도 동의했다. 그 결과 1944년 2월 말 류저우에서 예비회의가 열리게 되었다. 회의에서 호는 이 조직이 영역을 넓혀 베트민전선과 그 하부 대중 조직의 대표들, 또한 반파시즘 대의에 공감하는 인도차이나의 다른 그룹의 대표들도 받아들일 것을 제안했다. 동맹회가 인도차이나공산당에 지배당할 것이라는 두려움에 대해서 호는 전국의 모든 정당과 조직 가운데 가장 영향력이 크고 눈에 잘 띄는 조직이 인도차이나공산당이라고 지적했다. 그는 베트남 민족은 공산주의를 두려워할 이유가 하나도 없다고 주장했다. 1789년 프랑스 혁명 뒤에 유럽 전역에 민주주의가 정치적 평등의 개념을 퍼뜨렸듯이, 공산주의는 점차 전세계에 걸쳐 경제적 평등을 실현해나갈 것이기 때문이다. 그 결과 위대한 세계 통일을 이룩한 미래 국가가 탄생할 것이다. 호는 덧붙였다. 과거에는 모든 베트남 정당들이 경쟁 관계였다. 이제 그들은 압제에 대항하여 투쟁하고 모든 정당에 공통된 유일한 목표, 즉 나라와 민족의 해방을 위하여 단결할 것이다. 그렇게 하기 위해서는 인류의 일반적 흐름을 따라야 한다. 삼민주의 원칙의 중국, 제국주의 영국, 공산주의 러시아, 자본주의 미국이 공동의 적에 대항하여 동맹을 맺고 있는 것을 보라. 장 장군은 이 웅장한 연설에 동의하고, 호에게 3월 말 동맹회 대회를 개최할 계획을 진행시켜보라고 권했다.[22]

그러나 동맹회의 비공산주의자 회원들 다수는 베트민전선의 대표들을 대회에 참석시키려는 호치민의 계획에 동의하지 않았다. 그들은 호가 자신의 지지자들을 참석시켜 대회를 지배하려 한다고 의심했다. 호는 그들의 우려를 불식하기 위해 장에게 회의 명칭을 단순하게 동맹회의 해외 대표들의 회의라고 하자고 제안했다. 장은 동의했다. 집행위원회 회의에서는 중국 남부에서 활동하는 모든 주요 베트남 그룹의 대표들을 대회에 참석시키기로 합의했다. 3월 중순에 열린 연회에서 장은 그 계획을 승인했으며, 대회에 모든 애국적 그룹들이 광범위하게 참여하는 것에 반대했던 사람들도 동의할 수밖에 없었다.

동맹회의 해외 대표 회의는 1944년 3월 25일 류저우에서 개최되었다. 인도차이나공산당, 베트남국민당, 민족주의적 색채가 강한 '다이 비엣(大越)'당의 대표들을 포함하여 모두 15명의 대표가 참석했다. 팜 반 동, 레통 손 등 몇 명의 대표는 베트민이나 당과 연결된 다른 조직의 이름으로 참석했다. 호치민은 회의에서 연설을 하면서, 인도차이나 내부의 상황과 베트민전선의 활동을 이야기하고, 베트남과 중국 양국민의 밀접한 역사적 관계를 찬양했다. 장 파쿠이는 개막회의와 폐막회의에 참석하여, 어미닭처럼 상황을 살피면서 회의가 성공적으로 진행되는지 확인했다. 대회는

28일에 폐회하기 전에 두 개의 결의안을 통과시키고 7명의 집행위원회와 감시위원회를 선출했다. 호치민은 처음에는 집행위원회의 교체 위원으로 선출되었다가 곧 정식 위원이 되었다. 장 파쿠이는 대표들에게 추가로 재정 지원을 함으로써 회의 진행 과정에 만족을 표시했다.[23]

이후 몇 달 동안 호치민은 동맹회를 활성화하기 위한 노력에 몰두했으며, 동시에 베트남으로 돌아갈 준비도 했다. 7월에 그는 난닝으로 가서 베트민 동료들이 중국 남부의 훈련소로 유학시킨 많은 학생들에게 연설했다. 이제 장 파쿠이는 호치민이 반일 저항 운동에서 베트남인들을 이끌기에 가장 적합한 인물이라고 판단하고 있었다. 그는 호가 열심히 일하는 동안 다른 사람들은 나태하고 부주의했을 뿐 아니라 말다툼까지 벌여 골치가 아팠다고 말하기도 했다. 8월 초, 비공산주의자들의 불평에도 불구하고 장 파쿠이는 호치민에게 완전한 행동의 자유를 주고 곧 베트남으로 돌아가게 해주겠다고 약속했다. 호는 조국으로 돌아갈 경우에 대비해 활동 계획을 작성했다. 그의 계획 가운데는 베트남 민족에게 베트남의 독립을 촉진한다는 중국의 결의를 전하고, 동맹회를 발전시키고 장려하며, 중국군의 베트남 북부 진입을 위한 여건을 조성하고, 민족 독립 투쟁을 강화한다는 내용이 들어 있었다.

호는 동맹회의 성장을 촉진하기 위해 모든 노력을 기울일 것을 약속하면서, 동맹회의 깃발 아래로 끌어들이고자 하는 정당과 분파들의 이름을 나열했다. 거기에는 인도차이나공산당과 그 다양한 대중 조직만이 아니라, 공산당의 오랜 경쟁자인 베트남국민당과 심지어 입헌당—공산당 선전물에서는 입헌당을 오래 전부터 반동이자 프랑스의 꼭두각시라고 비난해왔다.—도 포함되어 있었다. 그는 국경 바로 남쪽의 게릴라 기지 두 곳을 개방하겠다고 약속하면서, 장 장군에게 무기와 게릴라 육성에 사용할 자금을 충분히 지원해달라고 요청했다. 더불어 베트남의 여러 애국적 조직에 보낼 개인적 소개장과 베트남의 군용 지도(地圖)도 요청했다. 장은 호에게 중국을 마음대로 출입할 수 있는 복수여권과 더불어 약품과 그가 개인적 용도로 사용할 자금도 제공하겠다고 약속했다. 그러나 인도차이나 내부에서 반일 활동을 전개하기 위한 추가 자금 지원은 더 생각해보겠다고 했다.[24]

호치민은 류저우로 떠나기 전 마지막으로 장이 동맹회에 파견한 고문인 샤오 원 장군을 찾아갔다. 그는 호가 베트남으로 돌아갈 준비를 하는 데 상당한 도움을 주었다. 호는 샤오 원 장군에게 말했다. "나는 베트남과 베트남 혁명 운동에 대하여 99퍼센트를 솔직하게 말했습니다. 내가 말하지 않은 것은 1퍼센트밖에 없습니다." 그는 일찍이 장 장군에게 베트남에서 공산주의는 50년 뒤에야 실현될 것이라고 장담한 적이 있었다.[25]

8월 말 호치민은 그 즈음 장 파쿠이의 훈련소를 졸업한 18명의 졸업생들과 함께 류저우를 떠나 롱저우와 징시를 거쳐 인도차이나로 돌아갔다. 그들은 보안 당국의 검문을 받을 가능성을 최소화하기 위해 모두 국민당 군복을 입었다. 그들은 국경에서 원주민 옷으로 갈아입었지만, 그래도 국경 경비대가 막아섰다. 호는 롱저우의 지역 관리들에게 개입을 요청해야 했다. 국경 도시 펑멩에 도착했을 때, 호는 건강을 회복하고 팍 보까지 그를 호위할 경호대를 조직하기 위해 시 외곽의 초가집에서 며칠 쉬어야 했다. 호는 9월 20일에 마침내 팍 보에 도착했다.[26]

미래 해방구의 첫 씨앗

호치민이 중국 남부에 장기간 체류하는 동안, 태평양 전쟁의 흐름은 연합군에 유리한 쪽으로 기울고 있었다. 미국 루스벨트 대통령은 중국-버마-인도 전역(戰域)에 군사력을 집중시킨다는 원래 계획—중국의 국민당 군이 전쟁에서 주요한 역할을 할 수 있다는 가정 하에 수립한 계획—을 철회했다. 장 제스가 자신의 군대를 일본군 공격에 동원할 생각이 별로 없다는 사실을 깨닫게 되었기 때문이다. 1943년 태평양을 가로질러 일본 본토를 향해 진격한다는 미국의 새로운 전략이 이미 성공 징후를 드러내고 있었다. 연합군은 태평양에서 일본이 장악하고 있던 많은 섬들을 탈환했다. 한편 더글러스 맥아더 장군이 지휘하는 부대는 뉴기니에서 필리핀으로 진격하고 있었다.

일본의 인도차이나에 대한 군사적 지배는 상대적으로 안정을 유지하고 있었다. 그러나 1944년 6월 노르망디 상륙 작전 이후 프랑스의 비시 정부가 전복되자 인도차이나의 프랑스 공무원과 장교들은 샤를 드골이 이끄는 자유 프랑스 쪽으로 말을 갈아타려는 분위기가 강해지고 있었다. 따라서 일본 정부는 장 드쿠 총독이 이끄는 인도차이나 행정부가 일본과 동맹을 유지하지 않을 수도 있다는 의심을 품게 되었다. 이에 따라 인도차이나의 일본 점령군은 자신의 체제에 대한 원주민의 충성을 유지하기 위한 노력을 강화했다.

한편 호치민의 동료들은 인도차이나 북부 전역에 혁명 운동 기지를 확대하려고 노력했다. 1942년과 1943년 초, 베트민 간부들은 게릴라 기지들을 건설하면서, 홍 강 삼각주를 둘러싼 산악지방으로 전선의 정치적 영향력을 확장해나갔다. 한편 베트민전선을 건설하라는 중앙위원회의 지령은 1942년 또는 1943년에 남쪽의 당원들에게 전달되었으며, 그들은 중앙 해안과 메콩 강 삼각주의 여러 지방에서 운동을 재건하는 일에 힘을 기울이기 시작했다.

다른 당 간부들은 상임위원회(추옹 친, 호앙 쿠옥 비엣, 호앙 반 투로 구성되어 있었다)를 위하여 작은 '안전 지대'를 만들려고 했다. 당시 상임위원회는 하노이에서 북동쪽으로 25킬로미터 정도 떨어진 박 닌에 있었다. 박 손 봉기 뒤에 프랑스는 그 지역의 당 간부들을 대부분 체포했으나, 위원회는 삼각주로 돌아온 뒤 하노이에 그 지역 노동자들 사이에서 선전 작업을 할 수 있는 작은 '전문 단위'를 만들었다. 1942년 말까지, 1만 명 이상의 노동자들이 이 지역의 구국회에 가입했다. 청년과 여성을 대상으로 비슷한 조직들이 결성되었다. 또한 이 지역의 당 지도부를 위한 안전 지대를 만드는 첫 단계로, 도시의 북쪽 쟈 람 공항에 작은 게릴라 부대를 세웠다.

상임위원회는 하노이 교외의 기지에서 지역과 세계의 전반적 정세를 파악하는 한편, 인도차이나 전역의 모든 당 단위들과 연락을 확립하고 유지하려 했다. 1941년 일본의 진주만 공격 직후, 총서기 추옹 친은 변화된 세계 상황이 베트남 민족의 운명에 어떤 영향을 주고, 당은 거기에 어떻게 대응할 것인가 하는 문제에 답변하는 성명서를 발표했다. 그는 '태평양 전쟁과 당의 긴급한 임무'라는 제목의 이 성명서에서 중국 국민당군이 인도차이나를 침략할 경우 베트민 세력은 그들을 환영하고 지원할 것이며, 동시에 그들에게 정복군으로 오는 것은 용납할 수 없다는 경고를 할 것이라고 선언했다. 그는 영국과 미국도 인도차이나에 진군하기로 결정을 내릴 가능성이 있으며, 그럴 경우 당은 그들을 지원하기 위하여 원칙에 입각한 양보를 할 용의가 있다고 말했다. "그들이 인도차이나의 혁명을 지원하기로 약속한다면, 우리는 그들에게 경제적인 이익을 제공할 수도 있다." 그러나 그들이 샤를 드 골의 지휘 하에 있는 자유 프랑스 운동을 도와 이 지역에 대한 프랑스의 통제권을 회복하려 한다면, "우리는 강력하게 저항하면서 독립 투쟁을 해나갈 것이다." 그는 당 간부들에게 영국군과 미군이 자신의 지역에 도착하는 때에 대비하여, 인민의 지지를 얻는 혁명 행정부를 수립하라고 지시했다. 이 행정부가 인도차이나에 도착하는 연합군과 협상을 하겠다는 뜻이었다. 그는 경고했다. "우리는 징 제스니 영미의 군대가 우리의 자유를 가져다줄 것이라는 환상을 경계해야 한다. 물론 우리는 민족 해방 투쟁에서 동맹자들을 찾아야 한다.—일시적 동맹자든, 동요하는 동맹자든, 조건부 동맹자든. 그러나 투쟁은 오직 우리 자신의 노력의 결과로 이루어지는 것일 뿐임을 명심해야 한다."

추옹 친은 중국이 인도차이나에 진입할 때 전국적 봉기를 일으키자고 주장하는 당 내의 성급한 '좌익' 분자들을 비판하는 말로 마무리를 지었다. "아직 인도차이나에는 봉기의 때가 무르익지 않았다." 운동은 도시보다 농촌에서 더 활발하며, 이웃 라오스나 캄보디아보다 베트남에서 더 활발하다. 그러나 친은 한 지역에서 조건이 무르익으면 총봉기에 앞서 임시 민중 권력을 수립할 수도 있다고 언급했다.[27]

1943년 초 연합군의 인도차이나 진입 가능성이 높아졌다. 추옹 친은 그 가능성에 대비하기 위해 2월 말 하노이 북서쪽 봉 라에서 상임위원회를 소집했다. 위원회는 비록 혁명 운동에 아직 수많은 약점이 있기는 하지만, 곧 큰 진전을 이룩할 수 있다고 보았다. 따라서 총봉기를 위한 계획을 수립하고, 모든 지역에서 정치력과 군사력을 육성하기 위한 노력을 강화하고, 노동 운동을 확대하기로—도시 주민의 참여 없이는 적에게 사활이 걸린 지역에서 봉기가 성공하기 어렵기 때문에—결정했다. 위원회는 노동자 조직들을 확대하고, 민주전선을 확장하여 자유 프랑스 운동에 공감하는 프랑스 국민, 화교 공동체 구성원, 베트남 주민 내의 모든 애국적 분자들을 망라할 것을 요구했다.[28]

상임위원회가 그 나름으로 준비를 하는 동안, 카오 방과 박 손-보 나이의 두 기지에 있는 당 지도부는 그들 나름으로 카오 방 북서쪽 호아 안 부에 있는 룽 호앙에서 회의를 열었다. 그들은 프랑스의 탄압에 맞서 비엣 박을 다른 지역의 혁명 운동과 통합하는 첫 단계로 두 기지를 연결하고, 홍 강 삼각주까지 연결로를 확보하고, 상임위원회와 안정된 연락 수단을 확보하기로 결정했다. 회의가 끝난 뒤, 프랑스의 소탕 작전을 피해 국경 쪽으로 물러나 있던 게릴라 부대들은 박 손-보 나이 기지로 귀환하라는 명령을 받았다. 그들은 투옌 꽝과 빈 옌—하노이에서 북서쪽으로 30킬로미터 정도 떨어진 삼각주 가장자리의 시장 도시였다.—을 향해 남하하기 시작했다. 그들의 남하를 돕기 위해 그 지역에 자리잡고 있던 추 반 탄의 구국군 혁명 부대들이 둘로 나뉘어, 북부 산악지대로부터 홍 강 삼각주로 흘러드는 카우 강의 양쪽 강변을 따라 전진해나갔다.

한편 카오 방의 게릴라 지대(支隊)들은 박 칸과 랑 손 방향으로 남하했다. 1944년 8월, 보 응우옌 지압이 이끄는 소규모 기습 부대들은 그가 나중에 표현한 대로 '눈사태처럼' 전진하여 새로운 기지들을 형성하고, 삼각주 가장자리의 성도 타이 응우옌의 북쪽 산악지대까지 남하하여 선전 활동을 했다. 그들은 랑 콕 근처 정글 한가운데 골짜기에서 박 손-보 냐 이로부터 서쪽으로 밀고오는 추 반 탄의 구국군 지대와 만났다. 마침내 미래 해방구의 첫 씨앗들이 뿌려지기 시작한 것이다.

그러나 이런 행동들에 반영된 자신감은 약간 지나친 것이었음이 드러났다. 1943년 여름, 프랑스 식민지 당국은 중국 국민당군의 침입 가능성을 차츰 걱정하게 되었다. 그들은 중국 당국과 중국 남부에 망명하고 있는 베트남 민족주의자들 사이의 협력 수준이 높아진다는 것도 잘 알고 있었다. 그해 가을 데쿠 총독은 비엣 박의 저항 세력을 소탕하는 군사 작전을 실시하여 그 지역에서 기반을 다지려 했다. 프랑스측은 순찰을 강화했으며, 당국은 저항군 지도자의 소재를 신고하는 사람에게는 많은 보상금을 주었다. 관리들은 정부의 통제를 강화하기 위해 지역 주민을 감시조로 묶으려 했다. 이렇게 그물이 펼쳐지면서 공산주의자들이 수십 명 걸려들었고, 일부는 더 외딴 지역으로 달아나기도 했다.[29]

하노이에서 조직을 건설하는 작업도 비슷한 난관에 부딪혔다. 도시 주민에게 혁명을 선전하려던 상임위원회의 '전문 단위'는 1943년 봄에 해체되었다. 당 지도부는 하노이에 시 위원회를 수립하려 했으나, 프랑스 보안부대 때문에 좌절을 겪어야 했다. 당 활동가들은 도시지역에서 조직원을 모으는 데도 어려움을 겪었다. 전쟁 기간 경제 활동의 둔화로 모든 도시에서 노동 운동이 주춤하고 있었기 때문이다. 상업 활동은 전쟁 때문에 타격을 받은 반면, 당국의 세금 부과와 전쟁 물자 징발은 가혹했다. 많은 베트남 노동자들이 엄격한 일본식 규율에 격분하여 혁명의 대의에 공감했지만, 여전히 일부는 시위나 파업에 참여하기를 두려워했다. 8월에 호앙 반 투가 이중첩자에게 배신을 당해 프랑스 당국에 체포되었다. 그는 1943년 5월에 처형당했다. 추옹 친은 근처 논에서 노동자들을 감독하는 십장 행세를 하여 프랑스의 검문을 간신히 피할 수 있었다.

그러나 1944년 중반부터 상황이 나아지기 시작했다. 비엣 박에서 프랑스의 대게릴라 작전이 어느 정도 성공을 거두면서 베트민의 활동은 주춤했지만, 그 결과 게릴라 세력들이 저항 기지에 집중되었으며 활동가들은 적으로부터 안전한 비밀 세포를 만들기 시작했다. 이 세포들은 훗날 운동이 급속하게 확대하는 기초가 되었다. 베트남 중부와 남부의 농촌지역에서도 비슷한 성장이 보이기 시작했다. 동시에 계속 악화되는 경제 상황 때문에 도시에서 불만이 높아졌고 파업도 증가했다. 파업 노동자들의 목표는 일반적으로 정치적이라기보다는 경제적이었지만, 당의 조직원 확보 활동에는 속도가 붙었다. 학생과 중간 계급 시민 사이에 노동자들에 대한 공감이 형성된 것도 운동에는 도움이 되었다.[30]

국경지역 3개성을 대표하는 인도차이나공산당 위원회는 자신감에 차 1944년 7월에 모임을 열고, 해방구를 만들기 위해 게릴라 전쟁을 시작하자는 보 응우옌 지압의 제안을 논의했다. 참석자 가운데 일부는 해방구가 프랑스측의 집중 반격에 버틸 수 있을지 우려했다. 그들은 또 게릴라군이 프랑스와 일본 양쪽에 대항하여 장기전을 펼칠 준비가 되었는지 의문을 제기했다. 결국 이 회의에서는 잠정적으로 지압의 제안을 수용하면서도, 게릴라 작전을 즉시 시행할지 아니면 훗날로 미룰지에 대한 판단은 유보했다. 그러나 이 회의는 해방군 건설을 시작하는 문제에 대해서는 합의에 이르지 못했다. 지압이 자신의 주도 하에 해방군 건설을 시작했을 때, 부 안(중앙위원회의 고위 위원이었다)은 철회 명령을 내렸다.

1944년 9월 중순 부 안과 보 응우옌 지압이 호치민을 맞아 함께 꽉 보로 돌아가려고 징시에 도착했을 때, 지압은 7월 회의에서 합의된 결정들을 보고하고 앞으로의 계획을 개략적으로 설명했다. 호치민은 비엣 박에서 공격적인 활동을 시작하라는 권고는 그 지역 조건에만 기초를 둔 것이며 다른 지역 상황은 고려하지 않은 것이라고 지적했다. 그는 모든 힘을 동원해 대규모 봉기를 일으키게 되면, 1943년 말보다 더 큰 후퇴를 겪을 위험이 있다고 생각했다. 운동은 힘을 얻어가고 있었지만, 전국 어느 지역에도 비엣 박의 봉기를 지지해 무장 투쟁을 시작할 만한 역량은 없었다. 따라서 적은 국경지역의 저항군 쪽으로 힘을 집중할 수 있을 텐데, 이 저항군에도 중심축 역할을 할 만한 정규 무장 부대가 없었다. 호치민은 결론을 내렸다. "평화 혁명의 단계는 지나갔지만, 아직 총봉기의 때는 오지 않았다." 그는 이제 정치 투쟁으로는 충분하지 않지만, 무장 봉기는 아직 위험하다고 생각했다. 투쟁은 정치적 단계로부터 무장 투쟁 단계로 이행해야 하지만, 당장은 정치 활동을 계속 중심에 놓아야 한다고 본 것이다.[31]

호치민은 젊은 동료를 위로했다. 그는 인민해방군을 만들자는 지압의 제안은 거부하면서도, 미래 군대의 싹이 될 단위를 만드는 데는 동의했다. 그는 이렇게 말했다. "우리가 지금 아주 강하지는 않지만, 그렇다고 해서 아무런 대응도 하지 않고 당하고만 있을 수는 없지." 지압의 회고에 따르면, 다음날 호는 이 새로운 혁명 단위들을 임시로 '베트남해방군 선전대'라고 부르자고 제안했다고 한다. 미래의 봉기를 준비하면서 대중의 정치적 힘을 동원하는 것이 일차적인 임무였기 때문이다.

보 응우옌 지압과 부 안우 꽉 보에 하루 더 머물면서 상황을 점검하고 새로운 무장 선전대를 육성할 계획을 짰다. 호는 그들과 헤어지면서 조언을 했다. "첫째도 보안, 둘째도 보안일세. 동쪽에 있을 때 적이 자네들이 서쪽이 있다고 생각하게 만들게. 기습을 하고 적이 대응을 하기 전에 물러나게." 지압은 박 손보 냐이 기지로 돌아가자 새로운 단위를 만들기 시작했다. 34명으로 이루어진 첫 부대는 주요 간부들이 특별히 선발한 병사들이었으며, 중국 남부의 훈련소를 졸업한 사람들이 다수 포함되어 있었다. 꽉 보의 호치민으로부터 축하 메시지가 왔다. 담배갑에 감춘 아주 작은 종

1945년 대프랑스 항전을 위해 결성된 해방군. 왼쪽의 지휘관은 뒷날의 지압 장군.

이에 씌어진 메시지였다.

베트남해방군 선전대를 수많은 형제의 맏형이라고 부릅시다. 곧 다른 부대들도 빛을 보게 되기를 바랍니다. 출발이 아무리 미약하다 해도, 곧 눈앞에 밝은 미래를 보게 될 것입니다. 이 부대는 미래 해방군의 싹이며, 북에서 남에 이르기까지 베트남 영토 전체를 무대로 싸울 것입니다.

1944년 12월 22일 무장 선전대의 첫 부대가 창설되는 것과 더불어 미래의 혁명 무장 부대—베트남해방군(비엣 남 지아이 퐁 콴)으로 알려지게 된다.—의 형태가 잡혀가기 시작했다. 무장 선전대는 혁명 운동 최초의 정규군이었다. 그들은 지역 수준에서 조직되고 지휘되는 게릴라 부대들을 보완할 뿐 아니라, 당의 지휘 하에 마을 단위에서 징집되는 자위 의용대도 보완할 예정이었다. 이 새 부대는 창설 겨우 이틀 만에 파이 카트와 나 응안 마을의 프랑스 주둔 부대를 공격하여 승리를 거두었다. 선전대는 강력한 기습 공격으로 적군을 거의 소탕했다. 승리한 부대는 자부심을 드높였을 뿐 아니라 무기도 다량 노획했다. 패한 부대는 70명 이상의 사상자를 냈다. 승리 소식은 들불처럼 비엣 박 전역으로 퍼져나갔다.

호치민은 팍 보에서 그 나름의 방식으로 운동을 추진해나가고 있었다. 그는 10월에 쓴 '모든 동포에게 보내는 편지'에서 정세를 분석한 뒤 "우리 민족이 해방을 얻을 기회는 이제 1년 또는 1년 반 앞으로 다가왔습니다. 시간이 없습니다. 빨리 행동해야 합니다!" 하고 말했다.[32]

호치민과 미국

1944년 11월 11일 미국 루돌프 쇼 중위가 모는 정찰기가 중월 국경의 험한 산악지대를 비행하다가 엔진 고장을 일으켰다. 쇼는 낙하산으로 탈출할 수 있었으며, 근처에 있던 프랑스 당국이 사고를 목격하고 쇼 중위를 찾기 위해 수색대를 보냈다. 그러나 지역 베트민 부대원들이 그를 먼저 찾았고, 그들은 쇼 중위를 호치민에게 보내기로 결정했다. 베트민 부대는 다음 며칠 동안 미국인 조종사를 데리고 산을 넘고 정글 길을 걸어 팍 보로 갔다. 적을 피하기 위해 밤에는 걷고 낮에는 동굴에서 쉬었다. 불과 60킬로미터 정도의 거리를 걷는 데 거의 한 달이 걸렸다.

쇼를 호위했던 사람들 가운데는 쇼와 말이 통하는 사람이 없었다(쇼의 이야기에 따르면 쇼가 "베트민! 베트민!" 하고 말하면 베트남인들은 "아메리카! 루스벨트!" 하고 대답했다고 한다). 그러나 쇼가 팍 보에 도착하자 호치민은 구어체 영어로 그를 환대했다. "안녕하시오, 조종사! 어디서 오셨소?" 쇼는 그 말을 듣고 매우 흥분하여 호를 끌어안았다고 한다. 쇼는 나중에 호에게 말했다. "선생 목소리를 듣는 순간 미국에 계신 아버지 목소리를 듣는 것 같았습니다."[33]

호치민에게도 추락한 미국인 조종사가 찾아온 것은 행운이었다. 1941년 12월 미국이 참전한 이후 그는 미국이 자신의 운동을 지원한다면, 그것이 일본 점령군과 프랑스인들에 대한 투쟁에서 비장의 무기가 될 수 있다고 보고 있었다. 호는 1943년 가을 류저우의 감옥에서 석방된 후 그곳에 있는 미국 전쟁정보국의 도서관에서 많은 시간을 보냈는데, 그 과정에서 루스벨트 대통령이 유럽의 식민주의를 좋아하지 않으며, 종전 후 동남아시아의 식민지들을 독립시킬 수단을 찾고 있다는 보도를 접했을 것이다. 루스벨트는 특히 인도차이나에서 프랑스의 역할에 반감을 가지고 있었던 것이 분명하며, 한 번은 이렇게 말을 했다고도 한다. "프랑스는 1백 년 동안 인도차이나의 젖을 짜왔다. 인도차이나 사람들은 지금보다는 나은 대접을 받아야 한다." 호치민은 미국이 자본주의 사회라는 것을 잘 알고 있었지만, 미국이 민주적 원칙들을 위해 노력하는 것을 존중해왔으며, 어쩌면 루스벨트가 미국을 경제적 평등과 사회 정의의 길로 인도할 것이라고 느꼈을 수도 있다.[34]

중국 주재 미국 관리들은 호치민이 석방되기 오래 전부터 이미 그의 존재를 알고 있었다. 1942년 가을 중국 언론이 '호 치-치'라는 안남인을 체포했다고 보도했는데(아마 인도차이나공산당과 가까운 중국의 정보원이 흘렸을 것이다), 이 보도에는 중국 정부의 지원을 얻어 류저우에서 준비 중인 인도차이나 '임시 정부'—연합군을 지지한다고 알려졌다.—와 그가 관련이 있다는 내용이 덧붙여졌다. 미국 대사관 관리들이 반파시즘 자유 프랑스 운동의 지역 대표와 접촉했을 때, 프랑스 대표는 보도의 신빙성을 의심하고 그런 정부의 존재를 부인했다. 그럼에도 미국 대사 클래런스 가우스는 1942년 12월 31일 국무부에 전문을 보내 안남인의 체포 사실을 보고하고, 대사관 직원들에게 조사를 해보라고 명령했다. 그러나 중국 당국의 협조를 얻을 수 없었기 때문에 별 소득이 없었다. 이듬해 6월에 워싱턴에서 상황 보고를 요청하자, 대사관에서는 인도차이나의 저항 운동이 별 의미가 없다고만 보고했다.

이렇게 충칭의 미국 대사관은 이 '안남인'에게 관심을 보이려 하지 않았지만, 중국에 있는 다른 미국 관리들은 생각이 달랐다. 1943년 여름 중국공산당 연락부장 저우 언라이가 미국 전략사무국(현재의 CIA, 즉 중앙정보국의 전신: 옮긴이)에 들러 호가 연합국의 전쟁 사업에 도움이 될 수도 있다는 근거로 그의 석방을 지원해달라고 요청했을 때, 그들은 전쟁정보국의 담당자들(호치민은 통역으로 일하겠다고 제안하며 그들에게 접근했을 수도 있다)과 함께 이 문제를 미국 대사관과 협의했다. 그러자 미국 대사관에서도 중국 정부와 호의 석방 문제를 이야기하고 호의 협력을 구하겠다고 합의했던 것으로 보인다.

미국이 실제로 중국 정부에 접근했는지, 접근했다 해도 그것이 호치민에게 제한적 자유를 주겠다는 장 파쿠이의 결정에 영향을 주었는지는 분명치 않다. 어쨌든 호와 중국 남부의 미국 관리들이 즉시 협력 관계를 맺지는 않았다. 1943년 11월 국제반침략동맹의 베트남 지부에서는 징시에서 충칭의 미국 대사관에 편지를 보내, '후 치밍'이 완전한 행동의 자유를 얻어 반일 활동에 참여하고, 필요하다면 조국으로 돌아갈 수 있도록 지원해달라고 요청했다.

대사관 직원 필립 D. 스프라우스는 그 이름을 보고 그가 전해에 "체포되었다고 이야기되던 사람"임을 알아보았다. 그러나 류저우에 수립되었다고 하는 인도차이나의 이른바 임시 정부는 중국 정부가 그 지역에서 자신의 이익을 추구하기 위해 꾸민 책략에 불과하다는 것이 충칭의 자유 프랑스 대표들의 주장이었으며, 스프라우스도 이 주장에 설득당했던 것으로 보인다. 가우스 대사는 그 호소문을 워싱턴에 전달하면서, 프랑스측에서 그런 조직의 존재를 부인하는 만큼 자신은 "답장을 안 하겠다"는 편지를 동봉했다. 가우스의 보고서는 워싱턴에서 서류철 속에 들어가 잊혀졌다.[35]

1944년 봄. 중국 남부에 살고 있는 다른 베트민 대표들도 미국의 지원 가능성에 관심을 가졌다. 그해 4월 쿤밍의 베트민 대표들은 자유 프랑스 영사관의 담당자들과 만나 전후 프랑스의 인도차이나 정책을 논의하는 자리를 마련하려 했다. 그러나 처음 몇 번 접촉한 뒤에는 진전이 없었다. 그들은 프랑스인들로부터 퇴짜를 맞자 미국으로 눈길을 돌렸다. 그들은 미국의 전략사무국과 전쟁정보국의 지역 담당자들과 만났고, 충칭의 가우스 대사에게 편지를 보내 지원을 요청했다. 그들은 이 편지에서 베트남인의 독립 투쟁에 대한 미국의 지원을 호소하면서, 인도차이나에서 연합군과 함께 일본 점령군에 대항하여 싸우겠다고 제안했다. 8월 18일 전략사무국 장교는 편지를 쿤밍의 미국 총영사 윌리엄 랭던에게 전하면서, "전후 빠른 시기에 인도차이나에 상당한 수준의 자치가 이루어지지 않으면 그곳에서 많은 문제가 발생할 것"이라고 말했다. 랭던은 9월 8일에 베트남인들을 만나기로 했다. 그는 편지를 미국 대사에게 전달하기로 약속하고, 베트남 민족의 갈망에 대한 미국의 지지를 표명하면서 이렇게 말했다. "미국 정부의 최고 대변인은 동양의 피억압 민족들의 복지와 정치적 발전에 대한 미국 정부의 관심을 여러 차례 표명해왔는데, 이 민족들 가운데는 안남 민족도 포함된다고 믿어도 좋다." 그러나 미국의 지원을 요청한 것에 대해서는 외교적인 조심성을 앞세워 이렇게 말했다. "안남 민족은 프랑스 국민이며, 프랑스는 현재…… 주축국에 대항하여…… 미국과 함께 싸우고 있다. 미국이 한 손으로는 프랑스를 독일의 압제로부터 구출하기 위해 막대한 생명과 재화를 투입하면서, 다른 한 손으로는 프랑스 제국을 전복하려 한다는 것은…… 말이 되지 않는다."

베트남 대표단의 지도자 팜 비엣 투는 랭던에게 베트민은 프랑스와 싸울 의사가 없고 일본하고만 싸울 것이라고 하면서, 이 싸움을 지원해달라고 요청했다. 그러면서 미국이 전쟁 종결 후 안남 민족의 자치를 주장해주기를 바란다고 덧붙였다. 랭던은 확실하게 입장을 밝히지 않으면서, 7월에 샤를 드골 장군이 워싱턴을 방문했을 때 장군은 언론에서 프랑스 제국의 민족들에게 자치를 도입하는 것이 프랑스 정책이라고 말했다고 전하면서, 만일 베트남이 프랑스에 불만이 있다면 그들과 직접 이야기를 해야 할 것이라고 덧붙였다.[36]

이렇게 해서 미국의 지원을 얻으려던 쿤밍의 지역 대표들의 전술은 다시 한번 실패로 돌아갔다. 미국 담당자들은 아직 이 지역에서 활동하는 베트남 민족주의자 그룹들을 잘 알지 못했으며, 일부에서는 그들의 만성적 분파주의 때문에 그 그룹들의 효율성을 의심하기도 했다. 전략사무국은 그들을 만난 다음 우호적인 보고서를 제출했지만, 랭던과 전쟁정보국 대표는 의심을 하는 쪽이었다. 후자는 중국 남부의 베트남 민족주의 그룹들이 근대적 정부를 운영해본 경험이 거의 없다는 점(그것이 그들의 잘못은 아니라고 인정했지만)에 주목했다. 랭던은 심지어 더 부정적으로 나아가, 워싱턴에 보내는 보고서에서 중국 남부의 베트남 그룹들이 인도차이나에서 "현실적 중요성을 가지지 못한다."라고 썼다. 그해 12월 전략사무국 보고서는 프랑스 자료들을 인용하여, '인도차이나의 독립을 위한 동맹(베트민 전선을 영어로 그렇게 표현했다)'은 "대중적 지지를 받지 못하며", "상대적으로 소수인 인도차이나 지식인들과 기타 불만분자들이 모인, 대체로 알맹이가 없는 조직"이라고 보고했다.[37]

호치민은 이런 일들과 직접 관련을 맺지 않았다. 그러나 팜 비엣 투를 비롯한 동료들하고는 접촉했던 것 같으며, 어쩌면 그들에게 쿤밍의 미국 담당자들을 만나보라고 제안했을지도 모른다. 호는 1943년 9월 감옥에서 석방된 뒤 몇 달 동안 류저우 전쟁정보국 지부의 미국 장교들과 조심스럽게 우정과 신뢰 관계를 쌓아나갔다. 1944년 8월에 호치민을 샌프란시스코로 보내려고 했던 사람들도 이들인 것 같다. 쿤밍의 미국 총영사는 전쟁정보국이 호 팅칭(인도차이나 태생의 중국인으로 묘사하고 있다)이라는 인물의 미국 입국 비자를 요청하자 국무부로부터 안내를 구했다. 여행 목적은 베트남어 뉴스 방송이었다. 이제 워싱턴으로 귀환해서 일하던 필립 스프라우스가 그 일을 맡아, '호 씨'의 비망록을 작성하면서 그의 활동을 묘사했다. 스프라우스는 '호 씨'가 쿤밍의 중국국민당에 고용되어 인도차이나에 베트남어 선전 방송을 하던 사람과 같은 인물이라고 추측했다. 국무부의 극동과는 비자 요청을 승인했으나, 유럽 담당자들이 반대했다. 물론 프랑스측과 문제가 생기는 것을 우려했기 때문일 것이다. 전쟁정보국은 호를 옹호하여 그의 미국 내 활동을 철저하게 통제할 것이며 주로 기계적인 일에 한정할 것이라고 의견을 냈으나, 결국 비자 발급 요청은 거부되었다.[38]

왜 호치민이 이 시점에서 미국에 가고 싶어했는지는 분명하지 않다. 1944년 여름이 되자 태평양 전역(戰域)의 전체적 상황은 연합군에 유리해지기 시작했다. 호가 전에 예측했듯이 1945년에 종전될 것 같은 신호들이 나타나기 시작했다. 호는 그렇게 될 경우 베트남으로 들어가 반프랑스 투쟁을 지휘하고 싶었을 것이 틀림없다. 장 파쿠이가 아직 그의 인도차이나 귀환을 허용하지 않던 시점에서 그런 요청을 한 것이라면 앞뒤가 맞는다. 호는 적절한 순간에 고국으로 돌아갈 준비를 하면서, 가능하다면 미국 백악관에 직접 호소하여 미국의 판단에 영향을 줄 수 있는 기회로 여기고 비자를 요청했던 것인지도 모른다.

베트민전선에 대한 미국의 지원이 최고 당첨금이라면, 호치민은 1944년 말 자신의 문간에 나타난 쇼 중위를 복권으로 여겼을지도 모른다. 쇼는 호에게 중국 국경까지 갈 수 있도록 도와달라고 하였고, 호는 선뜻 동의하면서, 어차피 자기도 일 때문에 중국에 갈 생각이었다고 덧붙였다. 그러자 쇼는 호에게 자신과 함께 쿤밍의 미국 제14공군 본부로 가자고 권했다. 며칠 뒤 호치민과 젊은 동료 둘은 쇼를 호위하여 중국으로 들어갔다. 호는 여전히 너덜너덜한 국민당 군복을 입고, 장 파쿠이가 류저우를 떠나기 전에 만들어준 신분증을 가지고 있었다. 쇼는 중국 국경을 넘자 즉시 쿤밍의 공군지상지원국—이 지역에서 추락한 연합군 비행기 승무원들의 구출 협조를 담당하는 미국 군사 기관—에 자신이 구출되었으며 곧 그쪽으로 갈 것이라고 연락했다. 공군지상지원국 장교들은 쇼에게 다시 연락하여, 호치민을 데리고 함께 쿤밍으로 오라고 했다. 지역의 중국 당국은 쇼를 비행기에 태워 쿤밍으로 보내면서 호에게는 알아서 하라고 했다. 그러나 호치민은 이 기회를 이용해 쿤밍의 미국 담당자들을 만날 결심을 굳혔기 때문에 걸어서라도 가기로 했다. 그는 프랑스가 건설한 하노이-쿤밍 철도 조사관 행세를 했다.[39]

호와 두 동료는 쿤밍으로 가는 길에 철로변에 있는 작은 도시 이량에 잠깐 들렀다. 이량에서는 호가 4년 전 쿤밍에 머물 때 만났던 동지 가운데 한 사람인 호앙 쾅 빈이 여전히 이발사로 일하고 있었다. 빈은 나중에 회고록에서 호치민이 병들고 여위어 보였으며, 식사도 거의 하지 않았다고 기억했다. 그의 군복은 여기저기 기워 너덜너덜했으며, 얇은 캔버스 천으로 만든 신발은 구멍이 숭숭 뚫려 있었다. 호치민 일행은 며칠 동안 걸어오면서 밤에는 동조자들의 집에 묵었는데, 야외나 돼지우리에서 자는 일도 많았다. 호는 그 즈음 다른 여행자로부터 열병까지 옮았다. 그래서 호는 그답지 않게 침울해 보였다. 그러나 그의 정신은 여전히 대의에 집중하고 있었다. 빈이 그와 그의 동지들은 동맹회의 지부(그들 가운데 다수는 베트남국민당 당원이었다)에 가입하라는 요청을 거부하고 있다고 말하자, 호는 빈을 꾸짖으며 동맹회에 가입한 뒤 그 지지자들을 빼돌려 공산당원으로 만들라고 조언했다.[40]

호치민은 이량에 며칠 머물며 건강을 회복한 뒤, 마지막 남은 길을 줄였다. 그러나 1945년 초에 이들이 쿤밍에 도착했을 때 쇼 중위는 이미 비행기를 타고 미국으로 떠난 뒤였다. 호치민은 1944년 8월에 가우스 대사에게 편지를 썼던 지역 베트민 대표 통 민 풍의 집에 묵었다. 풍은 하노이 대학 출신으로, 1943년 인도차이나에서 쿤밍으로 왔으며, 미국 전략사무국 근처에 찻집을 차려놓고 당의 비밀 활동을 위한 위장 기지로 활용하고 있었다. 통은 호에게 미국인들에게 접근하려다 실패한 이야기를 해주었을 것이다.[41] 호는 지역 공군지상지원국 지부와 접촉을 해보기로 결정했다. 그곳 담당자들이 추락한 미군 조종사를 중국에 데려다준 데 대한 감사의 표시로 쿤밍의 미국 제14공군의 사령관 클레어 셰노 장군을 면담하게 해줄지도 모른다고 생각했기 때문이다. 호는 전략사무국 지역 본부와도 접촉했다. 그곳의 담당자들이 푸옹을 비롯한 베트민 대표들이 가우스에게 보내는 편지를 작성하는 것을 도와주었기 때문이다. 호치민은 이런 일들을 통해 미국인들이 그의 운동을 인정하고 베트민 활동에 대한 군사적 지원을 해주는 결과를 얻을 수 있기를 바랐는지도 모른다.

호치민에게 다행이었던 점은 그가 적당한 시기에 쿤밍에 도착했다는 것이다. 그 전 몇 달 동안 공군지상지원국 지부는 연합군 조종사 구출을 넘어, 프랑스령 인도차이나 내부에서 일본의 활동에 대한 정보도 수집하라는 명령을 받았기 때문이다. 그들이 가장 귀중하게 여기는 정보원(情報源)은 서구 민간인들로 이루어진 작은 그룹이었다(이 그룹에 속한 캐나다인 L. L. 고든, 미국인 해리 버나드, 중국계 미국인 프랭크 탄 등의 이름 앞 글자를 따서 GBT라고 불렸다). 모두 전에 사이공의 정유회사에서 일했기 때문에, 자신들의 지역 인맥을 통해 인도차이나의 일본인 활동에 대한 귀중한 정보를 얻을 수 있었다. 그러나 1945년 3월 9일, 일본이 갑자기 인도차이나의 비시 프랑스 행정부를 무너뜨리고 대신 베트남 황제인 바오 다이 치하의 꼭두각시 행정부를 세우는 바람에 이 정보원은 제 구실을 할 수 없게 되었다. 인도차이나의 외국인들은 대부분 체포되거나 자리에서 떨려났고, GBT 그룹 역시 중국 남부로 피신했다.

충칭의 미국 관리들은 인도차이나에서 가장 주요한 정보원을 잃게 되자 중국 남부의 정보 부서들에 정보를 얻을 수 있는 새로운 통로를 확보하라는 지침을 내렸으며, 반프랑스 베트남 저항 그룹들도 그 후보에 들어갔다. 이전에 백악관으로부터 인도차이나 국내 정치에는 관여하지 말라는 명령을 받았기 때문에, 미국의 요원들은 반프랑스 그룹들과는 접촉을 거부했다. 그러나 이제 워싱턴에서 날아온 새로운 명령에 따라 그들은 활용 가능하다면 어떤 정보원이든 마다하지 않게 되었다.

3월 중순, 전략사무국 지사로부터 GBT 작전을 지휘하기 위하여 공군지상지원국으로 전근한 해병대 중위 찰스 펜은 그의 동료로부터 추락한 미국 조종사를 구한 뒤 쿤밍에 온 '늙은 안남인(당시 호의 실제 나이는 54살에 불과했으나 더 늙어 보였다)'이 애국자 그룹과 연계가 있는 듯이 보이니, 인도차이나 내부의 정보 활동에 유용할지도 모르겠다는 말을 들었다. 펜은 원래 아일랜드 출신으로 아시아와 중국어에 지식이 있어 쿤밍에서 통신원 일을 한 경력이 있었는데, 이때는 인도차이나에서 GBT 작전을 대체할 정보원을 찾으려고 열심히 노력하고 있었다. 그는 동료에게 호치민과 만날 수 있게 주선해달라고 요청했다. 당시 호는 전쟁정보국 지부에서 《타임》지에서 《엔사이클로피디어 아메리카나(Encyclopedia Americana)》에 이르기까지 여러 가지 자료를 읽으며 시간을 보내고 있었다. 펜은 호가 공산주의자들과 연결되어 있을지도 모른다는 주의를 받았으나, 어쨌든 3월 17일에 호를 만나기로 했다. 당시 펜은 일기에 이렇게 기록했다.

그는 팜이라는 젊은 남자를 데리고 왔다. 호는 내가 예상한 모습은 아니었다. 우선 그는 실제로 '늙지' 않았다. 턱수염에 흰 빛이 비치는 것 때문에 나이가 들어 보이기는 했으나, 얼굴에는 힘이 넘쳤고 빛을 발하는 눈은 맑았다. 우리는 프랑스어로 이야기를 나누었다. 그는 이미 홀, 블라스, 드 시부어(쿤밍의 전략사무국 장교들)를 만났으나, 소득은 없는 것 같았다. 나는 그들에게 무엇을 요청했느냐고 물었다. 그는 단지 그의 그룹(베트민 동맹 또는 독립동맹이라고 불렀다)을 인정해달라고 요청했을 뿐이라고 대답했다. 나는 그들이 공산주의자들이라는 이야기를 들은 듯해서 그에게 그 점을 물었다. 호는 프랑스인들은 독립을 원하는 모든 안남인들을 공산주의자라고 부른다고 대답했다. 나는 그에게 우리가 하는 일을 이야기하고, 우리를 도와줄 의사가 있느냐고 물었다. 그는 그럴 수도 있지만, 그들에게는 무전기를 다루는 사람도 없고 장비도 없다고 말했다. 우리는 무전기, 발전기, 무전 전문가를 구하는 문제를 논의했다. 호는 발전기는 너무 시끄럽다고 말했다.—일본인들이 늘 주위에 있었기 때문이다. 중국인들이 사용하는 것과 같은, 배터리가 장착된 것을 쓸 수는 없겠소? 나는 그런 배터리는 많이 닳았을 경우에는 장거리 교신에 쓸모가 없다고 설명했다. 무기와 의약품은? 그가 물었다. 나는 무기는 프랑스인들 때문에 어려울 것이라고 대답했다. 우리는 프랑스인들 문제를 논의했다. 그는 독립동맹은 반일을 내세울 뿐이라고 주장했다. 나는 그의 분명한 말에 깊은 인상을 받았다. 그는 붓다 같은 자세로 가만히 앉아, 주름진 갈색 손가락만 움직였다. 팜은 메모를 했다. 우리는 다시 만나서 이야기를 하기로 합의했다. 그들은 한자로 자기들 이름을 적었는데, 각각 팜 푹 파오와 호 치 밍이었다.

펜은 공군지상지원국 동료들과 상의했다. 그들은 모두 '호 노인(호는 공식적으로 '루시어스'라는 암호명을 받지만, 미국인들은 사석에서 그를 '호 노인'이라고 불렀다)'에게 중국인 무전 전문가를 붙여서 인도차이나로 돌려보내는 데 동의했다. 사흘 후 그들은 다시 만났다.

친피 거리의 인도차이나 카페에서 안남인들을 두 번째 만났다. 주인은 그들의 친구로 보인다. 우리는 위층에 앉아 프랑스 스타일로 거른 커피를 마셨다. 진한 커피는 맛이 아주 좋았다. 안은 텅 비었지만, 호는 손님들이 들어올지도 모른다고 말했다. 우리는 몇 가지 용어에 대해 합의했다. 중국인은 '친구', 미국인은 '형제', 프랑스인은 '중립측', 일본인은 '점령자', 안남인은 '원주민'이라고 부르기로 한 것이다. 호는 중국인 두 명—그 가운데 한 명은 미국계 중국인이었다.—을 데리고 가는 문제에 대해 두 번째 사람은 금방 눈에 띄기 때문에 어려울 수도 있겠다고 말했다. 호의 그룹은 중국인들을 의심하는 경향이 있었다. 그러나 안남인 무전 전문가가 없었기 때문에 중국인을 데려가는 것은 불가피했다. 그러나 호는 [프랭크] 탄을 데려가느니 차라리 한 사람만 데려가겠다고 하면서, 나중에 우리더러 미국인 장교를 보내달라고 했다. 나는 내가 직접 가겠다고 했다. 호는 자기들은 좋다고 대답했다. 이어 우리는 보급품 문제를 논의했다. 팜은 홀이 말하던 '고성능 폭탄' 이야기를 했다. 나는 그 이야기는 피하려 했다. 하지만 나중에 경화기나 의약품, 추가의 무전기는 떨구어줄 수도 있다고 말했다. 우리 무전 전문가가 호의 부하들에게 무전기 사용법을 가르칠 수도 있었다. 호는 셰노도 만나고 싶어했다. 나는 그가 셰노에게 아무것도 요청하지 않는다면 주선을 하겠다고 약속했다. 보급품도, 지지 약속도 요청하지 말라고 했다. 호는 동의했다. 노인은 중국식 면바지에 목까지 단추를 잠그는 저고리 차림이었다. 그러나 파란색이 아니라 황토색이었다. 샌달은 인도차이나에서 많이 신는 것으로, 끈을 묶는 방식이었다. 길지 않은 턱수염은 은빛이었으나 눈은 옅은 갈색으로 윗부분 가장자리는 회색으로 변하고 있었다. 머리카락은 거의 검은색이었으나 벗겨지기 시작했다. 젊은 남자 팜은 양복을 입었는데, 광대뼈가 붉거졌으며 턱이 강해 보였다. 그들은 둘 다 작은 소리로 이야기했지만, 가끔 웃음을 터뜨리기도 했다. 우리는 함께 잘 지낼 수 있을 것 같았다.[42]

펜은 호를 만난 뒤 동료들에게 베트민에 대해 확인해보았다. 프랑스인들은 베트민이 공산주의자들이라고 낙인을 찍었지만, 중국인들은 그들을 방심할 수 없는 존재로만 생각하는 것 같았다. 펜이 충칭의 본부에 조언을 구하자 "관계없이 그물을 치라"는 지침이 내려왔다. 그러나 원주민과 프랑스인 사이의 정치에는 관여하지 않는 선에서 정보 업무를 수행하라는 단서가 붙어 있었다.

며칠 뒤 펜은 제14공군 사령부의 집무실에서 클레어 셰노 장군과 만나도록 주선했으나, 다시 한 번 공식적으로 지원 요청은 하지 말라고 주의를 주었다. 호는 낡은 카키색 면 저고리를 입고 약속 장소에 갔다. 그러나 펜은 호가 칼라에 떨어진 단추를 새로 달고 나왔다는 것을 알았다. 셔노는 평소와 다름없이 눈부신 군복을 말끔하게 차려 입고 육중한 책상 뒤에 앉아 있었다. 셔노는 1930년대 말 중국 국민당군이 중국을 침략한 일본에 맞서 싸울 때 자원 조종사들로 이루어진 '비호(飛虎)' 부대의 사령관을 맡아 이름이 높았으나, 자신이 개인적으로 드러나는 모습과 관련하여 허영심이 많다고 알려져 있었다. 장군은 호치민이 쇼 중위를 구해준 것에 감사했다. 펜의 말에 따르면 정치적인 이야기는 오가지 않았다고 한다. 호는 지원 요청을 하지 않겠다는 약속을 지켰고, (펜의 조언에 따라) 셔노와 비호 부대의 공적을 칭찬했다. 그리고 짧은 면담을 마치면서 셔노에게 서명이 담긴 사진을 한 장 요청했다. 펜은 이렇게 회상한다.

셔노는 자기 사진을 주는 것을 무엇보다 좋아했다. 셔노가 벨을 누르자 도린〔셔노의 비서〕이 다시 들어왔다. 곧 다른 비서가 8~10인치 크기의 사진을 여러 장 가지고 들어왔다. "골라보시오." 셔노가 말했다. 호는 한 장을 고르며 장군에게 서명을 부탁했다. 도린이 파커 51 만년필을 내밀었고, 셔노는 아래쪽에 "클레어 L. 셔노가 드립니다." 하고 서명했다. 이어 우리는 모두 바깥으로 나가 정신이 번쩍 드는 쿤밍의 바람을 맞았다.[43]

이렇게 해서 호치민은 쿤밍 주재 미군의 중요한 장교들과 인맥을 형성했다. 그러나 아직 미합중국으로부터 베트민전선이 베트남 민족의 합법적 대표자라는 정통성을 인정받지 못했고, 운동에 대한 지원도 별로 받지 못했다. 호는 떠날 준비를 하면서 찰스 펜에게 원래의 포장지에 싸인 신품 콜트 45구경 자동권총 여섯 자루를 달라는 부탁을 했고, 펜은 전략사무국에 있는 친구들로부터 그것을 얻어주었다.

1945년 3월 말 호치민은 무전 요원과 함께 작은 미국 비행기를 타고 파이써로 날아갔다. 광시성의 징시로부터 북쪽으로 1백 킬로미터 정도 떨어진 파이써는 그 전해 11월 중국 남부에서 벌어진 유명한 '공격 1호' 전투에서 일본이 류저우를 점령한 이래 장 파쿠이의 제4군의 새로운 주둔지였다. 호가 파이써로 간 목적은 동맹회의 회원들과 다시 접촉하여, 이 조직을 베트민전선의 목적에 유용한 무기로 단련해내려는 것이었다. 1944년 8월 호가 류저우를 떠난 뒤, 중국이 관심을 보이지 않고 비공산주의 지도자들 몇 명이 윈난 성으로 돌아가기로 결정하는 바람에 동맹회는 거의 해체되다시피 했다. 호는 제4군을 따라 파이써로 왔던 레 통 손과 같은 베트민 대표들의 지원을 얻어, 자신의 추종자들이 지배하는 새로운 '행동위원회'를 통해 동맹회를 재조직하려 했다. 그는 다른 민족주의 지도자들의 의심을 누그러뜨리기 위해, 그들에게 셰노가 서명한 사진을 보여주고 콜트 자동권총을 한 자루씩 건네주었다. 그러나 며칠 뒤 베트민을 불신하게 된 샤오 원 장군이 호의 행동위원회를 해체하고 호치민을 포함한 공산주의자들과 비공산주의자들을 섞은 새로운 위원회를 구성했다. 호는 팍 보로 가기 위해 징시로 떠났다.[44]

연합국과 연결된 가느다란 끈

호치민이 파이써에서 동맹회를 재건하려고 노력하는 동안, 쿤밍의 전략사무국에는 미군 정보부 장교가 한 사람 새로 전근을 왔다. 아커미니스 '앨' 패티는 1944년 1월까지 유럽 전역에서 근무하다가 워싱턴으로 발령을 받은 뒤, 전략사무국 본부의 인도차이나 담당관으로 임명되었다. 자신감이 넘치는 패티는 으스대기도 잘했지만, 강한 역사의식을 가지고 업무에 임했으며 프랑스인들과 그들이 식민지 지역에 남긴 유산을 신뢰하지 않았다. 그는 워싱턴에 있는 파일들을 통해 처음으로 베트민전선과 신비에 싸인 지도자 호치민을 알게 되었다. 그는 1945년 4월 전략사무국 지부의 지부장인 폴 헬리웰 대령의 부관으로 쿤밍에 부임하여 프랑스령 인도차이나의 정보 작전을 지휘하게 되었다. 그는 인도차이나에 대한 미국의 정책이 유동적이라는 사실을 금방 파악했다. 이 지역의 미국 담당자들 사이에는 자유 프랑스를 도울 것인지 말 것인지, 돕는다면 얼마나 도울 것인지, 인도차이나의 베트남 저항 운동 그룹들과 관련을 맺어도 되는지, 맺는다면 어느 정도 맺어도 되는지를 놓고 상당한 혼란이 있었다. 패티가 도착한 직후 열린 회의에서 베트민의 활동을 논의했는데, 공군지상지원국의 대표는 호치민이라고 알려진 어떤 '노인'이 인도차이나에 정보망을 만들어 그의 일을 돕겠다는 약속을 했다고 말했다. 다른 관리는 호가 전쟁정보국과 협력하여 중국 선전부와 함께 심리전 사업을 수행해왔다고 덧붙였다.[45]

패티에게 호치민의 운동은 인도차이나에서 작전을 수행할 수 있는 자연스러운 매체였다. 전략사무국이 베트민을 적극적으로 이용하려 할 경우 중국이나 프랑스 양쪽과 문제가 생길 수도 있었지만, 패티는 인도차이나 내부에서 일본의 활동에 대한 정보를 얻기 위해서는 어떤 정보원을 이용해도 좋다는 워싱턴의 새로운 지령을 따르고 있었다. 이제 그가 원하는 것은 호치민을 만날 기회였으나, 그는 이미 쿤밍을 떠나 인도차이나에 들어가 있었다. 그러나 패티는 부임 후 며칠 뒤 우연히 부옹 민 푸옹의 방문을 받았다. 푸옹은 인사를 나눈 뒤 자신이 호치민 '장군'이 이끄는 베트민전선의 조직원인데, 미국이 군사적인 지원을 하고 베트민을 베트남 민족의 이익을 대표하는 유일한 정치 조직으로 인정해주면 그 대가로 연합군을 돕겠다고 조심스럽게 제안했다. 패티가 어떻게 하면 호 장군을 만날 수 있겠냐고 묻자, 푸옹은 징시에 가면 만날 수 있다고 대답했다. 호가 인도차이나로 돌아가는 길에 그곳에 머물고 있다는 이야기였다.

패티는 상관인 리처드 헤프너 대령과 상의했다. 헤프너 대령은 충칭의 전략사무국 책임자인 동시에, 전쟁 전에는 유명한 변호사로 활동하여 루스벨트 행정부의 고위층과도 선이 닿아 있었다. 헤프너는 처음에는 망설였다. 클래런스 가우스를 대신하여 중국 대사로 부임한 오클라호마 출신의 노련한 정치가인 패트릭 헐리는 장 제스의 옹호자가 되어, 옌안에서 장과 중국 공산주의자들 사이의 제휴를 모색하려 하던 전략사무국 장교들에게 짜증을 부리고 있었다. 헐리는 또 헤프너에게 미국 정보부가 베트민, 특히 프랑스 정보 부서들이 응우옌 아이 쿠옥이라고 정확하게 파악하고 있던 호치민과 접촉한다는 사실이 드러나면 프랑스와 중국이 불쾌해할 것이라고 주의를 주었다. 그러나 4월 26일 헤프너는 중국 전역의 미군을 지휘하던 앨버트 C. 웨더마이어 장군으로부터 정보 수집과 적의 시설에 대한 파괴 공작을 위해 인도차이나에 전략사무국 요원들을 투입하는 것을 허락하는 전문을 받았다. 헤프너는 패티에게 연합군의 목적을 위해 호치민을 이용하는 문제는 아직 논의 중이라면서, 프랑스와 중국을 소외시키면 안 된다고 주의를 주었다.

다음 날 패티는 징시 북쪽의 더바오 공항에 도착하였으며, 그 지역 공군 지상지원국 담당자들과 의논한 뒤 징시로 차를 달렸다. 그는 징시의 식당에서 베트민 연락선과 접촉한 뒤 시내에서 10킬로미터 정도 떨어진 작은 마을로 호치민을 만나러 갔다. 호는 자신을 찾아온 사람의 정체와 정치적 견해를 조심스럽게 탐색한 뒤에 인도차이나 상황을 설명하면서 자신의 운동이 현대적 무기, 탄약, 통신 수단을 확보하면 연합군에게 매우 유용할 것이며 중요한 정보도 제공할 수 있다고 말했다. 호는 그 시점에서는 자신의 운동이 적으로부터 노획한 보잘것없는 장비에 의존하고 있음을 인정했다. 패티는 분명한 약속 없이 고려해보겠다는 말만 했다. 패티는, 그 자신의 말에 따르면, 마음이 들떴다.[46]

일주일 뒤 호치민은 국경지대 밀림 사이의 힘한 길을 따라 팍 보로 돌아갔다. 그를 수행하는 그룹은 모두 40명 정도였으며, 여기에는 미군 무전요원 맥 신과 GBT팀의 일원이었던 프랭크 탄이 포함되어 있었다. 둘 다

펜이 다른 미국인들에 비해 눈에 덜 띌 것이라는 이유로 보내준 아시아계 미국인들이었다. 맥 신은 팍 보로부터 쿤밍에 보고서를 보내기 시작했으며, 전략사무국은 의약품, 무전기 한 대, 추가의 무기 등 보급품을 팍 보 근처에서 공중 투하했다. 호와 그의 동료들은 장비를 보내준 대가로 미국인들에게 도움이 될 만한 일을 해주었다. 거기에는 날씨를 알려준다든가, 인도차이나 북부에서 격추된 미국 공군 몇 명을 구출해 중국으로 돌려보낸다든가 하는 일들이 포함되었다. 호는 마침내 박약하기는 하지만, 연합군과 연결된 끈을 가지게 된 셈이었다.

전쟁의 새로운 물결

이제 태평양 전쟁에서 연합군의 승리는 시간 문제로 보였다. 미군은 일본 본토를 향해 가차없이 밀고 들어갔으며, B-29 폭격기가 공습을 퍼부어 일본의 주요 도시들을 초토로 만들고 있었다. 연합군의 프랑스령 인도차이나 진격에 대한 잠정적인 계획도 수립되었다. 여기에는 중국 국민당군이 남진하여 인도차이나로 진입하는 방안도 포함되어 있었다. 백악관에서는 이 계획을 강력하게 지지했다.

인도차이나 내부에서도 상황이 급박하게 돌아가고 있었다. 1944년에는 거의 전국에 걸친 가뭄으로 수확량이 상당히 줄어, 미곡상들의 매점과 투기가 극성을 부렸다. 일본 점령군 당국은 쌀의 일본 수출을 강제하고, 베트남 북부 농민에게 쌀 대신 참깨, 땅콩, 목화, 황마 등을 심으라고 명령함으로써 문제를 더 악화시켜왔다. 그러다가 기근이 닥쳤음에도, 일본은 정부의 곡물 창고를 개방하려 하지도 않았고 비옥한 메콩 강 삼각주로부터 심각한 타격을 받은 베트남 중부와 통킹 삼각주 지역으로 쌀을 수송하는 것도 거부했다. 비시 체제 하의 장 드쿠는 무관심과 무능 때문에 거의 도움이 되지 않았다.

겨울이 되어도 당국은 세금 감면을 거부했고 농민이 정부에 의무적으로 판매하는 미곡 가격을 높여줄 생각도 하지 않았다. 절망에 빠진 농민은 고구마나 카사바를 심기 시작했으나 식량은 금세 바닥났다. 생필품의 가격이 급등하자, 도시지역에도 기근의 영향이 나타나기 시작했다. 한겨울이 되면서 수천 명이 굶주림에 허덕였으며, 실제로 굶어 죽는 사람들이 급속히 늘어났다. 농민은 초근목피로 연명했으며, 도시에 사는 사람들은 귀중한 가재를 팔아 엄청나게 값이 뛰어오른 쌀이나 채소를 샀다. 죽는 사람들 숫자가 늘자, 큰길가에 시체들이 나뒹굴기 시작했다. 굶주린 농민은 먹을 것을 구걸하며 정처 없이 떠돌거나, 일본군이 지키고 있는 곡물 창고 근처에 모여들었다.

기근은 베트남 민족에게 큰 비극이었지만, 베트민에게는 이 위기가 하늘이 내린 선물일 수도 있었다. 그들은 이제 자신 있게 프랑스도 일본도 베트남 민족의 미래를 보장할 능력이 없다고 말할 수 있었다. 겨울 동안 베트민 활동가들은 지역 농민에게 북부와 중부의 창고를 습격하여, 그곳에 쌓인 곡물을 궁핍한 사람들에게 나누어주라고 촉구했다. 그러나 많은 경우 이미 때가 늦어, 굶어 죽은 사람들의 숫자가 수십만으로 늘어났다. 시골에서는 길가에 주검들이 방치되었으며, 기운이 없어 가족간에도 서로 돌보지 못할 지경이었다.[47]

그해 겨울 프랑스는 삼각주 북부 산악지대의 베트남 게릴라들을 소탕하기 위해 끈질기게 노력했다. 보 응우옌 지압이 이끄는 무장 선전대는 파이 카트와 나 응안의 전투에서 첫 승리를 거둔 후 중월 국경을 향히어 북쪽으로 진군하면서, 가는 길에 소수민족이 사는 마을들을 점령했다. 프랑스가 순찰대를 파견하면 카오 방과 박 칸 마을 사이의 기지(호앙 호아 탐이라고 알려졌다)로 후퇴했다. 이곳에서 지압, 부 안, 팜 반 동을 비롯하여 여러 성의 당 위원회 지도자들은 하노이와 홍 강 삼각주를 일본군으로부터 해방하기 위하여 남진을 계속할 계획을 짜기 시작했다.

1945년 3월 9일 일본은 쿠데타를 일으켜 종이 한 장으로 반세기에 걸친 프랑스의 베트남 지배에 종지부를 찍었다. 일본은 식민지 행정부를 없애고 대신 자신들이 확실하게 통제하고 있는 바오 다이 황제를 수반으로 한 꼭두각시 제국 정부를 세웠는데, 이로 인해 그들의 의도와는 관계없이 삼각주 북부 전지역을 혁명군에게 무방비 상태로 열어주게 되었다. 당 총서기 추옹 친은 이런 흐름을 예상하고 상황을 논의하기 위해, 쿠데타 전날 하노이에서 북동쪽으로 20킬로미터 정도 떨어진 딘 방 마을로 중앙위원회 위원들을 소집했다. 쿠데타가 발생하자 위원회는 총봉기 준비에 박차를 가하라는 명령을 내렸다. 위원회는 쿠데타로 인한 정치적 위기, 심한 기근, 연합군의 진입 가능성 등 총봉기 성공에 유리한 몇 가지 요인들을 꼽으면서, 이제 무력 투쟁을 가장 우선시해야 한다고 결론을 내렸다. 위원회의 명령은 곧 게릴라 기지의 확장, 베트민전선의 정치적 기지 확대, 여러 혁명 무장 세력의 통합을 통한 베트남해방군의 육성 등을 의미하는 것이었다.

그럼에도 신중한 추옹 친은 대내외 조건이 성숙하기 전에 섣불리 움직이면 안 된다고 생각했다. 아직 혁명 세력 자체가 봉기를 성공적으로 수행할 만큼 준비가 되어 있지 않았기 때문이다. 중앙위원회는 연합군이 공격할 가능성이 높다고 가정하고 있었던 것 같다. 연합군이 인도차이나에 상륙하여 진격을 시작하면, 당의 부대들이 일본의 배후를 치고 총봉기로 나서라고 지시를 한 것이 그 증거이다. 그러나 설사 일본 정부가 연합군의 진격 이전에 항복을 결정하더라도, "총봉기가 일어나 성공할 수 있다."고 언급했다.[48]

호치민은 쿤밍에서 출발하기 전에 미국측에 자신이 3월 9일 쿠데타를 어떻게 보고 있는지 알려주었다. 그는 '룩'이라고 서명한 메모—현재 미국 문서보관소에 보관되어 있다.—에서 이 쿠데타로 87년 전에 시작된 프랑스의 인도차이나 점령은 끝났다고 선언하고 이렇게 결론을 내렸다. "따라서 일본의 파시스트 하이에나들이 마침내 프랑스 제국주의의 이리들을 잡아먹은 셈이 되었다." 룩은 세계 전쟁의 전체적 구도에서 이것은 "사소한 사건"에 불과하다는 것을 인정했지만, 이것이 "세계 전쟁 전체, 특히 인도차이나, 프랑스, 일본, 중국에 심각한 영향"을 줄 수도 있다고 주장했다. 호가 이 보고서를 쓴 목적은 분명하다. 미국 루스벨트 행정부를 설득하여 인도차이나의 일본 점령군을 공격하게 하려는 것이었다. 그는 이것이 "일본이 물러나는 유일한 길"이라고 말했다. 호는 특유의 화려한 언어로 이렇게 덧붙였다. "일본으로부터 뉴기니에 이르기까지 일본은 긴 뱀처럼 누워 있는데, 그 목이 인도차이나이다. 만일 연합군이 이 목을 강타한다면, 일본은 움직이지 못할 것이다."[49]

인도차이나 북부 카오 방 요새에서는 공산당의 다른 지도자들이 인도차이나의 통치체제 변화를 놓고 나름대로 의견을 모으고 있었다. 그들은 쿠데타 소식을 듣자 카오 방 주변 국경지역 전체에 걸쳐 게릴라 공격을 강화하라고 명령했다. 한편 지압의 무장선전대는 남쪽으로 이동하면서 여러 마을을 점령하고 해방군 병사를 모집했다. 그들은 초 추를 거쳐 마침내 타이 응우옌과 투옌 쾅 사이의 밀림에 자리잡은 킴 룽에 도착했다. 그들은 이곳에서 동쪽으로부터 온 추 반 탄의 구국군 부대와 만났다. 킴 룽의 만남을 통해 비엣 박에서 활동하는 혁명군들이 결합했고, 삼각주로 가는 길이 열리게 되었다.

1945년 4월 초 중앙위원회는 하노이에서 북서쪽으로 몇 킬로미터 떨어진 박 쟝 성 히엡 호아에서 군사 회의를 열고, 쿠데타 전날 저녁 중앙위원회에서 발표한 지령을 수행할 방법을 논의했다. 이 회의에서는 연합군이 태평양 전쟁 이전에 인도차이나로 진격할 수 있다는 가정에 기초한 3월의 결론들을 확인했다. 또 베트남해방군의 창설을 공식적으로 지시하고, 전국의 베트민 간부들에게 임박한 권력 장악에 대비하여 민족해방위원회를 수립하라고 지시했다. 그러나 총봉기는 일본군이 연합군과 완전한 교전 상태에 들어간 뒤에 시작해야 한다고 주의를 주었다. 그러나 도쿄 정부가 연합군 진격 이전에 항복을 결정한다면, 인도차이나의 일본군 체제가 '고립되어 혼란에 빠질' 때 봉기를 시작하기로 했다. 보 응우옌 지압은 이 회의에서 한 동료로부터 부인이 3년 전 옥사했다는 소식을 전해들었다.[50]

보 응우옌 지압은 회의에서 자신이 카오 방으로 돌아오고 나서 며칠 뒤 호치민이 중국으로부터 막 돌아와 베트민이 새로 점령한 통로를 따라 동료들에게 오고 있다는 소식을 들었다. 지압은 즉시 호치민을 맞으러 북쪽으로 출발했다. 호는 4월 말에 팍 보로 돌아와, 곧 아커미디스 패티에게 첫 번째 정보 보고서를 보냈다. 그의 메시지에는 소책자 두 권이 동봉되어 있었는데, 하나는 연합군 지도자들에게 보내는 것이었고, 또 하나는 새로 결성된 '국제연합(UN)'에 보내는 것이었다. 둘 다 연합군에게 베트남의 독립을 인정해달라고 호소하는 내용이었다. 문서의 저자는 '인도-차이나(안남) 민족당'으로 되어 있었으며, 이 조직은 1942년 동맹회를 결성했던 5개 정당 가운데 하나로, 나중에 베트민전선에 통합되었다는 설명을 덧붙였다. 패티는 소책자들을 충칭의 미국 당국으로 보냈다.[51]

1945년 5월 4일, 호치민은 눙족의 짙은 파란색 저고리에 원뿔형 모자를 쓰고 지팡이를 짚은 모습으로 팍 보를 떠나 남쪽 킴 룽—몇 주 전 혁명군들이 집결한 곳—으로 향했다. 경호원들과 공군지상지원국 팀이 동행했다. 이들은 뜨거운 태양, 험한 산길, 어디에나 있는 거머리들 때문에 며칠 고생을 한 뒤, 람 손 마을에서 카오 방으로부터 출발한 호앙 쿠옥 비엣, 부안, 팜 반 동을 만났다. 호는 그의 동료들에게 무선 장비 교육을 시키는 데 동의한 쿤밍의 찰스 펜에게 짧은 메모를 보낸 뒤, 5월 9일 응안 손을 향해 남쪽으로 길을 떠났다. 호 일행은 17일 나 키엔에 도착하여, 남쪽으로부터 올라온 보 응우옌 지압을 만났다.[52]

호와 지압은 1944년 가을 무장선전대 결성 계획 때문에 팍 보에서 만난 뒤 처음 만났다. 지압은 인도차이나의 상황과 히엡 호아의 군사 회의 결과를 보고했다. 호는 그에게 국제 정세를 이야기해주었다. 두 사람은 새로운 군사 사령부를 어디에 둘지 논의했다. 킴 롱이 가장 유력한 후보였다. 킴 롱은 중국 국경으로부터 홍 강 삼각주로 직접 통하는 길과 가까운 전략적인 요충지이면서도, 타이 응우옌과 투엔 쾅 사이의 험한 산악지대에 둘러싸여 있어 적의 공격으로부터 비교적 안전했다. 또한 이 지역의 소수민족들은 혁명에 열렬히 공감했기 때문에 기지 위치를 누설할 위험이 적었다. 호는 이 마을이 베트남 혁명의 운명에서 차지하는 역사적 중요성을 감안하여 그곳을 탄 차오(새로운 물결)로 개칭했다.[53]

다음 며칠 동안 호치민 일행은 남행을 계속했다. 5월 21일, 그들은 다이 강을 건너 탄 차오로 들어섰다. 혹시 모를 적의 첩자들을 피하기 위해 호치민은 일반 당원 행세를 하면서, 마을의 동조자 집에서 임시로 묵었다. 미국인 무전 요원 두 명은 무전기를 근처의 숲에 잘 위장해두었다. 호와 집주인은 호가 묵을 새 장소를 알아보다가, 결국 5, 6백 미터 떨어진 작은 냇물 옆 조그만 대나무숲 한가운데 있는 자리를 골랐다. 한편 마을 사람들은 혁명 지도부의 사무실로 사용할 새 건물들을 다른 집들과 비슷하게 지어주었다. 이제 호는 총봉기 계획으로 관심을 돌려, 6월 초에 상황을 논의하기 위한 회의를 소집했다. 호는 히엡 호아 회의 결과에 대한 또 하나의 보고, 즉 비엣 박에 7개 성에 걸친 새로운 해방구(카오 방, 박 칸, 랑 손, 하 지앙, 투엔 쾅, 타이 응우옌과 근처 성들 가운데 몇 곳)를 만들 계획이라는 이야기를 듣고, 각 성에 별도의 명령 체계에 따라 움직이는 부대를 두는 것은 너무 거추장스럽다고 생각하여, 해방구 선역의 모든 군사 단위들을 새로운 베트남해방군 밑으로 모으라고 지시했다. 1백만 이상의 인구를 포괄하는 해방구 자체는 임시 집행위원회의 지시를 받기로 했다. 회의를 마무리 지으면서 나온 결의안에서는 각 행정구역에서 민주적 원칙에 입각한 행정기구를 구성하기 위하여 선거를 실시할 것을 요구하면서, 이와 더불어 농지 재분배, 감세, 문맹 퇴치를 위한 경제적, 사회적 개혁을 요구했다. 호는 가까운 장래에 전국의 일꾼들을 모아 결정 사항들을 수행할 방법을 논의하기를 바랐지만, 당시 상황에서는 그런 회의가 비현실적이었기 때문에, 지압이 호치민과 매일 의논한 뒤에 탄 차오의 본부에서 사업을 조율해 나가기로 했다.[54]

이 기회를 놓칠 수 없다

이후 몇 달 동안 호치민과 그의 동료들은 빠르게 전개되는 상황을 따라잡으려고 안간힘을 썼다. 연합군이 인도차이나를 건드리지 않고 일본 본토를 직격할 것이라는 조짐들이 나타나기 시작했다. 종전이 가까운 것 같았다. 지도부는 지역 주민의 지지를 얻기 위해 해방구 내의 반동 지주들의 땅을 몰수하고 마을 공동 경작지를 궁핍한 사람들에게 분배하라는 명령을 내렸다. 강제 노역은 폐지했다. 보통선거에 기초하여 마을마다 인민혁명위원회가 수립되었다. 호는 작전 전체를 감독하려 했다. 매일 호나 보 응우옌 지압의 메시지를 든 사자들이 지역 곳곳의 혁명 단위들로 달려갔다.

중국 남부에 있는 호치민의 미국 후원자들과 좀더 손쉽게 교신을 하는 것도 신경을 써야 할 과제였다. 호는 쿤밍에 보내는 메시지에서 반일 작전에 초 추 근처의 훈련받은 게릴라 1천 명을 이용하라고 제안했다. 쿤밍과 충칭의 미국 장교들 가운데 일부는 베트민과 미국의 공식적 관계가 일으킬 정치적 반향 때문에 머뭇거렸지만, 3월 쿠데타 이후 중국 남부로 피신한 가브리엘 사바티에 장군 휘하의 프랑스 부대가 쓸모없다는 것이 분명해지자 패티는 상관 헬리웰 대령의 재가를 얻어 호치민의 제안을 받아들이기로 했다. 패티는 인력과 보급품의 원활한 수송을 위해 호치민에게 무전을 쳐, 탄 차오의 베트민 본부로 인력과 장비를 수송하는 데 사용할 수 있는 작은 비행장을 알아봐달라고 요청했다. 호는 근처에 조그만 활주로를 건설할 만한 부지를 찾아냈다. 호는 6월 30일 패티에게 무전을 쳐, 미국인들로 구성된 팀을 받아들이겠으니 도착 날짜를 알려달라고 요청했다. 그러나 프랑스인은 작전에 참여할 수 없다고 단서를 달았다. 공군지상지원국은 미국 육군 중위 댄 필런을 탄 차오로 공수해, 전략사무국 팀이 도착할 때까지 추락한 연합군 비행사들의 구출을 도모할 네트워크를 조직하면서 미국 대표 역할을 하라는 임무를 맡겼다.

7월 16일 전략사무국으로부터 베트민과 접촉하라는 임무를 받은 '디어' 팀의 지휘관 앨리슨 토머스 소령은 소규모의 부대원들과 함께 낙하산을 타고 탄 차오에 내렸다. 그는 상황을 평가하고 베트민의 반일 작전을 지원하라는 임무를 받았다. 노획한 다양한 무기로 무장한 2백 명의 게릴라는 우듬지에 떨어진 토머스 소령의 대원 두 명을 땅에 내려준 뒤 그들을 환영하는 경례를 했다. 토머스는 감명을 받았다.

> 이어 나는 호위를 받으며 베트민의 고위 지도자 가운데 한 사람인 호 씨에게 갔다. 그는 뛰어난 영어를 구사했으나, 징시로부터 걸어 돌아온 지 얼마 안 되어 신체적으로는 매우 허약했다. 그는 우리를 아주 따뜻하게 맞이했다. 이어 우리는 숙소로 안내되었다. 그들은 우리를 위해 특별히 대나무 숙소를 지어주었는데, 지면으로부터 조금 떨어진 곳에 대나무로 바닥을 깔았고, 위에는 야자 잎으로 지붕을 덮어놓았다. 이어 우리는 맥주(그 무렵 노획한 것이었다), 밥, 죽순, 구운 스테이크로 저녁을 먹었다. 그들은 우리를 위해 소까지 잡아주었던 것이다.

그러나 디어 팀 전원이 환대를 받았던 것은 아니다. 나무에서 구해준 사람 가운데는 프랑스 육군 장교 몽포르 중위도 있었다. 17일 아침 토머스가 호를 만났을 때, 호는 경비병들이 몽포르가 프랑스인인 줄 알았다면 사살했을 것이라고 말했다. "나는 프랑스인들을 좋아하지만, 병사들 가운데는 그렇지 않은 사람들이 많거든요." 호는 그렇게 말했다. 그는 미국인은 1천만 명이라도 환영하지만, 프랑스인은 받아들일 수 없다고 덧붙였다. 몽포르와 다른 프랑스인 두 사람은 야영지로부터 추방 명령을 받았으며,

결국 중국으로 가는 피난민 대열에 합류할 수밖에 없었다. 호는 손님들을 대접하기 위하여 마을의 요리사에게 미국인들이 좋아하는 방식으로 닭고기를 굽는 방법을 알려주었고, 부하 한 사람에게는 환영연에 쓸 샴페인과 뒤보네 포도주를 찾아보라고 했다.[55]

호치민은 자신의 숙소 옆에 있는 집에 미국인들을 위한 숙소를 마련해주었다. 호는 도착 다음 날 토머스에게 "베트민은 프랑스의 고위 장교(예를 들어 사바티에 장군)와 회담하여 그들의 제안을 들어볼 용의가 있다."는 내용을 미국 당국에 전달해달라고 요청했다. 쿤밍의 패티는 그 즈음 전후 인도차이나에서 프랑스의 권력을 회복하기 위한 준비를 하러 그곳에 도착한 자유 프랑스 군사 사절단의 단장 장 생트니 소령에게 이 메시지를 전달했다. 며칠 뒤 호는 인도차이나나 중국에서 프랑스 대표와 회담할 용의가 있다고 이야기하면서, 종전 후 이루어져야 할 개혁에 대한 호소문을 전달했다. 호는 이 개혁안에서 보통선거로 의회를 구성하고, 자연 자원을 베트남 민족에게 돌려주고, 아편 판매를 금지하고, 인도차이나 사람들에게 국제연합헌장에 나와 있는 모든 자유를 보장하고, 5년 후 10년 이내에 독립을 보장하겠다고 프랑스가 약속할 것 등을 요구했다.[56]

프랑스측으로부터는 즉각적인 답변이 없었다. 그러나 호치민은 미국인 손님들에게는 좋은 인상을 주고 있었다. 토머스는 베트민 무장 세력의 질을 높이 평가했으며, 쿤밍의 승인을 얻어 지역 부대원들에게 미국 무기(M-1 소총, 카빈, 바주카포 등) 사용법과 게릴라 전술을 가르쳤다. 호의 최고의 무장대원 가운데 1백 명이 선발되어 탄 차오 마을에서 3킬로미터 떨어진 곳에서 이루어지는 훈련 프로그램에 참여했다. 디어 팀의 부대원이었던 헨리 프루니어는 그들이 배우는 속도가 빨랐다고 회고한다.

호치민은 또 베트민의 이념적 성향에 대한 손님들의 의심을 무마하는 작업에도 나섰다. 토머스는 쿤밍에 보내는 보고서에서 이렇게 썼다. "공산주의 도깨비는 없다. 베트민은 공산주의자들이 아니다. 그들은 프랑스의 가혹한 체제에서 벗어나 자유를 얻고 개혁을 하고자 할 뿐이다." 공군 지상지원국의 필런 중위는 처음에 작전 참여를 머뭇거렸다. 호치민에게 공산주의 경향이 있다고 생각했기 때문이다. 그러나 호는 곧 이 젊은 장교의 의심을 잠재웠다. 호는 필런에게 미국 독립선언문의 서두가 무엇이냐고 물으면서, 그 부분을 베트남의 선언문에도 넣을 생각이라고 말했다. "그러나 사실 그는 나보다 미국 독립선언문에 대하여 더 많이 아는 것 같았다." 필런은 그렇게 보고했다. 필런은 꽉 보에서 쿤밍으로 보낸 한 전문에서 베트민이 "반프랑스적인 집단이 아니라 순수한 애국자들로 완전한 신뢰와 지원을 받을 자격이 있다."라고 썼다. 필런은 나중에도 생각을 바꾸지 않은 것 같다. 오랜 세월이 흐른 뒤 필런은 저널리스트 로버트 섀플런에게 호를 "아주 착한 사람"이라고 묘사했다. "나더러 밀림 속의 언덕에 앉아 있던 그 자그마한 노인의 특징을 한 가지만 뽑으라고 한다면 온화함이라고 대답하겠다."[57]

그러나 중국으로부터의 오랜 여행 때문에 호는 이미 약한 몸이 더 쇠약해진 상태였다. 그는 불과 54살이었으나, 중국 감옥에 갇혀 있는 동안 결핵에 걸렸으며, 많은 사람들이 석방 후 그의 약해진 몸을 보고 한마디씩 했다. 그는 징시에서 인도차이나로 오는 길에 다시 병에 걸렸던 것으로 보이지만, 그대로 일을 계속했다. 보 응우옌 지압은 이렇게 이야기한다.

압박감 때문에 그의 건강은 악화되었다. 그는 병에 걸렸다. 그러나 피로와 열에도 불구하고 며칠 동안 일을 계속했다. 나는 매일 보고를 하러 갈 때마다 그의 상태를 걱정했다. 그러면 그는 늘 이렇게 말했다. "곧 나을 걸세. 어서 이야기나 해보게." 그러나 나는 그의 몸이 약해지고, 몸무게도 상당히 빠졌다는 것을 분명히 알 수 있었다. 어느 날 나는 그가 열이 높아 정신을 잃은 것을 보았다. 우리는 약품이 턱없이 부족했다. 소량의 아스피린과 키니네뿐이었다. 그는 그 약을 먹었으나 효과가 없었다. 보통 그는 잘 때를 제외하고는 눕지 않았다. 그런 그가 간이침대에 누워 몇 시간씩 혼수상태에 빠져 있었다. 그의 곁에서 일을 하던 사람들 가운데 탄 차오에 머물던 사람은 나뿐이었다. 그는 어느 날 밤은 무척 피곤했는지, 내가 밤에 시간이 있으니 함께 있겠다고 하자, 눈을 뜨고 동의의 뜻으로 약간 고개를 끄덕여 보였다.

우리의 산비탈 오두막에 밀림 특유의 칠흑 같은 밤이 찾아왔다. 호 아저씨는 정신이 맑아질 때마다 당면한 일 이야기를 했다. "상황은 우리에게 유리하네. 우리는 무슨 일이 있어도 독립을 쟁취해야 하네. 중앙 산맥 전체에 불이 붙는다 해도, 우리는 어떠한 희생이라도 각오하고 앞으로 나가야 하네." 그는 생각이 조금이라도 정리될 때마다 자신이 몰두해 있던 문제들을 이야기했다. "게릴라 전쟁에서는 운동이 상승기일 때 그 상황을 이용해 더 밀어붙이고, 확대하고, 굳건한 기초를 만들어 위기 상황에 대비해야 하네." 그 순간에는 그것이 나에게 그의 마지막 생각들을 털어놓는 것이라는 생각은 들지 않았다. 그러나 나중에 생각해보고, 그가 자신의 몸이 몹시 약해진 것을 알고 유언을 남기고 있었다는 것을 깨달았다. 밤새도록 정신이 맑아졌다가 다시 흥분 상태가 찾아오는 일이 되풀이되었다. 아침이 되자 나는 다급하게 당 중앙위원회에 그의 상태를 알렸다. 그리고 지역 주민들에게 약초를 구해보라고 일렀다. 마을 사람들은 나에게…… 열병에 잘 듣는 약을 조제하는 것으로 유명한 사람 이야기를 해주었다. 나는 사람을 보내 당장 그를 불러오게 했다. 타이족 출신의 그 노인은 맥을 짚어보더니, 방금 숲에서 캐온 뿌리를 태워 죽이 든 사발에 그 재를 뿌린 다음 환자에게 먹였다. 그러자 기적이 일어났다. 약이 효험이 있었다. 주석은 혼수 상태에서 깨어났다. 다음 날 열이 내려갔고, 그다음에도 그는 약을 하루에 두세 번 먹었다. 몸은 계속 좋아졌다. 열이 가라앉자 그는 자리에서 일어나 일상 업무를 계속했다.[58]

그러나 미국 자료에서는 이야기가 다르다. 이 지역에 낙하산으로 내려온 전략사무국 요원들 가운데 한 사람이 위생병이었다. 그는 곧 호치민의 병이 말라리아와 이질이 합쳐진 것이라고 진단하고, 키니네와 설파제를 투여했다. 호치민이 그 치료를 받고 병이 나았는지는 분명치 않다. 토머스는 나중에 호가 아프기는 했지만 "우리가 없었다면 죽었을 것이라고 단언할 수는 없다."라고 말했다.[59]

탄 차오에서 베트민 지도부의 중요한 임무 가운데 하나는 가능한 한 빠른 시일 안에 당 전체회의와 전국 베트민 대표자 대회를 개최하라는 중앙위원회의 지시를 수행하는 것이었다. 연합군이 일본 본토로 빠르게 접근해가고 있었기 때문에, 호는 동료들에게 두 행사를 지체 없이 준비하라고 다그쳤다. 그러나 7월에 대회를 열려던 계획은 수포로 돌아갔다. 대표들이 제시간에 도착하지 못했기 때문이다. 회의는 8월 중순으로 연기되었다.

8월 초 호는 더욱 고집스러워졌다. 8월 6일 히로시마에 원자폭탄이 투하되었다는 라디오 보도를 들은 호는 전국의 모든 베트민 조직들에게 가능한 한 빨리 탄 차오로 대표들을 보내라고 지시했다. 그는 나흘 뒤 추옹 친을 비롯해, 하노이로부터 막 도착한 중앙위원회의 다른 위원들을 만났다. 일각에서는 대표들의 대회를 열 필요 없이 당에서 주도권을 쥐고 권력을 장악하기만 하면 된다고 생각했으나, 다수는 결국 호의 견해를 지지했다. 날짜에 대한 합의가 어렵자 호가 쏘아붙였다. "당장 대회를 열어야 합니다. 지체할 수 없습니다. 우리는 즉시 대회를 개최하기 위해 투쟁해야 합니다. 상황은 급속히 변할 것입니다. 우리는 이 기회를 놓칠 수 없습니다." 마침내 8월 16일에 전국인민대회를 열기로 결정했다. 중앙위원회는 그보다 3일 전에 제9차 전체회의를 열기로 했다.[60]

호치민은 이후 며칠 동안 아직 완전히 회복되지 않은 몸으로 토머스 소령의 무전 요원에게서 세계 정세를 꼼꼼이 챙겨들었다. 샌프란시스코에서 국제연합의 창설, 소련의 반일 전쟁 참전, 나가사키에 제2의 원자폭탄 투하 등의 소식이 잇따라 전해지면서 종전이 눈앞의 사실로 다가왔다. 호는 쿤밍에서 자유 프랑스 운동의 대표를 만나기로 약속해두었기 때문에—병 때문에 약간 망설였던 것 같다.— 8월 초에 활주로로 가서 비행기를 기다렸으나, 중국에서 보낸 비행기는 날씨 때문에 착륙할 수가 없었다. 호는 히로시마 소식을 듣자 계획을 취소하고 탄 차오에 남았다. 8월 12일 당 지도부는 바로 전국에서 총봉기를 일으키기로 결정했으며, (아직 몇 명의 대표가 도착하지 않았음에도) 다음 날 당 회의를 열기로 결정했다. 베트남 역사가들은 이 회의를 제9차 전체회의라고 부른다.

베트남 민족의 운명의 시간

당 전체회의는 탄 차오 마을의 작은 집에서 열렸다. 이 자리에는 총서기 추옹 친을 비롯하여 응우옌 루옹 방(베트남 북부 대표), 응우옌 치 타인(베트남 중부 대표), 하 후이 탑의 동생 하 후이 지압(베트남 남부 대표), 보 응우옌 지압, 호앙 반 호안(비엣 박 대표), 여기에 추가로 타일랜드와 라오스 대표, 그리고 호치민까지 모두 30명 정도의 대표가 참석했다.

호치민은 병 때문에 개회식에는 참석하지 못했지만, 제9차 전체회의의 주요 보고를 맡았다. 그는 우선 국제 정세를 개관하면서, 아시아 전역에서 일본군의 항복이 임박했음에 주목하고, 연합군이 곧 인도차이나에 도착할 것이라고 예측했다. 그는 영국군이든, 프랑스군이든, 중국 국민당군이든 외국 점령군의 존재가 복잡한 변수가 될 것이라고 인정했으나, 당은 그들과 계속 연락을 유지하는 것 외에 대안이 없었다. 그 점을 염두에 둘 때 항복하는 일본 행정부로부터 독립을 얻어 유리한 위치에서 점령군과 협상하는 것이 중요했다. 그는 도쿄 정부가 항복을 발표하는 즉시 총봉기를 일으켜 전국에서 정권을 장악하라고 촉구했다.[61]

호치민의 제안을 둘러싸고 격론이 벌어졌다. 일부 당 지도자들(여기에는 추옹 친도 포함되었을 것이다)은 혁명군이 아직 약하다는 이유로 봉기를 서두르는 것에 반대했다. 베트남해방군은 그 규모가 3월에 5백 명가량에서 8월 중순에 5천 명으로 불어났으나, 그들은 이 정도로는 아직 연합국 점령군은커녕 인도차이나 내부의 일본군도 상대할 수 없다고 주장했다. 따라서 당으로서는 연합국이나 프랑스측과 협상을 통하여 독립을 요구하는 것이 더 낫다는 이야기였다. 그러나 호치민은 당이 유리한 위치에서 연합국을 상대하려면 스스로 권력을 장악하려고 시도하는 것 외에 다른 대안이 없다고 고집했다. 그는 권력이 손이 닿을 수 없는 곳에 있는 것이 아니라고 선언했다. 전국에 그들을 따르는 대중이 있었기 때문이다. 만일 혁명권력을 강화하는 것이 불가능하다고 판명되면, 외국군이 도착하기 이전에 여러 지역을 해방하여 장기적 투쟁을 준비하는 한편, 연합군 내부의 모순을 이용하여 협상에서 유리한 위치를 확보해야 한다는 것이 그의 주장이었다.

결국 호치민은 자신의 뜻을 관철시켰다. 전체회의는 전국에서 권력을 장악할 총봉기 개시를 요구하면서, 추옹 친의 지휘 하에 전국 봉기위원회(우이 반 코이 응이아 토안 쿠옥)를 결성하여 당의 군사력에 대한 중앙 지도를 위임하기로 했다. 위원회는 즉시 모든 부대에 명령을 내렸다.

> 전국의 병사와 애국자들에게 총봉기의 때가 왔음을 알린다. 우리 군대와 베트남 인민에게 민족의 독립을 되찾을 중요한 기회가 찾아왔다. 우리는 모든 힘을 내어, 동시에 매우 신중한 태도로 즉시 행동에 나서야 한다. 조국은 우리에게 큰 희생을 요구하고 있다. 완전한 승리가 우리 손 안에 있다![62]

1945년 8월 16일, 인도차이나에 일본이 항복했다는 소식이 알려진 직후, 베트민전선 지도자들(곧 중앙지휘본부라는 의미의 통 보(總部)로 알려지게 된다)은 탄 차오에서 전국인민대회를 소집했다. 이 대회에는 국내외에서 60명의 대표가 참석했으며, 일부는 이 대회에 참석하기 위해 몇 주일 동안 걸어오기도 했다. 많은 사람들이 쌀이나 고기를 선물로 가져왔다. 타이 소수민족 출신의 한 대표는 살아 있는 물소를 선물로 내놓기도 했다.

대회는 작은 냇물가에 자리잡은 방 세 개짜리 초가집에서 열렸다. 이 대회를 위해 일부러 지은 공동 주택이었다. 회의는 한쪽 끝에 자리잡은 방에서 열렸다. 벽에는 레닌, 마오 쩌둥, 클레어 셰노 장군의 사진이 걸려 있었다. 가운데 방에는 제단을 만들어 노획한 일본 무기로 장식해놓았다. 다른 쪽 끝에는 혁명 문헌들을 모은 도서관이 있었다. 그곳은 식당으로도 이용했다. 추옹 친이 개회 보고를 한 뒤 호치민이 발언을 했다. 놀랍게도, 참석자 가운데 그의 정체를 아는 사람은 거의 없었다. 대회 조직 위원회가 그를 선배 혁명가 호치민이라고만 소개했기 때문이다. 그러나 물정을 아는 사람들은 자기들끼리 '탄 차오의 노인'—대회에서는 그렇게들 불렀다.—이 사실은 응우옌 아이 쿠옥이라고 수군대기 시작했다.[63]

호치민은 국내외 정세를 이야기하면서 며칠 전 제9차 전체회의에서 했던 말 가운데 많은 부분을 되풀이했다. 그는 유리한 위치에서 연합국 점령군을 맞이하기 위해서는 권력 장악을 서둘러야 한다고 강조했다. 일본군은 가능하면 설득을 해야 한다. 그러나 그는 프랑스가 연합군의 지원을 얻어 베트남에 진입할 가능성을 경고하면서, 그런 일이 생길 경우 몇 년 내에 완전한 독립을 보장한다는 타협안을 놓고 프랑스와 협상을 해야 할지도 모른다고 덧붙였다.

호치민의 연설이 끝나자 대표들은 베트민 지도부가 작성한 '10대 정책'을 승인하고, 민주적 자유와 온건한 정책에 기초한 독립 베트남 민주주의 공화국을 건설하여 경제와 사회의 정의를 이루어나갈 것을 촉구했다. 또 전체 봉기를 지도하고 임시정부 역할을 할 5인 민족해방위원회(우이 반 쟈 이 퐁 단 톡)를 선출하였으며, 호치민이 위원장이 되었다. 대회는 빨간 바탕에 황금 별이 그려진 새 국기와 새 국가를 표결로 결정한 뒤 폐회했다. 다음 날 아침 호는 대표들과 공동 회관 바깥에서 엄숙한 기념식을 열었다. 이날 '인민에게 보내는 호소문'도 발표했다. 그 한 부분은 다음과 같다.

우리 민족의 운명을 결정할 시간이 다가왔다. 우리 자신을 해방하기 위해 우리 온 힘을 모아 일어서자!

전세계 수많은 피압박 민족들이 독립을 얻기 위해 다투어 나서고 있다. 우리만 뒤처질 수는 없다.

전진! 전진! 베트민전선의 깃발 아래 용감하게 전진하자!

이 호소문은 응우옌 아이 쿠옥의 이름으로 발표되었는데, 이것을 끝으로 이 이름은 다시 사용되지 않았다.[64]

10장 격동의 8월

1945
1945

"'모든 인간은 평등하게 창조되었다. 그들은 창조주로부터 양도할 수 없는 권리를 부여받았다. 생존, 자유, 행복의 추구 등이 그러한 권리이다.' 이 불멸의 선언은 1776년 미합중국의 독립선언문에 나오는 것입니다. 이 말은 넓은 의미에서 이런 뜻입니다. 지상의 모든 민족들은 날 때부터 평등하며, 모든 민족은 생존의 권리, 행복과 자유의 권리를 가지고 있다."
─1945년 9월 2일 독립선언식에서 한 호치민의 연설

그는 많은 미국인들이 그를 '모스크바의 꼭두각시'로 본다는 사실을 인정하면서도, 자신이 미국인들이 말하는 의미의 공산주의자는 아니라고 이야기했다. 그는 15년 간 당 사업을 하면서 소련에 진 빚을 갚았기 때문에 이제 자신은 자유롭다고 생각했다. 호치민은 패티와 헤어지면서 베트남 인민은 늘 미국으로부터 받은 지원에 감사하고 있고, 앞으로 오랫동안 미국을 친구이자 동맹자로 기억할 것이며, 미국의 독립 투쟁은 언제나 베트남의 모범이 될 것이라는 메시지를 전했다.
─1945년 하노이의 미국대표 패티와 만나서 한 말

10 | 격동의 8월

1945년 8월 14일, 아시아에서 총성이 멎었다. 일본의 항복 발표 뒤 미국의 더글러스 맥아더 장군은 미국 전함 미주리 호 선상에서 일본 제국 정부의 대표들에게 연합군의 평화 조건을 제시하기 위해 도쿄 만으로 향했다.

베트민 지도자들은 탄 차오의 산악 요새에서 일본의 항복이 임박했다는 소식을 듣고 이미 행동에 나서고 있었다. 전국인민대회가 열리던 8월 16일 보 응우옌 지압 휘하의 베트남해방군은 앨리슨 토머스 소령의 디어 팀과 함께 남쪽 홍 강 삼각주를 향해 전진하기 시작했다. 같은 날 베트남 북부 전역의 농촌에서 인민 봉기가 일어났다. 그 가운데 일부는 기본적으로 자연발생적이었다. 일부는 지역 베트민 조직이 선동한 것이었다. 정부의 권력을 효과적으로 무너뜨린 곳에는 지역 '인민해방위원회'가 설립되었다. 행정 책임은 새로운 권력으로 이동했으며, 적대적 분자들은 매질을 당하거나, 소수이기는 하지만 죽음을 당하기도 했다.

그 전 겨울부터 베트남 북부와 중부에 계속된 기근이 혁명 세력에 유리한 조건이 되었음이 틀림없다. 3월 일본의 쿠데타 뒤 바오 다이 황제가 임명한 총리 찬 총 킴은 일본에 대한 쌀 강제 판매를 중단하고, 물가 상한제를 실시하고, 운송 시설을 개선해 남부에서 중부나 북부로 수송하는 곡물을 늘려 위기를 막아보려 했다. 빈곤층에 곡식을 공급하기 위한 기근구제 협회들도 결성되었다. 다행히도 봄 작황이 좋아 상황은 나아졌지만, 이번에는 한여름의 호우로 홍 강과 그 지류들이 넘치는 사태가 발생했다. 삼각주 저지대에 사는 수많은 농가가 거세게 흐르는 물을 피해 집과 논을 버리고 둑으로 피신했다. 광범위한 기근은 베트민에게는 황금의 기회였다. 베트민은 정복한 지역에서 분노한 농민에게 정부에서 저장한 곡식을 마음대로 가져가게 했다. 그러나 적어도 단기적으로는 농민의 고통 경감을 위해 할 수 있는 일이 거의 없었다. 이 해 전반기에 북반부의 인구 1백만 명 가운데 거의 10퍼센트가 기근으로 사망했다.[1]

봉기 세력은 몇 군데에서 일본 점령군의 저항에 부딪혔다. 미국 무기를 들고 위장복을 입은 지압의 베트남해방군이 8월 19일 아침 타이 응우옌의 성도에 진입하자, 도심에서는 그들을 환영하는 대규모 대중 시위가 벌어졌고, 기가 죽은 정부군은 공격군에게 무기를 넘겨주었다. 성 내의 베트남 총독과 다른 고위 관리들은 항복을 선언했지만, 일본군은 도심의 본부를 필사적으로 방어했다. 당 중앙위원회는 일본의 고집스러운 저항 소식을 듣자 지압에게 일부 병력을 타이 응우옌에 남겨 일본군을 막게 하고, 나머지 병력은 수도 하노이로 진군시키라고 명령했다. 이웃한 투옌 쾅 성에서도 비슷한 상황이 벌어졌다.[2]

하노이를 손에 넣다

하노이에서는 8월 9일 나가사키에 두 번째 원자폭탄이 떨어진 뒤 8월 11일에 일본이 곧 항복할 것이라는 소문이 돌기 시작했다. 응우옌 캉 휘하의 당 지역위원회 위원들은 일본으로부터 도시를 탈환하기 위한 봉기 준비를 서둘렀다. 사실 그들은 몇 달 전부터 이날을 대비해왔다. 수도의 당원 숫자는 약 50명에 불과했지만, 찬 총 킴 정부의 비효율적인 정책들에 대한 환멸이 퍼지면서 베트민 구국회에 수천 명이 가입했다는 소문이 돌았다. 1944년 말부터 가장 헌신적인 활동가들은 정부 기관을 접수하기 위해 준비된 공격 부대에 참여하거나, 정부 관리나 기존 체제에 동조적인 사람들에 대한 테러 공작을 수행할 이른바 명예부대에 가담해왔다. 수도를 둘러싼 여러 마을에는 하노이로 들어가 도시 주민을 선동하고 도시 무장 세력의 권력 장악을 지원하라는 명령이 떨어질 순간에 대비하여 무장 선전대가 조직되었다.[3]

도시지역의 경제적 조건은 봉기에 유리했다. 전쟁 마지막 2년간 산업 생산은 급격히 줄어들었으며, 인플레이션—일본 군정이 자신의 필요에 맞추어 통화를 발행한 것도 한 가지 이유였다.—이 극심했다. 몇 달 사이에 인도차이나 피아스트르화(貨)의 교환 비율은 미 달러 0.25 정도에서 0.10 이하로 떨어졌다. 일부의 평가에 따르면 생계비는 전쟁 시작 때보다 30배 이상 상승했다고 한다. 생계비 상승과 식량 부족이 계속되자 하노이와 다른 주요 도시의 중간 계급 다수는 베트민 쪽으로 눈을 돌리기 시작했으며, 일부에서는 앞날을 대비해 베트민이 발행하는 '혁명 채권'을 사기도 했다.

8월의 첫 두 주 동안, 하노이에 근거를 둔 당 지도부는 통킹의 제국 정부 대표 판 케 토아이와 접촉하기 시작했다. 은밀히 혁명 세력에 공감하고 있었던 것으로 알려진 토아이(그의 아들은 베트민전선에서 적극적으로 활동하고 있었다)는 8월 13일 응우옌 캉을 만나 베트민이 바오 다이 정부에 참여할 것을 요청했다. 바오 다이 정부는 이제 승리한 연합군과 협상할 준비가 되어 있다고 했다. 그러나 캉은 그 요청을 거절하고, 황제가 퇴위한 뒤 새로운 공화제 정부에 권력을 이양하라고 조언했다. 토아이는 자신의 의견은 말하지 않고 후에의 제국 조정에 메시지를 전달하겠다고 약속했다. 같은 날 후에에서 찬 총 킴 총리는 정부의 정통성에 문제가 있다는 생각과 자신의 경험 부족(그는 총리에 임명되기 전에 온건한 정치적 견해를 가진 역사가였다)에 대한 고민 끝에 사임하고, 연합군이 도착할 때까지 임시정부 역할을 하기로 한 위원회에 권력을 이양했다. 비공산주의 민족주의자들은

그들 나름으로 구국위원회를 만들어 하노이에서 임시정부를 대리하는 역할을 하고 있었다.[4]

일본이 8월 14일에 연합군의 평화 조건을 받아들였다는 소식이 다음 날 하노이에 전해졌다. 일본 점령군 당국은 즉시 권력을 베트남 정부에 넘겼다. 그날 저녁 인도차이나공산당 통킹 지역위원회 위원들은 하 동의 교외에 모여 그 주간의 상황을 평가하고 대응책을 논의했다. 위원회는 탄 차오의 호의 사령부로부터 아무런 명령을 받지 못했지만, 당의 3월 지령은 일본 항복에 따른 공백 상태를 최대한 활용하기 위해 지역에서 주도적으로 대처하라고 강조하고 있었다. 지역위원회는 임박한 수도 공격에 대비하여 홍 강 삼각주 전역에 대중 봉기를 명령했다. 더불어 5인 '군사봉기위원회'를 만들어 응우옌 캉이 지휘를 맡기로 했다. 다음 날 아침 캉은 자전거를 타고 하노이로 들어가, 지역 지도자들과 작전을 협의했다. 그러나 탄 차오에서 아무런 말이 없었기 때문에, 언제 어떻게 권력을 장악할지 최종 결정은 내리지 않았다.[5]

8월 16일 밤, 하노이 사람들은 어둠 속에서 자신들의 운명을 기다렸다. 도심의 가로등은 공습에 대비하여 검은 천으로 가려놓았다. 이따금씩 호텔과 레스토랑에서 새어 나오는 불빛은 칠흑 같은 어둠과 선명한 대조를 이루었다. 괴괴할 정도로 고요하던 거리에 갑자기 권총 소리가 울려퍼졌다. 베트민 한 분대가 시내 호안 키엠 호수(프랑스인들은 작은 호수라는 뜻으로 프티 락이라고 불렀다) 근처 영화관에 진입하여 영화를 중단시키고 연거푸 짧은 연설을 했다. 관객 가운데 있던 일본군 장교는 극장에서 달아나다가 거리에서 총을 맞았다. 그의 주검은 몇 시간이나 방치되었다.

프랑스 식민지 체제 하에서 20년 전에 만들어진 심의기구인 통킹 자문회의의 지도부는 급속하게 변화하는 상황에 대처하기 위해 17일 시내 북서쪽 고급 주택가에 자리잡은 웅장한 총독궁에서 회의를 열었다. 이 회의는 대월당의 친일 당원들이 주도했는데, 이들이 4일 전에 만들어진 구국

20세기 초에 프랑스인들이 건설한 바로크 양식의 시립극장은 베트남 혁명에서 중요한 역할을 했다. 사진에서는 1945년 8월 중순 베트민 활동가들이 군중에게 프랑스에 대항하여 일어서라고 촉구하고 있다. 하노이의 거주자들은 호치민 주석의 민족 독립 선언을 듣기 위해 바딘 광장으로 행진할 준비를 하고 있다.

위원회의 다수를 차지하고 있었다. 그들은 바오 다이 정부를 지지하는 대중 시위를 촉구했다. 그러나 교외에서는 베트민 부대들이 군사봉기위원회의 명령에 호응하여 행동에 들어가, 지역의 권력을 장악하고 인민혁명위원회를 수립했다. 그들은 다음 날 도시 진격에 대비하여 신체가 건강한 사람들을 모아 의용대를 조직했다. 그러나 이들의 무기는 몽둥이, 칼, 낡은 화기 몇 정인 경우가 대부분이었다.[6]

교외에서 시끄러운 사건들이 벌어지자 도시의 분위기도 긴장되었다. 8월 17일 오후 통킹 자문회의가 총독궁에서 회의를 열고 있을 때, 20세기 초에 하노이 도심에 건설된 프랑스풍의 화려한 오페라 하우스인 시립극장에서는 다른 회의가 열렸다. 이 회의는 찬 총 킴이 만든 임시 정부에 충성하는 정당과 그룹들을 모으기 위해 소집되었다. 극장 앞의 광장에는 2만 명으로 추산되는 군중이 모여 회의 과정을 지켜보고, 또 회의에 영향을 주려고 했다. 그러나 회의가 시작되자 시당위원회의 명령을 받은 친베트민 시위자들이 독립과 인민 권력을 요구하는 구호를 외치기 시작했다. 곧 전투적인 선동가들이 건물로 진입하여 2층으로 올라갔다. 그들은 그곳 발코니에 내걸린 제국기를 찢고 대신 붉은 바탕에 황금 별이 그려진 베트민 기를 달았다. 응우옌 캉은 건물 앞에 세워진 연단에 올라가 일본의 항복을 발표하고, 앞에 모인 군중에게 곧 일어날 봉기를 지지해달라고 호소했다. 군중이 여름의 심한 폭풍우를 뚫고 줄을 지어 두 블록 떨어진 제국의사당으로 행진하는 바람에 시립극장의 회의는 혼란스럽게 끝났다. 군중 가운데 일부는 계속해서 총독궁 또는 예전의 번화가로 진출했다.

여름 밤의 열기 속에서 도시에 긴장감이 차츰 고조되는 동안 당의 지역 지도부는 교외의 비밀 장소에서 만나 이후 며칠 간의 계획을 짰다. 응우옌 캉의 주도 하에 위원회는 다음 날 도시로 무기를 밀반입하고, 8월 19일에 시작될 봉기에 대비하여 당의 공격 단위들을 전략적으로 중요한 장소에 배치하기로 결정했다. 당 지도부는 이제 하노이에 베트민 동조자가 10만 명 이상 있다고 평가했는데, 이것은 전체 주민의 반 정도 되는 숫자였다. 그들은 의용대가 진군 명령을 기다리고 있는 교외에서 지원군을 들여와 병력을 보강하기로 했다. 18일 저녁 군사봉기위원회 위원들이 작전을 지휘하기 위해 조용히 하노이로 들어왔다.

새벽에 시립극장 앞 광장으로 많은 군중이 모여들었다. 모인 사람들 가운데 다수는 타인 티, 투안 틴, 푸 수옌 등 주변 마을 농민이었다. 베트민 무장선전대가 동원한 농민은 동이 트기 전부터 도시로 들어오기 시작했다. 모인 사람들 가운데는 도시 사람들도 일부 섞여 있었는데, 주로 노동자, 학생, 상인, 그리고 앞으로 전개될 상황에 호기심을 느끼고 참석한 정부 관리들이었다. 한 참석자의 말에 따르면 남자들은 갈색 셔츠에 고무 샌들 차림이었으며, 여자들은 갈색 블라우스에 머릿수건을 쓰고 맨발이었다고 한다. 거리에는 온통 붉은 깃발이 나부꼈다. 깃발 한가운데는 이제 익숙해진 황금 별이 박혀 있었다. 일요일이었기 때문에 상점들은 모두 문을 닫았고, 곡물 시장 역시 철시했다.

정오 직전 시립극장 앞에서 기념식이 시작되었다. 독립 투쟁에서 죽어간 사람들을 추모하는 묵념 뒤에 깃발이 올라가는 가운데 악단이 새로운 국가를 연주했다. 이어 시당위원회 위원 한 사람이 발코니에 나타나 총봉기가 진행 중이라고 발표했다. 그 직후 군중은 몇 개의 대열로 나뉘어 각각 시청, 경찰본부, 제국의사당 등 도시의 전략적 요충지로 행진해갔다. 대부분 아무런 저항을 받지 않았지만, 몇 번은 일시적인 장애에 부딪혔다. 응우옌 캉이 이끄는 그룹이 의사당에 접근했을 때, 그곳에 배치된 정부군이 약간 저항했으나 베트민 공격 부대와 가벼운 충돌을 일으킨 끝에 지휘관이 항복했다. 베트민 부대원들은 의사당 앞의 주철 담장을 기어올라갔으며, 곧 제국기 대신 베트민 깃발이 나부끼게 되었다. 다른 대오는 정부군 본부, 시 교도소를 비롯한 공공 건물로 행진해 모두 점령했다.

임시정부도 일본도 아무런 저항을 하지 못했다. 일본 점령군 당국은 베트민 지도부와 협상한 뒤 일본군은 개입하지 않겠다고 약속했다. 수립된 지 며칠 되지 않은 구국위원회는 행동에 나설 만한 힘이 없어 보였다. 사실 구국위원회는 8월 19일이 가기 전에 해체되었다. 해질 무렵 혁명 세력은 피를 흘리지 않고 하노이를 손에 넣었다. 베트민은 다른 지역으로 승리를 알리는 메시지를 보내면서 이후 행동에 대한 지침을 내렸다. "가능하다면 하노이에서처럼 행동하라. 그러나 일본군이 저항하면 단호하게 공격하라. 어떤 대가를 치르더라도 권력을 장악하는 것이 중요하다."

8월의 며칠 간 벌어진 사건은 몇 년 동안 경제적 궁핍과 일본의 군사적 점령에 시달려온 하노이 주민에게는 환희에 찬 경험이었다. 일본 경찰의 제제가 없는 상황에서 군중은 거리를 돌아다니며 깃발을 흔들고 독립과 제국 괴뢰 정부 퇴진을 요구하는 구호를 외쳤다. 시내를 돌아다니는 사람들 가운데 베트남 인민 전체의 이익을 대변한다고 주장하는 베트민 운동

1945년 8월 19일 사람들이 하노이 시내의 부 왕궁 앞에 모여들어 자유 독립 베트남의 건설을 촉구하는 시위를 벌였다. 2주가 지나지 않아 호치민은 이 궁을 행정부 건물로 이용하게 된다. 현재는 정부의 영빈관으로 쓰이고 있다.

의 내용을 분명하게 이해하는 사람은 거의 없었다. 그러나 대다수 사람들은 태평양 전쟁이 끝났고 이제 프랑스인들을 쫓아낼 수도 있다는 생각만으로도 기쁨을 가누기 힘들었다.

황도 후에 입성

수도에서 벌어지는 사건들에 대한 소식은 금세 통킹 전역으로 퍼졌으며, 이 때문에 이 지역 다른 곳에서도 베트민의 권력 장악이 원활했을 것이다. 혁명 세력은 지역 행정 당국이나 일본군의 미지근한 저항을 쉽게 물리쳤으며, 헤아릴 수 없이 많은 마을과 읍에서 거의 아무런 저항을 받지 않고 권력을 장악했다. 8월 22일에는 통킹 전역과 북부 여러 부에서 황금 별이 박힌 붉은 깃발이 나부끼게 되었다. 다음 날 타이 응우옌의 요새에서는 휴전 상태에서 모든 일본군의 항복을 받아내는 협상이 진행되었다.

해안을 따라 남쪽으로 뻗어 있는 중부지방에서는 문제가 좀 생겼다. 안남의 여러 성에서는 혁명 운동이 제대로 조직되어 있지 않았으며, 따라서 인원을 충원하고 보급품을 확보할 해방된 기지가 없었다. 북부의 베트민 지도부와 멀리 떨어져 있어 교신도 어려웠다. 당 기구들은 상임위원회로부터 3월 지령을 받았지만, 탄 차오로부터 메시지를 받는 데 또는 하노이에서 벌어지는 사건에 대해 믿을 만한 소식을 전해 듣는 데 며칠씩 걸리기도 했다.

이런 상황을 고려하여 지역 당 지도부는 스스로 주도권을 쥐고 행동하기로 결정했다. 그들이 초점을 맞춘 곳은 제국의 수도 후에였다. 후에의 당 활동가들은 3월 지령을 받은 이후 다가올 봉기에 대비해왔다. 그러나 이 지역의 다양한 주민은 북부처럼 혁명에 우호적이지 않았다. 후에는 제국의 오랜 수도로서 공장 노동자와 상인의 도시라기보다는 행정의 도시였다. 일부 주민—주로 학생, 수공업자, 하급 관리—은 혁명적인 경향이 강했지만, 구체제, 심지어 일본에 공감하는 정당이나 분파도 많았다. 그 결과 간부들은 베트민에 대한 지지가 상당히 강한 주변 농촌 마을에 노력을 집중했다.

8월 21일 후에의 바오 다이 황제는 하노이의 새로운 정부로부터 퇴위를 요구하는 전문을 받았다. 지역 당 지도부는 행동 방향을 결정하는 문제를 놓고 잠시 망설였지만, 젊은 혁명 시인이자 베트민 활동가인 토 후가 도착하자 힘을 얻었다. 베트민 활동가들은 주변 마을의 행정 권력을 장악했으며, 농민 의용대를 조직하기 시작했다. 결국 8월 22일에는 10만 명 이상이 유서 깊은 황도에 모여들었고, 지역 봉기위원회가 권력을 장악했다. 하노이의 경우처럼 지역 행정 당국이나 일본군은 거의 아무런 저항을 하지 않았다.

남부 지역의 총봉기

베트민에게는 코친차이나가 가장 어려운 지역이었다. 1940년 봉기가 진압당한 이후 이 지역 인도차이나공산당 조직들은 혼란에 빠졌다. 지역당 지도자들 대부분이 죽거나 감옥에 있었으며, 지지자들은 사기가 떨어졌다. 한편 일본 점령군 치하에서 비공산주의자들이 번창하기 시작했다. 일본이 서구에 저항하는 민족주의 운동의 성장을 장려했기 때문이다. 일본의 정책은 도쿄판 먼로 독트린이라고 할 수 있었는데, 그 중심 구호는 '아시아인을 위한 아시아'였다. 장 드쿠의 비시 프랑스 행정부는 사이공을 비롯하여 메콩 강 삼각주의 주요 시장 도시들에서 상대적으로 부유한 중간 계급 출신의 온건한 인사들을 육성하여 자신의 영향력을 유지하려 했다.

당원들은 전멸 위기를 맞이하여 무에서부터 운동을 재건하려고 노력했다. 이런 노력을 지도한 사람은 스탈린 학교를 졸업한 고참 혁명가 찬 반 쟈우로, 그는 1940년 코친차이나 봉기 때는 감옥에 있었으나 이듬해 여름에 탈출했다. 북부의 당 지도부로부터 아무런 연락이 없는 상황에서 지역당 활동가들은 미래의 총봉기에 대비하라는 1939년 제6차 전체회의의 결정을 받아들이되 코친차이나에 맞는 방식을 개발하기로 결정했다. 북쪽의 비엣 박과는 달리 이곳에는 산으로 둘러싸인 요새가 없었기 때문에 쟈우는 사이공-촐론 도시지역에 당의 노력을 집중하면서, 태평양 전쟁이 끝나는 시기의 총봉기에 대비하여 농촌지역에서도 힘을 쌓기로 결정했다. 이곳의 당 활동가들은 다른 지역과는 달리 민족주의적 경쟁자들을 압도할 수 없었지만, 쟈우는 유동적인 상황에서는 훈련과 규율로 무장한 소수가 권력을 장악할 수 있다는 것을 보여준 볼셰비키 혁명의 예를 인용하여 동료들의 사기를 북돋우려 했다. 그는 교외로부터 도시로 들어온 농민의 지원을 바탕으로 한 도시 봉기 계획을 짜기 시작했다.[7]

1945년 초 당은 사이공지역에 비밀 노동 운동을 주도하여 70개 이상의 산업 시설에 세포를 심고 3천 명의 노동자 당원을 거느리고 있었다. 인도차이나에서 프랑스 체제를 무너뜨린 일본의 3월 쿠데타 이후, 인도차이나 공산당 활동가들은 약간의 정치적 자유를 이용하여 일본의 후원 하에 설립된 '청년선봉'이라는 청년 조직을 장악했다. 정체를 감춘 공산주의자 팜 응옥 타익(1908년 농민 폭동에 참여한 뒤 남쪽으로 가던 호치민을 재워주었던 퀴 논의 아버지 친구 팜 응옥 토의 아들이었다)이 지도하는 청년선봉은 미래에 혁명적 대의에 봉사할 애국적 청년을 모으는 당 사업의 위장 조직 역할을 했다. 서양의 보이스카우트 운동을 닮은 면이 있어, 제복을 입고 노래를 하면서 동일성을 강조하는 이 조직은 1945년 봄과 여름에 학교, 공장, 농촌 마을로 급속히 번져갔다. 8월에 청년선봉은 코친차이나의 거의 모든 성에 회원을 두었으며, 그 수가 1백만이 넘었다.[8]

3월 쿠데타 이후 일본은 전략적인 이유로 코친차이나 행정부를 계속 통제하기로 결정했다. 8월 14일에야 일본 당국은 바오 다이 황제가 노련한 민족주의자 응우옌 반 삼을 이 지역의 부왕으로 임명하는 것을 허용했다. 비공산주의자들은 일본이 떠난 후의 빈 자리를 채우기 위하여 '국가통일전선(맛 찬 쿠옥 지아 통 낫)'을 수립했다. 8월 16일 전선의 집행위원회는 사이공에서 무혈 쿠데타를 일으켜 정권을 장악하고, 제국 부왕의 도착을 기다렸다.

찬 반 쟈우는 프랑스의 복귀 가능성과 사이공에서 비공산주의 베트남 정부의 출현 가능성이라는 이중의 위기에 직면하여 즉각 행동에 나섰다. 그는 8월 14일 일본의 항복 소식을 듣자 지역 당 지도자들을 만나 봉기위원회를 수립하고 봉기에 대비했다. 그러나 일부 당원들은 혁명 세력이 권력을 장악할 가능성에 의심을 품었다. 1940년 패배의 기억이 강하게 남아 있는 것이 틀림없었다. 그들에게는 진보적인 노동자들과 청년선봉 가운데 가장 전투적인 분자들로 조직한 준군사조직이 있었지만, 그들을 무장시킬 만한 무기가 부족했다. 게다가 코친차이나의 당 지도부는 북부 동료들의 의도를 모르고 있었다. 결국 위원회는 하노이의 상황에 대한 소식이 들어올 때까지 봉기를 연기하기로 결정했다. 동시에 몇몇 농촌지역을 선정하여 권력 장악을 시도하는 '시범 사례'를 만들고 남부 전역의 일반 주민 사이에서 베트민 운동의 기지를 구축하는 작업을 시도하기로 했다.

8월 20일 하노이의 8월 혁명 소식이 사이공에 전해지자 찬 반 쟈우는 국가통일전선 집행위원회에 회담을 요청했다. 이틀 후에 열린 회담에서 쟈우는 국가통일전선이 일본 점령 체제와 밀착했던 정당과 그룹으로 이루어진 전선이며, 연합군은 이런 조직을 베트남인들의 민족적 열망을 대표하는 정통성 있는 조직으로 인정하지 않을 것이라고 주장했다. 오직 베트민전선만이 민족적 열망을 대표할 수 있고, 연합군의 전폭 지지를 받을 수 있다는 것이었다. 회담 중에 바오 다이 황제가 하노이의 혁명 지도부에, 소멸한 찬 총 킴 행정부를 대신할 새로운 정부를 구성할 것을 요청했다는 소식이 들어왔다. 그러자 민족주의자 대표들은 내키지 않으면서도 그 자리에서 베트민과 협력하기로 합의했다. 국가통일전선은 해체되고 새로운 남부위원회(우이 반 남 보)가 그 자리를 대신했으며, 쟈우가 위원장이 되었다.

한편 메콩 강 삼각주 사이공에서 남서쪽으로 몇 킬로미터 떨어진 소도시 탄 안에서 쟈우가 '시범 사례'로 일으킨 봉기는 순조롭게 진행되었다. 일본군은 아무런 반응을 보이지 않았다. 이 봉기의 성공을 계기로 쟈우는 당 지역위원회의 미심쩍어하는 사람들을 설득하여 8월 25일 사이공에서 권력을 장악하기 위하여 총봉기를 일으키는 계획에 대한 승인을 얻어냈다. 이 작전에 뒤이어 농촌지역에서 소규모 봉기들을 진행시키기로 했다. 그는 성공이 "90퍼센트 확실하지만", 연합군이 도착하기 전에 행동을 해야 한다고 주장했다. 그날 밤 계획이 최종적으로 확정되었고, 25일 아침 공격 부대들은 주요 정부기관과 기업들을 장악했다. 한편 미리 교외에 모여 있던 농민 수천 명이 도시로 들어와 도시 사람들과 섞여 "제국주의자

8월 말 보 응우옌 지압의 인민해방군이 북베트남의 베트민 권력을 강화하기 위해 하노이에 도착했다. 무기와 새로운 독립 베트남 공화국의 국기를 들고 있는 여군의 모습도 보인다. 나중에 이런 여군은 '장발군'으로 알려지게 된다.

타도, 프랑스 식민주의자 타도", "베트남을 베트남인에게", "모든 권력을 베트민으로" 등의 구호를 외쳤다. 아침 나절에 도시 대부분은 봉기 세력의 손에 들어갔다. 혁명 부대들은 일본군과 대결을 피하라는 명령을 받았지만, 거리에서 베트남인과 유럽인 사이에 몇 차례 폭력적 충돌이 일어났으며, 가끔 린치가 일어났다는 보고도 들어왔다. 정오 직후 남부위원회—위원 가운데 6명이 베트민 출신이었다.—는 코친차이나 임시정부로 탈바꿈했다. 다음 날 베트민의 라디오는 '호치민의 도시'에서 혁명이 성공했음을 알렸다.[9]

미국과 중국, 프랑스 사이에서

혁명의 열기가 전국을 휩쓰는 동안 호치민은 탄 차오의 게릴라 기지를 떠나 하노이로 갈 준비를 하고 있었다. 그 역시 전국에서 벌어지고 있는 놀라운 사건들 소식을 들으면서 다른 사람들과 마찬가지로 기뻤겠지만,

동시에 앞으로 다가올 도전들을 염두에 두고 있었을 것이다. 그는 동료들에게 레닌의 유명한 말을 인용하여 주의를 주었다. "권력을 잡는 것은 어렵다. 그러나 그것을 지키는 것은 훨씬 더 어렵다." 8월 22일 그는 걷기도 하고 자동차와 나룻배를 타기도 하여, 해가 진 직후에 타이 응우옌에 도착했다. 여행은 몹시 힘들었다. 호는 아직 병에서 완전히 회복되지 않았기 때문에 가끔 들것에 실리기도 했다. 다음 날 호는 지역 여자 간부와 함께 자동차를 타고 남쪽으로 3번 도로를 달려 삼각주에 들어선 뒤, 홍 강—여름의 호우로 여전히 물이 불어 있었다.—을 건너 하노이의 북쪽 교외에 들어섰다. 호는 논과 마을을 삼켜버린 홍수를 보며 슬픈 목소리로 말했다. "인민을 궁핍과 기근으로부터 구하기 위해 우리가 무엇을 할 수 있을까?"

8월 25일 아침 호는 교외의 가라는 작은 마을의 오두막에서 보 응우옌 지압과 찬 당 닌을 만났다. 그들은 호를 맞이하고 수도의 상황을 전해주기 위하여 하노이에서 그곳으로 왔다. 곧 이어 추옹 친이 도착했다. 그날 오후 추옹 친과 호는 자동차를 타고 수도로 향했다. 그들은 폴 두메르 다리를 건너 베트민 깃발로 장식된 거리를 통과하여 곧바로 중국인 거주지역으로 갔다. 자동차는 항 냥 거리의 베트민 동조자가 소유한 3층짜리 다세대 주택 앞에 멈추었다. 이 집은 많은 당 지도자들이 임시 거처로 이용하고 있었다. 호치민의 숙소는 맨 위층에 준비되어 있었다. 호치민은 55살이었지만, 하노이는 이번이 처음이었다.[10]

그날 오후 호치민은 자신의 새 거처에서 당 상임위원회 회의를 소집했다. 회의가 진행 중인 동안 베트남해방군의 첫 부대가 타이 응우옌으로부터 도착했으며, 일본 당국과 긴 시간 협상 끝에 다리를 건너 도시로 진입했다. 회의는 지압과 닌의 숙소가 있는 2층에서 열렸다. 보 응우옌 지압이 묘사하듯이 회의실은 원래 식당 겸 응접실로 사용했으며 책상은 없었다. 호는 식탁에서 일을 하였으며, 그가 애용하는 타자기는 한쪽 구석의, 녹색 천을 덮은 작은 사각형 탁자 위에 놓여 있었다. 호는 첫날 밤만 3층에서

호치민은 1945년 8월 중순 하노이에 비밀리에 돌아온 뒤 도시의 북쪽에 있는 오랜 상업지구의 전형적인 중국식 3층 건물에 자리를 잡았다. 이곳에서 호는 새로운 독립 베트남 공화국을 위한 독립선언문을 작성했다.

보낸 뒤, 다음 날부터는 2층으로 내려와 낮 동안에는 접어두는 다 망가진 캔버스 천 침대에서 잤다. 방에서 함께 자는 동료들은 침대 겸용 의자에서 자거나 의자 두 개를 붙여놓고 잤다. 하인이나 이웃 사람들에게 호와 그의 동료들은 그저 "시골에서 잠깐 올라온 향신들"이었다.[11]

회의의 주제는 임시정부 구성을 발표하는 문제였다. 상임위원회는 이미 공식 정부가 선출될 때까지 탄 차오에서 만들어진 민족해방위원회—호가 위원장이었다.—가 임시정부 역할을 한다고 결정했다. 회의에서 호는 임시정부가 다수의 비당원들을 포함할 정도로 폭을 넓혀야 하며, 새로운 정부의 구성은 민족 독립을 선언하는 대중 집회 자리에서 발표해야 한다고 주장했다. 또한 이 모든 일을 연합군이 도착하기 전에 끝내야 한다고 덧붙였다.

그러나 더 속도를 내야 했다. 호치민이 새로운 베트남 정부 구성을 구상하는 동안 이미 첫 외국 부대가 하노이로 들어왔기 때문이다. 7월 말과 8

월 초에 베를린 교외에서 열린 포츠담 회담에서 연합국은 일본군의 항복을 받아내고 법과 질서를 회복하기 위하여 프랑스령 인도차이나를 두 지역으로 분할한다는 데 합의했다. 미군은 아시아의 다른 지역에서 일본 제국의 항복을 받아들이는 일에 몰두하고 있었기 때문에 인도차이나 작전에는 참여하지 않기로 했다. 16도선 북쪽에서는 이 일이 중국 국민당군에 맡겨졌다. 남쪽에서는 영국이 그 임무를 맡기로 했다. 미국의 고집에 따라 프랑스는 이 작전에 참여하지 않기로 했다.

태평양 전쟁의 종전이 번개처럼 빠르게 다가왔기 때문에 점령군의 핵심부대는 몇 주가 지나야 인도차이나에 도착할 것으로 예상했다. 그러나 미국과 프랑스 장교들로 이루어진 선봉대는 이미 쟈 람 공항에 도착하여 하노이의 고급 호텔인 메트로폴에 묵고 있었다. 메트로폴은 프랑스 식민지풍으로 지은 호화로운 호텔로, 제국의사당 길 건너편에 있었으며, 호안 키엠 호수에서는 동쪽으로 한 블록 떨어져 있었다. 이곳에 도착한 연합군 장교 가운데는 넉 달 전 징시에서 호치민을 만나 협력을 구했던 미국 전략사무국 장교 아커미디스 패티 대위도 있었다.

일본의 항복 직후 패티는 일본 강제 수용소에 억류되어 있는 연합군 전쟁포로들을 석방하고, 인도차이나 상황을 파악할 목적으로 하노이로 날아가는 '머시' 팀의 부대장으로 임명되었다. 전에 프랑스 군사 사절단장을 맡았던 장 생트니는 이제 샤를 드골 장군의 자유 프랑스 정부의 중국 주재 선임 대표가 되어 패티에게 함께 가게 해달라고 요청했다. 인도차이나에 있는 수천 명의 프랑스 거주자들의 상황을 확인한다는 평계였다. 중국과 미국 정부 모두 프랑스가 일본의 항복에서 어떤 공식적 역할을 맡는 것을 허용할 생각이 없었지만, 생트니는 결국 인도주의적 활동에만 참여한다는 조건으로 하노이로 가는 패티의 팀에 동행하는 것이 허용되었다.

패티는 메트로폴 호텔에 자리를 잡자 일본 점령군 당국과 회담을 시작했다. 그는 또 승리한 베트민전선의 지역 대표들, 도시의 프랑스 거주자들

1945년 8월 26일 보 응우옌 지압이 이끄는 대표단이 하노이에 새로 도착한 미국 전략사무국을 방문했다. 이 사진에서는 악대가 국가를 연주하는 가운데 보 응우옌 지압과 아커미디스 L. 패티가 성조기를 향해 경례를 하고 있다. 로버트 냅과 레이 그렐레키의 모습도 보인다.

을 대표하는 그룹들과도 만났다. 프랑스 거주자들 다수는 유럽인들이 공격을 받을지 몰라 두려워하고 있었다. 패티는 8월 26일 정오경 갑자기 호치민으로부터 만나자는 초대를 받았다. 패티는 에움길을 이용해 항 냥 거리에 있는 호의 숙소까지 갔다. 두 사람은 인사를 하고, 생선 수프, 튀긴 닭, 돼지고기, 떡과 과일 등으로 맛있게 식사를 한 뒤, 정세를 놓고 긴 대화를 나누었다. 호는 하노이에 프랑스 팀이 와 있는 것에 문제를 제기했다. 프랑스 팀은 생트니의 지시에 따라 총독궁에 자리를 잡고 있었다. 호는 패티에게 프랑스 팀의 진짜 목적은 인도차이나 내의 프랑스 거주자들의 상태를 살피는 것이 아니라고 경고했다. 호는 중국과 영국 정부의 태도

10장 격동의 8월 477

에도 우려를 표명하면서, 영국은 아시아 식민지들을 유지하려 한다는 점에서 프랑스와 이해관계가 일치하고, 중국 정부는 자신들의 이익을 위해 베트남의 국익을 희생할 가능성이 있다고 지적했다.

호는 또 미국이 인도차이나를 바라보는 관점을 탐색해보려 했다. 호는 코민테른의 노련한 요원이라는 평판을 의식해서인지, 자신이 '진보적인 사회주의자-민족주의자'에 불과하다고 항변하면서, 자신이 모스크바와 중국 공산주의자들에게 의지했던 것은 다른 대안이 없었기 때문이라고 말했다. 패티는 입장을 밝히지 않고, 베트남 국내 정치에 대한 논의에는 참여할 수 없다는 이야기만 했다. 그러나 호치민에게는 한 가지 좋은 소식이 있었다. 패티가 떠나기 직전 코친차이나의 제국 부왕인 응우옌 반 삼이 후에의 조정에 사표를 냈다는 보고가 올라왔다. 패티는 오후 3시30분이 지나자 호의 숙소를 떠나 자신의 새로운 숙소인 메종 고티에—호암 키엠 호수 근처 가로수가 우거진 조용한 거리에 있는 호화로운 별장이었다.—로 돌아갔다.

패티는 메종 고티에서 장 생트니가 보낸 메시지를 받았다. 생트니는 이야기를 나누자고 패티를 총독궁으로 초대했다. 미국이 호치민과 접촉하고 있다는 사실을 알고 있었기 때문이겠지만, 생트니는 베트남의 지도자와 회담하는 데 관심을 보였다. 패티는 메시지를 전달하겠다고 약속했다. 그날 오후 패티는 보 응우옌 지압으로부터 다음 날 아침에 패티가 동석한 자리에서 생트니를 만나겠다는 통보를 받았다. 종전 후 처음으로 프랑스 책임자를 만나는 자리에 미국인을 합석시켜 자신의 입장을 강화하는 데 이용하려는 것이 분명했다. 지압은 하얀 아마포 양복에 낡은 중절모 차림으로 총독궁에 도착했는데, 도착하자마자 생트니로부터 베트민 당국의 무모한 행동에 대해 훈계를 들어야 했다. 베트민의 행동이 법과 질서, 그리고 무고한 프랑스 시민의 생명을 위협하고 있다는 내용이었다. 지압은 베트남 인민의 행동을 변호하러 온 것이 아니라 '새로운 프랑스 정부'의 대표와 의견을 나누기 위해 왔다고 반박했다. 그러자 생트니는 회유적으로 나오면서, 프랑스 정부는 '안남인'들의 요구에 우호적으로 응답하겠다고 약속했다. 그러나 생트니는 구체적인 이야기는 하지 않으려 했고, 프랑스인들이 없으면 베트남 북부는 중국 점령군 손아귀에 놀아나게 될 것이라고 은근히 겁을 주었다. 회담은 아무런 결론을 얻지 못하고 끝이 났다.[12]

황제 퇴위식

호치민이 전후 베트남인의 운명을 놓고 프랑스와 길고 힘든 협상을 시작할 무렵, 그의 정부는 바오 다이의 퇴위 문제를 놓고 후에의 제국 조정과 의견을 교환하고 있었다. 8월 20일에 황제는 이미 하노이의 한 애국자 그룹의 요청에 따라 퇴위할 의사를 밝혔으며, 하노이의 새로운 권력자들에게 정부를 구성하라고 공식적으로 요청하기도 했다. 그러나 호와 그의 동료들은 선수를 치기로 결정하고, 대표단을 후에에 보내 황제가 새로운 베트남공화국을 위하여 퇴위할 것을 요구했다. 노련한 노동 운동 조직가 호앙 쿠옥 비엣, 호의 오랜 동료 응우옌 루옹 방, 저널리스트이자 당 선전가 찬 후이 리에우 등으로 이루어진 대표단은 8월 29일에 후에에 도착했다. 그들은 대중 집회에 참석하여 시민들 앞에서 자신들의 목적을 설명한 뒤 다음 날 황궁에서 황제를 만났다. 인도차이나공산당의 강경파에 속한다는 평판을 얻고 있던, 안경을 쓴 지식인 찬 후이 리에우가 대표단을 대신하여 말했다. "존경하는 호치민 해방위원회 주석은 인민의 이름으로 우리에게 폐하의 권력을 접수하는 명예를 주었습니다." 호치민이라는 이름은 들어보지 못했지만 새로운 주석이 노련한 혁명가 응우옌 아이 쿠옥일 것이라고 생각한 바오 다이는 공식적으로 퇴위 절차를 밟았다. 이어 바오 다이는 대표단의 요청에 따라 그날 오후 급히 불러모은 사람들 앞에서 황성 입구에 있는 월문(月門)의 테라스 앞에서 다시 간략한 퇴위식을 했다. 이 문에는 이미 황금 별이 박힌 붉은 기가 나부끼고 있었다. 찬 후이 리에우는 제국의 옥쇄를 받은 뒤, 바오 다이에게 하노이에 와서 새로운 정부 수립에 참여해달라는 호치민 주석의 초대를 전했다. 바오 다이는 공화국의 보통 시민으로서 참석하겠다고 약속했다. 전체적으로 체제 교체는 위압적이라기보다는 축제 분위기에서 진행되었다. 물론 일각에서는 황제가 퇴위하는 모습 — 자발적인 행동처럼 보이기는 했지만 — 을 보고 몹시 비통해하기도 했다.

새로운 정권이 바오 다이의 모든 신하들에게까지 이렇게 꼼꼼하게 예의를 갖추었던 것은 아니다. 후에의 혁명 활동가들은 인도차이나공산당의 유명한 적으로 꼽히던 보수적인 저널리스트이자 정치가 팜 퀸과 조정 관리 응오 딘 코이를 조용히 체포하여 9월 초에 처형했다. 남쪽으로 더 내려간 쾅 응아이 성에서는 오래 전부터 좌익의 입장에서 인도차이나공산당을 목청 높여 비판해오던 트로츠키주의자 타 투 타우가 베트민 지지자들에게 체포되어 같은 운명을 맞이했다.[13]

가장 행복한 시절

8월 27일 호치민은 민족해방위원회 — 곧 새로운 임시정부가 된다. — 를 소집했다. 장소는 제국의사당이었는데, 이곳은 곧 박 보 푸, 즉 북궁으로 개칭된다. 호는 낡은 갈색 반바지, 고무 샌들, 해를 가리기 위한 카키색 헬멧 등 밀림 복장으로 회의에 나타났다. 의제는 새로운 정부의 구성원들을 공식화하고, 독립선언서의 초안 작성을 논의하는 것이었다. 호는 항 냥 거리에 있는 숙소의 어둡고 작은 방에서 선언서 초안을 다듬고 또 다듬었다. 이제 그것을 동료들에게 보여줄 준비가 되었다. 호가 그들에게 나중에 말했듯이 이때가 그의 인생에서 "가장 행복한 시절"이었다.[14]

회의에서 호는 새로운 정부가 국내의 모든 진보적인 계층과 정치 집단을 포괄할 수 있도록 폭넓은 기초를 다져야 하며, 그 정책은 주민들의 단결을 확대하는 것을 목표로 삼아야 한다고 주장했다. 그의 제안은 만장일치로 받아들여졌으며, 위원회의 베트민 출신 위원들 가운데 몇 명은 다른 정당 출신의 위원들이 들어올 자리를 마련하기 위해 사퇴했다고 전해진다. 호치민은 새로운 베트남민주공화국 임시정부의 주석으로 선출된 뒤 새로운 정부의 새로운 구성원들을 환영했다. 새로운 정부는 북궁에 자리를 잡기로 결정했다.

이틀 뒤 라디오 하노이를 통해 새로운 정부의 내각 명단이 발표되었다. 호치민은 주석 외에 외무장관직도 맡았다. 보 응우옌 지압, 팜 반 동, 추 반 탄, 찬 후이 리에우 등은 각각 내무, 재무, 국방, 선전을 담당했다. 다른 고위직은 민주당 출신들이 많았는데, 민주당은 1944년 베트민전선의 후원 하에 설립된, 진보적 지식인들을 대표하는 꼭두각시 정당이었다. 또 임명자들 가운데는 가톨릭교도가 한 명 있었고, 무소속이 몇 명 있었다. 새로운 행정부의 관료직 가운데 절반가량을 베트민전선의 조직원이 맡은 셈이었다.[15]

이후 며칠 동안 호치민은 북궁의 작은 사무실에서 열심히 일했다. 주로 9월 2일로 예정된 독립선언식 연설문을 다듬었다. 그는 봉상 거리에 있는 좀더 조용한 빌라로 거처를 옮겼지만, 식사는 항 냥 거리에서 동료들과 함께 했다. 당 지도부는 기념식을 총독궁 옆의 넓은 퓌지니에 광장에서 열기로 결정했다. 새로운 정부를 지지하는 대중 시위가 거의 매일 벌어지기는 했지만, 도시는 겉으로는 평온을 되찾았다. 집과 상점에는 서둘러 만든, 빨간 바탕에 황금 별이 박힌 깃발이 나부끼기 시작했다. 베드민의 지위대는 관공서의 경비 임무를 맡았다. 전쟁이 끝나 등화관제를 위해 가로등에 쳐놓은 검은 천을 벗겨냈기 때문에, 해가 진 뒤에 도심은 전보다 축제 분위기였다. 거리에는 여전히 외국인들의 숫자가 적었다. 3월 쿠데타 이후 억류되었던 프랑스인들 대부분이 아직 석방되지 않았고, 아직 중국군이 대규모로 들어오지 않았기 때문이다. 일본군은 사람들 눈을 피했다. 그러나 일본군과 베트민 부대 사이의 충돌이 벌어질 뻔하다가, 마지막 순간에 다급한 협상으로 아슬아슬하게 해결된 적이 몇 번 있었다.

9월 2일 새벽 퓌지니에 광장—곧 바딘 광장으로 개칭된다.—에 사람들이 모여들기 시작했다. 오랜 세월이 흐른 뒤 보 응우옌 지압은 그때 일을 이렇게 회상했다.

> 하노이는 붉은 깃발로 장식되었다. 깃발, 등불, 꽃의 세상이었다. 지붕, 우듬지, 호수마다 붉은 깃발이 펄럭이고 있었다.
>
> 거리마다 장식 리본들이 달려 있었는데, 거기에는 베트남어, 프랑스어, 영어, 중국어, 러시아어로 구호들이 적혀 있었다. "베트남인을 위한 베트남", "프랑스 식민주의 타도", "호치민 주석 지지", "연합군 환영" 등등.
>
> 공장과 상점은 크든 작든 문을 닫았다. 시장도 텅 비었다……. 남녀노소를 가리지 않고 모든 도시민이 거리로 나왔다……. 사방으로부터 사람들이 화려한 색깔의 물줄기를 이루어 바딘 광장으로 흘러 들어왔다.
>
> 하얀 셔츠에 파란 바지 차림으로 줄을 맞추어 들어오는 노동자들에게서는 힘과 자신감이 넘쳐흘렀다……. 시 주변으로부터 온 농민의 수는 수십만을 헤아렸다. 인민의용대는 육척봉, 검, 언월도를 들고 있었다. 일부는 사원의 무기고로부터 가져온 구식 청동 몽둥이와 손잡이가 긴 검도 들고 있었다. 농민 가운데 여자들은 화려한 차림이었는데, 일부는 구식 가운, 노란 터번, 연두색 허리띠를 두르고 오기도 했다…….
>
> 아이들이 가장 신났다……. 아이들은 지도자들의 호각 소리에 맞추어 혁명가를 부르며 발을 맞추어 행진했다.[16]

광장 한가운데는 이 행사를 위해 특별히 세워놓은 높은 나무 단 앞에 의장병 한 명이 뜨거운 여름 태양을 피하지도 않고 차려 자세로 서 있었다. 이 연단에서 새로운 주석이 자신을 소개하고, 새 내각을 소개하고, 독립선언서를 낭독할 예정이었다. 기념식 시간이 다가오자 호치민은 그답지 않

1945년 9월 2일 하노이에서 열린 베트남 독립 선언식. "우리는 모든 식민지적 관계에서 해방되었음을 선언합니다."

게 무슨 옷을 입을지 걱정하면서, 한 동료에게 기념식에 입을 적당한 양복을 골라달라고 했다. 결국 누군가가 저고리의 칼라가 높은 카키색 양복을 빌려주었다. 호는 이 옷을 입고 하얀 고무 샌들을 신었다.

　기념식은 오후 2시에 시작될 예정이었지만, 광장으로 걸어가는 사람들이 워낙 많았기 때문에 미국 자동차에 나누어 탄 호치민과 각료들은 몇 분 늦게 도착했다. 그들이 연단에 오르자 새로운 내무장관 보 응우옌 지압이 군중에게 주석을 소개했다. 호치민의 연설은 짧았지만 감동적이었다.

　"모든 인간은 평등하게 창조되었다. 그들은 창조주로부터 양도할 수 없는 권리를 부여받았다. 생존, 자유, 행복의 추구 등이 그러한 권리이다."

　이 불멸의 선언은 1776년 미합중국의 독립선언문에 나오는 것입니다. 이 말은 넓은 의미에서 이런 뜻입니다. 지상의 모든 민족들은 날 때부터 평등하

1945년 9월 2일 하노이의 북서부 공원에 임시로 세운 연단에서 호치민 주석이 베트남 민주공화국의 독립선언서를 읽고 있다. 마이크 뒤, 오른쪽으로부터 네 번째가 호치민이다.

며, 모든 민족은 생존의 권리, 행복과 자유의 권리를 가지고 있다.

1791년 프랑스 혁명의 인권선언문에는 또 이런 구절이 나옵니다. "모든 사람은 자유롭게, 평등한 권리를 가지고 태어났으며, 이 자유와 평등의 권리는 평생 유지되어야 한다."

호치민은 이어서 인도차이나에서 프랑스 식민지 체제가 저지른 범죄, 마침내 베트남 인민으로 하여금 프랑스 식민 체제의 굴레를 벗고 민족 독립을 선언하게 만든 범죄들을 나열했다. 마지막으로 베트남의 자유의 권리를 우렁차게 확인하면서 마무리를 지었다. "베트남은 자유와 독립을 누릴 권리가 있으며, 실제로 자유롭고 독립적인 나라가 되었습니다. 베트남의 모든 인민은 모든 신체적, 정신적 힘을 모으겠다고, 자유와 독립을 지키기 위해 생명과 재산을 희생하겠다고 결의해야 합니다."

호치민은 연설을 하다가 군중을 바라보며 물었다. "내 동포들이여, 알아들었습니까?" 보 응우옌 지압의 말에 따르면, 수많은 사람들이 "예!" 하고 우렁차게 대답했다고 한다. 기념식은 새로운 장관들 소개, 지압과 찬 후이 리에우의 짤막한 연설, 군중의 독립의 맹세 암송 등으로 끝을 맺었다. 이어 고관들이 연단을 떠나고 군중은 해산했다. 군중 가운데 일부는 흥분해서 머리 위를 지나가는 미국 P-38기 편대를 가리켰다. 절과 성당에서도 독립 기념식이 열렸다. 그날 저녁 신임 주석은 지방의 대표들과 만났다.

프랑스인들은 이날 행사들을 보면서 예감이 불길했을 것이다. 종전 무렵 하노이에는 약 1만 5천 명의 프랑스인이 살았는데, 그 가운데 많은 사람들이 앞으로 어려운 날들이 다가올지 모르니 무장을 하라는 말을 들었다. 도심의 요새에는 5천 명에 가까운 프랑스인들이 구금되어 있었다. 패티는 그들이 자유 프랑스군이 인도차이나에 상륙하는 순간에 무기를 들 준비를 마치고 있었다고 전한다.[17]

온건한 개혁정책

9월 3일, 호치민 주석은 비엣 박에서 자주 입었던 바랜 카키색 군복과 파란 캔버스 천 신발 차림으로 북궁의 아래층 회의실에서 첫 국무회의를 주재했다. 탄 차오에서 열렸던 민족인민대회는 베트민전선의 집행위원회가 그 이전에 작성한 일련의 정책들— '10대 정책'이라고 불렀다.—을 승인했다. 이 정책들 가운데 일부는 프랑스 또는 연합국 점령군과의 갈등 가능성에 내비하여 무장력을 강화하는 데 필요한 조치들과 관련된 것이었고, 일부는 새로운 정치 체제를 창출하고, 민족 경제를 개선하고, 다른 나라들과 외교 관계를 수립하는 조치들과 관련된 것이었다.[18]

호치민은 모두 발언을 통해 가장 다급한 문제는 심각한 기근이라고 지적했다. 구체적으로 말하면, 기근 피해를 어떻게 줄이느냐 하는 문제였다. 춘곡 작황이 좋아 초여름에는 위기가 어느 정도 가라앉았지만, 8월이 되자 홍 강 물이 넘쳐 삼각주 저지대의 논이 물에 잠기면서 상황이 다시 악

베트남 민족 독립을 선언한 직후 호치민은 시립극장 계단에서 새로운 각료들과 기념 촬영을 했다. 사진의 중앙에 선 호는 이제 그의 특징이 된 쑨 원식 양복을 입고 있다. 나중에 이 건물은 베트남 의회로 사용된다.

화되었다. 이 지역의 대학에서는 학생들이 매일 아침 나가서 간밤에 거리에 쌓인 주검들을 처리하는 일을 도왔다. 새 정부는 국무회의에서 기근과 싸우기 위한 일련의 임시 방안들을 마련했는데, 거기에는 소비를 줄여 식량을 아끼는 운동도 포함되어 있었다. 호는 모범을 보이기 위해 열흘에 하루는 금식을 하겠다고 선언했다. 이렇게 해서 모은 식량은 가난한 사람들에게 나누어줄 계획이었다. 이후 몇 주 동안 정부는 쌀 소비를 줄이고 생산을 늘리기 위한 수많은 정책들을 추가로 제시했다. 북부와 중부지방의 관개된 땅 전체의 20퍼센트 이상에 달하는 공동 경작지는 18살 이상의 모든 마을 주민에게 고르게 나누어주었다. 국수 제조와 농주 증류는 금지되었으며, 농업 관련 세금은 줄였다가 완전히 없앴고, 농민이 쉽게 대출할 수 있도록 농업신용국이 문을 열었으며, 북부와 중부 전역의 노는 땅들을 농지로 전환하라는 명령이 내려졌다.[19]

국무회의는 또 다른 몇 가지 문제에도 관심을 돌렸다. 호치민의 주요 관심사 가운데 하나는 9월 3일 회의에서도 이야기했듯이 베트남의 높은 문맹률이었다. 한 자료에 따르면 1945년에 베트남 민족의 90퍼센트가 문맹이었다고 하는데, 이것은 프랑스 교육 정책이 빚어낸 비참한 결과였다. 전통적으로 베트남은 아시아에서 문자해독률이 가장 높은 나라로 꼽혔기 때문이다. 새 정부는 모든 베트남인들이 1년 내에 국어(쿠옥 응우)를 읽고 쓰는 법을 배워야 한다는 포고를 발표했다. 이 포고에서는 유교적인 냄새가 물씬 풍긴다. "아직 읽고 쓸 줄 모르는 사람들은 그것을 배우게 하라. 부인은 남편에게서 배우게 하라. 동생은 형에게서 배우게 하라. 부모는 자식에게서 배우게 하라. 소녀와 여자들은 더 열심히 공부하게 하라." 대중 교육을 위한 학교들이 문을 열고 어린아이에서 어른에 이르기까지 배우고자 하는 사람들을 모두 받아들였다. 교사와 학교 시설은 크게 부족했지만(사찰, 병원, 상점을 학교로 바꾼 경우가 많았다), 이 계획은 곧 결실을 맺었다. 1946년 가을에 이르자 베트남인 2백만 명 이상이 문맹에서 벗어났다.[20]

호치민은 국무회의에서 민주적인 자유에 기초하여 공식 정부를 구성하기 위한 총선거를 준비하는 문제도 제기했다. 9월 8일 베트남민주공화국의 새로운 헌법을 제정하기 위해 두 달 뒤 제헌의회 선거를 실시할 것이라는 포고가 발표되었다. 18살 이상의 국민은 모두 투표할 자격이 있었다. 얼마 뒤에 국적에 따른 차별 철폐와 종교의 자유를 밝히는 칙령이 발표되었다. 9월 13일에는 전통적인 고급 관료제가 폐지되었고, 북부지역 전체의 모든 지역에 선거를 통한 인민의회와 행정 위원회를 수립한다는 포고가 발표되었다.[21]

새 정부는 세금을 줄이고, 노동 조건을 개선하고, 농지를 가난한 사람들에게 분배하는 데 경제적 노력을 집중했다. 프랑스가 강제했던 토지세의 폐지와 더불어, 정부 세입의 4분의 3을 차지하던 인두세, 소금과 주류 제조에 대한 세금을 비롯하여 다양한 상업 관련 세금들을 즉시 폐지했으며, 아편 소비와 강제 노역 관행은 공식적으로 금지되었다. 또한 8시간 노동

북궁의 집무실에서 행정적인 일을 처리하고 있는 호치민 주석의 모습. 호는 기분이 좋을 때는 종이비행기를 접어 창에서 뜰을 향해 날렸는데, 거기에 부하들에게 보내는 메시지가 담겨 있었다.

제가 공포되었으며, 고용주들은 피고용자를 해고할 때 사전에 통보해야 했다. 농촌에서는 소작료가 25퍼센트 줄었으며, 모든 장기 채무가 탕감되었다.

그러나 정부는 산업이나 상업을 국유화하는 조치는 취하지 않았으며, 부농의 농지를 몰수하여 가난한 농민에게 재분배하는 야심만만한 토지개혁을 실시하지도 않았다. 일단은 프랑스 식민주의자들과 베트남인 배반자들의 토지만 몰수했다. 호치민은 태평양 전쟁 기간에 쓴 글과 발표한 성명에서 전쟁 뒤에 총봉기가 성공하면, 그 뒤에 베트남 사회는 레닌주의적 혁명 과정의 첫 단계인 민족민주주의 혁명 단계로 진입할 것이라고 분명히 밝혔다. 이 단계의 특징은 주민 다수를 대표하는 광범위한 통일전선 정부의 수립, 사회경제적 영역에서 온건한 개혁주의적 정책이었다.

베트남 인민에게 온건한 얼굴을 보여준다는 임시정부의 정책은 인민의 광범위한 지지를 바탕으로 외국 제국주의의 위협을 억제한다는 중요한 문제에 초점을 맞추기 위한 호치민과 그의 노련한 동료들의 계산된 행동이었다. 그러나 온건파를 공격하지 않으려는 호의 노력에도 불구하고, 정부가 각 지역에서 개인적인 복수를 하거나 계급 투쟁을 하려는 급진적 분자들까지 완전히 통제하지는 못했다. 그래서 마을의 유지나 관리가 매를 맞거나, 체포되거나, 재판 없이 처형되는 일이 가끔 생겼다. 베트남 중부와 북부의 일부 마을에서는 새로 선출된 인민의회가 갑자기 전통적인 종교의식을 폐지하고 부자의 재산을 몰수한다는 결정을 내리기도 했다. 정부는 분규 발생을 막기 위해 주요 당원들을 내려보내 그런 조치들을 철회하고 혁명 분자들의 뜨거운 열기를 식히려고 노력했다.

중국 점령군의 하노이 입성

호치민이 바딘 광장에서 읽을 연설문에 마지막 손질을 하는 동안 중국 점령군의 선봉은 이미 국경을 넘어 하노이로 흩어져 들어오기 시작했다. 많은 베트남 사람들 눈에 그들은 볼품없는 패거리로 보였다. 넝마가 되다시피 한 노란 군복을 입은 중국군은 어깨에 멘 장대에 소지품을 걸고 있었다. 각기병 때문에 다리는 통통 부어 있었다. 그들 가운데 다수가 처자식을 데려왔다.

이들은 국민당의 정예군이라고 할 수 없었다. 장 제스는 정치적인 이유 때문에 장 파쿠이의 광시 정예부대를 인도차이나 점령의 주력 부대로 이용하겠다는 계획을 포기하고, 대신 윈난 성의 군벌 루 한(盧漢)에게 그의 제1군 소속 부대들을 홍 강을 따라 하노이로 보내라고 지시했다. 한편 몇 달 전 류저우에서 호를 후원했던 샤오 원 장군은 장 파쿠이의 광시 부대를 이끌고 랑 손에서 국경을 넘었다. 루 한은 점령군 사령관으로 임명되었는데, 점령군의 숫자는 18만 명에 이를 것으로 예상되었다. 샤오 원은 루 한의 정치고문으로 임명되었다. 그들과 더불어 전쟁 기간 동안 중국 남부에 망명했던 응우옌 하이 탄, 부 홍 칸 등 민족주의 운동가들도 귀국했다.

9월 9일 루 한 장군의 주력 부대가 하노이에 입성했다. 아커미디스 패티는 그 장면을 이렇게 묘사했다.

　루 한의 부대가 밤새 도시로 쏟아져 들어왔다. 그들이 움직이는 소리, 자동차 소리, 큰소리로 명령하는 소리가 들렸다. 다음 날 아침 눈을 떠보니 충격적인 변화가 기다리고 있었다. 중국 '군대'가 완전히 바뀌어 있었다. 어제의 엘리트 부대가 오늘은 불법거주자 무리로 바뀐 것이다. 나는 도시를 가로지르며 믿을 수 없는 광경을 보았다. 혼란에 빠져 정처없이 방황하는 중국인들의 모습이었다. 보도, 문간, 사잇길에 병사와 그 가족들이 넘쳐나고 있었는데, 그들은 개인 소지품 보따리 위에 웅크리고 있었다. 가정용품과 군용장비가 도처에 어지럽게 흩어져 있었다. 많은 수가 이미 개인 소유의 정원이나 마당을 차지하고 차를 끓이거나, 집안일을 하거나, 빨래를 하고 있었다.[22]

　그러나 호치민에게는 새로 도착한 점령군의 겉모습보다는 그들의 궁극적 목적이 더 중요했다. 명목상으로는 일본군의 항복을 받아내고 새 민간 행정부가 수립될 때까지 인도차이나에 법과 질서를 유지하는 것이 중국군의 목적이었다. 그러나 충칭 정부에서는 인도차이나에 어떤 종류의 정부를 예상하고 있을까? 중국은 전후 시대에 어떤 역할을 할까? 1943년 카이로 회담에서 장 제스는 미국 루스벨트 대통령에게 인도차이나를 장악할 생각은 없다고 말했지만, 이 지역에 대하여 어느 정도의 영향력을 유지하기 위해 지역 상황을 통제하기로 마음먹은 것은 틀림없었다. 그렇다면 중국 점령군은 이 지역에서 식민지 통치를 복원하려는 프랑스의 시도에는 어떻게 대응할 것인가? 장 파쿠이 같은 일부 중국 장교들은 분명히 프랑스에 적대적이었지만, 일부는 중국의 이익을 위해 프랑스와 협상하려는 유혹을 받을 수도 있었다. 이것이 8월 26일 패티를 만났을 때 호치민이 밝힌 걱정이었다.

　당 지도부는 8월 혁명이 시작되기 전에도 승리한 연합군에 대처하는 문제에 관심을 가졌다. 8월 중순 탄 차오에서 열린 당 중앙위원회 회의에서 호치민은 동료들에게 문제의 복잡성을 설명하면서, 미래의 임시정부가 연합군 내의 모순을 자신에게 유리하게 이용할 필요성을 강조했다. 호는 그 보고서에서 세계 정세와 그것이 베트남 혁명에 미치는 영향에 대하여 몇 가지 중요한 통찰을 보여주었다. 호의 관점에 따르면, 연합국 가운데 프랑스와 중국이 가장 위험했다. 프랑스는 식민지 구조를 복원하려는 욕망 때문에 위험했고, 중국은 인도차이나를 통제하거나 하노이에 친중 민족주의자들의 정부 수립을 지원하려는 음모 때문에 위험했다. 호는 연합국 사이의 모순이 두 방향으로 전개될 것이라고 예측했다. 하나는 프랑스의 식민 통치 복원 문제를 놓고 한편으로는 미국과 중국 사이에, 다른 한편으로는 영국과 프랑스 사이에 이견이 발생할 가능성이었다. 또 하나는 소련과 다른 모든 연합국 사이에 갈등이 생겨, 이로 인해 미국과 영국이 프랑스의 인도차이나 복귀를 지원할 가능성이었다.

그럴 경우 호치민은 연합국을 별도의 진영들로 나누어, 각각 다른 전술을 사용해야 한다고 주장했다. 그는 프랑스에 대해서는 이렇게 말했다. "군사적 갈등은 피해야 하지만, 그들이 도착하면 대중에게 인도차이나에 예전의 권력을 복원하려는 프랑스의 음모에 반대하는 시위를 벌이라고 지시해야 한다." 영국과 중국에 대해서는 그들의 점령군과 충돌을 피하고 양국 정부와 우호적인 관계를 만들어나가야 하지만, 그들이 임시정부의 권위에 개입하기 시작하면 대중을 동원하여 민족 독립을 요구할 수밖에 없다. 무엇보다도 중요한 것은 혼자 싸우는 일은 피해야 한다는 점이었다. 그렇게 되면 프랑스인들, 그리고 인도차이나의 협조주의자 진영 내에 있는 '주구'들의 손에 놀아나게 될 터이기 때문이다.[23]

새 정부는 이 시나리오에 기초하여 중국 점령군을 점잖게 대접하려 했다. 호치민의 후원자였던 샤오 원이 루 한 장군의 정치 고문으로 하노이에 도착하자, 호는 신중한 태도로 인도차이나 정부는 중국 당국과 협력을 바란다는 사실을 강조했다. 새 정부는 베트남과 중국 사이의 군사적 충돌 위험을 최소화하기 위해 베트남해방군은 위국군(衛國軍, 베 쿠옥 콴)으로 개칭하고, 지압의 부대원 다수를 하노이에서 빼냈다. 수도의 다른 베트남 부대들은 충돌을 피하기 위해 신중하게 배치했다. 9월 14일에 도착한 루 한 장군이 프랑스로부터 총독궁을 접수하여 자신의 숙소로 쓰겠다고 했을 때도 이의를 제기하지 않았다. 그 바람에 생트니 일행은 아직 일본의 통제하에 있는 인도차이나 은행 근처 도심의 한 빌라로 쫓겨나는 수모를 겪어야 했다.

베트남 정부와 중국 점령군 사이에는 중국군과 함께 하노이에 도착한 베트남 민족주의자들을 둘러싸고 문제가 생길 수도 있었다. 비엣 박을 거쳐 하노이로 들어오는 민족주의자들 가운데 일부는 지역의 인민혁명위원회를 장악하려 했다. 정부는 사절을 국경지방으로 보내 지역의 군대나 공무원들에게 귀국하는 사람들과 대립하지 말라고 지침을 내려야 했다. 응우옌 하이 탄 일행은 하노이에 도착하자 시내에 정착하고, '자율 지대(地帶)'를 만들어 정부에 반대하는 선동을 시작하려 했다.

열강의 틈바구니에서

호치민은 미국이 다른 세계 열강의 도전을 물리치는 데 중요한 역할을 해줄 수 있다고 생각한 것이 분명하다. 그는 1945년 봄 미국 전략사무국과 맺어놓은 빈약한 관계를 최대한 이용하려 했다. 그러나 호는 자신의 노력이 성과를 거둘 수 없다는 사실을 깨달았을 것이다. 8월 중순 호는 그의 친구로서 공군지상지원국에서 일하고 있던 찰스 펜에게 마지막 편지를 썼다. 펜은 미국으로 돌아갈 준비를 하고 있었다. 호는 전쟁이 끝난 것은 모두에게 좋은 일이지만, 미국인 친구들이 그를 빨리 떠나게 된 것이 섭섭하다고 말했다. "이렇게 떠나면 우리 관계가 더욱 어려워질 것이기 때문입니다."[24]

> Dear Mr. Bernard &
> Mr. Fenn.
>
> I will be very much obliged to you of taking care of our boys. I wish they can learn radio & other things necessary in our common fight against the Japs.
> I hope soon you will be able to visit us here, in our base. It will be great!
> Permit me to send my respect to General Chenault.
>
> Best greetings from
> Yours sincerely
>
> May.9
> Hoo

> Dear Mr. Fenn, I thank you very much for your active friendship. I'll try to send some one to meet you, Please send my greetings to our friends. I send you my kindest regards and remain ever sincerely yours.
> HO CHI MINH
> 4/47
> Hoo

1945년 8월 호치민은 중국 남부의 찰스 펜에게 작별 편지를 보내면서, 양국 사이의 관계가 어려운 시기를 겪게 될 것이라고 말했다. 그러면서도 두 사람이 다시 만나기를 바란다고 썼는데, 이 희망은 이루어지지 않았다.

돌이켜보면 그의 말은 예언적이었다. 더불어 그가 세계 정세와 미국의 미래의 정책을 어떻게 이해하고 있었는지를 잘 보여준다. 태평양 전쟁이 종전을 향해 치달으면서, 그는 미국이 베트남의 민족 독립 투쟁에서 핵심적이지만 확정적이지 않은 요인이라고 생각했다. 미국은 자본주의 국가로서 미래의 세계 혁명의 잠재적인 적국이었다. 그러나 루스벨트 대통령은 태평양 전쟁 기간 동안 아시아와 아프리카의 피억압 민족들의 해방을 가장 강력하고 우렁차게 옹호하는 사람으로 등장했으며, 호는 루스벨트의 정책이 전후에도 미국의 태도를 계속 규정할 가능성이 높다고 생각했던 것 같다.

미국을 인류의 자유를 상징하는 햇불이자 세계 자본주의의 요새로 보는 호의 이중적 시각은 8월 중순 탄 차오에서 당 중앙위원회가 발표한 결의문에서 분명하게 드러난다. 호는 한편으로는 미국의 유럽 식민주의에 대한 혐오가 프랑스의 인도차이나 복귀를 막으려는 당의 투쟁에 유용할 것이라고 생각했다. 그러나 소련과 자본주의 국가들 사이에 긴장이 생기면 워싱턴은 공산주의의 확산을 막기 위해 프랑스의 협력을 필요로 할 것이고, 이에 따라 인도차이나 문제에서는 파리 정부에 양보할 수도 있었다.

루스벨트가 4월에 죽고 나서 대통령직을 승계한 해리 S. 트루먼은 프랑스가 인도차이나에 복귀하는 것을 막으려는 그의 전임자의 미약한 노력을 암묵적으로 포기했다. 국제연합 창설을 위해 5월 샌프란시스코에서 열린 회담에서 미국은 종전 후 프랑스의 인도차이나 복귀에 반대하지 않을 것임을 시사했다. 국무부 내의 아시아 전문가들은 이러한 정책 변화를 반대했다. 그들 가운데 다수는 베트남인의 민족 독립 열망에 공감하고 있었기 때문이다. 그러나 국무부 유럽과는 미국이 프랑스의 인도차이나 복귀에 반대할 경우 종전 후 파리 정부와 관계가 어려워질 수 있다고 주장했으며, 유럽에서 모스크바와 워싱턴 사이에 긴장이 형성되면서 그들의 주장이 우위를 차지했다. 자유 프랑스의 지도자 샤를 드골은 3월에 인도차이나는

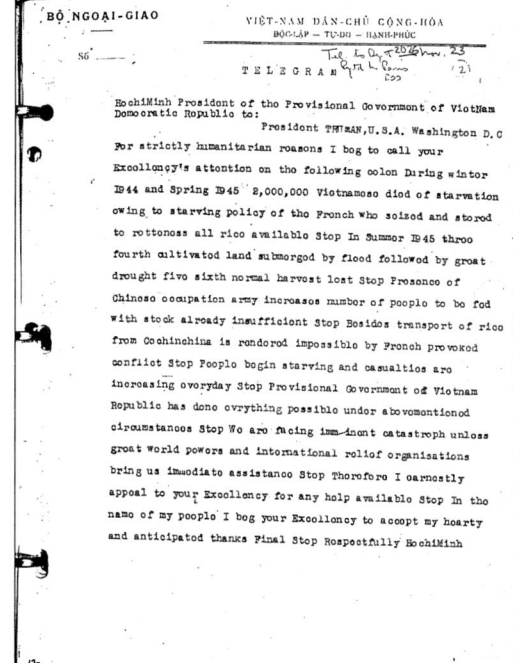

1945년 여름과 가을 동안 베트남 북부와 중부에서는 기근으로 인해 백만 명 이상이 사망했다. 호치민은 트루먼 대통령에게 보낸 이 편지에서 미국의 지원을 호소했다. 워싱턴에서는 답이 없었다. 국무부의 담당자들이 호의 편지를 백악관에 전달하지 않았기 때문이다.

"그 진보와 성취에 비례하여 자율"을 얻게 될 것이라고 약속하여 미국의 근심을 달래려 하였으며, 샌프란시스코에서 미국 대표들은 인도차이나를 국제 신탁통치 국가로 바꾸는 일을 강요하지 않을 것이라는 발표로 응답했다. 그러면서도 행정부는 국무부 아시아 전문가들의 견해를 존중하여, "각 민족의 조건이나 능력에 따라, 궁극적으로 독립을 바라거나 연방에 참여하고자 하는 모든 종속된 민족들의 자치를 위한 전향적 조치를 실시할 필요가 있다고 주장했다."[25]

8월 말 베트민이 하노이에서 권력 기반을 다지고 있을 때 드골은 백악관에서 트루먼과 만났다. 트루먼은 드골에게 장차 인도차이나를 독립시키겠다고 공약할 것을 촉구했으나, 드골은 반대하면서 그런 취지의 약속을 한다 해도 그것은 '입에 발린 말'이 될 것이라고 주장했다. 그러면서 프랑스 정부는 궁극적으로 인도차이나지역 민족들의 자치를 위한 적절한 조치를 취해나갈 것이라고 약속했다. 며칠 뒤 미국 국무부는 프랑스의 인도차이나 통치권 주장을 문제삼지 않았다는 내용의 성명을 발표했다. 그러나 이런 결정 소식은 10월이 되어서야 충칭에 알려졌다. 그 결과 인도차이나에 들어가 있던 아키미디스 패티 일행은 이 지역에 대한 미국의 향후 정책에 대해 미국 대사관으로부터 아무런 공식 지침을 받지 못했다.

호치민은 미국 정책에 대한 패티의 정보가 자신보다 나을 것이 없다는 사실을 모르고 그를 안심시키는 데 노력을 집중했다. 호는 8월 26일 패티를 만났을 때 프랑스의 의도만이 아니라 중국의 의도에 대해서도 문제를 제기했다. 이어 독립기념일 기념식 하루 전에도 패티를 만나 미국 정부에서는 중국과 프랑스가 인도차이나에서 어떤 일을 하려는지 이해하지 못한다고 불평했다. 그는 자신의 정부의 이념적 경향을 의심하는 미국을 달래기 위해 인도차이나공산당이 베트민전선을 지배하는 것이 아니라고 다시 한 번 이야기했으며, 베트민전선은 프랑스로부터 제한된 형태의 독립이라도 받아들일 용의가 있다고 말했다(패티는 이 회동을 보고하는 전문에서 호가 "제한적 독립, 프랑스 통치로부터의 해방, 여러 국가들 사이에서 자유로운 민족으로 살아갈 권리, 마지막으로 외부 세계와 직접 교류할 권리"를 요구했다고 전했다). 호는 또 하나의 유인책으로 베트남은 미국의 투자와 조언이 절실하게 필요하며, 미국이 베트남에서 상업적인 이익을 추구하는 문제에는 특별히 양보할 용의가 있다고 말했다.

패티는 개인적으로는 종전 무렵 호를 만났던 거의 모든 미국인과 마찬가지로 호치민과 그의 새 정부에 공감하였으나, 그는 임무와 관련된 금지 규정과 미국 정책의 모호성 때문에 행동에 제약을 받고 있었으며, 따라서 아무런 약속도 할 수 없었다. 9월 초 쿤밍을 잠깐 다녀왔지만 달라진 것은 없었다. 지역 전략사무국 책임자인 리처드 헤프너는 패티가 프랑스와 베트민의 분쟁을 중재하려고 나서는 데 화를 내면서 앞으로는 정치적 행동을 하지 말라고 명령했다. 결국 미국으로부터 아무런 지원을 받지 못하게 된 호치민은 중국과 타협하기로 했다. 샤오 원 장군이 9월 초 호를 만나 임시정부에 비공산주의 민족주의자들을 받아들이는 것이 좋겠다고 에두른 말로 암시하자, 호는 정부를 '민주화'하는 것이야말로 그의 궁극적 목표이지만, 선거를 실시하는 것은 연말이나 되어야 가능할 것 같다고 대답했다.[26]

불타는 코친차이나

호치민과 그의 동료들이 하노이에서 그들의 정부의 허약한 권위를 유지하려고 애를 쓰는 동안, 베트남 남부의 그들의 동료들은 더 긴박한 위기에 처해 있었다. 8월 25일 사이공에서 벌어진 소란스러운 사건 뒤에 남부위원회—위원장은 베트민 출신의 찬 반 쟈우였다.—가 영국 점령군의 임박한 진입에 대비하여 권력을 굳히려고 노력하면서 상황이 안정되기 시작했다. 며칠 뒤 호앙 쿠옥 비엣이 당 중앙위원회 대표로 사이공에 도착했다. 그는 틀림없이 쟈우에게 영국군이 도착한 뒤 도발적인 행동이나 대립을 피하라고 충고했을 것이다. 그러나 쟈우의 입장은 미묘했다. 그는 위원회에서 경쟁 정당들의 대표와 권력을 나누어 가져야 했는데, 그들 가운데 다수는 베트민전선의 성격과 의도에 의심을 품고 있었을 뿐 아니라, 베트민이 저에게 약한 모습을 보이기만 하면 그것을 이용하여 쟈우가 민족을 배반한다고 비난하려 들었다. 설상가상으로 쟈우와 그의 동료들은 하노이의 당 지도부로부터 완전히 고립되어 있는 것이나 다름없었기 때문에 스스로 결정을 내릴 수밖에 없었다. 그들은 호앙 쿠옥 비엣에게서 이야기를 듣고서야 호치민이라는 수수께끼에 싸인 인물이 사실은 응우옌 아이 쿠옥이라는 것을 알았다. 남부의 지도자들은 오래 전부터 지역의 조건에 따라 행동하는 데 익숙해 있었기 때문에 비엣의 제안(때로는 지침의 형태로 표현되기도 했던 것 같다)에 시큰둥한 반응을 보였다. 반대로 노동자 출신으로 이데올로기적 정통성을 지향하는 경향이 강했던 노동 운동 지도자 호앙 쿠옥 비엣은 쟈우와 그의 동료들을 사이공의 자본주의적인 퇴폐적 삶에 익숙한 프티 부르주아 모험주의자들로 보았던 것 같다. 1930년대 말에 나타나기 시작한 당의 북부와 남부 사이의 상호 불신은 8월 혁명 동안에, 그리고 그 이후에 두 지역이 서로 다른 길을 가면서 더 악화되었다.

  9월 2일 사이공 도심의 노로돔 궁 앞에는 독립을 기념하는 많은 군중이 모여 하노이에서 호치민이 하는 연설을 라디오로 들었다. 도시 내의 베트남인과 프랑스인들 사이에는 긴장이 고조되었으며, 시위자들이 성당에서 사이공 강에 이르는 화려한 쇼핑가인 카티나 거리를 따라 행진하기 시작하자, 성당 앞 광장에서 갑자기 소형 화기가 발사되는 소리가 들렸다. 군중은 흥분했다. 성난 젊은이들이 근처의 건물로 들어가 프랑스인 저격수를 찾았다. 뒤에 이어진 혼란 속에서 성당의 관리자인 트리쿠아르 신부가 계단에 서서 사태를 지켜보다가 총에 맞아 죽었다. 대중의 히스테리로 폭력은 급격히 확대되었으며, 폭도는 주택을 습격하고, 상점을 약탈하고, 유럽인들을 찾아 거리를 돌아다녔다. 그날(프랑스 언론에서는 '검은 일요일'이라고 불렀다)이 다 가기 전에, 4명이 죽고 수백 명이 부상당했다.

  이후 며칠 동안 찬 반 쟈우는 그의 지지자들에게 규율을 유지하라고 충고하면서, 불필요한 도발을 삼갈 것을 호소했다. 민족주의 진영 내의 경쟁자들과 트로츠키파는 베트민이 조금이라도 발을 잘못 디디면 그것을 이용하려고 노리고 있었다. 20세기 초부터 메콩 강 삼각주의 유동적이고 불안정한 분위기에서 성장해온 카오 다이(高臺)와 호아 하오(和好)라는 두 종교 집단도 베트민의 권위에 도전하고 있었다. 이 두 종파는 그 성격상 혼합주의적이었으며, 자신의 추종자들에 대한 권위를 유지하려고 안간힘을 썼는데, 이미 수십만 명의 추종자들을 거느리고 외부 권위에 저항하겠다는 결의를 굳히고 있었다.

9월 12일 영국 점령군의 첫 부대가 탄 손 누트 공항에 도착했다. 그들 대부분은 구르카족(네팔에 사는 민족 : 옮긴이)이었으며, 프랑스인도 약간 끼어 있었다. 사령관인 영국군 소장 더글러스 그레이시는 다음 날 도착했다. 늘씬한 몸에 콧수염을 기르고 쇠꼬챙이처럼 꼿꼿한 그레이시는 모든 면에서 전형적인 영국군 장성이었다. 그는 인도 식민지 공무원의 아들로 샌드허스트를 졸업했다. 그의 인도 20사단은 버마에서 일본군과 싸워 혁혁한 공을 세우고 오는 길이었다. 그레이시는 군 생활 가운데 긴 기간을 식민지지역에서 보냈으며, 그 용기와 공정한 태도 때문에 아시안이 다수인 부대원들로부터 존경을 받았다. 따라서 인도차이나에서 일본의 항복을 받아내고 정치적 안정이 올 때까지 법과 질서를 유지하는 까다로운 임무를 맡을 적임자로 보였다.

그러나 처음부터 문제가 생겼다. 우선 개인적 경험으로 보나 정치적 감각으로 보나 그레이시는 민감한 임무에는 어울리지 않았다. 영국군에 오랫동안 복무하면서 그의 마음 속에는 아시아에 대한 식민지 통치가 불가피할 뿐만 아니라 올바른 일이라는 신념이 박혀 있었다. 둘째로, 그의 임무는 모호했다. 그는 랑군에 있을 때 인도차이나의 16도선 이남에 있는 모든 지상 연합군의 지휘를 맡았다. 그러나 사이공으로 가는 길에 동남아시아의 영국 지상군 총사령관인 윌리엄 J. 슬림 중장은 그에게 내렸던 명령을 정정했다. 그는 프랑스 당국의 요청이나 루이스 마운트배튼 장군의 허가가 없는 한, 인도차이나의 주요 지역에서만 법과 질서를 유지하라고 명령했다. 마운트배튼 장군은 동남아시아사령부의 연합군 최고사령관으로, 동남아시아사령부는 태평양 전쟁 기간 동안 실론에 본부를 두고 이 지역의 많은 곳에서 연합군의 작전을 지휘했다. 어쨌든 슬림 장군의 명령은 결국 인도차이나의 남반부를 프랑스에 다시 맡긴다는 의미였다.

그레이시가 도착했을 때 사이공의 상황 역시 좋지 않았다. 일본이 항복하면서 법과 질서를 유지하던 중요한 버팀목이 사라졌으며, 이제 도시에는 아무에게도 충성하지 않는 베트남 경찰이 순찰을 돌고 있었다. 9월 8일 찬 반 쟈우가 지역 주민에게 평온을 유지하면서 남부위원회와 협력해 달라고 호소하자, 전투적인 민족주의자들이 그를 격렬하게 비판했다. 심지어 일부 당원들조차 그를 프랑스인들의 '종'이라고 비판했다. 다음 날 위원회가 재구성되었으며, 쟈우가 사임하고 민족주의자 팜 반 바익이 위원장 자리에 앉았다. 위원회의 기반은 확대되어, 베트민 쪽 인물은 13명 가운데 4명뿐이었다. 9월 12일 그레이시의 점령군의 일부로 인도차이나에 도착한 프랑스 부대에 의해 감옥에서 석방된 프랑스 전쟁포로들은 거리를 몰려다니며 상점을 약탈하고 베트남 행인들을 폭행했다. 그레이시는 도시의 무정부 상태에 경악하여 그가 찾아낼 수 있는 유일하게 안정된 집단에 의지하기로 했다. 그는 일본군에게 명령하여 모든 베트남인들을 무장해제하고, 남부위원회를 사이공 시내 총독 관저에서 쫓아내라고 했다. 이어 영국군 사령부는 프랑스 식민지 권력이 복원될 때까지 영국군이 법과 질서를 유지하겠다고 발표했다.[27]

찬 반 쟈우와 남부위원회의 그의 동료들은 영국이 더 이상 개입할 구실을 주는 일을 피하라는 하노이의 지침에 따라 갈등의 폭발을 막으려 했다. 쟈우는 예방 조치로 사이공에 주둔하던 베트남 주요 부대들을 철수시키기 시작했다. 이후 며칠 동안 그레이시의 부대는 사이공에서 모든 반항 세력을 소탕했다. 한편 남부위원회의 찬 반 쟈우와 다른 위원들은 코친차이나의 프랑스 선임대표 장 세딜과 협상하려 했다. 8월 22일 낙하산을 타고 코친차이나에 내려온 세딜은 자유주의적인 성향이었으며, 정치적으로는 온건했다. 그러나 회담은 아무런 성과도 거두지 못했다. 세딜은 프랑스의 권력이 복구된 뒤라야만 인도차이나의 정치적 미래를 이야기할 수 있다는 입장이었고, 쟈우는 프랑스측이 베트남의 민족 독립을 먼저 인정할 것을 요구했다. 9월에 남부의 미국 전략사무국에서 패티와 같은 역할을 맡고 있던 미국의 A. 피터 듀이 중령의 주선으로 다시 회담이 열렸지만 역시 같은 문제로 좌초했다. 양측의 강경파는 융통성을 발휘할 여지를 전혀 주지 않았다. 프랑스의 외교관 베르나르 드 폴랭의 표현에 따르면 그 회담은 귀머거리 사이의 대화였다.

9월 중순 남부위원회의 새로운 위원장 팜 반 바익은 프랑스와 타협이 불가능하다고 확신하고, 9월 17일에 총파업을 일으킬 것을 호소했다. 그레이시는 계엄령을 선포하고, 남아 있던 프랑스인 수감자들—다수가 외인부대원들이었다.—을 석방하여 재무장시킨 다음에 그들에게 질서 회복의 임무를 맡기는 것으로 응수했다. 프랑스군과 베트남군 사이의 충돌은 불가피했으며, 이 때문에 상황이 더욱 악화되었다. 22일 밤, 세딜은 프랑스 부대에게 도시의 주요 시설을 장악하고, 화려한 사이공 시청—그 무렵 남부위원회가 본부로 이용하고 있었다.—에서 남부위원회를 추방하라고 명령했다. 그 과정에서 베트남 병사 몇 명이 죽음을 당하거나 포로가 되었다. 사이공에 거주하던 2만 명의 프랑스인들은 다음 날 아침 잠에서 깨었을 때 사이공이 다시 프랑스의 손에 들어온 것을 알고 기뻐했다. 많은 프랑스인들이 거리로 나와 남녀노소를 가리지 않고 베트남인들을 무차별적으로 폭행했다. 그 결과 수백 명—어쩌면 수천 명일지도 모른다.—이 부상을 당했다.

사이공의 미국 선임대표인 듀이 중령은 세딜의 독단적인 행동에 경악했다. 듀이는 예일대학 졸업생으로 〈시카고 데일리 뉴스(Chicago Daily News)〉의 통신원으로 일하다 1943년 전략사무국에 선발되어 유럽 전역에서 복무했다. 28살의 듀이는 전직 파리 주재 미국 대사의 아들로 프랑스어를 유창하게 했다. 그는, 하노이의 아커미디스 패티와 마찬가지로 식민주의에 반대하는 입장이었다. 듀이는 즉시 영국군 본부로 가서 그레이시에게 문제를 제기했으나 장군은 그의 의견에 동의하지 않았다. 오히려 그레이시는 사이공의 최근 문제들이 전략사무국 파견대의 활동 탓이라고 하면서, 그들의 행동이 '뻔뻔스러울 정도로 파괴적'이라고 비난하고, 듀이에게 가급적 빨리 인도차이나를 떠날 것을 요구했다. 그러나 그레이시도 프랑스 부대에게 거리에서 철수하라고 명령하고, 법과 질서를 유지하는 임무를 전적으로 일본군에게만 맡긴다는 데는 동의했다.[28]

그때까지 사이공의 베트민 대표들은 9월 2일 '검은 일요일'에 일어났던 것과 같은 과격한 행동은 당시 베트남의 혁명 단계에 적합하지 않으며 중벌을 받게 될 것이라는 점을 분명히 밝혔으나, 대중은 대부분 이 명령을 무시했다. 9월 24일, 무장한 베트남인 수백 명—그들 가운데 다수는 카오다이나 사이공에서 비행을 일삼는 범죄조직 빈 수엔의 구성원이라는 소문이 돌았다.—이 프랑스인 거주지구 시테 에롤에서 "유럽인들에게 죽음을"이라는 구호를 외치면서 난동을 부렸다. 명목상으로는 일본군의 경비를 받는 동네였음에도 150명 이상의 유럽인들이 학살당했는데, 그들 가운데 다수는 부녀자였다. 일본군은 개입하지 않고 방관했다. 프랑스인 1백 명이 인질로 끌려갔는데, 그들은 다시 돌아오지 않았다. 폭력은 주변의 농촌으로까지 확대되었다. 농민은 폭동을 일으켜 많은 농장을 파괴하고, 부자들의 토지를 재분배하고, 지주를 여러 명 죽였다.

결국 찬 반 쟈우는 타협에 대한 자신감을 상실했다. 그는 민족주의자들이 운동의 주도권을 잡을 것을 염려하여 총파업을 호소하고 그의 지지자들에게 도시를 비우라고 명령했다. 도시를 포위 공격할 계획이었기 때문이다. 프랑스인들이 사이공을 떠나는 것을 막고 베트남인들이 외부에서 들어오는 것을 막기 위해 바리케이드가 설치되었다. 듀이(그는 그 무렵 남부의 불안을 '장난감총 전쟁'이라고 묘사한 적이 있었다)는 하노이의 패티에게 보내는 전문에서 "코친차이나가 불타고 있다."라고 보고하면서, 미국인들이 "동남아시아를 떠나야 한다."라고 촉구했다. 다음 날 오후 듀이가 막 공항으로 떠나려는데 도시의 베트남인 바리케이드에서 그의 지프를 향해 총알을 퍼부었고 듀이는 즉사했다. 그 직후 베트남 부대가 근처의 전략사무국 본부를 몇 시간 동안 공격했으나, 그레이시의 구르카족 부대가 그 지

역을 재점령했다.[29]

듀이 중령—베트남 혁명 과정에서 죽은 첫 미국인이라고 할 수 있다.—의 죽음으로 베트민은 오랫동안 심한 비난을 받았다. 사방에서 힐난이 쏟아졌다. 지역 전략사무국의 조사에 따르면 베트민이 듀이나 미국인들을 해치려는 음모를 꾸며왔다는 증거는 없었다. 오히려 당시 사이공의 미국인들은 베트남인들이 자신들을 다른 서구인과는 다르게 본다고 믿었다. 미국인들은 베트남인들의 독립 열망에 공감하는 편이라는 것이 지배적인 생각이었기 때문이다. 그레이시 장군도 이 사건에 부분적으로 책임을 져야 한다는 주장이 있다. 듀이가 자신의 지프에 미국기를 걸게 해달라고 요청했을 때, 그가 깃발을 달 지위에 있는 장교가 아니므로 그런 특권을 줄 수 없다고 거부했기 때문이다. 전략사무국 장교들의 보고에 따르면 이 사건은 베트남 부대가 그 지프에 프랑스 군인이 타고 있다고 오인하여 발생했을 가능성이 높다. 호치민은 패티에게서 이 소식을 듣고 충격을 받았다. 나중에 호는 미국 트루먼 대통령에게 사절을 보내 이 사건에 유감을 표시했다.[30]

이 사건은 동남아시아 사령부에도 영향을 주었다. 사이공 상황에 대한 언론 보도 때문에 영국군이 인도차이나의 평화유지군 역할을 할 수 있느냐는 의문이 생겼다. 마운트배튼 경은 9월 말에 벌어진 사건으로 기분이 상해 싱가포르에서 세딜과 그레이시 장군을 만나 휴전을 하고 평화적인 방법으로 분쟁 화대를 막으라고 지시했다. 그는 그레이시가 코친차이니에 무차별적 방식으로 법과 질서를 적용하려 하고, 베트남 당국과 이야기하지 않으려 한다고 비판했다. 그러나 마운트배튼의 개입도 양측의 강경한 태도를 누그러뜨리는 데는 별 효과가 없었다. 10월 초, 앙리 르클레르 장군이 지휘하는 프랑스군이 사이공에 도착하기 시작했다. 며칠 뒤 그레이시는 점령군으로서 자신의 권한을 인도차이나의 16도선 이남 전지역의 프랑스인들에게 넘기는 협정에 서명했고, 사이공의 프랑스 거주자들은

총독 관저 바로 뒤에 새로 개장한 세르클 스포르티프에서 축하 행사를 열었다.[31]

10월 10일 찬 반 쟈우의 부대는 탄 손 누트 공항과 도시로 들어가는 도로의 검문소에 있는 프랑스와 영국 부대를 공격했다. 그러나 이후 몇 주 동안 베트민과 다른 민족주의 그룹의 부대들은 사이공지역으로부터 가차 없이 밀려났다. 전쟁 기간을 감옥에서 보냈던 레 두안이 지휘하는 베트민 간부들은 메콩 강 삼각주의 어딘가에서 은밀하게 모여 전쟁을 준비하기 시작했다. 그러나 베트민군에게는 프랑스인들을 상대할 힘과 경험이 없었다. 프랑스인들은 체계적인 방법으로 베트남인들을 교외에서 늪과 밀림으로 몰아냈다. 한편 호앙 쿠옥 비엣은 반프랑스 투쟁에 힘을 모으기 위해 여러 정당과 두 종교 집단을 한데 묶으려 했다.

코친차이나의 상황이 악화됨에 따라 하노이 정부는 그들이 할 수 있는 방식으로 지원에 나섰다. 호치민은 9월 26일 남부 동포에게 보내는 라디오 메시지를 통해 궁극적인 승리를 위해 전민족이 힘을 모을 것이라고 말했다. 베트남 중부의 몇몇 성에서는 마을 사람들 전체가 프랑스와 싸우기 위해 남쪽으로 내려가기도 했다. 그러나 호는 사석에서 동료들에게 베트남 역사에서 장기전을 통해 궁극적인 승리를 거두었던 사례들을 예로 들며 인내심을 가져야 할 것이라고 충고했다.[32]

안팎의 장애물

사실 새로운 정부는 전쟁을 할 만한 처지가 아니었다. 북부의 경제 상황은 여전히 심각했다. 이 지역에는 프랑스군이 주둔하지 않았지만 대신 민족주의 정당들이 점차 목소리를 높이기 시작했다. 그들 뒤에는 중국이 버티고 있었다. 호치민은 사면초가의 상황에서 동맹자를 확보하고 적을 고립시키려고 필사적으로 노력했다. 중국 점령군 사령관 루 한을 달래려고 부하를 시켜 아편을 갖다주기도 했다. 자신이 이끄는 위태로운 정부의 정통성에 상징을 추가하기 위하여 이제 평범한 국민 빈 투이가 된 바오 다이 황제를 정치고문으로 위촉했다. 빈 투이는 9월 6일 후에를 떠나 하노이에 도착하자 즉시 호치민을 만났으며, 호는 황제를 퇴위시키려고 압력을 가한 일을 못마땅하게 생각한다고 말했다. "나는 개인적으로는 폐하가 나라의 머리로 남고, 나 자신은 정부의 머리로 봉사하게 되기를 꿈꾸어왔습니다." 며칠 뒤 저녁 식사 자리에서 호는 빈 투이에게 최고자문 자리를 제안했다. 빈 투이는 그 제안을 받아들였다.[33]

그럼에도 가장 직접적이고 힘겨운 일은 민족주의자들의 도전이었다. 이제 70대가 되었지만 그럼에도 동맹회의 지도자 역할을 하고 있던 호치민의 오랜 경쟁자 응우옌 하이 탄은 정부—그는 정부를 "호와 그의 살인자 무리"라고 불렀다.—가 프랑스와 타협하려 한다고 비판했다. 대월당 지도자들도 9월에 중국 남부로부터 하노이로 들어와 기관지를 통해 비슷한 목소리를 내기 시작했다. 대중에게 친근하고 온건한 이미지를 보여주려는 호의 노력에도 불구하고 경쟁하는 민족주의자들의 적대감과 의심은 수그러들 줄 몰랐다. 그들 가운데 다수는 전쟁 동안 중국 남부에서의 경험을 통해 호나 그의 베트민 동료들과 장기간에 걸쳐 협력하는 것은 불가능하다는 확신을 하게 되었다. 민족주의 지도자들에게 종전 후 베트민이 하노이에서 단독으로 권력을 잡은 것은 호의 배신과 이중 거래의 움직일 수 없는 증거였다. 이들 민족주의자들에게 베트민과 직접 경쟁할 만한 정치직, 군사직 힘은 없었지만—패디는 나중에 민족주의 지도자들 가운데 상황에 대처할 수 있는 사회경제적 계획이 있는 사람은 없는 것 같았으며, 그들은 "정치적으로 완전히 방향을 잃고 있었다."라고 기록했다.—중국 점령군이라는 비장의 카드가 있었다. 부 홍 칸과 같은 민족주의자들은 중국이 결국 그들을 지원할 수밖에 없다고 확신하고 베트민에 대한 강경 노선을 채택했다. 칸이 이끄는 베트남국민당은 신문을 발행하고 시내의 본부에 확성기를 설치했다. 이 두 매체는 '적색 테러'를 비난하기 시작

했다.[34]

그러나 호치민의 경쟁자들은 자기들끼리만이 아니라 중국과의 관계에서도 분열되어 있었다. 동맹회 관계자들은 샤오 원 장군과 한편이었다. 샤오 원은 호치민의 독립적인 자세 때문에 그에게 점점 화를 내고 있었으며, 이제는 일본군과 중국군이 빨리 떠나고 민족주의 지도자들의 독립 정부가 들어서기를 바라고 있었다. 베트남국민당이나 대월당 같은 그룹들은 루 한을 지지했는데, 루 한은 중월 관계를 공고히 하기 위해 중국 점령군의 장기 주둔을 바라고 있었다.

일부 평론가들은 베트민 진영 내부에서도 분열이 발생했다고 주장한다. 당시 하노이에 주재하고 있던 프랑스의 저널리스트 필리프 드빌리에는 정부 내에 적어도 세 진영이 존재한다고 말했다. 하나는 호앙 쿠옥 비엣, 찬 후이 리에우, 호 퉁 마우 같은 고참 공산주의자들로 구성된 노장파였고, 또 하나는 보 응우엔 지압, 호앙 민 지암, 지압의 장인 당 타이 마이처럼 1930년대에 법조계에 진출했던 좀더 실용적인 그룹이었고, 나머지 하나는 애국적인 이유 때문에 베트민에 참가했던 비공산주의자 그룹이었다. 드빌리에의 해석에 따르면, 호치민은 이 분파들을 능숙하게 조종하였고, 민족주의적 경쟁자들에 대하여 강경 노선을 취하려는 동료들과 싸우면서 회유 정책을 주장했다. 호의 견해는 당 기관지에 나온 논평에서 볼 수 있는데, 이 글에 따르면 민족주의 정당들은 점차적으로 중립화시키면서 그들의 힘을 '단계적으로' 없애 나가야 했다. 정부 내의 많은 사람들이 민족주의자들의 행동에 분개했을 때도 호는 그들에게 인내심을 가지라고 하면서 그런 문제는 정부가 확고하게 권력을 잡은 뒤에 해결할 것이라고 약속했다. 사방에서 위협적인 사태가 벌어지자, 호치민은 자신의 안전에 더 주의를 기울여야 했으며, 기습을 피하기 위해 자주 거처를 옮겨야 했다.[35]

호의 관점에서 볼 때 민족주의적 경쟁자들을 다루는 가장 좋은 방법은 중국 점령군을 달래는 것이었다. 중국군은 언제 인도차이나를 떠날지 밝히지 않았다. 9월 말 루 한 장군은 중국군의 철수 날짜는 정해지지 않았다고 분명히 말했다. 10월 초 장 제스가 총애하던 지휘관 가운데 하나인 허 잉친이 하노이에 와서 루 한에게 베트남 공산주의자들이 권력을 강화하는 것을 막을 계획을 짜라고 촉구한 뒤, 중국군의 즉각적인 철수 가능성은 더 희박해졌다.

물론 프랑스야말로 가장 크고 중요한 장애물이었다. 만일 승리를 거둔 연합국 모두가 소비에트와 대립한다면, 프랑스는 인도차이나에서 통치권을 유지할 가능성이 높았다. 그것이 아무리 못마땅한 일이라 하더라도, 적어도 일시적으로는 그것을 받아들일 수밖에 없었다. 9월 중순, 호치민은 잠재적인 적을 달래기 위해서 프랑스 대표인 마르셀 알레상드리 장군, 레옹 피뇽(장 생트니는 자문을 위해 인도로 떠났다)과 비밀 협상을 시작했다. 호는 서구 저널리스트들과의 인터뷰에서 프랑스인들이 정복자가 아니라 친구로서 온다면, 그들이 인도차이나에 돌아와 조언하는 것을 환영하겠다고 밝혔다.[36]

마지막 희망, 미국

북부에서는 중국군 사령관들이 민족주의 정당들을 지지하고 남부에서는 영국군 사령관들이 프랑스와 공모하여 움직이고 있는 상황에서, 호치민에게 미국은 하노이 정부를 후원해줄 가능성이 있는 마지막 후보였다. 늦여름과 초가을 동안 호는 미국인들과 우호적인 관계를 확립하려고 노력했다. 특히 아커미디스 패티가 주요 상대였는데, 그는 하노이의 미국 대표들 가운데 가장 고참이었을 뿐 아니라 베트남 독립이라는 대의에도 공감하고 있었다. 충칭에 있는 패티의 상관들은 그가 새로운 베트남 정부에 우호적인 태도를 보인다고 우려하며 불쾌해했다. 패티는 계속 인도차이나 상황을 보고했다. 9월 초에는 새로운 정부가 분명히 좌익이기는 하지만 상황을 완전히 통제하고 있으며 프랑스의 복귀에 저항할 준비도 완전하게 갖추고 있는 것으로 보인다고 전문을 보냈다. 몇 주 뒤 그는 베트남 지도자들의 목표를 보고하면서, 그들은 10년 후에 민족 독립을 찾으려 하며, 그때까지 프랑스 총독에게는 국가 원수 역할을 맡길 계획이라고 말했다. 그는 또 베트남인들이 필리핀에서 미국의 행적을 관찰했기 때문에 완전한 독립을 회복할 때까지 미국의 보호령이 되는 것을 더 좋아하겠지만, 그것이 가능성이 없음을 알기 때문에 미국이 감시를 해주기만 한다면 일시적으로 프랑스 행정부를 받아들이는 것도 마다하지 않을 것이라고 말했다.[37]

그러나 인도차이나 상황에 대한 미국의 태도는 여전히 모호했다. 그 한 가지 이유는 국무부 내부에서 유럽파와 아시아파 사이에 다시 한 번 정책의 차이가 드러났다는 것이다. 워싱턴은 패티의 전문이나 아시아 다른 지역 외교관들의 정보를 통해 베트남 정부가 공산주의적 경향이 있다는 점을 잘 알고 있었다. 내부 사정을 잘 아는 사람들은 호치민이 사실은 노련한 코민테른 요원 응우옌 아이 쿠옥이라는 것도 알고 있었다. 아시아파는 인도차이나 상황이 전쟁으로 치닫는 것을 우려하고 있었다. 9월 28일 극동 담당 차관보인 존 카터 빈센트(나중에 조지프 매카시 상원의원의 반공 운동의 유명한 희생자 가운데 한 사람이 된다)는 국무차관 딘 애치슨과 대립하면서, 프랑스가 인도차이나에 복귀하는 것을 반대하지 않는 당시의 '불간섭' 정책은 전면적인 위기를 낳을 수 있다고 경고했다. 파리는 베트남 정부와 협상하기 전에 자신의 권한을 회복하겠다는 결심을 굳힌 것으로 보였기 때문이다. 빈센트는 미국이 영국과 공동으로 인도차이나 상황을 조사할 위원회를 설립하자고 제안했다. 그 최종 보고서가 나올 때까지는 인도차이나에 추가로 프랑스군의 상륙을 허용하지 말자는 주장이었다. 위원회의 보고서는 '안남' 대표를 포함한 관련국들의 국제적 토론의 기초가 될 수 있었다. 빈센트는 파리가 이런 처리 방식에 화를 낼 수도 있지만, 그것이 안남에서 민족주의가 폭발하는 것보다는 덜 위험하다고 덧붙였다.[38]

국무부의 유럽파는 이런 주장에 이의를 제기했다. 유럽과 과장인 H. 프리먼 매슈스는 영국과 프랑스가 스스로 문제를 해결할 수 있다면 그쪽이 더 낫다고 주장했다. 유럽파는 위원회 설립이 오직 한 가지 결과, 즉 인도차이나로부터 프랑스의 축출이라는 결과를 낳을 것이라고 우려했다. 그렇게 되면 소련이 이 지역에서 한몫을 하겠다고 나설 수 있었다. 이것은 "프랑스와 서구에, 그리고 전체적으로 인도차이나인들 자신에게 나쁜 결과"였다. 유럽파로 타고났으며 또 훈련까지 받은 애치슨은 매슈스의 의견에 동의했으며, 상황이 현저하게 악화되기 전에는 행동하지 않으려 했다. 10월 20일 빈센트는 미국의 기존 정책을 확인하는 공식 성명을 발표하면서, 미합중국은 프랑스와 네덜란드의 동남아시아 식민지에 대한 지배권에 의문을 제기하지 않지만, 식민지 민족들이 자치에 대한 의무와 책임을 떠안을 수 있도록 유럽의 식민지 열강이 지원하기를 기대한다고 덧붙였다.[39]

프랑스인들은 어떤 개입도 원치 않는 것이 분명했다. 10월 말 워싱턴 주재 프랑스 대사관 실무자는 극동과 담당자 애벗 로 모펏과 만나 호치민이 보낸 대표가 미국 담당자들과 만나 상황을 논의하기 위해 워싱턴으로 가는 중이라는 이야기를 듣고 불평했다. 프랑스 대사관 담당자는 프랑스 정부가 미국의 그러한 개입을 '비우호적 행동으로 간주할 것'이라고 경고했다.[40]

호치민은 미국 내의 이런 사건들은 모르고 있었으나 미국 정책의 흐름에 대해서는 분명히 우려하고 있었다. 패티가 인도차이나에서 보낸 마지막 날인 9월 30일, 호치민은 패티를 북궁으로 초대해 마지막 대화를 나누었다. 저녁 식사 후 단둘이 앉은 자리에서 호는 미국이 테헤란, 퀘벡, 포츠담 등지의 회담에서 제시했던 자결에 대한 입장과 현재 수수방관하면서 영국과 중국이 프랑스의 인도차이나 복귀를 지원하도록 허용하는 태도 사이에는 일관성이 없다고 말했다. "대서양 헌장(처칠 영국 총리와 루스벨트 미국 대통령이 1941년에 발표한 헌장으로, 민족 자결을 옹호하는 내용이 담겨

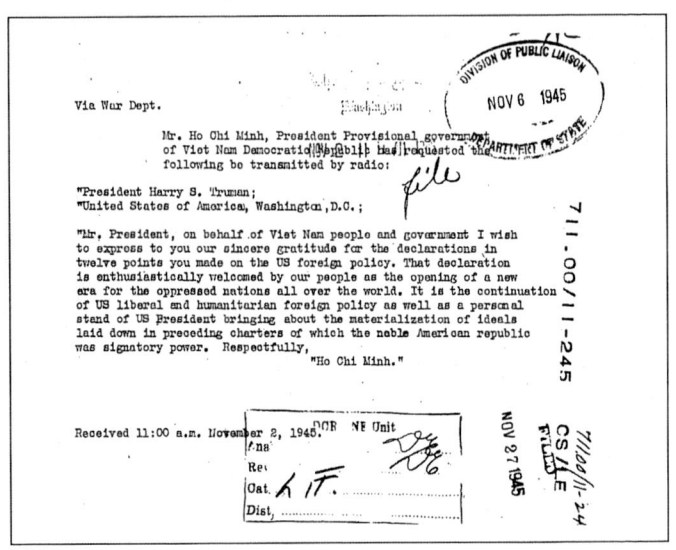

1945년 9월초 베트남 임시 공화국의 수립 뒤 호치민은 해리 트루먼 대통령에게 그의 새로운 정부에 대한 지지를 요청하는 편지를 몇 번 보냈다. 이 편지에서 볼 수 있는 것처럼, 그 편지들 가운데 일부는 미국의 인도주의적 이상을 찬양했다.

있다: 옮긴이)은 베트남에는 적용되지 않습니까?" 호는 그렇게 물었다. 호는 이 지역의 식민지 몇 곳을 묶어 공동의 이익을 위한 정치적, 경제적 프로그램들의 지원을 받는 범아시아 공동체를 구성하자고 주장했다. 패티는 개인적으로는 베트남의 독립 투쟁에 공감을 표시하면서도, 미국의 공식 정책은 프랑스의 지배권에 문제를 제기하지도 않고 파리 정부의 제국주의적 야망을 지지하지도 않는 것이라고 되풀이했다. 호는 대화가 끝날 무렵 혁명가로서 살아오면서 겪었던 중요한 사건 몇 가지를 이야기해주었다. 그는 많은 미국인들이 그를 '모스크바의 꼭두각시'로 본다는 사실을 인정하면서도, 자신이 미국인들이 말하는 의미의 공산주의자는 아니라고 이야기했다. 그는 15년간 당 사업을 하면서 소련에 진 빚을 갚았기 때문에 이제 자신은 자유롭다고 생각했다. 사실 그 즈음 몇 달 동안은 소련보다 미

국에서 더 많은 지원을 받았다. 그런데 왜 모스크바에 은혜를 입었다고 생각해야 하는가?

호치민은 패티와 헤어지면서 베트남 인민은 늘 미국으로부터 받은 지원에 감사하고 있고, 앞으로 오랫동안 미국을 친구이자 동맹자로 기억할 것이며, 미국의 독립 투쟁은 언제나 베트남의 모범이 될 것이라는 메시지를 전했다. 몇 주 뒤에 베트남을 떠난 다른 미국 장교는 호치민이 미국 트루먼 대통령에게 보내는 편지를 쿤밍으로 가져갔다. 그러나 미국의 지원 가능성은 급속히 사라져가고 있었다. 미국과 중국의 미국 관리들은 패티의 행동을 더 의심하게 되었으며, 그의 후임자가 하노이는 미국의 분쟁 중재 노력을 환영할 것이라는 내용의 전문을 보냈을 때도 워싱턴은 하노이의 제안을 비롯하여 호가 이전에 보낸 편지들을 무시해버렸다.[41]

소박한 애국자란 전술

1945년 초가을이 되자 8월 혁명의 직접적인 결과가 분명하게 나타나기 시작했다. 베트남민주공화국은 북부를 통제하고 있었지만, 그 지지는 거의 전적으로 독립 약속이 불러온 행복한 분위기와 호치민 주석이라는 수수께끼의 인물에게서 나오는 것이었다. 게다가 이 지역은 여전히 중국 국민당군이 점령하고 있었다. 1940년 봉기 실패로 당에 대한 지지가 약화되고 민족주의자들과의 경쟁이 더 치열했던 남부에서는 베트민 활동가들이 농촌에서 저항 기지를 건설하려고 투쟁했음에도 프랑스가 권력을 회복했다.

호치민이 보기에 매듭을 푸는 열쇠는 국제 정치에 있었다. 그는 진보적인 세력들이 프랑스가 식민지 제국을 복원하는 일을 막아주기를 기대했다. 그는 현대 혁명을 공부한 사람으로서 1917년 볼셰비키가 권력을 잡던 시기와 같은 혁명 팽창의 물결이 제2차 세계대전 후에도 일어날 것이라고 전망하고 있었다. 그러나 오랜 경험을 통하여, 스탈린이 아시아에는 변덕스러운 관심을 가지고 있으며, 그가 아시아의 혁명 세력을 지지해줄 것이라고 기대할 수 없다는 것도 역시 잘 알고 있었다. 지원을 구해볼 만한 다른 세력은 오랫동안 반식민지적 정서를 강하게 유지해온 미국이었다. 그러나 워싱턴으로부터 지원을 얻을 전망은 매우 불확실했다. 만일 전후의 긴장으로 전시에 맺은 미국과 소련 사이의 동맹관계가 끝난다면, 미국은 유럽 식민지 열강의 품으로 들어가고, 베트남은 강대국들 간의 새로운 대결 관계의 볼모가 될 수도 있었다. 호치민은 그런 일이 생길 경우 누구와 일차적으로 동맹을 맺을 것인지 조금도 망설이지 않았을 것이다. 그러나 베트남 혁명의 현 단계에서 주적(主敵)은 프랑스였다. 모스크바는 민족 독립을 바라는 베트남의 투쟁을 확고하게 지지할 것이라고 믿을 수 없었고, 오히려 프랑스가 인도차이나에 식민지 권력을 복원하는 일을 지원할 것이라고 생각해도 무리가 없었다. 그러나 워싱턴—호는 8월에 탄 차오 회의에서 했던 발언에서 세계 혁명에 대한 미국의 두려움을 분명하게 강조했다.—에 대해서는 똑같이 말할 수가 없었다.

앞길에는 많은 장애가 놓여 있었지만, 어쨌든 첫발은 내디뎠고, 새로 독립한 베트남 정부는 하노이에서 미약하나마 권력을 잡고 있었다. 훗날 하노이의 당 역사가들은 태평양 전쟁이 끝날 무렵의 사건들을 공산당과 그 위대한 지도자의 천재성에 대한 증거로 제시했고, 이에 따라 8월 혁명은 거의 신화의 수준으로 부풀려지게 되었다. 봉기를 일으킨 전략—도시와 농촌지역 양쪽에서 정치 투쟁과 무력 투쟁을 결합하여 권력을 장악한 것으로 묘사한다.—은 베트남만이 아니라 아프리카, 라틴 아메리카, 동남아시아 등 제3세계 다른 지역에서도 미래의 민족 해방 투쟁의 원형이 되었다.

그러나 최근 들어 서구의 많은 학자들이 이런 견해를 면밀히 조사하면서, 8월 혁명에서 계획적인 요소는 상대적으로 제한되어 있었으며, 그것은 기본적으로 자발적인 대중 봉기였다는 주장이 나오기 시작했다. 또 일부에서는 8월의 사건들은 혁명이 아니고 단순한 쿠데타였을 뿐이라고 주장한다. 두 가지 주장 모두 어느 정도 일리가 있다. 모든 혁명에는 우연의 요소가 있기 때문이다. 레닌은 혁명이 현실보다 오히려 이론에서 훨씬 더 복잡하다고 말한 적이 있다. 인도차이나공산당이 탄 차오의 산악 기지에서 신중하게 계획을 짜기는 했지만, 아시아에서 일본이 연합군에 항복하던 순간에 분출한 봉기에는 분명히 자연발생적이고 즉흥적인 요소가 있었다. 많은 지역에서 당 활동가들은 북부의 중앙위원회와 연락조차 하지 못해, 스스로 판단하고 행동할 수밖에 없었다. 종전 직전 몇 달 동안 베트남을 휩쓴 무시무시한 기근이 민중의 분노가 폭발하는 도화선이 되었고, 이들의 분노가 호치민과 그의 동지들에게 승리를 안겨준 원동력이었음은 말할 나위도 없다.

그러나 이런 주장들 때문에 8월 혁명이 뛰어난 성취였다는 사실조차 무시할 수는 없다. 혁명은 혁명가들 없이는 일어나지 않는다. 태평양 전쟁 종전 무렵 유혹적으로 손짓하던 기회를 잡을 수 있었던 것은 당과 그 지도부의 공로였다. 다른 민족주의 지도자들은 중국 남부에 그대로 남아 연합군이 일본을 물리쳐주기를 기다린 반면, 호와 그의 동료들은 일어서서 도전에 나섰고 세계의 눈앞에 자신들의 행동으로 쟁취한 결과물을 기정 사실로 제시했다.

호는 베트민전선을 모든 진보적이고 애국적인 세력에게 호소력을 가질 수 있는 강령으로 무장한 광범위한 조직으로 만들어, 공산당의 일반적 지지를 넘어서는 영역으로 영향력을 확대하였을 뿐 아니라, 승리를 거둔 연합국 앞에서 베트남 민족주의의 정통성 있는 대변인으로 인정해달라고 요구할 수 있었다. 그의 동료들 모두가 이런 온건한 이미지를 편안하게 여겼던 것은 아니다. 추옹 친과 같은 지도자는 훗날 8월 혁명에서 충분히 피를 흘리지 않았기 때문에 당이 미래의 적들을 제거할 수 없었다고 탄식하기도 했다.[42]

이런 온건한 얼굴은 호치민 자신의 얼굴이었음이 분명하다. 호는 시골 아저씨 같은 인물, 낡은 카키색 양복에 파란 헝겊 샌들을 신은 '소박한 애국자'로 등장함으로써 수백만 베트남인의 마음을 얻었을 뿐 아니라, 찰스 펜이나 아커미디스 패티 같은 미국 장교, 장 생트니와 레클레르 장군 같은 프랑스측 협상자 등 가까운 사람들의 존경을 받았다. 물론 호치민의 포즈에는 계산적인 요소가 있었으며, 가까운 몇 사람에게는 자신이 이런 책략을 분명하게 의식하고 있음을 드러내곤 했다. 그러나 이 전술은 엄청난 성공을 거두었으며, 따라서 그가 평생 이것을 그의 전략적 무기고의 핵심 구성요소로 채택한 것도 당연한 일이다.[43]

그러나 온건한 전술을 채택하는 데는 위험도 따랐다. 그렇게 함으로써 호와 그의 동료들은 거짓 가면을 쓰고 권력을 잡은 셈이 되었기 때문이다. 베트민전선의 강령은 미래의 베트남을 위한 청사진이었지만, 그것은 어디까지나 출발점일 뿐이었다. 당이 자신의 진짜 얼굴과 목적을 세상에 드러낼 때 사람들이 환멸을 느낄 가능성이 높았다. 그러나 호치민은 무엇보다도 실용주의자였다. 그는 1945년 가을 미국의 저널리스트 해럴드 R. 아이작스와 인터뷰하면서 이렇게 말했다. "독립이 핵심입니다. 그다음 일은 그다음 일이지요. 어쨌든 그다음 일이 생기려면, 먼저 독립부터 이루어야 합니다." 그러나 과연 독립을 유지할 수 있느냐 하는 것은 다른 문제였다. 그는 낙담했을 때 아이작스에게 이렇게 말했다. "우리는 혼자 서 있는 것 같습니다. 우리가 의지할 사람은 우리 자신밖에 없습니다." 호치민은 자신의 모든 기지를 동원하여 앞길을 헤쳐나가야 했다.[44]

11장 재건과 저항

1945
1946

"그것은 코끼리와 호랑이의 싸움이 될 것입니다. 만일 호랑이가 가만히 서 있는다면 코끼리가 그 막강한 엄니로 호랑이를 짓누르겠지요. 그러나 호랑이는 가만히 있는 것이 아닙니다. 그는 낮에는 밀림에 숨어 있고 밤에 나타납니다. 호랑이는 코끼리의 등에 뛰어올라 코끼리의 가죽을 찢어놓고 다시 어두운 밀림으로 뛰어들어 갑니다. 그러면 코끼리는 천천히 피를 흘리며 죽어갑니다. 이것이 인도차이나의 전쟁이 될 것입니다."
―1946년 9월 11일, 《뉴욕타임스》 통신원 쇼에브런과 한 인터뷰에서

"우리가 당신네 한 사람을 죽이는 동안 당신들은 우리 열 사람을 죽이겠지요. 하지만 우리 땅에서 먼저 없어지는 것은 당신들이 될 거요."
―1946년 9월 장 생트니에게 한 경고

11 | 재건과 저항

태평양 전쟁이 끝나고 나서 두 달 동안 하노이의 상황은 위태위태하게 파국을 향해 나아가고 있었다. 까다로운 상황 때문에 호치민은 심각한 압박감을 느꼈다. 당과 정부의 지도자라는 자리도 위험했다. 인도차이나공산당 내의 과격파는 경쟁 집단들을 강하게 누르자고 요구했지만, 호는 화해와 타협을 통해 점진적으로 당의 적들을 분열시키고 고립시키자고 끈덕지게 주장했다. 많은 베트남인들이 프랑스인들의 북부 귀환에 비타협적으로 투쟁하자고 요구했지만, 호는 프랑스인들의 존재를 받아들일 용의가 있다고 내비쳤다. 단 그들은 정복자가 아니라 친구로 와야 했다.

하노이 정부는 정치적 해결책을 모색하는 동시에 전쟁 준비를 시작했다. 자위 체계를 갖추고 북부와 중부 전역에 게릴라 부대를 조직하는 작업에 노력을 쏟아부었다. 가을에는 호치민이 '조국의 철벽'이라고 찬양한 의용대가 베트남민주공화국의 행정력이 미치는 거의 모든 마을, 거리, 공장에 조직되었다. 불과 한두 개 소대로 이루어진 부대도 있었다. 어떤 경우에는 몇 개 소대를 합쳐 중대를 조직하기도 했다. 하노이에서는 자위 의용대가 도시의 거의 모든 젊은이들을 망라하여 그 수가 수만 명에 이르렀다. 이런 부대들은 모두 당 지역 간부의 지휘 하에 있었으며, 정부의 통제를 받았다. 그러나 식량과 장비는 자체 조달해야 했다. 정부의 지역 부대의 핵심은 청년구국회에서 선발한 돌격 부대였으며, 이들은 주로 노동자와 학생들이었다. 돌격 부대는 국방부로부터 무기를 지급받았으며, 특정한 장소에서 숙박했고, '호치민 자위 훈련학교'라는 이름의 새로운 군사학교에서 훈련을 받았다.

그러나 정부의 국방을 위한 노력의 핵심은 베트남해방군을 개칭한 위국군이었다. 이들은 당의 직접 지휘를 받았으며, 대대, 중대, 소대의 편제를 갖추었다. 이들을 훈련시키기 위해 8월 혁명 이전 비엣 박에 세웠던 반일 훈련소를 '베트남 정치군사학교'로 바꾸었으나, 중국 점령군을 자극하지 않도록 당 간부 훈련 프로그램으로 위장했다. 정부는 종전 후 몇 달 동안 과거 정부군 출신의 장교와 병사들을 징집하여 전력을 강화했다. 전체 병력은 남부에서 활동하는 부대를 포함하여 8만 명 정도로 평가된다.[1]

군사력에서 정부의 가장 심각한 고민은 무기 부족이었다. 정부는 다양한 화기를 손에 넣을 수 있었는데, 그 가운데 일부는 19세기에 만든 것이었다. 또 항복하는 일본군으로부터 대전차 지뢰와 기관총 몇 정을 노획하기도 했다. 그러나 많은 부대가 곤봉, 창, 또는 동네 대장장이가 만들어준 화승총 등으로 무장했다. 호치민은 새로운 무기를 얻으려고 필사적으로 노력하는 과정에서 내키지 않으면서도 무기 구입을 위해 주민으로부터 돈을 거두는 계획을 승인했다. 정부는 9월 마지막 주를 '황금 주간'으로 정하고, 금붙이를 비롯한 귀중품을 기부하여 점령군으로부터 무기를 구입할 자금을 모으자는 운동을 벌였다.

아커미디스 패티에 따르면 호치민은 주민으로부터 기금을 모으는 계획을 달가워하지 않았다. 가난한 사람들은 애국적인 의무감에서 희생을 할 것이고, 부자들은 그저 남들 눈에 부끄럽지 않을 정도만 낼 것이라고 생각했기 때문이다. 그의 우려는 적중했던 것으로 보인다. 북부의 부자들은 상대적으로 적은 액수만 내놓았기 때문이다. 호는 '이런 소극(笑劇)'이 벌어지도록 방기한 자신이 '반역자가 된 것 같은 느낌'을 받았다. 결국 내각은 농산물에 세금을 부과하기로 결정했다. 한 정부 관리가 닭, 오리, 물소에도 세금을 부과할 수 있다고 하자, '일반 국민' 빈 투이는 한마디 하지 않을 수 없었다. "왜 개고기는 빼놓는 거요?" 가장 먼저 웃음을 터뜨린 사람은 호치민이었다.[2]

정부는 빈약한 자원을 보완하기 위해 무기를 추가로 얻거나 제조하기 위한 운동도 벌였다. 마을 대장장이들은 자신의 용광로에서 마을 자위부대가 사용할 창이나 무기용 낫을 만들었다. 아이들을 동원하여 쇳조각을 모으게 하고, 어른들은 구리 쟁반이나 팬과 같은 집안의 식기, 심지어 향로 같은 제례용 물품까지 기부하게 하여 모두 무기로 만들었다. 그럼에도 호치민은 새로운 군대의 첫 번째 무기는 인민의 지지라고 지칠 줄 모르고 강조했다. 그는 하노이 지역의 훈련소들을 방문하여 주민에게 올바르게 행동하는 일이 중요하다고 말하면서 중국 시인 루 쉰(魯迅)의 말을 인용하기도 했다. "1천 명의 운동선수들은 코웃음치며 노려보되, 아이들에게는 말(馬) 노릇을 해주기 위해 유순하게 허리를 굽힌다."

총선거와 연립정부 구성

호치민은 국가의 생존을 보장해주는 열쇠는 그 본질상 군사적이라기보다는 정치적이고 외교적인 것이라고 줄기차게 주장했다. 호는 중국 점령군을 회유할 수만 있다면, 경쟁적인 민족주의 정당들의 위협은 쉽게 물리칠 수 있다는 자신감을 내보였다. 그렇게 되면 하노이 정부는 프랑스의 북부 귀환에 반대하는 통일전선을 내세울 수도 있었다. 문제는 중국의 지휘관들인 루 한과 샤오 원이 베트민에 별로 우호적이지 않으며, 오히려 민족주의자들을 지지하는 경향이 강하다는 것이었다. 내각에 민족주의자들을 포함시키라는 중국의 요구는 10월 중순 장 제스의 참모장 허 잉친 장군이 하노이를 방문하면서 거세졌다. 장군이 중국의 지휘관들에게 보낸 메시지는 간단하고 직접적이었다. 인도차이나에서 공산주의자들의 영향력을 줄여라.

호는 베트민 당국이 잠깐 구금하고 있던 응오 딘 디엠(훗날 남베트남의 대통령이 되며, 고딘 디엠으로 흔히 알려져 있다 : 옮긴이)의 석방을 명령했다. 이것은 호의 정부가 민족주의자들—심지어 공산주의에 공개적으로 반대하는 사람들—과도 협력할 용의가 있음을 보여주는 신호로 해석할 수 있었다. 응오 딘 디엠은 후에의 유명한 애국자인 관리의 아들로 제2차 세계대전 전에 바오 다이 내각에서 내무장관으로 일했지만, 프랑스가 바오 다이에게 충분한 권한을 주지 않는 것에 항의하여 사직했다. 디엠은 독실한 가톨릭 신자로 공산주의자들을 노골적으로 혐오하였는데, 이런 태도는 그의 다섯 형제 가운데 하나인 응오 딘 코이가 8월 혁명 와중에 베트민에 처형됨으로써 더욱 강화되었다.

호가 디엠의 석방(그는 감옥이 아니라 북궁에 구금되어 있었다)을 결정하자, 파리 시절부터 오랜 친구 사이인 부이 람을 비롯하여 일부 동료들이 걱정했다. 그러나 람이 문제 제기를 하자 호는 디엠의 처형은 그의 유명한 아버지의 평판을 더럽히기만 할 뿐이라고 대답했다. 그러면서 호는 어쨌든 프랑스는 언제나 디엠을 대신할 다른 사람을 찾을 수 있으니, 호로서는 가능한 한 많은 사람의 지지를 얻으려고 노력하는 것이 합리적이라고 덧붙였다. 어쩌면 호치민에게는 가톨릭 신자들의 지지를 얻고자 하는 마음도 있었을지 모른다. 가톨릭 신자 가운데 다수는 교육 수준도 높고 부유했다. 호는 가톨릭 신자 한 사람을 각료로 임명하고, 가끔 하노이의 가톨릭 행사에 참석하기도 했다. 그러나 호는 가톨릭 이외의 다른 그룹들에도 화해 신호를 보내, 산악 민족의 대표들과 함께 공자 탄생 기념식에 참석하기도 했다.[3]

호치민은 중국인들을 상대하는 데도 그의 설득과 조작의 힘을 발휘하여, 인도차이나의 다양한 중국인 지휘관들 사이의 경쟁심을 이용했다. 호는 샤오 원 장군의 압력을 받아 10월 말부터 다양한 비공산주의 민족주의 정당의 지도자들과 비밀 회담을 하기 시작했다. 여기에는 베트남국민당과 동맹회의 대표들만이 아니라 대월당의 새로운 '최고 지도자' 응우옌 하이 탄도 포함되었다. 그러나 협상은 처음부터 난관에 부딪혔다. 동맹회는 정부를 완전히 새로 구성하라고 요구했는데, 그 말에 따르려면 비베트민 각료를 몇 명 포함시켜야 했을 뿐 아니라, 베트민전선의 이름을 바꾸고, 새로운 국기를 채택해야 했기 때문이다. 호치민의 동료들 몇 사람은 당의 가장 강력한 경쟁자들과 협상하는 것은 지혜로운 일이 아니라고 문제를 제기했으나, 호는 전술적인 목표를 달성하기 위한 일일 뿐이라고 안심시켰다. 호의 지지자들 가운데 하나는 이렇게 말했다.

장 제스에게 매수된 베트남국민당의 대표들을 만나는 문제에서 나는 그들의 즉각적인 숙청을 지지하는 쪽이었다. 어느 날 비공식적인 회의 도중 나는 그에게 물었다. "존경하는 아저씨, 왜 우리가 이 반역자와 암살자들 무리를 그냥 살려두어야 합니까? 아저씨가 명령만 내리면, 우리는 하룻밤이면 이들을 없애버릴 수 있습니다."

아저씨는 웃음을 지으며 아저씨의 집무실을 가리키더니 우리에게 물었다. "쥐 한 마리가 저 방으로 들어갔다고 합시다. 그러면 돌을 던지겠소, 덫을 놓겠소, 쫓아내겠소?"

"돌을 던지면 방 안의 귀중품들이 부서질 위험이 있지요."

"반혁명 분자들도 마찬가지라오. 그들만 있다면 무서워할 게 없지요. 하지만 그들에게는 주인이 있소. 큰일을 이루려면 앞일을 생각할 줄 알아야 하오."[4]

호치민은 민족주의자들의 요구를 대부분 거절했다. 그러나 11월 11일 인도차이나공산당은 갑자기 당을 해체하고 새로 '인도차이나마르크스주의연구회(호이 응이 응이엔 쿠 추 응이아 마크 오 동 두옹)'를 만들겠다고 하여 사람들을 깜짝 놀라게 했다. 연구회는 세계 혁명이라는 대의를 적극적으로 추진하지 않을 것으로 여겨졌다. 당의 자료들은 이 조치가 민족의 요구를 계급 투쟁의 요구보다 앞에, 인민의 전체적인 이익을 당의 이익보다 앞에 놓겠다는 의지를 보여주려는 욕구에서 나온 것으로 설명했다. 그러나 이런 조치로도 수도의 정치조직들의 반감은 줄지 않았다. 바로 다음 날에는 시립극장 앞에서 베트민 지지자들과 민족주의자들 사이에 격렬한 충돌이 벌어져 십여 명이 사망했다.

당 해체 결정이 베트남인들에게 지니는 선전적 가치를 과소평가해서는 안 되지만, 그 결정의 바탕에 깔린 것은 중국 점령군 당국을 회유하고 민족주의 정당들과 타협점을 찾아보고자 하는 욕구였을 것이다. 훗날 하노이의 당 자료들은 인도차이나공산당이 실제로 해체되지는 않고 비밀 활동에 들어갔으며, 그런 상태에서 1951년 새로운 이름으로 등장할 때까지 몇 년 동안 정책 결정을 계속 좌우했다고 인정한다. 그럼에도 이 결정이 물의를 일으켰으며, 당 내에서 민족보다 계급의 이익을 우선시하는 사람들로부터 상당한 비판을 받았다는 점 역시 인정한다. 이 결정은 다른 나라 공산당들의 우려도 자아냈을 것이다. 결정이 발표된 후 당의 지도자들을 여러 지역으로 보내 이 결정을 설명한 것을 보면 그것을 알 수 있다.[5]

인도차이나공산당의 해체에 대해 당 내에서는 불평을 했고 세계 전역의 형제 정당들은 의아한 표정을 지었지만, 어쨌든 이것은 평화 회담을 원활하게 해주었다. 11월 19일 샤오 원 장군은 장 파쿠이의 지침에 따라 하노이 정부의 대표들과 민족주의 정파들 사이의 회담을 주선했다. 이들은 몇몇 정파의 대표들로 광범위한 연립정부를 구성하는 데 원칙적으로 합의했다. 또 정부의 지휘 하에 모든 부대를 통합하고, 남부의 곤경에 처한 동포를 지원하는 가장 좋은 방법을 논의하기 위한 군사 회의를 개최한다는 내용의 공동 계획을 발표하기로 했다.

며칠 뒤 당 중앙위원회는 비밀리에 만나 전체적 상황을 평가하고 정책을 설명했다. 회의에서 정확히 어떤 논의가 오갔는지는 드러나지 않았지만, 결정 사항들은 회의를 끝내면서 발표한 결의안에 포함되어 있다. '저항과 재건'이라는 제목이 붙은 이 결의안은 승리한 연합군 사이에서 나타나고 있는 수많은 모순을 분석한 뒤 베트남 혁명을 위해 그 모순들을 이용하는 길을 제시했다. 중국과 미국은 인도차이나를 프랑스에 돌려주기 위해 프랑스와 협력할 준비가 되어 있다. 그러나 충칭의 국민당 정부는 철수에 합의하기 전에 프랑스로부터 많은 양보를 얻어내려 할 것이 틀림없다. 미국 쪽에서는 이제 베트남 독립에 대한 반감을 노골적으로 드러내고 있다.

미국은 지금도 자신들이 인도차이나에서 중립을 지킨다고 이야기하고 있으나, 이미 프랑스가 인도차이나에 보낼 군대를 수송할 배를 빌려주는 등 프랑스를 은밀히 돕고 있다. 미국은 인도차이나와 동남아시아에서의 이익을 놓고 영국, 프랑스와 경쟁하고 싶어한다. 그러면서도 영국, 프랑스와 협력하여 소련을 포위하는 동맹을 맺고 싶어하기 때문에, 동남아시아에서 약간의 이익을 포기할 용의도 있다.

결의안은 이런 상황에서 당은 국내에서 반대파를 분열시켜야 한다고 결론을 내렸다. 국제적으로는 적을 최대한 줄이고 친구를 최대한 늘려야 하는데, 특히 중국을 친구로 만들어야 한다. 그들은 유럽의 식민지 세력을 남부 국경 너머로 밀어낼 때 그들을 유일하게 도와줄 세력이 하노이 정부라고 보기 때문이다. 프랑스는 여전히 주적이지만, 프랑스에도 손을 쓸 수 있다. 예를 들어 프랑스는 국제 무대에서 체면을 살리고 인도차이나에서 경제적 권리를 보존하기 위해 독립을 양보할 수도 있다. 당 지도부는 만일 그렇게 된다면 독립을 얻기 위해 경제적 영역에서 양보를 각오해야 한다고 결론을 내렸다.[6]

11월 19일 협정에서는 연립정부의 전체적 윤곽만 잡아놓았으며, 자세한 내용은 추후 회담에서 풀어나가기로 했다. 동시에 모든 정파는 앞으로 상호 비방을 중지하고 공동의 적에 대항하여 단결하기로 했다. 그러나 협상은 몇 주를 질질 끌면서도 성과를 내지 못했다. 처음에 민족주의자들은 주석직과 내각의 여섯 자리를 요구했다. 호치민은 그 요구를 거부하고 내각의 세 자리를 제안하면서, 응우옌 하이 탄이 책임지는 정치 자문 그룹을 별도로 만들겠다고 덧붙였다. 이번에는 민족주의자들이 그 제안을 거부했다. 회담이 계속되면서 긴장이 형성되었고, 베트남국민당의 기관지 〈베트남(Viet Nam)〉은 정부에 대한 공격을 강화하기 시작했다. 정부도 반격에 나섰다. 훗날 보 응우옌 지압은 한 동료와 함께 의용대와 지역 구국회 회원들을 동원하여 사복을 입히고 무장을 시킨 다음, 그들을 데리고 중국인 구역으로 가 중앙시장에서 전단을 나누어주던 민족주의 활동가들을 해산시킨 적이 있다고 회고했다. 잠깐 드잡이가 있은 뒤에 지압의 부하들이 전단을 바닥에 내던지자 민족주의자들은 달아났다. 그런 사건이 한 번 더 일어나자 호치민은 중국군 사령부로 불려가 엄한 훈계를 들어야 했다.[7]

두 달 안에 새로운 국회를 구성하기 위하여 총선거를 실시하겠다는 9월 8일자 정부의 포고가 협상의 걸림돌 가운데 하나였다. 11월 19일 회담 후에 정부는 12월 23일에 선거를 실시하겠다고 발표했지만, 민족주의 정파 대표들은 준비할 시간이 너무 짧다고 불평을 했다. 샤오 원 장군은 장 파쿠이의 지침에 따라 매듭을 풀기 위해 나섰다. 그 결과 12월 19일에, 선거를 15일 늦추어 1월 초에 실시하고, 새로운 임시 연립정부 구성을 위한 조건들을 1946년 1월 1일에 확정한다는 타협안을 간신히 이끌어낼 수 있었다. 회담을 끝내면서 발표한 성명서에 따르면 미래의 국회에서 선거 결과에 관계없이 베트남국민당은 50석을 보장받았고, 동맹회는 20석을 보장받았다. 호치민은 주석으로, 응우옌 하이 탄은 부주석으로 임명될 예정이었다. 내각은 베트민전선에서 2명, 그리고 베트남국민당, 민주당, 동맹회에서 각각 2명, 무소속 2명으로 구성하기로 했다. 베트민과 민족주의자들은 상호 비방을 중지하고 협상으로 차이점을 해소한다는 데 합의했다.

연립정부를 구성한다는 결정은 당과 베트민 내부에서 격론을 불러일으켰다. 한 간부는 응우옌 하이 탄을 정부 요직에 앉힌다는 이야기를 듣고 호치민 앞에서 우려하는 이야기를 했다. 실제로 호치민과 응우옌 하이 탄의 관계는 1920년대부터 별로 좋지 않았다. 그러나 호는 이렇게 말했다. "거름은 더럽지 않소? 그래도 벼에 좋다고 한다면 그것을 써야 하지 않겠소?" 일각에서는 베트민과 그 경쟁자들 사이가 물과 불 같다는 점을 지적하면서 반대파에게 70석을 보장한다는 결정에 의문을 제기했다. 그러자 호는 그렇다고 동의하면서도 (비유에 대해서라면 언제든지 상대해줄 준비가 되어 있다는 듯이) 만일 물을 불 위에 놓고 끓이면 물을 안전하게 마실 수 있지 않느냐고 응수했다.[8]

1월 1일 시립극장에서 열린 기념식에서 새로운 정부가 모습을 드러냈다. 호치민 주석은 발코니에서 민족의 단결을 호소하는 연설을 한 다음, 민주적 원칙에 의거한 총선거와 정부 휘하에 다양한 군대의 통합을 주요 내용으로 하는 계획을 발표했다. 응우옌 하이 탄은 연설을 통해 민족 통합을 이룩하는 일이 지연된 데 부분적인 책임이 있음을 인정하면서, 프랑스의 남부 접수에 반대하는 투쟁에 협력할 것을 약속했다.

베트남 역사상 최초의 전국 선거는 예정대로 1월 6일에 실시되었다. 사소한 사고는 있었지만, 대체로 무사히 치렀다. 보 응우옌 지압에 따르면 남부에서는 베트민 세력의 통제 하에 있는 지역에서민 선거가 실시되었지만, 유권자 가운데 90퍼센트가 참여했다. 베트민은 자신의 후보들이 97퍼센트의 표를 얻었다는 보도가 나온 뒤에 승리를 선언했다. 이러한 결과대로라면 베트민은 국회에서 3백 석을 차지해야 했지만, 약속대로 70석은 반대파에 할당했다.[9]

호치민은 하노이 선거구에 출마했다. 동료들은 그가 주석으로서 단일 선거구에 출마하는 일은 면제받고, 전국구 단일후보로 나가야 한다고 주장했지만 호는 거절했다. 정부 통계에 따르면 호는 그의 하노이 선거구에서 98.4퍼센트의 득표율을 기록했다.

프랑스와의 길고 긴 협상

호치민은 새로운 연립정부를 구성함으로써 통일전선으로 프랑스와 대결하기를 바랐다. 앞서도 보았듯이 11월 말 회의에서 인도차이나공산당 중앙위원회는 파리 정부를 설득하여 경제적 양보의 대가로 베트남의 독립을 얻을 수 있기를 바랐다.

그러나 파리가 그런 해결책을 받아들일지는 알 수 없는 일이었다. 프랑스의 샤를 드골 대통령은 인도차이나에 프랑스 권력을 복원하기 전에는 협상을 할 생각이 없었다. 드골은 9월 25일 르클레르 장군에게 보낸 편지에서 특유의 오만한 태도로 이렇게 말했다. "장군의 임무는 하노이에 프랑스 정권을 재수립하는 것인데, 아직 그 임무를 이행하지 않았다니 놀랍소." 그러나 인도차이나의 프랑스 대표들은 약간 더 현실적이었던 것으로 보인다. 레옹 피뇽과 알레상드리 장군은 9월 말 호를 만난 뒤 그를 "강하고 훌륭한 인물"로 묘사했으며, 장 세딜은 사이공으로부터 전문을 보내 하노이 정부 내의 온건파는 타협을 받아들일 여지가 있으며 따라서 협상을 해볼 가치가 있다고 말했다. 파리 정부는 10월 10일에 알레상드리에게 하노이 정부와 "인도차이나의 모든 것에 대해" 이야기를 시작하라는 내용의 전문을 보냈다.[10]

장 생트니는 10월 8일에 하노이에 돌아와 있었다. 그는 9월에 드골이 고등판무관으로 임명한 티에리 다르장리외 제독을 만나러 인도에 가 있었다. 인도차이나 문제 협상에서 프랑스의 전권대사 역할을 했지만 그 직책이 공식화된 적이 한 번도 없었던 생트니는 사임하겠다는 뜻을 밝혔는데, 다르장리외는 자신을 대신하여 협상의 전권을 가지고 인도차이나로 돌아가달라고 요청했다. 결국 생트니는 통킹과 안남 북부의 공화국 판무관이

라는 공식 직함을 가지고 하노이로 돌아와, 인도차이나 은행에 숙소를 잡았다.[11]

생트니는 10월 중순 호치민 주석을 처음 만났다. 생트니는 정중하면서도 노련한 협상가였고 프랑스인 특유의 자부심 강한 사람이었지만(그는 나중에 국제 금융계에서 이름을 날린다), 호치민을 진심으로 좋아하게 되었고 호가 속으로는 프랑스에 우호적이라고 느끼게 되었다. 생트니는 정치고문 피농을 데리고 갔는데, 그는 제2차 세계대전 전에 인도차이나에서 일을 하는 등 식민지 관리로 경력을 쌓은 사람이었으며, 프랑스의 지배권 회복에 확고한 신념을 가진 사람이었다. 호는 문화부 장관인 호앙 민 지암을 데리고 나왔다. 생트니가 받은 지침은 프랑스 군대의 통킹 귀환에 대해 호와 합의하라는 것이었다. 통킹에는 아직 프랑스 국적자가 3만 명 가량 살고 있었다. 생트니가 그 대가로 약속할 수 있는 것은 프랑스가 중국 점령군 철수를 위해 노력하겠다는 것이었다. 르클레르 장군은 이미 코친차이나에 8천 명 가량의 병력을 주둔시키고 있었다. 그들은 독일군으로부터 노르망디를 탈환하는 작전에서 주역을 담당했던 유명한 제2기갑사단이었다.

생트니의 임무는 물론 까다로운 것이었다. 노골적인 침략은 베트민만이 아니라, 급할 것 없다는 듯이 느긋하게 일본군 3만 명의 무장 해제 작전을 수행하고 있던 중국 점령군의 완강한 저항에 부딪힐 것이 뻔했다. 따라서 생트니는 프랑스의 의도에 대해 호치민을 안심시켜야 했을 뿐 아니라, 중국 점령군 시령부와도 합의를 봐야 했다. 생트니는 이런 현실을 염두에 두고 프랑스 정부에 무력을 사용하지 말라고 강력하게 조언했다. "만일 우리가 무력으로 통킹에 프랑스 정부를 다시 세우려 한다면, 강력한 저항에 부딪힐 각오를 해야 한다."[12]

생트니는 자신에게 그 나름으로 약간 유리한 점이 있다는 것을 곧 알게 되었다. 베트민의 군사력은 여전히 안타까울 정도로 허약했으며, 호는 중국인들을 몰아내는 일을 프랑스가 거들어주기를 간절히 바라고 있었다.

동시에 연합국의 주요한 두 축인 소련과 미국은 사태의 흐름에 관심이 없었다. 모스크바는 프랑스 내부의 정치 상황이 자신에게 유리하게 돌아간다고 보고 그쪽에 온통 신경을 곤두세우고 있었다. 프랑스공산당은 정권 장악을 눈앞에 두고 있었기 때문에, 하노이에 대표는커녕 참관인조차 보내지 않았다. 워싱턴은 종전 후 소련이 동구권 지배를 강화할 것이라는 전망 때문에 우려하고 있던 차에 파리에도 좌익 정권이 들어설 가능성이 높아지자, 두려운 마음에 미국은 프랑스가 인도차이나에 귀환하는 것은 반대할 생각이 없다며 프랑스를 달래려 했다.

호치민은 생트니와 이야기할 때 이런 점들을 고려하고 있었다. 호는 처음부터 상대방이 경계를 풀 정도로 솔직했다. 그는 자신의 장기적인 목표가 완전한 독립을 얻는 것이지만, 몇 년간 독립을 연기하는 방식도 받아들일 용의가 있다고 설명했다. 당분간 베트남 북부에 프랑스인들이 주재하는 것을 받아들이고 프랑스 연합(1946년 헌법에 의거하여 제정된, 프랑스 본토를 포함한 모든 영토의 종합체: 옮긴이)에 회원국으로 가입할 용의가 있다는 것이었다. 그러나 여기에는 프랑스가 베트남의 궁극적 독립에 합의해야 한다는 단서가 붙었다.

그럼에도 회담은 순조롭지 않았다. 진짜 쟁점은 따로 있었지만, 의미상의 문제를 두고 논란이 벌어졌다. 호와 그의 조언자들은 최종 문건에 '독립(독 랍)'이라는 말을 넣어야 한다고 주장했다. 그러나 파리의 드골 정부는 이 용어에 강력하게 반대했다. 르클레르 장군은 실론에서 연합군 동남아사령부 사령관 마운트배튼과 회담한 뒤에 사이공에 돌아와서, 파리 정부에 전후 인도차이나에 자치령의 지위를 인정하자고 제안함으로써 간격을 좁혀보려 했다(그가 사용한 프랑스 용어는 'autonomie'였다). 그러나 드골은 완강했다. "만일 내가 그런 말도 안 되는 이야기에 귀를 기울인다면 프랑스 제국은 곧 사라질 것이오. 나의 3월 24일 선언을 다시 읽어보고 그 글을 충실히 따르도록 하시오." 10월에 충칭의 미국 대사관이 프랑스에 인도차이나 정책을 다시 천명할 것을 요청하자 드골은 퉁명스럽게 대꾸했다. "지금 인도차이나에 대하여 새로운 선언을 하라는 것은 받아들일 수 없소. 3월의 선언으로 충분하오. 그것을 되풀이하는 것은 상황을 복잡하게 만들 뿐이오."[13]

두 번째 중요한 장애는 미래의 코친차이나의 지위였다. 호치민은 코친차이나 역시 통킹, 안남과 더불어 협상에 포함시킬 것을 요구했으나, 생트니는 파리의 명령에 따라 코친차이나는 이전 식민지로서 다른 지역과는 지위가 다르다고 주장했다. 코친차이나 주민이 스스로 자신의 운명을 결정하도록 허용해야 한다는 이야기였다.

회담은 몇 주 동안 계속되었다. 양측은 담배 연기가 자욱한 방에 머리를 맞대고 앉아 프랑스어 단어와 구절의 정확한 의미를 놓고 논쟁을 벌였다. 생트니가 파이프를 피우는 동안, 호는 쉴 새 없이 중국이나 미국제 담배, 또는 독한 프랑스제 골루아스 담배를 피워댔다. 가끔 호치민은 회담을 중단하고 정부의 의견을 구하거나, 최고자문인 전 황제 바오 다이의 자문을 구했다. 생트니를 비롯한 다른 사람들이 보기에 호 주석과 '일반 국민' 빈 투이의 관계는 정말 수수께끼였다. 호는 전 황제에 대해 이야기할 때는 언제나 깍듯한 태도를 보였으며, 한 번은 심지어 그가 미래 베트남의 입헌군주가 될지도 모른다고 이야기하기도 했다. 하급자가 바오 다이를 그냥 '자문'이라고 부르자 호는 그 사람을 질책했다. "자네도 나처럼 '폐하'라고 부르게."[14]

바오 다이는 하노이 정부의 최고자문으로서 국무회의에 정기적으로 참석했으며, 곧 편안함을 느끼게 되었다. 심지어 그가 '고참'이라고 부르는 사람들, 예컨대 소련에서 살았고 감옥에서도 오랜 시간을 보낸 선전부 장관 찬 후이 리에우 같은 강경파들과도 잘 지내게 되었다. 호는 그의 임명 직후 열린 만찬에서 바오 다이에게 "우리는 조국의 독립을 위하여 함께 일하게 될 것입니다." 하고 다짐했다. 처음에 바오 다이는 새로운 주석의 깡마른 체구와 부드러운 태도에 놀랐다. 새 주석은 정치 문제보다 중국 문학과 철학에 더 관심이 많은 것 같았으며, 코민테른 요원이나 국가 수반보다는 유학자나 수도자처럼 보였고 또 그렇게 행동했다. 바오 다이는 그의 표현을 빌리면 "중국의 손아귀에 있는 꼭두각시들"인 비공산주의 민족주의자들과 비교하면서 호를 우호적으로 평가했다. 호는 중국 사령관들과 협상하면서 냉정을 유지하려 하였기 때문이다. 그러나 결국 바오 다이는 호와 호의 정부의 진짜 얼굴을 보았다고 생각하게 된다. 그는 그가 수상으로 임명했던 팜 쿠인과 가톨릭교도인 유명한 관리 응오 딘 코이—응오 딘 디엠의 형제—의 체포 소식을 듣고 호치민에게 항의하면서 그들과 더불어 다른 정치범들의 석방을 요구했다. 그러나 호는 인민이 납득하지 못할 것이라고 하면서 거부했다(앞서도 말했듯이 두 사람은 결국 처형되었다).

바오 다이는 결국 베트민이 미국과의 관계에서 정통성을 내세우기 위해 자신을 볼모로 이용하는 것이라고 생각하게 되었다. 10월에 베트민과 민족주의자들 사이의 긴장이 높아지자, 바오 다이는 탄 호아 성으로 가게 되었다. 그의 안전을 위해서라는 구실이었다. 그리고 1월에 임시 연립정부의 구성 후에 돌아와서 새로운 국회의 의원으로 선출되었다. 이후 몇 주 동안 그는 호치민과 함께 텟 행사를 비롯하여 기타 여러 국가 행사에 참석했다. 그가 한 말에 따르면, "나에 대한 여론을 다독거리기 위해서"였다.[15]

전쟁이냐, 타협이냐

호치민은 새로운 연립정부로 무장을 하고 1946년 새해를 맞아 생트니와 협상을 재개했다. 처음에는 둘 사이의 간격이 너무 넓어 입장 차이의 해소가 불가능해 보이기도 했다. 국무부의 동남아시아과에서 아시아 상황을 광범위하게 꿰뚫고 있던 미국 외교관 케네스 랜던은 그렇게 판단했다. 랜던이 1946년 1월 중순 사실 확인의 임무를 띠고 하노이에 도착했을 때, 생트니는 프랑스 정부가 베트남과의 대화에서 기본적으로 타협을 목표로 삶을 것이라고 안심시켰다. 그러나 랜던은 호치민과 이야기를 하면서 베트남 주석은 합의 전망에 그다지 낙관적이지 않다는 것을 알았다. 호는 프랑스의 진지함에 의문을 제기하면서, 베트남이 식민 통치로부터 완전한 독립을 얻고자 하는 결의가 얼마나 굳은지 이야기했다. 호는 면담이 끝날 때 랜던에게 트루먼 대통령 앞으로 쓴 편지를 건네주었다. 호는 미국이 필리핀에 완전 독립을 허용하는 과정에 주목하면서, 미국이 베트남의 민족해방 투쟁도 지지해줄 것을 호소했다.

파리의 외무장관이 미국 대사 제퍼슨 케이퍼리에게 프랑스는 베트남의 요구에 대해 '자유주의적이고 진보적인' 입장을 취할 것이지만, 완전 독립은 고려하지 않는다고 말했기 때문에, 호치민이 프랑스의 의도를 의심하는 것은 확실히 근거가 있는 것으로 보였다. 케이퍼리는 파리가 이 문제에 현명한 태도를 보여주기를 바란다고 대꾸한 뒤, 프랑스에서는 지금까지 일부 '보수적인 군부 지도자들'이 정부의 인도차이나 정책에 '불행한 영향력'을 행사해왔다고 워싱턴에 알렸다.[16]

이런 비타협적 태도의 조짐들에도 불구하고, 충칭에서 열린 중프 회담에서 베트남의 중국군이 철수하고 프랑스군이 그 자리를 메우는 방안이 논의되고 있다는 보도가 나오면서 합의를 보라는 압력이 강해지기 시작했다. 하노이측에서는 회담을 원활하게 진행하기 위해 양보를 고려할 용의가 있다고 암시했다. 파리에서도 마찬가지로 타협 조짐이 나타났는데, 1월 중순에 샤를 드골이 시임히면서 사회당의 펠릭스 구앵을 수반으로 하는, 화해에 좀더 관심을 보이는 연립정부가 새로 구성되었기 때문이다.

드골은 인도차이나 상황을 처리하는 방법에 대해 후임자에게 아무런 제안을 하지 않았지만, 나중에 회담을 시작하기 전에 질서를 먼저 회복했어야 한다고 고등판무관 다르장리외를 질책했다. 다르장리외는 르클레르 장군에게 호치민과의 회담에서 '독립'이라는 말을 사용하지 말라는 지침을 남겨두고 1월에 파리로 돌아와 새로운 정부와 협의했다. 그러나 생트니는 호가 '프랑스 연합 내의 독립'이라는 구절을 고집한다고 보고했다. 그러지 않을 경우 전쟁이 일어날 것이라고 경고했다는 것이다. 2월 14일 르클레르는 파리에 전문을 보내 만일 프랑스가 '독립'이라는 말을 포함시키기로 합의하면 많은 문제를 해결할 수 있다고 말했다. "독립이라는 말을 인정하는 정부의 명확한 선언이 나올 때가 되었다." 르클레르는 "프랑스 연합 내에서 인도차이나의 모두에게 제한된 범위에서" 독립을 인정할 수 있다고 말했다. 그러나 오만한 예수회 사제 출신으로 보수적인 견해 때문에 "12세기의 가장 뛰어난 정신"이라는 별명까지 얻었던 다르장리외는 그 제안을 거부했다.[17]

드골은 사임하기 전에 그의 내각의 각료였던 막스 앙드레를 하노이로 급파하여 합의와 관련된 호치민의 태도를 살피게 했다. 프랑스 자료에 따르면 호는 이 방문객에게 일정한 조건 하에 프랑스군이 북부로 복귀하는 것을 허용할 의사가 있다고 시사했다. 그러나 호는 국내에서는 프랑스에 양보하지 말라는 압력을 받고 있었다. 민족주의자들의 간행물은 호가 프랑스와 회담하는 것을 끈질기게 비판하면서, 권력을 유지하기 위해 베트남 독립을 팔아먹는 '반역자들의 정부'를 해체하라고 요구했다.

남부에서 갈등이 격화되면서 타협적인 태도를 취하는 것은 더 어려워졌다. 1945년 11월 프랑스군은 중부 해안지방에 상륙하여 휴양 도시 냐창을 장악했다. 그러자 지역 베트민군이 이 도시를 포위했다. 몇 주 뒤 알레상드리 장군이 지휘하는 프랑스 부대들이 중월 국경을 넘어 인도차이나 북서부에 있는 라이 차우로 들어왔으며, 베트민이 중국 남부의 지지자들과 접촉하는 것을 막기 위해 국경지역을 봉쇄하기 시작했다. 하노이에서는 프랑스의 진격을 저지하거나 지연시키기 위해 위국군을 해당 지역에 파견했다. 루 한 장군은 인터뷰에서 프랑스군의 진입을 인정했으나, 중프 회담에서 그들의 인도차이나 진입을 합의했다는 보도는 사실이 아니라고 부인했다.

그러나 1946년 2월 중순 프랑스는 중국 점령군의 인도차이나 철수와 관련한 협상이 곧 마무리될 것이라고 확인하면서, 하노이 당국에 프랑스와 베트남민주공화국 사이의 정치적 타결이 빨리 이루어져야 한다고 경고했다. 그러지 않을 경우 불행한 결과가 나타날 수 있다는 암시도 덧붙였다. 생트니는 2월 8일 파리로 보내는 전문에서 이틀 전 호치민과 결정적인 회담을 했으며, 그 자리에서 호는 평화 합의문에 '독립'이라는 말을 포함시키라는 요구를 포기하고, 베트남이 프랑스 연합에 참여하는 것에 동의했다고 보고했다. 그러나 호는 그 대가로 "프랑스 정부가 베트남에서 자치 원칙을 인정할 것"을 요구했다. 파리의 다르장리외는 이 제안에 원칙적으로 동의했다.

이런 협상들이 진행되는 동안 2월 20일 〈로이터통신〉은 중프 협정 초안 내용을 공개했는데, 이 보도에 따르면 충칭은 프랑스군이 베트남 북부에 들어와 철수하는 중국군을 대체하는 것에 합의했다. 하노이가 타협을 거부하면 파리는 무력 사용을 주저하지 않겠다는 점을 강조하기 위해 르클레르 장군은 프랑스군의 하이퐁 상륙을 준비하기 시작했다. 이 소식이 하노이에 알려지자 분위기가 가라앉았다. 호가 독립 문제에서 타협할 의사가 있다는 보도에 이미 활기를 띠고 있던 민족주의 활동가들은 시내에서 시위를 조직하고, 정부에 대항한 총파업을 촉구했다. 일부에서는 호치민의 사임과 '일반 국민' 빈 투이를 수반으로 하는 새 내각 구성을 요구했다. 시위대가 호안 키엠 호수에 다다랐을 때 친정부 시위대와 마주쳐 두 집단 사이에 충돌이 일어났다.

호치민은 2월 22일 기자들과의 인터뷰에서 중프 협정 보도에 대한 논평을 거부했지만, 이후의 사건들은 베트남 지도자들이 심각하게 우려하고 있었음을 보여준다. 이후 며칠 동안 정부는 전쟁 준비를 강화하여, 자위대를 추가로 조직하고 노약자에게 도시를 떠나라고 권했다. 한편 새로운 연립정부 구성을 완료하고 1월에 선출한 국회를 소집할 준비도 서둘렀다.

생트니는 그 무렵 베트남의 자치(독립에 대한 언급은 없이) 가능성을 고려할 의사가 있다고 밝혔지만, 베트남 정부가 문호를 개방하여 모든 집단의 대표자들을 포함하지 않는다면 협정에 서명하지 않겠다고 선언함으로써 새로운 장애물을 추가했다.[18]

베트민 대표들과 민족주의 정파들 사이의 회담도 난관에 부딪혔다. 베트남국민당이 중국의 지원을 믿고 새로운 정부에서 내각의 다수를 요구했기 때문이다. 호는 이때 합의가 가능하다는 희망을 잠시나마 버렸을지도 모른다. 바오 다이에 따르면 2월 23일 아침 호는 갑자기 그를 찾아오겠다고 하더니, 도착하자마자 그에게 권력을 맡아달라고 호소했다. 호는 한숨을 쉬었다. "폐하, 더 이상 어떻게 해야 좋을지 모르겠습니다. 상황이 심각합니다. 나는 프랑스가 나를 상대하지 않을 것임을 잘 알고 있습니다. 나는 연합국의 신뢰를 얻지 못했습니다. 온 세상이 내가 너무 '빨갛다'고 생각합니다. 폐하, 다시 희생을 하셔서 권력을 잡아주십시오."

처음에 바오 다이는 사양했으나, 이어 조언자들과 그 문제를 의논해보겠다고 했으며, 조언자들은 호의 제안을 수락하라고 권했다. 그러나 이번에는 호가 마음이 바뀌었다. 그날 오후 호는 바오 다이에게 와달라고 했다.

폐하, 오늘 아침에 내가 한 말은 잊어주시기 바랍니다. 상황이 어렵다고 해서 내 책임을 방기할 권리는 나에게 없는 것 같습니다. 지금 폐하께 권력을 돌려드리는 것은 내 쪽에서는 반역 행위가 될 것입니다. 내가 잠시 약해졌던 것을 용서해주시고, 이런 상황에서 나의 의무를 폐하께 떠넘기겠다는 [생각을 했던 것을 용서해주시기] 바랍니다. 내가 사임을 생각했던 것은 무엇보다도 우리가 프랑스측과 준비하고 있는 합의에 대한 민족주의 정당들의 반대 때문이었습니다.

무엇 때문에 호의 마음이 바뀌었을까? 다음 날 정부측에서 정파들이 새로운 연립정부를 구성하기로 합의했다는 사실을 발표했다는 것은 의미심장하다. 내무와 국방 등 중요한 자리는 무소속에 넘어갔고, 베트민, 그 꼭두각시인 민주당, 베트남국민당, 동맹회는 나머지 여덟 자리를 나누어 가졌다. 보 응우옌 지압에 따르면 호치민은 샤오 원과 협의하였으며, 그 자리에서 프랑스에 대항하기 위한 연립정부 구성의 중요성을 강조했다. 프랑스를 좋아하지 않던 샤오 원은 민족주의자들에게 압력을 넣어 양보를 하겠다는 약속을 받아낸 것으로 보인다.[19]

다르장리외는 2월 27일에 파리에서 사이공으로 돌아왔다. 그날 그는 '자체의 의회, 군대, 재정'을 갖춘 베트남 '자유 국가'에 대하여 생트니가 그려놓은 밑그림을 받아들였다. 그러나 외교 자율권이나 3개 지역의 정치적, 영토적 통일 요구는 거부했다. 단 그 문제를 국민투표에 부친다는 안에는 원칙적으로 찬성했다. 프랑스 협상 담당자들은 다르장리외에게 힘을 실어주려는 듯, 같은 날 중국에서 프랑스의 장기적인 치외법권(광둥과 상하이의 프랑스 조계 등)을 유지하게 해달라는 요구를 철회하고 중프 합의서에 서명했다. 이제 베트남민주공화국과 합의만 하면 베트남 북부에서 프랑스군이 중국 점령군을 대체할 길이 열렸다. 파리는 즉시 사이공의 르클레르에게 소식을 전했다. "합의 달성, 함대 항해 준비 완료."[20]

전진을 위한 타협

평화가 위태로운 상태였기 때문에 호치민으로서는 자신의 정부와 인민의 동의를 얻는 것이 중요했다. 3월 2일 아침 7시, 하노이 시내 시립극장에서 최초로 국회가 소집되었다. 건물은 이제 익숙해진 붉은 바탕에 황금별이 그려진 깃발로 장식되었다. 민족주의자들의 항의에도 불구하고 이 깃발은 여전히 국기 역할을 하고 있었다. 거의 3백 명에 이르는 의원들에 신문기자와 다른 손님들까지 들어와 강당을 가득 메웠다. 주름진 카키색 양복 차림의 호치민이 연단으로 올라오더니 의원들에게 선거와 관계없이 할당된 베트남국민당과 동맹회의 의원 70명을 받아들여달라고 호소했다. 그들은 회의장으로 초대될 때까지 옆방에서 기다려야 했다. 국회가 승인하자 그들은 회의장으로 줄을 지어 들어와 자리에 앉았다. 그러자 호는 국회가 이제 전국을 대표하게 되었으니, 민족의 열망을 반영하고 또 그것을 충족시킬 정부를 구성해야 한다고 선언했다. 이어 국회는 1월에 임명된 임시 연립정부의 사임을 공식적으로 받아들이고, 만장일치로 호치민을 저항과 재건을 위한 새로운 연립정부의 주석으로 선출했다. 병을 핑계로 회의에 참석하지 않은 응우옌 하이 탄은 부주석으로 선출되었다. 이어 호는 완전한 독립을 위한 투쟁을 수행할 '민족항전위원회(Uy ban Dan toc Khang chien)'의 구성을 발표하고, 국가자문단을 임명했다. 국가자문단 단장은 전 황제 바오 다이가 맡았다. 회의는 정오 직후에 끝났다. 같은 날 르클레르 장군을 태운 프랑스 함대가 사이공으로부터 해안을 거쳐 하이퐁으로 올라오고 있었다.[21]

3월 5일, 호치민은 하노이 교외 후옹 칸에서 당 지도부의 비밀 회의를 열었다. 그 전 2월 24일에는 상황을 평가하고 적절한 전략을 만들어내기 위하여 상임위원회가 소집되었다. 지도자들은 행동 방향을 놓고 의견이 크게 엇갈렸다. 일부는 즉시 무기를 들자고 했고, 일부는 중국에 군사 원조를 요청하여 프랑스에 대항하자고 했다. 그러나 호치민은 베트민 세력이 약하다는 점을 고려할 때 가능하다면 협정을 맺어야 한다고 생각했다. 그는 화가 나서 이렇게 말하기도 했다. "중국이 계속 주둔하면 어떻게 될지 모르는 거요? 당신들은 우리 역사를 잊고 있소. 중국은 우리 나라에 한 번 들어오면 1천 년씩 떠나지 않았소. 하지만 프랑스는 단기간 있을 수밖에 없소. 결국 그들은 떠나야만 할 거요." 호는 훗날 프랑스의 역사가 폴 뮈에게 더 속된 말을 써가며 이렇게 말했다. "평생 중국인의 똥을 먹는 것보다는 프랑스인의 똥 냄새를 잠시 맡는 게 낫지요."[22]

결국 호치민의 냉정한 현실주의가 승리를 거두었다. 회의 끝에 발표된 결의문에는 이렇게 적혀 있었다. "현재 문제는 우리가 싸우고 싶은 마음이 있느냐 없느냐가 아니다. 문제는 우리 자신을 알고 상대를 아는 것, 국내외의 유리하고 불리한 모든 조건을 객관적으로 깨닫는 것, 그런 뒤에 올바른 주장을 하는 것이다." 사실 문제는 8월 혁명 때보다 상황이 훨씬 더 복잡해졌다는 것이었다. 당시에는 국내 정치 상황이 당에 유리했으며, 반대파들은 공개적으로 당에 반대하려 하지도 않았고 반대할 수도 없었다. 그러나 이제 민족주의자들은 중국 점령군의 잠재적 지원을 등에 업고 대담하게 정부에 반발할 수 있었다. 8월 혁명 기간 동안 당은 연합군 사이의 모순을 유리하게 이용할 수 있었다. 그러나 이제 그런 모순들은 적어도 일시적으로는 해소되었으며, 동시에 소련이 이끄는 세계의 진보 세력들은 베트남 혁명을 도우러 나설 수 없었다. 이런 상황에서 "끝까지 싸우는 것"은 베트민을 약화시키고 고립시킬 뿐이었다.

결의안은 화해 정책 때문에 당이 나라를 팔아먹는다는 공격을 받을 수 있고, 프랑스가 힘을 키워 장차 북부를 공격할 수도 있다는 점을 인정했다. 그러나 화해 정책을 통해 중국이나 그들과 협력하는 민족주의자들의 영향력을 없애거나 적어도 줄일 수 있으며, 하노이 정부는 유리한 조건에서 완전 독립을 쟁취하는 투쟁을 준비할 시간을 벌 수 있었다. 결의안은 결국 프랑스가 완전 자결과 민족 통일에 대한 베트남 인민의 권리를 인정할 수밖에 없다고 결론을 내렸다.[23]

3월 5일 르클레르 장군의 함대가 통킹 만으로 들어왔다. 같은 날 생드니는 사이공으로부터 중국이 갑자기 프랑스와 했던 약속을 어기고, 양보를 더 하지 않으면 프랑스군의 인도차이나 상륙을 허용할 수 없다고 고집을 부린다는 보고를 받았다. 한편 하노이에서는 새로 수립된 민족항전위원회가 인민에게 조국을 방어하기 위해 일어설 준비를 하라는 호소문을 냈다. 프랑스군은 충칭과 합의 없이 상륙을 시도할 경우 중국과 베트남 양쪽의 저항에 부딪힐 판이었다. 르클레르 장군은 프랑스군의 안전을 위해 생트니에게 가능한 한 짧은 시간 안에 베트남과 합의에 이를 수 있도록, "설사 나중에 가서 승인받지 못할 제안을 하더라도" 그가 할 수 있는 일은 다 해보라고 요청했다.[24]

그날 늦게 협상이 재개되었다. 생트니는 합의를 하려고 안달인 것처럼 보였다. 중프 회담이 난관에 부딪힌 것을 틀림없이 알고 있었을 호치민은 자신의 운이 계속 이어질 것이라고 믿었는지, 합의문에 '독립'이라는 말을 넣는 것은 물론, 프랑스가 베트남 영토의 통일성의 원칙을 받아들일 것을 요구했다. 회담이 저녁까지 이어지자 생트니는 두 번째 문제는 3개 지역에서 실시할 국민투표로 넘기는 데 합의했으나, '독립'이라는 단어를 넣는 것은 분명하게 거부했다. 회담이 막다른 벽에 부딪히자 프랑스측은 호치민에게 자신들의 제안을 더 생각해보라는 말을 남기고 회담장을 떠났다.

다음 날 아침 일찍 프랑스 함대가 하이퐁 항구에 들어왔다. 오전 8시 30분, 프랑스가 첫 상륙정을 쿠아 캄 강에 띄우자, 강변의 중국군이 발포했다. 15분 뒤 프랑스도 응사했다. 오전 11시까지 계속된 교전에서 프랑스 선박 몇 척이 약간의 손상을 입었고, 중국의 탄약고에 불이 붙었다. 전투가 치열했을 때는 하이퐁 시내에도 총알이 빗발쳤다.[25]

프랑스와 중국이 하이퐁에서 교전하는 동안 하노이의 회담은 마침내 성공적인 결말에 이르렀다. 중국 점령군 사령부로부터 너무 고집을 부리지 말라는 압력을 받은 호는 3월 5일 저녁 늦게 당 상임위원회와 마지막으로 협의한 끝에 합의에 이르기 위해 양보를 해도 좋다는 승인을 얻었다. 동 트기 직전 호의 사절 호앙 민 지암이 생트니의 숙소로 가서 정부가 프랑스의 조건을 받아들여, 베트남을 '자유 국가'로 인정한다는 프랑스의 표현에 합의했다고 알렸다. 4시쯤 베트남 대표들이 북궁에서 공원 하나를 건너면 나오는 리 타이 토 거리의 별장에 도착했다. 당시 여러 회담이 열리던 장소였다. 프랑스와 베트남 대표를 비롯하여 몇 명의 외교계 참관인들 앞에서 처음으로 합의문이 낭독되었다. 합의문은 프랑스가 베트남민주공화국을 '프랑스 연합 내에서 자체의 정부, 의회, 군대, 재정'을 둔 자유국가로 인정한다고 명기했다. 프랑스 정부는 3개 지역의 통일을 결정할 국민투표를 실시하는 데 동의했다. 베트남은 북부에서 철수하는 중국군 대신 프랑스군 1만 5천 명이 주둔하는 것을 허용했다. 호치민이 먼저 서명했다. 이어 펜을 국방부 차관인 베트남국민당 지도자 부 홍 칸에게 넘겨주었다. 기념식 뒤에 생트니는 합의문에 만족감을 표시했으나 호는 이렇게 대꾸했다. "나는 유감입니다. 기본적으로 당신이 시합에서 이겼기 때문입니다. 당신은 내가 이 이상을 원했다는 것을 잘 알고 있었습니다. 그러나 나는 우리가 한 번에 모든 것을 가질 수 없다는 것을 잘 압니다." 이어 호는 다시 활기를 찾아 피뇽과 생트니를 포옹했다. 그는 생트니에게 말했다. "나에게 위안이 되는 것이 있다면 그것은 바로 우리의 우정입니다."[26]

호치민은 부 홍 칸에게 합의서에 서명하라고 요청하면서 민족주의자들이 합의서에 대한 비판을 삼갈 것이라고 기대했다. 조인식 직후 호는 인도차이나공산당 상임위원회와 만나 합의서를 국민에게 제시할 방법을 결정하고, 결정을 내린 이유를 설명하기 위해 여러 지역으로 대표를 보냈다. 호앙 쿠옥 비엣이 사이공으로 갔고, 호앙 민 지암이 다 낭으로, 보 응우옌 지압이 곧 프랑스군이 상륙할 하이퐁으로 갔다.

합의 소식은 다음 날 아침 하노이의 신문에 실렸다. 사람들의 반응에는 놀라움, 분노, 무관심이 섞여 있었다고 한다. 정부에서는 냉정을 유지하고 프랑스인 거주자들에게 자극적인 행동을 하지 말라고 호소했지만, 수도에는 팽팽한 긴장감이 감돌았다. 민족주의자들은 호치민이 프랑스에 속았다고 비난했으며, 일부는 심지어 그를 반역자(越奸, 비엣 지안)라고 부르기까지 했다. 당 지도부는 그런 비난에 대응하기 위하여 오후 4시에 시립극장 앞에서 대중 집회를 열어 합의 사항을 설명했다. 장 생트니에 따르면 민족주의자들은 군중 속을 돌아다니며 사람들에게 불만을 표현하라고 선동했다고 한다. 한 민족주의 활동가는 수류탄을 던졌으나 핀을 뽑는 것을 잊었다. 기념식 직전 하이퐁에서 돌아온 국방부 장관 보 응우옌 지압이 먼저 연사로 나서 합의의 필요성과 법과 질서를 유지하는 일의 중요성을 이야기했다. 그는 합의안을 레닌이 1918년 브레스트리토프스크 조약에서 독일에 러시아 영토 일부를 넘기는 조건을 받아들인 일과 비교하면서, 이 합의안으로부터 출발하여 결국 완전한 독립을 얻을 것이라고 약속했다. 다른 연사 몇 명이 연설을 한 뒤 호치민이 발코니에 나타나 짧은 연설을 했다.

우리 나라는 1945년 8월에 자유를 얻었습니다. 그러나 오늘날까지 강대국은 단 한 나라도 우리의 독립을 인정하지 않고 있습니다. 프랑스와의 타협은 우리가 국제적으로 인정받고, 국제 무대에서 베트남민주공화국의 입장을 강화하는 길을 열어주었습니다. 우리는 자유 국가가 되었습니다. 합의서에서 선언했듯이 프랑스군은 점차 베트남에서 철수할 것입니다. 우리 동포는 냉정을 유지하고 규율을 지켜야 하며, 통일과 단결을 강화해야 합니다.

호치민은 연설을 마무리 지으면서 짧은 서약을 했다. "나 호치민은 평생 조국의 독립을 위하여 동포들과 함께 싸워왔습니다. 나는 조국을 배반하느니 차라리 죽음을 택하겠습니다."

그의 목소리에 실린 진지함과 강한 감정이 청중을 압도하여, 기념식은 환호와 "호치민 주석 만세"라는 외침으로 끝이 났다. 그러나 많은 베트남인들, 특히 당원들은 합의서에 회의적이었으며, 문제를 정면 돌파하는 것이 더 나았을 것이라고 생각했다. 이틀 뒤 상임위원회는 당 간부들 사이의 불신을 진정시키기 위해 '전진을 위한 타협'이라는 제목의 지령을 내보내는 한편 경계와 대비의 필요성을 강조했다. 이 지령은 이렇게 끝맺고 있다. "조국은 어려운 시기를 맞았으나, 혁명의 배는 암초들을 헤치고 앞으로 나아가고 있다. 프랑스와의 합의는 시간을 벌고, 우리 힘을 보존하고,

우리 위치를 유지하여 완전한 독립을 향하여 빠르게 전진하기 위한 것이다."[27]

3월 6일 저녁 보 응우옌 지압은 하이퐁으로 돌아가 르클레르 장군을 만나 군사적 상황과 관련하여 예비 합의의 실행 문제를 논의했다. 합의에도 불구하고 몇몇 지역에서 프랑스 부대와 베트남 부대 사이에 충돌이 발생했으며, 양쪽 모두 경계를 늦추지 않고 있었다. 호치민은 하노이에 남아 시청에서 민간인 대표단과 장교들을 만났다. 그는 또 남부의 동포에게 보내는 공개서한을 써 휴전을 알리면서, 여러 가지 가능성에 대비하면서 규율을 유지하라고 당부했다. 중국과 홍콩에서 호와 함께 일했던 응우옌 루옹 방은 타이 응우옌 근처에 기지를 재건하라는 임무를 맡았으며, 호앙 반 호안도 같은 임무를 띠고 타인 호아로 출발했다.

호-생트니 합의에 대한 파리 언론의 보도는 대체로 낙관적인 논조였다. 3월 9일 해외영토장관 마리위스 무테는 합의문을 장관회의에 제출하여 잠정적 승인을 받았으며, 외무장관 조르주 비도는 그것이 프랑스 행정부 하에 있는 다른 식민지지역에도 적용할 수 있는 모델이라고 칭찬했다. 그러나 베트남 내부 민족주의자들의 요란한 비판은 계속되었다. 일부 비공산주의 지도자들은 중국이나 미국의 지원을 요청하라고 정부에 요구했다. 최고자문 바오 다이는 충칭에 가서 장 제스 정부에 직접 호소하겠다고 제안했다. 호치민은 잠깐 의논한 뒤에 동의했다.

3월 18일 1천2백 명의 프랑스 군대가 2백 대가량의 군용차량―디수가 미제였다.―을 타고 폴 두메르 다리를 건너와 하노이 시내를 행진했고 프랑스 거주자들은 환호했다. 중국 점령군은 며칠 전부터 무질서하게 도시를 빠져나가 국경 쪽으로 향하고 있었다. 프랑스 자료에 따르면 한 베트남인은 르클레르 부대의 현대식 무기와 질서 잡힌 차량 행렬을 보고 낙담하여 이렇게 말했다고 한다. "우리가 졌다. 저들은 정말 강하다."[28] 그러나 르클레르는 별로 자신이 없었다. 그는 합의가 깨질 경우 1개 사단으로는 그 지역을 장악할 수 없다고 걱정했다. 그러나 지역의 프랑스 거주자들 다수는 기쁨에 들떠, 베트남인들이 군인으로는 형편없다고 주장했다.

그날 오후 르클레르, 생트니, 피뇽을 비롯한 프랑스 고위 관리들은 북궁으로 가서 호치민과 그의 각료들을 만났다. 호와 르클레르는 프랑스와 베트남의 우호를 위해 건배했으나, 궁 내의 긴장은 거리의 긴장과 다를 바 없이 팽팽했다. 거리의 베트남인들은 흥청거리는 프랑스 병사들을 보며 과거의 아픈 기억을 떠올렸다. 같은 날 저녁 호치민은 르클레르를 주빈으로 하는 연회에 하노이 주재 미국 전략사무국의 새로운 대표인 프랭크 화이트 육군 소령을 초대했다. 호는 연회에 앞서 화이트를 미리 만났는데, 처음 만나는 자리에서 호는 인도차이나 상황에 대한 미국의 견해를 알기 위해 화이트에게 많은 질문을 던졌다. 호는 소련이 전쟁으로 피해를 본 자국 경제를 복구하느라 여념이 없어 갓 태어난 베트남 정부를 적극적으로 지원할 수 없다는 사실에 안타까움을 나타내면서, 미국이 새로운 나라가 민족 발전의 길로 들어설 수 있도록 '돈과 기계'를 제공해주기를 바란다고 말했다. 그러나 호는 미래의 베트남에서 미국이 할 역할을 강조하는 이야기를 하면서도, 워싱턴이 자기 나라로부터 멀리 떨어진 이 작은 나라에 많은 일을 해줄 의사가 있을지 미심쩍어하는 태도를 보였다.

회담이 끝난 뒤 화이트 소령은 숙소로 돌아갔으나, 갑자기 호치민으로부터 하노이에 도착한 프랑스 대표들을 위한 환영 만찬에 참석해달라는 초대를 받았다. 화이트는 자신이 그날 저녁 연회에서 호치민 옆자리에 앉게 되었다는 것을 알고 깜짝 놀랐다. 이 점 때문에 같은 탁자에 앉아 있던 사람들 가운데 계급상으로 그보다 높았던 많은 사람들의 신경이 곤두섰던 것 같다. 화이트가 약간 불편해하면서 자리 배치 때문에 많은 손님들이 불쾌해했다고 말하자 호는 처량한 목소리로 대꾸했다. "하지만 내가 달리 누구하고 이야기를 하겠소?" 화이트의 회고에 따르면 연회 분위기는 "얼음처럼 차가웠다." 프랑스인들은 말이 거의 없었고 루 한 장군을 필두로

한 중국 손님들은 "만취했다."²⁹

미국이 베트남의 민족 독립을 위한 투쟁에 개입해줄 가능성이 높지 않다던 호치민의 탄식은 정확했다. 백악관은 인도차이나의 급변하는 상황을 무시하는 것 같았기 때문이다. 2월 말 호는 트루먼 대통령에게 국제연합 헌장에 입각하여 베트남 독립을 지지해달라고 호소하는 전문을 보냈다. 그러나 아무런 답장이 없었다. 중프 협정 소식이 워싱턴에 전해졌을 때 국무장관 제임스 번스는 한 프랑스 외교관에게 그 협정으로 "인도차이나 전역에 대한 프랑스의 지배권 회복이 완료되었다."라고 말했다. 세계 공산주의의 점증하는 위험이라는 말의 최면에 걸려들고 있던(윈스턴 처칠이 미주리주 풀턴의 연설에서 유명한 '철의 장막'이라는 용어를 사용한 직후였다) 미국은 베트남민주공화국을 프랑스 연합 내의 '자유 국가'로 인정해달라는 하노이의 호소를 지지해줄 생각이 없었다.³⁰

이후 며칠이 지나도 상황은 나아지지 않았다. 3월 22일 프랑스와 베트남의 우호 관계를 다지기 위해 하노이 요새 근처에서 합동 군사 열병식이 열렸으나, 모인 군중은 자기 나라 군대에만 박수를 보냈다. 프랑스군이 사용하는 기계화된 장비들은 대부분 미제였으며, 영국제 스핏파이어 전투기들이 하늘에 연기를 남겼다. 다음 날 르클레르는 부관인 장 에티엔 발뤼에게 지휘권을 넘기고 하노이를 떠났다. 프랑스군이 수많은 공공건물을 점거했을 때 직접적인 충돌은 일어나지 않았지만 대중은 분개했다. 이것은 총파업으로 이어졌으며, 그 뒤에 프랑스군은 물러났다.³¹

'자유 국가' 베트남

고등판무관 다르장리외는 장 생트니와 이야기를 하면서 호치민과 공식 회담을 하고 싶다는 뜻을 전했다. 생트니는 호와 접촉했고, 호는 잠정 협정을 비준하는 공식 협상을 시작할 수 있다는 기대감에 즉시 동의했다. 3월 24일 아침, 호치민은 태양을 가리기 위해 챙이 넓은 모자를 쓰고 후옹

민 지암과 새로운 외무장관—비공산주의자인 소설가 응우옌 투옹 탐—을 대동하고 쟈 람 공항으로 갔다. 그들은 그곳에서 생트니를 만나 카탈리나 비행정에 올랐다. 그들을 태운 비행정은 하 롱 만에 착륙했다. 하이퐁 동해안의 석회암 지대로 경치가 아름다운 곳이었다. 그들은 그곳에서 프랑스 전함 에밀 베르탱 호에 올라, 다르장리외를 비롯한 프랑스 대표들의 영접을 받았다.

건배를 교환한 뒤 호치민은 다르장리외 제독의 기함(旗艦) 앞을 천천히 지나가는 프랑스 함대를 사열했다. 이어 두 사람은 제독의 선실에서 3월 6일 협정의 시행 방안을 논의하기 위한 회담 시간과 장소에 대하여 의견을 교환했다. 호는 가능한 한 빨리 회담을 열고 싶어했지만, 다르장리외는 프랑스 대표들이 중요한 쟁점을 숙지할 수 있도록 예비 회담이 필요하다고 하면서, 산악 휴양지 다 랏에서 회담을 열자고 제안했다. 호는 다 랏에서 예비 회담을 여는 데 동의하였으나, 만일 공식 회담을 그곳에서 열게 되면 고등판무관이 협상을 통제하려 할 것이라고 걱정하여 프랑스를 공식 회담 장소로 제안했다. 프랑스에서라면 자신의 국가 수반으로서의 위치를 이용하여, 다르장리외를 우회하여 프랑스 여론—제2차 세계대전이 끝난 이후 유난히 변덕이 심했다.—에 직접 영향을 줄 수 있었기 때문이다. 제독으로서는 당혹스럽게도 르클레르와 생트니가 모두 호치민의 의견에 동의했다. 프랑스에서 회담을 하게 되면 호치민이 정부 내의 강경파나 중국과 거리를 둘 수 있다는 이유를 들었다. 결국 다르장리외도 굴복했다.

호치민에게는 하 롱 만 회담이 유용한 연습이었다. 그는 즉시 평화 협상을 재개하자는 제안을 관철시키지는 못했지만, 완강한 식민지주의자 티에리 다르장리외의 손길이 닿지 못하는 곳으로 회담 장소를 옮겨놓을 수 있었다. 그리고 그 과정에서 호는 자신이 독재적인 제독과 맞설 능력이 있음을 보여주었다. 호는 하노이로 돌아오는 길에 다르장리외의 부관으로 회담에 참석했던 라울 살랑 장군에게 이렇게 말했다. "제독은 내가 그의 함

1946년 여름 퐁텐블로에서 프랑스 정부와 까다로운 협상을 하러 떠나기 전의 호치민.

대의 위력에 기가 죽었을 것이라고 생각하겠지만 그것은 잘못된 생각입니다. 당신들의 드레드노트형 전함들은 우리의 좁은 강에서 제대로 움직일 수 없을 것입니다."[32]

 1946년 4월 중순에 열린 다 랏 예비 회담은 순조롭지 않았다. 베트남 대표인 보 응우옌 지압과 응우옌 투옹 탐은 휴전에도 불구하고 계속 무력 충돌이 일어나고 있는 코친차이나 상황을 논의하자고 다르장리외를 설득하는 데 실패했다. 자유 국가에 대한 미래의 계획을 놓고도 의견 불일치가 심각했다. 베트남인들은 프랑스 연합 내에서 자신의 지위를 기본적으로 주권 국가로 보았다. 그러나 프랑스측에서는 프랑스 연합은 어디까지나 연합이기 때문에 각각의 자유 국가는 자신의 주권 가운데 많은 부분을 연합체와 파리에서 임명한 고등판무관에게 위임해야 한다고 주장했다. 난관에 부딪히자 대표들은 프랑스 연합 내에서 베트남의 지위에 대한 결정은 5월 말 프랑스에서 열릴 공식 회담으로 미루기로 결정했다. 5월 13일 보 응우옌 지압은 낙담하여 하노이로 돌아왔다. 호치민은 낙관적인 태도를 잃지 않으려 애를 쓰며, 이제 양측이 서로를 더 잘 이해하게 되었고, 중요한 몇 가지 문제에는 합의했다고 지적했다. 그는 남은 차이점들이 타협 불가능한 것은 아니라고 하면서, 프랑스에서 그 차이들을 해소할 수 있을 것이라는 희망을 드러냈다.

5일 뒤 다르장리외는 잠깐 하노이에 들러 평화회담에 대해 논의했다. 그는 프랑스에서 총선거 운동이 진행 중이라는 이유로 베트남 대표단의 파리 출발을 연기해달라고 요청했으나, 호치민은 예정대로 하자고 주장했다. 이보다 더 불길했던 것은 고등판무관이 코친차이나에 곧 자치 국가가 들어설 것이라고 예고했다는 점이었다. 이것은 3월에 이루어진 호-생트니 합의를 훼손하는 사건이었다.

새로운 알자스-로렌, 코친차이나

1946년 5월 30일, 5만 명의 인파가 폭풍우를 뚫고 하노이 대학 캠퍼스로 모여들었다. 평화회담을 하러 떠나는 베트남 대표단을 환송하는 집회에 참석하려는 사람들이었다. 팜 반 동이 이끄는 대표단이 호치민, 라울 살랑 장군—이들도 대표단과 함께 유럽으로 갈 예정이었다.—과 함께 도착했다. 호는 대표단의 공식 구성원은 아니었지만, 프랑스의 '귀빈'으로 회담에 참석할 예정이었다. 호는 짤막한 연설을 통해 군중에게 그의 유일한 목적은 조국의 이익과 베트남 인민의 행복을 위해 봉사하는 것이라고 말했다. 그는 자신이 없는 동안 정부에 복종하고, 외국인들을 존중하고 관용을 베풀라고 당부했다.

대표단은 다음 날 아침 일찍 북궁에 모였다. 호치민을 제외하고 모두가 양복 차림이었다. 호는 평소대로 카키색 옷에 검은 가죽 구두 차림이었다. 쟈 람 공항에 도착한 대표단은 두 대의 군용 다코타기에 나누어 타고, 구름 낀 하늘로 올라가 긴 여정에 들어섰다.[33]

호치민은 퐁텐블로 회담에 참석하기 위해 프랑스로 가던 도중 프랑스 총선거가 끝나고 파리에 새로운 정부가 들어서기를 기다리며 프랑스의 휴양지 바이리츠에 잠깐 머물렀다. 해변에서 호치민과 함께 산책하는 사람들은 그의 일행.

파리의 훈령에 따라 비행기는 몇 번 늑장을 부렸다. 프랑스의 총선거가 끝난 뒤에 대표단이 도착하게 하려는 속셈이었다. 대표단은 악천후 때문에 버마에 잠깐 머물렀다가 6월 1일 인도 캘커타에 도착하여 프랑스 영사와 영국 정부 대표의 영접을 받았다. 이어 그들은 유명한 그레이트 이스턴 호텔에 숙소를 정하고 이틀 간 관광했다. 나흘째 되는 날 그들은 아그라로 가 타지마할을 구경했으며, 이어 이라크의 카라치에 갔다가, 7일째 되는 날 카이로에 늘어가 사흘 간 그곳에 머물렀다. 그들은 이집트를 떠나기 전 고등판무관 다르장리외가 그 무렵 사이공에 수립한 코친차이나 자치 공화국을 프랑스 정부가 인정했다는 소식을 접했다. 호는 그 소식에 놀란 척하며, 살랑 장군에게 코친차이나를 '새로운 알자스-로렌'으로 만들지 말라고 말했다. 만일 그렇게 된다면 백년전쟁이 일어날 수 있다는 이야기였다.[34]

한편 프랑스에서는 정부에 위기가 발생했다. 6월 2일에 실시된 의회 선거에서 보수 정당들이 압승을 거두어 사회주의자인 구앵 총리의 정부가 물러났다. 물론 이것은 다가올 협상에 난관이 될 수 있었다. 보수적인 정부는 3월에 호-생트니 협상에서 이루어진 타협안을 받아들이지 않을 수도 있었기 때문이다. 당장 더 큰 문제는 정권 교체 때문에 베트남민주공화국 대표단의 도착 일정이 복잡해졌다는 것이다. 파리에서는 새로운 내각 구성을 둘러싸고 협상이 진행 중이었기 때문에, 대표단을 공식적으로 영접할 프랑스 정부가 없었다. 그래서 대표단을 태운 비행기는 11일째 되는 날 카이로를 떠나서 알제리아에 들렀으며, 그곳에서 다시 항로를 변경하여 비스케이 만의 해변 휴양지 비아리츠로 항로를 수정했다. 그들은 다음 날 비아리츠에 도착했다. 그들은 그곳에서 지방 당국의 영접을 받고 호텔로 안내되었다. 호치민은 해변 바로 옆의 호화로운 칼튼 호텔에 투숙했으며, 나머지는 근처의 등급이 낮은 호텔에 묵었다.[35]

이후 베트남 대표단의 구성원 몇 명은 파리로 갔지만, 상호 합의에 따라 호치민은 보수적인 '인민공화주의운동' 당수인 조르주 비도 총리의 새로운 정부가 출범할 때까지 며칠 동안 비아리츠에 머물기로 했다. 비도는 장 생트니를 비아리츠로 보내 파리에 새로운 정부가 공식적으로 구성될 때까지 호치민과 함께 있게 했다. 이후 며칠 동안 생트니는 주석이 심심하지 않게 지낼 수 있도록 최선을 다했다.

생트니의 끈질긴 설득에 따라 호치민은 긴장을 풀기 시작했고, 이후 며칠 동안 그에게 소일거리를 제공하려는 생트니의 노력에 선선히 따라주었다. 두 사람은 근처의 휴양지 앙데에도 몇 번 갔다. 그곳에 생트니 누이의 별장이 있었는데, 호는 그곳 해변에서 생트니의 조카들과 함께 놀면서 즐거운 시간을 보냈다. 그들은 국경을 건너 스페인에서 투우를 구경하기도 했으며, 루르드의 가톨릭 성지를 찾아가기도 했다. 조그만 어촌 비리스투에 가서 동네 식당에서 점심을 먹기도 했다. 식사 후에 호는 방명록에 짧은 글을 남겼다. "바다는 서로 사랑하는 형제를 떼어놓지 않는다." 어느

1946년 6월 초, 호치민은 퐁텐블로 평화협상에 참석하기 위해 프랑스 대표 장 생트니와 함께 비아리츠를 떠나 파리로 갔다. 사진은 파리의 공항에서 비행기를 기다리는 호와 생트니의 모습. 생트니는 그의 회고록에서 이 때 호가 매우 신경이 날카로웠다고 이야기했다.

날 그들은 동이 트기 전에 어선을 타고 생-장-드-뤼에 갔다. 나중에 생트니는 좀 따분한 날이었다고 말했지만, 호치민은 참치를 잡고 선장과 다정하게 대화를 나누면서 즐거워하는 것 같았다. 선장이 그 지역에서 활발하게 벌어지는 바스크 분리주의 운동에 대해 이야기하자 호는 이렇게 대답했다. "그 분야에서라면 내가 선장보다 경험이 많지요. 나 같으면 바스크 사람들에게 모험을 하기 전에 아주 신중하게 생각해보라고 힘주어 주장할 것 같은데요!" 훗날 호치민은 그때를 그의 인생에서 가장 행복했던 기간 가운데 하나로 꼽을 수 있다고 말하곤 했다.[36]

호치민은 국사를 다룰 여유도 있었다. 그는 파리로 떠나기 전 노동조합의 대표들, 베트남 교포 그룹들, 프랑스공산당 기관지 〈위마니테〉 등을 만났다. 그는 누구를 만날 때나 특유의 '호 아저씨'의 모습을 보여주었다. 모든 일과 모든 사람에게 관심을 드러내고, 그런 지위에 있는 사람답지 않게 소박하게 행동했다. 그러나 한 프랑스 평론가에 따르면 그런 사근사근한 외면 뒤에는 늘 강인함이 자리잡고 있었다고 한다. 호는 한 프랑스 사회주의자로부터 트로츠키주의자 타 투 타우가 사이공의 베트민 세력에 암살당했다는 이야기를 듣자, 잠깐 그 '위대한 애국자'를 위해 눈물을 흘리더니 이렇게 덧붙였다. "내가 설정한 노선을 따르지 않는 자들은 모두 박살이 날 것이오."

6월 22일 파리에서는 새로운 비도 정부가 구성되고 있었고, 호치민은 퐁텐블로에서 개최될 회담을 준비하기 위해 장 생트니와 함께 파리로 떠났다. 그들은 좋은 날씨에 루아르 강 골짜기의 성들 위를 날아 오후에 파리에 도착했다. 나중에 생트니가 회상한 바에 따르면, 비행기가 하강하자 호는 "매우 창백해졌다. 눈이 반짝거렸다. 그는 나에게 무슨 이야기를 하려 했으나, 목이 메어 한마디도 하지 못했다." 비행기가 활주로에서 멈추자, 호는 생트니의 팔을 잡으며 말했다. "내 옆에 바짝 붙어 있으시오. 사람들이 아주 많구려."[37]

파리의 호치민

비행기에서 내린 호는 새로운 정부의 해외영토 장관이자 제1차 세계대전 후 파리에서 지내던 시절의 친구이기도 한 마리위스 무테의 영접을 받았다. 호는 의례적인 환영 인사를 받은 뒤에 오슈 거리에 있는 로얄 몽소 호텔로 가 짐을 풀었다. 오랫동안 게릴라 지도자 역할을 해온 호치민이 호화로운 호텔의 부드러운 침대에서 편안히 쉬려고 애쓰는 모습이 생트니의 눈에는 왠지 어색해 보였다. 그는 호가 침대보다는 바닥의 양탄자에서 더 편하게 잘 수 있을 거라는 생각이 들었다.

새로운 비도 정부는 6월 26일이 되어서야 공식 출범했고, 평화회담은 7월 초에 시작하기로 일정이 잡혔다. 그래서 호치민은 며칠 동안 파리에서 젊은 시절에 가보았던 곳들을 다시 찾아다니며 즐거운 시간을 보냈다. 어느 날 오후는 부아 드 불로뉴에서 보내기도 하고, 심지어 예전에 살았던 앵파스 콩푸앵에 있는 아파트를 찾아가보기도 했다. 호의 요청에 따라 생트니는 호를 데리고 연합군이 2년 전에 상륙했던 노르망디 해변에도 가보았다. 이어 그들은 그 근처에 있는 생트니의 가족 장원에서 그날 밤을 보냈는데, 호는 다음 날 새벽에 일어나 닭장과 마구간을 돌아다니며 그곳에 사는 농부에게 프랑스에서 가축을 기르는 방법을 물어보았다.[38]

물론 호치민이 놀기만 한 것은 아니다. 파리에 호치민이 도착했다는 소문이 퍼지자 그를 만나자는 요청이 밀려들었다. 2월에 프랑스 신문 〈르 피가로(Le Figaro)〉에 실린 한 기사에서 그가 코민테른 요원 응우옌 아이 쿠옥이라고 밝히자, 이 늙은 혁명가를 간절히 만나고 싶어하는 사람들이 나타났다. 호치민은 외무부 의전과장 자크 뒤멘의 안내를 받아 복잡한 공식 외교 절차를 헤쳐나갔다. 그러나 역시 그답게 소박한 모습을 보여주는 것을 잊지 않았다. 그는 인터뷰를 요청하는 사람들은 모두 아침 6시에 식사를 하러 오라고 초대하면서, 열대지방에서는 아침에 일찍 일어나는 것이 전통이라고 이유를 달았다. 그는 어떤 행사에나 늘 입던 옷을 입고 나갔다. 호는 7월 4일 묵고 있는 호텔에서 곧 총리가 될 비도를 주빈으로 하는 호화로운 만찬을 주최했다. 의전에 따른 복장은 하얀 타이를 매는 것이었으나, 호는 편안한 낡은 카키색 옷을 입고 캔버스 천으로 만든 샌들을 신었다. 다만 행사가 행사이니만큼 약간 양보하여 목까지 단추를 채웠다.

생트니는 자신의 집에서 호지민을 위한 연회를 베풀었다. 그 자리에 참석한 많은 정치가들 가운데는 지난 날 호의 원수라고 할 수 있는 알베르 사로도 있었다. 식민부 장관을 지냈던 사로는 소리쳤다. "아! 당신이로군요, 이 늙은 산적 같은 양반. 이제야 마침내 내가 붙잡을 수 있는 거리에 들어왔습니다그려. 당신을 추적하느라고 내 인생의 많은 시간을 보냈건만!" 이어 사로는 즐거워하는 호를 끌어안으며 그를 좋은 친구라고 칭찬하고 그에게 딱 한 가지 질문만 했다. 하노이에 알베르 사로 학교가 그대

로 있습니까?³⁹

호치민은 샤를 드골을 만나고 싶어했으나 '르 그랑 샤를'(위대한 샤를이라는 뜻: 옮긴이)은 콜롱베에 있는 자신의 장원으로 은퇴하여 국사에는 개입하지 않는 것을 원칙으로 삼고 있었기 때문에 만날 수가 없었다. 르클레르 장군도 만날 수가 없었는데, 장군이 호를 피했기 때문이다. 두 사람은 인도차이나에서는 사이가 좋았기 때문에 르클레르가 갑자기 거리를 두자 사람들은 의아해했다. 생트니는 르클레르가 인도차이나에서 한 행동 때문에 프랑스 군부에서 호된 비판을 받은 터라 더 이상 그 문제에 관련되는 것을 꺼린다고 짐작했다. 그러나 호치민이 베트남 정부가 전쟁 준비를 하지 않는다고 부인한 것을 두고 르클레르가 호에게 속았다고 느꼈을 수도 있다는 생각도 들었다.⁴⁰

7월 2일 아침 11시, 의전과장 뒤멘은 호치민을 호텔에서 차에 태웠다. 14대의 차량은 비도 총리가 주최하는 연회가 열리는 마티뇽 호텔로 향했다. 비도는 환영 연설에서 평화회담이 지연된 것을 사과하고, 두 민족 사이의 전통적인 우호 관계를 언급했다. 비도는 새로운 프랑스 연합이 "위대한 인도적 정신을 바탕으로 한다."고 말하면서, 양측이 서로를 이해하면서 진지하게 협력하기를 바란다고 덧붙였다. 호는 답사에서 따뜻한 환영에 감사하면서, 파리는 1789년 혁명의 고귀한 이상의 요람이라는 점을 강조했다. 그는 앞으로 어려운 날들이 있을지도 모른다고 경고하면서, 진지함과 상호 신뢰가 모든 장애를 없애주기를 바란다고 말하고, 동양과 서양의 철학은 모두 "다른 사람이 자신에게 하기를 바라지 않는 일을 다른 사람에게 하지 말라."고 가르친다고 덧붙였다.⁴¹

다음 날 호치민은 샹젤리제를 따라 걸어가 아르 드 트리옹프의 '무명용사 무덤'에 꽃을 바쳤다. 그가 가는 곳마다 사람이 많이 몰린다고 한 기자가 말하자 호는 웃으며 대꾸했다. "물론 그거야 모두들 베트남의 찰리 채플린을 보고 싶어 그러는 것 아니겠소." 호는 베르사유 궁전도 방문했다.

1946년 여름 퐁텐블로 평화협상이 시작되기 전 며칠 동안 호치민은 파리에서 관계자들로부터 환대를 받았다. 이 사진에서는 새로 프랑스 수상 자리에 오른 조르주 비도의 조심스러운 환영을 받고 있는데, 비도 정부는 협상에서 완강한 입장을 보인다.

제1차 세계대전 후에 열린 평화회담에서 연합국 지도자들에게 호가 인도차이나의 독립을 호소함으로써 모든 베트남인들에게 유명해진 곳이었다. 호는 레쟁발리드의 나폴레옹 무덤에 들렀다가 몽마르트르의 발레리앙 언덕을 찾아갔다. 그곳에는 제2차 세계대진 동안 독일인들에게 처형당한 빨치산들을 추모하는 기념비가 세워져 있었다.

성과 없는 퐁텐블로 평화회담

7월 6일 구체제의 영화를 간직한 웅장한 퐁텐블로 궁에서 마침내 공식 회담이 시작되었다. 프랑스 대표단 단장은 막스 앙드레였으며, 그는 1월에 드골의 요청으로 인도차이나를 방문한 적이 있었다(고등판무관 다르장리외는 프랑스 대표단 단장을 맡겠다는 희망을 품고 사이공에서 파리로 날아왔지만, 비도 정부는 베트남인들—또는 프랑스 국민—이 반발할 것을 우려하여 그의 제안을 거부했다). 프랑스 대표단에는 비도의 인민공화주의운동만이 아니라 프랑스공산당과 사회당 당원도 포함되어 있었기 때문에 정치 성향이 다양했다.

베트남인들 관점에서 보자면 평화회담 개막을 둘러싼 상황은 암담했다. 회담 몇 주 전 인도차이나는 상황이 더욱 악화되었다. 6월 1일 사이공에서 응우옌 반 틴을 수반으로 하는 코친차이나 임시정부가 출범했다. 그 달에 중국 점령군이 떠난 뒤 하노이의 총독궁을 베트남과 프랑스 가운데 누가 차지할 것인가를 놓고 회담이 진행 중이었다. 그런데 25일 프랑스군이 갑자기 인도차이나 최고 권력의 상징인 이 건물을 점령해버렸다. 베트남 정부가 거세게 항의하자 다르장리외의 부관인 발뤼는 결국 파리에서 이 문제에 대한 최종 결론이 날 때까지 프랑스와 베트남 병사들이 총독궁을 공동 경비한다는 데 합의했다.

프랑스의 의례적인 환영 성명과 함께 1차 회의가 시작되자 베트남 대표단 단장인 팜 반 동은 인도차이나에서 프랑스가 저지른 행동을 격렬하게 비판했다. 그는 그런 행동들이 협상을 원활하게 진행하는 데 전혀 도움이 되지 않는다고 비난했다. 결국 양측은 프랑스 연합 내에서 베트남의 지위, 베트남과 다른 나라들의 관계, 3개 지역 통일 등의 의제에 합의했다. 그러나 이 모든 쟁점에 대해 양측은 4월에 다 랏에서 보여주었던 것과 똑같은 입장을 고수했다. 프랑스는 코친차이나 문제를 회피하려 하였고, 휴전의 전제 조건으로 그 지역에서 북부 베트남군 철수를 요구했으며, 프랑스 연합 내의 베트남 '자유 국가'라는 개념을 좁게 해석했다. 프랑스측은 회의에 불참하는 대표들이 많았는데 이것은 그들의 오만을 상징하는 것처럼 보였다.

베트남 대표단은 프랑스공산당 내의 동료들, 나아가 사회주의자들로부터도 어느 정도 지지를 받을 것이라고 기대했을 것이 틀림없다. 양당의 기관지들은 호치민이 파리에 도착한 이후 그를 찬양하고 지원했다. 베트남 민주공화국 국회의 프랑스공산당 지지자들 대표단이 그해 초에 프랑스를 방문하여 제2차 세계대전 이전부터 끊어졌던 프랑스공산당과 관계를 성공적으로 복원해놓았다. 그러나 프랑스공산당 당원들은 개인적으로는 베트남의 대의에 공감하였으나, 지도자들은 그 전 11월 인도차이나공산당의 해체 결정 때문에 호를 의심했다. 또 프랑스공산당은 전쟁 직후 프랑스 사회를 휩쓴 민족주의 열기―프랑스 국민이 전쟁 기간의 부역 행동에 대한 기억을 소화하는 과정에서 생겨난 것이다.―에 휩싸여 있었다. 생트니는 광부 출신으로 공산주의 지도자가 되어 내각 회의에까지 참석하게 된 모리스 토레즈에게 3월 6일 맺은 협정 사본을 보여주었다. 그는 그때 프랑스공산당이 인도차이나 문제에 모호한 입장임을 알게 되었다. 토레즈는 협정 조항들은 받아들였지만 이렇게 덧붙였다. "만일 베트남인들이 이 조항들을 존중하지 않으면 우리는 필요한 조치를 취할 것이고, 필요하다면 총이 우리 대신 말하게 해야 할 거요."[42]

호는 베트남 대표단의 공식 구성원이 아니었기 때문에 퐁텐블로 회담에는 참석하지 않았다. 대신 파리에 남아 자신의 오랜 경험과 카리스마에서 나오는 모든 힘을 동원하여 관계(官界)와 민간으로부터 자신의 대의에 대한 지지를 끌어내려고 노력했다(어떤 사람은 이것을 익살맞게 '유혹 작전'이라고 불렀다). 그는 프랑스의 모든 주요 정당과 조직의 대표들, 그리고 수많은 유명한 저널리스트와 지식인들을 만났다. 그는 프랑스공산당 내의 풍부한 인맥을 활용하였으며, 당시 부총리를 맡고 있던 모리스 토레즈에게 그의 영향력을 이용하여 베트남 문제를 프랑스 내각에서 거론하게 해달라고 요청했다. 토레즈가 이 요청에 무엇이라고 답했는지는 알려져 있지 않다.[43]

호치민이 프랑스 언론과 접촉한 것은 특히 중요했다. 회담 자체가 여론의 눈길을 벗어난 곳에서 상대적으로 은밀하게 진행되고 있었기 때문이다. 프랑스공산당과 그들의 동맹자들이 적어도 공개적으로는 적극적으로 베트남을 지지하는 반면, 보수주의자들이 베트남의 요구를 받아들이라고 공개적으로 호소하는 행동을 '반역'이라고 낙인찍으면서 회담 주변 분위기가 긴장되었고 정치적 당파성에 물들기 시작했다. 인도차이나에서 그 무렵 일어난 사건들 때문에 타협은 더 어려워졌다. 인도차이나에서는 베트남인들이 프랑스 민간인이나 군인을 공격하는 일이 빈발했다. 호의 생각으로는 협상 내용을 공개하는 것이 베트남에 유익했다. 그래서 호는 7월 12일 파리에서 기자회견을 열고 베트남 정부의 입장을 밝혔다. 호는 베트남은 민족 독립을 주장하며 이 문제에 대한 연방 방식의 해결책을 수용하지 않을 것이라고 말하면서, 하노이는 프랑스 연합이라는 틀 안에서 독립이라는 개념을 받아들일 의사가 있다고 덧붙였다. 그가 보기에는 이것이 양쪽 모두에게 유익한 해결책이었다. 호는 나아가서 코친차이나는 베트남 영토의 일부이며, 따라서 별개로 취급할 수 없다고 선언했다. 호는 그 대신 새로운 베트남에서 프랑스의 모든 재산과 기타 권리는 보호받을 것이며, 만일 베트남민주공화국에 외국의 자문이 필요하다면 프랑스 국민을 가장 먼저 고려하겠다고 약속했다. 미국 기자가 호치민에게 그가 공산주의자라는 말이 사실이냐고 묻자, 호는 자신이 카를 마르크스의 제자이기는 하지만 공산주의는 산업과 농업의 발전이라는 기초 위에 세워지는 것이며, 베트남은 이런 조건 어느 쪽도 갖추지 못했다고 대답했다. 그러면서 호는 이렇게 덧붙였다. "카를 마르크스의 꿈이 언제 실현될지는 아무도 모릅니다. 2천 년 전에 예수 그리스도는 원수를 사랑하라고 가르쳤지만, 그것도 아직 꿈으로 남아 있지 않습니까."[44]

사이공에서 티에리 다르장리외는 회담에 영향을 주기 위해 그 나름으로 운동을 벌이고 있었다. 7월 23일 고등판무관이 8월 1일에 다 랏에서 회의를 소집하겠다는 의사를 밝혔다는 소식이 파리에 도착했다. 회의의 목적은 코친차이나, 남부 안남, 중부 고원, 캄보디아, 라오스(통킹은 포함시키지 않았는데, 그곳은 베트남민주공화국의 확고한 통제 하에 있었기 때문일 것이다) 등을 포함하는 인도차이나 국가들의 연방을 결성하는 문제를 논의하는 것이었다. 팜 반 동은 다르장리외의 행동에 강력히 문제를 제기하면서 파리 협상을 결렬시켰다. 그러자 프랑스측 대표단은 비도 정부에 이의를 제기하겠다고 약속했다.

호치민은 두 대표단의 공동 초청에 따라 7월 26일에 퐁텐블로를 방문했다. 호는 환영 연회 뒤 베트남 대표들만이 아니라 프랑스 관리들과도 이야기를 나누고, 그날 저녁 파리로 돌아왔다. 그가 이렇게 개입함으로써 프랑스의 평화회담은 계속될 수 있었다. 그러나 이것은 일시적일 뿐이었다. 다랏 회의가 소집된 8월 1일 베트남 대표단은 공식적으로 코친차이나에서의 프랑스의 행동에 항의했으며, 프랑스 정부가 정식 답변을 하지 않자 협상을 중단했다. 호는 백방으로 노력한 끝에 결국 오랜 친구 마리위스 무테에게 회담을 재개할 방법을 찾자고 설득했다. 다른 사람보다 호를 상대하는 것이 낫다고 주장해온 무테는 협상을 계속할 뿐 아니라, 3월 6일 협정의 정신을 지키고 싶어했다. 그는 그렇게 하기 위해서는 양측이 폭력, 선전, 도발의 수준을 낮추어야 한다고 말했다. 그는 코친차이나에서 법과 질서가 회복되지 않으면 어떤 선거를 하더라도 베트남인들에게 유리할 수밖에 없다고 예언했다.[45]

그러나 남부에 평화가 빨리 회복될지는 의문이었나. 1945~1946년 겨울과 봄에 앙리 르클레르 장군 예하 부대들은 메콩 강 삼각주 지방에서 저항군 소탕 작전을 펼쳤다. 찬 반 쟈우는 '초토화' 정책으로 프랑스의 공격에 맞섰다. 이것은 지역 주민들에게 운동에 대한 충성을 강요하기 위해 잔혹한 행동과 테러를 이용하는 전술이었다. 그는 종교 분파의 통제 하에 있는 지역들을 공격하고, 베트민 휘하로 들어오지 않는 종교 지도자들을 암살하기도 했다. 르클레르는 '기름 얼룩' 전술(한 지역을 진압한 뒤 치안을 유지하려는 노력을 이웃지역으로 점차 확대해 나가는 전술)을 다시 채택하는 것으로 대응했다. 이것은 19세기 말에 반군에게 사용하여 성공을 거두었던 전술이다. 저항군은 밀림이 빽빽한 카 마우 반도와 '갈대 평원', 캄보디아 국경지대에 있는 고무 플랜테이션 등 삼각주 하부의 가장 외딴 지역으로 내몰렸으며, 그곳에서 투쟁을 계속하려 했다.

8월 말 퐁텐블로 협상이 재개되었지만, 프랑스 대표단이 베트남 독립의 공식 인정 및 코친차이나의 국민투표 날짜 확정 등의 요구를 받아들이려 하지 않았기 때문에 베트남 대표단은 다시 9월 10일에 회담을 중단했다. 사흘 뒤 그들은 호치민 없이 파리를 떠나 인도차이나로 가는 배에 올라탔다.

파리에 홀로 남아

회담이 막다른 골목에 부딪히자 장 생트니는 호에게 하노이로 돌아가 인도차이나의 반프랑스 감정을 잠재워달라고 요청했지만, 호는 '빈손으로' 돌아감으로써 '신용을 잃고, 힘도 잃을' 수는 없다고 하면서 파리에 남는 쪽을 택했다. 정부는 호치민을 베트남으로 보내기 위해 로얄 몽소 호텔의 숙박비를 처리해주지 않았다. 그러자 호는 교외의 수아시 수 몽모랑시에 있는 동조자 레이몽 오브라의 집에 묵었다. 호의 생활 조건은 불편하고 힘들어졌지만 그래도 손님들을 맞이하고 인터뷰를 했으며, 다른 한편으로 평화회담을 재개하려는 노력을 계속했다. "내가 이런 식으로 프랑스를 떠나게 하지 마시오." 그는 오랜 친구 마리위스 무테에게 호소했다. "나를 앞지르려는 사람들에 대항할 무기를 주시오. 그렇게 해도 후회할 일은 없을 거요."

호는 9월 11일에 기자회견을 열어 합의를 바란다고 하면서, 양자간의 차이를 모든 가족 내에 흔히 있을 수 있는 차이에 비유했다. 그는 6개월 내에 합의에 이를 수 있을 것이라고 낙관하고, 인도차이나에서 폭력을 없애기 위해 자신이 할 수 있는 모든 일을 하겠다고 약속했다. 같은 날 호는 미국 대사관을 방문하여 제퍼슨 케이퍼리 대사를 만났는데, 케이퍼리 대사는 둘의 회담에 대해 이야기하면서 호가 미국을 개입시켜 워싱턴과 파리를 이간질하려는 의도일 것이라고 추측했다. 호는 자신이 공산주의자가 아니라고 주장했지만, 케이퍼리는 아무런 약속도 하지 않았다(며칠 뒤 그는 서신에서 호가 협상을 하는 동안 '위엄 있고' 세련되게 행동했다고 말했다). 다음 날 호는 대사관의 1등서기관이며 나중에 사이공 주재 미국 총영사로 일하게 되는 조지 애벗을 만났다. 호는 전시에 미국과 협력했던 일, 루스벨트 대통령에 대한 존경심을 이야기하면서, 베트남에는 경제 원조가 절실한데 프랑스는 그것을 줄 수 없다고 강조했다. 호는 마지막 유인책으로 양국 간의 군사 협력 가능성을 이야기하면서, 미국이 베트남 중부 해안의 캄 란 만을 해군 기지로 사용할 수도 있다고 말했다.[46]

그러나 워싱턴은 국무부의 아시아 전문가들의 우려에도 불구하고 이 문제에 아무런 행동을 취하지 않았다. 동남아시아과 애벗 로 모펏은 극동 담당 차관보 존 카터 빈센트에게 메모를 보내 3월 6일 협정을 침해하는 프랑스의 행동으로 인도차이나에 '위기 상황'이 발생하고 있다고 경고했다. 프랑스의 행동에 분노한 베트남인들의 분위기가 심상치 않자, 프랑스인들은 인도차이나 전역에서 자위를 위해 무력을 사용할 준비를 했다. 모펏은 "종속된 민족들의 질서 있는 발전과 평화에 대한 우리의 관심에 기초하여, 프랑스측에 3월 6일 협정 정신을 지킬 것을 바란다는 우리 입장"을 제시하자고 국무부에 제안했다.

그러나 트루먼 행정부는 프랑스 정국의 전환기를 맞이하여 인도차이나 문제로 프랑스를 자극하고 싶지 않았다. 사실 국무부 내에는 하노이 정부가 크렘린이 아시아에 영향력을 확장하기 위한 도구라는 정보부서들의 주장 때문에 우려가 높아지고 있었다. 8월에 사이공으로 보내는 전문에서는 "호와 다른 지도자들의 소련 노선 추종 가능성"을 분명히 밝혀달라고 요청했으며, 미국 영사 찰스 리드에게는 하노이 정부 내의 공산주의자와 비공산주의자들 사이의 역학 관계를 질문했다.[47]

그러나 일부 미국 외교관들은 미국이 프랑스의 인도차이나 정책을 지지한다는 신호들이 늘어나는 것을 불안해하기 시작했다. 리드는 사이공에서 워싱턴에 보내는 보고서에서 프랑스인들은 마닐라의 잉여물자로 나온 지프나 트럭을 이용하는데 여기에는 미국 제품이라는 표시가 그대로 남아 있기 때문에 많은 베트남인들은 미국이 프랑스를 지원한다고 생각할지도 모른다고 말했다. 워싱턴의 관리들은 백악관에 보내는 보고서에서 프랑스인들이 인도차이나에서 미국의 잉여 장비를 사용하고 있다고 보고했으나, 트루먼 대통령은 이미 그곳에 있는 물자를 다른 데로 옮기는 것은 쓸데없는 일이라고 판단했다.

베트남민주공화국 대표단이 떠난 뒤에도 프랑스에 남겠다고 한 호치민의 결정은 상당한 논란을 불러일으켰다. 일부 프랑스 관측통은 호가 파리 정부를 협박하여 회담장에서 얻을 수 없었던 것을 얻으려 하는 것이라고 추측했다. 또 다른 사람들은 그가 무테에게 지원 요청을 하는 것은 진실하지 못한 행동이라고 생각했다. 결국 호는 그의 정부의 무기를 프랑스 쪽으로 돌릴 수밖에 없을 것이기 때문이었다. 설사 호가 진실하다 해도, 그가 추종자들을 통제할 수 있을까, 그가 '마법사의 제자'(괴테의 작품에서 나온 말로, 마법사가 출타한 동안 미숙한 솜씨로 엉뚱한 혼란을 일으키는 제자: 옮긴이)에 불과한 존재가 아닌가 하는 의심이 늘어났다. 사실 호치민은 이미 베트남의 여러 집단으로부터 맹렬한 공격을 받고 있었다. 그가 전쟁을 피하고자 필사적으로 노력하는 과정에서 너무 많은 것을 양보한다고 생각하는 사람들이 많았기 때문이다. 인도차이나의 정서(그리고 프랑스의 베트남 교포들의 정서)는 프랑스와 타협하는 것에 강하게 반대하는 쪽으로 흘러가고 있었다. 생트니는 호가 진실하다고 믿었는데, 호가 그 즈음 몇 달 동안 인도차이나에서 프랑스에 대한 적대감을 줄이려고 노력한 것을 증거로 들었다. 그러나 조르주 비도 총리는 호의 우호적인 태도가 책략에 불과하다는 증거가 있다고 주장했다. 호가 이미 북부에서 프랑스와 갈등이 재연하는 상황에 대비하라는 지침을 하노이에 보냈다는 것이다.[48]

비도의 말에도 일리가 있었다. 〈뉴욕타임스〉 통신원 데이비드 쇼엔브런은 9월 11일 호와 인터뷰를 하면서 전쟁이 불가피하냐고 물었다. "그렇습니다." 호는 대답했다. "우리는 싸울 수밖에 없습니다. 프랑스는 협정에 조인을 하고 나를 위해 깃발들을 흔들지만, 그것은 거짓입니다." 쇼엔브런이 군대나 현대식 무기가 없다면 전쟁에 승리할 가능성이 없을 것이라고 말하자 호는 반대 의견을 내놓았다.

> 아니, 가능성이 없지 않을 것입니다. 어렵고 절망적이겠지만, 우리는 이길 수 있습니다. 우리는 모든 면에서 최신식 대포만큼 강한 무기를 가지고 있습니다. 바로 민족주의입니다! 그 힘을 과소평가하지 마십시오. 당신네 미국인들은 무엇보다도 맨발의 농민들로 이루어진 초라한 무리가 유럽에서 가장 좋은 무기를 갖춘 전문가들의 자존심을 무너뜨렸다는 것을 기억해야 합니다.

쇼엔브런이 현대식 전쟁 무기가 도입된 오늘날의 세계에서 그런 접근 방법은 의미가 없어진 것이 아니냐고 반박하자, 호는 필요하다면 현대식 무기도 얻을 수 있다고 주장했다. 그러면서도 어쨌든 나치 독일에 대항한 유고슬라비아 빨치산들의 영웅적인 태도는 인간의 정신이 기계보다 강하다는 것을 보여주었으며, 사실 기계들은 늪이나 밀림에서는 효과적으로 작동할 수가 없다고 주장했다. 침략군의 배후에는 '트로이 목마' 역할을 할 수 있는 초가집들이 수백만 채 있었다. 호는 말했다.

> 그것은 코끼리와 호랑이의 싸움이 될 것입니다. 만일 호랑이가 가만히 서 있는다면 코끼리가 그 막강한 엄니로 호랑이를 짓누르겠지요. 그러나 호랑이

는 가만히 있는 것이 아닙니다. 그는 낮에는 밀림에 숨어 있고 밤에 나타납니다. 호랑이는 코끼리의 등에 뛰어올라 코끼리의 가죽을 찢어놓고 다시 어두운 밀림으로 뛰어들어갑니다. 그러면 코끼리는 천천히 피를 흘리며 죽어갑니다. 이것이 인도차이나의 전쟁이 될 것입니다.[49]

프랑스에서는 언제나 총선거를 통해 공산당이 새로운 연립 정부에 들어가게 될 가능성이 있었다. 따라서 모리스 토레즈는 외교적인 해결책의 가능성이 있다고 보고 무력에 의지하는 결정은 미루어달라고 호를 설득했을 수도 있다. 호는 9월 14일 저녁 다시 마리위스 무테를 만났다. 그 직전 호는 생트니에게 합의에 이르지 못하면 전쟁을 부르게 될 것이라고 경고했다. "우리가 당신네 한 사람을 죽이는 동안 당신은 우리 열 사람을 죽이겠지요. 하지만 우리 땅에서 먼저 없어지는 것은 당신들이 될 거요." 호는 무테를 만난 자리에서 양측이 함께 책임을 지고 코친차이나 문제를 해결하자고 말했으나, 무테는 베트남인이 낀 위원회가 코친차이나를 감독하게 되면 프랑스의 지배권이 침해될 것이라는 이유로 거부했다. 무테는 회담의 완전 결렬을 피하기 위해 호치민에게 잠정 협정에 서명하자고 제안했다. 초안에는 코친차이나의 휴전이 10월 30일에 효력을 발휘하고, 협상은 1947년 1월에 재개한다는 내용이 적혀 있었다. 호는 서명을 거부하고 9월 16일 월요일 아침에 인도차이나로 떠나겠다고 하면서 오후 11시에 회담을 끝냈다. 그러나 자정 직후 호는 무테에게 연락하여 회담을 재개하자고 요청했다. 결국 두 사람은 베트남 대표가 권한을 갖고 고등판무관 다르장리외와 협력하여 인도차이나에서 휴전 협정을 맺는다는 데 원칙적으로 합의했다. 그런 뒤에 호는 잠정 협정에 서명하겠다고 동의했다.

호치민에게는 이 잠정 협정이 퐁텐블로에서 두 달 간 회담을 한 뒤에 얻은 작지만 귀중한 성과였다. 나중에 생트니는 이 '하찮은' 종잇조각은 그의 사무실에서 서둘러 작성한 것으로, 호에게 "그가 프랑스에 올 때 바라던 것보다 훨씬 적은 것"을 주었다고 말했다. 인도차이나에서 프랑스 거주자들은 기뻐했으나, 베트남인들의 태도는 양면적이었다. 일각에서는 그것을 국치(國恥)로 여겼다. 호도 암묵적으로 그 점을 인정했다. 그는 새벽 3시에 회담을 끝내고 나오면서 생트니에게 말했다. "나는 방금 내 사형 집행 영장에 서명했습니다."[50]

반역자

9월 14일 협정에 서명한 뒤에도 호치민은 베트남으로 돌아갈 생각이 별로 없는 것 같았기 때문에 프랑스측은 격분했다(데이비드 핼버스텀은 호에 대한 긴 전기적 에세이에서 이 당시 프랑스의 호에 대한 태도는 의전용으로 깔아 놓은 붉은 양탄자를 점점 줄여가는 것에 비유할 수 있다고 말했다). 생트니에 따르면 호는 건강을 이유로 프랑스측에서 호가 마음대로 사용할 수 있게 해준 비행기를 거부하고 배로 돌아가고 싶다고 말했다. 생트니는 이 요청을 받아들이기를 망설였지만, 호는 직접 해양부에 요청하여 툴롱 항에서 인도차이나로 떠날 준비를 하고 있던 프랑스 순양함 뒤몽 뒤르빌 호의 승선을 허락받았다. 9월 16일 생트니는 호치민과 함께 기차를 타고 툴롱으로 갔다. 호는 몽텔리마에서 기차를 잠시 내려 역에 모인 베트남 학생들에게 연설했다. 호는 자신이 잠정 협정에 서명한 이유를 설명하면서 공부를 열심히 하라고 당부했다. 호는 마르세유에서도 같은 일을 했는데, 이곳에서는 군중 가운데서 '반역자(비엣 지안)'라는 외침이 몇 차례 늘렸다. 18일 기차는 툴롱에 도착했고, 호는 뒤몽 뒤르빌 호에 승선했다(베트남 대표단은 4일 전 마르세유에서 전함 파스퇴르 호를 타고 떠났다).[51]

제르보 선장은 자신의 배에 호치민 주석이 탈 자리를 마련하기 위해 배에 먼저 실었던 화물을 치우고 승객들을 다른 곳으로 옮기게 했다. 그 자리를 호, 그의 부관들, 이들과는 별도로 프랑스 유학을 마치고 인도차이나로 돌아가는 베트남 학생 4명이 차지했다. 9월 19일 아침에 배는 닻을 올리고, 베트남 정부의 황금 별이 박힌 붉은 기를 펄럭이며 지중해로 들어섰다. 호치민은 파리를 떠나기 전 전보로 베트남 정부에 잠정 협정에 대해 알렸으며, 항공 우편으로 사본도 보냈다. 호는 배에서 하노이에 전문을 보내 합의 조항들을 국민에게 설명하고 그 조항들을 이행할 준비를 하라고 지시했다. 그는 배에 탄 첫날 마리위스 무테에게 짧은 메시지를 보내 그의 지원에 감사하고 합의를 이행하는 데 협력해줄 것을 당부했다. 며칠 뒤 그는 조르주 비도 총리로부터 짧은 전문을 받았다. 호는 답장에서 그의 호의에 사의를 표하면서, 베트남 인민이 잠정 협정을 좋게 받아들이지 않는다고 말했다. 그러나 그런 반응은 당연한 것이었다. "코친차이나의 프랑스 친구들이 민주적 자유, 적대 행위 중단, 구속자 석방, 비우호적인 말과 행동 중단 등의 약속을 충실하게 지키기만 한다면, 나는 최선을 다할 것이고 또 성공을 거둘 것입니다. 양국의 이익을 위해 각하께서 이 일을 마무리 짓는 데 적극 지원해주실 것으로 믿습니다."[52]

9월 22일 배는 수에즈 운하의 북쪽 입구인 포트사이드에 도착했다. 호는 그곳에서 양국 간에 전쟁이 터지지 않도록 해달라는 짧은 호소문을 보내온 프랑스 여자에게 편지를 보냈다. 호는 편지에서 베트남인들도 프랑스인들만큼이나 유혈을 싫어하지만, 역시 프랑스인들과 마찬가지로 자신의 조국의 독립과 통일을 중시한다고 말했다. 호는 프랑스가 베트남의 독립을 인정하기만 한다면, 모든 베트남인의 마음과 사랑을 얻을 수 있을 것이라고 편지를 마무리 지었다.[53]

배는 다음에는 프랑스의 항구 지부티에 기항했다. 호는 그곳에서 잠시 배를 떠나 총독을 방문했다. 배는 이어 실론의 콜롬보로 갔고, 그곳에서는 인도의 민족주의 지도자 마하트마 간디와 자와할랄 네루가 보낸 사절들이 배로 와서 호를 맞이했다. 배의 진전 속도는 느렸다. 항구에 기항하면 보수 작업을 위해 며칠을 머물렀고, 해상에서는 일상적인 훈련의 하나로 포격 훈련을 했다. 호는 배에서도 소박하게 생활했다. 짐이라고는 갈아입을 옷 한 벌밖에 없었으며, 빨래는 직접 했다. 여유가 있을 때는 프랑스 선원이나 베트남 학생들과 이야기를 나누었으며, 평소처럼 선전 활동에 노력하여 학생들에게 베트남과 세계 정세를 강의했다. 배에 함께 탔던 사람 가운데 하나는 나중에 그가 했던 말을 이렇게 기억하고 있다. "우리에게는 모든 것이 부족하다. 우리한테는 기계도 없고, 원료도 없고, 심지어 숙련된 노동자도 없다. 우리 재정은 거의 바닥이 난 상태이다. 그러나 우리 조국에는 산과 숲, 강과 바다가 풍부하다. 그리고 우리 동포는 결의, 용기, 창의성이 강하다."[54]

그러나 배에 탔던 사람들 모두가 그의 인격에 매력을 느꼈던 것은 아니다. 제르보 선장은 호치민이 "똑똑하고 매력적이기는 하지만", "자신이 내세우는 대의에 헌신하는 정열적인 이상주의자"라고 평했다. 제르보의 관점에서 볼 때 이 베트남 혁명가는 당대의 구호들에 순진한 믿음을 가지고 있었다. 선장의 명령에 따라 배가 함포 사격 훈련을 할 때 한 베트남인이 호에게 물었다. "저 사람들이 주석님의 배짱을 시험하고 있습니다. 무서우세요?" 호치민은 그냥 웃기만 했다.[55]

뒤몽 뒤르빌 호는 마침내 10월 18일 아름다운 캄 란 만에 들어섰다. 고등판무관 티에리 다르장리외와 루이 모를리에르 장군—생트니를 대신하여 하노이의 프랑스 선임 대표직을 맡고 있었다.—이 순양함 쉬프랑 호를 타고 나와 호를 맞이했다. 7개월 만에 두 번째로 고등판무관이 공식 해상 행사를 통해 베트남의 주석을 맞이하게 된 셈이었다. 호치민이 외장대를 사열한 뒤, 호, 다르장리외, 모를리에르는 잠정 협정의 이행 방안을 논의했다. 비도 총리는 이미 베트남의 대응 방식을 지시한 호치민의 전문 사본을 다르장리외에게 보내면서, 인도차이나의 프랑스 전권대사로서 스스로 판단하여 적절하게 대응하라고 훈령을 내려두었다. 양측은 몇 가지 점에 합의했다. 다르장리외는 휴전을 실시하는 문제에서 베트남 정부 대표의 협력을 얻기로 하였으며, 호치민은 코친차이나에서 일어나는 테러 활동에 대한 공식 지원을 거부하기로 했다. 그러나 호는 남부의 모든 베트남 부대를 즉시 북부로 귀환시키라는 다르장리외의 요구는 완강히 거부했다. 그럼에도 회담은 좋은 분위기에서 끝을 맺었으며, 다르장리외는 회담의 성공 여부는 호치민이 하노이로 귀환한 뒤 베트남 정부의 행동에 달려 있다고 파리에 보고했다.

이틀 뒤 뒤몽 뒤르빌 호는 쿠아 캄 강으로 들어가 하이퐁 항구에 정박했다. 베트남 대표단은 두 주 전에 도착하였고, 팜 반 동은 이미 하노이의 동료들에게 퐁텐블로 협상 결과를 보고했다. 오후에 배가 정박하자 정부 대표들이 즉시 달려와 간략한 기념식을 열고 넉 달 만에 돌아온 호치민을 환영했다(호는 군중이 베트남 국가만이 아니라 프랑스 국가인 '마르세예즈'도 불러야 한다고 고집했다). 이어 호는 사람들과 함께 하이퐁 시위원회 본부로 가 식사를 하면서 잠깐 항해 이야기를 했다.

호는 다음 날 아침 특별 열차 편으로 수도로 갔다. 철로 옆의 도시와 마을은 국기로 장식이 되어 있었으며, 사람들이 몰려나와 주석에게 손을 흔들었다. 하노이 역에 도착한 호는 프랑스와 베트남 대표의 환영을 받았으며, 차를 타고 구경꾼들이 몰려나온 거리를 통과하여 북궁으로 갔다. 호치민은 북궁에서 추옹 친을 비롯한 당 상임위원회 위원들과 협의를 했다. 북궁 주위의 거리에는 호의 환영 인파가 거의 10만 명 가까이 모여 있었다.[56]

왜 호치민은 인도차이나로 돌아오는 데 시간을 끌었을까? 이 문제는 오랫동안 논란이 되어왔으나 여전히 만족스러운 답이 나오지 않았다. 호치민이 프랑스인들에게 이야기한 이유는 믿기 힘들다. 그 전에는 한 번도 건강 때문에 정치적인 행동을 미룬 적이 없었기 때문이다. 어떤 역사가들은 보 응우옌 지압이 전면전에 대비하여 하노이 정부의 권위를 강화하기 위해 베트남 내의 반대파를 일소할 수 있는 충분한 시간을 주려는 의도였다고 주장해왔다. 또 어떤 역사가들은 잠정 협정에 대한 인도차이나 내부의 반발을 우려하여 반대 분위기가 가라앉을 때까지 귀환을 미루고 싶어한 것이라고 주장했다. 그러나 훗날 장 생트니는 호가 비행기를 타고 가면 그의 목숨을 노리는 공격이 있을지도 모른다고 우려했을 것이라고 추측했다. 호치민은 오랜 세월이 흐른 뒤 하노이의 동료들에게 그것이 그가 일차적으로 걱정했던 문제라고 확인해주었다.[57]

강경 노선으로 돌아선 지도부

강한 성격의 보 응우옌 지압이 그의 많은 동료들과 마찬가지로 평화적 해결에 대한 전망에 점점 의심을 품게 되었고, 그에 따라 호치민이 장기간 수도를 비운 틈을 이용해 정부 기구에 대한 당 통제를 강화했다는 데는 의심의 여지가 없다. 여름 동안 베트민과 비공산주의 정당 사이의 긴장이 팽팽해졌고, 결국 무력 충돌이 벌어져 민족주의자 몇 명—응우옌 하이 탄, 부 홍 칸(중국으로 떠났다), 외무장관 응우옌 투옹 탐 등—이 사임했다. 정부에 남아 있는 사람들은 베트민의 권력 장악에 위협이 되지 않았다.

지압의 관점에서 볼 때 정부의 경쟁 그룹 탄압은 얼마든지 정당화할 수 있는 일이었다. 초여름에 프랑스 군부는 7월 14일 바스티유의 날을 맞아 하노이에서 행군할 권리를 요구했다. 베트남 정보부는 민족주의자들이 평화회담의 결렬을 목표로 이 기념 행사 동안 프랑스 군대를 자극할 것이라고 보고했다. 그러자 정부는 보안상의 문제를 들어 프랑스의 요청을 거부하였고, 다음 날 경찰은 하노이의 베트남국민당 본부에 진입하여, 고문실, 시신 몇 구, 수많은 구금자와 더불어 프랑스 거주자를 납치한다는 계획을 확인해주는 범죄 증거들을 발견했다고 발표했다. 이 작전 때문에 정부에 대한 불신을 선동하려던 베트남국민당의 시도는 좌절되었지만, 10월에 호치민이 돌아올 때까지 몇 달 동안 공산주의자와 비공산주의 사이의 무력 충돌과 긴장이 계속되었다.[58]

정부와 프랑스의 관계에서도 계속 문제가 발생했다. 온화하고 타협적인 인물인 모를리에르 장군이 봄에 생트니의 후임으로 오면서 긴장을 완화하려는 움직임이 나타났다. 그러나 퐁텐블로의 평화회담이 실패하면서 대립이 격화되어, 베트남인과 프랑스 거주자들 사이의 충돌이 빈발하게 되었다. 그럴 때마다 모를리에르는 어쩔 수 없이 범법자들을 응징하겠다는 최후통첩을 발표하였으며, 결국 베트남인들은 그를 '최후통첩의 장군'이라고 빈정거리게 되었다.

코친차이나에서 계속되는 갈등도 상황을 악화시켰다. 잔인한 전술로 널리 비판을 받아온 찬 반 쟈우가 물러나고 응우옌 빈이 저항군 사령관 자리에 앉았다. 프랑스 자료에 따르면 응우옌 빈은 땅딸막하고 못생겼으며, 검은 안경 뒤에 애꾸눈을 감추고 있었다. 그는 통킹 출신으로 1920년대 말 베트남국민당에 입당했다. 그 뒤 중국에 오랫동안 망명했으며, 제2차 세계대전이 끝나자 갑자기 비엣 박에 다시 나타나 베트민군에서 활동했다. 격렬한 반프랑스 감정의 소유자로 전혀 가책 같은 것을 느끼지 않는 사람이었던 응우옌 빈은 곧 군사 문제에서 천재적인 면모를 드러냈다. 그는 당원이 아니었던 것으로 보이는데, 그럼에도 1946년 1월 코친차이나 투쟁의 책임을 맡게 되었다.

찬 반 쟈우의 초토화 전술과 경쟁 세력에 대한 무자비한 숙청으로 많은 사람들이 등을 돌렸기 때문에 당 지도부는 응우옌 빈이 쟈우와는 다르게 행동해주기를 바랐을 것이다. 그러나 응우옌 빈 역시 무자비했다(일부 베트남 자료에서는 당 지도부가 그를 코친차이나 운동의 지도자로 파견하면서도 그의 잔인한 방식 때문에 결코 그를 신뢰하지 않았다고 주장한다). 응우옌 빈은 정력적이지만 무자비한 방식으로 사이공 북부(나중에 'D지대'로 알려진 지역), 메콩 강 삼각주의 핵심부인 갈대 평원, 카 마우 반도의 우 민 숲에 대규모 게릴라 기지를 건설했다. 그리고 프랑스 시설들을 공격하면서 혁명을 확대하려 했다. 응우옌 빈은 남부에서 폭력을 최소화하고 확대된 통일전선을 결성하라는 호치민의 훈계를 무시하고 테러 기술을 새로운 차원으로 올려놓았다. 응우옌 빈이 암살을 명령한 사람들 가운데는 후인 푸 소도 있었는데, 그는 대중에게는 '미친 중'으로 알려진 종교적 신비주의자로, 전쟁 직전에 호아 하오 종파를 세운 사람이었다.[59]

호는 자신이 없는 4개월 동안 당의 동료들이 나라를 운영한 방식을 보고 착잡한 느낌이었을 것이다(그는 프랑스로 떠나기 전 그가 돌아올 때까지 문제를 일으키는 것을 피하라고 여러 번 당부했다). 베트민 권력의 강화와 경쟁자들의 탄압이 이후 중요한 몇 달 동안 정책 운용의 폭을 넓혀준 것은 틀림없었다. 그러나 동시에 정부의 대중 기반—호가 8월 혁명 이후 몇 달 동안 열심히 닦아놓았던 기반—축소는 프랑스와 무장 대립이 생길 경우 민족이 단결된 힘을 발휘하는 데 장애가 될 수도 있었다.

호치민은 또 프랑스와 평화협정을 맺으려는 노력 때문에 당 내의 고참 동료들 사이에서 자신의 평판과 위엄이 훼손되었다는 사실을 점차 의식하게 되었을 것이다. 그들 가운데 다수는 타협적 해결책을 찾을 수 있다는 데 호만큼 믿음을 갖지 않았으며, 프랑스를 상대로 힘과 의지를 겨루어보는 쪽으로 마음이 기울었다. 당 내의 지도부 가운데 몇 명—보 응우옌 지압, 팜 반 동, 호앙 쿠옥 비엣, 그리고 총서기인 추옹 친 등—은 호가 유럽에 가고 없는 동안 그의 판단에 문제를 제기했을 수도 있으며, 이제 당 회의에서 대담하게 좀더 공격적인 자세로 돌아섰다. 추옹 친은 독립선언 1주년을 기념하는 글에서 베트남 혁명에 대한 자신의 비전을 제시했다. 친은 이 글에서 대중에 대한 신뢰 결여를 보여주는 '무원칙적 타협' 경향을 비판하면서, 혁명가들은 적보다는 '동지들의 오류'를 두려워해야 한다고 덧붙였다. 공개적으로 호의 지도력을 비판한 적은 없지만, 이제부터는 호가 주요 정책을 채택할 때 집단적인 접근 방법을 택할 수밖에 없다는 것이 분명해졌다.[60]

호와 동료들의 관계가 어쨌든 간에 베트남 북부의 인민 대다수가 여전히 그에게 충성하고 있었다는 데에는 의심의 여지가 없는 것 같다. 민족 독립이라는 대의에 대한 호치민의 열렬한 헌신, 소박한 인격, 아저씨 같은 행동 방식 등이 대중의 공감을 얻고 있었으며, 호는 이미 민족의 운명을 결정하는 사람이라는 신화적인 역할을 떠맡고 있었다. 평화에 대한 전망은 점점 불투명해졌지만, 많은 사람들이 호의 잠정 협정 조인을 받아들이고 있었다. 평화를 가능하게 할 사람이 있다면 그것은 바로 호치민 주석이라는 확신 때문이었다. 10월 23일 호는 여러 난관에도 불구하고 베트남은 조만간 재통일될 것이고 독립할 것이라는 내용의 공개 성명을 발표했다. 호는 남부의 주민에게 모든 베트남인은 조상이 같고 나라가 같다고 선언했다. "엄숙하게 선언하거니와 여러분의 결의를 통해, 이 나라의 모든 인민의 결의를 통해, 우리가 사랑하는 남부는 틀림없이 조국의 품으로 돌아오게 될 것입니다."

호는 자신의 과거를 자세히 밝히지 않고 계속 자신이 오랫동안 조국에 봉사해온 '늙은 애국자'일 뿐이라고 주장했기 때문에, 이 당시 그들의 주석이 사실은 코민테른 요원 응우옌 아이 쿠옥임을 아는 사람은 거의 없었다. 제2차 세계대전 전에 감옥에서 석방되어 킴 리엔 근처에서 살고 있던 호의 누나 응우옌 티 타인도 신문에 난 사진을 보고서야 그가 자신의 동생임을 알았던 것으로 보인다. 그녀는 나중에 하노이의 북궁으로 가서 호를 잠깐 만났다. 같은 해에 킴 리엔에서 교사로 일하고 있던 호의 형 응우옌 신 키엠도 그를 찾아가 교외의 한 집에서 은밀히 만났다. 호의 형은 1950년에 죽었고, 누나는 4년 뒤에 죽었다.[61]

호치민은 하노이로 돌아와서 처음 며칠 동안 상임위원회와 국내 상황을 점검하고 미래의 계획을 세웠다. 중요한 문제는 남부에서 10월 30일에 휴전을 하자는 제안에 합의할 것인가, 민족주의 정당들과의 긴장 관계에 어떻게 대응할 것인가 하는 것이었다. 호는 국회를 소집하여 헌법 초안을 논의하고—이렇게 되면 결국 응우옌 하이 탄 부주석과 같은 주요 인물의 사임으로 심하게 약화된 연립정부를 대신할 새로운 정부가 들어서게 될 터였다.—앞으로 몇 달을 위한 새로운 정책들을 결정하자고 제안했다.

10월 28일 국회가 소집되었을 때 그 분위기는 몇 달 전 세심하게 조성된 민족 단결의 분위기와는 사뭇 달랐다. 국회 소집 전 며칠 동안 적어도 2백 명에 이르는 반대파 인사들이 체포되어 수용소에 갇혔으며, 북부 여러 지역에서 무력 충돌이 일어나 기자 2명을 포함한 몇 명이 사망했다. 하노이의 분위기는 침울했다. 정부를 지지하는 사람들과 반대하는 사람들 사이의 긴장이 팽팽해지고 있었다. 시립극장에서 회의가 열리는 동안 위국군 파견대가 주변을 삼엄하게 경계했다. 안에는 1월에 선출된 444명의 대표들 가운데 291명이 자리에 앉아 있었다. 3월에 참여했던 민족주의 정당들의 대표 70명 가운데 불과 37명만이 자리를 지키고 있었다. 야당의 한 의원이 남은 대표들은 어떻게 되었느냐고 묻자, 그들은 "보통법을 어긴 죄로 의회 상임위원회의 승인을 얻어" 체포했다는 답변이 나왔다.[62]

이전 회기와는 달리 회의장은 둘이 아니라 세 구역으로 나뉘었다. 프랑스와 마찬가지로 맨 왼쪽에는 인도차이나공산당의 공인된 당원들, 새로 결성된 사회당의 대표들(모두 붉은 넥타이를 매고 있었다), 인도차이나공산당이 후원하는 민주당 대표들이 앉아 있었다. 중앙에는 베트민전선에 참여하는 비당원들이 앉았고, 베트남국민당과 동맹회 대표들은 오른쪽에 앉아 있었다. 회의장에는 외국 손님들도 많이 앉아 있었다.

개회식에서 1928년 제6차 코민테른 대회에 참석하기도 했던 고참 당원이자 노동부 장관인 응우옌 반 타오는 '제1국민' 호치민에게 신뢰의 메시지를 보내자고 제안했다. 이 제안은 '긴 만세'와 함께 채택되었다. 이어 정부는 국회의 3월 첫 회기 이후 활동에 대한 보고서를 제출했다. 호치민은 파리에서 자신이 조인한 잠정 협정을 옹호하면서, 그것이 앞으로 협상에 불리하게 작용하지 않을 것이라고 장담했다. 호는 프랑스가 협정을 이행할 것으로 보느냐는 질문을 받자, 프랑스에는 나쁜 사람들만이 아니라 좋은 사람들도 있다는 점을 염두에 두어야 하며, 프랑스 국민 다수는 베트남의 독립과 통일이라는 원칙을 지지한다고 답변했다.

호치민은 파리로 떠나기 전 프랑스 관리들에게 하노이로 돌아오면 좀 더 다양한 그룹을 대표하도록 내각을 개편하겠다고 약속했다. 회의 두 번째 날 내각은 국회에 사퇴서를 제출했으며, 국회는 호에게 새로운 내각을 구성할 것을 요청했다. 사흘 뒤 새로운 내각이 구성되었으며, 국회는 만장일치로 승인했다. 그러나 호치민이 약속을 이행할 것이라고 기대했던 프랑스인들은 실망했다. 새로운 내각이 온건해지기는커녕 좌익 쪽으로 상당히 더 기울었기 때문이다. 내각에서는 베트민이 지배적인 위치를 차지했을 뿐 아니라, 중요한 자리는 모두 강경파가 차지했다. 보 응우옌 지압은 그대로 국방부 장관을 맡았고, 팜 반 동은 경제부 차관이 되었다. 호치민은 주석직을 유지했을 뿐 아니라 외무장관도 겸임했다. 게다가 총리직까지 맡았다. 새로운 각료 가운데 당이나 베트민전선과 관련이 없는 사람은 둘뿐이었다.

내각이 좌경화한 한 가지 원인은 그 전 가을과 겨울 동안 세심하게 구축한 민족주의자들과 통일전선이 붕괴했다는 것이다. 이제 경쟁 정당들이 공개적으로 대립하고 있었기 때문에 당 지도부는 타협할 필요성을 느끼지 않았다. 이런 좌경화는 당 내에서 호앙 쿠옥 비엣, 찬 후이 리에우, 추옹 친 등과 같은 급진적 지도자들의 영향이 커졌다는 의미일 수도 있었다. 추옹 친은 몇 주 뒤에 쓴 글에서 호치민이 채택하고 있는 단계적 접근 방식을 공개적으로 비판하였는데, 이것은 좀더 이념적인 각도에서 베트남 혁명을 바라보는 그의 성향을 드러낸 것이기도 했다.

이후 며칠 동안 국회는 베트남민주공화국의 새 헌법 초안을 심의했다. 추옹 친이 암시적으로 비판했음에도, 새 헌법은 본질적으로 온건한 성향을 띠었으며, 주민 다수에게 호소력을 가질 수 있도록 작성되었다. 정치 조직을 다루는 부분에서는 민주적 자유와 더불어, 프랑스 통치의 복귀에 대항하여 투쟁하는 모든 애국적 그룹의 광범위한 동맹의 필요성을 강조했다. 경제 부문에서는 사유재산의 신성함을 보장하였으며, 궁극적인 목표인 계급 없는 사회 건설에 대해서는 아무런 언급이 없었다. 그러나 프랑스측에서는 베트남의 완전 독립을 선언했고, 인도차이나 연방이나 프랑스 연합에 대해서 아무런 언급이 없다는 점을 묵과할 수 없었다. 국회는 헌법 초안을 승인했지만, 발효 시기는 정부에 맡겼다. 국회는 11월 14일에 폐회했다. 이제 의원은 242명뿐이었고, 그 가운데 2명만이 야당 소속이었다.[63]

하이퐁 사건

국회 개회 중에 잠정 협정에서 합의한 대로 코친차이나에 휴전이 선포되었다. 처음에 양측은 휴전을 어느 정도 존중하였으나, 결국 불가피하게 충돌이 일어나기 시작했고, 곧 전쟁의 열기가 달아올랐다. 프랑스는 게릴라들이 장악한 지역에서 소탕 작전을 펼쳤으며, 응우옌 빈은 자신의 요새를 유지하기 위해 필사적으로 싸웠다. 이제 프랑스는 평화 정착에 대한 믿음을 잃었으며, 티에리 다르장리외는 북부와 중부에 있는 자신의 부대에 대한 베트민의 기습을 걱정하여 호치민 정부를 전복하고 좀더 고분고분한 정부를 세우는 방안을 고려하기 시작했다. 9월에 프랑스측은 그해 초에 홍콩에 정착한 전 황제 바오 다이에게 접근하여 새로운 정부의 수반으로 일할 생각이 있는지 떠보았다. 다르장리외는 11월 중순에 장 에티엔 발뤼 장군에게 협상이 결렬될 경우 즉각 공격하라고 명령했다.

전쟁 위협이 다가오자 당 지도부는 군사력 강화를 위해 노력했다. 절실한 문제 가운데 하나는 현대식 무기의 확보였다. 1946년 가을 정부는 바다를 통해 중국으로부터 무기를 밀반입하기 시작했다. 육지의 국경은 프랑스가 철저히 봉쇄하고 있었기 때문이다. 하이퐁은 무기를 밀반입하는 주요 항구 가운데 하나였다. 사실 하이퐁은 베트남민주공화국에서 수입하는 모든 물자가 들어오는 곳으로, 몇 달 동안 프랑스와 베트남 사이의 논의의 초점이기도 했다. 프랑스측에서는 퐁텐블로에서 열린 회담 동안 세

하늘에서 본 하이퐁 사진.(1920년). 베트남 2대 항만인 사이공과 하이퐁은 수출경제의 두 창구였다.

11장 재건과 저항 575

관 문제를 몇 번 제기했다. 식민지 인도차이나에서 수입세는 전체 세입 가운데 높은 비중을 차지하고 있었기 때문이다. 그러나 이 문제는 해결되지 않았으며, 잠정 협정에서는 이 문제를 나중에 더 연구할 필요가 있다고만 언급했다. 사이공에서 다르장리외는 문제를 해결하지 못하는 데 안달이나, 파리에서 잠정 협정이 체결되던 바로 그날 모를리에르에게 명령하여 기회가 생기는 즉시 베트남인들로부터 세관을 접수하라고 명령했다.

11월 초 프랑스 군대는 마침내 하이퐁에 있는 세관을 점령하고 베트남 실무자들을 쫓아냈다. 베트남민주공화국 국회는 폐회 전에 이 행동에 항의하면서, 세관 활동과 관련한 모든 업무를 관장할 자주적 권리를 주장했다. 그러나 가장 중요한 문제는 정부가 하이퐁을 외국에서 구입하는 무기를 들여올 통로로 계속 이용할 수 있겠느냐 하는 것이었다. 11월 20일 프랑스의 군함이 밀수품인 가솔린을 싣고 가는 중국의 정크선을 나포했다. 목적지는 베트남 군대로 추측되었다. 정크선이 예인되어 항구로 끌려오자 해변에 있던 베트남 의용대가 프랑스측에 발포했으며, 프랑스측도 즉시 응사했다. 전투는 도시 전역으로 급속히 확대되었다. 휴전을 하기는 했지만, 발뤼는 이틀 뒤에 하이퐁의 프랑스군 사령관에게 도시를 완전히 장악하고 법과 질서를 회복하라는 명령을 내렸다. 23일 프랑스의 데베 대령은 베트남인들에게 중국인 구역에서 무기를 버리고 완전히 철수하라는 최후통첩을 했다. 베트남인들이 응하지 않자 그는 중국인 거주 구역에 대한 폭격 명령을 내려 민간인 수백 명이 죽었다. 이어 2천 명 가량의 프랑스 부대가 그 지역으로 몰려갔다. 혹시 있을지 모르는 반격을 무력화하기 위해 이웃한 지역에도 포를 퍼부었다. 그럼에도 프랑스군은 베트남 부대의 완강한 저항에 부딪혔으며, 전투는 며칠 동안 계속되었다. 결국 11월 28일에 베트민이 전투를 포기했다.[64]

도미노 이론

트루먼 행정부는 하이퐁 사건이 터지자 인도차이나 상황에 대한 무감각증에서 갑자기 깨어났다. 같은 날 하노이에서 보낸 전문에서 미국 영사 제임스 오설리번은 베트남인들이 먼저 사격을 했지만 프랑스인들의 오만한 태도가 사건의 원인이 되었다고 보고했다. 파리에서 케이퍼리 대사는 프랑스 관리들에게 이 사태에 대한 미국의 유감을 표시하라는 훈령을 받았다. 그러나 미국은 호치민 정부의 이른바 공산주의적 색채 때문에 프랑스에 대한 분노를 억눌러야 했다. 11월 말 파리의 미국 대사관은 프랑스 측이 호가 모스크바로부터 조언과 지침을 받는다는 '확실한 증거'를 가지고 있다고 보고했다. 사이공에서 미국 영사 찰스 리드는 만일 코친차이나가 베트민의 손에 들어가면 이웃한 캄보디아와 라오스에서 선전과 테러 활동을 본격화할 것이며, 이것은 '면밀한 주의'를 요하는 위험 사태라고 경고했다. 아직 '도미노 이론'은 나오지 않았지만, 리드의 발언은 그 이론과 다를 바 없는 내용이었다.[65]

11월 말, 국무부는 동남아시아과 과장 애벗 로 모펫을 인도차이나에 보내 전체적인 상황을 평가하고, 하노이 정부의 기본적 성격에 대해 보고하도록 했다. 모펫은 국무부 내에서 베트남 독립을 공개적으로 지지했다. 그는 호치민에게 미국은 3월 6일 협정 조항들을 지지하며, 베트남 정부가 "민주적 제도의 틀 내에서 더 큰 자치를 이루려는" 노력에 공감한다는 뜻을 전하라는 지침을 받았다. 그러나 모펫은 동시에 호에게 목적을 달성하기 위해 폭력을 쓰지 말라고 주의를 주고, 그에게 코친차이나의 지위에 대한 타협적 해결책을 받아들일 것을 촉구하라는 명령도 받았다. 모펫은 베트남 지도자들이 경솔한 행동을 하는 것을 막기 위해 프랑스 정부가 호-생트니 협정을 지킬 것으로 서약했고, 인도차이나에 식민지 체제를 복원할 의사가 없다는 점을 주지시키기로 했다.

모펫은 12월 3일 사이공에 도착했으며, 프랑스 관리들과 협의한 뒤에 7

일 하노이로 갔다. 오설리번 영사는 그 직전 호가 '절망적인 외로움'을 느끼고 있으므로, 모펏의 임박한 방문을 공표하는 것이 경쟁자들과의 관계에서 주석의 위치를 강화해줄 것이라고 보고했다. 호는 몹시 아팠지만(결핵이 재발했기 때문이었을 것이다), 모펏을 북궁으로 초대하여 이야기를 나누었다. 호는 모펏과 이야기하면서 다시 한 번 자신의 주요한 목적은 공산주의가 아니라 독립이라고 강조하려 했다. 그는 미국의 지원을 유도하기 위하여 전과 마찬가지로 캄 란 만을 미국 해군 기지로 제공하겠다고 제안했다. 그러나 모펏은 그 문제에는 아무런 훈령을 받은 것이 없었다. 그래서 오랜 세월 뒤 의회 증언에서 이야기했듯이 그는 "아무런 말도 할 수가 없었으며", 회담은 아무런 구체적 결론 없이 끝나고 말았다. 그러나 모펏은 미국 정부가 캄 란 만 제안에 관심을 가질 가능성을 낮게 보면서, 미국은 베트남이 프랑스와 협상을 통해 지위가 결정되기 전에는 베트남과 외교 관계를 맺을 수 없다고 말했다.

모펏이 인도차이나로 출발한 뒤 국무부는 그에게 베트남 정부 내의 공산주의자와 비공산주의자의 상대적 힘을 비교 평가하라는 추가 지침을 내렸다. 또 하노이에 공산주의자들이 지배하고 소련과 가까운 정부가 등장한 것은 '가장 바람직하지 않은 사태'라는 전문을 사이공으로 보냈다. 모펏은 인도차이나를 떠날 때까지 그 전문을 받지 못했지만, 호치민과 나눈 대화를 보고하면서 그 나름으로 하노이의 세력 분포를 평가했다. 베트남 정부는 공산주의자들의 통제 하에 있었으며, 모스크바, 중국공산당 양쪽과 직접 접촉하고 있을 가능성이 높았다. 동시에 그는 호치민 주위의 상대적으로 온건하고 실용적인 사람들과 보 응우옌 지압처럼 프랑스를 본능적으로 싫어하는 사람들 사이에 균열이 있다는 느낌을 받았다. 모펏은 소비에트의 영향력을 제한하는 수단으로서만이 아니라 중국의 침공으로부터 이 지역을 보호하기 위해서도 어떤 종류이든 프랑스군의 주둔은 불가피하다고 결론을 내렸다. 따라서 프랑스인에게 만족스러운 결과가 나올 것이라는 전망이 더욱 불투명해지기 전에 미국이 프월 합의를 지지해야 한다고 권고했다.

정부 내의 온건파와 강경파 사이에 심각한 차이가 있다는 모펫의 발언은 하노이의 다른 외교 관측통들의 발언에서도 확인된다. 프랑스의 저널리스트 필리프 드빌리에 역시 베트민 지도부 내에서 호가 좀더 강경한 인물들인 보 응우옌 지압이나 호앙 쿠옥 비엣과 갈등을 빚고 있으며, 호가 프랑스나 다른 서방의 담당자들에게 경쟁자들과 맞설 수 있도록 자신을 지원해달라고 자주 호소했다고 전하고 있다. 그러나 이런 관측에 회의적인 사람들은 호가 프랑스인들로부터 양보를 얻어내기 위하여 이런 소문들을 이용했을 뿐이라고 주장한다. 이 문제를 둘러싼 논쟁은 해결되지 않았지만, 현재 이용 가능한 증거들로 보건대 일부 당원들이 타협을 하려는 지도자에게 반항적인 태도를 보인 것은 사실이라 해도, 영리한 호치민은 이런 차이를 교묘하게 이용하여 적의 공포심을 자극한 것으로 추측된다. 모펫은 소비에트가 베트남민주공화국에 영향력을 행사할 가능성이 높다고 언급했지만, 제2차 세계대전이 시작된 이래 모스크바와 인도차이나공산당 사이에는 연계가 거의 없었으며, 호와 그의 동료들은 프랑스공산당을 통해서 소비에트의 입장을 확인하는 수준이었다.[66]

중국 내전이 격화되면서 이 지역에서 공산주의의 위협에 대한 우려가 갑자기 중요한 문제로 떠올랐다. 다른 많은 동남아시아 전문가들과 마찬가지로 모펫도 미국이 공산주의에 대한 공포 때문에 이 지역의 민족 자치를 지지해온 전통적 정책으로부터 이탈한다는 점을 점차 걱정하게 되었으며, 국무부에 이런 우려를 표시했다. 그러나 모펫으로서는 불쾌한 일이었지만, 워싱턴에 중대한 영향을 준 것은 그가 보고서에서 언급한 하노이 정부의 공산주의적 성격이었다. 국무부는 12월 17일 전세계 미국 공관에 보낸 회람에서 베트남 정부의 공산주의적 성격에 대한 모펫의 언급을 되풀이하면서, "소련의 영향에 대한 방어 수단으로서만이 아니라, 베트남과 동남아시아를 미래의 중국 제국주의로부터 보호하기 위한 수단"으로서 이 지역에 프랑스군의 주둔이 긴요하다고 결론을 내렸다.[67]

지지부진한 협상

다르장리외는 북부의 베트민군에 대한 선제 공격 가능성에 대비하여 추가 병력을 확보하기 위해 11월 13일 프랑스로 떠났다. 그러나 파리에 도착해보니 프랑스 정부는 아직 정치적 해결책에 대한 미련을 버리지 못하고 있었다. 총선거 결과 좌익이 다시 다수당이 되어, 조르주 비도는 사회주의자들에게 정권을 넘겨주기 위해 사임할 준비를 하고 있었다. 비도는 다르장리외에게 결국 지원군은 파견하겠지만, 인도차이나는 힘으로만 장악할 수 있는 곳이 아니라고 말했다. 비도는 추가 지침은 새 정부가 구성되고 나서 나올 것이라고 덧붙였다. 파리 정부는 자신의 메시지를 전하기 위해 다시 한 번 장 생트니에게 의지했다. 그는 전쟁으로 가는 흐름을 막을 수 있는 몇 안 되는 프랑스인 가운데 한 사람이었다. 생트니는 모를리에르 장군의 후임으로 전권을 가진 총독으로 임명되어 11월 23일, 하이퐁 사건 몇 시간 뒤 코친차이나로 떠났다. 그는 사이공에서 며칠 머문 뒤 (하이퐁 사건에 연루되는 것을 막아주려는 발뤼의 배려에 따라), 12월 2일에 하노이에 도착했다. 호주머니에는 파리에서 다르장리외가 준 지침이 들어 있었다.

군대의 명예는 실추되지 않았고, 프랑스의 존엄은 회복되고 고양되었으니, 부당하게 가혹한 조건들을 강요하는 것은 그릇된 정책이다.

따라서 호치민과 그의 정부가 필사적인 조치를 취하도록 밀어붙이지 않는 것이 긴요하다. 이런 이유 때문에 나는 귀하가 총독궁에 자리를 잡는 것이 시기상조이고 적절하지 않다고 생각한다. 그것은 강압적 방법으로 복귀한다는 것을 알리는 의도적 도발로 해석될 수 있기 때문이다.

발뤼도 지침과 같은 내용의 이야기를 했다. 그는 생트니에게 온건파를 강화하여 협상을 위한 조건을 만들기 위해 최선을 다하라고 촉구했다. "어쩌면 호는 전쟁을 원하지 않을지도 모르오." 발뤼는 그렇게 말했다.

호치민은 병 때문에 공항에서 생트니를 영접하지는 못했지만, 바로 다음 날 그를 만났다. 다낭 항구에는 새로운 프랑스 부대가 도착하였는데, 이것은 프랑스와 베트남 사이에 맺은 협정을 위반하는 행동이었기 때문에 프랑스가 공격을 계획하고 있다는 의혹을 불러일으켰다. 그러나 호는 호앙 민 지암으로부터 프랑스의 정치적 상황 변화에 대한 이야기는 듣고 있었는데, 호앙은 호에게 파리에 새로운 정부가 구성될 때까지 시간을 벌라고 조언했다. 생트니의 말에 따르면, 그와 호는 심각한 이야기는 하지 않고 호의 건강과 파리에서 베트남으로 돌아올 때의 항해 이야기만 했다고 한다. 생트니는 이후 며칠 동안 호로부터 아무런 연락을 못 받았다. 그는 주석이 과연 그의 정부의 정책을 마음대로 결정할 수 있는지 의심을 품었다. 이 기간 동안 생트니는 파리로부터도 추가 지침을 받지 못했기 때문에, 사실 호치민이 만나자고 해도 진지한 협상에는 들어갈 수가 없었다. 생트니가 기다리는 동안 파리에서는 레옹 블룸이 이끄는 새로운 사회당 정부가 출범했다.[68]

그래도 호와 생트니는 새로운 베트남 정부 구성 문제는 논의했던 것으로 보인다. 생트니는 내각에서 급진파를 뺄 것을 요구했는데, 그는 호가 불화를 피하고 싶어한다는 인상을 받았다고 기록했다. 생트니는 호치민이 자신의 동료들에게 얼마나 영향력을 행사하는지는 알기 힘들었다고 말한다. 생트니는 오설리번에게 파리는 호가 계속 주석직을 유지하는 데 반대하지 않지만, 과격 분자들이 사임하지 않는다면 프랑스는 그들을 제거하기 위한 '치안 행동'에 들어갈 준비가 되어 있다고 밝혔다. 그러나 생트니도 호를 당 내의 호전적인 인물들로부터 분리해낼 가능성이 적다는 사실은 인정했다. 생트니는 프랑스의 치안 활동이 금방 성공을 거두기를 바랐지만, 오설리번은 회의적이어서 워싱턴에 보낸 보고서에서 이렇게 말했다. "이 나라에서 베트민을 없애는 것은 치안 활동만으로는 불가능한 일이며, 생트니가 예측하는 것보다 훨씬 더 많은 시간이 걸릴 것이다."[69]

전쟁의 먹구름

12월 중순 호치민은 블룸 총리에게 메시지를 보내, 양국 간에 팽팽해지고 있는 긴장을 해소할 구체적인 방안들을 제시했다. 그러나 호와 그의 동료들은 결코 정치적 해결책만 바라보고 있지 않았다. 호는 이미 보 응우옌 지압을 비롯한 군사 지도자들과 전쟁 준비의 필요성을 논의하고 있었다. 10월에 이제 완전히 비밀리에 활동하게 된 인도차이나공산당 중앙위원회는 당의 군대를 지도하기 위하여 새로 중앙군사위원회를 만들었다. 당의 인민위원들은 군부 내의 요직에 임명되었으며, 여러 군사 지구에 당 위원회들이 수립되었다. 전체적인 작전은 반 티엔 둥이라는 촉망받는 장교가 맡기로 했다. 그는 1975년 봄 사이공 최종 공격을 지휘한 사령관으로 이름을 떨치게 된다.

하노이 정부는 가을이 되면서 군사력 강화에 박차를 가했다. 이제 '베트남인민군'으로 이름을 바꾼 군은 크게 확대되었다. 프랑스 자료에 따르면 여름이 끝날 무렵 베트민은 35개 보병 연대와 3개 포병 연대를 조직하여, 약 6만 명의 병력을 거느리게 되었으며, 이 외에도 코친차이나에도 전투 병력 1만 2천 명이 더 있었다. 지방의 의용대나 게릴라 부대에 소속된 인원은 거의 1백만 명에 이르렀다. 전국의 정부 통제 하에 있는 마을들에는 '전투 마을'로서 자기 방어를 할 준비를 하라는 지침이 떨어졌다. 그러나 무기는 여전히 부족했다(프랑스 자료에 따르면 베트남들의 무기는 소총 3만 5천 정, 자동화기 1천 점, 대포 55문 정도였다). 따라서 하노이 정부는 비엣 박의 안전한 장소에 무기 공장을 세우는 데 힘을 기울였다. 호는 보 응우옌 지압으로부터 하노이는 한 달 정도밖에 버틸 수 없다는 보고를 받

고 8월 혁명의 문을 열었던 탄 차오 근처에 새로운 기지를 준비하라고 명령했다.[70]

하이퐁 사건 뒤 상황은 더욱 긴박하게 돌아갔다. 당 특별위원회는 정부가 근처의 산악지대로 피신할 시간을 벌기 위한 하노이 방어 계획을 짜기 시작했다. 북궁과 근처의 부대에는 정부군 숫자가 많지 않았고, 이 지역의 베트남군은 대부분 수도 외곽에 배치되어 있었다. 수도의 방어력을 보완하기 위해 하노이 내에는 1만 명에 가까운 전투 의용대와 청년 돌격대가 배치되어 있었다. 이 그룹들은 열정적인 젊은 혁명 지지자들로 이루어져 있었는데, 사제 무기를 들고 가운데 황금 별이 박힌 정사각형 배지를 달고 다녔다. 그러나 이들의 적은 수천 명에 이르는 프랑스 외인부대원들이었으며, 그들은 대부분 요새에 주둔하고 있었다. 나머지는 돈 투이 병원, 이전의 총독궁, 철도역, 인도차이나 은행, 폴 두메르 다리, 동쪽 강변에 있는 쟈 람 공항 등에 흩어져 있었다.

도시의 방어 계획이 수립되는 동안(베트민 민족위원회는 기관지 〈쿠 쿠옥(救國)〉에서 매일 하노이 방어 준비를 촉구했다), 정부 기관들은 하나씩 은밀하게 시 외곽에 마련한 장소로 옮겨갔다. 정부군은 수도 내에 바리케이드를 쌓기 시작했다. 프랑스군도 이에 대응하여 방어를 강화하기 시작했다. 12월 6일 호치민은 프랑스측에 11월 20일 전의 위치로 철수하라고 공개적으로 호소했지만 아무런 답이 없었다. 다음 날 프랑스 기자와 회견하면서 호는 베트남 정부는 양국에 심한 고통을 안겨줄 전쟁을 피하고 싶다고 거듭 강조했다. 그러나 호는 덧붙였다. "만일 우리에게 전쟁을 강요한다면, 우리는 우리 자유를 포기하지 않고 싸울 것입니다."[71]

전면 항전 태세

이 무렵 발뤼 장군은 호치민이 그의 정부에서 과격파를 제거할 의사가 없다는 결론을 내리고, 지원군이 도착하는 즉시 분명한 행동을 할 수 있게 해달라고 파리에 요청했다. 그는 연말까지 행동을 늦추면 프랑스에 불행한 일이 생길 수도 있다고 경고했다. 그러나 새로운 총리 레옹 블룸은 군사 행동을 머뭇거렸다. 블룸은 12월 12일 베트남의 독립을 인정하는 방식으로 인도차이나 분쟁을 해결할 의향을 발표했다. 사흘 뒤 호치민은 분쟁을 해결할 구체적 방안이 담긴 메시지를 생트니에게 주면서, 프랑스의 새로운 지도자에게 전해달라고 했다. 생트니는 그 메시지를 전보로 사이공에 보내면서, 파리로 전달해달라고 요청했다.[72]

베트남 지도부가 파리에 사회당 정부가 들어선 뒤로 정치적으로 해결할 수 있다는 희망을 가졌는지는 확실치 않다. 보 응우엔 지압은 블룸의 발언 가운데 몇 가지는 그 성격상 진보적이지만, 사실상 블룸은 미국과 프랑스 재계의 앞잡이에 지나지 않으며, 프랑스공산당의 화해 불가능한 적이라고 단언했다. 보 응우엔 지압의 의심을 확인이라도 해주듯이 블룸은 새로운 내각에 공산주의자는 한 명도 받아들이지 않았으며, 티에리 다르장리외를 인도차이나의 고등판무관에 유임시켰다. 한편 지원군 요청과 베트남에 대한 즉각적인 군사 행동을 논의한 내각 회의는 아무런 결론에 이르지 못했다. 비도는 사신을 통해 발뤼에게 지원군이 올 것이라고 믿지 말고, 폭력 없이 상황에 대처하도록 노력하라고 조언했다.

다르장리외와 마찬가지로 프랑스의 인도차이나 철수를 확고하게 반대하는 발뤼는 적대 행위를 먼저 시작한 뒤 파리에 전쟁을 기정 사실로 제시하려면 하노이를 자극할 필요가 있다고 판단했다. 12월 16일 발뤼는 모를리에르 장군(그는 생트니가 돌아간 뒤 북베트남에서 계속 군사 임무를 수행해왔다)에게 시내에 베트민이 세워놓은 바리케이드들을 파괴하라고 명령했다. 블룸에게 보내는 호치민의 메시지가 사이공에 도착했을 때 발뤼는 거기에 자신의 신랄한 논평을 덧붙이면서, 군사 행동을 새해까지 미루면 위험할 것이라고 적었다. 전문은 19일에야 파리에 도착했다. 그러나 이미 너무 늦었다.[73]

12월 17일 프랑스의 장갑차들이 하노이 시내로 진입하여 베트민 병사들이 그때까지 세워놓은 보루를 부수기 시작했다. 외인부대원들은 요새에서 공항으로 가는 길의 폴 두메르 다리까지 줄을 지어 서 있었다. 베트남인들은 반응을 보이지 않았다. 다음 날 프랑스측은 시내에 다시 장애물을 세우지 말라는 최후통첩을 보냈다. 그날 오후에 발표된 두 번째 최후통첩에서는 20일부터 프랑스 부대가 수도의 치안을 담당하겠다고 선포했다. 그러자 베트남 부대들은 그날 저녁에 외곽으로부터 시내로 들어가는 모든 통로를 차단하기 시작했다. 다음 날 아침 프랑스측은 베트남 정부에 모든 전쟁 준비를 중단하고, 모든 의용대를 해체하고, 수도권의 치안을 프랑스에 넘기라는 세 번째 최후통첩을 발표했다.

　베트남인들은 상황이 전 달에 일어났던 사건들을 연상시키는 방향으로 불길하게 흘러가고 있다는 느낌을 받았다. 그때도 데베 대령이 비슷한 요구를 한 뒤에 하이퐁에 포격을 시작했다. 12월 18일 아침 호치민은 다음 날 프랑스측 시설을 공격할 준비를 하라는 지령을 내렸다. 동시에 자신의 메시지가 블룸 총리에게 도달하지 않았을지도 모른다고 걱정하여, 파리로 직접 전보를 보냈다. 다음 날 아침에는 장 생트니에게 보내는 짧은 편지를 써서 외교 정책 고문인 호앙 민 지암에게 전달하도록 했다. "지난 며칠 동안 상황은 더 심각해졌습니다. 매우 안타까운 일입니다. 파리에서 결정을 내릴 때까지, 생트니 씨가 지암 씨와 함께 현재 분위기를 개선할 방안을 찾아보았으면 좋겠습니다."[74]

　매우 간결한 어투로 보아 호치민이 어떤 쓸 만한 답변을 기대했다고 보기는 힘들다. 사실 생트니는 같은 날 아침 호치민에게 좀더 긴 메시지를 보내, 베트남인들의 도발로 프랑스 민간인 몇 명이 죽거나 다쳤다고 항의하면서, 범법자들을 즉시 처벌해달라고 요구했다. 생트니는 도발을 하겠다는 발뤼의 결정을 미리 알았던 것인지 그다음 날 보자고 하면서 지암을 만나주지 않았다.[75]

베트민 부대들은 1946년 12월 프랑스군의 공격을 피해 중순 롱 비엔 다리 밑으로 홍 강을 건넜다. 한 세대 뒤 베트남 전쟁에서 이 다리는 미국의 B-52기들의 폭격에 시달려야 했다.

비서인 부 키로부터 생트니가 호앙 민 지암을 만나지 않으려 한다는 소식을 접한 호는 당 상임위원회 소집을 요구하는 지령을 작성했다. 그 직후 호치민은 추옹 친, 레 둑 토, 보 응우옌 지압을 만났으며, 상황을 고려할 때 더 이상 양보는 불가능하다고 선언했다. 동료들도 전국의 자원을 동원하여 프랑스에 장기적으로 대항한다는 데 동의했다. 추옹 친은 '전면 항전(토안 디엔 캉 치엔)'을 호소하는 선언문을 작성할 책임을 맡았으며, 지압은 교전을 개시할 준비를 하라는 명령을 받았다. 이들은 계속해서 호치민이 그날 오후에 작성한 인민에게 보내는 호소문을 검토하면서 몇 구절을 바꿀 것을 제안했다. 상임위원회는 그날 저녁 8시를 공격 시간으로 정하고 폐회했다.[76]

같은 날인 12월 19일 초저녁 장 생트니는 숙소로 퇴근할 준비를 하고 있었다. 하노이의 다른 모든 사람들과 마찬가지로 생트니 역시 상황이 악화된 것을 알고 있었으며, 곧 교전이 시작될 것이라고 예상하고 있었다. 한 요원은 베트남의 공격이 임박했다고 알려주기도 했다. 그러나 예르신

병원의 시계가 8시를 알렸을 때 생트니는 한 동료에게 말했다. "오늘 밤은 아닌가 봐. 나는 퇴근하겠네." 생트니가 막 차에 탔을 때 멀리서 폭발음이 들리더니, 곧바로 거리가 암흑으로 바뀌었다. 생트니는 서둘러 집으로 달려가, 모를리에르 장군이 그를 요새로 데려가기 위해 보내준 장갑차에 올라탔다. 그러나 가는 길에 장갑차가 지뢰를 밟는 바람에 생트니는 중상을 입었다. 그는 두 시간 동안이나 죽었거나 죽어가는 동료들에 둘러싸인 채 거리에서 피를 흘리며 누워 있었다.[77]

베트남인들은 계획에 따라 발전소 기습을 신호로 공격을 개시했다. 의용대는 도시 전역의 프랑스 시설을 공격했고, 테러 분대가 유럽인 구역을 돌아다니며 민간인들을 공격하기 시작했다. 지압은 시의 남서쪽 교외에 있는 경주장 근처와 그랑 락(현재의 서호) 옆에 정규군 3개 사단을 배치해 두었지만, 아직 그들을 움직일 생각은 없었다.

프랑스측은 공격 규모에 놀랐지만, 늦은 저녁이 되면서 하노이의 중심부를 장악하기 시작했다. 프랑스군의 한 부대가 북궁을 공격했으며, 호치민은 아슬아슬하게 피신할 수 있었다고 전해진다. 이렇게 제1차 인도차이나 전쟁은 시작되었다.

제1차 인도차이나 전쟁

12월 19일 하노이에서 일어난 사태에 프랑스의 여론은 격분했다. 많은 프랑스 사람들은 아무런 도발이 없는 상태에서 베트남인들이 인도차이나의 프랑스 시설과 민간인들을 공격했다고 생각했다. 그러나 증거들을 면밀히 조사해보면, 갈등이 악화된 데는 프랑스의 책임이 컸다. 파리 정부는 전쟁으로 갈 수 있는 결정적인 조치를 취하는 것을 머뭇거렸지만, 인도차이나의 프랑스인들은 스스로 알아서 행동에 나섰다. 먼저 도발을 하겠다는 발뤼 장군의 결정은 적어도 부분적으로는 호치민 정부 내의 과격분자들을 통제할 수 없거나 하지 않으려 한다는 판단에 근거를 두고 있었다.

만일 그렇다면 전쟁이 불가피하며, 그럴 경우 그 지역에서 프랑스의 군사력이 약화되기 전에 행동에 나서야 한다는 것이 그의 계산이었다. 도시의 모든 치안 기능을 프랑스에 넘기라는 12월 17일의 최후통첩은 분명히 대응을 도발하기 위해 계산된 행동이었다.

호치민이 전쟁을 피하기 위해 진지하게 노력을 했을까, 아니면 그의 행동들은 하노이가 전쟁을 위한 적절한 준비를 갖출 수 있는 시간을 벌기 위한 것이었을까? 이 두 가지 결론 사이에서 어느 한 쪽을 선택할 필요는 없다. 4세기 중국의 병법가 손자의 가르침에 따라, 호는 최고의 승리는 무력을 이용하지 않고 얻어내는 것이라고 확신했다. 폭력 없이 목적을 달성하려 할 경우 가장 효과적인 방법들은 (역시 손자의 말에 따르면) 외교와 선전을 이용하여 적을 분열시키고 그 힘을 약화시키는 것이었다. 어쨌든 12월 19일, 호와 그의 동료들은 더 이상 타협은 불가능하다는 결론을 내렸다. 이제 문제는 전장에서 해결할 수밖에 없게 되었다.[78]

12장 호랑이와 코끼리

1946
1950

1952년 두 정상 사이에 회담이 열렸을 때 스탈린은 회의실의 의자 두 개를 가리키며 말했다. "호치민 동지, 여기 의자 두 개가 있소. 하나는 민족주의자들을 위한 의자이고, 다른 하나는 국제주의자들을 위한 의자요. 동지는 어디에 앉고 싶소?" 그러자 호는 이렇게 답했다고 한다. "스탈린 동지, 나는 두 의자에 다 앉고 싶습니다."

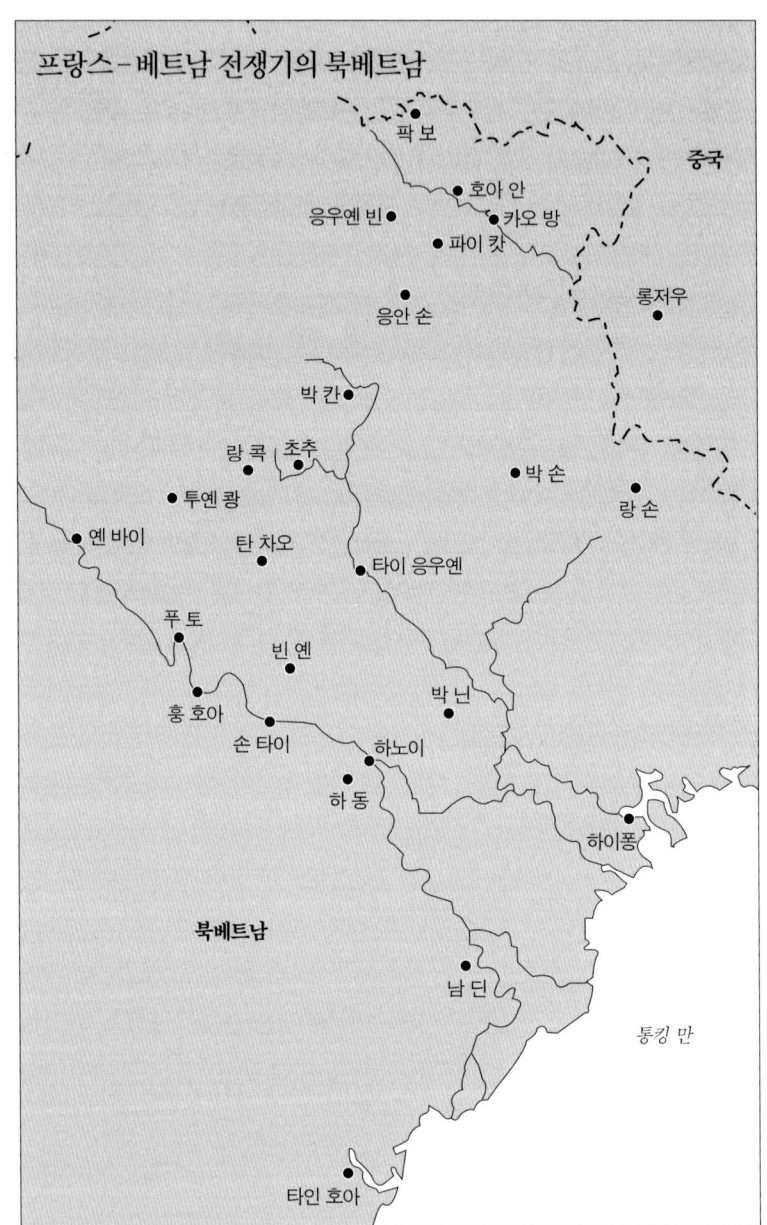

12 | 호랑이와 코끼리

    1946년 여름 호치민은 〈뉴욕타임스〉의 통신원 데이비드 쇼엔브런과 인터뷰를 하면서 베트남과 프랑스 사이에 전면전이 벌어지면 베트민은 호랑이처럼 밀림 속에 웅크리고 있다가 밤에 굴에서 나와 프랑스의 코끼리를 갈기갈기 찢어발길 것이라고 경고했다. 호는 그것이 인도차이나 전쟁의 특징이 될 것이라고 말했다.
    호는 자신의 말이 사실임을 보여주었다. 프랑스가 하노이를 비롯하여 베트남 북부와 중부의 주요 산업 중심지에서 소탕 작전을 펼치기 시작하자, 늙은 혁명가와 그의 동료들은 수도에서 남쪽으로 몇 킬로미터 떨어진 하 동 성 동굴의 임시 본부를 버리고, 비엣 박의 중심지에 있는 탄 차오 산악지대의 옛 기지로 피신하여 장기전에 대비했다. 베트남은 호치민의 장려에 따라 일찍이 1941년에 중국의 인민 선쟁을 모델로 삼아 전략을 수립했다. 수도에서 교전이 시작되고 나서 불과 사흘 뒤인 12월 22일, 베트남 정부는 다가올 전쟁은 3단계로 이루어질 것이라는 내용의 공개 성명을 발표했다. 이 발표문은 마오 쩌둥의 군사적 이념에 기초한 시나리오를 제시했다. 제1단계에서 베트남군은 방어에 치중하며 산악 요새에서 전력을 강화한다. 양측의 힘이 비슷해지는 제2단계에 이르면 혁명군은 굴에서 나와 적의 노출된 시설을 기습하기 시작한다. 제3단계에서는 전면 공세로 들어

가, 베트민은 적군을 바다로 내모는 최종 공세를 시작한다.[1]

그러나 베트남군은 물러나면서도 앞으로 그들이 치열하게 투쟁할 것임을 분명하게 보여주었다. 정부 관리들이 하노이를 버리고 삼각주의 평원 지대의 통로를 통해 북서쪽으로 이동하는 동안, 의용대는 3만 명 이상이 거주하는 중국인 구역의 좁은 거리에 몸을 숨긴 채 남아 있었다. 이곳에서 의용대는 그들을 몰아내려는 프랑스군에 맞서 격렬하게 저항했다. 발뤼 장군은 의용대를 소탕하기 위해 공습을 제안했으나, 대량의 파괴를 피하면서 이 구역에 대한 프랑스의 통제력을 회복하기 위하여 거리 하나씩 전진하는 방식을 택했다. 이 작전은 고통스러울 정도로 속도가 느렸고, 프랑스측에서도 사상자가 많이 났다. 마침내 1947년 1월 중순 프랑스 부대가 중국인 구역의 북쪽 가장자리에 있는 시장까지 도착하자, 베트민군은 많은 지역 주민과 더불어 이 지역을 버리고 홍 강을 건너 북쪽으로 달아났다. 베트민 지지자들은 군대 철수와 함께 도시를 떠나면서도 숯이나 깨진 벽돌로 요새의 벽에 "우리는 돌아온다!"는 말을 적어놓고 갔다.[2]

미국 영사 오설리번은 워싱턴에 베트민의 이동을 보고하면서 베트남군이 전투에서 '유례없는 용기와 고집'을 보여주었는데, 그 모습이 마치 태평양 전쟁 때의 일본군을 연상시킨다고 말했다. 그는 베트남 부상자가 수백 명일 것으로 추정했다. 프랑스 병사는 1백 명 정도가 전사하고, 유럽 민간인 45명 정도가 죽었으며, 2백 명 정도가 실종되었다. 프랑스군은 교외를 장악한 뒤 농촌으로 이동하기 시작했으며, 곧 베트남인들이 적의 물자 보급을 방해하려고 초토화 작전을 썼다는 것을 알게 되었다. 베트남 다른 지역에서도 베트민 주력 부대가 농촌의 기지로 흩어지는 동안 도시지역에서는 의용대가 지연작전을 펼쳤다.

그러나 호치민은 아직 평화적인 해결책을 찾으려는 노력을 포기하지 않은 것 같았다. 교전이 시작되던 바로 그날, 하노이에는 베트민이 배포한 소책자가 나돌았는데, 그것은 '프랑스 인민'을 대상으로 한 것으로, 호치민 정부는 프랑스 연합 내에서 평화롭게 살 의사가 있으나 "프랑스의 이름을 더럽히고 전쟁을 일으켜 우리를 분단시키려는 반동적 식민지주의자들" 때문에 전쟁이 발발했다고 주장했다. 프랑스가 베트남의 독립과 민족의 통일을 인정하기만 한다면, 두 민족 사이에 협력과 상호이해가 즉시 복원될 것이라는 내용이었다. 다음 날 베트민 라디오는 협상 재개를 호소하기 시작했다. 12월 23일 호치민은 해외영토 장관인 마리위스 무테와 르클레르 장군에게 양측의 대표 회담을 제안했다. 무테와 르클레르는 블룸 정부의 요청에 따라 사실을 확인하는 임무를 띠고 인도차이나로 오는 중이었다. 며칠 뒤 호는 휴전을 하고, 파리에서 이전의 호-생트니 협정의 틀 내에서 새로운 평화회담을 열자고 공식적으로 제안했다.[3]

그러나 프랑스인들은 전투를 중단할 생각이 별로 없었다. 레옹 블룸 총리는 12월 23일 국회에서 연설하면서 베트남의 하노이 공격의 여파로 프랑스의 모든 정파에 영향을 주고 있는 애국주의적 분위기를 반영하여 이렇게 말했다. "우리는 폭력에 대응하는 임무를 떠안게 되었습니다. 그곳에서 싸우고 있는 사람들, 인도차이나에 거주하고 있는 사람들, 그리고 우호적인 민족들은 이 정부의 경계와 결의를 무조건적으로 신뢰해도 좋다고 선언합니다." 블룸은 연설을 마무리 지으면서 평화적인 타결을 위한 문을 열어놓았다. 그는 일단 질서가 회복되면 "중단되었던 임무, 즉 프랑스 연합과 자유롭게 결합한 인도차이나 연방 내의 자유 베트남 건설이라는 임무를 다시 한 번 성실하게 떠맡을 것"이라고 확인하면서 이렇게 덧붙였다. "그러나 질서 회복이 먼저다."[4]

프랑스 신문 〈르 포퓔레르〉는 해외영토 장관 마리위스 무테를 '평화를 위한 메신저'로 묘사했다. 그러나 무테는 베트남 독립 투쟁에 공감하는 사람으로 유명하기는 했지만, 하노이 기습에는 다른 프랑스인들과 마찬가지로 격분했다. 그는 크리스마스에 사이공에 도착하자마자 언론을 향해 이렇게 선언했다. "협상 이전에 오늘은 우선 군사적인 결정을 해야 한다.

안타까운 일이지만 베트민이 저지른 어리석은 짓들은 눈감아줄 수 없다." 무테는 자신의 말을 강조하기 위해서 1월 초 프랑스로 돌아가기 전까지 사회주의의 오랜 동지 호치민을 만나려고 하지 않고, 라오스와 캄보디아의 프랑스 담당자들과 의논을 하며 시간을 보냈다. 호치민은 1월 3일에 전쟁 전의 상태에 기초한 휴전과 협상 재개를 제안하는 편지를 무테에게 보냈다. 그러나 프랑스 식민지 당국은 그 편지가 장관의 손에 도착하기 전에 가로채 돌려보냈다.[5]

르클레르 장군은 평화회담에 앞서 베트남의 공격에 대해 무력으로 강력하게 대응해야 한다는 무테의 확신에 공감했다. 그러나 르클레르는 이 위기를 결국 정치적으로 해결해야 한다는 신념도 있었기 때문에, 무테가 호를 만나려 하지 않는다는 사실을 알고 곤혹스러워했다. 르클레르는 1월 9일에 인도차이나를 떠나면서 이렇게 말했다. "이곳에는 베트남과 프랑스 사이의 다리가 시체들 위에 세워져야 한다고 생각하는 사람들이 너무 많다." 르클레르는 파리에 보내는 보고서에도 "아마 당분간은 이루어질 수 없겠지만 복잡한 해결책은 정치적인 것일 수밖에 없다."라고 썼다. 강한 일체감을 가지고 있는 2천4백만 명의 민족을 프랑스가 무력으로 진압할 수는 없다는 것이 그의 결론이었다. 르클레르가 보기에 핵심적인 문제는 베트민이 주도하는 기존 민족주의를 어떻게 좀더 온건한 정당들이 대표하는 온화한 민족주의로 바꾸느냐 하는 것이었다. 그러나 전장에서 프랑스가 군사적으로 강력한 위치를 차지할수록 궁극적으로 더 나은 해결책이 나올 것이라는 생각에는 변함이 없었다.[6]

르클레르가 상황을 보는 관점은 대체로 레옹 블룸의 관점과 일치했기 때문에, 장군이 1월 중순 프랑스에 도착하자 총리는 다르장리외를 대신하여 총사령관 겸 고등판무관으로 다시 인도차이나로 돌아갈 생각이 없느냐고 의중을 떠보았다. 많은 사람들이 다르장리외를 난국의 책임자로 지목하고 있었기 때문이다. 그러나 르클레르가 마음을 정하기도 전에 블룸이 물러나고, 같은 사회당 출신의 폴 라마디에가 총리 자리에 앉았다. 라마디에는 힘으로 질서를 회복한다는 기존 정책에 찬성하면서, 다른 한편으로는 베트남의 3개 지역을 궁극적으로 통일하여 프랑스 연합 안의 단일 국가로 만드는 방식을 고려할 뜻이 있다는 점을 분명히 밝혔다. 그러나 새로운 총리는 인도차이나에서 프랑스군의 전력을 강화할 생각이 없었기 때문에, 르클레르는 드골 장군의 조언에 따라 고등판무관직 제안을 거절했다. 라마디에는 에밀 볼레르에게 그 자리를 맡아달라고 요청했다. 볼레르는 자유주의적인 태도의 정치가로 평판이 좋았지만, 국회의 어떤 주요 파벌에도 속하지 않았다. 미국의 한 외교관은 볼레르가 "유능하고 정력적이지만 비교적 무명"이라고 묘사했다.[7]

워싱턴의 레드 콤플렉스

볼레르는 3월 초에 인도차이나로 떠났다. 그는 사이공에 도착하자마자 자신의 진영 내에서 불거진 문제와 부딪히게 되었다. 사이공의 식민지주의자 단체들은 다르장리외의 후원 하에 베트민을 우회하여 당시 홍콩에 있던 바오 다이 황제와 협상을 하려고 시도했다. 천성이 게으르고 쾌락을 즐겼던 바오 다이는 일반 국민의 이름 빈 투이를 버렸고, 일시적으로 국사에 대한 관심을 잊은 채 여자와 도박에 몰두하고 있었다. 프랑스는 부쩍 살집이 늘어난 전 황제와 접촉하여 아무런 성과도 거두지 못했지만, 그와 거래를 해보자는 의견이 프랑스와 인도차이나 양쪽에서 확산되고 있었다. 그러나 볼레르에게는 무척 고민스러운 일이었다. 베트민은 베트남에서 여전히 상당한 인기를 누리고 있었으며, 호치민은 민족주의 지도자로서 널리 존경받고 있었다. 볼레르가 파리를 떠나기 전 르클레르는 "무슨 대가를 치르더라도 협상을 하라."라고 조언했다. 또 비서실장 피에르 메스메와 개인 참모이자 존경받는 인도차이나 학자인 폴 뮈 등 볼레르의 측근 가운데 다수도 협상을 지지했다. 그러나 프랑스군 전사자와 실종자가 이미

1천 명을 넘어섰으며, 인도차이나의 프랑스인 공동체는 베트민과 협상하는 것을 완강하게 반대했다. 바오 다이가 유일한 대안으로 보였으나, 그가 대중적 인기에서 호치민의 대안이 될 수 있을지는 의문이었다. 전 황제는 전통주의자들 사이에서는 어느 정도 지지를 얻고 있었으나, 많은 베트남인들은 방종한 생활을 하는 그를 경멸하고 있었다. 일부에서는 중요한 정치적 쟁점 몇 가지를 놓고 만성적으로 심한 분열을 보여온 분파적인 민족주의 그룹들을 그가 통합해낼 수 있을지 의심했다.

호치민은 프랑스인들과 빈약한 연결선을 유지하려고 노력했다. 4월 23일, 3월에 베트남민주공화국 외무장관으로 재임명된 비공산주의자 호앙 민 지암은 즉각 휴전을 하고 갈등을 평화적으로 해결하기 위해 협상을 재개하자는 호의 메시지를 볼레르에게 전했다. 볼레르는 적의 의도를 의심하는 한편 참모들로부터 군사적 상황이 유리하다는 이야기를 듣고 있었기 때문에, 평화 회복 이전에 베트민 세력의 실질적인 항복을 요구하는 조건들을 역으로 제시했다. 볼레르는 이 메시지의 전달을 한때 호치민과 알고 지내는 사이였던 폴 뮈에게 맡겼다. 5월 12일 저녁 뮈는 우선 하노이 근처에서 호앙 민 지암을 비밀리에 만난 뒤, 타이 응우옌의 성도에 있는 집에서 호치민을 만났다. 호는 방문객의 이야기에 정중하게 귀를 기울인 뒤, 프랑스측의 요구를 단호하게 거절했다. "프랑스 연합에는 겁쟁이들이 들어갈 자리가 없습니다. 만일 내가 이 조건들을 받아들인다면, 나는 겁쟁이가 될 것입니다."[8]

호치민은 베트남의 평화협상 제안에 대한 프랑스의 경멸적인 응답에 틀림없이 실망했을 것이다. 호는 줄곧 프랑스가 궁극적으로 인도차이나 식민지의 독립을 사실로 인정하기를 희망해왔다. 그러나 당장은 군사적 선택 외에 다른 대안이 없었다. 그달 말 호는 프랑스에서 받아들일 수 없는 평화 조건을 제시했다면서 민족 항전을 새롭게 호소했다.

그러나 호는 계속해서 이 문제를 국제적으로 해결할 가능성을 모색했다. 물론 세계를 지배하는 두 세력 사이에 이데올로기 대립이 격화되는 것은 불길한 조짐으로 볼 수 있었다. 게다가 모스크바는 여전히 머나먼 인도차이나의 투쟁에 거의 관심을 보이지 않았다. 그럼에도 미국이 갈등을 해결하는 데 유용한 역할을 하도록 유도할 가능성은 남아 있었다. 사실 트루먼 행정부는 인도차이나에서 교전이 시작된 이래 프랑스의 행동을 불편한 마음으로 지켜보고 있었다(물론 호와 그의 동료들은 이 사실을 알 리가 없었지만). 하노이에서 전투가 시작되고 나서 며칠 뒤 국무부 차관 딘 애치슨은 프랑스 대사 앙리 보네를 국무부로 불러, 인도차이나의 상황이 폭발성이 크며, 워싱턴에서는 무력으로 해결할 수 없을 것으로 전망하고 있다고 경고했다. 애치슨은 보네에게 미국은 개입하고 싶지 않다고 하면서도, 해결책을 찾는 방법을 주선해주겠다고 제안했다. 파리는 무뚝뚝하게 그 제안을 거부하면서, 질서를 회복한 뒤에 베트남인들과 접촉을 하겠다고 고집을 부렸다.

몇 주 뒤 중국에서 돌아온 조지 C. 마셜 장군이 제임스 번스의 뒤를 이어 미국 국무장관 자리에 앉았다. 1945년 12월 이후 마셜은 충칭을 정기적으로 방문하여 국민당과 중국공산당 사이에 평화협정을 억지로 만들어냈으며, 그 결과 장 제스가 지도하는 연립정부가 탄생했다. 그러나 그러한 노력에도 불구하고 1946년 말에는 내전이 벌어졌다. 마셜은 인도차이나의 상황을 검토한 뒤 파리의 미국 대사 케이퍼리에게 전문을 보냈다. 그러나 프랑스와 베트민 사이의 갈등이 시작된 이후 이 문제에 대한 워싱턴의 입장을 처음 공표한 이 메시지는 모호하기 짝이 없었다. 마셜은 미국이 인도차이나에 대한 프랑스의 지배권을 공식적으로 인정해왔으며, 따라서 그 지역에 개입하고 싶지 않다고 말한 뒤에, 이렇게 덧붙였다. "우리는 이 문제에 양면이 있다는 사실, 우리의 보고서에서 프랑스는(파리보다 사이공에서) 다른 면을 이해하지 못하고 있으며, 그 지역에서 위험하고 낡은 식민지적 관점과 방법이 존속될 것이라고 지적하고 있다는 사실을 직시해야 한다."

그러나 마셜은 곧 이어 프랑스의 딜레마를 인정함으로써 앞서 자신의 예리한 지적을 스스로 흐려놓는다. "우리는 호치민이 공산주의와 직접적인 연계를 맺고 있다는 사실을 간과하지 않으며, 식민지 제국과 행정부가 크렘린이 만들어내고 통제하는 철학과 정치 조직으로 대체되는 것을 보고 싶어하지 않는다는 것 또한 분명하다." 결국 마셜에게는 아무런 해결책이 없었으며, 프랑스에게 협상의 문을 열어놓고 해결책을 찾는 일을 "소홀히 하지 말라"고 제안하는 것으로 만족하고 말았다. 복잡하게 뒤엉킨 인도차이나 문제에 대한 접근 방법을 놓고 마셜이 보여준 우유부단한 모습은 트루먼이 퇴임할 때까지 지속된다.[9]

2월 말 마셜은 하노이의 영사 제임스 오설리번에게 기회가 닿으면 베트남 지도부와 연락을 해보라는 지침을 내렸다. 오래지 않아 연결이 이루어졌다. 4월에 한때 사이공에서 청년선봉의 대장을 맡았고, 그 즈음에는 호치민 정부에서 차관으로 일하고 있던 팜 응옥 타익이 태국에 살고 있는 미국 사업가 몇 명과 접촉하면서, 방콕 미국 대사관의 무관인 윌리엄 로 중령과도 접촉했다. 타익은 로 중령과 비공식적으로 이야기를 나누다가 로와 미국 대사 에드윈 F. 스탠턴의 서면 질문에 응답해주기로 약속했다. 타익은 답변에서 베트남 정부의 광범위하고 비당파적인 성격을 강조하면서, 베트남 정부가 사회 혁명의 목표보다는 민족적인 목표에 헌신하고 있다고 말했다. 그는 베트남 정부의 경제 계획은 "자본주의적 자율 발전을 지지하며, 조국 재건을 위한 외국 자본 유치를 필요로 한다."라고 주장했다. 그 직후 타익은 태국의 미국 사업가들에게 다양한 농업, 산업용 장비를 제공하고 경제 부흥을 위한 자본 투자를 하면 그 대가로 경제적 양보를 하겠다는 호소문을 배포했다. 타익은 평화협정이 체결되지 않은 상태에서 6년간 게릴라전을 수행할 각오가 되어 있다고 말했다. 비슷한 시기에 호는 미국인 기자와 인터뷰를 하여, 자신의 정부가 마르크스주의 원칙들을 따르지 않는다고 주장하며, 필리핀과 인도의 경우와 비슷한 해결책들이 왜 인도차이나에서는 불가능한 것이냐고 의문을 제기했다.[10]

베트남의 손짓은 처음에는 워싱턴의 국무부 담당자들 사이에서 약간의 관심을 불러일으켰다. 그들은 이미 3월에 호앙 민 지암이 베트남민주공화국의 외무장관으로 임명된 것에 주목하고 있었다. 스탠턴 대사는 워싱턴에 보내는 보고서에서 팜 응옥 타익―1945년 말 사이공의 미국 관리들은 그를 우호적으로 평가했다.―이 '지성과 상당한 능력을 갖춘 사람'이라고 언급했다. 하노이의 오설리번은 자신이 방콕에서 타익을 직접 만나겠다고 제안했다. 오설리번은 호에 대해서는 유보적인 태도를 취했지만―그를 '아주 미덥지 못한 인물'이라고 평했다.―타익과 비공식적 대화를 통해 적어도 베트남 정부의 성격에 대한 정보는 얻을 수 있을 것이라고 주장했다. 마셜은 승인 전문을 보내면서, 회담을 통해 공산주의자들이 베트남 정부를 얼마나 통제하고 있는지, "공산주의 지도부가 모스크바에 어느 정도나 복종할 것으로 예상되는지" 알아내기를 바란다고 덧붙였다. 그러나 회담은 이루어지지 않았다. 5월 7일 스탠턴은 타익이 갑자기 방콕을 떠났다고 보고했다. 이틀 뒤 마셜은 오설리번에게 방콕 방문 계획을 취소하라는 지침을 내렸다. 타익이 그곳을 떠났고 프랑스측이 그 회담에 어떤 반응을 보일지 우려된다는 이유였다.

그러나 일은 그것으로 끝나지 않았다. 5월 8일 호앙 민 지암에게서 공식적인 메시지가 도착했다. 미국이 외교적으로 베트남 정부를 인정해줄 것을 호소하는 내용으로, 그렇게 하면 "미국의 위상과 영향력이 높아질 것이며…… 동남아시아에 평화가 올 것"이라고 덧붙였다. 하노이에 있던 팜 응옥 타익은 다시 메시지를 보내 정치적, 경제적, 문화적 지원을 요구하면서, 워싱턴이 프랑스와 베트민의 갈등을 중재하여 합의를 이끌어내줄 것을 요청했다. 이런 새로운 제안들이 마셜 장관의 눈길을 끌어, 장관은 파리, 사이공, 하노이의 외교관들에게 베트남 정부와 그 지도부에 대한 공산주의의 영향력을 평가해보라는 지침을 내렸다. 그가 궁금한 것은 이런 것들이었다. 호의 진짜 생각은 무엇인가? 이른바 강경파라고 하는 추옹 친이나 호앙 쿠옥 비엣이 독립한 베트남 체제에서 얼마나 중요한 역할을 맡을 것인가? 비공산주의 민족주의자들은 베트민을 어떻게 생각하는가? 그들도 베트민이 공산주의를 지향하고 있다는 사실을 알고 있는가? 그들은 공산주의자들을 다룰 수 있는가? 마지막으로 미국은 베트남민주공화국이 '상당히 자유로운 정치적 표현'을 허용하도록 설득할 수 있는가?

오설리번은 답변에서 신중하게, 공산주의자들이 정부에서 상당한 영향력을 행사하고 있지만 그것만으로 이 나라가 확실하게 소비에트 진영이라고 단정 지을 수는 없다고 말했다—"그쪽 방향으로 끌려가는 면이 있기는 하지만." 오설리번은 호치민이 응우옌 아이 쿠옥이라는 자신의 정체를 잘 인정하지 않으려 하는 것도 호가 서방과의 대화를 중시한다는 증거로 볼 수 있다고 말했다. 오설리번은 호가 어디서든 지원을 얻으려 하고 있으며, 지원이 오는 쪽으로 정책의 방향을 틀게 될 것이라고 결론을 내렸다.

그러나 다른 답변들은 그만큼 낙관적이지 않았다. 사이공에서 오설리번과 같은 역할을 하고 있던 찰스 리드는 호를 "설사 베트남인 다수가 공산주의의 메시지에 별 관심이 없다 해도 베트남을 점차 공산주의 국가로 바꾸어나갈" 수 있는 "교활한 기회주의자"라고 묘사했다. 파리에서 제퍼슨 케이퍼리 대사도 그 나름의 견해를 제출했다. 그는 베트남인들은 전체적으로 공산주의자들에게 공감하지 않지만, 호의 과거 경력으로 볼 때 "그가 공산주의 조직들과 긴밀한 연계를 유지하고 있다는 데는 거의 의심의 여지가 없다."라고 말했다.[11]

물 건너간 평화안

볼레르는 베트민이 프랑스가 제시한 평화 조건을 거부한 것에 실망했을지도 모른다. 볼레르는 이 갈등을 정치적으로 해결할 수 있기를 진지하게 바랐던 것으로 보이기 때문이다. 그렇다고 해서 그가 다른 대안들을 선택하는 것을 망설였다는 뜻은 아니다. 그 무렵 인도차이나 시찰 여행을 마친 프랑스의 전쟁장관 폴 코스트 플로레는 이렇게 선언했다. "인도차이나에는 더 이상 군사적 문제가 없다. 우리 군대의 승리는 결정되었다." 전쟁의 흐름을 통제할 수 있게 된 듯하자 볼레르는 베트민을 베트남인의 유일한 대표로 인정하기를 거부했다. 그는 베트민 역시 평화를 추구하는 과정에서 접촉할 수 있는 많은 단체들 가운데 하나로 간주하기로 했다. 볼레르의 이런 접근 방식은 프랑스 정계의 변화에서 영향을 받은 것이기도 했다. 공산당이 연립정부에서 빠지게 되었기 때문이다. 라마디에 총리가 온건하고 보수적인 층의 지지를 받아야 자신의 직책을 유지할 수 있다고 판단했기 때문에 생긴 일이었다. 인도차이나에서 정치적 해결책이 적어도 일시적으로는 불신을 받게 되자 이제 발뤼 장군에게 시선이 집중되었다. 발뤼 장군은 호치민이 평화를 바란다는 환상을 버린 지 오래였고, 문제를 군사적으로 해결하는 것 외에 다른 방법이 없다고 확신하고 있었다.

군사적 상황이 프랑스에 유리하다는 코스트 플로레의 평가는 전적으로 틀린 것은 아니었다. 사실 베트민은 전쟁 시작 단계에 응집력을 보여주지 못하여, 프랑스군과 마주하면 혼란에 빠지기 일쑤였다. 주력 부대들이 지나치게 혹사당한 상태이거나 앞뒤 가리지 않고 공격적으로 덤벼드는 바람에 많은 사상자를 내기도 했다. 또 베트민 사령관들이 게릴라전 전술을 제대로 이해하지 못해, 혼란에 빠지면 전장에 부대를 넓게 흩어놓은 채 패주하기도 했다. 무기 부족은 계속 심각한 문제였다. 대부분의 경우 베트남 부대들은 자체 제작한 무기나 일본군 또는 프랑스군으로부터 노획한 무기를 사용했다. 또 베트민 지도자들은 지방 향신의 지지의 중요성을 과대평가하는 경향이 있었는데, 그들 가운데 다수는 베트민에 대한 충성을 선언하려 하지 않았다. 게다가 소작료 인하 등의 규제 조치를 엄중하게 시행하지 못했기 때문에 빈농의 지지를 얻을 기회를 놓쳐버렸으며, 그 결과 빈농

은 전쟁에 나서달라는 요청에 선뜻 호응하지 않았다.[12]

발뤼 장군은 전장에서 프랑스군의 궁극적 승리를 자신했기 때문에 이제 비엣 박의 베트민 요새를 공격하여 호치민을 체포하고 반란군을 흩어버리자고 제안했다. 발뤼의 견해로는 그렇게 해야만 협상을 시작할 수 있었다. 한편 베트민에 대한 대중적 지지를 차단하고, 인도차이나에서 프랑스인을 몰아내고 싶어하는 베트남인들의 기를 꺾을 정치적 공세도 진행되고 있었다.

그러나 발뤼의 접근 방식에서 한 가지 문제는 그의 계획대로 하려면 인도차이나의 프랑스군을 10만 명 이상으로 증원해야 한다는 것이었다. 그때까지 프랑스 내부에서는 인도차이나 전쟁을 공개적으로 반대하는 목소리가 거의 없었다. 대부분의 사람들이 이 전쟁을 세계의 먼 귀퉁이에서 벌어지는 작은 소동쯤으로 여겼기 때문이다. 게다가 프랑스 정부는 마다가스카르 섬에서 벌어진 격렬한 반식민지 항거에 일시적으로 정신이 팔려 있었기 때문에 발뤼의 요구를 일부밖에 들어줄 수 없었다. 결국 발뤼는 자신이 필요하다고 생각하는 최소 병력 이하의 숫자를 바탕으로 계획을 세울 수밖에 없었다.

발뤼의 핵심 전략 가운데 하나가 코친차이나에서 베트민의 활동을 완전히 차단하는 것이었다. 발뤼는 이 목적을 달성하기 위해 프랑스 원정 부대의 거의 절반을 이 지역에 투입했다. 응우옌 빈 휘하의 1만 8천 명의 베트민 정규군이 이들과 맞섰다. 베트남민주공화국은 인도차이나 전역에 거의 6만 명의 병력을 배치해놓고 있었는데, 이것은 숫자 확인이 불가능한 지역의 의용대와 게릴라는 포함하지 않은 수치이다. 베트민 부대들은 화력은 약하지만 기동성이 뛰어나고 지역 주민의 지원도 어느 정도 확보하고 있었기 때문에, 점차 프랑스의 소탕 작전을 피해 그들이 원하는 장소에서 프랑스군과 교전을 하게 되었다. 1947년 여름 프랑스가 거둔 유일한 성공이라고 한다면 정치적인 것이었다. 응우옌 빈의 가혹한 전술 때문에 코친차이나의 많은 베트남인들이 그에게 등을 돌렸고, 양대 종교 집단—카오 다이와 호아 하오—의 지도부가 프랑스의 품으로 들어왔기 때문이다.[13]

한편 볼레르는 새롭게 평화 공세를 취하고 싶어했다. 호치민도 그해 8월 노련한 군사 전문가들인 내무장관 톤 둑 탕과 국방장관 보 응우옌 지압을 온건파로 교체함으로써 그 나름의 신호를 보냈다. 그러나 발뤼는 볼레르가 택한 시점을 놓고 격렬하게 항의했으며, 결국 두 사람은 협의를 위해 파리로 소환되었다. 결론은 타협이었다. 볼레르는 9월에 하노이 근처에서 연설을 통해 프랑스 연합 내의 통일 베트남을 제안했다. 그러나 완전 독립은 언급하지 않았다. 그는 호치민의 이름을 언급하지 않았고, 대신 '베트남의 모든 단체들'에게 호소했다. 미국 관측통들에 따르면 인도차이나의 프랑스 거주자들 다수는 이 연설을 환영했으나, 베트남인들은 "어리둥절했다"고 한다. 9월 15일 호앙 민 지암은 베트남 정부의 답변을 전달했다. 완전 독립 없이는 자유도 없다는 것이었다. 사흘 뒤 바오 다이는 프랑스의 제안을 받아들여 자신의 백성을 대신한 협상에 나섰다. 그러나 바오 다이 역시 독립과 민족 통일 이하의 조건은 받아들일 수 없다고 고집했다. 다양한 비공산주의적 민족주의 단체들의 대표들로 급조된 '민족통일전선'은 홍콩에서 회의를 열고 볼레르의 조건을 거부했다. 사이공에는 바오 다이와 호치민 사이에 비밀 거래가 있었다는, 확인되지 않은 소문이 퍼졌다.

기선을 제압한 프랑스

1947년 10월 7일, 드디어 프랑스는 비엣 박을 공격하기 시작했다. 발뤼는 예상보다 적은 병력으로 작전을 수행해야 했기 때문에 원래의 계획을 축소했다. 전지역을 포위하고 북쪽과 남쪽에서 동시에 공격하는 대신, 베트민 요새의 심장부를 장악하고, 하노이로부터 라오 카이 국경지대에 이르는 홍 강 유역에 대한 프랑스의 통제력을 강화하는 소규모 작전을 택했다. 작전 책임을 맡았던 라울 살랑 장군은 베트민의 머리를 잘라내는 데 3주가 걸릴 것이라고 예측했다.

레아 작전이라는 이름이 붙은 이 작전은 베트민의 기지 북쪽 가장자리에 있는 박 칸에 낙하산 부대를 투하하는 것으로 시작되었다. 이 지역은 지형이 험준한 데다가, 지뢰, 바리케이드, 함정 등 여러 겹의 방어망이 있었다. 발뤼는 작전의 첫 단계에서 베트민 사령부를 장악하고, 무장 부대를 서쪽 랑 손으로부터 이 지역에 진입시키고, 다른 부대는 북쪽으로부터 진입시켜 협공으로 이 지역을 둘러싸려 했다. 두 그룹은 박 칸에서 만나기로 했다.

프랑스군은 빠르게 진군하여 곧 베트민 본부를 찾아냈다. 그러나 그들은 호치민을 체포하지 못했다. 호는 공격을 당했을 때 사령부에서 회의를 주재하고 있었다. 프랑스의 공수부대가 가까이 다가왔다는 이야기를 듣자, 호, 상임위원회 위원들, 참모부는 즉시 그곳을 떴다. 그들은 눙족 출신의 추 반 탄을 안내자로 삼아 비로 질퍽거리는 길을 하루 종일 걸었다. 각자 옷과 생활필수품이 든 작은 가방을 어깨에 메고 있었다. 밤에는 숲의 한구석을 차지하고 잤다. 그들은 다음 날 아침 새로운 본부를 찾으러 떠났다. 버나드 폴의 말에 따르면, 프랑스군은 오두막의 책상에서 불이 꺼지지 않은 담배꽁초들과 호치민의 서명만 남겨놓은 편지를 발견했다고 한다.

이후 며칠 동안 프랑스 부대들은 그 지역에서 더 이상 저항이 불가능하도록 소탕 작전을 펴려 했으나, 베트민과 직접 맞닥뜨리는 경우는 거의 없었다. 베트민군은 조용히 밀림 속으로 스며들어가 그들이 원하는 장소에서 프랑스군을 괴롭히기 시작했다. 그럼에도 살랑은 작전이 성공했다고 상관들에게 보고했다. 중국으로부터 북쪽 국경지대의 카오 방(베트남과 외부 세계를 연결하는 마지막 통로)을 통과하는 길을 차단했기 때문이다. 호치민은 이제 완전히 고립되었다. 살랑 장군은 이제 그에게 남은 것이라고는 "다양한 지위의 고립된 무리들이며, 그들은 이제 간단한 치안 작전만으로도 제압할 수 있다."라고 주장했다. 그는 이제 베트민의 요새는 실질적으로 존재하지 않는다고 선언했다.[14]

그러나 인도차이나 전쟁 역사상 어떤 예측이 이렇게 크게 빗나간 적은 없다. 실제로 전쟁은 그때부터 시작이었기 때문이다. 그렇다 해도 레아 작전으로 베트민이 일시적으로나마 주춤하게 되었다는 데는 의심의 여지가 없다. 베트민은 그들의 주력 부대를 해체하여 8월 혁명 이전에 결성했던 것과 비슷한 무장선전대를 만들 수밖에 없었다. 이후 몇 달 동안 베트남 지도부는 장기전에 대비하는 데 총력을 기울였다. 베트민 사령관들은 성공을 거두지 못한 재래식 전술을 버리고 게릴라전 전법들을 받아들였다. 지역 수준에서 지도부를 강화하기 위해 저항군이 통제하는 모든 마을에 '저항과 행정 위원회'를 수립했다. 각 마을은 자체 방어를 할 뿐 아니라, 중앙 사령부 산하의 게릴라 부대에 유망한 전투원을 공급할 책임도 졌다.

소박한 정글 생활

호치민은 1946년 12월 말 비엣 박으로 돌아와 1945년 8월 혁명으로 주석에 선출되면서 끝난 것으로 여겼던 생활을 다시 하게 되었다. 호는 개인 경호원, 다른 부대와 연락을 책임진 간부들, 음식을 준비하는 사람들로 이루어진 일행 8명과 함께 옛 기지에 도착했다. 이들은 대나무와 짚을 이용해 긴 오두막을 지어 방을 두 개 만들었다. 하나는 호의 숙소였고, 또 하나는 식당 겸 회의실 겸 그의 동료들의 숙소였다. 그들은 야생 동물을 막기 위해 셰퍼드 개를 한 마리 얻었으나, 곧 호랑이에게 잡아먹히고 말았다.

호와 그의 동료들은 소박하게 생활했다. 그들은 나물을 살짝 튀겨 소량의 밥과 함께 먹었다. 가끔은 소금에 절여 얇게 썬 다음 후추를 뿌린 고기를 먹기도 했다. 호는 웃음을 터뜨리며 이것을 '베트민 통조림'이라고 불렀다. 가끔 식량이 부족하여 배가 고파 고생을 하기도 했다. 결국 이들은 먹을 것을 직접 재배했다. 평평한 곳에는 채소를 심고 산비탈에는 카사바

1946년 12월 전쟁이 발발한 뒤 베트민 지도부는 비엣 박으로 물러나 대불 항전을 계속했다. 8년 간의 전쟁 동안 호치민은 숙소를 적어도 스무 번은 바꿨다. 그림은 임시로 머문 동굴 속의 호치민.

를 심었다. 호의 숙소는 별도의 2층짜리 집으로 바뀌었다. 그는 낮에는 1층에서 일을 하고, 잠은 짐승과 습기를 피하기 위해 2층에서 잤다. 침구라고는 모기장과 옷가지뿐이었다. 이동을 하게 될 때는(1940년대 말에 호는 프랑스군의 눈을 피해 적어도 20번은 숙소를 옮겨 다녔다) 몇 분이면 짐을 싸서 떠날 수 있었다. 호는 작은 가방에 책 몇 권과 서류를 넣어 다녔고, 타자기는 동료들이 맡아주었다.

호치민은 가능할 때마다 아침저녁으로 운동을 했다. 그는 배구를 즐겼는데, 서브를 잘했지만 민첩하게 움직이지는 못했다. 상대팀은 점수가 뒤지게 되면 호가 움직이는 범위가 좁다는 것을 이용해 네트 바로 너머에 공을 떨구었다. 그러면 호는 웃음을 터뜨리며 소리치곤 했다. "정말 대책없군!" 이들은 강이나 내를 건널 때는 호 옆에 바짝 붙어 섰다. 특히 물살이 셀 때는 무척 조심했다. 그러나 전반적으로 호는 잘 버텨냈다. 한 탈주자는 프랑스 심문관들에게 호치민이 대부분의 젊은 동료들보다 곤경을 더 잘 견뎌냈다고 진술했다. 젊은 동료들 가운데 많은 수는 말라리아 등 몸을 쇠약하게 하는 병에 자주 걸렸다. 호는 한 번은 이렇게 말하기도 했다. "여러분은 모두 제트기이지만, 나는 낡은 프로펠러 비행기야."[15]

드디어 그들의 생활 조건이 나아지기 시작했다. 이제 호치민은 숙소 주변에 꽃밭과 채소밭만이 아니라, 좀더 그럴듯한 배구장, 운동용 평행봉도 갖추어놓았다. 호와 그의 동료들은 근거지 주변의 이웃으로부터 악기를 구입하여, 이따금씩 마을 사람들을 불러 함께 즐거운 저녁시간을 보내기도 했다. 호는 방문객들에게 저지대 민족들의 문화에 대해 강연을 하고, 가끔 약품을 나누어주었다. 그러나 1947년 가을이 되면서 레아 작전 때문에 호와 그의 동료들은 계속 이동을 할 수밖에 없었다.

베트남준국가 수립

가을 공격 뒤 전쟁은 프랑스의 한 군사 전문가가 '정체전(停滯戰)'이라고 묘사한 상태에 빠져들었다. 발뤼는 공격 작전을 계속할 수단이 없었기 때문에 삼각주 내에서 소극적으로 움직이고 있었다. 베트민은 이 기회를 이용하여 베트남 중부에 해방구를 만들었다. 중부지역은 토양이 척박하고 혁명적 잠재력이 강한 곳으로, 파이포에서 바렐라 곶까지 320킬로미터 이상 뻗어나가며 베트남을 실질적으로 양분했다. 남부의 프랑스군은 형편이 나았다. 그곳의 베트남 부대들은 본부와 멀리 떨어져 있어 동료들과 제대로 연락하지 못했기 때문이다. 응우옌 빈의 부대는 늪과 산으로 더 깊이 들어갔으며, 프랑스군은 비성역화(非聖域化, 게릴라 활동의 근거지가 될 수 있는 마을·식량 공급원 등을 파괴하는 전술: 옮긴이) 작전을 적극적으로 펼쳐 적을 고립시키려했다.

베트민은 남부에서 민족주의 단체들로부터도 강한 반발에 부딪혔다. 민족주의 단체들은 베트민과 프랑스 사이에서 하나의 대안으로서 비공산주의자들로 이루어진 '제3세력'으로 나서기 위해 적극적으로 움직이고 있었다. 이런 상황에서 저항 세력을 확실히 분쇄하려는 레아 작전이 실패하자 많은 민족주의자들이 정치적 영역으로 눈을 돌리면서, 특히 바오 다이에게 주목하게 되었다. 12월에 전 황제는 경치가 기가 막히게 아름다운 하 롱 만—호치민이 티에리 다르장리외를 처음 만난 곳이기도 하다.—의 순양함에서 에밀 볼레르를 만났다. 그러나 회담 결과는 신통치 않았다. 볼레르는 미래의 베트남에 부여할 권력에 대해 구체적으로 말하려 하지 않았다. 회담이 끝날 때 바오 다이는 내키지 않으면서도 공동성명서에 서명하기로 합의했지만, 그 무렵 결성된 민족통일전선의 전투적인 민족주의자들로부터 비판을 받자 서둘러 합의 사실을 부인했다. 1948년 3월 바오 다이는 홍콩에서 전선의 대표자들을 만나, 남부 태생으로 프랑스 국적을 취득한 응우옌 반 수안 장군을 수반으로 하는 임시정부를 수립하기로 합의했다. 바오 다이로서는 앞으로 있을 프랑스측과의 회담에서 자신의 입지를 강화하려는 책략이었던 셈이다. 볼레르는 약간 망설인 끝에 바오 다이의 새 임시정부를 협상 파트너로 인정하기로 했다.

6월이 되자 하 롱 만에서 회담이 재개되었으며, 결국 양측은 베트남 독립과 프랑스 연합 내 통일이라는 원칙 하에 새로운 베트남준국가(準國家, 식민지에서 불완전하게 독립한 국가로, 내정은 독립적으로 해나가지만 외교와 국방은 식민지 시대의 종주국이 담당한다 : 옮긴이)를 건설하기로 합의했다. 그러나 '독립'이라는 말의 정확한 의미와 새로운 정부에 주어질 구체적 권력의 문제는 미결로 남았다. 나아가서 이 비공산주의 정부의 결성이 호치민이 이끄는 베트남민주공화국과 대립을 종결짓는 데 어떻게 기여할 것인지에 대해서도 분명한 언급이 없었다. 인도차이나의 문제 해결은 더 멀어진 느낌이었다.

그러나 프랑스측 입장에서 바오 다이와 협상하게 된 중요한 동기 가운데 하나는 미국을 끌어들여 베트민과의 전쟁에서 군사적, 경제적 지원을 받자는 것이었다. 실제로 파리의 관점에서 볼 때 워싱턴의 태도는 우호적인 방향으로 움직이고 있었다. 미국 트루먼 행정부는 프랑스가 인도차이나 문제를 해결하지 못한 것에 격분했지만, 이제는 아시아에서 공산주의의 위협이 커지는 것을 더 우려하기 시작했다. 중국 북부에서 공산주의자들의 군대가 국민당군을 제압하는 상황 때문이기도 했지만, 모스크바와 관계가 악화된 것도 중요한 이유 가운데 하나였다. 1948년 여름 미국 국무장관 조지 마셜은 아시아의 미국 외교관들에게 인도차이나에서 공산주의자들을 억누르고 '진정으로 민족주의적인 단체들'을 강화하는 데 모든 노력을 기울이라는 훈령을 내렸다.

미국 외교관들은 바오 다이에게 별 믿음이 없었지만(대부분이 그를 정치적 대결을 할 만한 배짱이 없는 플레이보이 정도로 보았다), 그럼에도 하 롱 만의 합의는 '진전'으로 평가하며 환영했다. 협상이 교착 상태에 빠지자 미국은 파리 정부에 프랑스 연합 내에서 베트남에 진정한 통일과 독립을 부여하느냐 아니면 인도차이나를 완전히 잃느냐 둘 가운데 하나를 선택할 수밖에 없을 것이라고 경고했다. 프랑스가 합의 사항대로 노력을 계속 해나간다면, 워싱턴은 인도차이나의 프랑스인들에게 직접적인 경제적 지원을 보류하는 현재의 정책을 재고할지도 모른다고 암시하기도 했다.

상황이 갈수록 심각해지자, 1949년 1월 프랑스는 마침내 코친차이나 식민지를 베트남준국가에 포함시키라는 바오 다이의 요구를 받아들이기로 했다. 이 양보로 교착 상태가 해소되었고, 1949년 3월 9일 파리의 엘리제궁에서 열린 기념식에서 양측 대표는 프랑스가 프랑스 연합 내에서 베트남의 독립과 통일을 인정한다는 협정에 서명하였으며, 프랑스 국회의 비준만 남겨놓게 되었다. 새로운 베트남 국가는 외교, 재정, 국방 분야에서도 권한을 가지기로 했다. 독립에 유일한 법적 장애가 있다면, 그것은 프랑스 연합의 회원국이 됨으로써 강요당하는 제약과 제한, 인도차이나에서 벌어지고 있는 전쟁이었다. 그러나 결국 이런 제약이 중요한 걸림돌로 작용하게 된다.

든든한 혁명 동지, 중국

1948년 1월, 인도차이나공산당 상임위원회는 혁명에 유리한 쪽으로 상황이 변하고 있다는 자신감을 반영하여 퇴각을 중심으로 하는 제1단계가 끝났고, 세력 균형의 제2단계가 시작되었다고 선언했다. 베트민군은 이제 적과 전투를 개시하기로 했다. 당 지도부는 새로운 전략의 하나로 이웃한 라오스와 캄보디아의 대중을 조직하여 민족 해방을 위한 투쟁에 적극적으로 나서도록 노력을 기울이겠다고 선언했다. 베트민 전략가들은 인도차이나의 영토 전역으로 혁명 작전 범위를 확대함으로써 프랑스군을 분산시키고 그때 드러나는 취약점을 공격할 수 있기를 바랐다. 1948년 8월에 작성된 당 문건에 따르면, 제2차 세계대전에서 대영제국의 1차 방어선이 라인 강이었듯이, 메콩 강이 베트남의 1차 방어선 역할을 하고 있었다. 추옹 친은 1947년에 쓴 글에서 이렇게 표현했다. "적이 위로부터 우리를 공격하면 우리는 아래에서부터 적을 공격한다. 적이 북에서 우리를 공격하면, 우리는 베트남 중부나 남부, 아니면 캄보디아나 라오스에서 대응한다. 적이 우리의 근거지 한 곳으로 뚫고 들어오면, 우리는 즉시 적의 배나 등을 강하게 공격하고…… 적의 다리를 자른다.—즉 도로를 파괴한다."[16]

이웃한 라오스와 캄보디아에서는 인도차이나공산당이 마카오에서 제1차 전국대회를 개최했던 1935년부터 당 공작원들이 활동하고 있었다. 이것은 인도차이나 3국의 혁명이 서로 연결되어야 한다는 모스크바의 믿음에 따른 행동이었으며, 장차 베트남의 지도 하에 소비에트 사회주의공화국 연방과 비슷한 인도차이나 연방을 만들겠다는 구상이었다. 그러나 이 두 나라의 도시 노동자들(그들 가운데 다수는 베트남이나 중국계였다) 사이에 인도차이나공산당 세포를 만들려는 노력은 제2차 세계대전 후까지 별 성과를 거두지 못했다. 그리고 제2차 세계대전이 끝난 뒤에는 지역의 민족주의 세력들이 민족 독립 투쟁을 위하여 새로운 조직들—각각 라오 이사라와 크메르 이사라크라고 알려져 있었다.—을 결성했다. 1947년 초 프랑스와 베트민의 갈등이 격화되면서 라오스와 캄보디아의 당 일꾼들은 민족주의 조직들과 연계를 맺고, 그 조직들에 대한 베트남의 지도를 강화하라는 명령을 받았다. 동시에 라오 민족과 크메르 민족을 대할 때 오만한 태도를 버리고, 베트남의 지배를 우려하는 그들의 민감한 태도에 주의하라는 지침을 내렸다.[17]

밝아오는 하늘에 유일한 먹구름이 있다면 그것은 미국이 인도차이나 전쟁에 개입할 가능성이 높아진다는 점이었다. 미국은 프랑스에서 엘리제 협정이 공식 비준을 받을 때까지 직접 지원안은 고려하지 않았지만, 미국의 전쟁 개입을 요구하는 압력이 강해지고 있었다. 만일 미국이 개입하게 되면 베트민도 강력한 후원자가 절실하게 필요했다. 모스크바가 베트민의 곤경에 무관심한 태도를 취하는 상황에서, 호와 그의 동료들에게 프랑스와 미국의 유착에 대응할 수 있는 선택은 한 가지밖에 없었다. 바로 중국이었다.

제2차 세계대전 이후 인도차이나공산당 지도부는 중국공산당 지도부와 거의 접촉을 하지 않았다. 1947년 봄에야 옌안의 공산당 본부와 무전 연락이 닿았고, 저우 언라이와 호치민이 양당 사이의 정보를 교환하고 상호 지원을 제공하는 방법을 찾는 책임을 맡기로 했다. 베트민 부대와 국경에 인접한 지역에서 흩어져 활동하는 중국공산당 낭원들 간의 언계도 화립되었다. 프랑스의 한 자료에 따르면, 1946년에는 국경지대의 공산주의자들이 중월 합동부대(독 랍, 즉 독립 연대라고 불렸다)를 만들어 이 지역의 프랑스 행정 당국에 대항하는 게릴라전에 들어갔다. 이 단체는 특히 국경 양쪽의 눙족과 토족의 공동체에서 활동했다. 그러나 베트민 지도부는 지역의 민족주의자들과 문제가 생기는 것을 피하기 위해 처음에는 중국과 관계를 제한했다.[18]

1948년 중국 내전의 흐름이 공산주의자들에게 유리하게 돌아가자, 국경지역의 인민해방군 부대들은 더 적극적으로 활동하였으며, 그 결과 베트민 부대들과 협력하여 지역 작전에 참가하는 횟수가 늘어났다. 프랑스는 공산주의자들의 힘이 중국 남부까지 미칠 것을 걱정했다. 3월에 발뤼 장군 후임으로 프랑스 원정군 사령관에 취임한 살랑 장군은 중국에서 공산주의자들이 승리를 거두기 전에 국경지역에서 프랑스의 통제력을 회복하기 위한 공세를 취하자고 주장했다.

  살랑은 비엣 박에서 새로운 작전을 수행하기 위해 병력 증강을 요청했다. 그러나 그의 주장은 안이하게 대처하는 정부를 암묵적으로 비판하는 것이기도 했기 때문에, 4월에 젊고 군사 경험이 부족하다는 이유로 블레조 장군으로 교체되었다. 블레조는 인도차이나에 도착하자 국경지대에서 전술적인 후퇴를 하여 북부 삼각주의 프랑스군을 강화한 뒤 비엣 박에 대한 총공격을 준비하자고 주장했다. 고등판무관 레옹 피뇽(볼레르도 교체되었다)은 동의했지만, 블레조의 공격 계획에 대해 그다지 낙관하지는 않았다.

  파리는 두 사람의 의견 차이를 조정하기 위하여 1949년 5월 레베르 장군에게 시찰을 명령했다. 레베르는 정치와 군사 양쪽에서 기존 전략을 비판하면서, 부패한 바오 다이 정부의 생존 가능성에 의문을 제기하고, 정치적 권력과 군사적 권력 양쪽을 다 가지고 있는 고등판무관에게 전권을 위임해 지휘하게 하자고 제안했다. 그러나 레베르 역시 군사적 해결책의 성공 가능성에는 비관적이었으며, 고작해야 협상을 통한 해결에서 유리한 입장에 서기 위하여 상황을 개선하는 정도의 효과를 바랄 수 있을 것이라는 견해를 밝혔다. 레베르는 그런 성과라도 거두기 위해서는 미군의 투입을 설득하기 전에 통킹의 상황을 개선하려고 노력할 필요가 있다고 말했다. 이런 정책이 효과를 거두려면 국경지대를 장악할 필요가 있었지만, 프랑스군으로는 전지역을 장악하기는 힘들었다. 레베르는 미봉책으로 몽 카이에서 타트 케에 이르는 동쪽지역을 중심으로 국경을 방어하자고 주장했다. 국경의 나머지 부분은 소개(疏開)시키자는 것이었다.

프랑스군이 약해지고 중국의 인민해방군이 처음으로 국경에 도착하자 베트남인들은 상황이 개선되었다고 평가하기 시작했다. 1949년 초 베트민 게릴라들은 국경지대에서 공격을 개시했다. 프랑스 정보 자료에 따르면 이 작전들은 국경 북쪽의 중국군과 합동으로 펼쳐졌다. 한 보고서에 따르면 3월 말에는 인민해방군 부대가 몽 카이 시를 잠깐 점령했다가 국경 너머로 물러나기도 했다. 다른 보고서에 따르면 4월에 보 응우옌 지압이 징시에서 중국공산당 대표들과 만나 국경지역에서 양군의 협력과 통합을 내용으로 하는 임시 협정에 서명했다. 미국 외교 자료에 따르면, 그달에 베트민 라디오는 인민해방군 부대들이 국경지역에 도착하여, 이미 베트민의 '중요한 지원자'임을 입증했다고 보도했다.[19]

1949년 봄이 되자 중국공산당군은 양쯔 강을 건너 중국 남부로 진입하면서 베이징에 새로운 정부를 세울 준비를 했다. 장 제스는 정부를 타이완 섬으로 소개할 준비를 하고 있었다. 인도차이나 북쪽 국경 너머에 우호적인 정부가 들어서게 되자, 베트민 지도부는 낙관적인 분위기에 젖어 오랫동안 기다려왔던 총공세가 눈앞에 다가왔다고 생각했다. 프랑스 정보 자료들은 4월에 빈 근처에서 베트민 지도부는 상황을 평가하는 대규모 회의를 열었으며, 이 자리에는 호치민도 참석했다고 이야기한다. 호는 프랑스의 병력이 증가하기는 했지만, 중국이 지원하면 총공격이 가능하다고 선언했다. 이 회의에서는 총공격에 대비하면서, 인민해방군과 원활하게 접촉할 수 있도록 국경을 따라 전선을 만들 준비를 하기로 결정했다.[20]

물론 베트민에게는 반가운 상황이 전개되고 있었다. 그러나 호치민은 자신의 운동이 중국 공산주의자들의 운동과 공개적으로 동일시될 경우 베트남 온건파와 관계가 나빠지고, 나아가 미국이 그것을 핑계로 프랑스편에서 전쟁에 개입할 수도 있다고 생각했을 것이다. 호는 그런 의심을 누그러뜨리기 위해 자신의 정부가 중국에 들어선 새로운 체제와 똑같아질 것이라는 주장을 여러 차례 부인했다. 1949년 3월 호는 중국과 맺은 협정을 "식민주의자들이 퍼뜨린 소문"이라며 부인했다고 전해진다. 다음 달 호는 비엣 박에서 미국의 기자와 인터뷰할 때, 독립은 베트남민주공화국의 노력으로 얻어낼 것이라고 하면서, 베트민에 대한 "공산주의자들의 지배"를 "프랑스 제국주의자들의 선전에 불과하다"고 비난했다. 호는 8월의 성명에서 마오 쩌둥의 '신민주주의'와 자신의 정부의 정책들 사이에 어느 정도 유사성이 있음을 인정하면서도, "중국의 신민주주의는 중국 것이고, 우리의 민주주의는 베트남 것"이라고 강조했다.[21]

프랑스가 바오 다이의 베트남준국가를 베트남의 유일한 합법 정부로 인정하겠다고 결정하면서 상황이 더 복잡해졌다. 그것으로 워싱턴은 프랑스의 의도에 대한 의심을 버리고, 프랑스-베트민 전쟁에 직접 개입할 수 있었기 때문이다. 1949년 6월 호치민은 인도네시아의 한 기자와 인터뷰를 하면서 프랑스 여론에 영향을 주려는 목적으로, 베트민은 민족 독립과 통일이 전제된다면 프랑스와 협상할 뜻이 있다고 넌지시 이야기했다. 그러나 그해 여름에 중국에서 공산주의자들이 최종적인 승리를 거둠에 따라 당 지도자들 가운데 다수가 군사적인 수단으로 전면적인 승리를 거둘 수도 있다는 자신감을 얻게 되었으며, 그에 따라 협상으로 타결하자고 주장하는 목소리는 잦아들었다. 7월 9일, 남베트남의 베트남민주공화국 대표로 활동하던 팜 응옥 타익은 바오 다이를 "침략자들에게 매수된 꼭두각시"라고 비난하면서, 프랑스 기자에게 중국 공산군의 승리로 베트민의 곤경이 끝날 가능성이 높아졌다고 이야기했다. 그달 말, 프랑스의 정보 부서들은 보 응우옌 지압이 총공격 단계로 전환할 준비를 하라는 명령을 내렸다고 보고했다.[22]

8월 중순 베트남민주공화국 비밀 국무회의는 새로운 중국 정부에 대프랑스 전쟁을 위한 원조를 공식 요청하기로 결정했다. 호치민은 두 명의 대표를 베이징으로 보내, 마오 쩌둥이 장 제스 군에게 승리를 거둔 것을 축하했다. 호는 중국의 지도자에게 보내는 메시지에서, 이번 승리로 식민 통치의 굴레로부터 벗어나려고 노력하는 아시아 민족들, 특히 베트남 동포가 큰 용기를 얻었다고 말했다. 얼마 후 호는 베이징의 새로운 지도부와 긴밀한 관계를 요청하기 위해 중국을 직접 방문하기로 결정했다.[23]

두 명의 베트남 대표는 10월 중순에 베이징에 도착하여, 중국측과 협의했다. 그들은 미묘한 시점에 도착했다. 새로운 중국 정부는 10월 1일 베이징의 톈안먼(天安門) 광장에서 열린 대중 집회를 통해 수립되었으며, 앞으로 세계에서 맡게 될 역할을 결정하는 중이었다. 마오 쩌둥은 이미 새로운 중국이 소비에트 진영과의 관계에서 "한쪽으로 치우치겠다."라고 선언했지만, 스탈린과 마오의 회담이 아직 열리지 않았기 때문에 모스크바를 향해 어느 정도 치우칠지는 아직 미정이었다. 몇 달 동안 미국과의 관계는 긴장되어 갔지만, 미국의 외교관들은 그대로 중국에 남아 있었으며, 워싱턴의 일부 관계자들—베이징에 있는 관계자들은 달랐지만—은 여전히 외교적 결렬을 피할 수 있을 것이라는 희망을 버리지 않았다.

새로 들어선 중국 정부는 11월에 인도차이나 전쟁에 대해 처음으로 공개적으로 언급했다. 광저우 시절부터 호치민과 친분이 있었으며 현재는 마오 쩌둥에 이어 당 서열 2위에 올라가 있던 류 사오치가 베이징에서 열린 국제 노동조합 대회에서 기조연설을 했을 때였다. 류는 널리 보도된 이 연설에서 중국 정부는 아시아 다른 지역의 민족 해방 운동을 적극 지원할 것이라고 말했다. 그는 구체적으로 인도차이나와 말레이 반도의 투쟁을 언급했다. 말레이 반도에서는 공산주의 게릴라들이 영국의 식민지 체제에 저항 운동을 벌이고 있었다. 류는 같은 달에 두 번째 연설을 통해 중국 인민에게 아시아와 남양주의 식민지 국가들의 피억압 민족들을 적극적으로 지원하자고 호소했다. 그 무렵 세계의 다른 모든 공산주의 정부들은 베이징의 새로운 정부를 외교적으로 승인했다. 10월에 추옹 친은 인도차이나 공산당 기관지 〈수 타트(Su That)〉에 마오 쩌둥의 새 정부를 축하하는 글을 실었다. 그는 중국에서 공산주의자들의 승리가 세계의 모든 민주적이고 평화를 사랑하는 민족들, 특히 세계 제국주의 세력과 싸우고 있는 식민지 민족들의 승리를 상징한다고 선언했다. 베이징은 11월 25일 중국과 베트남은 "제국주의 투쟁의 전위로서 함께 전선에 서 있다."라고 간단하게 응답했다.[24]

1949년 12월 베트남민주공화국은 비엣 박에서 처음으로 노동조합 전국회의를 개최했다. 스탈린, 마오, 호치민의 거대한 초상화가 걸린 회의장에서 2백 명의 대표들이 귀를 기울이는 가운데 추옹 친은 베트남민주공화국은 정치적, 이념적으로 중국의 새로운 체제와 일치한다고 선언했다. 호치민은 회의장에서 대독된 편지에서 노동 계급이 국가의 지도적 세력이 되어야 한다고 말했다. 회의는 최종 결의문을 통해 "세력의 저울대를 민주주의 쪽으로 기울게 하는" 승리를 거둔 중국 인민을 축하했다.[25]

12월 중순 마오 쩌둥은 소련과 관계를 풀기 위해 모스크바로 떠났다. 마오는 소련으로 떠나기 전에 베트민의 요청에 답변할 시간이 부족했던 것으로 보인다. 12월 중순 류 사오치는 인민해방군 참모부 소속 장교 뤄 구이보에게 인도차이나로 가서 호치민을 비롯한 베트남 관계자들을 만나라고 명령했다. 류는 그의 임무를 세 가지로 설명했다. 첫째는 중국 내전 기간 동안 베트남의 지원에 대해 감사하는 것, 둘째는 양당 간의 정식 교류를 회복하는 것, 셋째는 인도차이나 상황에 대한 정보를 얻는 것이었다. 루오는 3개월 간 인도차이나에 머문 뒤, 중국으로 돌아와 상황을 보고하라는 명령을 받았다.[26]

마오가 소련으로 떠나고 나서 일주일 뒤인 12월 24일, 류 사오치는 인도차이나의 상황을 분석하고 정책을 수립하기 위하여 정치국 회의를 소집했다. 베트민을 지원한다는 결정에는 대가가 따를 수밖에 없었다. 프랑스 정부는 새로운 중국 정부를 외교적으로 승인할 것인지를 아직 결정하지 않았는데, 만일 베이징이 베트민을 인정하기로 결정하면 불쾌해할 것이 뻔했기 때문이다. 다음 날 류는 주석 마오를 대리하여 베트남 지도부에 전문을 보내 중국 정부는 베트남민주공화국에 필요한 것을 평가하는 일을 도울 협력단을 보낼 준비가 되어 있다고 알렸다. 그는 또 베트남인들에게 베이징에서 문제를 논의할 공식 대표단을 파견하라고 초대했다.

며칠 뒤 류는 인도차이나로부터 초대를 받아들인다는 답변을 받았다. 호치민은 12월 중순 내각에서 상황을 평가한 뒤, 마오의 군대가 승리함으로써 베트남 혁명에 밝은 전망이 열렸다고 결론을 내렸다. 호는 본토에서 공산주의자들이 승리를 거둔 것을 장기에서 '붉은 말'이 중요한 승리를 거둔 것에 비유했다. 호는 새로운 중국이 베트민에게 상당한 도움을 줄 것이라고 예측하면서, 다가온 총공격 준비에 박차를 가할 것을 촉구했다.

베이징의 담당자들이 베트남의 메시지를 받았을 때, 베트남 대표단은 이미 도보로 중국을 향해 출발한 뒤였다. 중국측은 대표단의 선임자가 베트민 참모부의 병참 담당자인 찬 당 닌이라는 이야기를 들었기 때문에, 베트남민주공화국 대표단을 실제로 이끌고 오는 사람이 호치민이라는 사실은 까맣게 모르고 있었다. 베트남에서는 프랑스 보안부대의 관심을 끌지 않기 위해 호가 대표단에 참여했다는 사실을 비밀에 부쳤다. 사실 그의 일행 가운데도 오직 두 사람만이 호가 함께 간다는 것을 알고 있었다. 12월 30일 투옌 쾅 성의 베트민 요새를 떠난 대표단은 도보로 국경을 넘었다. 호는 이번에도 쑨 원식 카키색 양복을 입었으며, 딩이라는 이름으로 여행했다. 대표단은 1950년 1월 16일 정시에 도착했다. 그들은 그곳에서 인민해방군의 호위를 받으며 난닝까지 갔으며, 난닝에서 중국측 관계자들을 만나 중화인민공화국이 막 베트남민주공화국을 외교적으로 인정하기로 했다는 소식을 전해들었다. 중국의 발표는 1월 18일에 나왔다. 호와 그의 동료들은 잠깐 쉰 뒤 양쯔 강의 항구 도시 우한으로 가는 기차에 몸을 실었다.[27]

며칠 뒤 대표단은 베이징에 도착하였으며, 호는 그곳에서 오랜 동지 호앙 반 호안을 만났다. 호앙은 유럽에서 너무 늦게 도착하여 11월의 노동조합 대회에는 참석하지 못했다. 중국측은 베트남 대표단의 도착을 비밀로 하려고 하였으나, 서방 정보 관계자들은 이미 소식을 알고 있었다. 뿐만 아니라 곧 서방 언론에도 보도가 되었다. 류 사오치는 다가올 회담을 위해 주 더(朱德) 장군을 위원장으로 하는 위원회를 임명했다. 주 더는 마오의 오랜 전우로, 현재는 정부의 부주석 겸 인민해방군 사령관이었다. 류 사오치는 베트남과 회담하는 자리에서 군사적인 문제가 거론되는 것이 불가피하다고 보고 주 더를 위원장에 임명한 것이다. 류 사오치는 또 모스크바의 마오 쩌둥에게 호치민의 도착을 알렸다. 마오는 호에게 안부를 전하고 베트남민주공화국이 사회주의 진영에 합류한 것을 축하한다는 메시지를 전해달라고 답장을 보냈다.

베이징에서 호는 마오 쩌둥의 개인 숙소가 된 황궁의 서쪽 구역에 있는 호화로운 별장 중난하이에 숙소를 정했다. 황궁은 중국 정치국의 본부이기도 했다. 류는 호치민에게 중국이 베트남민주공화국을 외교적으로 인정하기로 했다고 공식적으로 통보하면서, 중국 지도부는 프랑스와의 관계에서 대가를 치를 각오를 하고 있다는 말을 빠뜨리지 않았다. 중국 지도부 몇 사람이 참석한 대표단 환영 연회에서 류는 소비에트 대사 로신에게 호치민이 직접 모스크바로 가서 스탈린과 협의하면서 인도차이나의 상황을 이야기하는 것이 어떠냐고 제안했다. 스탈린이 전문으로 좋다는 뜻을 밝히자, 호와 그의 동료 찬 당 닌은 2월 3일 저우 언라이와 함께 모스크바로 떠났다. 호앙 반 호안은 베이징에 남아 새로운 베트남 대사관의 문을 열 준비를 했다.[28]

중국과 소련 방문의 큰 성과

제2차 세계대전이 끝난 뒤로 소비에트는 베트남 혁명의 운명에 관심이 매우 낮았다. 스탈린의 부관격인 안드레이 즈다노프는 1947년 9월의 유명한 연설에서 소비에트는 억압받는 식민지 민족들의 제국주의 착취자들에 대한 투쟁을 지지한다고 선언했는데, 이것은 식민지 지역에서 독립을 위해 싸우는 부르주아 민족주의 세력도 우호적으로 본다는 의미였다. 그러나 1948년 초 소비에트의 정책이 강경하게 변하면서, 아시아의 공산당들은 지역의 민족주의 조직들과 일시적 동맹을 단절하고 스스로 권력을 장악하라는 지침을 받았다. 그러나 인도 캘커타에서 열린 청년조직 대회에서 전달된 것으로 보이는 이 정책은 크게 실패하여, 네덜란드령 동인도제도에서는 공산주의자들의 폭동이 실패했고, 동남아시아에서는 공산당들이 경쟁 관계인 민족주의자들로부터 통일전선에서 축출당했다.

모스크바에서 새삼스럽게 부르주아 민족주의 정당들에 비타협적 적대감—1930년대 초 종파주의적인 분위기를 연상시키는 태도—을 드러낸 것은 스탈린의 입장이 반영된 것으로, 이런 입장은 1920년대에 중국공산당과 국민당의 통일전선이 실패하면서 강화되었다. 측근들의 말에 따르면 스탈린은 오랫동안 호치민의 이데올로기적 정통성에 의심을 품고 있었으며, 호가 태평양 전쟁 직후 몇 달 동안 미국과 관계를 수립하려고 노력하는 것을 보면서 의심이 더욱 강해졌다. 또 1945년 11월 인도차이나공산당을 공식 해체했을 때도 언짢아했던 것으로 알려졌다. 2년 뒤 모스크바는 수카르노가 세운 인도네시아공화국은 외교적으로 승인하면서도, 베트남민주공화국은 인정하지 않았다. 아마 베트남이 대프랑스 항전에서 승리를 거두지 못할 것이라고 보았기 때문인지도 모른다.

프랑스-베트민 전쟁 초기에 베트남은 소련과 직접 접촉하지는 못했던 것으로 보인다. 다만 1949년 인도차이나를 방문했던 프랑스공산당은 상황을 평가하라는 모스크바의 명령을 받았을 수도 있다. 어쨌든 그해 8월 말 호는 스탈린에게 편지를 보내, 내전 기간에 중국공산당을 지지한 것과 세계노동조합연합을 지원한 것에 감사했다.[29]

스탈린이 호나 베트민의 전망에 회의를 품고 있었다는 사실은 호가 모스크바를 방문했던 기간에 극명하게 드러났다. 니키타 흐루시초프의 말에 따르면, 스탈린은 호치민을 공개적으로 경멸하는 태도를 보였다고 한다. 호가 도착하고 나서 2, 3일 뒤 소비에트 관계자들이 스탈린과 호의 회담을 주선했을 때, 흐루시초프의 말에 따르면, 스탈린은 "무례하고, 화를 돋우는" 태도로 호를 상대했다. 스탈린과 마오 쩌둥이 1950년 2월 14일 동맹 조약에 최종적으로 서명했을 때, 호치민은 조인식에 참여했다가 스탈린에게 베트남과도 비슷한 협정을 맺자고 제안했다. 그러나 스탈린은 그것은 불가능하다고 답변했다. 호가 비밀 임무를 띠고 모스크바에 왔기 때문이라는 이유였다. 농담이었겠지만, 호가 헬리콥터를 타고 모스크바를 돌아다닌 뒤 공항에 내리면 어느 정도 공개적인 방문이 되지 않겠느냐고 하자, 스탈린은 이렇게 대답했다. "아, 당신네 동양인들, 당신들은 상상력이 아주 풍부하군요." 호치민은 퉁명스러운 스탈린의 지지를 얻기 위해 모든 지략을 동원했다. 한 번은 회담이 끝날 때 스탈린에게 〈건설 중인 소련(The USSR Under Construction)〉이라는 잡지에 서명해달라고 요청했다. 흐루시초프에 따르면 스탈린은 "특유의 병적이고, 불신하는 태도"를 보이면서 잡지에 서명했으나, 나중에 개인 경호원들에게 서명이 부주의한 행동이었다고 말하면서 잡지를 회수하라는 명령을 내렸다. 경호원들이 잡지를 회수한 뒤에 스탈린은 친구들에게 이렇게 농담을 했다. "그자는 지금도 그 잡지를 찾고 있겠지. 하지만 못 찾을걸."[30]

그래도 스탈린은 호치민의 요청들 가운데 한 가지는 들어주었다. 1950년 1월 30일 모스크바는 베트남민주공화국을 베트남의 유일한 합법 정부로 인정한다고 공식 발표했다. 그러나 소비에트 지도자는 호치민의 비정통적인 이념적 관점에 대한 의심은 누그러뜨리지 않았다. 베트남 자료들은 지금도 다음과 같은 이야기를 한다(확실치는 않지만 출처가 의심스럽다). 1952년 두 정상 사이에 회담이 열렸을 때 스탈린은 회의실의 의자 두 개를 가리키며 말했다. "호치민 동지, 여기 의자 두 개가 있소. 하나는 민족주의자들을 위한 의자이고, 다른 하나는 국제주의자들을 위한 의자요. 동지는 어디에 앉고 싶소?" 그러자 호는 이렇게 답했다고 한다. "스탈린 동지, 나는 두 의자에 다 앉고 싶습니다."[31]

왜 스탈린은 인도차이나공산당과 그 지도자에 대한 유보적 태도에도 불구하고 베트남민주공화국을 외교적으로 승인하기로 했을까? 중국측 자료에 따르면 스탈린이 그렇게 한 것은 마오 쩌둥과의 지속적인 대화와 관련이 있었던 것으로 보인다. 마오는 모스크바로 가면서 소련과 새로운 협정을 맺겠다고 결심했다. 그리고 이 협정에는 1945년 2월 연합국의 얄타 회담에서 허용된, 소련의 중국에 대한 치외법권들 가운데 몇 가지를 제거하는 내용이 들어가야 했다. 스탈린은 안보를 이유로 그런 권리들을 유지하고 싶었지만, 그렇게 되면 중국이 미국을 직접 상대하려 할지도 모른다고 걱정했다. 스탈린으로서는 아시아에서 중국의 외교 정책을 급진적으로 유지하고, 그럼으로써 미국과 대립하도록 할 필요가 있었다. 그래야만 베이징과 워싱턴의 동맹을 막을 수 있었기 때문이다. 그래서 스탈린은 모스크바에서 열린 3자 회담에서 마오에게 아시아 혁명을 앞장 서서 이끌고 나가라고 격려했다. 그는 호치민에게 소련은 최선을 다해 베트남을 지원하겠지만, 아시아에서 투쟁을 지휘하는 일에서는 중국이 확실한 역할을 맡아야 한다고 말했다. 스탈린은 호에게 이렇게 말했다. "우리는 중국과 마찬가지로 베드남에 대해서도 관심을 가지고 있습니다. 이제부터 우리의 지원을 믿어도 좋습니다. 특히 전쟁 뒤라 우리에게는 잉여 물자가 풍부합니다. 중국을 통해 그 물자를 베트남으로 보내겠습니다. 그러나 자연적인 조건의 한계 때문에 주로 중국이 베트남을 돕게 될 것입니다. 중국에 부족한 것이 있다면 우리가 제공하지요." 그러자 마오도 호치민에게 약속했다. "베트남에 필요한 것이 중국에 있다면 무엇이든 제공하겠습니다."[32]

2월 17일, 호는 마오 쩌둥, 저우 언라이와 함께 시베리아를 통과하여 베이징으로 가는 긴 기차 여행길에 올랐다. 호치민과 마찬가지로 마오도 모스크바를 방문했던 목적 가운데 적어도 일부는 달성했다. 새로운 중소 조약은 얄타 협정의 굴욕적인 조항들 가운데 일부는 없앴으며, 모스크바는 경제적인 지원을 하겠다고 약속했다. 그러나 이 정도 성과를 얻기 위해 많은 노력을 기울여야 했다. 마오는 나중에 동료들에게 "스탈린에게서 뭔가를 얻는 것은 호랑이 입에서 고기를 빼내는 것과 같다."고 이야기했다.

기차는 3월 3일에 베이징에 도착했다. 마오는 중난하이에서 호치민을 위하여 다시 연회를 베풀었고, 이 자리에는 중국의 지도부가 모두 참석했다. 공식 협상에서 중화인민공화국은 국경에 보안대를 주둔시키기로 하고, 난닝과 쿤밍 등 남부 도시에 베트남 영사관 설치를 허가했다. 호는 그 대가로 호앙 반 호안—곧 베트남의 첫 중국 대사로 임명된다.—에게 프랑스-베트민 전쟁 초기부터 태국에 두었던 인도차이나공산당의 외부 본부를 중국으로 옮기라고 지시했다. 한 변절자의 말에 따르면 호는 또 이 지역 전체의 형제 공산당들을 지도하기로 했다. 1930년대 초에 맡았던 코민테른 요원 역할로 복귀한 것이다. 3월 11일, 호와 그의 동료들은 베트남을 향해 떠났다.

호치민은 여행 결과에 어느 정도는 만족했을 것이다. 그는 사회주의 국가들 가운데 가장 큰 두 나라로부터 외교적 승인을 얻었으며, 또 제한적이나마 군사와 경제 분야에서 지원을 해주겠다는 약속도 받아냈다. 이제 베트민은 혼자 싸우지 않아도 되었다. 동시에 중국도 베트남과 새로운 관계 수립을 통해 이익을 얻게 되었다. 중국 자료에 따르면 마오 쩌둥은 결국 미국과 전쟁이 불가피하며, 중국 국경 어디에서든 전쟁이 발발할 수 있다고 점차 확신하게 되었다. 그런 이유 때문에 마오는 한반도만이 아니라 인도차이나에서도 방어를 강화하는 것이 중요하다고 믿었다.[33]

미국의 마지막 선택

국제 정세 변화에 매우 민감한 호치민은 베트남 정부와 새로운 중국 정부 사이의 긴밀한 관계가 알려지면 미국이 자극받아 인도차이나 전쟁에서 더 큰 역할을 떠맡고 나설 수도 있다고 걱정했다. 그의 걱정은 그대로 들어맞았다. 실제로 1월 중순 베이징에서 베트남민주공화국을 외교적으로 승인하고, 두 주 뒤 모스크바에서도 비슷한 발표가 나오자 워싱턴은 극적인 변화를 겪었다. 트루먼 행정부는 베트남의 비공산주의자들을 동원하여 폭넓은 인기를 얻고 있는 베트민전선에 대항하려는 프랑스의 시도가 지지부진한 것에 상당히 못마땅해하고 있었다. 프랑스인들이 베트남 민족주의의 정통성을 가진 대표로 바오 다이를 선정하여 호치민의 대안으로 내세운 것에 많은 미국 관계자들이 우려를 나타냈다. 그들은 여전히 전 황제가 베트남의 새로운 독립국가의 구심점 역할을 하는 데 필요한 결단력이 부족하고 대중적 지지를 얻지 못하고 있다고 보았다.

따라서 1949년 3월의 엘리제 협정 조인에 대해서도 워싱턴은 미지근한 반응을 보였다. 1949년 초 조지 C. 마설의 뒤를 이어 국무장관 자리에 오른 딘 애치슨은 파리의 미국 대사 데이비드 브루스에게 프랑스가 갓 태어난 베트남 국가에 좀더 자율성을 부여하지 않으면 성공하기 힘들 것이라는 견해를 밝혔다. 언론에서는 백악관이 호치민에게 접근하여 바오 다이와 연립정부를 구성하라고 설득하는 중이라는 소문이 돌았다. 베트남의 두 경쟁자가 이미 비밀리에 접촉했다는 보도까지 나왔다. 물론 호치민은 늘 그런 보도들을 이용해 적의 무장을 해제시킬 준비가 되어 있었다. 호는 미국의 노련한 저널리스트 해럴드 아이작스와 인터뷰하면서 자신은 공산주의자가 아니라고 선언했다. 베트남민주공화국은 정통성 있는 민족 정부의 자격을 갖추고 광범위한 지지를 받고 있는 정부이며, 소련의 위성국가가 아니라고 주장했다.[34]

그러나 워싱턴이 호치민-바오 다이 연립정부를 구상하고 있다는 소문은 사실이 아니었다. 딘 애치슨은 바오 다이가 인도차이나 민족들을 대변할 만한 능력이 없다고 보았지만, 호치민이 유고슬라비아의 지도자 요시프 브로즈 티토—그 무렵 독자적인 견해 때문에 소비에트 블록으로부터 축출당했다.—의 노선을 따라 '민족적 공산주의자' 모습을 보여줄 것이라는 점에 대해서는 더욱 회의적이었다. 애치슨은 호가 민족주의자냐 아니면 공산주의자냐 하는 것은 학자들이 연구할 문제일 뿐이라고 주장했다. 식민지 사회에서는 공산주의자가 곧 민족주의자였기 때문이다. 그러나 일단 권력을 잡으면 스탈린주의적 경향이 분명하게 드러나게 될 것이라는 생각이었다.[35]

1949년 후반기 내내 백악관은 바오 다이 정권을 외교적으로 승인해달라는 파리의 요청을 거부했으며, 프랑스의 인도차이나 전쟁을 지원하지도 않았다. 그러면서 만일 프랑스가 새로운 예속국에 진정한 독립을 부여한다면 지원하겠다고 암시했다. 그러나 국무부 내부에서는 논쟁이 치열해졌다. 유럽파는 프랑스인들을 달랠 수단으로 바오 다이 정부를 인정하자고 주장했지만, 아시아파는 그렇게 하면 베트남 등지의 민족주의 세력들이 고립당할 것이라고 주장했다. 6월 들어 애치슨은 별로 내키지 않았지만 파리를 설득하여 양보를 더 얻어낼 생각이었다. 그러나 브루스 대사가 그러면 프랑스와 대립을 피할 수 없을 것이라고 강력히 반대하고 나섰다. 애치슨(그는 훈련과정으로 보나 천성으로 보나 유럽파였다)은 한발 물러서서 브루스 대사에게 미국의 이후 행동은 엘리제 협정의 이행에 달려 있다는 말을 전하라는 지침을 내렸다. 바오 다이를 이용한 해법을 채택하는 데 계속 공개적으로 반대한 미국 담당자들은 극소수였다. 록펠러 재단의 회장 출신으로 트루먼 행정부의 아시아 정책에 자문하는 특별위원회를 주도하는 위원이기도 한 레이먼드 포스딕은 바오 다이 실험은 실패할 수밖에 없으며, 엘리제 협정 자체가 '추잡한 일'로 독립의 '싸구려 대체물'일 뿐이라고 비판했다. 포스딕은 호치민이 대안으로서 매력적이지 못하다는 점을 인정하면서도, 중국과 베트남 사이의 복잡한 관계—"결국은 지금 예상하는 것보다 우리에게 훨씬 더 유리해질 것이다."—때문에 호는 예측 불가

능한 요인이라고 주장했다.[36]

그러나 포스딕의 견해는 냉전 분위기에서 공산주의 문제가 점점 선명하게 부각되던 워싱턴에서는 거의 호응을 얻지 못했다. 1949년 10월 1일 중화인민공화국 수립은 트루먼 행정부가 아시아의 '적조(赤潮)' 팽창을 억제할 정책을 제시하지 못한다는 의회의 비판의 불길에 기름을 부은 꼴이었다. 그해 마지막 몇 달 동안 워싱턴은 인도차이나 전쟁에 확실하게 개입하라는 프랑스의 압력에 저항하는 한편 속으로는 파리가 새로운 바오다이 체제에 좀더 자율성을 부여하기를 바라면서, 아무런 결정도 내리지 못했다.

그러나 1950년 1월 29일 파리 국회의 엘리제 협정 공식 비준은 중국의 베트민 지원 확대 소식(많은 경우 프랑스측이 제공한 정보였다)과 결합되어 방정식을 바꾸어버렸다. 2월 초 백악관은 바오 다이 정부를 외교적으로 승인하기로 결정했다. 이 제안은 바로 내각의 승인을 얻고 대통령의 결재를 받았다. 그러자 대영제국을 비롯한 많은 나라들이 그 뒤를 따랐지만, 미국 외교관들의 끈질긴 노력에도 불구하고 아시아에서는 대부분의 나라들이 승인을 거부했다. 그 직후 백악관은 아시아의 적조에 대항하는 싸움에서 군사적인 지원을 해달라는 파리의 요청을 승인했다. 3월 10일 트루먼은 인도차이나에 1억 5천만 달러의 군사 지원을 승인했고, 태국에 대한 1억 달러 추가 지원 역시 승인했다. 이어 지원 계획을 효과적으로 이행하기 위해 인도차이나로 고문단을 파견했다.

중국 혁명을 배우자

뤄 구이보가 이끄는 중국 연락단은 1950년 2월 26일 베트남 국경에 도착했다. 보 응우옌 지압과 그의 참모장 호앙 반 타이가 그들을 영접하여, 비엣 박 중심부에 있는 베트민 본부로 안내했다. 연락단은 그곳에서 호치민이 중국과 소련에 가 있는 동안 당을 책임지고 있던 추옹 친 총서기의

영접을 받았다.[37]

호가 1949년 12월 말 중국으로 떠나고 나서 3주 뒤 추옹 친은 민간과 군부 지도자들을 불러 임박한 총공격 계획을 오랜 시간 동안 논의했다. 당사에서 제3차 전국회의(호이 응이 토안 쿠옥 란 투 Ⅲ)라고 부르는 이 회의가 끝날 무렵 발표한 문건에는 궁극적인 승리에 대한 자신감이 넘친다. 추옹 친은 새로운 중국의 건설과 더불어 "우리는 이제 포위되지 않았다. 베트남에 세계로 가는 통로가 뚫렸다. 우리는 이제 우리 곁에 든든하고 강력한 동맹자를 얻게 되었다."고 선언했다. 당 지도부는 2월 21일 총공격에 대비하여 "모두가 전선으로, 모두가 인민의 전쟁으로, 모두가 승리로"라는 구호 하에 인력을 동원할 것을 호소했다.

중월 국경에 인민해방군이 나타남으로써 프랑스-베트민 전쟁의 근본적인 방정식에 변화가 생긴 것은 틀림없다. 최소한의 수준에서 보자면, 중국은 베트남 부대가 적의 공격으로부터 달아날 때 적어도 전보다 더 안전한 피난처는 되어줄 수 있었다. 또 프랑스 입장에서는 인도차이나의 북쪽 국경에 강력한 적대 세력이 자리잡고 있었기 때문에 비엣 박에서 활동하고 있는 저항 세력을 진압하는 작전을 확대하기가 어려웠다. 최대한의 수준에서 보자면, 새로운 상황으로 인해 제국주의 세력을 물리치고 전국에서 승리를 거두기 위하여 좀더 공격적인 전략으로 전환할 수 있는 짜릿한 가능성이 열릴 수도 있었다.

그럼에도 추옹 친은 제3차 전국회의 보고에서 당 내 일각에서는 제3단계로 전진하기 위한 때가 무르익었는지 의심하기도 한다는 사실을 인정하면서, 심지어 자신도 그렇게 의심하는 사람들 가운데 하나일 수 있다는 암시까지 했다. 추옹 친은 전쟁이 빠른 시일 안에 승리로 끝나지 않을 가능성이 높다고 하면서, 영국이나 미국이 개입하면 프랑스의 저항이 강해질 수도 있고, 파리에 좀더 보수적인 정부가 등장할 수도 있다고 경고했다. 동시에 그는 동지들에게 중국의 지원이 베트민의 승리를 보장하는 것은

아니라는 현실을 일깨우면서, 당은 일차적으로 자신의 노력을 통해 승리를 쟁취해야 한다고 강조했다.[38]

회의에서 당 내부의 논쟁은 국방장관 보 응우옌 지압이 쓴 긴 상황 분석 보고에도 반영되어 있다. 지압은 프랑스가 여전히 인도차이나 전역에서 군사적 우위를 유지하고 있다고 인정하면서도, 혁명군의 도덕적 우월성과 전략적 지도가 점점 우호적으로 변해가는 국제 정세(소련과 중국의 외교적 승인과 군사 원조 약속을 가리키는 것이 분명하다)와 결합되면 결정적 승리를 얻을 수 있을 것이라고 주장했다. 지압은 공세가 반드시 단일한 공격의 형태를 띨 필요는 없으며, 인도차이나 몇몇 지역에서 동시에 일련의 공격을 시작하여 세력 균형을 점차 베트민에 유리한 쪽으로 바꾸어나갈 수도 있다고 설명했다.[39]

이후 몇 달 동안 중국은 베트남민주공화국에 군사 장비를 제공하기 시작했으며, 간부들을 훈련하고 전략과 전술에 대한 조언을 해주기 위하여 웨이 궈칭 장군을 단장으로 하는 중국 군사고문단을 베트민 본부에 파견했다. 고문단은 베이징을 출발하기 전 중국 지도부를 만났는데, 이 자리에서 지도부는 고문단이 베트남에서 맡은 임무에는 '세계적인 의미'가 있다고 말했다. 류 사오치는 만일 인도차이나에서 적을 쫓아내지 못해 제국주의가 그곳에 발판을 유지한다면, 중국의 상황은 더 어려워지고 복잡해질 것이리고 말했다.

4월에는 베트남의 첫 주력 부대가 윈난 성으로 훈련을 받으러 떠났다. 일본군으로부터 노획하거나 미국에서 제조한 것이 대부분인 전쟁 물자는 육로로 오거나 아니면 하이난 섬의 남해안에 있는 항구 위린으로부터 해로로 왔다. 상호 약속에 따라 베트민의 생존이 문제가 되는 상황이 아닌 한 중국이 전쟁에 직접 개입은 하지 않기로 했다. 그리고 베이징의 요청에 따라 모든 지원은 비밀에 부치기로 했다. 중국은 프랑스와 관계 악화를 바라지 않았기 때문이다. 그러나 그런 주의는 쓸데없는 것이었다. 프랑스는

이미 호치민의 여행과 그 결과를 소상히 파악하고 있었기 때문이다.[40]

늦은 봄 중국 남부에 베트민 부대들을 위한 훈련소가 여러 곳 생겼다. 훈련은 대부분 3개월짜리 프로그램이었으며, 인민해방군 제2군 간부들이 담당했다. 1950년 9월에는 중국 남부에서 무기를 지급받고 훈련을 받은 베트민 병사들이 2만 명가량으로 늘어났다. 베트남으로 돌아온 병사들 가운데 다수는 새로 만들어진 308사단에 배치되었다. 난닝과 윈난 성 카이위안(開遠)에는 정치 간부들을 위한 6개월짜리 프로그램이 개설되었다. 뤄 구이보와 웨이 궈칭 같은 중국의 고문들은 베트남 당 지도부의 중요한 회의에 참석했다.[41]

중국과의 새로운 관계는 베트남 혁명의 이후 흐름에 큰 영향을 주게 된다. 베트민 사령부 휘하에는 이제 16만 명 이상의 병력이 있었지만(적보다 그 수가 약간 적었다), 장비는 빈약했으며, 병참 부대나 포대의 지원을 받지도 못했다. 그러나 베트남민주공화국은 그 짧은 역사에서 처음으로 막강한 외부 후원자의 상당한 지원 약속을 받게 되었다. 무기, 고문단을 비롯하여 기타 전쟁 물자에 대한 약속은 전쟁 전략에서 그 동안 기다려왔던 인민 전쟁의 제3단계, 즉 총반격 단계로 전환하는 토대가 되었다.

베트남 지도부는 새로운 관계의 중요성을 숨기지 않았다. 호치민은 8월에 미국의 저널리스트 앤드루 로스와 인터뷰하면서, 중국의 영향에 대하여 과거의 입조심하던 태도를 버리고 베트남 혁명은 그 전술을 변경하여 이제 중국식 모델을 채택할 준비가 되어 있다고 이야기했다. 그의 말을 강조하기라도 하듯이 비엣 박 전역에서 중국공산당이 일본이나 장 제스와 싸웠던 전쟁에 대한 연구가 시작되었다. 문건과 훈련 자료를 베트남어로 번역해 지역 전체의 간부와 병사들에게 배포했다. 연구 모임이 정기적으로 열려, 참석자들에게 중국 모델을 내재화하고 그 교훈을 인도차이나에서 실행에 옮길 것을 요구했다.

베트민 쪽에서 갑자기 중국식 모델이 베트남에 타당성을 가지게 된 것처럼 공표한 것은 솔직한 태도라고는 할 수 없다. 이미 보았듯이 당 지도부는 오래 전부터 중국 혁명에서 유용한 교훈을 얻으려고 했기 때문이다. 1946년 12월 전쟁이 발발한 뒤 호치민의 첫 공식 성명 가운데 하나가 베트민 지도부는 승리를 얻기 위한 투쟁에서 마오의 인민의 전쟁 전술을 따른다는 것이었다. 다음 해 초, 추옹 친은 〈저항은 승리한다(The Resistance Will Win)〉라는 팸플릿을 썼는데, 이것은 그 전 20년간 게릴라 전쟁에 대한 마오 쩌둥의 글에서 많은 부분을 빌려왔다. 친은 당 지도부 전체의 승인을 받아 이 팸플릿을 쓴 것으로 보이는데, 그가 택한 혁명가로서의 가명 '추옹 친(長征: 옌안 장정을 가리킨다: 옮긴이)' 자체가 중국 혁명에 대한 분명한 존경의 표현이었다. 그러나 친은 신중하게 중국 모델 가운데 몇 가지 요소는 베트남에 적용할 수 없다고 지적했다. 베트남은 영토가 중국보다 작고 또 완전한 식민지 체제이기 때문에, 베트민은 중국공산당이 항일 전쟁 때 중국 북부에 건설했던 것과 유사한 대규모 해방구를 건설할 수 없었다. 또 중국공산당의 투쟁에서는 외교적 수단의 역할이 제한되어 있었지만, 베트민은 그 중요성을 무시할 수 없었다. 그럼에도 베트민 지도자들은 중국 모델이 이미 대프랑스 투쟁에서 중요한 가치를 보여주었다고 생각하는 것이 분명했으며, 이제 자신들의 노력을 효과적으로 가다듬기 위해 기꺼이 중국 고문단의 지원을 받으려 하고 있었다.

   그러나 중국의 영향은 군사 활동 영역에만 제한되는 것이 아니라, 국내 정책과 당 조직의 성격에까지 영향을 준다는 것이 곧 분명해졌다. 뤄 구이보는 2월 말에 비엣 박에 도착한 직후 베트남을 지원하는 중국 민간고문단의 단장을 맡아 당과 정부를 중국식으로 개조하는 일을 지원하기 시작했다. 당 지도부는 1941년 5월 팍 보에서 열린 제8차 전체회의 뒤에 국내의 봉건 세력에 대한 투쟁보다 제국주의 세력에 대한 민족 해방 투쟁을 우위를 두었으며, 그럼으로써 1920년대 호치민이 아시아에 가져왔던 레닌주의적 모델로 돌아갔다. 이 계획 하에서 베트남 혁명은 두 단계로 나뉘었는데, 첫 단계는 민족 해방의 과제를 완수하는 것이었으며, 두 번째 단계는 사회주의로 이행하는 것이었다. 제1단계에서는 인도차이나공산당이 베트남 혁명에서 차지하는 중심적 역할이 위장되었다. 국내의 온건파를 소외시키지 않고, 해외의 반동 세력을 자극하지 않으려는 의도였다. 이것이 1945년 8월 혁명 이후 프랑스-베트민 전쟁의 첫 3년간에 이르기까지 베트남민주공화국 정책의 특징이었다.

그러나 이제 중국 본토에서 공산주의자들이 승리를 거두고 베트남 역시 프랑스를 물리칠 가능성이 높아지자, 당 지도부는 중국식 모델에 기초한 새로운 전략으로 이행하기로 했다. 운동에 대한 당 지도부의 지도를 공개적으로 인정하고, 민족 해방의 제1단계가 분명한 경계선 없이 제2단계 사회주의 혁명으로 성장, 발전한다고 선언하는 것이 주요 내용이었다. 1950년 1월 말 제3차 전국회의에서는 이러한 이행이 공식적으로 이루어졌다. 당 지도부는 통일전선 내의 계급 투쟁을 더 강조하기로 했으며, 공산당을 다시 공개할 준비를 시작했다. 이렇게 되면 새로운 중국 정부와 동구의 '인민 민주주의' 국가들을 포함한 사회주의 공동체의 다른 구성원들과 베트남민주공화국의 관계가 더욱 밀접해질 수 있었다. 그러나 협상에 의한 해결이나 미국이 프랑스 편에서 전쟁에 개입하는 것을 막는 것은 어려워질 것이 분명했다. 어쨌든 당 지도부는 이후 몇 달 동안 지지자들에게 중국 공산주의자들과 그들의 지도자 마오 쩌둥의 사상과 실천을 소개하는 대대적인 운동을 벌여나갔다.[42]

이러한 중대한 방침 전환이 호치민의 완전한 승인을 받은 것일까? 호는 1920년대 중반 이후 점진적인 2단계 공식의 주창자로 분명하게 인식되어 왔으며, 1941년 제8차 전체회의에서 이 공식을 채택하는 데 중요한 역할을 했다. 그러나 새로운 정책 채택으로 호로서는 국제 정세를 자신에게 유리하게 조정할 여지가 좁아졌을 뿐만 아니라, 원치 않게 중국의 후견을 받는 위치로 전락할 가능성이 높아졌다.

중대한 의미를 가지는 제3차 전국회의가 호의 부재 중에 열렸다는 것은 흥미로운 일이다. 1940년대 말에 이르러, 호가 모스크바나 베이징에서 선전하는 마르크스-레닌주의 원칙들을 고수하느냐 여부를 놓고 국제 공산주의 운동 내에서만이 아니라 베트남의 오랜 동료들 사이에서도 의심이 생겼을 수 있다. 1949~1950년 겨울에 스탈린의 명령에 따라 베트남 공산주의 운동의 지도자가 호치민에서 쯔엉 친으로 교체되었다는 보도들—그 가운데 다수는 분명히 변절자들의 발언을 근거로 한 것이었지만—이 쏟아져 나왔다. 심지어 호가 모스크바 노선을 따르기를 거부했기 때문에 이단으로 공식 선포되었다는 보고도 나왔다. 1950년 3월 프랑스의 공산주의자 레오 피구에레가 비엣 박을 방문했을 때, 그의 파견 목적에는 인도차이나공산당과 당 대 당 연계를 회복하는 것만이 아니라, 인도차이나공산당이 베트남 혁명의 전위의 자리로 복귀하는 일의 중요성을 강조하는 것도 들어 있다는 소문이 돌았다.[43]

호치민으로서는 새로운 노선을 받아들이는 것이 달가운 일이 아니었을 수도 있지만, 어쨌든 그는 미국의 프랑스 지원이 증대하는 것은 이제 피할 수 없는 현실이라는 점, 그리고 베트민이 인도차이나에서 승리를 거두기 위해서는 모스크바나 베이징과 더 밀접한 유대를 맺는 것이 유일한 방법이라는 점을 인식했을 것이 틀림없다. 호는 새로운 현실에 적응했으며, 그 현실을 자신에게 유리하게 이용하려고 노력했다. 호는 그해에 중국 지도부에 보낸 여러 메시지에서 베이징의 새로운 정부와 그 지혜로운 지도부를 한껏 찬양하면서, 베트남 정부와 당이 중국의 모범을 따를 것임을 강력하게 시사했다. 그는 은혜를 베푼 사람들을 향하여 새로운 베트남이 그들의 충고와 경험을 명심할 것이라고 말하는 등 능숙한 솜씨로 그들의 비위를 맞추어나갔다. 1950년 가을 호가 처음으로 집단화된 농업이 독립 베트남의 미래의 번영에 유리하다고 찬사를 보낸 것도 우연은 아닐 것이다.[44]

중월 합동 국경 작전

당 전략가들이 1949년 봄에 결론을 내렸듯이, 총공격이 성공을 거두는 데 핵심적인 필요조건 가운데 하나는 베트민이 국경지역을 장악함으로써 중국으로부터 오는 지원 물자를 쉽게 받아들이는 것이었다. 블레조 장군은 랑 손 북부의 취약지역에서 프랑스군을 철수시킴으로써 지압을 편하게 해주었다. 블레조의 행동은 랑 손에서 통킹 만에 이르는 지역의 통제에 대한 미래의 전략에 근거한 것이었다. 그러나 1950년 여름까지 블레조의 계획은 공식적으로 실행에 옮겨지지 않았으며, 몽 카이 해안으로부터 카오 방 성도까지 4번 도로를 따라 프랑스의 국경 초소들이 띄엄띄엄 배치되어 있었다.

프랑스는 늑장을 부린 것을 곧 후회하게 된다. 1949년 4월에 인도차이나공산당 지도부는 프랑스의 군사력이 거의 없는 국경의 서쪽지역에 총력을 기울이기로 결정했다. 그러나 1950년 7월 당 상임위원회는 동쪽지역으로 초점을 이동하기로 결정하는데, 그곳이 홍 강 삼각주와 중국 쪽 주요 수송로에서 접근하기 용이했기 때문이다. 당시 호가 동료들에게 이야기했듯이, 그곳은 "퇴각할 때에는 방어하기가 쉽고, 공세 때에는 공격하기가 쉬웠다." 보 응우옌 지압이 공격의 지휘를 책임졌으며, 중국 내전에서 인민해방군의 해결사로 널리 존경을 받았던 천 경 장군이 비엣 박에서 베트민 지도부의 공격 계획 수립을 돕기로 했다. 지압이 다시 탄 차오의 옛 혁명 기지에 자리를 잡은 호치민을 찾아가자, 호는 승리의 중요성을 강조했다. "이번 공격은 매우 중요하네. 절대 지면 안 되네!" 호는 전선까지 가서 직접 전투를 살피겠다고 약속했다. 호는 천 경 장군에게 함께 가자고 초대했다.[45]

1950년 9월 중순 베트민 부대들은 국경지역 전체에 걸쳐 프랑스의 취약 시설에 대한 일련의 기습을 개시했다. 동 케의 프랑스 초소가 8천 명의 베트민 부대로부터 공격당했을 때, 프랑스 정보부는 이제 적이 바주카포, 박

1950년 가을 베트민군은 중월 국경의 동 케 근처에서 프랑스 부대들과 맞섰다. 호치민이 중국인 고문단의 지원을 받으며 동 케를 굽어보는 산악지대의 지휘소에서 전투 상황을 살피고 있다.

격포, 무반동총으로 무장하고 있으며, 연대 단위로 병력을 집중할 수 있다는 불길한 보고를 올렸다. 공격의 강도에 놀란 프랑스군은 혼란에 빠져 지리멸렬하게 패주하면서, 수백 명의 사상자만이 아니라 1만 톤이 넘는 탄약까지 버려두고 갔다. 기습을 당한 전우들을 구출하기 위해 카오 방으로부터 북부로 파견된 프랑스 예비 병력 역시 많은 사상자를 내고 패퇴했다. 지역 사령관인 마르셀 카르팡티에 장군은 갑자기 해안 도시 몽 카이를 제외한 전선의 다른 모든 전초 기지를 버리라는 명령을 내렸다.

하노이의 고등판무관 레옹 피뇽은 카르팡티에 장군의 판단에 차츰 의심을 품기 시작했고(피뇽은 한 미국 외교관에게 카르팡티에의 태도는 "매우 수동적이고 방어적이어서…… 그가 최고 군사 지도자가 될 만한 자격이 있는지 의문을 품을 수밖에 없다."라고 말했다), 결국 연말에 카르팡티에 장군은 교체되었다.⁴⁶ 그러나 때늦은 교체였다. 10월 말 국경 전투가 끝이 나면서 베트민의 공격은 홍 강 삼각주 북쪽의 광대한 지역으로 확대되어, 이 지역 전체를 실질적으로 베트민이 지배하게 되었다. 공황에 빠진 프랑스 책임자들은 하노이에서 프랑스인들의 소개를 명령했고, 파리 정부에 도시의 주민 절반 이상이 베트민에 동조하고 있다고 보고했다. 국경지역이 베트민의 손에 넘어가자 이제 프랑스측은 전쟁의 전면 승리를 눈앞에 두고 있다는 식으로 스스로를 기만할 수 없게 되었다.

인도차이나의 새로운 군사적 상황에 따른 공황 상태는 프랑스에만 한정되지 않았다. 미국 특사로 베트남준국가를 방문하기 위하여 사이공에 막 도착한 도널드 히스는 본국에 통킹의 상황이 위험하다고 보고했다. 히스는 설사 중국이 개입하지 않는다 하더라도, 하노이-하이퐁 회랑 지역을 제외한 북부의 전지역은 잃은 것으로 간주해야 한다고 전하면서, 설상가상으로 중국이 개입할 가능성이 매우 높다고 덧붙였다. 바오 다이를 수반으로 하는 사이공의 새로운 베트남 정부는 힘도 없고 여론을 등에 업지도 못했다고 평했다. 바오 다이는 지도자다운 에너지도 방법론도 없는 인물이었다. 그러나 히스를 동행했던 무관은 침착하게, 베트민이 심각한 반격을 당하지 않는 한 중국이 침입하지는 않을 것이라고 예측했다.⁴⁷

중국 고문단은 국경 공격의 계획부터 집행에 이르기까지 깊숙이 관여했다. 이 역할은 베트남 전쟁이 끝난 뒤 두 동맹국 사이에 논란의 대상이 된다. 베트남 자료들은 보 응우옌 지압을 비롯한 베트민의 군사 전략가들이 공격 작전을 총괄했다고 이야기한다. 그러나 호앙 반 호안의 말에 따르면 프랑스군이 강하게 방어하고 있는 거점 카오 방보다는 동 케를 공격하는 것이 좋겠다고 호치민에게 조언한 사람은 천 경 장군이었다. 천은 카오 방은 포위만 해두었다가 나중에 점령하라고 조언했다. 호치민은 이 조언을 받아들여, 동 케 위쪽의 산악지대에 자리잡은 지휘소에서 전투를 지휘했다. 중국 고문단은 호의 동의를 얻어 대대 단위까지 고문을 배치했다.

그러나 나중에 보 응우옌 지압 장군은 그런 주장에 대하여, 카오 방이 아니라 동 케를 공격하기로 결정한 사람은 자신이며, 호치민과 천 경도 그 계획을 승인했다고 주장했다.

진상이야 어떻든 작전이 끝난 뒤 천 경은 중국으로 돌아가 한반도에서 인민해방군 부대를 지휘할 임무를 맡았다. 천 경은 비엣 박을 떠나기 전 중국의 상관들에게 베트민의 전투 수행 능력을 꼼꼼하게 비판하는 보고서를 올렸다. 천의 보고서에 나타나듯이, 베트민 부대는 규율과 전투 경험이 부족했고, 아직 큰 작전을 수행할 준비가 되어 있지 않았다. 또한 지휘관들은 부대원들의 복지에 제대로 관심을 기울이지 않았으며, 나쁜 소식은 상관에게 보고하기를 꺼렸다.[48]

베트민 전략가들은 1950년 국경 작전이 성공하자 크게 기뻐했다(호치민은 자신의 예상보다 큰 승리를 거두었다고 말한 것으로 전해진다). 일각에서는 이것을 발판으로 홍 강 삼각주 심장부를 향해 오랫동안 기다려온 총공격을 시작하자고 주장했다. 당 지도부 가운데는 여전히 혁명 세력이 적과 전면전을 벌일 준비가 되어 있지 않다고 보는 의견이 있었음에도(호 자신도 고집스러운 지휘관 한 사람에게 총공격은 여자의 임신처럼 적절한 때를 기다려야 한다고 조언했다), 국경 공격의 성공으로 조성된 우호적인 조건에서 새로운 공격을 퍼부어 완전 승리를 거둘 가능성이 충분하다는 공감대가 이루어졌다. 1950년의 미지막 두 달 동안 베트민 전략가들은 중국인 고문들의 협력을 얻어 이듬해의 작전 계획을 마지막으로 손질했다. 12월의 힙동 회의에서 중국 대표들은 베트민이 기동 작전을 펼칠 수 있는 대규모 부대로 재편할 수 있도록 장비를 공급하겠다고 약속했다.

보 응우옌 지압의 계획은 홍 강 삼각주의 가장자리에 있는 세 지역을 잇따라 공격한다는 것이었다. 하나는 험준한 탐 다오 산 바로 남쪽에 자리잡고 있으며, 수도에서 보자면 북서쪽에 있는 빈 옌이었다. 또 하나는 삼각주의 동쪽 가장자리에 있으며, 하이퐁에서 멀지 않은 마오 케였다. 마지막 하나는 하노이 바로 남쪽 다이 강변의 여러 지점이었다. 프랑스의 취약점들을 노린 이 국지적 공격들이 성공을 거두면, 다음 단계에는 수도지역으로 들어가는 통로를 뚫는 대규모 공격을 진행할 예정이었다. 베트민 라디오는 호 주석이 텟 명절에는 하노이에 있을 것이라고 낙관적으로 예측했다. 만일 당 전략가들의 낙관적 예측이 옳다면, 전쟁의 끝이 눈앞에 다가온 셈이었다.[49]

13장 디엔비엔푸

1951
1954

그는 농민 차림으로 지칠 줄 모르고 지지자들 사이를 돌아다니며, 공동의 목표를 위해 모든 것을 희생하라고 선동하고 격려했다. 해방구의 생활 조건은 제2차 세계대전 막바지 몇 달보다는 나았지만, 프랑스의 공습은 잦았으며, 호는 사흘이나 닷새에 한 번씩 체포를 피하기 위해 거처를 옮겨야 했다. 호는 이제 예순이 넘었지만 여전히 배낭을 지고 꼬불꼬불한 산길을 따라 하루에 50킬로미터를 걸을 수 있었다.

"일부에서는 우리의 계속된 승리에 도취하여 어떤 대가를 치르더라도 끝까지 싸우고 싶어한다. 그러나 그들은 나무만 보고 숲은 보지 못한다. 그들은 프랑스군의 철수에만 관심을 가지기 때문에 그들의 책략은 보지 못한다. 그들은 프랑스인들만 보지 미국인들은 보지 못한다. 그들은 군사행동에만 치우치고 외교는 경시한다. 그들은 우리가 목표를 달성하기 위해 전장만이 아니라 국제회의장에서도 싸워야 한다는 것을 모른다. 그런 사람들은 빠른 결과만 원하지, 평화를 위한 투쟁이 힘겹고 복잡한 것임을 모른다."
—1954년 제네바 협정 조인 며칠 전 호치민이 베트남노동당 중앙위원회에 제출한 정치보고서에서

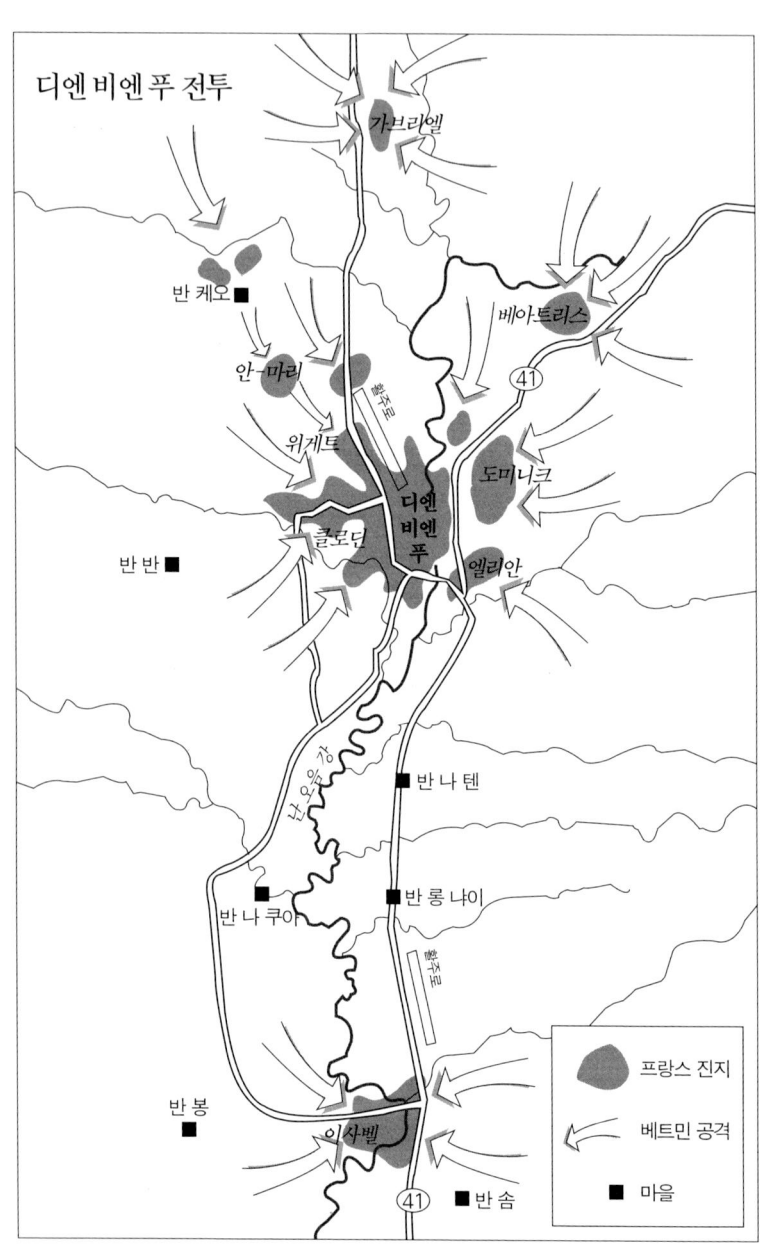

13 | 디엔비엔푸

호치민이 1951년 텟 명절을 하노이에서 보낼 것이라는 예측은 어긋났다. 베트민의 공격은 처음에는 기분 좋게 시작되었지만—베트민 부대들은 탐 다오 산 밑의 밀림에서 빈 옌의 적 주둔 기지를 향해 중국식 '인해(人海)' 전술로 밀고 나갔다.—지휘부는 장 드 라트르 드 타시니 장군의 결의를 과소평가했다. 드 라트르 장군은 1950년 12월 19일에 새로운 고등판무관 겸 인도차이나 프랑스 원정군 총사령관으로 취임했다. 드 라트르는 만만하게 볼 상대가 아니라는 것이 드러났다. 그는 전쟁 영웅으로 군인다운 절도와 자신감을 갖춘 사람이었는데, 도착하자마자 프랑스군을 강화하기 위한 조치를 취했다. 드 라트르는 사기를 높이기 위해 하노이 시에서 프랑스인들을 소개하라는 전임자의 명령을 철회했다. 그리고 베트민의 공격의 예봉을 꺾기 위해 다른 지역에서 전략적 예비 부대를 데려왔으며, 프랑스 전투기에 그 즈음 미국으로부터 입수한 네이팜탄을 쓰라고 명령했다.

결과는 눈부셨다. 불타는 가스를 한 번도 접해보지 못했던 베트남군은 정신없이 달아났으며, 프랑스군은 빈 옌을 지킬 수 있었다. 이때 공격에 참여했던 한 베트남인은 훗날 이런 기록을 남겼다.

우리 사단은 아침부터 공격했다. 멀리서부터 날아오던 제비 세 마리가 점점 커졌다. 비행기였다. 비행기들은 급강하했고, 그 순간 우리 눈앞에 지옥이 펼쳐졌다. 첫 번째 비행기에서 계란 모양의 커다란 용기가 떨어졌고, 두 번째 비행기에서도 같은 것이 떨어졌는데, 두 번째 용기는 바로 내 오른쪽에 떨어졌다……. 강렬한 불길이 일어나더니 수백 미터를 뻗어나갔으며, 그 순간 공포가 전사들을 사로잡았다. 그것이 네이팜탄, 하늘에서 떨어지는 불이었다.

비행기 한 대가 또 다가오더니 불을 더 토해냈다. 폭탄은 우리 뒤에 떨어졌는데, 나는 불의 숨결이 내 온몸을 훑고 지나가는 것을 느꼈다. 병사들은 달아났다. 나는 그들을 막을 수가 없었다. 지나가며 모든 것을 태워버리는 그 불의 격류 속에서는 살아남을 도리가 없었다.[1]

미국 정보 보고서에 따르면 공격에 나선 베트민군 총 1만 명 가운데 3천5백 내지 4천 명의 사상자가 났다. 프랑스측은 전사자 4백 명에 부상자 1천2백 명이었다. 베트민군은 마오 케와 다이 강 공격에서는 더 큰 패배를 기록했으며, 결국 많은 사상자를 내고 산 속으로 철수했다. 하노이가 일시적으로나마 위협에서 벗어나자 드 라트르는 소개 명령 취소는 대중이 자신감을 회복할 수 있도록 허세를 부린 것이었다고 고백했다.[2]

베트민군은 총공격을 통해 하노이로 들어가는 길을 열기는커녕 크나큰 상처를 입고 물러서고 말았다. 호치민이 아끼는 전쟁 전략가 보 응우옌 지압에게는 개인적으로 특히 수치스러운 패배였다. 이후 몇 주 동안 최고 사령부는 다른 방법을 찾아보기 시작했다. 4월 중순 당 고위간부 회의에서 호치민은 최근 경험으로부터 교훈을 얻기 위해 자기 비판 기간을 가진 뒤 다음 전투를 준비하자고 촉구했다. 5월에 베트민 라디오는 승리가 확실할 때에만 대규모 군사 공격을 시작할 것이라고 언급했다. 공식 자료들은 "총공격으로 전환하자"는 구호 사용을 중단하고, 장기전의 중요성을 강조하기 시작했다. 호는 이후 글과 연설을 통해 간접적으로 같은 이야기를 했으며, 장기적 투쟁에서는 게릴라 전법이 핵심이라고 강조했다. 중국 고문

포로로 잡힌 통킹의 베트민 여전사들(1951년).

단은 베트민군에게는 그러한 야심만만한 군사 작전을 수행하는 데 필요한 경험이 부족했다고 상급자들에게 보고함으로써(물론 사후 보고였다) 혹시 있을지 모르는 책임 추궁을 피하려 했다. 그들 역시 게릴라전으로 복귀하라고 권했다. 보 응우옌 지압은 과실을 인정했다. 그는 아직 미숙한 군대 —때로는 과감성과 결의마저 보여주지 못했다.—를 이끌고 화력이 우세한 프랑스군과 재래전으로 맞붙은 것이 실수였다고 시인했다.[3]

1950년 이후 베트민의 전쟁 전략에 대한 중국의 영향력은 점점 강해졌다. 중국의 영향은 베트남 내부 정책의 변화에서도 감지되었다. 1950년대 중반부터 마오식 복장에 중국의 혁명 구호를 줄줄 쏟아내는 중국 간부들이 대규모로 도착하여, 행정의 모든 측면, 나아가 올바른 행동 방식에 대해서까지 베트남인 동지들에게 조언을 하기 시작했다. 그들이 중국을 떠나기 전 류 사오치는 고문단에게 중국식 기술을 베트남에 강요하지 말라는 신중한 지침을 내렸으나, 일부는 그 지침을 무시함으로써 오래 전부터 북부의 사촌 국가의 오만한 태도에 예민하게 반응하던 베트남의 하급 공직자나 간부들의 원성을 샀다.

많은 베트남인들에게 중국의 영향력이 증대한다는 것을 보여주는 가장 성가신 일은 새로 생긴 당원 이데올로기 훈련 프로그램이었다. 이 프로그램의 목표는 마오의 이론에 따라 당원들을 이데올로기적으로 재교육하는 것이었다. 그러나 모욕과 벌을 주는 일이 많았으며, 가난한 집안 출신의 당원들이 엘리트 집안 출신의 동료들에게 복수하는 기회로 이용되어 심각한 계급 갈등이 벌어지기도 했다. 참석자들의 이야기에 따르면, 이 프로그램의 핵심을 이루고 있는 자기 비판 때문에 베트민의 많은 간부들이 공포에 떨었다. 당원들 대부분이 마르크스-레닌주의 저작을 읽어본 적이 없고, 이데올로기보다는 애국심으로 운동에 가담한 사람들이었기 때문이다.

때로는 그런 이데올로기 훈련이 비극적 결과를 낳기도 했다. 1950년대 초까지 베트민 부대에 복무했던 프랑스의 공산주의자 조르주 부다렐에 따르면, 고민에 빠진 병사들이 혹시 자살할까 봐 면도칼을 압수하기도 했다. 같은 이유로 일부 훈련 캠프의 막사에는 밤에도 불을 켜놓았다. 모든 부대에는 베트남인 정치위원들이 배속되어 부대의 이데올로기적 열의를 감시했다. 정치위원과 부대 지휘관 사이에 의견 마찰이 생길 경우에는 정치위원이 최종 결정을 내렸다.[4]

부다렐은 이런 정책들이 두 가지 부정적인 결과를 낳았다고 지적한다. 단기적으로 볼 때, 많은 애국적 지식인들이 운동에 등을 돌렸으며, 그 전에 당 내에 존재하던 온건파와 급진파 사이의 유대를 깨뜨렸다. 장기적으로 볼 때도 비판과 비난에 대한 두려움 때문에 작가와 예술가들의 창조성이 움츠러드는 유해한 결과를 낳았다. 프랑스 정보 담당자들이 입수한 여러 문건에는 베트남 간부와 중국 고문 사이의 마찰이 자주 언급되고 있다. 베트민을 배반한 사람들은 그들이 운동을 떠난 이유로 마오 쩌둥 사상의 과도한 영향을 지목하는 경우가 많았다. 심지어 중국의 전략적 조언의 필요성을 받아들이는 베트민 지지자들조차 외국의 고문들이 베트남인 부대를 실질적으로 장악하는 것에는 고개를 저었다. 변절자들은 중국의 압력에 따라 베트민의 수많은 중간 간부와 고위 간부들이 숙청당했다고 전했다. 프랑스 자료에 따르면, 1951년 9월 남부의 베트민 사령관으로 중국의 영향력 증가에 비판적인 태도를 보인 것으로 알려진 응우엔 빈이 해임되고, '적응 훈련'을 위해 북부로 오라는 명령을 받은 것도 중국의 압력 때문이었다. 베트남민주공화국의 공식 자료들은 그가 비엣 박으로 가는 길에 캄보디아 국왕군과 싸우다가 전사했다고 이야기한다. 그러나 확인되지 않은 자료에 따르면 그는 체포되어 이송되는 도중, "처형을 당하기보다는 전투에 참가해 미리 정해진 죽음을 기꺼이 받아들였다."라고 한다.[5]

중국의 영향은 농촌 마을까지 확대되었다. 베트남민주공화국은 농촌 마을에서 지주 계급의 경제적, 정치적 영향력을 없애기 위해 급진적인 토지개혁 방안들을 점진적으로 도입하고 있었다. 1946년 12월 전쟁 발발 이후 정부의 토지 정책은 반봉건 혁명보다 반제국주의 투쟁을 앞세우라는 호치민의 결정을 반영하고 있었다. 따라서 소작료 인하는 추진했지만, 농지 몰수는 프랑스 국민이나 바오 다이 정권에 협력한 베트남인들의 소유에 한정되었다. 애국적 지주나 부농의 경우에는 그들의 지지를 얻기 위해 땅을 몰수하지 않았다.

그러나 1950년대 초에 이르자, 농촌 현지에서 토지 정책의 여러 조항들이 무시되고, 많은 지주들이 소작료 인하를 피하고 있다는 강경파들의 비판이 거세졌다. 추옹 친과 같은 당 지도자들은 토지 정책이 농촌의 가난한 층의 열렬한 시지를 끌어내는 데 실패함으로써 혁명에 제대로 도움을 주지 못한다고 주장했다. 중화인민공화국에서 진행 중인 좀더 급진적인 토지개혁을 경험한 지 얼마 안 되는 중국 고문단은 베트남 간부들에게 농촌의 '봉건적' 요소들과 좀더 과감하게 맞설 것을 촉구하기 시작했다. 그 결과 소작료 인하와 지주들의 마을 회의 참여 제한 등의 정책들이 좀더 엄격하게 집행되기 시작했다.

인도차이나공산당 제2차 전국대회

정부의 좌경화를 보여주는 가장 의미심장한 사건은 1951년 2월 중순, 비엣 박의 핵심부 깊숙한 곳에 자리잡은 투옌 쾅 성의 한 비밀 장소에서 열린 당 제2차 전국대회—1935년 3월 마카오 회의 이후 처음 열린 대회였다.—에서 일어났다. 이 대회에는 약 50만 명의 당원을 대표하는 총 2백 명의 대표들이 참석했다.

대회를 개최한 데에는 그럴 만한 이유들이 있었다. 우선 인도차이나공산당은 1945년 11월에 형식적으로 해체되기는 했지만 1940년대 말에 급속히 성장했다. 그러나 당원들 다수—대부분이 농민이나 프티 부르주아지 출신이었다.—는 이데올로기 훈련을 거의 받지 못했다. 게다가 많은 간부들이 당 문건에서 '봉건적 태도(종교적 믿음이나 미신, 허세, 남성 우월주의 등과 같은 사회적 질병으로 이루어진다)', '게릴라 심리(비밀주의와 외부인들에 대한 의심을 뜻한다)'라고 부르는 것에 오염되어 있었으며, 정치적 각성 수준은 매우 낮았다. 추옹 친 총서기는 대회에 참석한 대표들에게 보고를 하면서 당원들에게 만연한 개인주의, 오만, 관료적 태도와 관행, 부패, 해이한 도덕심과 싸우는 것이 대단히 중요한 일이라고 선언했다. 그는 오직 대중의 눈에 공개된 공산당, 고도의 규율을 가진 공산당만이 그런 질병과 싸우는 데 적극적인 역할을 하고, 베트남 혁명을 인도하는 데 전위적 역할을 할 수 있다고 주장했다.

대회에서는 국내 정책 결정에 중국의 영향이 증대한다는 사실을 공개적으로 인정했다. 추옹 친은 미래의 베트남이 동구의 소비에트식 '프롤레타리아 독재'를 따르기보다는 '인민민주주의 독재'라는 중국식 모델을 채택할 것이라고 선언했다. 당면 목표는 사회주의 혁명을 준비하기 위한 첫 단계의 민족 민주주의 혁명이지만, 두 단계 사이에 장기간의 이행기는 없다. 레닌주의적인 표현으로 하자면 민족 민주주의 혁명은 사회주의적 단계로 '성장 발전'하게 된다. 1941년에 애국 세력들의 광범위한 동맹으로 건설되어, 이제 대중의 머릿속에서 공산주의 지도부와 분명하게 동일시되고 있는 베트민전선이 광범위한 대중의 지지를 얻기 위해서는 이름을 '베트남 민족 통일전선', 즉 '리엔 비엣 전선'으로 바꾸어야 한다.[6]

인도차이나공산당도 임무를 완수하기 위하여 '베트남노동당(당 라오 동 비엣 남)'으로 이름으로 바꾸어야 했다. 지도부는 당의 이름에 '베트남'이라는 감정적인 명칭을 사용함으로써 일반 대중의 지지를 얻는 데 반제국주의 투쟁이 핵심이라는 사실을 공개적으로 인정한 셈이었는데, 이것은 호치민이 1920년대 중반 이후 확고하게 견지해왔던 입장이었다. 동시에 이 결정은 이웃의 라오스와 캄보디아준국가에서 고조되는 민족주의에 대한 암묵적인 의사 표시였다. 이 두 나라의 라오족이나 크메르족 인도차이나공산당 당원들은 베트남 상급자들에게 때로는 억압적인 지도를 받으면서 점차 반항적인 태도를 보이다가 이제는 독자적인 당을 요구하고 있었다. 이제 인도차이나공산당은 세 나라의 혁명이 각기 다른 속도로 진행되며, 각 나라는 그 과정에서 전위 역할을 할 독자적인 당이 있어야 한다는 점을 공식적으로 인정한 셈이었다. 베트남은 민족민주주의 혁명을 이룬 다음 곧바로 사회주의로 이행할 예정인 반면, 라오스와 캄보디아는 인민민주주의의 방향으로 움직이고 있었다. 그들의 사회주의 혁명은 몇 년 늦추어질 수밖에 없었다.

그러나 인도차이나공산당을 세 당으로 나눈다고 해서 호치민과 그의 동료들이 인도차이나의 나머지 지역에서 관심을 돌렸다는 의미는 아니었다. 오히려 그 반대였다. 라오스와 캄보디아에서 아직 별도의 조직—둘 다 이름은 인민혁명당이었다.—이 건설되기도 전이었지만, 제2차 전국대회 폐회 직후 이미 세 그룹의 긴밀한 동맹 관계를 확립할 계획을 공식적으로 추진하고 있었다. 대회에서 발표한 것으로 나중에 프랑스측이 입수한 당 공식 문건에 따르면, 베트남은 인도차이나 전역에서 벌어지는 운동의 지휘권을 포기할 의사가 없었다. 이 문건에서 "베트남 당은 캄보디아와 라오스의 형제 당들의 활동을 감독할 권리가 있다."라고 선언했다. 훗날 베트남 자료들은 인도차이나 연방 개념(1935년 마카오 회의에서 처음으로 제기되었다)이 1951년 회의에서 공식적으로 폐기되었다고 주장했지만, 이 문건은 반대로 주장하고 있다. 이 문건에서는 비록 이제 세 개의 별도의 당들이 존재하지만, "나중에 조건이 허락하면 베트남, 캄보디아, 라오스의 세 혁명 정당들은 연합하여 단일한 당, 즉 베트남-크메르-라오 연방의 당을 형성할 것"이라고 선언하고 있다.[7]

이제 사실상 프랑스 연합 내의 준국가들로 결합되어 있는 세 나라 사이에 긴밀한 관계를 유지하겠다는 결정은 당 지도부가 인도차이나를 하나의 통일된 블록으로 파악하는 동시에 그 전략적 중요성을 인식하고 있다는 분명한 표시였다. 1950년 프랑스측이 입수한 베트민의 훈련 문건에서 3개국은 지리적, 경제적, 정치적, 전략적 관점에서 단일한 단위로 묘사되고 있다. 이 문건은 3개국의 혁명 운동이 모든 분야에서 서로 지원하는 방식으로 이루어짐으로써 제국주의 침략자에 대한 공동 투쟁을 수행하고 미래의 '신민주주의'를 건설해야 한다고 밝히고 있다.[8]

대회에서 승인한 각종 문건에서는 호치민의 존재를 확인할 수 있다. 호의 동료들은 인도차이나에서 반봉건 투쟁보다 반제국주의 투쟁을 우위에 두어야 한다는 호의 일관된 주장을 존중했으며, 베트남 사회의 온건파도 끌어들일 필요성이 있다는 주장 역시 인정했다. 대회는 혁명이 두 단계로 이루어진다는(아무리 앞 단계가 짧다 해도) 입장을 견지하고 혁명 이데올로기를 각국의 구체적 상황에 맞게 적용할 필요성을 강조함으로써, 운동의 초기 이래 호 사상의 특징을 이루었던 실용적 경향에 동조한 셈이었다.

그럼에도 제2차 전국대회에서 내린 결정들의 배후에는 베이징의 영향력이 있었다는 지적을 피하기는 어렵다. 대회에서는 공산당을 베트남 혁명 배후의 '지도 세력'으로 재설정한다는 결정을 내림으로써 이제까지 그들의 투쟁에 마르크스주의 색채가 약하다는 소련과 중국의 비판을 수용한 셈이었다. '신민주주의'라는 용어는 그 무렵 중국인들이 채택한 용어를 곧바로 모방한 것이며, 혁명이 1단계에서 2단계로 성장 발전한다는 점을 강조한 것은 인도차이나공산당의 활동에 정통성이 부족하다는 모스크바와 베이징의 우려를 감안한 것이었다.

대회의 결정을 바라보는 호치민은 마음이 착잡했을 것이다. 오래 전부터 실용주의자였던 호는 베트남 혁명에 대한 중국의 지원을 촉구하기 위하여 베이징의 비위를 맞추는 일이 얼마나 중요한지 충분히 이해하고 있었으며, 실제로 마오 주석과 그의 오만한 동료들에게 머리를 숙이는 일에서 그를 따라갈 사람이 없었다. 그러나 호는 중국의 지나친 영향력의 위험을 걱정했을 것이며, 중국식 모델의 일부 요소들—특히 당의 높은 지위, 이데올로기 재교육에 대한 강조, 반혁명적 경향을 의심받는 사람들에 대한 엄격한 처벌 등—이 프랑스령 인도차이나의 열대의 땅에서는 성공할 수 없다는 사실을 알고 있었을 것이다. 또 그의 타고난 포용력은 많은 베트남 애국자들이 베트민전선의 대오로부터 쫓겨나 적의 손아귀로 들어가야 한다는 사실에 거부감을 느꼈을 것이다.

관찰자들은 이런 상황 변화를 놓치지 않았다. 그래서 호치민이 당의 주석직을 유지하기는 했지만, 전국대회는 호에게는 중대한 패배이며, 베트남 혁명 운동에서 그의 영향력이 줄어들 것이라는 소문이 나돌았다. 프랑스의 정보 자료들은 호치민 같은 온건파들의 영향력이 쇠퇴하고 추옹 친이 이끄는 강경파가 득세했다는 사실을 제2차 전국대회의 중요한 결과로 꼽았다. 추옹 친은 당 총서기라는 중요한 자리에 재선출되었다. 사이공에서는 심지어 호가 보 응우옌 지압의 명령으로 처형당했다는 신문 보도까지 나왔다. 현재 하노이의 평론가들 역시 개인적인 자리에서는 이 대회 결과를 호치민의 패배로, 그리고 추옹 친처럼 중국의 조언에 따라 베트남 혁명을 강경하게 밀고 나가고자 했던 사람들의 승리로 볼 수도 있다고 인정한다. 대회에서는 29명의 위원(대부분 제2차 세계대전 이전부터 당에서 활동했던 고참들이었다)으로 이루어진 새로운 중앙위원회를 선출했다. 선출된 중앙위원회는 새로운 집행기구(소비에트의 관행을 모방하여 정치국이라고 불렀다)를 구성했다. 정치국은 7명으로 이루어진 당의 지도적인 인물들과 한 사람의 후보로 구성되었으며, 이곳에서 당과 정부의 업무를 지휘했다. 이 조직의 지도적 인물―대중에게는 '네 기둥'으로 알려졌다.―은 추옹 친, 팜 반 동, 보 응우옌 지압, 호치민이었다. 추옹 친은 3월에 당 기관지 〈난 단(Nhan Dan, 人民)〉에 실린 인물평에서 베트남 혁명의 건축가이자 수령으로 묘사되었다. 반면 호치민은 그 정신으로 묘사되었다.[9]

호아 빈의 승리

보 응우옌 지압의 홍 강 삼각주 공격이 실패로 끝난 뒤 전쟁은 점차 교착 상태에 빠져들었다. 1951년이 되자 베트민은 북쪽에 힘을 집중했다. 1950년 여름 응우옌 빈의 공격이 실패로 끝난 뒤 베트민 전략가들은 코친차이나에서 벌이던 투쟁을 유보하게 되었다. 당시 빈은 전략의 일환으로 사이공에서 전쟁에 반대하고, 전쟁의 결과로 생겨난 사회적, 경제적 어려움에 항의하는 대규모 시위를 조직했다. 이 시위 운동―'붉은 날들'이라고 알려져 있다.―에는 많은 대중이 참여했는데, 특히 인플레이션과 강제 징집으로 불만이 많았던 노동자와 학생들이 많이 참여했다. 그러나 온건파는 시위로 인해 폭력이 발생하자 주춤했으며, 운동을 지원하려 하지 않았다. 바오 다이가 새로 임명한 수상 응우옌 반 탐―남부에서 저항 운동을 적극적으로 진압하여 '마이 라이의 호랑이'라는 별명을 얻었던 경찰서장 출신이다.―은 사이공의 베트민 조직들을 탄압했으며, 8월이 되자 이런 기구들은 거의 사라지게 되었다. 당은 남부에서 혁명 사업을 진행하기 위해, '남베트남 중앙사무소'를 세우고 중앙위원회가 직접 관장하도록 했다.

코친차이나 전역이 교착 상태에 빠지자 보 응우옌 지압과 그의 동료들은 통킹의 북서부 산악지대를 비롯하여 이웃의 라오스와 캄보디아에 힘을 기울였다. 그의 목적은 프랑스의 군사력을 묶어둠으로써, 프랑스군을 인도차이나 전체로 분산시키려는 것이었다. 그렇게 되면 베트민은 자신들이 정규전을 펼칠 수 있는 곳들 가운데 적이 취약한 곳을 골라 적에게 치명적인 타격을 줄 수 있었다.

호아 빈이 그러한 기회를 제공했다. 프랑스인들은 홍 강 삼각주의 남쪽 변두리에 있는 이 도시가 비엣 박의 베트민 본부와 그들의 인력과 물자의 주요 공급처인 베트남 중남부를 연결하는 중요한 고리라고 확신하고 있었다. 호치민은 그의 동료들에게 이렇게 말했다. "논이 전장이다." 프랑스군은 1951년 11월 이후 호아 빈을 점령하고 있었으며, 베트민은 중국 고문단의 동의를 얻어 그곳의 프랑스 진지를 대대적으로 공격했다. 곧 격렬한 전투—역사가 버나드 폴은 궤멸적 전투라고 불렀다.—가 벌어졌고, 프랑스군은 1952년 2월 진지를 버리고 삼각주로 물러났다. 한편 드 라트르는 프랑스로 귀환하여 1월에 암으로 사망했다. 그와 더불어 드 라트르가 초기에 보여준 활력에 힘입어 인도차이나의 친프랑스 세력 사이에 퍼졌던 낙관적 분위기는 시들해졌다. 호아 빈 전투를 계기로 프랑스가 밀리게 되었다고 보는 시각이 지배적이었기 때문이다. 사이공의 미국 대사관은 비공산주의 민족주의자들이 낙담했으며, 여름이면 베트민이 하노이를 점령할 것이라는 믿음이 점차 퍼져나가고 있다고 보고했다.

프랑스는 드 라트르의 명령에 따라 베트민이 삼각주로 뚫고 들어오는 것을 막기 위하여 방어 진지(토치카라고 부른다)를 길게 구축하였지만, 이른바 이 드 라트르 선은 제2차 세계대전 때 프랑스에서 구축한 마지노 선만큼 효과적이지는 않았다. 베트민군은 토치카를 우회하거나, 아니면 하나씩 공격하여 진압했다. 1952년 말이 되자 베트민군은 하노이 근처 논들을 자유롭게 돌아다녔으며, 삼각주 마을 곳곳에서 혁명 조직들이 재건되었다. 호아 빈의 승리로 최종 승리의 전망은 더욱 밝아졌다.

그해 가을, 베트민 전략가들은 북서부 끝에 새로운 전선을 구축했다. 험준한 산맥과 좁은 골짜기로 이루어진 이 넓은 지역은 전쟁 초기부터 프랑스군이 장악하고 있었다. 1952년 봄 중국 고문단의 조언에 따라 베트민 전략가들은 중부와 북부 라오스에서 벌어질 전쟁에 대비하기 위하여 이 지역의 프랑스 진지를 공격할 계획을 세우기 시작했다. 그곳에서 공격을 하면 적군을 외진 지역으로 끌어들일 수도 있고, 그렇게 되면 결국 적의 취약점이 더 많이 드러날 수밖에 없었다. 9월이 되자 호치민은 몰래 베이징으로 가서 중국 지도자들과 이 작전에 대해 협의했다. 이어 모스크바로 가서, 소련공산당 제9차 대회에 참석했다. 응이아 로의 프랑스 기지 공격 계획은 9월 말에 최종 승인이 났다. 호는 12월에 베트남으로 돌아왔다.[10]

　1952년 10월 중순, 베트민 3개 사단이 응이아 로의 프랑스 기지를 공격했다. 프랑스군은 근처의 나 산과 라이 차우로 퇴각했다. 또 응이아 로에서 서쪽으로 60킬로미터 정도 떨어진 손 라의 기지도 포기했다. 베트민은 손 라를 점령한 뒤 나 산을 집중 공략하기 시작했다. 그러나 베트민의 나 산 공격은 실패하였고, 그 과정에서 수천 명의 사상자가 났다. 그러나 나 산 공격 실패는 일시적인 좌절일 뿐이었다. 이듬 해 초 베트민은 다시 전열을 정비하여 국경을 넘어 라오스 북부로 들어가 성도 삼 네우아를 점령하고, 라오스의 수도 루앙 프라방을 위협했다. 이렇게 프랑스군의 전력을 분산시킨 뒤 그들은 비엣 박으로 돌아왔다.

해방구의 호치민

　이 시기 내내 호치민은 바깥 세계에 모습을 나타내지 않았다. 서방의 언론은 1947년 이래 그의 모습을 보지 못했다. 일각에서는 그가 제2차 세계대전 후 계속 건강이 안 좋았던 것으로 볼 때 이미 죽었을 것이라고 추측하기도 했고, 중국 인민해방군의 영향력 강화에 저항하다가 중국으로 추방당했다는 소문도 돌았다. 프랑스 정보 관계자들은 1952년 7월에 〈위마니테〉에 실린 사진을 근거로 그가 계속 활동하고 있다는 사실을 확인했다. 마침내 〈데일리 워커(Daily Worker)〉의 조지프 스타로빈이 1953년 3월 비엣 박의 비밀 장소에서 호를 만나, 인터뷰 기사를 영어권에 보도했다.[11]

그러나 해방구에서 호치민은 눈에 자주 띄었다. 그는 전쟁 전략가로 활동했을 뿐 아니라, 혁명적 대의를 위한 징집단장 겸 응원단장 노릇도 했다. 1952년 2월 석방된 프랑스 전쟁포로는 전선 어디를 가나 호를 볼 수 있다고 보고했다. 마을, 논, 지역 일꾼 회의 등 그가 나타나지 않는 곳이 없었다. 그는 농민 차림으로 지칠 줄 모르고 지지자들 사이를 돌아다니며, 공동의 목표를 위해 모든 것을 희생하라고 선동하고 격려했다. 해방구의 생활 조건은 제2차 세계대전 막바지 몇 달보다는 나았지만, 프랑스의 공습은 잦았으며, 호는 사흘이나 닷새에 한 번씩 체포를 피하기 위해 거처를 옮겨야 했다. 호는 이제 예순이 넘었지만 여전히 배낭을 지고 꼬불꼬불한 산길을 따라 하루에 50킬로미터를 걸을 수 있었다. 그리고 아침이면 일찍 일어나 운동을 했다. 하루 근무가 끝나면 배구를 하거나 수영을 했고, 저녁에는 책을 읽었다.[12]

변절자나 석방된 전쟁포로들로부터 흘러나온 이야기에 따르면 해방구에서는 점점 사기가 떨어지고 있었으며, 생활 조건에 대한 불만의 목소리가 높아지고 있었다. 베트민 지도자들은 다양한 공공사업을 위해 그들이 통제하는 지역에서 과거 원성의 대상이던 강제 노역을 다시 실시할 수밖에 없었다. 노동자들은 이런 일에 참여할 때는 소량의 식량 외에 아무런 보수를 받지 못했다. 지식인들은 끝도 없이 계속되는 사상 주입과 자기 비판에 지치기 시작했다. 높은 세금, 무상 노역, 프랑스의 끝없는 공습 때문에 모든 주민의 신경이 날카로웠다. 그럼에도 지역 주민 다수는 프랑스로부터 독립을 확보하려는 노력 하나 때문에라도 베트민을 지지한다는 것이 중론이었다.[13]

전쟁이 격렬해지면서 징집과 물자 보급이 점점 큰 문제로 부각되었다.

이제 도시지역의 인력은 거의 바닥이 났다. 주요 도시의 베트민 조직들이 거의 파괴당했기 때문이다. 당 기획가들은 시골에서 노동력과 병력을 확보하기 위해 좀더 적극적인 방법을 사용할 수밖에 없었다. 일부 농민들이 그런 의무를 피하기 위해 다른 지역으로 이주했다는 미확인 보고도 있었다. 전쟁 초기에는 농민에게 자발적으로 식량을 기부받는다는 원칙을 세웠다. 그러나 이제 베트민 정권은 연 수확량의 15퍼센트라는 농업세를 물릴 수밖에 없었다.

농촌 주민으로부터 지원을 얻으려 할 때 부딪히는 문제 가운데 한 가지는 많은 농민이 투쟁에 무관심하다는 점이었다. 농민은 이 전쟁이 그들에게 어떤 영향을 주는지 알 수 없었다. 1940년대 말에 소작료와 이자를 인하하고 부역자의 땅을 빈농에게 재분배하는 조치가 취해졌지만, 농민은 크게 얻은 것이 없었다. 반면 지주들은 베트민의 지침을 무시하거나 프랑스인들을 지원해도 무사하다고 생각하고 있었다. 심지어 혁명 세력이 통제하는 지역에서도 그런 일이 벌어졌다.

1951년 초 당 제2차 전국대회가 열릴 무렵, 이런 문제가 심각해져서 어떤 식으로든 조치를 취하지 않을 수 없었으며, 중앙위원회는 문제를 시정하기 위해 어느 정도 노력을 했다. 그러나 제국주의라는 공동의 적에 대항하여 가능한 한 넓게 통일전선을 펼친다는 기존 전략 때문에 결정적인 조치는 취할 수가 없었다. 이런 전략은 일차적으로 호치민의 구상으로 여겨지지만, 추옹 친도 대회의 보고서에서 당면한 일차적 과제는 제국주의를 물리치는 것이라고 인정했다. 그는 반봉건이라는 과제가 중요하기는 하지만 "반제국주의라는 과제와 동시에 추진되어야" 하며, 민족 단결을 기반으로 공동 투쟁을 도모하기 위하여 "단계적으로" 이루어져야 한다고 주장했다. 그 결과 정부는 전체 지주 계급이 소유한 농지를 전면 몰수하고 재분배하는 일에 계속 손을 대지 못했다. 그러나 1952년이 되면서 당의 영향력 있는 지도자들은 농민의 지지를 얻기 위한 좀더 근본적인 대책이 필요하다고 주장하기 시작했다.

1953년 1월 새로운 지침이 발표되었다. 소작료를 대폭 인하하고 전쟁 사업에 적극적으로 협조하지 않는 지주들의 모든 농지를 몰수한다는 내용이었으며, 이것은 중국 내전 시기의 경험을 따른 것이었다. 마을마다 급진적 농민으로 구성된 토지개혁 재판소가 설치되어, 미래의 재분배를 염두에 두고 토지 소유 관계를 조사했다. 해방구 마을에서는 중국에서 조직되었던 '원한을 말하기' 시간을 연상시키는 공개 비판 모임이 열려 가난한 사람들이 마을 부자들의 압제적 행동을 비판하는 것을 장려했다. 중국 고문단의 조언을 받은 베트민 활동가들이 '인민에 대한 범죄'를 저질렀다는 판결을 받은 사람들을 즉결 처형한 사례도 몇 건 있었다고 한다. 전쟁 기간 자신의 가족의 경험을 흥미롭게 기록한 두옹 반 마이 엘리엇은 토지개혁 일꾼들이 빈농을 억압했다고 고발당한 지주들을 체포하고 난 뒤에 벌어진 일을 다음과 같이 묘사하고 있다.

그런 뒤에 그들은 인민재판을 통해 지주들을 재판했는데, 마치 인민의 의지인 것처럼 보이도록 세심하게 무대를 꾸몄다. 그들은 큰 고통을 겪어 지주들을 증오하게 된 여남은 명의 가난한 농민들을 골라 재판에서 지주들을 비난하라고 미리 가르쳤다. 이 농민들은 재판이 열리면 실제로 번갈아가며 지주들을 비난했고, 청중 속에 심어놓은 다른 빈농들은 적대적 분위기를 고조하기 위해 "지주를 타도하라!"라고 외쳤다. 사형으로 판결이 나면 지주들은 그 자리에서 처형당했다. 징역이면 다른 곳으로 끌려갔다. 유죄 판결을 받은 지주의 재산—땅, 집, 가축, 연장 등—은 몰수하여 가장 가난한 농민에게 분배했다.[14]

당 지도부는 이런 조치들이 빈농의 의욕을 높여 그들이 전쟁에 적극 참여하게 되기를 바랐다. 1953년 6월 4일, 라디오 베트민은 농촌의 한 여인이 호치민에게 보냈다는 편지를 낭독했다.

> 프랑스 지배 시절 저와 자식들은 먹을 쌀이 없고 입을 옷이 없었습니다. 자식들은 나가서 날품을 팔아야 했고, 저는 감자를 모으거나 땅에서 뿌리를 캐어 연명해야 했습니다……. 1952년 말 농민은 부정직하고 사악한 지주들에 대한 투쟁을 시작했습니다……. 우리가 지금 이렇게 편하게 살게 된 것은 주석님 덕분이며, 우리는 이 일을 평생 잊지 않을 것입니다.[15]

그러나 급진분자들에게는 이런 조치도 여전히 미온적으로 여겨졌다. 해방구에서 토지 없는 농민 수가 꾸준히 감소하기는 했지만, 여전히 주민의 15퍼센트에 달했기 때문이다. 11월에 열린 전국농업회의에서 추옹 친은 더 강경한 정책을 제안하면서, 거의 모든 지주 계급의 땅과 재산을 몰수할 새로운 토지개혁법 초안을 제출했다.

이 제안에 대한 호치민의 입장은 분명하게 밝혀진 적이 없다. 그러나 전국의 온건파를 소외시킬 만큼 가혹한 토지개혁안에는 반대했을 가능성이 높다. 어쨌든 혁명에는 인력이 필요했기 때문에 모든 반대 의견은 수그러들었다. 11월 농업회의 몇 주 뒤 열린 베트남민주공화국 국회 연설에서 호는 지난 몇 년간 정부가 지주 계급의 눈치를 지나치게 살피면서 농민의 관심에는 충분히 귀를 기울이지 못했다고 인정했다. 다음 달 발표된 새로운 토지개혁법은 소작료 인하 규정의 이행을 강조하고, 토지 몰수 대상을 전지주 계급으로 확대했다. 정치적으로 진보적이라고 분류된 지주들에게는 정부 채권으로 손실을 보상해줄 계획이었지만, 그들 역시 일단은 생계를 유지하는 데 필요한 양을 넘는 토지를 모두 내놓아야 했다. 압제적 행동을 했다는 판결을 받은 지주들은 처벌하기로 했다. 새로운 입법의 목적은 농민의 지지를 끌어내는 동시에 농촌지역에 남아 있는 향신을 무력화하는 것이었다. 이 프로그램에는 인민에 대한 범죄로 유죄 판결을 받지 않

당 지도부는 1954년 봄 디엔 비엔 푸 공격 계획을 세운 뒤 빈농의 지지를 얻기 위해 토지개혁을 강화하기로 결정했다. 사진 속의 호치민은 토지개혁 회의에서 새로운 계획의 조항들을 설명하고 있다.

은 지주들의 재교육 조항도 들어 있었지만, 실제로 농촌 마을로 내려가면 의욕적인 간부들이 그 조항을 무시하기 일쑤였다. 1930~1931년의 응에안-하틴 폭동 이후 처음으로 당은 농촌지역에 계급 전쟁의 유령을 풀어놓기로 결정한 것이다.[16]

프랑스의 디엔 비엔 푸 점령

1953년 1월 드와이트 D. 아이젠하워가 미합중국 34대 대통령으로 백악관에 들어갔다. 아이젠하워는 '공산주의에 대한 반격'이라는 정강 선언문에 기초하여 선거 운동을 했다. 공화당의 지도적 인사들은 중국을 잃은 것과 한국전쟁이 교착 상태에 빠진 것을 비판했는데, 이것을 민주당 출신의 전임 대통령이 남긴 유산이라고 보았다. 아이젠하워는 2월 초 발표한 연두교서에서 인도차이나에 대해서는 거의 언급하지 않고, 단지 한국전쟁이 "침략자가 인도차이나와 말레이 반도에서 동시에 벌이고 있는 계산된 공격의 일부인 동시에, 포모사 섬(타이완의 옛이름: 옮긴이)과 그곳의 중국 국민당군을 포함하는 전략적 상황의 일부"라고만 이야기했다.[17] 그러나 3월 말에 아이젠하워는 백악관을 방문한 프랑스 총리 르네 메이에르와 회담하던 도중 프랑스에 대한 군사 지원을 늘리겠다고 하면서, 그 조건으로 프랑스가 인도차이나에서 전면적 승리를 얻기 위해 좀더 과감한 방법을 채택할 의지가 있음을 입증할 것을 요구했다.

그러나 프랑스는 그런 의도를 버린 지 오래였다. 이미 1949년 12월 초에 카르팡티에 장군은 뱅상 오리올 대통령에게 정치적 해결이 바랄 수 있는 최선이라고 보고한 적이 있었다. 프랑스가 다음 해에 국경지대에서 철수한 것은 카르팡티에의 우울한 전망을 암묵적으로 수용한 것이라고 볼 수 있다. 1950년 말 드 라트르 드 타시니 장군을 인도차이나의 프랑스군 사령관에 임명함으로써 이 지역에서 공산주의 세력을 몰아낼 수 있으리라는 기대를 잠깐 해보기는 했지만, 1년 뒤 그가 떠나고 살랑 장군이 투입되면서 프랑스의 장군들이나 정치가들 모두 다시 정치적 해결책을 찾게 되었다.

그러나 프랑스는 군사적 지위를 강화하여 좀더 유리한 입장에서 타협하려면 미국의 원조를 받아야 했고, 그러려면 인도차이나에서 좀더 과감한 방법을 채택하겠다고 다짐할 수밖에 없었다. 백악관을 설득하여 미국의 군사 지원을 받아내는 임무는 인도차이나 프랑스 원정군의 새로운 사령관 앙리 나바르 장군에게 맡겨졌다. 당시 북대서양조약기구(NATO)의 프랑스 참모총장이던 나바르는 워싱턴에서 반기는 인물은 아니었다. 그는 신중하다 못해 우유부단하다는 말을 들을 정도였기 때문이다. 나바르는 임명 후 인도차이나 전투에서 주도권을 잡겠다는 야심만만한 계획(보통 나바르 계획이라고 부른다)을 세워 그런 의구심을 떨쳐버리려 했다.

인도차이나 문제에 대해 과감한 해법을 제시하는 모습을 꾸며내려는 마이에르 총리의 책략은 워싱턴에서 별 성공을 거두지 못했다. 워싱턴의 프랑스에 대한 의심은 이제 만성적이었기 때문이다. 1953년 8월 초 〈라이프(Life)〉지의 한 기사는 인도차이나에 쏟아부은 프랑스의 노력을 혹독하게 비판하면서, 전쟁은 "거의 진 것이나 다름없다."라고 주장했다. 그러나 워싱턴의 새로운 행정부는 선택의 여지가 없다고 생각했다. 합동참모본부는 내키지 않으면서도 나바르 계획을 승인했으며, 9월에 아이젠하워 행정부는 새로운 원조 협정을 체결하여 프랑스 원정군에 대한 미국의 원조를 늘렸다. 그러나 파리의 상황은 실망스러웠다. 국방장관인 르네 플레방이 나바르 계획이 비현실적이라고 경고하고 나선 것이다. 7월에 파리 주재 미국 대사관은 프랑스 정부가 12개 대대를 증원해달라는 나바르 장군의 요청을 거부했다고 보고했다. 증원 부대를 유럽에서 인도차이나까지 이동해야 했기 때문이다. 프랑스에서는 전쟁을 지지하는 목소리가 급속히 잦아들고 있었다. 9월 29일 원조 협정 소식이 파리에 전해지자, 비판자들은 프랑스인의 피를 미국의 달러와 바꾸었다고 비난했다.[18]

나바르 계획은 1954년 봄과 여름에 실행에 옮길 예정이었다. 그 동안 프랑스군은 방어에 중점을 두고, 홍 강 삼각주를 비롯하여 주요 지역에서 진용을 정비할 예정이었다. 그런 주요 지역 가운데 하나가 북서부 변경이었는데, 1952년 가을 베트민군이 라오스에 진입하는 출발점으로 삼기 위해 점령한 곳이었다. 1953년 11월, 나바르는 라오스의 수도 루앙 프라방을 적의 위협으로부터 지키라는 정부의 명령을 받고 라오스 국경 근처 베트남 영토에 있는 외딴 산악지대의 골짜기에 자리잡은 작은 도시 디엔 비엔 푸의 요새를 점령하기로 결정했다. 베트민과 라오스 중부, 북부와 연결되는 고리를 끊는 것이 목적이었다. 프랑스는 이곳을 되찾기 위해 골짜기로 공수부대를 투입했다.

나바르 장군이 자신의 전략의 첫 단계를 실행에 옮기는 동안, 베트민 전략가들은 1953년에 대비하여 그들 나름의 작전을 짜고 있었다. 그해 초에 열린 중앙위원회 회의에서 당 기획가들은 당분간 적과 직접 대결을 피하고, 라오스, 캄보디아, 북서부 변경지대 등지에서 적의 방어선 가운데 취약한 부분을 계속 찾아내기로 결정했다. 이 전략은 1년 내내 바뀌지 않았다. 나바르가 하노이 주변지역에 대한 베트민의 위협을 완화하기 위해 홍강 삼각주에 힘을 집중하기로 결정한 뒤에도 마찬가지였다. 보 응우엔 지압은 궁극적으로 하노이와 하이퐁 점령을 목표로 삼고 삼각주에서 작전을 펼치자고 제안했으나, 중국 고문단은 북서부 산악지대에 초점을 맞춘 좀 더 신중한 작전을 고집했다. 호치민은 중국의 제안을 지지했고, 정치국은 9월에 이 제안을 승인했다. 이 계획은 11월에 열릴 베트남노동당 중앙 군사위원회에서 확정될 예정이었다.[19]

프랑스가 디엔 비엔 푸를 점령했다는 소식이 베트민 본부에 전해졌을 때, 베트민군 사령관들은 디엔 비엔 푸에서 북쪽으로 50킬로미터 정도 떨어진 라이 차우의 프랑스 진지에 대한 공격 계획을 중앙 군사위원회에 제출하려던 참이었다. 베트민 지도부는 나바르의 선제 공격이 위기인 동시에 기회라고 판단했다. 프랑스가 디엔 비엔 푸를 점령하면서 라오스 북부와 연락하는 데 심각한 위협을 받게 되었지만, 베트민이 그곳을 재점령하면 프랑스의 사기에 심각한 영향을 줄 수 있고, 그다음 해에 좀더 전진할 수 있는 토대를 닦을 수 있었기 때문이다. 베트민이 디엔 비엔 푸를 공격하면, 그것은 프랑스군이 강력하게 방어하는 기지에 대한 베트민의 첫 직접 공격 시도가 될 터였다.

1953년 11월 호치민을 비롯한 베트민 지도자들은 디엔 비엔 푸 출정 계획을 세웠다. 사진에서는 당의 '네 기둥'—팜 반 동, 호치민, 추옹 친, 보 응우옌 지압—이 지휘소에서 전략을 숙의하고 있다.

    이 지역에는 전략적인 이점들도 많았다. 디엔 비엔 푸는 골짜기에 자리 잡고 있었고, 하노이로부터 3백 킬로미터 이상 떨어져 있었기 때문에 프랑스군으로서는 물자와 인력 공급이 몹시 어려웠다. 반면 중국 국경이나 비엣 박의 베트민 본부와 가까웠기 때문에, 베트민은 쉽게 중국 물자를 실어나를 수 있었다. 당 지도부는 대안들을 신중히 검토하고, 또 중국 고문단과 베이징의 격려를 받은 뒤에 마침내 방향을 틀어 디엔 비엔 푸 전투에 힘을 집중하기로 결정했다. 이후 1955년을 맞이하기 전까지 베트민 지도부는 새로 조직한 3개 주력 사단을 도시 주위의 산악지대에 침투시키기 시작했으며, 다른 부대들은 프랑스군의 시선을 끌고 분산을 유도하기 위해 라오스 북부로 진군하게 했다.[20]

정치적 해결 가능성

왜 중국의 지도자들은 갑자기 베트민에게 프랑스와 정면 대결을 하라고 밀어붙였을까? 결국 디엔 비엔 푸를 공격한다는 것은 중국의 원조 물자의 양도 많아지고 질도 높아져야 한다는 뜻이기도 했다. 싸움이 격렬해질 때 승리의 열쇠는 베트민의 대포가 프랑스의 인력과 물자 공급을 줄이거나 차단하는 것이었다. 중국은 베트민의 권력 투쟁을 3년간 지원해왔으며, 제국주의에 맞서 취약한 남쪽 국경을 보호하는 동시에 중국의 국제적 의무를 다한다는 점에서 지원의 정당성을 찾았지만, 그 즈음 몇 달 동안 중국 지도부의 사고의 초점은 다른 곳으로 이동하고 있었다. 7월에 한반도에서는 휴전이 이루어졌다. 인민해방군이 한반도에 개입한 대가는 컸다. 이제 중국 지도부에서는 미래의 전쟁 위협을 줄이고 빈약한 자원을 새로운 5개년 계획에 집중하기 위해 서방과 관계를 개선하기로 결정했다는 신호들이 나오고 있었다. 아시아에서 제국주의와 불가피하게 전쟁이 벌어진다는 마오 쩌둥의 묵시록적 비전은 새로운 조건에서는 힘을 잃었다. 중국의 총리 겸 외무장관인 저우 언라이는 8월 24일 인터뷰에서 한반도 갈등을 분명하게 끝내기 위한 평화회담이 열린다면, 그 자리에서 '다른 문제'도 논의할 수 있다고 말했다. 12월에 저우는 인도 대표들을 만난 자리에서 나중에 '평화 공존 5원칙'이라고 알려진 상호 협정 구상을 꺼냈다. 미국도 존 포스터 딜레스 국무장관이 9월 초 미국 재향군인회 연설에서 미국이 인도차이나 전쟁을 끝내기 위하여 협상을 통한 합의를 고려할 뜻이 있다고 밝힘으로써 그 나름의 신호를 보냈다.[21]

모스크바에서도 인도차이나 전쟁을 끝내는 데 관심을 보이기 시작했다. 3월 이오시프 스탈린이 사망한 뒤에 중심 인물로 등장한 소련의 새 총리 게오르기 말렌코프에게는 서방과 관계를 개선해야 할 여러 가지 이유가 있었는데, 물론 늘어나는 국방 예산을 줄여 빈약한 자원을 경제 계획으로 돌려야 한다는 것이 으뜸 가는 이유였다. 9월 말 소련은 국제 긴장 완화를 목표로 5대국 회담 소집을 제안했다. 며칠 뒤 중국이 동의했다.

프랑스가 디엔 비엔 푸를 점령한 것은 중국 지도자들(소련 지도자들과 마찬가지로)이 인도차이나에서 협상에 의한 해결책을 찾고, 중화인민공화국과 미합중국 사이의 긴장 완화를 위한 평화 공세를 펴기로 결정한 시점이었다. 물론 베트민이 디엔 비엔 푸에서 승리를 거두면 이 지역에 긴장이 팽팽해지고, 미국은 직접 개입하고 싶은 유혹을 느낄 수 있었다. 그러나 프랑스에서는 반전 감정을 자극하여 평화협정에서 베트민에게, 나아가 중국에도 유리한 토대를 닦을 수도 있었다. 베이징으로서는 한번 해볼 만한 도박이었다.[22]

호치민과 그의 동료들은 북서부 전투 계획에 대한 중국의 지원이 늘어난 것에 틀림없이 감사했겠지만, 세계 주요 국가에서 인도차이나 문제를 협상에 의해 평화적으로 타결하는 데 관심을 보인다는 점을 간과하지 않았을 것이다. 전쟁 초기 몇 달 동안, 베트민의 힘이 적의 힘보다 분명히 열세였을 때, 호는 지칠 줄 모르고 협상에 의한 타결을 주장했다. 그러나 전장의 상황이 나아지고 프랑스가 전면 승리를 목표로 하지 않는다는 것이 분명해지면서, 베트민 지도부의 타협적 해결책에 대한 열의도 식었다. 호는 1950년 3월 그를 찾아온 프랑스 공산주의자 레오 피구에레와 이야기하면서 당 지도부는 협상에 의한 해결을 기꺼이 받아들이겠지만, 그렇다고 큰 양보를 할 생각은 없다고 강조했다. 쯔옹 찐은 훨씬 더 강경했다. 그는 1951년 9월 베트남민주공화국 건국 6주년 기념 연설에서 협상 유혹에 넘어가지 말아야 한다고 경고하면서, "적과의 평화협상에 대한 기회주의자들의 모든 환상을 근절해야" 한다고 주장했다. 1952년 말에는 파리에서 타협적인 협정 체결 의사를 타진했으나 베트남민주공화국은 무시했다. 1953년 9월에 소비에트의 〈타스 통신〉은 호치민이 베트남민주공화국 건국 8주년 기념 연설에서 평화는 승리의 결과로만 오는 것이라고 선언했다고 보도했다.[23]

그러나 몇 주 뒤 베트남 당 지도부는 모스크바와 베이징의 제안에 따라 정치적 해결책을 모색하기로 결정했다. 호는 10월 20일 스웨덴의 잡지 〈엑스프레센(Expressen)〉 통신원과 인터뷰하면서, 베트남 정부는 인도차이나에서 평화적 해결책을 찾기 위한 국제 회의에 참석할 의향이 있다고 말했다. "만일 프랑스 정부가 휴전을 하고 베트남 문제를 협상으로 해결하고자 한다면, 베트남민주공화국 정부는 프랑스의 제안을 검토할 준비가 되어 있습니다." 이 인터뷰는 세계 언론에 널리 보도되었다. 그 직후 베이징은 〈인민일보〉 사설을 통해 동의의 뜻을 분명하게 밝혔다. 사이공에 있는 미국의 외교 소식통에 따르면 호의 평화회담 제안은 사이공의 비공산주의자들 사이에 '혼란, 당혹감, 불안'을 불러일으켰다.[24]

언제나 현실주의자였던 호치민은 협상에 의한 해결이 전쟁을 끝낼 수 있는 한 가지 방법임을 알고 있었다. 미국이 1953년 7월 한국전쟁을 끝내기로 결정했다는 것은 제국주의자들도 큰 난관에 부딪히면 양보할 뜻이 있음을 보여주는 기분 좋은 신호였다. 이 소식은 베트민에게도 인도차이나에서 비슷한 결과를 얻어낼 수 있다는 희망을 불러일으켰을 것이 틀림없다. 그러나 호는 몇 주 뒤 비엣 박에서 지식인들에게 연설을 하면서 평화가 쉽게 온다는 생각은 환상이라고 경고했다. 미국인들과 마찬가지로 프랑스인들도 전장에서 패배하지 않는 한 협상 탁자에서 중대한 양보를 하지 않는다. 호는 경고했다. 적은 "물에 미끼를 던져 우리를 속이려 하고 있다. 만일 우리가 물고기떼처럼 경계심을 잃고 얼른 미끼로 달려간다면, 그들은 우리를 쉽게 이길 것이다." 따라서 설사 미국이 전쟁에 개입하기로 결정한다 해도, 경계심을 늦추지 않고 투쟁을 계속하는 것이 중요했다.[25]

호는 평화회담에 참여할 뜻이 있다고 말하면서도 약간 걱정했을 것이다. 그가 11월 회의에서 동료들에게 말했듯이, 완전한 승리의 조건이 아직 무르익지 않았기 때문이다. 동시에 소련과 중국의 태도도 마음에 걸렸다. 소비에트의 베트남 민족 해방 전쟁에 대한 지지는 늘 미지근했으며, 따라서 모스크바로부터는 기대할 것이 별로 없을 것 같았다. 그러나 중화인민공화국의 확고한 지원은 베트민 전략의 핵심 구성요소였으며, 베이징에서 중국의 국익을 위하여 이 문제를 놓고 타협할 조짐이 보이면 비엣 박에 있는 호와 그의 동료들의 이마에는 근심의 주름살이 깊어질 수밖에 없었다.[26]

한편 호치민은 베트민이 중국의 전면 지원 없이 장기 투쟁을 계속할 처지가 아님을 잘 알고 있었다. 내일도 투쟁을 계속하기 위하여 오늘 타협을 받아들이는 것이 처음 있는 일도 아니었다. 모스크바와 베이징 입장에서는 자신의 국가 안보상의 요구를 따르는 데 굳이 베트남의 동의를 필요로 하지 않았다. 1954년 초 베를린에서 열린 회의에서 주요 강국 대표들은 4월에 제네바에서 다시 국제회의를 열어 세계평화와 관련한 문제들을 논의하기로 결정했다. 미국 아이젠하워 행정부 입장에서는 언짢은 일이었지만, 한반도 상황과 더불어 인도차이나 문제가 논의 탁자에 오르게 되었다. 3월에 베트남민주공화국 대표단이 베이징으로 가서 제네바 회담 공동 전략을 놓고 중국 담당자들과 상의했다. 그 직후 호치민이 이끄는 베트남 대표단이 베이징과 모스크바를 방문하여, 소비에트와 중국의 지도부들과 공동 협상 전략을 정리했다. 중국 지도부는 한국전쟁을 끝낼 때 미국과 협상했던 경험을 토대로 베트남인들에게 제네바 회담에 대해 '현실적인' 기대를 하라고 충고했다.[27]

디엔 비엔 푸 전투

제네바 회담 발표가 나오고 나서 이틀 뒤, 프랑스 정보부는 라오스 북부의 베트민 부대들이 동쪽 디엔 비엔 푸 방향으로 이동한다는 것을 알았다. 코친차이나, 중부 고원지대, 라오스, 하노이-하이퐁 회랑지대 등 다른 지역에서도 베트민의 작전이 진행 중이었지만, 3월 초가 되자 프랑스는 입수한 문서들을 통해 베트남의 북서부에 대한 대규모 공격이 임박했으며, 이 공격이 제네바 협상과 동시에 진행될 것임을 알게 되었다. 베트민에 대한 중국의 군사 지원이 갑자기 늘어났으며, 이 덕분에 베트민이 승리할 전망이 더 밝아졌다는 점도 드러났다.

이번에는 프랑스가 입수한 정보가 정확했다. 베트민 부대들은 12월부터 점차 디엔 비엔 푸의 프랑스 기지를 둘러싼 산악지대에 집결하기 시작했다. 중국 국경으로부터 이 지역으로 탄약과 중화기를 운송하기 위해 민간인 짐꾼 수천 명이 동원되었다. 이 과정에 참여했던 한 사람은 나중에 미국의 저널리스트에게 이렇게 말했다.

> 우리는 산과 밀림을 가로질러야 했다. 적의 폭격을 피해 낮에는 자고 밤에 행군했다. 우리는 때로는 여우굴에서 자기도 했고, 그냥 길가에 쓰러져 자기도 했다. 우리는 모두 소총, 탄약, 수류탄을 들고 있었으며, 우리 배낭에는 담요, 모기장, 갈아 입을 옷 한 벌이 들어 있었다. 우리는 일주일치 쌀을 넣고 갔는데, 가는 도중에 보급소에서 다시 보급을 받았다. 우리는 밀림에서 구한 푸성귀나 죽순을 먹었으며, 가끔 마을 사람들이 고기를 조금 주기도 했다. 나는 베트민에서 9년 동안 활동했기 때문에, 그 무렵에는 이런 생활이 익숙했다.[28]

협상에서 만족스러운 평화 협정을 얻어내는 데 유리한 전장 조건을 만들기 위해 이후 몇 달 동안 중국의 군사 지원이 상당히 증가했다. 중국측 자료에 따르면 트럭 2백 대 이상, 석유 1만 배럴, 대포 1백 문 이상, 포탄 6천 발, 총 3천 정, 곡물 1천7백 톤 가량이 디엔 비엔 푸 주변에 배치된 베트남군에게 전달되었다. 저우 언라이는 인도차이나의 중국 고문단이 승리를 거두도록 격려하기 위하여 다음과 같은 메시지를 보냈다. "외교 분야에서 승리를 거두려면 우리는 한반도에서 휴전에 앞서 거두었던 것과 같은 극적인 승리를 베트남에서도 거두어야 할지 모릅니다." 우선 호치민은 설득할 필요가 없었다. 그는 12월에 보 응우옌 지압에게 보내는 편지에서 이렇게 말했다. "이 작전은 군사적으로 중요할 뿐만 아니라 정치적으로도 중요하며, 국내적 이유에서 중요할 뿐만 아니라 국제적 이유에서도 중요합니다. 따라서 우리 민족 전체, 우리 군대 전체, 당 전체가 이 임무를 수행하기 위해 총단결해야 합니다."[29]

이제 호와 그의 동료들에게 남은 문제는 프랑스 진지를 공격할 것이냐 마느냐가 아니라 어떻게 공격하느냐가 되었다. 새삼 신중해진 보 응우옌 지압은 적을 서서히 제압할 계획을 제시하며, 그의 포대를 이용하여 골짜기의 작은 활주로를 파괴함으로써 프랑스의 보급로를 차단하겠다고 했다. 그런 후에 베트민 부대들이 프랑스의 화력을 무력화시키고, 기지의 경계선을 따라 놓인 적의 방어 거점을 하나씩 장악해나갈 생각이었다. 베트남 자료에 따르면, 중국 고문단 단장인 웨이 궈칭 장군은 다른 방법을 주장했다. 그것은 '인해' 전술에 기초한 전격 기습 작전으로, 인민해방군이 한반도에서 유엔군에게 초기에 효과를 보았던 전술이었다.[30]

디엔 비엔 푸에 대한 베트민의 1차 공격은 1월 중순에 시작되었다. 베트민은 프랑스 기지 주위의 산악지대에 거의 5만 명의 전투원으로 구성된 정규군 총 33개 대대를 집결시켰다. 그들이 마주한 적의 병력은 1만 6천 명 정도였다. 베트민은 정규군 외에도 지원군이 5만 5천 명 이상이었으며, 물자를 수송한 노동자 수가 거의 10만 명이었다. 이 노동자들 가운데 다수는 베트남 중부 출신 여자들로, 그들은 적이 장악하고 있는 홍 강 삼각주의 지역들을 통과하여 중국 국경 근처 집결지에 모여들었다. 이 '장발군'은 험준한 지형을 뚫고 수백 킬로미터를 걸어 프랑스 기지 근처까지 포의 부품을 비롯한 전쟁 물자들을 날랐다. 물자를 운송하는 노동자는 평균 15킬로그램의 식량을 메고 하룻밤에 험한 산길을 15킬로미터씩 걸었다. 물자는 대부분 석유와 탄약이었지만, 소련에서 온 커다란 포도 있었는데, 이런 무기는 부품으로 해체한 뒤 중국 국경의 랑 손으로부터 3백 킬로미터 이상 떨어진 디엔 비엔 푸까지 날랐다.[31]

전투의 초기 단계에서 공격 부대들은 '인해' 전술을 쓰라는 중국의 조언을 따랐지만, 사상자가 너무 많이 나오자 1월 말에 베트남 최고사령부는 베이징의 권고에 따라 상황을 재평가하고, 좀더 신중한 방법으로 전환하기로 결정했다. 이후 몇 주 동안 베트민 부대들은 수백 킬로미터에 이르는 얕은 참호망을 구축했다. 이것은 적의 화기 공격을 피하면서 외곽의 프랑스 진지를 향해 느리지만 확실하게 접근할 수 있는 방법이었다. 베트민 부대는 또 포위된 요새 둘레의 산비탈에 땅굴을 여러 개 파기 시작했다. 짐꾼들이 중국 국경으로부터 부품으로 해체하여 날라온 포는 현장에서 조립하여 땅굴 안에 배치했다. 그렇게 하면 포를 빠르게 여러 곳으로 옮길 수 있었으며, 아래 골짜기의 요새 안에 있는 프랑스 포수들은 포탄이 날아오는 곳을 제대로 포착할 수 없었다.[32]

처음에 프랑스군은 물자와 증원 병력을 비행기로 실어날랐다. 그러나 기지 외곽의 활주로는 베트남군의 집중 포격으로 거의 사용할 수 없게 되었다. 짐을 부리기 위해 활주로에 착륙하는 비행기는 주변 산악지대로부터 일제히 날아오는 베트민의 포탄에 즉시 박살났다. 곧 프랑스 조종사들은 공중에서 낙하산으로 물자와 병력을 떨구고 서둘러 골짜기를 빠져나가게 되었다. 그러나 베트민의 화력이 이곳에 집중되었기 때문에 지원 병력은 땅을 밟아보지도 못하고 전사하기 일쑤였다.

상황이 점점 심각해지자 프랑스는 미국의 지원에 필사적으로 매달렸다. 파리는 3월 중순 폴 엘리 장군을 워싱턴에 보내 프랑스 기지를 적의 위협으로부터 보호할 수 있도록 미국의 공습을 요청했다. 미국 합동참모본부의 부장인 아서 래드퍼드 제독과 리처드 닉슨 부통령은 이 구상을 지지했다. 닉슨은 4월 28일 프랑스 대사 앙리 보네를 개인적으로 만난 자리에서 "래드퍼드 제독의 관점에 전적으로 공감하며, 디엔 비엔 푸를 구하

베트남 북서부 산악지대에 자리잡은 프랑스의 디엔 비엔 푸 요새가 1954년 5월 6일 베트민의 최종 공격을 받고 함락되었다. 스위스 제네바에서 인도차이나 강화 협상이 열리기 딱 하루 전의 일이다.

기 위한 미군기의 대규모 공습을 지지한다."고 밝혔다. 그러나 아이젠하워 대통령은 한국전쟁이 미해결로 끝나는 바람에 아시아의 지상전 참전에 대한 의욕을 많이 상실한 상태였다. 그는 프랑스가 궁극적으로 인도차이나 3개국에 완전 독립을 허용할 것이라는 전제 하에 여러 나라가 함께 참전한다는 보장이 없다면 미군 전투 병력을 인도차이나에 투입하기 어렵다고 보았다. 국무장관 존 포스터 덜레스는 런던과 파리 출장을 통해서 영국도 프랑스도 미국의 조건에는 동의하지 않을 것임을 확인했다. 그러자 아이젠하워는 프랑스의 공군 지원 요청을 거부했으며, 미국 개입 가능성을 계속 연구해보는 한편, 마음에 들지는 않지만, 평화 협상에서 만족스러운 해결책을 찾는 것을 목표로 삼기로 했다.[33]

5월 초 베트민은 디엔 비엔 푸의 외곽 방어선을 뚫고 내부의 프랑스 요새를 포격하기 시작했다. 중국측 자료에 따르면 막바지에 많은 사상자가 나고 미국이 개입할 조짐이 보였기 때문에 베트민 전략가들의 자신감이 흔들렸지만, 베이징의 강력한 권고에 따라 완전한 승리를 얻기 위해 요새로 돌격하기로 결정을 내렸다. 최종 공격은 5월 6일에 이루어졌다. 보 응우옌 지압의 간결한 묘사에 따르면, "우리 부대는 사방에서 공격을 시작하여, 적의 본부를 점령하고 적의 참모부 전체를 포로로 잡았다." 프랑스는 완전히 패배했다. 방어군 가운데 1천5백 명이 전사했고, 4천 명이 부상을 당했으며, 나머지는 포로가 되거나 실종 처리되었다. 70명 정도가 겨우 탈출하여 프랑스 방어선까지 후퇴할 수 있었다. 베트민은 손실이 더 커서 사상자 수가 2만 5천 명이나 되었는데, 그 가운데 거의 1만 명이 작전 중에 사망했다.[34]

제네바 평화회담

디엔 비엔 푸의 프랑스 기지가 최종 함락된 다음 날인 5월 7일 인도차이나의 갈등을 해결하기 위한 평화회담이 예정대로 제네바에서 열렸다. 회담에는 프랑스, 베트남민주공화국, 대영제국, 소련, 중국, 미합중국의 대표와 더불어, 바오 다이 정부의 대표와 공식적으로 준국가로 알려지게 된 캄보디아와 라오스의 왕의 정부 대표들도 참석했다. 베트남민주공화국 지도부는 승리가 쉽게 오지 않는다는 호치민의 경고에 따라 신중하게 회담에 접근했다. 그러면서도 이 회담이 완전한 민족 통일을 위한 투쟁에서 큰 진전을 이룩할 수 있는 좋은 기회라고 보았다.[35]

첫 회의에서 프랑스 대표단은 협정 체결 조건을 이야기하면서, 국제 감시위원회의 감독 하에 양측 군사 점령지를 둘로 재편할 것을 요구했다. 베트남민주공화국 대표단 단장인 팜 반 동(1946년 퐁텐블로 회담 때도 단장이었다)은 정치적인 쟁점들을 타결하기 전에 휴전을 하자는 프랑스의 제안을 받아들였지만, 다른 모든 점에서 그의 요구(정치국에서 작성한 것이었다)는 프랑스측의 요구와 현격한 차이를 보였다. 그는 인도차이나 3국의 주권과 완전 독립의 국제적 인정, 모든 외국 군대 철수(물론 프랑스군의 철수

디엔 비엔 푸에서 패주하는 프랑스군(1954년).

를 의미했다), 각 지역 당국 감독 하의 자유 선거 실시 등을 요구했다. 나아가서 그는 라오스와 캄보디아의 혁명 운동(일반적으론 각각 파테트 라오와 크메르 루주라고 알려져 있었다)의 대표들을 양국민의 적법한 대표로서 회의에 참석시킬 것을 요구했다. 팜 반 동은 거의 경멸하는 태도로, 인도차이나 3국에서 프랑스의 경제적, 문화적 이해관계를 인정한 바탕 위에서 자유 의지에 따라 향후 프랑스 연합에 참여하는 일을 검토해보겠다고 합의했다.

파리는 강경하게 밀어붙일 처지가 아니었다. 프랑스 정보 부서들은 베트남의 거센 공격을 고려할 때 하노이가 함락될 수도 있다고 공개적으로 예측하고 있었다. 워싱턴의 견해도 마찬가지로 비관적이었다. 5월 8일 국가안전보장회 브리핑에서 중앙정보국장 앨런 덜레스는 베트민이 5천 대의 트럭만 있으면 그들의 병력을 디엔 비엔 푸에서 통킹 삼각주까지 2, 3주 내에 옮길 수 있다고 말했다. 베트민 정규군은 7만 6천 명이고 삼각주의 프랑스 병력은 거의 20만에 가깝지만, 프랑스군은 사기가 떨어진 데다 고정된 방어 거점에서 적대적이거나 무관심한 주민들에게 둘러싸인 채 갇혀 있었다. 나바르 장군은 엘리제 협정 조인에 따라 바오 다이 정부가 창설한 베트남 국군을 '오합지졸'이라고 평가절하했다.[36]

그러나 베트남민주공화국은 그 나름으로 제네바에서 심각한 문제에 직면해 있었다. 그것은 동맹국들의 분위기였다. 베트민 대표들은 회의 전에 공동 협상 전략을 정리하기 위하여 중국과 소비에트의 대표들을 만났지만, 모스크바도 베이징도 베트민이 다시 전쟁을 하기를 바라지 않았다. 그렇다고 베트남의 요구를 전면 지지할 생각도 없는 것 같았다. 사실 둘 다 자신들의 안보와 관련한 이해관계를 염두에 두고 있었으며, 미국과 대립을 피하고 싶은 마음이 간절했다. 예비적인 작은 충돌들이 끝난 뒤 소비에트 외무장관인 브야체슬라프 몰로토프와 중국의 대표단장 저우 언라이는 베트남을 두 개의 지대로 분할하여, 하나는 베트민이 차지하고 다른 하나는 바오 다이 정부와 그 지지자들이 차지하게 하는 타협안을 지지한 다는 것이 분명해졌다. 나아가서 처음에는 라오스와 캄보디아에 대하여 베트민의 견해를 지지했던 외무장관 저우는 팜 반 동에게 중국은 파테트 라오와 크메르 루주 대표들이 라오스와 캄보디아 인민의 적법한 대표로 회의에 참석하게 해달라는 베트남민주공화국의 요구를 지지하지 않는다는 입장을 분명히 밝혔다. 저우는 그 문제 때문에 협상 타결에 지장이 생기고, 결국 미국이 전쟁에 개입하게 될 수도 있다고 경고했다. 저우는 기존의 왕의 정부 치하에서 양국을 중립화하는 안을 받아들이는 것이 낫다고 생각했다. 저우는 베트남민주공화국이 그 안을 받아들이도록 유도하기 위해 전쟁이 종결된 뒤 파테트 라오군에게 점령지대를 제공할 필요성을 주장하겠다고 했다. 팜 반 동은 떨떠름한 표정이었지만, 결국 합의했다.[37]

오랜 세월이 지난 뒤 베트남의 공식 자료들은 제네바에서 저우 언라이의 행동은 라오스와 캄보디아를 자신들의 영향권으로 흡수하려는 중국의 욕심 때문이었다고 주장한다. 이런 주장을 뒷받침할 증거는 거의 없지만, 베이징은 이 두 나라가 중국의 안보에 긴요하다고 보았고, 그에 따라 인도차이나 연방이 들어서는 것을 바라지 않았을 가능성이 있다. 그렇다 하더라도 당시의 당면 목표는 평화회담의 결렬을 막고, 나아가 양국에 미군이 주둔하는 일은 막자는 것이었을지 모른다. 저우는 분명히 그런 맥락에서 동이 그 문제에 대한 타협안을 받아들일 것을 촉구했을 것이며, 소비에트 대표단도 이 타협안을 강력하게 지지했다.

라오스와 캄보디아 문제가 해결되자 회의는 일시적으로 휴회에 들어갔으며, 프랑스와 베트남민주공화국 대표단은 협정 타결과 관련한 세목에 관심을 기울였다. 베트민 대표단은 프랑스와 개별적인 군사 회담을 열어 그들의 부대와 지지자들이 모이는 재집결 지대가 단일 영토여야 한다는 점을 분명히 했으며, 그 영토에는 특히 하노이와 하이퐁을 포함하는 홍 강 삼각주지역 전체가 들어가야 한다고 강조했다. "우리는 하노이를 가져야 한다. 우리는 출구를 가져야 한다." 베트남의 한 고위 대표는 그렇게 말했다. 프랑스측은 하노이를 잃고 싶지 않았으나, 하노이가 베트민의 손에 들어갈 경우 그 대가로 남부에서는 자유로운 활동을 보장하고, 북부에서도 삼각주로부터 병력과 민간인들의 소개를 완료할 수 있도록 임시로라도 일부 지역을 넘겨달라는 뜻을 전했다.

이렇게 되자 논쟁은 두 재집결 지대를 나누는 선과 전체적 합의를 이행하는 방식에 초점이 맞추어지기 시작했다. 처음에 팜 반 동은 13도선을 요구했고, 프랑스측은 북쪽으로 훨씬 더 올라간 홍 강 삼각주 바로 이남의 선을 요구했다. 협정 이행을 감독하기 위해 베트남민주공화국 대표단은 지역 수준의 감시만을 원했으나, 프랑스측(미국의 지지를 받았다)은 국제연합이 후원하는 국제감시위원회의 설립을 요구했다.

분단된 베트남

프랑스와 베트남민주공화국 대표단들이 제네바에서 이런 세부 사항들을 놓고 다투고 있는 동안, 저우 언라이는 비행기를 타고 마오 쩌둥 등 정부 지도자들과 협의하기 위해 베이징으로 날아갔다. 그는 베이징으로 가는 길에 인도에 잠깐 들러, 자와할랄 네루 총리와 만나 중국의 입장에 대한 지지를 구했다. 저우는 인도차이나 전역이 곧 공산주의자들의 지배 하에 들어갈지도 모른다(그럼으로써 중국의 지배를 받게 될 것이다)는 가능성 때문에 그렇지 않아도 신경이 예민하던 네루를 안심시키기 위해 라오스와 캄보디아에서 베트남 병력이 모두 철수할 것이며, 양국에는 스스로 선택하는 독립 정부가 들어설 것이라고 장담했다. 그는 네루에게 베트남 상황에 대하여 베트남민주공화국은 장차 베트남을 두 지대로 나누는 안을 존중할 것이며, 공산주의는 '수출을 위한 것이 아니라고' 선언했다. 일련의 회담 뒤에 나온 성명에서 두 지도자는 평화 공존의 5대 원칙이 아시아를

비롯한 전세계 국제 관계의 적절한 기초가 될 수 있다고 확인했다.[38]

저우 언라이는 랑군에 잠깐 들러 버마의 총리 우 누와 비슷한 이야기를 나눈 뒤에 베이징으로 돌아갔다. 그리고 거기서 바로 한때 장 파쿠이의 사령부가 주둔하던 중국 남부의 류저우로 가 호치민과 보 응우옌 지압을 만났다. 이 회담은 외부에는 거의 알려지지 않았다. 나중에 신화사 통신은 "저우 언라이 총리와 호치민 주석이 제네바 회담, 인도차이나에 평화를 회복하는 문제를 비롯하여 이와 관련한 여러 가지 문제들에 대하여 포괄적인 의견 교환을 했다."라고 보도했다. 그러나 최근에 공개된 중국 자료에 따르면 저우는 미국이 전쟁에 직접 개입하는 것을 막기 위해 제네바에서 타협적인 해결책을 찾을 필요가 있다고 호를 설득했다. 두 지도자는 16도선이라면 두 지대를 나누는 선으로 받아들일 수 있다고 합의했다. 그들은 나아가 파테트 라오에게 작은 점령지대를 제공하기만 한다면, 라오스와 캄보디아에 비공산주의 정권이 수립되는 것도 받아들일 수 있다는 데 합의했다. 호는 또한 인도차이나 3개국 사이의 미래 관계는 평화 공존 5원칙에 기초를 두어야 한다는 공동성명을 발표하는 데도 동의했다. 그 대가로 저우 언라이는 중국이 베트남민주공화국을 계속 지원하고 원조하겠다고 약속했다. 7월 7일 베이징에서 조인된 원조 협정에서 중국은 교역과 경제 원조를 크게 늘릴 것을 약속했다. 베트남의 공식 언론들은 이 회담 결과를 상세히 설명하지 않았다. 당 기관지 〈냔 단〉은 "인도차이나에서 평화 회복은 한쪽이 일방적으로 결정할 수 없다."는 수수께끼 같은 이야기를 했다.[39]

저우 언라이는 베이징에서 잠깐 협의를 한 뒤에 제네바로 돌아갔다. 제네바에서는 회의 참가자들이 남은 문제들을 마무리 짓고 있었다. 협정은 1954년 7월 21일 새벽에 체결되었다. 협정 이행은 인도, 캐나다, 폴란드로 구성되는 '국제감시위원회'가 감독하기로 했다. 휴전 협정에 부속된 구속력 없는 정치 선언문에서는 두 재편성 지대 정부가 협의를 계속하고,

2년 안에 통일을 위한 전국 총선거를 실시한다는 내용을 담았다. 마지막 장애는 두 재편성 지대 사이의 구분선을 17도선으로 합의하는 것이었다. 팜 반 동이 이 타협안을 받아들이는 것을 머뭇거리자, 저우는 프랑스 총리 피에르 망데스 프랑스가 체면을 살릴 수 있는 구실을 하나쯤 주는 것은 프랑스군의 최종 철수를 얻는 대가로는 그렇게 크지 않은 것이라고 설득했다. "프랑스군이 최종적으로 철수하면, 베트남은 모두 당신네 것이 될 거요." 저우 언라이는 그렇게 장담했다.[40]

그러나 회의가 끝난 직후 호치민과 그의 동료들 관점에서 보자면 약간 불길한 느낌을 주는 사건이 발생했다. 미국 아이젠하워 행정부는 제네바 회담 과정을 우려의 눈길로 지켜보다가, 적어도 미래의 베트남의 일부가 비공산주의 정부 하에서 안정을 유지하지 못한다면 합의문 조항들을 받아들이지 않기로 결정해놓고 있었다. 이런 관점에서 워싱턴은 1956년에 실시될 전국 선거에 의한 전국의 궁극적 통일이라는 정치 선언문 조항이 공산주의자들의 전면적 승리를 가져올 가능성을 열어주었다고 보고, 이 정치 선언문은 인정하지 않을 것이며, 제네바 협정 자체도 지지하지 않을 것임을 시사했다. 그러자 바오 다이 대표단도 그 뒤를 따라 정치 선언문에 동의하는 것을 거부하면서, 국토 분단 결정은 식민지 세력에 의한 것이며 베트남 민족의 뜻에 어긋나는 것이라고 주장했다. 회의가 끝나고 나서 며칠 뒤 미국 국무장관 존 포스터 덜레스는 기자회견을 통해 미국은 남베트남, 라오스, 캄보디아에서 비공산주의 정부의 발전을 지원하기 시작할 것이라고 발표했다. 베트남의 미래의 전국 총선거를 놓고 볼 때 이것은 결코 좋은 조짐이 아니었다.

한편 회담 과정에서 베트남민주공화국 대표단 단원들이 울분을 토하는 장면이 목격되었다. 그들은 중국과 소련이 베트남의 이익을 배반했다고 성토했다. 중국의 외교관 왕 빙난은 나중에 회고록에서 대표단 가운데 일부는 "단번에 베트남 전체를 통일하고 싶어했다."라고 말했다.[41]

이러한 울분은 제네바의 베트남 대표단에게만 한정된 것이 아니라, 베트남 내부에서도 나타났다. 분위기가 심각했기 때문에 호치민도 신경을 쓰지 않을 수 없었다. 제네바 협정 최종 조인 며칠 전 베트남노동당 중앙위원회에 제출한 정치보고서에서 호치민은 이렇게 말했다.

일부에서는 우리의 계속된 승리에 도취하여 어떤 대가를 치르더라도 끝까지 싸우고 싶어한다. 그러나 그들은 나무만 보고 숲은 보지 못한다. 그들은 프랑스군의 철수에만 관심을 가지기 때문에 그들의 책략은 보지 못한다. 그들은 프랑스인들만 보지 미국인들은 보지 못한다. 그들은 군사 행동에만 치우치고 외교는 경시한다. 그들은 우리가 목표를 달성하기 위해 전장만이 아니라 국제회의장에서도 싸워야 한다는 것을 모른다.

그는 이어서, 그런 사람들은 "빠른 결과만 원하지, 평화를 위한 투쟁이 힘겹고 복잡한 것임을 모른다."고 주장했다. 그들이 보지 못하는 것은 인도차이나 3국이 완전 독립을 달성하기 위한 투쟁에서 이미 상당한 진전을 이룩했다는 점이었다. 그러나 이제 새로운 전략이 필요했다. 미국이 평화를 저지하고 인도차이나에 대한 개입을 정당화하기로 결심했기 때문이다. 새로운 상황에서는 "끝까지 저항하자"는 낡은 구호를 "평화, 통일, 독립, 민주주의"라는 새로운 구호로 바꾸어야 한다. 그런 정책은 세계 무대에서 미국(이제 인도차이나 인민의 주요하고 직접적인 적이 되었다)을 고립시키고 그 사악한 음모를 분쇄하는 데 기여할 것이다.

호치민은 평화의 대가가 베트남 분단임을 인정했다. 그러나 재집결 지대를 설정하는 것은 잠정적 조치일 뿐, 국토의 영구 분단을 의미하는 것은 아니라고 주장했다.

양쪽 지대의 구획과 지역 교환 때문에 이전의 자유지역이 잠정적으로 적

1954년 여름 프랑스에 승리를 거둔 호치민을 비롯한 당 지도부는 하노이로 돌아갈 준비를 했다. 호치민이 밀림에서 늘 입고 다니던 옷 차림으로 망중한을 즐기고 있다.

의 수중으로 들어갈 것이다. 따라서 그 지역 거주자들은 불만을 가질 것이다. 어떤 사람들은 실망을 하여 적의 기만에 넘어갈지도 모른다. 우리는 동포들에게 그들이 겪는 시련이 나라 전체의 이익을 위한 것, 우리의 장기적인 이익을 위한 것임을 분명히 밝혀야 하며, 나중에 그들이 명예를 얻고 온 나라의 감사 인사를 받게 될 것임을 분명히 밝혀야 한다.

호치민은 당의 정확한 지도와 세계 여러 민족의 지지를 바탕으로 완전한 독립과 민족 통일이 확실히 이루어질 것이라고 다짐했다.[42]

호치민은 저우 언라이의 충고를 따라, 당의 동료들에게 완전한 승리에 비하면 훨씬 불만족스러운 타협적 해결책을 받아들일 것을 촉구했을 것이다. 저우언라이는 며칠 전 류저우에서 열린 정상회담에서 그런 방법을 받아들일 것을 권했다. 그러나 호가 최종 목표를 달성하기 위하여 타협적인 평화안을 수용한 것은 이전에도 여러 번 드러났던 그의 태도, 특히 태평양전쟁이 끝날 때 그가 보여주었던 태도의 연장선상에 있다고 볼 수도 있다. 호치민은 베트남의 독립과 통일은 혼자서 잘 한다고 얻어지는 것이 아니라, 세계 무대에서 벌어지는 복잡한 변화의 맥락 속에서 달성해야 하는 것임을 인식하고 있었다.

14장 두 전쟁 사이

1954
1957

"나에게 민주주의 정신이 결여되어 있었기 때문에 듣지 않았고 보지 않았다. 따라서 우리는 이제 민주주의를 상리해야 한다. 나는 이 시련의 시기에 책임을 받아들이겠다. 중앙의 모든 구성원은 이를 바탕으로 듣고 관찰하고 생각해야 하다. 이 엄중한 교훈은 우리 모두에게 자극이 되어야 한다."
— 호치민의 토지개혁에 대한 자아비판

이제 호치민의 역할은 점점 고위 외교관 겸 외교 정책 고문으로 한정되었으며, 이 일 외에는 모든 베트남 인민의 정신적 아버지이자 베트남 혁명의 영혼이라는 이미지대로 행동했다. 호는 인자한 호 아저씨 역할을 완벽하게 해냈다. 그는 주석의 역할에 따르는 화려한 장식은 계속 피했다. 1958년에는 주석부 구내의 새로운 작은 주택으로 옮겨갔다. 그 전에 살던 정원사의 오두막에서 몇 미터 떨어진 곳이었다.

14 | 두 전쟁 사이

　1954년 10월 9일 프랑스군은 홍 강의 흙탕물을 가로지르는 폴 두메르 다리를 건너 하노이를 떠났다. 프랑스 마지막 부대의 사령관 르페브르 다르장세 대령은 간단한 기념식을 통해 하노이의 행정 통제권을 보 응우옌 지압의 수도연대에 넘겨주었다. 이전 두 주 동안 하노이 시는 사람이 살지 않는 곳처럼 보였다. 수천 명의 피난민들이 5번 도로를 따라 남쪽의 항구 도시 하이퐁으로 떠났기 때문이다. 하노이 거리는 특히 밤이면 더욱 적막감이 감돌았다. 도심의 식당, 술집, 상점이 문을 닫았기 때문이다.

　그러나 10월 10일이 되자 지역 주민이 새로운 통치자들의 도착을 환영하면서 도시는 다시 활기를 찾았다. 거리는 온통 축제 분위기였다. 거리마다 당과 정부를 환영하는 깃발과 구호가 나부꼈다. 아이들과 여러 사회 단체의 대표들을 중심으로 시위대가 조직되어 행진했고, 종독궁과 힌때 베트남민주공화국의 행정본부로 사용되었던 북궁 옆의 공원에는 구경꾼들이 물밀듯이 밀려들었다. 10월 11일 기관총과 경포로 무장한 베트민 부대들이 도시로 쏟아져 들어왔고, 모여 있던 군중은 '독 랍(독립)'을 외치며 그들을 환영했다. 그들 가운데는 호치민 정부의 구성원들도 있었는데, 그 가운데 다수는 거의 8년 만에 처음으로 수도에 발을 들여놓았다.

　호치민은 10월 12일 무렵 조용히 하노이로 들어왔다. 개선 행진도 특별한 기념식도 없었다. 그가 처음으로 공식적인 자리에 모습을 나타낸 것은 17일에 인도 총리 자와할랄 네루가 방문했을 때였다. 다음 날 지역 신문에 실린 사설에서 호는 형식적인 환영 행사로 동포의 시간을 빼앗고 싶지 않았다고 설명했다. "우리의 서로에 대한 사랑은 겉모습에 의존하지 않습니다." 경제 발전과 조국 통일 사업의 진전이 기념식보다 더 중요했다.

그러나 호는 그 전인 10월 16일에 조촐한 기념식을 하는 자리에로 모습을 나타내 시의 당직자들을 몇 명 만났다. 그때 호는 짧은 연설을 통해 앞으로도 많은 난관을 극복해야 하지만, 모두가 협력하고 새로운 당국의 법에 복종하면 그 난관들을 차차 해결해나갈 수 있을 것이라고 말했다. 호는 새로운 정부가 인민의 의지를 대표하며, 대중의 비판에 고개를 숙일 것이라고 선언했다. 실제로도 그렇게 하는 것처럼 보였다. 당 일꾼들에게는 지역 주민에게 올바르게 행동하라고 세심한 지침을 내렸으며, 학생과 교사들은 수업을 계속하고, 상인은 해방된 도시에서 계속 장사를 하라고 권고했다. 외국인들은 그대로 남아 하던 일을 하도록 장려했다. 호는 병원에 입원하여 치료를 받았다. 그는 퇴원한 뒤에 총독궁에 거주하라는 동료들의 제안을 뿌리쳤다. 너무 호화로워 자신의 취향에 맞지 않는다고 생각했기 때문이다. 호는 총독궁 구내의 조그만 정원사 오두막에 살기로 했다. 어쨌든 총독궁은 새로운 주인을 맞이하여 주석부(主席俯, 푸 추 티치)로 이름이 바뀌었다.[1]

호치민은 늘 해오던 대로 바깥 세계와 만나면 화해를 바라는 듯한 태도를 보여주었다. 호는 네루와 이야기를 하면서 네루와 중국 총리 저우 언라이가 6월 회담에서 확인한 평화 공존 5원칙을 지지했으며, 새로운 베트남은 라오스, 캄보디아의 왕실 정부와 온당한 관계를 유지할 것이라고 약속했다. 10월 18일, 호는 피에르 망데스 프랑스 총리의 요청으로 베트남민주공화국에서 프랑스의 입장을 대변하기 위해 하노이로 돌아온 장 생트니를 만났다. 생트니는 호가 북베트남에서 프랑스의 문화적, 경제적 활동을

바딘 광장 옆의 정원에 자리잡은 아름다운 총독궁은 제2차 세계대전 후 프랑스와 베트남민주공화국 사이에 그 점유권을 둘러싸고 논란의 대상이 되기도 했다. 그러나 호치민은 제네바 협상 뒤에는 궁에서 살지 않고, 근처의 조그만 정원사 오두막에서 살았다.

보장하고, 다른 비공산주의 국가들과 외교 관계를 수립할 뜻이 있다는 의사를 표명했다고 파리에 보고했다. 또 호는 자신이 당 내 강경파들의 노예가 아니라고 주장했다. 11월 초에 호는 한 저널리스트와 인터뷰하면서, 이후 프랑스와 베트남민주공화국은 평등한 관계를 맺어야 한다고 강조했다.[2]

그러나 호치민의 다짐에도 불구하고, 유럽인과 미국인들로 이루어진 소규모 대표단은 감시가 심해 마음대로 행동할 수가 없었다. 편안하고 붙임성 좋은 호와는 달리 새로운 체제의 많은 일꾼들은, 장 생트니의 평가에 따르면, "회의, 애국 합창단, 사상 주입 모임, 이른 아침의 체조 등등을 조직하느라 오지랖 넓게 뛰어다니며 사사건건 간섭이나 하는 사람들"이었다. 가장 심한 감시를 받는 집단은 소수의 미국인들이었다. 이제 당의 엄격한 통제를 받는 지역 언론은 미국에 매우 비판적이었다. 공식 행정부가 수립되기 전까지 정부를 운영하던 베트민 지역위원회는 한 성명서에서 하노이의 미국 영사관의 법적 지위를 인정하지 않는다고 말했다. 호치민도 지역 주민의 반미적 태도를 부채질했다. 그는 이따금씩 미국을 비판하는 글을 썼고, 이것을 C. B.라는 이름으로 지역 신문에 발표하곤 했기 때문이다. 이후 몇 주 동안 미국의 영사 활동에 여러 가지 자잘한 제한이 뒤따랐으며, 연말에는 결국 영사관이 문을 닫을 수밖에 없었다. 영사관의 마지막 공식 행사는 추수감사절이었으며, 여기에는 소수의 서구 외교관들과 제네바 협정에 따라 조직된 국제감시위원회의 위원들이 참석했다.[3]

혁명 정부의 과제

11월 3일 호치민 주석은 정부의 계획을 검토하고 수도지역에 새로운 행정위원회를 구성하기 위하여 국무회의를 열었다. 국무회의는 몇 가지 힘겨운 문제를 마주하고 있었다. 북부지역이 8년간의 전쟁과 수십 년간의 외국 지배의 영향으로부터 벗어나려면 어떤 전략을 채택해야 하는가? 당의 확고한 지도 하에 식민지 체제의 잔재를 빠르게 없애고 미래의 사회주의 사회의 기초를 닦을 것인가, 아니면 온건파를 안심시키고, 경제 성장을 도모하고, 일반 주민의 전반적 생활 수준을 높이기 위하여 과도기를 거쳐 천천히 점진적으로 나아갈 것인가? 어떻게 하면 농촌과 도시의 빈민의 지지를 얻는 동시에 부유층을 달랠 수 있을까? 마지막으로 통일과 제네바 협정의 이행 문제를 어떻게 처리할 것인가?

어떤 의미에서 이런 문제에는 이미 답이 나와 있다고 할 수 있었다. 비슷한 상황에서 나온 풍부한 정책 선례들이 있었기 때문이다. 1920년에 소련의 내전이 끝난 뒤 레닌은 급속한 경제 성장과 기술 근대화를 촉진하기 위하여 일시적으로 사유기업 유지를 장려했다. 이 정책은 1928년 스탈린이 산업의 국유화와 농업의 집단화를 내용으로 하는 정책을 도입하면서 막을 내렸다. 중국은 1949년 중국공산당이 권좌에 오르면서 비슷한 길을 따랐다. 그들은 온건파의 지지를 얻기 위해 그들 나름의 '신민주주의' 정

1954년 말 해방군의 하이퐁 입성.

책을 실시했으며, 그러한 경제적 기반 위에서 1950년대 중반에 사회주의로 탈바꿈하기 시작했다.

베트남민주공화국은 제네바 협정에 서명하기 며칠 전 비엣 박 해방구에서 이미 휴전 뒤의 전략을 설명하는 포고를 발표했다. 이 발표문에는 새 정부가 당분간 상인, 전문가, 관료, 외국인들의 활동에 간섭하지 않겠다고 보장하기 위해 작성한 것이 분명한 8개조 프로그램이 들어 있었다. 이 계획에 따르면 정부는 이전에 제국주의자나 '괴뢰 정부(즉 바오 다이 정부를 가리킨다)'가 소유하거나 운영하던 사업이나 공공 서비스는 접수한다. 그러나 다른 모든 형태의 사적인 소유는 보장한다. 이전 정권에서 고용했던 공무원들은 저항 세력에 대항하여 무기를 들었거나 인민의 재산을 파괴한 경우가 아니면 체포되지 않는다. 모든 민간 관리들은 자신의 자리를 지키고 명령에 따르면서 인민 권력의 수립을 기다린다. 베트남 국군 징교 출신인 사람들은 새로운 혁명 정부가 수립하는 군사위원회에 신고한다. 그렇게 하지 않는 사람은 "엄벌에 처한다." 종교의 자유와 더불어, 외국 국적자의 인신과 재산의 안전을 보장한다.[4]

정부의 하노이 귀환 이전인 9월에 배포된 베트남 인민을 향한 호소문에서 호치민은 화해를 기조로 삼았다. "북에서 남에 이르기까지 과거에 누구와 협력했느냐에 관계없이 평화, 단결, 독립, 민주주의를 인정하는 모든 사람과 협조할 준비가 되어 있다." 국내외 자본가들이 적법한 사업을 할 권리는 보장받을 것이며, 한때 적에 고용되었으나 이제 인민과 민족을 위해 일하고 싶어하는 사람들은 환영한다.[5]

당 지도부는 이전의 적들과 화해해야 할 이유가 있었다. 가을 동안 피난민들이 수천 명씩 하노이에서 남쪽으로 계속 빠져나갔다. 결국 총 80만 명의 베트남인들이 북부를 떠났는데, 그들 가운데 다수는 로마 가톨릭교도였다. 그들은 사제들로부터 "성모 마리아가 남부로 가셨다. 당신들은 따라가지 않는가?" 하는 경고를 들었다. 상당수 가톨릭교도가 프랑스나 바오 다이 정부와 밀접한 유대를 맺고 있었으며, 그렇지 않은 신도도 베트남민주공화국이 그들의 충성심에 뿌리 깊은 의심을 품고 있기 때문에 박해를 당할 것이라고 걱정했다.

이런 대탈출 덕분에 새로운 정부의 잠재적인 대립 세력 하나가 사라지기는 했지만, 사실 북부에서 가장 부유하고 창조적이고 근면한 사람들이 빠져나갔다고 생각할 수도 있었다. 북부의 사업가, 전문 직업인, 지식인들 가운데 많은 수가 가톨릭교도였기 때문이다. 한 관측통의 말에 따르면 1954년 10월 새 정부의 구성원 가운데 대학 졸업생은 50명에 불과했다. 고등학교 졸업생은 2백 명에 불과했다. 대부분의 공장은 폐쇄되었으며, 소유자들 가운데 다수가 나라를 떠났다. 한 보고서에 따르면 하이퐁에서 프랑스인이 소유한 공장 30개 가운데 29개가 문을 닫았다. 운송도 심각한 문제였다. 자동차용 가솔린은 부족했고, 기차는 움직이지 않았다.[6]

게다가 관개 시설은 프랑스인들이 대부분 파괴해버렸다. 홍 강 삼각주의 경작지 가운데 거의 10퍼센트는 전쟁 말기 몇 달 동안 지역 주민이 도시로 달아나는 바람에 방치되었다(프랑스군은 삼각주지역의 많은 부분을 자유 사격 지대로 선포하여, 이곳에서는 눈에 띄는 것은 무엇이든 쏘아도 문제가 되지 않았다). 이어 12월에 중부 해안지대에 큰 홍수가 일어나는 바람에 새로 흉년 조짐이 나타나면서 쌀값이 폭등했다.

그 결과 베트남민주공화국이 11월 초 중앙 국가 기구를 구축하기 시작했을 때, 기존 부서 일부를 통합하고, 바오 다이 체제에 고용되었던 행정 인력을 이용하지 않을 수 없었다. 지역에서는 프랑스-베트민 전쟁 동안 수립되었던 저항과 행정 위원회가 활동을 계속했으며, 다만 새로운 조건에 맞게 저항이라는 말은 뺐다. 그러나 지역 단위에서 인민의 권력 수립을 위한 확고한 법적 기초를 닦기 위해 인민위원회 선거를 곧 실시하겠다고 발표했다.[7]

당 지도부는 하노이로 돌아오고 나서 첫 몇 달 동안 새로운 혁명 행정부를 수립하고, 베트남민주공화국의 대중적 지지 기반을 확대하고, 전후 경제 재건에 집중할 수 있는 확고한 기초를 수립하는 일에만 몰두했다. 그러나 막후에서는 당 지도부가 이미 미래의 계획에 초점을 맞추기 시작했다는 징후가 포착되었다. 9월 초 정치국은 장기적인 정책을 세우기 위한 회의를 열었다. 이 회의에서는 북부에 권력이 자리를 잡으면 사회주의로 넘어갈 준비를 시작하기로 결론을 내렸다. 선견지명이 있는 관찰자들은 일찍이 호치민이 9월 2일에 한 연설에 주목했다. 호는 이 연설에서 새로운 정권이 그 형식은 부르주아 민주주의이지만, 내용은 인민 민주주의가 될 것이라는 수수께끼 같은 이야기를 했다.[8]

반공주의자 응오 딘 디엠

북부에서 사회주의 체제로 천천히 움직여 가기로 결정을 내린 중요한 이유 가운데 하나는 당이 제네바에서 기초한 정치 선언문에 명시한 대로 실제로 두 지대를 통일하기를 원한다는 것이었다. 베트민의 조직원 다수—특히 남부의 조직원들—가 평화회담 결과에 몹시 실망했다. 당 지도부 역시 수년간 희생하고도 부분적인 승리밖에 얻지 못한 것에 똑같이 낙담했겠지만, 호치민의 인기와 바오 다이 정부의 어리석은 행동들 때문에 제네바 회담에서 정해놓은 미래의 전국 총선거는 그들에게 유리할 것이라는 믿음으로 위안을 삼을 수 있었다. 선거에서 승리하는 한 가지 방법은 북부의 정부가 국내 정책들을 통하여 세계에 온건한 얼굴을 내보임으로써, 세계의 관심 있는 관찰자들만이 아니라 남베트남 비공산주의자들이 등을 돌리지 않게 하는 것이었다.

호치민과 속을 털어놓는 사이였던 한 사람의 말에 따르면, 호는 총선거를 예정대로 치를 수 있을 것이라고 낙관했다고 한다. 세계 여론의 압력 때문에 남부의 정권도 합의조항들을 지킬 수밖에 없을 것이라고 생각했는지도 모른다. 하노이의 공식 자료들은 정치 선언문의 조항들이 결국 지켜질 것이라는 자신감을 내보였지만, 호의 동료들 가운데 일부는 내심 의심하고 있었다. 제네바에서 베트남민주공화국 대표단 단장을 지냈고 1955년 9월에 총리로 임명된 팜 반 동조차 어떤 사람에게 이렇게 말했다. "당신도 나와 마찬가지로 총선거는 없다는 것을 잘 알고 있지 않소." 만일 선거를 할 수 없을 경우 하노이는 다른 대안들을 찾아야 하는데, 혁명 전쟁 전략으로 복귀하는 것도 하나의 대안이 될 수 있었다. 그러나 호치민은 총선거를 현실화하기 위해, 그 막강한 설득력으로 동료들과 이야기를 나누기 시작했다.

당 지도부는 일단 양쪽 가능성을 다 열어놓고 준비를 하려 했다. 여러 자료의 평가에 따르면, 협정 이후 약 5만 명에서 9만 명에 이르는 베트민 동조자들(그들 가운데 다수는 남부에 거주하고 있던 당 간부들의 자녀였다)이 북으로 간 반면, 약 10만 명에서 15만 명에 이르는 동조자들—주로 혁명 운동의 고참들이었다.—은 남부에 그대로 남아, 총선거를 치르기 위한 합법적 활동에 참여했다. 또 일부는 반동이 일어날 경우에 대비하여 비밀 혁명 조직을 유지하기 위해 지하로 숨어들었다.[9]

선거를 치르는 데는 물론 많은 장애가 있었다. 그 가운데도 가장 완강한 장애는 남베트남에 새로 들어선 정부의 태도였다. 1954년 6월, 제네바 회담이 진행 중일 때, 국가 수반인 바오 다이는 1945년 가을 호치민의 임시

정부에 잠시 억류되기도 했던 노련한 정치가 응오 딘 디엠(당시 디엠은 안전을 염려하여 잠시 하노이의 캐나다 대사관으로 피신하기도 했다)을 새로운 총리로 임명했다. 디엠은 1950년대 초 미국에 정착한 뒤 장차 정계로 복귀할 것에 대비하여 아이젠하워 행정부의 지지를 얻으려고 지칠 줄 모르고 노력했다. 독실한 가톨릭교도인 디엠은 뉴저지의 가톨릭 신학교에서 몇 달을 보낸 뒤 자신의 동포를 무신론적인 공산주의의 위협으로부터 구원해야 한다는 메시아적인 의무감에 사로잡히게 된 것 같다.

그러나 응오 딘 디엠은 처음에는 워싱턴에서 그다지 지지를 받지 못했다. 많은 미국 담당자들이 그를 수도사 같은 비현실적인 인물로 보았으며, 정치적 자질이 부족하다고 판단하여 정치 지도자가 될 수 있는 인물로 진지하게 고려하지 않았기 때문이다. 한 미국인 평론가는 그가 '메시지 없는 메시아'라며 코웃음쳤다. 그러나 디엠은 조금도 기가 죽지 않고 미국 외교관들에게 조언을 해주겠다고 귀찮게 굴었으며, 프랜시스 스펠먼 추기경이나 영국 대사 출신의 조지프 케네디 등 미국 가톨릭계의 저명인사들에게 후원을 요청하러 다녔다.

바오 다이의 말에 따르면, 그는 디엠의 완강한 반공주의가 워싱턴의 냉전 투사들에게 호소력을 발휘할지도 모른다는 생각에서 디엠을 총리에 임명했다고 한다. 아이젠하워 정부가 이 결정에서 일정한 역할을 했다는 것이 일반적인 가정이지만, 사실 워싱턴에서는 이 소식을 듣고 당혹스러웠을 뿐만 아니라 약간 유보하는 듯한 태도를 보이기도 했다. 디엠을 총리에 임명한 것은 바오 다이 정부의 수도인 사이공에서도 거의 환영을 받지 못했다. 후에의 제국 조정과 긴밀한 유대를 맺은 가톨릭 집안에서 성장한 디엠은 남베트남의 노숙한 정치인들로부터 의심을 받았다. 디엠 역시 비슷한 감정으로 보복했다. 그는 가까운 수행원들에게 남부인들은 너무 느긋해서 공산주의자들에게 효과적으로 대항할 수 없을 것이라고 말했다. 그래서였는지 그의 내각은 북부와 중부인들이 주류를 이루었다.[10]

디엠은 사이공에서 총리를 맡았을 때부터 7월에 제네바에서 이루어진 합의에 못마땅한 감정을 표현해왔으며, 회담이 끝나자마자 자신은 공산주의자를 상대할 의사가 없다고 분명히 밝혔다. 사이공 정부의 보안 부서들은 남베트남의 베트민 동조자들을 괴롭히기 시작했으며, 베트민이 전국 선거를 실시하기 위해 세워놓은 위원회 사무실들을 폐쇄했다. 디엠은 종교 집단인 카오 다이와 호아 하오도 심하게 탄압했는데, 이 두 종파의 지도자들은 베트민과 마찬가지로 사이공 정부도 환영하지 않았다. 디엠은 또한 정부에서 국가 수반인 바오 다이—디엠은 그가 식민지 체제에 협력한 자라고 경멸했다.—나 프랑스인들에게 동조하는 사람들을 숙청하려 했다.

사이공과 워싱턴의 미국 담당자들은 1954~1955년 겨울 동안 디엠이 호전적인 태도를 보이는 바람에 상당히 불안해했다. 어쨌든 제네바 회담이 끝나면서 아이젠하워 행정부는 남베트남에서 비공산주의 정권이 독립적으로 살아남는 것이 이 지역 미국 안보의 핵심이라는 결론을 내리고 있었다. 아이젠하워 대통령은 1954년 가을 친구인 J. 로턴 콜린스(제2차 세계대전 때 군단 사령관으로 호전적인 전술을 구사하여 '번개 조'라는 별명을 얻었다)를 개인 사절로 파견하여, 남베트남에서 미국의 활동을 지휘하고 조정하게 했다. 사이공에 도착한 콜린스는 응오 딘 디엠을 프랑스인들이나 남베트남인들이 받아들일 만한 좀더 타협적인 인물로 교체해야 한다고 끈질기게 조언했다. 1955년 초 봄, 백악관은 콜린스의 제안을 받아들이는 문제를 잠깐 진지하게 고려했다. 그러나 1955년 4월 디엠은 내부 반대파를 제압했고, 이에 따라 워싱턴은 그를 확고하게 지원하기로 결정했다. 아이젠하워가 콜린스 장군에게 말했듯이, 남베트남 체제가 성공할 확률은 10퍼센트에서 50퍼센트로 상승했다. 그 직후 디엠은 전국 총선거 문제를 협의하자는 하노이의 제안을 공개적으로 거부했다.

워싱턴은 디엠이 전국 총선거 논의를 거부했다는 소식을 듣고 착잡한 반응을 보였다. 그 즈음 미국중앙정보국 보고서는 호치민이 전국적으로 인기가 있을 뿐 아니라, 베트남민주공화국 지도부가 정치적 동원에서 남베트남의 갓 태어난 정권보다 경험이 훨씬 더 많기 때문에 총선거를 하면 베트민이 승리할 것이 분명하다고 예측했다. 베트민은 자신의 통치지역에서 유리한 표를 얻기 위해 고전적인 레닌주의 기법을 이용할 것으로 예상되었다. 제2차 세계대전이 끝난 뒤 동구의 소비에트 점령지역에서 벌어진 각본에 따른 선거와 숙청 재판의 기억이 아직 생생했기 때문에 미국 담당자들은 당시 베트남 상황에서는 인민의 뜻을 공정하게 평가할 수 없다고 확신했다.

프랑스-베트민 전쟁이 시작되면서 몇 년 동안 미국에서는 호치민과 그의 정권을 바라보는 대중적 인식이 상당히 달라졌다. 미국의 대중은 처음에는 베트민이 억압적인 식민지 체제의 굴레를 벗어던지기 위해 투쟁하는 사심 없는 애국자들이라고 생각했으나, 점차 호와 그의 동료들은 국제 공산주의 운동에 헌신하는 요원들이라는 쪽으로 생각이 바뀌었다. 1954년 7월 제네바 회담이 끝난 뒤에 하노이에 수립될 스탈린주의 정권의 공포 정치를 피해 필사적으로 남쪽으로 탈출하는 수많은 사람들을 찍은 사진들 때문에 이런 관점이 더욱 굳어졌을 것이다.

이런 상황 전개에도 불구하고 아이젠하워 행정부는 제네바에서 분명하게 합의했던 남북 협상을 사이공이 단호하게 거부함으로써 생기는 정치적 부작용에 민감하게 반응하면서, 하노이에 책임을 돌리는 전술적 책략을 연구했다. 1955년 봄 미국 담당자들은 사이공 정부에 북과 협의하는 것에는 동의하되, 자유 선거를 보장하기 위해 외부 감시자들의 정기적 조사를 받는다든가 하는 까다로운 조건을 내걸라고 조언했다. 공산주의자들은 그런 제안을 거부할 것이 분명했으며, 그러면 디엠 정부는 선거를 거부하면서도 정당성을 내세울 수 있었다(독일의 점령지대에서 선거를 준비하면서 이런 문제가 제기되었을 때도 비슷한 상황이 전개되었다).

그러나 미국측에서 총선거를 무조건 거부하면 제네바 협정을 위반했다는 비판을 받게 된다고 경고했음에도, 디엠은 미국의 제안을 거부했다. 그러나 일부 미국 담당자들이 사이공의 결정을 지지했기 때문에 아이젠하워 행정부는 난처한 상황에 빠지게 되었다. 워싱턴은 제네바 협정의 조항들을 따르지 않겠다고 했음에도, "〔협정〕위반을 통한 공격적 행동의 재개를 심각한 우려의 눈길로 바라볼 것이며, 그것을 국제 평화와 안보를 심각하게 위협하는 일로 간주할 것"이라고 선언했기 때문이다. 존 포스터 덜레스는 이렇게 말했다. 디엠이 제네바 협정 준수를 거부한다면, 남베트남이 침략을 당할 경우 미국이 그것을 제네바 협정 위반으로 간주할 수 있을까? 그러나 결국 워싱턴은 디엠을 따라갔다. 덜레스는 기자회견에서 미국은 베트남의 자유선거에 반대하지 않지만, 당장은 조건이 성숙하지 않았다는 응오 딘 디엠의 판단에 동의한다고 밝혔다.

응오 딘 디엠이 남베트남에서 권력 기반을 강화하는 데 성공하고, 뒤이어 워싱턴이 그를 확고하게 지지하기로 결정한 것은 민족주의 경쟁자들을 은근히 경멸하던 하노이 당 지도부에게는 불쾌하고 놀라운 일이었다. 호치민은 1954년 말에 열린 정치국 회의에서 동료들에게 비관적인 태도를 가지거나 인내심을 잃지 말고, 상황을 재평가하여 유리하게 활용하라고 촉구했다. 호는 사이공에서 미국과 그 동맹자를 고립시키기 위해 프랑스의 환심을 살 목적으로 프랑스인들에게 문화적, 경제적 양보를 하라고 권고했다. 중앙위원회는 1955년 3월 전체회의에서 북베트남에서 국가 건설에 최고의 우선 순위를 두는 새로운 정책을 공식 발표하면서, 남베트남에서 평화적 해결책을 촉진하기 위해 외교를 이용하겠다고 덧붙였다.[11]

베트남민주공화국의 많은 사람들이 제네바 회담에서 합의한 총선거 실시에 회의적이기는 했지만, 디엠이 협상 자체를 거부하고 나온 것은 하노이로서는 무척 화가 나는 일이었을 것이다. 그러나 당 지도부는 자신의 동맹자들이 압력을 넣어 워싱턴과 사이공의 마음을 돌리기를 바랄 수밖에 없었다. 1955년 6월 말 호치민은 총서기 추옹 친을 비롯한 다른 베트남민주공화국 고위인사들과 함께 베이징을 공식 방문했다. 방문단은 2주 동안 머물면서 고위 인사들과 협의하고 만리장성을 구경하기도 했다. 그들은 중국 일정을 마친 뒤 몽골을 거쳐 모스크바로 갔다.

베트남민주공화국으로서는 운이 없었던 것이 중국과 소련의 상황은 그들에게 유리하지 않았다. 제네바 회담이 끝나고 나서 몇 달 동안 베이징과 모스크바는 모두 미국과 관계 개선에 힘을 집중하면서, 자본주의 국가들과 심각한 이데올로기 갈등을 초래할 수 있는 위험을 최소화하려 했다. 베이징에서는 미국과 제네바에서 대사급 회담을 진행하기 위한 준비가 한창이었다. 중국은 이 회담을 통해 미국이 통상 금지를 해제하기를 바랐고, 더불어 타이완을 둘러싼 갈등도 해소되기를 바랐다. 모스크바에는 새로 흐루시초프 체제가 들어서면서 유럽의 상황을 안정시키고 미국과 냉전적 긴장을 완화하기 위하여 평화 공존이라는 새로운 노선을 적극적으로 밀어붙이고 있었다. 양국 지도부에게 베트남을 둘러싼 분쟁이 다시 시작되는 것은 세계 다른 지역에서 더 큰 목표를 실현하는 데 장애가 될 뿐이었다.

따라서 호치민이 전국 총선거 문제를 지지해달라고 요청했지만 양국의 태도는 냉담했다. 그러나 베트남 방문단이 베이징을 떠나면서 발표한 공동 성명에서 중국은 선거를 둘러싼 협상 문제에서 하노이의 입장을 지지하고, 저우 언라이 총리는 제네바 회담에 함께 참석했던 영국과 소련에 항의 편지를 보내겠다고 약속했다. 소련의 반응은 이보나 미지근했다. 그저 형식적으로 베트남민주공화국의 입장을 지지하는 정도였다. 설상가상으로 소비에트 지도자들은 하노이가 마르크스-레닌주의의 정통성을 고수하는 문제에 대한 의심을 떨쳐버리지 못했다고 암시했다. 외무장관 몰로토프는 영국의 외무장관 앤서니 이든과 제네바 회담을 재개하는 문제를 이야기해보겠다고 약속했지만, 이든이 제안을 거부하자 놀랍게도 순순히 포기해버렸다. 그 뒤에 열린 4대국 지도자 회담에서 이 문제는 공식적으로 거론되지 않았다. 다만 몰로토프가 성명을 통해 "인도차이나에서 제네바 합의를 이행하는 문제 등 기타 문제들의 해결을 미루어서는 안 된다."는 정도로 마지못해 한마디 했을 뿐이다.

낙심한 북베트남을 위로라도 하려는 듯 중국과 소련은 베트남민주공화국의 전후 재건과 완전한 사회주의 국가로의 발전을 지원하기 위해 상당한 경제적 원조(중국은 2억 달러, 소련은 1억 달러)를 제공하겠다고 약속했다. 양국은 또 북부의 기근 위험을 해소하기 위해 곡물을 지원하겠다는 약속도 했다. 호치민은 1955년 7월 22일 하노이로 돌아온 직후 시립 경마장에서 연설을 통해 순방의 엇갈린 성과를 간접적으로 언급하면서, 중국과 소련의 경제적 지원에 공개적으로 사의를 표했다. 그러나 자신의 동포에게 조국 통일은 무엇보다도 베트남인들 자신의 힘으로 이루어야 한다고 주의를 주는 것을 잊지 않았다. 중앙위원회는 다음 달에 열린 전체회의에서 디엠의 결정에도 불구하고 당분간 기존 정책을 유지하는 쪽으로 결론을 내리고, 당은 변함없이 평화적 수단으로 통일을 이루기를 희망한다는 성명을 발표했다.[12]

하노이의 결정은 남부에 남아 있는 충실한 혁명가들에게는 별 위로가 되지 않았다. 그해 여름 디엠은 남부 전역에서 베트민의 남은 세력을 말살하기 위해 '공산주의자 고발' 운동을 시작했고, 체제 전복 활동에 참여한 혐의로 수천 명을 체포했다. 그 가운데 일부는 강제수용소로 보냈으며—또는 프랑스 식민지 정권이 한때 이용했던 풀로콘도르 섬에서 악명 높은 '호랑이 우리'에 감금하기도 했다.—일부는 처형했다. 사이공 정권은 "국가 안보에 위험하다고 여겨지는 모든 사람을 체포, 구금하거나, 강제수용소에 수용하는 조치"를 정당화하는 포고문을 발표했다. 당시 하노이에서는 이렇게 기록했다.

1955년 말부터 1956년까지 디엠이 '공산주의자 고발' 운동을 장려하면서 애국자와 저항 운동자에 대한 사냥이 심해졌다. 운동가들은 농촌에서 살면서 정치 투쟁을 계속하는 것이 불가능해지자, 이전의 저항 기지였던 갈대평원, 우 민 밀림, D와 C 저항지대〔사이공의 서부와 북서부〕로 피신했다.[13]

제네바 회담 뒤에도 당 활동을 지휘하기 위해 남부에 그대로 남아 있었던, 젊지만 경험이 많은 응우옌 반 린은 이 시기를 '모진 세월'이라고 불렀다. 베트민 일꾼들은 목숨을 부지하는 데 모든 노력을 기울여야 했다.[14]

당연한 일이지만, 당분간은 혁명 전쟁으로 복귀하지 않겠다는 하노이의 결정은 남부의 일꾼들 사이에 격렬한 논쟁을 불러일으켰다. 일부에서는 완전히 운동을 떠나기로 결정했고, 일부에서는 직접 무장 저항 운동을 조직하려 했다. 그들은 카 마우 밀림이나 갈대평원 늪지에서 카오 다이나 호아 하오의 회원들—1955년 디엠이 강압적인 방법으로 그들을 통제하려 하자 강력하게 반발하고 나섰다.—과 손잡았다.

북을 건설하고 남을 바라보자

1955년 여름이 되자 남베트남과 쉽게 통일할 수 있을 것이라는 소박한 희망은 우울한 깨달음으로 바뀌었다. 8월에 열린 중앙위원회 제8차 전체회의에서 호치민이 발표한 메시지에도 그런 분위기가 반영되어 있었다. 호는 세계적으로 1950년대 초보다 긴장이 완화된 것을 긍정적인 요인으로 꼽았다. 그러나 아시아의 상황은 더 긴박해졌다. 그 즈음 사건들을 보면 미국이 베트남 남부를 동남아시아에서 혁명의 물결을 저지하기 위한 전진기지로 바꾸려 한다는 것을 알 수 있었다.

미국이 사이공 정권에 대한 제1의 지지자로 부상하자—그럼으로써 베트남 인민의 '주적'이 되자—평화적 수단으로 조기에 통일을 하려던 하노이의 계획은 심각한 난관에 부딪히게 되었다. 호치민은 상황을 긍정적으로 보려고 애를 쓰면서 전체회의 보고에서 중국과 소련이 베트남의 독립 투쟁을 구두로 지지하고 있다고 밝혔지만, 이제 통일로 가는 길은 멀고 험난해 보였다. 중앙위원회는 일단 북부에서 베트남 노동당의 정치적 기반을 강화하고, 전후의 재건 사업에 매진하면서 사회주의 사회의 초석을 놓는 투쟁에 일차적인 관심을 두기로 했다. 그에 따라 새로운 현실을 반영하는 새로운 구호가 나왔다. "북을 건설하고 남을 바라보자."

이런 결정에 비추어 베트남 인민 사이에 어떻게 대중적 지지 기반을 확보할 것인가 하는 문제가 중요하게 부각되었다. 처음에는 북쪽 정권이 포용 정책―과거의 정치적 성향을 묻지 않고, 평화롭고 민주적이고 독립적이고 통일된 베트남 건설이라는 공동의 목표를 달성하려는 모든 동포의 지지를 구한다는 그 전해 9월의 약속을 구체화하는 정책―을 추구하려 한다는 신호들이 나타났다. 1955년 9월, 공산주의자들이 중심을 이루던 베트민전선의 뒤를 이어 1951년에 수립된 리엔 비엣 전선은 새롭게 '조국전선(맛 찬 토 쿠옥)'이라는 폭넓은 전선 조직으로 바뀌었다. 새로운 전선은 남북 양쪽의 베트남인들 가운데 독립과 민족 통일이라는 목표를 진심으로 지지하는 모든 사람들을 포괄하려 했다. 호는 창립 대회에서 폐회 연설을 하면서 대표들에게 새로운 조직의 목표는 평화, 독립, 통일을 달성하기 위해 광범위한 민족적 연대를 이룩하는 것이라고 강조했다. 호는 조국전선이 "정치적 경향, 종교를 불문하고", 나라를 분단하려는 미국과 디엠의 책략에 반대하고 민족 통일을 진심으로 지지하는 "모든 애국자들을 단결시킬" 준비가 되어 있다고 말했다.[15]

물론 그런 실용적인 정책을 경제 분야에 적용할 경우 당은 1954년 가을 하노이로 돌아온 후 처음에 채택했던 '신민주주의'적인 방법을 계속 유지해야 했다. 도시에서는 실제로 그렇게 되었다. 정부는 사기업 활동에 관용을 보였으며, 정부나 사회 전체에서 자신의 일을 그대로 하려고 하는 '부르주아 전문가'들을 환영했다. 그렇게 하지 않으면 일이 되지 않는 측면도 있었다. 국가가 사업체들을 접수하기는 했지만 대부분은 경영진이 사라졌거나 문을 닫을 위기에 처해 있었기 때문이다. 실제로 광산, 시멘트 공장, 섬유 공장은 그런 경우가 많았다. 최근의 한 자료에 따르면 1955년에 새로 형성된 국가 부문에서 만들어낸 제품은 전체의 12퍼센트에 불과했다. 10월이 되자 정부는 '국가계획위원회'를 설립하면서, 국가 경제를 태평양 전쟁 전해인 1939년 수준으로 회복한다는 1개년 계획을 발표했다. 정부는 가격 통제와 소비재 분배 문제에 직접 관여했는데, 그 주된 목표는 인플레이션을 억제하고 사기업의 식료품 매점을 막는 것이었다.[16]

급진적 토지개혁 운동

그러나 호치민의 발언이나 새로운 조국전선의 설립 등에서 나타난 온건한 정책들은 오래 가지 않았다. 당 내에서 좀더 급진적인 정책을 채택하라는 압력 또한 강력했기 때문이다. 강경파들은 계급의 적을 응징하고, 완전한 사회주의 사회로 신속하게 전진하기 위한 초석을 놓을 수 있는 조치들을 요구했다. 강경한 조치의 시행 조짐은 정부의 1954년 하노이 귀환 때부터 나타나기 시작했다. 오만한 간부들은 온건한 지식인들을 의심하여, 다수의 지식인에게 적의 '설탕을 바른 총알'에 유혹을 받았는지 확인하기 위한 재교육을 받으라고 명령했다. 중국 고문단이 베트남 강경파의 의심을 적극적으로 부추긴 면도 있었다. 중국 고문단은 비록 전시의 해방구에서처럼 눈에 띄지는 않았으나, 북부 전역에 퍼져 위압적인 영향력을 행사하고 있었다.

급진파들이 농촌에서 계급 전쟁을 수행하기 위해 선택한 무기는 토지개혁이었다. 호치민은 프랑스-베트민 전쟁 기간에는 급진적 조치에 반대했으나, 1953년 중국 고문단의 명령에 따라, 디엔 비엔 푸 전투에 빈농을 동원하기 위한 좀더 엄중한 토지개혁 시행에 마지못해 동의했다. 전쟁이 끝나자 당은 토지개혁을 완료하고 모든 경작지를 집단화하기 위한 기초 작업을 시작했다. 호치민은 1954년 9월 초 인민에게 보내는 호소문에서 북부의 새로 점령한 지역에서 '경자유전' 원칙에 따른 개혁을 우선적으로 실시하겠다고 약속했다. 호는 측근에게 개인적으로는 이 계획을 '서둘러' 시행할 생각이 없다고 털어놓았지만, 한편으로는 베이징의 비위를 맞추기 위해, 또 한편으로는 어쩌면 추옹 친과 호앙 쿠옥 비엣과 같은 과격한 동료들을 달래기 위해, 전술적 조치로서 이 계획을 지지했다.[17]

당 지도부는 다음 단계의 토지개혁을 실시하면서 두 가지 목표를 내세웠다. 하나는 경제적인 목표였다. 즉 부농의 '과다한' 땅을 농촌 주민 다수를 이루고 있는 가난하고 땅 없는 농민에게 분배함으로써 경작 가능한 땅을 좀더 효과적으로 이용하자는 것이었다. 당 지도부는 중국에서 몇 년 전에 채택한 모델을 따르면서, 토지를 소유하게 된 농민이 노력을 더 기울임으로써 작물 생산량이 증대하고, 이를 바탕으로 가까운 미래에 집단농장을 건설할 수 있는 초석을 놓을 수 있기를 바랐다. 두 번째이자 좀더 중요한 목표는 정치적인 것이었다. 즉 마을에서 '봉건' 분자들(지주 계급)의 힘을 분쇄하여 농민 출신으로 이루어진 새로운 농촌 지도력을 형성하고, 이들이 당에 감사하는 마음으로 충성스럽게 당의 정책들을 이행하게 하자는 것이었다.

당 지도부 내의 급진파는 토지개혁 정책의 정치적 이익을 강조하면서, 중국에서 비슷한 정책을 채택했던 마오 쩌둥이 내뱉은 "혁명은 잔치가 아니다."라는 격언을 따르고 있었다. 1920년 이래 마오는 노골적으로 계급 갈등의 유령을 불러냄으로써 농촌 주민 내의 착취받는 계층의 지지를 얻으려 했다. 이런 정책은 항일 전쟁과 내전의 마지막 단계, 그리고 1950년대 초의 토지개혁 시기에는 일시적으로 중단되었지만, 마오주의를 따르는 간부들은 의도적으로 '원한을 말하기' 회의를 조직하여 가난한 마을 주민이 이전의 억압자—특히 인민에게 '피의 빚'을 지고 있는 모든 사람들—에 대한 불만을 이야기하도록 부추겼다. 중국 전역에서 열린 약식 재판소를 통해 수천 명이 그런 범죄로 유죄 판결을 받고 즉결 처형을 당했다. 베트남노동당 내의 급진파는 베트남민주공화국에서도 언제든지 비슷한 방법을 택할 용의가 있었다. 남부의 당 간부들 가운데 지도적 인물이었던 레 둑 토는 1952년에 이렇게 말했다. "농민에게 무기를 들게 하려면" 그들의 실제적인 이익에 관심을 보이는 것도 중요하지만, "먼저 그들에게서 적에 대한 적개심을 불러일으켜야 한다."[18]

토지개혁은 1954년 여름과 초가을에 시작되었다. 오래된 당원이자 노동 운동 조직가인 호앙 쿠옥 비엣의 지휘 하에 시작된 토지개혁은 초기 단계에는 지역 주민 가운데 일부, 특히 디엔 비엔 푸 전투 동안 병사나 짐꾼으로 일을 하면서 그들의 노력을 토지로 보상받을 것이라는 베트민의 선전을 믿었던 빈농들의 지지를 얻었다고 전해진다. 그러나 강제와 가혹 행위에 대한 불만도 있었다. 호치민은 그런 사례를 보고받자, 인민을 얕잡아 보고 오만하게 구는 간부들을 비판했다.[19]

새로운 정책은 조심스럽게 시작되었다. 우선 홍 강 삼각주 북서부 구석의 타이 응우옌 성의 약 50개 마을에만 시범적으로 실시해본 것이다. 그러나 이 정책은 곧 전국에 충격을 주었다. 온건파는 이것을 당 내에 1950년대 초의 급진파가 여전히 엄존하고 있으며, 1954년 가을 호치민이 약속했던 포용 정책이 이행되지 않을 수도 있다는 분명한 표시로 받아들였다.

1955년 겨울과 초봄에 토지개혁은 확장되었다. 2월에 〈난 단〉은 '좌익적 오류'의 위험을 경고했지만, 급진적 간부들(그들 가운데 다수는 중국 고문단으로부터 토지개혁 정책에 대한 훈련을 받은 뒤 농민들과 "힘께 일하고, 함께 먹고, 함께 살라고" 파견된 외부인들이었다)은 과거에 그들을 착취한 자들을 비판하라고 주민들을 선동했다. 비판을 받은 사람들 가운데 다수는 인민을 적대시한 범죄로 유죄 판결을 받고 즉결 처형되었다. 어떤 마을에서는 분쟁 상대를 반혁명 활동에 가담했다고 고발함으로써 이익을 취하는 경우도 있었다. 그 과정에서 수천 명—그 가운데 다수는 베트민 운동을 충성스럽게 지지해왔다.—이 반역죄로 고발되어 처벌당했다. 빈농 출신의 혁명 간부가 막 군에서 제대한 베트민 조직원과 그 가족을 공격하기도 했다. 고위층에 연줄이 있다는 것도 늘 보호막이 되어주는 것은 아니었다. 한 번은 호치민이 어떤 베트민 출신 공직자의 처벌을 막으려고, 지역 행정관들에게 그를 공개재판에 회부하지 말라고 명령한 적이 있었다. 그럼에도 그 공직자와 가족은 마을 사람들로부터 공개적인 수모와 박해를 당했다. 그 관리의 조카딸인 반 마이 엘리엇은 그 이야기를 다음과 같이 전한다.

> 삼촌이 집에서 나올 때마다 아이들이 돌을 던졌다. 아무리 어린 사람이 삼촌에게 욕을 하고 때려도 삼촌은 고개를 숙이고 "제발 용서해주십시오……." 하고 말해야 했다. 지주들은 빈농들이 고된 생활을 분풀이하는 희생양이 되었다. 삼촌의 마을 사람들은 자신들이 토지개혁을 지지한다는 것을 보여줌으로써 권력을 쥐고 있는 급진적인 농민의 비위를 맞추기 위해 더 심하게 그를 박해했다. 또 삼촌의 부와 영향력을 시기하던 사람들은 삼촌에게 모욕을 주는 데서 즐거움을 맛보았다.

결국 이 공직자는 땅과 집을 잃고 근처 산비탈의 오두막으로 쫓겨갈 수밖에 없었다. 그와 그의 가족은 지역 간부들이 그들에게 할당한 몇 에이커의 척박한 땅으로 생계를 유지해야 했다.[20]

토지개혁과 관련한 폭력 가운데 일부는 논농사에서 생겨나는 계급적 분노의 자연스러운 결과였을 것이다. 그 자체로 볼 때 그것은 비극적이기는 하지만, 새삼스러울 것은 없는 혁명의 부산물이다. 그러나 베트남의 경우에는 토지개혁 계획을 세우고 실행에 옮긴 당 지도부가 그런 폭력을 의도적으로 부추겼다는 많은 증거가 있다. 토지개혁에 대한 전반적인 지침은 총서기 추옹 친이 내렸다. 그는 중국의 농업 정책을 공개적으로 지지했으며, 토지개혁이 '계급 전쟁'의 형태를 띠어야 한다는 마오주의적 관점을 공적인 자리에서 되풀이하여 강조한 인물이었다. 위원회의 다른 지도적 인물들은 호앙 쿠옥 비엣 외에 농무부 차관인 호 비엣 탕, 호전적인 마오주의자이며 베트남노동당에서 불순분자들을 숙청하는 운동을 공개적으로 요구했던 막강한 당 서기국의 책임자 레 반 루옹 등이었다. 대부분의 가난한 마을에서는 가장 잘산다고 하는 농민도 겨우 먹고 사는 정도였다. 그러나 이들 지도자들은 중국의 예를 따라 지역 주민의 4 내지 5퍼센트는 계급의 적으로 선포해야 한다고 주장했다.[21]

호치민은 토지개혁 운동의 폭력성은 예상 못했을지 몰라도, 농촌 마을 단위에서 적대적이고 반혁명적인 분자를 제거하는 것이 토지개혁의 목표 가운데 하나라는 급진파의 견해에는 동조했던 것으로 보인다. 호는 1954년 말 타이 응우옌에서 열린 간부회의에서 토지개혁은 계급 투쟁이라고 선언했다.

> 마을 단위에서 가장 중요한 과제는 행정위원회, 게릴라 의용대, 농민, 청년, 여성 조직 등의 농촌 조직을 재편하는 것입니다……. 이런 조직에 악질분자들이 있다면 소작료 인하를 밀고 나가는 것이 불가능합니다……. 이 과제를 수행하기 위해서는 악질분자들이 적절한 제재를 받아야 합니다. 배척하고, 특권을 폐지하는 것이 필요하다면 그렇게 해야 합니다. 교육할 수 있다면 그렇게 해야 합니다. 이것이 농촌 활동가들이 수행해야 할 가장 중요한 과제입니다.

그럼에도 호치민은 무차별적 처벌에는 반대했다. "적절한 제재를 가하기 위해서는 한 집단에 대해 모두 좋다거나 모두 나쁘다고 말해서는 안 된다. 누가 좋고 누가 나쁘냐를 파악하는 일은 대중에게 맡겨야 한다." 즉 간부들은 다양한 유형의 지주들을 구별하는 방법을 배워야 하며, 그렇지 않으면 지주들이 집단을 이루어 농민에게 대항하게 된다는 것이다.

호는 고문에도 반대했다.

일부 일꾼들은 여전히 고문을 사용하는 잘못을 저지르고 있습니다. 그것은 제국주의자, 자본가, 봉건 분자가 대중과 혁명을 제압하려고 사용하던 야만적인 방법입니다. 정당한 계획과 정당한 근거가 있는 우리가 왜 그런 야만적인 방법을 사용해야 합니까?[22]

그러나 야만적인 방법을 사용하지 말라는 호치민의 타이름—사실 상황을 고려할 때 매우 비현실적이었던 것으로 보인다.—은 거의 효과가 없었던 것 같다. 한 번은 오랫동안 혁명 운동을 충성스럽게 지지해온(그리고 이따금식 추옹 친이나 호앙 쿠옥 비엣을 숨겨주기도 했던) 타이 응우옌 성의 지주 한 사람이 중국인 토지개혁 일꾼으로부터 잔인한 지주로 고발당해 사형선고를 받았다. 마을 주민들이 그녀를 옹호하고 나서자, 그들 역시 적의 종이라고 고발당했다. 호치민은 이 소식을 듣고 추옹 친에게 이의를 제기하여 사형을 면하게 해주었다. 그러나 이런 일은 극히 드물었으며, 1956년 말 토지개혁이 끝날 때까지 수천 명의 사람들이 처형되었고, 그 외에 헤아릴 수 없이 많은 사람들이 '계급의 적'으로 낙인찍혀 비난과 박해와 수모를 당했다. 호치민은 이 운동에 수반된 무차별적 폭력에 경악했을지 모르지만, 한 베트남 평론가의 말에 따르면 그는 마오 쩌둥에게 위협을 느껴 베트남민주공화국에 와 있는 중국 관리들에게 감히 맞서지 못했다고 한다.[23]

1955년 3월, 하노이에서 중앙위원회가 열렸다. 중요한 의제 가운데 하나가 토지개혁의 집행 문제였다. 호치민은 농촌에서 폭력이 증가하는 것에 우려를 표명한 것이 분명하지만, 그 무렵 마닐라에서 미국의 후원 하에 '동남아시아 조약 기구'가 만들어지고 미국 중앙정보국이 후원하는 게릴라 그룹들이 사보타주를 일으키자 하노이에는 불안의 분위기가 감돌았으며 많은 당 지도자들이 토지개혁을 반혁명 분자를 제거하는 핵심 수단으로 보기 시작했다. 전체회의에서는 인민에게 대항한 죄가 있는 지주들만 재판을 받고 유죄 판결을 받도록 신중하게 통제하라고 요구했지만, 그럼에도 여전히 '우익적 편향(민족 통일의 과제를 완수하는 것이 사회주의로 이행을 시작하는 것보다 우선한다는 견해)'이 '좌익적 편향'보다 훨씬 더 위험하다고 보았다. 호는 폐회연설을 통해 회의에서 결정된 사항들에 불편한 마음을 드러내며, 회의가 제대로 준비되지 않았다고 문제를 제기한 뒤 당 내의 통일—특히 지도 집단 내의 통일—을 위해 더 열심히 노력해줄 것을 호소했다.[24]

1955년 나머지 기간 동안 전국에 걸쳐 토지개혁 운동이 벌어졌다. 당에서는 2만 명 이상의 일꾼들을 추가로 농촌지역으로 파견하여 토지개혁을 수행하도록 했다. 한여름이 되자 남부의 디엠 정권이 선거 문제로 협의를 할 의사가 없다는 것이 분명해졌다. 따라서 민족 통일을 달성할 때까지 북부에서 당의 권력을 강화하는 일을 늦추고 싶어하던 사람들의 주장은 힘을 잃게 되었다. 8월에 〈냔 단〉은 사설에서 "토지개혁을 천천히 수행해도 괜찮다, 모든 노력을 통일에 집중해야 한다, 북부의 강화는 통일을 위한 투쟁과 모순된다."는 견해를 표명하는 '일부 동지들'을 비판했다.[25] 중앙위원회는 며칠 뒤 하노이에서 열린 8차 전체회의에서 첩자와 반혁명 분자를 근절하기 위한 수단으로 토지개혁을 활용하는 노력을 강화할 것을 요구했다.

토지개혁 운동의 마지막 물결은 1955년 말에 밀려왔다. 이 무렵에는 농촌의 계급 전쟁을 완료하려는 열기가 절정에 달했다. 호치민은 여전히 이 운동이 지나치게 나가는 것을 막으려 하고 있었다. 그는 12월 17일 하 박 성의 토지개혁 간부들에게 연설하면서, 반혁명 활동을 한 죄를 지은 자와 그렇지 않은 자를 신중하게 구분하는 것이 중요하다고 강조하면서, 인민에 대항하는 죄를 지은 자들이라도 신체적으로 학대하는 일은 삼가라고 되풀이해서 주의를 주었다. 연설 뒤에 식사를 하면서 호는 토지개혁은 뜨거운 국과 같아 천천히 마실 때 가장 쉽게 먹을 수 있다고 이야기했다. 그러나 당시 분위기에서 호의 말은 거의 먹혀들지 않았다. 그달에 전국농민 연락위원회가 토지개혁 일꾼들에게 보낸 편지에서는 마을의 지주들이 반혁명 활동의 주범이라고 지목하고 있으며, 중앙위원회는 12월 14일에 간부들에게 토지개혁을 '북부의 봉건주의에 대한 디엔 비엔 푸 전투'로 여기라는 지침을 내렸다.[26]

1956년 초봄, 하노이에서는 농촌지역의 토지개혁 과정에서 나타난 폭력을 고발하는 일이 부쩍 늘어났다. 하노이의 당과 정부의 간부들은 다수가 토지개혁 과정에서 공격을 당한 지주 집안 출신이었다. 토지개혁 프로그램을 비판하는 글이 언론에 나타나기 시작하자, 호치민의 개인 비서였던 부 딘 후인은 호에게 문제를 제기했다. "우리 동포가 피를 흘리고 있는데, 어떻게 편안하게 계실 수 있습니까?" 후인은 이미 이데올로기적 전투성 부족으로 급진파로부터 의심을 받고 있었지만(추옹 친은 그를 '반동의 주구'라고 비난했다), 호는 상황을 걱정스럽게 지켜보고 있었기 때문에 모든 지주를 반혁명 세력으로 무차별적으로 분류하지 말라고 다시 경고했다. 4월에 해안지역에서 토지개혁을 실시하는 간부들에게 연설을 하면서 호는 기계적인 태도로 판단하지 말라고 경고하고, 선주(船主)들이 모두 부정직하고 잔인한 것은 아니라고 지적했다. 오직 압제적 행동을 한 자들만 처벌해야 한다. 배에는 노를 젓는 사람들만이 아니라 키를 잡는 사람도 필요하다.

호치민은 이전에도 그런 우려를 표명했으나 거의 효과가 없었다. 그러나 이제 전국에 분노가 솟구치면서 그의 메시지에 귀를 기울이는 사람들이 나타나기 시작했다. 5월 중순 〈냔 단〉에 실린 기사는 일부 토지개혁 일꾼들이 농민을 지주 취급하고, 지주의 자식들을 차별했다고 지적했다. 몇 주 뒤 다른 글은 정부의 담당자들이 소수의 사보타주를 보고 그것이 전체적 상황이라고 생각함으로써 '적을 과대평가' 하였다고 인정했다.[27]

소련공산당 제20차 대회

하노이 당 지도부의 생각이 바뀐 것은 가족과 함께 희생된 베트민 고참 조직원들의 항의가 빗발쳤기 때문일 수도 있다. 그러나 수천 킬로미터 떨어진 모스크바에서 벌어진 사태도 한몫 했을 것이다. 1956년 2월 소련공산당 제20차 대회에서 당 서기장 니키타 흐루시초프는 그의 전임자인 이오시프 스탈린의 지도 방식을 날카롭게 비판하여 충격을 던졌다. 그는 우선 스탈린이 '개인 숭배'를 부추겼다고 공격했는데, 이것은 민주집중제라는 레닌주의 원칙을 배반한 것이었다. 더불어 흐루시초프는 스탈린이 그의 엄청난 권력을 이용해 당과 정부로부터 충성스러운 볼셰비키들을 무자비하게 제거했다고 공격했다. 뿐만 아니라 제2차 세계대전 때는 외교 정책 결정에서 여러 번 큰 실수를 함으로써 비극적인 결과를 낳았다. 흐루시초프는 대회에 참석한 대표들에게 그런 실수들을 되풀이하지 않도록 '자아비판'에 참여해줄 것을 요구했다.

흐루시초프가 스탈린을 광범위하게 비난하고 나선 일은 베이징에서 상당한 불안을 자아냈다. 그런 공격이 소비에트의 맥락에서는 정당화될 수 있다 해도, 중국공산당의 위신, 마오 쩌둥의 지도력, 마르크스주의의 프롤레타리아 독재 개념 등에 미칠 영향을 생각하지 않을 수 없었기 때문이다. 그러나 하노이에서는 아무런 반응이 나오지 않았다. 베트남에서는 추옹 친과 레 둑 토가 대표로 소련공산당 대회에 참석했지만, 하노이 언론의 논평은 거의 나오지 않았다. 1956년 2월 28일자 〈냔 단〉은 베트남노동당은 "이후 마르크스-레닌주의 이론을 더 열심히 공부하고, 그것을 베트남의 구체적인 상황에 창조적으로 적용하면서, 이 이론을 베트남 혁명의 실천과 결합하기 위해 노력하겠다."라고 언급했다. 베트남 대표단이 모스크바에서 돌아오자 베트남노동당 정치국은 회의를 열고 대회 결과와 그것이 베트남 상황에 미칠 영향을 의논했다. 3월 31일 라디오 하노이는 정치국의 성명서를 방송했는데, 이 성명은 '개인 찬양'과 '자아비판 정신'을 언급하면서, 제20차 소련공산당 대회에서 발표된 결의안들이 '이론적 측면에서 우리 당을 강화할 것'이라는 결론을 내렸다.[28]

개인 숭배 문제는 소련의 일이었지, 호치민이 동료들과 함께 통치하는 베트남과는 관계가 없는 일이라는 것이 베트남의 공식적인 입장이었다. 그럼에도 일부 지도자들은 소련에서 그런 문제가 제기된 것에 만족감을 느꼈을 것이다. 특히 언론에서 차츰 고개를 들기 시작한 호치민 신격화의 무게에 눌려 상처를 받고 있던 사람들은 그런 심정이었을 것이다. 주석은 이제 급속히 '호 아저씨(박 호Bac Ho, 숙부 같은 이미지)—그의 말년에 세계에 널리 알려지게 된 이미지—로 자리잡아가고 있었다. 사진 속의 호는 상상할 수 있는 모든 직업을 가진 동포와 만났다. 겸손해 보이는 이미지에도 불구하고, 그의 사진은 우표에도 나왔고, 심지어 지폐에도 나왔다. 이해할 수 있는 일이지만, 호가 대중에게서 엄청난 인기를 얻는 것을 은근히 질투했을 수도 있는 추옹 친은 소련의 반신격화 운동 소식에 의기양양했다고 전해진다. 그는 이렇게 말했다. "개인을 찬양하면 사회주의는 살아남을 수 없다." 그는 그 둘이 불과 물처럼 대립적이라고 지적했다. 사회주의는 민주적인 반면, 개인의 신격화는 반민주적이기 때문이다.[29]

많은 베트남 관측통들은 흐루시초프가 스탈린의 권력 남용을 비판한 시점에 하노이에서는 베트남노동당의 결정들이 진지한 조사와 논란의 대상이 되기 시작했다는 사실을 우연으로 여겼을 것이다. 4월 말에 개최된 베트남노동당 중앙위원회 확대회의에서는 자아비판 문제가 논란이 되었으며, 회의를 마무리 지으면서 나온 결의안은 과오를 인정한 소련공산당의 용기를 찬양하는 동시에 베트남노동당은 베트남 내부의 관행을 충분히 검토하지 않았다는 점에 주목했다. 결의안에서는 이렇게 말하고 있다. "우리는 비판과 자아비판을 통해서 내적인 민주주의를 발전시키고, 대중과 관계를 강화하고, 관료주의를 억제할 수 있다." 호치민은 회의를 끝내면서 좀더 분명하게, 소련공산당은 자기 비판을 함으로써 모든 형제 정당들이 본받아야 할 높은 수준의 용기를 보여주었다고 선언했다. 호는 그 교훈은 특히 베트남노동당이 배울 만한데, 그것은 아직 베트남에서 뿌리뽑지 못한 '봉건적이고 식민지적인 잔재' 때문이며, 이런 잔재를 통해 그릇된 비공산주의적 경향이 조직에 침투한다고 언급했다. 호는 관료주의와 관리들의 오만 문제에 주로 관심을 기울였지만, '개인 숭배'는 베트남민주공화국에도 어느 정도 존재한다고 인정했다. 베트남에서는 개인 숭배가 아직까지는 큰 위협이 되지 않으나, 그럼에도 당원들과 인민 전체의 열의와 진취성을 제한하고 있다. 호는 그러한 문제를 해결하기 위해서 당과 정부의 모든 조직에서 집단 지도를 강화하는 것이 중요하다고 강조했다.[30]

새로운 '자기비판 정신'이 토지개혁을 둘러싼 논란에 어느 정도나 영향을 미쳤는지는 분명하지 않다. 그러나 호치민은 대표들이나 정치국 내의 동료들이 그런 맥락에서 자신의 논평을 받아들이게 할 목적이었던 것으로 보인다. 사실 개인 숭배의 위험을 인정한 것에는 약간의 아이러니도 있다. 그는 토지개혁 과정에서 자신의 영향력이 매우 제한적임을 절감했을 터이기 때문이다. 어쨌든 흐루시초프의 연설을 계기로 호는 동료들에게 그들 자신의 결정을 재평가하고, 토지개혁 추진 과정도 재검토하도록 촉구할 수 있었다.

설반의 성공, 토지개혁

베트남에서 흐루시초프의 탈스탈린주의 연설의 충격이 어느 정도였는지는 몰라도, 어쨌든 이후 몇 달 동안 토지개혁에 대한 진지한 재평가가 이루어졌다. 중앙위원회 확대회의가 끝나자마자, 여기에서 내린 결정들을 논의할 간부회의들이 개최되었다. 공식 언론은 토지개혁 집행 과정에서 과오가 있었다고 간접적으로 언급했으며, 이전에 반혁명 활동 혐의로 체포되었던 많은 사람들이 석방되었다. 1956년 5월 중순의 한 기사는 토지개혁의 전반적인 결과를 찬양하면서도, 관련자 모두에게 부족한 부분들을 고치라는 훈계로 글을 맺었다. 호치민은 토지개혁의 집행 과정을 재평가하는 간부들의 회의에 보낸 1956년 7월 1일자 서신에서 이 운동이 마을 단위에서 지주 계급을 제거했다는 점에서 '전체적으로' 성공적이었지만, 심각한 과오를 많이 저지르는 바람에 그 성취는 상당히 제한적이었다고 덧붙였다. 그러나 이 운동의 방향을 잡아나갔던 사람들 다수는 여전히 문제의 심각성을 인정하지 않으려 했다. 레 반 루옹은 7월에 발표한 글에서 토지개혁을 집행하는 데 잘못이 있었다고 인정했지만, 새로 해방된 많은 농촌지역에서 지역 행정기관을 반혁명 분자들이 장악하고 있었기 때문에 행동이 필요했다고 주장했다.[31]

그러나 이제 루옹과 그의 동맹자들이 수세에 몰리는 국면이었다. 호치민은 8월 17일 토지개혁 결과를 농촌 간부들에게 보고하는 자리에서 이렇게 말했다. "일부 간부들은 우리 정책을 정확하게 이해하지 못하여 대중노선을 올바르게 수행하지 못하고 있다. [이것은] 당과 정부의 중앙 지도에 심각한 허점이 있기 때문이다……. 따라서 토지개혁은 농촌지역의 단결이라는 면에서 수많은 결함과 잘못을 드러냈다." 이어 호는 이런 오류 때문에 고통을 겪은 사람들은 석방되거나 과거의 직위로 복귀하게 될 것이라고 약속했다.[32]

이 문제는 1956년 9월에 열린 제10차 전체회의에서도 주요 토론 주제였다. 이제 급진적 접근방법의 주창자들은 더 이상 자신의 입장을 옹호할 수 없었다. 회의는 시끌벅적했을 것이다. 전체회의를 끝내면서 나온 성명은 문제를 분석하고 행동의 책임을 물었는데, 평소와 달리 자상한 면을 찾아볼 수 없었다.

> 지난 시기에 실수와 허점이 있었다. 농업 개혁과 조직 재정비 과정에서 심각한 과오가 있었다. [베트남]노동당 제10차 전체회의는 토지개혁과 조직 재정비의 결과를 분석하고 이 두 과제에서 나타났던 과오들을 엄격하게 조사했

다. 전체회의는 이런 오류들의 원인을 찾아냈으며, 그것을 시정할 조치를 채택했다.

당은 처음으로 문제의 원인을 밝혔다. 성명은 '좌편향'으로 인해 어려움이 발생했다고 말했다.

> [베트남]노동당 중앙위원회 제10차 전체회의는 "이런 오류들이 지도부의 약점 때문임을 인정한다." 그리고 중앙위원회는 이런 과오들에 책임을 진다. 당 정책 집행을 지도하는 과정에서 나타난 이런 과오에 직접적인 책임이 있는 중앙위원회 위원들은 중앙위원회 앞에서 자신의 과오와 허점에 대하여 자아비판을 했다. 중앙위원회는 이 위원들에게 적절한 징계 조치를 취했다.[33]

회의를 마치면서 중앙위원회는 당과 정부의 지도자 몇 명을 해임하는 유례없는 조치를 취했다. 그들 가운데는 토지개혁위원회의 주역 4명이 포함되어 있었다. 추옹 친은 베트남노동당 총서기직에서 해임되었다. 호 비엣 탕은 중앙위원회에서 축출되었다. 레 반 루옹은 정치국과 중앙위원회 서기국의 영향력 있는 지위를 박탈당했다. 호앙 쿠옥 비엣은 정치국으로부터 밀려났다. 이후 며칠 동안 국무회의는 일련의 포고를 발표하여 계급의 저들을 쫓아낸다는 이유로 마을 단위에 설립했던 인민재판소들을 폐지하였으며, 중앙과 지역 단위에 설립되었던 농업개혁위원회는 집행권이 없는 자문기구로 축소했다. 이미 저지른 과오들을 시정하기 위해, 부당하게 수감된 사람들은 사면받았으며, 개인이나 교회 소유의 땅 가운데 부당하게 몰수한 부분은 돌려주었다.[34]

추옹 친의 해임은 중국과 소련의 형제 당들과는 달리 늘 격렬한 분파 투쟁을 피해왔던 베트남노동당으로서는 유례없는 조치였다. 어쨌든 당은 서둘러 추옹을 대신할 인물을 찾아야 했다. 자연스러운 후계자라면 보 응우

호치민과 당 지도자 추옹 친은 결코 가까운 관계가 아니었지만, 두 사람은 서로를 존경했던 것으로 보이며, 친은 예의를 갖추어 주석을 대했다.

엔 지압 장군이 있었다. 보는 호와 추옹 친에 이어 당내 서열도 3위였으며, 디엔 비엔 푸 전투의 영웅으로 대중적인 평판도 좋았다. 게다가 보와 군대는 토지개혁 운동의 실패와 관련이 없었다. 그러나 보가 아주 인기가 높다는 그 사실이 오히려 동료들의 시기심을 자극했을 수도 있다. 나아가서 베트남 지도부에는 당의 지도부와 군 지휘부를 분리하는 전통이 있었다. 그 결과 보 응우옌 지압은 후보에서 탈락했고, 호치민이 잠정적으로 총서기직을 맡기로 했다.

호치민은 토지개혁 운동의 계획이나 집행에 직접적으로 관여하지 않았으며, 따라서 피해를 평가하고 책임을 묻는 일에서 중요한 역할을 수행할 수 있었다. 그러나 이 운동 기간에 전지전능한 지도자로서 위신이 심각한 손상을 입었다. 그의 동료들 가운데 다수가 속으로는 그가 지역 단위에서 지나친 행동들을 비판하기는 했지만 그에게도 죄가 없는 것은 아니라고 생각하고 있었다. 호는 이 계획이 잉태될 때부터 그것을 승인했으며, 심각한 오류들이 발생했다는 것이 분명해진 뒤에도 '전체적으로'는 성과가 있었다고 옹호했기 때문이다. 호는 당 지도부와 사적으로 만나는 자리에서 그 나름으로 자아비판을 했다. "나에게 민주주의 정신이 결여되어 있었기 때문에 듣지 않았고 보지 않았다. 따라서 우리는 이제 민주주의를 장려해야 한다. 나는 이 시련의 시기에 책임을 받아들이겠다. 중앙〔충 우옹, 당의 최고 지도부〕의 모든 구성원은 이를 바탕으로 듣고 관찰하고 생각해야 한다. 이 엄중한 교훈은 우리 모두에게 자극이 되어야 한다."[35]

토지개혁 여파로 추옹 친은 중대한 타격을 입었다. 추옹은 쌀쌀하고 약간 엄격한 인물로 동료나 측근으로부터 존경은 받았지만 사랑은 받지 못했으며, 야만적인 행동의 역성을 들어서라기보다는 따뜻함과 인간미가 부족했기 때문에 고통을 겪었다. 그는 중국 고문단의 제안에 따라 토지개혁을 수행하면서, 자신이 이념적 지침에 따라 올바르게 행동하고 있다고 믿었을 것이 틀림없다. 그는 강등을 당하면서 모욕을 느꼈겠지만, 자존심이 강해 공개적으로 자신의 감정을 드러내지 않았으며, 한 번도 동료들에게 이 문제를 이야기한 적이 없다고 전해진다. 그러나 그는 필요할 때는 자신의 결정을 옹호할 준비가 되어 있었다. 제10차 전체회의가 끝나고 나서 몇 주 뒤 추옹 친은 일부 일꾼들이 운동기간에 심각한 과오를 범했지만, 토지개혁은 '혁명'이었다고 주장하면서, "지주들이 알아서 땅을 갖다 바치는 평화로운 토지개혁은 환상"이라고 덧붙였다.[36]

흔들리는 민심

당은 과오를 시인했으나 너무 늦었다. 이미 프랑스-베트민 전쟁이 끝난 후 최초로 대중이 정부 정책에 공개적으로 항의하는 심각한 사태가 벌어졌기 때문이다. 당의 입장에서 더욱 당혹스러웠던 것은 이 사건이 중부 해안지대 응에 안 성의 호치민의 출생지에서 그리 멀지 않은 농촌지역에서 발생했다는 점이었다. 쿠인 루 부는 주민 다수가 가톨릭교도였다. 그러나 대부분은 애국심이 강했으며, 프랑스와 싸우는 베트민을 지지해왔다. 그러나 이곳 주민들과 베트민 사이의 불신은 뿌리가 깊었다. 베트민 일꾼들은 가톨릭교도 상당수가 프랑스나 바오 다이에게 충성하며 혁명에 적대적이라고 의심했다. 반면 가톨릭교도는 단지 그들의 신앙 때문에 당국이 자주 적대감을 드러내는 것에 분노했다.

정부와 가톨릭교도 사이의 관계는 태평양 전쟁이 끝난 이후 내내 불편했다. 1954년 7월 휴전 뒤에는 거의 60만 명의 가톨릭교도가 남부로 피신했다. 그래도 90만 명에 가까운 가톨릭교도가 제네바 협정 뒤에 북베트남에 남았으며, 베트남민주공화국은 그들을 부당하게 대우하지 않겠다고 약속했다. 애국적이고 평화적인 가톨릭교도들로 새로운 친정부 연락위원회가 구성되었으며, 호치민 주석은 가톨릭교도 앞에서 자주 종교의 자유를 약속했다. 그 결과 남부로 떠난 주교들을 대체할 새로운 주교들이 임명되었으며, 1954년 말에는 가톨릭 사제를 양성할 신학교가 문을 열었고, 1955년 6월에는 종교의 자유를 보장하고 교회 내부 문제에 대하여 바티칸의 권위를 인정한다는 정부의 포고가 나왔다. 다만 정부는 가톨릭교도가 정부 정책에 반대하는 선전물을 배포하는 것은 금지했다.

그러나 토지개혁이 시작되면서 둘 사이의 관계가 급속히 악화되었다. 급진적인 간부들은 가톨릭교도에게 적대감을 드러내기도 했는데, 그들 가운데 다수를 싸잡아서 반혁명 분자로 의심하고 있었다. 실제로 그들이 혁명에 헌신하는지 의심할 만한 근거들이 있었다. 가톨릭교도 가운데 다수가 농촌 공동체에서 잘사는 축에 들었으며, 따라서 토지개혁을 반대했기 때문이다. 경작지의 1.3퍼센트 정도를 소유하고 있던 교회는 정부에 공공연하게 적대적이었다.

쿠인 루 부의 문제는 1955년 마을 주민들이 정부 관리들이 막는 바람에 남으로 이주하지 못했다고 항의하면서 시작되었다. 1956년 여름, 토지개혁이 이 지역을 휩쓸고 지나갔고, 그 과정에서 정부의 권력 남용이 불러일으킨 불만은 종교적 차별 때문에 더욱 악화되었다. 당 일꾼들은 지역의 가톨릭 지도자들이 반동적이고 사보타주를 선동한다고 비난하곤 했다. 국제감시위원회 조사단이 이 지역에 도착했을 때는 긴장이 팽팽해져 정부 보안대와 조사단을 만나려는 마을 주민 사이에 폭력 충돌이 빈발했다. 11월 9일, 마을 주민들이 지프를 타고 쿠인 루 부를 돌아다니던 국제감시위원회 위원들에게 청원서를 제출했다. 지역 경찰이 군중을 해산하려 하자, 폭력 사태가 벌어졌다. 13일, 연장과 원시적인 무기로 무장한 주민 수천 명이 쿠인 루 부 청사로 행진했다. 그러나 정규군이 그들의 앞을 막았다. 충돌이 벌어져 시위자 몇 명이 사망했다. 다음 날 1개 사단이 출동하여 이 지역을 점령하였으며, 소요를 선동한 주모자들을 체포했다. 상황을 조사하기 위해 하노이로부터 내려온 조사단은 토지개혁 운동 기간에 체포했던 사람들 다수를 석방했고, 그들의 재산도 반환했다. 그러나 토지개혁 정책을 수행하는 방식을 둘러싼 당 내 논쟁이 완전히 해소되지 않은 상태였기 때문에, 토지개혁위원회 위원장직을 유지하고 있던 추옹 친은 이 사건에 대한 보고서에서 일부 '위험한 분자들'이 정당한 이유 없이 석방되었으며, '지주 분자들'이 마을에서 영향력을 발휘하는 세력으로 재등장하지 않도록 조심할 필요가 있다고 경고했다.

쿠인 루 사건은 정권과 가톨릭교도 사이의 민감한 관계와 결부되었다는 의미에서 독특한 면이 있기는 했지만, 어쨌든 이것은 북부 주민의 당 지도부에 대한 믿음이 심각하게 흔들리고 있다는 분명한 표시였으며, 당의 지도적 위원회들 내부의 단결과 집단 지도 관계에도 틀림없이 압박을 주었을 것이다. 10월 말 주로 토지개혁으로 고통을 겪은 사람들의 가족들이 중심이 된 적대적 군중이 바 딘 광장 근처 중앙위원회 본부 앞에 모여 정부가 그들의 배상 요구에 관심을 보이지 않는다고 항의하자, 보 응우옌 지압 장군은 군중과 함께 근처 운동장으로 가서 토지개혁 운동 기간에 과오들이 있었다고 인정했다. 당 지도부는 지주들의 숫자를 실제보다 많게 계산하고, 기계적인 태도로 지주 계급의 구성원 전부를 인민의 적으로 간주했다. 따라서 당 지도부는 친구와 적을 구분하지 못했으며, 민족 통일전선을 확대하는 과제의 핵심적 중요성을 과소평가했다. 그는 또 당이 가톨릭교도가 많이 사는 지역에서 토지개혁을 실시하면서 종교의 자유를 존중하는 정책을 위반했으며, 제대한 병사와 참전용사들의 혁명에 대한 봉사를 인정하지 못했다고 덧붙였다.

고위 지도자들의 모임에서 몇 달에 걸쳐 토지개혁의 무리한 시행에 반대해왔던 호치민은 이 문제에 공개적인 입장 표명을 삼가다가, 마침내 1957년 2월 베트남민주공화국 국회에서 토지개혁 시행에서 '심각한 과오'를 범했다고 인정했다. 그러나 그는 이번에도 마을에서 봉건적 분자들의 힘을 제거하고 빈농을 가난의 굴레에서 벗어나게 한다는 목표를 기준으로 전체를 평가할 때 토지개혁 운동이 기본적으로 옳았다고 옹호했다. 이 연설을 지켜본 사람들은 호가 운동 과정에서 일어났던 고통을 언급하면서 울었다고 기억한다.[37]

정권 쪽 입장에서는 토지개혁 정책을 성공으로 볼 수도 있었다. 이 프로그램을 통해 2백만 에이커(80만 헥타르) 이상의 토지가 2백만 이상의 농민 가족—베트남민주공화국 농민의 반을 넘는 숫자이다.—에게 분배되었다. 마을에서 토지를 독점했던 향신 계급의 오랜 지배 체제는 붕괴되었고, 빈농과 중농을 중심으로 새로운 지도력이 형성되었다. 그러나 토지개혁을 시행한 방법은 쓰라린 유산을 남겼다. 이 운동 기간에 처형된 사람들의 정확한 숫자는 격론의 대상이 되어왔지만, 토지개혁에 공감하는 사람들조차도 최소 3천 명에서 5천 명은 죽었을 것이라고 인정하는데, 이들은 보통 지역 재판소에서 판결을 받은 직후 총살대에게 처형당했다. 1만 2천 명에서 1만 5천 명에 이르는 사람이 방해 활동이나 다른 방식의 반혁명 활동 지원이라는 엉터리 혐의로 부당하게 처형되었다는 설도 있다. 그 외에도 수없이 많은 사람들이 피해자와의 관계 때문에 고통을 겪었다. 그 결과 마을 단위의 당 조직들은 완전히 무너졌다. 1980년대 초의 한 연구에 따르면 일부 지역에서는 이 운동에 분노한 조직원들이 떨어져나가는 바람에 공산당 세포의 30퍼센트가 해체되었다고 한다. 박 닌 성의 76개 마을에 운동의 마지막 파도가 몰아친 뒤에는 겨우 21개 세포의 서기들만이 제자리를 지키고 있었다.[38]

지식인들의 동요

토지개혁으로 일어난 사회적 소요는 농촌에만 한정되지 않았다. 당과 도시 지식인들의 관계도 악화되었다. 이들은 반프랑스에 저항하던 초기 단계에 베트민전선의 가장 열렬한 지지자들이었다. 그들 가운데 다수는 애국심이 강했으며, 민족 독립과 온건한 개혁 조치를 결합한 베트민의 강령을 열렬히 지지했다.

그러나 1951년 당이 중국의 영향을 받은 교정 운동 과정에서 애국적 본능을 마오주의적 혁명 윤리의 엄격한 요구 사항들과 결합하면서 지식인들은 종종 고통스러운 자아 비판을 해야 했고, 이와 더불어 지식인들 사이에서 당의 위신은 심각한 위기에 처하게 되었다. 일부는 운동을 떠났다. 일부는 당이 요구하는 규율과 개인적 목표들의 희생은 민족 생존을 위한 투쟁의 시기 동안에는 필요하다고 합리화함으로써 불편한 마음을 감추려 했다. 작가이자 지식인인 판 코이가 말했듯이, 애국의 달콤함은 키피에 넣는 설탕과 마찬가지로 당 지도부의 쓴맛을 상쇄해주었으며, 지식인들의 위엄을 지켜주었다.[39]

지식인들의 딜레마는 제네바 회담 이후에 더욱 심각해졌다. 민족 독립 문제는 일시적으로 뒤로 물러나고, 당의 국내 정책이 중심 무대를 차지하게 되었기 때문이다. 찬 단이라는 젊은 작가가 쓴 이야기는 많은 지식인들이 처했던 곤경을 여실히 보여준다. 단은 디엔 비엔 푸 참전용사로 전장의 경험을 바탕으로 익숙한 사회주의적 리얼리즘 스타일의 장편을 썼으며, 휴전 직후 자신의 장편에 기초한 영화의 각본을 쓰기 위해 전문적인 도움을 얻으려고 중국에 갔다. 그는 중국에 있는 동안 작가와 예술가들에게 더 많은 자유를 달라고 외치는 작가 후 펑(胡風)을 만났다. 베트남으로 돌아온 찬 단은 자신의 장편을 개작하여 병사들의 영웅주의와 자기 희생에 대한 의무적인 언급을 줄이고, 좀더 솔직하게 전쟁의 공포와 맞선 병사들의 이야기를 집어넣었다. 그리고 1954~1955년 겨울 동안 군대 선전부의 마음이 맞는 몇몇 동료들의 협력을 얻어, 당 중앙위원회에 제출할 목적으로 '문화 정책에 대한 제안'이라는 편지를 썼다. 이 편지의 요점은 창조적인 지식인들이 최근의 전쟁에 대하여 그들이 보는 대로 진실을 표현할 수 있도록 더 많은 자유를 달라는 것이었다.

처음에는 이 제안에 대하여 군 고위 장교들이 약간 지지하는 듯했으나, 결국 강경파가 편지를 보고 공식적으로 거부 의사를 나타냈다. 찬 단과는 반대로 이데올로기적인 순수성을 유지하자고 주장하는 지도적인 인물은 시인 토 후였는데, 그는 당의 고참이었으며 그의 혁명적인 시들은 프랑스-베트민 전쟁 때 큰 인기를 얻었다. 토 후는 문화와 지식의 감시인 노릇을 하고 있었다. 그는 '삶을 위한 예술'의 주도적인 옹호자였으며, 1949년 9월에는 비엣 박에서 베트남에 새로 등장하는 혁명적 문화에서 봉건주의와 자본주의의 반동적 영향의 잔재를 제거하는 방법에 대하여 중요한 연설을 하기도 했다.

찬 단은 곧 좌익으로부터 공격을 받았다. 베트남민주공화국 내에서 창조적인 예술가들에 대한 이데올로기 통제를 중단하라는 요구만이 아니라, 이른바 '부르주아다운 생활방식'도 공격대상이 되었다. 결국 찬 단은 베트남노동당에서 축출당했고, 나중에는 하노이 요새의 군 감옥에 수감되었다. "붉은 깃발 위에 떨어지는 빗물밖에 보이지 않는다."[40] 그는 슬픔에 젖어 그렇게 말했다. 그러나 그의 편지가 심어놓은 씨앗이 토지개혁 운동의 무자비한 방식에 대한 비판, 그리고 흐루시초프의 1956년 2월 탈스탈린주의 연설의 영향을 받은 문학의 '해방'과 결합되면서 지식인들은 대담해졌다. 그해 봄 〈쟈이 팜〉이라는 새로운 문학잡지는 은연중에 정부 정책들을 비판하는 글들을 싣기 시작했다. 정부로부터 공식적으로 못마땅하다는 의사 표현이 나왔음에도, 여름에는 잡지의 다음 호가 나왔으며, 이에 용기를 얻어 9월에는 두 번째 정기간행물인 〈냔 반〉이 창간되었다. 이 새로운 잡지의 편집자는 베트남의 저명한 지식인 판 코이였으며, 그는 20세기 초에 판 추 친의 개혁 운동에 참여했던 인물이다. 베트남 지식인들은 중국의 백화제방 운동—중국공산당과 정부의 단점을 공개적으로 비판하도록 공식적으로 후원한 운동으로 오래 가지는 않았다.—에 고무되었다. 시인 호앙 캄은 관에서 찬 단을 가혹하게 처벌했다고 개탄하면서, 그를 비판자들로부터 옹호했다. 두 잡지에 실린 다른 글들은 토지개혁 운동 기간에 수감된 사람들의 가족이 겪는 고통이나 관료제의 문제점을 이야기했다.

당 내의 이데올로기적 순수주의자들은 무리한 토지개혁 운동과 모스크바와 베이징으로부터 나오는 자기 비판 요구로 소동이 일면서 잠시 궁지에 몰렸지만, 바로 그런 비판을 억누르는 행동에 나서지는 않았다. 오히려 1956년 9월 제10차 전체회의는 민주적 자유의 확대를 요구하는 성명을 발표했으며, 12월에는 제한적이기는 하지만 언론의 자유를 보장하는 주석의 포고가 나왔다. 추옹 친은 형식에서는 민족적이고 내용에서는 사회주의적인 새로운 베트남 문화를 창조하자고 호소했다. 그러나 그 의미는 불확실했다. 한 지식인이 추옹 친에게 발언의 자유가 부족하다고 문제를 제기하자, 그는 놀라서 이렇게 대답했다. "하지만 제국주의를 비판할 자유는 넘치지 않소!"

그러나 쿠인 루에서 시위가 벌어지자 하노이 당 지도부는 불안을 느꼈으며, 그해가 가기 전에 〈냔 반〉과 〈쟈이 팜〉은 문을 닫아야 했다. 기관지인 〈냔 단〉은 당이 지식인들을 엄격하게 통제해야 한다고 주장했으며, 많은 지식인들이 의무적으로 마르크스-레닌주의 강좌를 들어야 했다. 연로한 판 코이는 작가협회에서 쫓겨났으며 결국 구속되었다. 그는 재판 전에 감옥에서 죽었다. 찬 단은 탈당했지만, '당 없는 공산주의자'로서 공산주의의 유토피아적 이상은 지지한다고 선언했다.[41]

호치민이 지식인 반대파에 대한 탄압이나 토지개혁 운동과 관련한 박해에 어느 정도나 책임이 있는지 판별하기는 쉽지 않다. 호를 옹호하는 사람들은 그가 이 두 가지 가운데 어느 것에도 직접적으로 관련되지 않았다고 주장한다. 그가 올바른 길로 다시 이끌어들일 수 있는 오도된 분자들과 암처럼 베트남 사회로부터 수술을 통해 제거해내야 할 진짜 반혁명 분자들을 세심하게 구분할 것을 고참 동료들이나 간부들에게 줄기차게 촉구했다는 것이다. 그러나 비판자들은 호가 직접 칼은 휘두르지 않았다 해도, 그런 사람들이 활동할 수 있는 무대를 만들었다고 반박한다. 두 운동에서 무리한 일들이 벌어지고 있다는 보고를 받은 뒤에도 그가 자신의 엄청난 영향력을 행사하여 그것을 막으려는 노력은 거의 하지 않았다는 점은 의미심장하다는 것이다.

호가 자신의 적이나 경쟁자에게 야만적인 행동을 하는 것을 개인적으로 좋아하는 모습은 눈에 띈 적이 없지만, 자신의 부하들이 그런 행동을 할 경우에는 운동의 좀더 큰 이익이라는 관점에서 너그럽게 봐주려 했다 (어느 시대에나 이데올로기를 우선으로 하는 이론가들은 비슷한 패턴을 보인다). 피해자와 개인적으로 아는 사이일 경우―사실 호치민은 이 운동에서 공격을 당했던 많은 지식인들을 알고 있었다.―호는 가끔 사건에 개입하기도 했지만 효과가 없는 경우가 많았다. 피해를 본 어떤 지식인의 가족은 필자와 만난 자리에서 호가 수감된 사람의 처우를 좀 개선해주려 했다고 말했다. 어쨌든 영향력이 쇠퇴하던 호치민은 자신의 창조물의 포로, 호박 속의 파리가 되어, 전체적 계획의 '더 높은 도덕성'에 개인의 운명을 희생시키는 체제의 무자비한 논리에서 그 자신도 빠져나오지 못했다는 이야기

까지는 할 수 있을 것이다.[42]

'남부의 호 아저씨' 레 두안

하노이가 1956년 초 소련공산당 제20차 대회에서 관심을 보인 부분은 주로 흐루시초프의 탈스탈린 연설이었지만, 이 대회에서 그 못지않게 중요한 결과물은 서방과 평화 공존 정책을 추구하겠다는 모스크바의 결정이었다. 흐루시초프는 새로운 정책을 정당화하면서, 그렇지 않을 경우 유일한 대안은 핵전쟁인데, 이것은 이념적 구분선 양쪽에 있는 수백만의 죽음을 가져올 수도 있다고 주장했다.

하노이는 모스크바가 평화 공존 전략을 채택하자 불안에 사로잡혔다. 두 개의 베트남을 통일하려는 혁명 투쟁을 계속할 경우 소련이 그것을 곱게 보지 않을 수도 있었기 때문이다. 그러나 당장은 소련의 새로운 정책이 하노이의 당 지도부가 채택한 정책과 대립하는 것은 아니었다. 1955년 8월 베트남노동당 중앙위원회는 평화적 수단으로 통일을 추구하겠다고 재천명했기 때문이다. 베트남민주공화국은 1956년 초 제네바 협정 이행을 논의하기 위하여 제네바 회담을 재개하자는 중국의 제안에 동의했다. 그럼에도 이 문제는 당 고위 지도부 내에서는 여전히 논란거리였다. 1956년 늦겨울에는 군참모장 반 티엔 둥이 이끄는 대표단이 은밀히 남부로 가서 지역 베트민조직의 상급 간부들과 협의했다. 남부 당 지역위원회(제네바 회담이 끝나고 남베트남 중앙위원회가 해체된 뒤 남부의 당 최고기구)의 의장은 1951년 응우옌 빈의 해임 이래 남부의 활동을 지도해온 당의 고참 레 두안이었다. 반 티엔 둥의 공식 출장 목표는 새로운 혁명 기지를 구축하고 지원의 필요성 여부를 판단하는 것이었으며, 나아가서 두 종교 집단의 반정부 분자들과 형식적 동맹을 촉진하는 것이었다.

옛 황성 후에의 북쪽에 붙은 농촌지역인 쾅 치 성에서 목수의 아들로 태어난 레 두안은 창당 작업에 참여했던 많은 인물들—호치민을 비롯한 몇 사람은 문신 계급 출신이었다.—과는 달리 교육도 많이 받지 못했고 엘리트 집안 출신도 아니었다. 또 레 두안은 몸집도 작고, 말을 꾸밀 줄도 몰랐으며, 행동도 촌스러웠다. 그러나 그는 자신감이 넘치는 인물이었다. 또 능력 있는 조직가이자 남부 운동의 대변인으로 여겨지고 있었다. 그러나 그의 동료들 가운데 일부는 그가 오만하며 다른 사람들의 생각은 받아들이지 않는다고 평가하기도 했다.[43]

레 두안은 태평양 전쟁이 끝난 직후부터 남부 중앙위원회의 고위 대표로 활동해왔기 때문에(암호명이 '바'였다), 남베트남의 운동을 지휘하는 임무를 맡기에는 적임자였다. 그는 민족 통일의 임무에 완전히 헌신했지만, 동시에 실용주의자이기도 했다. 그는 지역위원회 회의 때면 남부만이 아니라 국제 정세도 고려하는 현실적 전략을 채택하자고 지칠 줄 모르고 주장했다. 그는 한편으로는 당장 프랑스-베트민 전쟁 때 사용하던 전략으로 돌아가고 싶어하는 과격파의 고삐를 죄면서, 당이 아직 그 과제를 감당할 만큼 무력이 충분하지 않다고 주장했다. 그러나 다른 한편으로는 평화적인 해결책에 회의를 품고, 결국에 가서는 어떤 식으로든 무력이 필요할 것이라고 생각하고 있었다. 그는 "디엔 비엔 푸에서 승리를 거두었던 세력의 힘을 보여주기 위해서는" 남부에서 정치적 활동이 "군사 행동의 뒷받침을 받아야만 할 때가 오기 마련"이라고 말했다.[44] 1956년 3월 레 두안은 무장 투쟁 정책으로 복귀할 때를 대비한 군사적 준비 계획을 반 티엔 둥이 이끄는 대표단에 제시했다. 대표단이 떠난 뒤, 레 두안의 남부 지역위원회는 당의 지역 군사력의 제한적 증강을 승인하였는데, 여기에는 24개 주력 대대의 편성과 혁명에 공감하는 마을에서 게릴라 분대를 조직하는 사업이 포함되었다.

남부에서 좀더 공격적인 접근방법을 채택하겠다는 레 두안의 제안이 하노이에 당도한 것은 당 지도부가 평화적 공존이라는 모스크바의 새 노선을 적극적으로 토론하고 있을 때였다. 1956년 4월 초 소련의 부총리 아나스타스 미코얀이 하노이에 와서 모스크바가 세계 정세를 바라보는 관점을 설명했다. 소비에트의 당 고위 간부가 베트남민주공화국을 방문한 것은 이번이 처음이었으며, 물론 베트남측에서는 손님을 환대했다. 미코얀이 떠나고 나서 두 주 뒤 베트남노동당 중앙위원회는 제9차 전체회의를 열어 소련공산당 제20차 대회의 결의안들을 공식적으로 지지했다. 그러나 당시 총서기직을 맡고 있던 추옹 친은 자신의 동료들 모두가 이 견해에 동의하는 것은 아님을 인정했다. "아직 이 정치적 강령이 옳다고 믿지 않는 사람들, 조국의 평화적 통일 정책이 유효하다고 믿지 않는 사람들, 그런 것들이 환상이요 개량주의적인 노선이라고 생각하는 사람들이 있다."[45]

추옹 친의 말이 남부 당의 책임자 레 두안을 가리킨 것인지는 확실치 않다. 어쨌든 누구보다도 호치민 자신이 그런 유보적 태도였던 것으로 보인다. 그는 공개적으로는 동료들에게 평화적인 방법을 한번 시도해보자고 촉구했지만, 민족 문제가 다른 문제들보다 우위에 있다는 믿음을 감춘 적이 없으며, 통일에 필요하다면 무력으로 복귀하는 것도 배제하지 않을 각오가 되어 있었다. 호는 제9차 전체회의 마지막 날인 1956년 4월 24일에 연설을 하면서, 베트남 민족은 모스크바에서 나온 결정의 '중대한 의미'를 이해하며, 세계 평화의 분위기가 조성되고 있다는 사실을 잘 알고 있다고 선언했다. 그러면서도 그는 이렇게 덧붙였다. "우리는 전쟁을 피할 수도 있다는 것을 인정하지만, 전쟁광들의 음모를 탐지해내는 일은 게을리할 수 없다. 제국주의가 존재하는 한 전쟁의 위험은 항상 존재하기 때문이다." 호는 어떤 경우에는 사회주의에 이르는 길이 평화로울 수도 있다고 인정하면서도, 이렇게 강조했다.

> 우리는 다음 사실을 분명하게 인식해야 합니다. 국가 기구, 군대, 부르주아 계급의 보안대가 여전히 막강한 나라들에서 프롤레타리아 계급은 무장 투쟁에 대비해야만 합니다. 따라서 베트남 민족은 평화적 수단으로 조국을 통

일할 가능성을 인정하면서도, 주적은 여전히 조국의 반을 점령하고 있는 미 제국주의자들과 그들의 대리인들이며, 그들은 열심히 전쟁을 준비하고 있다는 사실을 잊어서는 안 됩니다. 따라서 우리는 평화의 깃발을 높이 들면서도 동시에 경계심을 강화해야 합니다.[46]

호치민의 관점은 회의 말미에 채택된 결의안에도 들어가 있다. 이 결의안은 일부 국가에서는 평화적 수단을 통해 사회주의로 전진할 수 있지만, 어떤 경우에는 격렬한 투쟁이 불가피하므로 노동 계급은 양쪽 가능성에 대비해야 한다고 밝혔다. 따라서 베트남노동당은 이 결의안을 통해 아직 평화 공존 문제에 대하여 흐루시초프와 직접 대립할 생각은 없지만, 필요하다면 베트남의 민족 해방과 통일을 위한 투쟁을 성공적으로 수행하기 위해 스스로 전략을 규정할 용의가 있음을 통보한 셈이었다.

남부 혁명의 길

제9차 전체회의는 소련공산당 제20차 대회에서 나온 평화 공존이라는 새로운 정책을 지지함으로써 남부에서 좀더 호전적인 전략을 채택하는 방향으로 한 걸음 나아가자는 레 두안의 제안을 거부했다. 그러나 그것으로 베트남민주공화국 내에서 남부에서 추구할 올바른 길을 둘러싼 토론이 끝난 것은 아니었다. 7월 중순 〈냔 단〉에 실린 긴 사설은 많은 사람들이 여전히 이 문제에 대하여 '복잡한 생각과 환상'을 품고 있다는 점에 주목했다. 일부에서는 '단순하게 생각하여' 선거가 확실히 실시될 것이라고 주장해왔다. 그러나 이제 그들은 착각에서 깨어나 비관적인 태도를 보이고 있다. 또 일부에서는 "길고 힘겨운 투쟁을 수행하는 것을 꺼려", 계속해서 평화 통일을 기대하고 있다.

아마 가장 당황한 사람들은 제네바 회담 이후 마르크스주의 이데올로기와 혁명 전술을 배우기 위해 북부에 온 남부의 일꾼들이었을 것이다. 호치민은 6월에 공개 서신을 통하여 평화적 수단으로 통일을 추구한다는 공식 정책을 설명함으로써 그들을 안심시키려 했다. 호는 이 투쟁이 어렵고 길 것이며, 북부가 먼저 믿을 만한 강력한 작전 기지로 강화되기 전에는 성공할 수 없을 것이라고 경고했다. 정치적 투쟁은 정당하며, 틀림없이 승리를 거둘 것이다. 그러나 "좋은 집을 지으려면, 먼저 기초를 튼튼히 다져야 한다." 국내 기지 건설이 필요하다는 호의 언급에 많은 사람들이 공감했을 것이다. 그해 봄 북베트남은 심각한 식량난을 겪었다. 뿐만 아니라 경제를 건설할 숙련된 인력 부족 문제는 해소되지 않았다. 베트남민주공화국은 중국과 경공업 기지 건설을 위한 기술 지원 협정을 맺었지만, 일단 굶주림부터 해결해야 했다. 홍 강 삼각주 근처의 농촌지역을 방문한 한 베트남 시인은 이렇게 썼다.

> 키엔-안과 홍-쿠앙의 많은 마을들을 거쳐 왔네
> 그곳에서는 바다가 넘쳐 넓은 평원에는 소금이 깔리고
> 두 철 연속 쌀 한 톨 나지 않고
> 사람 똥은 고구마 껍질 때문에 붉은빛을 띠었네.
> 내가 만난 대여섯 살 난 여윈 아이들은
> 쌀보다 겨를 더 많이 먹고 있었네.[47]

당 지도부는 제9차 전체회의 직전 통일 문제에 대해 남부 지도부의 주요 인물들과 협의했는데, 이 자리에서 추옹 친은 남부인들이 인내심이 부족하다고 질책했을지도 모른다. 물론 하노이에도 평화적 해결을 의심하는 분위기가 끈질기게 남아 있었다. 정치국은 1956년 6월 이 문제에 대해 회의를 연 뒤 '남부의 혁명 상황과 임무'라는 결의안을 발표했다. 이 문건은 남베트남이 미국의 실질적 식민지가 된 이후 자위를 위한 무장 투쟁 정책 채택을 고려해야 할 필요가 생겼다고 말했다. 그럼에도 정치국은 당분간

은 정치 투쟁 전략을 유지하는 것이 중요하다고 마무리 지었다. 호치민은 7월에 베트남 인민에게 보내는 서신을 통해 베트남민주공화국이 제네바 협정을 기초로 평화적 수단으로 민족 통일을 이루기 위해 계속 노력할 것이라고 말했다.[48]

레 두안도 정치국 구성원으로서 6월 회의에 참석했을 것이다. 만일 그랬다면 그는 하노이의 관점을 남베트남의 동료들에게 전달하라는 지침을 받았을 것이다. 레 두안은 그해 여름에 이 문제에 대한 자신의 생각을 제시하기 위해 〈남부 혁명의 길(The Path of Revolution in South)〉이라는 짧은 팸플릿을 썼다. 표면적으로 볼 때 레 두안의 제안은 베트남노동당 중앙위원회와 정치국 내의 평화 정책 옹호자들의 제안과 일치하는 것처럼 보였다. 레 두안은 현 단계 베트남 혁명에는 두 가지 주요 과제가 있는데, 하나는 북부의 사회주의 건설이고 또 하나는 남부의 해방이라고 설파했다. 남부에서 기존의 평화적인 정치 투쟁 정책은 남베트남의 당 기구의 허약성에 비추어볼 때 현실적이며, 동시에 모스크바의 제20차 당 대회에서 내린 결정이나 세계 정세와도 어울린다.

그러나 레 두안은 겉으로는 이렇게 정치적 접근의 필요성을 강조하는 듯했지만, 이것은 약간 기만적이었다. 그의 주장은 남부의 혁명에 좀더 적극적인 방법을 채택하자는 데 초점을 맞춘 것이었기 때문이다. 레 두안은 형식적으로는 기존 정책으로부터 벗어나지 않았지만, '합법적이고 합헌적인 투쟁'에 기초한 개량주의 정책과 '대중의 혁명적인 정치적 힘을 기반으로 하는' 혁명 운동이 채택하는 정치 투쟁 정책 사이에는 중대한 차이가 있다고 지적했다. 그는 당은 혁명의 전위로서 대중을 이끌고 권력을 장악할 준비를 해야 한다고 주장했다(그는 여기서 1945년 8월 혁명을 예로 들었다). 그렇게 하지 않는다면 사이공의 반동 정권을 전복할 유리한 기회를 낭비하게 될지도 모른다는 것이었다.

레 두안에게 8월 혁명의 가장 뚜렷한 교훈은 혁명 세력이 정치적이고 군사적인 힘을 구축함으로써 전면봉기를 준비할 필요가 있다는 점이었다. 그러면서 두안은 안타깝게도 운동을 인도할 책임을 진 많은 일꾼들이 "아직 혁명 대중의 힘을 분명하게 이해하지 못하고 있으며", 따라서 그들을 제대로 지도하지 못하고 있다는 결론을 내렸다.[49]

총서기 레 두안

1956년 초 중국과 소련은 내부 건설에 힘을 쏟기 위해 국제적인 평화와 안정이 필요하다는 데 의견을 같이했던 것으로 보인다. 2월에 모스크바와 베이징은 인도차이나에서 벽에 부딪힌 평화 정착 시도를 재개하기 위한 전술로서 그들의 제네바 회담 재소집 제안을 받아들일 것을 하노이에 촉구했다. 그러나 이 구상은 결실을 맺지 못했다. 사이공측에서 자신은 협정 당사자가 아니므로 협정 조항을 이행할 의무가 없다고 선언하자, 소련과 함께 공동의장을 맡았던 영국이 회담 재개 요청에 응하지 않았기 때문이다. 인도차이나 분규를 해결할 책임을 중국에 맡기고 있던 모스크바는 움직이지 않았다. 여전히 내부 문제에 몰두해 있던 베이징도 마찬가지였다.

그러나 1956년 가을이 되자 다른 문제를 둘러싸고 베이징과 모스크바 사이에 이견이 나타나기 시작했다. 소비에트 지도자들은 그 무렵 폴란드와 헝가리의 사회적 불안을 예방하기 위해 단호한 조치를 취했는데, 중국 지도자들은 소비에트가 동구에 개입한 것에 우려를 표시했다. 이것은 사회주의 국가들 사이의 차이는 평등과 불간섭의 원칙에 기초하여 협의에 의해 해소해 가야 한다는 중국의 견해와 모순되는 것이었다. 베이징의 관점에서 보자면 동구에서 공산주의 통치에 반대하는 봉기들이 일어난 것은 흐루시초프가 탈스탈린주의를 표방하고 나서면서 사회주의 혁명의 전위인 공산당의 존엄을 훼손한 것이 직접적인 원인이었다.

베트남민주공화국은 저우 언라이를 하노이로 초청했다. 평화 공존 문제에 대한 중국의 견해를 알아보는 것도 초청 목적 가운데 하나였을 것이다. 호치민과 오랫동안 좋은 관계를 유지해왔던 저우는 11월 18일 아시아 몇 나라를 순방하러 나섰다가 제일 먼저 베트남에 들렀다. 베트남은 통일 사업을 구체적인 형태로 지원해달라고 강하게 요청했다. 저우는 제네바 협정 조항들을 이행하기 위하여 공동 행동이 필요하다는 데는 동의했으나, 구체적인 내용은 언급을 피했다. 베트남 지도자들은 제네바 회담 재개를 추진하라고 줄기차게 요청했지만 저우는 신중하게 모호한 태도를 버리지 않았다.

결국 저우 언라이의 1차적인 방문 목적은 중국과 소련 사이의 분쟁에서 베트남의 지지를 얻으려는 것임이 분명해졌다. 중국 지도부는 소비에트가 임레 너지의 개량주의 정부를 전복하기 위해 헝가리에 군대를 파견한 사실을 특히 우려했다. 저우는 하노이에서 공식 논평을 통해 '대국의 쇼비니즘'의 위험을 넌지시 암시하고 지나갔는데, 이것은 유럽에서 소비에트가 보여준 행동, 그리고 2년 전 중국과 인도가 공표한 평화 공존 5개 원칙에 기초한 상호관계의 중요성을 우회적으로 언급한 것이었다.

다른 사회주의 공동체를 좌지우지하려는 모스크바의 태도를 불안해하는 베이징의 입장에 하노이의 당 지도부도 대부분 공감하였을 것이다. 일각에서는 흐루시초프의 평화 공존 정책이 계급의 적에 굴복하는 것이라고 경멸하면서, 중국과 좀더 긴밀한 유대 관계를 맺어야 한다고 주장했다. 그러나 호치민은 중국과 소련 모두와 우호 관계를 유지하는 것이 중요하다고 강조했으며, 결국 저우의 공식 방문의 최종 성명에서는 직접적이든 간접적이든 소련을 비판하는 내용이 포함되지 않았다.[50]

저우가 왔다 간 다음 달에 베트남노동당 중앙위원회 제11차 전체회의가 소집되었다. 레 두안도 회의에 참석했는데, 그는 틀림없이 대표들 앞에서 그가 쓴 팸플릿 〈남부 혁명의 길〉에 담긴 구상을 다시 이야기했을 것이다. 최근 들어 하노이에서 이 팸플릿을 베트남 혁명 운동사에서 '중요한 핵심' 문건으로 자주 묘사하는 것으로 보아, 이 회의에서 레 두안의 제안이 활발한 토론을 자극했던 것으로 보인다. 그러나 당의 노선에 당장 변화는 없었다. 전체회의가 끝나고 나서 며칠 뒤 당의 이론지 〈혹 탑〉은 사설에서 북부를 강화하는 것이 여전히 일차적 임무라고 선언했다. "우리는 남부를 통합하는 문제 때문에 북부를 강화하는 사업을 소홀히 해서는 안 된다." 호치민이 이 논쟁에서 어떤 역할을 했는지는 알려지지 않았다. 호는 1957년 초 국회 연설에서 당분간은 국내 건설을 앞세워야 한다는 견해를 되풀이하면서, 베트남 인민에게 북부를 강화하는 임무를 위해 단결할 것을 촉구했다. 그는 북부를 강화하여 민족 해방을 위한 굳건한 후방 기지로 만드는 투쟁은 비록 '길고 어려운' 것이기는 하나 반드시 승리를 거둘 것이라고 강조했다.

이 회의에서는 남베트남에서 혁명 조직의 점진적 형성과 반동 분자의 선별적 처벌("매국노를 처단한다"는 뜻으로 추 지안[除奸]이라고 불렸다)을 내용으로 하는 비밀 정책을 승인함으로써 레 두안의 요구에 응답하려 했다. 호치민은 늘 무차별적 테러가 혁명의 부적절한 수단이라고 비판해왔지만, 대프랑스 항전 기간에 테러는 선별적으로 사용되었다. 이제 중앙위원회는 적에게는 공포를 일으키고 대중에게는 운동 조직이 자신을 보호할 수 있다는 확신을 심어줌으로써 남부의 혁명 조직을 보호하기 위하여 제한적인 테러를 허용하는 좀더 구체적인 정책을 승인했다.[51]

이렇게 1956년 12월에 열린 제11차 전체회의는 두 지대의 통일을 향한 좀더 적극적인 방법을 향하여 신중하게 첫발을 내디뎠다. 같은 달에 레 두안의 지역위원회는 사이공 정권에 대항하는 정치 투쟁을 보완하기 위하여 운동의 자위 능력을 강화할 준비를 하라는 정치국의 1956년 6월 지령을 논의했다. 지역위원회에서 발표한 문건에 따르면, '중앙의 지도 덕분에' 혁명 전쟁이 민족을 통일할 수 있는 '유일하게 올바른 방법'임이 분명해졌다. 이후 몇 달 동안 남베트남에서는 정부 관리를 비롯하여 주요 인물들에 대한 테러 활동이 눈에 띄게 증가했다. 하노이의 공식 자료들은 테러

1958년 하이 흥 성의 새로운 집단농장을 시찰하는 호치민. 베트남민주공화국이 하노이로 귀환한 뒤 호는 행정적인 일은 총서기 추옹 친을 비롯한 다른 동료들에게 맡기고 의전적인 행사에 주로 참석했다.

대상이 부패 관리, 악질 지주, 반역자라고 주장했다. 그러나 실제로는 인기 있는 정직한 관리나 교사들이 피해를 입는 경우가 많았다. 그들은 사이공 정부의 정통성을 강화해줌으로써 혁명 운동을 위협하는 존재였기 때문이다.

시대가 바뀌고 있다는 가장 분명한 표시는 1957년 레 두안이 갑자기 베트남민주공화국의 총서기 대행으로 선출된 사건이었을 것이다. 1956년 가을 제10차 전체회의에서 추옹 친이 해임된 뒤, 호치민은 형식적으로 총서기직을 맡아왔지만 달가운 표정은 아니었다. 호는 1954년 10월 하노이 귀환 이후 당의장과 베트남민주공화국 주석이라는 비교적 의전적인 직책을 맡아왔다. 그는 외교 정책과 민족 통일 문제에 적극적인 관심을 가졌지만, 국내 문제나 당 문제에서는 점차 아저씨 노릇을 넘어서려 하지 않았다. 정치국 회의에서는 동료들에게 조언을 했지만, 실무 권한은 팜 반 동 총리나 추옹 친 등 그보다 젊은 동료들에게 위임해왔다.

레 두안이 총서기 대행으로 선출된 이유는 오랫동안 논란의 대상이 되어왔다. 일각에서는 이것이 그에게 '남부의 호 아저씨(쿠 호 미엔 남)'라는 별명을 안겨주었던 조직력, 헌신성, 전략적 비전의 결과라고 믿고 있다. 그러나 다른 쪽에서는 하노이의 정책 결정에서 민족 통일 투쟁이 점점 더 중요한 역할을 하게 될 운명임을 인정하는 행동으로 보기도 한다. 어쩌면 레 두안이 남부인이었기 때문에, 그가 비무장지대 남쪽에서 살고 있는 엄청난 숫자의 베트남인들을 대표해주기를 기대한 것일 수도 있다. 아니면 레 두안은 외부인으로서, 호치민과 추옹 친 같은 당 지도자들에게 큰 위협이 되지 않는다는 점이 중요했을지도 모른다. 그들은 레 두안 시대에도 정치국 내에서 영향력을 유지할 수 있을 것이라는 기대를 했을지도 모른다. 일부에서는 레 두안이 제2차 세계대전 동안 감옥에서 몇 년을 보냈기 때문에 보 응우옌 지압보다 유리한 위치에 있었다고 추측하기도 한다. '볼셰비키주의 학교'라고 부르던 감옥에서 일정한 기간을 보내는 것은 당시 충성스러운 당 지도자들 사이에서는 필수적인 통과의례로 간주되었으며, 실제로 그들 가운데 다수가 프랑스 감옥에 복역함으로써 그들 나름의 피의 채무를 갚았다. 지압은 체포를 피했을 뿐 아니라, 프랑스에 유학하기 위해 장학금을 신청했다는 오점이 있었다.[52]

레 두안의 총서기 취임과 관련한 정황은 아직 분명하게 드러나지 않았다. 이쨌든 그가 총서기직에 오른 것은 호치민의 승인을 받은 일이었던 것으로 보이며, 호는 적어도 자신의 후계자가 민족 통일 문제에 최고 우선권을 부여할 것이라는 점에서는 마음을 놓을 수 있었다. 레 두안이 당의 최고운영자 자리를 맡으면서 호는 이제 사회주의 공동체 내의 외교 관계에 집중하고, 또 다양한 문제들에 대해 글을 쓸 수 있었다. 호는 12년간 신분을 위장해온 끝에 67살이 되어 마침내 자신이 유명한 혁명가 응우옌 아이 쿠옥이라고 고백했으며, 갑자기 공식 전기들이 나타나 그가 평생 조국에 헌신한 것을 찬양했다. 많은 베트남인들은 호치민이 정체를 공개하자 깜짝 놀랐지만, 사실 가까운 사람들은 오래 전부터 짐작하던 일이었다. 1957년 6월 그는 반 세기 전에 떠났던 어린 시절의 고향 킴 리엔을 공식 방문했다.[53]

사회주의 혁명 대 민족 해방

북베트남 지도자들이 분단의 고착을 막기 위해 안간힘을 썼던 반면, 소비에트는 그것을 기정사실로 만들기로 결심한 것처럼 보였다. 1957년 초 소련은 갑자기 국제연합에서 두 베트남을 별도의 두 국가로 받아들이자고 제안했다. 미리 이야기를 듣지 못했던 것으로 보이는 하노이는 깜짝 놀라, 즉시 공식적으로 항의했다. 그 직후, 국제연합 총회는 베트남공화국(남베트남 비공산주의 정부의 공식 명칭이었다)을 국제연합에 받아들이자는 제안을 다수결로 승인했다. 팜 반 동은 제네바 회담의 공동의장국인 소련과 영국에 항의 서신을 보냈으며, 이 문제는 국제연합 안전보장이사회로 넘어갔다(안전보장이사회는 신규회원국 가입에 거부권을 행사할 수 있다 : 옮긴이). 아직 이 문제가 해결되지 않았던 5월 중순 소련의 최고 소비에트 최고회의 간부회 의장이자 스탈린의 오랜 친구인 클리멘트 보로실로프가 하노이를 공식 방문했다.

방문 목적을 놓고 여러 가지 추측이 나돌았다. 중국과 인도네시아에서 비교적 한가한 시간을 보내다가 뒤늦게 베트남을 방문하겠다는 발표를 했기 때문이다. 베트남 담당자들은 소비에트가 민족 통일 문제를 생각해주기를 바랐겠지만, 모스크바의 목적은 베트남민주공화국이 인도차이나 전쟁 재발을 야기할지도 모르는 적대적 행동을 삼가라고 설득하려는 것이었을지도 모른다. 보로실로프는 공개석상에서 여러 차례 베트남인들에게 두 지대의 '평화 통일' 정책을 유지하라고 요구했다.

온건하게 접근하라는 보로실로프의 요구를 베트남 지도부 전체가 환영하지는 않았을 것이다. 보로실로프는 하노이에서 점차 심각해지는 원성을 잠재우기 위해 베트남민주공화국에 경제 지원을 늘리겠다고 발표하면서, 베트남 지도자들에게 소련은 베트남공화국의 국제연합 가입을 허용하지 않을 것이라며 안심시켰다(9월에 소련은 안전보장이사회에서 두 베트남의 국제연합 가입 제안을 거부하였으며, 그럼으로써 국제연합 가입 문제는 무기한 연기되었다. 하노이의 공식 언론은 모스크바의 '올바른 행동'을 지지하는 간략한 논평을 냈다).[54]

보로실로프의 하노이 방문은 두 베트남을 모두 국제연합에 가입시키자는 모스크바의 서툰 제안이 불러온 긴장을 얼버무리려는 것이었는지도 모르지만, 베트남 통일 문제를 둘러싸고 두 나라의 불화가 심각해질 가능성은 그대로 남아 있었다. 하노이에 사는 한 외국인 평론가에 따르면, 당 지도부 내에 소련에 대한 반감이 워낙 강했기 때문에, 대중의 눈에 양국의 견해 차이가 드러날 가능성을 피하기 위해 보로실로프의 방문 동안 계획했던 많은 행사가 취소되거나 최소 규모로 열렸다.[55]

하노이는 모스크바와의 관계에 심각한 균열이 생기면 엄청난 피해를 입을 수도 있었다. 베트남민주공화국은 소련으로부터 국내 경제를 건설하고 베트남군을 현대화하는 데 필요한 경제 원조를 받았을 뿐 아니라 외교적 지원까지 받고 있었기 때문이다. 1957년 7월 호치민은 중요 사안들에 대하여 소비에트 지도자들과 이해의 폭을 넓히기 위해 모스크바로 갔다. 가는 길에 베이징에 들렀는데, 마오 쩌둥은 두 베트남의 통일은 좀더 적당한 시기로 미루어야 할지도 모르겠다는 중국의 기존 견해를 되풀이했다. 호치민은 동구 여러 나라와 북한까지 방문했기 때문에 이 여행은 거의 두 달이 걸렸다. 호는 9월에 하노이에 돌아와 베트남 인민에게 연설을 통해 소비에트 블록의 여러 나라와 '의견을 통일'했다고 발표했다.[56]

그러나 그의 말은 사실과는 큰 차이가 있었다. 몇 주 뒤, 호는 정치국 위원들인 레 두안과 팜 홍 등이 포함된 대표단을 이끌고 11월의 세계 공산당 회의에 참석하기 위해 모스크바로 떠났다. 대표단 구성에는 의미가 있었다. 레 두안과 팜 홍은 남부에서 나고 자란 사람들이었으며, 팜은 제네바 회담 이후 남부 조직에서 2인자 역할을 하고 있었기 때문이다. 모스크바에서도 민족 통일이 베트남 문제 가운데 최우선 관심사로 등장할 것이 분명했다.

11월 회의의 겉으로 드러나지 않은 목표 가운데 하나는 사회주의 국가들 간에 사회주의로의 평화적 이행 문제에 대하여 합의를 도출하는 것이었다. 중국도 소비에트의 견해에 반대하는 쪽이었다. 중국은 그 무렵 타이완 문제를 둘러싼 중미 회담이 결렬된 이후 그 문제를 해결하는 데 관심이 쏠려 있었는데, 모스크바의 새로운 지도부가 평화적 공존을 위하여 세계 혁명을 배반할지도 모른다고 의심하고 있었다. 마오 쩌둥은 소비에트를 견제하기 위하여 직접 중국 대표단을 이끌고 참석했다. 그가 중국을 떠난 것은 1949~1950년 겨울 이후 처음이었다. 마오의 견해에 따르면 소련의 그 즈음의 업적들은 사회주의 진영이 자본주의 진영보다 기술적 우위에 있음을 보여주는 것이었으며(그는 '동풍'이 '서풍'을 이긴다고 말했다), 모스크바는 이 우월한 힘을 이용하여 전세계에서 반제국주의 투쟁을 이끄는 데 좀더 적극적인 역할을 해야 했다. 회의에서 이 문제를 둘러싼 논란은 타협으로 끝을 맺었다. 중국측 자료에 따르면, 소비에트의 1차 초안에는 사회주의로의 비평화적 이행에 대하여 아무런 말이 없었으나, 대표들의 토론 뒤에 수정되었으며, 결국 최종 성명에서는 "착취하는 계급들이 인민에게 폭력을 행사하는 경우에는 다른 가능성, 즉 사회주의로의 비평화적 이행을 염두에 둘 필요가 있다."라고 말하면서 이렇게 덧붙였다. "레닌은 지배 계급들이 결코 권력을 자발적으로 단념하지 않는다고 가르쳤으며, 역사는 그것을 확인해주고 있다."[57]

이 선언문의 초안 작성에서부터 최종 승인에 이르는 과정에서 호치민과 베트남 대표단이 정확히 어떤 역할을 했는지는 알려져 있지 않다. 독일과 이탈리아의 보고에 따르면 이 선언문은 소비에트와 중국이 토론한 결과로 작성되었으며, 다른 당의 대표들은 거의 관여하지 않았다고 한다. 그러나 위에 인용한 구절은 호치민이 1956년 4월 제9차 전체회의 연설에서 사용했던 표현과 아주 비슷하기 때문에, 최종 타협안 도출에서 호가 핵심적인 역할을 했을 가능성도 있다. 어쨌든 베트남 자료에는 베트남민주공화국 대표단이 사회주의의 평화적 이행이 가끔 이루어질 수도 있지만, '혁명적 폭력' 정책이 일반적이라는 견해를 모스크바에 분명히 밝혔다고 나온다.[58]

회의가 끝난 뒤 레 두안은 대표단과 함께 하노이로 돌아왔지만, 호치민은 모스크바에 남아 소비에트 지도자들과 후속 회담을 했다. 회담 내용은 밝혀지지 않았지만, 평화적 공존과 사회주의 공동체의 지도 문제를 둘러싸고 소비에트와 중국 지도부들 사이에 나타나기 시작한 불길한 갈등을 해결하는 문제였을 가능성이 높다. 이런 갈등은 베트남인들에게 큰 피해를 줄 것이 분명했다. 미국이 그 틈에 어부지리를 얻으려 할 수 있었기 때문이다. 호는 사태가 그런 식으로 발전하는 것을 막기 위해, 9월에 동구를 여행하면서 공산주의 국가들 사이의 의견 통일이 혁명 진영에 가장 긴요하다는 견해를 밝혔다. 11월에 〈프라우다〉에 발표한 글에서는 모든 사회주의 국가들이 소련 지도부를 중심으로 단결할 것을 요구했다. 그는 모스크바의 최고회의(의회)에서 연설할 때도 같은 의견을 되풀이했다. 그러나 그의 글은 지역 소서에 맞게 혁명 전술을 조정할 필요성을 강조하기도 했다.[59]

레 두안 일행은 11월 말 하노이로 돌아오자 정치국과 협의를 했다. 12월 1일, 베트남 통신사는 당 지도부가 모스크바에서 얻은 성과에 만족해하며, 사회주의 공동체 국가들 간의 유대 유지에 자신감을 피력했다고 보도했다. 그러나 사회주의 진영 내에 실제로 그런 유대가 존재했는지는 의심스럽다. 일단 하노이에서는 그런 유대를 찾아볼 수 없었다. 그곳에서는 당 지도부 내에서 국내 문제와 남부와의 통일 추진 문제 가운데 어디에 상대적 우위를 둘 것이냐를 둘러싸고 의견 차이가 점점 심각해지기 시작했다. 3년 동안 당 지도부는 북부의 강화가 완료되고 통일 문제가 분명해질 때까지는 사회주의 건설을 향한 주도적인 행동을 연기하는 것이 바람직하다고 아슬아슬하게 합의를 유지해왔다. 그러나 이제 통일 계획이 무기한 지연될 위기에 처하면서, 당의 일부 고참 지도자들—총서기직에서 물러났음에도 정치국 내에서 영향력을 유지하고 있던 추옹 친을 중심으로—은 1950년대가 끝나기 전에 베트남민주공화국의 도시와 농촌 양쪽을 사회주의로 바꾸기 위한 작업을 즉시 개시하라고 압력을 가하기 시작했다.

이 문제는 1957년 12월 초 중앙위원회 제13차 확대 전체회의에서 큰 논란을 불러일으켰다. 회의의 공식 목표는 모스크바 회의의 결과 보고였지만, 토론의 핵심 주제는 정치국이 북부를 사회주의 사회로 바꾸기 위해 작성한 새로운 3개년 계획이었다. 언론 보도는 이 계획의 승인이 결코 만장일치가 아니었음을 시사했다. 회의가 끝나고 나서 몇 주 동안 당 지도부는 이 결정을 설명하고, "북부에서 사회주의 혁명 과제와 남부에서 민족 해방 과제 사이의 밀접한 관계에 대한 혼란스러운 생각들"을 정리하기 위한 운동을 시작했다.[60]

떠오르는 신진 세력

제13차 전체회의의 논쟁은 레 두안이 당 총서기 대행으로 취임하면서 복잡해졌다고 보아야 할 것이다. 지배 집단 내에서 상대적으로 급이 낮았던 인물이 졸지에 신분상승을 했으니 당 지도부 내의 고참들 가운데는 심기가 불편한 사람들이 있었을 것이다. 전임자인 추옹 친의 입장에서 보자면 레 두안은 벼락출세한 건방진 애송이였으며, 호치민의 수석 부관이자 당에서 이데올로기 문제의 교사라는 자신의 정당한 역할을 찬탈한 인물이었다. 나아가서 레 두안의 남베트남 투쟁에 대한 관심은 베트남민주공화국 내에 사회주의 제도들을 확립하고자 하는 친의 계획에 지장을 줄 수 있었다. 따라서 추옹 친이 레 두안을 견제하려는 목적으로 정치국과 중앙위원회 내의 지지자들을 움직여 3개년 계획의 승인을 추진했을 수도 있다. 당 지도부 내의 경쟁에서 레 두안에게 밀린 강한 성격의 소유자 보 응우옌 지압에게 남부의 투쟁 방법과 관련한 레 두안의 무모한 제안은 베트남 혁명 운동의 군사 전략 책임자인 자신의 지위를 훼손하는 것이었다. 나아가서 남부에서 혁명 활동을 강화하고자 하는 레 두안의 강렬한 욕망 때문에 '베트남인민군(이름이 새로 바뀌었다)'은 아직 준비도 되지 않은 상태(보의 관점에서는)에서 전쟁에 말려들 위험이 있었다. 11월 초 〈냔 단〉에 실린, '일부 동지들'은 당이 군을 완벽하게 통제해야 한다는 점을 인식해야 한다는 지적은 보 응우옌 지압을 겨냥한 레 두안의 발언으로 해석할 수도 있다.[61]

호치민은 이 논쟁에서 아무런 역할도 하지 않았을 뿐 아니라 회의에 참석조차 하지 않았다. 호는 공산당 정상 회담을 위해 모스크바를 방문한 뒤에, 바로 베이징으로 가서 '휴식을 위해' 그곳에 머물렀다. 그가 이유를 설명하지도 않고 장기간 자리를 비웠기 때문에 하노이에서는 그가 최근 사태로 주변으로 밀려났다느니, 심지어 소련에서 죽었다느니 하는 추측들이 난무했다. 일각에서는 동료들이 자신의 조언을 받아들이도록 강요하기 위해 일부러 거리를 두는 것일 수도 있다고 추측했다. 그러나 아직까지는 호가 그런 중대한 시기에 하노이를 왜 비웠는지 그럴듯한 설명이 나오지 않고 있다. 그가 치료를 목적으로 중국에 갔을 가능성도 있지만, 베트남민주공화국의 운명에 중대한 영향을 미칠 제13차 전체회의에 참석하지 않은 것은 아무래도 이상한 일이다.

불참 이유야 어쨌건 간에, 호치민은 12월 24일 하노이로 돌아오자마자 북부에 사회주의 사회를 건설하는 데 우선 순위를 두어야 한다는 결정을 추인하는 듯한 행동을 했다. 호는 돌아온 지 일주일 뒤에 새해를 맞아 경제 재건의 시기가 끝나고, 계획 경제 발전의 새로운 시대가 열릴 것이라고 선언했다. 그는 이것이 "우리 인민의 혁명 사업에서 새로운 발전"이라고 덧붙였다. 5일 뒤 〈냔 단〉은 이제 두 개의 혁명이 진행될 것이라고 발표했다. 하나는 북부의 사회주의 혁명이고, 다른 하나는 남부의 민족민주 혁명이었다. 혁명의 사회주의 단계로의 이행 절차를 논의하기 위해 고위 간부들의 회의가 소집되었다. 그러나 의심도 여전했다. 1958년 3월 추옹 친은 '어떤 사람들'은 여전히 북부에서 사회주의를 달성하는 것이 남부에서 해방을 준비하는 데 중요하다는 사실을 이해하지 못한다고 불평했다. 조국 전선 대표들과 회담하는 자리에서 추옹 친은 새로운 지식인들이 새로운 시대에 사회에 봉사할 수 있도록 훈련하기 위하여 문화 혁명을 일으킬 것을 촉구했다. 팜 반 동 총리—이 시점에서는 추옹 친의 동맹자였던 것으로 보인다.—는 사회주의로 이행하기로 결정한 이유를 설명하면서, '강한 북부'가 민족 통일을 위한 투쟁에서 베트남 민족을 더 강하게 만들 것이며, "더 강한 북부로 가는 길은 사회주의의 길"이라고 선언했다.[62]

이 무렵 당 내에서 호치민의 영향력은 쇠퇴하고 있었다. 이런 과정은 1950년대 초 중국의 영향력이 강해지면서 시작되었으며, 제네바 회담 이후 속도가 빨라진 것으로 보인다. 제네바 협정이 나온 후 그의 동료 가운데 다수가 조국의 평화 통일을 성취하지 못한 것에 불만을 품게 되었기 때문이다. 그리고 레 두안이 정치에서 가장 중요한 인물로 부상하면서 호의 역할은 더 줄어들 수밖에 없었다.

레 두안은 제13차 전체회의의 정책 논쟁에서 추옹 친에게 허를 찔렸는지 모르지만, 즉시 당 조직을 자신의 뜻대로 바꾸어나가기 시작했다. 이후 몇 달 동안 추옹 친과 호치민 추종자들은 영향력 있는 지위에서 해임되고 새로운 인물들로 교체되었다. 레 두안은 조직에서 잠재적인 반대자들을 제거하기 위해 오랜 동료 레 둑 토를 선택했다. 레 둑 토(본명은 판 딘 카이)는 1911년 하노이 근처 향신 집안에서 태어났으며, 1920년대 말에 혁명 운동에 가담했다. 그러나 곧 체포되어 이후 거의 20년의 세월을 감옥에서 보냈다. 레 둑 토는 1945년에 석방되어 남부로 파견되었으며, 프랑스-베트민 전쟁 동안 레 두안의 부관으로 일했다(암호명은 '사우'였다). 생각이 편협하고, 태도가 교활하며, 대중적 이미지가 음침한 레 둑 토는 동료들을 함부로 대하는 바람에 곧 '사우 부아(망치 수아)'라는 별명을 얻게 되었다. 레 둑 토는 레 두안이 당 내에서 자신보다 높은 지위에 올라간 것을 시기했는지는 모르지만, 어쨌든 두 사람은 효과적으로 협력했으며, 레 두안이 당 지도부로 올라가자 하노이로 가서 중앙위원회의 조직부 부장이 되었다. 그는 이 지위를 이용하여 조직부를 당원들의 활동을 조사하고 통제하는 능률적인 조직으로 바꾸어놓았다.

공포와 혐오를 불러일으킨다는 면에서 레 둑 토와 경쟁할 만한 사람으로는 당의 비밀정보부를 맡고 있는 찬 쿠옥 호안을 꼽을 수 있었다. 찬은 1910년경 다낭 남쪽 쾅 응아이 성에서 태어났으며, 프랑스-베트민 전쟁 동안 출세가도를 달리기 시작하여, 1953년에는 베트남민주공화국 공안부 장관이 되었다. 찬은 비밀이 많고 상급자들에 대한 불만이 가득한 데다가 교양과 지성도 부족했다. 그는 당 내의 이른바 반혁명 분자들을 색출해내는 과정에서 보여준 철저하고 잔인한 방법 때문에 '베트남의 베리야(스탈린이 반대자들을 숙청할 때 중요한 역할을 한 소련의 비밀경찰국장: 옮긴이)'로 알려지게 되었다. 레 둑 토는 곧 그에게서 동맹자이자 권력의 도구의 모습을 발견했다.

베트남민수공화국 역시상 가장 괴이한 사건에서 중심 인물이 되었던 사람이 바로 이 찬 쿠옥 호안이다. 1955년 국경의 카오 빙 성 출신의 한 여자가 하노이에 도착했다. 예쁘장한 수안은 곧 나이가 들어가는 주석의 눈길을 끌었으며, 그는 그녀에게 개인 간호사 일을 맡겼다. 결국 수안은 주석의 아들을 낳았으며, 훗날 이 아들은 호의 개인 비서인 부 키가 양자로 데려갔다. 1957년 어느 날 수안의 주검이 교외의 한 도로변에서 발견되었다. 겉으로 보기에는 자동차 사고의 피해자 같았다. 그녀와 하노이 아파트에서 함께 살던 두 여자 역시 사건 직후 숱한 의문을 남긴 채 죽었다.

처음에 이 사건은 거의 공개되지 않았다. 그러나 몇 년 뒤 죽은 여자들 가운데 한 여자의 약혼자가 국회에 진정서를 보내, 수안 양은 찬 쿠옥 호안에게 강간당했으며, 호안이 자신의 죄를 덮으려고 그녀를 죽이라고 명령했고, 다른 두 여자 역시 진상 공개를 막기 위해 비슷한 방법으로 처리했다고 주장했다. 진정서 사건은 금방 흐지부지되고 호안은 아무런 처벌을 받지 않았으나, 이 사건에 대한 소문은 하노이의 귀가 밝은 당원들에게 퍼져나갔다. 호치민이 이 애처로운 이야기를 상세하게 알고 있었는지는 분명치 않지만, 어쨌든 그는 이 일을 한 번도 언급한 적이 없다.[63]

사회주의의 초석

1957년 12월 제13차 전체회의는 베트남민주공화국이 사회주의를 향해 전진하기 위한 초석을 놓는다는 계획을 잠정적으로 승인했다. 사실 이 무렵에 그 계획은 이미 진행 중이었다. 농업 생산은 대부분 개인이 맡고 있었던 반면(1950년대 중반에 실험적인 집단농장이 몇 군데 만들어지기는 했다), 모든 제조업과 소매업의 40퍼센트, 운송 부문의 거의 반은 국가 또는 집단 소유였다. 노동 교환 팀—협동 계절 노동에 기초한 사회주의의 초보적 형태로, 중국에서는 1950년대 초에 채택되었다.—들도 이미 나타나기 시작했다.[64]

최초의 움직임은 중국에서 대약진 운동이 시작된 것과 같은 시기에 나타났다. 중국의 새로운 운동은 베트남 관리들에게는 베트남민주공화국에서 비슷한 계획을 적용했을 때 나타날 결과를 연구할 수 있는 기회였다. 중국은 1955년부터 3년간에 걸쳐 농업을 집단화했지만, 식량 생산 면에서는 결과가 약간 실망스러웠다. 1958년 중국 정부는 갑자기 농촌 전역에 대규모의 '인민공사(人民公社)' 건설을 장려했다. 각각 3만 명 이상으로 이루어진 이 공사들은 모든 형태의 경제적이고 정치적인 조직과 공동 소유를 포함하고 있었으며, 마르크스-레닌주의 이론으로 보자면 원칙적으로 조직의 가장 높은 수준에 이른 것이었다. 이것은 심지어 소련에서도 시도해보지 못한 단계였다.

처음에는 공식 매체의 우호적 논평 등, 베트남인들이 중국식 모델에 기초하여 그 나름의 계획을 세울 것이라는 조짐이 나타났다. 호치민은 1957년 12월 베이징에 잠깐 머물 때 대약진 운동을 찬양했으며, 몇 편의 글(T. L.이라는 가명으로 썼다)을 통해 중국의 자립 정책과 도시의 간부들이 일정 기간 대중과 함께 육체 노동을 하도록 장려하는 정책('하방'이라고 알려져 있었다)에 찬사를 보냈다. 그러나 1958년 3월에는 정치국에 농촌의 집단화를 서두르지 말고 신중한 태도를 유지하라고 충고한 것을 보면, 호치민의 대약진 운동 찬양은 잠재적 후원자의 지지를 얻기 위한 것이었을 가능성이 높다. 그해 7월 〈냔 단〉에 실린 글에서는 사회주의 형제 국가들의 경험을 신중하게 연구하여, '맹목적'인 방식이 아니라 창조적인 방식으로 적용해야 한다고 경고했다. 그러나 9월에 베트남의 고위 간부들에게 의식 수준을 높이기 위해 일주일에 한 번은 육체 노동을 하라고 권장한 것을 보면, 중국의 '하방' 운동은 좋게 보았던 것 같다.[65]

대약진 운동이 북베트남의 조건에 맞을 것이냐 하는 의심은 호치민만 품었던 것이 아니다. 북부의 사회 변화를 위한 모든 급진적 계획이 남부에서 자신이 이루려는 목표에 장애가 된다고 보았던 레 두안은 모험주의적 접근방법을 경고했다. 그는 마오의 신중한 동료 류 사오치의 말을 인용하여, 변화를 일으키려면 파도가 아니라 잔물결을 이용하라고 말했다. 종리 팜 반 동은 3개년 계획의 목표는 식량 생산을 늘려 생활 수준을 높이는 것이라고 강조했고(농촌 마을의 이념적 의식 수준을 높이는 것이 일차적 목표라는 마오주의적 관점을 거부한 셈이다), 추옹 친조차 이 계획을 '단계적으로' 수행해야 한다고 말했다. 베트남 지도자들은 과거의 쓰디쓴 경험을 통해 중국식 모델을 베트남민주공화국에 그대로 수입해 적용할 수 없다는 것을 알고 있었다.[66]

1958년 11월, 중앙위원회는 제14차 전체회의를 열고, 사회주의 이행의 기본 경로를 공식적으로 제시했다. 그 핵심은 도시와 농촌 지역에서 사적 소유를 집단적 또는 공적 소유로 대체하는 것이었다. 국회는 다음 달 '경제 변화와 문화 발전을 위한 3개년 계획'(1958~1960)을 승인했다. 이 계획은 농업과 산업 양쪽에서 생산의 가속화를 요구했지만, 농업이 주요한 고리라고 강조했다.

일각에서는 당이 농촌 전략을 채택한 것을 중국의 경험을 따르겠다는 뜻으로 받아들였다. 그러나 호치민은 오래 전부터 베트남과 같은 저개발 국가들은 농촌에서 성장을 시작해야 한다고 주장해왔다. 이 계획의 중심적 목표는 미래 산업 혁명의 기초를 다지기 위해서 민족 경제—당시에는 농업 부문이 압도적이었다.—를 강화하는 것이었다. 호는 12월에 쓴 글(찬 룩이라는 이름으로 썼다)에서 수도로부터 지역에 이르기까지 당의 '매우 긴밀한' 통제를 유지하는 중국의 전략을 모방할 것을 권하면서도, 협동조합은 신중하게, '자발성의 원칙'에 입각하여 구성해야 한다고 강조했다. 호치민에게는 토지개혁의 실패에서 얻은 교훈이 있었던 것이다.[67]

'결의안 15'—혁명 전쟁 전략

1958년 대부분의 기간 동안 민족 통일의 문제는 하노이의 당 지도부로부터 거의 주목을 받지 못했다. 이 문제가 이렇게 무시된 주요한 이유는 물론 북부의 내적인 요구에 관심을 기울여야 한다는 것이었지만, 모스크바와 베이징 정권의 후원자들의 태도 또한 중요한 요인이었던 것이 분명하다. 흐루시초프의 관점은 잘 알려져 있다. 마오 쩌둥 역시 북베트남의 책임자들과 개인적으로 이야기를 나누면서 비슷한 조언을 했다. 분단 베트남의 문제는 단기간에 해결할 수 없고, 오랜 기간 지속되는 긴 투쟁이 필요하다는 이야기였다. 마오는 이렇게 말했다. "10년으로 모자란다면, 1백 년이 걸릴 수도 있다."[68] 하노이의 일부 고위 지도자들은 동의하지 않

호치민은 산악부족의 집처럼 지은 이 자그마한 집에서 말년을 보냈다. 호는 위층의 조그만 서재 옆의 소박한 침실에서 생활했다. 서가에는 데이비드 쇼엔브런, 벤저민 스폭, 잭 런던의 책도 꽂혀 있었다.

앉을지 모르지만, 어쨌든 입을 다물고 있었다.

 따라서 당 지도부는 당분간 국내 재건 문제에 집중하면서, 민족 통일 문제에 대한 노력은 제네바 협정 조항들이 이행되도록 외교 분야에서 지원을 구하는 것으로 만족했다. 1958년 2월 호치민은 북베트남 대표단을 이끌고, 베트남민주공화국을 어느 정도 지지했던 중립적인 두 나라 인도와 버마를 방문했다. 뉴델리 방문은 다른 한편으로는 인도가 그 무렵 베트남공화국을 외교적으로 인정한 것에 대응하고자 하는 목적도 있었다. 호는 네루 총리를 만나 베트남 통일의 원칙에 대한 지지를 끌어냈지만, 네루는 전국 총선거가 이행되지 않는 문제를 놓고 베트남공화국이나 미국을 공개적으로 비난하는 것은 거부했다. 호는 랑군에서도 비슷한 상황과 마주쳤다.[69]

 이제 호치민의 역할은 점점 고위 외교관 겸 외교 정책 고문으로 한정되었으며, 이 일 외에는 모든 베트남 인민의 정신적 아버지이자 베트남 혁명의 영혼이라는 이미지대로 행동했다. 호는 인자한 호 아저씨 역할을 완벽하게 해냈다. 그는 주석의 역할에 따르는 화려한 장식은 계속 피했다. 1958년에는 주석부 구내의 새로운 작은 주택으로 옮겨갔다. 그 전에 살던 정원사의 오두막에서 몇 미터 떨어진 곳이었다. 당의 명령에 따라 비엣 박의 산악 소수민족의 주택처럼 하단에 기둥을 박아 소박하게 지은 이 집은 그의 여생 동안 집무실 겸 숙소였다.

제14차 전체회의가 끝난 직후 레 두안은 중앙위원회의 중요한 정책 평가를 준비하기 위하여 남베트남 비밀 시찰 여행에 나섰다. 그는 1959년 1월 중순에 돌아와 상황 논의를 위해 긴급 소집한 정치국 회의에 보고서를 제출했다. 두안은 남부의 상황이 위기라고 평가했다. 적이 혁명을 유혈 진압하기로 결심했기 때문에 대중의 생존이 심각한 위험에 처했으며, 사이공 정부에 대한 대중의 적개심도 높아졌다.

레 두안의 보고서가 그의 정치적 목표 때문에 윤색된 것은 분명했지만, 그럼에도 남부 상황에 대한 그의 묘사는 상당히 정확했다. 1957년 혁명가들이 테러 활동을 시작하자, 응오 딘 디엠은 혁명운동을 분쇄하기 위해 필사적으로 노력했다. 사이공 정부는 농촌에 대한 통제력을 확대하기 위하여 베트민 분자들이 마을에 침투하여 마을을 장악하는 것을 저지할 새로운 방법을 강구했다. 정부는 '아그로빌'이라는 요새화된 마을을 만들어, 주위에 철조망, 진흙담, 해자를 설치해서 거주자들이 적의 공격으로부터 자신의 마을을 방어할 수 있도록 했다. 아그로빌의 주민들은 의용대를 조직하여 외부의 침입으로부터 마을을 보호했으며, 정부의 요원이나 정보원들은 베트민 동조자를 색출했다. 동조자들 가운데 일부는 제네바 협정 뒤에 이미 정체가 드러나 있었다.

당 내부 문건에서도 나중에 인정한 것이지만, 사이공 정권은 처음에는 남베트남의 상황을 안정시키고 혁명 세력의 활동을 제한하는 데 큰 성공을 거두었다.

이 시점에서 적은 위에서 아래까지 통치 기제 확립을 완료하였으며, 긴밀한 첩보망을 구축하고 모든 마을에 부대를 만들었다. 적은 공동 책임제〔사이공 정권에서 운영한 보안망으로, 베트남공화국 모든 지역의 가족을 다섯 가구씩 한 단위로 묶어 그 구성원들 전체의 충성심을 공동으로 책임지게 했다〕를 이용하여 모든 가족을 통제할 수 있었다. 혁명 운동의 영향력은 아주 낮아, 심지어 구제 요청이나 작물 재배를 위한 대출금 요청 같은 인민의 낮은 수준의 투쟁조차 '베트콩의 활동'이라는 낙인이 찍혔으며, 그런 투쟁에 참여한 사람들은 협박과 테러를 당했다. 동시에 적은 아그로빌을 계속해서 체계적으로 구축해나갔으며, 외딴 지역에 있는 사람들을 큰 도로나 수로 근처의 상업 중심지로 모아 들였다. 적은 농촌지역에서 꽉 짜인 억압 체계를 만들어 나갔다······.

　이 기간 동안 인민은 적에게 강한 적개심을 품고 결국 혁명이 승리할 것이라고 믿었음에도, 약간은 흔들리고 불안해했다. 우리의 투쟁 방법에 대한 의심과 과거의 낡은 견해들이 다시 살아나면서 점차 목소리를 높여갔다. 인민은 "민주주의적이고 시민적인 권리들"을 위하여 투쟁하면 "감옥과 무덤에 갈 수밖에 없으며", "그런 투쟁은 모든 사람의 죽음과 더불어 끝이 날 것"이라고 말했다. 동시에 많은 지역에서 인민은 당이 무기를 들고 적에 맞서 싸워줄 것을 요구했다.[70]

1957년에서 1959년까지 남베트남에서는 2천 명 이상이 공산주의자로 낙인찍혀 처형당했다. 베트남공화국의 농촌지역을 도는 순회 재판소에서 유죄 판결을 받으면 곧바로 단두대에서 처형되기 일쑤였다. 그 외에 혁명에 공감하는 것으로 의심받는 수천 명이 체포되어 감옥에 갇혔다. 남베트남 군대는 카 마우 반도와 D지대의 베트민 근거지들—그곳의 주민들은 오래 전부터 혁명 운동에 공감해온 것으로 알려져 있었다.—을 공격하기 시작했다. 베트남민주공화국의 자료에 따르면 남부의 당원 숫자는 1957

년 초에 5천 명 이상에서 그해 말에는 3분의 1 이하로 급락했다. 베트남민주공화국의 탁월한 역사가로 부상한 찬 반 쟈우에 따르면, 이때가 혁명 운동에서 '가장 어두운 시기'였다.[71]

그러나 사이공 정권의 안정에 위협을 주는 존재는 제네바 협정 뒤 남베트남에 남아 있던 베트민 분자들만이 아니었다. 많은 점에서 응오 딘 디엠 자신이 최악의 적이었다. 1956년 디엠은 미국의 부추김에 따라 자신의 새로운 정부에 정통성을 부여하기 위한 헌법을 공포하기로 했다. 베트남공화국의 헌법은 대통령제와 내각제를 조합한 것이었으며, 개인 인권을 보호하는 조항들이 들어 있었다. 그러나 디엠에게는 민주적 정치가다운 본능이 결여되어 있었다. 그는 태도가 뻣뻣했고, 군중 앞에서는 불편해했으며, 자신의 유권자들하고도 섞이지를 못했다. 그는 남부인들을 불신하여 가톨릭교도하고만 어울렸는데, 그들 가운데 다수는 북부에서 내려온 피난민들로 그와 마찬가지로 공산주의에 깊은 불신을 품고 있었다. 디엠은 또 비판에 민감하여 자신의 통치에 반기를 들 만한 모든 잠재 세력을 재빨리 탄압했다. 그의 동생으로 내무부 장관직을 맡고 있던 응오 딘 누는 정부의 후원을 받는 '개인주의 노동당'이라는 정당을 창건했다. 야당들은 불법으로 선포되었으며, 정권에 대한 비판자들은 입에 재갈을 물리거나 감옥으로 보냈다.

어쩌면 응오 딘 디엠이 저지른 최대 잘못은 베트남공화국 인구의 80퍼센트 이상을 차지하는 농민의 요구를 파악하지 못했던 것인지도 모른다. 사이공 정권은 미국의 재촉에 따라 토지 소유의 엄청난 불평등(인구의 약 1퍼센트가 경작 가능한 농지의 반을 소유하고 있었으며, 가난한 농민이 부재 지주에게 연간 수확량의 3분의 1을 바치는 경우도 많았다)을 바로잡을 수 있는 그 나름의 토지개혁을 실시했다. 그러나 대도시의 부유한 지주나 부르주아지는 사이공 정권의 가장 열렬한 지지자들이었으며, 그들이 자신들의 이해관계에 불리한 토지개혁에 반대하리라는 것은 충분히 예상할 수 있는 일이었다. 그 결과 토지개혁 법안은 지주들이 쉽게 빠져나갈 수 있도록 작성되었으며, 토지개혁이 몇 년 동안 실시된 후에도 자격을 갖춘 소작인들 가운데 실제로 토지를 받은 사람은 10퍼센트 정도에 불과했다. 이전에 베트민이 장악했던 지역에 사는 농민은 프랑스-베트민 전쟁 동안 받았던 토지를 전 주인에게 돌려주기도 했으며, 이 과정에서 강압적인 수단을 동원하기도 했다. 그런 농민이나 전국의 다른 많은 농민의 입장에서 보자면 디엠 정권은 식민지시대의 프랑스 정권보다 나을 것이 거의 없었다. 1950년대 말에 이르면 남베트남의 많은 농촌지역이 근본적인 변화 요구에 귀를 기울이게 된다.

1959년 1월 레 두안이 정치국에 보고서를 제출한 직후, 중앙위원회는 제15차 전체회의를 소집했다. 회의에 참석한 대표들 가운데 일부는 남부의 간부들로, 그들은 틀림없이 앞다투어 개인적인 이야기를 보탬으로써 남베트남의 위기 상황을 부각시키려고 애를 썼을 것이다. 참석자 가운데 일부는 또 제네바 협정 뒤 남부를 떠난 운동 지지자들로, 그들은 당 지도부가 남베트남의 동포를 보호하기 위한 행동을 제대로 하지 못하는 것 때문에 점점 반항적인 태도를 드러내고 있었다. 레 두안은 이런 대표들의 강력한 대변인 노릇을 했을 것이다. 레 두안은 중앙위원회에서 만일 남부의 반정부 세력이 규모를 확대하고 무기를 증강하는 것을 허용하지 않는다면, 혁명 운동은 궤멸할지도 모른다고 주장했다. 그는 디엠 정권에 반대하는 목소리가 높아지고 있는 상황이 조국 통일을 향해 큰 발걸음을 내디딜 수 있는 황금 같은 기회라고 덧붙였다.

그러나 당 지도부는 쉽게 결정을 내리지 못했다. 몇 년 뒤 남베트남군이 노획한 한 문건에 따르면, 급속하게 전개되는 상황에 대응하는 방식을 두고 대표들은 '다양한 의견과 망설임'을 드러냈다. 어떤 사람들은 당이 생존 투쟁을 벌이고 있는 남부의 운동을 도울 수밖에 없다고 주장했다. 그들은 디엠 정권에 대한 전국 인민의 반감이 비등점에 이르렀다고 덧붙였다.

그러나 다른 사람들은 무장 투쟁을 계속하는 것은 모스크바와 베이징의 동맹자들을 자극할 수 있으며, 나아가 미국의 적극적 개입을 초래할지도 모른다고 우려했다. 또 추옹 친 같은 사람들은 베트남민주공화국이 사회주의 사회의 최초의 초석을 놓는 중요한 사업을 하는 시점에 남부에서 투쟁이 가속화되면 북부의 귀중한 자원을 그쪽으로 돌려야 한다는 점을 걱정했다.[72]

호치민은 이번에도 신중한 태도를 강조했다. 그는 동료들에게 미국의 개입 구실을 줄 수도 있는 무장 투쟁을 쉽게 생각해서는 안 된다고 경고했다. 또 베트남 혁명을 세계 정세 속에서 바라볼 것을 요구했다. 호는 전세계에서 미 제국주의가 꾸준히 약화되는 상황이므로 점진적인 방법이 낫다고 주장했다. 그러다가 기회가 오면 남부의 베트민 세력은 신속하게 결정적인 승리를 달성할 수 있을 것이라고 장담했다. 그 전에는 작은 승리들로 만족하자는 이야기였다.[73]

호치민의 호소에 반응을 한 것인지, 전체회의는 타협적 결론에 이르렀다. 두 지대의 통일을 위한 혁명 전쟁 전략을 채택한다는 결정은 승인되었지만, 정치 투쟁과 군사 투쟁의 비율은 미해결 문제로 남겨둔 것이다. 오랜 세월이 지난 뒤에야 공개된 결의안에는 이렇게 적혀 있다.

> 남베트남에서 혁명 발전의 근본적인 길은 무장 투쟁의 길이다. 무장 투쟁의 길은 구체적 조건과 혁명의 기존 요구를 토대로, 정치적인 역량을 중심에 놓고 상황에 따라 군사적 역량을 결합해가면서 대중의 역량을 활용하는 것이다. 그렇게 해야 제국주의와 봉건주의 세력으로 이루어진 지배 권력을 무너뜨리고 인민의 혁명 권력을 건설할 수 있다.[74]

중앙위원회는 이 투쟁이 힘겹고 복잡한 것임을 인정하면서도, 자위와 무장 선전 방법들을 채택할 필요가 있을지도 모른다고 인정했지만, 그럼에도 기본적으로 정치 투쟁을 통하여 승리를 달성할 수 있을 것이라는 희망을 버리지 않았다.

최근 일부 서구 학자들은 하노이에서 벌어진 논쟁의 핵심은 투쟁 확대에 따른 문제들을 우려하는 신중한 북부인들과 압제 정권을 무너뜨리려는 전투적 남부인들 사이의 다툼이라고 주장해왔다. 이런 가설―많은 남부인들이 무장 투쟁 정책을 강하게 밀고 나가려다가 북부의 신중한 대표들의 저항에 부딪혔다.―에도 일리가 있지만, 북남 분열을 과장할 필요는 없다. 보 응우옌 지압이나 호치민 같은 하노이의 많은 당 고위 지도자들은 오래 전부터 통일을 위해서는 궁극적으로 혁명적 무장 투쟁 전략이 필요하다는 확신을 가지고 있었다. 호와 그의 동료들은 1957년 가을 모스크바에서 그런 의견을 강력하게 주장했으며, 아마 중국측 담당자들과 토론하면서도 같은 주장을 되풀이했을 것이다. 따라서 제15차 전체회의의 논란은 시기를 둘러싼 문제에 가까웠다. 모든―거의 모든―당 지도자들은 결국 무장 투쟁이 필요할 것이며, 다른 모든 수단이 먹혀들지 않으면 무장 투쟁이 얼마든지 정당화될 수 있다는 데 동의했다. 그러나 현재 그런 전략을 채택하는 것이 적절한가, 군사 전술과 정치 전술을 어떻게 배합할 것인가 하는 것은 신중한 토론과 조율을 거쳐야 할 문제였다. 호치민의 관점에서는 아직 정치적으로 해결할 수 있다는 희망을 버릴 때가 아니었다.

제15차 전체회의에서 도달한 결정들을 둘러싼 학문적 논쟁은 그 의미가 학문적인 영역에만 국한되는 것이 아니다. 만일 일각에서 주장하듯이 남부인들이 무력 혁명의 확대를 주도한 것이라면, 이후의 혁명 투쟁은 기본적으로 부패한 독재 정권에 대한 내부의 저항 투쟁으로 묘사할 수 있을 것이다. 북베트남은 약간 수동적인 관찰자 역할을 하다가 결국 내키지 않는 태도로 그 과정에 참여한 것일 수도 있다. 그러나 만일 북부의 당 지도부가 그 결정에서 핵심적인 역할을 한 것이라면, 이후 남부에서 일어난 결과는 전국에 대한 통제력을 강화하려는 하노이의 결정의 결과라고 할 수 있다. 여러 증거들을 보면 진실은 이 두 극단 사이에 자리잡고 있는 것 같다. 즉 호치민과 그의 동료들은 남베트남의 정치적, 경제적 상황을 둘러싼 우렁차지만 초점이 맞지 않는 불만의 합창에 조직과 규율을 부여하려고 노력했다는 것이다.[75]

혁명 전쟁 전략을 채택한다는 중앙위원회의 결정—당사에서는 '결의안 15'로 알려져 있다.—은 모든 당 조직에 즉각 전해지지 않았다. 보 응우옌 지압은 문제의 모든 측면을 평가하는 책임을 맡아, 넉 달 동안 남부 상황에 대한 보고들을 수집했다. 한편 당은 호치민을 외국에 보내 하노이의 주요 동맹자들과 협의하고 그들의 지지를 구하도록 했다. 호는 이제 거의 일흔에 가까운 나이였음에도 사회주의 체제로 조국을 통일하겠다는 마지막 꿈을 위해 지칠 줄 모르고 뛰어다녔다. 그는 1월 중순에 베이징을 방문했고, 이어 모스크바로 가서 소련공산당 제21차 당 대회에 참석했다. 호는 다시 중국에 며칠 머문 뒤에 1959년 2월 14일에 하노이로 돌아왔다. 남베트남 상황을 둘러싸고 호가 중국이나 소비에트의 지도자들과 나눈 이야기는 확인되지 않았지만, 5월에 중앙위원회는 결의안 15를 공식 승인했다.[76]

15장 모두 전선으로

1959
1969

호치민은 정치 회담을 마무리 짓자, 근처 산둥 성의 공자 출생지를 찾아갔다. 호치민은 자신이 평생 공자를 존경해왔다고 고백했다. 호치민은 이 고대 철학자의 고향에 있는 사당에서 인본주의 원리에 대한 공자의 깊은 통찰을 보여주는 한문 구절을 암송하며, 공자의 유명한 대동(大同) 원리가 현대의 평등 사회 개념과 통하는 것이라고 말했다. 그는 대동의 시대가 지구 전체에 퍼질 때에만 진정한 평화가 찾아올 것이라고 말했다.

1960년대 말에 호치민은 유언을 자주 고쳤지만, 어느 유언장에나 화장을 해달라는 유언은 꼭 들어가 있었다. 마지막 유언장에는 시신을 화장한 다음 조국의 북부, 중부, 남부에 나누어 뿌리고 장소를 밝히지 말아달라는 조항을 넣었다. 평생을 조국 통일에 바쳐왔다는 것을 보여주는 상징적인 행동이었다. 이어 그는 카를 마르크스, 블라디미르 레닌을 비롯한 존경하는 혁명가들을 만나러 갈 것이라고 썼다.

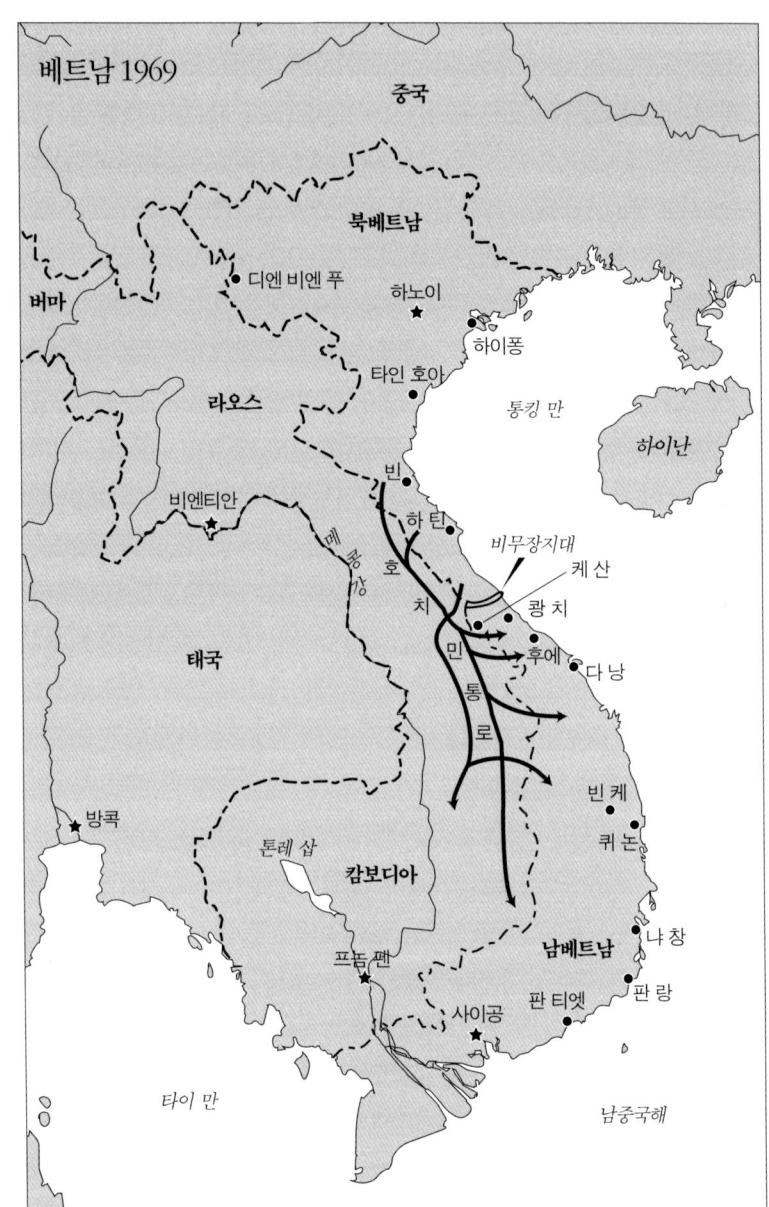

15 | 모두 전선으로

 1959년 1월 제15차 전체회의의 결정과 더불어 당 지도부는 주의 깊게 지켜보며 기다리던 자세를 버리고 남부 통일에 제일 높은 우선 순위를 부여했다. 그러나 새로운 정책의 정확한 내용에는 아직 완전한 합의가 이루어지지 않았다. 일각에서는 1945년 8월 혁명 동안 채택했던 정치 투쟁과 군사 투쟁의 결합을 통하여 승리를 얻으려 했다. 또 일부에서는 프랑스-베트민 전쟁 후기에 채택했던 것과 같은 직접적인 전쟁 방식으로 돌아가야 할 것이라고 예측했다.
 구체적 전략을 짜기에는 해결되지 않은 문제들이 너무 많았다. 디엠 정권이 자체의 무능과 부패로 무너지지 않을까. 사이공 정권이 약화되면 미국이 억할을 확대하려 하지 않을까. 하노이의 후원자들이 인도차이나에 새로운 전쟁이 일어나도 계속 하노이를 지지할까. 아직 이 모든 질문에 답이 나오지 않았다. 당 지도부는 이런 질문들에 답을 얻기 전에는 구체적인 쟁점들에 대한 논란을 미루고, 당분간 '혁명 전쟁'이라는 말로 타협을 해둘 생각이었다. 정치국의 지도적 전략가로 부상하고 있던 레 두안이 말하듯이, 남부의 혁명 세력들은 당장은 정치 투쟁 방법을 앞세우면서, 점진적으로 기지를 확대하고 군사적 힘을 기르는 방식으로 나아가야 했다.[1]
 하노이에서 남부의 무장 투쟁의 역할을 제한하기로 했던 데는 인명과 중요 자원의 지나친 손실을 막으려는 의도도 있었다. 또 세계 평화를 위협하지 말라는 동맹국들의 요구도 중요한 이유가 되었다. 1958년 여름에 호치민은 베이댜허에 있는 마오의 여름 별장에서 마오 쩌둥과 두 베트남을 통일시키는 투쟁의 진행 방향을 논의했다. 마오는 현재 '가장 긴급한 과제'는 북부에서 사회주의 혁명을 완수하는 것이라는 견해를 밝혔다. 베이징의 관점에서 보자면 남부에서는 혁명적 변화를 위한 때가 아직 무르익지 않았다. 마오는 남부의 반정부 세력들이 한 단계 도약할 수 있는 미래의 기회에 대비하여 정치적, 군사적 힘을 쌓아야 한다고 보았다.[2]

1959년 1월 제15차 전체회의에서 도달한 결론은 남부에서 미국이 직접 개입할 가능성에 대한 하노이의 점증하는 우려도 반영하고 있었다. 아이젠하워 정부가 프랑스를 대신하여 사이공 정권의 일차적 후원자로 나선 이후, 두 지대의 통일을 막으려는 미국 정부의 노력이 중단될 기미는 전혀 보이지 않았다. 워싱턴은 계속해서 남부에 공고한 반공 기지를 건설하겠다고 위협했을 뿐 아니라(제네바 회담 직후 국무장관 덜레스가 발표했다), 1954년 마닐라에서 결성한 새로운 동남아시아 조약 기구가 인도차이나의 새로운 국가들까지 포괄할 것이라는 의도를 드러내기까지 했다. 베트남공화국은 동남아시아 조약 기구의 회원국이 아니었음에도, 창립 헌장에는 남베트남, 라오스, 캄보디아가 침략을 당할 경우 동남아시아 조약 기구의 각 회원국이 "헌법적 절차에 따라 공동의 위험에 대처한다."라는 조항이 들어 있었다.

따라서 당 지도부로서는 남부 문제에 신중하게 접근할 수밖에 없었다. 정치국에서 가장 호전적이라고 할 수 있는 레 두안조차 개인적으로는 대프랑스 전략이 지나치게 군사 작전에 의존했으며, 그런 잘못을 되풀이해서는 안 된다는 견해를 밝힐 정도였다. 1959년의 남은 기간 동안에는 투쟁의 다음 단계로 나아가기 위해 신중하게 준비를 했다. 우선 '재편성자들'—남부에서 태어났지만 제네바 협정 이후 혁명 전쟁 훈련을 받기 위하여 북부로 파견되었던 베트남 청년들—을 소규모로 묶어 남부로 복귀하라는 명령을 내림으로써, 남부의 반정부 세력들에게 경험 많고 충성스러운 기간 요원들로 이루어진 단단한 핵을 공급했다. 1954년 북으로 간 약 9만 명의 피난민들 가운데 당에 헌신적인 사람들은 하노이 근처 수안마이 훈련학교에서 남부의 혁명 운동 현장으로 돌아갈 가능성에 대비하여 훈련을 받았다. 이곳에서 훈련을 받았던 한 사람은 나중에 이렇게 말했다.

우리는 북베트남에서 아주 재미있는 시간을 보냈다. 우리는 이전부터 베트민의 강한 투사들이었으며, 호치민을 비롯하여 다른 베트민 지도자들을 존경해왔다. 북베트남으로 가는 길은 매우 험하고 오래 걸렸지만, 우리는 한 번도 불평을 하지 않았다. 그런 어려움들이 모두 혁명을 위한 것임을 알았기 때문이다.

북베트남에서 받은 훈련 역시 힘들었다. 가끔 먹을 것 때문에 고생하기도 했다. 가끔은 너무 외로웠고, 집에 가서 가족과 친구들을 만나고 싶기도 했다. 그러나 시간이 어느 정도 흐르자 외로움을 타지 않게 되었으며, 혁명 투쟁에서 힘을 얻게 되었다. 가족 생각도 별로 나지 않았다. 우리는 이제 가족을 그리워하지 않게 되었다—호치민처럼.[3]

재편성자들은 남베트남으로 다시 침투해 들어갔는데, 보통 40, 50명씩 집단을 이루어 트럭을 타고 라오스 남부의 산악지대로 들어간 다음, 그곳에서 도보로 밀림의 길을 통해 동쪽의 비무장지대를 우회해 갔다. 그들은 남베트남에 도착하여 남부의 당 기구에서 지도적인 역할을 맡았다. 559단(창설 시점인 1959년 5월에서 이름을 따왔다)이라는 부대는 북에서 남으로 병력, 무기, 물자를 운송할 수 있는 길을 뚫으라는 명령을 받았다. 이 길들—그 가운데 많은 부분은 사실 그 전 대프랑스 항전 동안에 뚫어놓은 것이었는데—은 나중에 '호치민 통로'로 세상에 알려지게 된다. 759단이라

호치민 통로는 남부의 혁명 운동에 인력과 물자를 실어 나르는 동맥이었다. 이 길은 처음에는 걷거나 자전거만 탈 수 있는 좁은 길이었지만, 전쟁이 끝날 무렵에는 위장한 소비에트 트럭이 다닐 수 있을 정도로 넓어졌다.

는 또 하나의 부대는 비교적 방어망이 허술한 남중국해 해안을 따라 배로 물자와 인력을 운송할 수 있는 방법을 찾으라는 명령을 받았다. 물자는 보도이 추옹 손(중앙 산악부대)이라는 특수부대가 수송했다. 그들은 처음에는 도보로 또는 자전거로 장비를 수송했다. 그러나 나중에는 길을 넓혀 트럭이 다닐 수 있었다. 그래도 결코 쉬운 일이 아니었다. "남쪽으로 갈수록 상황은 더 나빠졌다. 마침내 쌀은 몇 킬로그램밖에 남지 않았는데, 우리는 그것을 최악의 상황에 대비해 아껴두기로 했다. 우리는 두 달 동안 잎, 뿌리, 짐승, 새 등 밀림에서 찾아낼 수 있는 것은 무엇이든 먹었다."

또 다른 사람은 이렇게 말한다.

처음에 우리는 하루에 8시간 정도 걷곤 했다. 그러나 산을 타고 밀림을 헤쳐나가야 했기 때문에 점점 느려졌다. 언제 어디서 쉬느냐 하는 것은 안내자나 지도자가 결정했다. 깨끗하고 안전한 곳이면 어디라도 좋았다. 중간 체류지도 도시의 체류지와는 완전히 달랐다. 비를 막아줄 것도 없었고, 침대도 없었다. 해먹을 설치하고 그 안에서 자야 했다.

중간 체류지는 우리보다 앞서 그 길을 갔던 사람들이 만들어놓은 곳이었다. 이곳에서는 식량과 물을 공급하기로 되어 있었다. 그러나 모자라기 일쑤였다. 따라서 각자 자신이 갖고 있는 식량과 물을 아껴야 했다. 멀리 갈수록 굶주림의 위험은 더 커졌다. 식량이 바닥을 보이기 시작하면 동지애에도 금이 갔다. 각자 자신의 목숨을 보존하는 일에 점점 더 관심을 가지게 되었기 때문이다.[4]

1959년 1월에 제15차 전체회의에서 합의를 보고 5월에 결의안 15호의 통과로 결정된 사항들이 남부의 반정부군 지휘관들에게 전달된 것은 그해 늦여름이었다. 틀림없이 많은 사람들이 그 결정을 환영했을 것이다. 그 무렵 디엠 정부가 10/59법—사이공의 보안 부대들이 반대 세력을 체포하고 처벌할 권한을 확대하는 내용이었다.—이라고 알려진 새로운 지침들을 동원하여 혁명 운동을 더욱 강하게 탄압하기 시작했기 때문이다. 그해 내내 순회 재판소들이 남부 전역을 돌아다니며 하노이와 정치적 관련이 있다고 의심받는 사람들을 고발하고, 재판하고, 이따금씩 처형하기도 했다. 인구밀도가 높은 메콩 강 삼각주의 농민 가족들은 계속해서 경계가 삼엄한 아그로빌로 소개되었으므로, 게릴라가 농촌 주민에게 접근할 수 있는 길은 점점 막혀갔다.

반정부 세력 지도자들은 필사적인 방법에 의존하려 했다. 8월 말 쾅 응아이 성의 척박한 산악지대에 사는 수많은 농민이 모여 베트남공화국 국회의원 선거에 항의하는 시위를 벌였다. 하노이의 당 지도부가 보기에 베트남공화국은 불법 정부였다. 그 지역에서 활동하는 베트민 세력의 지원을 받은 시위자들은 일시적으로 중부 산악지대의 험준한 동쪽 비탈에 자리잡은 차 봉 부의 16개 마을을 장악했다. 그리고 잠깐이기는 하지만 약 50개 마을 1만 명 이상의 주민으로 이루어진 해방구를 형성했다.

다섯 달 뒤, 이번에는 메콩 강 삼각주 중심부의 키엔 호아 성(베트민 지지자들에게는 이전 이름인 벤 체로 알려져 있었다)에서 두 번째 봉기가 시작되었다. 반프랑스 전쟁 시절부터 베트민 활동가들이 친프랑스 지주들의 경작지를 몰수하여 빈농에게 나누어주었기 때문에, 이 지역 주민은 혁명 운동에 공감하고 있었다. 제네바 협정 뒤에는 지주들이 돌아와 정부군의 지원을 받으며 토지를 도로 빼앗아갔고, 때로는 토지를 분배받았던 사람에게 가혹한 보복(체포와 수감을 포함하여)을 하기도 했다. 1960년 1월 베트민 휘하의 지역 자위대는 갑자기 정부의 전초 기지들을 공격하기 시작했고, 지역 주민의 지원을 받아 수십 개 마을을 점령했다. 사실 당 일꾼들은 오래 전부터 세심하게 작전 계획을 짰고, 적에게 겁을 줄 수 있도록 동조자들을 창이나 목총으로 무장시켰으며, 남베트남군으로 위장한 부대들을 여러 마을로 파견하여 행정 관서들을 장악했다. 봉기에 참가했던 한 사람은 이렇게 이야기한다.

오후 9시가 조금 지나 상주 사무소(본부)에 도착하자, 이 마을에서 저 마을로 북 소리와 딱딱이 소리가 퍼져나가기 시작했으며 사람들의 함성이 뒤따랐다……. 밤이 깊어가면서 북과 나무 종 소리는 모든 사람들을 깨우려는 듯 더 크고 집요하게 울려퍼졌다. 이런 신호들을 통하여 전투는 사방으로 퍼져나갔다……. 갑자기 누가 소리를 질렀다. "기지에 불이 났다! 활활 타오르고 있다!"

적의 기지를 둘러싸고 있던 사람들은 기지들을 장악하는 즉시 불을 지르라는 명령을 받고 있었다. 사람들은 즉시 깃발을 찢고, 주민등록부를 불태웠다. 도로에서는 마을 사람들이 나무를 베어 장벽을 만들어 적의 진입을 막았다……. 사람들은 모든 기지를 둘러싸고, 휴대용 확성기로 병사들에게 호소했다. 병사들은 머리 위로 무시무시한 천둥벼락이 쏟아지는 느낌이었을 것이다. 기습을 당한 병사들은 얼이 빠져 기지 안에서 꼼짝도 못했다.[5]

남베트남에서 무장 저항이 급속히 번져나가자, 투쟁 확대의 결과를 우려하던 하노이의 당 지도부는 고민을 하게 되었다. 레 두안은 4월에 연설을 통해 혁명 무장 투쟁은 남부의 테두리 안에서 이루어져야 한다고 선언했는데, 이 선언은 하노이의 동맹국들을 안심시키려는 의도에서 나온 것이 분명하다. 두안은 세계 평화를 유지하고 베트남민주공화국에서 사회주의 혁명을 수행해나갈 필요성 때문에 남베트남 혁명에 '복잡한 상황'이 조성되었다고 인정하면서도, 결국 그러한 요인들이 민족 통일이라는 대의에 유리하게 작용할 것이라고 주장했다.[6]

소련과 중국 사이에서

한편 호치민은 통일을 위하여 하노이의 동맹국들의 지원을 얻는 일에서 중요한 역할을 담당함으로써 평소와 마찬가지로 베트남민주공화국의 제1외교관 역할을 수행했다. 세계 전략을 둘러싸고 중국과 소련 사이의 갈등의 골이 깊어지면서 소비에트 블록의 긴장이 팽팽해지고 있었다. 모스크바는 베이징의 비협조적 태도에 대한 불쾌감의 표시로 원자탄 표본을 달라는 중국의 공식 요청을 거부했다. 이것은 몇 년 전의 상호 협정에서 모스크바가 베이징에 약속했던 사항이었다. 나중에 북베트남은 두 동맹국 사이의 반목을 이용하는 방법을 터득하게 되지만, 갈등의 초기 단계에는 두 동맹국에 우애와 단결을 호소했을 뿐이다. 1959년 7월 초 호치민은 소비에트 지도자들과 회담하기 위해 모스크바로 갔다. 호는 하노이를 떠나기 전 정치국 회의에서 남부의 투쟁이 격렬하고 복잡해질 것이라고 예측하면서, 그래도 맹목적 모험주의는 위험하다고 경고했다.[7]

모스크바는 남베트남의 혁명 전쟁 재개 문제를 논의할 만한 상황이 아니었다. 니키타 흐루시초프는 9월에 미국을 방문할 예정이었기 때문에, 주변 문제로 워싱턴과 대립하고 싶어하지 않았다. 소련은 베트남민주공화국 경제를 뒷받침하기 위하여 장기 원조 조약을 맺겠다고 했으나, 민족 통일 문제에는 도움을 주려 하지 않았다. 호의 방문 기간 흐루시초프와 클리멘트 보로실로프는 연설을 통해 제네바 협정을 평화적으로 이행하는 것이 중요하다고 강조했다.

호는 소비에트 지도자들과 만난 다음 모스크바에 잠깐 남아 검진을 받고(그 전해보다 건강이 좋아졌다는 이야기를 들었다), 우크라이나, 크림, 카프카스 등을 통과하며 소련의 유럽 공화국들을 둘러보는 한가한 여행길에 올랐다. 7월 말 그는 열차편으로 중앙아시아를 통과하여 카자흐스탄공화국의 수도인 알마아타로 갔다. 8월 1일에는 비행기를 타고 중국 신장 성의 우룸치로 갔다.

호가 소련 체재 기간을 연장했던 것은 중국공산당 중앙위원회가 소집되어 중국 지도부가 호를 바로 만나줄 수가 없었기 때문이다. 중앙위원회는 중국 남부의 산악 휴양지인 루산에서 소집되었는데, 대약진 운동의 실패 등으로 촉발된 당 지도부의 불협화음을 해소하는 것이 목적이었다. 식량 생산 증가와 농촌의 사회주의화를 촉진한다는 목적으로 그 전해에 시작된 대약진 운동은 농민의 광범위한 저항과 마주쳤으며, 농촌지역에서 대규모 기아 사태가 발생했다. 한국전쟁에서 인민해방군 사령관을 맡았던 국방장관 펑 더화이(彭德懷)는 루산 회의에서 대약진 운동이 중국 경제에 심각한 타격을 주었다고 비판함으로써 마오 쩌둥의 노여움을 샀다. 펑은 또 자립 정책에 반대하여 중국과 소련의 군사 관계를 옹호했다. 펑은 이런 대담한 행동 때문에 국방장관 자리에서 해임되었으며, 내전 때 중국군을 지휘했고 이제 마오 쩌둥의 가장 가까운 동맹자가 된 린 뱌오(林彪) 원수가 그 자리를 맡았다.

호치민은 우룸치에 며칠 머물다가 열차를 타고 천천히 시안으로 가서,

1938년 가을에 그랬던 것과 마찬가지로 관광객 노릇을 했다. 그는 8월 13일에 마침내 베이징에 도착했다. 마오가 아직 베이징에 돌아오지 않았기 때문에 호는 저우 언라이와 류 사오치를 만났다. 그들은 혁명 전쟁 전략을 채택한 베트남민주공화국의 결정을 지지하지만, 남베트남의 저항 운동이 정치 투쟁과 낮은 수준의 준군사적 투쟁에 한정되어야 한다는 중국측의 기존 입장에는 아무런 변화가 없다고 이야기했다. 호치민은 26일에 하노이로 돌아왔다.[8]

호치민은 장기 해외 출장의 빈약한 성과에 기분이 좋지 않았을 것이다. 모스크바도 베이징도 제네바 협정이 파기된 상황에 대해 의례적인 동정 이상을 보여주지 않았으며, 민족 통일의 과제를 완수하기 위해 혁명 전쟁 정책을 채택한다는 하노이의 결정도 확고하게 지지해주지 않았다. 호는 특히 중국에서 받은 대접에 화가 났을 것이다. 마오 쩌둥은 호를 만나러 베이징으로 돌아오는 수고조차 하지 않은 것이다. 그러나 호는 중국 동지들의 오만한 태도에 익숙해 있었으며, 자신의 동지들에게 이따금씩 마오 쩌둥을 '천황'이라고 비꼬기도 했다. 어쨌든 이로 인한 약간의 균열은 곧 봉합되었다. 그해 가을, 호는 중화인민공화국 창건 10주년 기념식에 참석하기 위해 공식 대표단을 이끌고 베이징으로 갔다. 호는 오랜 친구이자 은인인 쑹 칭링을 만난 뒤, 10월 3일 마오와 회담을 하고 다음 날 베트남으로 돌아왔다. 호는 그달에 〈냔 단〉에 쓴 글에서 동포들에게 중국의 경험을 연구하고, 중국이 베트남 민족 해방 전쟁을 지원한 일에 영원히 감사하자고 촉구했다.[9]

계속된 남부의 투쟁 전략 논쟁

호치민이 하노이의 동맹국들과 외교 정책을 조율하는 동안, 그의 동료들은 국내 문제에 몰두해 있었다. 북부에서 사회주의의 기초를 닦자는 목표를 내세웠던 3개년 계획은 순조롭게 진행되고 있었으며, 토지개혁과 같은 폭력과 불협화음은 찾아볼 수 없었다. 호치민은 집단화 운동에 따르는 계급 간 폭력이 상대적으로 눈에 띄지 않는다는 사실에 크게 만족했을 것이다. 그는 동지들에게 강제적인 방법을 피하고 '민주적인 방법'을 사용하여 농촌 주민에게 사회주의 체제의 우월성을 알리라고 촉구했다. 호는 산업과 상업 부문의 집단 또는 국가 소유를 꾸준하게 진행해온 도시지역에서도 힘을 앞세우기보다는 설득을 해야 한다고 주장했다. 호는 당의 악습을 교정하기 위한 회의에서 일부 급진분자들이 주장한, 부르주아 계급은 북베트남의 사회 혁명의 불구대천의 원수라는 주장을 문제 삼으면서, 부르주아지도 대중의 대열에 합류했으며 평화롭게 또 자발적으로 노동 계급의 유용한 구성원으로 변화할 수 있다고 주장했다. 그러나 과연 당의 하부 기관까지 호의 말이 무게 있게 전달되었는지는 확인할 수 없다. 국내 문제에서 호의 영향력은 상당히 줄어들었으며, 당의 고위 지도부는 호가 외교와 통일 문제에 많은 시간을 할애할 것으로 기대하고 있었다.[10]

1959년 말이 되자 베트남민주공화국의 도시와 농촌 경제 대부분은 사회주의 노선을 따라 바뀌었으며, 당 지도부는 다음 단계로 시선을 돌리기 시작했다. 즉 사회주의 산업화 과정을 시작하는 소비에트식 5개년 계획이었다. 이 계획은 큰 노력이 필요할 뿐 아니라, 남부의 투쟁 단계의 상승과 발맞추어 진행해 나갈 예정이었기 때문에, 당 지도부는 5개년 계획에 대한 공개적인 논의의 장을 마련하고 그 승인을 확보할 수단을 얻기 위해 전국 당 대회를 열기로 결정했다. 베트남노동당은 1960년 늦여름이나 가을쯤 대회를 열기로 하고 1959년 10월부터 준비에 들어갔다.

그러는 사이에 하노이의 주요 동맹국들 사이의 갈등이 격화되었다. 1960년 6월에는 루마니아공산당 대회에서 중소 양측 대표들이 상대를 신랄하게 공격하면서 양국의 분쟁이 처음으로 표면에 드러나 세계를 놀라게 했다. 대회 뒤 모스크바는 중국에 체재하던 많은 고문들을 귀국시켰다. 부쿠레슈티에 갔던 베트남 대표들은 아마 흐루시초프의 의도를 미리 귀띔받지 못했을 것이다. 그들은 소련이 제국주의와 세계 전쟁 문제에 대한 중국의 견해를 공격하는 동안 대체로 입을 다물고 있었다. 회의에 참석했던 베트남노동당 선임 대표 레 두안은 미 제국주의자들이 새로운 세계전쟁을 일으키려 하고 있다는 중국의 주장을 지지하는 짤막한 성명을 발표했다. 그러나 냉전시대에 사회주의 국가들이 채택할 전략을 둘러싼 모스크바와 베이징 사이의 점점 깊어지는 골을 반영한 이 분쟁에서 하노이는 아직 어느 한쪽 편을 들 준비가 되어 있지 않았다. 회의가 끝난 뒤 〈냔 단〉은 사설에서 루마니아에서 제기된 쟁점들을 무시하고, 공산주의자들의 통일성 결여는 당과 베트남 통일에 큰 피해를 줄 수 있다고 경고했다.

하노이는 중소 분쟁이 자신의 안보에 미치는 피해를 막으려고 필사적으로 노력했다. 호치민은 기회가 있을 때마다 직접 나서서 모스크바와 베이징 양쪽에 공평한 태도를 보여주었다. 그해 5월, 호는 중국 남부로 날아가 70회 생일을 기념하며 며칠 쉬었다. 호가 베트남으로 돌아온 직후 〈냔 단〉에는 호의 이름으로 모스크바의 '올바른 정책'을 지지하는 글이 실렸다. 8월에 호는 모스크바와 베이징을 잠깐 방문했는데, 그 목적은 남베트남과 관련한 베트남민주공화국의 의도에 대해 두 나라를 안심시키는 동시에, 그들이 화해를 하기 위해 최선의 노력을 기울이라고 촉구하는 것이었음에 틀림없다.

베트남노동당 제3차 전국대회는 1960년 9월 5일 하노이에서 열렸다. 1951년 대프랑스 항전을 위한 비엣 박의 대회 이후 처음 열린 대회였다. 남북 양쪽의 50만 이상의 당원을 대리하는 576명의 대표들이 참석했다. 호는 당 의장으로서 개회 연설을 하면서 과거의 오류를 잠깐 언급했지만(그는 당이 단점들을 적극적으로 고쳤으며, '성공에 도취되지' 않았다고 말했다), 대부분의 내용은 미래에 할애하여, 향후 몇 년간 주요한 과제는 북부를 사회주의로 이끌고 나아가는 것이라고 선언했다. 호는 베트남 혁명의 승리를 위해서는 "마르크스-레닌주의를 깊이 연구하고, 노동 계급과 인민의

1960년 9월 제3차 전국 당대회에서 정치보고를 하는 호치민. 앞줄 그의 왼쪽에 새로운 총서기 레 두안이 앉아 있다. 오른쪽에는 두안의 전임자 추옹 친이 앉아 있다. 두 번째 줄 맨 왼쪽에는 보 응우옌 지압이 앉아 있다. 반대편 끝에는 호앙 반 호안이 앉아 있다.

이익에 충성하고, 당 내에, 모든 공산당 사이에, 커다란 사회주의 가족을 이루는 모든 나라 사이에 연대와 통일을 유지해야 한다."라고 강조했다. 호는 당이 평화적 수단으로 통일을 이루기를 바란다는 말 외에는 남부—'조국의 황동 벽'이라고 묘사했다.—문제에 대해서는 상대적으로 말을 아꼈다.[11]

호의 연설이 대회의 기조를 결정했다. 대부분의 참가자들이 기술적으로 발전한, 완전하게 사회주의적인 사회의 기초를 놓기 위한 새로운 5개년 계획을 공식적으로 승인하는 일에 일차적 관심을 가졌다. 그러나 민족 통일을 위한 투쟁을 무시한 것은 결코 아니다. 회의 마지막에 나온 결의안에서 통일 문제는 이후의 5개년 계획을 둘러싼 당의 국내 목표들과 똑같은 대접을 받았다. 그러나 당 지도부가 남부의 투쟁 방식에 대해 아직 합의에 이르지 못한 것은 분명했다. 레 두안은 대회에서 정치 보고를 통해 이런 상황을 여러 차례 언급했지만, 구체적인 이야기는 피하고 "길고 힘겨운 투쟁, 많은 투쟁 형태들을 결합한, 단순하지 않은 복잡한 투쟁"이 될 것이며, 여기에는 합법 활동과 비합법 활동을 오가는 유연성이 필요할 것이라고만 말했다. 그는 첫 번째 도구가 대중의 혁명적인 힘이 될 것이라고 선언했다. 그는 베트남민주공화국의 적극적 개입 가능성은 언급하지 않았다. 그러나 당시 당 지도부가 적어도 당장은 개입이 필요하지 않을 것이라고 생각했다는 것은 대회에서 북부의 사회주의 산업화를 위한 5개년 계획이라는 정치국의 야심만만한 제안이 별다른 논란 없이 승인된 사실로도 증명된다. 그럼에도 남부의 투쟁 전략을 둘러싼 논쟁이 완전히 중단되지 않았음을 보여주는 증거들이 있다. 보 응우옌 지압은 대표들 앞에서 연설할 때, 일부 동지들은 미국이나 사이공에 있는 미국의 하수인들의 음모를 제대로 알지 못하기 때문에, "우리의 정책이 평화를 보존하고 평화적 통일을 성취하는 것이지만, 동시에 언제나 적의 모든 작전에 대처할 준비를 해야 한다는 사실을 이해하지 못하고 있다."라고 지적했다.

마지막으로 제3차 대회는 당 지도부 내에서 오랫동안 진행되어오던 변화를 승인했다. 레 두안은 공식적으로 베트남노동당의 제1서기(소련공산당의 결정을 모방하여 총서기라는 이전 직함을 바꾸었다)로 선출되었다. 호치민은 당의장 자리를 유지했다. 레 두안이 호의 뒤를 이어 당내 2인자 자리에 올랐다는 것은 민족 통일 문제가 이후 10년 동안 큰 주목을 받게 되리라는 점을 예고하는 것이었다. 통일 문제의 중요성이 강조되었다는 것을 보여주는 또 하나의 사실은 새로운 정치국에 남부 출신이 3명―레 두안, 팜 홍, 새로 두각을 나타내던 군 지휘관 응우옌 치 타인―이나 자리를 잡게 되었다는 점이다. 카리스마가 넘치고 야심만만한 타인은 1950년대 말에 군의 최고위 지도자로 승진하여 경쟁자인 보 응우옌 지압과 같은 계급을 달게 되었다. 타인은 지압과는 달리 정치적인 인물로, 이전에도 군의 정치부에서 이데올로기적 순결성을 유지하는 일을 맡았다. 당 정치국의 네 번째 새로운 인물인 레 둑 토는 남부 출신은 아니었지만, 대프랑스 항전 동안 남부에서 레 두안의 부관으로 일한 경력이 있었다.[12]

제3차 전국대회는 중소 분쟁에 대해서는 아무런 공식적 입장을 채택하지 않았으며, 이 문제로 공개적인 회의에서 논쟁이 일어나지도 않았던 것으로 보인다(대회에는 양국의 대표들이 참석했다). 회의가 끝난 뒤 발표된 성명은 여전히 소련을 사회주의 진영의 지도자로 묘사하고 있지만, 레 두안 휘하의 호전적인 새로운 지도자들이 전면에 나서면서 두 사회주의 후원국들 사이에서 균형을 유지하려던 호의 오랜 노력은 차츰 난관에 부딪히게 되었다. 호는 대회에서 소비에트와 중국 대표들 사이에 토론이 벌어졌을 때 통역 역할을 맡아 긴장을 최대한 줄이려고 노력했다. 어쨌든 두 동맹국 모두 남베트남의 투쟁 강화는 승인하려 하지 않았다. 모스크바는 호에게 남베트남 문제에 대한 백지수표를 주려 하지 않았으며, 사회주의 진영 내의 긴장을 늦추자는 호의 호소도 거부했다. 저우 언라이는 7월에 하노이를 잠깐 방문했을 때 베트남이 유연하게 처신해야 하며, 남부에서 승리하려면 정치 투쟁을 최대한 이용해야 한다고 이야기했다.[13]

남베트남 민족해방전선

당 지도부는 어떻게 하면 미국의 직접 개입을 부르지 않고 응오 딘 디엠 정권을 무너뜨릴 수 있을까 하는 문제를 놓고 계속 고민했다. 과거의 경험을 보자면, 남부에는 반프랑스 투쟁 초기의 베트민전선과 같은 역할을 할 수 있는 새로운 정치조직이 필요했다. 사실 하노이는 사이공 정권에 반대하는 모든 분파들을 끌어모으는 자석 역할을 하면서도 베트남노동당의 의지에 따라줄 수 있는 민족전선을 구성하기를 바랐다. 그렇게 하려면 북부의 지배를 의심하는 남부의 분리주의자들을 포함하여 베트남 통일에 헌신할 수 있는 모든 애국자들에게 호소할 수 있는 프로그램이 있어야 했다. 이 조직은 이데올로기와 실천이라는 면에서 공산주의를 불신하는 온건파를 끌어안으면서도, 노동자와 농민의 열광적인 지지를 끌어내야 했다. 이를 위해서는 남부를 디엠의 권위주의적 통치의 족쇄로부터 해방시키겠다는 약속을 하면서도, 북부의 공산주의 체제가 남부를 즉시 장악할 것이라는 위협은 느끼지 않게 해야 했다.

새로운 전선에 대한 공개적 언급은 제3차 전국대회에서 처음 나왔다. 당의 원로 정치가 톤 둑 탕이 연설에서 잠깐 언급한 것이다. 한때 노동 운동 조직가로서 식민지 사이공의 항만노동자조합 결성을 지원했던 탕은 전선이 4계급 동맹이라는 익숙한 레닌주의 개념에 기초해야 하지만, 남베트남 사회의 복잡성을 고려하여 다양한 종교적, 인종적 소수파들을 포괄해야 한다고 말했다. 전선의 목표는 주민 가운데 광범위한 층들에 호소력을 가지기 위해 그 성격이 일반적이어야 한다. 민족적이고 개량적인 주제들을 강조해야 하며, 평화, 통일, 민주, 번영의 베트남 건설을 최종 목표로 내세워야 한다. 그 중간 단계로 남부 사회의 모든 진보적 분파들을 망라한 정부를 만들어야 하는데, 이 연합체가 궁극적으로 북부와 평화적 통일을 논의해야 한다. 베트민전선과 비슷한 이 새로운 남부의 전선은 중앙위원회로부터 마을의 세포에 이르기까지 다양한 수준에서 조직해야 한다. 탕은 연설에서 공산주의는 언급하지 않았다.

'남베트남 민족해방전선(보통 민족해방전선으로 줄여 부른다)'은 1960년 12월 20일 '남베트남 해방지역의 어떤 장소(당사에서 이렇게 묘사하고 있다)'에 남베트남 사회의 다양한 층의 대표들이 모여 비밀 회의를 열고 공식적으로 수립했다. 사실 이 회의는 캄보디아 국경지역의 작은 건물들이 모여 있는 곳에서 열렸는데, 주변의 밀림지대에는 고무 플랜테이션들이 자리잡고 있었다. 훗날 이곳은 남부의 당 군사 사령부 역할을 하게 된다.

이 자리에 모인 60명의 대표들에게 회의는 가슴 벅찬 경험이었다. 이 회의에 참석한 남베트남의 지식인 추옹 누 탕의 말에 따르면, "회의장에 모인 사람들은 모두 자신이 역사적 사건에 참여하고 있다는 사실을 의식하고 있었다." 회의가 끝난 뒤 추옹은 '드높은 희망'을 품고 버스를 타고 사이공으로 돌아갔다. 몇 주 뒤 미국에서는 존 피츠제럴드 케네디가 새로 대통령에 취임했다. 아이젠하워 대통령은 후임자에게 브리핑을 하면서 남베트남에서 반정부 활동이 강화되고 있다는 사실에 대해서는 아무런 언급을 하지 않았다.[14]

사실 드와이트 아이젠하워는 모르고 있었지만, 남베트남 사회 각층에서는 응오 딘 디엠과 그의 영향력 있는 동생 응오 딘 누에 대한 분노가 확산되고 있었다. 농민은 공무원의 부패와 부재 지주가 부과하는 높은 소작료 때문에 고통을 겪었다. 불교도는 정부가 가톨릭교도를 편애한다고 주장하면서 격분했다. 화교와 같은 소수민족, 종교 집단, 산악부족 등은 디엠 정권이 사회의 모든 부문에 통제력을 강화하려 했기 때문에 피해를 보았다. 그 가운데도 가장 목소리가 높았던 것은 사이공을 비롯한 여러 도시의 반정부 지식인들로, 그들은 자신의 통치에 대한 어떤 형태의 반대도 용납하지 못하는 디엠의 독재적 태도를 비판했다. 미국 고문단의 지원으로 1956년에 작성된 헌법은 사문화된 것이나 다름없었다.

남베트남의 저항 운동이 급속히 성장하면서 하노이의 당 지도부는 남부의 기존 혁명 조직의 재정비가 긴요하다고 확신했다. 1961년 1월 중순, 사이공에서 디엠 정권에 불만을 품은 장교들이 일으킨 쿠데타가 실패한 직후, 정치국은 상황을 재평가하고 앞으로의 활동에 대한 지침을 발표했다. 당 지도부는 남부의 안정기가 끝났다는 결론을 내리고, 눈앞에 닥친 것으로 보이는 총봉기를 준비하기 위하여 정치 투쟁과 군사 투쟁을 강화할 것을 요구했다. 그들은 이제 평화적 해결 가능성은 없다고 결론을 내렸다. 호치민은 전체적으로는 이런 결론에 동의했지만, 때이른 봉기나 군사 활동의 과도한 강조에 대해서는 계속 주의를 주었다. 그는 앞으로 생길 모든 기회를 이용하기 위해 세심한 준비를 하라고 조언했다.[15]

당 전략가들은 군사 작전 문제를 다루기 위하여 프랑스-베트민 전쟁 때 사용했던 작전들을 검토하기로 결정했다. 중앙위원회의 남부 지부로서 프랑스-베트민 전쟁 동안 활동하다가 제네바 협정 이후에 해체했던 남베트남 중앙사무소가 비밀리에 다시 세워지고, 별로 눈에 띄지 않던 당의 고참 응우옌 반 린이 소장으로 취임했다. 중앙사무소 산하에는 5개 지역위원회를 두었으며, 그 밑에 성, 부, 마을 단위로 광범위한 당 조직들이 자리잡았다. 1961년 2월 D지구에서 열린 비밀 회의에서는 메콩 강 삼각주와 중부 고원지대의 준군사 조직들을 합쳐 새로 '인민해방군'을 결성하고 통일된 지휘 체계를 갖추기로 결정했다. 이 새로운 군대는 반정부 종교 집단의 부대들과 함께 활동했는데, 그달이 다 가기 전에 일부 부대가 적과 전투를 하기 시작했다. 이제 인민해방군은 민족해방전선의 군대가 되었다. 사이공 정권은 이미 그들을 베트남 공산주의자들이라는 뜻으로 베트콩이라고 부르고 있었다.

표면화된 중소 분쟁

저항 운동 지도자들이 남베트남에서 봉기를 위한 새로운 하부구조를 만드는 작업에 몰두해 있는 동안, 호치민은 외교에 집중했다. 이제 중소 분쟁이 표면화되었기 때문에, 민족 해방 선생에 대한 소비에트 블록의 지원 문제는 세계 공산주의 지도자들의 모든 모임에서 토론의 주요한 쟁점이 되었다. 베트남노동당 제3차 전국대회가 끝나고 나서 처음 열린 회의는 1960년 11월 모스크바에서 열린 81개 공산당과 노동당 회의였다. 호치민은 레 두안과 응우옌 치 타인 장군 등으로 구성된 대표단을 이끌고 참석했다.

니키타 흐루시초프는 이 회의를 이용해 중국이 소비에트의 정책을 따르도록 강요하고 싶었는지 모르지만, 복구 불가능한 균열을 피하기 위해 다른 대표들이 개입했다. 베트남 대표들은 회의에서 상대적으로 말을 아낀 편이었지만, 배후에서는 적극적으로 활약하여 여러 나라에서 사회주의로 이행하는 다양한 형태에 대한 1957년 선언을 재확인하는 합의안을 이끌어냈다. 이 문건에서는 만일 착취하는 계급들이 인민에게 폭력을 사용한다면, 평화적이지 않은 방법으로 사회주의로 이행할 가능성을 염두에 두어야 한다고 선언했다. 호치민은 핵심적인 역할을 했다. 회의 진행 중에 소비에트 연사들이 중국 동료들을 비판하자 중화인민공화국 부주석 류 사오치는 화가 나서 회의 참석을 거부하고 대사관으로 돌아가버렸다. 그러자 흐루시초프는 호에게 류가 돌아오도록 설득해달라고 부탁했다. 호의 노력 덕분에 공개적인 분열은 막을 수 있었다. 그러나 측근들의 말에 따르면 호는 세계 전략을 둘러싼 중소 분쟁에 큰 슬픔을 느꼈다. 이런 분열 때문에 제3세계에서 사회주의 블록의 위엄이 크게 훼손되고, 또 제국주의자들이 이런 분열을 이용한다고 보았기 때문이다. 베트남 대표들 다수는 중국측 입장을 지지했지만, 호치민은 마오 쩌둥의 야심에 깊은 의심을 품고 있었으며, 마오가 "호랑이들이 싸우는 동안(모스크바와 워싱턴 사이의 관계를 가리키는 말일 것이다) 산꼭대기에 서 있으려 한다."라고 생각했다. 따라서 호는 회의에서 중요한 대목에 이르면 소비에트의 입장을 지지했다. 레 두안과 응우옌 치 타인은 호 아저씨의 의견을 존중하는 전통("아저씨가 하시는 말씀은 모두 옳다")에 따라 입을 다물고 있었다. 그러나 그들은 하노이로 돌아와서 동료들에게 불평했으며, 이것이 틀림없이 정치국 내에서 이 분쟁과 관련한 호치민의 중립적 태도에 대한 불만을 증폭시키는 데 한몫했을 것이다.[16]

가을에 열린 소련공산당 제22차 대회에서도 논쟁은 계속되었다. 이번에도 호치민은 베트남민주공화국 대표단을 이끌고 회의에 참석하였으며, 이 문제를 둘러싸고 논란을 일으킬 만한 입장은 택하지 않으려 했다. 그러나 저우 언라이가 회의 중간에 베이징으로 돌아가버리자, 베트남도 어느 한쪽을 택하지 않을 수 없었다. 결국 호치민과 레 두안도 모스크바를 떠났으나, 바로 하노이로 돌아가지 않고 소련의 서부지역들을 순방함으로써 중립적 태도를 유지하려 했다.

라오스 중립정부

민족해방전선과 그 군대인 인민해방군이 생기면서 남베트남의 반정부 저항 운동은 활기를 띠게 되었다. 1961년 말에 인민해방군의 병력은 약 1만 5천 명으로 늘어났는데, 이것은 1959년 봄의 반란군 규모의 5배였다. 베트콩 부대들은 늘어난 규모와 기동력을 이용하여 남베트남의 군사 시설, 수송 차량, 행정 사무소를 공격하기 시작했다. 또 중부 고원지대에 해방구 기지를 만들었는데, 장차 인구밀도가 높은 저지대를 공격할 때 발판으로 삼을 생각이었다.

베트콩이 급속하게 성장했던 한 가지 이유는 호치민 통로를 따라 침투하는 인원이 꾸준히 증가했다는 점이다. 그 숫자는 1961년에 1959년의 두 배로 늘었으며, 이듬해에는 5천 명을 넘어섰다. 그러나 더 중요한 요인은 민족해방전선의 확대였을 것이다. 민족해방전선은 디엠 정권에 대한 대중적 적대감 확산을 활용하며 베트남공화국 전역의 마을과 도시에 뿌리를 내리기 시작했다. 조직의 규모와 힘이 커지면서, 민족해방전선은 가장 열정적이고 유능한 사람들을 끌어모을 수 있었다.

반정부 운동이 세력을 넓히자 워싱턴은 불안을 느끼기 시작했다. 아이젠하워 행정부의 마지막 몇 달 동안 미국 정책 입안자들의 우려는 이웃한 라오스에 집중되어 있었다. 라오스에서는 우익분자들이 허약한 연립정부를 전복한 것에 대응하여 하노이의 지원을 받는 파테트 라오 군대가 비엔티안(라오스의 가장 큰 도시이자 수도: 옮긴이)을 중심으로 군사 작전을 강화하고 있었다. 그러나 1961년 1월 케네디가 백악관에 입성할 무렵에는 남베트남 상황도 급속히 악화되고 있다는 보고가 올라오고 있었다. 새 대통령은 행동 방침을 결정하기 위해 여러 부서에서 인력을 뽑아 특별 본부를 구성하였으며, 그해 말에는 베트남공화국에 파견하는 미국 고문들의 숫자를 크게 확대하는 야심만만한 계획을 승인했다. 그 목적은 남베트남군에게 반정부 활동에 대처하는 기술을 가르쳐, 미국이 적극적으로 개입하지 않더라도 스스로 방어할 수 있게 한다는 것이었다. 케네디는 동시에 라오스의 갈등 확대를 막기 위해 타협책을 찾기로 했다. 사실 라오스는 산악지대에 고립된 나라였기 때문에 '자유 세계'의 안보를 내세워 미국의 개입을 정당화하기가 더욱 어려웠다.

남베트남의 혁명적 폭력 투쟁의 속도가 빨라지는 상황은 응오 딘 디엠 정권이 자체의 약점을 못 이기고 궁극적으로 붕괴할 것이라는 호치민의 판단이 타당했음을 증명하는 것이었다. 그러나 호는 동료들의 지나친 낙관론을 경계했다. 디엠은 여러 결점들에도 불구하고 확고한 추종자들을 거느린 결단력 있는 지도자였다. 신중한 당 지도자들은 그를 과소평가하거나 그의 정부가 쉽게 붕괴할 것이라고 섣불리 예측하는 것이 심각한 오류임을 알고 있었다. 하노이는 워싱턴의 움직임에도 신경을 곤두세웠다. 워싱턴은 이제 남베트남이 미국의 국가 안보에 중요하다고 확신하고 있었고, 동남아시아에서 치욕스러운 패배를 당할 경우 그것이 미칠 파장을 두려워하는 것 같았다. 당 지도자들은 1961년 10월의 정치국 회의에서 전략적 선택 방안들을 논의했다. 호치민은 미국이 군사력에서 프랑스-베트민 전쟁 당시의 프랑스보다 훨씬 강하다는 점을 지적했다. 따라서 힘 대 힘의 대결로는 승리할 수 없다는 이야기였다. 그는 제국주의자들의 약점, 혁명군의 강점은 정치 영역에 있다고 주장했다. 그는 게릴라전, 대중적 지지의 확보, 세계를 무대로 한 여론전 승리에 바탕을 둔 전략을 제안했다. 남베트남의 상황이 혁명에 우호적인 방향으로 급속히 바뀌고 있었기 때문에, 신중하게 전술적인 유연성을 발휘하자는 호치민의 권고는 설득력이 있었다. 이런 제안들은 이후 몇 달 동안 남부의 지도자들에게 보내는 지침에서 구체화되었다. 당의 지침에서는 아직 혁명의 물결이 최고조에 이르지 않았음을 지적하면서, 최종적 승리를 향해 점진적으로, '조금씩' 다가갈 수밖에 없다고 지적했다.[17]

1962년 7월, 케네디 정부는 중립파, 우익, 파테트 라오를 포함하는 3자 연합 민족 정부의 구성에 기초한 중립 라오스를 만드는 협정에 서명했다. 레 두안은 남부의 당 간부들에게 보내는 편지에서 미국이 이것을 남베트남에서 비슷한 협정을 맺기 위한 모델로 이용할 수도 있을 것이라고 추측했다. 레 두안은 워싱턴이 이전에도 중국과 북한으로부터 군사적 승리를 거두지 못하고 물러난 적이 있음을 지적했다. 호는 이런 해결책에서 특히 큰 매력을 느꼈다. 호는 1962년 3월 런던의 〈데일리 익스프레스(Daily Express)〉 기자와 인터뷰하면서 제네바 협정에 기초하여 남베트남의 갈등을 해소하기 위한 조건들을 제시했다. 하노이는 사이공에 3자 연립 정부가 들어설 경우에 대비하여 베트남공화국이나 프랑스의 중립적 인사들과 적극적으로 접촉하면서 개별적인 지지를 구하기 시작했다.[18]

워싱턴은 베트남민주공화국이 소비에트의 압력에 따라 협정서 내에 있는 조항—라오스의 주요 부분을 관통하는 호치민 통로를 통해 병력과 물자를 침투시키지 않는다는 조항—을 존중할 것이라는 가정 하에 라오스에서 중립적 연립 정부를 받아들일 용의가 있었다. 그러나 정보부의 보고를 통해 하노이 정부가 그 조항을 존중할 의사가 없다는 것을 확인하자, 백악관은 남베트남에서 비슷한 협정을 체결하는 데 흥미를 잃었다. 그러나 호치민은 희망을 버리지 않았다. 1963년 2월 정치국 회의에서 호는 남부에서 타협에 의한 해결책을 끌어내, 민족해방전선이 참여하는 중립 정부를 세우기 위해 정치적 노력을 강화해야 한다고 주장했다. 그는 워싱턴은 혼란에 빠져, 승리가 목적이 아니라 체면을 살리려 하고 있다고 지적했다.[19]

중소 줄타기 외교

정치국의 회의적인 구성원들은 혁명적 폭력의 수준을 높이지 않고 통일을 달성할 수 있다는 호 주석의 자신감에 의문을 품기 시작했을지도 모른다. 사실 워싱턴이 여전히 남부에서 승리를 원하고 있다는 불길한 징후들이 있었다. 그 가운데 하나가 전략촌 계획이었다. 이것은 1950년대 말에 만들어졌던 아그로빌의 변형판으로 자기 방어 능력이 있는 마을을 만들어 베트콩의 인력과 물자 확보를 차단하려는 구상이었다. 이런 구상은 그 몇 년 전에 영국이 말레이 반도에 적용하여 효과를 보았던 것으로, 사이공과 워싱턴에서 모두 관심을 가지고 있었고, 결국 1962년에 응오 딘 디엠 대통령은 이것을 남베트남에 적용하는 것을 승인했다. 몇 달이 안 되어 남베트남 전역에 수천의 전략촌들이 급조되었다.

하노이는 전략촌이 혁명 운동에 심각한 위협이 될 수 있음을 금방 인식했다. 그 결과 전략촌에 침투하거나 전략촌을 파괴하는 방법을 담은 긴급 지침들이 남부 지휘관들에게 전달되었다. 호치민도 나서서 방첩 활동, 테러, 게릴라전 확대 등 정치적 전술과 군사적 전술을 결합할 것을 제안했다. 호는 1962년 11월 정치국 회의에서 이렇게 말했다. "우리는 전략촌들을 분쇄할 방법을 찾아야만 한다. 그렇게만 하면 우리의 승리는 확실하다." 전략촌은 처음에는 혁명 운동이 농촌을 통제하는 데 중대한 도전이 되었지만, 사이공 정부의 무능과 관료적 간섭 때문에 이 구상은 제대로 이행되지 못했다. 결국 베트콩은 전략촌들 가운데 반 이상에 침투하거나 그것을 파괴할 수 있었다.[20]

한편 호치민은 동료들에게 모스크바와 베이징의 공감과 지원을 계속 얻을 수 있도록 최대의 노력을 기울여달라고 호소했다. 1960년대 초에 소련과 중국 양쪽과의 관계에서 균형을 유지하려던 하노이의 노력은 점점 더 큰 난관에 부딪혔다. 흐루시초프는 민족 해방 전쟁이라는 대의를 지지하지 않는 모습을 보여 북베트남을 자극하는 일은 피하려고 애를 썼지만,

동시에 미국과 직접 대립하는 일 역시 피하고 싶어했으며, 따라서 동남아시아에서 폭력적 갈등이 격화하는 것에 점점 불안해했다. 흐루시초프가 불편해하자 베이징은 즐거워했다. 중국 지도자들 역시 워싱턴과 대립을 바라지는 않았지만, 모스크바를 대신하여 전세계 피억압 민족들의 지도자로 자연스럽게 등장하겠다는 결심은 확고했다. 마오 주석은 남베트남에서 미국이 군사력을 강화하면 궁극적으로 미국의 전체적 지위가 약화될 것이며, 미 제국주의가 해외에서 무리한 짓을 저지름으로써 스스로의 목을 조를 '올가미'를 만들게 될 것이라고 보았다.

중국 지도자들이 1960년대 초에 베트남민주공화국에 군사 원조를 늘리겠다고 약속한 것은 하노이에 은혜를 베풀고자 하는 목적 이외에도, 모스크바를 제치려는 목적도 있었던 것이 틀림없다. 베이징 정부가 프랑스-베트민 전쟁 동안에 알게 되었듯이, 그러한 군사 원조는 미국과 직접적인 갈등을 일으킬 위험이 거의 없으면서도, 하노이를 중화인민공화국 쪽으로 끌어들이는 효과가 있었다. 1962년 여름 호치민과 응우옌 치 타인 장군이 이끄는 북베트남 대표단이 베이징을 방문하여 남베트남에서 미국의 개입 강화와 균형을 맞출 수 있도록 지원을 늘려달라고 요청했을 때도 중국은 금방 수락했다.[21]

중국 지도자들은 자신들의 관대한 태도가 하노이에서 갈채를 받기를 바랐으며, 1963년 5월 이제 국가 수반이 된 류 사오치는 상황을 살피기 위해 베트남민주공화국을 방문했다. 류는 역사적으로 돈독한 양국 관계를 강조한 뒤, 원칙의 문제에서 '중간의 길'은 적절치 않다고 지적하면서 '현대의 수정주의자들(즉 소련)'을 공개적으로 비판했다. 류는 호치민과의 회담에서 남베트남에서 전쟁이 격화할 경우 베트남민주공화국은 중국을 '전략적 후방'으로 믿고 의지해도 좋다고 다짐했다. 그러면서도 류는 민족 통일을 위한 투쟁은 장기적인 것이며, 중국의 지원은 그 범위가 한정될 수밖에 없다고 주의를 주었다.

그러나 베트남인들은 아직 중소 분쟁에서 확실하게 중국 편을 들 준비가 되어 있지 않았다. 당 지도부는 류를 따뜻하게 환대했지만, 류보다 며칠 전에 왔던 소비에트 무역대표단에게도 똑같은 대접을 했다. 베트남민주공화국 지도자들은 여러 차례의 연설에서 신중하게 양쪽 동맹자 모두에게 감사의 뜻을 밝혔으며, 중립적인 입장을 견지했다. 호치민은 류를 주빈으로 한 연회에서 연설을 통해 중국의 지원에 감사한다고 하면서도, 두 공산주의 강대국을 가르고 있는 주요 쟁점들에 대해서는 명확한 입장을 밝히지 않고 사회주의 진영 내의 단합의 중요성을 거듭 강조했다.[22]

남부 혁명 운동의 고조

1963년 봄 정부의 가톨릭교도 편애에 반발하는 불교도의 불만이 남베트남 전역의 도시에서 폭동으로 폭발하면서 디엠 정권은 위기의 마지막 단계로 진입했다. 6월 11일 한 불교 승려가 사이공 시내의 도로에서 자결했다. 전세계 텔레비전 화면에 등장한 그 사진을 보고 세계는 깜짝 놀랐다. 케네디 정부가 시위를 탄압한다는 이유로 사이공을 비판하자, 디엠의 동생이자 정치자문인 응오 딘 누는 격분해서, 미국 고문관들의 즉각 철수와 남베트남 중립화 문제를 놓고 민족해방전선 대표들과 평화회담을 하는 중이라고 응수했다. 한 보고에 따르면 호치민은 늦여름에 응오 딘 디엠에게 사신을 보내 협상을 제안했다. 디엠의 답변 여부는 알려지지 않았으나, 베트남민주공화국에 체재 중인 국제감시위원단의 폴란드인 위원 미에치슬라브 마넬리가 팜 반 동에게 하노이의 평화 조건이 무엇이냐고 묻자 팜 총리는 이렇게 대답했다고 전해진다. "미국이 떠나야 한다. 그런 조건에서만 우리는 모든 문제를 협상할 수 있다." 북과 남 사이의 연립 정부가 가능하냐는 질문에 팜은 이렇게 대답했다. "베트남의 독립과 주권이라는 기초 위에서 모든 것이 협상 가능하다. 제네바 협정은 이를 위한 법적이고 정치적인 기초를 제공하고 있다. 우리 영토에 외국 기지나 군대가 주둔해서는 안 된다. 우리는 어떤 베트남인과도 합의에 이를 수 있다." 마넬리에 따르면, 그가 팜 반 동과 회담하는 자리에 호치민도 있었으나, 호는 아무런 말도 하지 않았다.[23]

호가 응오 딘 디엠과 협상을 진지하게 생각한 것인지, 특별히 어떤 조건을 염두에 두고 있었는지는 분명치 않다. 하노이가 1962년에 미국과 평화 협상을 하자고 제안했을 때는 진지했던 것 같지만, 평화의 조건―미군의 완전 철수와 남베트남에서 실질적으로 민족해방전선이 지배하는 3자 연립 정부의 수립―이 너무 까다로워 워싱턴 쪽에서 받아들일 수가 없었다. 1년 뒤, 하노이의 관점에서 볼 때 남부의 상태는 눈에 띄게 개선되었다. 그러나 디엠 정권이 흔들리기는 했지만, 호치민은 그를 베트남공화국 안에 열렬한 지지자들을 확보하고 있는 만만치 않은 적수로 인정하고 있었다. 따라서 남베트남과 합의한다 해도, 그것이 응오 딘 디엠의 권위를 박탈하고 그를 옴짝달싹 못하게 묶어놓는 것이 아니라면 당 지도부로서는 만족할 수가 없었다. 호는 남부의 봉기 지휘관들에게 지역 모든 계층의 공감과 지원을 얻기 위해 총력을 기울이라고 촉구하는 한편, 워싱턴이 정신을 차리기를 기다렸다. 호는 7월에 일본의 저널리스트와 인터뷰하면서, 자신의 경험으로 볼 때 미국 지도자들의 태도에는 문제가 있지만 미국 국민은 평화와 정의를 사랑한다고 말했다. 그는 유일한 해결책은 미국이 철수하고, 베트남 민족이 제네바 협정에 따라 쟁점을 해결하는 것이라고 주장했다.

그러나 협상과 합의에 대한 호치민의 신중한 낙관론은 하노이에서 보편적으로 공유하는 생각은 아니었다. 1962년 12월 정치국 회의에서 당 지도자들은 남부의 투쟁은 반제국주의 전쟁이 되었으며, 정치 투쟁과 군사 투쟁 양쪽을 강화해야 한다고 결론을 내렸다. 그 직후 남부에 보낸 비밀 지령에서 문제는 불가피하게 무력으로 해결할 수밖에 없으며, 남부 상황이 소규모의 군사적 대립으로부터 높은 수준의 대립으로 점차 상승해갈 것이라고 강조했다. 이 문건은 정치 활동의 중요성을 공개적으로 부인하지도 않았고 또 구체적으로 반프랑스 투쟁에서 사용했던 군사적 방법으로 복귀하는 것은 거부하면서도, 남부에서 혁명의 물결이 곧 절정에 이를 것이며, 당면한 문제는 언제 어떤 방식으로 무력을 사용할 것인가 하는 것뿐이라고 말했다. 이 문건에서는 전쟁이 인민의 전면봉기와 인민해방군의 반격으로 끝날 것이라고 예측했다.—8월 혁명과 마오주의의 3단계 인민전쟁 모델의 종합인 셈이었다.

이 지령을 쓴 사람이 누구인지는 확인되지 않았지만, 어쨌든 여기에는 레 두안의 관점이 반영된 것으로 보인다. 레 두안은 이제 분명하게 하노이의 지도적인 전쟁 전략가로 부상했으며, 남부 혁명 운동의 고조 이후 분명한 군사적 승리를 추구하는 태도가 점점 뚜렷해지고 있었다. 레 두안은 사실 호치민이 군사적인 선택을 머뭇거리고 외교에 집착하는 것을 순진하다고 조롱하고 있었다. 그는 이렇게 말한 적이 있다. "[호] 아저씨는 망설이고 있다. 그러나 나는 남베트남을 떠날 때 이미 모든 것을 준비했다. 나에게는 한 가지 목표밖에 없다. 그것은 최후의 승리이다."[24]

사이공의 쿠데타

1963년 11월 초, 케네디 정부의 암묵적 승인을 받은 군사 쿠데타가 일어나 응오 딘 디엠 정권이 무너졌다. 백악관은 음모를 꾸민 사람들에게 사이공의 새로운 지도자들을 지지한다는 신호를 보냈다. 그러나 케네디는 응오 딘 디엠과 그의 동생 응오 딘 누가 쿠데타 지도자들에게 항복한 뒤에 처형당했다는 사실을 알고 깜짝 놀랐다.

사이공에 새로운 군사 정권이 들어서면서 북베트남의 당 전략가들의 관점은 상당히 바뀌었다. 우선 응오 딘 디엠에 대한 광범위한 불만을 이용하여 민족해방전선과 베트콩의 인력을 충원할 수 없게 되었다. 실제로 남부의 인기 있는 장군 두옹 반 '비그' 민을 중심으로 한 새로운 지배 집단은 대중의 열망을 등에 업고 권좌에 올랐다. 특히 응오 딘 디엠 일가에 대한 적대감이 심각한 수준에 이르렀던 도시에서 그들의 인기가 높았다. 다른 한편으로 하노이의 정책 입안자들은 새로운 정권이 디엠 정권과는 달리 저항 운동을 집요하게 탄압하지 않을 것이라고 예상했는데, 그 예상은 적중했다. 또 당 지도부는 베트남 민족주의 운동의 풍토병과 같은 파벌주의를 잘 알고 있었기 때문에, 사이공의 군사 정부가 급속히 약해지고, 그 결과 머지않아 혁명의 승리로 가는 문이 열리게 될 것이라고 예상했다. 12월 초 열린 정치국 회의에서 호치민은 사이공의 쿠데타는 그것으로 끝이 나지 않을 것이라고 예언했는데, 이 예언 역시 정확했다.

그러나 새로운 상황에 대한 평가는 쉬웠지만, 앞으로의 행동을 결정하기 전에 답해야 할 어려운 문제들이 남아 있었다. 남부의 봉기 세력은 새로운 정권이 곧 붕괴할 것이라는 희망을 품고 투쟁 수준을 높여야 할까? 아니면 새로운 정권 하에서는 협상에 의한 타결이 가능하다고 보고 군사적 압박의 고삐를 늦추어야 할까? 북부가 전쟁에서 좀더 직접적인 역할을 맡아야 할까? 미국이 사이공의 꼭두각시 정부의 붕괴가 임박했다고 예상하고 자신의 역할을 강화하면 어떻게 할까? 사이공에서 응오 딘 디엠이 죽고 나서 불과 3주 뒤에 미국 댈러스에서는 존 F. 케네디가 암살당했는데, 그의 후임자인 린든 B. 존슨이 암살당한 젊은 대통령보다 더 호전적이면 어떻게 할까?

1963년 12월 초 베트남노동당 제3차 대회의 제9차 전체회의를 소집한 당 지도자들의 머릿속에는 이런 질문들이 오가고 있었다. 여러 군데 흩어져 있는 자료들을 종합해볼 때, 이 회의는 당 역사상 가장 폭발적인 회의였음에 틀림없다. 대표들은 앞으로의 방향을 놓고 열띤 논쟁을 벌였다. 이번에는 중앙위원회가 정치국에서 이미 내린 결정들을 추인하는 고무도장 역할에서 벗어났다. 일부 위원들은 북부의 군대를 즉각 투입해서 미국이 대응하기 전에 사이공 정부를 굴복시키자고 촉구했던 것 같다. 일부에서는 북부의 개입이 눈에 띄면 워싱턴이 촉각을 곤두세우게 되고, 결국 미국이 전쟁에 직접 개입할 것이라고 걱정했다. 물론 상황이 그렇게 전개되면 베트남은 소련과 사이가 나빠질 것이고, 중국에 더 의존하는 정책을 세워야 할 터였다. 중국은 1963년 5월 류 사오치의 공식 방문 이후 북베트남에 대한 군사 지원을 강화해왔지만, 베트남의 많은 당 지도자들은 호치민과 마찬가지로 중소 분쟁에서 중국 편을 들라는 압력이 강해지는 것을 불편해했다.

중앙위원회는 긴 토론 끝에 타협에 이르렀다. 북베트남의 군사 지원은 늘리되, 북부에서 전투 부대를 남으로 보내 전투에서 직접적인 역할을 맡기는 일은 하지 않는다는 것이었다. 당 전략가들은 미국의 전쟁 개입 위험 없이 사이공 정권을 무너뜨릴 수 있다고 믿고 도박을 하기로 했다. 따라서 남부의 반정부 활동가들에게는 가능한 한 빨리 최종적인 승리를 얻기 위해 밀어붙이라는 지침을 내렸지만, 북부 후방 기지로부터 지원을 크게 늘리겠다는 약속은 하지 않았다. 그러나 혁명 과정에서 정치적 선동이 여전히 중요하기는 하지만, 이제부터 무장 투쟁이 핵심적이고 결정적인 역할을 할 것임을 공식적으로 인정했다.

이 정책 논쟁에서 호치민이 맡았던 역할은 분명치 않다. 아마 호는 모스크바와 베이징을 소외시키거나, 미국의 직접적인 전쟁 개입을 불러올 가능성이 있는 결정을 채택하기 전에는 신중한 태도를 취할 것을 요구했을 것이다. 그럼에도 호는 상황이 제공한 기회와 그 기회를 붙잡을 필요성을 인식했다. 호는 12월 10일 정치국 회의에서 동료들에게 남부의 '무질서'를 이용하여 사이공 정권을 군사와 정치 양면에서 강하게 압박하라고 촉구했다. 설령 미국이 개입해 투쟁이 열 배 더 힘들어지더라도 "우리는 기필코 승리할 것이다."[25]

적당한 속도로 투쟁을 강화한다는 결정에는 여전히 많은 위험이 따랐다. 미국과 대립할 가능성만 있는 것이 아니라, 모스크바와 갈등이 깊어질 위험도 있었기 때문이다. 당 지도부는 오랫동안 두 주요 동맹국 가운데 어느 쪽과도 대립하려 하지 않았지만, 이 즈음에는 일부 당 지도자들이 점점 고집스러워진다는 위험 신호가 나타나고 있었다. 응우옌 치 타인 장군은 1963년 여름에 쓴 글에서 그와 그의 동료들은 미국에 환상을 품고 있지 않으며, 그렇다고 과소평가하지도 않는다고 말했다. 그러면서 미국을 결코 두려워하지는 않는다고 덧붙였다. "미국을 두려워해서 미국을 자극할 경우 승리를 거둘 수 없다고 생각한다면, 또 미 제국주의에 확고하게 맞서는 것이 핵전쟁을 촉발할 것이라고 〔믿는다면〕, 유일한 길은 미 제국주의와 타협하고 거기에 굴복하는 것이다." 크렘린이 응우옌 치 타인의 메시지를 못 알아들었을 리 없다.[26]

레 두안을 비롯하여 정치국 내의 그의 측근들도 타인 장군과 생각이 같았는데, 이제 정책을 결정하는 집단은 그들이었다. 레 두안은 공안부 장관 찬 쿠옥 호안, 가까운 동료 레 둑 토와 손잡고 당 지도부에서 잠재적인 경쟁자들을 주변으로 몰아내는 데 성공했다. 팜 반 동 총리는 문제가 되지 않았다. 팜 반 동은 능률적인 행정가이고 광저우의 혁명청년회 시절까지 거슬러 올라가는 혁명적 경력을 지닌 고참이었지만, 자기를 내세우지 않는 성격이어서 당 내의 경쟁에 적극적으로 끼어들 생각이 없었으며, 가까운 사람들에게 자신의 무력함을 한탄할 뿐이었다. 그러나 56살의 추옹 친은 잠재적으로 훨씬 위험한 인물이었다. 그는 팜 반 동보다 자존심이 강했고 또 자신의 주장을 분명히 밝히는 성격이었기 때문에, 레 두안이 자신의 뒤를 이어 총서기직을 장악한 뒤 북부의 사회주의 건설 과제보다 남부 해방 과제를 앞세운 것에 분개했을 것이다. 그럼에도 그 역시 권력을 확실하게 장악한 경쟁자에게 도전하기를 머뭇거렸다. 새로운 지도부의 비위를 맞추기 위해서였는지 몰라도, 추옹 친은 제9차 전체회의의 정치 보고서 작성을 맡기로 했으며, 그럼으로써 결과적으로 이후의 결정들에서 레 두안과 한편에 서게 되었다.

또 한 사람의 위협적인 인물은 보 응우옌 지압이었다. 상당한 신망을 얻고 있던 지압 장군은 호치민 다음 가는 인기를 누리고 있었는데, 남부에서 투쟁을 진행하는 방식에서 레 두안이나 응우옌 치 타인과는 생각이 달랐다. 그는 레 두안이 주장하는 게릴라 전쟁의 강화보다는 통상적인 군사 작전을 선호했으나, 응우옌 치 타인과는 달리 인민해방군이 현대적인 무기를 갖추고 제대로 훈련을 받기 전에 미국에 도전하는 것을 섣부르다고 보았다. 지압이 보기에 모스크바의 심기를 건드리는 것은 자살 행위였다. 오직 소련만이 제대로 된 훈련과 무기를 제공할 수 있었기 때문이다. 그러나 팜 반 동과 마찬가지로 보 응우옌 지압 역시 레 두안의 오만한 도전 앞에서는 묘하게 입을 다물었다. 지압은 정치국 회의에서 새로운 전략의 주창자들에게 강력하게 맞서지 못했다.

레 두안파의 가장 위험한 잠재적 경쟁자라고 한다면 바로 호치민이었을 것이다. 그러나 이제 레 두안 일파는 주석에게 분명히 오만한 태도, 심지어 경멸하는 태도까지 드러내고 있었다. 그들이 보기에 이 무렵 호는 예민한 정치감각을 잃고, 점차 생각의 갈피를 잡지 못했다. 심지어 하노이에는 레 두안이 호치민 대신 응우옌 치 타인을 주석에 앉히고, 호를 마르크스-레닌주의 연구소 책임자라는 한직으로 밀어낼 계획이라는 소문까지 돌았다. 물론 당은 계속 레 두안 자신이 통제한다는 각본이었다.[27]

구경꾼으로 밀려나게 된 호치민이 이런 개인적 수모를 어떻게 받아들였든, 남베트남에서 채택할 새로운 전략에 대해 진지하게 이의를 제기했던 것은 분명하다. 그는 그 전부터 직접적인 대립으로 치닫는 전쟁보다는 전략적인 전쟁을 선호한다는 입장을 밝혀왔으며, 따라서 미국과 직접 대립할 수도 있는 방법을 환영했을 리가 없다. 또한 호는 늘 모스크바와 베이징 양쪽과 균형 잡힌 관계를 유지할 것을 주장해왔으며, 중국에만 치우치는 정책을 거부했다. 디엔 비엔 푸 전투에도 참여했던 레 리엠 장군이 호에게 다가와 전체회의를 끝내고 발표할 결의문 초안에 모스크바를 직접 공격하는 내용이 담겨 있다고 이야기하자, 호는 베트남민주공화국이 그들의 제1후원자를 정면으로 공격하는 것은 옳지 않다는 데 동의하고 레 리엠에게 그 제안에 반대하는 발언을 하라고 권했다. 그러나 막상 레 리엠이 반대 발언을 하자 호치민은 보 응우옌 지압과 마찬가지로 가만히 앉아서 한마디도 하지 않았다. 여러 연설에서 소비에트에 적대적인 분위기가 절정에 이르자, 호는 조용히 회의장을 나가 담배를 피웠다. 중앙위원회의 위원 10명이 최종 보고서에 반대하는 표를 던졌다. 한 친구가 호에게 어느 쪽에 표를 던졌느냐고 묻자 호는 아무 말도 하지 않았다. 호치민은 새로운 지도부에게 협박을 당해서 아무 말도 하지 못했던 것일까?[28]

일단 새로운 전략이 승인을 받자, 전체회의는 무엇보다도 소련을 달랠 방법을 찾아야 했다. 회의 말미에 발표된 결의안 초안에는 원래 흐루시초프를 직접 공격하는 내용이 들어 있었으나, 막판에 레 두안의 요청에 따라 그 부분은 삭제되었다. 레 두안은 그의 많은 동료들과 마찬가지로 중국인들에게 깊은 의심을 품고 있었으며, 모스크바와 관계 단절을 원하지 않았다. 사실 이 결의안은 새로운 전략의 기본적 목표가 "전쟁을 남베트남 테두리 내에 한정하고, 주요 전장에서 적을 물리치는 것"이라고 선언함으로써 소비에트 지도자들을 향해 암묵적인 의사 표시를 하고 있었다. 설사 미국이 개입 결정을 한다 해도, "남부에 국한된 전쟁이 세계전쟁으로 비화될 가능성은 거의 없다. 이 전쟁의 목표와 의미는 세계전쟁으로 발전할 조건을 만들어낼 수 없기 때문이다." 정치국은 신경이 예민해진 형제 공산주의 정당들을 안심시키기 위해 결정 사항을 설명하고 그들의 지지와 이해를 구하는 편지를 보냈다. 이 편지는 전쟁 확대에 대한 두려움을 불식하고 제3세계 민족 해방 전쟁들을 사회주의권에서 지지해달라고 호소하려는 의도에서 작성되었다. 이 편지는 평화 공존 개념이 서로 다른 세계체제 사이에 적용되는 전술이지 특정 사회 내의 억압자와 피억업자 사이에 적용되는 것은 아니라고 선언하면서, 평화 공존과 혁명 투쟁이라는 두 개념은 모순되는 것이 아니라 상호의존적이라고 주장했다. 그리고 마지막에는 억압적인 사회에서 평화적으로 권력을 장악한다는 생각은 착각이라고 결론을 내렸다.[29]

당 지도부가 뒤늦게 모스크바를 달래려고 노력했지만, 하노이에서는 소련과 베트남의 소련 옹호자들에 대한 반감이 강해지고 있었다. 12월 중순에 전체회의가 끝난 뒤 당에서 '수정주의자들'을 제거하기 위해 정치국 산하에 비밀재판소가 설치되었다. 소비에트의 관점에 공감하는 것으로 여겨지거나 당의 공식 노선에 반대한다는 의심을 받은 수많은 고위 인사들이 직위에서 물러나거나 체포되었다. 그런 식으로 의심을 받았던 사람들 가운데는 국방장관 보 응우옌 지압도 있었다. 그러나 지압은 직접 공격하기에는 너무 인기가 높았기 때문에, 대신 레 리엠을 비롯한 그의 휘하의 인물들 다수가 친소비에트적 경향이라는 이유로 숙청되었다. 몇 달 뒤 정치국의 일부 구성원들이 니키타 흐루시초프와 개인적으로 편지를 주고받았다는 이유로 보 응우옌 지압을 비난했으나, 호치민이 나서서 자신이 그 사실을 알고 있었을 뿐 아니라 승인까지 했다고 이야기함으로써 무마되었다.[30]

소비에트 지도부에 대한 반감이 높아지고 있었음에도, 정치국의 다수는 모스크바와 완전한 관계 단절은 피해야 한다고 생각했다. 제9차 전체회의가 끝난 뒤 레 두안, 레 둑 토, 그리고 그들과 한편인 혁명시인 토 후는 소련을 방문하여 하노이의 견해를 설명했다. 토 후가 대표단에 낀 것에는 큰 의미가 있었다. 그는 1920년 후에 근처에서 태어났으며, 제9차 전체회의에서 소련의 수정주의를 공개적으로 공격함으로써 정치적인 주요 인사로 등장했기 때문이다. 호치민은 모스크바 회담 결과를 예감했던지 하노이에 남아 있었다.

대표단은 소련에 가는 길에 베이징에 잠깐 들러 중국 지도자들과도 의논했다. 그들은 모스크바에서 소비에트 관리들과 회담했으나 별 성과가 없었다. 최종적인 성명서는 모호했으며, 남부 상황에 대한 의견 불일치가 계속되었다는 사실이 암시되어 있었다. 대표단이 하노이로 돌아온 뒤, 공식 언론들은 사설에서 세계 혁명을 지도하는 중국의 역할을 찬양하는 한편 수정주의를 계속해서 신랄하게 비판했다.[31]

호치민은 제9차 전체회의를 둘러싼 사건들과 그 여파를 불편한 마음으로 바라보았을 것이 틀림없다. 워싱턴이 응오 딘 디엠 정권을 전복하는 쿠데타를 승인한 것을 보면, 과연 미국이 남베트남에서 직접적인 충돌을 피하고 싶어하는 것인지 의문을 품을 수밖에 없었다. 호는 남부에서 투쟁을 고양시킨다는 결정에 찬성했지만, 직접 대결을 피하려는 그의 본능을 감안할 때 고집센 동료들이 소련을 자극하고 하노이의 소련 지지자들을 박해하는 것을 보면서 걱정했을 것이 틀림없다. 호는 12월 전체회의 뒤에 오랫동안 침묵을 지킨 끝에 마침내 1964년 3월 말 점점 심각해지는 당 지도부의 정책상의 이견을 얼버무리려고 서둘러 소집한 '특별 정치회의'를 주재했다. 호는 대표들에게 연설을 하면서 제네바 협정에 따라 두 지대를 평화적으로 통일해야 한다고 되풀이하면서도 북부의 인민은 "남부 동포의 애국적 투쟁을 온 마음으로 지지한다."라고 선언했다. 또한 미국 정부 수반을 건너뛰어 곧바로 미국 국민에게 호소하는 연설에서 베트남의 불의의 전쟁은 미국의 명예에 먹칠을 하고 있으며, 따라서 미국 국민은 더러운 전쟁을 끝내고 양국 인민 간의 우애를 재건하라고 촉구했다. 마지막으로 호는 베트남민주공화국 내에서, 또 사회주의 공동체의 국가들 사이에서 목적의 통일을 이루어야 한다고 호소했다.[32]

통킹 만 사건

이후 몇 달 동안 남베트남의 저항군은 사이공 정권을 무너뜨리려는 노력을 강화했다. 호치민이 예측한 대로 사이공 정권은 분파 투쟁에 휘말려 있었으며, 농촌지역에서 심각해지는 위기 상황에 대처할 능력이 없었다.

당의 남부 전략이 이제 무장 투쟁으로 분명하게 방향 전환을 했음에도, 정치 투쟁은 여전히 중심적인 위치를 차지하고 있었다. 이 분야에서라면 혁명 세력이 결정적으로 유리한 입장에서 활동할 수 있다고 보았기 때문이다. 인민해방군은 화력이나 숫자 면에서 적보다 우월하지는 않았지만, 사이공 정부에 내재한 정치적 약점 덕에 반사 이익을 얻고 있었다. 주요 도시에서 반정부 인민봉기가 일어나는 것과 더불어 농촌지역에서 군사 공격을 시작한다는 당의 계획에 기초하여, 이제 저항의 목표는 '전면 공격과 봉기'를 결합하는 것이었다. 그들이 기대하는 결과는 사이공 정부의 붕괴와 협상을 통한 3자―사이공 정권의 관리들, 중립파, 민족해방전선의 구성원들―연립 정부의 구성이었다. 당은 이미 남베트남과 해외의 저명한 중립 인사 다수의 은밀한 지지를 확보했기 때문에, 이 연립 정부가 북부의 당에 충성하는 정치 세력이 남부를 점진적으로 장악하는 발판이 될 것이라고 확신했다.

호치민은 베트남 인민이 조국을 통일하겠다는 굳은 결의를 가지고 있으며, 이 목적을 달성하기 위해 엄청난 희생을 감내할 의사가 있다는 점을 워싱턴에 알리는 것이 중요하다는 동료들의 견해에 동조하고 있었다. 1963년 12월 정치국 회의에서 호는 베트남의 미국 침략자들에 대한 공격을 개시하는 일의 중요성을 강조했다. "미국인들은 죽음을 매우 두려워한다." 그는 동료들에게 그렇게 말했다. 따라서 미국인들에게 전쟁이 일어나면 그들이 참혹한 결과를 면할 수 없다는 사실을 느끼게 해주는 것이 중요하다는 것이었다. 호는 〈냔 단〉에 가명으로 발표한 몇 편의 글(이 몇 편의 글에는 '아름답지만 당당하지는 못하다'라는 제목이 붙었는데, 이 제목은 한자로 표기한 '미국〔美國〕'의 의미인 '아름다운 나라'를 출발점으로 삼은 것이다)에서 미국의 전세계에 대한 호전적인 정책과 미국 국내 문제들을 맹렬하게 비난했다. 호는 미국 언론의 글들(그 가운데 일부는 린든 존슨의 널리 알려진 '빈곤과의 전쟁' 계획과 관련되어 있었다)을 인용하면서, 미국이 '아름다운'

사회이기는커녕 높은 범죄율, 실업 증가, 빈곤 확대, 인종 분열로 고통받고 있는 사회라고 지적했다.[33]

1964년 봄과 초여름에 걸쳐 당 전략가들은 북부에서 상당한 규모의 정규군을 투입하지 않고도 전면 공격과 봉기가 성공할 수 있다는 희망을 품고 있었다. 남부에 인민군이 투입되면 미국이 자극받아 곧바로 전쟁에 개입할 가능성이 있었는데, 이것은 당 지도부가 간절히 피하고 싶어하는 일이었다. 그러나 하노이 정부는 모르고 있었지만, 남베트남을 떠나지 않겠다는 존슨 정부의 결심은 점점 굳어지고 있었다. 8월 초 북베트남 해군 함정들이 통킹 만에서 작전을 하고 있던 미군 전함들을 공격했다. 몇 시간 뒤에는 2차 공격이 있었다고 하는데, 하노이에 자신의 결의를 보여줄 구실을 찾고 있던 백악관은 즉시 근처 북베트남의 군사 시설에 보복 공습을 시작했다. 국방장관 로버트 S. 맥나마라는 미군 선박들이 '일상적 순찰'을 하고 있었다고 발표했지만, 곧 이 함정들이 북베트남 해안 가까운 곳에서 정찰 작전을 수행하고 있었다—이 지역에서 미군의 작전을 감시하는 적 레이더의 능력을 시험했을 수도 있다.—는 사실이 밝혀졌다. 더욱 수상쩍었던 점은 근처에서 남베트남군의 게릴라 작전이 펼쳐지고 있었다는 점이다. 아마 이 지역의 베트남민주공화국 지휘관들은 두 작전 사이에 관련이 있다고 확신하고, 현장에서 미군 전함을 공격하라고 명령했을 것이다.

통킹 만 사건을 통해 당 지도부는 워싱턴이 전쟁에서 미국의 역할을 확대할 준비를 하고 있다는 확신을 가지게 되었다. 사건 며칠 뒤 정치국은 호치민 통로를 통해 최초로 베트남인민군 정규군을 파병하기로 결정했다. 그들이 남부에 도착하여 인민해방군의 전력이 강화되면, 1965년 봄에 승리를 위한 최종 공세를 펼치기로 했다. 당 지도부는 여전히 미국이 개입을 결정하기 전에 사이공 정권을 무너뜨릴 수 있다는 희망을 품고 있었다. 정치국 회의가 끝난 뒤 레 두안은 베이징으로 날아가 중국 지도자들에게 하노이의 결정을 통보하고 이후 전략을 논의했다.[34]

베이징에서 마오 쩌둥은 남베트남에서 적극적인 전략을 채택하라고 권하면서, 미국 의회가 그 무렵 통킹 만 결의안을 통과시키기는 했지만, 남베트남 문제에 직접 개입하고 싶어하지는 않을 것이라고 자신있게 말했다. 미국이 전세계에 지나치게 넓게 세력을 확장해놓았고, 동남아시아에 파견할 만한 적당한 부대가 없다는 것이 그 이유였다. 마오는 레 두안에게 미국인들은 인도차이나에서 "전쟁을 하고 싶어하지 않는다."라고 말했다. 그리고 하노이와 베이징도 갈등이 확대되기를 바라지 않기 때문에 "전쟁은 없을 것"이라고 결론을 내렸다. 그러나 마오는 남베트남 상황이 아직은 북베트남에 만족스러울 만큼 유리하지 않기 때문에 협상에 의한 타결은 적당치 않다고 생각했다. 마오는 몇 주 뒤에 베이징에서 팜 반 동과 대화를 하던 중에 이렇게 말했다. "당신들이 철저하게 이길수록, 그들은 더 편안해할 것이다. 예를 들어 당신들은 프랑스인들을 이겼다. 그러자 그들은 선뜻 당신들과 협상했다……."

마오는 예상과는 달리 미국이 남베트남 주둔군을 늘리거나, 심지어 북베트남을 공격할 수도 있다고 인정했다. 결국 통킹 만 결의안은 존슨 대통령에게 동남아시아에서 미국의 안보 이익을 보호하기 위해 필요하다고 생각하는 조치를 취할 권한을 준 것이었다. 마오는 만일 미국이 공격한다면 해안에서 미군과 직접 대결하지 말고, 직접적인 전투를 피해 내륙으로 물러나, 공격하는 부대와 게릴라전을 펴고 권했다. 마오는 그런 장기적 투쟁이 1백 년을 끈다 해도 중국은 계속 지원하겠다고 하면서, 이렇게 비유적인 말을 덧붙였다. "그곳에 녹색의 산이 있는 한, 장작이 부족할 일이야 없지 않겠소?"[35]

다음 몇 주 동안 베이징은 자신의 약속을 뒷받침하는 행동을 했다. 중국 남부에 주둔해 있던 육군과 공군 부대들이 대기 상태에 들어갔으며, 이 지역으로 병력을 추가로 파견했다. 중국 전역에서 정부가 신중하게 조율한 반미 시위가 벌어졌으며, 중국의 관영 언론들은 포위당한 동맹국에 확고한 지지를 약속했다. 그럼에도 베트남 지도부는 중국의 지원에 과도하게 의존하는 것에는 저항감을 느꼈으며, 향후 모스크바와 관계를 단절한다는 조건으로 중요한 지원을 해주겠다는 부수상 덩 샤오핑(鄧小平)의 제안을 거부했다.

통킹 만 사건으로 하노이와 베이징의 관계는 강화되었지만, 하노이와 모스크바의 관계는 더욱 악화되었다. 소비에트 관리들은 통킹 만 사건 소식을 듣고 모호한 반응을 보였으며, 결국 미국의 공격을 짧게 비난한 뒤 평화 통일을 다시 촉구했다. 8월 중순 레 두안이 베이징 방문을 마친 뒤 모스크바에 도착했을 때, 소련 담당자들은 베트남 갈등을 끝내기 위해 협상으로 타결책을 끌어낼 필요가 있다고 거듭 강조했다. 그러나 레 두안이 민족해방전선을 남베트남의 유일한 합법 정부로 공식 인정해줄 것을 요구하자 소련은 꾸물거림으로써 문제를 더욱 복잡하게 만들었다.

그러나 가을에 니키타 흐루시초프가 레오니드 브레주네프 파벌에게 권좌에서 쫓겨남으로써 상황이 달라졌다. 10월 16일 이 소식이 하노이에 전해진 직후, 호치민과 레 두안은 브레주네프에게 당 제1서기직에 선출된 것을 축하하는 짤막한 편지를 보냈다. 이어 다음 날에는 중국에 첫 핵 폭파 실험 성공을 축하하는 메시지를 보냄으로써 조심스럽게 균형을 맞추었다.

모스크바에 새로운 지도부가 등장했다는 것은 호치민으로서는 환영할 만한 사태 진전이었다. 소련의 군사 원조 확대 가능성이 높아졌을 뿐 아니라, 두 주요 동맹국들과의 관계에서 이전에 하던 대로 공평한 태도를 취할 수 있을 것 같았기 때문이다. 심지어 레 두안에게도 제9차 전체회의에서 베이징에 우호적인 결정을 내렸던 것은 전략적 행동이라기보다는 전술적 행동이었다. 11월에는 새로운 소비에트 지도부의 태도를 알아보기 위해 팜 반 동이 모스크바로 갔다. 이번 방문은 성공적이었다. 소련 지도부는 북베트남 원조 확대를 약속했으며, 미국이 북베트남으로까지 전투를 확대하면 지원을 더 늘리겠다는 언질을 주었다. 소련은 자신들의 진지함을 보여주기 위해 모스크바에 민족해방전선 사무소를 여는 것을 허용했다. 하노이는 그 대가로 소비에트 정책을 공개적으로 비판하는 일을 삼가고 남베트남 경계 밖으로 전쟁을 확대하지 않기 위해 모든 노력을 기울이겠다고 약속했다. 이제 하노이는 주요 동맹국 양쪽으로부터 확실한 지원 약속을 받게 되었다.[36]

미국의 공격 시작

1964년 가을에도 남베트남의 정치가와 장교들이 미국의 성난 눈길을 아랑곳하지 않고 계속 권력 싸움을 벌이는 바람에 사이공은 불안정한 상태가 계속되고 있었다. 남부의 군사적 상황은 점점 더 심각해졌다. 상부의 지시가 없었기 때문에 베트남공화국 부대의 지휘관들은 전장에서 호전적으로 응수하려 하지 않았으며, 심지어 자신의 관 내에서 활동하는 베트콩 세력과 개별적으로 협정을 맺기도 했다. 미국 정보 자료들은 미국에서 결정적인 행동을 하지 않으면 사이공 정부는 3 내지 6개월 안에 공산주의자들의 손에 떨어질 것이라고 예측했다. 하노이측도 같은 생각이었는데, 당 지도부는 남부의 지휘관들에게 최종 승리를 거둘 수 있도록 좀더 노력하라고 명령했다. 남베트남의 미국 시설에 대한 테러 공격도 명령했다. 이것은 갈등이 격화되면 미국 사상자도 늘어날 것이라는 경고였다. 1964년 10월 31일 베트콩이 비엔 호아의 미군 공군 기지를 공격하여 미군 병사 4명이 사망하고 30명이 부상당했다. 사이공 시내에서도 폭탄 테러가 발생했다. 서구 저널리스트들이 자주 들르는 술집이 있는 카라벨 호텔과 길 건너의 브링크 독신장교 숙소에서는 크리스마스 이브에 폭탄이 터져 미국인 2명이 죽었다.[37]

남베트남 중앙사무소의 지휘관들은 북부의 상관들만큼 낙관적이지 않았다. 그들은 연말의 평가에서 인민해방군이 여전히 적에게 직접적인 타격을 줄 준비가 되어 있지 않음을 안타까워했다. 12월에 사이공에서 동쪽으로 30킬로미터 정도 떨어진 빈 지아 마을 근처에서 베트콩 부대가 남베트남 부대에 큰 타격을 주었을 때 하노이의 전략가들은 이 전투가 사이공의 정규군을 물리칠 수 있는 인민해방군의 능력을 과시했다고 자랑했다. 심지어 웬만해서는 신중한 태도를 잃지 않는 호치민조차도 빈 지아가 '작은 디엔 비엔 푸'라고 찬사를 보냈다. 레 두안은 2월에 새로 남부의 봉기군 총사령관에 임명된 응우옌 치 타인에게 보낸 편지에서 미국이 지상군을 파견하는 문제를 결정하기 전에 사이공 정권을 무너뜨리기 위해 모든 노력을 기울이라고 촉구했다. 레 두안은 그렇게만 된다면, 백악관도 어쩔 수 없이 협상에 나서고 결국 미군이 철수할 것이라고 믿었다. 레 두안은 성공이 보장되지는 않지만, 레닌의 말을 인용하여, "행동한 다음에 보자."라고 말했다. 설사 그들의 노력이 완전한 성공을 거두지는 못한다 해도, 진용을 재정비하여 다시 공격을 시도할 수 있는 유리한 입장에 설 수 있을 것이라는 판단이었다.[38]

그러나 이번만은 하노이도 때를 놓쳤다. 1965년 2월 7일, 베트콩 부대가 중부 고원지대의 성도인 플레이쿠의 미군 특수부대 진지를 공격하여 미국인 8명이 전사하고 1백 명이 부상당했다. 6일 뒤 존슨 대통령은 북베트남에 보복 공습을 명령했다. 처음에는 제한적이었지만, 결국 주요 도시 일부를 포함하는 베트남민주공화국의 많은 지역에 대한 정기적이고 강력한 공습으로 확대되었다. 3월에 존슨은 다낭 공군기지의 미군 시설을 보호하기 위해 2개 해병대대를 남베트남에 파병했고, 이어 2개 대대를 추가로 파병했다. 남베트남의 미군 사령관인 윌리엄 C. 웨스트모어랜드 장군은 상당한 규모의 미군 병력이 주둔하지 않으면, '베트콩의 전국 장악'이 1년 내에 이루어질 가능성이 있다고 전망했다.

숨가쁜 외교전

한편 소련과 베트남민주공화국의 관계는 계속 개선되고 있었다. 2월 초 소련의 새로운 총리 알렉세이 코시긴이 하노이를 방문했다. 코시긴은 호치민을 비롯한 베트남 지도자들과 만나 '모든 필요한 지원'을 아끼지 않겠다고 약속했다. 그리고 구체적으로 고급 지대공 미사일 등 대공(對空) 장비들을 포함한 군사 원조를 확대하겠다고 다짐했다. 북베트남은 그 대가로 남부의 전쟁이 확대되는 것을 막고, 협상을 통한 해결을 진지하게 고려하겠다고 약속했다.

소련과는 달리 중국과의 회담은 별 성과가 없었다. 베이징은 모스크바와 함께 베트남의 대의를 지지하는 공동성명을 내자는 코시긴의 제안을 거부함으로써 하노이 당직자들의 분노를 샀다. 저우 언라이는 3월 초 베트남민주공화국을 방문했을 때 중국이 그 제안을 거부했던 것은 소비에트의 새로운 외교 정책이 위장된 '흐루시초프주의'였기 때문이라고 설명했다. 저우는 또 베트남민주공화국에 소련 주둔군의 숫자가 늘어나면 중월 관계가 위험해질 수도 있으니 소비에트의 군사 지원을 거부하라고 설득하려 했다.[39]

베트남노동당 중앙위원회가 3월 26일 제11차 전체회의를 소집했을 때, 남베트남 상황이 악화되는 데 대응하는 워싱턴의 궁극적 목표가 무엇인지는 확실치 않았지만, 적어도 그 범위는 분명해지고 있었다. 어쩌면 당 지도부 일각에서는 미국이 유리한 위치에서 협상하기 위하여 전쟁을 확대하고 있을 뿐이라고 추측했을지도 모른다. 만일 그렇다면 북베트남 정규군을 대규모로 파견하지 않고 승리를 얻어낸다는 기존 전략을 급하게 바꿀 필요는 없었다. 그러나 호치민의 눈에는 상황이 위험해 보였다. 통킹 만 사건 이후 미군의 공습을 보면서 그는 존슨 행정부가 남베트남에서 단호한 태도를 취하겠다는 전략적 결정을 내린 것이라고 확신했다. 2월 말 정치국 회의에서 호는 동료들에게 미국을 과소평가하지 말라고 주의를 주었다. 호의 관점에서는 갈등을 '특수 전쟁(즉 미국 전투 부대의 대량 개입이 없는 전쟁)' 수준으로 유지하여, 미군이 전투에 관여하는 '제한 전쟁' 단계

마을을 불사르는 미군기. 미국은 전쟁 기간 동안 베트남에 1,500만 톤의 폭약을 퍼부었다.

로 나아가지 않도록 막는 것이 매우 중요한 일이었다.[40]

 워싱턴의 의도를 확실히 알 수 없었기 때문에 제11차 전체회의에서는 기존 정책을 계속 밀고 나가는 쪽을 택했다. 그러면서 동시에 백악관이 미군 철수 문제를 협상할 의향이 있는지 파악해보기로 했다. 1964~1965년 가을과 겨울에 하노이는 미국이 아직 확실하게 기가 꺾이지 않았고, 그렇다고 혁명 세력의 최후의 승리가 눈에 보이는 것도 아니라는 판단 하에 워싱턴이 제안한, 평화를 위한 사전 조사를 거부했다. 당 지도부는 다시 외교적인 상황을 살피기로 했다. 민족해방전선은 3월 22일 '해방 라디오'를 통하여 평화 합의를 위한 조건들을 제시하는 5개항 성명서를 발표했는데, 여기에서 미군이 남베트남에서 철수하기 전에는 대화를 시작할 수 없음을 분명하게 밝혔다. 라디오 하노이는 며칠 뒤에 민족해방전선의 선언을 재방송했는데, 워싱턴의 철수 보장만 있으면 미군이 실제로 완전히 철수하지 않아도 대화를 시작할 수 있다고 내용을 약간 바꾸었다. 이어 4월 8일 팜 반 동은 하노이의 '4개항' 선언을 발표했는데, 여기에서는 베트남에서 모든 외국군 철수, 제네바 협정으로 복귀, 민족해방전선의 강령에 따른 남부의 내적인 문제 해결, 궁극적으로 두 지대의 평화적 통일 등을 제시했다. 미군 철수 시점에 대해서는 분명히 밝히지 않았다. 그러나 호치민은 일본 저널리스트와 회견을 하면서, 워싱턴이 군대를 철수시켜 평화회담을 위한 적절한 여건을 조성해야 한다고 말함으로써 혼란을 가중시켰다.[41]

호치민은 평소와 다름없이 하노이의 협상 전략을 조율하는 데 적극적인 역할을 했다. 그는 정치국 회의에서 동료들에게 제네바 회담의 재개 가능성에 대비하라고 촉구했다. 그래야 워싱턴이 철수 용의를 밝힐 때 베트남민주공화국이 신속하게 행동할 수 있었기 때문이다. 동시에 그는 미국과 전세계의 반전 여론을 자극하고, 하노이의 동맹국들과 신중하게 협의해야 한다고 주장했다. 그는 협상 전략이 단호함과 결의를 보여주어야 하지만, 동시에 섬세하고 유연하게 실행에 옮겨져야 한다고 충고했다.

하노이에 백악관이 협상에 나설 것이라는 희망이 얼마나 퍼져 있었는지는 몰라도, 어쨌든 그런 희망은 금세 사라져버렸다. 4월 초, 팜 반 동이 '4개항' 제안을 발표하려고 준비하고 있을 때, 존슨 대통령은 베트남의 미군 2개 사단에게 중앙 고원지대에서 남베트남의 진지를 강화하라는 명령을 내렸다. 이어 4월 7일 존스홉킨스 대학 연설에서 '무조건적' 평화회담을 제안했다. 그러나 평화회담을 하기 위해 미국이 무엇을 양보할지는 밝히지 않았다. 북베트남 당 지도부는 곧 백악관이 아직 하노이의 조건에 따른 평화협정을 고려할 준비가 되어 있지 않다고 보고, 협상을 추진하는 일에 흥미를 잃었다.

워싱턴의 고집스러운 태도를 보고 레 두안 등 호전적인 인물들은 승리는 호치민이 바라는 것과는 달리 협상 탁자가 아니라 전장에서만 얻을 수 있다는 사실을 확인했을 것이 틀림없다. 레 두안은 5월에 응우옌 치 타인 장군에게 보내는 편지에서 미국의 전투부대 파병은 협상의 때가 무르익지 않았음을 보여주는 것이라고 결론을 내렸다. 두안은 이렇게 썼다. "[남베트남의〕봉기가 성공을 거둘 때에만 '중립적 중앙 정부'를 수립하는 문제가 다시 제기될 것이다." '4개항'은 여전히 협상대상이지만, 이것은 "미국이 체면을 덜 깎이고 철수할 수 있는 길을 열어주기 위한 것"일 뿐이었다.[42]

 1965년 초 전쟁이 치열해지자, 베트남민주공화국에서 중국의 역할이 점점 중요해졌다. 소비에트의 지원 덕분에 하노이는 신식 무기로 북베트남 상공을 미군의 공격으로부터 방어할 수 있게 되었지만, 중국은 군사나 경제 원조 면에서만이 아니라 워싱턴이 북부와 직접 전쟁을 벌이지 못하도록 견제하는 역할에서도 중요했다. 중국 지도부는 공개나 비공개 발언을 통해 중화인민공화국이 베트남의 '든든한 후방'으로서 베트남의 민족통일을 다양한 형태로 지원해줄 것임을 약속했다. 또한 하노이는 만일 미국이 비무장지대 북쪽으로 작전을 확대하기로 결정하면, 중국이 베트남민주공화국 편을 들어 전쟁에 직접 개입할 것이라고 협박해주는 것이 무엇보다 중요했다.

 중국공산당 내부에서 자신보다 더 실용적인 경쟁자들과 싸움을 한판 벌여야 했던 마오 쩌둥에게 베트남의 갈등 확대는 자신의 국내 정책을 지지하는 중국인들의 혁명적 열정을 동원하고, 미국을 동남아시아에서 이길 수 없는 전쟁의 늪으로 끌어들일 수 있는 유용한 수단이었다. 레 두안과 보 응우옌 지압이 4월에 베이징으로 가서 북베트남 상공을 지키기 위한 군사 장비와 전투기 조종사들을 요청했을 때, 류 사오치(문화혁명으로 곧 숙청당한다)는 그것이 북베트남의 사기를 높이고 홍 강 삼각주 바로 남쪽의 북위 20도선 이북의 하늘을 보호할 수 있는 수단으로 여기고 선선히 응하는 태도를 보였다. 다음 달에 호치민이 중국을 방문했을 때, 마오는 "베트남에 필요한 모든 것을 지원하겠다."라고 약속했다. 마오는 호치민 통로와 중국 국경에서 베트남민주공화국으로 들어가는 운송망을 개선하고, 라오스 북부에서 태국으로 통하는 보급로들을 구축하는 사업을 지원하기 위해 도로 건설단을 보내기로 했다. 마오는 라오스와 태국을 잇는 보급로가 '미래의 대규모 전투'에 특히 유용할 것이라고 말했다. 호치민은 중국의 '형제 같은 동지들'의 확고한 지원에 대한 베트남의 감사의 뜻을 전하면서, 남베트남인들은 이제 북베트남에서 남으로 보낼 부대들의 지원을 받아 혼자서 전쟁을 수행할 수 있을 것이라고 장담했다.[43]

그럼에도 베이징은 워싱턴과 직접 대결하는 것을 경계하여, 인도차이나 전쟁에 더 깊게 개입할 가능성은 매우 우회적으로 언급했다. 마오는 1월에 미국 저널리스트 에드거 스노와 면담—그 내용은 이후에 널리 알려지게 된다.—을 하면서 중국은 직접 공격을 받지 않는 한 참전하지 않을 것이라고 밝혔다. 이것은 워싱턴이 베트남민주공화국을 침입하지 않는 한 남부에 주둔군을 증강시켜도 좋다는 교묘한 메시지였다. 4월에 저우 언라이는 파키스탄 대통령 아유브 칸을 통하여 워싱턴에 개인적인 메시지를 전달했다. 중국은 미국과 전쟁을 원하지 않지만, 베트남민주공화국을 지지하는 국제적인 의무는 이행한다. 만일 존슨 행정부가 남베트남 너머로 전쟁을 확대한다면, 전쟁의 불길이 퍼질 것이고 중국은 그 불을 끌 수밖에 없을 것이다. 그럴 경우 세계 전쟁 발발을 막는 것은 어려워진다. 저우는 대체로 이런 내용의 메시지를 전한 뒤, 설사 전쟁이 중국으로까지 번지지 않는다 해도, "베트남민주공화국이 요청하는 한, 남베트남의 민족해방전선이 원하는 한, 중국은 베트남을 지원할 것"이라고 말을 맺었다.[44]

다음 달 반 티엔 둥 장군은 중월 군사 협정을 맺고 세부 사항을 다듬기 위해 중국으로 갔다. 만일 현재의 상황이 지속된다면 베트남인들은 중국의 군사 지원을 받으면서 혼자 전쟁을 한다. 만일 미국이 공군과 해군을 동원하여 남베트남의 북부 침략을 지원한다면, 중국은 자위를 위해 공군과 해군을 보내 베트남인민군을 지원할 것이다. 만일 미군이 북부를 침공한다면, 중국은 전략적 예비군으로 지상군을 제공하고, 필요하면 작전 임무를 수행할 것이다. 이상이 협정 내용이었다.

중국은 베트남민주공화국이 미국과 투쟁하는 데 상당한 지원을 하기로 합의한 셈이었다. 그러나 중국, 소련, 베트남민주공화국 사이에는 벌써 불협화음의 조짐들이 나타나고 있었다. 마오 쩌둥이 1월에 에드거 스노와 면담한 내용이 밝혀지면서 베트남 당 지도부는 불안해했다. 그들은 워싱턴이 마오의 말을 듣고 남부에서 갈등을 격화시켜도 아무 일 없다고 믿게 될 것이라고 우려했다. 이어 7월에 베이징은 중국 전투 조종사들을 파견하여 베트남민주공화국 상공을 방어해달라는 하노이의 요청을 거부했다. 린 뱌오 원수는 하노이에 보낸 모호한 메시지에서 중국이 내전 때 장 제스 군대와 싸웠던 것을 본받아 베트남인들도 '자립'을 연습하라고 촉구했다. 레 두안은 격분하여 모스크바로 날아갔으며, 그곳에서 소련을 '제2의 조국'으로 찬양했다.[45]

중국이 북베트남에 전투 조종사들을 파견하겠다는 제안을 철회한 것은 베이징의 분위기가 달라진 결과였다. 1965년 봄과 여름에 모스크바가 북베트남에 대한 중소 원조를 조율하자는 제안을 공표하자, 베이징에서는 베트남 분쟁에 어느 정도 개입할지를 놓고 격렬한 논쟁이 벌어졌다. 중국의 일부 지도자들은 곤란에 처한 형제 국가를 돕는 것이 그들의 '국제주의적' 의무라고 주장했지만, 반소 분자들은 모스크바의 제안이 중국과 미국의 직접 대결을 유도하려는 교활한 음모라고 반박했다. 결국 베이징은 공동 행동을 취하자는 소련의 제안을 거부하면서, 북베트남에 소련의 배신을 주의하라고 경고했다. 호치민이 11월에 창저우를 방문했을 때 저우언라이는 호치민에게 소련의 북베트남 원조는 중국을 고립시키고 미소 관계를 개선하려는 모스크바의 의도에서 나온 것이라고 주의를 주었다. 따라서 하노이는 그것을 거부하라는 뜻이었다.[46]

'특수 전쟁'에서 '제한 전쟁'으로

베트남공화국에 주둔하는 미군의 숫자는 1965년 내내 꾸준히 증가하여, 연말에는 20만 명을 넘어섰다. 미국의 남베트남 전략이 '특수 전쟁'에서 미군 전투 부대들이 완전히 참가하는 '제한 전쟁'으로 수위가 높아졌다는 것을 인식한 베트남노동당 중앙위원회는 12월에 미군의 전력 상승에 대응하여 북베트남 정규군을 투입하는 계획을 승인했다. 타인 장군의 호전적인 지휘 하에 베트남인민군은 남베트남 전역에서 몇몇 지역을 선별하여 미군과 교전함으로써 그들이 전장에서 미군과 맞설 능력이 있음을 보여주려 했다. 보 응우옌 지압을 포함한 하노이의 당 전략가들 가운데 일부는 타인의 전략에 반대했지만, 타인 장군의 '격렬한' 접근방법은 레 두안으로부터 확고한 지지를 받고 있었다. 두안은 지압이 적과 대결하는 것을 두려워하는 '겁먹은 토끼'라고 비아냥거렸다.

이제 호치민은 몸을 움직이는 것을 점점 힘들어하였으며, 전쟁 전략을 짜는 데도 적극적인 역할을 하지 못했다. 그럼에도 건강이 허락하는 한 정치국 회의에 참석했다. 호치민은 줄곧 미군 개입 위험을 최소화하는 방법들을 지지해왔지만, 이제는 북부의 역할을 강화하는 결정을 확고하게 지지하고 있었다. 어떤 대가를 치르더라도 통일을 이루겠다는 베트남 인민의 결의가 확고하다는 사실을 미국도 확신하게 되었다는 것이 그 근거였다. 호는 북베트남 인민에게는 미국의 '침략 전쟁'에 대항하여 자신을 방어하려는 남부의 형제들을 지원할 당연한 권리가 있다고 주장했다. 호치민은 동료들에게 전쟁은 계속 확대될 것이며, 이제 미국은 패배가 세계적인 목표에 중대한 영향을 줄 것임을 알기 때문에 힘을 내세워 협상을 할 것이라고 주의를 주었다. 그러나 그는 "적이 어떤 방식을 원하든 우리는 싸울 것이며, 또 승리를 거둘 것"이라고 말을 맺었다.

이제 호치민은 협상을 통한 타결의 조건들이 아직 무르익지 않았다는 동료들의 관점을 공유하게 되었다. 그는 혁명군은 싸우기도 하고 협상도 해야 하지만, 당분간은 싸우는 것이 우선이며, 외교는 전장의 요구에 복무해야 한다고 믿었다. 미국이 북부에 대한 폭격 중단에 무조건 동의하고,

하노이의 '4개항'을 갈등 해결의 지침으로 삼기 전에는 협상이 진행될 수 없었다. 한편 북베트남은 미국의 협상 자세가 기만적임을 전세계에 폭로하기 위하여 자신의 입장을 분명하게 제시할 필요가 있었다. 호치민과 그의 동료들은 미국에 반전 분위기가 강하게 퍼져나간다는 사실을 잘 알고 있었다. 호치민은 사이공 정권의 군대만이 아니라 남베트남의 미군을 공격하는 일의 중요성을 강조했다. 이렇게 하면 전장에서 미군의 힘이 약화될 뿐 아니라, 의회와 미국 비둘기파의 입지를 강화해줄 수 있었다.[47]

남베트남에서 전쟁이 격화되고 하노이가 점점 소련의 군사 원조에 의존하게 되자 중월 관계에 심각한 긴장이 감돌았다. 소련의 배신을 주의하라는 중국의 훈계에 베트남 지도자들은 격분했다. 미국을 상대로 혁명 전쟁을 수행하는 방식과 평화회담을 개시할 시기에 대한 베이징의 조언—저우 언라이는 중국이 베트남보다는 워싱턴을 다루는 데 경험이 많다고 지적하기를 좋아했다.—에는 과거 중국의 오만과 생색내는 태도에 대한 씁쓸한 기억을 떠올렸다. 중국의 홍위병들(이들 가운데 다수가 문화혁명 초기에 '혁명을 하기' 위하여 자발적으로 북베트남에 왔다)은 지역 주민들의 짜증을 돋우었다. 토지개혁 운동 기간에 아무 생각 없이 마오주의 구호를 외치고 다니던 이전의 중국 고문관들이 떠올랐기 때문이다. 저우 언라이가 나중에 한 동료에게 고백했듯이, 문화혁명이 다른 곳에서도 언제나 효과를 거둘 수 있는 것은 아니었다.

1966년 봄이 되자 하노이와 베이징 사이의 긴장은 위험 수위에 이르렀다. 레 두안은 5월의 연설에서 그 전해 9월에 발표된, 자립의 장점에 관한 린 뱌오의 글을 우회적으로 비판했다. 레 두안은 하노이는 혁명 전쟁에서 형제 정당들의 경험을 주의 깊게 관찰해왔으나, 그것을 기계적인 방식이 아니라 창조적으로 적용하려 했다고 주장했다. "우리가 외국의 침략에 맞서 일어설 때마다 수세에만 몰리지 않고 곧 공세를 취한 것은 우연이 아니다." 베트남 언론에서 봉건시대에 중국 제국에 느꼈던 '북으로부터의 위협'을 언급하기 시작한 것도 하노이의 인내심이 바닥나고 있다는 또 하나의 표시였다.

베이징은 금방 사태가 심상치 않음을 알아차렸다. 마오 쩌둥은 4월 중순 팜 반 동과 회담하면서 북베트남에 거주하는 홍위병들의 무례한 행동을 사과했다. 마오는 그들이 양국 간의 관계를 이끌어온 규칙들을 제대로 존중하지 못했으며, 그 때문에 불가피하게 문제를 일으킬 수밖에 없었다고 인정했다. 마오는 홍위병들이 그런 짓을 할 경우에 하노이는 "그들을 우리에게 넘겨주기만 하면"된다고 말했다. 이어 저우 언라이가 북베트남 언론에 등장하고 있는 중국에 대한 우회적 비판을 거론하면서, 베트남 동지들은 중국이 베트남에 과거와 같은 지배 체제를 강제할까 봐 걱정하는 것이냐고 물었다. 저우는 만일 그렇다면, 베이징은 북베트남으로부터 군대(이제 그 숫자는 10만 명 이상을 헤아렸다)를 철수할 뿐 아니라, 국경 근처의 중국 땅에 추가로 배치한 병력도 뒤로 물리겠다고 말했다.

레 두안은 중국을 자극하지 않기 위해 화해를 바라는 자세를 취했다. 레 두안은 중국의 원조에 감사하면서, 그것이 베트남민주공화국이 생존하고 장차 민족 통일을 이루는 데 중요한 역할을 할 것이라고 말했다. 그러나 레 두안은 하노이와 모스크바의 관계의 중요성을 강조하면서, 그것이 중국 공산주의자들 자신이 여러 번 채택했던 실용주의에 따른 태도이기도 하다고 신랄하게 덧붙였다. 소련이 혁명적 교의를 배반했다는 주장에 대해서는, 사회주의 공동체 내의 '개량주의(즉 수정주의)' 국가들은 회유적인 태도로 설득하여 혁명적 원칙으로 돌아오게 하는 것이 중요하다고 지적했다.

결국 호치민이 논쟁에 말려들게 되었다. 호치민 주석이 중국 지도자들을 만났을 때, 저우 언라이는 "당신들은 우리를 협박하고 있다."라고 퉁명스럽게 비난했다. 저우는 만일 중국이 군사력을 이용해 베트남을 위협하려 한다는 인상을 받고 있다면, 국경지대의 모든 중국군을 뒤로 물리겠다

베트남 포로와 미군 병사. 베트남전쟁은 사망이 100만 명, 부상이 3백~4백만 명에 달한 처참한 전쟁이었다.

는 제안을 되풀이했다. 그러자 덩 샤오핑이 끼어들어, 그 부대들은 미국의 침략 가능성에 대비하여 주둔하는 것일 뿐이라고 말했다. 호치민은 즉시 베트남 정부는 동맹국인 중국을 협박할 의사가 없으며, 국경 북부에 인민해방군이 주둔하는 것을 편하게 여기며 환영한다고 말했다. 이런 논의를 비롯하여 여러 회담의 결과 몇 달 간 계속되었던 중월 관계의 긴장은 완화되기 시작했다. 그러나 미래의 관계 악화와 상호 불신의 씨앗은 이미 뿌려진 뒤였다.[48]

1966년 내내 남베트남은 갈등이 심화되었다. 존슨 행정부는 동남아시아에서 모욕적인 패배를 당하지 않기 위해 점점 더 많은 전투 부대를 투입했다. 이제 미군은 저항 운동을 약화시키기 위한 '수색과 파괴' 작전에 참가하기 시작했고, 저지대 마을의 봉기 세력을 중앙 고원지대와 캄보디아 국경으로 몰아내기 시작했다. 혁명 세력이 인력과 물자에 접근하는 길을 차단하려는 의도였다. 남베트남 군대는 메콩 강 삼각주와 중부 해안지대의 인구 밀집 지역에 침투한 저항 세력을 진압하는 작전의 일차적 책임을 떠맡았다. D지대의 베트콩 장악지역과 수도 근처의 여러 지역에서 미군과 남베트남군이 공동 작전을 펴기 시작했다.

응우옌 치 타인 장군은 이 도전에 정면으로 대응하기로 작정하고, 남부 전역의 적 장악지역들에 대하여 일련의 공격을 명령했다. 그의 관점, 또 하노이의 그의 지지자들의 관점에서 보자면, 이 상황에서 뒤로 물러서는 것은 혁명 진영의 사기를 꺾을 뿐 아니라 협상 탁자에 나오도록 워싱턴을 밀어붙이는 압박도 느슨해질 위험이 있었다. 당 지도부는 미군 사상자를 최대화하여 미국 전역에서 반전 감정이 일어나도록 당분간 전장에서 압박을 늦추지 않기로 결정했다. 북베트남에서 새로 투입된 전투 부대들은 중부 고원지대와 북부 여러 성의 전투에서 선봉에 섰다. 인민해방군은 메콩 강 삼각주 지역에서 사이공의 진압 작전에 대항하는 데 주도적 역할을 했다.

이 전략에는 엄청난 대가가 뒤따랐다. 하노이는 화력 면에서는 적의 상대가 되지 않아, 숫자의 힘과 기습에 의존해야 했기 때문이다. 타인 장군은 몇 달 동안 전장에서 주도권을 잃지 않으려고 안간힘을 썼다. 연간 적 사상자가 30만 명이 넘는다는 미국측 수치는 틀림없이 과장된 것이지만, 하노이측의 손실이 크다는 데는 의심의 여지가 없었다. 전력 수준을 유지하기 위해서는 북으로부터 투입하는 숫자를 늘려야 했고, 이제 그 숫자는 연간 5만 명을 넘었던 것으로 전해진다.

프랑스의 중재

1966년 여름이 되자 하노이에서는 응우옌 치 타인의 공격적인 전략을 두고 논란이 불거졌다. 그때까지는 구체적인 성과를 거둔 것이 없었기 때문이다. 남베트남 정부는 여전히 불안정했지만, 붕괴 가능성은 오히려 낮아졌다. 1965년 여름 젊은 지도자들인 응우옌 카오 키와 응우옌 반 티에우가 몇 달 동안 수도를 흔들던 일련의 쿠데타와 반쿠데타에 종지부를 찍고 새로운 군사 지도부를 구성했기 때문이다. 사이공은 미국의 압력 하에 새로운 헌법을 제정하고 새 대통령을 선출할 준비를 진행하고 있었다. 미국 내의 평화 운동은 점점 목소리가 높아졌고 이에 대한 미국민의 지지도 점점 확대되는 것 같았지만, 정작 백악관에서는 변화의 분위기가 감지되지 않았다. 타인의 오랜 경쟁자 보 응우옌 지압을 포함하여 하노이에서 그를 비판하는 사람들은 타인의 '하늘 폭풍' 전략에 의문을 제기하고, 좀더 신중한 접근을 주장했다.

이 문제를 둘러싼 정치국 논쟁에서 호치민은 온건파 편을 들어, 정치 투쟁, 선전, 게릴라전을 혼합하여 점진적, 단계적으로 적을 지치게 만드는 장기전 전략을 지지했다. 호치민은 최종 승리를 얻으려고 다급해하는 동료들에게 밥을 짓는 일을 비유로 들어 설명했다. 밥을 불에서 너무 빨리 꺼내면 설익고, 너무 늦게 꺼내면 탄다. 그러면서도 호치민은 계속해서 최종 승리에 대한 낙관적 태도를 견지했다. 미국의 내부 모순이 심화되어, 다음 대통령 선거에서는 절정에 이를 것이라는 점이 그 근거였다. 1966년 12월 호치민은 백악관을 넘어 미국 국민에게 곧바로 공개 서한을 보냈다. 그는 이 편지에서 미군의 베트남 주둔이 베트남 인민에게 나쁜 영향을 줄 뿐 아니라, 미국의 평판에도 먹칠을 한다고 지적했다. 호치민의 편지는 미국 국민 가운데 일부에게 평화를 바라는 하노이의 진지한 소망을 이해시키는 데 도움이 되었는지는 몰라도, 존슨 행정부에는 아무런 영향도 주지 못했다. 호치민이 이 편지를 쓰고 있을 무렵, 워싱턴은 사이공의 이탈리아 대사를 통하여 비밀리에 평화협상을 시작하려 했다. 그러나 미군이 하노이 근처에 계속 공습을 퍼부었기 때문에 아무런 성과를 거둘 수가 없었다. 북베트남은 바르샤바에서 열기로 했던 회담을 취소해버렸다.[49]

호치민은 1966년 7월 옛 친구이자 적인 장 생트니가 프랑스의 중재 가능성을 탐색하기 위해 하노이를 방문했을 때도 강경한 입장을 전달했다. 오랫동안 인도차이나 전문가 노릇을 했던 생트니는 프랑스의 대통령 샤를 드골과 마찬가지로 워싱턴이 남베트남에서 원하는 목표를 달성할 수 없다고 이미 결론을 내리고 있었다. 그의 관점에서 보자면 미국이 얻을 수 있는 최선은 협상에 의한 합의를 통해 사이공에 중립 정부를 세우는 것이었다. 호치민은 생트니와 만난 자리에서 미국이 베트남민주공화국의 모든 도시를 부수어버릴 능력이 있다는 사실을 잘 알고 있지만, 그와 그의 동포는 어떤 희생을 치르더라도 끝까지 싸울 각오가 되어 있으며, 최종 승리를 얻기 전에는 절대 굴복하지 않을 것이라고 강조했다. 호치민은 미국이 체면을 구기지 않고 철수할 수 있는 방법을 강구할 용의가 있지만, 결국 유일한 해결책은 미국이 물러나는 것뿐이며, 그렇게만 된다면 모든 일이 해결될 수 있다고 이야기했다.[50]

사랑받는 호 아저씨

1965년 5월 호치민은 75살이 되었다. 그 전 10년간 호치민은 국사(國事)에서 대체로 의전 역할을 담당했다. 정치국과 중앙위원회 회의만이 아니라 베트남민주공화국 국무회의도 주재했지만, 자신의 권한을 당과 정부의 고위직에 있는 동료들에게 위임해왔다. 그의 동료들은 여전히 외교와 혁명 전쟁 전략에서 그의 경험을 존중했지만, 다른 영역에서는 영향력이 쇠퇴했으며, 1960년대 중반에 그의 일차적인 역할은 사랑받는 '호 아저씨'로서 학교나 공장, 집단농장을 방문하여 사회주의와 민족 통일의 대의를 알리는 것이었다.

1960년대 중반과 후반은 매우 어려운 시기였다. 전쟁이 확대되면서 남부 해방에 봉사할 인력 수요도 급격하게 늘어났다. 1965년부터 1960년대 말 사이에 북베트남군은 약 25만 명에서 40만 명 이상으로 늘어났다. 결국 16살에서 45살 사이의 남자들은 모두 징집 대상이 되었다. 북베트남군의

농부와 이야기하는 호치민
(1950년대).

남부 투입도 급속히 늘어났다. 남부로 내려간 대다수는 남자였지만, 여자들도 가끔 자원하는 경우가 있었는데, 그들은 주로 예술단원, 정보요원, 운송 노동자로 일했다. 남부에서 일한 북부인들은 대부분 인종적으로 베트남인이었지만, 화교나 산악부족으로 구성된 부대도 있었다. 북부의 공장과 농장의 빈 자리는 여자들이 대신 메웠다. 또 북베트남 전역에 창설된 마을 의용대나 대공(對空) 및 폭탄 제거 부대에서 일하는 여자들도 있었다.

남부에서 복무하는 북베트남 전투원들이나 남부의 인민해방군, 민족해방전선의 민간 조직원들 가운데 놀라울 정도로 많은 수가 죽거나 다쳤다. 결국 사망자나 중상자 수가 수십만을 헤아리게 되었다. 그러나 전쟁이 절정으로 치달아가면서 북부의 상황도 힘들기는 마찬가지였다. 농촌 주민 다수가 징집되어 남부로 갔기 때문에 식량 생산이 급격히 떨어졌다. 중국에서 쌀을 지원하지 않았다면 굶어죽는 사람이 엄청났을 것이다. 미국의 폭격과 더불어 모든 생산적 노력을 남부의 전쟁에 쏟아붓는다는 정부의 결정으로 인해 다른 소비재도 품귀 현상을 빚었다. 미국의 공습으로 오랜 성도 빈을 비롯하여 많은 도시들이 폐허가 되었다. 폭격은 중부의 손잡이 모양 지대에 집중되었지만, 결국 20도선을 넘어 수도 외곽까지 확대되었다. 정부는 주민을 보호하기 위해 많은 사람들을 시골로 소개하고 도시만이 아니라 자주 공격을 받는 농촌지역에도 방공호 건설을 명령했다. 공식 통계에 따르면 5만 킬로미터 이상의 참호, 2천만 개의 방공호—방공호 대부분은 한 사람이 간신히 들어갈 수 있을 정도로 좁았다.—가 건설되었다. 북부의 민간인 사상자는 정확한 숫자를 알 수 없지만, 참호나 방공호가 큰 도움이 되지 않았던 것은 분명하다. 베트남에서 미국인들은 5만 5천 명 이상 죽었지만, 전쟁 기간 베트남인은 남북을 합쳐 1백만 명 이상 죽은 것으로 추정된다. 호 아저씨의 동포들은 꿈을 실현하겠다는 그의 결의 때문에 상당한 대가를 치렀던 셈이다.

호치민은 자기 나름대로 짐을 나누어 지고 싶어했다. 젊은 동료들은 걱정했지만, 호치민은 바 딘 광장 근처 주석부 구내에 있는 작은 집에서 그대로 살겠다고 고집을 부렸다. 이 집은 호치민에게 해방 투쟁 초기의 낭만을 기억나게 해주는 곳이었음이 분명하다. 또한 그의 인민이 극심한 곤경을 겪는 시기에 자신도 소박하게 살겠다는 결의를 보여줄 수 있는 곳이기도 했다. 결국 이곳은 그의 여생 동안 그의 집무실이자 거처 역할을 했다.[51]

호치민은 분명히 노쇠 현상을 드러내기 시작했다. 외국의 지인들은 그가 숨을 쉬거나 움직이는 데 어려움을 겪고, 이따금씩 정신도 무뎌지는 것을 눈치챘다. 외국 손님들과 이야기를 하는 도중에 집중력을 잃거나 잠이 든 것처럼 보이는 경우도 있었다. 호치민은 75살 생일이 되자 사후에 베트남 인민에게 남길 첫 유언장을 작성했다. 소련 지도자들은 일찍이

1960년대에 호치민은 치료를 받으러 베이징을 몇 차례 방문했다. 마오 쩌둥도 몇 번 만났다. 사진은 제국의 도시에 있는 마오의 관저에서 대화를 나누는 두 나이 든 지도자의 모습.

1959년에 그가 남부의 갈등 확대 문제를 상의하러 모스크바를 방문했을 때부터 그의 건강을 걱정했다. 호치민이 건강 진단을 받아보라는 제안을 거절하자("나는 내 건강에 대해서는 생각하지 않는다."라는 것이 그의 답변이었다), 클리멘트 보로실로프는 "중앙위원회에서 이미 결정한 사항"이라고 말하며 고집을 부리기도 했다.[32]

1965년 5월 호치민은 3주일 간 중국을 방문했다. 마오 쩌둥과 추가 원조 문제를 논의하기 위한 목적도 있었지만, 치료를 받으려는 목적도 있었다. 또 그의 동료들은 미국의 공습이 수도를 향해 다가오자 그를 위험한 곳에서 빼내려고도 했을 것이다. 중국 방문에는 계속 개인 비서로 일해온 부 키가 보좌관으로 동행했다. 호치민은 창사(長沙)에서 마오 쩌둥을 만난 뒤, 다른 중국 지도자들과 회담하기 위해 베이징으로 갔다. 중국 지도자들 역시 호치민의 건강을 걱정했다. 잠을 잘 잤느냐고 묻자 호치민은 "부 키에게 물어보라."라고 대답했다. 호치민은 싫다고 했지만 중국 지도자들은 그를 위해 정성껏 생일 잔치도 준비하였으며, 젊은 여자들도 다수 손님으로 초대했다(부 키가 이 일에 대한 그의 회상에서 모호하게 언급한 바에 따르면, 호치민이 "그 여자들을 존경했기" 때문이다).

호치민은 정치 회담을 마무리 짓자, 근처 산둥(山東) 성의 공자 출생지를 찾아갔다. 호치민은 자신이 평생 공자를 존경해왔다고 고백했다. 호치민은 이 고대 철학자의 고향에 있는 사당에서 인본주의 원리에 대한 공자의 깊은 통찰을 보여주는 한문 고전 구절을 암송하며, 공자의 유명한 대동(大同) 원리가 현대의 평등 사회 개념과 통하는 것이라고 말했다. 그는 대동의 시대가 지구 전체에 퍼질 때에만 진정한 평화가 찾아올 것이라고 마무리를 지었다. 호치민은 하노이로 돌아가는 비행기에서 중국이 낳은 가장 유명한 인물의 출생지를 찾아본 것에 대한 깊은 소회를 토로하는 짧은 시를 지었다.[53]

호치민은 이 여행 뒤에 가끔씩 예전의 활력을 되찾기도 했지만, 몸은 계속 약해졌다. 몇 달 뒤 중국의 당 지도자 타오 주가 하노이를 공식 방문했을 때, 호치민은 갑자기 이 옛 친구에게 벗을 삼으려고 하니 중국 광둥성의 젊은 여자를 하나 보내달라고 요청했다. 타오가 왜 베트남에서 그의 시중을 들어줄 사람을 구하지 않느냐고 묻자, 호치민은 간단하게 "모두 나를 호 아저씨라고 부른다."라고 대답했다. 타오 주는 중국에 돌아가 저우언라이에게 호의 요청을 전했다. 저우는 양당의 미묘한 관계 때문에 북베트남 지도자들과 상의해보기로 했다. 결국 이 일은 조용히 묻어두기로 결론이 났다.[54]

1966년 5월 호치민은 76살 생일을 기념하기 위해 중국에 다시 갔다. 중국 지도자들은 베트남 혁명에 대한 굳건한 지원을 약속했다. 호치민은 베트남노동당 정치국의 동료들에게 편지를 보내, 중국은 설사 미국의 직접

주석부 구내의 호치민의 숙소 옆에는 작은 정자가 있었는데, 호는 이곳에서 일을 하거나 손님들을 맞이하곤 했다. 호는 아름드리 나무들이 드리운 그늘에서 뜨거운 해를 피해 편하게 일을 하곤 했다.

호치민은 말년까지 정원을 가꾸고 운동을 했다. 사진에서 호는 남베트남 "해방 전사들"의 대표단이 그에게 선물한 작은 나무를 가꾸고 있다.

공격을 받는 일이 있어도 베트남이 최후의 승리를 달성하도록 도울 생각이라고 전했다. 호치민은 중국 중부의 휴양지에서 며칠 쉰 뒤에, 산둥과 만주에 갔다가 6월에 베트남으로 돌아왔다. 호치민은 7월 17일 베트남 인민 전체에게 그들의 희생에 감사하면서 "독립과 자유보다 중요한 것은 없다."라는 메시지를 보냈다. 베이징의 톈안먼 광장에서는 호치민을 기리고, 베트남의 민족 해방 투쟁에 대한 중국의 지지를 과시하기 위한 집회가 열려 수십만 명이 참석했다.[55]

이제 호치민은 움직이기가 더욱 어려워졌다. 늘 자신의 신체적 상태에 엄격했던 호치민은 매일 체조를 계속했다. 그는 주석부 구내에 있는 작은 집을 자주 벗어나 식사를 하고, 정원을 손질하고, 근처 연못의 잉어한테 먹이를 주었다. 또 그의 개인 숙소 옆에 있는 나무가 우거진 정자에서 서양의 기자, 외국의 저명인사, 민족해방전선 대표에서부터 각계 각층의 보통 사람들에 이르기까지 많은 손님들을 맞이하기도 했다. 정치국 회의는 그의 집 1층의 벽이 없는 공간의 탁자에서 열렸다. 그러나 미군이 하노이 외곽에 초점을 맞추고 폭격을 하자 호치민은 주석부 구내에 지은 방공호에 들어가 살았다. 이 무렵 호치민은 회의에 정기적으로 참석하지는 않았던 것으로 보이며, 일부 관찰자들은 그가 자주 '멍해' 보였다고 말한다. 중요한 문제가 생기면 레 두안은 가끔 동료들에게 이렇게 말했다. "아저씨는 걱정하시게 하지 맙시다. 우리의 최고 지도자를 귀찮게 해서는 안 되지요."

당 지도부는 호치민의 건강 악화를 점점 걱정하게 되었다. 레 두안은 호치민의 77살 생일 직후 정치국 회의를 소집하여 호치민의 건강을 유지할 방법을 토론했다. 이때 호치민은 광저우에서 치료를 받고 있었다. 이런 문제를 주제로 한 정치국 회의는 호치민의 노여움을 살 수도 있었고, 베트남 인민이 걱정할 수도 있었으므로 굳게 비밀에 부치기로 했다. 정부는 호치민의 오랜 친구인 응우옌 루옹 방에게 호치민의 건강을 살필 임무를 맡기

호치민은 하노이에서 말년을 보낼 때 자신의 숙소 옆의 연못의 금붕어들에게 먹이를 주는 일을 즐겼다. 그는 연못 건너에 보이는 정원사 숙소에서 1950년대 중반부터 살았다.

고, 고참 당원 레 타인 응이가 이끄는 전문가들을 모스크바로 파견하여 호치민이 세상을 뜬 뒤에 유해를 보존하는 방법에 대한 조언을 듣고 훈련을 받도록 했다.[56]

호치민은 6월 말 중국에서 돌아와 남부 상황에 대한 보고를 들었다. 그는 외교적으로 중요한 문제에는 가끔 관여했다. 1967년 초에는 미국의 평화운동가 해리 애슈모어와 윌리엄 배그스를 만나, 워싱턴이 북베트남 폭격을 중단해야만 평화회담을 시작할 수 있다고 말했다. 두 사람은 미국으로 돌아가자마자 국무부에 방문 결과를 보고했으며, 존슨 대통령은 호치민에게 편지를 보내 폭격을 끝낼 용의가 있지만, 그것은 북베트남이 남부 침투를 중단했을 때에만 가능하다고 덧붙였다. 폭격이 중단되기만 하면 남부로 보내는 인력과 물자를 늘릴 생각을 하고 있던 당 지도부에게 워싱턴의 제안은 받아들일 수 없는 것이었다. 호치민은 3월에 존슨의 편지에 답장을 보내, 베트남민주공화국에 대한 폭격을 무조건 중단하라고 요구했다. 호치민은 7월에 파리에서 온 오랜 친구 레이몽 오브락에게도 같은 이야기를 되풀이했다. 오브락은 하노이가 평화회담을 받아들일 의사가 있는지 확인하기 위해 잠깐 방문했다. 베트남민주공화국의 반응은 호치민이 이야기한 것과 마찬가지로 미국이 북부에 대한 폭격을 무조건 중단해야만 협상을 시작할 수 있다는 것이었다. 호치민은 9월에 중국으로 가서 베이징 근처 산악지대에서 장기간 요양했다.[57]

총공격과 봉기

호치민이 없는 동안 정치국은 1960년대 초부터 고려해왔고 또 오랫동안 기다려왔던 '총공격과 봉기'를 시작하는 문제를 놓고 중요한 토론에 들어갔다. 당 지도부는 남부 혁명의 동력을 회복하고, 1965년 여름 주월 미군 증가 이후 잃어버린 기반을 되찾을 필요성을 인식하고 있었다. 남베트남의 베트콩 세력(이제 북부에서 10만 명 이상의 동포가 참가해 힘을 얻고 있었다)은 계속해서 전국에 걸쳐 비교적 높은 수준의 능력을 발휘하고 있었지만, 사상자 숫자는 엄청났으며 저항 운동 내부에서 사기 문제가 부각되기 시작했다. 워싱턴이 패배를 인정하지 않으면서 혁명 세력 승리의 필연성에 대한 의심이 늘어났으며, 그에 비례하여 입대자 숫자는 줄고 탈영병 숫자는 늘었다. 미국 평화운동가들이 하노이를 방문한 뒤 정치국은 미국에서 반전 운동이 고조된다는 사실에 힘을 얻었다. 그럼에도 존슨 행정부는 철수를 준비할 기미를 보이지 않았다. 사실 남베트남에 주둔하는 미군의 숫자는 거의 50만에 육박했으며, 그 숫자는 더 늘어날 전망이었다.

호치민은 오래 전부터 총공세를 시작할 수 있는 최적기는 하노이가 미국 정치에 최대의 압박을 가할 수 있는 미국 대통령 선거 기간이라고 주장해왔다. 농촌에서 인민해방군의 공격과 대도시의 총봉기가 조화를 이루어야 했다. 이렇게 했을 때 남부를 불안정하게 만들고 미국이 약자의 입장에서 협상에 나서도록 강요한다는 최소한의 목표라도 이룰 수 있었다. 물론 궁극적인 목표는 사이공 정권의 전복이었다. 12월 호치민이 중국에서 돌아왔을 때 정치국은 이미 2월 초 텟 명절 기간에 총공격과 봉기를 시작하기로 최종 결정을 내렸다. 호치민은 이 계획을 승인하고, 치료를 더 받기 위해 베이징으로 돌아갔다.

텟 공세는 1968년 1월 31일에 시작되었다. 봉기 세력은 전국의 주요 도시, 성과 부의 중심지, 농촌 마을들을 공격했다. 사이공 공격에서는 공병과 자살 특공대가 정부 시설들을 습격하여 잠깐이기는 하지만 새로운 미국 대사관 1층을 점거하여 세계를 놀라게 했다. 3주 전 북베트남 군대가 점령했다가 유혈이 낭자한 육박전 끝에 미국 지상군에게 쫓겨나간 제국의 옛 수도 후에에서도 비슷한 일들이 벌어졌다. 그러나 군사적 관점에서 보자면 결과는 다소 실망스러웠다. 공격에 참가한 여러 부대에서 3만 명이 넘는 사상자가 나왔기 때문이다. 그 대다수가 현지의 베트콩 세력이었기 때문에, 앞으로 몇 년 동안 운동이 약화될 위험이 있었다. 그리고 기대와는 달리 응우옌 반 티에우 정권은 무너지지 않았다. 그럼에도 미국과 관련한 정치적 결과는 고무적이었다. 이 공격에서 미국측 사상자가 많이 나왔기 때문이다. 텟 공세 한 달 간 거의 2천 명에 가까운 미국인들이 죽었으며, 3천 명이 중상을 입었다. 미국에서는 다시 반전 분위기가 고조되었으며, 백악관은 전쟁의 평화적 해결을 위하여 새로운 양보를 제안하지 않을 수 없었다. 3월 말 린든 존슨은 협상을 시작하기 위해 북부 폭격을 부분적으로 중단하겠다고 제안했다.

백악관이 고민에 빠져 있는 동안 정치국 국원인 레 둑 토는 베이징으로 호치민을 찾아가, 텟 공세의 결과를 보고했다. 토(곧 진행될 평화회담에서 하노이의 협상 책임자로 선출된다)는 훗날 텟 공세가 제한적인 성공을 거두었을 뿐이라고 인정했지만, 이때는 틀림없이 큰 승리를 거둔 것으로 주석에게 보고했을 것이고 호치민은 기뻐했을 것이다. 토가 텟 공세 이후의 상황을 평가하기 위해 곧 남부로 출장을 갈 것이라고 이야기하자, 호치민은 함께 가겠다는 강한 의지를 나타냈다. 토는 호치민이 캄보디아의 항구 시아누크빌(당시 대부분의 고위 당 간부들이 남부에 갈 때 사용하던 통로)을 통과하려면 비자가 필요할 터인데, 유명한 턱수염 때문에 사람들이 금방 알아볼 것이라고 말하면서 말렸다. 호치민은 수염을 밀어버리겠다고 대꾸했다. 그럼 남부의 동포가 못 알아볼 텐데요! 토는 얼른 그렇게 대꾸했다. 호치민은 선원 행세를 할 수도 있고 배의 화물칸에 숨을 수도 있다고 하면서 고집을 부렸다. 토는 늙은 혁명가를 달래기 위해 한 번 알아보겠노라고 약속했다. 토가 떠나려고 일어서자 호치민은 그를 끌어안고 울었다. 토는 나중에 가까운 사람들에게, 호치민과 헤어지면서 그를 다시 못 볼지도 모른다는 생각이 들었다고 말했다.

호치민은 당 지도부가 자신의 건강을 이유로 그 요청을 거부할 것이라고 예상하고 있었다. 호치민은 하노이의 레 두안에게 보내는 편지에서 여행을 하게 되면 자신에게도 좋을 것이라고 말했다. 그는 또 자신이 남부에 가게 되면 대의를 위해 생명을 희생하고 있는 수천 동포들의 사기도 올라갈 것이라고 말했다. 3월 19일 호치민은 저우 언라이 총리에게 자신의 요청이 승인될 수 있도록 도와달라고 짤막한 편지를 보냈다. 그러나 하노이에서는 이 요청을 조용히 보류해두었다.[58]

호치민은 4월 22일 북베트남으로 돌아간 뒤 뗏 공세의 결과를 평가하는 정치국 회의에 초대받았다. 호치민은 건강이 좋지 않았지만 남부의 최신 상황을 계속 보고받겠다고 고집을 부렸고, 미국의 국방장관 로버트 맥나마라가 전쟁으로 인한 부담 때문에 사임했다는 이야기를 듣고 기뻐했다. 그는 또 존슨 대통령이 부분적인 폭격 중단을 선언한 3월 30일 연설을 통해 1968년 선거에 출마하지 않겠다고 발표한 사실에도 기뻐했다. 미국에서 전쟁에 반대한 가장 유명한 정치인 가운데 한 사람인 로버트 F. 케네디 상원의원이 6월에 암살당한 뒤에, 호치민은 〈냔 단〉에 발표한 짧은 글에

서 전쟁 때문에 베트남에서 평범한 미국인들이 점점 더 많이 죽게 될 것이라고 개탄했다.[59]

5월 초 호치민은 존슨 대통령이 북부에 대한 부분적인 폭격 중단을 실시하고, 파리 평화회담 개최에 동의했다는 보고를 들었다. 당 지도부가 그 제안을 받아들이는 문제를 호치민과 상의했던 것 같지는 않지만, 어쨌든 호치민은 기뻐했다. 그러면서도 승리를 얻은 뒤에는 베트남인들의 상처를 치유하는 것이 가장 중요한 일인데, 그것은 '복잡하고도 어려운' 과제가 될 것이라고 이야기했다. 호치민은 심각한 실수를 막기 위해 당원 각자가 인민에 복무하는 일을 성스러운 임무로 인식할 수 있도록 당을 재정비할 구체적인 계획을 짜라고 권했다. 그가 중요한 과제로 꼽은 것은 전쟁의 상처를 치유하고 남부 사회의 '쓰레기'—도둑, 매춘부, 마약중독자—를 사상 교육, 또는 필요하다면 다른 법적 수단을 통하여 사회에 보탬이 되는 유용한 시민으로 바꾸는 것 등이었다.[60]

호치민은 장차 미국과 협상하는 방법에 대해서도 동료들에게 조언을 하려 했다. 사실 이 문제는 갈수록 복잡하게 꼬이고 있었다. 워싱턴은 폭격을 계속하지 않겠다는 무조건적인 서면 약속을 해달라는 하노이의 요구를 받아들이려 하지 않았다. 뿐만 아니라 문화혁명의 늪에 빠져 허덕이던 베이징은 북베트남의 동지들이 미국과 관계를 수립하는 데 지나치게 열심이라고 비판했다. 4월에 저우 언라이는 수상 팜 반 동에게 그의 유명한 '4개항'이 이행된 뒤에 협상을 시작하라고 요구했다. 저우는 그에게 오직 유리한 위치에 있을 때에만 협상을 해야 한다고 충고했다. 동은 하노이는 기본 원칙에서는 타협하지 않을 것이며, 불리한 조건에서 평화 회담을 하는 일도 결코 없을 것이라고 반박했다. 어쨌든 싸움을 하는 것은 베트남 사람들 아닌가. 동은 그렇게 덧붙였다.[61]

호치민은 이 논의에서 적극적인 역할을 하지 않았지만, 실용적인 입장에서 발언을 했으며, 7월에 정치국 회의에서 일단 협상이 시작되면 무엇을 얻을 수 있고 잃을 수 있는지 신중하게 따져보라고 조언했다. 이후 몇 주 동안 열린 회의에서 호치민은 동료들에게 외교적인 돌파구를 열어나갈 기회를 포착하는 동시에, 군사적 준비를 강화하는 데도 힘을 기울여야 한다고 주의를 주었다. 그는 또 미국의 덫도 경계하라고 주의를 주었는데, 잘못하다간 남부에서 휴전이 이루어진 상태에서 워싱턴이 미래의 어느 시점에 북폭(北爆)을 재개할 수도 있다고 말했다.

11월 초, 워싱턴이 폭격의 완전 중단에 합의—린든 존슨은 서면 약속은 거부했다.—한 뒤 파리에서 평화회담이 시작되었다. 하노이측은 텟 공세 때와 같은 대규모 공격을 하지 않겠다는 약속은 했지만, 남부에서 휴전이 이루어지지는 않았다. 그러나 평화회담이 너무 늦게 시작되는 바람에 민주당 대통령 후보 허버트 험프리는 선거에서 회담의 덕을 보지 못했다. 목소리는 높이지 않았지만 원래 베트남 전쟁에 비판적이었던 험프리는 8월에 시카고에서 열린 소란스러운 전당대회에서 대통령 후보로 지명되었으나, 존슨의 부통령이라는 자리에 있었기 때문에 자신의 입장을 드러낼 수가 없었다. 반전 분위기 확대는 그에게 타격을 주었고, 반면 공화당 후보였던 리처드 닉슨은 전쟁을 끝낼 '비밀 계획'이 있다고 장담했다. 11월 선거에서 공화당은 8년 만에 백악관에 다시 들어갈 수 있었다.

마지막 유언장

1960년대 말에 호치민은 유언을 자주 고쳤지만, 어느 유언장에나 화장을 해달라는 유언은 꼭 들어가 있었다. 마지막 유언장에는 유해를 화장한 다음 조국의 북부, 중부, 남부에 나누어 뿌리고 장소를 밝히지 말아달라는 조항을 넣었다. 평생을 조국 통일에 바쳐왔다는 것을 보여주는 상징적인 행동이었다. 이어 그는 카를 마르크스, 블라디미르 레닌을 비롯한 존경하는 혁명가들을 만나러 갈 것이라고 썼다. 그는 또 평화가 회복되면 농업세를 1년간 면제하여 베트남 인민이 전쟁 동안 겪은 곤경에 보답하고, 피로

얼룩진 기나긴 전쟁 동안 인민이 보여준 노력과 희생에 당이 직접 감사해 주기를 바랐다.[62]

1969년 텟 명절에 호치민은 마지막으로 하노이를 벗어나 짧은 여행을 했다. 근처의 소도시 손 타이를 찾은 것이다. 여행에서 돌아온 뒤에도 그의 건강에는 문제가 없어 보였다. 호는 4월에 정치국 회의에 참석했으며, 만일 미국의 새로운 정부가 남베트남에서 미군 철수를 결정하면, 그들이 명예롭게 철군할 수 있도록 허용해야 한다고 조언했다. 5월 중순에 열린 중앙위원회 제16차 전체회의에서는 당 지도부에게 성급하게 판단하지 말라고 경고했다. 남베트남에서 미국의 지위가 약화되고 있다고는 하나(닉슨 대통령은 '베트남화'라는 새로운 정책을 발표했는데, 이 정책의 핵심은 베트남 공화국에서 미군이 단계적으로 철수한다는 것이었다), 위험한 존재라는 사실에는 변함이 없었기 때문이다.

호치민은 계속해서 남부 부대원들의 복지에 관심을 가졌다. 호치민은 오랫동안 요청한 끝에 마침내 하노이 북부 교외의 서호에서 남부의 저항 투사들 대표를 만날 수 있었다. 그의 집에서 열린 79살 생일 잔치에서 가까운 동료들은 최종 승리를 달성한 뒤 그가 오래 전부터 기다려온 남베트남 방문을 선물로 주겠다고 약속했다. 같은 달 호치민은 전에 써놓았던 유언장 여백에 메모를 하여 마지막 유언장을 작성했다. 호치민의 몸이 점점 쇠약해졌기 때문에, 의사들은 정기적으로 심장 박동수를 검사하기로 결정했다. 미국의 폭격이 중단되어 이제 기둥 위에 지은 작은 집(햇빛을 가릴 수 있는 나무들로 둘러싸여 있었다)으로 돌아갈 수 있었지만, 무더운 여름철을 맞아 몸이 급격히 약해지기 시작했다. 당 지도부는 급하게 소련과 중국의 의사들에게 지원을 요청했다. 호치민은 평소 하던 대로 아침 운동을 하고, 식물에 물을 주고 물고기에게 먹이를 주려 했다. 가까운 동료들인 추옹 친과 응우옌 루옹 방은 정기적으로 호와 함께 식사를 했다.[63]

8월 중순 어느 날 호치민은 상태가 갑자기 악화되었다. 폐에 심한 울혈

이 생겼다. 의사들이 페니실린을 처방했지만, 호치민은 다음 날 가슴에 통증을 느낀다고 말했다. 28일에는 맥박이 불규칙해졌다. 정치국원들이 남부의 상황을 보고하러 왔을 때, 호치민은 몸이 나아졌다고 말했다. 이틀 뒤 호치민은 그를 만나러 온 팜 반 동에게 9월 2일로 예정된 독립기념일 행사 준비가 끝났느냐고 물었다. 호치민은 다음 날 아침 일어나 죽 한 그릇을 먹고 참전 용사들을 만났다. 그리고 9월 2일 오전 9시 45분, 베트남의 독립 24돌을 기념하는 날 호치민의 심장은 멈추었다.[64]

■ 에필로그

인간에서 신화로

호치민의 사망 소식이 전해지자 전세계에서 논평이 쏟아졌다. 세계 주요 국가에서 조문을 했으며, 하노이는 121개국으로부터 2만 2천 통의 조문 메시지를 받았다. 수많은 사회주의 국가에서 그들 나름대로 추모식을 열었으며, 우호적인 사설들을 게재했다. 모스크바는 공식 성명을 통해 호치민을 "영웅적인 베트남 인민의 위대한 아들이며, 국제 공산주의 운동과 민족 해방 운동의 뛰어난 지도자이며, 소련의 훌륭한 친구"라고 찬양했다. 제3세계 국가들에서는 그를 억압받는 민족들의 옹호자로 찬양했다. 인도에서 나온 어떤 글은 그를 "인민의 정수(精髓)이며, 자유를 향한 열렬한 갈망과 인내와 투쟁의 화신"이라고 묘사했다. 다른 글들은 그의 소박한 태도와 높은 도덕성에 주목했다. 우루과이의 한 신문에는 이런 사설이 실렸다. "그는 우주만큼 넓은 심장을 가진 사람이었으며, 아이들에 대한 가없는 사랑을 가진 사람이었다. 그는 모든 분야에서 소박함의 모범이다."[1]

서구 정부들로부터는 특별한 반응이 나오지 않았다. 백악관은 논평을 거부했으며, 닉슨 행정부의 고위 인사들도 마찬가지였다. 그러나 서구 언론 매체들이 호치민의 죽음에 보여준 관심은 특별했다. 반전 운동을 지지하던 신문들은 그가 훌륭한 적이며, 약하고 억압받는 사람들의 옹호자였다고 우호적으로 묘사하는 경향이 있었다. 심지어 하노이 정권과 완강하게 맞섰던 사람들도 그가 자신의 조국의 독립과 통일을 위한 운동에 헌신했고 세계의 착취당하는 민족들을 대변했다는 점은 인정하면서 어느 정도 존경심을 드러냈다.

이런 논평을 했던 많은 사람들의 마음 속에는 그의 죽음이 인도차이나 전쟁의 향방에 어떤 영향을 줄 것인가 하는 중요한 의문이 자리잡고 있었다. 호치민은 헌신적인 혁명가이자 노련한 공산주의 요원이라는 평가에도 불구하고, 동시에 국제 정치의 복잡성을 이해하고 그런 이해에 따라 행동하는 현실적인 실용주의자라는 평판도 얻고 있었다. 1960년대에 그의 가장 완강한 적수였다고 할 수 있는 린든 존슨조차 화가 났을 때는 이따금씩 자신이 '호치민 노인네' 하고 단둘이 만날 수만 있다면 노련한 정치가들답게 어떤 식으로든 타협을 끌어낼 수 있을 것이라고 말하곤 했다.

하노이의 호치민의 후계자들은 외부인들에게 전혀 친숙한 느낌을 주지 못했다. 호치민의 동료들 가운데 바깥 세계에 잘 알려진 사람은 거의 없었다. 호치민을 제외한 어떤 당 간부도 프랑스를 비롯한 다른 서구 국가에 장기간 거주하거나 서구를 여행한 적이 없었다. 해외에 나가본 사람들 대부분은 중국이나 소련에서 훈련을 받았으며, 그들의 세계관은 정통 마르크스-레닌주의가 제공하는 한정된 확실성들의 테두리를 벗어나지 못했다. 하노이에서 호치민의 정통 후계자로서 재빨리 자격을 확립한 제1서기 레 두안은 서구에서는 거의 무명에 가까운 존재였다. 레 두안은 모스크바와 베이징에서조차 미지수와 같은 인물이었다.

통일된 베트남

호치민은 마지막 유언에서도 평생 그랬던 것과 마찬가지로 베트남 민족 독립에 대한 헌신과 세계 혁명에 대한 헌신 사이에서 균형을 맞추려 했다. 1965년에 처음 작성하고 이어 1968년과 1969년에 손으로 고쳐 쓴 이 문건에서 호치민은 당장 급한 일은 전쟁의 상처를 치유하고 베트남 인민의 생활 수준을 높이는 일이라고 강조했지만, 그럼에도 민족주의와 사회주의의 이중적인 중요성을 똑같이 강조했다. 그는 또 남녀 간의 평등 실현에 특별한 관심을 보였다. 그는 당이 베트남 혁명에서 지도적 역할을 한 것을 찬양했지만, 전쟁이 끝난 뒤 조직을 민주화하고 당 일꾼들의 도덕성을 높이기 위해 오류 교정과 자아비판 운동을 전개할 것을 요구했다. 마지막으로 호치민은 프롤레타리아 국제주의에 입각하여 세계 공산주의 운동의 통일을 회복해야 한다고 뜨거운 목소리로 호소했다.

호치민의 장례식은 1969년 9월 8일 하노이의 바 딘 광장에서 열렸으며, 사회주의 국가의 대표들을 포함하여 10만 명 이상이 참석했다. 레 두안은 국회 연설에서 당 지도부는 미국 침략자들을 물리치고, 남부를 해방하고, 조국을 통일하라는 호치민의 열렬한 요청을 이행하기 위해 노력하겠다고 서약했다. 이어 당은 베트남에 사회주의 사회를 건설하고 사회주의 진영 내에 통일을 회복하기 위해 모든 노력을 기울이겠다고 덧붙였다.[2]

어떤 면에서 레 두안은 약속을 지켰다. 베트남민주공화국은 그의 확고한 지도 하에 호치민의 죽음 이후 몇 년 동안 남부에서 최종 승리를 얻기 위해 노력했다. 하노이의 당면한 목표는 1972년 미국 대통령 선거 운동 기간 동안 새로운 공세를 시작할 수 있도록 남부의 전력을 강화하는 것이었다. 북베트남 대표들은 파리에서 미국 대표들과 회담했지만, 양측이 남베트남에서 군사적인 우위를 차지하여 협상 탁자에서 유리한 위치에 서려고 하는 바람에 성과가 거의 없었다. 게다가 하노이측 전쟁 사상자 수도 여전히 많았지만, 당 지도부는 낙관적이었다. 미국의 반전 분위기가 확산되면서 닉슨 대통령이 그의 임기 말까지 미군 전투부대를 점진적으로 철수하겠다는 계획을 발표했기 때문이다.

1972년 부활절 휴가 기간, 남베트남에 미군이 5만 명도 남아 있지 않은 상태에서 하노이는 새로운 군사 작전을 개시했다. 1968년 부활절 공세와 마찬가지로 이번 부활절 공세 역시 전면 승리로 귀결되지는 않았지만, 양측을 자극하여 평화 협상에 속도가 붙었다. 1973년 1월 하노이와 워싱턴은 마침내 타협에 이르렀다. 파리 평화협정의 주요 내용은 현 상태를 유지하는 휴전과 남은 미군 전투 부대의 철수였다. 남부에 북베트남 부대가 주둔하는 문제에 대해서는 아무런 언급이 없었다. 민족해방전선과 사이공 정부 사이의 영토 분할 문제는 양측과 중립파가 정부보다 낮은 수준의 행정 기구('화해와 일치를 위한 민족 회의'라는 이름이 붙었다)를 구성하여 협상으로 해결하기로 했다. 이 기구는 영토 문제를 해결하고 나서 새로운 전국 선거를 실시하는 문제를 처리하기로 했다.

그러나 20년 전 제네바 협정과 마찬가지로 파리 협정은 베트남 전쟁을 끝내지 못했다. 이 협정은 단지 미군의 최종 철수를 촉진하여, 남베트남을 1960년대 초와 같은 상황으로 되돌려놓았을 뿐이다. 어느 쪽도 파리 협정의 조항들을 존중할 의사가 없다는 것이 분명해지자, 농촌에서 전투가 다시 시작되었다. 1975년 초 하노이는 이듬해에 남부를 완전히 장악하겠다는 목표를 세우고 새로 공세를 시작했다. 미국은 그 전해 여름 리처드 닉슨의 사임으로 전력이 약화되었고, 그의 후임자 제럴드 포드는 남베트남에 미군 전투부대를 다시 파병하는 일을 망설였다. 승리로 사기가 충천한 북베트남군은 3월에 중앙 고원지대로부터 남쪽으로 사이공을 향하여 진격했고, 다른 부대들은 다낭과 북반부를 점령했다. 4월 마지막 주에 하노이측은 승리를 눈앞에 두고 있었다. 사이공은 저항할 힘을 완전히 잃었고 남아 있던 미국인들은 헬리콥터를 이용하여 미국 대사관에서 해안의 항공모함으로 소개되었다. 15년간의 치열한 교전이 벌어지고 베트남인 1백만 명이 죽은 뒤에 베트남 전쟁은 이제 포드 대통령의 말대로 '끝난 전쟁'이 되었다. 그 두 주 전에 캄보디아의 크메르 루주는 프놈펜에서 권력을 장악했다. 라오스에서는 연말 이전에 혁명 정부가 수립될 것 같았다.

1976년 7월 초, 베트남의 두 지대는 통일되어 단일한 베트남사회주의공

1975년의 사이공 함락. 베트남 판화.

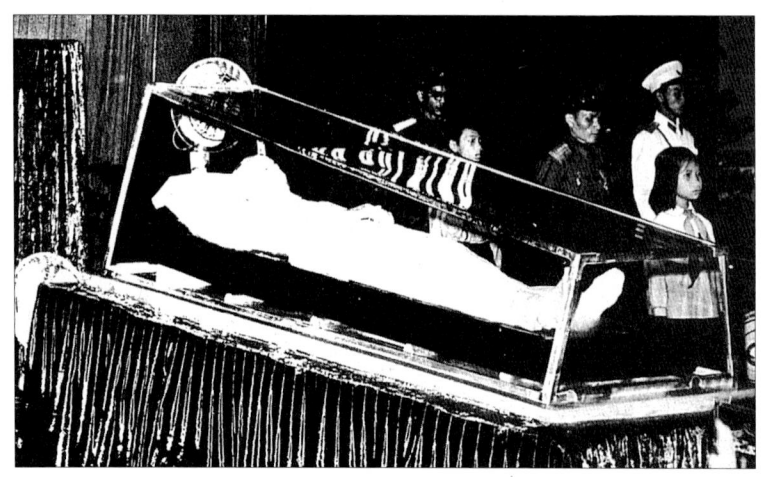

호치민의 장례식(1969년).

화국이 되었고, 이로써 호치민의 소망을 이루겠다는 레 두안의 서약 가운데 하나는 지켜졌다. 그러나 두안의 호치민 유업 이행은 다른 분야에서는 큰 성과를 거두지 못했다. 1968년 소련의 전문가가 비밀리에 하노이에 도착하여, 호의 시신을 방부 처리하는 문제에 대해 조언을 해주었다. 이듬해 3월에는 베트남 사람들이 모스크바를 방문하여 기술 습득 진전 상황을 보고하고 추가로 조언을 들었다. 그러나 어떤 자료에 따르면 이것은 당 내에서는 여전히 민감한 문제였다고 한다. 호치민 자신이라면 화장을 해달라는 자신의 요구와 어긋나는 모든 계획을 강력하게 반대했을 터였기 때문이다. 사실 호치민이 죽었을 때 정치국은 아직 이 문제를 어떻게 처리할지 최종 결론을 내리지 못했다. 하노이는 모스크바와 긴급하게 협의했고, 9월에 소련의 전문가가 두 번째로 하노이로 와서 베트남 의료 요원들이 호치민의 시신을 보존하는 작업을 도와주었다.[3]

1969년 11월 29일, 정치국은 미래 세대를 교육하기 위해 방부 처리한 호치민 시신을 전시할 기념관 건설을 공식 승인했다. 건설부와 국방부 대표들로 위원회가 구성되어 소련 고문단의 지원을 받아 기념관 건설을 감독하기로 했다. 위원회는 당 지도부에 보내는 최종 보고서에서 기념관이 현대적 양식에 전통적인 느낌을 가미할 것이라고 말했다. 주석의 성격과 맞도록 외양은 엄숙하면서도 소박할 것이며, 누구나 가기 편한 장소에 세울 예정이었다. 위원회는 건물 설계를 연구하면서 이집트의 피라미드, 로마의 비토리오 에마누엘레 기념관, 워싱턴의 링컨 기념관, 모스크바의 레닌 묘 등 수많은 기념관들을 살펴보았다. 그런 다음 정치국의 추가 제안들을 받아들이고 나서, 계획 중인 구조물의 모델을 전국에 전시하여 대중들의 평가를 들었다. 그 결과 3만 건이 넘는 제안이 접수되었다.

1971년 12월 정치국은 최종 승인을 내렸으며, 건축 공사는 파리 평화협정 조인 직후에 시작되었다. 기념관 부지로 선택한 곳은 베트남 혁명의 최고 성지 가운데 하나인 하노이 바 딘 광장으로, 이곳은 주석부와 호가 여생을 마친 작은 집 바로 옆이기도 했다. 1975년 8월 29일 기념관이 마침내 대중에게 공개되었을 때, 그 모습은 무엇보다도 '붉은 광장'의 레닌 기념관을 연상시켰다. 전면은 회색 대리석으로 덮었는데, 그 가운데 많은 부분은 다낭 남쪽의 대리석 산에서 캐온 것이었다. 베트콩 부대는 이 산 속의 동굴에 들어가 미군 병사들이 이 지역의 유명한 휴양지인 차이나 해변에서 수영하는 것을 지켜보곤 했다. 기념관은 원시의 진흙으로부터 떠오르는 연꽃을 닮았으며, 그런 면에서 근처 공원에 있는 11세기의 불교 탑과 호응했다. 그러나 기념관은 그 스타일이 너무 무겁고 답답하여, 그 안에 소박한 쑨 원식 옷차림에 두 손을 모은 채 누워 있는 인물의 예측불허의 유머와 허세 없는 성품과는 전혀 어울리지 않는다고 생각하는 사람들이 많았다. 역사가 후에-탐 호 타이도 지적하듯이, 전체적으로 이 기념관은 수많은 베트남인이 사랑하던 친근한 호 아저씨라기보다는 국제 공산주의 지도자 호치민을 보여주려는 의도가 강했다. 그렇다고 해서 그의 동포들이 이 기념관을 경원시한 것은 아니다. 지금도 매주 1만 5천 명이 이 기념관을 찾고 있다.[4]

당 지도부는 호치민의 유해를 기념관에 보존하는 계획을 추진함으로써 소박한 장례식과 화장을 원했던 호의 요청을 분명하게 무시했다. 호는 고위직에 따르는 호사스러운 장식물들을 경멸하여, 1959년 자신이 유명한 혁명가 응우옌 아이 쿠옥임을 밝힌 뒤 킴 리엔 마을에 그의 삶을 기념하는 작은 기념관을 짓겠다는 제안조차 거절하면서 그 돈은 학교를 짓는 데 쓰는 것이 낫다고 이야기하기도 했다. 당 지도부는 호의 요청에 위배되는 결정을 내린 것에 대한 공개적인 비판을 피하기 위하여 호의 유언장에서 시신 처리와 관련된 부분을 삭제해버렸다. 1969년에 발표된 유언장에는 농업세를 1년간 감면하라는 제안과 남부에서 전쟁이 몇 년 더 계속될지도 모른다는 경고도 생략되어 있었다. 당에서는 또 독립 기념일—호치민이 바 딘 광장에서 독립선언문을 낭독한 날인 1945년 9월 2일을 기념했다.—의 분위기를 유지하기 위해 호가 실제보다 하루 늦은 9월 3일에 서거했다고 발표했다.[5]

실패한 사회주의 혁명

1976년 제4차 당 대회 후 당 지도부는 1970년대가 끝나기 전에 사회주의를 전국에서 '전체적으로' 성취해야 한다고 발표했다. 베트남노동당은 혁명의 새로운 단계를 상징하기 위하여 이름을 '베트남공산당(당 콩 산 비엣 남)'으로 바꾸었다. 호치민의 후계자들은 그들의 야심만만한 계획에 대한 대중적 지지를 얻기 위하여 호의 이미지를 마음껏 활용했다. 죽은 주석의 초상은 우표, 화폐, 전국의 건물 벽에 나타났으며, 그의 생애, 사상, 혁명적 도덕성에 대한 책과 소책자들이 쏟아져 나왔다. 추옹 친, 팜 반 동, 보 응우옌 지압과 같은 당 지도자들은 호 아저씨에 대한 추억을 술회하면서, '호치민 사상(투 투옹 호치민)'이 미래 베트남을 건설하는 핵심 도구라고 강조했다. 젊은이들은 호치민을 일상적인 행동의 안내자로 삼아 그의 길을 따라가야 한다고 교육받았고, 전국에 그의 이름을 내건 청년 조직들

1976년 호치민의 유해를 보관하기 위해 바딘 광장에 기념관이 세워졌다. 매년 방부 처리를 한 시신을 보기 위해 수천 명이 이곳을 찾는다.

이 건설되었다. 다른 사회주의 국가들에서도 그의 명성을 자신의 목적에 맞게 이용하여, 그의 이름을 딴 학교, 공장, 거리, 광장을 만들고, 그의 유언과 업적을 연구하는 세미나를 개최했다.[6]

호치민 사상의 가치는 새로운 호치민 박물관에 구체화되어 있다고 이야기하는데, 이 박물관은 호의 탄생 1백 주년을 기념하여 1990년 가을에 완공되었다. 바 딘 광장 근처 기념관 뒤에 자리잡은 박물관은 규모가 당당하면서도, 스타일이 기념관처럼 무거운 느낌을 주지 않는다. 이 박물관은 전면에는 하얀 대리석을 발랐고, 역시 연꽃을 닮은 모습으로 설계되었다. 그러나 면이 4개이고 한쪽 모퉁이에 입구가 있는 이 구조물을 보고 배의 이물을 연상하는 사람들도 있다.[7]

호치민 사상을 새로운 베트남의 중심에 모시려는 당의 엄청난 노력에도 불구하고, 많은 평론가들은 레 두안의 스타일과 그의 유명한 전임자의 스타일에서 상당한 차이를 보았다. 호는 사회의 광범위한 계층들의 대중적 지지를 최대로 끌어모으기 위해 베트남 혁명을 점진적으로 수행해나갈 것을 집요하게 주장한 반면, 레 두안은 야심만만한 전술들을 빈번하게 채택하는 바람에 당 내의 분열을 가속화하고 주민의 상당 부분을 소외시켰다. 또 호치민은 늘 국제 정세의 현실을 감안하여 자신의 전략을 조율하려 한 반면, 그의 후계자들은 외교 영역에서 호전적인 방법을 채택함으로써 동남아시아에서 하노이의 이웃들과 적대 관계를 조성했을 뿐 아니라 한때 하노이의 가장 가까운 동맹자이자 강력한 지지자였던 중국의 심기를 불편하게 했다. 레 두안의 정책에 반대하는 사람들은 당 지도부에서 밀려나거나(보 응우옌 지압이 대표적인 예이다) 해외로 망명해야 했다(호앙 반 호안처럼).[8]

레 두안의 정책들은 막 전쟁의 영향으로부터 벗어나려던 나라에 비극을 가져왔다. 하노이 정권이 1978년 3월 갑자기 산업과 상업의 국유화를 발표하자, 수천 명이 해외로 도피했다. 농업의 집단화 계획은 남부의 농촌 주민 다수를 적으로 만들었다. 1970년대 말, 1970년대가 끝나기 전에 완전한 사회주의 사회의 기초를 닦으려던 당의 그릇된 시도 때문에 베트남 경제는 파탄에 직면했다.

국외에서 발생한 위기 때문에 국내 문제들이 더 악화되었다. 캄보디아에서 권력을 잡고 광적인 학살을 일삼던 폴 포트 정권은 하노이가 제안한 인도차이나 3국의 군사 동맹을 거부했다. 그러자 베트남은 1978년 12월 캄보디아를 침공하여 프놈 펜에 꼭두각시 정권을 세웠다. 중국은 이에 대한 보복으로 베트남 국경을 넘어왔고, 이로 인해 베트남은 비록 짧은 기간이기는 했지만 귀중한 자원을 군사적 방어에 쏟아부어야 했다. 1980년대 중반이 되자 당 지도부—인민에게 승리의 열매를 나누어주라는 호치민의 조언을 따르는 데 실패한 사람들—에 대한 인민의 혐오는 놀랄 만한 수준에 이르렀다.

1986년 여름 레 두안의 사망 이후 당 지도부는 뒤늦게 자신들의 과오(어떤 사람은 그것을 '승리주의'라고 불렀다)를 인정하고 새로운 길을 모색하기 시작했다. 남부의 투사 출신인 응우옌 반 린을 새로운 총서기로 내세운 정치국은 시장 사회주의를 채택하고 외국 투자에 문호를 개방하여 정체된 경제에 자극을 주는 계획들을 승인하는 한편, 주민들의 사상 표현에 좀더 관대한 태도를 취했다. 도이 모이('혁신')라고 알려진 새로운 프로그램은 소련의 미하일 고르바초프의 페레스트로이카 정책과 흡사하지만, 하노이의 자료들은 이것이 베트남 고유의 전략이라고 수상한다.

그러나 1980년대가 끝나기 전 당 내의 보수 세력은 생각을 바꾸게 되었다. 외국 사상의 도입으로 베트남 경제가 자극을 받아 성장하기는 했지만, 그로 인해 (적어도 이념적 보수주의자들의 눈으로 볼 때는) 마약, 매춘, 에이즈가 늘어나게 되고, 국가의 모든 측면을 당이 지배하는 관행을 비판하는 목소리도 높아지게 되었다. 나아가 동유럽의 공산주의 체제 붕괴에 경악하고 서구 문화가 베트남의 사회주의 제도에 미치는 악영향을 점차 우려하게 되면서, 당은 정치적 반대파를 탄압하고 이른바 '부르주아 자본주의의 독초(毒草)'를 제거하기 시작했다. 하노이는 응우옌 반 린의 후계자인 고참 정치국원 도 무오이의 지도 하에 텐안먼 사태 이후 중국의 예를 따라 '경제적 개혁, 정치적 안정'이라는 정책을 내세우고 반대파의 활동을 탄압했다. 경제적 자유화는 온건한 속도로 계속되었지만, 당은 베트남의 유일한 정치 세력이라는 전통적인 역할을 다시 떠맡았다.[9]

베트남의 개혁 옹호자들은 자신들의 대의를 뒷받침하기 위해 재빨리 호치민의 유산을 활용했다. 그들은 호의 실용주의자적인 면모를 내세우면서, 호라면 완전한 사회주의 사회의 길로 나서기 전에 생활 수준을 높일 필요성을 인정했을 것이라고 주장했다. 또 반대되는 생각들을 너그럽게 수용한 휴머니스트의 이미지를 가리키면서, 호라면 당 지도부 내의 분열을 미리 막았을 것이고, 인민의 지지를 얻기 위해 좀더 포용적인 방법을 택했을 것이라고 주장했다. 1980년대 말, 호치민의 마지막 비서 부 키가 레 두안과 그의 동료 몇 명이 세금 감면과 소박한 장례식을 원한 호치민의 요청을 삭제함으로써 그의 유언장을 훼손했다고 밝힘으로써 개혁주의자들의 주장은 힘을 얻었다. 비난을 받은 정치국은 과오를 저질렀을 가능성을 인정할 수밖에 없었지만, 그런 행동이 궁극적으로 베트남 인민의 이익을 위한 것이고 호치민의 평생의 목표와 일치하는 것이었다고 합리화했다.[10]

호를 둘러싼 쟁점들

호치민의 진정한 성격과 유산을 둘러싼 혼란은 베트남만이 아니라 외국에도 존재한다. 외국에서는 호가 억압받는 대중을 서구 제국주의의 굴레에서 해방하는 일에 헌신한 성자라는 시각에서부터 전세계에 공산주의적 전체주의를 확산하는 일을 저지른 범죄자 또는 (아마 이것이 가장 신랄한 것이겠지만) 자신의 명예를 위하여 성실하고 소박하다는 평판을 이용한 무원칙한 기회주의자라는 시각에 이르기까지 다양한 견해가 존재한다. 1990년 유네스코가 하노이에서 그의 탄생 1백 주년을 기념하는 회의를 후원했을 때, 회의장에서 호를 찬양하는 목소리는 호가 수많은 동포의 죽음에 궁극적인 책임을 져야 하는 사람으로서 신격화는 결코 용납할 수 없다고 비판하는 여러 나라 사람들의 목소리와 충돌했다.

많은 관찰자들에게 호치민을 둘러싼 논쟁의 핵심은 그를 공산주의자로 볼 것이냐 아니면 민족주의자로 볼 것이냐 하는 것이다. 그를 아는 외국인 다수가 호는 마르크스주의 혁명가라기보다는 애국자라고 주장한다. 1961년 호는 자신이 처음에 레닌주의의 길로 가게 된 것은 그의 동포들을 구하고 싶은 마음 때문이었다고 공개적으로 밝힘으로써 스스로 그 말을 인정한 것으로 보인다. 그는 여러 차례 그런 생각을 밝혔지만, 그런 태도가 가장 분명하게 드러난 것은 1945년 미국의 정보장교 찰스 펜에게 공산주의는 민족주의적 목적에 이르기 위한 수단이라고 이야기했던 때였던 것 같다. 그 말이 무슨 의미인지 설명해달라고 하자 호는 이렇게 말했다.

우선 프랑스와 같은 강대국으로부터 독립을 얻는 것은 외부의 도움 없이 이룰 수 없는 만만치 않은 과제라는 사실을 이해해야 합니다. 그 도움은 반드시 무기 같은 것만이 아니라, 조언이나 연락 같은 것일 수도 있지요. 사실 폭탄을 던지기만 한다고 독립을 얻을 수 있는 것은 아닙니다. 그것은 초기의 혁명가들이 흔히 저지르는 잘못이지요. 독립은 조직, 선전, 훈련, 규율을 통해서 얻어야 합니다. 또한…… 체계를 갖춘 믿음, 복음, 실제적인 분석, 그러니까 성경이라고 해도 좋을 만한 것이 필요하지요. 마르크스-레닌주의는 나에게 그런 틀을 주었습니다.

펜은 호에게 미국을 그렇게 존경한다고 주장하면서 왜 미국의 호의를 잃을 것이 뻔한 이데올로기 대신 민주주의나 어떤 다른 형식의 정치 체제를 선택하지 않았느냐고 물었다. 호치민은 자신이 실제적인 도움을 받을 수 있었던 것은 모스크바에 도착했을 때뿐이었다고 말했다. 대국들 가운데 오직 소련만이 "어려울 때 친구요, 참된 친구"였다. 소련은 호치민에게 의리를 보여줌으로써 그의 의리를 얻은 셈이었다.[11]

호치민에게는 그의 조국의 생존이 언제나 맨 앞에 오는 관심사였다. 사실 이런 생각 때문에 하노이, 베이징, 모스크바의 당 지도부의 고위 인사들의 의심을 받기도 했으며, 그들은 이따금씩 호가 진정한 마르크스주의자인지 의심을 품었다. 그러나 그가 정통 마르크스주의자였건 아니건, 이 애국자의 몸 속에서 헌신적인 혁명가의 심장이 뛰고 있었다는 증거는 풍부하다. 그가 처음으로 혁명적 세계관을 갖게 된 것은 아마 제1차 세계대전 이전 배를 타면서 겪은 경험 때문이었을 텐데, 그는 이때 자신의 동포들이 겪는 고난이 세계 제국주의의 굴레를 쓰고 살아가는 아시아와 아프리카의 다른 민족들도 함께 겪는 것임을 깨달았다. 이런 생각은 파리에 사는 기간에 강화되었을 것이다. 그는 그 시절 자기 나라의 이상을 식민지 민족들에게는 적용하지 못하는 프랑스인들의 위선을 발견했다. 호는 소비에트 실험으로 흥분했던 소련 창건 초기 모스크바에서 2년을 살면서 미래의 공산주의 사회를 지향하는 소박한 열정을 품게 되었을 것이다. 호의 '멋진 신세계'에서 애국주의는 전지구적 연합체를 이룬 미래의 공산주의 사회라는 레닌주의적 개념으로 대체되었다.

그러나 그 이후의 사건들은 그의 열정에 찬물을 끼얹는 듯한 영향을 끼쳤을 것이 틀림없다. 모스크바의 숙청 재판—호 자신도 아슬아슬하게 위험에서 벗어났는데—을 보면서 소비에트 실험에 대한 그의 믿음은 훼손되었을 것이다. 모스크바가 식민지 민족들의 해방을 적극적으로 지원하겠다는 약속을 지키지 못하는 것을 보며 힘에 의한 정치가 앞서는 세계에서 프롤레타리아 국제주의의 타당성에 의심을 품게 되었을 것이다. 그러나 어떤 사건도 사회주의 체제의 궁극적 우월성에 대한 그의 신념을 흔들지는 못했던 것으로 보인다. 그는 죽는 순간까지 자본주의 모델은 아시아, 아프리카, 남아메리카 전역의 억압받는 민족들에게 헤아릴 수 없이 큰 고통을 안겨주었다는 입장을 완강하게 고수했다.

따라서 그가 민족주의자였느냐 공산주의자였느냐 하는 것은 문제가 아니다. 호는 그 나름의 방식으로 둘 다였다. 문제는 그의 전술이다. 호치민은 가능한 일을 하려는 사람이었으며, 그랬기 때문에 자신의 이상을 현재의 조건에 맞추었다. 많은 사람들에게, 심지어 자신의 당 내에 있는 사람들에게도, 그의 행동은 종종 원칙이 없는 것처럼 보였다. 그러나 그의 생각 속에서 진보는 아주 작은 단계를 이루어 성취될 때 가장 효과적인 경우가 많았다. 호치민에게는, 영국의 사회과학자 월터 배젓의 말대로, 최선은 이따금씩 선(善)의 적이 될 수 있었다. 호는 외교 정책에 이런 실용적인 태도를 적용했다. 예를 들어 1946년과 1954년에는 불리한 조건에서 싸우기보다 타협적 해결책을 받아들였다. 그는 국내 문제에도 실용적인 태도를 보여, 사회주의 사회로의 이행은 광범위한 대중적 지지를 얻어가며 점진적으로 이루어져야 한다고 믿었다.

호치민은 미국의 린든 B. 존슨 대통령과 마찬가지로 자신이 대화의 명수라고 생각했다. 기회만 있다면 힘이 아니라 설득으로 자신의 목적을 이룰 수 있는 지도자라는 뜻이다. 그리고 실제로 몇몇 경우에는 성공을 거두기도 했다. 타협을 하려는 그의 태도 때문에 적들은 무장을 해제했고, 그는 군사적 약점을 정치적 이점으로 바꿀 수 있었다. 동시에 소박하고, 칙하고, 사심없다는 이미지는 엄청난 호소력을 발휘하여, 국내외에서 베트남 혁명과 독립 투쟁에 대한 광범위한 지지를 이끌어내는 데 도움이 되었다. 만일 1960년대에 베트남 민족 해방 전쟁이 호치민이 아니라 레 두안이나 추옹 친의 얼굴과 동일시되었다면, 전세계적으로 그렇게 지지를 얻어낼 수 있었을까?

이런 호치민의 이미지는 진짜였을까? 이 질문에 대한 답은 쉽지 않은 것 같다. 그가 사치스러운 분위기에서는 정말로 불편해했으며, 소박하고 허식 없는 환경에서 사는 것을 더 좋아했다는 점은 의심하기 어려운 것 같다. 그러나 호를 아는 사람들 가운데 좀더 분별력 있는 사람들은 소박한 금욕주의자라든가, 마르크스주의 혁명가로 변신한 유학자라는 그의 이미지에 책략적인 요소가 있다고 지적하곤 했다. 제2차 세계대전 이후 프랑스에 있을 때 호는 개인 비서 부 딘 후인에게 때로는 연설에서 거짓 눈물이 취지를 전달하는 데 효과가 있다고 말하기도 했다. 오랜 세월이 흐른 뒤 국제감시위원회의 폴란드 대표는 호가 사람들 앞에서는 안 그런 척하지만, 동포들로부터 받는 찬사를 즐기는 것 같다고 말하기도 했다. 1940년대와 1950년대에 가명으로 자화자찬격인 자서전을 두 편 썼을 때도 틀림없이 자신을 내세우려는 의도가 있었을 것이다. 호치민의 성자 같은 이미지는 다른 사람들이 그에게 부여한 특질이 아니라 그 자신이 세심하게 계발해낸 것이었다.

물론 그가 이런 식의 개인 숭배를 장려한 데에는 그럴 만한 정치적 이유들이 있었다. 1947년 미국의 한 통신원이 호에게 그가 숭배의 대상이 되는 이유가 무엇이냐고 묻자, 호는 사람들이 그를 자신의 갈망의 실현과 관련하여 하나의 상징으로 보는 것도 한 가지 이유가 될 것이라고 대답했다. 그러면서 호는 어쩌면 자신이 모든 베트남 아이들을 자신의 친조카처럼 사랑하기 때문에, 그들도 그 보답으로 '호 아저씨'를 특별히 사랑하는 것인지도 모른다고 덧붙였다. 어린 시절 그의 나라와 문화가 멸망 직전에 이르렀을 때, 호는 젊은 베트남 사람들이 삶과 가르침을 통해 유교적 인본주의의 원칙들을 이행하려고 노력하는 시골의 학자들을 존경하는 것을 보며 자랐다. 호는 말년에 이르기까지 민족을 구원하고 나라를 부흥시키는 수단으로서 그러한 인물의 이미지를 택했다.[12]

그러한 결정으로부터 어떤 정치적인 이익을 얻었든 간에, 호치민은 그런 이타적이고 실용적인 이미지의 대가를 치르기도 했다. 천성적으로 위협보다는 설득의 힘을 믿는 중재자로서 그는 인도차이나공산당을 지도하면서 처음부터 레닌이나 스탈린이나 마오 쩌둥과 같은 방식의 개인 지배를 내세우기보다는 집단 지도라는 전술을 따랐다. 1930년대와 1940년대 동안 그의 설득력—코민테른 요원으로서 엄청난 명성과 오랜 경험으로 뒷받침되고 있었다.—은 대체로 큰 힘을 발휘했다. 그러나 1950년대에 지위가 높은 동료들이 그의 제안의 적절성에 의문을 제기하고 전략 수립에서 스스로 중요한 역할을 맡고 나서면서 그의 영향력은 약화되기 시작했다. 결국 호치민은 실질적으로 아무런 힘이 없는 인물로 전락했다. 동료들은 그의 의견을 고려해주기는 했지만, 점차 적절치 못하다고 거부해버리는 일이 잦아졌다.

호치민은 가장 큰 승리는 싸우지 않고 얻는 것이라는 손자(孫子)의 말을 믿을 만큼 순진했을까? 돌이켜보면 그는 제2차 세계대전이 끝난 뒤 프랑스인들을 설득하여 평화적으로 철수하게 할 수 있다고 어느 정도는 믿었다고 말할 수도 있다. 몇 년 뒤 호는 비슷하게 미국이 체면만 살릴 수 있다면 베트남에 공산주의자들이 지배하는 정부가 수립되는 것을 받아들일 수도 있다고 주장했는데, 이 역시 오산이었다. 그러나 호의 국제 정세 평가가 대개는 정확했다는 사실을 입증하는 증거는 많으며, 호는 변화하는 가능성들을 고려하는 유연한 정책들의 필요성을 인식하고 있었다. 그는 무력을 앞세우지 않고 목적을 달성하려 했으나, 상황이 요구할 때는 군사력을 사용할 각오가 되어 있었다. 그러나 외교적인 수단으로 해결책을 찾아낼 치밀함과 인내심이 결여된 그의 동료들 가운데 일부는 호와 생각이 달랐다.

사건을 만드는 인물

제2차 세계대전이 끝난 뒤 미국이 호치민의 제안을 받아들이지 않음으로써 인도차이나에서 전쟁을 피할 수 있는 황금 같은 기회를 놓쳤다는 이야기가 많다. 사실 실용주의자인 호는 전후의 환경에서 모스크바보다는 워싱턴으로부터 지원을 받을 때 얻을 것이 더 많다는 사실을 인식했을 것이다. 호는 또 미국 문명에 대한 존경심을 감추지 않았으며, 베트남 독립 선언문에 그 이상들을 집어넣기도 했다. 많은 평론가들이 트루먼 행정부가 모스크바와의 이데올로기 경쟁 강화라는 맥락에서 인도차이나 문제를 바라봄으로써 베트남 전쟁을 촉발했다고 주장한다.

이런 주장에도 어느 정도 일리는 있지만, 이 역시 미국인들 나름으로 호치민에게 품고 있는 신화의 일부일 수 있다. 우선 여러 증거를 볼 때 호가 미국에 찬사를 보낸 것은 이념적 확신에서 나온 것이라기보다는 계산에서 나온 것이었다. 호는 그 전에 그의 조국의 다른 동맹국들이나 잠재적인 적국들을 찬양했던 것처럼 미국 문명에 대해서도 아낌없는 찬사를 보냈는데, 이것은 일차적으로는 전술적으로 유리한 고지에 서려는 의도였다. 호는 미국 지도자들이 인도차이나에 개입하는 것이 소용없는 일임을 궁극적으로 인정할지도 모른다는 가능성을 늘 염두에 두었지만, 동시에 그 지도자들이 어느 시점에 이르면 사회주의 공동체 국가들과 심각한 갈등을 빚을 수도 있는 자본주의 착취체제의 대표자들임을 확신했다. 그런 대결이 벌어질 경우 호가 어느 편을 들었을지는 물어볼 필요도 없다.[13]

이런 논의들은 호치민이 모스크바의 스탈린처럼 하노이에서 전략을 결정할 전권을 가지고 있었다고 가정하고 있다. 사실 호의 많은 동료들은 비폭력적인 방법으로 민족 해방을 얻을 수 있다고 생각하지 않았으며, 호의 태도가 계급의 적과 원칙 없이 타협하려는 것이라고 보았을 가능성이 높다. 미국의 대통령들이 외교 정책의 목표들을 결정할 때 국내 문제들을 고려하듯이, 호치민 역시 베트남에 있는 사람들—특히 정치국 내의 침착하지 못한 동료들—과 경쟁해야 했는데, 그들 가운데 추옹 친이나 레 두안 등 많은 사람들은 호와는 달리 설득의 힘을 잘 믿지 않았다.

따라서 1945년이나 1946년에 백악관에서 화해의 제스처를 보이기만 했다면 호치민과 그의 동료들이 자본주의의 길로 나섰을 것이라는 주장은 쉽게 받아들일 수가 없다. 미국이 베트남민주공화국을 인정했다면 물론 하노이에서는 환영을 했겠지만, 그것으로 인도차이나공산당이 모스크바에 대한 충성심을 버리거나 마르크스와 레닌의 교의에 대한 헌신을 버리지는 않았을 것이다. 훗날 하노이가 교묘하게 모스크바와 베이징 사이에서 줄타기를 했듯이, 호와 그의 동료들은 워싱턴을 이용하여 자신의 목적을 달성하려 했을 것이다. 우리가 앞서 보았듯이 이런 목적들 가운데 일부는 다른 나라들과 관련되어 있었다. 태평양 전쟁 말기에 동남아시아는 정치, 사회적으로 상당히 불안정한 시기를 겪었다. 이 시기에 하노이가 이웃한 라오스와 캄보디아에서 싹트고 있는 혁명 운동을 촉진하려 하는 것을 미국 정책 입안자들이 그냥 방관만 했을지 상당히 의심스럽다.

그럼에도 파리와 워싱턴의 정책 입안자들이 제2차 세계대전 이후 호치민이 내민 손을 잡지 못한 것은 베트남인들에게, 나아가 전세계에 비극적인 결과를 가져왔다. 하노이에 들어선 새로운 정부의 정통성을 인정하는 것은 모험이었지만, 돌이켜보면 그렇지 않았던 경우보다는 나았던 것으로 보인다. 호치민의 이념적 원칙들이 그의 경쟁자들의 원칙들보다 정치적, 도덕적으로 우월했느냐 하는 것은 물론 토론의 대상이지만, 당시의 조건에서 베트민 지도자들이 그들의 동포들을 괴롭히는 수많은 문제들을 처리할 준비를 가장 잘 갖추고 있었다는 주장은 반박하기 어렵다. 이것은 적어도 북부에서는 베트남민주공화국에 대한 대중석 지지가 프랑스, 그리고 훗날 미국에 대항한 한 세대에 걸친 전쟁을 겪으면서도 변함없이 유지되었다는 사실로 증명이 되고도 남음이 있다.

반은 레닌, 반은 간디

호치민이 죽은 지 30년이 지난 오늘날에도 하노이에서는 여전히 그에 대한 국가적 숭배가 이루어지고 있다. 사실 호치민 숭배는 변화하는 시대

1980년 말 하노이 북서부의 기념관 바로 뒤에 호치민 박물관이 세워졌다. 연꽃 모양을 한 이 건물은 20세기의 격동기에 호가 맡았던 역할을 증언해준다.

를 맞아 필사적으로 정통성을 유지하려 하는 체제의 주요한 버팀목 노릇을 하고 있다. 많은 베트남인들(특히 호 아저씨에 대한 존경심이 여전히 강하게 남아 있는 북부에서)에게 그 이미지는 여전히 성공적으로 먹혀들고 있다. 그러나 중앙 정부를 의심스럽게 보고, 그 대표들을 하노이에서 한몫 보려고 내려온 사람들로 여기는 남부에서는 그렇게 성공적이지 못하다. 어쨌든 호가 죽으면서 품었던 당에 대한 비전, 즉 혁명적 순결성과 인민에 대한 관심을 갖춘 당의 모습은 오늘날 찾아보기 힘들다. 최근에는 관리들의 부패가 풍토병 수준에 이르러 인민의 분노와 원한의 물결이 혁명을 집어삼킬 지경임에도, 그런 부패를 줄이기 위한 노력은 거의 찾아볼 수 없다.

호 숭배를 앞으로도 유지해나갈 수 있을지는 불투명하다. 대부분의 젊은 베트남인들은 호치민이 민족 독립과 통일에 기여한 것을 존경하기는 하지만, 그렇다고 그가 자신들의 삶에서 중심적인 중요성을 차지하는 인물로 보지는 않는다. 최근에 한 젊은 베트남인은 필자에게 이렇게 말했다. "우리는 호를 존경합니다. 하지만 정치에는 관심이 없습니다." 새로운 천년의 그늘에서 성장하는 새로운 세대에게 호치민의 의미는 에이브러햄 링컨이 보통 미국인들에게 갖는 의미 정도가 될 것이다.

호치민 숭배가 중요하다고 여기는 사람들 가운데도 그것이 인민의 아편 역할을 할 수 있다고 보는 사람들이 있다. 한 베트남 지식인은 이런 취지의 말을 했다. 전쟁을 한 사람들은 모두 그들 나름의 신화를 가지고 있다. 그러나 오늘날에는 혁명적 미덕의 순결한 귀감이라는 호 아저씨에 대한 공식적 관점이 과오를 저지를 수 있는 인간이라는 좀더 현실적인 이미지로 대체되어야 한다고 느끼는 사람들이 많다. 최근에는 공식 자료들이 그 정확성을 강력하게 부인함에도, 그의 결혼과 연애—그리고 심지어 그의 사생아들—에 대한 확인되지 않은 소문들이 나돌고 있다. 예를 들어 최근에 베트남에서는 호가 처음에 유럽으로 떠나기 전에 연애를 했다는 소문을 토대로 영화가 만들어지기도 했다.[14]

세계적으로도 20세기의 독창적 인물이라는 호치민의 이미지는 이제 한 세대 전과는 달리 정서적인 호소력을 갖지 못한다. 최근에 캘리포니아의 한 베트남 교포는 자신이 운영하는 상점에 그의 초상화를 걸어놓았다가 다른 베트남계 미국인들의 화만 돋우고 말았다. 한 세대 전에는 제3세계 전역에서 민족 해방 전쟁이 벌어졌고, 미국은 쇠퇴하는 문명처럼 보였다. 그런 조건에서 호치민은 미래의 목소리처럼 보였다. 그러나 세기 전환기를 맞이하여 공산주의가 널리 불신을 받고 자본주의가 상승하는 지금 애국주의와 사회주의의 결합이라는 호의 독특한 모습은 마오 쩌둥의 문화혁명이나 마하트마 간디의 영적인 사상들과 마찬가지로 예스러운 느낌이 들기까지 한다. 오늘날 호치민은 종종 혁명기의 영리한 책략가 정도로만 평가되곤 한다. 그의 저술은 스타일도 평범하고 이념적 내용도 결여된 것으로 치부된다. 세계 혁명에 대한 그의 비전은 자본주의 억압자의 문을 두드리는 성난 프롤레타리아를 묘사한 마르크스의 비전과 마찬가지로 시대에 뒤떨어진 것처럼 보인다.

그러나 이런 태도들은 호치민이 우리 시대에 가지는 정당한 중요성을 올바르게 평가하지 못하는 것이다. 미래의 세계 공산주의 공동체에 대한 그의 비전에 결함이 있다고는 하나(적어도 오늘날의 관점에서는 그렇게 보인다), 그가 장려하고 지휘했던 대의가 20세기를 규정했다는 사실, 그리고 그것이 제3세계 민족 해방 운동의 정점을 보여줌과 동시에 미국의 공산주의 억제 정책의 한계를 처음으로 분명하게 드러냈다는 사실은 부정할 수 없다. 베트남 이후 세계는 결코 전과 같을 수 없었다.

호치민 없는 베트남 혁명은 상상하기 어렵다. 현재 역사학계의 유행은 우리 시대의 주요 사건들의 밑바닥에 깔린 커다란 사회적인 힘들의 중요성을 강조하는 것이지만, 볼셰비키 혁명이나 중국 내전과 같은 경우에 개인의 역할이 매우 중요하다는 것 또한 분명하다. 베트남에서도 마찬가지이다. 호는 당의 창건자이고 나중에는 나라의 주석이었을 뿐 아니라, 최고 전략가이자 영감을 불어넣는 최고의 상징이었다. 호치민은 빈틈없는 전략가이자 카리스마 넘치는 지도자일 뿐 아니라 재능 있는 조직가로서, 반은 레닌이고 반은 간디였다. 호치민은 그 둘을 역동적으로 결합한 인물이었다. 베트남 민족 해방 전쟁이 개인의 운명을 넘어서는 불가피한 현실이었던 시절, 그의 존재가 없었다면 이 전쟁은 실제와는 매우 다른 사건이 되었을 것이고, 매우 다른 결과들을 낳았을 것이다.

많은 평자들은 지도자로서 그런 놀라운 재능을 결함이 많은 이데올로기에 바친 것이 호치민의 비극이라고 생각한다. 사실 호 자신의 조국에서는 아직 아니라 해도, 세계 다른 지역의 진지한 추종자들 다수는 이제 그 이데올로기를 버리게 되었다. 만일 다른 상황이었다면 젊은 응우옌 탓 타인이 현대 서구 문명의 이상과 관행들을 받아들였을까 하는 것은 답할 수 없는 질문이다. 당시 아시아의 다른 많은 지도자들과 마찬가지로 그가 자본주의에서 겪은 경험은 행복한 것이 아니었으며, 어린 시절 서구 식민주의가 저지른 만행은 그의 감수성에 깊은 상처를 남겼다. 그러나 그의 철학적 신념은 많은 부분이 카를 마르크스나 블라디미르 레닌의 이상들보다는 서구의 이상과 더 잘 어울릴 것처럼 보인다. 그는 동료들에게 자신을 정통 마르크주의자로 내세우려 했지만, 교의적인 문제에는 거의 관심이 없었던 것이 분명하며, 종종 그 이념을 베트남에 적용할 때는 모난 부분을 부드럽게 나듬으려고 노력했다. 그럼에도 호치민은 그의 당의 창건자이자 그의 조국의 주석으로서 좋건 나쁘건 자신의 행동의 결과에 모든 책임을 져야 한다. 오늘날 베트남의 상황에 비추어볼 때 그의 열렬한 옹호자들도 그의 유산이 복잡한 것임을 인정하지 않을 수 없을 것이다.

따라서 호치민은 미국 철학자 시드니 훅의 기억할 만한 표현을 빌리면 '사건을 만드는 인물'이었으며, 현대 베트남의 역사에서 중심을 이루는 두 가지 힘을 자신의 내부에 결합하고 있던 '위기의 자식'이었다. 그 힘이란 민족 독립의 욕구와 사회경제적인 정의의 추구였다. 이런 힘들은 그의 조국의 경계선 안에 한정되지 않는 것이었기 때문에 호는 자신의 메시지를 전세계 식민지 민족들에게 전할 수 있었으며, 제국주의적 억압으로부터 존엄과 자유를 요구하는 그들의 소망을 대변할 수 있었다. 그가 그의 민족에게 남긴 유산을 최종적으로 어떻게 판단하든, 호는 전세계의 추방당한 사람들(호치민이 젊은 시절에 냈던 잡지의 제목이기도 하다: 옮긴이)에게 그들의 진정한 목소리를 찾아주기 위해 강력하게 투쟁했던 혁명적 영웅의 한 사람으로 확실하게 자리잡고 있다.[15]

■ 역자 후기

 옮긴이가 대학에 들어가 1학년이 되었을 때에는 군부대 입소 훈련이라는 것을 받아야 했다. 마침 변화의 조짐이 드러나는 때였던지라 처음에는 거부해야 한다는 의견이 우세했지만, 결국 선배들은 '더 큰 목적을 위해 눈물을 머금고' 입소 훈련을 받아들여야 한다고 결정을 내렸다. 주로 낮에는 군사 훈련을 받고 저녁에는 정신 교육을 받았는데, 어느 날 저녁 베트남의 이른바 '보트 피플'과 관련된 이야기를 영상으로 틀어주었다. 보트 피플이란 베트남 통일 이후 작은 배로 베트남을 탈출한 난민을 가리키는 말이었는데, 강당 스크린에는 어떤 보트 피플이 지나가던 큰 배에 구조를 애걸하던 장면이 나오고 있었다. 아마 거기에, 봐라, 북베트남이 적화 통일을 하고 나니 저 사람들은 고국에서 쫓겨나왔을 뿐 아니라 다른 나라에서도 받아주지 않아 바다 한가운데서 오갈 데 없는 꼴이 되지 않았느냐, 하는 내레이션이 붙었을 것이다. 그때도 지금과 마찬가지로 둔한 편이었던 옮긴이는 아무 생각 없이 그 화면에 상당히 감명을 받았던 것 같다. 그냥 감명만 받는 것으로 끝냈으면 좋았을 텐데, 둔할 뿐만 아니라 경솔하기까지 했던 옮긴이는 그런 느낌을 입 밖에 내어 말로 표현했던 것 같다. 그러자 근처에 앉아 있던 예리한 친구가, 아니, 어떻게 그런 무지한 이야기를 할 수가 있느냐, 여태《전환시대의 논리》도 안 읽어보았느냐, 하는 취지의 이야기를 했다. 무안을 당한 꼴이라 그 자리에서는 무시하는 척했지만, 둔하고 경솔할 뿐만 아니라 귀까지 얇았던 옮긴이는 얼마 후에 그 《전환시대의 논리》라는 책을 구해 보았고, 물론 당시의 다른 많은 친구들과 마찬가지로 머리 속에 들었던 것들이 물구나무를 서는 경험을 하게 되었다.

옮긴이가 경험한 것을 당시 유행하던 말로 '의식화'라고 부를 수 있다면, 정부와 《전환시대의 논리》—저자의 의도와는 관계 없이—는 한 젊은 대학생의 의식을 놓고 치열한 경쟁을 했던 셈이다. 물론 공정한 경쟁은 아니어서, 정부는 저자를 가두고 책을 판매 금지하는 폭력을 불사했다. 뒤집어 생각하면 당시 정권은 폭력을 행사해서라도 베트남 전쟁에 대하여 정부의 해석과는 다른 해석이 들어설 여지를 남기고 싶어하지 않았고, 그만큼 이 문제를 중시했던 것이라고도 말할 수 있다. 실제로 베트남전을 둘러싼 정부의 선전은 엄청났던 것 같다. 지금이나 그때나 노래 가사 외우는 일에 결코 유능하달 수 없는 옮긴이가 "가시는 곳 월나암 땅 하늘은 멀더라도 한결같은 겨레 마음 님의 뒤를 따르리라" 하는 노래를 기억하고 있다는 것도 그 증거 가운데 하나가 될 수 있겠다. 단지 말과 노래로 하는 선전뿐이었으랴. 아버지가 월남에 갔다온 친구네 살림은 뭔가 모르게 윤택하게 바뀌었고, 가전제품도 상표와 광택이 눈부셨다. 물질에 별 관심이 없었을 어린아이 눈에 그런 것이 보였을 정도이니, 당시 어른들에게 월남을 통해 유입되는 '부'는 어떤 선전보다 강력한 힘을 발휘했을지도 모르겠다.

그러나 베트남 전쟁에 대한 해석이 중요했던 것은 월남 파병의 정당화 때문만은 아니었던 것 같다. 무엇보다도 베트남 상황과 한반도 상황이 여러모로 비슷해 보인다는 점이 문제였는데—사실 한반도와 베트남은 근대 이전 중국과의 관계에서 겪었던 고통에서부터 근대의 분단과 전쟁에 이르기까지 비슷한 점들이 금방 눈에 들어온다.—이 닮은꼴에 주목한 사람들에게는 한쪽의 상황 해석을 다른 쪽 상황에 그대로 적용하고 싶은 유혹, 또는 한쪽의 상황 전개를 다른 쪽에서 이후에 전개될 상황에 대한 예시로 받아들이고 싶은 유혹을 뿌리치기 힘들었던 모양이다. 사실 누구보다도 이 유혹에 깊이 빠져든 쪽, 또는 이 유혹을 반긴 쪽은 바로 당시의 정권이었다고 할 수 있는데, 1975년에 남베트남 정부가 무너지자 이것을 구실로 민주적 권리들을 억압하는 긴급조치 9호를 발동한 것이 그 증거이다. 바다 건너 나라에 이데올로기 문제를 구실로 파병을 한다는 것도 그렇지만, 그 먼 나라에서 발생한 사건을 이유로 정변에 가까운 사태를 일으킨 것도 쉽게 이해할 수 있는 일은 아닌만큼, 당시 정권의 남베트남과의 동일시는 상당한 수준이었다고 보아야 할 것이다.

당시 정권만큼은 아니겠지만 옮긴이도 이 책을 번역하면서 베트남 역사와 우리 역사의 비슷한 점에 새삼 놀랐고, 또 그런 유사성을 배경으로 우리와 다른 점들이 더욱 도드라지게 부각된다는 느낌을 받았다. 그리고 그 두 가지를 비교해 가며 이 책을 읽는 것이 상당히 자극적인 독서 경험이라는 것을 확인하게 되었다. 이런 맥락 덕분에, 즉 이 책을 읽는 우리의 의식 속에서 우리 나라의 역사가 계속 참조될 수밖에 없기 때문에, 호치민이라는 인물 역시 좀더 생생하게, 강한 환기 효과를 발휘하며 다가온다. 이 점에서는 이 전기의 저자인 윌리엄 J. 듀이커에게 고마워해야 할 부분이 있는데, 그것은 듀이커가 유물을 세심하게 붓으로 털어내어 발견된 모습 그대로를 드러내는 방식으로 작업을 한 전기 작가라는 점이다. 바랜 부분을 채색하거나 떨어져 나간 부분을 땜질하는 대신 바랬으면 바랜 대로, 조각이 떨어져 나갔으면 떨어져 나간 대로 그대로 두기 때문에 그가 그린 초상에는 빈 곳이 많으며, 그 빈 곳은 읽는 사람이 상상력으로 채워나가야 한다. 이것은 특히 베트남이나 호치민처럼 우리와 '각별한' 관계에 있는 대상의 경우에는 매우 효과적인 방법이 된다는 것이 옮긴이의 판단이다.

옮긴이를 포함한 우리 나라 독자들이 우리 나라 상황을 배경에 깔고 읽는 것처럼, 저자인 듀이커 역시 학자로서 '엄밀성'과 '중립성'을 지킨다 하지만, 베트남과 나름대로 특별한 관계를 가진 미국의 학자로서 이 전기를 써나갔다는 점도 염두에 두지 않을 수 없다. 물론 이 책이 저자가 자신의 관점 또는 특정한 미국인 집단의 관점을 강요하려 한 삼류 전기가 아님은 이미 말한 바 있다. 그러나 따지고 들자면, 저자가 30년에 걸쳐 "호치민이 한 식구로 느껴질 정도로" 그 인물과 베트남을 연구해온 동기 자체가 '객관적'이지는 않으며, 미국인의 입장을 의식하지 않으려 한다는 것 자체도 의식하는 한 방식이라고 이야기할 수도 있다. 따라서 독자들은 이 일급의 전기를 읽는 도중 가끔 으슥한 곳에서 안경을 쓴 미국인 노학자의 모습과 마주치게 될 텐데, 그것은 독자에 따라 반가운 만남이 될 수도 있고 불쾌한 만남이 될 수도 있을 것이다.

그 만남의 종류가 어떠하든, 또 저자가 집요하게 파고드는 민족과 계급의 관계 같은 어려운 문제에 대한 답이 무엇이든, 시대의 과제를 감당하며 정직하고 겸허하게 살다간 사람들의 긍지는 그 무엇으로도, 심지어 세월로도 훼손할 수 없다는 옮긴이의 독후감에 독자와 저자가 흔쾌히 동의할 것으로 믿는다.

번역 과정에서 베트남어와 베트남 문화에 대해 조언해주신 최귀묵 선생님에게 감사드린다.

■ 호치민 연보

1863년	응우옌 신 삭(아버지) 출생.
1890년	5월 19일 반프랑스 저항의 핵심인 응에 안 성의 킴 리엔 마을에서 응우옌 신 쿵(호치민) 출생.
1901년	어머니 호앙 티 로안 세상 떠남.
1907년	수도인 후에의 프랑스식 국립학교인 국학에 합격.
1908년	조세 반대시위에 가담하여 국학에서 퇴학당함.
1911년	6월 사이공에서 프랑스 기선 아미랄 라투셰-트레빌 호에 주방 보조로 취직되어 베트남을 떠남. 그 후 약 2년 간 유럽, 아시아, 아프리카, 남아메리카 등 세계 곳곳을 돌아다님. 이 시기에 훗날 호치민의 혁명적 삶의 초석이 놓이게 됨.
1911년	프랑스의 생트안드레아스에서 정원사로 취직.
1912년	미국에 머물면서 노동자로, 하인으로 일하고, 흑인 활동 조직에 참여하기도 함.
1914년	영국 런던에서 청소부, 보일러 관리직, 요리사 보조로 일하면서 노동조합 활동에 관여하며 '혁명노동자연합'에 가입.
1917년	프랑스 파리로 돌아옴. 베트남 노동자들을 선동하는 작업에 관여.

1919년	안남애국자연합 결성하고 온건한 8개조의 청원서인 '안남 민족의 요구'를 응우옌 아이 쿠옥(애국자)이란 가명으로 발표. 고정적인 일자리인 사진 수정사로 취직. 6월 프랑스사회당 당원으로 가입. 〈위마니테(L'Humanité)〉 등 파리의 간행물에 기고하기 시작.
1920년	'제3인터내셔널 협력위원회' 위원이 됨. 12월 투르대회 열려 프랑스공산당 창당되고, 코민테른 가입 결정.
1921년	국제식민지연맹(식민지 민족들의 독립 투쟁을 통일할 조직) 결성.
1922년	〈르 파리아(Le Paria)〉를 창간하고 편집인이자 중요한 기고자로 활동. 10월 파리에서 열린 프랑스공산당 전국대회에서 식민지 문제에 좀더 관심을 기울일 것을 촉구하는 결의안 제출.
1923년	6월 모스크바로 탈출. 코민테른 극동국에서 근무. 12월부터 스탈린 학교에서 교육받음.
1924년	6월 제5차 코민테른 대회에 프랑스공산당 대표로 참석하여 3차에 걸쳐 식민지 문제와 농민의 역할에 대해 열정적인 발언을 함. 11월 광저우에 도착.
1925년	6월 광저우에서 새로운 혁명 조직인 '베트남혁명청년회' 결성. 잡지 〈타인 니엔(청년)〉 간행. 광저우에 세워진 '베트남 혁명을 위한 특별정치연구소'의 교사로 활동.
1926년	베트남 혁명 교과서인 《혁명의 길》 집필. 《시험대에 오른 프랑스 식민주의》 출간.
1927년	중국인 탕 투옛 민과 결혼하고 딸 하나를 낳음. 5월 공산주의자 검거 선풍을 피해 홍콩을 거쳐 블라디보스토크로 도피. 11월 파리, 베를린 등에 머물며, 12월 반제국주의 동맹 집행위원회에 참석.

1928년	7월 시암 방콕에 도착하여 친 신부로 행세.
1930년	안남공산당과 인도차이나공산당, 인도차이나공산주의연맹을 통합한 베트남공산당 창당(후에 인도차이나공산당으로 개명). 통킹의 반란이 참혹하게 실패로 끝나고, 중부 지역에서 반란이 일어남. 10월 1차 회의 개최되어 호치민의 통일전선 전략, 민족주의적 경향이 신랄하게 비판받음.
1931년	상임위원회 대부분이 치안국에 체포당함. 6월 호치민도 홍콩에서 영국 경찰에 체포됨.
1932년	12월 석방.
1933년	1월 쑹 칭링과 중국공산당의 도움으로 홍콩 탈출.
1934년	모스크바에 도착, 레닌 대학에 입학.
1935년	3월 마카오에서 전국대회 열림. 7월 코민테른 제7차 대회 열림. 당 지도권과 여자친구인 티 민 카이를 레 홍 퐁에게 빼앗김.
1938년	9월 중국으로 떠남. 중아아시아를 거쳐 시안을 거쳐 옌안, 구이린으로. 팔로군 지역본부에서 기자 일을 하면서 보건 담당 간부로 일함.
1940년	쿤밍에서 팜 반 동과 보 응우옌 지압 만남. 독일의 프랑스 점령으로 베트남 독립운동의 새로운 전기가 마련됨. 베트민전선 만들어짐. 호치민(胡志明)이란 새로운 이름 사용하기 시작.
1941년	베트민 사령부를 구이린에서 징시로 옮김. 팍 보의 동굴에서 생활. 5월 인도차이나공산당 제8차 전체회의 개최. 호치민이 의장을 맡은 첫 중앙위원회 회의에서 베트남 독립을 가장 앞에 놓음. 총서기 자리는 추옹 친에게 돌아감. 비엣 박에 해방구 만들고 베트민 사령부 만듦.
1942년	8월 중국으로 가는 길에 중국 경찰에 체포당함. 감옥 안에서 《옥중일기》 집필.

1943년   9월 석방됨.
1944년   3월 동맹회의 대표회의가 류저우에서 열림. 중국국민당 장 파쿠이의 도움으로 중국 남부에 혁명 운동기지 만듦. 12월 무장선전대의 첫 부대 창설, 베트남해방군의 형태가 잡혀감.
1945년   3월 일본이 비시 행정부를 무너뜨리고 베트남 황제인 바오 다이 치하의 꼭두각시 정부 세움. 3월 미국 연락장교 찰스 펜과 만나 미국 쪽 정보원 일을 맡음. 5월 새로운 루트를 따라 호치민이 내려와 킴 룽에 새로운 군사 사령부 조직. 8월 13일 제9차 전체회의에서 총봉기 결정. 8월 16일 일본 항복 소식에 전국인민대회 소집. 새 국기와 국가 결정. 총봉기 일어남. 8월 19일 타이 응우옌 성도에 진입. 하노이도 베트민이 무혈 점령. 베트남민주공화국 성립. 8월 22일 북부 대부분에서 권력 장악. 8월 29일 바오 다이 황제의 퇴임 요구. 8월 27일 민족해방위원회(새로운 임시정부) 소집. 호치민을 주석으로 한 내각 구성. 9월 2일 바딘 광장에서 독립선언식 개최. 9월 9일 중국군이 하노이에 입성. 9월 12일 코친차이나에 영국 점령군 도착하여 프랑스 식민지 권력을 복원시킴. 폭동과 전투로 사이공에서 엄청난 사상자 발생함. 11월 11일 인도차이나공산당 해체.
1946년   1월 1일 민족주의자와 베트민의 새로운 연립정부 구성. 1월 6일 북부에서 총선거 실시. 10월부터 프랑스판무관 장 생트니와 협상 시작. 결국 독립 대신 자치로 타협. 3월 2일 최초로 국회 소집. 호치민은 새로운 연립정부의 주석으로 선출됨. 3월 6일 베트남과 프랑스 사이에 합의문 만들어짐. '프랑스는 베트남민주공화국을 프랑스 연합 내에서 자체의 정부, 의회, 군대, 재정을 둔 자유국가로 인정한다.' 3월 18일 프랑스군 진주. 5월 31일 평화회담을 위해 파리로 떠남. 7월 6일 퐁텐블로 평화회담

열림. 9월 10일 회담 결렬. 9월 14일 잠정 휴전협정 체결. 10월 18일 호치민 베트남에 도착. 10월 28일 국회 소집. 헌법 초안 승인. 코친차이나에 휴전 협정. 11월 하이퐁에서 베트남과 프랑스군 충돌. 12월 17일 치안 기능을 넘기라는 프랑스측의 최후 통첩. 12월 19일 하노이에서 전쟁 발발. 12월 22일 3단계 전략 발표.

1947년 10월 비엣 박 공격. 베트민 본부 찾아냈으나 호치민 체포에는 실패.

1948년 3월 남베트남에서 바오 다이의 임시정부 수립. 6월 베트남준국가 건설하기로 프랑스와 합의.

1949년 베트남과 프랑스 양측은 프랑스 연합 내에서 베트남의 독립과 통일을 인정한다는 협정에 서명. 중국의 인민해방군이 국경 쪽에서 프랑스 군대를 공격하기 시작. 8월 공산화된 중국에 대표 파견. 12월 노동조합 전국대회 개최하여 중국과의 이념적 동일성 강조.

1950년 1월 호치민 중국 방문. 중국의 베트남공화국 인정. 1월 30일 소련도 인정. 소련과 중국의 지원 약속 받음. 중국 고문단 베트남에 도착하고, 군사 장비 제공. 중국 남부에 베트민 부대들을 위한 훈련소 생김. 1월 말 제3차 전국대회 열려 2단계 사회주의 혁명 선언. 9월 베트민 부대들은 국경지역 전체에 걸쳐 프랑스군 공격. 프랑스군 패퇴, 홍 강 삼각주 지역 전체를 손에 넣음. 12월 총공격 계획 세움.

1951년 2월 미국의 바오 다이 정권 승인. 베트민의 총공격에 프랑스는 네이팜탄으로 맞섬. 베트민은 큰 상처를 입고 산 속으로 철수. 2월 당 제2차 전국대회 열어 중국식 혁명 모델 채택 선언. 베트민전선은 '베트남민족통일전선'으로, '인도차이나공산당'은

'베트남노동당'으로 개명.

1952년　2월 호아 빈 점령. 52년 말에는 넓은 지역에서 해방 조직 재건.

1953년　12월 가혹한 토지개혁법 제정.

1954년　1월 디엔 비엔 푸 공격 시작. 4월 제네바 평화회담 개최 결정. 5월 6일 디엔 비엔 푸 함락. 5월 7일 제네바 평화회담 개최. 7월 21일 베트남 분할 결정(17도선). 미국이 인도차이나에 개입 선언. 10월 9일 프랑스군 하노이를 떠남. 10월 11일 베트민 부대의 입성. 북베트남의 경제적 혼란. 남베트남에서는 응오 딘 디엠이 새로운 총리가 됨. 그는 호전적인 태도로 종교계와 남부의 정치 지도자들 탄압하고 하노이의 총선거 제안(제네바 협정) 거부함.

1955년　베트민전선의 뒤를 이었던 리엣 비엣 전선을 '조국전선'이라는 폭넓은 전선 조직으로 바꿈(통일과 독립을 위한 민족적 연대). 1954년에 시작된 토지개혁 확장하면서 계급 갈등으로 인한 폭력 등 부작용 노출됨. 3월 하노이에서 중앙위원회 열림.

1956년　초봄, 토지개혁 과정에서 일어난 폭력 고발이 늘어남. 소련공산당 제20차 대회에서 흐루시초프의 스탈린 비판이 이루어짐. 토지개혁에 대한 당의 공식적인 과오 인정. 9월 제10차 전체회의에서 총서기 추옹 친 등 토지개혁위원회의 주역 4명 해임. 호치민이 총서기직 맡음. 토지개혁의 부작용으로 농민들의 항의 시위 일어남. 지식인들도 동요.

1957년　남부 출신 레 두안의 총서기 취임으로 호치민의 영향력은 점차 줄어듦. 12월 제13차 전체회의에서 베트남민주공화국이 사회주의를 향해 전진하기 위한 초석을 놓는다는 계획을 잠정적으로 승인.

1959년　1월 제15차 전체회의에서 남부 통일을 최우선 순위에 놓음. 북에서 훈련받은 요원들을 남으로 침투시킴. 호치민 통로를 통해 북에서 남으로 병력, 무기, 물자 수송 준비. 1960년경 남베트남에서 무장 저항이 급속히 번져나감. 갈등 관계에 빠진 소련과 중국 사이에서 줄타기 외교 전개. 12월 20일 '남베트남 민족해방전선' 수립하여 전투 시작. 베트콩이라 불림.

1963년　봄, 불교도들의 폭동이 남베트남 전역에서 일어남. 11월 케네디 정부의 암묵적인 승인을 받은 군사 쿠데타가 일어나 응오 딘 디엠 정권이 무너짐. 12월 베트남노동당 제3차 대회 – 통일 문제를 최우선 과제로 설정, 무장 투쟁을 공식적으로 인정.

1964년　8월 북베트남 통킹 만에서 미군 전함 공격. 미국 북베트남 군사시설에 보복 공습 시작. 사건 며칠 뒤 베트남 인민군 정규군 파견 결정.

1965년　2월 미국의 적극적인 공격 시작됨. 평화 협상 제안은 실패. 전쟁이 치열해지면서 소련과 중국의 지원 점점 커짐. 1965년 말에는 미군이 20만 명을 넘어섬. 북베트남 정규군 투입하여 본격적인 전쟁 벌어짐.

1968년　1월 31일 텟공세 시작. 베트남인 3만 명 사망, 미국인 2천 명 사망으로 미국에서 반전 여론 높아짐. 11월 파리에서 평화회담 시작됨.

1969년　9월 2일 오전 9시 45분 베트남 독립 24돌을 기념하는 날 호치민 사망.

1972년　부활절 공세.

1973년　마침내 타협에 이름. 협정의 주요 내용은 현 상태를 유지하는 휴전과 남은 미군 전투 부대의 철수.

1975년　마지막 공세로 4월 사이공 점령.

■ 주석

자주 인용되는 자료는 다음과 같은 약자를 사용하였다.

BNTS | *Ho Chi Minh bien nien tieu su*〔호치민의 연대기적 전기〕. 10권. Hanoi : Thong tin Ly luan. 1992.

CAOM | Centre des Archives d'Outre-Mer, Aix-en-Provence, France.

CO | Colonial Office. 런던과 홍콩의 공공 기록 보관소에 수록된 문건들.

Glimpses/Childhood | *Nhung mau chuyen ve thoi nien thieu cua Bac Ho*〔간단하게 살펴본 호 아저씨의 삶〕. Hanoi : Su that, 1985.

Glimpses/Life | Tran Dan Tien〔호치민〕. *Glimpses of the Life of Ho Chi Minh*. Hanoi : Foreign Languages Press, 1958. 베트남에서 출간된 *Nhung mau chuyen ve doi hoat dong cua Ho Chu tich*의 영역 축약판.

HZYZ | Hoang Zheng. *Hu Zhiming yu Zhongguo*〔호치민과 중국〕 Beijing : Jiefang Zhun, 1987.

JPRS | Joint Publications Research Service(Washington, D. C.)

Kobelev | Yevgeny Kobelev. *Ho Chi Minh*. Moscow : Progress Publishers, 1989.

NCLS | *Nghien cuu Lich su*〔역사 연구〕(Hanoi).

SLOTFOM | Service de Liaison avec les Originaires de Territoires de la France d'Outre-Mer.

Souvenirs | *Souvenirs sur Ho Chi Minh*. Hanoi : Foreign Languages Press, 1967. 호치민 동료들의 글과 회고록 묶음집.

SPCE | Service de Protection du Corps Expéditionnaire. 이 문서보관소는 프랑스 엑상프로방스의 CAOM에 자리잡고 있다.

Toan Tap I ㅣ *Ho Chi Minh Toan tap*[호치민 전집]. 초판. 10권. Hanoi: Su that, 1980-1989.

Toan Tap II ㅣ *Ho Chi Minh Toan tap*[호치민 전집]. 2판. 12권. Hanoi: Chinh tri Quoc gia, 1995-1996.

USNA ㅣ U. S. National Archives(College Park, Md.).

UPA ㅣ University Publications of America. 이 마이크로 필름들은 현재 USNA에 보관되어 있는 국무부 중앙 파일들을 촬영해놓은 것이다.

ZYG ㅣ Guo Ming편. *Zhong-Ywe guanxi yan bian ssu shi nien*[중월관계 40년]. Nanning : Guangxi Renmin, 1992.

머리말

[1] Vo Nguyen Giap, "Tu tuong Ho Chi Minh qua trinh hinh thanh va noi dung co ban"[호치민 사상의 형성 과정과 내용], *Nghien cuu tu tuong Ho Chi Minh*[호치민 사상 연구](Hanoi: Ho Chi Minh Institute, 1993), p. 17. 현 체제에 대한 일부 비판자들은 이 인용문이 일부일 뿐이며, 원래는 거기에 "자유가 없으면 독립도 없다"는 구절이 붙어 있었다고 주장한다.

[2] 일각에서는 그의 가명이 75개가 넘는다고 추정한다. 호치민이 평생 사용한 가명을 모으려는 시도로는 A. A. Sokolov, "Psevdonimyi Ho Shi Mina kak opyt izucheniya politicheskoi biografii"[정치적 전기 연구에서 하나의 경험으로서 호치민의 가명들], *Traditsionnyi V'ietnam: Sbornik Statei* [전통 베트남: 논문집], vol. 2 (Moscow: Vietnamese Center, 1993), pp. 187-218; "His Many Names and Travels", *Vietnam Courier*(1981년 5월) 참조.

[3] 그의 자서전들 가운데 가장 널리 알려진 것은 베트남어로 출간된 *Nhung mau chuyen ve doi hoat dong cua Ho Chu tich*인데, 저자는 호치민의 많은 가명 가운데 하나인 Tran Dan Tien으로 나와 있다. 영어 축약판인 *Glimpses of the Life of Ho Chi Minh*은 몇 년 뒤에 나왔다. 이 자서전들 가운데 가장 일찍 나왔고 또 내용도 가장 풍부한 *Hu Zhi Ming Zhuan*[호치민 전기]는 1949년 상하이의 바이웨 출판사에서 중국어판으로 나왔다. 묘하게도 이 중국어판은 훗날의 호치민이라는 이름이, 한때 코민테른 요원이었던 응우옌 아이 쿠옥(p. 4 참조)의 가명이라고 확인해주고 있다. 서구어로 번역되지 않은 호의 다른 자서전에는 T. Lan, *Vua di duong, vua ke chuyen*[걸으며 말하며](Hanoi: Su that, 1976)이 있다.

[4] 얼마 전에 출간된 Toan Tap I, Toan Tap II는 그의 글들을 가장 완벽하게 모아놓은 뛰어난 자료 가운데 하나이다.

[5] 현재 알려진 호치민의 영어 전기 가운데 가장 뛰어난 것은 Jean Lacouture의 *Ho Chi Minh: A Political Biography*(New York: Vintage, 1968)이다. 원래는 프랑스어로 출판되었으나

Peter Wiles가 영어로 번역했다. 또 Nguyen Khac Huyen, *Vision Accomplished?*(New York: Collier, 1971)와 David Halberstam의 짤막한 *Ho*(New York: Random House, 1971)도 참조하라.

[6] Bernard B. Fall, "A Talk with Ho Chi Minh," in Bernard B. Fall편, *Ho Chi Minh on Revolution: Selected Writings, 1920-1966*(New York: Praeger, 1967), p. 321.

1. 빼앗긴 땅에서

[1] Truong Buu Lam, *Vietnamese Resistance Against the French, 1858-1900*(New Haven: Yale University Press, 1967), pp. 127-28에서 인용.

[2] 응우옌 신 삭에 대한 정보는 상대적으로 빈약하다. 나는 킴 리엔 마을의 호치민 박물관 지부에 있는 직원들과의 인터뷰, 그리고 최근 베트남 응에 틴 성의 연구소에서 출간한 두 연구서 *Glimpses/Childhood*와 *Bac Ho thoi nien thieu*[호 아저씨의 유년](Hanoi: Su that, 1989)를 기본 자료로 사용했다. Trinh Quang Phu, *Tu Lang Sen den ben Nha Rong*[랑 센에서 냐 롱 방파제까지](Ho Chi Minh City: Van Hoc, 1998)에 따르면 호의 가계는 16세기에 킴 리엔에 도착한 응우옌 바 포라는 인물까지 거슬러 올라간다고 한다(p. 13).

[3] 호치민의 출생연도는 종종 논란의 대상이 되었다. 그는 어른이 되어 생년을 여러 가지로 다르게 말했는데, 아마 당국에 혼란을 주기 위해서였던 것 같다. 예를 들어 모스크바에서 쓴 자전적인 진술서에는 1903년에 태어난 것으로 되어 있다. 그러나 다른 글에서는 1894년이라고 말했다. 현재 하노이의 공식 자료에 따르면 1890년생으로 되어 있다. 일부 연구자들은 이 연도에 의문을 제기하지만, 그가 1895년에 가족과 함께 제국 수도 후에까지 오랜 여행을 했던 일 등 어린 시절의 여러 가지 일들을 고려할 때 이 연도가 신빙성이 있다는 느낌이 든다. *BNTS*, vol. 1, p. 17 참조.

그의 정확한 출생 날짜에 대해서도 논란이 있었다. 일부에서는 1941년 베트민전선의 창설과 일치시키기 위해, 또는 1946년 봄 하노이에 프랑스 대표단이 도착했을 때 민족적인 축제를 벌일 구실을 만들기 위해 날짜를 골랐다고 주장하기도 한다. Huynh Kim Khanh, *Vietnamese Communism, 1925-1945*(Ithaca, N. Y.: Cornell University Press, 1982), p. 58과 Vu Thu Hien, *Politique Internationale*(1997년 가을) 참조. 호가 태어난 무렵에는 베트남 시골에서 보통 음력을 사용했다는 점을 고려할 때, 호치민이 자신의 정확한 출생 날짜를 몰랐다는 것도 가능성이 없는 일은 아니다.

[4] 이 일에 대한 개인적인 회고로는 Son Tung, "An Episode of Uncle Ho's Childhood in Hué", *Vietnam Courier*(1976년 4월), pp. 25-29 참조. 또 Trinh Quang Phu, *Tu Lang Sen*, pp. 39-40 참조. Phu에 따르면, 이웃들은 어머니가 죽은 뒤 어린 쿵에게 수도 근처에서는 사람들 앞에서 슬픔을 드러내는 것이 허용되지 않는다는 이유로 울지 말라고 타일렀다고 한다. 호치민의 어린 시절과 관련된 이 이야기는 *Glimpses/Childhood; Bac Ho thoi nien*

thieu(Hanoi: Su that, 연도 불명); Duc Vuong, *Qua trinh hinh thanh tu tuong yeu nuoc cua Ho Chi Minh*[호치민의 애국 사상의 형성 과정](Hanoi: Chinh tri Quoc gia, 1993); Nguyen Dac Xuan, *Bac Ho thoi thanh nien o Huế*[후에에서 보낸 호 아저씨의 젊은 시절](Ho Chi Minh City: Tre, 1999); *Di tich Kim Lien que huong Bac Ho*[호치민의 고향 마을 킴 리엔의 흔적들](Nghe Tinh: 장소 불명, 1985); 킴 리엔 마을의 호치민 박물관 직원들과 인터뷰한 것 등 여러 자료를 바탕으로 하고 있다.

[5] 이 지역에 전해져 오는 이야기에 따르면, 삭은 한 손님에게 그의 두 아들의 이름을 가지고 말장난을 했다고 한다. 그들의 이름이 "콩 콤(khong com)", 즉 "쌀이 없다"는 뜻이어서 가난하다는 것이었다. *Glimpses/Childhood*, p. 29 참조. 또 *Di tich Kim Lien*, pp. 36-40 참조. 당시 정치적 상황에 대한 삭의 비관은 과거에서 그의 답변에도 영향을 미쳤던 것 같다. 그래서 조정에 있던 영향력 있는 친구가 개입하여 간신히 급제를 할 수 있었다. Nguyen Dac Xuan, *Bac Ho thoi*, pp. 46-47 참조.

[6] *Nash Prezident Ho Shi Minh*[우리의 주석 호치민](Hanoi: Foreign Languages Press, 1967), p. 26에서 인용. 비슷한 언급에 대해서는 Trinh Quang Phu, *Tu Lang Sen*, pp. 21, 36 참조.

[7] Nguyen Dac Xuan, *Bac Ho thoi*, pp. 34-35.

[8] 판 보이 차우는 응우옌 신 삭이 건네준 농주에 취해 자기는 오래된 고전 문헌을 공부하는 것을 좋아한 적이 없다고 하면서 어린 시절 들었던, 고전 문헌을 무가치한 것으로 조롱하는 시를 기억하여 암송한 적이 있었다. 응우옌 탓 타인은 20년 뒤 중국 남부에서 판 보이 차우를 만났을 때 그 앞에서 그 시를 외워 보였다. *Glimpses/Childhood*, p. 35 참조. 여기서는 Phan Boi Chau, *Phan Boi Chau nien bieu*[판 보이 차우의 연대기적 자서전](Hanoi: Van su dia, 1955), p. 55를 인용하고 있다. 또 Trinh Quang Phu, *Tu Lang Sen*, pp. 22-23과 Nguyen Dac Xuan, *Bac Ho thoi*, pp. 51-52도 참조.

[9] 판 보이 차우의 혁명적 경력에 대한 정보는 그의 두 권의 자서전 *Phan Boi Chau nien bieu*와 *Nguc trung thu*[감옥에서 보낸 편지](Saigon: 장소, 연도 불명)에서 얻을 수 있다. 그에 대한 분석으로는 David G. Marr, *Vietnamese Anticolonialism, 1885-1925*(Berkeley, Calif.: University of California Press, 1971); William J. Duiker, *The Rise of Nationalism in Vietnam, 1900-1941*(Ithaca, N. Y.: Cornell University Press, 1976); Vinh Sinh 편, *Phan Boi Chau and the Dong Du Movement*(New Haven: Yale Center for International and Area Studies, 1988) 등 참조.

[10] 첫 번째 설에 대해서는 Truong Chinh, *President Ho Chi Minh: Beloved Leader of the Vietnamese People*(Hanoi: Foreign Languages Publishing House, 1966), pp. 10-11 참조. 두 번째 설에 대해서는 Nguyen Dac Xuan, *Bac Ho thoi*, p. 51 참조. Xuan에 따르면 판 보이 차우와는 나룻배에서 만났다고 한다. 러시아 학자 Yevgeny Kobelev는 타인이 아버지의

허락을 얻어야 한다는 핑계로 제안을 거절했다고 한다—Kobelev, p. 18 참조. Hong Ha, *Thoi thanh nien cua Bac Ho*[호 아저씨의 유년](Hanoi: Thanh nien?, 1994)에 따르면, 차우 킴 리엔으로 직접 가지는 않고 친구를 보냈다. p. 11 참조. 또 *Avec l' Oncle Ho*(Hanoi: Foreign Languages Publishing House, 1972), pp. 15-16 참조. 이 책의 1장은 *Glimpses/Childhood*의 앞 부분을 길게 인용한 것이다.

[11] *Bac Ho thoi nien thieu*, p. 53; *BNTS*, vol. 1, p. 35; *Glimpses/Childhood*, p. 51.

[12] Nguyen Dac Xuan, "Thoi nien cua Bac o Hué"[호 아저씨가 후에에서 보낸 유년], *NCLS*, no. 186(1979년 5-6월). 또한 Trinh Quang Phu, *Tu Lang Sen*, p. 45 참조. 이 숙소는 마이 툭 로안 거리에 있었으며, 그들이 전에 살던 곳에서 멀지 않았다.

[13] 당시 제국의 공무원은 9계급으로 구분되어 있었으며, 각 계급마다 두 등급이 있었다. 응우엔 신 삭은 7급의 2등급에 임명되었다. *BNTS*, vol. 1, p. 35, Nguyen Dac Xuan, *Bac Ho thoi*, pp. 54-55에 따르면, 삭이 의전부의 자리를 받아들이도록 설득한 사람은 카오 수안 둑이었다. 그것이 그가 후에에 남아 자식들을 교육시킬 수 있는 유일한 길이었기 때문이다. 둑은 삭의 나이에 조정의 자리를 받아들이지 않을 경우 택할 수 있는 유일한 길은 반역자가 되는 것이라고 말했다. 삭은 관직을 받아들이되 부패한 체제에 봉사하는 일은 피할 수 있는 낮은 자리를 얻는 데 동의했다.

[14] 프랑스어 원문은 *Bulletin de l' Ecole Française d' Extrême Orient*(1907년 3-6월), pp. 166-75에 수록. 이 점에 대한 논의는 The Nguyen, *Phan Chu Trinh*(Saigon: 장소 불명, 1956) 참조.

[15] *Bac Ho thoi nien thieu*, p. 60. 삭은 고향에 있는 조카에게 보낸 편지에 수수께끼 같은 시를 써 보냈다. "사람의 삶은 꿈과 같다/삶은 구름과 같다/기술은 위험할 수 있다/주의하라! 주의하라!"—*Glimpses/Childhood*, p. 58.

[16] *Glimpses/Childhood*, p. 61; Nguyen Dac Xuan, *Bac Ho thoi*, pp. 57-58.

[17] Hong Ha, *Thoi thanh nien*, p. 11. 타인을 괴롭히던 학생들은 그를 '물고기와 나무 인간'이라고 불렀는데, 이것은 시골뜨기와 비슷한 뜻이다—Nguyen Dac Xuan, *Bac Ho thoi*, p. 64 참조. Xuan에 따르면(pp. 66-67), 타인은 교장으로부터 꾸중을 듣고 자신은 판 주 진을 비롯한 다른 개혁가들이 이미 제기한 불만을 그대로 옮겼을 뿐이라고 대꾸했다고 한다. 교장은 그들 역시 벌을 받았다고 하면서, 왜 공부를 시켜주는 체제에 불만을 품느냐고 물었다. 결국 교장은 타인의 선생들에게 그의 행동을 통제하지 못하면 경찰을 불러들일 것이고, 그렇게 되면 선생들 역시 해고될 줄 알라고 으름장을 놓았다. 이 사건은 문서로도 확인된다. 1920년 2월 23일자 프랑스 경찰 보고서는 타인과 그의 형이 권위에 대한 '명백한 저항 행동'을 하여, 학교 직원들이 그들을 심하게 꾸중했다고 적고 있다. 이 문건의 사본은 호치민 시의 호치민 박물관에 있다.

[18] Hong Ho, *Thoi thanh nien*, p. 68.

19 "Thoi nien cua Bac o Hué," p. 80; *Glimpses/Childhood*, p. 70; *Bac Ho thoi nien thieu*, p. 74. 일부 베트남 역사가들은 응우옌 탓 타인과 이 저항 운동을 직접 연결시키는 고리를 찾으려 하기도 했다—Nguyen Dac Xuan, *Bac Ho thoi*, p. 65. Nguyen Dac Xuan(pp. 72-73)에 따르면, 타인이 농민 대표의 말의 요지만 옮기면서 자기 말을 보탰는데, 그것이 상황을 악화시켰을 수도 있다고 한다. 레베크가 홍수 관리를 위한 사업에 들어간 돈 때문에 농업 관련 세금을 낮출 수 없다고 말하자, 타인은 그 사업을 통해 쌓은 둑 때문에 논에 물이 고여 작황이 더 나빠졌기 때문에, 그 사업은 상황을 악화시키기만 했다고 대답했다. 나아가서 타인은 왜 프랑스인들은 농민에게는 아무런 도움도 되지 않는 다리를 후옹 강에 건설했느냐고 물었다. 레베크는 화가 나서 폭력은 문제를 해결하는 방법이 아니라고 쏘아붙였다. Xuan이 전하는 둘 사이의 대화는 추측에 근거하는 것처럼 보이지만 그럴듯해 보이기는 한다. 5월 9일 사건 이후 호앙 통은 체포되었으며, 경찰은 그의 글 가운데 애국적인 성명서를 몇 장 발견했다. 그러나 호앙 통은 자신이 취했기 때문에 그런 글을 썼다는 것을 기억하지 못한다고 주장하여, 매 1백 대를 맞고 석방되었다. 학생들은 당국의 이런 처사에 분개했다. "Thoi nien cua Bac," p. 81; Nguyen Dac Xuan, *Bac Ho thoi*, p. 68.

20 1920년 12월에 쓰여진 프랑스의 정보 보고서는 삭이 한 친구에게 아들이 빈 케로 찾아왔으나 매를 때려 쫓아냈다는 이야기를 했다고 기록하고 있다. 삭은 자식들과 더 이상 만나고 싶지 않다고 했다. Note, 1920년 12월 27일, SPCE, Carton 364, CAOM 참조. 매에 대한 또 하나의 자료로는 Nguyen Khac Huyen, *Vision Accomplished?*(New York: Collier, 1971), p. 9 참조. 아들을 보고 싶지 않다는 삭의 말은 나중에 제시할 다른 자료들에 비추어보면 진심으로 들리지 않는다. 어쩌면 몹시 화가 난 상태에서 한 말인지도 모른다. 어쨌든 삭이 가끔 자식을 학대했다는 주장에 대해서는 증거가 더 있다. 1920년의 프랑스 경찰 자료에 따르면, 삭의 딸은 심문을 받을 때 자신이 1906년 후에를 떠나 고향으로 온 것은 아버지의 잦은 매질을 견딜 수 없었기 때문이라고 말했다—Daniel Hémery, *Ho Chi Minh: De l' Indochine au Vietnam*(Paris: Gallimard, 1990), pp. 132-33.

21 *Bac Ho thoi nien thieu*, pp. 85-86. 팜 응옥 토는 훗날 인도차이나공산당의 유명한 당원이자 호치민과 가까운 동지가 되는 팜 응옥 타익의 아버지이다. 훗날 타익은 그가 태어난 직후 타인이 쿠이 논에 왔다는 이야기가 가족 사이에 전해져왔다고 말했다. 호치민의 오랜 동지 하 후이 지압에 따르면, 호는 미국 기자 애너 루이즈 스트롱에게 유럽으로 가는 배를 탈 수 있는 항구를 찾아 해변을 떠돌았다고 이야기했다—Trinh Quang Phu, *Tu Lang Sen*, p. 51 참조.

22 교장은 Nguyen Gui Anh으로 응에 안 성 출신이었다. 후원자는 베트남의 유명한 젓갈 간장인 누옥 맘(nuoc mam)의 제조업자인 Lien Than Thuong Quan이었다. *Bac Ho thoi nien thieu*, pp. 90-91과 Nguyen Dinh Soan, "Uncle Ho's Former Student," *To Quoc*, no. 5(1970년 5월)[*Vietnam Documents and Research Notes*(U. S. Mission in Vietnam,

Saigon), document 100, pp. 28-32에 번역 수록] 참조. Trinh Quang Phu는 이 학교의 기원에 대해 *Tu Lang Sen*, pp. 53-55에서 논의하고 있다.

23 Kobelev, p. 23에 인용. 추가 정보는 Nguyen Dinh Soan, "Uncle Ho's Former Student" 참조.

24 Ho Chi Minh, *Hu Zhi Ming zhuan*[호치민 전기](Shanghai: Ba Ywe, 1949), p. 10; *Bac Ho thoi nien thieu*, p. 86; Ton Quang Duyet, "From the Nha Rong pier to Pac Bo Cave," *Tap chi Cong san*(1980년 2월); *BNTS*, vol. 1, p. 44; Kobelev, p. 23.

25 삭의 코친차이나 여행 허가 요청에 대해서는 SPCE, Carton 364, COAM의 "1920" 서류철 참조. 또 *Bac Ho thoi nien thieu*, pp. 82-85, *Glimpses/Childhood*, p. 97 참조. 프랑스 정보 보고서는 호치민 박물관에 있는 1911년 3월 8일자 3780호 문건.

26 안남의 고등 주차관에 따르면 삭은 프랑스 당국으로 가지 않고, 지역 관리로부터 투란 여행 허가를 얻었다.

27 *BNTS*, vol. 1, p. 43; Trinh Quang Phu, *Tu Lang Sen*, pp.79-82. 타인은 프랑스 당국이 자신이 둑 타인 학교에 있다는 것을 알고 있다고 걱정했는데, 이 점은 그가 1911년 6월 유럽으로 떠난 뒤 친구에게 보낸 편지에서 간접적으로 확인할 수 있다. 그는 이 편지에서 친구에게 자신이 조국을 떠난 시점은 비밀로 해야 하기 때문에 말해줄 수 없다고 썼다. Ton Quang Duyet, "From the Nha Rong pier," p. 33 참조. 프랑스의 한 보고서에 따르면 타인은 사소한 위반 행위로 질책을 받은 뒤 화가 나 학교를 떠났다고 한다. Annex 475, 1928년 2월 4일, Sûreté Générale, Saigon, SPCE, Carton 368, CAOM 참조.

28 *Avec l'Oncle Ho*, pp. 15-16. 샤슬루-로바 학교는 프랑스인들이 엘리트의 자녀를 위해 세운 명문 리세(프랑스의 국립 고등학교 또는 대학 예비학교: 옮긴이)이다.

29 타인의 사이공 체류에 대해서는 Ton Quang Duyet, "From the Nha Rong pier……"; *Bac Ho thoi nien thieu*, p. 95; *BNTS*, vol. 1, p. 44; Kobelev, p. 24 참조. 앞의 마지막 책에 그가 자기 이름을 '세 번째 Van'이라는 의미로 Van Ba라고 댔다고 나온다. 아마 타인은 자신이 가족 가운데 셋째라고 밝혔을 것이다. Van은 베트남에서는 흔한 남자 이름으로, 한자로는 문(文)이다. 프랑스인 선장이 그를 마땅치 않게 생각한 것은 이해할 만하다. 그 시절에 그를 알았던 사람들 이야기에 따르면, 타인은 몸무게가 45kg 이하였던 것으로 보인다.

30 두 이야기 모두 *BNTS*, vol. 1, pp. 47-48에 인용되어 있다. 역사가 Trinh Quang Phu(*Tu Lang Sen*, pp. 82, 97-98 참조)에 따르면 응우옌 신 삭은 아들이 조국에 봉사하기 위한 목적으로 해외에 나갈 결심을 하는 데 중요한 역할을 했다고 한다. 그러나 Phu는 호치민의 삶에서 이 시절의 사건들을 극화하고 대화도 지어내는 경향이 있기 때문에 신빙성에 문제가 있다. 필자는 그가 제시하는 자료는 조심스럽게 다루었다.

2. 성난 말

[1] *Glimpses/Life*, p. 6. 이 자료에서 호는 이 배에 7백 내지 8백 명 정도의 승객과 승무원이 탔다고 주장하는데, 이것은 배의 규모로 볼 때 가능성이 적은 일이다. 이 배의 수용 인원은 1등실 승객 40명과 고급 선원과 하급 선원 72명이었다.

[2] Paul Arnoux의 보고서, 1922년 9월 21일, in SPCE, Carton 365, CAOM. 또 Daniel Hérmery, *Ho Chi Minh: De l'Indochine au Vietnam*(Paris: Gallimard, 1990), p. 37 참조.

[3] *Glimpses/Life*, p. 8.

[4] 대통령에게 보낸 편지는 Hérmery, *Ho Chi Minh*, p. 40 참조. 타인은 파리의 식민부 장관에게도 똑같은 메시지를 보냈던 것 같다. Nguyen The Anh과 Vu Ngu Chieu, "Tu mong lam quan den duong cach menh, Ho Chi Minh va Truong Thuoc dia"[관료의 꿈으로부터 혁명의 길로, 호치민과 식민지 학교], *Duong Moi*, no. 1(1983년 6월), p. 14. 이 편지의 사본은 하노이의 호치민 박물관에서도 볼 수 있다. 타인의 동기에 대한 비판적 해석으로는 같은 책 참조. 우호적인 해석으로는 Daniel Hérmery, "La bureaucratie comme processus historique", in Georges Boudarel편, *La bureaucratie au Vietnam*(Paris: L'Harmattan, 1983), pp. 26-30과 Thu Trang Gaspard, *Ho Chi Minh à Paris*(Paris: L'Harmattan, 1992), pp. 55-56 참조. 아버지가 관직을 다시 얻는 것을 돕기 위해 학교 입학을 바랐던 것일 수도 있다. 그가 편지에서 아버지를 구체적으로 언급한 것을 주목할 필요가 있다. 타인이 누나에게 보낸 편지는 Police de l'Indochine, Note Confidentielle no. 711, 1920년 5월 7일, "1920" 서류철, SPCE, Carton 364, CAOM에 수록되어 있다.

[5] 타인은 편지를 쓴 직후 사이공을 떠난 것이 분명하다. 자신의 주소를 콜롱보, 아미랄 라투셰-트레빌 호라고 적었기 때문이다. 이 편지는 Note Confidentielle, 1920년 4월 28일, 1920, SPCE, Carton 364, CAOM에 포함되어 있다. 또 *Glimpses/Childhood*, p. 97도 참조. 그의 아버지에 대해서는 "Pére de Ho Chi Minh", 연도 불명의 메모, "Ho-Chi-Minh année 1949" 서류철, SPCE, Carton 370, CAOM. 최근의 한 자료에 따르면, 삭은 그 무렵 코친차이나의 애국적 활동가들과 접촉하기 시작했다고 한다. 아들 소식을 들으려는 희망도 한몫 했을 것이다. Trinh Quong Phu, *Tu Lang Sen den Nha Rong*[랑 센에서 냐 롱 방파제까지](Ho Chi Minh City: NXB Van Hoc, 1998), pp. 98-99 참조.

[6] 오랜 세월 뒤 호치민은 한 프랑스인에게 자신이 파리에 처음 간 것은 20살 때였다고 말했다. Thu Trang, *Nguyen Ai Quoc tai Pari(1917-1923)*[파리의 응우옌 아이 쿠옥](Hanoi: Thong tin ly luan, 1989), p. 20. 식민지 학교 지원 문제에 대해서는 오랜 세월 뒤 타인의 형(이때는 응우옌 탓 닷이라는 이름을 쓰고 있었다)이 프랑스 관리로부터 심문을 받을 때, 동생으로부터 인도차이나 당국이 학교 입학 신청서를 승인해주어야 한다는 편지를 받았다고 이야기했다는 자료가 있다. 그래서 닷은 동생 대신 총독 알베르 사로에게 편지를 보냈으나, 아무런 성과가 없었던 것으로 보인다. 닷 자신도 반역 활동에 가담한다는 혐의를 받고 있었

다. Note Confidentielle, 1920년 4월 28일, 1920, SPCE, Carton 364, CAOM. 식민부의 거부 편지에 대해서는 Nguyen The Anh과 Vu Ngu Chieu, "Tu mong", p. 15 참조. 르아브르 체재에 대해서는 Nguyen Thanh, *Chu tich Ho Chi Minh o Phap*[프랑스의 호치민 의장] (Hanoi: Thong tin ly luan, 1988), p. 23과 Hong Ha, *Thoi Thanh Nien*[호 아저씨의 어린 시절](Hanoi: Thanh nien, 1994), p. 28 참조. 그 자신도 *Glimpses/Life*, pp. 7-8에서 르아브르에서의 경험을 이야기하고 있다. 또 Tran Ngoc Danh, *Tieu su Ho Chu tich*[호 의장의 짧은 전기](Lien Viet, 1949), SPCE, Carton 370, CAOM도 참조. 인도차이나공산당의 당원으로서 프랑스에서 호를 알았던 저자에 따르면, 타인은 생아드레스에 6개월 정도 살았다고 한다. 몇 가지 자료에는 그가 1911년 마르세유에 처음 도착한 후 르아브르에서 뱃일을 그만두었다고 나온다. 그러나 이것은 가능성이 적다. 당시에는 타인이 배에 그대로 남아 사이공으로 돌아온 것이 분명하기 때문이다. 이듬해에 프랑스에 다시 갔을 때 르아브르에 체류하게 되었을 가능성이 더 높다. *BNTS*, vol. 1, p. 52도 참조.

7 *Glimpses/Life*, pp. 8-9; 호치민 전기(Shanghai: Ba Ywe, 1949). 양쪽 자료에 따르면 그가 탄 배는 알제리와 보르도의 포도주를 싣고 프랑스 식민지들로 가는 중이었다. 많은 선원들이 포도주 통에 고무 호스를 꽂고 양껏 마실 수 있었다. 타인은 마시지 않았던 것으로 보이며, 동료들에게도 마시지 말라고 권했다(별 효과는 없었던 것 같지만).

8 이 문단의 내용과 관련된 정보는 Charles Fenn, *Ho Chi Minh. A Biographical Introduction*(New York: Scribner's, 1973); Tran Thanh 편, "Bien nien Chu tich Ho Chi Minh voi nuoc My"[미국과 관련된 호치민 의장의 연대기](Hanoi: 1994, 등사 인쇄물); David Dellinger의 글(제목 불명), in *Libération*(1969년 10월); Anna Louise Strong, *Letter from China* 발췌문(*Nhan Dan*, 1965년 5월 18일 보도); Archimedes L. Patti의 Robert F. Williams 구두 면담 기록, 올랜도주 센트럴 플로리다 대학 패티 문서보관소에 소장. 윌리엄스는 1964년 11월과 12월에 하노이를 방문했던 평화대표단의 일원이었다. 당시 윌리엄스의 말에 대하여 호는 "미국 흑인들은 그들 자신의 해방에 대하여 좀더 진지한 태도를 가져야 한다."고 충고했다. 호는 미국의 흑인들이 물질적 소유에 유혹을 받아 개인적 희생을 피하게 되었다고 보고 있었다.

9 타인이 안남의 고등 주차관에게 보낸 1912년 12월 15일자 편지에는 응우옌 신 삭에게 의미 있는 일자리를 제공하거나, 아니면 아들로서 아버지를 경제적으로 부양할 수 있도록 삭의 주소라도 알려달라고 감동적으로 호소하고 있다. 이 편지는 SPCE, Carton 367, CAOM에 들어 있다. 제2차 세계대전 말 OSS와 함께 인도차이나에서 근무했던 Henry Prunier는 호치민이 그에게 보스턴 시절에 대해서 잠깐 이야기해주었다고 한다. Raymond P. Girard, "City Man Helped to Train Guerrillas of Ho Chi Minh", *Worcester(Mass.) Gazette*(1968년 5월 14일). 얼마 전 옴니파커하우스 호텔의 경영진에게 문의를 해보았지만 호가 그곳에서 일을 했다는 주장을 입증할 만한 구체적인 증거는 찾을 수 없었다. 미국 이민국 기록에서도 호치

민의 미국 체재에 대한 정보는 찾을 수 없었다. 1993년 "Ho Chi Minh in America"에 대한 포드 재단 프로젝트와 관련하여 이 문제를 조사했고, 그 정보를 필자에게 제공해준 A. Thomas Grunfeld에게 감사한다. Grunfeld, "On Ho Chi Minh's Trail", 1994년 5월 1일자 무제 보고서 참조.

10 이 편지들의 프랑스어판은 Gaspard, *Ho Chi Minh à Paris*, pp. 57-60 참조. 또 Alain Ruscio 편, *Ho Chi Minh: Textes, 1914-1969*(Paris: L'Harmattan, 연도 불명), p. 21도 참조. 이 편지들의 베트남어판은 *Toan Tap*, vol. I, pp. 477-78 참조. 타인이 1913년에 미국을 떠났다는 또 하나의 증거는 그가 1912년 12월 뉴욕시에서 고등 주차관에게 보낸 편지의 주소를 르아브르 아미랄 쿠르베 거리 1번지라고 적고 유치 우편으로 보냈다는 것이다. 이것은 그가 곧 프랑스로 돌아간다는 뜻이라고 볼 수 있다. 먼 훗날 그의 누나는 심문을 받으면서 1915년 그녀는 베트남 조정 관리로부터 관리의 아들이 타인과 함께 런던에 갔다는 이야기를 적은 편지를 받았다고 진술했다. 그녀는 그 관리의 이름이나 동생의 런던 주소는 기억하지 못했다. Police de l'Indochine, Note Confidentielle no. 711, 1920년 5월 7일, "1920" 서류철, SPCE, Carton 364, CAOM.

11 *Glimpses/Life*, pp. 10-12. 에스코피에는 자신의 회고록에서 이 일을 언급하지 않았다. 호치민은 런던에서 노동자로 일하다가 부상을 당했을 수도 있다. 오랜 세월 뒤, 프랑스사회당의 한 당원은 제1차 세계대전 이후 호를 처음 만났을 때 동상으로 그의 손이 기형이 되었다고 기억했다. Gaspard, *Ho Chi Minh à Paris*, p. 72.

12 *Avec l'Oncle Ho*, pp. 26-27; Grunfeld report, "On Ho Chi Minh's Trail", pp. 16, 21; Hémery, *Ho Chi Minh*, p. 41; Gaspard, *Ho Chi Minh à Paris*, p. 73. Gaspard의 책에서는 호가 훗날 프랑스에서 알게 된 사람의 말을 인용하여, 그가 프랑스 선박 라 타미스 호의 선상 노동 쟁의에 관여했다고 전한다. 베트남 자료들은 확인되지 않은 정보를 인용하여, 타인이 스코틀랜드와 리버풀에 갔을지도 모른다고 이야기한다. 오랜 세월 뒤, 호치민은 젊은 동료들에게 영국에서 영어를 배우는 데 6개월이 걸렸다고 말했다—Mai Van Bo, *Chung toi Hoc Lam Ngoai giao voi Bac Ho*〔나는 호 아저씨에게 외교를 배웠다〕(Ho Chi Minh City: Tre, 1998), p. 15.

13 *Toan Tap I*, vol. 1, p. 479.

14 이 보고서는 런던의 Public Record Office, Foreign Office(FO) 기록에 수록되어 있다. 최초의 조사에 대해서는 FO 83562, 1915년 6월 23일과 1915년 6월 24일자 참조. 조사 결과는 FO 372/668, 1915년 9월 8일자에 담겨 있다. 친의 사업을 수행하겠다는 타인의 약속에 대해서는 "Nguyen A. Quoc den Pa-ri nam nao"〔응우옌 A. 쿠옥은 언제 파리에 도착했는가〕, 미확인 뉴스 보도, Patti 문서보관소 참조. 많은 연구자들이 영국 경찰의 조사를 받았던 이 둘 가운데 하나가 응우옌 탓 타인이라고 보고, 탓 타인이 베드퍼드의 Igranic Electric Co.에 수습사원으로 근무했다는 사실에 주목하는 것 같다. 그러나 조사를 받았던 텃 타인

을 호치민과 연결할 만한 구체적 증거는 없는 것 같다. 예를 들어 Hémery, *Ho Chi Minh*, p. 41 참조.

[15] 그를 가장 강하게 비판하는 사람들조차 그가 영국을 방문하기는 했을 것이라고 인정한다. 물론 그 가운데 일부는 그가 바다를 돌아다니던 중에 잠깐 들렀을 뿐이라고 주장하기도 한다—Nguyen The Anh, "La prolétarisation de Ho Chi Minh: Mythe ou réalité", *Duong Moi*(1984년 7월); Huy Phong과 Yen Anh, *Nhan dien Ho Chi Minh: thuc chat gian manh cua huyen thoai anh hung*[*Exploding the Ho Myth*라는 제목으로 일부 번역](San José, Calif.: Van Nghe, 1988), pp. 18-19. 1918년 무기 밀반입 혐의로 체포되어 9년 중노동형을 선고받은 그의 누나는 1920년에 심문을 받을 때, 그로부터 제1차 세계대전 전에 영국으로 가서 런던에 정착했다는 내용의 편지를 받았다고 진술했다—Note Confidentielle no. 711, 1920년 5월 7일, "1920" 서류철, SPCE, Carton 364, CAOM 참조. 같은 해에 프랑스 당국은 1917년도에 그가 사이공의 영국 영사를 통하여 총독 사로에게 그의 아버지한테 소식을 전해달라는 편지를 보냈다고 기록하고 있다. 치안국에서는 그의 아버지를 찾을 수 없었다. 그가 영국 영사를 통하여 편지를 보냈다는 사실은 그가 영국에서 편지를 썼다는 간접적 증거가 될 수 있다. Note, 1920년 12월 27일, GGI, Feuillet no. 116, S. G. Minute 1, 같은 책 참조. 영국에서 호의 생활과 관련된 자료를 찾기 위해 Public Record Office를 샅샅이 조사해준 보브 오하라에게 감사한다.

[16] Note Confidentielle no. 1967, 1931년 5월 29일, SPCE, Carton 365, CAOM; Avec l'Oncle Ho, pp. 31-32; Gaspard, *Ho Chi Minh à Paris*, pp. 61-63; *BNTS*, vol. 1, p. 59; *Toan Tap I*, vol. 1, p. 545; Hémery, *Ho Chi Minh*, p. 42. *Ho Chi Minh*(Paris: Editions Universitaires, 1970)의 저자 Christiane Pasquel Rageau는 응우옌 아이 쿠옥—타인이 파리에서 쓰던 가명—이라는 이름의 사진 수정 전문가가 1918년에 프랑스의 한 신문에 낸 광고를 찾아냈다고 주장한다(p. 30).

[17] Regeau는 호가 1917년 프랑스군 내에서 폭동 시도가 무산된 뒤 프랑스로 돌아가겠다고 결성한 것인지도 모른다고 추측하고 있다(*Ho Chi Minh*, p. 27). 또 Dennis Duncanson, "The Legacy of Ho Chi Minh", *Asian Affairs* 23, part 1(1992년 2월) 침고. 프랑스의 문서보관소에는 부상병들을 위한 리모주의 병원에서 그를 만났다고 기억하는 사람과 관련된 수수께끼 같은 짤막한 문건이 있다. 그 병원에서 두 사람은 치료를 받고 받아쓰기 강의를 들었다고 한다. Note of Secretary General A. S. de Drujon, SPCE, Carton 364, CAOM 참조. 또한 "Man Behind a War: Ho Chi Minh", *Esquire*, 1967 참조. 여기에서는 제1차 세계대전 말 그가 프랑스 전역을 돌아다니며 베트남 노동자들이 일하는 막사와 주택 개발 지구를 찾아갔다고 주장한다.

[18] Boris Souvarine, "De Nguyen Ai Quac en Ho Chi Minh", *Est et Quest*(Paris), 1976년 3월 1-15일, pp. 567-568. 처음에는 공산주의 운동에 가담했으나 나중에는 결별한 수바린은 결

국 호치민을 가장 신랄하게 비판하는 사람으로 꼽히게 되었다.

[19] Karnow는 Léo Poldès와의 인터뷰를 *Paris in the Fifties*(New York: Random House, 1997), pp. 216-17에 게재했다. 그는 또 타인이 신비주의를 비롯한 다른 주제에도 관심을 가졌다고 이야기하면서, 한 번은 그가 "'나는 매일 모든 면에서 점점 나아지고 있다'는 주문을 되풀이하면 자기 완성에 이를 수 있다."고 주장한 심리학자 Emile Coue에게 이의를 제기하기도 했다고 말한다. Hong Ha, *Thoi thanh nien*, p. 78, 또 Karnow, p. 217 참조. 타인은 또 영화 잡지에도 기고를 했고, 프리메이슨에 가입 신청서를 내기도 했던 것으로 보인다.

[20] Gaspard, *Ho Chi Minh à Paris*, p. 76. 프랑스로 돌아온 초기의 그의 움직임을 추적하기는 어렵다. 여러 자료에 따르면 그는 바스티유 광장 근처의 샤론 거리에 살았으며, 나중에는 튀니지 사람과 아파트를 같이 썼다. 그러나 그 튀니지 사람이 감시를 당하는 바람에 곧 그곳을 나왔다. 확인 가능한 그의 첫 주소는 스톡홀름 거리 10번지에 자리잡은 단기 체류객들을 위한 호텔(현재의 프레지던트 윌슨 호텔)인데, 이곳에는 1919년 6월 초에 살았다. 이 호텔은 가르 생라자르 옆에 있는데, 이것을 보면 그는 파리 외부에서 막 돌아온 길이었는지도 모른다. 익명의 프랑스 경찰 보고서를 인용한 *BNTS*, vol. 1, p. 65 참조. 다른 자료들로는 Nguyen Thanh, *Chu tich Ho Chi Minh*, p. 34; *Toan Tap I*, vol. 1, p. 545; Gaspard, *Ho Chi Minh à Paris*, pp. 71-73 참조.

[21] 프랑스 당국은 처음에는 판 반 추옹이 '안남애국자연합'을 계획하고 응우옌 탓 타인이 그의 도구 역할을 한 것으로 생각했다. 그러나 시간이 지나면서 타인에게 주목하기 시작했다. Ministre des Colonies à Gouvernement générale, no. 1735, 1919년 12월 5일, SPCE, Carton 364, CAOM 참조. 이 조직의 베트남어 명칭은 Hoi nhung nguoi Viet Nam yeu nuoc이다.

[22] Gaspard, *Ho Chi Minh à Paris*, pp. 64-65; *Avec l' Oncle Ho*, p. 33; Hémery, *Ho Chi Minh*, p. 44. 무슈 르 프랑스에 있던 건물은 현재는 르 클로 메디치라는 고급 호텔이 되었다. 타인이 숙박했다는 자료는 남아 있지 않지만, 그 건물이 당시에 호텔이었다는 것은 확인할 수 있었다. 어쩌면 소르본 대학에 다니는 학생들의 임시 숙소로 이용되었는지도 모른다. 타인은 청원서에서 철자를 "Quac"이라고 썼으나 곧 좀더 일반적인 "Quoc"으로 바꾸었다.

[23] Kobelev, p. 31에는 타인이 베르사유 회의에 참석한 프랑스 대표단의 한 사람인 Jules Cambon의 집을 방문한 이야기가 나온다. 또 Hong Ha, *Thoi thanh nien*, pp. 70-71도 참조. 이 자료에서는 판 추 친과 판 반 추옹이 독일 여행으로부터 돌아왔을 때 청원서 배달이 시작되었으며, 그들은 타인이 급진적인 견해를 유포한다고 화를 냈다고 주장한다. 타인이 원래의 응우옌 아이 쿠옥이 아니라는 주장에 대해서는 여러 자료 가운데도 Huy Phong과 Yen Anh, *Nhan dien Ho Chi Minh*, p. 22 참조. 타인이 실제로 그 저자였음을 보여주는 한 가지 사실은 *La Vie Ouvriére*와 같은 프랑스 지방지에 1918년부터 응우옌 아이 쿠옥(위

의 주 16을 보라)이라는 사진 수정 전문가의 광고가 나왔다는 점이다.

24 두 편지의 베트남어 판은 *BNTS*, vol. 1, p. 67 참조. 또 Hong Ha, *Thoi thanh nien*, pp. 65-68 참조.

25 Jean Lacouture, *Ho Chi Minh: A Political Biography*, Peter Wiles역(New York: Vintage, 1968), p. 23. 프랑스 당국이 응우옌 탓 타인의 정체를 밝혀낸 과정은 프랑스 문서보관소에서 얻을 수 있는 자료만으로는 분명하게 알 수 없다. 경찰 보고서는 모호하고 때로는 모순적이기도 하다. 예를 들어 그가 프랑스에 도착한 날짜가 그런 예이다. 또 주기적으로 그가 제1차 세계대전 후반부를 프랑스에서 보냈다는 보고서가 나타나기도 한다. 치안국은 여전히 전쟁 기간 중 영국에서 그의 활동을 확인할 수 없었다. GGI〔인도차이나 총독〕à Minister of Colonies: 1919년 10월 20일, SPCE, Carton 364, CAOM. 청원서 저자를 찾기 위한 파리와 프랑스령 인도차이나의 총독 사무실 사이의 서신 교환에 대해서는 관련 전문, SPCE, Carton 364, CAOM 참조.

26 Gaspard, *Ho Chi Minh à Paris*, pp. 68-69에 인용. 암호명이 "Edouard"인 한 요원의 말에 따르면 응우옌 아이 쿠옥은 전체적으로 알베르 사로에게 큰 불만이 없는 편이었다고 한다. Note Confidentielle, 1919년 12월 20일, SPCE, Carton 364, CAOM 참조. 우드로 윌슨에 대한 논평은 코민테른에 보낸 그의 1930년 3월 5일자 보고서, *Van kien dang toan tap*〔당 문건 전집〕, vol. 2, *1930*(Hanoi: Chinh tri quoc gia, 1998), p. 31에 수록 참조.

27 응우옌 아이 쿠옥이 인도차이나 총독 알베르 사로에게, 1919년 9월 7일, SPCE, Carton 364, CAOM.

28 몇몇 연구자들이 그가 프랑스사회당에 입당한 정확한 날짜를 확인하려 했다. Gaspard, *Ho Chi Minh à Paris*, p. 73과 Nguyen Thanh, *Chu tich Ho Chi Minh*, p.43에 따르면 1918년 프랑스사회당에 베트남인은 한 명도 없었다. 반면 타인은 1918년 80명의 베트남인이 입당했다고 주장한다. Kobelev, p. 31은 그가 1918년에 프랑스사회당에 입당했다고 말한다. 그 문단 서두에는 1960년 4월 소련의 정기간행물 *Problemyi Vostoka*에 기고한 호치민의 "The Path Which Led Me to Leninism"(Bernard B. Fall편, *Ho Chi Minh on Revolution: Selected Writings, 1920-1966*, New York: Praeger, 1967, pp. 23-25)이 인용되어 있다.

29 나는 이 문제를 *The Communist Road to Power in Vietnam*, 2판(Boulder, Colo.: Westview Press, 1996), pp. 26-29에서 길게 논의했다. 또 Nguyen Khac Vien편, *Tradition and Revolution in Vietnam*(Berkeley, Calif., and Washington, D. C.: 출판사 불명, 1974), pp. 15-74의 흥미 있는 접근방법도 참조.

30 Kobelev, p. 44. 인용은 Fall, *On Revolution*, p. 24에서. 앞의 자크 뒤클로에게 했던 말은 Hong Ha, *Thoi thanh nien*, p. 84 참조. 그가 일찍부터 볼셰비즘을 지지했다는 점에 대해서는 "Renseignements divers", SPCE, Carton 365, CAOM 참조. 그의 이데올로기적인 순진성에 대한 언급은 Gaspard, *Ho Chi Minh à Paris*, pp. 113-15; Nguyen Thanh, *Chu*

tich Ho Chi Minh, p. 52 참조.

[31] 이 글은 Tap chi Cong san(공산주의 비평)(Hanoi), 1984년 4월, pp. 69-72에 수록되어 있다.

[32] 1919년 10월 16일 비아리츠에서 쓴 이 글은 Ruscio, Textes, pp. 24-28에서 찾아볼 수 있다. 저자는 "알베르 사로 씨를 모르지 않는다."고 말함으로써, 독자들에게 응우옌 아이 쿠옥이 9월 초 면담을 하러 갔을 때 우디노 거리의 청사에서 사로를 잠깐 만났다는 사실을 드러내고 있다. Gaspard(Ho Chi Minh à Paris, pp. 84-85)는 이 초기의 글들 가운데 일부는 판 추 친과 협력하여 쓴 것이므로, 모두 그가 쓴 것이라고 가정해서는 안 된다고 말한다. 그러나 이 글들이 당시의 그의 견해를 반영하고 있음을 의심할 이유는 없다.

[33] 요원들의 보고서와 기타 Les opprimés에 대한 분석들은 Gaspard, pp. 94-110; Kobelev, pp. 38-39; Hérmery, Ho Chi Minh, pp. 45-46 참조. Le procès de la colonisation française의 영역판은 Fall, On Revolution, pp. 73-126에 수록되어 있다.

[34] Edouard의 보고서, 1919년 12월 20일, F7-13405, SPCE, Carton 364, CAOM, Nguyen Phan Quang, "Nguyen Ai Quoc va Phan Chau Trinh o Phap(1917-1923)", 필자의 날짜 불명의 스크랩.

[35] 1920년 8월 10일자 보고서, SPCE, Carton 364, CAOM 참조. 베트남 중부에서 일어난 1908년 시위에서 쿠옥의 역할에 대해서는 "Note de Jean", 1919년 12월 8일, SPCE, Carton 364, CAOM 참조.

[36] Gaspard, Ho Chi Minh à Paris, pp. 131-32에 인용. 내 추측으로는 이 면담이 9월 17일에 있었던 것 같다. 프랑스 문서보관소의 자료에 따르면, 응우옌 아이 쿠옥은 면담을 위해 식민부로 불려왔다.―응우옌 아이 쿠옥에 대한 감시 보고서, 1920년 9월 18일, SPCE, Carton 364, CAOM. 쿠옥은 식민부를 나오기 전 작성했던 서류에서 그가 1919년 6-7월에 파리에 도착했으며, 사이공에서 마르세유 사이를 운항하는 샤르죄르 레위니 정기선을 타고 왔다고 말했다. 배 이름은 기억하지 못한다고 했다. 또 그는 도착해서 처음에는 무슈 르 프랑스 거리 5 또는 7번지에 살다가, 빌라 데 고블랭 6번지로 이사했다고 진술했다. 응우옌 아이 쿠옥, 자술서, 1920년 9월 17일, 같은 책 참조.

[37] Gaspard, Ho Chi Minh à Paris, pp. 107-8.

[38] Kobelev, pp. 46-47, Hong Ha, Thoi thanh nien, p. 88.

[39] Tran Thanh, "Bien nien Chu tich", p. 67. Gaspard, p. 157은 응우옌 아이 쿠옥이 이 대회에 참석했을지도 모른다고 이야기한다. 그러나 그가 9월 중순에 식민부에 불려갔다는 점을 고려할 때 그것은 가능성이 거의 없는 일로 보인다.

[40] Tran Thanh, "Bien nien Chu tich", pp. 70-72. 인용은 Avec l'Oncle Ho, pp. 45-46. 호치민 자신의 이야기에 따르면, 그의 이야기를 들은 사람들은 너무 어리고 순진하여 문제의 복잡성을 제대로 이해하지 못하는 동료를 향해 생색을 내며 공감하는 듯한 태도를 보여주었

다고 한다.

[41] *Avec l' Oncle Ho*, p. 46에 실린 호치민의 회상 참조. 또 Kobelev, p. 46도 참조.

[42] 연설의 프랑스어 원문은 Ruscio, *Textes*, pp. 31-33 참조. 영어판은 Fall, *On Revolution*, pp. 21-22 참조. 응우옌 아이 쿠옥의 연설 도중 터키 대표가 말을 끊기도 했다. 이 점에 대해서는 Gaspard, *Ho Chi Minh à Paris*, pp. 114-123과 Tran Thanh, "Bien nien Chu tich", p. 73 참조.

[43] *Dang Hoa, Bac Ho: Nhung nam thang o nuoc ngoai*[호 아저씨: 해외에서 보낸 세월](Hanoi: Thong tin, 1990), p. 33 참조. 호치민은 회고록에서 Rose라는 사람과 나누었던 대화를 들려준다. Rose는 대회의 속기사였는데, 그는 이 젊고 순진한 베트남인에게 대회에서 논의되는 이론적 쟁점들을 설명해주려고 했다. 그녀는 쿠옥이 동의안에 찬성했다는 이야기를 듣고 이유를 물었다고 한다. 쿠옥은 이렇게 대답했다. "간단합니다. 나는 당신이 프롤레타리아의 전략 전술 등의 이야기를 할 때는 잘 알아듣지 못합니다. 그러나 내가 분명하게 이해하는 것이 한 가지 있습니다. 제3인터내셔널이 식민지 해방 문제에 직접적인 관심을 가지고 있으며, 억압받는 민족들이 자유와 독립을 다시 찾도록 지원하겠다고 선언했다는 점입니다. 제2인터내셔널은 식민지들의 운명과 관련하여 단 한 마디도 한 적이 없습니다. 내가 원하는 것은 우리 동포의 자유, 우리 조국의 독립입니다. 그래서 나는 제3인터내셔널을 지지했습니다. 그것이 내가 이해하는 것입니다. 동의하십니까?" 그러자 Rose가 대답했다. "동지, 상당히 발전했군요." *Avec l' Oncle*, p. 47 참조.

[44] Gaspard, *Ho Chi Minh à Paris*, p. 128, Charles Fourniau와 Léo Figuères 편, *Ho Chi Minh: Notre Camarade*(Paris: Editions Sociales, 1970), pp. 203-4를 인용.

[45] 프랑스 원문의 다른 발췌문들은 Gaspard, *Ho Chi Minh à Paris*, pp. 138-39 참조.

[46] 이 글의 원문은 Ruscio, *Textes*, pp. 34-37에 수록되어 있다.

[47] 원문은 같은 책, pp. 38-39 참조. 9월의 글은 Gaspard, *Ho Chi Minh à Paris*, pp. 164-65 참조.

[48] Gaspard, *Ho Chi Minh à Paris*, p. 132. 면담 날짜는 확실치 않다. *BNTS*, vol. 1, p. 107을 보면, 응우옌 아이 쿠옥은 2월쯤 식민부로 소환되었다고 한다. 다른 자료들을 보면, 그가 1월부터 3월까지 코친 병원에 있었으며, 경찰 요원이 그가 병원에 있는 동안 나누었던 대화를 보고했는데, 그 대화에서 쿠옥은 사로와 면담한 일을 언급했다고 한다. Note, 1921년 2월 26일, SPCE, Carton 364, CAOM 참조.

[49] Devèze의 Note, 1920년 12월 27일, SPCE, Carton 364, CAOM; 또 *BNTS*, vol. 1, p. 108 참조. 여기서 말하는 여자는 Brière 양인데, 경찰은 그녀가 응우옌 아이 쿠옥의 전 애인이라고 믿었다.

[50] Kobelev, p. 37; *BNTS*, vol. 1, p. 119; Devèze의 Note, 1921년 7월 16일, SPCE, Carton 364, CAOM. 경찰 서류에 따르면 그 전 10월 응우옌 아이 쿠옥 때문에 보 반 토안과 그의

약혼자 Germaine Lambert 양이 파혼을 했다고 한다. 요원은 쿠옥이 그녀에게 그녀가 버는 돈을 모두 대의를 위해 쓰고, 일요일에는 가족의 빨래를 하고, 남편에게는 맹목적으로 복종할 것을 요구했다고 보고했다. 그녀는 그 요구를 거부하고 파혼했다. 요원은 그녀가 공산당을 싫어하는 것 같다고 평가했다. Note, 1920년 10월 12일, SPCE, Carton 364, CAOM.
51 *Avec l' Oncle Ho*, p. 39; Dang Hoa, *Bac Ho*, p. 34. 베트남 이주자 그룹들은 그에게 부인과 자식이 있었다고 하지만 이것을 확인할 만한 증거는 찾지 못했다. 잡지 *Thuc Tinh*(Paris), no. 3, p. 19의 글 참조.
52 Devèze의 Note, 1921년 7월 29일, SPCE, Carton 364, CAOM; "Renseignements divers", SPCE, Carton 365, CAOM. 당의 누군가—폴 바양 쿠튀리에일 가능성이 높다.—가 그에게 취업 허가를 얻어준 것이 이 무렵이었는지도 모른다. Gaspard, *Ho Chi Minh à Paris*, p. 76 참조.
53 경찰은 논쟁 전날 낯선 사람 6명이 판 반 추옹을 찾아갔다고 보고했다. Devèze의 Note, 1921년 7월 9일과 13일, SPCE, Carton 364, CAOM.
54 1922년 5월의 선언문 사본은 Ruscio, *Textes*, pp. 42-43 참조.
55 1923년 2월 14일 생세베랭 거리의 한 서점에서 열린 집회에 참석한 한 유럽인은 식민지 민족이거나 그런 부모 밑에서 태어났어야 한다는 조직 가입 조건에 대해 불평했다. 그는 물었다. 왜 출신에 관계없이 모든 사람들에게 조직을 개방하지 않는가? 쿠옥은 그에게 왜 왔느냐고 하면서, 염탐을 하러 왔다면 당장 나가라고 쏘아붙였다. 유럽인은 사회주의자들은 모두 착취당하고 있기 때문에 그들에게는 국경이 없다고 반박했다. 회원 자격 문제는 집행위원회의 연구 과제로 넘어갔다. de Villier 요원의 메모, Series III, 1923년 6월 15일, SLOTFOM, Carton 109, CAOM 참조. 이 요원은 또 판 반 추옹이 국제식민지연맹은 폭이 너무 넓은 데다가 베트남 사람들은 자기 언어로 말하고 싶어하기 때문에 순수하게 베트남인들만 모이는 조직을 소생시키고 싶어했다고 보고했다. 응우옌 아이 쿠옥이 앵파스 콩푸앵으로 이사할 때 안남애국자연합 본부도 함께 이동한 것 같으며, 이 조직은 동맹 결성과 더불어 해체되었던 것으로 보인다. 쿠옥은 조직 재구성에는 반대하지 않는다고 말했으나, 그가 파리를 떠나기 전에 이루어진 일은 거의 없었던 것으로 보인다. Note sur les Associations des Indochinois à Paris, 같은 책 참조.
56 Gaspard, *Ho Chi Minh à Paris*, p. 180.
57 이 간행물의 배경에 대한 포괄적인 연구로는 The Tap, "Le Paria", *Hoc Tap*(1972년 4월) 참조. 이 글의 영어판은 JPRS, no. 56, 396, 북베트남에 대한 번역문, no. 1186에서 찾아볼 수 있다.
58 Gaspard, *Ho Chi Minh à Paris*, p. 207-9. 호치민은 회고록에서 당국에 체포당할 것이 두려워 이 신문을 읽지 못하는 베트남 학생들이 많았다고 말했다.
59 발췌문은 Gaspard, *Ho Chi Minh à Paris*, p. 200-201 참조. 또 *Toan Tap I*, vol. 1, pp.

505-6 참조. 애석하게도 이 희곡은 현재 전해지지 않는 것 같다. Kobelev(p. 53)는 그것이 파리에서 발표되어, 〈위마니테〉가 후원하는 축제에서 공연되었다고 말한다. Nguyen Thanh, *Chu tich Ho Chi Minh*, p. 130에서는 그 희곡이 포부르 클럽에서 공연되었다고 말한다. 그의 아버지의 말은 "Nguyen Ai Quoc", 치안국 메모, 1928년 1월 1일, "Correspondance 1927 à 1930" 서류철, SPCE, Carton 368, CAOM.

[60] 이 편지의 프랑스어판은 Gaspard, *Ho Chi Minh à Paris*, pp. 183-87 참조. Gaspard는 친이 공산당 가입을 거부했음에도 그 인본주의적인 사상과 원칙들은 계속 존중했다고 말한다 (pp. 188-89 참조). 그러나 친의 현대사 지식이 부족하다는 점은 "심지어 당신이 존경하는 마르크스와 레닌도 외국에 머물지 않고, 자신의 사상을 위해 싸우려고 조국으로 돌아갔다."고 말한 데서도 드러난다.

[61] 그의 파리 시절의 많은 일들이 그렇듯이 취업 문제도 종종 혼란을 일으킨다. 경찰 자료는 그가 1921년 11월 앵파스 콩푸앙 7번지에서 해고되었다고 분명하게 말한다. 그의 일 솜씨가 형편없었다거나, 같이 일하는 사람들이 그가 결핵을 앓는다고 불평했다는 등 이유도 여러 가지 나와 있다. Devèze의 날짜 불명 메모, SPCE, Carton 364, CAOM 참조. 그 뒤 그는 잠깐 실직 상태에 있다가 1922년 중반에 다시 일을 시작했다―*BNTS*, vol. 1, p. 138, 147 참조. Kobelev(pp. 56-57)는 그가 정치적 활동 때문에 당국이 고용주를 협박하고 취업 허가를 취소하는 바람에 1921년 12월에 해고되었다고 말한다. 그러나 Kobelev의 날짜는 잘 못이며, 그는 이번에도 근거는 제시하지 않는다.

[62] Kobelev, p. 56. 증거는 없지만, 1922년 6월 식민부에서 만났을 때 이런 대화가 오갔을 가능성이 높은 것으로 보인다. 또 Nguyen Thanh, *Chu tich Ho Chi Minh*, p. 133도 참조.

[63] "An Open Letter to M. Albert Sarraut, Minister of Colonies", *Ho Chi Minh: Selected Works*, vol. 1, (Hanoi: Foreign Languages Publishing House, 1960), pp. 28-29. 또 Nguyen Thanh, *Chu tich Ho Chi Minh*, p. 133도 참조.

[64] Hong Ha, *Thoi thanh nien*, pp. 114-15; Kobelev, p. 55.

[65] Nguyen Ai Quoc, "Some considerations on the Colonial Question", *L'Humanite*, 1922년 5월 25일, Fall, *On Revolution*, pp. 25-27에 인용.

[66] Gaspard, *Ho Chi Minh à Paris*, p. 75에 인용. 도리오는 나중에 프랑스공산당을 떠나 나치 독일의 지지자가 되었다.

[67] *BNTS*, vol. 1, p. 175; Dang Hoa, *Bac Ho*, p. 40.

[68] Dang Hoa, *Bac Ho*, p. 47; Kobelev, p. 57. Gaspard, *Ho Chi Minh à Paris*, p. 243에서는 이제 쿠옥이 파리에 남아 있는 것이 아주 위험했을 것이라고 추측한다.

[69] 쿠옥이 모스크바로 떠난 날짜는 오랫동안 논란의 대상이었다. 독일 공산당원 Ruth Fischer는 그가 1922년 모스크바 코민테른 대회에 참석했다고 주장했다. 인도의 공산주의자 M. N. 로이도 비슷한 주장을 했다. 그러나 다른 자료들은 그가 1923년 가을까지 프랑스를 떠나지

않았다고 말한다. 현재 프랑스의 문서보관소 자료들은 본서에 서술된 날짜와 정황을 확인해주고 있다. Series III, Carton 103, 응우옌 아이 쿠옥에 대한 메모, SLOTFOM, CAOM 참조. Ruth Fischer, "Ho Chi Minh: Disciplined Communist", *Foreign Affairs*, vol. no. 1(1954년 10월), p. 88과 *M. N. Roy's memoirs*(Bombay: Allied Publishers, 연도 불명), p. 511.

[70] *Avec l' Oncle Ho*, pp. 51-52.; *BNTS*, vol. 1, p. 184; *Glimpses/Life*, p. 28; Kobelev, pp. 58-59.

[71] Trinh à Monsieur Ai, "1923" 서류철, SPCE, Carton 365, CAOM. 응우옌 반 아이는 응우옌 아이 쿠옥의 가장 신랄한 비판자가 되었다.

3. 견습 혁명가

[1] Kobelev, p. 62; *BNTS*, vol. 1, pp. 190, 192; Dang Hoa, *Bac Ho: Nhung nam thang o nuoc ngoai*[호 아저씨: 해외에서 보낸 세월](Hanoi: Thong tin, 1990), pp. 51-52. 호치민은 회고록에서 페트로그라드에 도착하던 이야기를 하면서 약간 허구를 섞은 것 같다. 이 자료에 따르면 응우옌 아이 쿠옥은 당시 모스크바에 있던 마르셀 카셍과 폴 바양 쿠튀리에에게 편지를 써 자신의 신원을 보증해달라고 했다. 그는 자신이 페트로그라드 이민국에 도착하여 처음 한 말이 위대한 레닌을 보고 싶다는 것이었는데, 레닌은 막 죽었다는 이야기를 들었다고 했다. 이것은 분명히 사실이 아니다(레닌은 1924년에 죽었고, 호치민은 1923년에 러시아에 도착했다.: 옮긴이). 그는 페트로그라드를 떠나도 좋다는 허가를 기다리면서 인터내셔널 호텔에 묵었다. *Glimpses/Life* 발췌문, in *Avec l' Oncle Ho*, pp. 52-54 참조.

[2] Charles B. McLane, *Soviet Strategies in Southeast Asia*(Princeton, N. J.: Princeton University Press, 1966), p. 19; Nguyen Thanh, "The Communist International and the Indochinese Revolution", in *Tap chi Cong san*[공산주의 평론](1983년 2월), pp. 53-59, JPRS, no. 83,452에 번역 수록. 일찍이 1919년 레온 트로츠키는 동아시아의 혁명을 촉진하기 위해 노력을 기울이자고 호소했다—Anotoly A. Sokolov, *Komintern i V' ietnam*(Moscow: Iv Ran, 1998), p. 5 참조.

[3] Nguyen Thanh, "Communist International," p. 69.

[4] 쿠옥의 편지는 하노이의 호치민 박물관에서 찾아볼 수 있다. 또 Alain Ruscio 편, *Ho Chi Minh: Textes, 1914-1969*(Paris: L' Harmattan, 연도 불명), pp. 50-53 참조.

[5] 이 날짜 불명의 보고서의 베트남어판 제목은 "Bao cao hui Quoc te Cong san"[코민테른에 제출한 보고서]이며, *Toan Tap II*, vol. 1, pp. 203-5에 수록되어 있다. 1923년 9월 21일 극동국에서 열린 프랑스 대표단 회의 준비를 위한 "Nguyen Ai Quoc"의 메모는 하노이의 호치민 박물관에 있는데, 이것이 그 문건의 기초를 이루었던 것 같다. "민족적이고 혁명적인"이라는 말은 인도 공산주의자 M. N. 로이의 요청에 따라 코민테른이 채택한 타협적 표현이었다.

6 *Toan Tap II*, vol. 1, p. 204; Hong Ha, *Ho Shi Min v Strane Sovetov*[소비에트 땅의 호치민](Moscow: 출판사 불명, 1986), p. 59. 이 책은 원래 베트남어판을 러시아어로 번역한 것이지만, 베트남어판은 구하지 못했다. 농민 인터내셔널의 기원에 대해서는 George D. Jackson Jr., *Comintern and Peasant in Eastern Europe, 1919-1930*(New York: Columbia University Press, 1966), 3장. 응우옌 아이 쿠옥이 처음 선출된 것에 대해서는 Kobelev, p. 61 참조.

7 *Hong Ha, V Strane Sovetov*, p. 59. *BNTS*, vol. 1, pp. 197-98에 따르면 그는 회의의 개막일에 잠깐 연설을 해달라고 초청을 받았다고 한다. 그는 연설에서 러시아 농민과 인도차이나 농민을 비교했다. 그는 러시아 농민은 의자에 불편하게 앉아 있는 사람이고, 인도차이나 농민은 물구나무로 기둥에 묶여 있는 사람이라고 말했다. 이 연설의 프랑스어판은 러시아에서 응우옌 아이 쿠옥의 활동에 대한 1923년 11월의 보고서에서 찾아볼 수 있다—Series III, Carton 103, SLOTFOM, CAOM. 베트남어 번역판은 *Toan Tap I*, vol. 1, pp. 153-58 참조. 좀더 쉽게 그의 관점을 알아보려면 "Annamese Peasant Conditions", *La Vie Ouvrière*, 1924년 1월 4일 참조. 이 글은 Bernard B. Fall편 *Ho Chi Minh on Revolution: Selected Writings, 1920-1966*(New York: Praeger, 1967), pp. 24-26에 수록. 그가 자신의 동포를 지칭할 때 계속 "안남"이라는 말을 사용하는 것에 주목하라. 그는 1940년대 초에 이르러서야 "베트남"이라는 감정이 섞인 용어를 본격적으로 사용하기 시작했다.

8 1923년 농민 인터내셔널 회의에 대한 메모, SLOTFOM, Series III, Carton 112, CAOM. George D. Jackson, *Comintern and Peasant*, p. 74에 따르면 스미르노프는 1923년 스탈린에게 반대하다 숙청당했다고 한다.

9 스탈린 학교에 대한 자료는 series III, Carton 44, SLOTFOM, CAOM 참조. 또 Sokolov(p. 29), *Komintern*, pp. 15-20, 48-50 참조. 일부 베트남 연구자들은 그가 1924년 여름 이후에 학교에 다녔다고 주장한다. Sokolov(p. 29)에 따르면 러시아 문서보관소에는 그가 학교에 다녔다는 사실을 입증해주는 자료가 없다. 응우옌 아이 쿠옥은 1924년 3월 이탈리아의 한 신문과 인터뷰를 하면서 자신이 그 학교 학생이라고 말했다—*Toan Tap II*, vol. 1, p. 480 참조.

10 Nguyen Ai Quoc, "The USSR and the Colonial Peoples," Fall, *On Revolution*, p. 45에 인용. 이 글은 원래 *Inprecor*, no. 46, 1924에 실렸다. 응우옌 아이 쿠옥은 이탈리아의 공산주의자 조반니 제르마네토와 인터뷰할 때도 이 학교를 언급했다. 이 인터뷰에 대해서는 아래 주 17과 *Toan Tap I*, vol. 1, pp. 194-98 참조. 또 Sokolov, *Komintern*, pp. 32-40도 참조.

11 Kobelev, p. 70에 인용; Hong Ha, *V Strane Sovetov*, p. 66; *BNTS*, vol. 1, pp. 219-20 참조. 페트로프에게 편지를 보낸 날짜는 1924년 5월 20일이다. 사본은 코민테른 서류철과 하노이 호치민 박물관에 있다.

12 *BNTS*, vol. 1, pp. 227-28. 그는 노동자 회의에서 인도차이나에 노동 계급이 많지 않다고 하면서, 프랑스공산당이 식민지 노동자들의 반제국주의 투쟁을 지원하기 위해 노력할 것을

제안했다. 노동절 기념식 참가 초대에 대해서는 같은 책, pp. 216-17 참조. 나데츠다 크루프스카야와 만난 일은 Kobelev, pp. 73-74에 묘사되어 있다. 학교 교과 과정에 대한 자료는 Sokolov, *Komintern*, pp. 14, 42-43 참조. Sokolov는 장기 과정은 3년에서 4년으로 이루어져 있고, 단기 과정은 1년 또는 1년 반 만에 끝난다고 말한다. Sokolov에 따르면 쿠옥은 완전한 학생으로 학교에 다닌 것이 아니라, 남는 시간에 청강을 한 것일 수도 있다(p. 31).

[13] Boris Souvarine, "De Nguyen Ai Quac en Ho Chi Minh", *Est et Ouest*, 1976년 3월 1-15일, p. 99. 오시프 만델스탐과의 인터뷰, Ruscio, *Textes*, pp. 54-57. 이 인터뷰에서 응우옌 아이 쿠옥은 자신이 19살 때 인도차이나를 떠났다고 말했으며, 편집자는 이것을 근거로 그가 공식적으로 알려진 1890년이 아니라 1892년에 태어났다고 주장했다. 그러나 많은 경우, 심지어 모스크바의 공식적인 자전적 진술에서도 그가 자신의 출생연도를 서로 다르게 이야기했다는 점을 염두에 두어야 한다. 이 인터뷰에서 쿠옥은 자신이 특권을 가진 유학자 집안 출신으로, 자신이 프랑스 당국과 이야기할 때 늘 주장했던 빈농 출신과는 거리가 멀다고 말했다. 그는 또 애국적 성향 때문에 프랑스인들에게 폐위당한 베트남의 젊은 군주 두이 탄에 대해 이야기하면서 그런 진보적인 지도자들이 때때로 조국 해방에서 긍정적인 역할을 하기도 한다고 말했는데, 흥미로운 발언으로 여겨진다. Georges Boudarel, "Ho Chi Minh", in Georges S. Fischer 편, *Hommes d'etat d'Asie et leur politique*(Universite Rene Descartes, 1980), p. 120 참조.

[14] 로이는 제2차 코민테른 대회를 비롯하여 이후 기회가 있을 때마다 자신의 접근방법이 옳다고 주장했다. 쿠옥은 혁명 과정에서 부르주아 민족주의 정당들을 이용한다는 그의 견해에 반대하지 않았다. 그러나 로이는 그들이 결국 프롤레타리아를 배반할 것이라고 주장했고, 쿠옥은 그들과 효과적으로 공동 투쟁을 해나갈 수 있다고 생각했으며, 코민테른 집행위원회에 보낸 편지에서도 이미 그 점을 밝혔다.

[15] 중국 청년에 대한 팸플릿은 최근 베트남 연구자들이 소련 문서보관소에서 찾아냈다. 모스크바에서 쓴 다른 글들은 *Toan Tap*을 비롯하여 응우옌 아이 쿠옥의 글들을 모은 다른 책들에 실려 있다. 인도차이나 역사에 대한 원고는 *Toan Tap II*, vol. 1, pp. 345-422에 수록되어 있다. 중국과 관련된 그의 작업에 대한 논의로는 Sokolov, *Komintern*, pp. 30-31 참조.

[16] Jean Lacouture는 그의 호치민 전기에서 쿠옥의 친구인 응우옌 테 추옌이 쓴 것일지도 모른다고 추측하고 있지만, 쿠옥이 당시에 한 친구에게 보낸 편지에는 마침내 이 프로젝트가 끝이 났다고 홀가분해하는 내용이 들어 있다. 영어판은 Fall, *On Revolution*, pp. 73-128 참조.

[17] Kobelev, pp. 65-66에 인용. 제르마네토의 이야기는 Dang Hoa, *Bac Ho*, p. 51에도 나온다. 쿠옥은 붉은 광장에서 열린 장례식에 참석하는 바람에 귀와 발가락에 검은 반점이 생겨 평생 지워지지 않았다. 코벨레프는 그 이후 응우옌 아이 쿠옥이 레닌이 쓴 것은 모조리 읽기 시작하였으며, 그의 공책에는 그 발췌문들이 빽빽하게 들어찼다고 말한다. 쿠옥이 쓴 에

세이는 소비에트 신문인 〈프라우다〉, 1924년 1월 27일자에 실렸다.

[18] 이 편지는 *Toan Tap II*, vol. 1, p.248과 하노이의 호치민 박물관에서 볼 수 있다.

[19] 이 편지들에 대해서는 *BNTS*, vol. 1, pp. 212-13과 *Toan Tap II*, vol. 1, pp. 241-42 참조. 첫 번째 편지에서 그는 레닌의 장례식에 참석했다가 손가락에 동상이 걸리는 바람에 코민테른 본부에 일을 하러 갈 수 없었다고 설명했다.

[20] 이 글의 영어판은 Fall, *On Revolution*, pp. 40-43 참조. 또 *Toan Tap I*, vol. 1, pp. 241-48 에도 실려 있다.

[21] 이 연설의 러시아어판은 하노이의 호치민 박물관에 있다. 논평에 대해서는 A. Neuberg편, *Armed Insurrection*(London: NLB, 1970), p. 22 참조.

[22] Hong Ha, *V Strane Sovetov*, p. 74. *BNTS*, vol. 1, p. 222에 따르면 그는 참관인으로 대회에 참석했다고 한다.

[23] *BNTS*, vol. 1, pp. 222-23에 따르면 대회는 크렘린의 안드레예프스키 궁에서 열렸다고 한다. 하노이의 연구자들이 제5차 대회를 '농민 인터내셔널'의 창립 대회와 혼동했을 수도 있다.

[24] Helmut Gruber 편, *Soviet Russia Masters the Comintern*(Garden City, N. Y.: Anchor/Doubleday, 1974), pp. 308-9; 또 *Toan Tap II*, vol. 1, pp. 272-75 참조.

[25] 이 연설의 영어판은 Fall, *On Revolution*, pp. 63-72 참조. 베트남어판은 *Toan Tap I*, vol. 1, pp. 215-31. 연설의 후반부는 7월 3일에 했던 것으로 보인다.— *Toan Tap II*, vol. 1, pp. 276-89 참조.

[26] Hong Ha, *V Strane Sovetov*, p. 74; Kobelev, pp. 71-73.

[27] 쿠옥은 이 호소문을 베트남어로 번역했다. Xenia J. Eudin과 Robert C. North, *Soviet Russia and the East, 1920-1927*(Stanford, Calif.: Stanford University Press, 1957), p. 341. 1924년 11월 18일자 회람, Series III, Carton 103, SLOTFOM, CAOM. 후에 나온 보고서(1925년 2월 28일)에 따르면, 1924년 7월에 쿠옥 응으로 작성되고 모스크바의 코민테른 집행위원회에서 발행한 호소문 소책자 1천5백 부가 인도차이나에 등장했다고 한다.

[28] 응우옌 아이 쿠옥은 친구들에게 제5차 코민테른 대회가 끝나면 즉시 아시아로 돌아가고 싶다고 말하곤 했다. 1924년 4월 11일에 쓴 이 편지는 코민테른 문서보관소에 보관되어 있다. 강조는 원문대로. *Toan Tap II*, vol. 1, pp. 251-52 참조.

[29] Hong Ha, *V Strane Sovetov*, pp. 77-78.

[30] 같은 책, pp. 81-82. 극동서기국은 1920년 이르쿠츠크에 설립되었다. 쿠옥과 마누일스키가 만난 것은 사실이지만, 둘 사이에 실제로 그런 대화가 오갔는지는 의심스럽다. Hong Ha의 이야기에 따르면 마누일스키는 쿠옥이 중국으로 떠나기 전 보로딘을 만나보라고 제안했다고 한다. 그러나 보로딘은 이미 광저우에 가 있었다.

[31] 보이틴스키에게 보낸 편지와 1924년 9월 25일자 보고서는 모두 하노이의 호치민 박물관에

보관되어 있다. 한 자료에 따르면 쿠옥의 중국 여행은 건강상의 이유 때문에 늦춰졌을 수도 있다고 한다. 9월 5일 그는 결핵 치료를 위해 크림의 한 요양소에 며칠 가 있으라는 명령을 받았다. 그러나 이것은 그의 움직임을 위장하려는 구실이었는지도 모른다. Hong Ha, *V Strane Sovetov*, pp. 83-84 참조.

32 Treint에게 보낸 편지, 1924년 9월 19일, *Toan Tap II*, vol. 1, p. 305 참조; 또 *BNTS*, vol. 1, pp. 231-34 참조.

33 요원 Désiré의 보고, 1925년 4월 10일, "1925" 서류철, SPCE, Carton 365, CAOM; *BNTS*, vol. 1, pp. 237-38; Hong Ha, *V Strane Sovetov*, p. 85.

34 Hong Ha, *V Strane Sovetov*, p. 85.

4. 용의 아들

1 중국공산당 당원들 가운데 일부는 국민당이 중국의 부르주아 계급을 대변하며, 결국 혁명을 배반할 것이라고 주장했다. 그 즈음 네덜란드령 동인도제도의 반식민주의 그룹들 사이에서 '당내 합작'을 시도한 경험이 있던 마링은 쑨 원의 정당이 민족주의적 부르주아지(도시 중간 계급 가운데 부유한 편에 속하는 사람들을 가리키는 마르크스주의 용어), 프티 부르주아지, 프롤레타리아, 농민 사이의 '4계급 동맹'으로 이루어져 있다고 반박했다. 이 규정에 따라 중국공산당이 국민당 내의 혁명적 요소를 강화하고, 국민당을 좌파로 옮겨오기 위해 노력할 길이 열렸다. James Pinckney Harrison, *The Long March to Power: A History of the Chinese Communist Party, 1921-1972*(New York: Praeger, 1972), pp. 49-51.

2 차우의 후기 활동에 대해서는 David G. Marr, *Vietnamese Anticolonialism, 1885-1925*(Berkeley, Calif.: University of California Press, 1971)와 William J. Duiker, *The Rise of Nationalism in Vietnam, 1900-1941*(Ithaca, N. Y.: Cornell University Press, 1976). 쑨 원의 지원 약속은 S. L. Tikhvinskii, *Sun Yat-Sen: Vneshnepoliticheskie vozzreniya i praktika*[쑨 원: 외교 정책의 관점과 실제](Moscow: International Relations, 1964), p. 101 참조.

3 한 베트남인의 평가에 따르면 농촌 인구가 압도적인 베트남 사회에서 차우의 추종자들 가운데 농민은 10퍼센트 미만이었다고 한다. Chuong Thau, "Moi quan he giua Ton Trong-son va Phan Boi Chau"[쑨 원과 판 보이 차우의 관계], *NCLS*, no. 88(1966년 10월), p. 23 참조.

4 Paul Monet, *Français et Annamites: Entre deux feux*(Paris: Rieder, 1928), p. 40 참조.

5 Louis Roubaud, *Vietnam: La tragédie indochinoise*(Paris: Librairie Valois, 1931), p. 261.

6 1920년대에 인도차이나에 거주했던 4만 명의 유럽인들 가운데 약 반이 부양가족이었다. 4분의 1은 군인이었으며, 나머지가 정부 관리, 전문 직업인, 상인이었다. David G. Marr, *Vietnamese Tradition on Trial*(Berkeley, Calif.: University of California Press, 1981), p. 24 참조. 푸앵카레의 언급은 Roubaud, *Vietnam*, p. 268에 나온다.

7 치에우가 이끈 정당의 초기 활동에 대해서는 Megan Cook, *The Constitutionalist Party in Cochinchina: The Years of Decline, 1930-1942*(Clayton, Australia: Monash University Papers on Southeast Asia, 1977), 1장 참조.

8 Léon Werth, *Cochinchine*(Paris: Rieder, 1926), pp. 160-61.

9 Hong Ha, *Ho Shi Min v Strane Sovetov*[소비에트 땅의 호치민](Moscow: 출판사 불명, 1986), p. 89; *HZY*, p. 18. 응우옌 아이 쿠옥은 광저우에 도착하자 즉시 모스크바로 세 통의 편지를 써서 도착을 알렸다. 성명 미상의 사람에게 보낸 편지에서는 보로딘을 비롯하여 두세 명의 중국인 동지들과 한 집에서 살고 있다고 말했다. 이제 농민 인터내셔널의 서기장이 된 돔발에게 보낸 편지에서는 중국에 불법 체류 중이므로, 동료들에게 자신이 모스크바를 떠났다는 사실을 알리지 말아달라고 부탁했다. 그는 중국 남부 농민 사이에서 이루어지는 혁명 운동 상황에 대해서도 몇 마디 덧붙였다. 그의 말에 따르면 그 가운데 다수는 이미 공산주의자들에 의해 조직되어 있었다. 쿠옥은 혁명적 대의를 위해 농민을 동원하는 일을 강화할 수 있도록 광저우로 선전 자료를 보내달라고 요청했다. 〈Rabotnitsa〉에 보낸 세 번째 편지에서는 그 잡지에 계속 글을 쓰겠다고 자원하면서, '중국에서 온 편지'라는 제목으로 발표하되 필자는 여자 이름으로 해달라고 요청했다. 그렇게 해야 자신의 정체와 소재지를 효과적으로 감출 수 있었기 때문이다. 이 세 통의 편지는 모두 최근에 코민테른 문서보관소에서 발견되었다. *BNTS*, vol. 1, pp. 237-39, *Toan Tap II*, vol. 2, pp. 2-7 참조. Kobelev, p. 86은 출처를 밝히지 않고 응우옌 아이 쿠옥이 지역 신문의 구인 광고를 보고 찾아가 코민테른에서 일자리를 구했다고 말한다. 그러나 쿠옥이 모스크바에서부터 보로딘을 알았고 또 편지에서 즉시 보로딘의 집으로 들어갔다고 말한 것에 비추어볼 때, 쿠옥이 도착하자마자 코민테른 본부로 갔을 가능성이 더 높다.

10 인도의 공산주의자 M. N. 로이는 식민지와 반(半)식민지 지역에서 부르주아 그룹들과 제한적 협력을 추구해야 한다는 레닌의 정책에 반대하여, 부르주아 정당은 궁극적으로 혁명을 배반할 수밖에 없다고 주장했다. 그러나 마누일스키는 기존 전술을 옹호하여, 이런 지역에는 혁명가들이 없는 경우가 많으므로 선택의 여지가 없다고 주장했다. 결국 두 주장 사이에 타협이 이루어져, 공산주의자들이 '민족 혁명적' 분자들을 지지하고 그들과 협조하는 활동이 승인되었다. 이 무렵에는 실제로 '부르주아 민족주의자'와 '민족 혁명가'라는 말이 자주 혼용되었다. Charles B. McLane, *Soviet Strategies in Southeast Asia*(Princeton, N. J.: Princetion University Press, 1966), pp. 36-40. 마누일스키의 응우옌 아이 쿠옥에 대한 논평은 Xenia J. Eudin과 Robert C. North, *Soviet Russia and the East, 1920-1927*(Stanford, Calif.: Stanford University Press, 1957), pp. 326-28. 다른 반식민지 그룹들과 협력 관계를 형성해야 한다는 응우옌 아이 쿠옥의 제안에 대해서는 *Toan Tap II*, vol. 1, pp. 203-4, 251-52 참조.

11 두 인용 모두 Tran Van Giau, "The first influences of the Russian October revolution on

Vietnamese politics", *Hoc Tap*(1957년 8월), pp. 51, 64. 응우옌 아이 쿠옥은 1930년 3월 5일 모스크바에 보내는 보고서에서 비슷한 이야기를 했다—그의 "Bao cao gai Quoc Te ve Phong trao Cach Mang o An-nam"〔코민테른에 보내는 안남의 혁명 운동에 대한 보고서〕, in *Van kien Dang Toan Tap*〔당문서 전집〕, vol. 2(Hanoi: Chinh tri Quoc gia, 1997), p. 32 참조.

12 Ho Chi Minh, "Some considerations on the colonial question", in L' Humanité, 1922년 5월 25일. 이 글은 Bernard B. Fall편, *Ho Chi Minh on Revolution: Selected Writings, 1920-1966*(New York: Praeger, 1967), pp. 8-10에 수록되어 있다.

13 그들이 중국으로 가는 과정과 그 이유는 프랑스 문서보관소에 있는 경찰 심문 조서에서 찾아볼 수 있다. 예를 들어, 레 홍 손의 1932년 10월 24일자 심문 조서, SPCE, Carton 367, CAOM 참조. 1922년 레 홍 손은 칸 부옹 운동으로 유명한 판 딘 풍의 아들 판 바 응옥이 판 보이 차우에게 프랑스와 화해하라고 촉구했다는 이유로 그를 암살했다고 한다—Agathe Larcher, "La voie étroite des réformes coloniales et la collaboration franco-annamite(1917-1928)", in *Revue Française d' Histoire d' Outre-Mer* vol. 82, no. 309(1995년 12월)(Paris: Société Française d' Histoire d' Outre-Mer, 1995), p. 411. 추옹 반 렌과 레 쾅 닷의 이야기는 1932년 2월 3일과 1931년 11월 6일의 심문 조서, SPCE, Carton 367, CAOM 참조.

14 Dang Hoa, *Bac Ho: Nhung nam thang o nuoc ngoai*〔호 아저씨: 해외에서 보낸 세월〕(Hanoi: Thong tin, 1990), p. 64; *HZYZ*, p. 23. 조직의 이름은 "tam tam tu' ong ai"(서로간의 사랑으로 가슴이 고동친다)에서 따왔다고 한다.—Tran Van Giau, *Giai cap cong nhan Viet Nam*〔베트남의 노동 계급〕, vol. 2(Hanoi: Su That, 1961), pp. 367-68. 프랑스 역사가 조르주 부다렐에 따르면 탐 탐 사를 주도한 인물들은 중국 남부에 도착한 이후 중국 지식인들 가운데 무정부주의자였던 Liu Shifu 등의 영향을 받았다고 한다.—Boudarel, "L' extrême gauche asiatique et le mouvement national vietnamien(1905-1925)", in Pierre Brocheux편, *Histoire de l' Asie du Sud-est: Révoltes, réformes, révolutions*(Lille: Presses Universitaires de Lille, 1981), p. 190.

15 이 기사는 〈사우스 차이나 모닝 포스트〉에 게재된 것으로 Boudarel, 'L' Extrême gauche asiatique", p. 185에 인용되었다. 팜 홍 타이의 전기적 정보에 대해서는 To Nguyet Dinh, *Pham Hong Jhai*: (Saigon: Song Mai, 1957)과 Tran Huy Lieu, *Tai lieu tham khao lich su cach mang can dai Viet Nam*〔근대 베트남 혁명에 관한 역사적 연구 자료〕, 전12권 (Hanoi: 출판사 불명, 1958), vol. 4 참조. 레 홍 손을 처음에 암살자로 선정한 일에 대해서는, To Nguyet Dinh, *Pham Hong Thai*, pp. 64-65와 레 홍 손의 심문 조서, 1932년 10월 24일, SPCE, Carton 367, CAOM 참조.

16 레 쾅 닷의 의심에 대해서는 그의 심문 조서 1935년 11월 6일, SPCE, Carton 367, CAOM

참조. To Nguyet Dinh, *Pham Hong Thai*에 따르면 투는 실제로 프랑스에 음모에 대한 정보를 제공했으며, 조직의 다른 구성원들의 소재도 알려주었다. 그러나 그들은 얼마 동안은 체포를 피할 수 있었다. Dinh은 또 레 홍 손이 투를 의심하여 그를 암살하려 했으나 실패했다고 주장한다. 그러나 투는 이후 몇 년 동안 그와 함께 일을 했기 때문에 이것은 가능성이 적은 이야기이다(pp. 118-19 참조). 그러한 의심에 대해서는 *Nguyen Ai Quoc o Quang Chau*〔광저우의 응우옌 아이 쿠옥〕(Hanoi: NXB Chinh tri Quoc gia, 1998), p. 53 참조.

[17] 차우가 암살 기도가 자신이 이끄는 조직의 책임이라고 한 것은 부분적으로는 옳은 말이다. 탐 탐 사는 그의 조직과 느슨한 유대를 유지하고 있었기 때문이다. 그러나 차우 자신이 직접적으로 관련되었던 것 같지는 않다. 차우의 *Truyen Pham Hong Thai*〔팜 홍 타이 이야기〕에 대한 참조나 논평에 대해서는 Duiker, *Rise of Nationalism*, pp. 83-84 참조. 차우는 타이가 응우옌 아이 쿠옥과 대화를 한 뒤에 음모를 실행에 옮기겠다고 마음먹었다고 이야기하지만, 이것은 분명한 날조이다. 쿠옥은 타이가 죽고 나서 몇 달 뒤에야 광저우에 도착했기 때문이다.

[18] 프랑스어로 쓰여진 2월 19일자 보고서의 원본은 하노이의 혁명박물관에 있다. 1924년 12월 18일자 편지도 하노이의 호치민 박물관에 있다. 베트남어 번역판은 각각 *Toan Tap II*, vol. 2, pp. 7-9와 *Toan Tap I*, vol. 1, pp. 314-16에 수록되어 있다. 인도차이나국민당에 대한 언급은 그의 "Gui doan chu tich Quoc te Cong san"〔코민테른 의장에게 보내는 보고서〕, 1925년 1월 1일, *Toan Tap II*, vol. 2, pp. 5-6과 "Van de Dong Duong"〔인도차이나의 문제〕, 날짜 불명, *Toan Tap II*, vol. 2, pp. 16-17에 수록되어 있다. 응우옌 아이 쿠옥은 판 보이 차우가 그 즈음 결성한 베트남국민당에 대한 존경의 표시로 그런 당명을 사용한 것인지도 모른다.

쿠옥이 탐 탐 사의 조직원들과 접촉하게 된 정확한 경위는 분명치 않다. 쿠옥이 도착했을 무렵 조직원 둘이 황푸 군관학교에 다니고 있었는데, 코민테른 본부의 동료들에게서 그들의 이름을 들었을지도 모른다. 그러나 레 홍 손은 나중에 프랑스 수사관들에게 람 둑 투를 통해 응우옌 아이 쿠옥을 소개받았다고 밀했다. 그의 심문 조서는 SPCE, Carton 365, CAOM에 수록되어 있다. 투는 이 주장을 확인해준다—피노가 노엘에게 보낸 편지, 1925년 1월 23일, 같은 책 참조.

[19] *Phan Boi Chau nien bieu*〔판 보이 차우 전기〕(Hanoi: Van su dia, 1955), p. 189; Huong Pho, "Gop phan danh gia tu tuong cua Phan Boi Chau"〔판 보이 차우 사상의 분석〕, *NCLS*, no. 94(1967년 9월), p. 24. 또 Anatoly A. Sokolov, *Komintern i V'ietnam*(Moscow: Iv Ran, 1998), pp. 22-26 참조. 차우는 한 친구에게 자신은 '너무 늙어' 새로운 이념의 많은 부분을 이해할 수 없다고 털어놓은 적이 있다.

[20] 판 보이 차우가 응우옌 아이 쿠옥에게 보낸 편지는 Annex 6, 노엘의 메모, no. 144, SPCE, Carton 365, CAOM에 보관되어 있다. 1925년 2월 3일, 쿠옥은 코민테른에 한 선배 애국자

를 만나기로 했다고 보고했으나, 그의 이름과 만나는 날짜는 밝히지 않았다. 판 보이 차우의 이야기는 Phan Boi Chau nien bieu, pp. 201-2에 수록되어 있다. 당시에는 모든 베트남인들이 음력을 쓰고 있었기 때문에 날짜를 정확히 파악하기가 쉽지 않다. 노엘의 메모, no. 158, 1925년 5월 24일 SPCE, Carton 365, CAOM과 피노가 노엘에게 보낸 편지, 1925년 1월 23일, SPCE, Carton 364, CAOM 참조.

21 이런 계획들을 항목별로 서술한 응우옌 아이 쿠옥의 코민테른 보고서에 대해서는 1925년 2월 19일자 편지, 혁명박물관 참조.

22 람 둑 투가 프랑스 요원이었다는 의심은 오래 전부터 있었지만 최근까지도 증거가 없었다. 그러나 이제 투가 치안국 파일에 나타나는 '피노'라는 사실은 CAOM의 프랑스 문서보관소에 포함되어 있는 자료들을 통해 확인되었다. 리 투이의 정체를 확인하려는 프랑스 관리들의 노력은 1925년의 첫 6개월 간 광저우, 하노이, 파리 사이의 일련의 전문을 통해 확인되었으며, 이것은 SPCE, Carton 364, CAOM에 수록되어 있다. 응우옌 아이 쿠옥은 자신의 정체가 드러났다는 것을 몰랐던 것 같다. 문제의 사진은 프랑스 문서보관소에 보관되어 있다.

23 이 선언문은 "Proclamation de la Ligue des Peuples Opprimés a l'occasion de sa formation", Envoi no. 190, 1925년 7월 18일, "1950" 서류철, SPCE, Carton 366, 같은 책. '혁명청년회'의 여러 이름에 대한 자세한 분석은 Huynh Kim Khanh, *Vietnamese Communism, 1925-1945*(Ithaca, N.Y.: Cornell University Press, 1982), pp. 63-64. Khanh이 지적하듯이, 운동 내에서도 조직의 명칭은 매우 다양했다. 필자는 편의상 관례적인 명칭을 계속 쓰기로 했다.

24 *Komsomolskaya Pravda*, 1969년 5월 1일. 이 신문은 Texas Tech University, Lubbock, Texas의 인도차이나 문서보관소에도 한 부 보관되어 있다.

25 페트로프에게 보낸 1924년 5월 21일자의 이 편지는 하노이의 호치민 박물관과 모스크바의 코민테른 박물관에 보관되어 있다. Kobelev, p. 70도 참조.

26 이 보고서 전체에 걸쳐 보고자는 베트남 또는 인도차이나 대신 "안남"이라는 용어를 사용하고 있다. 이 보고서의 사본은 Alain Ruscio편, *Ho Chi Minh: Textes, 1914-1969*(Paris: L'Harmattam, 연도 불명), pp. 76-78에 수록되어 있다. Ruscio는 문맥으로 볼 때 응우옌 아이 쿠옥이 보고서의 저자일 것이라고 추측하는데, 필자도 이 점에 동의한다. 그는 당시 모스크바에서 인도차이나의 상황을 잘 알고 있는 유일한 코민테른 요원이었다. 뿐만 아니라 미래의 계획에 대한 제안이나 프랑스공산당과 코민테른 내의 유럽 중심적인 태도를 불식할 필요성에 대한 언급 등 많은 부분이 평소 그의 생각과 일치한다. 하노이의 연구자들도 동의한다.—보고서는 *Toan Tap II*, vol. 2, pp. 464-69에 포함되어 있다.

27 Ruscio, *Textes*, p. 76 참조.

28 4월 초에 쓰여진 응우옌 아이 쿠옥의 이 편지는 SPCE, Carton 364, CAOM에 보관되어 있다. 다른 논의로는 Hue-Tam Ho Tai, *Radicalism and the Origins of the Vietnamese*

Revolution(Cambridge, Mass.: Harvard University Press, 1992), pp. 172-75 참조. 프랑스인들은 후옌이 쓴 문건을 입수하려고 안달을 했던 것 같은데, 그들은 그가 판 보이 차우와 협력하여 이 문건을 썼을지도 모른다고 생각했다. 그들의 요원 피노(람 둑 투)는 쿠옥의 관심을 오랫동안 다른 데로 돌릴 수가 없어 그것을 훔치지 못했고, 카메라도 망가졌다고 말했다. 노엘의 메모, no. 153, 1925년 5월 22일, SPCE, Carton 365, CAOM 참조.

[29] 응우옌 아이 쿠옥이 자신을 무시한다는 판 보이 차우의 불평에 대해서는 Annex 196, 1925년 7월 24일, SPCE, Carton 365, CAOM 참조. 일부 자료에 따르면 '혁명청년회'가 차우의 여비를 댔다고 한다. 차우가 쿠옥과 호 퉁 마우에게 보낸 편지는 노엘의 메모 no. 144 Annex 6과 7, 같은 책에 수록되어 있다. 차우는 쿠옥에게 보내는 편지에서 20년 전 그에게 술에 취해 시를 낭송하던 일을 회상하면서, 그때도 쿠옥이 똑똑하다는 것을 알았다고 말했다. 판 보이 차우와 응우옌 아이 쿠옥 사이의 서신 교환에 대해서는 *HZYZ*, p. 24도 참조.

[30] 범인이 응우옌 투옹 후옌이라는 청년회의 의심은 Envoi no. 210, 1925년 9월 6일, SPCE, Carton 365, CAOM에 수록되어 있다. 이 문제에 대한 판 보이 차우 자신의 결론에 대해서는 *Phan Boi Chau Nien bieu*, pp. 202-3 참조. Dao Trinh Nhat은 1948년 10월 30일 베트남어 잡지 〈Cai Tao〉에 기고한 글에서 람 둑 투가 이 사건에 책임이 있다고 비난했다. 필자는 판 보이 차우의 오랜 동료인 쿠옹 데 왕자의 말을 인용하고 있는데, 왕자는 훗날 자신의 회고록에서 차우가 체포되면 혁명의 좋은 선전거리가 될 것이기 때문에 자신이 그런 음모를 꾸몄다는 말을 람 둑 투가 자주 하고 다녔다고 주장했다. 아마 이것이 투가 책임이 있다고 의심할 만한 가장 중요한 근거 자료일 것이다. *Cuoc doi cach mang Cuong De*[쿠옹 데의 혁명적인 삶](Saigon: Nam Viet, 1957), pp. 120-21 참조. 청년회의 회원 가운데 적어도 한 사람은 그 말에 동의했다— "Déclarations de Le Quang Dat et Ly Phuong Duc," 사이공 보고서, 1931년 7월 28일, SPCE, Carton 367, CAOM 참조. 또 Joseph Buttinger, *Viet-Nam: A Dragon Embattled*(New York: Praeger, 1967), vol. I, p. 80도 참조. 응우옌 아이 쿠옥의 음모라는 주장에 대해서는 Huy Phong과 Yen Auh, *Nhan Dien Ho Chi Minh*[호의 신화 연구](San Jose, Calif: Van Nghe, 1988), pp. 32-37. 하노이의 반박에 대해서는 베트남 역사학자 Chuong Thau, "Phan Boi Chau qua mot so sach bao mien nam hien nay"[최근 남베트남에서 출간된 책에 등장하는 판 보이 차우], *NCLS*, no. 67(1964년 10월) 참조.

[31] 하노이의 치안총국에서 상하이 프랑스 조계에 보낸 1931년 9월 26일자 메시지는 치안총국이 판 보이 차우의 체포 전에 항저우의 호 혹 람의 집에 밀고자를 소개한 사실을 언급하고 있다.—SPCE, Carton 369, CAOM 참조.

[32] 쿠옥은 1930년 3월 코민테른에 보낸 보고서(위의 주 11에 인용)에서 차우의 체포로 인도차이나에서 민족주의 운동이 자극을 받아 성장하기 시작했음을 인정했다—*Van kien Dang Toan Tap*, vol. 2, p. 33 참조. 또 *Nguyen Ai Quoc o Quang Chau*, pp. 66-67 참조.

[33] 밀고자는 람 둑 투였다. 피노 요원의 보고서, 1926년 4월 12일, 노엘의 메모 no. 300의 부

록, 1926년 5월 8일, SPCE, Carton 368, CAOM 참조, Larcher, "La voie étroite", p. 413에 인용.

34 응우옌 아이 쿠옥은 또 그런 행동은 광둥의 동맹의 활동에 대해 프랑스 당국이 더욱 경계하게 되는 결과를 낳을 뿐이라고 우려했을 수도 있다. 메모 273, "Renseignements de l' informateur habituel à Canton", 1926년 4월 22일, "Nguyen Ai Quoc 1926-1927"이라고 적힌 서류철, SPCE, Carton 368, CAOM 참조.

35 *HZYZ*, pp. 24-27. 광저우 혁명박물관의 책임자인 Le Xien Heng과의 인터뷰. 또 Thep Moi, "Uncle Ho in Canton", *Vietnam Courier*, no. 48(1976년 5월), p. 29. 가끔 이웃 건물도 사용했다. 훈련소가 언제 원밍 거리로 옮겨갔느냐에 대해서는 약간의 논란이 있다. 이곳에서 공부했던 사람들의 회고나 심문 조서에 일관성이 없기 때문이다. 자료로는 레 훙 손의 심문 조서, 1932년 10월 24일, SPCE, Carton 367, CAOM과 Le Manh Trinh의 회고 "Dans le Kouang Toung et au Siam", in *Souvenirs sur Ho Chi Minh*, p. 99 참조. 학생들이 더 많아지자 훈련소는 근처 중국공산당 소유의 건물로 옮겨갔다 -*ZYG*, p. 11 참조.

36 Thep Moi, "Uncle Ho", p. 26.

37 같은 책, p. 28.

38 Hoang Zheng은 *HZYZ*, p. 25에서 이 훈련소가 3학기 과정이었으며, 각 학기는 3, 4개월 기간이었다고 말한다. 1기는 1926년 초 10명의 학생들로 시작되었으며, 1927년 봄에 졸업했다. 3기가 되자 학생 수는 50명이 넘었다. 학생들에 대한 통계는 *Nguyen Ai Quoc o Quang Chau*, pp. 56-59 참조. 응우옌 아이 쿠옥은 코민테른에 학생들을 모스크바에 보내는 것을 허가해달라는 편지를 썼다(1925년 1월 5일; *BNTS*, vol. 1, p. 250 참조).

39 *Nguyen Ai Quoc o Quang Chau*, p. 86; Vu Tho, "Qua trinh thanh lap dang vo san o Viet Nam da duoc dien ra nhu the nao?"〔베트남에서 프롤레타리아 정당은 어떻게 형성되었는가?〕, *NCLS*, no. 71(1965년 2월), p. 18, Hong The Cong, *Essai d'histoire du mouvement communiste en Indochine*에 인용. 또 Tran Huy Lieu, *Tai lieu tham khao*, vol. 4, pp. 132-33 참조. 각 지부는 5명의 세포로 이루어져 있었다.

40 Nguyen Ai Quoc, "Indochine", in *Ho Chi Minh: Ecrits*(Hanoi: Foreign Languages Press, 1977), p. 14. 이 글은 원래 *Cahiers du Communisme*, no. 15(1921년 5월)에 실렸다.

41 Huynh Kim Khanh은 잡지〈타인 니엔〉에 대한 이전의 그릇된 생각을 정정해주었다. 그의 *Vietnamese Communism*, p. 67 참조.

42 *Nguyen Ai Quoc o Quang Chau*, p. 102.〈타인 니엔〉은 SLOTFOM, Series V, Carton 16, CAOM에 거의 모두 보관되어 있다.

43 이 팸플릿은 동방피압박연합회 선전국에서 라이노타이프로 인쇄했다. 이 학교에 다녔던 고참 당원 몇 사람의 회고에 따르면 이 책은 응우옌 아이 쿠옥이 훈련소에서 학생들에게 했던 강연을 편찬한 것이었다. 여기에서 드러난 사상들 가운데 많은 부분은〈타인 니엔〉에 발표

한 것과 매우 흡사하지만, 훨씬 더 일관된 형식을 갖추고 있다. 팸플릿 전문은 *Toan Tap II*, vol. 2, pp. 177-254에 수록되어 있다. 베트남어 제목에서 "kach menh"의 철자는 쿠옥의 고향인 응에 안 성에서 당시에 사용하던 방법을 따른 것이다.

44 같은 책, p. 186. 쿠옥이 '세계 통일'이라는 뜻으로 사용하는 말인 "thien ha da dong"은 중국어 "tian xia da tong"(天下大同)에서 가져온 것으로, 영원한 평화와 통일의 최종 단계를 가리키는 전통적인 유교적 표현이다. 쿠옥은 그 팸플릿을 보는 사람들이 이 개념에 익숙하다고 가정했을 것이다.

45 예를 들어, 응우옌 아이 쿠옥은 1924년 모스크바에서 인도차이나 상황에 대해 쓰면서, 베트남이 프랑스에 대항하여 스스로 무장 투쟁을 시작하면, 이 봉기와 동시에 프랑스의 프롤레타리아 혁명이 일어나고, 베트남의 무장 봉기는 소비에트의 경제적, 군사적 지원을 받게 될 것이며, 소비에트 함대가 프랑스 연안을 감시하여 외국 세력의 프랑스 지원을 막아줄 것이라고 가정했다. Ruscio, *Textes*, pp. 73-74 참조. 쿠옥은 *The Revolutionary Path*에서 그 과정을 묘사하면서 인도차이나에서 봉기가 일어나면 중국국민당 군대가 중국 남부로부터 국경을 넘어서 지원할 것이라고 기대했을 수도 있다—"Nguyen Ai Quoc 1926-1927", SPCE, Carton 368, CAOM. 그가 늘 자신의 나라의 해방을 외국의 사건들과 연결시켜 생각했다는 점은 주목할 만하다.

46 *Toan Tap II*, vol. 2, p. 187.

47 같은 책, pp. 197, 203.

48 같은 책, pp. 178-79.

49 아마 이런 이유 때문에 베트남민주공화국이 그의 생전에 이 팸플릿을 출간하지 않았을 것이다. 이 문건은 하노이의 역사가들이 쓴 여러 저작에 그 발췌문만 나타났을 뿐이다. 완전한 판본은 1981년에 *Toan Tap I*에 수록되는 형식으로 등장했다. 1990년 12월 3일 이 전집의 책임 편집자인 Nguyen Thanh과 인터뷰를 했을 때 그는 나에게 이 텍스트의 역사적 사실과 관련한 오류를 몇 가지 수정했다고 말했다. Thanh은 호치민이 베트남민주공화국에서 이 팸플릿이 출간되기를 원치 않았다고 말했다. Vu Tho, "From 'The Revolutionary Path' to the 'Political Program' of the Indochinese Communist Party", in *NCLS*, no. 72(1965년 3월).

50 Georges Garros, *Forceries humaines*(Paris: André Delpeuch, 1926), p. 241에 인용.

51 Ruscio, *Textes*, p. 71.

52 노엘의 메모, 부록 no. 228, 1925년 11월 28일, SPCE, Carton 365, CAOM 참조. 1924년 12월 19일 코민테른에 보내는 편지에서 응우옌 아이 쿠옥은 "프랑스 정부의 태도와 우리의 노력함"에 따라 입헌당을 "활용"할 여지도 있다고 말했다—*Toan Tap II*, vol. 2, p. 14 참조.

53 모스크바의 코민테른 문서보관소, Carton 495, series 154, file 555, Sophie Quinn-Judge, "Ho Chi Minh: New Perspectives from the Comintern Files", *The Vietnam Forum*, no.

14(1994), p. 65에 인용.
54 이런 전술의 악명 높은 예를 "Déclaration derniéres de Nguyen Dinh Tu — dit provisoirement Phan Van Cam, dit Van Cam dit Nguyen Van Cam—sur sa vie depuis juin 1925 jusqu'à son arrestation en date du 5 août 1929 à Ha Tinh", 정보 보고서, 서류철 2690, Carton 335, CAOM에서 찾아볼 수 있다. 그러나 혁명청년회에 새로운 후보들을 끌어들이는 그런 전술이 응우옌 아이 쿠옥이 광저우에 있을 때 사용되었는지, 아니면 그가 떠난 뒤인지는 분명치 않다. 입헌당에 대한 그의 보고서는 *BNTS*, vol. 1, p. 242 참조. 전문은 하노이의 혁명박물관에서 찾아볼 수 있다.
55 쿠옥은 훈련소에서 강의할 때 응우옌 하이 탄의 베트남국민당을 자주 비판하면서, 그것을 유럽의 제2인터내셔널과 비교했다. Tran Van Giau, *Giai cap cong nhan Viet Nam*(베트남의 노동 계급), vol. 1(Hanoi: Su That, 1957), p. 392 참조.
56 *BNTS*, vol. 1, pp. 260, 265; King C. Chen, *Vietnam and China, 1938-1954*(Princeton, N. J.: Princeton University Press, 1969), p. 22; Hong Ha, *V Strane Sovetov*, p. 109; *Nguyen Ai Quoc o Quang Chau*, pp. 127-29, 155. 펑 파이는 1929년 혁명 사업을 하다가 사망했다.
57 *HZYZ*, p. 33과 *Nguyen Ai Quoc o Quang Chau*, p. 145. 쿠옥은 Wang Hai-jen이라는 이름으로 프랑스어로 연설했다. 베트남어 번역판은 *Toan Tap II*, vol. 2, pp. 213-17에 수록되어 있다.
58 이 정보의 출처는 주로 프랑스 요원 람 둑 투이다. 하노이 보고서, 1931년 10월 28일, SPCE, Carton 367, CAOM과 "La conversation entre Pinot et Noel", 1926년 7월 4일, "Nguyen Ai Quoc 1926-1927"이라고 적힌 서류철, SPCE, Carton 368, CAOM 참조. 또한 "Lam Duc à M. D.", 1927년 1월 29일, "Nguyen Ai Quoc 1926-1927" 서류철, 같은 책. 투옛 민의 외모에 대해서는 Lesquiendieu(Le Quang Dat)의 심문 조서, 1931년 10월 28일, SPCE, Carton 367, CAOM 참조. 쿠옥이 이 결혼에서 딸을 얻었다는 소문에 대해서는 Nguyen Khac Huyen, *Vision Accomplished*(New York: Collier, 1971), p. 8 참조.
59 *ZYG*, p. 11; Dang Hoa, *Bac Ho*, p. 75; T. Lan, *Vua di duong, vua ke chuyen*(걸으며 말하며)(Hanoi: Su that, 1976), p. 32; 추옹 반 렌의 심문 조서, 1932년 2월 7일, SPCE, Carton 367, CAOM.
60 Envoi 354, 1927년 1월 1일과 노엘의 보고서, 1926년 4월 10일, 1926년 12월 27일, 1927년 6월 1일, SPCE, Carton 368, CAOM 참조. 프랑스는 람 둑 투를 통해 이 분쟁을 알게 되었다. 결국 람 둑 투와 응우옌 하이 탄의 관계도 틀어진다. "Lettres de Pinot", 1927년 4월 8일과 14일, "Nguyen Ai Quoc, 1926-1927" 서류철, 같은 책.
61 피노의 보고서, 1928년 5월 7-9일, SPCE, Carton 365, CAOM 참조.

5. 마법의 검

[1] 몇 가지 자료에서는 그가 다른 길을 택했다고 주장한다. 소비에트 그룹과 함께 상하이를 떠나 중국을 가로질러 고비 사막을 통과했다는 것이다. 이것은 미하일 보로딘 일행이 앞서 택했던 길이기도 하다. Kobelev, pp. 90-91; ZYG, p. 11; Dang Hoa, *Bac Ho: Nhung nam thang o nuoc ngoai*[호 아저씨: 해외에서 보낸 세월](Hanoi: Thong tin, 1990), p. 75. 이런 가정에도 일리는 있다. '피노'는 그의 감독자인 '노엘'에게 보낸 보고서에서 1927년 6월 응우옌 아이 쿠옥이 한커우(漢口)에서 보낸 편지를 받았다고 말했다. 그러나 쿠옥이 모스크바에 도착한 뒤 극동국에 보낸 편지에서는 자신이 블라디보스토크를 거쳐 왔다는 점을 분명히 밝히고 있다. 어쩌면 투에게 보낸 편지에서는 혹시 있을지 모르는 추적자들을 따돌리기 위해 그렇게 말했는지도 모른다. 극동국에 보낸 편지는 하노이의 호치민 박물관에 보관되어 있다. 베트남어 번역판은 *Toan Tap II*, vol. 2, pp. 241-244 참조.

[2] 그는 상하이에서는 "다른 동지들"이 그를 대신할 수 있지만, 시암에서는 아무도 그를 대신할 수 없다고 주장했다. 극동국에 보내는 편지, *BNTS*, I, 285-86.

[3] 스탈린 학교에 베트남과를 따로 만들어달라는 쿠옥의 요구에 대해서는 *Toan Tap II*, vol. 2, pp. 255-56 참조. 또 Hong Ha, *Ho Shi Min v Strane Sovetov*[소비에트 땅의 호치민](Moscow: 출판사 불명, 1986), pp. 115-18도 참조. 찬 푸에 대한 정보는 Ton Quang Duyet, "Mot vai y kien bo sung ve lich su hai dong chi Tran Phu va Nguyen Thi Minh Khai"[찬 푸 동지와 응우옌 티 민 카이 동지의 전기에 대한 몇 가지 견해], in *NCLS*, no. 139(1971년 7-8월). 스탈린 학교에 재학 중이던 다른 학생들은 Nguyen The Ruc, Ngo Duc Tri, Bui Cong Trung, Bui Lam 등이다. 쿠옥의 동료 레 홍 퐁은 레닌그라드의 항공학교를 잠깐 다녔다. *BNTS*, vol. 1, pp. 284-87 참조.

[4] 이 편지의 베트남어판은 *Toan Tap II*, vol. 2, pp. 167-68에 수록되어 있다. 인도차이나의 혁명 사업에 대한 당시의 코민테른 보고서는 "Directives pour le travail en Indochine", in the Russian Center for the Preservation and Study of Contemporary Historical Documents, Moscow, Carton 495, Series 154, file 556 참조.

[5] 이 회의는 국제 정세가 긴장되고 새로운 세계전쟁의 위험이 가시화되는 상황에 대처하기 위해 개최되었다. "His Many Names and Travels", *Vietnam Courier*(1981년 5월), p. 9 참조. 또 Charles Fenn, *Ho Chi Minh: A Historical Introduction*(New York: Scribner, 1973), p. 51; *BNTS*, vol. 1, p. 290; *Avec l' Oncle Ho*, p. 61; Charles Fourniau와 Léo Figuères편, *Ho Chi Minh: Notre Camarade*(Paris: Editions Sociales, 1970), p. 43; Hong Ha, *V Strane Sovetov*, pp. 124-25 참조.

[6] 이 편지들의 베트남어판은 *Toan Tap II*, vol. 2, p. 265와 *BNTS*, vol. 1, pp. 292-94에 수록되어 있다.

[7] *BNTS*, vol. 1, p. 296. 같은 시기에 보낸 다른 편지에서 그는 한 친구에게 이렇게 말했다.

"내 정신이나 물질적 상태가 어떤지 이해할 수 있을 것입니다. 할 일은 많은데 아무것도 할 수 없고, 먹을 것도 없고, 돈도 없습니다. 오늘은 4월 12일입니다. 24시간 안에 소식을 기대할 수 있을까요?" 같은 책, p. 297.

[8] 1928년 4월 28일에 쓴 편지를 보면 비용은 극동국이 대기로 했다. *BNTS*, vol. 1, p. 300 참조. 코민테른과 그 모든 하부 조직의 자금은 소련에서 나왔다. 극동국에 보낸 그의 편지는 같은 책, p. 302 참조.

[9] T. Lan, *Vua di duong, vua ke chuyen*〔걸으며 말하며〕(Hanoi: Su that, 1976), pp. 35-36. 이탈리아공산당 소속의 어떤 사람이 프랑스 배를 타고 시암으로 가라고 제안했으나, 쿠옥은 너무 위험하다고 거절했다—Hong Ha, *V Strane Sovetov*, pp. 127-28 참조.

[10] Le Manh Trinh, "Dans le Kouang Toung et au Siam", in *Souvenirs*, p. 102.

[11] 같은 책.

[12] 같은 책, p. 104; Thep Moi, "Uncle Ho in Canton", *Vietnam Courier*, no. 48(1976년 5월), p. 24.

[13] *Nash Prezident Ho Shi Minh*〔우리의 주석 호치민〕(Hanoi: Foreign Languages Press, 1967), p. 142.

[14] Le Manh Trinh, "Dans le Kouang Toung", p. 110.

[15] *Glimpses/Life*, p. 36; Nguyen Viet Hong, "Nguyen Ai Quoc co hay khong ve nuoc nam 1929?"〔응우옌 아이 쿠옥은 1929년에 조국으로 돌아왔을까?〕, in *Tap chi Xua va Nay*〔어제와 오늘〕(Hanoi), no. 4(1994년 7월), p. 15. 또 Hoang Van Hoan, *Drop in the Ocean: Hoang Van Hoan's Revolutionary Reminiscences*(Beijing: Foreign Languages Press, 1988), p. 47과 Tran Lam, "De la fable à la réalité", in *Souvenirs*, pp. 122-23.

[16] Li Xianheng, "Ywe Nan Geming jen canjia Guangzhou qiyi de jingguo"〔베트남 혁명가들이 광저우 봉기에 참여한 사건〕, 필자 소유의 미확인 논문, p. 333.

[17] 다양한 그룹들 사이의 경쟁에 관한 정보는 *Contribution à l'histoire des mouvements politiques de l'Indochine Française*, 전6권(Hanoi: Imprimerie de l'Extrême Orient, 1933).

[18] "Déclarations dernières de Nguyen Dinh Tu—dit provisoirement Pham Van Cam, dit Van Cam dit Nguyen Van Cam-sur sa vie depuis Juin 1925 jusqu'à son arrestation en date du 5 août 1929 à Ha Tinh", pp. 44-49, in Dossier 2690, Carton 335, CAOM. 이 자료에 따르면 람 둑 투는 그 모임에서 의장으로 선출되었다. 또 William J. Duiker, *The Comintern and Vietnamese Communism*(Athens, Ohio: Ohio University Center for International Studies, 1975), p. 14도 참조.

[19] 찬 반 쿵의 이 문제에 대해 언급은 그의 회고록 *Buoc ngoat vi dai cua lich su cach mang Viet Nam*〔베트남 혁명사를 위한 위대한 발걸음〕(Hanoi: Ban nghien cuu lich su Dang,

연도 불명), pp. 105-19 참조.

[20] Phan Than Son, "Le Mouvement Ouvrier de 1920 à 1930", in Jean Chesneaux편, *Tradition et Révolution au Vietnam*(Paris: 출판사 불명, 1971), pp. 169-70 참조. 탕에 대한 정보는, Christophe Giebel, "Telling Life: An Approach to the Official Biography of Ton Duc Thang", in K. W. Taylor and John K. Whitmore편, *Essays into Vietnamese Pasts*(Ithaca, N. Y.: Cornell University Southeast Asia Program, 1995), pp. 246-71 참조.

[21] 제6차 대회가 청년회에 미친 영향에 대한 설득력 있는 논의로는 Gareth Porter, "Proletariat and peasantry in Early Vietnamese Communism", *Asian Thought and Society* 1, no. 3(1976년 12월) 참조.

[22] I. N. Ognetove, "Komintern i revoliutsionnoe dvizhenie vo V'ietname"[코민테른과 베트남 혁명 운동], in *Komintern i Vostok*[코민테른과 동방](Moscow: 출판사 불명, 1969), p. 428. 응우옌 반 타오는 응우옌 아이 쿠옥의 제안에 따라 프랑스공산당 대표로 선출되었을 수도 있다.—Hong Ha, *V Strane Sovetov*, p. 128. 한때 베트남의 많은 평론가들은 An이 응우옌 아이 쿠옥이라고 생각했다. 예를 들어 Nguyen Kien Giang, *Viet Nam nam dau tien sau cach mang thang tam*[8월 혁명 이후의 베트남](Hanoi: Su that, 1961), p. 215 참조. 응우옌 반 타오는 나중에 회고록에서 자신이 제6차 대회에 참석한 일에 대해 이야기했다. 그는 상급자들의 지침에 따라 연설 주제를 골랐음이 분명하다. "Recalling the days spent attending the Sixth Congress of the Communist International", in *Tap chi Cong san*[공산주의 평론], no. 7(1983년 7월), JPRS, no. 84,288에 번역 수록. 대표 가운데 하나였던 Nguyen The Binh은 타오를 좋아하지 않았으며, 나중에 프랑스측에 체포되었을 때 대회에 대한 정보를 제공했다. "note concernant Ngo Duc Tri et Nguyen The Binh", "Les élèves Annamites a l'école Staline et le Pacte Franco-Sovietique du 29 novembre 1932" 서류철, SLOTFOM, Series III, Carton 44, CAOM 참조.

[23] 레 홍 손의 중국측에 대한 우려가 정당했는지 아닌지는 추측을 해볼 수 있을 뿐이다. 중국 관리들은 청년회의 활동이 베트남 공동체로 제한되고 또 인도차이나의 식민지 체제—장 제스는 이 체제를 깊이 불신하고 있었다.—를 뒤집으려는 행동인 한에서는 묵인했다는 증거가 약간 있다. 그러나 공식적으로 공산당을 만들게 되면 중국 관리들이 묵인하지 않을 것이 분명했다. 또 앞으로 이야기하겠지만, 레 홍 손은 람 둑 투가 청년회를 배반하고 있다고 의심하고 있었다. 대회에 참석한 대표들의 명단에 대해서는, "Les Associations anti-Françaises en Indochina et le propagande communiste: Historique", in SLOTFOM, Series III, Carton 48, CAOM 참조. "Note Périodiques"라고 알려진 이 일련의 비밀 보고서는 1929년부터 제2차 세계대전 직전까지 하노이의 치안총국이 정기적으로 발행했다. 이 자료는 베트남의 민족주의 활동과 그것을 통제하려는 프랑스의 활동에 대한 귀중한 정보를 제공한다. 치안국은 1928년 조직 본부를 잠시 광시(廣西)로 옮겼을 때 레 홍 손 자신이 먼

저 조직의 이름을 베트남공산당으로 바꾸고 싶어했다고 전한다. "Note Périodique: Historique", p. 62, 같은 책 참조.

24 이 문제에 대해서는 Tran Huy Lieu, *Tai lieu tham khao Lich su cach mang Can dai Viet Nam*〔근대 베트남 혁명에 관한 역사적 연구 자료〕, vol. 4(Hanoi: 출판사 불명, 1958), pp. 170-73 참조. 홍콩 회의에 대해서는 Tran Van Cung, *Buoc ngoat*, Quang Hung과 Quoc Anh(Tran Van Cung), "Le Hong Son: Nguoi chien si xuat sac thuoc the he nhung nguoi cong san dau tien o Viet-nam"〔레 홍 손: 베트남 초기 공산주의자들 가운데 그의 세대의 가장 뛰어난 투사〕, in *NCLS*, no. 184(1979년 1-2월), pp. 11-16 참조. 회의에 대한 프랑스의 정보 보고서는 "Note Périodique", no. 4, 1930년 1월, in SLOTFOM, Series III, Carton 48, CAOM에 보관되어 있다.

25 요청서는 부록 no. 3, *Contribution à l'histoire*, vol. 4에 수록되어 있다. 모스크바의 부정적인 답은 1929년 12월에 도착했다—부록 7, 같은 책 참조.

26 이 정보는 Duong Hac Dinh에 대한 서류철, 날짜 미상, SPCE, Carton 367, CAOM에 수록되어 있다. 통킹 지역위원회의 회원 가운데 5월에 대회장을 떠나지 않았던 유일한 인물인 Duong Hac Dinh은 나중에 프랑스 요원이 되었다.

27 Quang Hung과 Quoc Anh, "Le Hong Son," p. 19.

28 레 두이 디엠(암호명 Le Loi)을 보내 응우옌 아이 쿠옥을 찾겠다는 결정은 Duong Hac Dinh에 관한 서류철, SPCE, Carton 367, CAOM에 기록되어 있다. 디엠은 원래 신월혁명당의 당원이었다. 신월혁명당이 인도차이나공산주의연맹으로 바뀐 것에 대해서는 Tran Huu Chuong, "Memoirs concerning the Indochinese Communist League", in *Tap chi Cong san*, no. 2(1983년 2월), JPRS, no. 83,452에 번역 수록 참조.

29 "인도차이나 공산당 결성 문제에 대하여"라는 제목의 1929년 10월 27일자 코민테른 지령의 베트남어판은 Tran Van Cung, *Buoc ngoat*, pp. 68-74와 *Van kien Dang*(1930-1945)〔당 문건(1930-1945)〕, vol. 1(Hanoi: Ban nghien cuu lich su dang truong uong, 1977), pp. 9-17에 수록되어 있다. 영어 번역판은 *Vietnam Documents and Research Notes*(U. S. Mission in Vietnam, Saigon), document no. 100, part II, pp. 247-52 참조.

30 두 당 사이의 서신은 총독이 식민부 장관에게 보낸 보고서의 부록에 수록되어 있다. 1930년 2월 12일, SLOTFOM, Series III, Carton 129, CAOM.

31 도 옹옥 주는 프랑스의 심문을 받을 때 자신의 여행에 대한 정보를 제공했다. "Dossier on déclaration de Do Ngoc Du," 1931년 8월 10일, SPCE, Carton 367, CAOM. Phiem Chu라고도 알려진 도 옹옥 주는 1907년 하이 두옹 성(海陽省)에서 태어났다. 그는 교육받은 집안 출신으로 Collège du Protectorat를 다녔으며, 1928년에는 학교 파업에 가담하여 퇴학당했다. 그러자 그는 청년회에 가입하여 1926년 10월부터 1927년 1월까지 광저우의 훈련소에서 제2기 교육생으로 공부했다. 이어 그는 황푸 군관학교에 다녔고, Duong Hac Dinh과 함

께 하노이로 돌아왔다. Huynh Kim Khanh, *Vietnamese Communism, 1925-1945*(Ithaca, N. Y.: Cornell University Press, 1982), p. 124 참조.

[32] 프랑스도 인슈린데 공산주의자 그룹 연맹의 결성과 11월의 "중국 조사관" 방문에 주목하고 있었다는 점은 "L'Action déterminante de Nguyen Ai Quoc dans la création du Parti National Communiste Annamite", 연도 불명, SPCE, Carton 367, CAOM을 보면 알 수 있다. 프랑스 자료에 따르면 레 홍 손과 그의 동료들은 중국공산당이 그 지지자들을 공장이나 대중조직에서 일하게 하여 허약한 사람들을 솎아낸다는 보고를 접했기 때문에 중국의 감독을 받는 것을 더욱 언짢아했다. Note Périodique, 1929년 11월자, 같은 책 참조. 극동국의 상하이 지부 결성에 대한 정보는, Gunther Nollau, *International Communism and World Revolution*(New York: Praeger, 1961), p. 141 참조. 또한 Frederick S. Litten, "The Noulens Affair", *China Quarterly*, no. 138(1994년 6월), p. 503 참조. Nollau에 따르면 상하이 지부의 첫 책임자는 미국 공산주의자 Earl Browder였다고 한다. 1929년에 독일인 Gerhard Eisler가 그의 후임으로 왔다.

[33] Note Périodique, 1930년 1월, p. 6, SLOTFOM, Series III, Carton 48, CAOM: Note Confidentielle, no. 1725/SG, 1930년 3월 17일, SPCE, Carton 368, CAOM. 일부 평론가들은 이 코민테른 대표가 응우옌 아이 쿠옥이었을지도 모른다고 추측한다. 그러나 그 대표는 일레르 눌랑이라는 이름으로 활동한 우크라이나인이었을 가능성이 높다. 그는 1928년 극동국에서 일하기 위해 상하이로 왔으며, 1929-30년 겨울에는 주변 지역을 답사하기 위해 상하이에서 나온 것으로 전해진다. 앞으로 보게 되겠지만, 그는 1930년 2월 또는 3월에 상하이로 돌아간다. Litten, "Noulens Affair", pp. 502-3 참조.

[34] 쿠옥이 인도차이나공산당에 보낸 편지는 치안총국의 보고서, 1929년 12월 31일, SPCE, Carton 368, CAOM에 수록되어 있다. 응우옌 아이 쿠옥 자신의 여행에 대한 설명은 극동국에 보낸 편지, 1930년 2월 18일, 하노이의 호치민 박물관에 소장되어 있다. 프랑스측 이야기는 "L'Action déterminante……", SPCE, Carton 367, CAOM. 또 Kobelev, p. 96, Hong Ha, *V Strane Sovetov*, p. 135도 참조.

[35] 응우옌 아이 쿠옥은 아마 가짜 여권으로 여행했을 것이다. 그의 여행에 대한 이야기는 "Interrogation of Hong Son", 1932년 10월 24일, SPCE, Carton 367, CAOM 참조. 응우옌 아이 쿠옥 자신의 이야기는 극동국에 보낸 편지, 1930년 2월 18일, 하노이의 호치민 박물관에 소장되어 있다. 치안국이 확보한 프랑스어판은 "L'Action déterminante……", SPCE, Carton 367, CAOM에 수록되어 있다. 쿠옥은 편지에서 12월 23일에 도착했다고 썼지만, 이것은 음력 날짜이다—Huynh Kim Khanh, *Vietnamese Communism*, p. 125n 참조. *Contribution à l'histoire*, vol. 4, p. 24에 따르면, 쿠옥은 1월에 홍콩에 도착했다. 레 홍 손은 프랑스측의 심문을 받을 때 쿠옥이 2월에 도착했고, 통합회의는 3월에 열렸다고 말했다.

[36] Duong Hac Dinh에 대한 서류철, in SPCE, Carton 367, CAOM. Kobelev의 이야기는 p. 94

참조. 응우옌 아이 쿠옥은 더 일찍 못 온 것을 사과하고, 시암을 통해 베트남으로 들어가려 했으나 실패했다고 설명했다. 응우옌 아이 쿠옥이 중국공산당 당원들을 만난 일은 *HZYZ*, p. 43에 간략하게 나와 있다. 통일 회의를 위해 다양한 운동가들을 홍콩으로 부른 초대장은 호 퉁 마우가 1929년 11월 29일에 보냈다. 인도차이나공산당은 1930년 1월 15일 두 명의 대표를 보내겠다고 답했다. *Contribution à l' histoire*, vol. 4, p. 24 참조.

37 안남공산당의 대표는 Chau Van Liem과 Nguyen Thieu였다. 인도차이나공산당의 대표는 Trinh Dinh Cu, Nguyen Duc Canh이었다. 인도차이나공산주의연맹의 불운에 대해서는 T. C., "Cac co so bi mat cua co quan lanh dao Dang Cong san Dong duong"[인도차이나 공산당 지도부의 은밀한 창건], *NCLS*, no. 37(1962년 4월), p. 20 참조.

38 Huynh Kim Khanh, *Vietnamese Communism*, p. 125는 통일 합의에 이르기까지 며칠 간 욕설이 오갔다고 한다. 그러나 레 홍 손은 하루 만에 만장일치로 강령이 받아들여졌다고 말했다. 그의 심문 조서, 1932년 10월 24일, SPCE, Carton 367, CAOM 참조.

39 1930년 1월 6일의 메모는 하노이의 호치민 박물관에 보관되어 있고, *Van kien Dang toan tap*[당 문건 전집], vol. 2(Hanoi: Chinh tri Quoc gia, 1998)에 수록되어 있다. Huynh Kim Khanh, *Vietnamese Communism*, p. 125n은 그들이 새로운 당명을 정하면서 베트남어 표기에서 중국식으로 "당"을 마지막에 넣지 않고 맨앞에 놓았다는 점에 주목한다. *Van kien Dang*, vol. 1, p. 191도 참조.

40 이것은 코민테른이 10월에 모스크바에서 보낸 것과 같은 문건이 아니다.—위의 주 29 참조. 12월 보고서의 사이공 도착에 대해서는 Nguyen Nghia, "To chuc va phat dong phong trao dau tranh o Nam ky sau khi Dang ta vua moi thong nhat ra doi"[새로운 통일 당 결성 이후 남부의 투쟁의 조직과 동원], *NCLS*, no. 67(1964년 10월), p. 59. Nghia가 홍콩 회의에서 이 보고서의 존재를 알았는지 아무런 언급을 하지 않은 것으로 보아, 응우옌 아이 쿠옥은 당시에는 이 문건을 보지 못한 것으로 추정된다.

41 프랑스어 번역판은 *Contribution à l' histoire*, vol. 4, 부록 7 참조. 베트남판은 하노이에 있다. 발췌문은 "L' Action déterminante……", SPCE, Carton 367, CAOM이라는 제목의 보고서에 인용되어 있다. Note Périodique, 1929년 12월, p. 4, in SLOTFOM, Series III, Carton 48, 같은 책에도 인용되어 있다.

42 이 호소문의 베트남어판은 *Toan Tap II*, vol. 2, pp. 307-8에 수록되어 있다. 영어 축약판은 *Viet Nam Social Sciences*(1985년 1월), pp. 170-71에 수록되어 있다.

43 이 전략 문건에 대해서는 *Toan Tap II*, vol. 2, pp. 297-98 참조.

44 눌랑에게 보낸 편지는 하노이의 호치민 박물관에 보관되어 있다. 그 베트남어판은 *Van kien Dang Toan tap*, vol. 2, pp. 18-25에 수록되어 있다. 응우옌 아이 쿠옥은 회의 결과에 대해 모스크바에 보내는 보고서에서 청년회를 없앤 것은 잘못이었다고 말했다—"Bao cao tom tat hoi nghi"[회의에 대한 요약 보고서], 같은 책, pp. 10-13 참조.

6. 붉은 응에 틴

[1] 두 편지의 사본은 하노이의 호치민 박물관에 보관되어 있다. 달부로에 보낸 편지의 베트남 어판은 Toan Tap I, vol. 3, pp. 9-11 참조. 또 Pierre Rousset, *Communisme et Nationalisme Vietnamien*(Paris: Editions Galilée, 1978), p. 199 참조.

[2] 응우옌 아이 쿠옥의 시암 체재에 대한 정보는 Hoang Van Hoan, *Drop in the Ocean: Hoang Van Hoan's Revolutionary Reminiscences*(Beijing: Foreign Languages Press), pp. 52-54에 수록되어 있다. 코민테른은 중국공산당이 남양지역에 대한 책임을 게을리했다며 남양공산당을 폐지하기로 결정했다. 주로 말레이와 싱가포르에 거주하는 중국인들로 구성되었던 남양공산당은 말레이 사람들을 "게으르고 자족적"이라고 생각하여 화교 공동체를 대상으로 활동하고 있었다. Note Périodique, no. 5(1930년 2-3월), in SLOTFOM, Series III, Carton 48, CAOM 참조. 또 Charles B. McLane, *Soviet Strategies in Southeast Asia*(Princeton, N. J.: Princeton University Press, 1966), pp. 131-36도 참조. McLane은 응우옌 아이 쿠옥이 남양공산당의 실패는 인종 문제를 해결하지 못했기 때문이라고 생각했다는 내용의 영국 정부 자료를 인용하고 있다.

[3] 봉기에 대한 프랑스 관리의 보고서는 서류철 2614, SPCE, Carton 322, CAOM에 수록되어 있다. 폭동에 대한 간결한 설명은 Thomas Hodgkin, *Vietnam: The Revolutionary Path*(New York: St. Martin's, 1981), pp. 240-42 참조. 베트남의 관점에 대해서는 Hoang Van Dieu, *Viet Nam Quoc Dan Dang*[베트남국민당](Saigon, Khai Tri, 1970), pp. 89-104 참조.

[4] Diep Lien Anh, *Mau trang—mau dao: Doi song doa-day cua phu cao-su mien dat-do*[유액과 피: 홍토 지구 고무 플랜테이션 노동자들의 비참한 삶](Saigon: Lao Dong Moi, 1965), pp. 35-40. Ngo Vinh Long, *Before the Revolution: The Vietnamese Peasants Under the French*(New York: Columbia University Press, 1991), pp.109-12에 인용.

[5] Nguyen Ai Quoc, *Le procès de la colonisation française*은 영어판으로는 Bernard B. Fall 편, *Ho Chi Minh on Revolution: Selected Writings, 1920-1966*, p. 81에 수록되어 있다. 또한 빈 치안국 특별 판무관 M. Favre의 보고서, 1931년 6월 27일, 서류철 2686, Carton 333, SPCE, CAOM도 참조.

[6] M. Billet의 보고서, 1931년 6월 27일, SPCE, 서류철 2686, Carton 333, CAOM 참조. 프랑스 정책이 농촌의 수입에 미친 영향에 대해서는 Robert L. Sansom, *The Economics of Insurgency in the Mekong Delta of Vietnam*(Cambridge, Mass.: MIT Press, 1970); Truong Chinh과 Vo Nguyen Giap, *The Peasant Question*(1937-1938), (Ithaca, N. Y.: Cornell University Southeast Asia Program, 1974), 자료문 no. 94, pp. 35-37 참조. 응우옌 아이 쿠옥의 토지 몰수에 대한 보고는 "Annamese Peasant Conditions," in Fall, *On Revolution*, p. 37 참조.

7 타이 반 지아이의 심문 조서, 1931년 6월 28일, SPCE, 서류철 2686, Carton 333, CAOM. 하 틴 성 출신의 지아이는 후에의 국립 아카데미를 졸업했으며 학교 교사를 하기도 했다. 이 사건들에 대한 다른 공식 자료는 서류철 2628, Carton 323; 서류철 2641, Carton 327; 서류철 2684, Carton 332, 모두 CAOM에 수록되어 있다. 또 Tran Huy Lieu, *Les Soviets du Nghe Tinh*(Hanoi: Foreign Languages Press, 1960), pp. 19-21 참조.

8 타이 반 지아이의 심문 조서, 1931년 6월 28일, SPCE, 서류철 2686, Carton 333, CAOM.

9 *Souvenirs*, p. 63에 실린 응우옌 루옹 방의 글과 "Bao Cao gui Quoc te Cong San," *Van kien Dang Toan tap*[당 문건 전집], vol. 2(Hanoi: NXB Chinh tri Quoc gia, 1998), p. 34 참조. 응우옌 아이 쿠옥의 시암 동포들에 대한 말은 Le Manh Trinh, "Dans le Koung Tung et au Siam," in *Souvenirs*, p. 117 참조. 프랑스 정보 보고서는 Note Périodique, 1930년 2-3월, SLOTFOM, Series III, Carton 48, CAOM에 수록되어 있다. 어떤 당사(黨史)에서는 베트남국민당의 폭동을 훌륭한 '벼락소리'라고 묘사했지만, 베트남국민당 역사가 Hoang Van Dao에 따르면 실제로는 공산주의 선동가들이 임박한 공격에 대해 프랑스인들에게 경고하기 위해 전단을 배포했다고 한다.

10 성위원회의 지령은 Tran Huy Lieu, *Lich su tam muoi nam chong Phap*[반프랑스 80년 투쟁사], vol. 2(Hanoi: Van su dia, 1958), pp. 66-67에 수록되어 있다.

11 이 사건을 기록한 1930년 12월 31일자 프랑스의 공식 보고서는 SPCE, 서류철 2634, Carton 325, CAOM에 수록되어 있다.

12 임시 중앙위원회 위원들의 선정에 대한 자세한 내용은 T. C., "Cac co so bi mat cua co quan lanh dao Dang Cong san Dong duong"[인도차이나공산당 지도부의 은밀한 창건], *NCLS*, no. 37(1962년 4월); Nguyen Nghia, "Gop them mot it tai lieu ve cong cuoc hop nhat cac to chuc cong san dau tien o Viet Nam va vai tro cua dong chi Nguyen Ai Quoc"[베트남의 첫 공산주의 조직들의 통합과 응우옌 아이 쿠옥 동지의 역할에 대한 약간의 추가 자료], 같은 책, no. 59(1964년 2월); Nguyen Nghia, "Cong cuoc hop nhat cac to chuc cong san o trong nuoc sau hoi nghi Huong Cang va viec to chuc ban trung uong lam thoi dau tien"[홍콩 회의 이후 공산주의 조직들의 통일 및 제1차 임시 중앙위원회의 조직], 같은 책, no. 62(1964년 5월)에 수록되어 있다. 이 자료들은 회의가 원래 예정대로 4월에 열리지 못한 이유를 설명하지 않는다. 그것은 베트남공산당 지부들이 그때까지 대표를 선정하지 못했기 때문일 가능성이 높다.

13 코민테른 집행위원회에 보낸 쿠옥의 보고서는 아마 9월 말에 썼을 것이다. 이 보고서는 *Toan Tap I*, vol. 3, pp. 27-28에 수록되어 있다.

14 이 글은 A. Neuberg편, *Armed Insurrection*(London: NLB, 1970), pp. 255-71(강조는 원문)에 수록되어 있다. Pierre Rousset에 따르면 이 글은 코민테른의 새로운 책임자로 나중에 스탈린에게 숙청을 당하는 Ossip Piatnitsky의 명령으로 쓰였다. Erich Wollenberg가 글

의 편집을 도왔는데, 그가 나중에 한 말에 따르면 응우옌 아이 쿠옥은 중국공산당 지도부의 광저우 봉기 결정에 반대하면서 그것은 실패할 수밖에 없다고 말했다— Rousset, *Communisme*, pp. 62-63. Rousset는 쿠옥이 그 글을 썼다는 데 의문을 제기한다. 이 글에는 베트남 이야기가 나오지 않기 때문이다. 그러나 쿠옥은 아는 사람들에게 자신이 중국 혁명을 주제로 글을 쓴 적이 있다고 구체적으로 언급했다. 쿠옥의 견해에 대한 간략한 논의는 *Nguyen Ai Quoc o Quang Chau*[광저우의 응우옌 아이 쿠옥](Hanoi: Chinh tri Quoc gia, 1998), pp. 159-61 참조.

15 이런 논의와 동료들의 반응에 대한 응우옌 아이 쿠옥의 논평에 대해서는 응오 둑 치의 진술, SPCE, Carton 367, CAOM 참조. 쿠옥은 1930년 3월 코민테른에 보낸 보고서에서 당 일꾼들이 아직 확고하게 장악하지 못한 마을에서 때 이르게 '소비에트' 조직을 결성하는 것을 비판했다— "Bao cao gui Quoc te Cong san", pp. 35-36 참조.

16 이 문건은 *Van kien Dang(1930-1945)*[당 문건(1930-1945)], vol. 1(Hanoi: Ban nghien cuu lich su Dang truong uong, 1977), pp. 58-60에 수록되어 있다. 이 지령을 작성한 사람은 밝혀져 있지 않다. 지령의 유일한 사본은 코민테른 문서보관소에 보관되어 있었던 것이 분명하며, "Lettre du CC Comité région en Annam Concernant les Soviets, septembre 1930"이라는 주석이 붙어 있다. 이 지령에는 충 우옹(중앙)이라고 서명이 되어 있다. 당시 국내에는 공식 중앙위원회가 없었기 때문에, 나는 이것을 응우옌 아이 쿠옥이 작성했을 것이라고 결론을 내렸다. 찬 푸를 비롯하여 제1차 전체회의를 위하여 홍콩에 이미 와 있던 임시 중앙위원회 위원들의 도움을 받았을 수도 있다. 충 우옹은 당내에서 중앙지도부를 가리키는 일반적인 명칭이 되었다.

17 Trung Chinh, "Tinh chat tu phat cua xo viet Nghe Tinh"[응에 틴 소비에트의 자연발생적 성격], *NCLS*, no. 31(1961년 10월), p. 4에 인용. 이 잡지의 발행처는 분명치 않다.

18 이 회람의 프랑스어 번역판은 SPCE, 서류철 2637, Carton 326, CAOM에 수록되어 있다. 이 메시지는 지역위원회의 주의를 받기 전에 나온 것으로 보인다. 성위원회도 규율과 계획이 엉성했기 때문에 몇 주 동안 큰 손실을 겪었다는 점을 인정했다. 당시 암살이 몇 건이나 있었는지에 대해서는 정확한 정보를 얻을 수가 없었다.

19 응오 둑 치의 진술, SPCE, Carton 367, CAOM. 여러 참석자들의 회고를 보면 날짜가 차이 나는데, 그들 가운데 일부가 음력을 썼기 때문에 생긴 일일 것이다. 또 Bui Lam의 회의에 대한 회고, *Tap chi Cong san*[공산주의 평론], no. 9(1982년 9월)과 Nguyen Van Sau의 진술, SPCE, Carton 365, CAOM도 참조.

20 Nguyen Van Sau의 진술, SPCE, Carton 365, CAOM. 이 기간에 일어난 사건들은 순서가 약간 혼란스럽다. 상하이 여행은 회의를 열기로 최종 결정하기 전에 했을 수도 있다.

21 응오 둑 치의 진술, SPCE, Carton 367, CAOM; *Van kien Dang Toan tap*, vol. 2, p. 268. 다른 참석자들은 Tran Phu(Ly Quy), Le Mao(Cat), Nguyen Trong Nghia(Nhat), Ngo Duc

Tri(이상 코친차이나 대표), Ho Tung Mau(Ich), Bui Cong Trung, Bui Lam 등이었다. 홍콩에서 길을 잃은 대표는 *Tran Van Lam*(Giap)이었다. Bui Lam, "Nguyen Ai Quoc and the First Plenum of the Party Central Committee(10월)", in *Tap chi Cong san*, no. 9(1982년 9월), JPRS, no. 82,610에 번역되어 있다.

22 "L'Action déterminante de Nguyen Ai Quoc dans la création du Parti National Communiste Annamite"라는 제목의 보고서, 부록 1("Critique du travail"), SPCE, Carton 367, CAOM.

23 "Tho cua trung uong gui cho cac cap dang bo"[중앙이 당 각 지부에 보내는 편지], in *Van kien Dang*(1930-1945), vol. 1, pp.189-200. 프랑스어판은 "Lettre du CC au sections différentes", 1930년 12월 9일, SPCE, Carton 367, CAOM. 혁명의 "성장" 문제에 대한 흥미있는 논의는 Rousset, *Communisme*, p. 108 참조.

24 Tran Van Cung, *Buoc ngoat vi dai cua lich su cach mang Viet Nam*[베트남 혁명사를 위한 위대한 발걸음](Hanoi: Ban Nghien cuu lich su Dang, 연도 불명), pp. 78-79. 이 강령은 *Van kien Dang*(1930-1945), vol.1, pp. 61-77에 수록되어 있다. 응우옌 아이 쿠옥은 1924년 말 광저우에 도착했을 때 바로 그러한 경향을 두고 탐 탐 사를 비판한 적이 있다.

25 "Truyen don giai thiec viec doi ten Dang"[당명 변경 결정에 대한 발표], *Van kien Dang*(1930-1945), vol. 1, pp. 177-78. 또 "Thong cao cho cac xu uy"[모든 지역위원회에 보내는 지령], 같은 책, pp. 182-86.

26 "An nghi quyet cua trung uong toan the hoi nghi ve tinh hinh hien tai o Dong duong va nhiem vu cap kip cua Dang"[인도차이나의 현재 상황과 당의 긴급한 임무에 대한 중앙위원회 결의], 1930년 10월 보고서, 같은 책, pp. 78-92. 이런 견해들은 날짜 불명의 보고서 "Thu gui cho Dang Cong san Dong duong"[인도차이나공산당에 보낸 편지], in *Van kien Dang Toan tap*, vol. 2, pp. 284-314. 이 글을 쓴 사람은 찬 푸일 것이다.

27 "Thong cao cho dong chi"[동지들에게 보내는 지령], *Van kien Dang (1930-1945)*, vol. 1, pp. 169-71.

28 응오 둑 치의 진술, SPCE, Carton 367, CAOM. 중앙위원회의 다른 당원들의 이름 및 다양한 지역위원회의 중심 인물들의 이름은 T. C., "Cac co so", pp. 21-23; 서류철 18, Note Périodique(1931년 4-5월), in SLOTFOM, Series III, Carton 48, CAOM에 수록되어 있다.

29 응오 둑 치의 진술, SPCE, Carton 367, CAOM 참조. 또 Bui Lam, "Nguyen Ai Quoc". 베트남과 다른 지역의 일부 평론가들은 응우옌 아이 쿠옥이 10월 전체회의에 참석하지 못했다고 주장한다. 그러나 여러 증거로 볼 때 그가 참석한 것은 분명해 보인다.

30 *Van kien Dang*(1930-1945), vol. 1, pp. 175-81. 이 지령은 혼란스럽다. 찬 푸 분파가 10월에 표명한 견해와 많은 점에서 충돌하고 있기 때문이다. 하노이의 일부 학자들은 11월 회람은 응우옌 아이 쿠옥이 썼을지도 모른다고 추측하지만, 문건에는 상임위원회에서 발표한

다고 명시되어 있다. I. N. Ognetov, "Kominterni revoliutsionnoe dvizhenie vo V'ietname"[코민테른과 베트남의 혁명 운동], in *Komintern i Vostok*[코민테른과 동방](Moscow: 출판사 불명, 1969), p. 435 참조.

31 "Tho cua Trung uong ghi", pp. 189-200. 부르주아지의 반동적 성격에 대한 비슷한 논평은, "Thu gui cho Dang Cong", pp. 284-314 참조. 상임위원회는 통일전선을 그런 식으로 규정하면서 코민테른의 지령만 이행하려 했다. 눌랑이 인도차이나공산당에 보낸 편지, 1930년 11월 13일, *Van kien Dang Toan tap*, vol. 2, pp. 274-83.

32 "Thong cao cac xu uy"[모든 지역위원회에 보내는 지령], *Van kien Dang(1930-1945)*, pp. 201-11. 프랑스어판은 "Lettre du sécretariat aux organes régionaux", SPCE, Carton 367, CAOM 참조.

33 *Toan Tap I*, vol. 3, pp. 29-31.

34 응우옌 아이 쿠옥이 극동국 지부에 보낸 편지, 1931년 1월 29일, SPCE, Carton 367, CAOM.

35 같은 책의 날짜 불명의 편지. 문맥을 보면 이 편지는 2월 12일에 쓰여졌으며, 찬 푸의 이전 편지와 함께 발송되었다고 짐작할 수 있다.

36 서류철 127, Series III, in SLOTFOM, Carton 44, CAOM. 또 SPCE, Carton 368, CAOM도 참조.

37 르프랑이 상하이 극동국에 보낸 편지, 1931년 3월 7일, SPCE, Carton 364, CAOM.

38 "Nga"(응오 둑 치)로부터 얻은 정보, Note Confidentielle no. 1967, 1931년 5월 29일, SPCE, Carton 365, CAOM. 르프랑이 홍콩의 쿠옥에게 보낸 우편엽서는 같은 곳에 수록. 그 내용은 이렇다. "옛 친구에게, 나는 멋지지만 아주 더운 도시 사이공에서 잘 지내고 있습니다. 당신 사촌 둘은 만났습니다. 그들 둘이 아주 잘 나가고 있다는 소식을 전하게 되어 기쁩니다. 일요일에는 경마에 갔지만 한푼도 따지 못했습니다. 여기는 모든 일이 잘되고 있고, 내 일도 곧 끝날 것이라고 생각합니다. 나는 예정대로 홍콩으로 돌아갈 계획입니다. 따라서 곧 만날 수 있을 것입니다. 도착 날짜는 다시 알려 드리겠습니다. 안녕히, 폐랑."

39 안남 지역위원회의 집행위원회가 1931년 3월 3일 통킹 지역위원회에 보낸 편지, 하 틴 성위원회의 1931년 3월 25-31일의 결정, 둘다 Note Périodique, 1931년 5월, in Series III, SLOTFOM, Carton 49, CAOM. 응우옌 둑 칸은 1932년 7월 프랑스 당국에 처형되었다.

40 이 결의안은 *Van kien Dang(1930-1945)*, pp. 227-49에 수록되어 있다.

41 서류철 3, Note Périodique, 1931년 5월, in SLOTFOM, Series III, Carton 115에 따르면, 치는 4월 2일에 체포되었다. 심문을 받을 때 그에게는 "Nga"라는 이름이 주어졌다. 이후 몇 주 동안 호 퉁 마우, 응우옌 퐁 삭 등 다른 지도자들도 몇 명 체포되었다. 호 퉁 마우는 나중에 석방되었지만, 몇 달 동안 중부지방의 운동을 지도해온 삭은 처형되었다.

42 "Pis'mo TsK Indo-Kitaya", 1931년 4월 17일, 코민테른 문서보관소, Carton 495, folder

154, file 462. 응우옌 아이 쿠옥은 이 견해의 많은 부분에 동조했지만, 책임은 다른 데 돌렸다. 쿠옥은 4월 28일 "Vikotr"라는 이름으로 눌랑에게 보낸 편지에서 당원들 가운데 노동자나 농민 다수가 문맹이라고 말했다. 그들은 용기는 있었지만 사업 능력이 부족했으며, 이념적 자각 수준도 낮았다. 그 결과 그들은 전적으로 지식인들에게 의존하며, 테러리즘이나 폭동주의로 빠지는 경향이 강했다. Viktor의 편지, 같은 곳, Carton 495, folder 154, file 462 참조. 이 편지에서 그는 찬 푸가 탈출한 것이 4월 초라고 보고했다.

[43] 1931년 4월 2일 소인이 찍힌 이 편지는 코민테른 문서보관소, Carton 495, folder 154, file 462에 보관되어 있다. 눌랑은 인도차이나공산당 내의 문제 가운데 일부가 응우옌 아이 쿠옥과 찬 푸 사이의 개인적 갈등에 뿌리를 두고 있다는 사실을 인식하게 되었다. 그는 1931년 5월 20일 세르주 르프랑에게 보낸 편지에서 쿠옥과 인도차이나공산당 중앙위원회의 관계가 별로 좋지 않지만, 쿠옥이 결국 동료들과의 어려움을 해결할 수 있을 것이라고 말했다. 상하이에서 뒤크루에게 보낸 편지, 1931년 5월 20일, SPCE, Carton 364, CAOM 참조.

[44] Viktor가 보낸 편지, 1931년 4월 20일과 24일, SPCE, Carton 365, CAOM.

[45] 찬 푸의 죽음에 대해서는 식민부에 보내는 편지, 1933년 3월 22일, SPCE, 서류철 640, Carton 55, CAOM과 Ton Quang Duyet, "Mot vai y kien bo sung ve lich su hai dong chi Tran Phu va Nguyen Thi Minh Khai"[찬 푸 동지와 응우옌 티 민 카이 동지의 전기에 대한 몇 가지 견해], *NCLS*, no. 139(1971년 7-8월) 참조.

[46] Tran Huy Lieu, *Les Soviets*, p. 40. 운동의 쇠퇴에 대한 보고서들은 SLOTFOM, Series III, Carton 49, CAOM에 수록되어 있다.

[47] 가뭄에 대한 정보는 1931년 6월 27일 M. Favre의 보고서, SPCE, 서류철 2686, Carton 333, CAOM에 수록되어 있다.

[48] 코민테른 문서보관소, 1931년 5월 12일자 편지, Carton 495, folder 154, file 569.

[49] Ton Quang Duyet, "Mot vai y kien".

[50] 람 둑 투가 말하는 응우옌 아이 쿠옥에 대한 투옛 민의 감정은 Lesquendieu (Le Quang Dat), 1931년 10월 28일, SPCE, Carton 367, CAOM에 수록되어 있다. 그녀가 홍콩에서 쿠옥을 만났다는 소문에 대해서는 같은 곳 참조. 람 둑 투에 따르면 그때 그녀는 이미 재혼한 몸이었다. 응우옌 아이 쿠옥이 투옛 민에게 보낸 짧은 편지는 프랑스 문서보관소에 보관되어 있다—Daniel Hémery, *Ho Chi Minh: De l'indochine au Vietnam*(Paris: Gallimard, 1990), p. 145 참조.

[51] 날짜 미상의 두 편지는 코민테른 문서보관소, Carton 495, folder 154, file 469에 보관되어 있다. 홍콩에서 민 카이(두이라는 이름 사용)의 체포에 대한 자료는 Nguyen Van Sau의 진술서, 1931년 9월 3일, SPCE, Carton 367, CAOM에 보관되어 있다.

[52] 응우옌 아이 쿠옥이 CC/CPM[말레이공산당 중앙위원회]에 보낸 편지, 1931년 5월 9일. Ly Phat[응우옌 아이 쿠옥]이 조셉 뒤크루에게 보낸 편지, 1931년 5월 15일, SPCE, Carton

364, CAOM 참조. 사라지는 잉크로 쓴 두 번째 편지에서 쿠옥은 인도차이나와의 연계가 여전히 끊어져 있으며, 시암공산당과의 연계도 마찬가지라고 말했다. "중국인 친구"를 잃은 뒤에는 말레이반도와의 "다른 통로"도 망가졌다. 편지를 쓴 사람은 시암공산당에 "너무 오랫동안 태만했으니" 그 당과 함께 일해달라고 뒤크루에게 요청했다. 눌랑은 5월 20일에 르프랑에게 보낸 편지에서 말레이공산당과 연락이 끊어졌으니 그 당의 활동에 대해 보고해달라고 요청했다. "중앙은 있습니까? 대중 사업은 하고 있습니까?" 그는 르프랑에게 네덜란드령 동인도제도에서 활동하는 사람, 특히 힌두인을 찾아달라고 부탁했다. 같은 곳 참조.
53 싱가포르로부터의 전문, 1931년 6월 2일과 편지, 프랑스 영사, 홍콩, 1931년 6월 10일, 둘 다 SPCE, Carton 365, CAOM에 보관되어 있다. 또 Jean Onraet, *Singapore: A Police Background*(London: Dorothy Crisp, 1941), pp. 110-15도 참조.
54 쿠옥이 4월에 사람을 통해 찬 푸에게 마지막 편지를 보냈을 때, 프랑스 당국은 그 편지를 입수하고 그가 홍콩에 있다는 사실을 알았다―Dang Hoa, *Bac Ho: Nhung nam Thang o Nuoc Ngoai*[호 아저씨: 해외에서 보낸 세월](Hanoi: Thong tin, 1990), p. 91 참조. 프랑스 영사는 그의 홍콩 주소가 탄 추옹 로드 104번지라고 보고했다. Onraet은 그의 주소가 카이 이 스트리트 49번지라고 하는데, 이곳은 그의 사무실 위치였을 수도 있다. 호치민은 회고록에서 자신이 주룽의 탐 룽 로드 186번지에서 체포되었다고 밝혔다―T. Lan, *Vua di duong, vua ke chuyen*[걸으며 말하며](Hanoi: Su that, 1976), p. 40 참조. 그의 체포 상황에 대해서는 전보, 사이공 치안국이 Dirsurge[치안총국 국장]에게, Hanoi, 1931년 6월 2일과 편지, 홍콩의 프랑스 영사, 1931년 6월 10일(둘 다 SPCE, Carton 365, CAOM에 수록) 참조. 또 하노이 치안총국이 상하이 프랑스 조계에 보낸 전문, 1931년 9월 26일, SPCE, Carton 368, CAOM도 참조.

7. 광야로

1 국제적색원조(International Red Aid)는 세계 전역의 어려움에 처한 혁명 활동가들을 지원하기 위해 세워진 조직이다. Frederick S. Litten에 따르면 경찰은 르프랑의 소지품 가운데서 눌랑의 전신 주소를 발견했다. 상하이 당국은 수사 끝에 눌랑이 몇 개 주소에서 활동한다는 것을 밝혀냈으며, 결국 상하이의 상업지구 중심가인 난징로의 중앙 아케이드 건물에 있는 그의 사무실 열쇠를 찾아냈다. 그들은 이곳에서 그가 코민테른 요원으로 활동했다는 결정적 증거를 발견했다. Litten, "The Noulens Affair", in *China Quarterly*, no. 138(1994년 6월), p. 494 참조. 일레르 눌랑은 때로는 Paul Ruegge와 동일인물로 여겨지기도 했으나, 독일의 공산주의자 Willi Munzenberg의 부인 Babette Gross는 급진 운동에 참여했던 스위스인 Ruegge 부부는 당시 모스크바에 있었다고 주장한다. 영국 학자 Dennis Duncanson이 찾아낸 자료에 따르면 당시 소비에트 당국은 소련을 방문한 대표들의 여권을 훔쳐 해외에서 활동하는 요원들에게 복제해주거나 빌려주었다고 한다. Babette Gross, *Willi Munzenberg*

(Stuttgart: 출판사 불명, 1967), p. 235, Dennis Duncanson 참조, "Ho Chi Minh in Hong Kong, 1931-1932", *China Quarterly*, no. 57(1974년 1-3월), fn 25에 인용. 현재는 눌랑이 Luft 또는 Jakov Rudnik라는 우크라이나인이라고 보는 견해가 우세하다. Litten, "Noulens Affair"와 Frederick Wakeman, Jr., *Policing Shanghai, 1927-1937*(Berkeley: University of California Press, 1995), pp. 149-150 참조. Wakeman에 따르면 눌랑 부부는 1930년대 말 스탈린이 숙청을 자행했을 때 제거된 것으로 보인다. 1931년 7월 4일자 〈*South China Morning Post*〉는 눌랑과 그의 부인 Van der Cruysen이 벨기에인이 아니라는 벨기에 영사의 말을 전하고 있다—SPCE, Carton 365, CAOM 참조.

2 Gov Tel 124, 1931년 7월 1일, Gov Tel 142, 1931년 7월 24일, 둘다 CO 129/535/3에 수록. 응우옌 아이 쿠옥의 체포에 대한 공표된 자료 가운데 가장 유용한 것은 Duncanson의 "Ho Chi Minh in Hong Kong"이다.

3 Duncanson, "Ho Chi Minh in Hong Kong", p. 92. T. Lan, *Vua di duong, vua ke chuyen*[걸으며 말하며](Hanoi: Su that, 1976), p. 41에서 호치민은 나중에 호 퉁 마우가 그의 체포 소식을 듣고 로스비에게 말을 했는데, 로스비는 식민지에서 활동하는 공산주의자들과 연계가 있었다고 설명했다.

4 Duncanson, "Ho Chi Minh in Hong Kong," pp. 91-94.

5 외무부의 Howard Smith가 식민부 차관에게 보낸 편지, 1931년 7월 28일, CO 129/539/2, PRO. 또 Duncanson, "Ho Chi Minh in Hong Kong," p. 93도 참조.

6 Calder의 메모, 1931년 8월 14일과 17일, Ransom, 1931년 8월 4일, "응우옌 아이 쿠옥의 체포" 서류철, CO 129/535/3, PRO.

7 〈*Hong Kong Weekly Press*〉, 1931년 8월 28일. 응우옌 아이 쿠옥은 추방 수사 과정에서의 불법 행위에 대한 피해 보상으로 7천5백 홍콩달러를 받았다. Duncanson, "Ho Chi Minh in Hong Kong", pp. 93-95 참조. 프랑스 정보 자료에 따르면 Le Ung Thuan으로 밝혀진 젊은 여자가 8월 20일 빅토리아 감옥에서 석방되었다. 그녀는 9월에 난징에 도착했으며, 시아버지이자 인도차이나 공산당과 밀접한 유대가 있는 국민당 장교인 호 혹 람의 집에 머물렀다(8장 참조). 판 보이 차우도 프랑스측에 체포되기 전 호 혹 람의 집에 묵었다. 치안총국이 프랑스 상하이 조계에 보낸 하노이 전보, 1931년 9월 26일, SPCE, Carton 368, CAOM. 그녀는 떠나기 전 응우옌 아이 쿠옥의 요청에 따라 그를 면회하였으며, 그의 지침을 실행하기 위해 상하이로 가겠다고 말했다. 피노의 보고서, Envoi no. 624, 1931년 9월 8일, 1931년 9월 9일 보고서의 첨부 메모, S. G. Néron 서명, 같은 책.

8 T. Lan, *Vua di duong*, p. 49. 호가 간호사에게 한 말을 문자 그대로 번역하면 "파란 칼라를 단 직원들[중국인 간호사들]이 빨간 칼라를 단 상급자들[영국의 수간호사들]로부터 명령을 받지 않기" 하겠다는 것이다. 그가 병원에서 시간을 보낸 방법에 대한 이야기들은 *Glimpses/Life*, pp. 37-38과 피노의 보고서, Envoi no. 624, 1931년 9월 8일, "Rapports d'

agents 1931" 서류철, SPCE, Carton 369, CAOM 참조. 또한 Ly Ung Thuan이 람 둑 투에게 보낸 편지, Envoi, no. 633, 1931년 10월 24일, 같은 책도 참조.

[9] Phac Chan(람 둑 투)에게 보낸 편지, 1931년 6월 6일과 람 둑 투에게 보낸 편지, Envoi no. 640, 1931년 11월 30일, SPCE, Carton 367, CAOM. 프랑스 자료들은 쿠옥이 홍콩에서 활동하는 중국 공산주의자들의 도움을 받아 그곳을 떠날 준비를 하려 했다고 주장하지만(Néron 이 Perdue에게 보낸 편지, 1931년 9월 15일, SPCE, Carton 368, CAOM 참조), 중국인들의 도움을 받지는 못했던 것 같다.

[10] 응우옌 아이 쿠옥의 가족에 대한 추가 정보는, Glimpses/Childhood, pp. 101-11 참조. 이 자료에 따르면 제국 당국은 응에-틴 봉기 뒤에 킴 리엔 마을을 불태워버리려 했으나 응우옌 티 타인의 줄기찬 저항 때문에 그 생각을 버렸다. 이 기간 동안 쿠옥의 첫 번째 부인 탕 투옛 민의 활동에 대해서는 보고가 엇갈린다. 상하이의 쿠옥의 동료 레 쾅 닷(Lesquendieu) 은 프랑스로부터 심문을 받을 때, 쿠옥이 1929-30년 겨울에 아내가 자신을 만나러 홍콩에 온 적이 없다는 말을 했다고 진술했다. 그러나 람 둑 투는 노엘에게 그녀가 쿠옥을 만나러 홍콩으로 갔을 뿐만 아니라, 그가 체포된 뒤에는 로스비에게 그의 사정을 묻기까지 했다고 말했다. 노엘의 보고서, Envoi no. 660, 1932년 5월 23일, SPCE, Carton 369, CAOM; "Mission Laurent" 서류철, 같은 곳; "Arrestation" 서류철, SPCE, Carton 365, CAOM; 하노이 보고서, 1931년 10월 28일, SPCE, Carton 367, CAOM 참조. 쿠옥이 1926년 1월 형 키엠에게 중국 돈 50위안을 보냈다는 이야기에 대해서는 Police de l'Indochine Annam (Sogny) à DirAfPol[정치업무 책임자] et de SurGe[치안총국], note confidentielle no. 45, Hué, 1926년 9월 1일, "Nguyen Ai Quoc 1926-1927", SPCE, Carton 368, CAOM 참조. 그의 아버지의 죽음에 대해서는 Annexe à la transmission no. 777/SG du 2 juin 1930, "Correspondances 1927 à 1930" 서류철, 같은 책. 응우옌 티 타인은 당국의 허락을 받아 아버지의 임종을 지켰고, 아버지 유해를 킴 리엔으로 가져갔다: Glimpses/Childhood, p. 105.

[11] Burton이 Bushe에게, 1931년 10월 6일; Cowell의 편지, 1931년 12월 30일; C. Howard Smith(외무부)가 Shuckburgh(식민부)에게, 1931년 10월 15일; 모두 CO에 수록. 홍콩 총독은 응우옌 아이 쿠옥을 무한정 잡아두는 것을 망설였던 것이 분명하다. 추밀원에서 정부의 조치에 반대되는 결정을 내리면 자신의 입장이 곤란해질 것이라고 생각했기 때문이다. Cowell의 편지, 1931년 12월 31일, CO, PRO 참조.

[12] Jacques Truelle의 편지, 1931년 12월 22일, CO, PRO.

[13] D. N. Pritt의 회고, 하노이의 호치민 박물관. 스태퍼드 크립스가 자신의 정치적 성향을 따른 것이라는 주장에 대해서는 Duncanson, "Ho Chi Minh in Hong Kong," p. 98 참조. 크립스는 나중에 노동당의 유명한 정치가가 되어 소련 주재 영국 대사를 지내기도 했다. 쿠옥이 영국 정보원이 되기로 합의했다는 이야기는 Hoang Van Chi, From Colonialism to

Communism(New York: Praeger, 1964), p. 50에 나온다. 저자는 프랑스측으로부터 이 소문을 들었고, 또 그것을 믿었던 것으로 보인다. "Fiche pour l' inspection évolution générale des forces communistes en Indochine, début 1950", 서류철: CAEO/2b, VI. Viet minh, I, Renseignements généraux, Service Historique de l' Armée de l' Air(Paris).

[14] 국무장관(124)이 홍콩 총독에게 보낸 편지, 1932년 10월 8일, 홍콩이 Cunliffe-Lister에게 보낸 편지, 1932년 10월 27일, 홍콩 총독이 P. Cunliffe-Lister에게 보낸 편지, 1933년 1월 31일, CO.

[15] 정치적 이유로 응우옌 아이 쿠옥을 석방한다는 결정 때문에 홍콩과 싱가포르의 일부 영국인 경찰관들은 분노했다. 그들은 그 조치로 인해 이 지역의 공안을 유지하는 것이 더 어려워질 것이라고 주장했다. Note sur Nguyen Ai Quoc, signé Tessier, 1933년 2월 12일, "Hong Kong" 서류철, Consul de France à Singapour "Ballereau"의 사본 위에 손으로 쓴 메모, Ballereau 서명, GouGen Indochine, no. 16, 1933년 3월 14일, "Singapore"라고 적힌 서류철, SPCE, Carton 369, CAOM. 로스비 부인은 1969년 9월 14일자 〈뉴욕타임스〉에 실린 글에서 이 사건들에서 자신이 했던 역할을 이야기했다. 또 Duncanson, "Ho Chi Minh in Hong Kong," p. 99도 참조.

[16] 왜 응우옌 아이 쿠옥이 샤먼에서 아누이 호를 내렸는지는 불분명하다. 최종 목적지인 상하이에서 체포될까 봐 걱정했을 수도 있다. 사실 홍콩의 프랑스 영사는 영국 경찰과 좋은 관계를 유지하고 있었으며, 1월 말 상하이의 프랑스 당국에 쿠옥이 홍콩을 떠났다는 정보를 알려주기도 했다. 그래서 상하이의 프랑스 경찰은 그가 상하이에 숨어 있을지도 모른다고 확신했던 것 같다. Consulat de France Hong Kong à Gougal, no. 8, 1933년 1월 22일, "Projet d' échange……" 서류철과 DirSurGe(Marty) à Consulat de France Shanghai, no. 979, 1933년 1월 10일, 서류철 "Correspondance 1932" 서류철, SPCE, Carton 369, CAOM. 베트남 자료에 따르면 쿠옥은 7월이 되어서야 아모이를 떠났다. BNTS, II, p. 42 참조. 또한 T. Lan, p. 43 참조. 쿠옥의 동료 응우옌 루옹 방은 그가 샤먼에서 여섯 달 머물렀다고 회고했다.

[17] 인용 부분은 T. Lan, Vua di duong, p. 51 참조. 이 자료에 따르면 쿠옥은 문간의 하인에게 메모를 건네주었다. 다른 자료로는 Charles Fourniou와 Leo Figuerès, Ho Chi Minh: Notre Camarade(Paris: Editions Sociales, 1970), pp. 115-116과 응우옌 루옹 방의 글 Nash Prezident Ho Shi Minh[우리의 주석 호치민](Hanoi: Foreign Languages Press, 1967), p. 102. Kobelev, p. 110은 그가 상하이에서 휴가를 온 부자 중국인 행세를 했다고 주장한다.

[18] T. Lan, Vua di duong, pp. 55-56.

[19] Nguyen Khanh Toan, "En URSS avec 'Oncle Ho'", Souvenirs, p. 145; 장례식에 대한 자료는 p. 143에 나온다. 또 Kobelev, p. 114도 참조.

[20] Kobelev, p. 115. Anatoly A. Sokolov에 따르면 쿠옥은 1934년 10월 레닌 대학에 입학했다. 그의 모스크바에서의 생활에 대한 자료는 Sokolov, Komintern i V ietnam(Moscow:

Iv Ran, 1998), pp. 85-86 참조. 응우옌 아이 쿠옥이 모스크바에 도착한 시점을 정확하게 알기는 어렵다. Nguyen Khanh Toan은 1933년 초에 쿠옥을 모스크바에서 보았다고 하는데, 이것은 착각일 가능성이 많다. 응우옌 아이 쿠옥 자신이 당시에 쓴 짧은 전기에 따르면, 그는 1934년 7월에 모스크바에 도착하여, 크림에서 몇 달을 보냈고, 그해 말에 레닌 대학에 입학했다고 한다. 그러나 그의 이야기에는 다른 날짜들이 너무 부정확하여 날짜에 대해서는 신빙성이 떨어진다. 그의 "Avtobiografiya", 1938년 4월 17일, 코민테른 서류철, Carton 495, folder 201, file 132 참조.

[21] Jean Lacoutrue, *Ho Chi Minh: A Political Biography*, Peter Wiles 역(New York: Vintage, 1968), p. 69.

[22] 쿠옥의 재판을 둘러싼 추측에 관해 알려준 하노이 역사연구소의 Do Quang Hung 씨에게 감사드린다. Sophie Quinn-Judge 역시 모스크바에서 재판에 관한 이야기들을 들었고 그 이유에 대해서도 추측을 하고 있다—그녀의 "Ho Chi Minh: New Perspectives from the Commintern Files", *The Vietnam Forum*, no. 14(1994), p. 73 참조. Sokolov는 쿠옥이 1930년대 중반에 모스크바에 있는 동안 드미트리 마누일스키와 베라 바실리에바를 만났다는 사실 외에는 아무런 이야기를 하지 않는다.

[23] 같은 책에 인용, 모스크바, Carton 495, folder 154, file 586을 인용. 바실리에바의 딸은 이 기간 동안 응우옌 아이 쿠옥이 그들 집을 자주 찾아왔으며, 그가 수많은 "민족의 밤" 행사에 참여했다고 기억한다—Sokolov, *Komintern*, p. 87 참조. Quinn-Judge(p. 80, 주 34)에 따르면, 바실리에바의 남편 Mark Zorkii는 1930년대에 고발을 당했지만, 그녀 자신은 체포된 동료들의 부인들을 보호하는 일에 용감하게 나서곤 했다고 한다. 이것은 다른 자료들에 나오는 기록과 일치한다.

[24] 레 홍 퐁의 중국 도착은 Note Périodique, 1935년 2사분기, 서류철 35, SLOTFOM, Series III, Carton 54, CAOM에 수록되어 있다. 또한 Nguyen Van Khoan과 Trieu Hien, "Le Hong Phong tim bat lien lac voi Dang"〔레 퐁, 당과 연대를 확립하려 하다〕, *Xua Nay*, 1997년 9월, pp. 9-11과 Pham Xanh, "Su no luc cua Quoc te Cong san trong viec khoi phuc phong trao cach mang Viet Nam"〔베트남 혁명 운동을 소생시키기 위한 코민테른의 노력〕, *Tap chi Lich su Dang*(Hanoi), no. 25, 1989, p. 31도 참조. 해외집행위원회에 대해서는 Notes Périodiques, 1932년 11월과 12월, SLOTFOM, Series III, Carton 52, CAOM 참조.

[25] *Tap chi Cong san*〔공산주의 평론〕에 실린 쟈우의 글에 따르면 당시에 코친차이나에서는 노동자들과 혁명 사업을 하는 것이 농민들과 혁명 사업을 하는 것보다 더 어려웠다. 공장으로 뚫고 들어가기 어렵다는 것도 한 가지 이유였다. Note Périodique, 1934년 1사분기, annex 9, SLOTFOM, Series III, Carton 52, CAOM 참조.

[26] 레 홍 손에 대해서는 Note Périodique, 1933년 1사분기, SLOTFOM, Series III, Carton 52, CAOM 참조. 또 "홍 손의 심문", 1932년 10월 24일, SPCE, Carton 367, CAOM 참조. 이 시

기 인도차이나공산당의 활동에 대한 프랑스의 보고서는 Note Périodique, 1933년 2사분기, SLOTFOM, Series III, Carton 52, CAOM 참조. 경찰의 무력감에 대한 인용은 Note Périodique, 1933년 3사분기 보고서, 같은 곳 참조.

27 Note Périodique, 1933년 2사분기, SLOTFOM, Series III, annex 9, Carton 52, CAOM. 이에 대한 논의로는 Duiker, *The Comintern and Vietnamese Communism*(Athens, Ohio: Ohio University Center for International Studies, 1975), p. 28 참조. 통킹에서의 활동에 대해서는 Note Périodique, 1934년 2사분기, SLOTFOM, Series III, annex 9, Carton 52, CAOM 참조. 이 자료에 따르면 하노이에는 1934년 초에 임시 지역위원회가 수립되었다. 그러나 그날로 프랑스 당국에 지도자들과 조직망을 이루는 당원들 다수가 체포되었다. 이 자료는 또 빈에도 임시 지역위원회가 수립되었다고 말한다. 감옥에서 석방된 사람들에 대한 언급은 SLOTFOM, Series III, Note Périodique, 1934년 3사분기, annex 9, Carton 52, CAOM에 수록되어 있다.

28 이 인용들은 모두 *Bolshevik*, Note Périodique, no. 34, 1934년 4사분기, annex 9, in SLOTFOM, Series III, annex 9, Carton 52, CAOM에 수록. 행동 강령 작성에 대한 자료는 Nguyen Van Khoan과 Trieu Hien, "Le Hong Phong" 참조. 강령의 베트남어 판본은 *Van kien Dang(1930-1945)*[당 문건(1930-1945)], vol. 1(Hanoi: Ban nghien cuu Lich su Dang Troung uong, 1977), pp. 292-324; 논의에 대해서는 Pierre Rousset, *Communisme et nationalisme vietnamien*(Paris: Editions Galilée, 1978), pp. 125-126 참조. 오늘날 베트남의 역사가들은 이 강령이 너무 좌익적이어서 당대의 요구에 부응할 수 없었다는 데 동의한다. 예를 들어, Tran Huy Lieu, *Lich su tam muoi nam chong Phap*[반프랑스 80년 투쟁사], vol. 2(Hanoi: Van su dia, 1958) 참조. I. N. Ognetov는 1932년 3월 ECCI 회의에서 인도차이나공산당에 대오 내의 프티 부르주아적 관념들과 싸울 것을 요청하면서, 동시에 설익은 전면봉기와 같은 관념에 중독된 "좌익 일탈주의"와 "모험주의"를 비판했다. Ognetov에 따르면, 그런 강령이 발표된 것은 당 내에 프티 부르주아 영향력이 늘어난 결과였다—그의 "Komintern i revoliutsionnoe dvizhenie vo V'ietnam"[코민테른과 베트남의 혁명 운동], in *Komintern i Vostok*[코민테른과 동방](Moscow: 출판사 불명, 1969), pp. 435-37 참조.

29 Daniel Hémery, *Revolutionnaires vietnamiens et pouvoir colonial en Indochine*(Paris, 1975), pp. 53-54. 인용은 *Bolshevik*, no. 5, 1934년 12월, Note Périodique, 1935년 1사분기, annex, SLOTFOM, Series III, Carton 54, CAOM. 하 후이 탑은 Hong The Cong[적색이 공산주의를 부른다]이라는 가명으로 글을 썼다. 오랜 세월이 흐른 뒤 나는 탑의 형제 Ha Huy Giap과 하노이에서 인터뷰를 했다. 그는 반봉건에만 초점을 맞춘 탑이 틀렸고, 반제국주의와 반봉건주의적 임무를 결합한 응우옌 아이 쿠옥이 옳았다고 인정했다.

30 이 결의안은 Note Périodique, 1935년 2사분기, annex 1, p. 6, SLOTFOM, Series III,

Carton 54, CAOM에 보관되어 있다. 민족개량주의자 명단에 응우옌 안 닌이 포함된 것은 특히 놀라운 일이다. 그는 이미 사이공의 인도차이나공산당 지도부와 협력하고 있었기 때문이다. 프랑스의 한 보안부서의 보고에 따르면 이 회의에는 Nguyen Van Dut, Tran Van Chan, Nguyen Van Than 등도 참석했다고 한다. Note Périodique, 1935년 2사분기, SLOTFOM, Series III, Carton 54, CAOM 참조.

31 Orgwald note in SLOTFOM, Series III, Carton 54, CAOM 참조. 저자의 정체에 대해서는 오랫동안 논란이 있었다. Charles B. McLane은 그의 Soviet Strategies in Southeast Asia(Princeton, N. J.: Princeton University Press, 1966)에서 저자가 응우옌 아이 쿠옥일 것이라고 추측했다. 그러나 이것은 잘못이라고 본다. 쿠옥은 1934년 초에 모스크바에 갔기 때문이다(pp. 163-164). 치안국에서는 저자가 우크라이나 출신의 코민테른 관리 드미트리 마누일스키라고 보는데, 그는 오랫동안 인도차이나공산당에 자문 역할을 해왔다. Sophie Quinn-Judge는 모스크바 문서보관소에서 찾아낸 자료들을 근거로 같은 의견을 제시하고 있다. 모스크바 문서보관소에서 광범위한 연구를 한 베트남의 역사가 Do Quang Hung은 Orgwald라는 사람이 실존했다고 생각하는데, 그는 모스크바에서 George Dimitrov의 분파에 속해 있었다고 한다(1990년 12월 15일 Do Quang Hung과의 대화). 이 문제에 대한 최근 논의로는 Anatoly A. Sokolov, "Psevdonimyi Ho Shi Mina kak opyt izucheniya politicheskoi biografii"[정치적 전기 연구에서 하나의 경험으로서 호치민의 가명들], in Traditsionnyi V'ietnam: Sbornik statei[전통 베트남: 논문집](Moscow: Vietnamese Center, 1933), pp. 216-17, fn 39 참조. Sokolov는 그 이름을 한 사람 이상이 사용했을지도 모른다고 주장한다. 필자는 Orgwald가 마누일스키였다는 프랑스쪽 견해를 받아들이고 싶다.

32 원문은 1934년 8월 5일 Communist International에 발표되었으며, 나중에 트로츠키주의적인 잡지 Partisans, 48호(1969년 6-8월)에 재수록되었다. 프랑스어판은 Note Périodique, 1934년 3사분기, annex, 서류철 32, SLOTFOM, Series III, Carton 52, CAOM에 수록되어 있다. 인용은 Pierre Rousset, Le Parti Communiste Vietnamien(Paris: François Maspero, 1975), pp. 69-70에서. 편지 저자가 누구인지는 논란의 대상이다. Rousset은 코민테른의 소비에트 관리가 쓴 것일지도 모른다고 추측한다. Sophie Quinn-Judge는 캉 성이나 Wang Ming이 썼을지도 모른다고 하는데, 이들은 당시 둘다 모스크바의 중국공산당 중앙위원회 대표로 일하고 있었으며, 아시아 혁명에 대하여 매우 분파적인 관점을 가지고 있었다.

33 Note Périodique, 1935년 2사분기, (3월), pp. 21, 58, 서류철 35, SLOTFOM, Series III, Carton 54, CAOM. 인도차이나공산당 대회는 마카오에 있는 하 후이 탑의 방 세 개짜리 아파트에서 열릴 예정이었으며, 유일한 침대는 코민테른 대표자에게 주기로 했다(같은 책, p. 62). 또 Nguyen Van Khoan과 Trieu Hien, "Le Hong Phong," p. 10 참조.

34 찬 반 쟈우의 여행과 관련한 프랑스측의 정보에 대해서는 Note Périodique, 1935년 2사분

기 (3월), 서류철 35, SLOTFOM, Series III, Carton 54, CAOM 참조. 하 후이 탑의 의심은 코민테른에 보낸 편지에 나와 있다. 베라 바실리에바는 1931년 3월 17일자 편지에서 탑에게 의심스러운 경우에는 용의자를 당 내의 책임 있는 지위에서 축출하고, 본부를 옮기고, 의심이 사실인지 확인해보라고 충고했다. 탑이 나중에 쟈우가 프랑스의 앞잡이가 아니었을 수도 있다고 인정한 부분은 1935년 4월 4일자 모스크바에 보낸 보고서에 수록되어 있는데, 이것은 코민테른 문서보관소, Carton 495, Folder 154, File 586에 보관되어 있다. 그 편지에서 탑은 "쟈우가 당 대회에 참석하기 위해 집에서 나서기 2시간 전 치안국의 자동차 8대가 그를 체포하러 왔다"고 말했다. 이것은 쟈우가 3월 중순, 즉 대회 며칠 전에 마카오를 떠났으며, 5월에 사이공에서 체포되었다는 다른 자료의 내용과는 일치하지 않는다. 어쩌면 그는 3월 18일 대회에 참석하러 가는 길에 마카오에서 체포되었는지도 모른다.

[35] 하 후이 탑의 불만은 그가 1935년 4월 4일과 20일에 모스크바에 보낸 편지, 코민테른 문서보관소, Carton 495, Folder 154, File 586에 수록되어 있다. 또한 SLOTFOM, Series III, Carton 113, CAOM도 참조. 응우옌 후 칸은 그의 동료들에게 자신은 대회 계획과 관련하여 프랑스측을 혼란에 빠뜨리기 위해 영사관에 갔다고 주장했다. 탑은 그의 설명을 받아들이지 않았지만, 프랑스측 자료들은 치안국 역시 그를 믿지 않았음을 보여준다—Note Périodique, 1935년 2사분기, pp. 62-65, 서류철 35, SLOTFOM, Series III, Carton 52, CAOM 참조. 인도차이나공산당 자료에 따르면 요리사 응우옌 반 참은 여성 동료를 강간한 직후 도주했다. 그녀는 이 과정에서 입은 부상으로 사망했다.

[36] 대회 문건들을 보면 서열상 해외집행위원회를 중앙위원회보다 더 높게 생각했다는 것을 알 수 있다. 해외집행위원회는 3명의 상임위원회를 포함하여 5 내지 7명으로 구성되었다. Note Périodique, 1935년 4사분기 (3월), 서류철 37, SLOTFOM, Series II, Carton 54, CAOM 참조. 마카오 대회를 연기한 이유들에 대해서는 해외집행위원회의 하 후이 탑이 1935년 3월 31일 코민테른에 보낸 편지 참조. 이 편지는 코민테른 문서보관소와 하노이의 호치민 박물관에 보관되어 있다.

[37] 모스크바에 보낸 편지, 1935년 4월 20일, 코민테른 문서보관소, Carton 495, Folder 154, File 586. 탑의 모스크바 보고서에서 가장 눈에 두드러지는 것은 "앞잡이"에 대한 거의 병적인 공포이다. 탑이 응우옌 아이 쿠옥을 대단히 불신했다는 사실은 3월 31일자 편지에서, 모스크바의 코민테른 관리들을 위해 대회 문건들을 번역할 때 "오역"에서 생기는 정치적 오류들에 대해서는 쿠옥이 전적으로 책임을 져야 한다고 말한 대목에서도 드러난다.

[38] 1935년 1월 16일자 쿠옥의 편지는 하노이의 호치민 박물관에 보관되어 있으며, 프랑스어로 씌어 있다. 베트남어 번역은 *Toan Tap I*, vol. 3, pp. 55-59에 실려 있다.

[39] 다른 베트남 대표들의 연설이나 레 홍 퐁의 연설은 *Van kien Dang(1930-1945)*, vol. 2, pp. 7-41에 베트남어로 번역되어 수록되어 있다. 지금까지 치안국을 비롯한 많은 저자들은 레 홍 퐁의 연설을 응우옌 아이 쿠옥의 연설이라고 잘못 알고 있었다. 현재는 "Chayan"—

Hai An의 轉訛―이 레 홍 퐁임이 분명하다. Rousset, *Le Parti Communiste*, p. 70과 Note Périodique, 1935년 4사분기, 서류철 37, SLOTFOM, Series II, Carton 52, CAOM 참조.

[40] 쿠옥이 제7차 대회에 참석했다는 사실을 입증하는 설문지가 하노이 호치민 박물관에 보관되어 있다. 이 자료는 *BNTS*, vol. 2, pp. 51-52에 재수록되어 있다. 연회는 같은 책, p. 50에 언급되어 있다.

[41] 민 카이가 아시아로 돌아온 날짜에 대해서는 의견이 분분하다. Sophie Quinn-Judge는 민 카이가 모스크바를 떠난 날짜를 1937년 2월로 보고 있다. Ton Quang Duyet에 따르면 그녀는 1936년에 돌아왔다―"Mot vai y kien bo sung ve lich su hai dong chi Tran Phu va Nguyen Thi Minh Khai"[찬 푸 동지와 응우옌 티 민 카이 동지의 전기에 대한 몇 가지 견해], *NCLS*, no.139(1971년 7-8월) 참조. 결혼식에 대해서는 Kobelev, pp. 116, 118 참조. 그녀가 자신의 정체에 대한 의심을 피하기 위해 코민테른 대회 동안 쿠옥의 부인이라고 신분을 밝혔을지도 모른다는 가설도 있으나 이 주장은 설득력이 없다. 베라 바실리에바의 딸은 응우옌 아이 쿠옥이 Phan Lan이라고 하는 젊은 여자와 함께 자주 어머니의 아파트를 찾아왔다고 회상한다―Quinn-Judge, "Ho Chi Minh", p. 76 참조. 소련에서 쿠옥의 "임시 부인"과 자식에 대한 자료는 Hoang Van Chi, *From Colonialism*, p. 51; Bao Dai, *Le Dragon d'Annam*(Paris: Plon, 1980), p. 134, *China News Analysis*, 1969년 12월 12일 참조. 최근에 입수한 모스크바 자료도 이 소문에 신빙성을 더해주고 있다.

[42] Kobelev, pp. 118-19. 대회에서 쿠옥의 역할에 대해서는 Tu Huu, *Di hop Quoc te Cong san*[코민테른 회의에서](Viet Bac: NXB Dan toc, 1964)와 Hong Ha, *Bac Ho tren dat nuoc Lenin*[레닌의 나라에서의 호 아저씨](Hanoi: NXB Thanh nien, 1980), pp. 313-15 참조.

[43] *BNTS*, vol. 2, pp. 56-59. 또 Sokolov, *Komintern*, pp. 85-89도 참조.

[44] 1938년 6월 6일자 편지, Sokolov, *Komintern*, pp. 89-90에 인용. Sokolov에 따르면, 그가 편지를 보낸 관리는 마누일스키였을 것이라고 한다. 또 *BNTS*, vol. 2, pp. 56-59도 참조.

8. 팍 보의 동굴

[1] Wu Xiuquan, *Wodi Licheng*[나의 역사적 여행](Beijing: Liberation Army Press, 1984), p. 61. 1950년 우는 호치민이 중국을 방문했을 때 그를 다시 만났으며, 그때야 비로소 그 "중요한 아시아인"이 누구인지 알았다.

[2] 하노이의 자료에 따르면 호치민은 옌안에 잠깐 머무는 동안 마오 쩌둥이 그곳에 없었기 때문에 그를 만나지 못했다고 한다. 한 베트남 자료에 따르면 호치민은 1954년 제네바 협정 뒤에 중화인민공화국을 방문했을 때 자신이 마오 쩌둥이 도착하기 전 옌안을 방문한 적이 있으며, 당시 예 젠잉과 아주 가까운 사이였다고 말했다고 한다. 그의 짧은 방문에 대해서는 Nguyen Khanh Toan, "En URSS avec 'Uncle Ho'", in *Souvenirs*, p. 134와 *BNTS*, vol. 2,

p. 63 참조. 호의 회상에 대해서는 T. Lan, *Vua di duong, vua ke chuyen*[걸으며 말하며](Hanoi: Su that, 1976), pp. 65-66 참조.

[3] Kobelev, p. 125; Nguyen Khanh Toan, "avec 'Uncle Ho'", p. 132; T. Lan, *Vua di duong*, p. 66.

[4] 인용은 *HZYZ*, pp. 53-55에서.

[5] 이 글들은 *Toan Tap I*에 실려 있다. "Nguoi Nhat-Ban muon khai hoa Trung-Quoc nhu the nao"[일본은 어떻게 중국을 문명화하기를 바라는가]와 모두 "Thu tu Trung-Quoc"[중국에서 보낸 편지]라는 제목이 붙은 두 통의 편지, in vol. 3, pp. 60-96 참조.

[6] 이 1936년 7월 회의에는 레 홍 퐁, 퐁 치 키엔, 보 반 응안, 호앙 딘 지웅, 총서기 하 후이 탑 등이 참석했다. 이 회의에서 나온 문건들 가운데 지금까지 남아 있는 것은 없는 것 같다. 따라서 그 결과에 대한 자료는 참석자들의 기억과 회의 뒤에 당이 발표한 문건에 기초하고 있다. 회의에 대한 자료로는 Vu Thu, "Mot so van de lich su Dang thoi ky 1936-1939"[1936-1939년 당사의 몇 가지 문제들], in *NCLS*, no. 85(1966년 4월)과 Tran Huy Lieu, *Tai lieu tham khao lich su cach mang Can dai Viet Nam*[근대 베트남 혁명에 관한 역사적 연구 자료](Hanoi: 출판사 불명, 1958), vol. 7, p. 57 참조.

[7] 이 회의에는 응우옌 치 디에우, 판 당 루, 호앙 쿠옥 비엣, 그리고 떠오르는 젊은 별 레 두안도 참석했다. Nguyen Thanh과의 인터뷰, 하노이, 1990년 12월 3일; Pham Xanh과의 인터뷰, 하노이, 1990년 12월 12일. 1939년 초 치안국에 '애꾸(le borgne)'라고 알려진 응우옌 반 쿠는 "Tu chi trich"[자기 비판]이라는 제목의 글을 썼는데, 이것은 인도차이나의 반혁명 분자들을 지나치게 믿는 레 홍 퐁을 간접적으로 비판하는 내용이었다. *Van kien Dang (1930-1945)*[당 문건(1930-1945)], vol. 2(Hanoi: Ban nghien cuu lich su Dang truong uong, 1977), pp. 402-31 참조.

[8] *Toan Tap II*, vol. 3, pp. 114-16. *Ho Chi Minh on Revolution: Selected Writings, 1920-1966*(New York: Praeger, 1967), pp. 30-31에 나오는 Bernard Fall의 번역을 약간 바꾸었다. 당시 〈노트르부아〉의 기자였던 보 응우옌 지압에 따르면 신문사의 그들 그룹은 P. C. Line이 응우옌 아이 쿠옥이라고 확신했다고 한다—Giap의 "Ho Chi Minh: Père de l'armée révolutionnaire du Vietnam", in *Souvenirs*, p. 179 참조.

[9] "Tinh hinh chinh tri o Dong duong tu 1936 den 1939"[1936년부터 1939년까지 인도차이나의 정치 상황], in *Toan Tap II*, vol. 3, pp. 117-44. 응우옌 아이 쿠옥은 주로 〈노트르부아〉를 비롯하여 그 신문의 편집자가 그에게 보내주는 다른 신문들로부터 인도차이나의 상황에 대한 정보를 얻었다. 그가 코민테른의 친구에게 보낸 편지, 1939년 4월 20일, in *BNTS*, vol. 2, pp. 72-76 참조.

[10] 이 여행에서 응우옌 아이 쿠옥을 호위했던 Li Beiguan의 말에 따르면, 인도차이나에서 온 당원들은 롱저우에서 돈을 사기당했다고 한다. "Li Beiguan Huiyi"[리 베이관의 회고],

HZYZ, p. 58에서 인용. 또 Vu Anh, "De Kunming à Pac Bo", in *Souvenirs*, pp. 152-53도 참조.
11 응우옌 아이 쿠옥이 충칭에 간 시기와 이유에 대해서는 약간의 논란이 있다. 베트남 자료들은 그가 1939년 초에 충칭에 갔다고 한다. 필자는 여러 자료들을 통해 그가 충칭에 간 것은 11월이 맞으며, 그의 목적은 인도차이나공산당 중앙위원회와 연계를 복원하는 일에서 중국의 지원을 얻기 위해서였다고 생각한다. Liu Ang과의 인터뷰, *HZYZ*, pp. 59-60 참조. 또 *BNTS*, vol. 2, pp. 70, 86-87 참조. King C. Chen은 그의 *Vietnam and China, 1938-1954*(Princeton, N. J.: Princeton University Press, 1969), p. 34에서 쿠옥이 충칭에 있는 동안 Franklin Lien Ho라는 미국인 교수를 알게 되었다고 전한다. Ho 교수는 Chen에게 보낸 편지에서 저우 언라이의 숙소에서 쿠옥(쑨 원 양복을 입고 Hu라는 이름을 쓰는 베트남 출신의 동지)을 몇 번 만났다고 회고한다.
12 Vu Anh, "Kunming", p. 154. 이런 우스꽝스러운 실수들에 대해서는 Dang Van Cap, "Con duong dan toi den voi Bac"[내가 아저씨에게 가게 된 과정], in *Bac Ho ve nuoc*[호 아저씨의 귀환](Cao Bang: 출판사 불명, 1986), p. 48; *BNTS*, vol. 2, p. 87; Hoang Van Hoan, *Drop in the Ocean: Hoang Van Hoan's Revolutionary Reminiscences*(Beijing: Foreign Languages Press, 1988), p. 108 참조.
13 호앙 반 호안은 "Mr. Tran"이 그의 동지들의 잡지 간행 사업을 개선하도록 도와주고, 쉬운 말을 사용할 필요성에 대해 이야기했으며(Hai—즉 노동 계급 출신의 부 안—도 이해할 수 있도록 쓰라고 말했다고 한다), 잡지 제목을 기존의 〈동타인〉만이 아니라 〈Dang Ta[하나의 당]〉, 〈Dau Tranh[투쟁]〉, 〈Dan Tay[서구인들을 물리치자]〉 등 여러 가지 뜻을 나타낼 수 있도록 〈D. T.〉로 바꾸자고 제안했다. 쿤밍 철도를 따라 응우옌 아이 쿠옥이 활동한 이야기는 Hoang Quang Binh, "Au Yunnan", in *Souvenirs*, pp. 135-52 참조. 쿠옥은 빈의 집에 머물렀는데, 그는 이제는 우리 귀에 익숙해진 이야기, 즉 쿠옥이 규칙적인 생활을 하고 태도가 겸손했다는 이야기를 되풀이한다. 쿠옥은 집세를 냈고 집안일도 거들었다. 그리고 빈이 부인을 때리는 것을 누고 훈계를 하기도 했다. *BNTS*, vol. 2, p. 91에 따르면 쿠옥은 쿤밍에서 통 민 풍의 집에 살았다고 하는데, 그는 십 여 년 간 좌익의 대의를 위해 싸워온 집안 출신의 교포였다. 그 집은 킴 비치 거리에 있었다.
14 정책 성명은 *Van kien Dang*(1930-1945), vol. 3, pp. 26-88에 수록되어 있다. 응우옌 반 쿠와 레 두안 외에 참석자는 판 당 루와 보 반 탄이었다.
15 지압은 "Ho Chi Minh", pp. 173-74에서 이 이야기를 하고 있다. 또 그의 *Tu nhan dan ma ra*[민중으로부터](Hanoi: Quan doi Nhan dan, 1964), p. 28도 참조.
16 *BNTS*, vol. 2, p. 98, Vu Anh, "Nhung ngay gan Bac"[아저씨 곁에서 지낸 세월], *Bac Ho ve nuoc*, p. 15에서 인용.
17 당시 화산 난 루 67번지 서점에서 응우옌 아이 쿠옥과 함께 살았던 중국인의 말에 따르면

쿠옥은 옌안 회의를 마치고 온 저우로부터 충칭에서 협의를 하자는 전보를 받았다고 한다. 이 자료에 따르면 쿠옥은 남서대학의 학생들을 자주 만나 세계 정세를 토론했다고 한다— *HZYZ*, p. 66 참조. 또 *BNTS*, vol. 2, pp. 98-100 참조. 옌안에 사람들을 보내는 문제에 대한 자료는 Chen, *Vietnam and China*, p. 41 참조. 1954년 6월 14일 도쿄의 미국 대사관이 국무부에 보내는 전문에 이 일을 보고하고 있기는 하지만, 이 사절단의 존재를 확인하지는 못했다. 옌안에 보낸 사절의 이름은 Tran Van Hinh이었다.

[18] 당의 민족 정책은 1930년 10월 전체회의에서 처음으로 채택되었다. 이 논의에 대해서는 Le Van Lo, "Ba muoi nam thuc hien chinh sach dan toc cua Dang"[당의 민족 정책 수립 30년사], in *NCLS*, no. 10(1960년 1월), pp. 69-71 참조. 또 Phan Ngoc Lien, "Cong tac van dong giao duc quan chung cua Ho Chu Tich trong thoi gian Nguoi o Pac Bo"[꽉 보 체류 기간 호치민의 선전선동 사업], in *NCLS*, no. 149(1973년 3-4월), p. 20 참조.

[19] Giap, "Ho Chi Minh," pp. 180-81 ; Hoang Van Hoan, *Drop in the Ocean*, pp. 110-11.

[20] Hoang Van Hoan, *Drop in the Ocean*, p. 86 참조. 새로운 전선의 이름을 선정하는 문제를 둘러싼 논의는 Vo Nguyen Giap, "Ho Chi Minh", pp. 182-83 참조.

[21] Hoang Van Hoan, *Drop in the Ocean*, pp. 113-15. 응우옌 아이 쿠옥은 구이린에 있는 동안 Binh Son이라는 가명으로 중국공산당 기관지 〈Jiuwong Daily〉에 여러 편의 글을 썼다. *BNTS*, vol. 2, p. 105 참조.

[22] 당사에서는 이 회의를 인도차이나공산당 제7차 전체회의라고 부르지만, 하노이의 자료들은 이것이 원래 지역위원회 회의였음을 확인해준다. 이 회의에 대해서는 Hoang Tung, *Dong chi Truong Chinh*[추옹 친 동지], vol. 1(Hanoi: Su that, 1990), pp. 27-44 참조.

[23] 봉기에 대한 이야기는 René Bauchar, *Rafales sur l' Indochine*(Paris: 출판사 불명, 1946)과 Phillippe Devillers, *Histoire du Viet Nam de 1940 à 1952*(Paris: Editions du Seuil, 1952) 참조. 공식 보고서로는 봄베이에서 국무부로 보낸 전보, 1946년 2월 18일, 미국 국무부, Central Files, RG 59, UPA 참조. 이 전문에는 "Le Parti Communiste Indochinois"라는 제목의 치안국 보고서가 포함되어 있는데, 이것은 미국의 기자가 인도차이나에서 입수한 것이다.

[24] Vo Nguyen Giap, "Ho Chi Minh," p. 182.

[25] Vu Anh, "Kunming", p. 160.

[26] Chiang Yung-ching, *Hu Chih-ming tsai Chung-kuo*[중국의 호치민](Taipei: Nan T'ien Publishing Co., 1972), pp. 119-22 참조. 베트남어로는 Viet Nam Dan toc Giai phong Uy vien Hoi라고 알려진 새 조직의 목표에 대해서는, *HZYZ*, p. 75 참조. 또 *BNTS*, vol. 2, p. 121도 참조.

[27] Vo Nguyen Giap, "Ho Chi Minh", p. 188. 지압은 5월 인도차이나공산당의 제8차 전체회의 뒤에 꽉 보의 당원들과 합류했다.

²⁸ Vu Anh, "Kunming", pp. 163-65; *BNTS*, vol. 2, p. 128, 주 2. 전체회의가 동굴에서 열렸는지는 분명치 않다. 프랑스 자료에 따르면 이 행사를 위해 2층짜리 오두막을 지었으며, 중앙위원회는 2층에서 열리고, 통킹 지역위원회는 1층에서 열렸다고 한다—Service de la Sûreté au Tonkin à Résident Supérieur Tonkin, no. 12234-S, 1941년 6월 10일, "1116 Nguyen Ai Quoc" 서류철, SPCE, Carton 369, CAOM 참조.

²⁹ 이 문건은 *Lich su Dang Cong san Viet Nam: Trich van kien Dang*[베트남 공산당사: 당 문건 선집], vol. 1(Hanoi: Marxist-Leninist Institute, 1979), p. 358에 수록되어 있다. 또 *Van kien Dang(1930-1945)*, vol. 3, pp. 177-221도 참조. 응우옌 아이 쿠옥이 베트남의 독립투쟁을 전쟁 말에 소련이 일으킬 세계적인 혁명의 파도에 대한 전망과 연결시켰다는 흥미로운 보고도 있지만 확인되지는 않았다—R. Perroche의 보고, 1941년 5월 30일, Archnote/410530-410531과 410612, in CAOM. 이 자료에 따르면 쿠옥은 제8차 전체회의 연설에서 국내 당 지도부가 급속히 전개되는 상황에 적응하지 못한 것을 비판했다고 한다. 이 정보를 제공한 Stein Tonnesson에게 감사드린다.

³⁰ *Van kien Dang(1930-1945)*, vol. 3, pp. 199-200 참조.

³¹ David Marr가 지적하듯이 호치민의 예측 가운데 모두가 현실화되지는 않았다. 독일과 일본의 노동자들은 그들의 지배자들에 대항하여 일어서지 않았다. 소련도 일본을 물리치는 데 중요한 역할을 하지 않았다. 이 논의에 대해서는 David G. Marr, *Vietnam 1945: The Quest for Power*(Berkeley, Calif.: University of California Press, 1995), p. 168, 각주 54 참조.

9. 불어오른 강물

¹ Quang Trung, "Dom lua chien khu" in *Pac Bo que toi*[나의 마을 팍 보](Hanoi: Quan doi Nhan dan, 1967), pp. 69-78, *BNTS*, vol. 2, p. 130에 인용. Vu Anh, "De Kunming à Pac Bo", in *Souvenirs*, pp. 129-31.

² 이 팸플릿은 *Toan Tap I*, vol. 3, pp. 163-209에 수록되어 있다.

³ 같은 책, p. 156 참조. 또 Vo Nguyen Giap, "Ho Chi Minh: Père de l'armée révolutionnaire du Vietnam", in *Souvenirs*, pp. 188-89. 텟 명절 동안 응우옌 아이 쿠옥은 마을 사람들에게 약간의 세뱃돈을 준 다음, 그 돈으로 잡지를 사라고 권하곤 했다. 잡지에 실린 글들 가운데 일부에는 호치민이라고 서명이 되어 있었다. Stein Tonnesson, *The Vietnamese Revolution of 1945: Roosevelt, Ho Chi Minh, and de Gaulle in a World at War*(London: Sage, 1991), p. 34 참조.

⁴ *Toan Tap I*, vol. 3, pp. 214-24. 원래는 1941년에 쓰여졌으나, 팸플릿은 1942년에 출간되었다. "The World War and Our Duty"에 대해서는, 같은 책, pp. 160-61 참조. 또 Vu Anh, "Kunming", p. 167도 참조.

5 Vu Anh, in "Kunming", p. 169.
6 Vo Nguyen Giap, "Ho Chi Minh", p. 192. 혁명에 대한 인용은 같은 책, p. 195와 Bang Giang, *Bac Ho o Viet Bac*[비엣 박의 호 아저씨](*BNTS*, vol. 2. p. 147에 인용) 참조.
7 Le Quang Ba, "Bac ve tham lai Pac Bo", in *Uong nuoc ngo nguon*(Hanoi: Quan doi Nhan dan, 1973), p. 153(*BNTS*, vol. 2. p. 157에 인용). 또 Vo Nguyen Giap, "Mot manh dat tu do"[자유의 얇은 조각] in *Bac Ho ve nuoc*[호 아저씨의 귀환](Cao Bang, 1986), p. 78(*BNTS*, vol. 2. p. 153에 인용). 풍 치 키엔에 대해서는 지압의 "Ho Chi Minh", p. 193 참조. 호치민의 남진 명령과 이와 관련된 동쪽과 서쪽으로의 이동에 대해서는 *Nhung su kien lich su Dang*[당사의 사건들], vol. 1(Hanoi: Su that, 1976), pp. 552-53 참조.
8 장 파쿠이 장군의 보고서, 1944년 1월 23일, *HZYZ*, pp. 82-83에 인용. 이 보고서에 따르면 호는 더바오 군의 제장 마을에서 체포되었다. 또 Zhang Fakui의 녹음 사료, Columbia University Library 보관, New York City도 참조. 호의 여행에 대한 추가 자료는 *BNTS*, vol. 2. pp. 161-65와 *Glimpses/Life*, p. 47에 수록되어 있다.
9 호앙 반 호안은 회고록에서 호가 장 제스, 쑹 칭링을 만날 의도였다고 말하고 있다—*Drop in the Ocean: Hoang Van Hoan's Revolutionary Reminiscences*, (Beijing: Forein Languages Press, 1988), p. 193 참조. 그러나 Christiane Pasquel Rageau는 그의 진짜 목적이 중국공산당의 동지들을 만나는 것이었다고 추측하고 있다—그녀의 *Ho Chi Minh*(Paris: Editions Universitaires, 1970), p. 103 참조. 부 안도 동의한다—"Kunming", p. 168 참조. 물론 그가 장 제스를 만나려 했다는 점을 강조하는 이유는 그가 충칭과 좋은 관계를 수립하고 싶어했다는 점을 부각하려는 것이다. 이 문제에 대한 호치민 자신의 말은 *Glimpses/Life*, p. 47에 수록되어 있다.
10 호는 중국 병사들과 함께 더바오에서 징시로 가는 길에 우연히 쉬 웨이싼의 누이를 만났는데, 그녀는 집으로 돌아가 가족에게 소식을 전했다—Wang Xiji의 인터뷰, 1981년 6월 24일, *HZYZ*, pp. 83-84.
11 번역은 필자, "Nhat Ky trong Tu"[감옥 일기]에서, *Toan Tap I*, vol. 3, pp. 242-371. 간수 가운데 하나가 쉬 웨이싼의 가족과 아는 사이여서 편하게 해주려고 노력했기 때문에 호는 덕을 좀 보았을 것이다—Wang Xiji 인터뷰, 1981년 6월 24일, *HZYZ*, pp. 83-84.
12 호치민 사건의 복잡성은 1944년 1월 23일에 장 파쿠이의 본부에서 나온 보고서에서도 알 수 있다. 이 문서에도 기록되어 있듯이, 이 사건은 원래 터유안의 지역 당국이 더바오의 군청으로 보낸 것으로, 거기서 구이린의 지방 정부로 넘어왔다가 그곳의 특별 판무관에게 이첩되었다. 특별 판무관은 이 사건을 국민당 군사 심의회 지역 지부로 넘겼으며, 그곳에서는 류저우에 있는 장의 제4군 사령부로 넘겼다. Zhang Fakui의 녹음 사료, p. 684. 또 Chiang Yung-ching, *Hu Chih-ming tsai Chung-kuo*[중국의 호치민](Taipei: Nan t'ien Publishing Co., 1972), p. 148과 *HZYZ*, p. 84 참조. *BNTS*, vol. 2, p. 180은 호가 1월 초에

구이린에 왔다고 하는데, 이것은 오류로 보인다. Chang Fa-k'uei(Zhang Fakui)가 Wu T'ieh-ch'eng에게 보낸 보고서, 1942년 12월 27일, Chiang Yung-ching, *Hu Chih-ming*, p. 146에 인용.

13 Chiang Yung-ching, *Hu Chih-ming*, pp. 147-49. 호는 11월 9일의 전문에는 중국식으로 Hu Tzu-ming으로 나와 있다. Hoang Van Hoan, *Drop in the Ocean*, pp. 193-97도 참조; 또 *Chu tich Ho Chi Minh voi cong tac ngoai giao*[호치민 의장과 외교 관계](Hanoi: Su that, 1990), p. 28도 참조. 카오 방 그룹은 통신사로 보내는 메시지에《Doc lap Dac san》이라는 책도 동봉했다. 이 책에는 "호 대표가 베트남 혁명의 위대한 지도자이며 반침략동맹의 대표"라고 나와 있다.

14 그 간부는 당 반 캅이었던 것 같다. Vo Nguyen Giap, "Ho Chi Minh", pp. 196-97. 부 안은 약간 다르게 기억한다. 당 지도부는 호가 죽었다는 이야기를 듣고 소식을 확인하기 위해 두 번째 사절을 보냈다. 그들은 호가 살아 있다는 소식을 가지고 돌아왔다. 오해는 캅이 "죄수의 친구가 죽었다"는 말을 "죄수가 죽었다"는 말로 잘못 알아들었기 때문에 생긴 일이라고 한다.

15 그가 갇혔던 감옥의 환경에 대한 이야기는 Peng De와의 인터뷰, *HZYZ*, p. 93 참조. 동료들과의 교신 수단에 대해서는 Vu Anh, "Kunming", pp. 168-69 참조. 한 번은 이렇게 간단하게 적어보내기도 했다. "계속 열심히 일하라. 나는 괜찮다."—Chiang Yung-ching, *Hu Chih-ming*, p. 147.

16 Zhang Fakui의 녹음 사료, p. 685; Hoang Van Hoan, *Drop in the Ocean*, p. 198. Chiang Yung-ching(*Hu Chih-ming*, p. 150)은 충칭에서는 그가 경험 많은 혁명가 응우옌 아이 쿠옥임을 금방 알지는 못했다고 주장한다.

17 *HZYZ*, p. 95. 펑 위샹에 대한 자료는 Feng Hongda와 Xu Huaxin, "General Feng Yuxiang, Soul of China", 역사참고자료 출판부 간행, 1981, 같은 책, p. 94에 인용. Chiang Yung-ching은 펑 위샹의 역할에 대해 아무런 언급을 하지 않으면서 장 제스가 허우 즈밍 장군의 요청 때문에 이 사건에 관심을 가졌다고 말한다—*Hu Chih-ming*, p. 150 참조. 전략사무국 출신의 찰스 펜은 그의 미간행 회고록에서 국민당 지도자 Chen Lifu와의 내화를 기록하고 있는데, 그는 장 장군이 호와 협조할 것을 제안하자, 장 제스는 그 제안을 거부했다고 한다. 장 제스는 그가 "큰 거래를 해보자"고 이야기를 하지만, 실제로 "팔 물건은 없다"고 말했다. Charles Fenn, "Trial Run to Doomsday", p. 87(Charles Fenn이 제공한 원고) 참조.

18 장은 직접 중앙정부에 자신의 결심을 알렸고, 중앙정부에서 그것을 승인했다고 말했다. 나아가 그는 호치민이 "아주 훌륭했다. 그는 턱수염을 쓰다듬으며 신중하게 말했다. 그는 아주 '깊이'가 있어 보였다. 머리가 총명했으며 열심히 노력했다"고 말했다. 호가 표준 중국어를 어느 정도 한다는 것도 도움이 되었을 것이다. Zhang Fakui의 녹음 사료, p. 687 참

조.
19 Chiang Yung-ching, *Hu Chih-ming*, p. 151; 북베트남 대표단의 류저우 방문을 기념하여 선물한 개략적 역사, 1964년 7월, *HZYZ*, pp. 95-96에 인용.
20 호치민의 축사는 고전적인 중국 전통에 따른 교묘한 말장난이었다. 허우 즈밍과 호치민은 중국어로는 똑같이 계몽의 의지라는 뜻이었다. 또한 중국어로 "혁명"(거밍)이라는 말도 한 자는 다르지만 발음은 똑같았다. 호는 교묘하게 한자를 바꾸어 자신의 뜻을 전달한 것이다. 이에 대한 논의는 *BNTS*, vol. 2, p. 193, 주 1 참조.
21 *HZYZ*, pp. 101-2, 두 원고에서 인용: "Recollections of Chairman Ho Chi Minh's Leadership over the Vietnamese Revolution in China", 1979년 4월 11일, Ye Ruiting, "A Vignette from the Activity of the Vietnamese Revolutionary League in Liuzhou at the End of the Resistance War", 1980년 8월 23일.
22 Ho Chi Minh, "Bao cao cua Phan hoi Viet Nam thuoc Dai hoi Quoc te chong xam luoc" [국제 반침략 동맹 대회 보고서], 1944년 3월. 필자 소유의 미발표 보고서.
23 Hoang Van Hoan, *Drop in the Ocean*, p. 200. 과거에는 서구의 많은 학자들이 이 회의에서 미래의 베트남공화국을 위한 임시정부를 수립했다고 말하지만, 그것은 사실이 아닌 것 같다. 동맹회의 조직원들 사이에서 그 문제가 논의되기는 했지만 여러 가지 이유로 거부되었다. 이에 대한 논의는 Chiang Yung-ching, *Hu Chih-ming*, pp. 167-68(특히 주 95) 참조. Chiang(p. 169)에 따르면 회의 뒤에 일부 "베트남 공산주의자들"이 정부 구성을 요구했으나, 충칭 정부는 그것이 연합국의 반감을 살지도 모른다며 거부했다. 호치민이 그런 요구에 관여했다는 증거는 보지 못했다. 회의에서 호의 연설은 *HZYZ*, p. 103에 간략하게 언급되어 있다.
24 Hoang Van Hoan, *Drop in the Ocean*, pp. 201-2; Zhang Fakui의 녹음 사료, pp. 691-92.
25 Zhang Fakui의 녹음 사료, p. 692. 또 Liu San, "When President Ho Chi Minh was in South China", *Wen Hui Bao*(Hong Kong), 1953년 9월 7일도 참조.
26 *HZYZ*, p. 106. Hoang Van Hoan, *Drop in the Ocean*, p. 202. King Chen은 류저우에서 호와 동행한 사람은 불과 16명뿐이었다고 한다 — *Vietnam and China, 1938-1954*(Princeton, N. J.: Princeton University Press, 1969), p. 85 참조. 만일 그렇다면 베트남으로 돌아간 이 그룹에 속한 또 다른 2명은 부 안과 보 응우옌 지압이었을 것이며, 그들은 징시 근처에서 호와 만나 함께 팍 보로 이동했을 것이다.
27 성명은 *Van kien Dang(1930-1945)*[당 문건(1930-1945)], vol. 3(Hanoi: Ban nghien cuu lich su Dang Truong uong, 1977), pp. 289-99에 수록. 요약을 보려면 *Histoire de la révolution d'août*(Hanoi: Forein Languages Press, 1972), pp. 37-38 참조. 또 Hoang Tung, *Dong chi Truong chinh*[추웅 친 동지](Hanoi: Su that, 1991), pp. 123-24 참조.

28 회의의 결의안은 *Van kien Dang*(1930-1945), pp. 313-362에 수록되어 있다.
29 Vo Nguyen Giap, "Ho Chi Minh", pp. 198-99; Philippe Devillers, *Histoire du Viet nam, 1940—1952*(Paris: Editions du Seuil, 1952), pp. 107-8; Chiang Yung-ching, *Hu Chih-ming*, pp. 184-85.
30 Tran Van Giau, *Giai cap cong nhan Viet Nam*〔베트남의 노동 계급〕, vol. 3(Hanoi: Su that, 1963), pp.143-71.
31 Vo Nguyen Giap, "Ho Chi Minh", pp. 201-2. 지압의 봉기 계획에 대한 호의 비판적 논평은 Hoang Van Hoan, *Drop in the Ocean*, pp. 187-88에 수록되어 있다.
32 인용문은 *Toan Tap I*, vol. 3, pp. 375-76에 수록. 또 Hoang Van Hoan, *Drop in the Ocean*, pp. 203-4도 참조. King Chen은 중국의 보도를 인용하여, 베트민군이 프랑스군 소속 베트남 병사들로 변장하여 기습할 수 있었다고 전한다. 지압은 호치민에게 새 부대가 첫 전투에서 승리를 거둔 사실이 중요하다고 보고했다―Chen, *Vietnam and China*, p. 89 참조. 또 *BNTS*, vol. 2, p. 212도 참조.
33 쇼 자신의 이야기는 "The Real Indochina"라는 제목의 미출간 논문에 수록되어 있는데, 이 것은 미국에 돌아와서 제출한 것으로 보인다. 또 Hoang Van Hoan, *Drop in the Ocean*, p. 203과 "Nguyen Ai Quoc", *Glimpses/Life*의 프랑스어 축약본, *Souvenirs*, pp. 93-94도 참조. 이 자료―즉 호치민 자신의 말―에 따르면 일본군이 프랑스 순찰대가 도착한 직후에 도착하여, 프랑스가 조종사의 탈출을 도왔다고 비난했다고 한다. 일본은 조종사를 신고하는 사람에게 상금을 주고, 그를 돕는 사람은 엄벌하겠다고 위협했다. 쇼는 그 지역 프랑스 인들도 일본과 협력하여 그의 목에 현상금을 걸었다고 말한다.
34 루스벨트의 인도차이나에 대한 논평은 그곳 상황에 대한 전체적 견해와 더불어 William Duiker, *U. S. Containment Policy and the Conflict in Indochina*(Stanford, Calif.: Stanford University Press, 1994), 1장에서 논의되고 있다.
35 미국 대사 클래런스 가우스가 국무부 장관에게 보낸 편지, 1943년 12월 23일, Patti collection에 보관. "Ho Chi-chi"의 체포를 언급한 1942년 12월 30일자 전문도 같은 곳에 보관되어 있다. L. A. Patti, *Why Viet Nam? Prelude to America's Albatross*(Berkeley: University of California Press, 1980), pp. 46-50. 또 *Chu tich Ho Chi Minh*, p. 29도 참조. 패티(p. 56)에 따르면, 미국 대사관에 청원서를 보낸 사람은 팜 반 동이라고 한다.
36 미국 대사 가우스가 보낸 편지, 1944년 8월 18일, Patti collection, Patti, *Why Viet Nam?*, p. 53.
37 Patti, *Why Viet Nam?*, pp. 53-54. 중국 남부에 사는 베트남인 민족주의자 지도자들이 "정 치적으로 순진하다"고 말한 랭던의 보고서에 대해서는 "Political Conditions in Indochina, 1944년 8월", despatch no. 2945 동봉 보고서, 1944년 9월 9일, 충칭 미국 대사관 발송, in Patti collection. 또 Tonnesson, *Vietnamese Revolution*, p. 137, 각주 129와 130도 참조.

38 랭던이 국무부에 보낸 전문, 1944년 10월 9일, Patti collection. Philip D. Sprouse의 "Activities at Kunming of a Mr. Ho in connection with Kuomintang broadcasts to Indochina"라는 제목의 비망록, 1944년 12월 11일, 같은 곳. 이 문제는 약간 혼란스럽다. 패티는 전략사무국(아마 류저우에 주재하는 사람들이었을 것이다)이 1944년 중반 호에게 접근하여 인도차이나 내부에 정보망을 구축하려 했으나 소득이 없었다고 말하는데, 정보의 출처는 밝히지 않았다. 랭던이 제출한 비자 요청은 쿤밍의 전쟁정보국 지부에서 요구한 것이었다. 미국 담당자들이 그에게 관심을 가졌다는 가설을 뒷받침하는 정황 증거는 약간 있다. 장 파쿠이 장군은 미국 고문이 호를 쿤밍으로 불러 훈련시키고 싶다고 말한 적이 있다고 회고했다. Zhang의 녹음 사료에 나오는 이야기, p. 696.

39 Hoang Van Hoan, *Drop in the Ocean*, p. 203. 공군지상지원국이나 아니면 쿤밍의 다른 미국 기관이 실제로 호치민에게 감사하기 위해 그를 중국으로 초대했는지 아닌지는 분명치 않다. 베트남 자료에 따르면 쇼가 쿤밍의 미군과 접촉했고 미국측에서 호를 초대했다고 하지만, 그런 가능성은 많지 않다. 다른 자료들을 보면 클레어 셰노 장군이나 전략사무국 지부에서는 그의 존재를 모르고 있었다는 것이 드러나기 때문이다. 쿤밍의 미국인들이 호의 존재를 알았다면 그것은 공군지상지원국이었을 가능성이 높은데, 찰스 펜은 호가 쿤밍에 도착할 때까지는 그의 존재를 모르고 있었다고 단언한다. 호는 자서전에서 미국인들이 쇼 중위를 구출해준 데 감사하기 위해 그를 만나러 왔다고 잠깐 언급할 뿐이다. 미국인들이 훈련을 위해 호를 쿤밍으로 데려가고 싶어했다는 장 파쿠이의 말(녹음 사료, p. 696)이 사실이라 해도, 그곳의 전략사무국 관리들은 그것을 모르고 있었다. 장 파쿠이가 말한 그와 호의 대화는 호가 쿤밍을 떠나 인도차이나로 돌아가는 길에 파이써에 잠깐 들렀을 때 했을 가능성이 있다. 호는 파이써에서 장 파쿠이를 다시 만났을 수도 있기 때문이다.

40 Hoang Quang Binh, "Au Yunnan", in *Avec l' Oncle Ho*(Hanoi: Foreign Languages Press, 1972), pp. 239-40.

41 찻집 이름은 타이호가이 39번지의 쾅 락 레스토랑이었다.

42 Charles Fenn, *Ho Chi Minh: A Biographical Introduction*(New York: Scribner, 1973), pp. 76-77. "Fam"이 누구인지는 확인되지 않았지만, "광대뼈가 불거졌으며 턱이 강해 보였다"는 묘사로 볼 때, 팜 반 동이었던 것으로 보인다. Patti도 동의한다—Patti, *Why Viet Nam?*, p. 544, 주 52 참조. 또 Fenn, "Trial Run to Doomsday", p. 211도 참조. 전략사무국 지부에서 호치민과 연결되는 것을 거부했다는 언급은 잘 이해가 되지 않는다. 그들은 처음부터 호의 도움을 받는 데 관심을 표명했기 때문이다. 어쩌면 그들은 인도차이나의 저항 그룹과 접촉하지 말라는 이전 명령에 따라 행동했던 것인지도 모른다. 찰스 펜에 따르면 충칭 지부의 새로운 상급자들은 대체로 친프랑스적이었다(Fenn과의 인터뷰, 1997년 9월 22일).

43 Fenn, *Ho Chi Minh*, pp. 78-79. 또 "Trial Run to Doomsday", p. 233도 참조. 저널리스트

Robert Shaplen에 따르면 셰노는 국민당의 지인들로부터 호치민을 멀리하라는 주의를 받았다고 한다—Shaplen의 *The Lost Revolution* (New York: Harper & Row, 1966), p. 34 참조.

44 샤오 원의 베트민에 대한 불신은 Mai Van Bo, *Chung toi hoc lam ngoai giao voi Bac Ho*[나는 호 아저씨에게 외교를 배웠다](Ho Chi Minh City: Tre, 1998), p. 41 참조. 또한 Chen, *Vietnam and China*, pp. 95-96도 참조. 이 시기의 호치민의 움직임은 기록으로 남아 있는 게 별로 없다. 호앙 반 호안에 따르면, 호는 곽 보로 돌아가기 전 보세(파이써)에 들렀다고 한다. 만일 그렇다면 호는 징시로 가는 길에 들렀을 것이 틀림없다(그의 *Drop in the Ocean*, p. 207 참조). 만일 King Chen의 자료가 정확한 것이라면, 호는 4월 12일까지 파이써에 있었다는 이야기가 된다. 찰스 펜은 파이써에 들렀다는 이야기는 하지 않고, 징시에 도착하고 나서 일주일 뒤에 곽 보로 돌아갔다고만 말한다. 펜은 호치민이 인도차이나로 돌아간 뒤 그의 밀사 한 사람과 나누었던 이야기도 전한다. 밀사는 호가 그와 미국인들의 관계를 의심하는 민족주의 지도자들 무리와 만났다고 말했다. 밀사의 말로는 그런 일이 베트남 내부에서 일어난 것처럼 들리지만, 파이써에서 동맹회와 만났던 일을 가리키는 발언일 가능성이 더 높다. Fenn과의 인터뷰, 1997년 9월 22일.

45 호와 관련된 계획에는 Operation Quail이라는 이름이 붙었으며, 중국 전략사무국 지부의 특수정보과가 준비했다. "The Quail Project", 1945년 2월 26일자 보고서, OSS Entry 154, Box 202, Folder 3431, RG 226, USNA 참조. 또 헤프너가 버드에게 보낸 편지, 1945년 4월 19일, in Field Station Files, Entry 154, Box 199, Folder 3373, RG 226, USNA도 참조. 패티는 호를 이용하려던 계획이 자신의 안이었다고 말하려는 것처럼 보이지만, 펜은 아는 사람으로부터 전략사무국 책임자 윌리엄 도노반이 호에 대해 듣고 전략사무국의 인도차이나 작전을 위해 그를 이용하고 싶다는 뜻을 표명했다는 말을 들었다고 기억한다. 이것이 사실이라면 패티는 도착하자마자 호를 찾으라는 명령을 받았을 것이다. Patti, *Viet Nam*, p. 67과 Fenn, "Trial Run to Doomsday", p. 265 참조.

46 Patti, *Why Viet Nam?*, pp. 69-71, 79-88. 웨더마이어의 지침에 대해서는 HQ OSS China, Wedemeyer가 Heppner에게, 1945년 4월 26일, NR CFBX 36313, RG 226, USNA 참조.

47 패티(*Why Viet Nam?*, p. 86)는 호치민이 그에게 재난의 증거를 보여주는 사진들로 만든 '검은 책'을 주었다고 말한다. 패티는 이것을 미국 대사관에 보냈지만, 전후 국무부 파일에서는 이 책을 찾을 수 없었다. 베트남 자료에 따르면 추곡 평균 수확량은 약 110만 톤이었다고 한다. 그러나 1944년에는 80만 톤을 간신히 넘겼는데, 그 가운데서 프랑스와 일본이 12만5천 톤을 징발하고, 70만 톤만 베트남에 남겼다. 이 상황의 묘사는 Marr, *Vietnam 1945*, pp. 96-107과 Nguyen Kien Giang, *Viet Nam nam dau tien sau cach mang thang tam*[8월 혁명 이후의 베트남](Hanoi: Su that, 1961), pp. 138-50 참조.

48 "Nhat, Phap ban nhau va hanh dong cua chung ta"[일프 갈등과 우리의 행동], *Van kien*

Dang(1930-1945), vol. 3, pp. 383-93. 공산주의 역사가들은 3월 8일 회의를 상임위원회 회의로 일컫는 경우가 많지만, 이 회의에는 응우옌 루옹 방, 레 둑 토, 레 타인 응이, 응우옌 반 찬 등 중앙위원회의 다른 위원들도 참석했다—Tonnesson, *Vietnamese Revolution*, p. 356와 *Nhung su kien*, vol. 1, pp. 601-2 참조.

[49] Tonnesson, *Vietnamese Revolution*, pp. 238, 337, "Franco-Jap Squabble in Indo-China"를 인용. 1945년 3월 19일자 서명되지 않은 메모, OSS Records, Soc. 124840, RG 226, USNA. Tonnesson은 이 보고서의 문장이 능숙한 구어체라서 호치민 혼자 쓴 것이 아니라 누군가의 도움을 받았을 것이라고 추측한다(p. 356, 각주 17). 그러나 이 무렵 호의 영어 구사 능력은 상당한 수준이었다.

[50] Tonnesson, *Vietnamese Revolution*, p. 345; Marr, *Vietnam 1945*, p. 226; Vo Nguyen Giap, *Tu nhan dan ma ra*[민중으로부터](Hanoi: Quan doi Nhan dan, 1964), p. 207. 이 회의에는 추옹 친, 지압, 찬 당 닌, 반 티엔 둥, 추 반 탄, 레 타인 응이 등이 참석했다.

[51] Patti, *Why Viet Nam?*, p. 102. 이 소책자들은 워싱턴에 전달되었는데, 미국 대사관 관리 랭던은 그 저자가 1944년 8월 '인도차이나 독립 동맹'의 이름으로 가우스 대사에게 호소문을 보냈던 그룹과 같다고 메모를 덧붙였다. 랭던은 이 소책자들에 "프랑스에 대한 증오"가 담겨 있다고 논평했다. 랭던이 국무부에 보낸 보고서, 날짜 미상, RG 59, UPA.

[52] 1997년 9월 22일 롱아일랜드 햄프턴만에서 열린 전략사무국-베트민 회의에서 Kim Hien과 Mac Shinn이 한 말. 호치민의 남쪽 여행은 *BNTS*, vol. 2, pp. 229-39에 기록되어 있다. 펜에게 보낸 편지는 Fenn, *Ho Chi Minh*, p. 80에 수록되어 있다. King C. Chen에 따르면 호 일행은 결국 50명이 넘었다고 한다—그의 *Vietnam and China*, p. 102 참조.

[53] Giap, in "Ho Chi Minh", p. 207.

[54] 이 회의를 둘러싸고 약간의 혼란이 있다. 자세한 결의안은 *Van kien Dang (1930-1945)*, vol. 3, pp. 545-49에 수록되어 있으며, 회의는 *Histoire de la révolution*, pp. 101-2에 언급되어 있다. 여기에는 이 회의가 베트민의 명령으로 소집되었다고 나와 있다. 보 응우옌 지압은 *Tu nhan dan ma ra*, p. 201에서 그와 호치민이 호앙 쿠옥 비엣, 응우옌 루옹 방 등과 만나 해방구 설립 계획을 작성하고, 당 간부 회의 소집을 결정했으며, 간부 회의는 6월 4일에 열렸다고 말한다. 또 *BNTS*, vol. 2, p. 244도 참조. 그러나 지압은 다른 곳("Ho Chi Minh", p. 209)에서는 이런 회의가 열린 적이 없다고 암시하고 있다. 결국 어떤 마을을 공격했을 때 전화기를 노획하여, 이것을 통해 지압의 사령부와 호치민의 사무실 간에 연락이 닿는다—Giap, "Ho Chi Minh", p. 209 참조. 탄 차오 마을은 성도 투옌 쾅으로부터 남동쪽으로 20킬로미터 정도 떨어진 곳으로, 13번 도로에서 북쪽으로 약간 올라가면 나온다(Patti, *Why Viet Nam?*, p. 550, 주 1).

[55] Allison Thomas, 미국 상원 외교위원회, 미국과 베트남, 1944-1947, 92차 회의, 2차 회의, Staff Study no. 2, 1972년 4월 3일, pp. 285-87. 토머스는 1945년 9월 17일자 보고서에서

그들이 가본 야영지를 이렇게 묘사했다. "야영지는 킴 룽이라는 작은 마을로부터 1킬로미터 정도 떨어진 킴 룽 골짜기 끝의 비탈에 있는 대나무 숲에 자리잡고 있었다. 킴 룽은 투옌 쾅에서 거의 정동쪽으로 27킬로미터, 타이 응우옌으로부터 북서쪽으로 약 47킬로미터 떨어져 있었다"(같은 책, p. 257). 또 부대원이었던 Henry Prunier의 말, 전략사무국-베트민 회의, 1997년 9월 23일도 참조. 호의 요리 준비는 Kim Hien, 같은 곳, 1997년 9월 22일에 기록되어 있다.

56 Patti, *Why Viet Nam?*, pp. 127-29. 호치민의 정체와 베트민전선의 정치적 성향에 대한 프랑스측의 인식을 둘러싼 논의는 Alain Ruscio, *Les Communistes français et la guerre d'Indochine, 1944-1954*(Paris: L'Harmattan, 1985), pp. 54-61 참조. 일부 프랑스 관리들은 호가 응우옌 아이 쿠옥이라고 생각했지만, 일부에서는 쿠옥이 1930년대 홍콩의 감옥에서 죽었다고 주장했다. 사실 치안국은 그가 홍콩에서 수감 생활을 견디고 살아남았으며, 1941년 팍 보 회의를 주재했다는 사실을 잘 알고 있었다. Service de la Sûreté au Tonkin à Résident Supérieur Tonkin, no. 11914-S, 1941년 6월 6일, "1106 Nguyen Ai Quoc" 서류철, SPCE, Carton 369, CAOM 참조. 인도차이나공산당의 고참 당원 Nguyen Khanh Toan 은 Ruscio에게 태평양 전쟁 종전 후 충칭에서는 아무도 호가 누구인지 몰랐다고 이야기했다. 다른 관점에 대해서는 Marr, *Vietnam 1945*, p. 337 참조.

57 Shaplen, *Lost Revolution*, p. 29에서 인용. 또 Fenn, *Ho Chi Minh*, p. 81도 참조. 토머스의 보고서는 상원위원회, *U. S. and Vietnam*, p. 245에 수록되어 있다. Phelan은 호치민의 동료 몇 사람에 대해서는 별로 인상이 안 좋았던 것으로 보인다. 그들은 "열렬히 '독립'을 외치고 다녔지만, 그들 가운데 75퍼센트는 그 말의 의미도 몰랐다"(같은 책, p. 207).

58 Giap, "Ho Chi Minh", pp. 210-11.

59 Marr, *Vietnam 1945*, William Broyles, Jr., *Brothers in Arms: A Journey from War to Peace*(New York: 출판사 불명, 1986), p. 104에서 인용. 또 Richard Harris Smith, *OSS: The Secret History of America's First Central Intelligence Agency*(Berkeley, Calif.: University of California Press, 1972), p. 332도 참조. 호를 진단했던 위생병 Paul Hoagland 는 나중에 자신의 치료가 호의 생명을 구하는 데 중요한 역할을 했다고 주장했으며, 오늘날 베트남 자료들도 이 점을 인정하는 듯하다—*The Washington Post*, 1969년 12월 13일, 또 Trieu Duc Quang이 전략사무국-베트민 회의에서 한 발언, 1997년 9월 22일 참조.

60 Nguyen Luong Bang, "Gap Bac o Tan Trao"[탄 차오에서 아저씨를 만나다], in *Tan Trao, 1945-1985*(Ha Tuyen, 1985), p. 52, *BNTS*, vol. 2, p. 258에 인용. 또 Tran Trong Trung, "92 ngay dem: Bac Ho o Tan Trao"[92일의 낮과 밤: 탄 차오의 호 아저씨], *Tap chi Lich su Quan su*[軍史 저널], 1995년 4월.

61 Hoang Van Hoan, *Drop in the Ocean*, p. 213.

62 *Histoire de la révolution*, pp. 119-20. *Van kien Dang*(*1930-1945*), vol. 3, pp. 410-11에

는 약간 긴 판본이 수록되어 있다. 호가 연합군의 지원 문제를 내세운 것도 당 지도자들이 그를 지지하게 된 한 가지 이유였을 것이다. Patti(*Why Viet Nam?*, p. 551)에 따르면, 전국 봉기위원회는 추옹 친, 보 응우옌 지압, 찬 당 닌, 레 타인 응이, 추 반 탄 등으로 이루어져 있었다. 회의에서의 전략 문제에 대한 논쟁은, Nguyen Luong Bang, "Moi vstrechii c tovarishchim Ho Shi Minh"〔호치민 동지와의 만남〕in *Nash Prezident Ho Shi Minh*〔우리의 주석 호치민〕(Hanoi: Foreign Languages Press, 1967), pp. 97-99 참조. 또 *Récits de la résistance Vietnamienne*(1925-1945) (Paris: François Maspero, 1966), pp. 19-22도 참조.

63 Tran Trong Trung, "92 ngay dem", pp. 15-17. Nguyen Luong Bang, "Mes rencontres avec l'Oncle Ho", in *Souvenirs*, p. 76. 이것은 62번 주석에서 인용했던 *Nash Prezident*에 실린 글과는 약간 이야기가 다르다. 참석자의 대회에 대한 이야기는 Tran Huy Lieu, "Di du Tan Trao"〔탄차오에 가서〕, *NCLS*, no. 17(1960년 8월) 참조. Henry Prunier는 대회장을 거쳐 타이 응우옌으로 행군해가면서, 대회장 벽에 걸린 사진들을 보았다고 회고한다. 그 가운데는 클레어 셰노 장군의 사진이 있었지만, 호의 사진은 없었다(Prunier가 전략사무국-베트민 회의에서 한 발언, 1997년 9월 23일). 또 Patti, *Why Viet Nam?*, p. 134도 참조.

64 이 호소문의 전문은 *Van kien Dang*(1930-1945), vol. 3, pp. 404-5에 수록되어 있다. 기념식에 대해서는 Nguyen Luong Bang, "Mes rencontres", p. 77 참조.

10. 격동의 8월

1 사망자 추정치에 대해서는 David G. Marr, *Vietnam 1945: The Quest for Power*(Berkeley, Calif.: University of California Press, 1995), p. 104 참조. 곡물의 북방 수송은 미 공군 공습, 하이퐁 항구의 어뢰, 일본의 대형 선박 징발 등 여러 가지 요인들 때문에 방해를 받았다 —Nguyen Quyet 중장의 회고, "Hanoi in August", in *Hanoi Moi*, 1980년 8월 26-31일과 9월 4일, JPRS, no. 81,203, 1982년 7월 2일에 번역 수록.

2 *Histoire de la révolution d'août*(Hanoi: Foreign Languages Press, 1972), pp. 125-26; Vo Nguyen Giap, "Ho Chi Minh: Père de l'armée révolutionnaire du Vietnam" in *Souvenirs*, p. 212; 전략사무국-베트민 회의에서 Henry Prunier가 한 말, 1997년 9월 23일.

3 Nguyen Khang, "Hanoi khoi nghia"〔하노이 봉기〕, in *Nhung ngay thang tam*〔8월의 나날〕(Hanoi: Van hoc, 1961), pp. 125-27 참조. 캉의 말에 따르면, 1944년 말 당은 여러 조직에 이미 3천 명 정도의 조직원들을 확보하고 있었으며, 원주민 부대의 비밀 지지자들로부터 무기를 사거나 얻을 수 있었다고 한다. 테러리스트 부대들은 청년구국회의 가장 열성적인 구성원들로 조직되었는데, 그들은 다른 의무를 면제받았고 지역위원회의 직접적인 통제를 받았다.

4 같은 책, p. 133; Nguyen Quyet, "Hanoi in August".

⁵ Tran Huy Lieu, *Lich su thu do Ha noi*[하노이의 역사](Hanoi: 출판사 불명, 1960), pp. 213-15; Nguyen Khang, "Hanoi khoi nghia", pp. 133-34. Nguyen Quyet, "Hanoi in August".

⁶ Tran Van Giau, *Giai cap cong nhan Viet Nam*[베트남의 노동 계급], vol. 3, *1939-1945*(Hanoi: Su That, 1963), pp. 238-43; Nguyen Quyet, "Hanoi in August".

⁷ Tran Van Giau, "Mot so dac diem cua khoi nghia thang tam 1945 o Nam bo, Sai gon"[사이공의 1945년 8월 혁명에 대한 몇 마디], *Tap chi Lich su Dang*[당사 평론], no. 34(1990년 6월), pp. 4-10. 쟈우는 1945년에 비공산주의적 정치인들이 인도차이나공산당을 10 대 1의 비율로 앞서고 있었다고 인정했다(p. 5).

⁸ Tran Van Giau, *Giai cap cong nhan Viet Nam*[베트남의 노동 계급], vol. 1(Hanoi: Su that, 1957), p. 256. 찬 반 쟈우에 대해서는 Stein Tonnesson, *The Vietnamese Revolution of 1945: Roosevelt, Ho Chi Minh, and de Gaulle in a World at War*(London: Sage, 1991), p. 142 참조. Tonnesson의 인용에 따르면, 찬 반 쟈우는 1940년 그와 함께 감옥에 있던 3백 명의 동지들이 관의 탄압의 칼날을 피할 수 있었으며, 그래서 미래의 권력 장악에서 당을 위한 일종의 '예비군'을 형성했다고 말했다. 팜 응옥 타익은 이 시기에는 부유한 의사이자 프랑스 시민이었기 때문에, 일부 당원들이 그의 당원 자격에 의문을 제기하기도 했다 —Tran Van Giau와의 인터뷰, Marr, *Vietnam 1945*, p. 217.

⁹ Tran Van Giau, "Mot so dac diem", pp. 8-10; Archimedes L. A. Patti, *Why Viet Nam? Prelude to America's Albatross*(Berkeley, Calif.: University of California Press, 1980), pp. 182-89; Truong Nhu Tang, *Vietcong Memoir: An Inside Account of the Vietnam War and Its Aftermath*(San Diego: Harcourt Brace Jovanovich, 1985), p. 7.

¹⁰ Vo Nguyen Giap, *Unforgettable Days*(Hanoi: Foreign Languages Press, 1975), pp. 9-16; *BNTS*, vol. 2, p. 269; *Nhung su kien lich su Dang*[당사의 사건들], vol. 1(Hanoi: Su that, 1976), p. 660. 호의 홍수에 대한 언급은 Tran Dan Tien, in *Avec l'Oncle Ho*(Hanoi: Foreign Languages Press, 1972), p. 103 참조. 호치민이 탄 차오에서 하노이까지 갔던 길은 *BNTS*, vol. 2, p. 267-70에 밝혀져 있다. 또 Nguyen Quyet, "Hanoi in August"도 참조. 호의 하노이 도착 날짜에 대해서는 약간 의견이 엇갈린다. 일부에서는 8월 25일, 일부에서는 8월 26일이라고 주장하기 때문이다. 나는 전자를 택했다. 아커미디스 패티가 8월 26일 정오에 만나자는 호의 초대를 받았으며, 그때 호는 이미 도시에 들어와 있었기 때문이다. Daniel Hémery는 그가 8월 21일 하노이에 도착했다고 주장한다. Hémery, *Ho Chi Minh: De l'indochine au Vietnam*(Paris: Gallimard, 1990), p. 89 참조.

¹¹ Vo Nguyen Giap, *Unforgettable Days*, p. 22.

¹² Patti, *Why Viet Nam?*, pp. 199-211.

¹³ 바오 다이는 회고록에서 퇴위식에 모인 사람들—아마 대부분 관리나 조신이었을 것이

다.—은 퇴위 소식에 놀라면서도 아무 말 없이 그것을 받아들였다고 전한다—S. M. Bao Dai, *Le Dragon d'Annam*(Paris: Plon, 1980), pp. 117-21 참조. 찬 후이 리에우는 "Tuoc an kiem cua Hoang de Bao Dai"[바오 다이 황제의 퇴위], in *NCLS*, no. 18(1960년 9월), pp. 46-51에서 그 나름으로 이 사건 이야기를 전한다. 리에우의 이야기를 보면 남쪽으로 항해해가는 동안 지역 주민들이 무척 기뻐하였다고 한다. 퇴위 뒤 황궁과 그 안의 재산은 황성 서쪽 산에 있는 제국 묘지와 더불어 지역 인민위원회에 관리를 맡겼다. 퇴위식 뒤의 어색한 순간에 리에우는 바오 다이에게 프랑스와 일본이 조국을 지배하는 상황이 고통스러웠느냐고 물었다. 바오 다이는 간단하게 "그렇소, 자주 고통스러웠소." 하고 대답했다(p. 50 참조). 바오 다이는 자신의 회고록에서 찬 후이 리에우를 "초라해 보이는 꼬마"로 묘사하면서, 짙은 색 안경 뒤로 곁눈질을 해댔기 때문에 그를 볼 때마다 당황하게 되었다."라고 이야기한다.

14 Vo Nguyen Giap, *Unforgettable Days*, pp. 24-25.

15 Hoang Van Hoan, *Drop in the Ocean: Hoang Van Hoan's Revolutionary Reminiscences*, (Beijing: Foreign Languages Press, 1988), p. 217; *BNTS*, vol. 2, p. 272; Vo Nguyen Giap, *Unforgettable Days*, pp. 25-26.

16 Vo Nguyen Giap, *Unforgettable Days*, pp. 27-28. 이 광장의 이름은 19세기 인도차이나의 프랑스 주교의 이름을 딴 것이다. 호치민은 19세기 말 프랑스 정복에 대항하여 싸웠던 타인 호아의 세 마을을 기념하여 이곳을 바딘 광장이라고 개명하자고 제안했다—Kobelev, p. 174. 호의 거처 변경에 대한 자료는 Georges Boudarel과 Nguyen Van Ky, *Hanoi, 1936-1996: Du drapeau rouge au billet vert*(Paris: Editions Autrement, 1997), p. 99.

17 NR 63, XUF로부터, 1945년 9월 2일, Box 199, Folder 3373, RG 226, USNA. 군중의 규모에 대해서는 Marr, *Vietnam 1945*, p. 530. 각주 239 참조; Marr는 당시 하노이 인구가 20만 명에 불과했음을 고려할 때 군중 숫자가 40만 명을 넘지는 않았을 것이라고 생각한다. 일부 평자들의 말에 따르면 연합군 비행기가 상공을 날아갈 때, 베트민 관리들은 "저것은 우리 비행기들이다." 하고 자랑스럽게 말했다고 한다. 호치민의 연설 번역문은 *Ho Chi Minh: Selected Writings*(Hanoi: Foreign Languages Press, 1977), pp. 55-56에서 가져왔다. 패티는 그 나름의 번역본을 제시하는데(p. 250), 이것은 연설을 그대로 옮겨 적었다가 나중에 영어로 번역한 것이다. 한 베트민 간부는 탄 차오에서 호의 연설이 방송되자 마을 사람들이 안에서 말하는 사람을 찾으려고 라디오—그들은 생전 처음 보는 물건이었다.—를 열어보려 했다고 이야기해주었다—Tran Minh Chau의 이야기, 전략사무국-베트민 회의, 1997년 9월 23일.

18 *Histoire de la révolution*, pp. 120-21 참조. 조르주 부다렐에 따르면, 호의 카키색 양복은 그의 요청에 따라 특별히 만든 것이라고 한다. 그의 개인 비서 부 딘 후인이 좀 괜찮은 양복과 가죽 구두를 사라고 했으나, 호는 거절하면서 비싸고 우아한 것보다는 소박하고, 실용적이고, 편안한 것을 요구했다—in Boudarel, *Hanoi*, pp. 99-100에 나오는 그의 말 참조. 호

는 후인에게 한 번도 넥타이를 매본 일이 없다고 했지만, 많은 사진들이 증명하듯이 그것은 사실이 아니다.

19 Vo Nguyen Giap, *Unforgettable Days*, pp. 39-41과 Bui Diem, *In the Jaws of History*(Boston: Houghton Mifflin, 1987), p. 39. 베트남의 한 자료는 홍 강 삼각주의 15개 성에서 1945년 가을 벼 수확량이 50만 톤에 불과했다(그 전해에는 83만2천 톤이었다)고 전한다—Nguyen Kien Giang, *Viet Nam nam dau tien sau cach mang thang tam*[8월 혁명 직후의 베트남](Hanoi: Su that, 1961), pp. 140-41, 신문 Su that[진실], 1945년 12월 12일치 인용.

20 Nguyen Kien Giang, *Nam dau tien*, pp. 153-54, Su that, 1946년 9월 13일치 인용.

21 Philippe Devillers, *Histoire du Vietnam, 1940-1952*(Paris: Editions du Seuil, 1952), p. 189; Nguyen Cong Binh, "Ban ve tinh chat cuoc cach mang thang tam"[8월 혁명의 성격에 대하여], in *NCIS*, no. 17(1960년 8월), p. 4.

22 Patti, *Why Viet Nam?*, p. 284. 패티(p. 291)에 따르면 중국군은 5만 명을 넘지 않았다. "어제의 엘리트 부대"란 전날 도착하여 요새나 총독궁 구내에 머물고 있던 규율 잡힌 부대를 가리킨다.

23 "Nghi quyet cua Toan quoc Hoi nghi Dang Cong san Dong duong"[인도차이나공산당의 민족회의 결의안], in *Van kien Dang(1930-1945)*[당 문건(1930-1945)], vol. 3(Hanoi: Ban Nghien cuu lich su Dang Truong uong, 1977), pp. 412-23, 특히 pp. 415-17.

24 Charles Fenn, *Ho Chi Minh: A Biographical Introduction*(New York: Scribner, 1973), p. 8.

25 Wiilliam J. Duiker, *U. S. Containment Policy and the Conflict in Indochina* (Stanford, Calif.: Stanford University Press, 1994), p. 27 참조. 신탁통치 문제는 샌프란시스코에서 길게 논의되었으며, 미국이 피억압 민족의 독립을 주장할 것이냐 아니면 단순한 자치를 주장할 것이냐를 놓고 미국 담당자들 사이에 의견이 엇갈렸다. 그러나 루스벨트의 고문 Charles Taussig가 루스벨트는 독립을 주장했다고 호소했음에도, 자치를 지지하는 견해가 우위를 차지했다. 일부 담당자들은 영국이 '독립'을 받아들이지 않을 것이며, 그렇게 되면 모든 구도가 와해될 수 있다고 생각했다. William Conrad Gibbons, *The U. S. Government and the Vietnam War: Executive and Legislative Roles and Relationships*, vol. 1(Princeton, N. J.: Princeton University Press, 1986), pp. 14-15 참조.

26 Patti, *Why Viet Nam?*, p. 289. 중국에 있는 패티의 상관들은 미국이 프월 협상에 개입할 경우 '심각한 문제'가 생길 수 있다고 생각했다. 데이비스가 헤프너에게 보낸 전문, 1945년 9월 1일, Box 199와 헤프너가 데이비스에게 보낸 전문, 1945년 9월 1일, Entry 154, Box 18 둘다 Folder 3373, RG 226, USNA에 수록.

27 미국 관찰자의 사이공 상황 묘사는 J. Herbert Bluechel 대위, 1945년 9월 30일자, 미국 상원 외교위원회, *Causes, Origins, and Lessons of the Vietnam War*, 92차 총회, 2차 회의, 1972, pp. 283-84 참조. 인도차이나공산당 내부의 찬 반 샤우에 대한 비판은 Marr, *Vietnam 1945*, p. 462 참조.

28 전략사무국 파견대는 전쟁 범죄와 전쟁 포로의 상황을 조사하고 미국의 재산을 보호할 책임을 부여받고 사이공에 파견되었다. 그레이시의 관점을 반영한 자료로는 Peter M. Dunn, *The First Vietnam War*(New York: St. Martin's, 1985), 특히 p. 155 참조.

29 공격에 대한 당시의 공식 보고서는 상원위원회, *Causes*, pp. 283-98에 수록되어 있다. George Wickes가 전략사무국-베트민 회의에서 한 말, 1997년 9월 22-23일도 참조했다.

30 1945년 9월 29일자 호치민의 편지는 Patti Collection에 보관되어 있다. 그레이시는 듀이를 '불쾌한 사람'이라고 생각했으며, 미국 장교들은 그레이시의 '황소 같은 태도'를 못마땅하게 여겼다. Wickes의 논평, 전략사무국-베트민 회의, 1997년 9월 22-23일 참조. Wickes에 따르면 다른 영국군 장교들은 그레이시 장군보다 베트남인들에게 공감하고 있었다고 한다. 또 Dunn, *First Vietnam War*, p. 156 참조. Bluechel 대위의 사건 보고서는 상원위원회, *Causes*, pp. 283-84, Bluechel의 1945년 9월 30일자 편지 참조.

31 1945년 10월 12일, 파리에서 국무부 장관에게 보낸 보고서, 1945년 10월 12일, RG 59, UPA.

32 Nguyen Kien Giang, *Nam dau tien*, pp. 117-18; 보 응우옌 지압의 제목 없는 글, *Cuu Quoc*, no. 83, 1945년 10월 5일. 종교 집단에 대한 추가 자료는 Hue-Tam Ho Tai, *Millenarianism and Peasant Politics in Vietnam* (Cambridge, Mass.: Harvard University Press, 1983)과 Jayne Werner, "Cao Dai: The Politics of a Vietnamese Syncretic Religious Movement"(박사 논문, Cornell University, 1976) 참조.

33 Bao Dai, *Dragon*, pp. 130-31. 아편에 대한 언급은 Vu Thu Hien, *Dem giua ban ngay*[밤과 낮 사이에서](Westminster, Calif.: Van Nghe, 1997), p. 108에 나온다. 그러나 호치민의 노력에도 불구하고 호는 적어도 한 번은 중국 당국에 억류되었던 것으로 보인다. 그럼에도 루 한은 그를 "호 씨"라고 부르지 않고 "호 주석"이라고 부르게 되었다—Mai Van Bo, *Chung toi hoc lam ngoai giao voi Bac Ho*[나는 호 아저씨에게 외교를 배웠다](Ho Chi Minh City: NXB Tre, 1998), p. 46.

34 Patti, *Why Viet Nam?*, p. 300.

35 Vo Nguyen Giap, *Unforgettable Days*, p. 68; Devilliers, *Histoire*, p. 177; Mai Van Bo, *Chung toi hoc lam*, p. 46.

36 생트니가 떠남으로써 호치민은 그의 프랑스인 적들 가운데 가장 타협적인 사람을 잃게 되었다. 생트니는 호전적인 반프랑스 민족주의자들을 좋아하지 않았으며, 파리에 보낸 보고서에서 만일 새로운 베트민 지도자들(예를 들어 호치민 같은 사람들)이 프랑스에 망명을

하게 되면, 그들은 프랑스의 지원으로 "우리의 최고 동맹자들"이 되어 돌아올지도 모른다고 말했다: 1945년 10월 3일의 메모(SA1-02/3), Philippe Devillers, *Paris: Saigon: Hanoi*(Paris: Gallimard, 1988), p. 98. 그는 또 베트남인들은 독립의 진정한 의미에 대해서 아무것도 모르며, 단지 그 말의 상징에 혹해 있을 뿐이라고 말했다. 또 Patti, *Why Viet Nam?*, p. 299 참조.

[37] 쿤밍(Sprouse)에서 국무부 장관에게 보낸 전문, 1945년 9월 27일, RG 59, UPA. 9월 초에 보낸 보고서는 도노번이 극동과 과장인 Ballantine에게 보낸 편지, 1945년 9월 5일, 같은 책에 수록되어 있다.

[38] FE(빈센트)가 U(애치슨)에게 보낸 메모, "Indochina", 1945년 9월 28일, RG 59, UPA. 호치민은 9월 30일 패티와 장시간 이야기를 나누면서 자신이 응우옌 아이 쿠옥이라고 확인해주었다—Patti, *Why Viet Nam?*, pp. 371-73 참조.

[39] 인용문은 Bonbright가 Matthews(EUR)에게 보낸 메모, 1945년 10월 2일, RG 59, UPA에서.

[40] "Possible Viet-Minh Representative en Route to Washington"(1945년 10월 31일자 대화 메모), 같은 책.

[41] Carlton Swift가 1997년 9월 22-23일 전략사무국-베트민 회의에서 한 말. 호가 트루먼에게 보낸 1945년 10월 22일자 편지는 총영사(쿤밍)가 장관에게 보낸 메모, 1945년 10월 24일, RG 59, UPA에 수록되어 있다. 또 Patti, *Why Viet Nam?*, pp. 373-74 참조.

[42] Truong Chinh, "The August Revolution", in *Truong Chinh: Selected Writings*(Hanoi: Foreign Languages Press, 1977), pp. 45-47. 응우옌 반 찬에 따르면 찬 반 쟈우 역시 호의 온건한 전략을 흔쾌히 받아들이지 않았다—그의 *Viet cho me va Quoc hoi*[내 어머니와 의회에 보내는 편지](Garden Grove, Calif.: Van Nghe, 1996), p. 152 참조.

[43] 예를 들어, Harold R. Isaacs, *No Peace for Asia*(New York: Macmillan, 1947). 아이작스는 호치민이 1930년대 상하이에서 초라하게 살 때 그를 알았다. 호는 1945년 가을 북궁에서 아이작스와 인터뷰를 할 때 웃음을 터뜨리며 이렇게 말했다. "그런데 지금 나는 베트남 임시정부의 주석이오. 사람들은 나를 '각하'라고 부르지요. 웃기지 않소?"(p. 163).

[44] 같은 책, pp. 165, 177.

11. 재건과 저항

[1] Greg Lockhart, *Nation in Arms: The Origins of the People's Army of Vietnam*(Sydney: Allen & Unwin, 1989), p. 175; Yves Gras, *Histoire de la guerre d'Indochine*(Paris: Destins Croisés, 1992), p. 88에서는 북부에만 베트민 병력이 3만 명 정도였다고 추정한다.

[2] 바오 다이에 따르면 내각의 각료 대부분은 그 말에 담긴 유머를 이해하지 못했다고 한다. 그들 대부분이 중부 출신이었는데 그곳에서는 북부와는 달리 개고기로 만드는 소시지를 진미

로 여기지 않았기 때문이다. 황금 주간에 대해서는 Archimedes Patti, *Why Viet Nam? Prelude to America's Albatross* (Berkeley, Calif.: University of California Press, 1980), pp. 337-39. 군사력 증강에 대해서는 Vo Nguyen Giap, *Unforgettable Days*(Hanoi: Foreign Languages Press, 1975), pp. 82-88 참조.

[3] Georges Boudarel과 Nguyen Van Ky, *Hanoi 1936-1996: Du drapeau rouge au billet vert*(Paris: Editions Autrement, 1997), p. 103; Vu Thu Hien, *Dem giua ban ngay*[밤과 낮 사이에서](Westminster, Calif.: Van Nghe, 1997), p. 227. 물론 응오 딘 디엠은 나중에 베트남공화국(남베트남)의 대통령이 되어 나라의 구원자 역할을 놓고 호치민의 주요한 경쟁자로 부상했다.

[4] K. N. T., "Jours passés auprès de l'Oncle Ho", in *Avec l'Oncle Ho*(Hanoi: Foreign Languages Press, 1972), p. 352 참조. 민족주의자들과의 회담 및 그들의 요구에 대해서는 Nguyen Kien Giang, *Viet Nam nam dau tien sau cach mang thang tam*[8월 혁명 직후의 베트남](Hanoi: Su that, 1961), pp. 130-33 참조.

[5] 예를 들어 Hoang Van Hoan, *Drop in the Ocean: Hoang Van Hoan's Revolutionary Reminiscences*, (Beijing: Forein Languages Press, 1988), p. 224 참조. 베트남 역사가 Nguyen Kien Giang에 따르면, 일각에서는 공식 해체를 "원칙상의 오류"라고 보았다—그의 *Nam dau tien*, p. 130 참조. 이 발표문은 *Van kien Dang*(*1945-1954*)[당 문건(1945-1954)], vol. 1(Hanoi: Ban nghien cun lich su Dang, 1979), pp. 19-20에 수록되어 있다. 또 Philippe Devillers, *Paris-Saigon-Hanoi*(Paris: Gallimard, 1988), p. 108 참조. 드빌리에에 따르면 이 결정은 찬 반 쟈우의 영향을 받은 것일 수도 있다고 하는데, 그는 남부의 온건파를 끌어들이기 위하여 가능한 가장 넓은 범위의 통일전선 구성을 촉구했다.

[6] "Khang chien kien quoc"[저항과 재건], in *Van kien Dang*(*1945-1954*), vol. 1, pp. 21-35; Nguyen Kien Giang, *Nam dau tien*, p. 133.

[7] Vo Nguyen Giap, *Unforgettable Days*, pp. 103-4. 협상에 대해서는 King C. Chen, *Vietnam and China, 1938-1954*(Princeton, N. J.: Princeton University Press, 1969), p. 129 참조.

[8] Vo Nguyen Giap, *Unforgettable Days*, p. 106. Lam Quang Thu, "Bac Ho tai ky hop dau tien cua Quoc hoi khoa I"[국회 첫 회기의 호 아저씨], in *NCLS*, no. 184(1975년 1-2월), p. 8; Chen, *Vietnam and China*, pp. 129-30.

[9] Chen, *Vietnam and China*, p. 130; Vo Nguyen Giap, *Unforgettable Days*, pp. 106-7. 지압에 따르면 응우옌 하이 탄은 중국어로 연설했다고 한다. 호가 그에게 큰 집과 호 자신의 승용차를 제공하자, 그는 기뻐하면서 호의 집을 쳐주겠다고 제안했다.

[10] 드골이 르클레르에게 보낸 편지와 다른 인용들에 대해서는 Jacques de Folin, *Indochine, 1940-1955: La fin d'un rêve*(Paris: Perrin, 1993), pp. 130-33, Dossier E 166, Ministère

des Affaires Etrangères(이후 MAE라고 약칭)를 인용. 또 Devillers, *Paris-Saigon-Hanoi*, p. 95 참조.

[11] de Folin에 다르면 드골은 다르장리외에게 베트민과 협상을 하지 말고 외국의 중재를 받아들이지도 말라고 지침을 내렸다고 한다—*Indochine*, p. 112 참조.

[12] Jean Sainteny, *Ho Chi Minh and his Vietnam: A Personal Memoir*, Herma Briffault 역 (Chicago: Cowles, 1970), p. 54.

[13] Dossier E, 166-1, MAE, de Folin, *Indochine*, p. 98에 인용.

[14] Sainteny, *Ho Chi Minh*, p. 58. 바오 다이는 생트니가 자신을 개인적으로 만나고 싶어했음에도 실제로 만난 것은 한 번뿐이라고 말한다. 호가 자신의 모든 동료에게 전 황제를 '응아이(Ngai)'라는 경어로 부르게 했다는 점은 그도 인정한다. Bao Dai, *Le Dragon d' Annam*(Paris: Plon, 1980), p. 134 참조.

[15] Bao Dai, *Dragon*, pp. 135-50. 한 번은 국민회의에서 베트남국민당 출신의 각료가 바오 다이에게 응우옌 아이 쿠옥에 대한 책을 건네주면서 호치민을 가리키기도 했다. 호는 바오 다이가 들고 있는 책을 보고 그에게 심술궂은 웃음을 지어 보였다.

[16] 케이퍼리가 국무장관에게, 1946년 2월 6일, in book 8, p. 59, *United States Vietnam Relations, 1945-1967*(이후 USVN이라고 약칭, Washington, D. C.: U. S. government printing office, 1971). 호치민이 트루먼 대통령에게 보낸 편지는 미국 상원 외교위원회, *The United States and Vietnam, 1944-1947*, 92차 총회, 2차 회의, *Staff Study no. 2*, 1972년 4월 3일, pp. 10-11에 수록되어 있다. 랜딘이 워싱턴에 보낸 보고서는 *Foreign Relations of the United States, 1946*, 8: pp. 26-27에 수록되어 있다. 호치민의 편지는 전략사무국이 쿤밍에 보낸 전문, 1946년 2월 28일, S1-INT 32, Entry 140, Box 53, Folder 427, RG 226, USNA. 또 베트남어 발췌문 in *BNTS*, vol. 3, p. 121 참조.

[17] de Folin, *Indochine*, pp. 137-38. Thierry d'Argenlieu, *Chronique de l'Indochine, 1945/1947*(Paris: Albin Michel, 1985), p. 148을 인용. 이 자료에 따르면 다르장리외와 르클레르는 서로 싫어하여 고등판무관이 장군의 소환을 요구한 적도 있다고 한다. 르클레르는 회담을 개시하기 전에 북부에 질서를 회복하라는 드골의 소언에 이외를 제기하여 프랑스에는 그렇게 할 힘이 없다고 말하기도 했다.

[18] Gras, *Histoire de la guerre*, p. 91.

[19] Devillers, *Paris-Saigon-Hanoi*, p. 143; *BNTS*, vol. 3, pp. 147-48. 바오 다이는 2월 27일에 만났다고 회고한다—그의 *Dragon*, pp. 150-51 참조. 또 Vo Nguyen Giap, *Unforgettable Days*, p. 145도 참조. 생트니는 그의 *Ho Chi Minh*에서 호가 가끔 만일 합의에 이르게 되면 다른 사람이 서명을 하게 될지도 모른다는 암시를 했다고 회고하고 있다(p. 60).

[20] de Folin, *Indochine*, pp. 139-44. 피농은 훗날 만일 프랑스가 중프 조약에서 꼼꼼하게 따

지는 태도를 보였다면 조인이 이루어지지 않았을 것이라고 말했다—같은 책, p. 144 참조. 1946년 7월 4일자 Pignon의 메모, MAE를 인용.

[21] Vo Nguyen Giap, *Unforgettable Days*, pp. 159-66; *BNTS*, vol. 3, pp. 152-53. Lam Quang Thu에 따르면 호를 비롯한 여러 사람이 아침 일찍 베트남국민당 본부로 가서 회의가 하루 일찍 개최될 것임을 알려주었다고 한다—그의 "Bac Ho tai", p. 9 참조.

[22] Paul Mus, *Viet-Nam, Sociologie d'une guerre*(Paris, Editions de Seuil, 1952), p. 85. 또 Kobelev, p. 192도 참조.

[23] "Tinh hinh va chu truong"[상황과 권고] in *Van kien Dang*(*1945-1954*), vol. 1, pp. 36-42. 결의안의 날짜는 3월 3일이다. 다른 자료들은 이 회의가 2월 24일에 열렸다고 말한다. *Toan Tap I*, vol. 4, p. 598과 *BNTS*, vol. 3, p. 148 참조.

[24] Sainteny, *Ho Chi Minh*, p. 62. 보 응우옌 지압도 그의 *Unforgettable Days*(p. 171)에서 르클레르의 요청에 대해 언급하고 있다.

[25] Frank White, 상원 외교위원회, *Causes, Origins, and Lessons of the Vietnam War*, 92차 총회, 2차 회의, 1972년—p. 148 참조. 화이트는 이 사건이 1945년 12월에 일어났다고 말하지만, 이것은 잘못으로 보인다. 미국측 평자인 Joseph Kelley가 제출한 논문, 전략사무국-베트민 회의, 뉴욕 햄프턴 만, 1997년 9월 21-23일 참조.

[26] Vo Nguyen Giap, *Unforgettable Days*, pp. 176-77과 Sainteny, *Ho Chi Minh*, pp. 62-64. 이 두 이야기는 대체로 비슷하다. 둘다 마지막 순간에 중국측이 호를 설득하여 조인을 하게 했다고 언급하고 있다. 행사에 참석했던 미국 외교관 대표가 워싱턴에 보낸 전문에서는 코친차이나의 투표 결과는 아슬아슬할 것이라고 평가했다—Hanoi no. 37, 1946년 6월 5일, in RG 59, UPA 참조.

[27] "Hoa de tien"[전진을 위한 타협], *Van kien Dang*(*1945-1954*), vol. 1, p. 53. 호의 연설은 Vo Nguyen Giap, *Unforgettable Days*, p. 189와 Kobelev, p. 195에 수록되어 있다. 약간 다른 판본으로는 Sainteny, *Ho Chi Minh*, p. 64 참조. 어떤 사람은 호치민이 합의서에 대한 지지를 구하기 위해 하노이 대학을 방문했을 때 한 학생이 그를 당황하게 하기 위해 샤워를 하다 말고 완전히 벌거벗은 몸으로 기숙사에서 걸어나왔다고 한다. 그러나 호는 금방 평정을 회복하고 이렇게 말했다고 한다. "오, 아우, 자네로군. 자네는 늘 웃음을 터뜨릴 일을 찾는군 그래."—Bui Diem, *In the Jaws of History*(Boston: Houghton Mifflin, 1987), p. 40 참조.

[28] Gras, *Histoire de la guerre*, p. 98.

[29] 상원 외교위원회, *Causes*, pp. 148-52. 화이트는 이 만찬이 실제보다 훨씬 빨리 열렸던 것으로 이야기하지만, 그의 말을 들어보면 3월에 르클레르가 도착했을 무렵에 열렸던 것으로 보인다. 워싱턴은 전략사무국 장교들을 통해 인도차이나에 대한 정보를 보고받았던 것으로 보인다. 외교 부서들은 아직 문을 다시 열기 전이었기 때문이다. 프랑스인들이 도착할 무렵

의 도시 묘사는 George Wickes의 발언, 전략사무국-베트민 회의, 1997년 9월 22-23일에 많이 의존했다.

30 번스가 프랑스 대사 앙리 보네에게, 1946년 4월 12일, in *USVN*, book 8, part B, 2, pp. 64-65. 트루먼에게 보낸 전문, 1946년 2월 28일은 OSS Kunming, SI-INT 32, Entry 140, Box 53, Folder 427, RG 226, USNA에 수록되어 있다. 같은 메시지가 담긴 호치민이 보낸 편지, 1946년 2월 16일은 Patti collection에 수록되어 있다. 패티의 후임으로 하노이에 온 Carlton Swift는 미월 우호협회 창설에 잠정적으로 합의했다가 상관들로부터 질책을 받았다고 한다 (Swift의 발언, 전략사무국-베트민 회의, 1997년 9월 23일).

31 George Wickes의 발언, 전략사무국-베트민 회의, 1997년 9월 22-23일. 또 Gras, *Histoire de la guerre*, p. 98; Hoang Van Hoan, *Drop in the Ocean*, p. 231; Sainteny, *Ho Chi Minh*, p. 67도 참조.

32 Vo Nguyen Giap, *Unforgettable Days*, pp. 221-22. 호가 살랑에게 한 말은 Kobelev, p. 198에서 찾을 수 있다. Gras, *Histoire de la guerre*, p. 111에 따르면 다랏 회의에 대한 최종 결정은 하 롱 만 회담 이후에야 내렸다고 한다.

33 Vo Nguyen Giap, *Unforgettable Days*, pp. 270-74; Nguyen Thanh, *Chu tich Ho Chi Minh o Phap*[프랑스에서의 호치민](Hanoi: Thong tin Ly luan, 1988), pp. 168-69. 대표단 구성원은 단장 팜 반 동을 비롯하여 호앙 민 지암, 판 안, 타 쾅 부, 응우옌 반 후엔, 친 반 빈 등이었다. 외무장관 응우옌 투옹 탐도 함께 갈 예정이었으나, 마지막 순간에 병을 핑계로 빠졌다. 그는 나중에 자신이 회담에 참여하고 싶지 않았음을 인정했다—하노이에서 국무부로, no. 29, 1946년 5월 30일, RG 59, UPA 참조.

34 1870년 보불전쟁 뒤 알사스와 로렌을 독일에 빼앗긴 프랑스인들은 강한 복수심을 느꼈으며, 이것이 제1차 세계대전 발발의 중요한 요인이 되었다. 호의 발언에 대해서는 Gras, *Histoire de la guerre*, p. 118 참조. Gras는 살랑의 *memoirs*를 인용하고 있다. Gras는 프랑스 정부가 국민투표 전에는 새로운 정부를 공식 인정할 생각이 없었다고 말한다. 이 여행은 *BNTS*, vol. 3, pp. 216-21에도 기록되어 있다.

35 Mai Van Bo에 따르면 호는 원래 칸에 묵을 예정이었다—Mai Van Bo, *Chung toi hoc lam ngoai giao voi Bac Ho*[나는 호 아저씨에게 외교를 배웠다](Ho Chi Minh City: Tre, 1998), p. 60 참조. 비아리츠의 숙소 문제에 대해서는 약간의 혼란이 있다. 몇 가지 자료에는 호가 칼튼—현재는 콘도미니엄으로 바뀌었다.—에 묵었다고 나와 있다. 장 생트니는 구앵 내각의 항공장관이었던 Charles Tillion이 호가 어떤 조건에서 머물고 있는지 '자기 눈으로' 확인하기 위해 은밀히 비아리츠를 찾았다고 한다. Sainteny, *Ho Chi Minh*, p. 80 참조. 그러나 베트남 자료들은 호가 호텔 르 팔레에 묵었다고 말한다—*BNTS*, vol. 3, p. 226과 Nguyen Thanh, Chu tich Ho Chi Minh, p. 169 참조. 필립 드빌리에는 대표단이 호와 함께 칼튼 호텔에 묵었다고 말하지만, 미국의 외교 자료는 2급 호텔에 묵었다고 한다—

Devillers, *Paris-Saigon-Hanoi*, p. 289와 파리 주재 미국 대사관에서 국무부로, no. 5411, 1946년 6월 15일, RG 59, UPA 참조.

36 여기 실린 내용은 대부분 Sainteny, *Ho Chi Minh*, pp. 74-75에 나오는 것인데, 이 책에 따르면 어선의 승무원들은 호치민이 젊은 시절에 바다에서 몇 년을 보냈다는 사실을 모르고 그가 비스케이 만의 심한 파도에도 멀미를 하지 않는 것에 놀랐다고 한다. 또 샌트니는 어떤 재치 있는 사람이 나중에 호가 비리스투의 식당에 쓴 글에 "바람과 함께 사라지다"라는 말을 덧붙여놓았다고 말한다. *BNTS*, vol. 3, pp. 226-32도 참조.

37 Sainteny, *Ho Chi Minh*, p. 76. Ta Thu Thau에 대한 말은 Gras, *Histoire de la guerre*, p. 118에 나온다. 호치민에게 적대적인 일부 베트남 자료에서는 Thau의 죽음에 호가 직접적이든 간접적이든 관련이 있다고 주장한다—*Chroniques Vietnamiens*(1997년 가을)에 실린 글, p. 19 참조.

38 Sainteny, *Ho Chi Minh*, p. 76-78. 노르망디로 가는 길에 호의 부관들이 많이 타고 있던 두 번째 차가 갑자기 길에서 벗어나 도랑에 전복되었다. 크게 다친 사람은 없었지만 호치민과 생트니는 혹시 누가 호의 생명을 노렸던 것이 아닌지 잠깐 의심했다.

39 Nguyen Thanh, *Chu tich Ho Chi Minh*, pp. 202-3(《르피가로》의 기사는 p. 165에 인용되어 있다). Sainteny, *Ho Chi Minh*, p. 77.

40 르클레르는 자신이 파리에 가고 없는 동안 "어떤 사태에도 대비하라"고 동료들에게 보낸 호의 메시지 사본을 입수했던 것 같다. Sainteny, *Ho Chi Minh*, pp. 81-82.

41 Nguyen Thanh, *Chu tich Ho Chi Minh*, p. 179. 또 Vo Nguyen Giap, *Unforgettable Days*, p. 299도 참조. 호치민은 훗날 동료들에게 프랑스가 파리에서 그를 환대함으로써— 프랑스의 삼색기 옆에 베트남 깃발을 걸어놓는 등—자신을 유혹하려고 한다는 사실을 잘 알고 있었다고 말했다—Mai Van Bo, *Chung toi hoc lam*, pp. 60-61 참조.

42 Sainteny, *Ho Chi Minh*, p. 71. 프랑스공산당의 호에 대한 의심은 국무부에 보내는 전문에도 나와 있다—파리에서 국무부, 1946년 6월 16일, RG 59, UPA. 역사가 Alain Ruscio는 토레즈의 이야기는 하노이 정부가 아니라 과격한 민족주의자들을 겨냥한 것이라고 추측한다. Ruscio는 전체적으로 두 당 간의 관계를 우호적으로 그리고 있다—그의 *Les Communistes français et la guerre d'Indochine, 1944-1954*(Paris: L'Harmattan, 1985), p. 109 참조. 그러나 토레즈는 나중에 저널리스트 필립 드빌리에에게 그의 당은 인도차이나에서 프랑스의 존재를 없애는 일에 봉사할 의사가 없으며, 전세계 프랑스 연합의 머나먼 영토 위에서 삼색기가 휘날리는 것을 열렬히 지지한다고 말했다—Devillers, *Paris-Saigon-Hanoi*, p. 269 참조.

43 *BNTS*, vol. 3, pp. 237-240; Ruscio, *Les Communistes*, p. 103; Kobelev, *Ho Chi Minh*, p. 201.

44 이 미국인 기자는 데이비드 쇼엔브런이다. Ruscio, *Les Communistes*, pp. 129-31; Nguyen

Thanh, *Chu tich Ho Chi Minh*, pp. 187-89. 누군가 남베트남의 분리를 받아들이겠느냐고 묻자, 호는 그들도 언어와 조상이 같은데 한 나라로 합치고 싶어하지 않겠느냐고 대답했다 —Ruscio, *Les Communistes*, p. 131.

[45] 무테의 관점에 대해서는 Devillers, *Paris-Saigon-Hanoi*, pp. 208-12에 인용된 전문 참조.

[46] 케이퍼리가 번스에게, 1946년 9월 11일과 12일, in RG 59, UPA. 또 *BNTS*, vol. 3, pp. 298-99와 Devillers, *Paris-Saigon-Hanoi*, p. 218도 참조.

[47] DOS 241 사이공의 Reed에게, 1946년 8월 9일, in RG 59, UPA: Office Memo: 모펏이 JCV-FE에게, 1946년 8월 9일, 같은 책. 두 메시지 모두 나중에 프랑스의 인도차이나 정책에 대한 솔직한 비판자가 되는 Charlton Ogburn이 작성했다.

[48] 오랜 세월이 흐른 뒤 호치민은 젊은 동료들에게 그는 1946년 말에 전쟁이 불가피하다는 확신을 했다고 털어놓았다. "상황이 매우 긴박했다. 그들은 우리를 공격하는 데 필요한 시간을 벌려고 했다. 우리는 그들의 책략을 알고 있었고, 우리도 시간을 벌려고 했다." Mai Van Bo, *Chung toi hoc lam*, p. 61. '마법사의 제자'라는 표현은 Jean Sainteny, *Ho Chi Minh*, p. 88에서 나온 것.

[49] David Schoenbrun, *As France Goes*(New York: Harper & Bros., 1957), pp. 234-36.

[50] Sainteny, *Ho Chi Minh*, p. 88-89, Hanoi 88 to Secretary of State, 1946년 9월 26일, in RG 59, UPA. 무테를 만난 날에 대해서는 Vo Nguyen Giap, *Unforgettable Days*, pp. 333-35 참조. 이것은 프랑스의 신문 〈Franc-Tireur〉을 인용하고 있다. Ruscio에 따르면 호의 비서는 주석이 진실로 평화를 원했다고 말했다—*Les Communistes*, p. 114 참조.

[51] Sainteny, *Ho Chi Minh*, p. 90; Nguyen Thanh, *Chu tich Ho Chi Minh*, pp. 205-6; Vo Nguyen Giap, *Unforgettable Days*, p. 337; Stein Tonnesson, *1946: Déclenchement de la guerre d'Indochine: Les vêpres tonkinoises du 19 Décembre*(Paris: L'Harmattan, 1987), pp. 40-41. 양탄자가 줄어든다는 이야기는 David Halberstam, *Ho*(New York: Knopf, 1987), 2판, p. 89 참조.

[52] Tonnesson, *Déclenchement*, pp. 41-42. 프랑스측은 호가 뒤몽 뒤르빌 호에서 보낸 전문을 모두 입수했다. 호가 그들의 군용 전신 체계를 이용할 수밖에 없었기 때문이다. 프랑스 요원들은 또 그의 방에 몰래 침투하여 그가 가방에 넣어 가던 문서들의 사진도 찍었다(같은 책 참조). 호의 출발 날짜에 대해서는 약간 의견이 엇갈린다. 대부분의 자료는 9월 18일로 이야기하는데, 생트니는 19일이라고 이야기한다. Mai Van Bo(*Chung toi hoc lam*, p. 64)에 따르면, 호는 18일에 파리를 떠나 마르세유로 갔고, 다음 날 툴롱에 도착했다.

[53] Alain Ruscio편, *Ho Chi Minh Textes, 1914-1969*(Paris: L'Harmattan, 연도 불명), pp. 132-34.

[54] *Avec l'Oncle Ho*, pp. 337-40.

[55] Bernard B. Fall, *The Two Viet-Nams: A Political and Military Analysis*(New York:

Praeger, 1964), p. 82.
56 호치민의 하이퐁과 하노이 도착에 관한 이야기는 지압의 *Unforgettable Days*, pp. 342-47에 수록되어 있다. 소란스러운 귀환과 북궁 주위에 몰려든 군중은 미국의 외교 관측통도 확인해주고 있다—Hanoi 94, 1946년 10월 24일, RG 59, UPA 참조.
57 다양한 해석들에 대해서는 Sainteny, *Ho Chi Minh*, p. 90; Tonnesson, *Déclenchement*, p. 41; Bui Diem, *In the Jaws*, p. 49 참조. 호치민이 한 말에 대해서는 Mai Van Bo, *Chung toi hoc lam*, p. 65 참조. 호는 배를 타고 여행하는 것이 기분 전환에 큰 도움이 되었다고 덧붙였다.
58 Vo Nguyen Giap, *Unforgettable Days*, pp. 283-86. 베트남국민당 본부는 민 카이 거리 132번지에 있었다. 이런 충돌의 책임 문제는 늘 논란거리였다. 그러나 프랑스와 미국의 외교 자료들이 이런 무질서를 대부분 민족주의자들 탓으로 돌리고 있다는 점은 주목할 만하다—예를 들어 Hanoi to Secretary of State, 1946년 6월 18일, in RG 59, UPA 참조.
59 응우옌 빈(본명은 Nguyen Phuong Thau)은 실제로 베트남 혁명에서 가장 혐오를 불러일으킨 인물 가운데 하나이지만, 놀랍게도 그의 삶에 대해서는 알려진 것이 거의 없다. 호치민의 지령, "테러리즘을 축소하라"에 대해서는 Extrait de télégrammes décryptés, 2ème Bureau no. 2186/2, 1946년 4월 15일자, "1946-1949" 서류철, in SPCE, Carton 366, CAOM 참조.
60 Truong Chinh, "The August Revolution", in *Truong Chinh: Selected Writings*(Hanoi: Foreign Languages Press, 1977), pp. 62, 73. 미국 정보 자료는 팜 반 동이 호가 "협상으로 제국주의의 힘으로부터 민족 해방을 빼앗아올 수 있다는 착각에 사로잡혀" 파리에 갔다고 말했다고 보고하고 있다—To NA, Mr. Bond from SY Jack D. Neal, "The Position of Ho Chi Minh", 1950년 6월 15일, RG 59, UPA 참조. 현재의 프랑스 자료들은 당과 베트남 지도부 내의 경쟁적 분파들 이야기를 많이 하고 있다. 그러나 호치민 자신은 그렇게 보지 않았다는 증거도 있다. 5월 말 프랑스로 귀환하던 라울 살랑 장군과 대화에서 호는 이렇게 말했다. "지압은 나에게 완전히 헌신하고 있습니다. 그는 나의 지원 때문에 존재할 수 있지요. 그는 다른 사람들과 마찬가지로 나 없이는 아무것도 할 수 없습니다. 나는 혁명의 아버지입니다."—de Folin, *Indochine*, p. 165 참조. 이 글은 살랑의 회고를 인용하고 있다. 그러나 이런 노골적인 발언은 호치민이 한 말처럼 들리지 않는다.
61 호의 누이의 방문에 대한 정보는 킴 리엔의 호치민 박물관 직원들에게서 얻은 것이다. *BNTS*, vol. 3, pp. 366-67과 *BNTS*, vol. 10, pp. 490-92도 참조. 한 적대적 자료에 따르면 닷은 프월 갈등기에 당원들로부터 의심을 받았으나 호치민과의 관계를 아는 사람들은 감히 개입하려 하지 않았다—*China News Analysis*, 1969년 12월 12일 참조.
62 Gras, *Histoire de la guerre*, p. 135.
63 결국 전쟁이 발발해 이 헌법은 공식적으로 공포되지 못했다. 추옹 친의 말은 "The August

Revolution", pp. 62-63에 수록되어 있다.

64 Gras, *Histoire de la guerre*, pp. 147-48. 필립 드빌리에에 따르면 전투의 발발은 불가피했는데, Debes 대령이 사이공의 발뢰의 보호를 믿고 베트남인들에게 오만하게 굴었기 때문이다—*Paris-Saigon-Hanoi*, pp. 240-49 참조. 도시의 포격으로 발생한 사망자 숫자는 오랫동안 논란거리였다. 많은 자료가 그 숫자를 수천으로 기록하고 있으나, 일부 프랑스 자료에서는 2백 내지 3백의 숫자를 제시한다. 예를 들어, de Folin, *Indochine*, p. 179 참조. 사건 며칠 뒤에 하노이에 도착한 미국 외교관 애벗 로 모팻은 2천 명이라는 추정치를 보고했다. 호치민은 프랑스 총리 레옹 블룸에게 보내는 편지에서 3천 명이라는 숫자를 제시했다. 이 문제에 대한 논의는 Tonnesson, *Déclenchement*, pp. 104-6 참조. 하노이의 미국 영사 오설리번이 사건을 둘러싼 쟁점들을 개관한 대목은 Hanoi Dispatch 12 to Secretary of State, 1946년 12월 1일, RG 59, UPA 참조. 다른 이야기로는 Sainteny, *Ho Chi Minh*, p. 91과 Tonnesson, *Déclenchement*, pp. 81-120 참조.

65 Confidential Reed, 1946년 11월 7일, from Saiong, in RG 59, UPA, Hanoi to Secretary of State, 1946년 11월 23일, in RG 59, UPA; Paris to Department, 1946년 11월 29일.

66 훗날 베트민 운동을 하다 변절한 어떤 사람은 프랑스 심문관들에게 호는 늘 "경쟁 상대가 없는 당의 우두머리"였으며, 극단적인 사람들을 이용해 프랑스와 다른 외국인들에게 그 나름의 "이중 플레이"를 했다고 말했다. "Déclaration sur la vie en zone viet minh du Haut Tonkin, Viet Bac: Ho Chi Minh", in Ministère des Relations avec les Etats Associés, DGD, Saigon, du 9 au fevrier 1953 참조. 모팻의 보고서는 상원위원회, *U. S. and Vietnam*, 부록 2, pp. 41-42에 수록되어 있다. 1972년 상원 청문회에서 모팻은 호에게 공감을 표시하며, 그를 만났을 때 위대한 인물을 만났다는 느낌을 받았다고 말했다—상원위원회, *Causes*, pp. 200-201 참조. 모팻은 보 응우옌 지압은 별로 좋아하지 않았는데, 그를 '전형적인 공산주의자'라고 묘사했다(같은 책, p. 202).

67 DOS Circular Airgram, 1946년 12월 17일, in RG 59, UPA. 모팻은 훗날 자신의 발언을 후회했을 수도 있다. 그는 1946년 가을 워싱턴에서 반공 히스테리가 기승을 부리는 것을 몹시 걱정했기 때문이다. 상원위원회에서 그의 발언, *Causes*, pp. 190-91 참조.

68 Sainteny, *Ho Chi Minh*, pp. 92-93; Devillers, *Paris-Saigon-Hanoi*, p. 262. 미국 영사 오설리번에 따르면 베트남민주공화국 내부에 이견이 있었을 수도 있다고 한다. 호치민은 하이퐁 상황을 놓고 프랑스에 양보하고 싶어했고 보 응우옌 지압과 같은 강경파들은 반대했다는 것이다—Hanoi 132 to Department of State, 1946년 12월 4일, RG 59, UPA 참조.

69 Hanoi 134 to Department of State, 1946년 12월 5일, RG 59, UPA; Devillers, *Paris-Saigon-Hanoi*, pp. 266-68. 호치민을 그의 정부 내의 과격파와 분리시키는 문제에 대한 프랑스의 견해는 Ambassador Caffery in Paris 6019 to Department of State, 1946년 12월 7일, RG 59, UPA에 보고되어 있다. 케퍼리에 따르면 프랑스는 호치민의 동기에 대해서는

의심을 품었지만, 그가 잠정 협정 이행은 진심으로 바란다고 느꼈다. 그는 이제 급진파들로부터 압력을 받고 있었다. 비도는 케이퍼리에게 프랑스인들은 코친차이나를 베트남에 돌려줄 준비가 되어 있지만, 적절한 시기에 적절한 조건 하에서 돌려줄 것이라고 말했다.

[70] Gras, *Histoire de la guerre*, p. 126. 보 응우옌 지압에 따르면 첫 포병 중대는 프랑스군과 일본군으로부터 노획한 대포를 무기로 삼았다고 한다. 전쟁 전에 군수품 공급처에서 군에 공급한 대전차 폭탄은 80개였다고 한다—Vo Nguyen Giap, *Unforgettable Days*, pp. 398-99.

[71] Devillers, *Paris-Saigon-Hanoi*, p. 270.

[72] 같은 책, pp. 275-76.

[73] 같은 책, pp. 291-95; Tonnesson, *Déclenchement*, pp. 184-85; Vo Nguyen Giap, *Unforgettable Days*, pp. 407-8. 호는 전문을 오설리번에게도 주었으며, 그는 그것을 파리의 미국 대사관으로 보냈다.

[74] 생트니에게 보내는 편지는 Vo Nguyen Giap, *Unforgettable Days*, p. 413에 인용되어 있다. Msg Ho Chi Minh à Léon Blum, 1946년 12월 18일, transmis à Paris par tg de Saigon 2071, 1946년 12월 20일, 03.40 Z(AN SOM, Tel 938, 3642 A): 호가 블룸에게 보낸 메시지는 Devillers, *Paris-Saigon-Hanoi*, pp. 295-96에 수록되어 있다.

[75] 생트니의 이야기는 *Ho Chi Minh and*······, pp. 96-97에 나온다.

[76] 이 회의는 Ngoc An, "Them tu lieu ve hoi nghi Van Phuc va 'loi keu goi toan quoc khang chien"[반 푹 회의와 '전국 항전의 호소'에 대한 추가 자료], *Tap chi Lich su Quan su*[군사 잡지], no. 36(1988년 12월)에 수록되어 있다. 이 자료에 따르면 호는 12월 18일 저녁에 호소문을 직접 작성했다고 한다. 일부 베트남 자료는 회의 날짜를 잘못 기록하고 있다. 또 Devillers, *Paris-Saigon-Hanoi*, p. 297-99도 참조.

[77] Sainteny, *Ho Chi Minh*, pp. 97-98. 드빌리에(*Paris-Saigon-Hanoi*, pp. 297-98)에 따르면 교전 행위를 피할 수 있는 희망의 빛이 잠깐 비친 적이 있다고 한다. 12월 19일 오후에 모를리에르는 자신의 진지함을 입증하기 위해서였다고 하는데, 갑자기 수도지역의 프랑스 부대의 동원을 해제하라는 보 응우옌 지압의 요청에 동의했다. 그에 따라 당 지도부는 그날 저녁의 공격 계획을 취소했다. 그러나 오후 5시쯤 프랑스의 이중 첩자가 모를리에르에게 베트남의 원래의 공격 계획을 알려주었고, 장군은 그의 부대에게 원래의 공격 위치를 유지하라고 명령했다. 이에 대응하여 베트남측도 원래 계획으로 돌아갔다.

[78] 호가 손자병법을 이용한 것에 대해서는 호가 1946년 10월 11일에 한 말—*BNTS*, vol. 3, p. 315에 인용되어 있다. 그가 손자병법을 이용한 다른 예에 대해서는 같은 책, pp. 217, 222 참조.

12. 호랑이와 코끼리

1 12월 22일 성명의 영어판은 *JPRS*, no. 50,557, 북베트남에 대한 번역, no. 725, "Historic Documents of the ICP". 1954년 6월 4일 프랑스의 알레상드리 장군은 미국 외교관 로버트 매클린토크에게 프랑스인들이 1947년에 베트민의 전쟁 계획 사본을 입수했다고 말했다. 알레상드리의 말에 따르면 그 계획은 믿을 수 없을 정도로 간단했다. 홍 강 삼각주에 근거지를 만들어 인력과 물자 공급원으로 활용하고, 물자의 1차 공급지인 중국과 연락 통로를 확립한다는 것이었다. 이 전쟁은 책략의 전쟁이 될 것이며, 비엣 밍은 주요 전장이자 안전한 피난처가 될 터였다. Saigon dispatch 570 to Department of State, 1954년 6월 4일, RG 59, UPA 참조.

2 조르주 부다렐에 따르면 베트민 부대는 폴 두메르 다리 밑을 지나 강 위쪽의 두 프랑스 초소 사이의 중간 지점에서 홍 강을 건넜다. 도시를 덮은 짙은 연기가 그들의 탈출을 도왔는데, 이것은 베트민 공병 부대가 그날 지른 불로 인한 것이었다—Georges Boudarel과 Nguyen Van Ky, *Hanoi, 1936-1996: Du drapeau rouge au billet vert*(Paris: Editions Autrement, 1997), p. 118.

3 소책자의 제목은 "Appel au peuple de France"이며, Alain Ruscio편, *Ho Chi Minh: Textes, 1914-1969*(Paris: L' Harmattan, 연도 불명), pp. 135-36에 수록되어 있다. 이 소책자들은 전쟁 발발 직후 수도의 거리에 나타나기 시작했다. Yves Gras, *Histoire de la guerre d' Indochine*(Paris: de Noel, 1992), p. 160도 참조. 호의 편지들은 Hanoi 851 to Secretary of State, 1947년 4월 24일, in RG 59, UPA에 수록되어 있다.

4 Gras, *Histoire de la guerre*, p. 160에 인용. 발뤼 장군을 통해 호치민에게 보내는 전보에서 블룸은 강경한 입장을 취하여, 협상이 계속되려면 적대 행위를 즉시 중단해야 한다고 주장했다. 그는 어떠한 위반 행위도 용납할 수 없다고 경고했다—Philippe Devillers, *Histoire du Vietnam, 1940-1952*(Paris: Editions du Seuil, 1952), p. 299 참조.

5 Stein Tonnesson, 1946: *Déclenchement de la guerre d' Indochine: Les vêpres tonkinoises du 19 Décembre*(Paris. L' Harmattan, 1987), pp. 245-46; 호의 편지에 대해서는 Philippe Devillers, *Paris-Saigon-Hanoi*(Paris: Gallimard, 1988), p. 321 참조. 여기에서는 호치민이 무테에게 보낸 편지, 1947년 1월 3일, in *Recueil Varet*, p. 277을 인용하고 있다.

6 Devillers, *Paris-Saigon-Hanoi*, p. 324; Gras, *Histoire de la guerre*, p. 161.

7 Paris 1007 to Department of State, 1947년 3월 6일, in RG 59, UPA.

8 뮈와 호의 회동에 대해서는 많은 자료가 나와 있다. 1차 자료는 "Entrevue du Président Ho avec le représentant du Haut Commissaire Bollaert", 날짜 불명, "Ho Chi Minh 1947-1948"이라는 제목이 붙은 서류철, SPCE, Carton 370, CAOM. 이 논의에 대한 미국측 자료로는 Hanoi A13 to Department of State, 1947년 6월 20일, RG 59, UPA 참조. 오설리번은 이 회담을 "진지했다"고 묘사한다.

⁹ 마셜이 파리에 보낸 전문은 Secretary of State to Caffery, 1947년 2월 3일, RG 59, UPA에 수록되어 있다. 그 이전 메시지들은 Department of State to Paris no. 74, 1947년 1월 8일과 no. 431, 1947년 2월 3일, 같은 책에 수록되어 있다.

¹⁰ 호는 연합통신사의 Harrie Jackson과 인터뷰했다. 팜 응옥 타익과 관련된 일은 Mark Bradley의 "An Improbable Opportunity: America and the Democratic Republic of Vietnam's 1947 Initiative", in Jayne Werner와 Luu Doan Huynh편, *The Vietnam War: Vietnamese and American Perspectives*(Armonk, N. Y.: M. E. Sharpe, 1993)에서 어느 정도 자세하게 다루고 있다. 스탠턴 대사는 4월 17일 워싱턴으로 보내는 전문에서 타익으로부터 두 통의 편지를 받았다고 보고했다. 4월 12일자 첫 번째 편지는 인도차이나의 갈등에 대한 각서가 전달된 것으로, 이것은 1월에 국무부에 전달해 달라면서 하노이의 오설리번에게도 보냈던 것이다. 스탠턴은 24일에 타익이 로 중령에게 한 말을 바탕으로, 베트남인들은 프랑스공산당이 인도차이나에서 프랑스의 군사적 조치를 승인하여 자신들을 배반한 것에 크게 실망했다고 보고했다. 타익은 미국이 대서양 헌장의 옹호자이며, 적대 행위를 끝낼 수 있는 유일한 나라라고 말했다. Bangkok 289, 1947년 4월 17일자와 no. 851, 1947년 4월 24일 to Secretary of State와 첨부 문건, in RG 59, UPA 참조.

¹¹ Wiilliam J. Duiker, *U. S. Containment Policy and the Conflict in Indochina*(Stanford, Calif.: Stanford University Press, 1994), pp. 58–60과 Bradley, "Improbable Opportunity", pp. 18–23 참조.

¹² 전쟁 초기 베트민의 군사적인 문제에 대한 자료는 Truong Chinh의 *The Resistance Will Win, Truong Chinh: Selected Writings*(Hanoi: Foreign Languages Press, 1977), pp. 175–76에 번역 수록과 *Cuoc khang chien than thanh cua nhan dan Viet Nam*[베트남 민족의 성전], vol. 1(Hanoi: Su that, 1958), pp. 238–39 참조.

¹³ 1940년대 말 베트민의 군사 전술 변화에 대해서는 Vo Nguyen Giap, *People's War, Peoples' Army*(New York: Praeger, 1962), p. 92 참조.

¹⁴ Gras, *Histoire de la guerre*, p. 196에 인용되어 있다.

¹⁵ 밀림에서 호의 생활에 대해서는 "Déclaration sur la vie en zone viet minh du Haut Tonkin, Viet Bac: Ho Chi Minh": in Ministère des Relations avec les Etats associés, DGD, Saigon, du 9 au 15 fevrier 1953.

¹⁶ *Cuoc khang chien than thanh*, vol. 1, p. 239.

¹⁷ 이 과정에 대한 뛰어난 개관으로 Motoo Furuta, "The Indochinese Communist Party's Division into Three Parties: Vietnamese Communist Policy Toward Laos and Cambodia", in Motoo Furuta와 Takashi Shiraishi편, *Indochina in the 1940s and 1950s*(Ithaca, N. Y.: Cornell University Southeast Asia Program, 1992), pp. 143–63 참조.

¹⁸ 1954년 6월, 도쿄의 미국 대사관은 타이베이 쪽에서 나온 문건을 전달했는데, 여기에는 1940년에서 1952년까지 조인된 것으로 보이는 5개 비밀 협정의 내용이 담겨 있었다. 하나 는 1948년 6월 6일 옌안에서 조인된 것으로, 양당 간에 서로를 인정하고 공식적인 군사 동 맹을 수립한다는 내용이다. 당시 양국 간의 제한적인 연계에 대한 최근 정보에 비추어볼 때 이것은 이 지역에서 활동하는 공작원들 사이의 협정일 가능성이 높다. 그러나 보 응우옌 지 압은 양당의 협력이 1948년 초부터 지도부 수준에서 이루어졌다고 확인하고 있다—그의 *Duong toi Dien Bien Phu*[디엔 비엔 푸로 가는 길](Hanoi: Quan doi Nhan dan, 1999), p. 13 참조. 또 AmEmbassy Tokyo to Department of State, dispatch 1671, 1954년 6월 10 일, RG 59, UPA도 참조. 독립 연대에 대한 자료로는 Am-Consulate Hanoi, 1951년 1월 8 일, 프랑스군 Augier 대위의 보고서를 전달하는 문건 참조. Augier는 중국 문제 전문가였으 며, 그의 보고서는 통킹 만 근처 국경지대에서 중국 활동가의 행동이 베트민의 신경에 거슬 렸기 때문에 베트민은 결국 이 연대를 해체하고 말았다고 강조하고 있다. 미국 외교관들은 프랑스군과 중국 국민당군이 베트민에 대한 중국의 영향을 내세워 미국 정책에 영향을 주 려고 했기 때문에 베트민과 중국공산당의 연계에 대한 보고들이 과장되었다고 보는 경향이 있었는데, 이것은 옳은 판단으로 보인다. 중국 자료를 보면 당시에 낮은 수준의 접촉이 있 었던 것은 사실이었던 것 같다. 그럼에도 최근 정보에 따르면, 1948년의 동맹은 현실성이 없는 이야기이다. 이 초기의 접촉에 대해서는 Luo Guibo, "Lishi de Hui-tan"[역사적 회 고], in *Zhongguo waijiaoguan tsongshu*(Beijing: Zhong hua Publishers, 1995), pp. 163-64 참조. 무전 연락 관계가 이루어진 이야기는 *HZYZ*, p. 123에 수록되어 있다.

¹⁹ *Foreign Relations of the United States*(1949), vol. 7, pt. 1, pp. 140-41. 인도차이나 프랑 스군 지도부의 변화에 대해서는 Gras, *Histoire de la guerre*, pp. 264-67 참조. 보 응우옌 지압의 1949년 4월 방문에 대한 이야기는 the note on Sino-Vietnamese military operations, SPCE, Carton 366, CAOM 참조. 이 자료에 따르면 그달에 징시에서 합동회의 가 열려 양국 군대의 합병과 국경지역에서의 폭넓은 협력이 합의되었다. 프랑스 문서보관 소에 있는 다른 문건에는 1950년 1월 초 베트남 당 지도부가 양국의 군대를 합치자는 중국 제안을 거부했다고 나온다. 이 문서의 내용을 확인해주는 자료는 찾을 수 없었는데, 이 문 건은 베트남과 중국의 당 지도부 사이의 원조 협정 공식 체결 이전에 나온 것으로 보인 다.—이 문건은 어쩌면 4월에 징시에서 내린 결정들과 관련된 것인지도 모른다. no. 995/TNH, Parti Communiste, Dong Duong Cong San Dang[원문대로], "Résolutions prises en séance plénière de l'Assemblée des Conseillers tenue le 3 janvier 1950" 참조.

²⁰ 이 보고서는 "1950" 서류철, SPCE, Carton 366, CAOM에 수록되어 있다. 베트남 자료들도 이런 회의가 있었다고 확인해준다—*BNTS*, vol. 4, p. 308 참조. 또 Vo Nguyen Giap, *Duong toi*, p. 10도 참조.

²¹ Gras, *Histoire de la guerre*, p. 272에 인용.

22 "Déclaration sur la vie" ; Gras, *Histoire de la guerre*, p. 272.
23 호치민의 편지와 사절단 파견은 Luo Guibo, "Lishi", pp. 150-51에 기록되어 있다. 또 *HZYZ*, p. 21과 *HZYZ*, p. 124 참조. 두 대표는 Le Ban(Li Bishan)과 Nguyen Duc Rui였다. Le Ban은 남부 출신으로 제2차 세계대전 전에 중국에 정착했다가 1947년 베트남으로 돌아왔다. Rui는 하노이의 상인이라는 이야기가 있다. 프랑스 정보부는 1949년 10월 3일자 보고서, SPCE, Carton 366, CAOM에 사절단 파견에 대해 보고하고 있다. 8월 18일에 열린 베트남민주공화국 국무회의에 대해서는 SF de Tonkin, 1949년 9월 3일, 같은 책 참조.
24 Gras, *Histoire de la guerre*, p. 286. Truong Chinh의 글은 *Cuoc khang chien than thanh*, vol. 2, pp. 293-98에 수록되어 있다. 류 사오치의 유명한 노동조합 연설은 Melvin Gurtov, *The First Vietnam Crisis: Chinese Communist Strategy and United States Involvement, 1953-1954*(New York: Columbia University Press, 1967), pp. 7-8. 또 King C. Chen, *Vietnam and China, 1938-1954*(Princeton, N. J.: Princeton University Press, 1969), pp. 14-20.
25 *Vietnam: Nhung su kien(1945-1986)*〔베트남: 역사적 사건들(1945-1986)〕(Hanoi: Nha xuat ban Khoa hoc Xa hoi, 1990), pp. 49-50. Gras, *Histoire de la guerre*, p. 287.
26 Luo Guibo, "Lishi", pp. 151-53. 뤄에 따르면 1940년대 말에 양당 간에 전자적인 교신 수단이 확립되었지만, 여전히 통신이 원활하지 않아 대부분의 경우에는 사절을 통해 의견을 교환했다.
27 같은 책, pp. 157-60 ; Gras, *Histoire de la guerre*, p. 287. 중국 호위대는 딩이라는 인물이 호치민일 것이라고 추측하고, 당에 그 사실을 보고했다—Vo Nguyen Giap, *Duong toi*, pp. 13-14 참조. 12월 중순 비엣 박의 회의에 대해서는 *BNTS*, vol. 4, p. 376 참조.
28 Hoang Van Hoan, *Drop in the Ocean: Hoang Van Hoan's Revolutionary Reminiscences*(Beijing: Forein Languages Press, 1988), pp. 275-78 ; *BNTS*, vol. 4, p. 399 ; Vo Nguyen Giap, *Duong toi*, p. 14. 류 사오치는 마오에게 호치민의 도착을 알리는 전문에서 중국 지도부는 호의 지원 요청에 공감하며 귀를 기울였다고 밝혔다—*Liu Shaoqi Nianpu(1898-1969)*〔Liu Shaoqis' chronicle(1898-1969)〕(장소 불명: Central Documents Press, 1996), p. 241 참조.
29 호의 편지는 1949년 8월 29일 라디오 모스크바에서 보도했다—SPCE, Carton 56, CAOM 참조. 또 Georges Boudarel, *Autobiographie*(Paris: Jacques Bertoin, 1991), p. 90도 참조. 모스크바의 한 미국 외교관은 1950년 2월 23일 소비에트 어떤 고위 인사의 강연에 참석한 일을 보고하고 있다. 연사는 베트남의 당이 "새로운 유형의 정당이며, 현재 마르크스주의적인 유형의 정당으로 바뀌어 가는 중"이라고 말했다. 연사는 베트남에서 공산당 당원은 의무적으로 마르크스주의 교육을 받아야 한다고 지적했다. 그러나 공산주의자들은 "일시적으로 민족 정당 안에서 모든 노동 계급 정당들과 합치자."는 전략을 세웠다. 그는 베트남의 당은

동구의 당들과 다르다고 결론을 맺었다. 동구는 베트남보다 "훨씬 더 발전한" 상태이며, 베트남에는 아직 프롤레타리아 독재나 인민 민주주의가 수립된 것이 아니라는 의미였다. 나는 모스크바의 베트남 전문가로부터 1949년까지 소비에트는 호치민과 접촉하지 않았으며, 스탈린은 그 이전에는 베트민의 승리에 회의적이었다는 이야기를 들었다.

[30] Jerrold L. Schector와 Vyacheslav V. Luchkov(편역), *Krushchev Remembers: The Glasnost Tapes*(Boston: Little Brown, 1990), pp. 154-55. 헬리콥터 이야기에 대해서는 Wu Xiuquan, *New China Diplomacy* 참조—Harrison Salisbury, *The New Emperors*(Boston: Little Brown, 1992), p. 93에 인용. 또 그의 *Eight Years in the Ministry of Foreign Affairs*(Beijing: 장소 불명, 1985)도 참조. 호앙 반 호안의 아들은 베트남 전문가인 Chritopher Goscha에게 1950년에는 스탈린도 마오 쩌둥도 호치민이 진정한 마르크스-레닌주의자라는 확신을 하지 못했다고 말했다.

[31] Do Quang Hung과의 인터뷰, Hanoi, 1990년 12월 15일.

[32] Luo Guibo, "Lishi", p. 161. 스탈린은 자신의 결정을 설명하면서 소비에트의 관심의 초점은 동구의 새로운 동맹자들이라고 이유를 댔다. 어떤 자료에 따르면 호치민은 스탈린에게 10개 보병 사단과 1개 포병 연대를 무장하는 데 필요한 장비를 요청했다고 한다—Vo Nguyen Giap, *Duong toi*, pp. 14-15.

[33] 당시 마오 쩌둥의 정세관에 대한 신빙성 있는 논의로는 Chen Jian, "China and the First Indo-China War", *China Quarterly*(1993년 3월), pp. 88-91 참조. 또 그의 *China's Road to the Korean War: The Making of the Sino-American Confrontation*(New York: Columbia University Press, 1994)도 참조. 호치민이 이 지역 공산당들의 활동을 지휘하는 새로운 역할을 맡은 것에 대한 이야기는 "Déclaration sur la vie"에 수록되어 있다.

[34] Robert M. Blum, *Drawing the Line: The Origins of the American Containment Policy in Asia*(New York: Norton, 1982), p. 122. 호와 바오 다이의 회담 가능성은 인도쪽에서 흘러 나왔으며, 그 보고서는 "The Position of Ho-Chi-Minh", in To NA Mr. Bond from SY Jack D. Neal, 1950년 6월 16일자, RG 59, UPA에 수록되어 있다. 호는 다른 기자에게 바오 다이와 같은 반역자와 거래하는 일은 절대 없을 것이라고 단언했다—*Khong Dich*(1949년 6월 12일)에 실린 기사, 1950년 4월 17일자 고등판무관 보고서, SPCE, Carton 366, CAOM에 수록되어 있다.

[35] Secretary of State to Gibson, 1949년 5월 20일, in FRUS, 1949, vol. 7(East Asia), pt. 1, pp. 29-30.

[36] Duiker, *U. S. Containment Policy*, p. 81에 인용.

[37] Luo Guibo, "Lishi", pp. 163-68. 평소와 마찬가지로 호치민은 손님들이 편안하게 지낼 수 있도록 배려하여, 그의 개인 비서 부 딘 후인에게 뤄와 그의 일행에게 편안한 숙소를 마련해주라고 당부했다. "나는 상관없지만, 다른 사람들에게는 제대로 해야 한다. 그들은 그런

것에 신경을 쓴다." Vu Thu Hien, *Dem giua ban ngay: Hoi ky chinh tri cua mot nguoi khong lam chinh tri*(Westminster, Calif.: Van Nghe, 1997), p. 108 참조.

[38] Truong Chinh, "Hoan thanh nhiem vu chuan bi chuyen manh sang tong phan cong"[준비의 임무를 완수하라, 총반격으로 강력하게 전환하라], in *Van kien Dang(1945-1954)*, vol. 2, part 2, pp. 265-338. 총공격으로 전환한다는 베트남민주공화국의 1950년 결정은 그 직후 신화사통신이 보도했다. 미국 영사 Edmund Clubb의 보고, in Peiping[Bejing] to Secretary of State, no. 395, 1950년 2월 25일, RG 59, UPA 참조.

[39] Vo Nguyen Giap, *Nhiem vu quan su truoc mat chuyen sang tong phan cong*[총반격을 준비하기 위한 군사적 과제](Hanoi: 장소 불명, 1950). 프랑스 정보 담당자들은 인도차이나공산당 중앙위원회가 남부의 베트민 지도부에 보내는 1950년 7월 15일자 보고서를 입수했는데, 여기에는 총공격이 몇 단계로 진행되며 희생을 각오한 끈질긴 노력이 필요하다고 나와 있다—Saigon to Secretary of State, 1950년 8월 21일, RG 59, UPA. 제3차 전국회의의 문건들은 *Van kien Dang(1945-1954)*, vol. 2, part 2, pp. 241-431에 수록되어 있다.

[40] 류 사오치는 호치민에게 웨이 장군의 임명을 알리는 전문을 보냈다—*Liu Shaoqi nianpu*, p. 247 참조. 이 임무의 세계사적 의미에 대한 류의 논평은 같은 책, p. 256에 실려 있다. 또 Hoan Van Hoan의 글, *Beijing Review*, 1949년 11월 23일도 참조. 이 시기의 중국의 베트민 지원에 대한 긴 분석으로는 Qiang Zhai, "Transplanting the Chinese Model: Chinese Military Advisers and the First Vietnam War, 1950-1954," *The Journal of Military History*(1993년 10월) 참조. 또 Furuta, "Indochinese Communist Party's Divisions", p. 150도 참조. 새로운 중국과의 관련에 대한 프랑스의 정보 보고서는 미국 담당자들에게도 전달되었는데, 미국측에서는 처음에는 확실한 반응을 보이지 않으면서도 중국의 전쟁 직접 개입에 대하여 회의적인 태도를 드러냈다. 1950년 여름 국무부가 파리의 미국 대사관에 보낸 날짜 불명의 메시지는 역사적으로 베트남이 중국인들을 의심해온 것에 비추어 중국이 개입할 가능성은 없다고 언급했다. 이 보고서를 쓴 사람은 기껏해야 두 나라가 공동의 목표를 달성하기 위해 협력할 것이라고 덧붙였다. For Bruce from Secretary, 날짜 불명, Gibson 작성, 1950년 8월 15일, in RG 59, UPA 참조.

[41] *Zhongguo junshi guwentuan fang Ywe kang fa douzheng shishi*[반프랑스 전쟁 기간 베트남의 중국 군사 고문단](Beijing: Liberation Army Publishers, 1990), pp. 44-46. 또 ZYG, p. 28과 Gras, *Histoire de la guerre*, pp. 315-16도 참조. 한 정보 제공자에 따르면 당 지도부는 베이징과 연계를 강화하고 동남아시아 다른 지역의 혁명을 지원하는 호치민의 활동을 돕기 위해 구이린에 외부 본부를 둘 것을 고려하기도 했다고 한다. BR no. 9426 du Service de Sécurité du Haut Commissariat au Nord Vietnam, 1950년 7월 13일, "Ho Chi Minh années 1949 à 1953" 서류철, SPCE, Carton 370, CAOM 참조.

[42] Truong Chinh, "Chuyen manh sang tong phan cong"[총반격으로 힘차게 전환하라] in

Van kien Dang(1945-1954), vol. 2, part 2, pp. 264-338. 또 Motoo Furuta, "Indochinese Communist Party's Division", pp. 157-58도 참조. Furuta는 인도차이나공산당이 이론적으로 1948년 초에 베트남 혁명이 사회주의 혁명으로 "성장 발전"한다는 입장을 채택했지만, 1950년대 이전에는 이 이론을 실현하기 위한 중요한 단계들을 밟으려 하지 않았다고 지적한다.

43 한때 베트남 혁명 운동에서 높은 지위를 차지했던 변절자의 말에 따르면, 호가 1950년의 모스크바와 베이징 여행에서 돌아온 뒤 당의 국내 정책을 정리하는 1차적 책임은 총서기 추옹 친에게 넘어갔다고 한다─"Déclarations sur la vie" 참조. 이 문단에 언급된 언론 보도 가운데 몇 가지에 대해서는 방콕 잡지 The Democrat, 1950년 6월, Journal d'Extrême Orient, 1950년 6월 13일, Saigon cable no. 1644, 1951년 3월 13일자(모두 SPCE, Carton 366, CAOM에 수록) 참조. 피구에레의 베트남 방문에 대해서는 Jean Lacouture, Ho Chi Minh: A Political Biography, Peter Wiles 역(New York: Vintage, 1968), pp. 185-87 참조. 프랑스 잡지 〈Aux Ecoutes〉에 따르면 모스크바는 호에게 혁명의 최종 목적은 민족 독립이 아니라 세계 공산주의의 건설이라고 하면서, 중국의 조언과 지원을 받아들이라고 충고했다고 한다. 이 보도가 사실에 근거한 것이든 아니든, 모스크바와 베이징이 호치민의 의도에 계속 의심을 품고 있었다는 데에는 거의 의심의 여지가 없다. SPCE, Carton 366, CAOM에 수록된 피구에레의 방문에 대한 서류철 참조.

44 잡지 Gia Dinh의 발췌문 번역, 1950년 11월 16일, annex to "Note pour le Conseiller Politique" no. 1257/C/SG, I, 1951년 2월 23일, "1951"이라는 제목의 서류철, SPCE, Carton 366, CAOM.

45 이 이야기에 대해서는 Vo Nguyen Giap, Duong toi, pp. 17, 41-43 참조. 또 Chen Geng Riji[천 경의 일기], vol. 2(Beijing: People's Liberation Army Press, 1984), p. 37도 참조.

46 Manila 788 to Secretary of State, 1950년 10월 2일, RG 59, UPA.

47 Heath to Secretary of State, 1950년 11월 4일, in United States-Vietnam Relations, 1945-1967(Washington, D. C., U. S Government Printing Office, 1971), book 8, pp. 405-8. 또 Heath to Secretary of State, 1950년 10월 15일, RG 59, UPA도 참조.

48 Hoang Van Hoan, Drop in the Ocean, pp. 295-96; Vo Nguyen Giap, Duong toi, pp. 12, 36-44; Ngoc Chau, Chiec ao Bac Ho[호 아저씨의 저고리](Hanoi: Thanh nien, 1987), p. 60; Boudarel and Ky, Hanoi, p. 123; Chen Jian, "China", pp. 93-94. 천 경의 베트민 전투 능력 비판에 대해서는 Qiang Zhai, "Transplanting the Chinese Model", pp. 700-703과 Chen Geng Riji, pp. 38-39 참조. 뒤의 자료에 따르면 천이 떠나기 전 그의 생각들 가운데 많은 부분이 호와 보에게 전달되었던 것 같다. 그들은 그의 제안을 "기쁘게" 받아들였다. Vo Nguyen Giap(Duong toi, p. 14)에 따르면 호치민은 전부터 천 경을 상당히 존경했으며, 1950년 초 인도차이나에 처음 왔던 중국 대표단 단장으로 와줄 것을 요청하기

⁴⁹ 보 응우옌 지압에 따르면, 국경 작전이 성공적으로 끝날 무렵 천 경이 이듬해에 홍 강 삼각주 근처에서 국경 작전과 비슷하게 세 갈래 공격을 해보라고 권했다고 한다—*Duong toi*, p. 99 참조. 공격 계획을 수립하는 과정에서 중국 고문들—그리고 베이징에 있는 그들의 상급자들—이 맡았던 역할은 *Zhongguo junshi*, p. 27에 간략하게 서술되어 있다. 중국군의 고위 전략가들은 보의 계획을 승인했던 것으로 보인다. 그러나 류 사오치는 자립 정책에 기초하여 장기전을 펼치겠다는 호의 구상에 동의한다고 말했다. 류는 중국 고문단의 지원이 있다면 그런 전략이 결국 승리를 거둘 것이라는 자신감을 내보이면서도, 신중한 계획과 혁명 운동의 효과를 개선하려는 수고스러운 노력이 전제되어야 한다고 단서를 달았다. 류는 또 중국의 모든 제안은 베트남 내부 사정에 맞게 적용해야 한다고 강조했다—*Liu Shaoqi nianpu*, 1950년 12월 8일자 전보, p. 265 참조. 공격의 성공 가능성에 대한 베트민 지도부의 의심은 Vu Thu Hien, *Dem giua ban ngay*, pp. 361-62에서 논의되고 있다.

13. 디엔 비엔 푸

[1] Ngo Van Chieu, *Journal d'un combattant Viet-minh*(Paris: Editions du Seuil, 1957), p. 154.

[2] Hanoi 366 to Secretary of State, 1951년 1월 23일, RG 59, UPA.

[3] Chen Jian, "China and the First Indo-China War", *China Quarterly*(1993년 3월), p. 95; Yves Gras, *Histoire de la guerre d'Indochine*(Paris: de Noel, 1992), pp. 383-84; *Zhongguo junshi guwentuan fang Ywe kang Fa douzheng shishi*[반프랑스 전쟁 기간 베트남의 중국 군사 고문단](Beijing: Liberation Army Publishers, 1990), pp. 30-31. 4월의 당 지도부 회의에 대해서는 *BNTS*, vol. 5, pp. 43-46 참조. Saigon 1580 to the Secretary of State, 1951년 3월 10일, RG 59, UPA에 따르면, 지역 정기 간행물에는 보 응우옌 지압이 자살했다는 보도가 나왔다고 한다. 중국 고문단의 반응에 대해서는 Qiang Zhai, "Transplanting the Chinese Model: Chinese Military Advisers and the First Vietnam War, 1950-1954," *The Journal of Military History* (1993년 10월), p. 704 참조.

[4] Georges Boudarel, *Autobiographie*(Paris: Jacques Bertoin, 1991), pp. 406-7. 훈련 프로그램에서 사용된 주요 텍스트 가운데 하나인 *Reform Work Methods*는 류 사오치의 *Lun Dang*[당론]을 번역한 것으로, 이 책은 중국에서도 같은 목적으로 사용되었다—*HZYZ*, p. 130 참조.

[5] 그의 운명에 대한 자료로는 Saigon ARMA, MC 361-51, 1951년 12월 13일, RG 59, UPA 참조. 하노이의 자료들에 따르면, 응우옌 빈을 북부로 호위하던 부대에는 훗날 당 총서기로서 호치민의 후계자가 되는 레 두안이 있었다고 한다. 다른 자료들에 따르면 응우옌 빈은 "너무 거칠어서" 몇 달 전부터 의심을 받고 있었다고 한다. 중월 마찰에 대한 자료로는 Saigon 928

to Secretary of State, 1951년 10월 27일과 Hanoi 536, 1951년 4월 4일(둘 다 RG 59, UPA에 수록) 참조.

[6] 추옹 친의 대회 보고에 대해서는 *Ban ve cach mang Viet Nam*[베트남 혁명에 대하여](Hanoi: 1956), p. 6 참조. 또 Ken Post, *Revolution, Socialism, and Nationalism in Vietnam*, vol. 1(Aldershot, U. K.: Dartmouth, 1989), pp. 172-73 참조.

[7] 이 노획 문건에 대해서는 U. S. Department of State, *Working Paper on North Viet-Nam's Role in the War in South Viet-Nam*(Washington, D. C., 1968), appendix item no. 1, p. 2-2 참조.

[8] 이 노획 문건은 하노이의 미국 영사가 워싱턴에 보고했다―no. 10, 1950년 7월 12일, RG 59, UPA. 이 문건에서는 3국이 인접해 있으며, 모든 분야에서 서로를 지원함으로써 제국주의 침략자에 대한 공동 투쟁을 수행하고 미래의 "새로운 민주주의"를 건설해야 한다고 밝히고 있다. 또 당의 지령들은 인도차이나 전역의 활동에 적용되지만, 각국의 상황에 맞게 적용되어야 한다고 덧붙이고 있다. 이 문건에 따르면, 인도차이나 민주주의 연방은 3국 모두 독립한 뒤에야 형성된다. 독립한 3개국이 자발적으로 새로운 연방에 가입한다는 것이다.

[9] *Bulletin des Ecoutes Viet-minh* no. 1211의 발췌문, 1951년 4월 26일, "1951" 서류철, in SPCE, Carton 366, CAOM. 호치민에 대한 소문에 대해서는 Saigon 220, 1950년 6월 12일, RG 59, UPA 참조. 프랑스의 언론과 정보부는 호가 호전적인 추옹 친으로 교체되었다고 전했다―*Journal d'Extrême Orient*, 1950년 6월 11일 참조. 태국에서 발행되는 한 신문은 추옹 친이 소비에트의 노선을 따르지 않았기 때문에 스탈린이 그를 당에서 축출하라는 명령을 내렸다고 보도했다.

[10] 이 작전에 대한 중월의 논의와 호의 베이징 여행에 대해서는 *Zhongguo junshi*, pp. 52, 56-57 참조. 또 Qiang Zhai, "Transplanting the Chinese Model", pp. 706-7과 Chen Jian, "China", pp. 96-97도 참조. 이 자료들에 따르면 베이징은 윈난성으로부터 중국군을 파견하여 라이 차우에 대한 앞으로의 공격에 참여하게 해달라는 베트남의 요구를 거부했다.

[11] 호의 사망에 대한 소문은 the paper by Edmund Gullion attached to Memo, Far East(Allison) to Sec, 1953년 1월 28일; Memo to Undersecretary titled "Intelligence Note", 1954년 4월 9일(둘 다 RG 59, UPA에 수록) 참조. 두 번째 자료에 따르면 호가 결핵에 걸렸던 1947년 5월 이후 신뢰할 만한 언론사에서 그를 접촉한 적이 없었다. 또 Joseph Starobin, *Eyewitness in Indochina*(New York: Cameron & Kahn, 1954)도 참조.

[12] 이런 이야기는 중국 신문 〈인민일보〉에 실려 있다. "Bulletin officiel du New China News Agency"(프랑스어로 번역), 1951년 1월 12일, "1951년" 서류철, SPCE, Carton 366, CAOM 참조. 또 "Bulletin des renseignements", no. 88(1951년 9월 10일), 같은 책도 참조. 그가 숙소를 자주 바꾼 일에 대해서는 *BNTS*, vol. 5, p. 153 참조.

[13] 해방구의 조건에 대한 베트민 변절자와의 인터뷰는 Hanoi 34, 1952년 3월 25일, in RG 59,

UPA 참조. 좀더 우호적인 관점에 대해서는 Starobin, *Eyewitness*, 특히 pp. 82-89(미국공산당과 연계가 있던 저널리스트 Starobin은 1953년 봄에 해방구에서 몇 주를 보냈다).

[14] Duong Van Mai Elliott, *The Sacred Willow: Four Generations in the life of a Vietnamese Family*(New York: Oxford University Press, 1999), pp. 234-35.

[15] Bernard B. Fall, *The Vietminh Regime: Government and Administration in the Democratic Republic of Vietnam*(Ithaca, N. Y.: Cornell University Southeast Asia Program, 1954), p. 109에 인용. 토지개혁 운동을 비판적으로 바라본 고전적인 이야기는 Hoang Van Chi, *From Colonialism to Communism: A Case History of North Vietnam*(New York: Praeger, 1964) 참조. 이 책의 pp. 182-83에서 Chi는 호치민이 굽은 대나무를 펴려면 반대편으로 굽힌 다음 한동안 쥐고 있어야 천천히 펴진다는 이야기를 했다고 전한다.

[16] Edwin E. Moise, *Land Reform in China and Vietnam: Consolidating the Revolution at the Village Level*(Chapel Hill, N. C.: University of North Carolina Press, 1983), p. 168; Starobin, *Eyewitness*, pp. 88-91.

[17] 전문은 *Public Papers of the Presidents: Dwight Eisenhower*, 1953, pp. 12-34 참조.

[18] Ambassador in France(Dillon) to Secretary of State, 1953년 7월 22일, in *Foreign Relations of the United States, 1952-1954*, vol. 13(Indochina), pt. 1, p. 693. 사이공의 미국 대사 도널드 히스는 〈라이프〉의 편집자들이 상황을 비판적으로 평가한 것을 두고 화가 나서 그들을 비판했다. 〈라이프〉도 결국 히스가 기고한 "France Is Fighting the Good Fight"를 9월호에 싣기로 했다. 그러나 처음에 기사를 썼던 기자 Douglas Duncan은 굽히지 않고 자신의 기사가 인도차이나의 미군 장교 대부분의 견해를 반영한 것이라고 주장했다. 화가 난 〈라이프〉의 발행인인 Henry Luce는 국무부 관리들에게 자신이 하급자들의 견해를 무시한다는 이유로 자신의 부하들에게 비난받고 있다고 불평했다. Saigon 391, 1953년 9월 3일과 397, 1953년 9월 4일(둘 다 RG 59, UPA에 수록) 참조.

[19] Han Huaizhi, *Dangdai Zhongguo jundui de junshi gongzuo*〔현대 중국군의 군사 활동〕, vol. 1(Beijing: Social Sciences Press, 1989), p. 529. 또 *Zhongguo junshi*, pp. 89-90도 참조.

[20] *Zhongguo junshi*, p. 90. Han Huaizhi, *Dangdai*, vol. 1, p. 530에 따르면 디엔 비엔 푸에 대한 공격은 중국 고문단이 보 응우옌 지압에게 제안했다. 베이징은 디엔 비엔 푸에서 승리를 거둘 경우 정치적, 국제적 의미가 크다고 이야기했다. 또 Hoang Van Thai가 *Vietnam Courier*(1984년 3월), pp. 19-23에 실은 글, Vo Nguyen Giap, *People's War, Peoples' Army*(New York: Praeger, 1962), p. 148도 참조.

[21] 중국의 관점에 대해서는 François Joyaux, *La Chine et le règlement du premier conflit d'Indochine: Genève 1954*(Paris: Sorbonne, 1979), pp. 68-71. 또 Zhai Qiang, "China and

the Geneva Conference of 1954", *The China Quarterly*, no. 129(1992년 3월), p. 107.
22 비슷한 결론에 대해서는 Qiang Zhai, "Transplanting the Chinese Model", pp. 708-9 참조.
23 사실 호는 평화회담을 거부하지는 않았고, 다만 그런 회담이 아주 우호적인 조건에서 열려야만 한다고 말했을 뿐이다—*Toan Tap I*, vol. 6, p. 459 참조. 〈타스통신〉의 보도에 대해서는 Joyaux, *La Chine*, p. 68 참조; 또 U. S. Embassy Saigon, dispatch 208, 1951년 10월 11일과 U. S. Ambassador in Moscow(Bohlen) to Department of State, 1953년 9월 3일(둘다 RG 59, UPA에 수록) 참조. 프랑스의 의사 타진에 대해서는 Jacques de Folin, *Indochine 1940-1954: La fin d'un rêve*(Paris: Perrin, 1993), p. 261 참조.
24 이 보고서는 Saigon Joint Weeka 49, 1953년 12월 7일, in RG 59, UPA에 수록되어 있다. 인터뷰는 U. S. Embassy(Stockholm) to Department of State, 1953년 11월 29일, in RG 59, UPA에 요약되어 있다. 〈Expressen〉은 인터뷰와 함께 실은 사설에서 호치민의 진실성에 의문을 제기하면서 그 제안은 "모스크바의 영향을 받은" 것 같다고 주장했다. 베트남어판은 *Toan Tap I*, vol. 6, pp. 494-96 참조.
25 *Toan Tap I*, vol. 6, pp. 430-42 참조.
26 *Chu tich Ho Chi Minh voi cong tac ngoai giao*[호치민 의장과 외교 관계](Hanoi: Su that, 1990), p. 143.
27 Zhai Qiang, "China and Geneva Conference", p. 108; Nikita Khrushchev, *Khrushchev Remembers*(Boston: Bantam, 1971), pp. 532-34. Chen Jian, "China in the Vietnam Wars", in Peter Lowe(편), *The Vietnam War*(New York: St. Martin's, 1998), p. 159. 이 저자의 자료에 따르면, 베트남인들은 그 충고를 받아들였던 것 같다.
28 Stanley Karnow, *Vietnam: A History*(New York: Viking, 1983), p. 191.
29 호의 편지는 *Chu tich Ho Chi Minh*, p. 142에 인용되어 있으며, 이 책은 *Lich su Dang Cong san Viet Nam*:[베트남 공산당사](Hanoi: Su that, 1984), p. 691을 인용하고 있다. 저우언라이의 메시지에 대해서는 *Zhongguo junshi*, p. 99 참조. 중국 원조의 수치는 같은 책에 나온다. 한 중국 자료에 따르면 1950년부터 1954년까지 중국은 베트민에 소총 11만 6천 정과 대포 4,630문을 제공했으며, 5개 보병 사단, 1개 공병 사단과 포병 사단, 1개 대공 연대, 1개 경비 연대의 장비를 제공했다. Han Huaizhi, *Dangdai*, vol. 1, pp. 520-22 참조.
30 베트남 전쟁이 끝난 뒤 작전에 대한 중국의 조언의 타당성을 놓고 베이징과 하노이 사이의 비난은 흔한 일이 되었다. 베트남측의 불만에 대해서는 Georges Boudarel, "Comment Giap a failli perdre la bataille de Dien Bien Phu", *Le Nouvel Observateur*, 1983년 4월 8일 참조.
31 Jay Taylor, *China and Southeast Asia*(New York: Praeger, 1974), pp. 13-14; Bernard B. Fall, *Hell in a Very Small Place*(Philadelphia: Lippincott, 1966), p. vii; Henri

Navarre, *Agonie de l' Indochine*(Paris: Plan, 1956), p. 181, and Vo Nguyen Giap, *People's War*, p. 179.

32 중국측 문건들에 따르면, 1월 24일 베이징의 중앙군사위원회는 중국 고문단에게 디엔 비엔 푸에서 신중한 "점진적" 전략을 제안하라는 지침을 내렸다. *Zhongguo junshi*, p. 98과 Qiang Zhai, "Transplanting the Chinese Model", p. 709 참조.

33 인도차이나 상황에 대응하는 방식을 놓고 아이젠하워 대통령이 우유부단한 태도를 보인 것에 학자들은 큰 흥미를 느꼈다. 나는 나의 *U. S. Containment Policy and the Conflict in Indochina*(Stanford, Calif.: Stanford University Press, 1994)의 5장과 6장에서 이 문제를 다루었다. 닉슨의 개인적인 논평에 대해서는 de Folin, *Indochine*, p. 254 참조. 이 책은 워싱턴 주재 파리 대사관의 전보 2414호, 1954년 4월 8일, MAE를 인용하고 있다.

34 Philippe Devillers와 Jean Lacouture, *La Fin d'une guerre: Indochine 1954*(Paris: Editions du Seuil, 1960), p. 149; Vo Nguyen Giap, *People's War*, p. 153; *Zhongguo junshi*, pp. 102-3. 살아남은 전쟁포로는 7월 제네바 협정 체결 뒤에 석방되었다.

35 이런 내용을 담은 당 서기국의 1954년 5월 1일자 짧은 발췌문은 *Chu tich Ho Chi Minh*, p. 144 참조.

36 U. S. Embassy Saigon telegram 2312, 1954년 5월 10일자, in RG 59, UPA에 따르면, 프랑스 정보 부서들은 베트민 보병 9개 대대─1개 사단 병력이다.─가 디엔 비엔 푸에서 삼각주까지 10일 내에 이동할 수 있다고 평가했다. 베트민 전체 병력 27개 대대는 3주면 도착할 수 있었다. 그러나 그렇게 비관적이지 않은 프랑스 장교들도 있었다. 나바르 휘하의 군사령관들 가운데 하나인 Rene Cogny 장군은 베트민이 적어도 10월까지는 병력을 재정비하여 공격할 수 없을 것이라고 확신하고, 요구한 지원 병력만 있으면 일단 그 지역을 유지할 수 있을 것으로 예측했다─Saigon 2363, 1954년 5월 12일, in RG 59, UPA 참조. 베트민 자료들도 병참 문제 하나 때문에라도 적어도 1955년까지는 하노이지역을 공격할 수 없었을 것이라고 인정한다.

37 Chen Jian, "China", p. 108. 오랜 세월이 지난 뒤, 마오 쩌둥은 호치민에게 제네바에서 중국의 외교 전략이 잘못이었을 수도 있다고 인정했다─Odd Arne Westad et al., *77 Conversations between Chinese and Foreign Leaders on the Wars in Indochina, 1964-1977*(Washington, D. C.: Cold War International History Project/The Woodrow Wilson Center, 1998), p. 134 참조.

38 회담에 대한 자세한 분석으로는 Joyaux, *La Chine*, pp. 251-54 참조. 미국 대사관은 런던에서 보낸 전문을 통해 저우가 네루에게 중국은 라오스와 캄보디아에 적대 행동을 하기 위한 기지화하지 않는다는 조건에서 중립 정부안에 호감이 있다고 말했다. 나아가서 베트민은 프랑스가 대규모 군사 작전을 중단한다면 같은 조치를 취할 것이며, 베트남민주공화국은 별도의 재집결 지대로 베트남을 분할하는 것을 존중할 것이라고 말했다. U. S.

Embassy, London to Department of State, no. 32, 1954년 7월 2일, in RG 59, UPA 참조.
39 회담 후 베트남노동당 정치국은 팜 반 동에게 좀더 타협적인 입장을 취하라는 지침을 내렸다. Qiang Zhai, *China and the Vietnam Wars, 1950-1975*(Chapel Hill: University of North Carolina Press, 2000), pp. 60-62 참조. 또 Joyaux, *La Chine*, pp. 262-64; Chen Jian, "China", p. 109; *77 Conversations*, p. 134도 참조.
40 디엔 비엔 푸 승리의 결과 나타난 팜 반 동의 망설이는 태도에 대해서는 Qiang Zhai, *China and the Vietnam Wars*, pp. 61-62, Chen Jian, "China and the Vietnam Wars, 1950-1975", pp. 159-161, Chen Jian, "China······", p. 109(Qu Xing, "On Zhou Enlai's Diplomacy", p. 258을 인용), Shi Zhe, *Together with Historical Giants*, p. 557 참조. 또 Zhai Qiang, "China and Geneva Conference", p. 111도 참조. 이것은 Shi Zhe, "Rineiwa huiyi sanj"〔제네바 회담에 대한 정리되지 않은 회상〕, in *Ran wu*(1989년 1월), p. 43을 인용했다.
41 Wang Bingnan, *Zhongmei huitan jiunian huigu*〔중미 회담 9년의 회상〕(Beijing: Shijie Zhishi Publishing, 1985), p. 13.
42 제6차 전체회의 보고서, *Ho Chi Minh: Selected Writings*(Hanoi: Foreign Languages Press, 1977), pp. 181-83. 국제적인 요인들이 개입하여 제네바에서 완전한 승리를 거둘 수 없었다는 베트남 외교관 Mai Van Bo의 평가 참조, *Chung toi hoc lam ngoai giao voi Bac Ho*〔나는 호 아저씨에게 외교를 배웠다〕(Ho Chi Minh City: Tre, 1998), p. 80.

14. 두 전쟁 사이

1 시 관리들 앞에서 호가 한 연설은 *Toan Tap I*, vol. 7, pp. 49-51에 수록되어 있다. 베트남군의 입성과 호의 도착에 대한 언급은 Hanoi 278 to Department of State, 1954년 10월 10일과 Hanoi 314 to Department of State, 1954년 10월 20일(둘 다 RG 59, UPA에 수록) 참조. 또 Joint Weeka, 1954년 10월 24일, 같은 책도 참조. 호치민이 민간과 군에 내린 행동 지침은 *BNTS*, vol 5, p. 540에 수록되어 있다. 총독궁을 개인 거처로 사용하지 않겠다는 결정에 대해서는 *Vietnam Courier*(1985년 5월), p. 3 참조.
2 Hanoi 318, 1954년 10월 21일, in RG 59, UPA에 보고되어 있다. 네루의 방문에 대해서는 Joint Weeka 43, 1954년 10월 24일 참조. 호의 네루 환영 연설은 *Toan Tap I*, vol. 7, pp. 52-53에 수록되어 있다.
3 Jean Sainteny, *Ho Chi Minh and his Vietnam*, Herma Briffault 역(Chicago: Cowles, 1972), p. 117. 생트니에 따르면 베트남 군인들이 미국 영사관 바깥에 진을 치고 이 파티에 참석하는 손님들을 실어나르는 자동차 번호판을 기록했다.
4 8개조 포고에 대해서는 Memo, Joseph Yager, to Ambassador Johnson, 1954년 7월 16일, in RG 59, UPA 참조.

5 *Toan Tap I*, vol. 7, pp. 20-27.
6 훈련받은 행정부 직원의 숫자에 대해서는 Ken Post, *Revolution, Socialism, and Nationalism in Vietnam*, vol. 2(Aldershot, U. K.: Dartmouth, 1989), p. 54. 그렇게 많은 수의 피난민이 남쪽으로 떠난 이유에 대해서는 Mieczyslaw Maneli, *War of the Vanquished*(New York: Harper & Row, 1971), pp. 38-39 참조.
7 인민위원회에 대한 법은 1957년 7월 국회에서 통과되었으며, 첫 선거는 11월에 실시되었다 —Post, *Revolution*, vol. 2, p. 55 참조.
8 *Toan Tap I*, vol. 7, pp. 20-27.
9 이 문제에 대해서는 Carlyle Thayer도 언급했는데, 그는 1954년 남부에 약 10만 명의 베트민 지지자들이 있었고, 이들 가운데 9만 명이 북부로 갔다고 추정한다—그의 *War by Other Means: National Liberation and Revolution in Viet-Nam 1954-1960*(Sydney: Allen & Unwin, 1989), p. 18 참조. 선거에 대한 호의 확신에 대해서는 Vu Thu Hien, *Dem giua ban ngay*[밤과 낮 사이에서](Westminster, Calif.: Van Nghe, 1998), p. 230 참조.
10 그러나 재미있는 것은 베트민 자료가 이미 1950년 가을부터 미국이 결국 바오 다이를 응오 딘 디엠으로 교체할 것이라고 예측하고 있었다는 사실이다. Saigon 245 to Secretary of State, 1950년 10월 10일, in RG 59, UPA 참조. 디엠의 미국에서의 활동과 그의 총리 임명과 관련된 국무부 문서보관소의 자료에 대해서는 Memorandum of Conversation, Ngo Dinh Diem with Gibson and Hoey of PSA, 1951년 1월 15일; Saigon 2363, 1951년 6월 30일; Memo PSA (Bonsal) to FE (Allison), 1953년 1월 16일; Paris 1076 to Secretary of State, 1953년 9월 14일; Paris 4530 to Secretary of State, 1954년 5월 25일; Paris 4538, 1954년 5월 26일; Paris 4756 to Secretary of State, 1954년 6월 8일, 같은 책 참조. 그의 총리 임명에 대한 사이공의 반응에 대해서는, Saigon 2819 to Secretary of State, 같은 책 참조. 남베트남인들은 너무 느긋해서 군인이 되거나 공산주의들의 전복 활동에 대항할 수 없다는 그의 견해에 대해서는 Saigon 105 to Secretary of State, 1954년 7월 8일, RG 59, UPA 참조. 그가 구성한 1차 내각에서 17명의 장관 가운데 겨우 6명만이 남부인이었다. '메시지 없는 메시아'는 Robert McClintock의 논평이다—Saigon 48 to Secretary of State, 1954년 7월 4일, RG 59, UPA 참조.
11 *BNTS*, vol. 5, pp. 563-64, 568. Thayer, *War by Other Means*, p. 26. 호치민이 그러한 양보 의사를 표명한 프랑스 저널리스트와의 인터뷰에 대해서는 *Toan Tap I*, vol. 7, pp. 68-70 참조. 디엠의 결정에 대한 덜레스와 다른 미국 담당자들의 반응에 대해서는 William J. Duiker, *U. S. Containment Policy and the Conflict in Indochina*(Stanford, Calif.: Stanford University Press, 1994), p. 215 참조.
12 몰로토프의 말은 인용은 Thayer, *War by Other Means*, pp. 35-37에 수록. 호의 중국에서의 활동에 대해서는 *HZYZ*, pp. 143-47 참조. 하노이 귀환 후 호의 연설은 *Toan Tap I*, vol.

7, pp. 286-89 참조. 또 ZYG, p. 65도 참조. 당시 하노이 국제감시위원회의 폴란드 대표였던 Mieczyslaw Maneli에 따르면, 모스크바는 제네바 회의 이후 베트남에 대해 조심스러운 태도를 취하여, 제네바 합의와 관련한 문제에서는 베트남을 지지했지만, 평화 공존을 촉진하는 새로운 외교 정책에 피해를 주지 않는 범위 내에서였다고 한다—Maneli, *War of the Vanquished*, p. 24 참조. 베트남민주공화국의 이념적 노선에 대한 소비에트의 유보적 태도에 대해서는 같은 책, p. 36 참조. 국제적인 맥락에 대해서는 R. B. Smith, *An International History of the Vietnam War*, vol. 1, 1955-1961(New York: St. Martin's, 1983), pp. 30-33, 62 참조.

[13] Ta Xuan Linh, "How Armed Struggle Began in South Vietnam", *Vietnam Courier*(1974년 3월), p. 20, *No Other Road to Take: Memoirs of Mrs. Nguyen Thi Dinh*, Mai V. Elliott 역(Ithaca, N. Y.: Cornell Data Paper No. 102, 1976년), p. 12에 인용.

[14] Neil Sheehan, *After the War Was Over: Hanoi and Saigon*(New York: Vintage, 1992), p. 77.

[15] 이 연설의 영문판은 *Ho Chi Minh: Selected Writings*(Hanoi: Foreign Languages Press, 1977), pp. 188-91에 수록되어 있다. 또 *Toan Tap I*, vol. 7, pp. 329-32도 참조.

[16] Post, *Revolution*, vol. 1, pp. 267-68.

[17] Bernard B. Fall편, *Ho Chi Minh on Revolution: Selected Writings, 1920-1966*(New York: Praeger, 1967), p. 12. 호의 개인적인 언급에 대해서는 Vu Thu Hien, *Dem giua ban ngay*, p. 221과 그의 논문 *Chroniques Vietnamiennes*(1997년 가을), p. 12 참조. 또 Edwin E. Moise, *Land Reform in China and North Vietnam: Consolidating the Revolution at the Local Level*(Chapel Hill, N. C.: University of North Carolina Press, 1983), pp. 191, 239-41도 참조.

[18] Le Duc Tho, "Lam the nao de phat dong chien tranh du kich o Nam bo"[남부에서 게릴라전을 수행하는 방법], in *Cuoc khang chien than thanh cua nhan dan Viet Nam*[베트남 민족의 성전], vol. 3(Hanoi: Su that, 1958), pp. 289-92. 또 Georges Boudarel, *Cents fleurs écloses dans la nuit du Vietnam: Communisme et dissidence, 1954-1956*(Paris: Jacques Bertoin, 1991), p. 171도 참조.

[19] Bui Tin, *Following Ho Chi Minh: Memoirs of a North Vietnamese Colonel*(Honolulu: University of Hawaii Press, 1995), p. 23; *BNTS*, vol. 5, p. 559; *Nhan Dan*, 1954년 11월 19일.

[20] Duong Van Mai Elliott, *The Sacred Willow: Four Generations in the Life of a Vietnamese Family*(New York: Oxford University Press, 1999), pp. 344-45. 또 Moise, *Land Reform*, 11장도 참조.

[21] Moise, *Land Reform*, pp. 218-22와 Boudarel, *Cent Fleurs*, p. 177 참조. 레 반 루옹의 견

해의 한 예에 대해서는 "Vi sao phai chinh Dang"[왜 당을 정화해야 하는가], *Cuoc khang chien tran thanh*, vol. 3, p. 293-302 참조. 레 반 루옹은 제네바 회담 뒤에도 북에 남은 인기 있는 소설가 Nguyen Cong Hoan의 동생이다.

[22] "Speech at the recapitulative meeting of the second phase of land reform, Thai Nguyen, Bac Giang", in *Toan Tap I*, vol. 7, pp. 112-21 참조. 또 Post, *Revolution*, vol. 1, pp. 273, 289; Boudarel, *Cents fleurs*, pp. 177-78, 188도 참조.

[23] Bui Tin, *Following Ho*, pp. 28-29; Vu Thu Hien, *Dem giua ban ngay*, p. 224; Moise, *Land Reform*, pp. 218-22.

[24] *Toan Tap I*, vol. 7, pp. 179-82. 제7차 전체회의의 논의와 그 결정에 대해서는 Post, *Revolution*, vol. 1, p. 271 참조.

[25] Post, *Revolution*, vol. 1, p. 272에 인용.

[26] 같은 책, p. 274. 호의 연설은 *Toan Tap I*, vol. 7, pp. 354-59에 수록되어 있다. 국을 이용한 비유는 Georges Boudarel, "Ho Chi Minh", in George Fischer편, *Hommes d'état d' Asie et leur politique*(Paris: Université René Descartes, 1980), pp. 127-28에 인용되어 있다.

[27] Post, *Revolution*, vol. 1, p. 274; "Bai noi chuyen tai hoi nghi can bo cai cach mien bien"[해안지역 토지개혁 일꾼 회의에서 한 연설], in *Toan Tap I*, vol. 7, pp. 413-16. 부딘 후인의 호소는 Vu Thu Hien, *Dem giua ban ngay*, p. 225에 인용되어 있다.

[28] W. R. Smyser, *The Independent Vietnamese: Vietnamese Communism Between Russia and China, 1956-1969*(Athens, Ohio: Ohio University Center for International Studies, 1980), pp. 5-6에 인용. 조르주 부다렐의 말에 따르면, 라디오 모스크바의 기자가 추우 친에게 제20차 대회의 결론들에 대한 견해를 묻자, 친은 "매우 심오한 이론적 발언과 대담한 과제를 수행하려는 결의를 낳게 된 새로운 상황의 분석" 운운 하는 모호한 말로 답변했다고 한다—Boudarel, *Cent fleurs*, p. 193 참조. Vu Thu Hien은 정치국과 서기국의 구성원들만이 흐루시초프 연설의 사본을 받아보았다고 기억한다—*Dem giua ban ngay*, p. 101 참조.

[29] Vu Thu Hien, *Dem giua ban ngay*, p. 333; "Vu Thu Hien parle", in *Chroniques Vietnamiennes*(1997년 가을), p. 13.

[30] "Loi be mac Hoi nghi lan thu 9(mo rong) cua Ban chap hanh Trung uong Dang Lao dong Viet Nam"[당 중앙위원회 제9차 (확대) 전체회의 폐회 연설], in *Toan Tap I*, vol. 7, pp. 426-30.

[31] Boudarel, *Cents fleurs*, pp. 199-200. 호치민의 서신은 "Thu gui hoi nghi tong ket cai cach ruong dat dot 5"[토지개혁 제5차 약식회의에 보내는 서신], in *Toan Tap I*, vol. 7, pp. 460-61.

[32] 이 연설은 *Toan Tap I*, vol. 7, pp. 506-9에 수록되어 있다. 중국의 관행으로부터 채택한

"대중노선"이라는 개념은 사회주의 혁명 초기 단계에 인민의 직접적인 열망에 부응하는 정책(대중으로부터 대중에게로)을 가리킨다.
33 *Nhan Dan*, 1956년 10월 30일, Thayer, *War by Other Means*, pp. 89-90에 인용. 본서에서는 Thayer의 번역을 그대로 가져왔다.
34 Moise, *Land Reform*, pp. 244-46; Post, *Revolution*, vol. 1, p. 280; *BNTS*, vol. 7, p. 364.
35 *BNTS*, vol. 7, p. 334. 또 Vu Thu Hien, *Dem giua ban ngay*, pp. 457-58도 참조. 베트남의 보통 사람들이 이 운동에 대한 호치민의 책임을 평가한 방식에 대한 간략한 논의는 Elliott, *Sacred Willow*, pp. 343-44 참조.
36 Post, *Revolution*, vol. 1, p. 282-83; 해임에 대한 친의 반응에 대해서는 Bui Tin, *Following Ho*, p. 31과 Hoang Gian, "Une goutte bleu dans le grand ocean", in *Chroniques Vietnamiennes*(1988년 겨울-봄), p. 23 참조.
37 이 연설에 대해서는 *Toan Tap I*, vol. 7, pp. 585-86 참조. Fall, *Ho Chi Minh on Revolution*, pp. 277-81에는 영어판이 실려 있다. Moise, *Land Reform*, pp. 246-50에도 이 연설의 긴 발췌문이 실려 있다. 쿠인 루에 대한 기록은 같은 책, pp. 258-60 참조.
38 Boudarel, *Cent fleurs*, pp. 202-4. 죽임을 당하거나 처벌을 받은 사람들의 숫자에 대한 다양한 추정치는 같은 책, pp. 203-4 참조. 부다렐은 호치민이 직접 1만2천에서 1만5천 명은 잘못 처형당했다고 인정했다는 내용의 어떤 자료를 인용하고 있다—p. 203 참조. 더 낮은 추정치에 대해서는 Moise, *Land Reform*, pp. 218-22 참조.
39 Post, *Revolution*, vol. 1, p. 287.
40 Nguyen Manh Tuong, *Un excommunie, Hanoi: 1954-1991: Procès d'un intellectuel*(Paris: Que Me, 1992), p. 9.
41 Boudarel, *Cent fleurs*, p. 143. 위의 문단들에 나오는 자료는 *Post*, vol. 1, pp. 280-90과 vol. 2, pp. 156-57과 Boudarel, *Cent fleurs*, 여러 곳에 나온다. 또 Hirohide Kurihara, "베트남 노동당의 문학 정책의 변화, 1956-1958", in Takashi Shiraishi와 Motoo Furuta편, *Indochina in the 1940s and 1950s*(Ithaca, N. Y.: Cornell University Southeast Asia Program, 1992), pp. 165-96도 참조. 추옹 친의 언론의 자유에 대한 논평은 Nguyen Van Tran, Viet cho me va Quoc hoi[나의 어머니와 국회에 보내는 편지](Westminster, Calif.: Van Nghe, 1996), p. 275 참조.
42 Bui Tin, *Following Ho*, pp. 36-37 참조.
43 같은 책, pp. 32-33; Vu Thu Hien, *Dem giua ban ngay*, p. 322.
44 U. S. Department of State, *Working Paper on North Viet-Nam's Role in the War in South Viet-Nam*(Washington, D. C., 1968), appendix item 204. 이와 관련한 논의로는 William J. Duiker, *The Communist Road to Power in Vietnam*, 2판(Boulder, Colo.: Westview Press, 1996), pp. 186-87 참조.

⁴⁵ Vietnam News Agency, 1956년 4월 3일. 소비에트의 정책에 대한 하노이의 최초의 반응과 미코얀의 방문에 대해서는 Smyser, *Independent Vietnamese*, pp. 6-7과 Ang Cheng Guan, *Vietnamese Communists' Relations with China and the Second Indochina Conflict, 1956-1962*(Jefferson, N. C.: McFarland, 1999), pp. 19-20 참조. 러시아의 학자 Ilya Gaiduk에 따르면 추옹 친이 바로 그렇게 의심한 사람이었을지도 모르는데, 그는 실제로 1955년에 소비에트의 한 관리에게 평화적 해결책의 가능성에 대해 회의적인 태도를 보였다. "Developing an Alliance: The Soviet Union and Vietnam, 1954-1975", in Peter Lowe(편), *The Vietnam War*(New York: St. Martin's, 1998), p. 141 참조.

⁴⁶ Fall, *On Revolution*, pp. 269-71에 나오는 영역판을 인용했다. 베트남어판은 *Toan Tap I*, vol. 7, p. 427 참조.

⁴⁷ 시에 대해서는 Hoang Van Chi, "Collectivization and Rice Production", *The China Quarterly*(1962년 1-3월), p. 96 참조. 호의 편지에 대해서는 *Toan Tap I*, vol. 7, pp. 453-57 참조. 이 편지는 Fall, *On Revolution*, pp. 272-74에 영어로 수록되어 있다. 〈냔 단〉의 인용된 사설은 1956년 7월 22일에 실린 것이다.

⁴⁸ *Toan Tap I*, vol. 7, pp. 462-64; William S. Turley, *The Second Indochina War: A Short Political and Military History, 1954-1975*(New York: New American Library/Mentor, 1986), p. 22.

⁴⁹ 이 팸플릿은 일리노이주 시카고의 Center for Research Libraries의 책임자 Jeffrey Race가 보관하고 있는 자료들인 Race 자료에 *Duon loi Cach mang mien Nam*이라는 베트남어 판본으로 보관되어 있다. 또 Turley, *Second Indochina War*, p. 22도 참조.

⁵⁰ 내부의 논평에 대해서는 Vu Thu Hien, *Dem giua ban ngay*, p. 107 참조. 저우의 방문에 대한 좀더 자세한 분석은 Thayer, *War by Other Means*, pp. 98-100과 Ang Cheng Guan, *Vietnamese Communists' Relations*, pp. 43-45 참조. Thayer는 최종 성명에 평화 공존 5개 원칙과 쇼비니즘의 위험에 대해 언급했지만(소련에 대한 분명한 비난이었다), "대국"이라는 말은 포함되지 않았다고 지적한다.

⁵¹ 남부의 지도자들 모두가 디엠 정권과 싸우기 위하여 폭력을 사용하는 데 동의했던 것은 아니라는 점에 유의할 필요가 있다. 이들의 다양한 견해들에 대해서는 Duiker, *Communist Road*, pp. 190-92 참조. 호의 국회 연설 영어판은 Fall, *On Revolution*, pp. 277-81에 수록되어 있다.

⁵² Vu Thu Hien, *Dem giua ban ngay*, pp. 352-53.

⁵³ *BNTS*, vol. 6, p. 472.

⁵⁴ Smyser, *Independent Vietnamese*, p. 18.

⁵⁵ Gérard Tongas, *L'Enfer communiste au Nord Vietnam*(Paris: Nouvelles Editions Delmesse, 1960), pp. 85-86. 일각에서는 Tongas의 이야기의 신빙성에 의문을 품기도 하

지만, 최근 자료에 비추어보면 많은 부분 믿을 만한 것으로 보인다. 그러나 Tongas는 보로실로프의 방문이 5월이 아니라 9월이라고 말하고 있는데, 1957년에 두 번 방문했다는 기록은 찾을 수 없었다.

56 베트남 독립 선언 기념일 연설의 내용은 *Toan Tap I*, vol. 7, pp. 771-81에 수록되어 있다. 공식 방문단에는 문화부 장관 호앙 민 지암, 전 중국 대사 호앙 반 호안, 보건부 차관 팜 응옥 타익 등이 포함되어 있었다.

57 Smyser, *Independent Vietnamese*, p. 19. 중국측 이야기로는 Thayer, *War by Other Means*, p. 171 참조.

58 Truong Chinh, "Let Us Be Grateful to Karl Marx and Follow the Path Traced by Him", 1968년 9월 라디오 하노이를 통한 방송 연설, *Vietnam Documents and Research Notes*(U. S. Mission in Vietnam, Saigon), document 51, p. 16에 번역 수록. 독일과 이탈리아의 보고에 대해서는 Smyser, *Independent Vietnamese*, p. 19 참조.

59 Smyser, *Independent Vietnamese*, p. 19 참조, *Ho Chi Minh: Selected Works*, vol. 4(Hanoi: Foreign Languages Publishing House, 1960), pp. 277, 278-83을 인용하고 있다.

60 Post, *Revolution*, vol. 2, P. 151, *Fifty Years of Activity of the Communist Party of Vietnam*(Hanoi, 출판사 불명: 1979), p. 135 인용.

61 Post, *Revolution*, vol. 2, p. 151에 인용. 마르크스-레닌주의 조직의 전통인 당의 군 통제는 특히 베트남에서 신성불가침의 원칙이었는데, 이곳에서는 군의 고위 장교들이 당에서도 지도적 역할을 담당하고 있었다.

62 같은 책, pp. 153-55. 호의 신년 메시지는 *Toan Tap I*, vol. 8, pp. 20-27에 수록되어 있다.

63 진실이라는 느낌이 드는 이 사건에 대한 이야기는 Vu Thu Hien, *Dem giua ban ngay*, p. 605-9 참조. 약혼자의 편지는 "Lettre de larmes et de sang", *Chroniques Vietnamiennes* (1997년 가을), pp. 8-11 참조.

64 Post, *Revolution*, vol. 2, pp. 153-55.

65 "May kinh nghiem Trung quoc ma chung ta nen hoc"[우리가 연구해야 할 중국의 경험], *BNTS*, vol. 7, pp. 111-12에 인용; Post, *Revolution*, vol. 2, p. 176. 또 1957년 12월 7일과 26일, 1958년 1월 7일, 2월 1일, 3월 1일자의 글들, 같은 책과 *Toan Tap I*, vol. 8, pp. 1-5 도 참조.

66 Post, *Revolution*, vol. 2, p. 155. David W. P. Elliott, "Revolutionary Reintegration: A Comparison of the Foundation of Post-Liberation Political Systems in North Vietnam and China" (박사 논문, Cornell University, 1976), p. 417.

67 Post, *Revolution*, vol. 2, p. 176. Tran Luc, "China's Experience with Agricultural Collectivization", *Nhan Dan*, 1958년 12월 25일, 같은 책, p. 199에 인용; Thayer, *War by*

Other Means, p. 181.
68 *Cuoc khang chien chong my cuu nuoc 1954-1975*〔민족 해방을 위한 반미 저항 전쟁, 1954-1975〕(Hanoi: Quan doi Nhan den, 1980), p. 35.
69 Carlyee Thayer는 호가 인도에서 이전에 남베트남 대통령 응오 딘 디엠이 받았던 것과 비슷한 환영을 받았다고 전한다. 이 점에 대한 간략한 논의는 그의 *War by Other Means*, pp. 166-67 참조. 또 Ang Cheng Guan, *Vietnamese Communists' Relations*, pp. 76-77도 참조. 베트남 문제에 대한 인도의 태도는 겉으로 보기보다는 복잡했다. 네루는 프랑스-베트민 전쟁 동안에는 바오 다이 정부를 거의 인정하지 않고 베트민의 대의를 외교적으로 확고하게 지지했지만, 미국이나 다른 서방의 관리들과 개인적으로 이야기를 나눌 때는 하노이의 호전적인 공산주의 정부가 베트남을 통일하는 상황을 우려했다. 따라서 인도는 공개적으로는 베트남민주공화국을 지지하고 속으로는 유보적인 태도를 취하는 약간 기만적인 게임을 했던 셈이다.
70 "A Party Account of the Situation in the Nam Bo Region of South Vietnam, 1954-1960", p. 41. 필자가 가지고 있는 이 날짜 불명의 문건은 남베트남 부대가 1960년대 초 작전 동안에 발견한 것이다.
71 Tran Van Giau, "Great Strategic Effect of the Guerrilla War in South Vietnam Through Ten Years of Armed Struggle", *NCLS*(1969년 7월), pp. 19-32, JPRS, no. 49,387, Translations on North Vietnam, no. 639에 번역. "Party Account"라는 제목의 노획 문건에는 이 기간 당의 손실에 대한 통계가 담겨 있다. 고 밥, 바 디엠, 지아 딘 등 사이공 북부 교외의 일부 근거지에서 당 조직은 거의 궤멸되었다—pp. 11, 26과 36-37 참조.
72 노획한 문건은 이른바 CRIMP 문건으로, 남베트남군이 1963년 CRIMP 작전 동안에 노획한 베트콩의 보고서이며, Department of State, *Working Paper on North Viet-Nam's Role*, appendix item no. 301, p. 5에도 수록되어 있다.
73 호치민의 말은 *Chu tich Ho Chi Minh voi cong tac ngoai giao*〔호치민 의장과 외교 관계〕(Hanoi: Su that, 1990), p. 174.
74 *Cuoc khang chien chong My*, pp. 49-50.
75 이 논쟁의 다양한 입장에 대해서는 여러 가지 자료가 있지만 그 가운데도 George McT. Kahin, *Intervention: How America Became Involved in Vietnam*(Garden City, N. Y.: Doubleday, 1987), and Thayer, *War by Other Means* 참조.
76 Thayer, *War by Other Means*, p. 185 참조; Smith, *International History*, vol. 1, p. 157; Ang Cheng Guan, *Vietnamese Communists' Relations*, pp. 103-5.

15. 모두 전선으로

1 Le Duan, *Thu Vao Nam*〔남부에 보내는 편지〕(Hanoi: Su that, 1985), p. 31에서 인용. 이

책은 총서기 레 두안이 거의 20년에 걸쳐 남베트남의 주요 당직자들에게 쓴 편지들을 모아 놓은 책으로, 당시 상황에 관하여 많은 정보를 얻을 수 있다. 영어 축약판인 *Letters to the South*(Hanoi: Foreign Languages Press, 1986)도 출간되었다.

2 Ang Chen Guan, *Vietnamese Communists' Relations with China and the Second Indochina Conflict, 1956-1962*(Jefferson, N. C.: McFarland, 1997), pp. 86-87; ZYG, pp. 66-67. 뒤의 자료에 따르면 베트남노동당은 1958년 여름 베이징에 사회주의로의 변화와 민족 통일이라는 이중의 문제에 대하여 조언을 요청하는 각서를 두 번 보냈다. 중국은 그 답변에서 자신들의 조언이 잠정적인 것이며, 신중한 연구에 바탕을 둔 것은 아니라고 강조했다.

3 James Walker Trullinger Jr., *Village at War: An Account of Revolution in Vietnam*(New York: Longman, 1980), p. 71에서 인용. 호치민에 대한 언급은 흥미롭다. 베트남민주공화국의 공식 선전물에서는 호 주석의 가족이 베트남 인민뿐이라고 강조했다.

4 David Chanoff와 Doan Van Toai, *Vietnam: A Portrait of Its People at War*(London: I. B. Tauris, 1996), pp. 151, 153에 인용.

5 Nguyen Thi Dinh, *No Other Road to Take*(Ithaca, N. Y.: Cornell University Southeast Asia Program, 1976), pp. 65, 69-70. Dinh 여사는 1969년 당 동조자들이 만든 임시 혁명정부의 국방장관이 되었다.

6 일부 평론가들은 레 두안의 말이 하노이는 계속 평화 통일 정책을 옹호한다는 뜻이었다고 주장하지만, 이것은 모스크바와 베이징을 상대로 한 것으로 보이는 그의 연설의 밑바닥에 깔려 있는 메시지를 잘못 읽은 것이다. 레 두안은 1962년 초에 남부에서 고위 당직을 맡고 있던 응우옌 반 린에게 쓴 편지에서, 1950년대 말에 디엠 정권을 무너뜨리기 위해서는 정치 투쟁에 군사 작전이 결합되어야 한다는 확신을 하게 되었다고 설명했다. Le Duan, *Thu Vao Nam*, 1962년 2월의 편지, pp. 51-70 참조.

7 *BNTS*, vol. 7, p. 307.

8 같은 책, pp. 320-47; Ang Cheng Guan, *Vietnamese Communists' Relations*, pp. 120-28; HZYZ, pp. 151-52.

9 HZYZ, p. 156; *BNTS*, vol. 7, pp. 367-70; Ang Cheng Guan, *Vietnamese Communists' Relations*, pp. 128-29. 중국의 오만을 바라보는 호의 관점에 대해서는 Vu Thu Hien, *Dem giua ban ngay*[밤과 낮 사이에서](Westminster, Calif.: Van Nghe, 1997), p. 108; 마지막 자료에는 또 당의 고참 찬 후이 리에우가 중국 관리들의 냉대에 화가 나서 이렇게 말했다는 이야기도 나온다. "나는 호 아저씨와 같아, 나는 天宮에 똥을 쌀 거야, 나는 민족주의자야!" (p. 109).

10 정치국에서 국내 문제와 관련된 호의 발언에 대해서는 1959년 4월 7, 13, 16일, 1959년 5월 14일의 회의, *BNTS*, vol. 7, pp. 270-94와 310 참조. 호는 또한 4월의 제16차 전체회의와 5월의 통일 회의에서도 이런 문제들을 언급했다. "Dien van khai mac Hoi nghi lan thu 16

cua ban chap hanh trung uong Dang (khoa II)"〔당 중앙위원회 제16차 전체회의의 개회 연설(2차 회의)〕, *Toan Tap I*, vol. 8, pp. 388-90과 "Bai noi tai lop chinh huan khoa II cua bo cong an"〔통일에 대한 공안부 제2차 회의에서의 발언〕, 같은 책, pp. 429-32 참조.

11 *Toan Tap I*, vol. 8, pp. 763-73. 연설문의 영역판은 Bernard B. Fall편, *Ho Chi Minh on Revolution: Selected Writings, 1920-1966*(New York: Praeger, 1967), pp. 313-319 참조. 회의 의사록의 영어판은 *The Third National Congress of the Vietnam Workers' Party*, 3 vols.(Hanoi: Foreign Languages Press, 1960) 참조. 앞의 문단에서 언급한〈난 단〉사설은 W. R. Smyser, *The Independent Vietnamese: Vietnamese Communism Between Russia and China, 1956-1969*(Athens, Ohio: Ohio University Center for International Studies, 1980), pp. 40-41 참조.

12 팜 훙은 메콩 강 삼각주의 빈 롱 성 출신이다. 응우옌 치 타인의 출신에 대해서는 다양한 추측이 있다. 가장 믿을 만한 자료에 따르면, 그는 베트남 중부 후에의 빈농 집안 출신이다. 그러나 좀더 부유한 집안 출신이며, 과거가 수수께끼에 둘러싸여 있다고 말하는 자료도 있다. Vu Thu Hien, *Dem giua ban ngay*, p. 359 참조. 앞으로 보게 되겠지만 응우옌 치 타인은 곧 보 응우옌 지압을 제치고 남부의 군사 전략 기획의 중심 인물로 등장하게 된다. 레 두안을 제1서기로 선출하는 데 호치민이 어떤 역할을 했느냐에 대해서는 논란이 있다. 하노이의 일부 평론가들은 비공개를 전제로, 레 두안의 남부에서의 역할 때문에 호가 그 결정을 승인한 것이라고 말하지만, 일부에서는 호가 레 두안보다는 오랜 동료인 보를 선출하고 싶어했을 것이라고 말하기도 한다.

13 Chen Jian, "China's Involvement in the Vietnam War, 1964-1969", *The China Quarterly*, no. 142(1995년 6월), p. 338. 중국이 5월에 베트남민주공화국 지도자들에게 해준 조언에 대해서는 *The Truth About Vietnamo-Chinese Relations over the Past Thirty Years*(Hanoi: Ministry of Foreign Affairs, 1979), pp. 31-32 참조. 하노이의 소비에트 외교관들은 제3차 대회와 관련하여 모스크바에 보낸 보고서에서 제1서기인 레 두안이 민족 통일 문제를 상당히 강조했다는 사실에 주목했다. Ilya V. Gaiduk, "Developing an Alliance: The Soviet Union and Vietnam, 1954-1975", in Peter Lowe(편), *The Vietnam War*(New York: St. Martin's, 1998), p. 142 참조.

14 이 브리핑의 실제 내용에 대해서는 자료마다 하는 이야기가 다르다. NLF의 결성에 대해서는 Truong Nhu Tang, *Vietcong Memoir: An Inside Account of the Vietnam War and Its Aftermath*(San Diego: Harcourt Brace Jovanovich, 1985), pp. 76-80 참조.

15 1월의 정치국 회의에 대해서는 *Cuoc khang chien chong My cuu nuoc, 1954-1975*〔민족 해방을 위한 반미 저항 전쟁, 1954-1975〕(Hanoi: Quan doi Nhan dan, 1980), pp. 74-75 참조. 호치민의 말은 *BNTS*, vol. 8, pp. 21-22에 수록되어 있다. 레 두안은 회의 뒤에 이 문제에 대하여 남부의 응우옌 반 린에게 긴 편지를 썼다―그의 *Thu Vao Nam*, 1961년 2월 7

일자 편지, pp. 35-36 참조.
16 중국 지도자들 역시 호의 양다리를 걸치는 태도를 불쾌해했다. Qiang Zhai, *China and the Vietnam Wars, 1950-1975*(Chapel Hill: University of North Carolina Press, 2000), pp. 87-88 참조. 마오 쩌둥에 대한 호의 의심은 Vu Thu Hien, *Dem giua ban ngay*, p. 229 참조. 그럼에도 호는 모스크바에 있을 때 흐루시초프에게 중국은 세계에서 중요한 역할을 하는 대국이므로 중국과 타협하라고 호소했다. 흐루시초프가 소련 역시 중요한 나라라고 대꾸하자 호는 이렇게 대답했다. "우리는 이중으로 어렵습니다. 중국은 우리 이웃임을 잊지 마십시오." —Ang Cheng Guan, *Vietnamese Communists' Relations*, p. 168.
17 1961년 10월 정치국 회의와 호의 발언에 대해서는 *BNTS*, vol. 8, p. 150 참조. 남부에 내린 지침들에 대해서는 "Situation of the Revolution in South Vietnam", 1962년에 남부의 지도부에 보낸 미공개 문건 참조. 또 1962년 2월에 열린 정치국 회의의 지침은 *Mot so van kien cua Dang chong My cuu nuoc, 1954-1965*[반미 구국 운동에 관한 당 문건, 1954-1965], vol. 1(Hanoi: Su that, 1985), pp. 137-57에 수록되어 있다.
18 워싱턴이 남베트남에 대해서도 1962년 7월에 라오스에서 이루어진 것과 비슷한 타협적인 협정을 받아들일지도 모른다는 생각은 1962년 7월 응우옌 반 린(일명 Muoi Cuc)에게 보낸 레 두안의 편지에서 논의되고 있는데, 이 편지는 *Thu Vao Nam*, pp. 63-66에 수록되어 있다. 하노이는 이미 이런 가능성에 대비하여 프랑스의 망명자 그룹들 사이에서 그들에게 공감하는 중립적 인사들을 은밀히 모으기 시작했다.
19 *BNTS*, vol. 8, pp. 367-38.
20 같은 책, pp. 322-23.
21 *Beijing Review*, 1979년 11월 23일과 30일, 12월 7일. 또 *ZYG*, p. 67; Smith, *International History*, vol. 2, pp. 87-88, Chen Jian, "China's Involvement", p. 359 참조. "올가미" 전략에 대해서는 마오 쩌둥이 1958년 9월 8일 최고국가회의에서 한 연설, *Jianguo yilai Mao Zedong wengao*[Mao Zedong's proclamations since the formation of the country], 같은 책에 인용.
22 Smyser, *Independent Vietnamese*, pp. 63-64; Chen Jian, "China's Involvement", pp. 359-60, Qu Aiguo, "Chinese Supporters in the Operations to Assist Vietnam and Resist America", *Junshi Shilin*[군사 역사 서클], no. 6, p. 40. Smyser는 호치민이 다른 베트남 지도자들보다 말이 조심스러웠다고 주장하지만, 그 증거는 확실치 않다(pp. 65-66 참조). 오랜 세월이 흐른 뒤 하노이의 공식 자료들은 중국이 세계 혁명의 지도권을 장악하고 베이징이 지배하는 새로운 코민테른을 결성하려 했다고 비난했다—*Truth About Vietnamo-Chinese*, p. 33 참조.
23 Mieczyslaw Maneli, *War of the Vanquished*(New York: Harper & Row, 1971), pp. 127-28. 마넬리는 호치민이 이 대화에 약간 움츠러드는 표정이었다고 말한다. 또 Gareth Porter,

"Coercive Diplomacy in Vietnam: The Tonkin Gulf Crisis Reconsidered", in Jayne Werner and David Hunt편, *The American War in Vietnam*(Ithaca, N. Y.: Cornell University Southeast Asia Program, 1993), pp. 11-12도 참조. 호치민은 오스트레일리아의 좌익 저널리스트 Wilfred Burchett을 통해서도 비슷한 협상을 제안했던 것 같다—*Foreign Relations of the United States*(1961-1963), vol. 4, *Vietnam, August-December 1963*, p. 85 참조.

24 Vu Thu Hien, *Dem giua ban ngay*, p. 230. Hien에 따르면 호치민은 전쟁을 싫어하였으며, 그것을 최후의 수단으로 여겼다. 그러나 레 두안은 자신의 목표를 달성하기 위해 전쟁에 의존했다. 이 문단에서 언급된, 남부에 보낸 지령은 CRIMP 문건에 포함되어 있다. 호치민과 일본 저널리스트의 인터뷰는 *BNTS*, vol. 8, pp. 484-85에 수록되어 있다.

25 *BNTS*, vol. 8, pp. 492-93. 이 회의에서 호는 사이공에 앞으로도 쿠데타가 발생할 것임을 예언했다. 중앙위원회 전체회의는 이전 당 전국 대회를 기준으로 횟수를 따진다. 이 전체회의의 바로 전의 당 대회는 1960년 9월에 개최되었다.

26 Donald Zagoria, *Vietnam Triangle: Moscow/Peking/Hanoi*(New York: Pegasus, 1972), p. 109, Thanh의 글 "Who will win in South Vietnam" (Hoc Tap 1963년 7월호)을 인용.

27 호치민을 교체한다는 소문은 Nguyen Van Tran, *Viet cho me va Quoc hoi*[어머니와 국회에 보내는 편지](Garden Grove, Calif.: Van Nghe, 1996), p. 328에 나온다. 또 Georges Boudarel과 Nguyen Van Ky, *Hanoi, 1936-1996: Du drapeau rouge au billet vert*(Paris: Editions Autrement, 1997), pp. 144-46도 참조. 호가 총명을 잃었다는 말에 대해서는 "Vu Thu Hien parle", *Chroniques Vietnamiennes*(1997년 가을), p. 13 참조. 팜 반 동, 추옹 친, 보 응우옌 지압의 역할에 대한 평가는 Vu Thu Hien, *Dem giua ban ngay*, pp. 25-26, 275, 296, 337과 Nguyen Van Tran, *Viet cho me*, p. 328에 나온다.

28 "Vu Thu Hien parle", p. 13; Vu Thu Hien, *Dem giua ban ngay*, p. 362; Nguyen Van Tran, *Viet cho me*, pp. 328-29; Boudarel과 Ky, *Hanoi*, p. 146.

29 이 서신을 둘러싸고 격렬한 논쟁이 벌어졌던 것으로 보인다. 호치민은 회의에서 욕설에 가까운 발언이 난무하는 것을 개탄하면서, 대표들에게 마르크스-레닌주의자들 사이의 의견 불일치는 우애와 동지애의 테두리를 넘어서는 안 된다고 이야기했다. 그는 이것이 "변경할 수 없는 원칙" (티엔 킨 디아 응이아)이라고 말했다. 호는 마르크스주의-레닌주의가 길을 비추어주면 공산주의 혁명 운동이 분명히 성공하고 발전할 것이라고 결론을 내렸다. 1963년 12월 7일 회의에서 그의 발언은 *BNTS*, vol. 8, p. 490 참조. 결의안 사본과 회람용 편지는 나중에 남베트남군이 노획했으며, 영역판은 *Vietnam Documents and Research Notes*(U. S. Mission in Vietnam, Saigon), 문건 96과 99에 수록되어 있다. 흐루시초프에 대한 언급을 삭제한 것은 Hoang Van Hoan이 "Une goutte d'eau dans le grand ocean", in *Chroniques Vietnamiennes*(1988년 겨울—봄), p. 24에 기록해놓았다.

30 Vu Thu Hien, *Dem giua ban ngay*, p. 354. 조르주 부다렐에 따르면, 보 응우옌 지압은 제9차 전체회의 결과에 큰 충격을 받고 사람들 만나는 것을 피하면서 피아노를 치며 마음을 달랬다고 한다―Boudarel과 Ky, Hanoi, p. 146 참조. 가장 유명한 숙청 희생자는 학자인 Hoang Minh Chinh이었다. 그는 유수한 학자이자 반프랑스 저항 운동의 영웅으로 소련에서 오래 살았고 지압과도 가까운 사이였다. 그는 1963년 말 추옹 친으로부터 12월의 제9차 전체회의에 제출할 결의안 초안을 작성해달라는 요청을 받았다. 그러나 전체회의에서 이 결의안은 "수정주의적"이라는 이유로 거부되었으며, Hoang Minh Chinh은 장기 징역형을 선고받았다. 일각에서는 그가 지압과 가까운 사이였고 당시 지도부를 비판적으로 바라보고 있었기 때문에 표적이 되었다고 생각한다―예를 들어 Bui Tin, *Following Ho Chi Minh: Memoirs of a North Vietnamese Colonel*(Honolulu: University of Hawaii Press, 1995), pp. 55-56과 Georges Boudarel, *Cent fleurs écloses dans la nuit du Vietnam: Communisme et dissidence, 1954-1956*(Paris: Jacques Bertoin, 1991), pp. 257-58 참조. 그 외에 이 기간에 숙청당한 인물로는 외무부 관리인 Ung Van Khiem, 고참 당원 Bui Cong Trung 등이 있다.

31 베이징은 1963년 9월 광둥성에서 아시아 공산당 비밀회의를 개최함으로써 제3세계 혁명의 옹호자 자리를 굳히려 했다. 호치민도 이 회의에 참석했다. 저우 언라이는 농촌지역에서 혁명 투쟁을 장려했다. Chen Jian, "China and the Vietnam Wars, 1950-1975" in Peter Lowe(편), *The Vietnam War*, p. 164 참조. 모스크바에서 열린 12월 회담과 그 후에 하노이에서 발표된 사설에 대해서는, Smyser, *Independent Vietnamese*, pp. 71-72 참조. Smyser는 이 방문이 소련의 초청으로 이루어진 것이라고 추측했다. 호치민은 소련 인민에게 보내는 신년 메시지에서 소련이 현대적이고 기술적으로 발전한 사회주의 사회를 건설하는 데 성공한 것을 찬양하는 한편, 민족 해방 투쟁이 전세계에서 성공을 거두고 있으며, 더욱더 많은 나라들이 제국주의의 억압으로부터 자유를 얻고 있다고 강조했다―*Toan Tap I*, vol. 9, pp. 626-27 참조.

32 Ho Chi Minh, "Bao cao tai hoi nghi chinh tri dac biet"[특별 정치회의에서의 연설], in *Toan Tap I*, vol. 9, pp. 661-81. 회의에 참석한 대표들의 정신과 결의의 통일을 찬양하는 그의 폐회 연설은 같은 책, pp. 682-83에 수록되어 있다.

33 〈난 단〉에 실린 호의 글들의 좋은 예로는 1964년 5월 29일자의 글, 같은 책, pp. 735-38 참조. 미국인들의 죽음에 대한 공포는 1963년 12월 9일의 회의, in *BNTS*, vol. 8, p. 492 참조.

34 인민군 첫 부대는 9월 또는 10월에 북부를 떠나 연말에 남부에 도착했던 것으로 보인다. Gareth Porter, "Coercive Diplomacy", p. 13 참조. 이 결정을 내리는 데 호치민이 했던 역할에 대한 증거는 찾지 못했다. 그러나 한 자료에 따르면 9월 말에 호는 동료들에게 미국의 북베트남 파괴 음모는 전술적 결정이 아니라 전략적 결정이므로 최악의 시나리오에 대처할 준비를 해야 한다고 충고했다고 한다―1964년 9월 26일 정치국 회의, in *BNTS*, vol. 9, p.

130 참조.
35 레 두안은 8월 중순에 이루어진 마오 쩌둥과의 회담에서 베트남민주공화국은 인민군 1개 사단을 남베트남에 보낼 생각이라고 말했다. 그는 또 통킹 만에서 미군 전함에 대한 최초의 공격 결정은 지역 지휘관이 현장에서 내린 것이라고 확인해주었다. 마오는 베이징에서 수집한 정보에 따르면 제2의 공격이 있었다는 미국의 비난은 워싱턴에서 얻은 잘못된 정보에 근거한 것이라고 말했다. "Mao Zedong and Pham Van Dong, Hoang Van Hoan", 1964년 10월 5일 회담, Odd Arne Westad 등, *77 Conversations Between Chinese and Foreign Leaders on the Wars in Indochina, 1964-1977*(Washington, D. C.: Cold War International History Project/The Woodrow Wilson Center, 1998), p. 74; 또 주 117도 참조.
36 *Vietnam Documents and Research Notes*, document 67(1969년 9월), p. 7. 다른 자료에 따르면 모스크바는 필요할 경우 남베트남에 대한 전면 공격을 지원하기로 약속했다— Gareth Porter, *A Peace Denied: The United States, Vietnam, and the Paris Agreement*(Bloomington, Ind.: Indiana University Press, 1975), p. 23 참조. 러시아 학자 Ilya Gaiduk은 베트남민주공화국의 고위 지도자 세 사람—레 두안, 팜 반 동, 보 응우옌 지압—이 이전과 마찬가지로 공평하고 균형 잡힌 태도로 중국과 소련을 상대하기로 합의했다고 주장한다—Ilya Gaiduk이 1993년 10월 17일, 베트남 전쟁에 대한 LBJ 도서관 회의에서 한 말.
37 이 지침은 *Nhung su kien lich su Dnag*(당사의 사건들)(Hanoi: Su that, 1976), vol. 3, p. 315에 수록되어 있다. 폴란드 외교관 Mieczyslaw Maneli는 하노이가 이전에는 워싱턴을 자극하지 않으려고 미국인들에 대한 공격을 피했다고 말했다. 그는 호치민이 민족적 목표를 달성하기 위해 무차별적 테러를 이용하는 것에 반대했다고 주장한다. Maneli, *War of the Vanquished*, p. 156 참조. 당시 남베트남의 미국 대사관에서 해외 근무 장교로 일하던 젊은 시절의 필자는 사이공에서 정부의 급속한 교체를 직접 경험했다. 1965년 초의 어느 금요일, 필자는 방콕에서 주말을 보내기 위해 베트남을 떠났다. 토요일에는 사이공에서 쿠데타가 일어나 정부가 무너졌다. 일요일에는 새로운 지도자들 자신이 권좌에서 쫓겨났다. 필자는 월요일에 돌아왔는데, 그 동안 남베트남에서는 정부가 하나 생겼다 사라져버린 것이다.
38 Le Duan, *Thu Vao Nam*, Xuan(Nguyen Chi Thanh)에게 보낸 편지, 1965년 2월, p. 96. Binh Gia에 대한 호의 말은 *Nhan Dan*, 1965년 1월 7일자 글에 실려 있다.
39 이 기간의 소비에트의 정책에 대한 통찰력 있는 분석으로는 Ilya V. Gaiduk, "The Soviet Policy Dilemma in the Vietnamese Conflict", in Lloyd C. Gardner and Ted Gittings편, *Vietnam: The Early Decisions*(Austin: University of Texas Press, 1997), pp. 207-18. 저우 언라이의 3월 하노이 방문에 대해서는 *77 Conversations*, pp. 77-78 참조.
40 미군 공습에 대한 호치민의 반응은 *BNTS*, vol. 9, p. 130 참조. 2월의 미국에 대한 경고는

같은 책, p. 197에 수록되어 있다. 제11차 전체회의 끝에 발표된 결의안은 *Mot so van kien*, vol. 1, pp. 311-27 참조. 호치민은 회의 개회 때 연설을 했지만, 그가 논쟁에서 어떤 역할을 했는지는 분명하지 않다. 이용 가능한 자료들로 판단해보자면, 그는 주류를 이루는 접근 방식을 지지했던 것으로 보인다—*BNTS*, vol. 9, pp. 215-17 참조. 호는 특히 북베트남 사람들이 앞으로 필요한 희생을 각오하게 하는 데 관심이 있었으며, 새로운 노선에 대한 지지를 얻기 위한 특별 정치회의 소집을 제안했다—같은 책, pp. 207-9 참조.

41 호와 일본 저널리스트의 회견은 *Toan Tap I*, vol. 10, pp. 79-84(특히 p. 82)에 수록되어 있다. 하노이의 평화 조건 가운데 미군 철수 시점에 대한 모호함은 의도적인 것이었을까, 아니면 하노이와 민족해방전선 지도부 사이의 견해 차이 때문이었을까? 필자는 오래 전부터 전자를 지지하는 쪽이었는데, 평화 회담의 시기와 범위는 당 지도부가 결정할 사항이었을 것으로 추측하기 때문이다. 그러나 1965년 12월 호치민이 민족해방전선의 발표와 베트남민주공화국의 발표가 통일된 입장을 제시할 수 있도록 조정해야 한다고 불평한 것은 주목할 만하다. 어쩌면 호는 민족해방전선이 가끔 북부의 당 지도부와 먼저 협의하지 않고 외교적인 입장을 채택하는 데 화를 냈던 것인지도 모른다. *BNTS*, vol. 9, pp. 338-39 참조.

42 Le Duan, *Thu Vao Nam*, 1965년 5월의 편지; 또 George Herring편, *The Secret Diplomacy of the Vietnam War: The "Negotiating Volumes" of the Pentagon Papers*(Austin: University of Texas Press, 1983), pp. 42-44도 참조.

43 류 사오치와 레 두안의 1965년 4월 8일 회담; 마오 쩌둥과 호치민의 1965년 5월 16일 회담; 저우 언라이, 덩 샤오핑과 호치민의 1965년 5월 17일 회담, 모두 *77 Conversations*, pp. 85-87에 수록. 호의 5월 중국 방문은 그의 생일을 축하하기 위한 짧은 휴가로 다루고 있다 —*BNTS*, vol. 9, pp. 244-45; *HZYZ*, p. 250; Vu Ky, *Bac Ho viet di chuc*[호 아저씨 유언장을 쓰다](Hanoi: Su that, 1989), pp. 44-45 참조. 베트남에 대한 중국의 정책과 문화혁명의 관계에 대해서는 Odd Arne Westad in *77 Conversations*, pp. 8-20의 머리말 참조.

44 저우 언라이와 아유브 칸의 회담, 1965년 4월 2일, in *77 Conversations*, pp. 79-85. 또 Chen Jian, "China's Involvement", pp. 368-69도 참조. 에드거 스노의 마오 쩌둥 면담에 대해서는 *Truth About Vietnamo-Chinese*, pp. 35-36과 Edgar Snow, *The Long Revolution*(London: Hutchinson, 1973), p. 216 참조.

45 Chen Jian, "China's Involvement", pp. 380-81. Odd Arne Westad의 말에 따르면, 린 뱌오의 유명한 글은 사실 집단의 작품이었다—*77 Conversations*, p. 10 참조.

46 *77 Conversations*, p. 90.

47 호의 협상 조건에 대한 관점은 1965년 12월 정치국 회의, *BNTS*, vol. 9, pp. 338-53 참조. 호는 흥미롭게도 미군 폭격을 중단시켜야 하는 가장 중요한 이유가 부대와 물자의 남부 운송을 원활하게 하는 것이라고 보고 있었다—1966년 10월 18일 정치국 회의, 같은 책, pp. 485-86 참조. 하노이의 확고한 태도를 보여주는 문제에 대해서는, 1965년 7월 31일 정치국

회의, 같은 책, pp. 280-81 참조. 미국 내의 평화 운동 촉진에 대해서는 1965년 12월 30일 정치국 회의, 같은 책, pp. 350-51 참조.

48 호치민이 저우, 덩과 회담을 한 날짜는 분명치 않지만, 1965년 5월이었을 것으로 추정된다. 린 뱌오의 글에 대한 레 두안의 연설에 대해서는 William J. Duiker, *The Communist Road to Power in Vietnam*, 2판(Boulder, Colo.: Westview Press, 1996), pp. 269-70 참조. 중국과 북베트남 지도자 간의 긴장 관계에 대한 다른 논의에 대해서는 저우 언라이와 레 두안 등, 1966년 4월 13일; 마오 쩌둥, 저우 언라이와 팜 반 동, 1967년 4월 10일; 덩 샤오핑과 레 두안, 1975년 9월 29일 등(모두 77 *Conversations*, pp. 90, 104, 195에 수록되어 있다). 1967년 4월 중국을 방문한 베트남 대표단과의 대화에서 저우 언라이는 과거에 중국공산당이 이오시프 스탈린과 같은 소련 지도자들의 그릇된 조언을 따랐지만, 결국 자신의 본능에 의존하는 법을 배우게 되었다고 말했다.

49 '메리골드 작전'이라고 알려졌던 평화회담 의사 타진에 대한 짧은 개관은 George C. Herring, *LBJ and Vietnam: A Different Kind of War*(Austin: University of Texas Press, 1994), pp. 104-7 참조. 또 1965년 12월 11일의 정치국 회의(*BNTS*, vol. 9, p. 336에 인용)도 참조. 호의 편지의 베트남어판은 *Toan Tap I*, vol. 10, pp. 461-62에 수록되어 있다.

50 *BNTS*, vol. 9, pp. 437-38; Jean Sainteny, *Face à Ho Chi Minh*(Paris: Seghers, 1970), p. 190.

51 이 집에 대한 자료는 *Noi o va lam viec cua Chu tich Ho Chi Minh tai phu chu tich*(Hanoi: Ho Chi Minh Mausoleum, 1984), p. 9 참조.

52 Vu Ky, *Bac Ho viet di chuc*, pp. 35-36.

53 이 여행은 같은 책, pp. 38-48에 기록되어 있다. 호치민이 인용한 공자(또는 맹자)의 구절에는 "가난을 두려워 말고 오직 불의를 두려워하라", "인민은 나라의 근본", "인민의 이익이 첫째고, 나라의 이익이 그다음이고, 왕의 이익은 마지막이다" 등의 구절이 있다. 호는 15세기 베트남의 학자이자 애국자이며 전쟁 전략가이기도 한 Nguyen Trai에 대해서도 똑같은 존경심을 보였다. 1965년 2월 호는 콘 손에 있는 Nguyen Trai의 사당을 찾아가, 그의 묘비 옆에서 한참 시간을 보냈다. 부 키에 따르면, 호는 Nguyen Trai가 자신의 의무와 베트남 독립을 위해 몸을 바친 것에 깊은 존경심을 품고 있었다.

54 이 재미있는 이야기의 출처는 Quan Yan, "Tao Zhu ji mi"[타오 주의 수수께끼], *Xinan junshi wenxue*[시난 군사 문헌](Chengdu) no. 72(1995), pp. 53-55. 타오 주는 광둥에서 당 책임자로 일하다가 문화혁명 기간에 숙청당했다. 그는 이곳에서 호치민과 가깝게 사귀었다. 맥락으로 볼 때 이 일은 1966년 봄과 여름에 일어났던 것으로 보인다. 이 글로 보면 호는 광둥 출신의 여자를 원했던 것 같은데, 그것은 여전히 첫 번째 부인 탕 투옛 민에 대한 기억을 간직하고 있었기 때문인지도 모른다. 다른 자료에서는 왜 그 역할을 베트남 여자가 대신할 수 없었는지에 대한 설명이 나오지 않는다. 중국 정부는 이 요청을 묻어두기 전에

후보를 3명이나 뽑았던 것으로 보인다. 저우 언라이는 이 계획에 대해 듣고 이 일 때문에 하노이의 베트남 당 지도부 내에 중국에 대한 반감이 일어날 수도 있다고 걱정했다.

55 호가 베트남 인민에게 보내는 메시지 "Con co gi gui hon doc lap tu do"[독립과 자유보다 중요한 것은 없다]는 〈난 단〉에 실렸다—*Toan Tap I*, vol. 10, pp. 374-77 참조. 또 Quan Yan, "Tao Zhu", p. 55도 참조.

56 *Giu yen giac ngu cua Nguoi*[호치민의 유해 보존하기](Hanoi: Quan doi Nhan dan, 1990).

57 *BNTS*, vol. 10, pp. 40-41, 93-95, 111. 호치민이 3월에 존슨에게 보낸 편지는 *Toan Tap II*, vol. 12, pp. 230-32에 수록되어 있다. 이 서신 교환에 대한 논의는 Herring, *LBJ and Vietnam*, pp. 108-11 참조.

58 *BNTS*, vol. 10, pp. 156-57, 159; *Giu yen*, pp. 16-17. 피델 카스트로는 가까운 사람들에게 호가 말년에 남부로 떠나는 사람들과 합류하려다가 몇 번이나 물리적인 제약을 당했다고 말한 것으로 전해진다—Michael Salmon, *Vietnam Today*(1980년 4월), p. 2 참조.

59 *BNTS*, vol. 10, p. 195.

60 Vu Ky, *Bac Ho viet di chuc*, p. 71; Hoang Van Hoan, *Drop in the Ocean: Hoang Van Hoan's Revolutionary Reminiscences*(Beijing: Forein Languages Press, 1988), p. 334.

61 중국은 1965년 확전 이후 북베트남측에 협상에서 강경한 입장을 택하라고 조언해왔다. 저우 언라이는 1968년 4월에 이 문제를 논의하던 중 팜 반 동에게 텟 공세는 결정적인 승리가 아니었으며, 하노이측이 평화회담 개최에 지나친 욕심을 부린 나머지 워싱턴에 주도권을 넘겨주었다고 말했다. 레 둑 토는 10월에 중국의 외무장관 Chen Yi와 이야기를 하면서, 베트남민주공화국은 1954년 제네바 회담에서 타협을 하라는 중국의 조언을 따르는 잘못을 범했다고 지적했다. 저우 언라이와 팜 반 동의 회담, 1968년 4월 13일과 17일, 6월 29일, 10월 17일(*77 Conversations*, pp. 123-29, 137-38, 140에 수록) 참조.

62 *Testament du President Ho Chi Minh*(Hanoi: Central Committee of the Vietnamese Communist Party, 1989).

63 *Giu yen*, pp. 17-18. 호는 더위를 이기기 위해 야자나무 잎을 잘라 부채를 만들었다. 그리고 자신의 잎이 동료들의 잎과 헛갈리지 않도록 잎을 불로 그을려 "B"자[아저씨를 뜻하는 Bac의 앞 글자였을까?]를 새겨놓았다.

에필로그 : 인간에서 신화로

1 인도의 인용문은 *Ho Chi Minh*(Hanoi: Social Sciences Commission, 1989), p. 82에 수록. 우루과이의 사설은 *People*(Montevideo), 1969년 9월 4일에 실렸다. 두 신문 보도는 모두 *The World Praises and Mourns President Ho Chi Minh*(Hanoi: Su that, 1976)에 인용되어 있다. 소련의 반응은 Kobelev, p. 236에 인용되어 있다.

2 두안의 연설은 *Testament du President Ho Chi Minh*(Hanoi: Central Committee of the Vietnamese Communist Party, 1989), pp. 57-64에 수록되어 있다.
3 *Giu yen giac ngu cua Nguoi*[호치민의 유해 보존하기](Hanoi: Quan doi Nhan dan, 1990) pp. 36-39, 92-93. 오스트레일리아의 저널리스트 Malcolm Salmon에 따르면, 호의 사망 소식이 모스크바에 전해지자마자 소련 지도자들은 하노이에 연락하여 즉시 그의 유해를 보존하기 위한 조치를 취해야 한다고 충고했다고 한다. 그러나 정치국에서는 아직 기념관을 건설하는 문제에 대해 결정을 내리지 못했기 때문에 그 문제에 대한 결정을 내리기 전에 시신 보존 작업을 하기 위해 소련 전문가들이 날아왔다. 그 동안 시신은 얼음 위에 보관했다. Malcolm Salmon, "Memories of Ho Chi Minh", *Vietnam Today*, 1980년 4월, p. 3.
4 기념관 건축에 대해서는 *Giu yen*, pp. 95-122 참조. 후에-탐 호 타이의 논평에 대해서는 그녀의 "Monumental Ambiguity: The State Commemoration of Ho Chi Minh", in K. W. Taylor와 John K. Whitmore편, *Essays into Vietnamese Pasts*(Ithaca, N. Y.: Cornell University Southeast Asia Program, 1995), p. 281 참조.
5 호치민의 유언장의 베트남어 원본과 프랑스어 번역판의 복사본은 *Testament du President Ho Chi Minh*에 수록되어 있다. 또 Bui Xuan Quang, "The Publication of Ho's Last Will: Background to Deception", *Vietnam Commentary*(1990년 3-4월), pp. 4-6. Quang 교수는 호앙 반 호안의 글을 인용하여, 레 두안이 심지어 정치국 동료들에게도 호가 이전에 작성한 유언장들이 있다는 사실을 알리지 않고, 타자로 치고 자신이 증인이 되어 서명한 판본만 보여주었다고 비난했다.
6 *Our President Ho Chi Minh*(Hanoi: Foreign Languages Press, 1970), pp. 188-95 참조. 그의 사상을 영속화하기 위한 결정의 한 예는 *Nghien cuu tu tuong Ho Chi Minh*[호치민 사상 연구], 2권(Hanoi: Ho Chi Minh Institute, 1993).
7 간략한 묘사는 "The Ho Chi Minh Museum", *Vietnam Courier*(1986년 5월), p. 6에서 찾아볼 수 있다. 나는 이 박물관을 완공하기 직전 하노이를 방문했는데, 운 좋게도 건물 내부 전시 일을 하던 체코슬로바키아의 기술자 몇 사람과 사귀었다. 그들은 박물관을 건설하는 공식적인 의도는 20세기 자본주의 사회의 악을 전시하는 것이지만, 그들은 실제 작업 과정에서 20세기에 대해 좀더 좋은 인상을 주려 했다고 말했다. 논평에 대해서는 Hue-Tam Ho Tai, "Monumental Ambiguity", p. 283 참조.
8 보 응우옌 지압은 1982년 제5차 당 대회를 거치면서 정치국에서 밀려났다. 그는 나중에 기술 발전을 장려하기 위한 어떤 위원회의 의장 자리에 앉았다.
9 이 "악마의 거래"는 1991년에 승인된 새로운 헌법에 분명하게 나타나 있다. *Socialist Republic of Vietnam: Constitution*(Hanoi: Foreign Languages Publishing House, 1992) 참조.
10 *Testament*, pp. 5-10, Hoang Van Hoan의 글, *Beijing Review*, 1981년 9월 14일과 Vu Ky,

Bac Ho viet di chuc[호 아저씨 유언장을 쓰다](Hanoi: Su that, 1989).
[11] Charles Fenn, "Trial Run to Doomsday," pp. 238–39(Charles Fenn이 제공한 원고).
[12] Extrait du Journal *l' Union Française*, 1947년 5월 20일, "Ho Chi Minh 1947 à 1948" 서류철, SPCE, Carton 370, CAOM. 또 Vincent Hugeux, "Entretien avec Vu Thu Hien", *Politique Internationale*, no. 77(1997년 가을), p. 272와 Mieczyslaw Maneli, *War of the Vanquished*(New York: Harper & Row, 1971), p. 153 참조.
[13] 최근에 하노이를 여행했을 때 필자는 베트남의 일부 학자들 역시 호가 미국에 특별한 애착을 느꼈다는 신화를 받아들이고 있는 것을 보고 흥미를 느꼈다. 그들 가운데 일부는 필자에게 왜 루스벨트나 트루먼이 베트남민주공화국을 인정해달라고 요청하는 호의 편지에 답장을 하지 않았느냐고 물었다. 나는 그들에게 스탈린도 답장을 하지 않았다는 점을 지적했다. 미국 사회의 다양한 측면들을 비판하는 호의 많은 글들—물론 가명으로 썼다.—이 영어로 번역된 적이 없다는 것은 의미심장한 일이다.
[14] Murray Hiebert, "Farewell Saigon", *Far Eastern Economic Review*(Hong Kong), 1990년 5월 10일, pp. 29–30 참조. 또 "Price of Heresy", 같은 책, 1991년 12월 19일, p. 9도 참조. 이 초기의 연애에 대해서는 Trinh Quang Phu, *Tu Lang Sen den ben Nha Rong*[랑 센에서 냐 롱 방파제까지](Ho Chi Minh City: Van hoc, 1998), p. 93 참조. 신화의 필요성에 대해서는 Olivier Todd, "The Myth of Ho Chi Minh: Height of Misinformation", *Vietnam Commentary*(1990년 5-6월), pp. 13-14 참조.
[15] 이 주제를 다룬 Sidney Hook의 아이디어는 그의 *The Hero in History*(Boston: Beacon Press, 1943) 참조.

찾아보기

ㄱ

가우스, 클래런스 428, 429, 430, 434, 441
가타야마 센 244
《옥중일기》 402, 404
고등 주차관(résident supérieur) 69, 74, 76, 95, 99, 111, 326
고등판무관(high commissioner) 526, 531, 543, 544, 546, 553, 556, 562, 565, 584, 594, 595, 612, 633, 639
구국회 22, 386, 420, 462, 518, 524
구앵, 펠릭스 531, 548
국가통일전선 471, 472
국제감시위원회 22, 672, 673, 684, 713, 832
국제농민회의 161, 162
국제반침략동맹 403, 410, 429
국제식민지연맹 137, 139, 143, 229
국제적색원조 317, 319
국학 22, 68, 69, 70, 71, 74, 75, 76, 78, 94, 113, 134, 189, 215, 243, 286, 370, 371
그레이시, 더글러스 499, 500, 501, 502, 503

극동서기국 180, 186

ㄴ

나바르, 앙리 656, 657, 658, 670
남베트남 민족해방전선 23, 764, 765
남부 중앙위원회 720
남양공산당 262, 274
〈난 단〉 648, 673, 699, 703, 704, 705, 717, 722, 735, 736, 739, 759, 761, 784, 812
〈난 반〉 717
네루, 모티랄 244
네차예프, 세르게이 224
〈노트르부아〉 361, 362, 364, 371
농민 인터내셔널 160, 162, 172, 175, 195, 232, 245
눌랑, 일레르 268, 271, 272, 274, 288, 293, 300, 303, 304, 305, 307, 308, 311, 312, 317, 318
닐로프스키 195

ㄷ

다낭 32, 33, 37, 73, 81, 371, 581, 737,

789, 820, 823
다르장리외, 티에리 526, 531, 532, 533,
　　535, 543, 544, 545, 546, 547, 552, 554,
　　556, 557, 562, 565, 566, 573, 576, 580,
　　584, 594, 595, 608
다르장세, 르페브르 681
달라디에, 에두아르 366
달린, S. A. 179
당 반 캅 368, 382
'당이 농민 속에서 해야 할 전투적 사업'
　　288
덜레스, 앨런 670
덜레스, 존 포스터 660, 667, 674, 692
데쿠, 장 376, 423
도 응옥 주 261
도리오, 자크 105, 149, 177, 231, 242, 244,
　　245, 246
돔발, 토마스 161, 162, 172, 181, 232, 245
동방노력자공산대학 162
동방피압박민족 담당 서기국 262
동방피압박민족연합회 207, 233
〈동 타인〉 249, 369, 374
두메르, 폴 61, 474, 541, 583, 585, 681
두옹 반 '비그' 민 13, 776
두이 탄 60, 72, 75, 371
둑 터인 학교 23, 78, 83
뒤크루, 조제프(세르주 르프랑) 304, 312,
　　317, 318
드 라트르 드 타시니, 장 639, 656
드빌리에, 필리프 8, 506, 579
디미트로프, 게오르기 166, 348

ㄹ

라디오 하노이 481, 705, 791
라마디에, 폴 595, 601
라오 이사라 611
람 둑 투(응우옌 콩 비엔, 피노) 200, 202,
　　205, 206, 213, 214, 230, 234, 236, 253,
　　254, 257, 258, 259, 311, 324, 345
랜던, 케네스 530, 531
랭던, 윌리엄 430, 431
랴오 중카이 207, 234
'레닌주의를 향한 나의 길' 208
레 두안 14, 19, 370, 504, 719~729,
　　731~739, 742, 745, 751, 752, 757,
　　761~764, 767~770, 776, 779~782,
　　785~789, 792~798, 808, 812, 818,
　　819, 822, 826, 827, 828, 831, 834
레 두이 디엠 259, 263
레 둑 토 586, 699, 705, 736, 737, 764,
　　779, 782, 811
레 반 루옹 701, 708, 709
레 반 미엔 71
레 반 판(레 홍 손) 199, 201~204, 248,
　　251, 253, 256~259, 262, 263, 264, 337
레 쾅 닷 199, 202, 258, 262, 267, 317
레 쾅 바 384, 402, 409
레 통 손 417, 439
레 홍 퐁 199, 201, 203, 204, 218, 266,
　　336, 338, 340, 342, 345, 346, 352, 363,
　　367, 370, 381, 392
레닌, 블라디미르 332, 814, 839
레베르 612
로뱅, 르네 287
로스비, 프랭크 319, 322, 323
로이, M. N. 168, 171, 207, 230
롱, 모리스 147
롱게, 장 114, 116, 119, 130

찾아보기 963

루스벨트, 프랭클린 376
루이, 폴 105
뤼 구이보 616, 625, 628
류 사오치 217, 615, 616, 618, 627, 641,
　739, 759, 768, 773, 778, 793
〈르 파리아〉 139, 140, 142, 146, 149, 198,
　220
르 포퓔레르 120, 593
르클레르, 앙리 503, 557
리 지선 236, 253, 377, 379
리 투이 195, 204, 205, 206, 241
리 푸쿤 217
리노프 333, 348
리드, 찰스 560, 577, 600
린 뱌오 758, 795
〈린 카익 멘〉 220

ㅁ
마누일스키, 드미트리 149, 171, 172, 175,
　179, 196, 334
마르크스, 카를 16, 101, 114, 126, 155,
　161, 197, 198, 199, 204, 223, 384, 556,
　814, 839
마링(헨드릭스 스네블리트) 157, 158, 172,
　186, 194
마셜, 조지 609
마오 쩌둥 18, 226, 284, 359, 373, 390,
　456, 591, 614, 615, 616, 618, 620, 622,
　629, 630, 642, 660, 672, 698, 702, 705,
　731, 740, 752, 758, 768, 786, 793, 795,
　798, 805, 833
마운트배튼 499, 503, 528
만델스탐, 오시프 86, 167, 191
말렌코프, 게오르기 660

망데스 프랑스, 피에르 674, 682
맥나마라, 로버트 S. 785
메를랭, 마르샬 200, 202
메이에르, 르네 656
명예부대 463
'모든 동포에게 보내는 편지' 427
모를리에르, 루이 585
모펫, 애벗 로 509, 559, 577
무테, 마리위스 541, 550, 557, 558, 562,
　564, 593
미국 전략사무국 429, 433, 476, 492, 500,
　542
'민족과 식민지 문제에 대한 테제' 117,
　126, 160, 209
민족 및 식민지 문제 연구소 332, 353
민족통일전선 603, 608
민족항전위원회 536, 537
민족해방동맹 386
민족해방위원회 24, 445, 456, 475, 480
민족해방전선 765, 767, 769, 771, 774,
　776, 784, 788, 791, 792, 794, 803, 808,
　820

ㅂ
바 딘 9, 713, 804, 819, 823, 826
바렌, 알렉상드르 215, 228, 229
바르뷔스, 앙리 105, 114
바실리에바, 베라 334, 342, 353
바양 쿠튀리에, 폴 114, 116, 130, 135, 329,
　330
바오 다이(빈 투이) 24, 25, 434, 444, 461,
　463, 465, 469, 471, 472, 479, 480, 505,
　519, 520, 529, 530, 534, 536, 541, 573,
　595, 596, 603, 608, 609, 612, 614, 623,

624, 625, 634, 643, 648, 668, 670, 674,
685, 687, 689, 690, 712
반 티엔 둥 582, 719, 720, 794
반제동맹 319
반제전선 295
발뤼, 장 에티엔 543, 554, 573, 576, 580,
581, 583, 584, 585, 587, 592, 601, 602,
603, 604, 607, 612
베트남민족통일전선 603, 608
베트남인민군 14, 25, 582, 735, 785, 794,
796
베트남해방군 22, 23, 25, 26, 425, 426,
444, 445, 447, 454, 461, 462, 474, 492,
518
베트남해방군 선전대 425, 426
베트남공산당 14, 24, 26, 32, 210, 263,
265, 268, 271, 272, 273, 274, 284, 291,
292, 824
베트남공화국 13, 23, 24, 479, 730, 731,
741, 743, 744, 752, 755, 769, 770, 771,
775, 788, 795, 815
베트남광복회 24
베트남국민당 24, 203, 230, 236, 252, 261,
275, 285, 296, 297, 301, 347, 362, 368,
383, 414, 417, 418, 433, 505, 506, 521,
524, 534, 535, 536, 539, 567, 568, 571
베트남노동당 14, 23, 26, 645, 658, 675,
699, 701, 705, 706, 707, 709, 716, 719,
721, 722, 724, 726, 760, 761, 763, 764,
767, 777, 790, 796, 806, 824
베트남독립동맹 26, 378, 382, 387
베트남민족해방위원회 383, 386, 414, 415
베트남민주공화국 14, 17, 23, 24, 25, 27,
481, 487, 511, 517, 533, 535, 539, 540,

543, 548, 555, 556, 557, 560, 572, 573,
576, 579, 596, 599, 600, 602, 608, 614,
616~621, 623, 627, 628, 630, 643,
654, 661, 662, 663, 668, 670~674,
681, 682, 683, 685, 686, 687, 688, 691,
692, 693, 694, 699, 702, 707, 712, 714,
716, 719, 721~725, 728, 730, 731,
733, 734, 735, 737, 738, 739, 741, 743,
744, 746, 757~761, 763, 768, 771,
773, 774, 781, 783, 785, 789, 790, 792,
793, 794, 795, 798, 802, 810, 819, 835
베트남혁명청년회 25, 200, 206, 255
베트민 구국회 462
베트민 라디오 593, 612, 636, 640
베트민전선 23~27, 386, 387, 389, 397,
403, 416, 417, 420, 431, 432, 438, 439,
440, 444, 446, 455, 457, 463, 472, 477,
481, 485, 496, 497, 513, 514, 521, 524,
571, 572, 623, 645, 647, 696, 715, 764,
765
보 응우옌 지압 19, 363, 370~373, 376,
378, 381, 383, 385, 386, 390, 398, 414,
423, 424, 425, 443, 446, 448, 451, 454,
461, 474, 478, 481, 482, 483, 485, 506,
524, 525, 535, 539, 540, 541, 545, 544,
566, 567, 569, 572, 578, 579, 582, 584,
586, 603, 613, 614, 625, 627, 632, 634,
635, 640, 641, 647, 648, 658, 665, 668,
673, 681, 708, 710, 713, 729, 735, 747,
763, 764, 780, 781, 782, 793, 796, 801,
824, 826
보로딘, 미하일 179, 187, 194, 195, 234,
235, 334
보로실로프, 클리멘트 160, 730, 731, 758,

805
보이틴스키, 그리고리 158, 180, 186, 242
복국동맹회 376
볼레르, 에밀 595, 596, 600, 601, 603, 608, 612
〈볼셰비키〉 339
볼셰비키 혁명 116, 155, 186, 197, 198, 221, 223, 260, 387, 470, 838
부 딘 후인 704, 832
부 안 368, 369, 373, 374, 381, 382, 384, 386, 424, 425, 443, 446
부 키 586, 737, 805, 806, 828
부 홍 칸 368, 414, 489, 505, 539, 567
부다렐, 조르주 8, 642
부옹 민 푸옹 440
부옹 툭 도 52
부옹 툭 마우 43, 44, 52, 55, 57
부옹 툭 쿠이 55, 56, 59
부이 람 520
부이 쾅 치에우 27, 92, 192, 229, 230, 231, 267, 310, 340
부하린, 니콜라이 166, 172
'붉은 응에 틴' 269, 271, 303
블랑키, 오귀스트 126, 200
블레조 612, 632
블롱쿠르, 막스 138
블룸, 레옹 114, 116, 351, 581, 582, 584, 585, 593, 594
블뤼허, 바실리(갈렌) 217
비도, 조르주 541, 548, 551, 552, 554, 561, 564, 565, 580, 584
비엣 남 독 랍(독립베트남) 26, 378, 385, 386, 396, 401
비엣 박 338, 391, 395, 396, 398, 400, 402,

411, 422, 423, 424, 425, 427, 445, 447, 454, 470, 485, 492, 518, 568, 582, 591, 602, 603, 605, 612, 614, 616, 625, 626, 628, 629, 631, 632, 635, 643, 644, 649, 650, 651, 659, 662, 663, 685, 716, 742, 761
빈 딘 성 76, 309

ㅅ
사로, 알베르 109, 111, 112, 113, 120, 121, 124, 134, 143, 146, 147, 148, 190, 191, 228, 281, 391, 551
살랑, 라울 544, 546, 547, 604, 612, 656
생트니, 장 450, 476, 477, 478, 479, 492, 507, 514, 526~530, 533, 534, 535, 537, 538, 539, 541, 542, 543, 544, 546, 548~552, 555, 558, 560, 562, 563, 565, 567, 577, 580, 581, 582, 584, 585, 586, 587, 593, 682, 683, 801, 802
샤먼 194, 200, 201, 328, 329, 391
샤오 원 415, 419, 439, 489, 491, 497, 506, 519, 520, 522, 524, 535
'세계 전쟁과 우리의 의무' 397
세딜, 장 500, 501, 503, 526
셰노, 클레어 434, 437, 438, 439, 456
소련공산당 26, 167, 173, 332, 400, 650, 705, 706, 719, 721, 722, 748, 763, 768
쇼엔브런, 데이비드 561, 591, 741
수 타트 615
수바린, 보리 104, 105, 168
수카르노 244, 619
쉬 웨이산 404
스네블리트, 헨드리쿠스(마링) 157, 158, 172, 186, 194

스미르노프, 알렉산더 162
스탈린, 이오시프 15, 18, 132, 162, 164, 165, 167, 172, 173, 177, 255, 331, 332, 334, 336, 346, 347, 352, 354, 395, 512, 615, 616, 618, 619, 620, 621, 622, 631, 660, 684, 705, 706, 730, 737, 833, 834
스프라우스, 필립 429, 432
슬림, 윌리엄 499
시암 39, 134, 205, 242, 243, 247, 248, 249, 250, 251, 252, 259, 263, 268, 274, 285, 329, 337, 338, 343, 344, 345, 369, 380, 395
《시험대에 오른 프랑스 식민주의》 121, 168, 277, 280
식민지 학교 93, 94, 95, 177
식민지연구위원회(식민지위원회) 137, 139, 148, 158, 177, 244
신월혁명당 26, 228, 230, 231, 253, 259, 280, 311, 341, 343, 371
신해혁명 96, 187
쑨 원 96, 132, 167, 179, 185, 186, 187, 188, 194, 195, 202, 203, 207, 217, 230, 235, 244, 252, 329, 403, 410, 412, 617, 823
쑹 만초 318
쑹 칭링 244, 329, 403, 759

○
아그로빌 742, 743, 755, 772
아르누, 폴 112
아미랄 라투셰-트레빌 호 86, 91, 92, 93, 95, 229
아이작스, 해럴드 514, 623
아이젠하워, 드와이트 D. 655, 656, 657, 663, 667, 674, 689, 690, 691, 692, 752, 766, 769
안남공산당 26, 258, 259, 260, 261, 262, 264, 266
안남독립당 256
안남 민족의 요구 109, 110
안남애국자연합 108, 109, 110, 120, 137
안드레예프스키 161
알레상드리 507, 526, 532
애치슨, 딘 508, 509, 597, 623, 624
'억압받는 자들' 121, 168, 292
에리오, 에두아르 114
〈여성 소식〉 191
예 젠잉 359, 366
오리올, 뱅상 656
오설리번, 제임스 577, 578, 581, 582, 592, 598, 599, 600
왕 산이 203
요페, 아돌프 186
우 슈취안 358
우 테청 410
우 페이푸 195
웨스트모어랜드, 윌리엄 C. 789
웨이 궈칭 627, 628, 665
위국군 26, 492, 518, 532, 571
〈위마니테〉 111, 117, 119, 146, 148, 158, 549, 651
위안 스카이 132, 185, 187
윌슨, 우드로 109, 110, 111, 112
유신회 60
응에 안 41, 42, 44, 48, 219, 253, 283, 298, 303, 310, 340
응오 둑 치 305, 307, 309
응오 딘 누 744, 766, 774, 776

응오 딘 디엠 520, 530, 687, 689, 690, 692, 742, 744, 764, 766, 770, 772, 774, 775, 776, 777, 783
응오 딘 코이 480, 520, 530
응우옌 티 민 카이 294, 310, 324, 342, 344, 346, 347, 349, 350, 371, 381
응우옌 둑 칸 306
응우옌 루옹 방 218, 273, 285, 454, 479, 541, 808, 815
응우옌 반 린 695, 767, 827, 828
응우옌 반 삼 471, 478
응우옌 반 수안 608
응우옌 반 참 343
응우옌 반 쿠 364, 370, 381, 390
응우옌 반 타오 255, 571
응우옌 반 탐 648
응우옌 반 티에우 14, 801, 811
응우옌 반 틴 554
응우옌 빈 398, 568, 573, 602, 607, 643, 648, 719
응우옌 신 부옹 42
응우옌 신 삭 42, 43, 44, 46, 48, 50, 53, 58, 59, 62, 63, 64, 65, 67, 76, 77, 113, 204
응우옌 신 쿵 46, 47, 77
응우옌 신 키엠 46, 570
응우옌 안 닌 27, 193, 228, 229, 267, 340, 363
응우옌 총 응야 299, 309
응우옌 치 타인 454, 763, 767, 768, 773, 779, 780, 792, 800
응우옌 카오 키 801
응우옌 카인 토안 332
응우옌 캉 462, 463, 464, 466, 467
응우옌 테 추옌 138, 149, 229, 256
응우옌 투옹 탐 544, 545, 567
응우옌 투옹 후옌 211, 213, 214
응우옌 티 민 카이 294, 310, 324, 342, 344, 346, 347, 349, 350, 371, 381
응우옌 티 켑 44, 45, 52
응우옌 티 타인 46, 52, 325, 570
응우옌 퐁 삭 283, 286, 299, 305, 309
응우옌 하이 탄 230, 236, 414, 415, 416, 489, 492, 505, 521, 525, 536, 567, 570
응우옌 후 칸 343
응이아 로 650
응이엠 케 토 414
〈이 처 파오〉 113
인도차이나공산당 17, 18, 22~27, 241, 257, 258, 260~264, 283, 285, 296, 304, 305, 307, 308, 309, 317, 332, 335, 337~352, 362, 363, 366, 367, 386, 390, 391, 392, 396, 410, 414, 416, 417, 418, 424, 428, 464, 470, 471, 479, 480, 496, 513, 517, 521, 522, 526, 539, 555, 571, 579, 582, 610, 611, 615, 619, 621, 622, 630, 631, 632, 644, 645, 647, 833, 835
인도차이나공산주의연맹 259, 262, 264
인도차이나국민당 203, 204
인도차이나민주전선 362, 365
"인도차이나와 태평양" 171
인민해방위원회 461
인민혁명당 23, 27, 645
인술린데 공산주의자 그룹 연맹 261
〈인프레코르〉 168, 171, 243
입헌당 27, 92, 192, 229, 231, 256, 266, 267, 268, 418

ㅈ

자유 프랑스 420, 421, 422, 428, 429, 440, 450, 453, 476, 485, 495
장 제스 167, 168, 194, 235, 241, 284, 329, 354, 357, 359, 366, 367, 377, 382, 390, 403, 407, 408, 413, 414, 419, 421, 441, 489, 490, 507, 519, 521, 541, 597, 613, 614, 628, 795
장 타이레이 234, 235
장 파쿠이 25, 408, 409, 410, 412, 413, 414, 416, 418, 419, 429, 432, 439, 489, 490, 522, 524, 673
〈쟈이 팜〉 717
저우 언라이 7, 167, 194, 217, 234, 367, 374, 403, 413, 429, 611, 618, 621, 660, 664, 670~677, 682, 693, 725, 726, 759, 764, 769, 790, 794, 795, 797, 798, 806, 812, 813
저항과 행정 위원회 605, 687
제3인터내셔널(코민테른) 32, 116, 117, 126, 128, 258
제네바 협정 22, 24, 25, 674, 675, 684, 685, 692, 712, 719, 724, 726, 736, 741, 742, 744, 745, 752, 756, 758, 759, 767, 771, 774, 775, 783, 792, 820
소국전선 23, 27, 696, 697, 736
주 더(朱德) 618
준국가 608, 609, 614, 634, 645, 646, 668
중국공산당 27, 157, 186, 187, 194, 203, 214, 216, 217, 232, 233, 234, 235, 241, 251, 254, 262, 273, 274, 284, 289, 291, 296, 329, 330, 334, 337, 341, 342, 354, 358, 359, 360, 361, 366, 367, 369, 373, 374, 390, 397, 403, 408, 413, 414, 429, 578, 597, 611, 613, 619, 628, 629, 684, 705, 717, 758, 793
중월 합동부대 611
지노비예프, 그리고리 162, 171, 332, 346

ㅊ

찬 단 23, 84, 715, 716, 717, 718
찬 당 닌 474, 617, 618
찬 바오 412
찬 반 쟈우 336, 337, 343, 379, 470, 471, 472, 497, 498, 500, 502, 504, 557, 568, 744
찬 반 쿵 253~259, 285, 347
찬 총 킴 461, 462, 463, 465, 472
찬 쿠옥 호안 737, 738, 779
찬 푸 243, 287, 288, 293, 295, 299, 303, 305, 306, 307, 308, 309, 311, 332, 346, 392
찬 후이 리에우 363, 479, 480, 481, 485, 506, 529, 572
천 겅 632, 634, 635
천 중밍 186
청년구국회 518
청년당 228, 231
청년선봉 27, 471, 598
칭년의 희망 26/
추 반 탄 401, 422, 423, 445, 481, 604
추옹 누 탕 766
추옹 반 렌 199, 236
추옹 보이 콩 236, 375, 377, 378, 379, 381, 383, 386, 414
추옹 친 19, 363, 371, 380, 381, 384, 386, 391, 395, 420, 421, 422, 424, 444, 453, 454, 455, 456, 474, 513, 566, 569, 572,

586, 600, 610, 615, 616, 625, 626, 629,
631, 643, 644, 647, 648, 652, 654, 661,
693, 698, 700, 702, 704, 705, 706, 709,
710, 711, 713, 719, 721, 723, 728, 729,
734, 735, 736, 739, 746, 779, 815

ㅋ

카르팡티에, 마르셀 633, 656
카오 다이 27, 498, 502, 603, 690, 695
카오 수안 둑 63, 68
카트루, 조르주 368, 374
칸 부옹 운동 201
칸 키 230
칼리닌, 미하일 161
케이퍼리, 제퍼슨 531, 559, 600
코벨레프, 예프게니 7, 170, 273, 349
코시긴, 알렉세이 790
코친차이나 임시정부 473, 554
콜라로프, 바실리 174
콜린스, J. 로턴 690
쾅 남 성 65, 73
쾅 응아이 219, 243, 309, 371, 480, 737, 755
쾅 푹 호이(광복회) 24, 187
쿠시넨, 오토 166, 332
쿠옹 데 60, 376
쿠이비셰프, M. V. 217
크메르 이사라크 611
킴 리엔 6, 42, 44, 51, 53, 55, 57, 58, 60, 61, 62, 68, 76, 204, 282, 325, 570, 730, 824

ㅌ

타 우옌 380, 381

〈타인 니엔(청년)〉 206, 207, 210, 219, 220
타인 타이 69, 72
〈탄 아이〉 107, 249
탄 차오 24, 447, 448, 449, 450, 452, 453,
454, 456, 461, 464, 469, 473, 475, 485,
491, 494, 512, 513, 583, 591, 632
탐 탐 사 28, 199, 200~204, 218, 236, 253,
336, 337
탤만, 에른스트 166
토지개혁 346, 488, 643, 653, 654, 697~
704, 707~718, 740, 744
토 후 469, 716, 782
토레즈, 모리스 555, 562
토머스, 앨리슨 449, 461
톤 둑 탕 253, 603, 765
통 민 풍 433
통일전선 186, 197, 217, 222, 251, 255,
267, 295, 300, 301, 341, 344, 348, 350,
358, 360, 361, 363, 364, 370, 378, 471,
472, 488, 519, 526, 568, 572, 603, 608,
619, 630, 645, 652, 714
트로츠키, 레온 155, 173, 255, 332, 336
티토, 요시프 브로즈 622

ㅍ

파블로프, P. A. 217
파테트 라오 23, 28, 670, 671, 673, 769, 771
팍 보 355, 357, 384, 385, 386, 395, 398,
399, 400, 401, 402, 404, 419, 424, 425,
427, 439, 441, 442, 446, 451
판 당 루 379, 380, 381
판 딘 풍 40, 42, 52, 57, 201, 387
판 보이 차우 24, 58, 59, 60, 61, 65, 67, 71,

75, 79, 80, 145, 187, 188, 189, 193,
199, 200, 202, 203, 204, 211~216,
225~230, 247, 252, 324, 375, 376
판 추 친 64, 66, 67, 73, 76, 77, 79, 80, 81,
95, 99, 101, 103, 105, 107, 110, 122,
123, 124, 135, 137, 143, 145, 151, 187,
188, 193, 216, 228, 229, 371, 717
판 케 토아이 463
판 코이 715, 717, 718
팜 반 동 370, 371, 373, 374, 379, 382,
383, 386, 411, 414, 417, 443, 446, 481,
546, 554, 557, 566, 569, 572, 648, 668,
670, 671, 672, 674, 688, 728, 730, 736,
739
팜 반 바익 500, 501
팜 비엣 투 430, 431
팜 웅옥 타익 27, 471, 598, 599, 614
팜 웅옥 토 77, 471
팜 쿠인 530
팜 홍 타이 201, 202, 203, 214, 218, 248
팜 홍 731, 732, 763
패티, 아커미디스 446, 476, 490, 496, 501,
507, 514, 518
펑 더화이 758
펑 위샹 195, 235, 413
셩 파이 217, 233, 245
펜, 찰스 8, 435, 438, 446, 492, 514, 829
포부르 클럽 104, 105, 144, 145
폴데, 레오 104, 105
푸 다징 312
푸앵카레, 레이몽 191
풀로콘도르 76, 371, 373, 381, 694
풍 치 키엔 336, 344, 368, 369, 373, 374,
382, 383, 384, 386, 398, 401

〈프라우다〉 132, 175, 733
프랑스 연합 528, 532, 533, 539, 543, 545,
552, 554, 556, 573, 593, 595, 596, 603,
608, 609, 646, 670
프랑스공산당 130, 134, 137, 138, 145,
146, 148, 149, 150, 157, 158, 171, 172,
173, 177, 178, 180, 242, 243, 244, 246,
255, 256, 266, 273, 304, 329, 348, 351,
365, 528, 549, 554, 555, 556, 579, 584,
619
프랑스사회당 104, 114, 115, 116, 117,
126, 127, 130, 131
프로사르, 루이 126
프루니어, 헨리 8, 450
프리마코프, V. M. 217
프릿 326
플라토비치 127
플레방, 르네 657
피구에레, 레오 631, 661
피농, 레옹 507, 526, 612, 633
피오슈, 조르주 145
필런, 댄 449

ㅎ

하 동 성 107, 310, 591
히이 홍 성 44
하 틴 성 40, 286, 306
하 티 히 42
하 후이 지압 6, 454
하 후이 탑 336~346, 362, 363, 364, 370,
381, 392, 454
해외노동자연합 101, 104
해외집행위원회 336, 338, 341, 342, 345
허우 즈밍 413, 415, 416

헐리, 패트릭 441
헤프너, 리처드 440, 497
헬리웰, 폴 440
혁명 채권 463
혁명청년회 26, 28, 208, 210, 212, 213, 217, 219, 220, 231~236, 241, 247, 248, 251, 260, 262, 263, 264, 265, 268, 280, 284, 294, 299, 306, 311, 340, 341, 343, 345, 347, 348, 368, 370, 371, 389, 391, 392, 779
호 비엣 탕 701, 709
호아 빈 648, 649
호 퉁 마우 201, 203, 204, 213, 217, 248, 251, 253, 258, 260, 261, 262, 263, 264, 313, 506
호 혹 람 199, 214, 375, 378, 382
호아 하오 28, 498, 569, 603, 690, 695
호앙 두옹 43, 44
호앙 딘 지옹 344, 376, 410
호앙 민 지암 506, 527, 538, 539, 581, 585, 586, 596, 599, 603
호앙 반 논 342, 344, 346, 347, 350
호앙 반 투 372, 373, 376, 380, 384, 386, 390, 395, 420, 422
호앙 반 호안 274, 368, 369, 378, 382, 383, 386, 412, 454, 541, 616, 618, 622, 634, 826
호앙 캄 717
호앙 꽝 빈 433
호앙 쿠오쭌 383
호앙 쿠옥 비엣 380, 384, 386, 395, 420, 446, 479, 497, 498, 504, 506, 539, 569, 572, 579, 600, 698, 699, 701, 702, 709
호앙 퉁 71, 72
호앙 티 로안 44, 46, 48, 53
호치민 통로 753, 769, 771, 785, 793
화이트, 프랭크 8, 542
황푸 군관학교 217, 218, 235, 367, 371
후 광 360, 361, 367
후옹 강 49, 50, 57, 62, 75
후 코 밍 40
후 평 716
후에 22, 33, 36, 38, 41, 48~52, 55, 57, 59, 60, 62, 63, 64, 68, 74~80, 94, 124, 189, 215, 220, 243, 251, 324, 325, 337, 371, 463, 469, 479, 480, 505, 520, 689, 719, 811
후인 툭 캉 340
후인 푸 소 28, 568
흐루시초프 620, 693, 705, 706, 707, 717, 719, 722, 725, 726, 740, 758, 760, 767, 768, 772, 773, 781, 782, 787

인문 · 사회과학

마르크스 평전
● 프랜시스 윈 Ⅰ 정영목 옮김 Ⅰ 변형 국판 양장본 Ⅰ 588쪽

마르크스는 20세기의 역사를 바꾼 철학자, 역사가, 경제학자, 비평가, 혁명가였다. 그러나 더 중요한 사실은 마르크스 역시 평범한 인간이었다는 것이다. 이 책은 필요에 따라 신격화되기도 하고, 모든 악의 근원으로 악마처럼 폄하되기도한 위대한 사상가를 피와 살을 지닌 인간으로 복원시킨다.

로자 룩셈부르크 평전
● 막스 갈로 Ⅰ 임헌 옮김 Ⅰ 변형 국판 양장본 Ⅰ 648쪽

20세기를 대표하는 혁명 이론가이면서, 역사와 대중에 대한 변함없는 믿음을 견지한 이상주의자, 로자 룩셈부르크. 막스 갈로는 방대한 시각과 통찰력으로 유년기에서 최후의 순간에 이르기까지 로자의 삶과 사상과 행동을 꼼꼼하게 그려내는 동시에 그가 살았던 격동의 시대를 정밀하게 포착하고 있다.

히틀러 평전
● 요하임 페스트 Ⅰ 안인희 옮김 Ⅰ 변형 국판 양장본 Ⅰ 전2권

광기의 천재, 정치의 예술가 히틀러 평전의 결정판. 방대한 자료와 거대한 스케일로 시대를 복원한 탁월한 역사서. 성(姓)도 불확실한 보잘것없는 집안 출신으로 18세에 고아가 된 후 30세까지 떠돌이 생활, 싸구려 화가로 비참하게 지낸 한 인물이 독일의 총통이 되어 전유럽을 손에 넣은 삶의 궤적이 극적으로 그려진다.

츠바이크의 발자크 평전
● 슈테판 츠바이크 Ⅰ 안인희 옮김 Ⅰ 변형 4·6판 양장본 Ⅰ 692쪽

소설보다 더 극적이고 파란만장한 발자크의 삶과 문학을 생생하게 그려낸 슈테판 츠바이크 최후의 걸작. 자기 시대 인간 군상의 모습을 가장 적나라하게 보여준 위대한 작가의 내면세계가 입체적으로 그려져 있다.

미녀와 야수, 그리고 인간
● 김용석 지음 Ⅰ 신국판 Ⅰ 440쪽

대중문화, 그 중에서도 가장 보편적인 장르라 할 수 있는 애니메이션에 대한 문화 담론은 어떻게 가능한지 그 전형을 보여주는 책. 저자는 〈미녀와 야수〉 〈알라딘〉 〈라이언 킹〉 〈인어 공주〉 4편의 디즈니 애니메이션 작품을 텍스트로 삼아 분석하면서 독자와 철학적 대화를 꾀한다. 또한 각 작품 속에 배어 있는 인문학 컨텐츠들을 명쾌한 논리와 따뜻한 문체로 풀어놓고 있다.

문화적인 것과 인간적인 것
● 김용석 지음 Ⅰ 변형 국판 양장본 Ⅰ 400쪽

현대 문화의 특성을 다차원적으로 조명하는 철학 에세이. 오늘날 우리 삶에서 문화의 핵심적 의미를 반영하는 '현대적 사건'들을 섬세하게 분석하고 있다.

일상의 발견
● 김용석 Ⅰ 변형 국판 Ⅰ 288쪽

재기발랄한 감수성과 열린 사고를 지닌 철학자 김용석의 진지하고 유쾌한 사회·문화 비평. 저자가 병원 진료실에서 식당, 시장 바닥까지 직접 일상생활 속에서 보고 듣고 느낀 것들을 바탕으로, 우리 사회의 문화 수준과 의식 구조를 드러내 보여준다.

폭력과 상스러움
● 진중권의 엑스리브리스 Ⅰ 변형국판 Ⅰ 352쪽

전투적 철학자, 유쾌한 계몽가 진중권의 사회 평론. 학문과 현실 사이의 균열된 틈새를 비집고 우리 사회의 망탈리테(정신상태)를 그린다.

시간 박물관
● 움베르크 에코 外 Ⅰ 김석희 옮김 Ⅰ 변형 5·7판 양장본 Ⅰ 308쪽

세계적인 석학 24인의 글을 통해 인간이 시간을 어떻게 지각하고 있는지를 검토하고, 세계 곳곳의 다양한 문화가 시간에 대해 어떻게 반응·측정·표현하는지를 정리하고 있다.

철학의 모험
- 이진경 지음 | 신국판 | 400쪽

《수학의 몽상》의 저자 이진경의 철학 입문서. 데카르트 이후 주요한 근대 철학자들의 철학 개념이나 사고 방식을 다양한 소재를 등장시켜 하나하나 짚어가고 있다. 스스로 사고하려면 어떤 태도가 필요한지, 어떻게 공부해야 하는지를 잘 보여준다.

수학의 몽상
- 이진경 | 신국판 | 304쪽

형식을 파괴하는 자유분방한 상상력으로 근대 수학의 역사를 파헤쳐, 서양의 근대성 형성에 수학이 행한 핵심적 역할을 밝힌다.

수학 악마
- 하인리히 헴메 | 마티아스 슈베러 그림 | 안영란 옮김
- 변형4·6배판 양장본 | 165쪽

언제나 누구에게나 일어날 수 있는 사건, 재미있는 에피소드를 통해 논리적으로 사고할 수 있는 힘을 키워주는 퀴즈 형식의 수학 교양서.

문명의 공존
- 하랄트 뮐러 | 이영희 옮김 | 변형 국판 양장본 | 362쪽

새뮤얼 헌팅턴의 《문명의 충돌》을 본격적으로 비판하고, 전쟁이 아닌 대화와 공존의 길을 모색하는 적극적인 대안서.

도교와 문화, 그리고 상상력
- 정재서 지음 | 변형 국판 양장본 | 336쪽

서양의 오리엔탈리즘, 중국의 화이론(華夷論)을 넘어 제3의 중국학론으로 우리 학문의 새로운 방법론을 제시하고 있는 정재서 교수의 역작.

동양과 서양, 그리고 미학
- 장파(張法) | 유중하 外 옮김 | 변형 국판 양장본 | 592쪽

동서양 미학의 태동과 서로 다른 변천 과정을 철학적, 종교적, 문화사적 관점에서 조명한 중국 장파 교수의 대표적 저서.

이탈리아 르네상스의 문화
- 야콥 부르크하르트 | 안인희 옮김 | 변형 국판 양장본 | 756쪽

19세기의 빛나는 역사가 부르크하르트가 남긴 문화사 최고의 고전(古典). 14세기부터 16세기까지의 이탈리아 문화 전체를 종횡으로 들여다보며 현대인의 기원과 '개인'이라는 의식의 생성 과정에 대한 답변을 모색한다.

한 권으로 읽는 니체
- 로버트 솔로몬·캐슬린 히긴스 | 고병권 옮김 | 신국판 | 332쪽

"니체는 파시스트였을까?" "니체는 여성들을 혐오했을까?" "니체는 전쟁을 찬미했을까?" 프리드리히 니체는 역사상 가장 많이 이야기되는 철학자이면서 가장 오해받고 있는 철학자이다. 이 책은 '반시대적' 사상가이자 논쟁의 여지가 많은 철학자 니체에 관한 명쾌한 해설서이다.

한 권으로 읽는 프로이트
- 데이비드 스탠포드 클라크 | 최창호 옮김 | 신국판 | 276쪽

한 권으로 읽는 융
- 에드워드 암스트롱 베넷 | 김형섭 옮김 | 신국판 | 240쪽

보물 추적자
- 볼프강 에베르트 엮음 | 신국판 | 416쪽(컬러화보 16쪽)

호기심 많은 학자, 보물 사냥꾼, 예술품 약탈자가 사라진 보물을 찾아 펼치는 흥미진진한 역사 여행. 황금의 나라 박트리아에서 히틀러의 제3제국까지, 실크로드의 폐허에서 아프가니스탄 유적지까지, 역사의 격랑 속에서 사라진 보물을 찾는 사람들의 이야기.

쿠오바디스, 역사는 어디로 가는가
1권 재난과 전투, 그리고 암살
- 한스 크리스티안 후프 | 정초일 옮김 | 양장본 | 352쪽

역사의 운명적인 순간들을 통해 독자를 철학적 성찰로 인도하는 독특한 역사 교양서. 오해와 우연, 비극과 파멸로 이어지는 역사의 흐름 속에는 분명 비밀스러우면서도 결정적인 지점이 있다. 워털루 전투, 스페인 무적함대의 궤멸, 베수비오 화산 폭발, 사라예보 암살, 카이사르 살해, 크레시 전투 등이 다뤄진다.

정영목

서울대 영문과 졸업, 동대학원 수료하고 전문 번역가로 활동 중이다.
주요 번역서로 《신의 가면》, 《눈먼 자들의 도시》, 《클레오파트라의 코》,
《사람과 상징》, 《쥬라기 공원》, 《마하트마 간디》, 《마르크스 평전》 등이 있다.

호치민 평전

첫판 1쇄 펴낸날 2003년 4월 1일
 16쇄 펴낸날 2023년 12월 27일

지은이 윌리엄 J. 듀이커   **옮긴이** 정영목
편집인 김혜경
편집인 김수진
편집기획 김교석 조한나 유승연 문해림 김유진 곽세라 전하연 박혜인 조정현
디자인 한승연 성윤정
경영지원국 안정숙
마케팅 문창운 백윤진 박희원
회계 임옥희 양여진 김주연

펴낸곳 (주)도서출판 푸른숲
출판등록 2003년 12월 17일 제2003-000032호
주소 서울특별시 마포구 토정로 35-1 2층, 우편번호 04083
전화 02)6392-7871, 2(마케팅부), 02)6392-7873(편집부)
팩스 02)6392-7875
홈페이지 www.prunsoop.co.kr
페이스북 www.facebook.com/prunsoop   **인스타그램** @prunsoop

ⓒ 푸른숲, 2003

ISBN 978-89-7184-375-8 03990

* 잘못된 책은 구입하신 서점에서 바꾸어 드립니다.
* 본서의 반품 기한은 2028년 12월 31일까지입니다.